栄東中学・高等学校

SAKAE HIGASHI SCHOOL GUIDE
JUNIOR & SENIOR HIGH SCHOOL

競泳世界ジュニア大会→金メダル
背泳ぎ→ハワイ、ペルー大会２連覇

米スタンフォード大学合格
水泳インターハイ出場

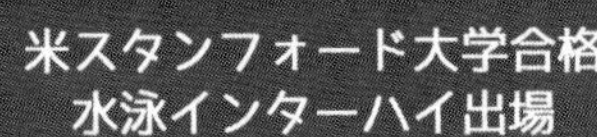

最年少!! 15歳(中3)
行政書士試験合格

全国鉄道模型コンテスト
理事長特別賞

東京オリンピック第４位
アーティスティック スイミング

チアダンス
東日本大会優勝

栄東の誇るサメ博士
サンシャインでトークショー

栄東のクイズ王
東大王 全国大会 大活躍!!

産経国際書展 U23大賞

〒337-0054 埼玉県さいたま市見沼区砂町2-77（JR東大宮駅西口 徒歩８分）
◆アドミッションセンター TEL：048-666-9288 FAX：048-652-5811

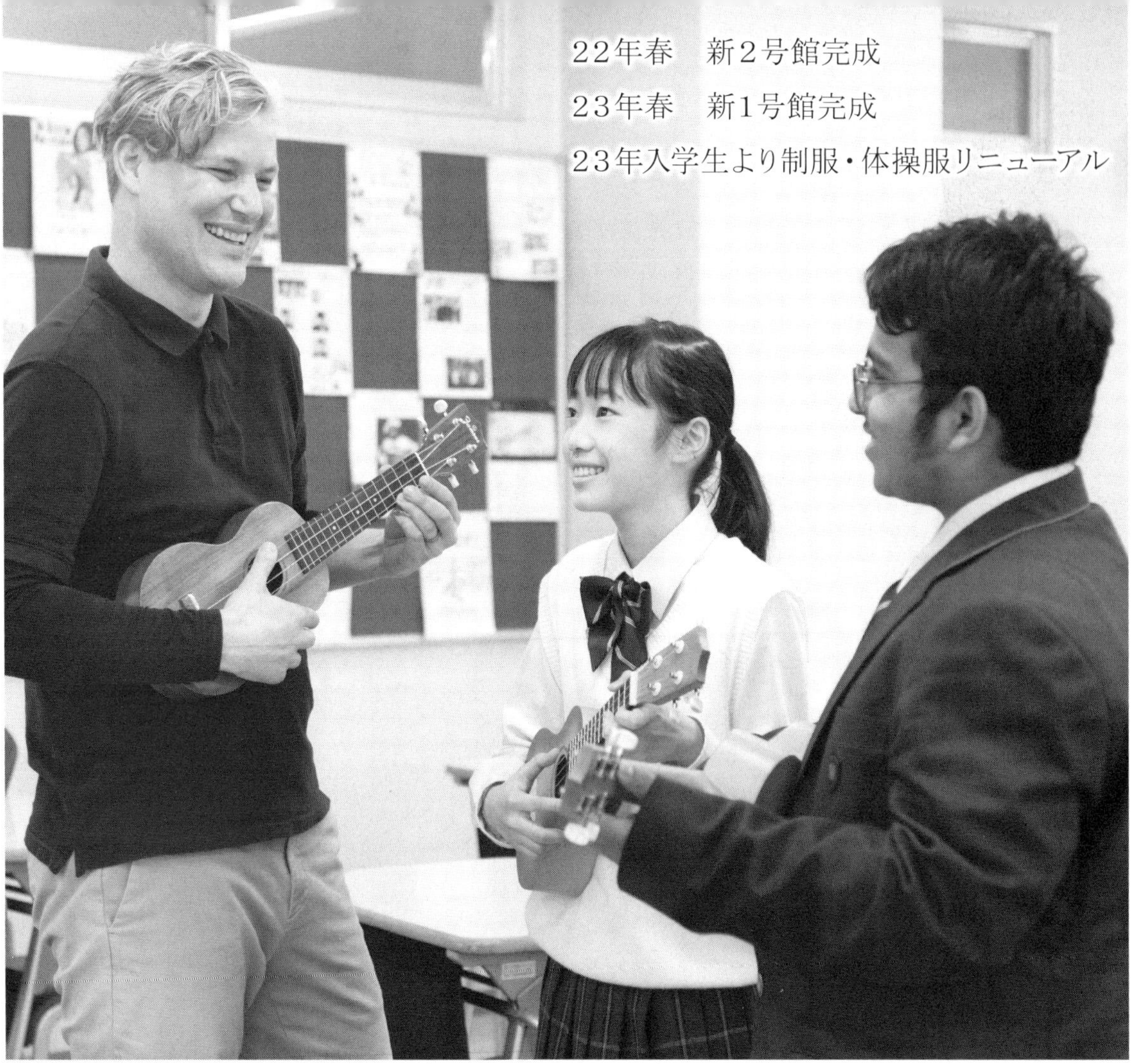

学校説明会

本校 九里学園教育会館　2階　スチューデントホール他

第1回　7月28日(日)　10:00～

第2回　9月23日(月・祝)　10:00～

第3回　10月26日(土)　10:00～

第4回　11月14日(木・県民の日)　10:00～

※要予約。WEBサイトよりお申し込みください。上履きは不要です。
※内容、時間等変更する場合があります。事前にホームページ等でご確認ください。

入試問題学習会

12月14日(土)　午前の部 9:30～12:00　午後の部 13:30～15:00
※学校説明会を同時進行　※午前・午後とも同じ内容

文化祭	9月8日(日)　9:00～14:00	公開授業	6月26日(水)～28日(金)　11月6日(水)～8日(金)　両期間ともに9:00～15:00 ※ミニ説明会

〈中高一貫部〉
浦和実業学園中学校

http://www.urajitsu.ed.jp/jh

〒336-0025 埼玉県さいたま市南区文蔵3-9-1　Tel.048-861-6131(代表)　Fax.048-861-6132

「5つの育む力を活用する、2つのコース」

世界　英語　政治　経済

プログレッシブ政経コース

プログラミング　数学　医学　実験研究

IT医学サイエンスコース

授業見学会	7月21日(日) 10:00~12:00
ナイト説明会（越谷コミュニティセンター）	9月18日(水) 18:30~19:30
学校見学会・部活見学会	9月28日(土) 10:00~12:00

学校説明会 10:00~12:00

10月19日(土)	体験授業
11月16日(土)	入試問題解説
11月30日(土)	入試問題解説
3月15日(土)	体験授業（新6年生以下対象）

全回、本校ホームページにてお申し込みの上お越しください。

春日部駅西口より無料スクールバスを開始1時間前より運行します。（ナイト説明会を除く）

春日部共栄中学校

〒344-0037　春日部市上大増新田213　TEL 048-737-7611(代)
https://www.k-kyoei.ed.jp

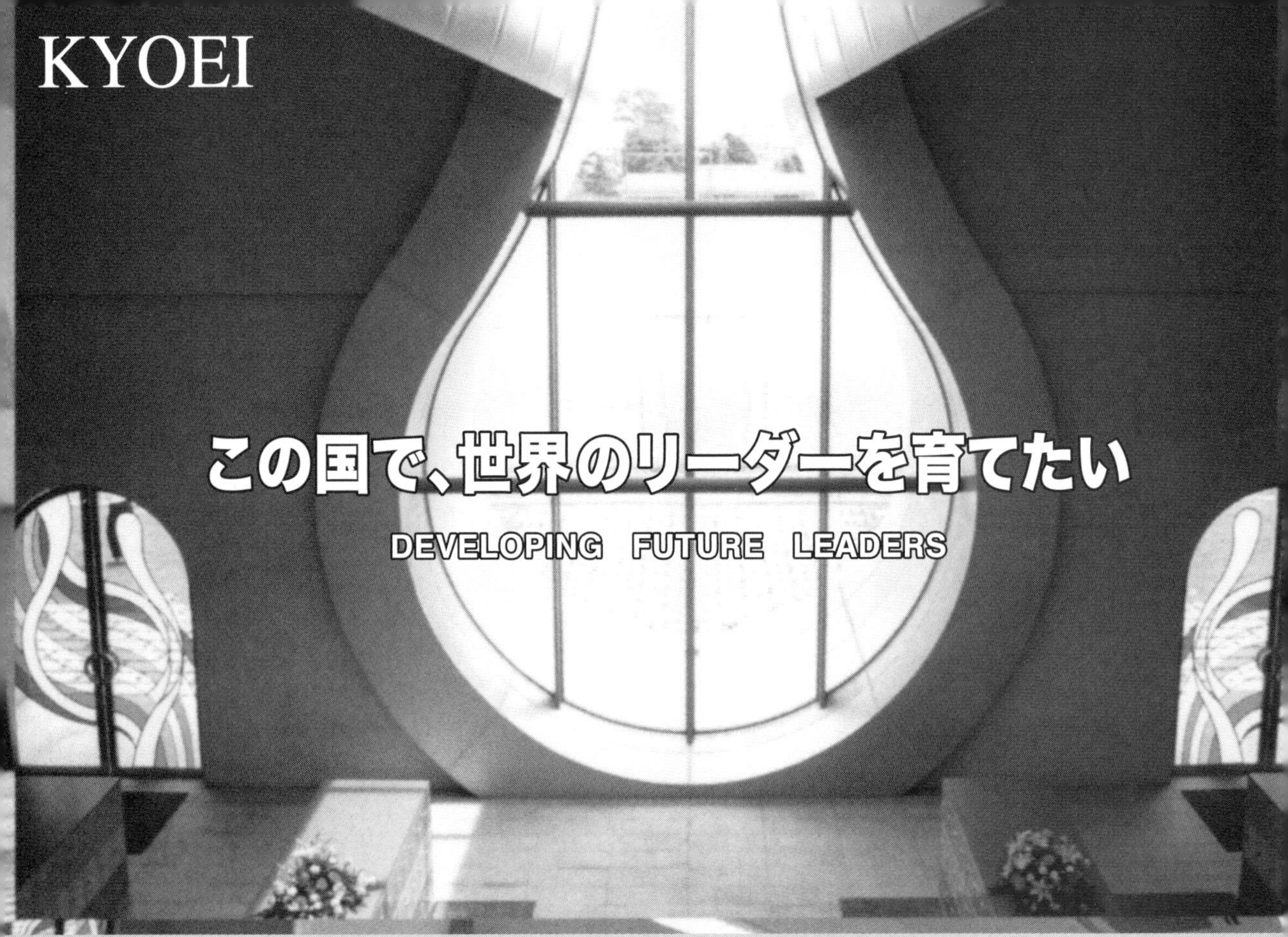

神奈川学園中学・高等学校

〒221-0844　横浜市神奈川区沢渡18　TEL.045-311-2961（代）FAX.045-311-2474
URL.https://www.kanagawa-kgs.ac.jp　E-mail:kanagawa@kanagawa-kgs.ac.jp

詳しい情報は本校のウェブサイトをチェック!
神奈川学園　検索

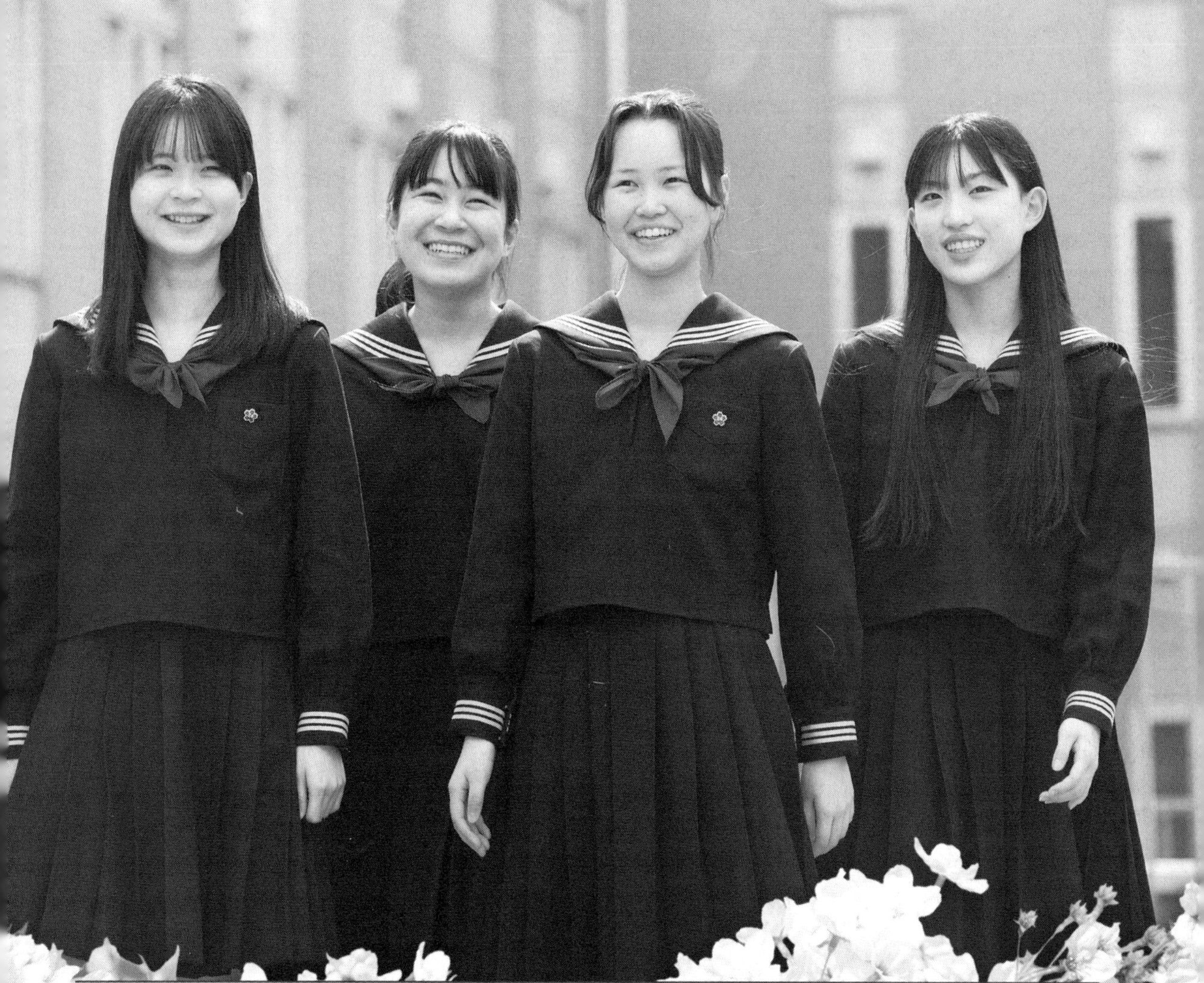

2025年度入試 学校説明会

第1回	4/13 土 11:00~12:00	第2回	5/11 土 11:00~12:00	第3回	6/8 土 11:00~12:00
第4回	8/23 金 19:00~20:00	第5回	9/7 土 11:00~12:00	第6回	11/16 土 午前中
第7回	12/5 木 19:00~20:00	第8回	1/18 土 11:00~12:00		

帰国子女入試説明会

第1回	6/1 土 11:00~12:00	第2回	10/19 土 11:00~12:00

文化祭

9/21・22 土 日 9:00~16:00

オープンキャンパス

第1回	6/22 土 10:00~12:30	第2回	11/16 土 10:00~12:30

入試問題体験会（6年生対象）

12/14 土 8:30~12:00

入試説明会（6年生対象）

第1回	10/12 土 11:00~12:00	第2回	11/30 土 11:00~12:00

●本校の「学校説明会」「帰国子女入試説明会」「オープンキャンパス」「入試説明会」「入試問題体験会」は、すべて事前予約制となります。参加ご希望の方はお手数をお掛けいたしますが、本校ウェブサイトよりお申込みください。
●最新情報は本校ウェブサイトをご確認ください。

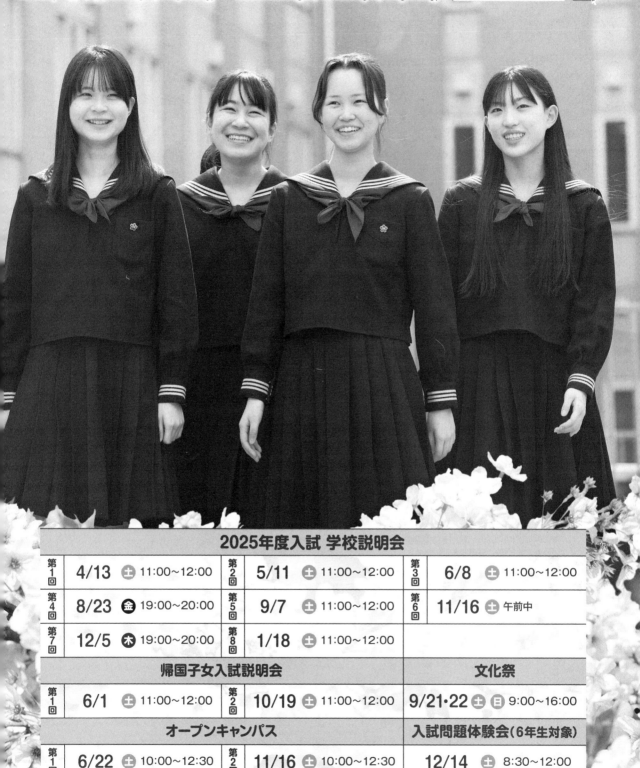

共立女子中学高等学校

2025年度入試

日程	12 / 1 帰国生	2 / 1	2 / 2	2 / 3 午後	
試験科目	国語+算数	4 科型	4 科型	英語＋算数	合科型＋算数

〒101-8433 東京都千代田区一ツ橋 2-2-1　TEL：03-3237-2744　FAX：03-3237-2782

栄冠 2025 年度受験用
中学入学試験問題集

国語編
女子・共学校

みくに出版

栄冠獲得を目指す皆さんへ

来春の栄冠獲得を目指して、日々努力をしている皆さん。

100％の学習効果を上げるには、他力本願ではなく自力で解決しようとする勇気を持つことが大切です。そして、自分自身を信じることです。多くの先輩がファイトを燃やして突破した入試の壁。皆さんも必ず乗り越えられるに違いありません。

本書は、本年度入試で実際に出題された入試問題を集めたものです。したがって、実践問題集としてこれほど確かなものはありません。また、入試問題には受験生の思考力や応用力を引き出す良問が数多くあるので、勉強を進める上での確かな指針にもなります。

ただ、やみくもに問題を解くだけでなく、志望校の出題傾向を知る、出題傾向の似ている学校の問題を数多くやってみる、一度だけでなく、二度、三度と問題に向かい、より正確に、速く解答できるようにするという気持ちで本書を手にとることこそが、合格への第一歩になるのです。

以上のことをふまえて、本書を効果的に利用して下さい。努力が実を結び、皆さん全員が志望校に合格されることをかたく信じています。

なお、編集にあたり多くの国立、私立の中学校から多大なるご援助をいただきましたことを厚くお礼申し上げます。

みくに出版編集部

本書の特色

最多、充実の収録校数

首都圏の国・私立中学校の入試問題を、
共学校、女子校にまとめました。
（男子校は『国語編男子・共学校』に収録しています。）

問題は省略なしの完全版

出題されたすべての問題を掲載してあるので、出題傾向や難度を知る上で万全です。
（なお、著作権上の都合により当年度の問題が掲載できない学校は、
過年度の問題を掲載しています。
複数回入試実施校は原則として１回目試験を掲載。一部の実技・放送問題を除く。）

実際の試験時間を明記

学校ごとの実際の試験時間を掲載してあるので、
問題を解いていくときのめやすとなります。
模擬テストや実力テストとしても最適です。

もくじ

（五十音順・過年度の問題掲載の場合は校名の後に記載・◆印学校広告掲載校）

共学校

女子校

青山学院中等部

―50分―

注意　・本文は、問題作成上、表記を変えたり省略したりしたところがあります。
・句読点や「　」などの記号も一字とします。

一　次のカタカナを漢字に直しなさい。

(1) 先祖をクヨウする　(2) ヒダイ化した組織
(3) 期限をノばす　(4) ダイチョウに書く
(5) オンコウな性格

二　次の詩を読み、あとの問いに答えなさい。

べんとうばこ　山崎るり子

四すみが九〇度のごはんのかたまりとおかずらしきもの
型から逆さまにおとされたかたちで
Ⓐ田んぼの畔（あぜ）の端（はし）にあった
この大きさは男子高校生のお弁当だ
学校がえりにこっそり捨てたのだな
緑の草のなか　ななめの陽（ひ）を浴びて
ごはんが白くうかびあがっている
残された弁当箱をうけとって
母親は心配する
何かいやなことがあって
食事がのどをとおらなかったのだろうか
体のぐあいが悪くて食欲がでなかったのだろうか
いやいや　仲間とのつきあいで
購買（こうばい）でパンを買ったのかもしれない
女の子が息子（むすこ）のぶんのお弁当も
つくってきたとか？
それとも…
母親は思いきっていう
「何かあった？
ぐあいでも悪いの？」

「るっせえなあ　いちいちいちいち」と
Ⓑ彼（かれ）はいわずにすんだのだ
母親はからっぽの弁当箱を
いつものように洗い、布巾（ふきん）でふきながら
明日のおかずをかんがえている

【山崎るり子「べんとうばこ」（『地球の上でめだまやき』〈小さい書房〉所収）】

(1) ――Ⓐ「田んぼの畔の端にあった」とありますが、
① それに気づいたのはいつですか。

ア 未明　イ 昼間　ウ 夕暮　エ 深夜

② ①と考えた根拠を五字以内で書きぬきなさい。

(2) ——Ⓑ「彼はいわずにすんだのだ」とありますが、なぜですか。

ア 母親は息子の気持ちを考えて何も聞かないように配慮したから。
イ 息子は母親へ乱暴な言葉を投げかけるのをぐっと我慢したから。
ウ 弁当を食べず残したのはいやなことがあったからではないから。
エ からっぽの弁当箱を母親に渡すことでいつも通りを装ったから。

(3) この詩に使われている表現技法について説明したものはどれですか。

ア 母親の言い表せない思いが体言止めを用いて描かれている。
イ 畔の端で弁当をみつけた時の色彩が対比を用いて描かれている。
ウ 男子高校生の素っ気ない様子が比喩を用いて描かれている。
エ 学校帰りに偶然目にした光景が反復法を用いて描かれている。

(4) 次の文章を読んで、あとの問いに答えなさい。

この詩の男子高校生は思春期を迎えている。きっと、学校のことを家で話さなくなったのだろう。ある日、何らかの理由で弁当に手をつけなかった。そのまま渡せば、母親はその理由を疑問に思い、ためらいをもちつつ、何かあったかを聞くだろう。Ⓒ親からの気遣いを予想すると、家に向かう足取りは重くなる。実際には、Ⓓほとんど手をつけられることなく捨てられた弁当。互いの思いを重ねながら、親子の日々は続いていく。

① ——Ⓒ「親からの気遣いを予想」した結果が読み取れる行を数字で答えなさい。

② ——Ⓓ「ほとんど手をつけられることなく」とありますが、そのことがわかる行を数字で答えなさい。

三 次の文章を読み、あとの問いに答えなさい。

資源の枯渇、温暖化、天変地異など、これから人類が直面するであろう困難を科学技術で乗り越えていけるとすれば、人類はもっと珍しく希少価値の高い存在になれるはずです。

しかし、私は何となく物足りなさも感じています。結局のところ達成しているのは、自分を含めた社会の存続で、すべての生物が今までやってきたことと方向性としては変わりません。アリでもハチでも自分たちの社会(コロニー)を存続させるために持てる能力を最大限に使っています。ハチが自身の存続に貢献する飛翔能力や攻撃能力(針)を持っているように、私たち人間社会は自身の存続に貢献する科学技術を持っています。

社会の存続のために頑張る姿は生物らしくはありますが、これが「人間らしい」と言えるかというと、少しためらいます。もっと自分や自分の属する社会の存続とは関係がなく、他の生物ではありえないような、Ⓐ人間にしかできないような方向性へ向かうことはできないでしょうか。【中略】

人間は増えて遺伝するものの末裔ですが、人間の存在は新しい「増えて遺伝するもの」を生み出しました。リチャード・ドーキンスはそれを「ミーム」と名付けました。「ミーム」とは人間の脳に広がる考え方やアイデアのことを指します。たとえばジョークもミームのひとつです。面白いジョークを聞いたら覚えて他の人にも伝えたくなるでしょう。こうしてジョークはたくさんの人の脳のなかに増えていきます。もっと面白くなるように改良する人もいるでしょう。そうすればジョークは変異し、その変異したジョークがさらに広がっていきます。より面白くなったジョークはより速く広がっていくはずです。こうしてジョークも進化することになります。ここで起きているのは、生物進化と同じ現象です。ただ、生物進化と決定的に異なるのは、ミームは人間の脳のなかでしか存在できないところです。したがって、皆が忘れてしまえばミームは簡単に絶滅してしまいます。

ほとんどのミームは長続きしません。すぐにその寿命を終えて、皆の脳のなかから消え去ってしまいます。10年前にどんなジョークが流行ったかなんてだれも覚えていないでしょう。しかし、稀にですが長い間、世代を超えて伝わり、進化し続けるようなミームも存在します。そうしたミームは、「文化」や「芸術」と呼ばれるようになります。

すべての文化や芸術もジョークと同じようにミームとして人間の脳の中で進化しています。たとえば西洋の美術も、12〜14世紀のゴシック美術、15〜16世紀のルネサンス美術、17世紀のバロック美術といったように、時代を経るにしたがって新しい要素を追加しながら進化してきました。ジョークと異なるのは、その増える能力です。ジョークであれば何年も経てば面白くなくなって、もうみんな忘れてしまいます。次世代に受け渡そうとする人はいなくなるでしょう。しかし、絵画の場合は数百年以上も前から歴史がつながっています。その間ずっと絵画の歴史は（一部の人にだけかもしれませんが）世代を超えて受け渡され、進化し続けています。前の世代を参考にしつつも、そこにはない新しい要素が付け加えられ続けています。増える能力が極めて高いミームだと言えます。

Ⓑ絵画以外でも音楽や演劇でも同じです。さらに映画でも、小説でも、ドラマでも、漫画でもアニメでもビデオゲームでも、さらには科学でも同じです。単にミームとして進化してきた歴史の長さが違うだけです。どの分野にも歴史があり、時代を超えて引き継がれている増える能力の高いミームです。増える能力が高いということは、すなわち、大きな魅力があり、ファンが多いということを意味します。

Ⓒこうした芸術や文化の驚くべき点は、生物としての人間の生存に対して全く役に立たないところです。実際のところ、どんなに素晴らしい芸術作品でも、映画や小説でも、その作品を見る人の生存や子孫を残す可能性には、ほぼ何の影響も与えないでしょう。むしろ、本来、生殖に費やすべきだった時間や労力が取られてしまうので、子孫の数を減らしているかもしれません。しかし、それなのにこうした作品は受け取り手に大きな影響を及ぼし、［Ⓓ］となっていることもあるように思います。誰しも寝食を忘れて映画、小説、漫画、ゲームなどに夢中になったことがあるでしょう。生きててよかったと思うくらいに心を動かされることもあるのではないでしょうか。**【中略】**

ただ、ひとつの可能性として、こうした芸術や文化というミーム自体が私たちの脳に広がりやすいようにうまく進化したということはあるかもしれません。つまり、芸術や文化といった増える能力の高いミームは、人間の脳の中で生きのびやすく、かつ増えやすいように変化しているという可能性です。言い換えると、ミームは腸内細菌のように人間と共生しているということです。

　こう考えると、芸術や文化的な活動が私たちの生きがいにもなっていることも説明ができます。ミームは増えて遺伝するものなので、必ずより生きのびやすく広がりやすいものが進化します。ミームはただの情報なので、脳の構造に影響を与えることは難しいかもしれませんが、もともと人間が持っている脳の構造に一番よく適応した形へと進化することはできるはずです。つまり、人間が寝ても覚めてもそのことしか考えられないくらいに魅力を感じたり、他の人にも魅力を伝えたくなるように進化するはずです。まさに、私たちが夢中になっている文化や芸術（映画、小説、漫画、ゲームなど）に該当するのではないでしょうか。

　そして、こうしたミームたちが、私たちに生きがいをもたらしてくれるのもⒺ妥当なことです。なぜなら、生きがいをもたらすようなミームほど、そのミームの宿主の人間はなんとか長生きして、そのミームをより魅力的にしたり、多くの人にそのミームを広めることに貢献してくれるはずだからです。ミームの側からすれば優秀な宿主となります。したがって、ミームはどんどん人間にとって、それなしでは生きていけないようなものとなっていくはずです。その意味で私たち人間はミームと共生しています。人間は脳というミームが存在する場所を提供し、ミームは私たちに生きがいを提供してくれています。相互補完的な関係です。

　こうした文化や芸術というミームを維持し発展させていくことは、人間にしかできません。文化や芸術は、人間の持つ複雑な情報処理が可能な脳という器官があることで、初めて生まれて増えることが可能になったものです。まさに人間らしい行為だと言えるでしょう。こうした作品の制作に参加する、あるいは一人のファンとして作り出すサポートをすることによって、私たちは他の生物とは違う生き方ができるかもしれません。

　さらに、こうした芸術や文化が魅力的なのは、どうなっているのか予想もつかずワクワクできるところです。生物としての人間の未来は、だいたい予想ができます。ただ長生きになって地球外へ広がっていくだけです。しかし、芸術や文化は、どんな新しいものがでてくるのかは予想もつきません。Ⓕミームは私たちの脳のメモリをめぐって競争をしています。その競争に勝った最も増えやすい（つまり魅力的な）ミームが進化します。未来に出現する作品は、今私たちが知っているどの作品よりも魅力的なものとなるはずです。

　私たち人間は、増える有機物質が作り出したひとつの現象です。【中略】同じく増えるものであるミームとともに、予想もつかず、魅力的で、生きていてよかったと思えるような世界を作りだせるかもしれません。

（市橋伯一『増えるものたちの進化生物学』〈ちくまプリマー新書〉）

(1)　――Ⓐ「人間にしかできないような方向性」とは、何をすることですか。本文中から二十四字で探し、はじめの六字を書きぬきなさい。

(2)　――Ⓑ「絵画以外でも音楽や演劇でも同じです」とありますが、どのような点が同じですか。

ア　寿命を終えても、生殖のたびに新しい要素が加わって改良される点。
イ　生物の進化と同じように、人間の脳のなかのみで進化を続ける点。
ウ　時代を超えて引き継がれるほど魅力的で、人々を夢中にさせる点。
エ　まったく新しいものが生み出され、ファンを増やす能力が高い点。

(3)　――Ⓒ「こうした芸術や文化の驚くべき点は、生物としての人間の生存に対して全く役に立たないところです」とありますが、なぜですか。

ア　芸術や文化は人類を進化させるだけでなく、直面する困難を乗り越えるためのものだから。
イ　芸術や文化は歴史的な価値はあるものの、個人の生き方に影響を与えるものではないから。
ウ　芸術や文化は人々に感動などを与えるが、人類が子孫を残すことには影響を与えないから。
エ　芸術や文化は人間の心を動かすものだが、人間の寿命をちぢめてしまう性質のものだから。

(4)　Ⓓ に入る語を本文中から四字で書きぬきなさい。

(5)　――Ⓔ「妥当」はどのような意味で使われていますか。

ア　適切なこと　　イ　常識的なこと
ウ　変わらないこと　　エ　価値あること

(6)　――Ⓕ「ミームは私たちの脳のメモリをめぐって競争をしています」とありますが、それはなぜですか。「から」に続くように、本文中から十六字で探し、はじめの六字を書きぬきなさい。

(7)　本文の内容と合っているものを二つ選びなさい。

ア　すべての生物が社会を存続するために能力を身につけているように、人間はミームを使って社会を維持している。
イ　複雑な情報処理が可能な脳という器官があったため、ミームは「増えて遺伝するもの」として生まれることができた。
ウ　小説や漫画、ゲーム、科学も前の世代を参考にして、新しい要素が付け加えられながら継承され、進化してきた。
エ　ミームは人間の脳の構造に大きな影響を与え、人間はミームから感動を得るという相互に補い合う関係を築いてきた。
オ　未来に出現するミームは予測可能であり、新しい芸術や文化として人々に引き継がれていくことがわかっている。

四　次の文章を読み、あとの問いに答えなさい。

コミュニケーション能力、いわゆる「コミュ力」とは、弁が立つことだと考えている人が多いと思います。

言葉で相手を納得させたり、時には言い負かす力がある、そういうイメージですね。

でも、それは間違いです。

言葉巧みに相手を誘導する人を見ると、羨ましいと思うかもしれませんが、この「言葉巧み」というのが曲者です。

早口でまくし立てたり、相手の反論を徹底的につぶしたりする人は、議論では勝てても、相手の信頼を得られないことがあります。なぜなら、自分の主張を押しつけているだけだからです。

そもそもコミュニケーションとは、一方通行ではありません。自分と他者がⒶ意見を交換して、理解し合うことです。

[Ⅰ]、言いくるめられるのとは別次元の「納得」がなければ、コミュニケーションが成立したことにはなりません。

そのために重要なのは、話す力ではなく、実はⒷ聞く力なのです。

「聞き上手は、話し上手」と、昔から言われています。それには理由があります。

コミュニケーションの第一歩は、相手がどういう人かを知り、何を考えているのか探ることです。

自分の考えと同じ点、違う点がわからなければ、双方が納得できるやりとりは成立しませんからね。

そのために、まず相手の話を聞きます。

相手が話し好きであれば、あなたは聞き手に回りましょう。相手がどういう考えや価値観を持っているのかをじっくり拾い、自分自身の考えや価値観と照らし合わせていきます。

[Ⅱ]、第一印象とは異なる相手の素顔が見えてきます。それによって、コミュニケーションの方法も決まっていきます。

でも、引っ込み思案で積極的に話さない人もいますよね。その場合は、あなたから話を切り出してみましょう。

そのときに心がけるのは、相手を知るための質問です。自己紹介から始めるのもいいでしょうが、それは相手が話しやすい雰囲気をつくるためです。

Ⓒいきなり議論や意見交換を始めようとはしないでください。互いについて語り合い、相手を知ることに徹します。

コミュニケーションを苦手だと感じるのは、この準備を怠っている場合が多いようです。

自分を知ってもらいたい、意見を聞き入れてもらいたい、その気持ちはわかります。でも、Ⓓはやる心を少しこらえて、まずは相手を知る――。

コミュニケーションは、そこから始まります。

話を聞くだけでコミュニケーションが上手になるなら、誰だってできそう。

そうなんですが、そうでもない。聞き方にコツがあるのです。

たいていの場合、初対面の人の話をすんなり理解するのは難しいものです。生きてきた環境が違い、そもそもどんな人かもわからないわけですから。何げなく聞いていると、半分も理解できないことがあります。

ただ聞き流しているだけでは、面と向かっていても、相手を知るために聞いているとは言えません。

じゃあ、どうすればいい？

話を聞きながら、脳内で自分の言葉に「翻訳する」んです。

[Ⅲ]、あなたは、スポーツはあまり得意ではなく、友人たちとのバンドでギターを弾いているとしましょうか。

話の相手はバレーボールに夢中で、アタッカーとして頑張っている人だとします。

仲間がレシーブしトスしたボールを、アタッカーとして打つ瞬間の緊張と興奮を話してくれます。相手の口調から、アタックの瞬間をいかに素晴らしいと感じているかはわかりますが、漠然としたものです。

そこで、相手の興奮をギターを演奏している自分自身に置き換えてみてください。

アタックの瞬間とは、ライブ中にあなたがギターのソロ演奏を務めるとき、に近いのではないでしょうか。

そう考えると、その興奮が一気に「自分ごと」として感じ取れます。

相手の話を、自分が理解できる言葉や風景に置き換える、これを「自分語にする」と定義しましょう。その瞬間、あなたと相手は急接近します。

これこそが、私の言う「聞く」ことなのです。

そんなの難しそうだな、と思うかもしれませんね。自分語への翻訳が正しいかどうかもわからないし。

そんなときは、話の切れ目を見計らって、「私はバレーボールのことはよくわからないんだけど、ギターでソロ演奏するハイな気分みたいなものかな？」と尋ねればいいんです。

一瞬、意外そうな顔をされたとしても、あなたがバンド活動をしていると事前に伝えておけば、相手は「そうかも」と共感してくれるかもしれません。

もう一つピンとこないようなら、「それって、どんな感じ？」と尋ねてくるでしょう。今度はあなたが、自分の興奮を素直に話せばいいんです。

このように少しずつ接点を見つけ、共感を探していくやりとりを重ねると、徐々に相手への理解が深まっていきます。

相手を理解するというのは、相手と同じ考えを持つことではありません。また、理解しただけでは、わかり合えたことになりません。

「理解した」とは、ある分野で相手がどういう意見を持っているかがわかっただけです。

その結果、同意できる点とできない点が見つかるはずです。

まずは、双方が同じ考えだとわかった点について、相手に伝えましょう。

そのときに共感が生まれます。他人の考えと隅から隅まで同じということは、ありえません。でも、すべての価値観が異なるというのも稀なのです。

コミュニケーションを進めるためには、共感が基盤となります。その共感を深めることで、互いにわかり合える部分ができる。それを支えに、異なる価値観について意見交換をしていくと、相手を敵視したり、「絶対にわかり合えない」と決めつけたりするのを避けることができます。

決めつけたり、相手の言葉や考えを遮断したりする、その瞬間に、コミュニケーションは終わります。

可能な限り、そういう事態を避ける。最終的に理解し合えない点が多いという結論に至ったら、互いの関係をどうしようかと考えればいいのですから。

コミュニケーションを始めた段階で大切なのは、こういう人なんだと認められるだけの情報交換をすること。それで十分です。

話をしていると、徐々に相手のことがわかってきます。また、どのような関係になるかも見えてきます。【中略】

他人を理解したいとき、共通項を探すことから入ると、親しみが湧くし、相手の理解も早い。

私はたいていそういう姿勢で初対面の人に接しますが、相手の素顔がなかなか見えてこない場合もあります。

一見同じだと思っていたのに実は根幹で違ったと気づいたときの衝撃ときたら、もうお手上げですね。

そんなときは、とにかくその違いをすべて受け入れることです。

「この人とは根本的にはわかり合えない」と納得すれば、そこから先は相手のことが「とてもよくわかる」ようになります。

なぜなら、根本的な価値観が違うから、その人の言動に共感できるわけがないという構えができるからです。

また、そういう発想をする人なら、こんな説明を受け入れてくれるかもしれないというアプローチ法も浮かびます。

相手を説得しようとしても無駄だから、双方は別物という前提で可能なことを考える。

この発想は、Ⓔ「不本意だけど相手の〝正しい〟に同調する」のとはずいぶん違うでしょう。

コミュニケーションとは、こういうものなんです。相手の話をしっかり聞いて、この人は自分と根本的に異なる哲学を持っていると知ることができたら、〝正しい〟を押しつけ合うなんて無益なことはせずにすみます。

相手を知るために話を聞き、自分が感じたことを相手にぶつけて、納得のいく関係を築きましょう。

人の話を聞くと、もう一つ大切なものを手に入れることができます。

それは、「自分自身の考え」です。

そんなバカな、と思わないでください。

自分の考えというのは、もともとはあいまいなものです。いろんな経験をしたり、人とあれこれ話したりすることで、徐々に形になっていきます。

あるテーマで他人の意見を聞き、それを「自分語」に翻訳しつつ、心の声に耳を澄ます。

その通り！

それは違うな！

そういう繰り返しで、漠然としていた自分の考えに目鼻がついてくるのです。

最初は意見が異なっていたのに、話を聞いているうちに同調することだってあります。本当に納得できるのであれば、それもいい。

いずれにしても、コミュニケーションをしっかりと行っていれば、自分の考えが鮮明になります。鮮明になっていないようなら、まだまだコミュニケーション不足だということかもしれません。

でも、相手がどういう人なのかは、できるだけ早く知りたいものです。なので、話をしていて何かひらめくと、Ⓕ「そうか、この人はこういう人だな！」と決めつけがちです。

でも、よくよく相手と話をしても、理解できたのは、まだほんの一部です。

だから、間違っても「キミがどういう人かわかった」などと言わないように。たとえ友人であっても、そんなふうにまとめられたら嫌でしょ。

そんな簡単にわかられてたまるか！と言いたくなるでしょ。

だから、物事も人も簡単に決めつけない。それは、あなたの脳内で弾けた〝正しい〟を疑う理由でもあります。

（真山仁『〝正しい〟を疑え！』〈岩波ジュニア新書〉）

(1)　――Ⓐ「意見」を言いかえた表現を本文中から六字で探し、書きぬきなさい。

(2)　[Ⅰ]・[Ⅱ]・[Ⅲ]に適切な接続詞を次の中から選び、記号で答えなさい。ただし、同じ記号は二度使えません。

ア　すると　　イ　たとえば　　ウ　つまり
エ　さらに　　オ　ところで

(3)　――Ⓑ「聞く」をより詳しく説明した表現を本文中から二十五字で探し、はじめの五字を書きぬきなさい。

(4)　――Ⓒ「いきなり議論や意見交換を始めようとはしないでください」と筆者が忠告する理由は何だと考えられますか。

ア　自分の主張を最初から強く相手へ伝えなければ、互いに共感できる可能性や機会を失ってしまうから。

イ　まず自分語に翻訳して、相手を尊重して理解を深めて初めて、議論をうまく誘導できるようになるから。

ウ　相手を知ろうとする態度を示さずに議論を始めると、巧みな相手の誘導に乗って議論に勝てないから。

エ　自分との共通点や違いを明確にし、それを受け入れて初めて、ようやく議論を始めることができるから。

(5)　――Ⓓ「はやる」を言い表す擬態語として、最も適切なものはどれですか。

ア　もやもや　　イ　はらはら　　ウ　うずうず　　エ　いらいら

(6)　――Ⓔ「不本意だけど相手の〝正しい〟に同調する」を説明するものとして、最も適切なものはどれですか。

ア　相手が自分の意見との相違点を認めるものの、相手の〝正しい〟意見に飲み込まれてしまう。

イ　必ずしも自分と符合するわけではないが、言葉巧みな誘導により相手の〝正しい〟を信じる。

ウ　意見を聞かれぬまま、一方的に相手の〝正しい〟主張を聞き、その論調に気圧され賛同する。

エ　相手と違う意見だったが、相手の〝正しい〟意見を受け入れ、結果的に自分が折れてしまう。

(7)　――Ⓕ「「そうか、この人はこういう人だな！」と決めつけがちです」のように、一方的にその相手の人となりや能力に評価をつけることを慣用表現で何と言いますか。[　　]に当てはまるカタカナ四字を答えなさい。

[　　]を貼る

(8)　この文章の内容として正しいものはどれですか。

ア　自分が相手との議論や意見交換を無益だと感じるのであれば、双方の間には望ましい関係が構築できていないということに等しい。

イ　まるっきり自分と考える方向性が違う人と出会ったとしても、話を聞くことによって、新たな関係性を構築することが可能である。

ウ　相手のことを極力知ろうと努め、議論の末に言葉で相手を納得させることができる人が、コミュニケーション能力の高い人である。

エ　互いに意見を何度も交わす中で良好な関係を構築し、同じ意見を持つようになって初めて相手とわかり合えたということができる。

五　次の文章を読み、あとの問いに答えなさい。

「ぼく」こと、大久保慎吾は中学一年の終わりにバスケ部を「ある理由」から退部した。そして二年生になり、クラスメイトの小宮山さんに誘われて、吹奏楽部の見学をすることになる。見学中は部長の日置先輩や同じクラスの高城君のおかげで、気持ちが少し吹奏楽部に傾き始めていた。

五時前に見学を切りあげて、ぼくは音楽室をあとにした。吹奏楽部は練習中もなごやかなふんいきで、先輩と後輩の距離も近くて、それがなんだかとても魅力的に見えた。二、三年生の演奏を聴きながら、あんなふうに楽器を弾けたらきっとたのしいだろうな、とも思った。けれど帰り際、また見学にきてね、と声をかけてくれた日置先輩たちに、ぼくは曖昧な笑顔をかえすことしかできなかった。

校舎の玄関を出たところで、ぼくはなんとなく足を止めた。そしてほとんど散ってしまった校舎前の桜並木をぼんやりながめていたら、「大久保」とだれかになまえを呼ばれた。

声をかけてきたのは、一年生のときの担任の辻井先生だった。しょっちゅうしかめっつらをしていて、ぶっきらぼうなしゃべりかたをする女の先生だけど、しかめっつらでもべつに怒っているわけじゃないことは、一年間のつきあいで知っている。

「ずいぶん帰るのが遅いけど、委員会の仕事でもしてた？」

「いえ、小宮山さんに誘われて、吹奏楽部の見学に行っていて……」

「ああ、部活見学。吹奏楽部は部員不足だって聞いたから、入部してあげたら喜ばれるんじゃない？」

辻井先生はそうすすめてから、ぼくの脚を見おろした。

「ひざの具合は、その後どう？」

「Ⓐ激しい運動をしなければ痛まないからだいじょうぶです。ありがとうございます、心配してくれて」

「そうか、それならよかった。だけど、バスケットを続けられなかったのは残念だったね」

はい、とこたえながら、Ⓑぼくは辻井先生から視線をそらした。

バスケ部を辞めてから、何人もの相手におなじようなことをいわれた。だけどぼく自身はほんとうに、残念に思っているんだろうか。

そのとき、五時を知らせるチャイムの音が聞こえた。それを耳にした瞬間、ぼくはふいに思いだした。バスケ部の練習は、たいていこのチャイムのあとで休憩時間になる。休憩中には、ここからも見える水飲み場にみんなでやってくることも多い。

「あのっ、これから病院に行かなくちゃいけないので、失礼します！」

ぼくはあたふたとお辞儀をしてその場を立ち去った。急に早足であるきだしたせいか、右ひざにズキッと痛みを感じた。

家に帰ると、ぼくはすぐに制服を着がえて病院に出かけた。ぐずぐずしていたら診察が終わるころには部活も終わって、帰り道でバスケ部の仲間と顔を合わせてしまうかもしれない。

　バスケ部を辞めてから、ぼくは同級生の部員のみんなと会っていなかった。携帯電話を持っていないから、連絡を取りあってもいない。二年生になって、自分のクラスにバスケ部のメンバーがひとりもいないことを知ったときは、［Ⓒ］より［Ⓓ］っとする気持ちのほうがたぶん強かったと思う。

　バスケ部のみんなを避けているのは、部を辞めたことにうしろめたさがあるからだ。ぼくが退部したのは、脚の故障が原因だった。医者にも親にも部活を辞めることをすすめられた。だけど、絶対に辞めたくないと強く抵抗していれば、どうにかしてひざをかばいながら、まだ部活を続けられていたかもしれない。

　その道を選ばないで、まわりにすすめられるままに退部を決めてしまったのは、ぼくが心の底でバスケ部を辞めることを望んでいたからじゃないだろうか。退部をしてからずっと、ぼくはそんなふうに自分の心を疑い続けていた。

　仲のいい同級生のみんなといっしょの部活はたのしかった。けれどそのみんながどんどん上手になって、大会でも活躍しているのに、ぼくは試合中もほとんどベンチに座ったままだった。

　みんなに追いつこうとして、ぼくなりに必死に練習に打ちこんでみたけど、もともとの体力のなさや運動神経の悪さをカバーすることはなかなかできなかった。仲間たちの中で、ぼくだけが取り残されていくように感じて、つらくなることも次第に多くなっていった。

　だから退部をすすめられたとき、ぼくはあえて抵抗しなかったんじゃないだろうか。脚のことを理由にして、部活の苦しさから逃げたんじゃないだろうか。自分の意志で退部を決めたわけじゃないから、自分があのときほんとうはどうしたかったのか、ぼくはいまだにわからないでいる。

【中略】

　翌週の放課後、教室で日直の仕事をしていたら、高城くんに話しかけられた。

「大久保、また吹奏楽部の見学にこないか？」

「あっ、きょうは用事があって……」

　ぼくは反射的に嘘をついていた。高城くんは「そうか、じゃあしかたないな」と残念そうに教室を出ていった。

　結局ぼくが吹奏楽部の見学に行ったのは一回きりだ。何度も見学に行ったら、入部を断れなくなりそうな気がして不安だった。たのしそうな部だな、とは思ったから、去年のぼくだったら入部を決めていたかもしれない。けれどⒺいまのぼくにはもう、その勇気がなかった。

　書き終えた日誌を職員室に届けて廊下に出ると、そこでぼくはまた辻井先生に会った。あいさつだけしてすれ違おうとすると、「そういえば」と辻井先生がぼくを呼び止めた。

「大久保、吹奏楽部には入部することにしたの？」

「いえ、まだ迷ってるんです。あんまり自信がなくて……」

　急に尋ねられたせいか、思わず本音がこぼれてしまった。ぼくのその返事に、辻井先生が首を傾げて聞きかえしてくる。

「未経験者だからってこと？　それなら新入生といっしょに丁寧に教えてくれるだろうから、心配はいらないと思うけど」

「未経験者っていうのもあるんですけど、それよりぼくは、バスケ部も辞めちゃったから」

「バスケ部はべつに辞めたくて辞めたわけじゃないでしょう」

「それは、そうだと思うんですけど……」

ぼくは歯切れの悪い声でこたえてうつむいた。

ほんとうにそうなんだろうか。もともと辞めたいと願っていたから、脚の故障を理由にして退部したんじゃないだろうか。

それがわからないから、ぼくは自分を信じられなくなっていた。吹奏楽部に入部しても、思うようにうまくなれなかったら、ぼくはまた逃げだそうとするかもしれない。いや、きっとそうなる気がする。ぼくはたぶん、そういうやつだから……。

自分に嫌気が差して、ぼくが制服のひざを見おろしていると、辻井先生がふいに尋ねてきた。

「退部してから、バスケ部の仲間には会った?」

「いや、なんとなく会いづらくて……」

「そういわずに、たまには顔を見せてやったら。きょうの六時間目、三年生は臨時の学年集会だったんだけど、それがまだ長引いてるみたいだから、いまなら先輩と顔を合わせずに部の仲間と話せるよ」

そう告げるⒻ辻井先生の顔には、滅多に見せないやさしい笑みが浮かんでいた。けれどぼくが驚いていると、すぐにその笑顔を引っこめて、「それじゃあ」と職員室に入っていってしまう。

職員室の戸が閉められたあとで、ぼくはバスケ部のみんなが練習をしている体育館のほうを振りかえった。

体育館の床で、バスケットボールが弾む音が聞こえてくる。部活を辞めてまだ半月ちょっとしかたっていないのに、ぼくにはその音がやけに懐かしく聞こえた。【Ⅰ】

放課後の体育館を訪れるのは、退部のあいさつをしにいったとき以来だった。まだバスケ部のみんなと話をする決心がつかなくて、ぼくはこっそり体育館の中をのぞいてみた。

体育館の中では、バスケ部がすでに練習を始めていた。雅人も、バリーも、もっさんもいる。残りの部員は全員新入生だ。すごい、八人もいるじゃないか。これなら三年生が引退しても、部員不足に悩むことはなさそうだ。

雅人がおもしろいことをいったのか、一年生たちが笑いだした。雅人、愉快ないい先輩をしてるみたいだな。ぼくが退部する前は、新入部員の指導なんてめんどくさいとかいってたのに。

先輩らしく振る舞っている仲間の姿をながめているうちに、ぼくはたまらなく寂しくなった。【Ⅱ】

様子を見にきたりなんてしなければよかった。そう後悔しながら、ぼくはその場を立ち去ろうとした。ところがそのとき、姿の見えなかったもうひとりの二年生部員の満が、ちょうど体育館にやってきた。用事があって遅れたんだろうか。満はまだ制服姿で、ぼくを見て驚いた表情を浮かべていた。

「やっぱり慎吾か。こんなとこでのぞいてないで、中に入ればいいのに」

「いっ、いや、練習の邪魔をしちゃ悪いと思って……」

「そんな気を遣うことないだろ。おい、慎吾がきてるぞ!」

満が体育館の中に向かって声をかけると、すぐに雅人が飛んできた。もっさんとバリーもそのあとから駆けてくる。

「慎吾、この薄情者！　たまには顔見せろよなあ。寂しいだろ！」

「ご、ごめん。けど、退部したのに練習に顔を出すのは気が引けて……」

Ⓖ「水くさいこというなよ。とにかく中入れって」

Ⓗ遠慮する暇もなく、ぼくは体育館の中に連れこまれてしまった。

【Ⅲ】

体育館のステージにみんなと輪になって座ったものの、どんな話をしたらいいかわからず、ぼくはミニゲームをしている一年生たちを見ていった。

「新入部員、たくさん入りそうでよかったね」

「おう、勧誘頑張ったからな。それより慎吾は最近どうなんだよ。おまえのクラス、担任チャラ井だろ。あの人ちゃんと担任とかやれんの？」

「まあ、思ったよりちゃんとやってくれてはいるんだけど、やっぱり辻井先生のほうがよかったなあ」

それからぼくたちは自分のクラスのことや最近のできごとについて話をした。ぼくがまだバスケ部にいたころの、練習前や休憩時間とおなじように。

なのにぼくは仲間たちとのあいだに、これまではなかった距離を感じていた。それはきっと、ぼくがみんなに隠していることがあるから。そしてみんながぼくに気を遣ってくれているからだ。その証拠に、ぼくの脚や退部のことには、だれも触れようとはしない。【Ⅳ】

しばらく話したところで、ふいに会話が途切れた。一年生がスリーポイントシュートを決めて歓声をあげた。ぼくがそっちに注目するふりをして、Ⓘ気まずさをまぎらわせていると、満が「慎吾」と話しかけてきた。不安をこらえるような、硬い表情で。

「おまえの脚のことを聞いたときから、謝らないとずっと思ってたんだ。成長痛だろうなんて適当なことをいって、ほんとうに悪かった。あのときすぐに病院に行くようにすすめてれば、部を辞めなくてすんだかもしれないのに……」

「えっ、そんなの謝ることないよ。ぼくだって、自分の脚が退部しなきゃいけないほどひどい状態になってるなんて思ってもいなかったんだから」

慌ててそういいかえしても、満の顔は晴れなかった。満だけじゃなくて、ほかのみんなもおなじように沈んだ顔をしていた。

バリーがおずおずとぼくにいった。

「けどよぉ、慎吾、最近ずっとおれらのことを避けてたろ。だからやっぱそのことで怒ってんじゃないかと思ってよぉ」

「誤解だよ！　ぼくがみんなと顔を合わせづらかったのは、ただ、バスケ部を辞めたことがうしろめたかったからなんだ」

口にした瞬間に、いってしまった、と思った。うろたえているぼくに、バリーが首を傾げて聞きかえしてきた。

「なんでだよ。退部は脚のせいなんだからしょうがないだろ。うしろめたさなんて感じる必要ないじゃん」

ほんとうのことを、正直に話さなくちゃいけない。たとえみんなに軽蔑されたとしても。そうしなければ、きっとこれからもみんなに、ぼくのことで責任を感じさせてしまう。

仲間たちの視線から逃れてうつむくと、ぼくはおそるおそるそのことを明かした。

「たしかに、脚のせいなんだけどさ。親とか医者に退部をすすめられたとき、ぼくははっきり嫌だっていわなかったんだ。続けようとしていれば、続けられたかもしれないのに。だからもしかするとぼくは、心の底でバスケ部を辞めたがってたのかもしれないって、そう思ってるんだよ。いくら練習してもみんなみたいにうまくなれないから、それがつらくて部活から逃げたんじゃないか、って……」

言葉を終えたあとも、ぼくはⒿみんなの反応が怖くてうつむいたままでいた。ぼくがびくびくしながら沈黙に耐えていると、満が最初に口を開いた。

「慎吾はそういうことはしないだろう」

それはまるで、ぼくがなにかおかしなことをいったかのような口調だった。驚いて顔を上げると、満は明らかに戸惑った表情を浮かべていた。

雅人が「だよな」と相槌を打ってぼくの顔を見た。

「おまえ、本気でそんなこと気に病んでたのかよ。おまえみたいに真面目で練習熱心なやつが、まだ頑張れるのに怪我のせいにしてあきらめたりするわけないだろ」

バリーともっさんもしきりにうなずいていた。その反応を目にしたとたん、胸の底から熱いものがこみあげてきた。

正直、ぼくはみんなのことを疑っていた。あいつは怪我を理由にしてバスケ部から逃げた。そう思われているんじゃないかと想像して怖かった。

だけど、そんなことはなかったんだ。ぼくはずっと自分の本心を疑い続けていたのに、みんなはいまでもぼくのことを信頼してくれていたんだ。

ありがとう、とぼくは心からみんなに感謝した。なにいってんだよ、と雅人が茶化すようにぼくの肩を揺さぶってくる。

「……もっとみんなとバスケをしてたかったな」

みんなの顔を見ていたら泣いてしまいそうで、ぼくはステージの床を見つめてつぶやいた。

退部から半月以上がたってようやく、ぼくは自分のほんとうの気持ちに気がついた。

（如月かずさ『給食アンサンブル２』〈光村図書出版〉）

(1) ――Ⓐ「激しい運動をしなければ痛まないからだいじょうぶです。ありがとうございます、心配してくれて」に使われている表現技法をひらがなで答えなさい。

(2) ――Ⓑ「ぼくは辻井先生から視線をそらした」とありますが、次の文章はその理由を説明したものです。（　）に入る語句を――Ⓔより前の本文中から二十二字で探し、はじめの五字を書きぬきなさい。

（　）という「うしろめたさ」があったので辻井先生から視線をそらした。

(3) [Ⓒ]・[Ⓓ]について以下の問いに答えなさい。

① [Ⓒ]に入る表現を答えなさい。

ア　戸惑い　　イ　寂しさ　　ウ　嬉しさ　　エ　驚き

② [Ⓓ]に入るひらがな一字を答えなさい。

(4)　――Ⓔ「いまのぼくにはもう、その勇気がなかった」とありますが、そのことが具体的な言動となっている表現は本文中に何度も見られます。その中で最初に描かれている言動をふくむ一文を探し、はじめの五字を書きぬきなさい。

(5)　――Ⓕ「辻井先生の顔には、滅多に見せないやさしい笑みが浮かんでいた」とありますが、辻井先生の提案はどのような働きかけになりましたか。

ア　怪我が治ったらできるだけはやくバスケ部に復帰する決意を改めて固める。

イ　「ぼく」が先輩を避けている気持ちを優先して同級生を事前に集めておく。

ウ　バスケ部を辞めた理由が自分でもよく分からない「ぼく」の気持ちを整理する。

エ　どちらの道に進むか決めきれない「ぼく」の心の弱さにあきれ決断を催促(さいそく)する。

(6)　次の一文は、【Ⅰ】～【Ⅳ】のうち、どこに入りますか。
もうこの放課後の体育館に、ぼくの居場所はない。

(7)　――Ⓖ「水くさいこと」を次のように言いかえたとき、「○◇○◇」に当てはまるひらがな四字を答えなさい。ただし○と○、◇と◇はそれぞれ同じひらがなが入ります。
○◇○◇しいこと

(8)　――Ⓗ「遠慮する暇もなく、ぼくは体育館の中に連れこまれてしまった」とありますが、この時のバスケ部員たちの思いを答えなさい。

ア　なんとしても慎吾にバスケ部へもどってもらいたかった

イ　慎吾の退部の真相をなんとしても直接聞き出したかった

ウ　楽しんでいたこの場をどうにかしてごまかしたかった

エ　急に慎吾がバスケ部にいた昔に戻ったようで嬉しかった

(9)　――Ⓘ「気まずさをまぎらわせている」とありますが、それはなぜですか。

ア　本当は自分もバスケをしたいがここで無理をするとこれまでの苦労が水のあわになってしまうから

イ　せっかくバスケ部の仲間が輪の中に入れてくれたのに気が付くと話すことがなくなってしまったから

ウ　どのタイミングで体育館からぬけ出そうかと昔の仲間の様子を観察していることが見すかされるから

エ　昔の仲間が自分の足を気遣いながらこの機会に謝罪しようとしていることに気づいてしまったから

(10)　――Ⓙ「みんなの反応」とありますが、それに当てはまらないものはどれですか。

ア　慎吾のうそを受け入れるようによそおうこと

イ　慎吾のずるさを厳しく責めたてること

ウ　慎吾のすなおな気持ちを冷たくあしらうこと

エ　慎吾の行いに心からがっかりすること

(11)　この後、慎吾が吹奏楽部に入部するかどうかを決めるに当たって、本文での出来事から心に誓(ちか)ったことはどのようなことだと考えられますか。「信頼」「困難」という言葉を必ず使って、四十五字以上五十字以内で答えなさい。

青山学院横浜英和中学校（A）

―50分―

注意　字数制限のある問題では、、や。や「」は字数にふくみます。

一　次の1～5の――部のカタカナは漢字に直し、漢字は読みをひらがなで書きなさい。

1　ケッピンのおわび。
2　最終バスを車庫にカイソウする。
3　山菜トりに行く。
4　ニュースを明解に説明する。
5　作品の構想を練る。

二　次の問いに答えなさい。

問一　次の――部にあてはまる漢字を次のア～エから一つ選び、記号で答えなさい。

不シンの念を抱(いだ)く。

ア　進　　イ　信　　ウ　真　　エ　心

問二　次の1、2のグループの中で、上下の二つのことばの関係が異なるものを次のア～エからそれぞれ一つ選び、記号で答えなさい。

1　ア　おびただしい　―　非常に多い
　　イ　あらかじめ　―　まえもって
　　ウ　ぎこちない　―　なめらかでない
　　エ　いぶかしい　―　じれったい

2　ア　落ちる　―　落とす　　イ　消える　―　消す
　　ウ　見つける　―　見つかる　　エ　閉まる　―　閉める

問三　次の1、2について、――部の表現と反対の意味を表すものを次のア～エからそれぞれ一つ選び、記号で答えなさい。

1　友人の冷たい反応に傷つく。
　　ア　姉は両親からの信頼(しんらい)があつい。
　　イ　今年の夏はどうしようもないほどあつい。
　　ウ　父親の財布(さいふ)はあつい。
　　エ　あつい声援を送る。

2　あの審査員(しんさいん)の評価は辛(から)い。
　　ア　あまい言葉で誘(さそ)う。　　イ　入会の基準があまい。
　　ウ　息子(むすこ)の考え方はあまい。　　エ　今日の煮物(にもの)はあまい。

問四　次の1、2について、(例)のように、空らんに入る漢字をつなげると四字熟語になります。【　】の意味を参考にして、その四字熟語をそれぞれ漢字で書きなさい。

(例)　(　)流・(　)畑・(　)力・(　)車
【自分の都合のいいようにすること】→我田引水(がでんいんすい)

1　(　)車・(　)線・(　)頭・(　)花
【行動が非常にすばやいさま】

2　快(　)・農(　)・降(　)・音(　)
【田園できままに暮らすこと】

三　次の文章を読んで、後の問いに答えなさい。

すべての生物は進化をします。「進化」という言葉はいろいろな分野で少し違った意味で使われていますが、ここでの「進化」は生物学的な進化を指します。すなわち、ダーウィンが述べた「多様性を持つ集団が自然選択を受けることによって起こる現象」のことです。

ア　この子孫を残しやすい性質が集団内で増えていく現象が「自然選択」と呼ばれます。多様性があってそこに自然選択が働くと、より子孫を残しやすい性質がその生物集団に自然に広がっていくことになります。

イ　この進化の原理はとても①単純です。まず、生物は同じ種であっても個体ごとに少しずつ遺伝子が違っていて、その能力にも少しだけ違いがあること、つまり能力に多様性があることを前提とします。

ウ　このように集団の性質がどんどん変わっていくことが生物学的な「進化」と呼ばれます。自然選択が起こると特定の性質が選ばれるので、一時的に多様性は小さくなってしまいますが、そのうち遺伝子に突然変異が起きてまたいろいろ性質の違う個体が生まれると多様性は回復します。そしてまた自然選択が起こり、進化が続いていくことになります。

エ　たとえば、池の中にミジンコがたくさんいて、みんな少しずつ泳ぐ速さが違うといった状況をイメージしてください。泳ぐ②のが速いミジンコは、泳ぐのが遅いミジンコよりもきっと餌を多く手に入れることができるでしょうし、ヤゴなどの天敵から逃げやすいので長く生き残ってたくさんの子孫を残すでしょう。そして次の世代のミジンコ集団では泳ぐのが速いミジンコの割合が増えていることでしょう。

（市橋伯一『増えるものたちの進化生物学』〈ちくまプリマー新書〉）

問一　この文章は、ア～エの部分の順序が入れかわっています。正しい順序になるように並べかえ、記号で答えなさい。

問二　①「単純」と反対の意味の熟語を漢字で書きなさい。

問三　②「の」と同じ意味、用法のものを次のア～エから一つ選び、記号で答えなさい。

ア　いったいどうしたの。　　イ　行くのはやめよう。

ウ　これはわたしの本だ。　　エ　冷たい雨の降る一日。

四　次の文章を読んで、後の問いに答えなさい。

ピーター・グリーナウエイというイギリス人の映画監督がいます。かなり凝った画面の〝芸術映画〟を作る人です。日本での知名度はそんなに［　①　］ないのかもしれませんが、世界的に有名な映画監督です。②この人が、日本の清少納言の『枕草子』にほれこんで、『枕草子』という映画を作ってしまいました。日本でも公開された作品ですから、ごらんの方もあるかもしれません。私は、その映画の製作準備のために日本にやって来たピーター・グリーナウエイ監督と会って、話をしたことがあります。私は、『桃尻語訳枕草子』（河出書房新社刊）という形で『枕草子』の現代語訳をしていましたから、「映画を作るうえで、日本のいろんな人と会って話を聞いて参考にしたい」という監督と会って、いろいろな話をしたのです。その時に監督の言ったことで印象に残っているのは、「なぜ『枕草子』がすばらしいか」ということです。

『枕草子』は、今から一千年ばかり前に書かれた随筆ですが、ピーター・グリーナウエイ監督は、そのことにびっくりしているのです。「今から一千年前といえば、我が英国がほとんど〝野蛮人の国〟と同様だった時代なのに、どうしてこれだけ自由に文章を書ける女性がいたのか」ということです。『枕草子』は『ＰＩＬＬＯＷ　ＢＯＯＫ』というタイトルで、英語に翻訳されています。それを読んで清少納言という女性の存在を知って、その奔放自在な書き方に、彼はびっくりしたのです。なにしろ彼女は、今から一千年も前の女性で、今から一千年前のヨーロッパといったら、どこだって「野蛮人の国」とそんなに変わらないような時代です――あんまりはっきり言ったらきっと怒られるでしょうが。

この当時の世界の先進地域は中国やアラビアで、ヨーロッパに「文章を書く女性」を求めるのなんか酷です。でも、そんな時代に日本の清少納言という女性は、ずいぶん奔放に自由な文章を書いています。それを読めば、どれだけ高度で進んだ文化が日本にあったかは分かります。イギリス人のピーター・グリーナウエイ監督が感動したところはそこなのです。［③］、今の日本人は、あまりそんなことを考えません。「進んだ文化」といったら、あいかわらずヨーロッパやアメリカだと思っていて、自分たちの足もとにそういうすぐれた過去があることを忘れているのです。これは、とても残念なことじゃないでしょうか？ ④私は、とても残念なことだと思います。

日本の経済進出が盛んになって、日本が世界一の金持ち大国になってしまった時、「日本人はよくわからない」という声が外国のあちこちから起こりました。⑤「顔の見えない日本人」とか、「金儲けだけの日本人」とか。どうして外国の人が日本のことを「わからない」というのか？ 理由はいろいろあるでしょうが、私には「もしかして」と思うことがあります。それは、「外国に行って外国の人とよくつきあう日本人が、あまり日本のことを知らないから」ということです。

外国の人とつきあうのなら、外国語――とくに英語ができるという条件が必要になるでしょう。日本では、義務教育の中学段階から英語が必修になります。⑥高校や大学の入試で、受験科目に英語がないというところは、いたって珍しい少数派でしょう。日本人は、とってもよく英語を勉強していて、町へ出れば英語の看板は氾濫しています。

「それだけ英語が氾濫していて、どうして日本人は英語が下手なのか」という話もありますが、でも、英語を熱心に勉強してちゃんと英語が話せるようになった日本人はいっぱいいます。英語が話せて、外国語にくわしくて、外国人とよくつきあう人たちです。でも、そういう人たちが、一転して「日本のこと」になったらどうでしょう？ 日本の古典や日本の歴史や日本の伝統文化のことをきちんと理解している人たちは、どれくらいいるでしょう？ 理解して知っている人たちよりも、ぜんぜん知らない人の方が、私は多いと思います。

「アメリカやヨーロッパの新しい文化こそが重要で、古い日本のことなんか昔のこと」と思いこんでいる人たちは、とても多いのです。「新しいアメリカやヨーロッパのことを知るためには、どうでもいい日本のことなんか切り捨てよう」です。それでいいと思って外国へ行った人たちが、「あなたのお国のことを教えてください」と言われて、どれくらい正確に日本のことを説明できるでしょうか？ 外国に行ったり、あるいは外国に関する勉強ばかり続けて、その結果日本のことをぜんぜん知らないでいる自分に気がついた人たちは、とても多いのです。

輸出大国の日本で、社会の関心は「先進国」であるようなアメリカやヨーロッパにだけ向いています。［⑦］、そこから一転した「アジア志向」とか。なんであれ、国際社会の中の経済大国日本の関心は、「外国語」を中心とする〝外〟へと向かいました。そういう日本社会の傾向を反映して、大学は「外国語重視」を言いますし、受験勉強は「英語重視」です。そういう傾向の中で、子供たちはあまり受験の中で比重の高くない「日本語」や「日本史」や「日本文化に関する常識」というものを、あっさりと欠落させています。どこの国の人だって、「自分たちの国の文化」というものをちゃんと学習しているのに、日本人は平気でそれを欠落させています。「自分の国のことを平気で［⑧］、自分の国の文化のことをちゃんと［⑨］、でも英語だけはちゃんと［⑩］」ということになったら、ずいぶんへんでしょう。

「オリジナリティー」という言葉があります。「自分の出てきたところ＝オリジン」に由来するものです。「オリジナリティー」とは、「［⑪］」なのです。日本人が、自分の足もとにある日本の歴史や文化や古典を軽視したらどうなるでしょう？　自分が生まれてきたところをなんにも知らないままでいる日本人に、「国際社会の中でのオリジナリティー」はないのです。「顔の見えない日本人」という悪口は、こういうところに由来しているのではないかと思います。

（橋本治『これで古典がよくわかる』〈ちくま文庫〉）

問一　本文には、次の文がぬけています。この文が入るところの、直前の六字をぬき出しなさい。

テレビでも新聞や雑誌でも、アメリカやヨーロッパ由来のカタカナ言葉がいっぱいです。

問二　［①］にあてはまることばとして適当なものを次のア～エから一つ選び、記号で答えなさい。

ア　広く　　イ　大きく　　ウ　高く　　エ　深く

問三　②「この人が、日本の清少納言の『枕草子』にほれこんで」とありますが、その理由を筆者はどのように考えていますか。適当なものを次のア～エから一つ選び、記号で答えなさい。

ア　一千年前の日本の女性が書いた随筆が英語に翻訳されたことで、当時の他国に存在しない自由奔放な内容を読むことができたから。

イ　ヨーロッパから〝野蛮な国の人〟とみなされていた一千年前の日本に、自由奔放な文章を書いていた女性がいたことを知ったから。

ウ　一千年前に書かれた随筆から、当時の先進国の中国やヨーロッパと、同じ程度の高度で進んだ文化が日本にあったことがわかるから。

エ　一千年も前に奔放自在な随筆を書ける女性が日本に存在したことから、高度で進んだ文化が当時の日本にあったことがわかるから。

問四　［③］・［⑦］にあてはまることばとして適当なものを次のア～クからそれぞれ一つ選び、記号で答えなさい。

ア　ところで　　イ　しかも　　ウ　また　　エ　あるいは
オ　だから　　カ　そして　　キ　ところが　　ク　さらに

問五　④「私は、とても残念なことだと思います」とありますが、「残念なこと」とは何ですか。六十字以上七十字以内で説明しなさい。【記述問題】

問六　⑤「『顔の見えない日本人』とか、『金儲けだけの日本人』とか」とありますが、そのような声が外国のあちこちから起こった理由を、筆者はどのように考えていますか。適当なものを次のア～エから一つ選び、記号で答えなさい。

ア　日本人は英語が話せて外国語にくわしくても、自分の意見や主張をはっきりと相手に伝えることが苦手だから。

イ　日本人は経済大国や輸出大国になることだけに関心を向け、他国の歴史や伝統文化などを学ぼうとしないから。

ウ　日本人は外国語にくわしくて、外国人とよくつきあうことができるのに、自国の文化をよく理解していないから。

エ　日本人は英語をよく勉強していて、カタカナ言葉もいっぱい使用しているのに、英語を話すのが下手だから。

問七　⑥「高校や大学の入試で、受験科目に英語がないというところは、いたって珍しい少数派でしょう」とありますが、なぜですか。その説明として適当なものを次のア～エから一つ選び、記号で答えなさい。

ア　経済大国であるために外国語を中心とする国外にだけ関心を向けている、日本の社会の傾向を反映しているから。

イ　外国に行って外国人とよりよくつきあうために、日本では義務教育の中学段階から、英語が必修となっているから。

ウ　外国に行く人たちが、日本の文化について聞かれたときに説明できるような英語力があるか試そうとしているから。

エ　日本の古い文化よりもアメリカやヨーロッパの古い文化こそが重要で、大学で英語を通して学ぶ必要があるから。

問八　［⑧］・［⑨］・［⑩］にあてはまることばの組み合わせとして適当なものを次のア～エから一つ選び、記号で答えなさい。

ア　⑧　わかっていて／⑨　説明できなくて／⑩　話せない

イ　⑧　わかっていて／⑨　説明できて／⑩　話せる

ウ　⑧　わからないで／⑨　説明できなくて／⑩　話せる

エ　⑧　わからないで／⑨　説明できて／⑩　話せない

問九　［⑪］にあてはまることばとして適当なものを次のア～エから一つ選び、記号で答えなさい。

ア　自分が本来もっているはずの独自性

イ　自分の経験によって養われた特有性

ウ　自分の周囲の状況に合わせた協調性

エ　自分がこれまで習得してきた固有性

［五］　次の文章を読んで、後の問いに答えなさい。

「ＪＢＫの高校生放送コンテストのドラマ部門は、テレビもラジオも、九分以内という規定があるんだ」

正也は先輩たちから教えられていないことを淡々と答えた。得意げな様子はどこにもない。僕が脚本に興味を示したことに、驚いたり、喜んだりする気配も。

「そうなんだ。てっきり一時間とか、短くても三〇分はあるのかと思ってたよ」

僕も真面目に答える。

「中途半端だよな。作品上映前に、なんとか高校、タイトルはなになにです、っていう紹介が一分で、あわせて一〇分になるようにしているらしいよ」

「なるほど」

「でも、俺は九分を短いとは思っていない。ネットでコンテストの要項を調べたときは、これだけの時間で何が表現できるんだろうって驚いたけど、春休みに、実際に書いてみたら、長いなあ、って。ふうふう言いながら仕上げたよ」

「そうだな。①九分間、真剣に挑むのは、しんどいよ」

適当に同調したのではない。

へえ、と言うように、正也が足を止めて僕の顔を見た。

「圭祐は九分を意識したことがあるのか？」

ある。それを正也に話すのは……。いや、今がそのタイミングなのかもしれない。

「三〇〇〇メートル走の目標タイムだ」

僕は中学生のあいだずっと、その時間を意識し続けていた。

だけど、三〇〇〇メートルを九分以内で走れたことは、一度もない。

僕のベストタイムは九分一七秒だ。

中学一年、陸上部に入って最初に計測したときの記録は一〇分二三秒。この記録で顧問の村岡先生に長距離部門の選手になることをすすめられ、以降、目指せ九分台、が最初の目標となった。

初めて九分台を出せたのが、一年生の秋の大会で、九分五五秒。次の目標は県大会の標準記録となる、九分四〇秒になった。地区大会で運よく三位までに入賞することができても、公式記録でこのタイムを突破できていなければ、出場できないという大会もある。

それを突破できたのが、二年生の春の大会で、九分三八秒。そこからは、一秒でも多く削って、自己新記録を更新することが目標となった。

それと同時に、良太が九分を切ることを、僕を含め、陸上部の皆が期待していた。僕の母さんも応援していたから、他にももっと多くの人たちが、良太の記録に注目していたはずだ。

入部時から標準記録を余裕で突破していた良太の、中学卒業時のベストタイムは、九分〇五秒だ。

二年生の夏の県大会で四位入賞を果たしたその記録は、膝の故障によって、中学のあいだに更新されることはなかったけれど、膝が完治し、青海学院の陸上部員となれば、時間の問題だろう。

そして、あの事故がなければ、僕は良太の背中を追いながら、自分も九分を切ることを目標にしていたに違いない。

九分以内とは、良太にとっては、さほど高いハードルではない、過去の目標タイム。そして、僕にとっては……。

もう、目指すことのできない数字だ。

一〇分なら、これからも意識することはあるはずだ。いや、しなければならない。英語の授業では、毎回一〇分間テストがあり、五割できなければ、放課後の補習を受けなければならないらしい、と同じクラスのヤツが言っていた。

他にも一〇分はたくさんありそうだ。

だけど、九分以内、という数字を意識することは、二度とないと思っていた。

「圭祐、すごいよそれ」

時間についてぼんやりと考えていた僕を、正也が目をぱっちりと開いて見ている。正直なところ、まだ、何が正也の琴線にひっかかるのか、摑めない。

「何が？」

「九分っていう中途半端な時間が、おまえの体には刻みこまれてるってことだろ」

「走るペースとしてはね。でも、それがドラマと関係あるの？」

「大アリだよ。三〇〇〇メートルを九分で走るための、呼吸とか、ペース配分とか、スパートをかけるタイミングとか。全体の流れやリズム。トップクラスの選手のものなら、一つの分野として、研究を重ねて完成されたものだろうから、きっと、他の分野でも充分に生かせると、俺は思う」

力説しすぎたせいか、正也がふうと大きく息をついた。おかげで、僕のため息がかき消される。

「トップクラスが必要なら、良太に教えてもらえばいいよ」

「教えてもらって理解できるものじゃないんだ。それに、圭祐だってトップクラスじゃないか。中学駅伝、県大会準優勝チームの主要メンバーで、地区大会では、区間賞だって獲ってる」

「なんで、そんなこと？」

僕は目も口も開けたまま、正也を見返すことしかできない。

「本当は②愛の告白をする前に、相手のことをよく調べなきゃならないんだろうけど、ひと目ぼれの場合は、告白したあとでもいいだろ。三崎中のホームページで、去年の部活動の表彰記録を見たら、ちゃんと圭祐の名前が載ってたよ」

中学校のホームページがあったことすら知らなかった。というか……。

「だから、」

言いかけたところで、正也は大きく息を吸った。まだ、話の途中だったようだ。

「圭祐がすごい選手だったことを知って、ケガの具合とかよく知らないのに、無神経に文化部に誘ってしまってよかったのかな、って後悔したんだ。謝ろうかな、とも思った。でも、そういうことされる方が嫌だろうなって思って、昨日と同じテンションのままでいることにしたんだ。って、こういう言い方も気に入らないかもしれないけど」

「いや……」

「だから、陸上のことを言われて驚いた。おまけに、九分がすぐに三〇〇〇メートルと結びついて、やっぱりすごいヤツなんだって感動したんだ」

「ありがとう」

ちゃんと声になって口から出ていたのかどうか、自信がない。愛の告白って言い方だけは勘弁してくれ、と言ってやろうと思っていたのに、そこは、今はもういい。

気を遣われて当然、だけど、あからさまに気を遣われるとムカつく。僕はそういう態度でいたはずだ。

高校生活に対しては、希望や期待を中学時代に置いたまま、時間だけが無意味に過ぎていくような三年間を送ることしか想像できなかった。

それなのに、僕の事情をわかった上で、新しい世界を覗いてみようと誘ってくれているヤツがいる。興味が持てるかどうかは自信がないけれど、それを考えるのはあとでもいい。

今、返さなければならない言葉が最優先だ。

「そんな……」

正也が照れたように指先で鼻の頭をかいた。放送室でもやっていたし、これが、正也の困ったときの癖なのかもしれない。

「③三〇〇〇メートル走の九分がドラマ作りにどう役に立つのか、もっと具体的に教えてくれよ」

走り続けた三年間が、この先、どこかに繋がる可能性が一パーセントでもあるのなら、それを知りたい。

「電車、何本か遅れていい？」

まだ陽は高い。中学時代なら、部活の時間だ。

僕たちは駅の自動販売機でペットボトルのスポーツドリンクを買い、

その隣(となり)にあるベンチに座(すわ)った。

正也はカバンから分厚いノートを取り出した。太いマジックで「創作ノート」と書いてある。多分、僕なら、遠目で見てもわかるような大きさでタイトルを書かないだろうし、書いたとしたら人前には出さない。恥(は)ずかしいからだ。

僕の心の中に、小説やマンガなどの創作活動をしている人たちを、オタク扱(あつか)いする気持ちがあるという証拠(しょうこ)でもある。その気持ちは申し訳ないけれど、放送部にも繋がっている。

要は、僕は放送部に入るのを恥ずかしいと思っている、ということだ。

中学時代、陸上部の後輩の中に、自主トレで、朝晩、家の周囲を走るのが恥ずかしい、と言うヤツがいたことを思い出す。何が恥ずかしいのかさっぱりわからなかった。自分の目標を達成するためにがんばることが、他人の目にどう映ろうが、知ったことではないではないか、と。

それと同じ。本気度の違いだ。

正也は本気でドラマを作りたいと思っている。

正也が開いたページには、数学の道のりや速さの問題を解くときに書くような線図が、二パターン書かれていた。

九センチの横線を「起、承、転、結」と四つに区切ったものと、「序、破、急」と三つに区切ったものだ。どちらも等分ではない。

「物語の基本構成。起承転結は聞いたことがあるよね」

正也が線図を指さしながら言う。

国語の時間に習った憶(おぼ)えがある。物語だけでなく作文にも生かせる、と言われても、決められた枚数の原稿(げんこう)用紙のマスを埋(う)めるだけで精いっぱいだった僕は、それを意識しながら文章を書いたことは一度もない。

「言葉だけ知ってる、って感じかな」

「俺も脚本家(きゃくほんか)を目指すまではそうだったよ。ちなみに、国語の成績は悪くないけど、作文が賞に選ばれたことは一度もないから」

正也は「へへっ」と笑った。

「で、起承転結だけど。圭祐はどんなジャンルの物語が好き？」

「僕はドラマをあまり見ないからなあ。映画にも行かないし、本もまったく読まないし」

言いながら、なんだか頭の悪そうな発言だな、と思ってしまう。だけど、怠(なま)けた生活を送っていたのではない。毎日走り、部活引退後は、受験勉強に励(はげ)んだ。

ヒマができたのは、入院中だ。

「マンガは読んだかな」

僕は入院中に良太が差し入れしてくれたマンガの中で一番おもしろいと思った作品のタイトルを挙げた。探偵部(たんていぶ)のある高校を舞台(ぶたい)にした話だ。

「へえ、ミステリが好きなんだ」

正也も読んだことがあるようだ。

「じゃあ、ミステリ作品を起承転結で表すとしたら」

正也はカバンから筆箱も取り出し、赤ペンで、ノートの空欄(くうらん)に、少しずつあいだを空けて「起、承、転、結」と書いていった。

「まず、起は、事件が起きる。そして、主役となる探偵なり、刑事(けいじ)なりが登場する」

言いながら、ノートに書き足していく。僕はそれを目で追った。

起　事件が起きる。
　主役の探偵(または刑事)の登場。

承　謎解き、捜査が始まる。
　　数々の障害あり。
転　アリバイ崩しのヒントや有力な情報を得る。
　　犯人逮捕。
結　めでたしめでたし(ハッピーエンド)。
　　事件が解決するも、モヤモヤとした嫌な気分が残る(イヤミス)。

こうやってまとめられるとわかりやすい。

「なるほど……。でも、犯人逮捕は『結』じゃないの?」

「俺も最初はそう思ってたけど、こっちらしい。犯人はお前だって指さしたり、手錠をかけたりして、ハイ終わりって作品ないだろ」

言われてみれば、被害者たちのその後や、探偵役が日常生活に戻った場面が付いていたな、とマンガのラストを思い出す。

「『桃太郎』なら、鬼を成敗するまでが『転』、仲間の犬、猿、キジと、宝を持っておじいさんおばあさんのところに帰るのが『結』」

正也は昔話の例も挙げた。いくら読書の習慣がないとはいえ、この辺りの物語なら僕もいくつかは知っている。

「じゃあ、『シンデレラ』なら、ガラスの靴が足に合うところまでが『転』、結婚式をするところが『結』、ってこと?」

「そういうこと。っつか、圭祐の口から『シンデレラ』が出てくるとは」

正也がニヤニヤ顔を向けてくる。

本当は「浦島太郎」にしたかったけど、玉手箱を開けておじいさんになるところまでが「転」だとして、その後の「結」がどうなったのか、思い出せなかったからだ。

「まあ、『転』と『結』の区切りは、曖昧っちゃ曖昧で、その二つをくっつけて、三つに分けたのが、『序破急』なんだ」

正也がノートに書いてあった文字を指さした。

「へえ、こっちは今日初めて知った言葉だけど、今の説明でわかった。[④]、ってことだよな」

「そう。で、九分のドラマなら、単純に、三分割しやすい『序破急』で構成を考えた方がいいだろうって思ったんだけど……。これが、きっちり三分ごとに区切ればいいってわけじゃないんだな」

正也は小さくため息をついた。

「なんで?」

「全九巻のミステリマンガで、探偵が登場するまでに三巻分かかるってどう思う?」

「退屈」

「そういうこと。教本には『序破急』の割合目安は、一対八対一、とか、一対七対二、なんて書いてあるけど、師匠が言うには、物語の流れは意識して区切るものじゃない、らしいんだ」

「師匠?」

「まあ、そこは置いといて。いくら内容がおもしろくても、多くの人を引き付けられる物語になるかどうかは、流れやリズムが重要なんだ。つい、聴き入ってしまう。見入ってしまう。本なら、閉じることができない、っていうような」

正也はスポーツドリンクをゴクゴクと飲み、キッと表情を引き締めて僕の方を見た。

「俺は完成した九分間というのを経験したことがない。九分走れって言われたら、ぜいぜい言いながら、ただ走るだけだ。だけど、圭祐の九分間は、ベストパフォーマンスができるよう、極限まで削って完成した芸術作品のような時間だと思う」

良太の走る姿が頭に浮かんだ。「サバンナの風」というイメージ。その姿を追いながら、初めは無意識に、そして、意識的に頭の中に焼き付けながら、僕は自分の走りを作っていった。こういうことなんだろうか。

「だから、俺の書いた脚本を主祐に、三〇〇メートル走をイメージしながら読んでもらいたい。最初からとばしすぎて、後半、息切れしてるとか、スパートをかけるタイミングが遅いとか、そういうことを教えてほしい。俺は書くことによって、自分の九分を体に覚えさせていきたいんだ」

やはり、正也は僕を⑤かいかぶりすぎだ。そもそも、走ることをイメージしながら本を読むことなど、僕にできるのだろうか。

「頼む、放送部に入ってくれ！」

正也が両手を合わせて頭を下げた。

声を褒められた昨日よりも、今の方がなんだか嬉しくて、無理だよ、とは言いたくなかった。

「上手くいくかどうかわからないけど……。他にやりたいこともないし」

どうやら、僕は本当に放送部に入ってしまいそうだ。

「本当に⁉」

正也に抱き付かれるんじゃないかと、あわててベンチから立ち上がった。部活が終わる時間なのか、駅は青海学院の生徒たちで混み始めている。

（湊かなえ『ブロードキャスト』〈角川文庫〉）

問一　次の表は、「僕」と「良太」についてまとめたものです。（ A ）～（ F ）にあてはまることばを後の指定に従って書きなさい。

	中学［（A）中学校］	高校［青海学院］
僕	・陸上部の（B）部門の選手。 ・入部時から二年生の春の大会まで（C）秒タイムを縮めた。	・（E）によるケガのため、陸上で（D）は目指せない。
良太	・陸上部での「僕」の仲間。 ・（D）を期待された存在。 ・膝を痛める。	・膝が完治する見込み。 ・高校での記録（F）が待たれる。

【指定】　A　ぬき出し二字　　B　ぬき出し三字

C　本文から読み取って漢数字で書く

D　ぬき出し七字　　E　ぬき出し二字

F　ぬき出し二字

問二　①「九分間、真剣に挑むのは、しんどいよ」とありますが、「僕」はなぜ「しんどいよ」と言っているのですか。適当なものを次のア～エから一つ選び、記号で答えなさい。

ア　九分間という長さを、記録を目指して走り続けることは、ただ体力的にとても苦しいことを知っているから。

イ　九分間という時間は、陸上に打ちこみながら果たせなくなってしまったかつての事情を思い起こさせるから。

ウ　九分間という壁を超えるために、日々のトレーニングに必死になって励んだ時のつらさを思い出したから。

エ　九分間という大きな目標に向かって努力を続けた経験から、その時間の感覚を身をもってわかっているから。

問三　②「愛の告白」とありますが、それにあたる一文を探し、ぬき出して書きなさい。

問四　③「三〇〇〇メートル走の九分がドラマ作りにどう役に立つのか」とありますが、「正也」は圭祐の「九分」をどのような時間とみていますか。二十一字でぬき出し初めと終わりの三字を書きなさい。

問五　［④］にあてはまることばとして適当なものを次のア～カから一つ選び、記号で答えなさい。

ア　序破、急　　イ　序、破急　　ウ　序破、転結
エ　起、承、転結　　オ　起承、転結　　カ　起、承転、結

問六　⑤「かいかぶりすぎ」とありますが、「かいかぶる」ということばの使い方として誤っているものを次のア～エから一つ選び、記号で答えなさい。

ア　弟はかいかぶられると、プレッシャーを感じて失敗してしまう。
イ　優秀な発表を見て、私はこれまで以上に彼女をかいかぶっている。
ウ　そんなふうに自分のことをかいかぶっていると、いつか痛い目にあうぞ。
エ　私の剣道の腕前について、あなたはなんとかいかぶっていたのか。

問七　この作品を通して、「正也」はどのような人物であることが読み取れますか。適当なものを次のア～エから一つ選び、記号で答えなさい。

ア　興味のあるドラマの制作のために意欲を見せつつ、相手の特長を知りそれを尊重することができる前向きな人物。
イ　ドラマ作りのためには手段を選ばない一方で、相手の過去を知ってそれを配慮することができる、思いやりある人物。
ウ　相手の経験を知ってそれを生かす方法を考え、これからのドラマ制作に役立てようとしている効率重視の人物。
エ　ドラマ作りにかける思いが強く、そのために相手を立てようと自らをへりくだらせることのできる、調子のいい人物。

問八　「僕」にとって正也との出会いは何をもたらしましたか。「九分」の意義にふれて説明しなさい。**【記述問題】**

市川中学校(第一回)

—50分—

【注意事項】解答の際には、句読点や記号は1字と数えること。

一　次の【文章Ⅰ】は、佐藤喜和「となりのヒグマ——アーバン・ベア問題とはなにか」の全文である。これを読んで、後の問いに答えなさい。なお、出題に際して、本文には省略および一部表記を変えたところがある。

【文章Ⅰ】

人口一九五万人が暮らす札幌市の市街地中心部にヒグマが出没し四名に重軽傷を負わせた、という1衝撃的なニュースが全国を駆け巡ったのは二〇二一年六月一八日のことだった。大型ショッピングモールの中をのぞきこみ、住宅街を駆け抜け、そして人に襲いかかるヒグマが、テレビカメラや、市民の撮影した動画を通じて拡散された。このヒグマが住宅街を抜けて丘珠空港の北東に広がる郊外農地の緑地に入り込んだところで駆除されたのは、最初の人身被害が発生してから約六時間後のこと、もっとも市街地中心部に接近した地点は札幌駅まで直線で約三キロメートルしかなかった。

…〈中略〉…

アーバン・ベアとは、市街地周辺に生息し、その行動圏の一部に市街地が含まれる、または含まれる可能性のあるクマのことを指す。クマ類はその生存に広い行動圏を必要とするため、※アーバン・フォックスや一部のアーバン・ディアのように、その※生活史全体を市街地の中で完結することはないが、一時的であれ市街地に出没しただけで、市民の安心安全な生活を脅かす問題となる。北海道では近年、札幌市だけでなく、旭川市や帯広市などの地方都市においても市街地中心部にまでヒグマが出没する事例が発生するようになった。本州においても、長野市や金沢市の中心部にまでツキノワグマが出没する事例が発生しており、アーバン・ベア問題は北海道だけの問題にとどまらない。

札幌市の南西部に広がる広大な森林は今やそのどこにでもヒグマが※恒常的に生息している。隣接する郊外の農地や果樹園では毎年のようにヒグマが出没し、森林に接した住宅街でもヒグマの目撃がめずらしいことではなくなった。しかし冒頭に紹介したこの個体は、まだ成獣になりきらない四歳の若いオスで、南西部の森からは遠く離れた北東部の石狩川河口に近い※河畔林で最初に目撃された。隣接地域の痕跡発見状況から、石狩川を越えて北から侵入し、その後二〇日間ほど石狩川の治水事業でできた三日月湖である茨戸川の周辺緑地に滞在して、草本類のほか、フナなどの川魚を食べて過ごしていたと考えられている。これまでヒグマの目撃情報さえなかった場所であったが、なんらかの理由でヒグマがたどり着いてみれば、人目にもつかずにひっそりと、人由来ではなく自然のものを食べて長期滞在できる豊かな場所となっていたわけである。また、その後このクマが市街地の中にまで侵入してしまうきっかけになにがあったのかは不明だが、その経路として、茨戸川につながる伏籠川とその周辺の水路を辿ったと考えられた。これらの石狩川河口付近や茨戸川周辺、伏籠川など河川沿いの緑地は、都市緑化の一環として「札幌市みどりの基本計画」において環状グリーンベルト、水を中心としたみどりのネットワーク※(コリドー)として「持続可能なグリーンシティさっぽろ」の実現に向け緑化や保全が進められている場所にあたる。

同じく六月から旭川市の中心部の河畔林(旭川駅に接する忠別川、美瑛川、および石狩川)にヒグマが一ケ月以上滞在し、人身被害こそ発生しなかったものの、歩行者が近距離で目撃するなど不安な状況が続いたことも記憶に新しい。ヒグマが滞在していた場所は恒常的な生息地からは少なくとも一〇キロメートル以上離れているが、河川沿いに発達した河畔林を伝って移動してきたと考えられる。こうした河畔林は、河川管理の分野で進められる多自然型の川づくり、河川を通じた生態系ネットワークの復元のために重要な場所と認識されている。

クマ側の視点に立って[2]人の生活圏に出没する動機を考えると、まず多いのは従来の農村部への出没のように、郊外の緑の多い住宅地で山際に残る農地や果樹園、大規模な市民農園、家庭菜園などで栽培される野菜や果実を食べるため、晩夏(八月~九月)に出没して食害する場合、また※誘因がないように見える住宅街に接した緑地や公園への出没では、サクラ類やオニグルミなどの樹木がつける木の実を食べるために出没する場合がある。しかし、市街地の内部にまで侵入するような事例は、例外はあるものの、多くは初夏の繁殖期に発生しており、なにか食べ物を求めて出没するのではなく、ましてや人を襲うために出没するのでもない。親から独立した若いオスが出生地から離れて分散していく過程で、またはクマ社会の個体間関係から、新たな生息場所を求めて移動する途中に、森林から市街地へと伸びる河畔林などの緑地に入り込んでしまい、緑地の切れ目から横にそれたら突然街中に現れてしまうというような事例が多い。市街地中心部に入りたいと思っているクマがいるのではなく、たまたま迷い込むと、人に気づかれないまま市街地中心部にまでたどり着いてしまうような河畔林や緑地が存在することに原因があるように思える。そしてそれはクマの恒常的生息地である大きな森林から街中まで河畔林や緑地のネットワークでつなぐことを目指した街づくり計画、河川管理計画により創出、保全、再生されている。その意味で、アーバン・ベア問題は、出没地域の住民にとっても深刻な問題であるが、出没するクマにとっても、意図せずに市街地中心部に出没してしまうという点で問題である。それは、緑豊かで生きもののにぎわいある街づくりという、[3]社会的に正義とされる施策が進展した結果もたらされた負の側面ともいえるのではないか。

これまで、クマによる※軋轢の代表であった山林内の人身被害や農作物の食害に関しては、クマが恒常的に暮らす森に立ち入る人、誘因となる農作物をつくる人の問題であり、十分な知識と対策、※未然防除なくして根本的な解決はないとしながらも、被害は入林者や農業者に限定された問題であり、※対症療法としての※有害駆除依存で被害意識が低減するのであれば、クマの地域個体群に絶滅のおそれがない限りその対策を許容してきたという側面がある。しかし、[4]アーバン・ベア問題はこれとはまったく異なる。ある日突然街中に現れるクマに対し、街の中でクマとの接点なく日常を暮らす人の安全をどう守るか、という従来の鳥獣害対策の認識では対処しきれない問題に大きく変化した。しかもその問題は、たんにクマの生息数増加や分布拡大だけによるのではなく、都市計画や河川管理計画の中で進められてきた自然保護を根底とした街づくりの結果としてもたらされている。一度起こるとリスクが高いが、いつ発生するか予測はむずかしく、その発生頻度は今のところ低いという点からも、アーバン・ベア問題は従来の鳥獣害より、地震や津波や台風、大雨などの自然災害に近い。国や地域をあげての防災としての取り組みが求められている。

　現在、クマ類をはじめとする野生鳥獣の問題は、行政の鳥獣担当者が対応している。森の中のヒグマをモニタリングし、出没や被害の発生状況を調べ、問題個体をつくらないように、また侵入を防ぐように未然防除、被害発生時に緊急対応するのは、そして人身事故を減らし食害を減らすために※普及啓発するのは鳥獣担当部署の仕事だろう。しかし、従来の対症療法としての駆除を一つとってみても、市街地の中では確実に実行できる体制さえ確保されていないのに、未然防除として、市街地の内部にクマが出没しにくい街づくりを都市計画に含め、都市住民の安全な暮らし確保に備えるのは、鳥獣担当者の仕事としては重すぎる。同時に、都市における緑のネットワークや河川を通じた生態系ネットワークの復元は、生物多様性保全だけでなく、地域の魅力や活力、日常生活の豊かさにもつながる。さらにその豊かな自然環境が国内外の観光客から見ても魅力的な街であることも求められている。クマの市街地侵入は、つねに専門家や行政担当者の想像を超えたところで発生し続けているし、その頻度は、今のままでは増加することはあっても減ることはないのは確かだ。5まれな災害への備えと、日常生活の豊かさを両立するためにどのような選択が必要なのか、防災の取り組みを参考に、鳥獣や農林の部局だけでなく、都市計画や教育、観光など多様な部局横断で議論を始めるときがきたのではないだろうか。

　日本の自然災害の予測レベルは高く、発生時の対応も進んでいる。それは、まれではあるが、いつか確実に起こる自然災害の特性とそれに備える重要性を広く国民が理解し、その発生を予測すべく日常から精度の高い観測に予算と人員を割いているからだ。新型コロナウイルス対策にしても、医療従事者による緊急対応体制の確保だけでなく、感染者数の推移や感染経路、新たな変異株の出現がつねにモニタリングされているからこそ、大規模な感染爆発を抑えることができる。

　翻って鳥獣害対策を見れば、クマに限らず、シカ、イノシシ、サル、いずれも発生頻度は右肩上がり、発生地点も農村部から大都市の中心部にまで拡大中である。日常的な観測、変化の発見、予防対策、発生時の緊急対策、いずれをとっても予算と人員が必要である。環境省自然環境局長からの審議依頼を受けた日本学術会議6人口縮小社会における野生動物管理のあり方の検討に関する委員会の答申の中でも、高度専門職人材の配置が提言された。国、都道府県、市町村、さらに小さな地域単位で、防災と同様の組織づくりと、専門性の高い人材の配置がなければ、今後も発生し続ける市街地侵入に対し、なす術のないまま、都市住民が危険にさらされていくだろう。次いつ起こるかわからないアーバン・ベア対策に、予算を割き、部局横断の組織づくりと専門人材配置を進めなければいけない時期にきている。

【佐藤喜和「となりのヒグマ　アーバン・ベア問題とはなにか」
（『UP　2022-1』〈東京大学出版会〉所収）】

※アーバン・フォックスや一部のアーバン・ディア…フォックスはキツネ、ディアはシカのこと。

※生活史…ある動物の一生。

※恒常的に…つねに。

※河畔林…川の周辺の森林。

※コリドー…通り道。

※誘因…ものごとが生じる原因。
※軋轢…仲が悪くなること。
※未然防除…事前に問題の原因を取りのぞくこと。
※対症療法…根本的な原因を解決せずに、生じている問題点だけを解消すること。
※有害駆除…人間にとって有害と判断された動物を駆除すること。
※普及啓発…人びとに専門的な知識を広めること。

問1　——線1「衝撃的なニュース」とあるが、このニュースで筆者が注目している点は何か。その説明として最も適当なものを次の中から選び、記号で答えなさい。

ア　札幌市中心部にクマが出没することは最近では多く発生しているが、負傷者が複数名も出てしまったということはまれであるという点。

イ　札幌市中心部にクマが出没し負傷者が出ただけでなく、その様子が市民の撮影した動画により人々の間で広く拡散されたという点。

ウ　北海道の地方都市や本州の各都市でクマが出没することはめずらしくはないが、札幌市でのクマの出没は今回が初めてだったという点。

エ　札幌市中心部にクマが出没し負傷者が出ただけでなく、クマが生息している森から遠く離れた市の北東部から侵入したという点。

オ　札幌市中心部にクマが出没することは最近では多く発生しているが、今回のような若いクマが出没することはめったにないという点。

問2　——線2「人の生活圏に出没する」とあるが、ヒグマが人の生活圏に出没する理由はどのようなものか。その説明として最も適当なものを次の中から選び、記号で答えなさい。

ア　住宅地の近くで栽培されている農作物を食べるためというものと、住宅街近くの緑地や公園に植えられている樹木がつける木の実を食べるためというもの。

イ　人間の住む場所の近くにある食べ物を得るためというものと、新たな生息場所を求めて移動するうちに緑地に隣接した市街地周辺にまで達してしまうためというもの。

ウ　人間の住む場所に存在する人間の食べ物を好むためというものと、森林よりも生態系が多様である市街地周辺の緑地を生息場所として好むためというもの。

エ　住宅地近くの緑地や公園の樹木がつける木の実を手に入れるためというものと、市街地の中心部に豊富に存在する人間の食べ物を得るためというもの。

オ　人間の住む場所の近くに存在する豊富な食べ物を得るためというものと、新たな生息場所として市街地周辺の緑地を選ばざるをえないためというもの。

問3　——線3「社会的に正義とされる施策」とあるが、それはどのようなものか。その説明として最も適当なものを次の中から選び、記号で答えなさい。

ア　都市開発や河川管理を進めるにあたって、都市と生きものの多い森を緑地でつなぐことで、市街地中心部でも動物にふれることができるように計画するという、多くの人びとが進めるべきだと思っている施策。

イ　都市開発や河川管理を進めるにあたって、市街地周辺の緑地を回復することで、生活の便利さよりも自然環境の豊かさを優先するように計画するという、多くの人びとが理想的だと思っている施策。

ウ　都市開発や河川管理を進めるにあたって、市街地中心部に緑地を整備することで、市街地の利便性と生物多様性に満ちた自然を両立するように計画するという、多くの人びとが適切だと思っている施策。

エ　都市開発や河川管理を進めるにあたって、市街地周辺に生きものの多い緑地を増やすことで、市街地に活気を取りもどすように計画するという、多くの人びとが必要だと思っている施策。

オ　都市開発や河川管理を進めるにあたって、都市と生きもののすむ森を緑地で結ぶことで、自然が多く多様な生態系を持つ環境となるように計画するという、多くの人びとが正しいと思っている施策。

問4　――線4「アーバン・ベア問題はこれとはまったく異なる」とあるが、従来のヒグマ問題とアーバン・ベア問題のちがいはどのようなものか。その説明として最も適当なものを次の中から選び、記号で答えなさい。

ア　従来のヒグマ問題はヒグマに慣れている山林や農村で活動する人たちに限定され、人身被害は起きにくいため、未然防除は必ずしも必要ではなかったのに対し、アーバン・ベア問題はヒグマに慣れていない都市生活者が対象となり、人身被害の危険性が高いため、未然防除が必要になるというちがい。

イ　従来のヒグマ問題はヒグマが多く生息する山林と農村で起きるため、現地の職員も専門的な対応に慣れており、対症療法的な手段を用いることができたのに対し、アーバン・ベア問題はめったにヒグマが出ない市街地で起きるため、職員が対応に慣れておらず、対症療法的な手段を用いるのが難しいというちがい。

ウ　従来のヒグマ問題は山林と農村に集中しており、ヒグマを引き寄せる農作物の対策に限定できるため、未然防除がしやすかったのに対し、アーバン・ベア問題はヒグマを引き寄せる原因となるものがない市街地で発生するため、未然防除に限らない対症療法的な解決が必要であるというちがい。

エ　従来のヒグマ問題は出現がある程度予想される山林と農村で発生し、被害を受ける人もその場所に関わる人に限られるため、対症療法的な対応をしてきたのに対し、アーバン・ベア問題は予測不可能な市街地で発生し、だれが被害を受けてもおかしくないため、対症療法的な対応だけでは解決できないというちがい。

オ　従来のヒグマ問題は人口の少ない山林と農村に限定され、生じる被害も大きくないため、未然防除がしやすかったのに対し、アーバン・ベア問題は大都市にヒグマが出現するものであり、自然災害のような大きな被害をもたらすものであるため、未然防除では対処しきれなくなったというちがい。

問5　――線5「まれな災害への備えと、日常生活の豊かさを両立する」とあるが、それはどういうことか。「両立する」ために必要となることを明らかにしながら、70字以内で説明しなさい。

問6　――線6「人口縮小社会における野生動物管理のあり方」とあるが、【文章Ⅰ】を読んだ市川さんは、「人口縮小社会」と「野生動物管理」がなぜ関連するのかということに疑問を持ち、図書館で次の【文章Ⅱ】と【図】を見つけた。市川さんは【文章Ⅱ】と【図】から、人口減少とアーバン・ベア問題の関係性に気がつき、それを文章にまとめた。市川さんのまとめとして最も適当なものを後のア～オの中から選び、記号で答えなさい。

【文章Ⅱ】

農村部では、都市に先行して人口減少、高齢化が進行し、人の勢いは今後必然的に衰えていく。農業や林業従事者、狩猟者も減少・高齢化していく。手入れされない森林、耕作されない農地が増え、山菜やキノコ採り、釣りや狩猟などを目的に森のなかで活動する人の数も減少していくだろう。農業経営はさらに大規模機械化・自動化が進み、農地ではますます人を見かけなくなっていくだろう。その結果、ヒグマは今よりさらに容易に農地に接近できるようになり、畑作地帯にあるビートやスイートコーンや小麦などはますますヒグマに利用されるようになっていくだろう。

（佐藤喜和『アーバン・ベア　となりのヒグマと向き合う』〈東京大学出版会〉）

【図】札幌市ヒグマ対策委員会事務局編『子ども版さっぽろヒグマ基本計画』

ゾーニングで対処する
人とヒグマが会わないために、ゾーニングという考え方があります。

ゾーニングとは「場所を分ける」ということです。

その場所ごとに、どうヒグマとのことを考えるかが大事になります。

札幌市には、森林ゾーンと市街地ゾーンが直接つながっている地域がたくさんあります。
●市街地ゾーン
人がたくさん住んでいて、ヒグマが出てきたら困る場所。
●森林ゾーン
ヒグマの住む場所。人は住んでいない。

みなさんの住んでいる場所は、どのゾーンでしょうか？

遊びに行く場所はどのゾーンになるでしょうか？
●市街地周辺ゾーン
ヒグマが出てくることがある場所。畑や果樹園などもある。街にヒグマが出てくるのをとめるために重要なゾーン。

人とヒグマの住む場所を分けるにはどうしたらいいかな？

ア　市街地周辺ゾーンである農村部の高齢化と人口減少により、放置された農地の森林化が進むと、クマの生息地である森林ゾーンと人間が多く住む市街地ゾーンが直接つながることになり、クマが市街地ゾーンに入りこめるようになる。

イ　森林ゾーンと市街地ゾーンの間に位置する市街地周辺ゾーンである農村部は、市街地ゾーンに侵入しようとするクマを事前に駆除するための重要な場所であるが、狩猟者の高齢化や減少が進むと、駆除できるクマの数が減ってしまう。

ウ　市街地周辺ゾーンである農村部で人間の活動があると、森林ゾーンから市街地ゾーンへのクマの移動をおさえることができるが、農村部の高齢化と人口減少が進み人間の活動が減ると、クマが市街地ゾーンへ入りこみやすくなる。

エ　市街地周辺ゾーンである農村部の農地の作物が豊富だと、クマは市街地ゾーンまで出ようとはしないが、農村部の高齢化と人口減少により耕作されない農地が増えて作物が減ると、クマが食べ物を求めて市街地ゾーンへ出てくるようになる。

オ　市街地周辺ゾーンである農村部の高齢化と人口減少が進み、さらに農業の機械化や自動化により人が減ると、クマは人目につくことなく農村部に侵入できるようになり、市街地周辺ゾーンの農作物の被害が増えていくことになる。

二

次の【文章Ⅰ】・【文章Ⅱ】は、いずれも大島真寿美「うまれたての星」の一部である。１９６０年代末、人類史上初の有人月面着陸を試みるアポロ11号に世界中の人々が注目していた。そんななか辰巳牧子は、少女漫画を作っている出版社の編集部に、編集の仕事とは直接関係のない経理補助として配属されたばかりである。これを読んで、後の問いに答えなさい。なお、出題に際して、本文には省略および一部表記を変えたところがある。

【文章Ⅰ】　牧子はアポロ11号の月面着陸をテレビで見るために訪れた定食屋で、漫画編集の中心となって忙しく働く西口克子に偶然出会った。

「ねえ、誰か、さがしてるの？　待ち合わせ？」

きかれて、うっかり口が滑ってしまった。

「アポロを」

西口克子が、はあ？　と聞き返す。

「あ、いや。ちがった。テレビ。テレビを、さがしてました」

「テレビ？　テレビは、このお店にはないけど？」

「え。そうなんですか」

いかにもありそうな外観なのに、と牧子はがっかりする。するとまた克子が笑う。

「お。がっかりしてる！　いかにもがっかりしてる！　あなた、わかりやすいわねえ。いちいち漫画みたいに動くのね。辰巳さん、漫画好きでしょう」

1 うーん、と牧子は考える。

どうなんだろう？

牧子はまだそんなに漫画を知らない。この部署へ配属されて、少女漫画の面白さに目覚めたところではあるけれど、はたして、そんな程度で大きな顔して、好きです、なんていっていいものだろうか。いや、好きは好きだけど、それも、もしかしたらものすごーく好きなんじゃないかという気はしてきているけれど、こんな大先輩を前に好きっていったら、いろいろきかれて、そんなに知らないことがばれちゃって恥ずかしい思いをするかもしれない。うーん、どう答えるべきか、と考え込んでいたら、おすわんなさいよ、と向かい側の椅子をすすめられた。いいから早くおすわんなさいよ、どうせ相席になるんだから、あなたがすわってくれたほうがいいの、ほら、すわってすわって、おばちゃーん、ここ日替わり定食もう一つ追加ね、と注文までしてくれた。

「即答できないってことは、辰巳さん、もしかして漫画、好きじゃないの？」

と克子がまたきいた。「いいから、正直にいっちゃいなさいよ」

「えっ、いや、ちがいますちがいます、好きです好きです。好きなんですけど、んー、でも、ええと、じつはわたし、まだ、あんまり知らなくて」

「え、なにを？　漫画を？」

「わたし、小さい頃から本はふつうに読んでたんですけど、漫画はほとんど読んでこなくて。あと、弟がいるんで、少年漫画はたまーに読んでましたけど、少女漫画はお友達の家とかで、ほんとに少し読んだくらいで。それもけっこう小さい頃で。漫画は学校の図書室にもなかったし。だから《別冊デイジー》も《週刊デイジー》も知らなくて。名前はなんとなくきいたことがあったけど読んだことはなくて。ここで働くようになってはじめて読んだんです」

「あらー。で、どうだった」

「とてもおもしろいです。おもしろくて、おもしろすぎて、びっくりしました」

「お。うれしいことといってくれるじゃないの」

2お世辞でもなんでもなく、牧子は本当にびっくりしたのだった。子供の頃、牧子が読んでいた少女漫画は、もっとずっと素朴で幼い感じがしていたし、ほのぼのとした地味なものが多かったように記憶しているが、《別冊デイジー》や《週刊デイジー》に載っている漫画は、現代的でおしゃれで、子供向きといえば子供向きだけど、絵も華やかだし、カラーページはきれいだし、お話も起伏に富んでいておもしろく、すっかり夢中になってしまったのだった。子供向けどころか、牧子くらいの年齢で読んでもじゅうぶんに楽しめる。というか、牧子の嗜好にぴったり合っている。

いったい、いつの間に少女漫画はこんなふうになっていたんだろう？　くわしいことはわからないけれど、ここにはあたしをわくわくさせるものがある気がする、と牧子は思ったのだった。

【文章Ⅱ】　結局牧子はアポロ11号の月面着陸を見られなかった。母と弟の慎也と三人で住む家に牧子が帰ると、叔母の和子と和子の娘である千秋が家を訪れており、一緒にニュースで着陸場面を見ることになった。アポロを見せようと和子がいくら呼んでも、千秋は返事をしない。

さすがにアポロも月もじゅうぶんに見た気がして、牧子は立ち上がると、テレビを消した。居間から出ていくついでに襖をあけて隣室を覗いたら、千秋が畳に寝そべってなにか読んでいた。

「なによんでんの」

なんとなくきいてみた。

こたえはない。

きこえなかったのかと思って、

「千秋、なによんでんの」

もう一度きいた。

んー、と千秋が雑誌をちょっと上に持ち上げる。

ちらりと表紙が見えた。

大きな貝を持った、外国人の女の子。

「え、別デ?」

あれは、夏休みおたのしみ号と銘打たれた最新号——八月号——だ。

「千秋、それって、別冊デイジーじゃない」

「んー」

と生返事がかえってくる。

「あんた、そんなの、読めるの?」

千秋は四月に小学校へ上がったばかりの一年生。

別冊デイジーの読者としては小さすぎる気がするが、そんなことないのだろうか。

「よめるー」

と千秋がこたえる。

「へー、読めるんだ。……ねえ、それって、わたしの別デでしょ。わたしの部屋にあったやつでしょ」

「そうー」


こたえつつも、千秋の目は別デからまったく離れない。小学一年生ながら千秋はたしかに別デが読めているようだった。それどころか夢中になって読んでいるようにも思われる。子供ならではの集中力で、いや、おそらく牧子なんかより遥かに集中して、千秋は別デに没頭している。

すいっとページをめくる。

ときおり、ぱたんぱたんと足が不規則に動く。頭が少し傾いたり、また元に戻ったりする。

そのすべてが千秋の心のうちを表しているようで、やけに楽しげにみえた。

牧子は、ほー、と声を出してしまった。

こんな小さな子供でも、別デの面白さがわかるんだ。

それにしても、この雑誌をよくぞ見つけたものではないか、と牧子は感心する。

別デは牧子の部屋の机に置いてはあったものの、他の本が上に無造作に重ねてあって、ちょっとみたくらいではわからないようになっていた、はずなのだ。

いくら自分の働いている職場で作っているとはいえ、少女漫画をひそかに楽しむようになっているなんて、誰にも知られたくなかったし、漫画に時間を費やすなんて、あまり褒められたものではない気がしたし、それになにより家族に職場のことを詮索されたくないという気持ちが強くて、だから、隠すというほどではないにせよ、なるべく目立たないようにしていたのだが、まさか千秋に嗅ぎつけられるとは思わなかった。

牧子は家で職場の話は滅多にしない。

なにかたずねられても、当たり障りのないことしかいわない。

うまくやってるよ、楽しいよ、そんなふうに自分のことだけ強調して、てきとうにはぐらかしている。

出版社で働いているといったって、所詮、牧子は経理補助。仕事の内容について、くわしいことはなにもわからないし、それを認めるのも嫌だったし、かといって、知ったかぶりして、その挙句、こたえに詰まって、みじめな気持ちになりたくなかった。

わたしは女中、わたしはお手伝いさん。

話せば話すだけ、その正体があからさまになってしまうのだから、3なるべく家では仕事の話をしたくなかったし、ましてや少女漫画の話など決してするものか、と思っていた。

それなのに。

牧子は、今、ふつふつと誇らしいような気持ちになっている。

その感情に抗えなくなっている。

あれは別冊デイジー。

千秋があんなにも夢中になって読んでいるのは、わたしの職場で作っている雑誌。

c「ねえ、おもしろい?」

千秋にきいた。

「ねえ、千秋、それおもしろい?」

自分が作ったわけでもないのに、まるで自分が作ったかのような錯覚すら起きはじめている。

「ねえ、どうなのよ、千秋。それ、おもしろいの?」

千秋の姿をみればきかなくたってこたえはわかっている。それでも牧子はきかずにいられなかった。

「んー、おもしろいよー」

千秋の声がする。

うれしい。

なんともいえない喜ばしさが牧子の内から湧き上がってくる。

「ねえ、千秋、それさ、その別デさ、わたしが働いている会社で作ってるんだよ!」

ついにいってしまった。

千秋が牧子をみる。そして、また別デに目を落とす。そうしてまたすぐに牧子をみる。

「そうそう、それ、その本。わたしの会社で作ってんの。その別デはね、買ったんじゃないの。編集長さんからいただいたの! わかる? 編集長さんっていうのはね、その雑誌を作っているところにいる、いちばん偉い人」

「へえ」

うすい反応、かと思ったが千秋がいきなり、ひょいと起き上がった。

別デを膝に置き、牧子と別デを交互にみる。

牧子がうなずくと、千秋もうなずいた。

「そうなんだ」

ひとことそういうと、じっと表紙をみつめ、しかしまたすぐに読みかけのページをさがして開く。わかっているのかいないのか、それ以上、なにもいわず、なにもきかず、dあっさりまた別デの世界に戻っていってしまった。

蛍光灯の笠の真下で俯いて読んでいるから、手暗がりになって読みにくかろうと思うが、千秋はまったく気にしていない。目が悪くなるよ、と注意すべきかどうか。

迷いつつ、黙ったまま、牧子は心の中でつぶやいた。

うー、わかるよ、千秋、それ、読みだすと、止まんないんだよね。暗くたって、読めちゃうよね。読んじゃうよね。わたしも昨日、そうだったもの。もう寝なくちゃ、と思いながら、寝床で読みつづけちゃったんだもの。

千秋とは十歳以上、年齢の開きがあるのに、なぜだか別デのことならすんなりわかりあえる気がしてしまう。

千秋ー、もう帰るわよー、と台所から和子の声がした。

はーい、と千秋の代わりに牧子がこたえる。

千秋は顔をあげ、

「牧子ちゃん、これ、貸して」

といった。

「いいけど、持って帰って漫画なんか読んでると、お母さんに叱られるんじゃない？」

千秋が首を傾げる。

「じゃ、明日、ここで読むー」

と差し出してくる。

かがんで受け取りながら、

「明日も来るんだ」

ときくと、

「来るよ、だって夏休みだもん」

高らかに千秋がこたえた。

「あ、そうか、千秋は夏休みか。いいなー、夏休み。いいなー、子供はー」

千秋がぴょんと立ち上がる。

「慎ちゃんが、明日プールに連れてってくれるんだって」

「慎也がプール」

「泳ぐの教えてくれるんだって」

おいおい、あいつはそんなに暇なのか、大学へ行くつもりなら高二の夏休みは大事なはずだが？　と思うがどうなんだろう。

「牧子ちゃんも一緒にいこうよ」

「え、だめだよ、わたしは明日、仕事だもん」

「えー夏休みないのー」

「ないよー、ないない。あたしはもう学校を卒業したんだからさ。立派な社会人なんだからさ。えへん」

e牧子が手にした別デをなでる。

「えへん」

千秋が真似る。「えへん、えへん」

「えへん、えへん。大人はね、プールなんていってらんないの。明日も仕事するんだかんね。えへん」

そういいながら、別デを千秋の目の前に掲げる。

わたしが明日行くのはこれを作っているところ。

そうか。

わたしはそういうところで働いていたんだ。

そうか。

そうだったんだ。

わたしは明日またそこへ行くんだ。

牧子は、それを楽しみにしている自分に気づいて驚いていた。わたしはプールへ行けなくてもぜんぜん残念に思っていない。それどころか仕事に行きたいと思っている！

いやー、なんかすごいや。

牧子は目をぱちくりさせ、ぶるっと頭を振った。

ひょっとしたら、働きだしてから今までいちばんやる気がみなぎっているような気が……しないでもない。

つまりあれかな、⁴わたしは、アポロに乗って月に行くわけではないけれども、ヒューストンでそれを支える仕事をしている人たちみたいな仕事をしてるってことなんじゃないのかな、なんて調子いいことを思ってみたりして、ちょっとばかりにやついている。

千秋が、ᴮ怪訝な顔で牧子をみる。

牧子はちょっとわざとらしいくらい、まじめな顔を作ってから、

「千秋、これ、わたしの部屋に置いとくからさ、明日、こっそり読みな。でも、ちゃんと宿題もするんだぞ」

とささやく。

千秋がにやつきながら、うなずいた。

【大島真寿美「うまれたての星」（『小説すばる　2022年』〈集英社〉所収）】

【文章Ⅰ】・【文章Ⅱ】

問1　～～～線A・Bの本文中の意味として最も適当なものを次の中から選び、記号で答えなさい。

A　生返事

ア　自然な返事　イ　馬鹿にした返事　ウ　冷たい返事　エ　うちとけた返事　オ　いい加減な返事

B　怪訝な

ア　信用できないというような　イ　迷っているような

ウ　恐れているような　エ　気味悪がっているような

オ　わけがわからないというような

問2　――線1「うーん、と牧子は考える」とあるが、克子の「漫画好きでしょう」という問いかけに牧子がすぐに答えられなかったのはなぜか。その理由を60字以内で説明しなさい。

問3　――線2「お世辞でもなんでもなく、牧子は本当にびっくりしたのだった」とあるが、なぜ牧子は「びっくりした」のか。その説明として最も適当なものを次の中から選び、記号で答えなさい。

ア　牧子が幼い頃に読んだ少女漫画は子供じみた恥ずかしいものだという印象だったが、《別冊デイジー》や《週刊デイジー》の漫画は大人も気に入るような洗練された内容であり、牧子も夢中になってしまったから。

イ　牧子が幼い頃に読んだ少女漫画は子供向けで飾りけのないものだったが、《別冊デイジー》や《週刊デイジー》の漫画は大人でも楽しめる色彩豊かなものであり、牧子も夢中になってしまったから。

ウ　牧子が子供の頃に読んだ少女漫画の内容は単純でつまらないものだったが、《別冊デイジー》や《週刊デイジー》の漫画は大人も興味を持つような複雑な内容であり、牧子も夢中になってしまったから。

エ　牧子は子供の頃に読んだ少女漫画を幼稚で地味だったと記憶していたが、《別冊デイジー》や《週刊デイジー》の漫画は大人向けに

描かれた華やかなものであり、牧子も夢中になってしまったから。

オ　牧子が子供の頃と変わらず少女漫画は素朴で幼いものだが、《別冊デイジー》や《週刊デイジー》の漫画はその素朴さに懐かしさが感じられて大人でも楽しめる内容であり、牧子も夢中になってしまったから。

問4　――線3「なるべく家では仕事の話をしたくなかったし、ましてや少女漫画の話など決してするものか、と思っていた」とあるが、牧子がこのように考えるのはなぜか。その理由を90字以内で説明しなさい。

問5　次のア～オは、――線4「わたしは、アポロに乗って月に行くわけではないけれども、ヒューストンでそれを支える仕事をしている人たちみたいな仕事をしてる」について生徒たちが話し合っている場面である。本文の内容に基づいた発言として**適当でないもの**をア～オの中から**すべて**選び、記号で答えなさい。

ア　生徒A　ぼくはヒューストンを訪れたことがあるよ。そこにはアメリカ航空宇宙局の施設(しせつ)があるんだ。牧子は、編集部で雑用をこなす自分と、月には行かずヒューストンで働いている人を重ねているんだね。どちらも仲間を支える大切な仕事というところが共通していると思う。

イ　生徒B　アポロに乗って月に行く人は、牧子にとっての編集部員ということになるね。直接月に行く宇宙飛行士と同じように、直接漫画と関わっている人たちだもの。

ウ　生徒C　牧子がヒューストンで宇宙飛行士を支える人たちと自分との共通点に気がついたのは、千秋が関係しているような気がするな。千秋と話すことで子供とは違(ちが)って夏休みのない自分は社会で必要とされているんだと自覚したことから、つらくても働くことの大切さに気がついたんだよね。それに、《別冊デイジー》を通じて二人がわかり合えていたことも関わっているんじゃないかな。

エ　生徒D　牧子は、漫画が大好きで夢中になってしまう千秋のような子供の気持ちも、漫画を作るために忙しく働く編集者の大変さもわかるという自分の立場が編集者を支えており、それが自分だけの強みだと理解したんだね。

オ　生徒E　《別冊デイジー》に集中している千秋とのやりとりで、自分の仕事が直接人を喜ばせるものでなかったとしても、多くの人を夢中にさせるものを作る場所に自分が所属しているという自覚が、牧子の仕事に対する見方を変えたということか。

問6　この文章の表現についての説明として**適当でないもの**を次の中から一つ選び、記号で答えなさい。

ア　＝＝線a「すいっとページをめくる」では、「すいっと」という擬態語(ぎたいご)によって千秋がページをめくる小気味よい様子が表現されている。

イ　＝＝線b「嗅ぎつけられる」からは、別デをできるだけ家族の目に触れさせたくないと考えている牧子の心情が読み取れる。

ウ　＝＝線c「ねえ、おもしろい?」とあるが、何度も「おもしろい?」と千秋に問う牧子の様子からは、千秋に直接「おもしろい」と言ってほしいという牧子の心情が読み取れる。

エ　＝線d「あっさりまた別デの世界に戻っていってしまった」は、牧子の話に興味があるのに、それを素直に認めることができず、漫画に集中するふりをしている千秋の様子が比喩的に表現されている。

オ　＝線e「牧子が手にした別デをなでる」は、仕事に対する誇りが牧子に芽生えはじめたということを象徴的に表現している。

三　次の各文の——線のカタカナを漢字に直しなさい。

1　浅学ヒサイの身ですが全力をつくします。

2　亡父のイシを継いで医者になった。

3　経済成長を金科ギョクジョウとしていた時代。

4　亀の甲より年のコウ。

5　全国でも有数のケイショウ地。

6　次の種目は徒キョウソウだ。

7　中流カイキュウの家庭で育った。

8　環境問題を標題とするコウエンを聞きにいく。

浦和実業学園中学校（第一回午前）

—50分—

【受験上の注意】　字数制限のある問題の場合は、句読点や符号、促音「っ」・拗音「ゃ」「ゅ」「ょ」なども一字分として字数に含めます。

一　次の各問いに答えなさい。

問一　――部のカタカナを漢字に直しなさい。

(1) 学校と家をオウフクするだけの日々。
(2) スポーツクラブの会費をオサめる。
(3) 彼ほどメイロウな少年はいない気がする。
(4) 来週までに病気はゼンカイするだろうか。
(5) 経済はシュウシのバランスが大切らしい。

問二　――部の漢字の読みをひらがなで答えなさい。

(1) 水を注ぐ手がふるえる。
(2) 質問がある人は挙手してください。
(3) 曲がったことのできない性分だ。
(4) 災害に便乗した商法は許せない。
(5) お茶を飲んで気を和らげる。

問三　□にあてはまる言葉として最も適当なものを後からそれぞれ選び、記号で答えなさい。

(1) **根も□もないうわさ**は一体どこから出てくるのか分からない。
　ア　花　イ　実　ウ　葉　エ　草
(2) **手に□を握る**接戦をものにしてわがチームは勝利をおさめた。
　ア　涙　イ　汗　ウ　水　エ　雨
(3) **互いの腹を□**合った後、本当の信頼関係が生まれる。
　ア　探り　イ　調べ　ウ　計り　エ　突き
(4) 一度失敗したからといって**羹に懲りて膾を□**ようでは進歩がない。
　ア　切る　イ　吐く　ウ　引く　エ　吹く
(5) 受付で**取りつく□もなく**追い返されてしまった。
　ア　やま　イ　しま　ウ　ひま　エ　たま

二　次の文章1と文章2をそれぞれ読んで、後の問いに答えなさい。

文章1

【第1段落】　私は人間ですから、人間を特別視しないことはできません。それは当然のことです。しかし生物学を学んできた者として言えば、ヒトを特徴づける頭脳が優れているということは特別な能力であることは確かですが、それは一つの能力なのであって、ヒトよりも優れたさまざまな能力を持つ動物は無数にいます。A頭脳以外の能力は取るに足らないと、なぜ言えるのでしょうか。

しかし歴史的事実は、その一つの能力が※卓越していたヒトが、地球の歴史からすればごく最近になって急激に増加して地球の自然を破壊してきたということです。そのために絶滅した動植物が無数にいます。その絶滅が20世紀の後半から急激に増えているのです。

私は生き物のつながりを研究してきましたから、ある生き物が減少したり、いなくなったりすることが、思いもかけない結果を生むことを学びました。そして東京に住んでいると、ある日突然、前日まで空に向かって枝を伸ばしていた立派なケヤキが根元から伐採されているのを目の当たりにする場面をたくさん見てきました。

［A］、長く観察してきた玉川上水で樹木が伐採され、その結果、野草が消滅したり、野鳥が激減したりするのも見てきました。それどころか、新しい道路をつけるためとか、大きな建物を作るために林が伐採されることもしばしば目にしてきました。私たちが都市で生きるということは、そこにいた生き物を抹殺したことにほかなりません。

人は不当に攻撃されれば、相手を非難します。非難するだけでなく敵に対して戦いを挑みます。しかし樹木は伐られるまま、動物はただ消えていくだけです。それだけに①余計に心が痛みます。植物は痛みを感じないとか、動物は苦痛を感じないと言われます。そうであるかもしれません。しかし生き物のことを学び、そのつながりを調べてきた私には、伐採される木の痛みはわかるし、消えゆく動物の悲しみもわかります。いや、十分にわかったといえないかもしれません。それでも、B動物や植物の声を聞けるようになりたいと思います。

【第２段落】私はこの本を読んだみなさんが、生き物の命の尊さについて共感してくれたと信じます。そして、みなさんがお父さんやお母さんに「ダンゴムシって大事なんだって」とか「メダカがいなくなったらしいけど、守らなくちゃね」と言ったとします。想像されるのは「その気持ちはわかるけど、世の中はそんなもんじゃないんだよ」という大人の反応です。

つまり子供はサンタクロースを信じるように、非現実的なことをいうが、現実にはサンタクロースはいないし、メダカがいなくなっても人間の生活に困ることがあるわけではないというわけです。

それでもみなさんがさらに主張したら「メダカのような小魚と人の命のどっちが大事か、考えればわかるだろう」というような返事が返ってきておしまい、ということもあるでしょう。

しかし②これは二重の意味でまちがっています。一つは、人の命がメダカの命より価値があるのが正しいとは言えないからです。メダカは小さく人が大きいからでしょうか。では、ゾウは人より価値がありますか。人は知能があるからですか。

なぜ知能という、生物が持つ多くの性質の中のただ一つのものが特別の価値があるとされるのでしょう。ヒトは鳥のように空は飛べないし、モグラのようにトンネルを掘れないし、イルカのように泳げません。人ができなくてほかの動物ができることは無数にあります。知能だけが価値があるとの根拠は曖昧で、それは人間がそう考えているだけのことです。

もう一つのまちがいは、メダカだけをとりあげて比較することは適切ではないという意味においてです。メダカがいるということは汚染されていない水があり、そこにプランクトンも生きているということですから、メダカがいなくなることはそのことが果たされていないことを意味します。それは人が住む環境も、あるレベルを超えた汚染段階にあるということです。その意味で、人間中心に考えてもメダカのいないことは危険だということです。

［B］メダカがいる、いないだけでなく、メダカの環境を総合的にとらえれば、メダカがいないことの意味が理解されるのに、問題を「メダカか人か」というレベルにとどめるのは正しくないということです。それでは大切なことを見失ってしまいます。さらに言えば、子供より大人の方が正しいとは限らないということもしばしばあります。

このような例は無数にありますが、一つだけ具体的な例をあげて考えてみたいと思います。1章で玉川上水のタヌキのことを書きましたが、玉川上水は江戸時代に作られた水路で、上水、つまり人々の生活用水を確保する水路でした。その役割は1965年まで続き、部分的には今でも機能しています。

　できたときの玉川上水は、西の羽村から江戸の四谷までの43キロメートルありましたが、1965年に杉並区の久我山よりも下流の13キロメートルは暗渠になりました。暗渠とは、要するに蓋をして水を地下で流すことです。その結果、ここから下流は道路になり、樹木はもちろん、野草もなくなり、昆虫も鳥も、もちろんタヌキも住めなくなりました。

　なぜそんなひどいことをしたのでしょう。当時は日本が高度成長期で、東京は1964年のオリンピックを控えて街中を工事で改修していました。当時の人たちにとっては、玉川上水があることはむしろ邪魔であり、当然のように、蓋をして道路をつけた方が都民にとって便利でプラスになると考えられたのです。ですから、杉並より上流も同じように暗渠にすると決められる可能性は十分にあったし、もしそうなっていれば多様な樹木やその下に咲く野草、昆虫、野鳥なども消滅していたはずです。

　玉川上水の暗渠工事は一部だけで止まってよかった、なんとかこれからも残してほしいと思いますが、東京にはその高度成長期に計画された道路があり、今でもその拡張計画が進められています。そういう計画を進めるとき、動植物の調査もおこなわれて、計画の妥当性が検討されますが、基本的には「希少な動植物はいないか」ということが基準になります。

　都会の緑地でも希少な動植物はいるにはいますが、なんといっても都会のせまい緑地ですから、そういう動植物は少ない、あるいはほとんどないということも多くあります。そして、③それが工事をしてもいいという免罪符になります。

　しかし、この本でくり返し述べたように、ありふれた普通の動植物がいることには、大きな価値があるのです。それらの生き物がつながりあって生きていることを知れば、そのことが私たち人間の生活にも大きな意味を持つことが理解されます。

【中略】

【第3段落】動物や植物をそのような歴史的存在としてとらえたとき、私たちの心には自然にその存在に対する敬意に似た気持ちが湧いてきます。そしてそこには、日本でいえば、日本列島にともに生きる者として共感することができます。私たち人間の限界から、動植物を見る目はしばしば偏見でくもりがちになります。

　でも生物学、とくに生態学の見方に立つことで、その偏見は小さくすることができます。そのことは『野生動物と共存できるか』でも『動物を守りたい君へ』でも書いたつもりですが、とくにこの本で伝えたかったのは、今の日本が都市化していることから生まれる心配です。

　ここで私が言う「都市」とは、東京や大阪のような大都市だけではありません。それは自然から離れて、［　C　］として生活することです。つまり、都市生活とは、人口密度の高い空間で大量の物資とエネルギーを取り込んで、大量の廃棄物を生み出す暮らしをすることです。その意味では、みなさんの大半が都市住民といえるでしょう。

都市生活をすると、どうしても自然が乏(とぼ)しいので動植物と接する機会が少なくなります。しかしヒトもまちがいなく自然の中で進化してきたのだから、私たちのDNAの中にはサルの一種としての「血」が脈々と流れています。子供は年齢(ねんれい)の違(ちが)う子供同士が一緒(いっしょ)で遊ぶものだし、ケンカもし、仲直りをして育っていくものです。でこぼこの地面を歩いて、草を見たり昆虫を見つけたりします。痛い思いをしたり、危ないことを体験したりして、そのことを覚えていきます。それはどの時代のどこの社会でも同じです。

もちろん都市化に伴(ともな)うプラスの面は無数にあります。自給自足をしなくても効率的に物資が確保できるようになりました。水道や電源が確保されたりしてからは、生活が革命的に便利になりました。私たちはそうした利便性に大いに恩恵(おんけい)を受けています。

［ D ］、それと同時に、都市にはマイナス面もあります。自給自足でなくなったことは貧富の差をうみ、お金がなければ貧困生活を余儀(よぎ)なくされます。人口が集中したことは衛生上の問題をうみ、伝染病の感染などは都市生活において深刻なものとなりました。

それは医学の発展で大幅(おおはば)に改善されたとはいえ、21世紀の現在においても新型コロナウイルスの登場によって私たちの生活はおびやかされました。交通や物資の流通が発展したために、伝染病の感染が大幅に促進(そくしん)されました。

【第4段落】 アメリカの生物学者ジャレド・ダイアモンドは、人類が、例えばイースター島のように自分たちの社会を崩壊(ほうかい)させた例や、マンモスやモアのような動物を捕(と)り尽(つ)くして絶滅させた悲劇は無数にあることを説明した後で、次のように書いています。

実は、過去において生態学上の悲劇的な失敗を犯した人と私たちのあいだには決定的な違いが二つある。こうした人たちに欠けていた科学的な知識が私たちにはあること、④<u>その知識を伝えあい、共有できる手段が</u>私たちにはあることだ。

(『若い読者のための　第三のチンパンジー』)

そう、私たちは文字を持たなかった時代の先祖とは違い、学びさえすれば正しい知識や考え方を知ることができるのです。このことは人類のかけがえのない遺産であり、誇(ほこ)るべきことです。そのことを思うことで、私は未来に生きるみなさんに前向きのエールを送り、明るい世界を期待することができます。

(高槻成紀(たかつきせいき)『都市のくらしと野生動物の未来』〈岩波ジュニア新書〉)

※注　・卓越…すぐれていること。

文章2

現在の私が最終的に到達(とうたつ)したのは、世界を人間の目、人間の立場からだけ見るのはもう止めようということ。人間もあくまでも地球上の生物の一種にしかすぎないのであり、動物と我々は仲間なのです。そういう観点に立って他の動物の目で人間を見るとどう見えることか。これがおそらく最高の自己客観化になるでしょう。

人類の中でも欧米人(おうべいじん)は、俺がこう思うということだけが正しい、と決め込む傾向(けいこう)が極端(きょくたん)に強いけど、それは間違い。そうじゃなくて、他の動物、羊やウサギの目、さらには人間によって切り倒(たお)される樹木や朝顔のつるなどから人間を見ると、お前ほどひどいものはないよということになるでしょう。これは欧米人には全く理解できない発想ですが、日本人であれば、まだ理解可能なはず。日本語と日本文化にはまだ古代性が生きているおかげで、世界を欧米人のように人間だけの独りよがりの高みから見る傲慢な悪癖から比較的フリーになれるはずだからです。知能があるのは人間だけで、ことばがあるのも人間だけなどといった考え方はとんでもない間違いだとお互い分かり合えるからです。

私の言語学では、鳥のコミュニケーションをうんと研究してきましたが、ヨーロッパの言語学ではそれは研究テーマにならなかった。なぜか。ヨーロッパ系の言語学者は言語を全て知能と関係づけるから、オランウータン、チンパンジー、ゴリラだけを研究してきたからです。これらの類人猿が人間に一番近い動物で知能レベルも人間以外では一番高いと思い込んできたからです。これに比べれば鳥なんて頭も脳も小さいし、人間と対比させて研究するなんてありえないと決めつけてきたからです。そういえば、birdbrainという英語は「バカ」という意味でしたね。※事ほどさように鳥をバカにし、見向きもしないでやってきたのです。そもそも言語を研究する上で、脳を第一義的に云々するのは間違いで、一番大事なのは音声であるにもかかわらず、です。

（鈴木孝夫『世界を人間の目だけで見るのはもう止めよう』〈冨山房インターナショナル〉）

※注　・事ほどさように…それくらい、それほど。

問一　[A]・[B]・[D]に入る言葉の組み合わせとして最も適当なものを次の中から選び、記号で答えなさい。

ア　A　しかも　B　すると　D　なお
イ　A　しかし　B　そして　D　それとも
ウ　A　また　B　つまり　D　しかし
エ　A　だから　B　ところで　D　つまり

問二　――部①「余計に心が痛みます」とありますが、筆者はなぜこのように述べるのですか。その説明として最も適当なものを次の中から選び、記号で答えなさい。

ア　人間は消滅の危機にある生き物を見ても、自分たちの生活が一番重要と考えて、それらを守るための行動を取ろうとしないから。
イ　環境がどのように変化しても、人間はそれらに対応するための頭脳を持つが、その他の生き物はそのような能力を持たないから。
ウ　生き物やそのつながりを学んできた者として、消えて無くなる生き物の悲しみや痛みが、一般の人間よりも理解できてしまうから。
エ　生き物は自己の存在を危うくさせるものへの反撃どころか、非難の試みさえも果たせないまま、消滅の運命に置かれてしまうから。

問三　――部②「これは二重の意味でまちがっています」とありますが、筆者がこのように述べる理由を次のように説明したとき(i)～(iii)の空らんに当てはまる言葉を**【第2段落】**から探し、抜き出して答えなさい。ただし□一つを一字分とします。(ii)は二つあります。

◎「メダカのような小魚と人の命のどっちが大事か、考えればわかるだろう」という発言が問題なのは、一つには、存在の大小、(i)□□の有無などの人を中心とした曖昧な根拠に基づいて、(ii)□の軽重が価値づけられているからである。また、もう一つの問題は、メダカの(ii)□を軽視し、その生育環境に目を向けないことは、人間の生活環境が、ある水準を超えた(iii)□□□に置かれているという状況を見落としてしまうことにつながるからである。

問四　――部③「それが工事をしてもいいという免罪符になります」とありますが、これはどういうことですか。その説明として最も適当なものを次の中から選び、記号で答えなさい。

ア　希少な動植物のほとんどいない緑地が道路拡張の予定地となっているが、そのような動植物がないと分かれば、工事は妥当なものとして許されてしまうということ。

イ　道路拡張予定地には多様な動植物が生息している場合が多いが、計画はすでに決められているので、生態系の保持を優先しながら工事を進めてもよいということ。

ウ　道路拡張計画は希少な動植物のいない所で進めなければならないが、住民が道路を必要なものと判断すれば、その有無にかかわらず工事が許されてしまうということ。

エ　道路の拡張計画はいつでも改められるものであるが、希少な動植物は一度消滅すると二度と再生しないので、工事を強引に進めることは認められないということ。

問五　[C]に入る言葉として最も適当なものを次の中から選び、記号で答えなさい。

ア　加害者　　イ　消費者　　ウ　事業者　　エ　愛用者

問六　――部④「その知識を伝えあい、共有できる手段」とありますが、これは具体的にどのようなものを指していますか。それを表す言葉を[文章1]の【**第４段落**】から**二字**で探し、抜き出して答えなさい。

問七　═══部A「頭脳以外の能力は取るに足らない」とありますが、このような人間の見方について、同じ内容のことが[文章2]でも述べられています。その部分を[文章2]から「**という考え方**」に続くように**二十五字**で抜き出し、**最初の五字**を答えなさい。

◎[　二十五字　]という考え方。

問八　═══部B「動物や植物の声を聞けるようになりたいと思います」とありますが、人間が「動物や植物の声」を聞けるようになるには、どのようなことが必要であると[文章2]では述べていますか。「**のを止めること**」に続くように**十九字**で抜き出し、**最初の五字**を答えなさい。

◎[　十九字　]のを止めること。

問九　[文章1]と[文章2]を説明したものとして**適当でないもの**を次の中から一つ選び、記号で答えなさい。

ア　[文章1][文章2]はともに、知能を持つ人間が生物界全般のなかで、ひとりよがりになっていることを批判している。その上で、他の生物の痛みを理解できるような視点やものの見方を持つことの重要性を述べている。

イ　[文章1]では動植物への正しい感覚は人間の住む環境への正しい理解にもつながる大事な視点だと述べている。一方[文章2]では動植物の視点を人間が持つという発想は、日本文化だからこそ実現できると主張している。

ウ　[文章1][文章2]はともに、人間中心の世界観からぬけ出すことの重要性を述べている。しかも、それを実現するためのヒントは、自然に寄りそう感性を育んできた日本にあると指摘している。

エ　[文章1]では生物学的、生態学的な研究の積み重ねから、人間の自然観や世界観の問題点を示している。一方[文章2]では動物学的な視点から、知能を重視する言語学のあり方を批判している。

三　次の文章は庄野潤三『ビニール水泳服実験』の一節です。高校の水泳部顧問矢島先生とコーチの鬼内先生の二人は、冬のプールでも泳ぎの練習をできるようにしたいという思いから、ビニール製水泳服の制作を思いつき、星子洋裁店の主人アヤ子の元を訪れます。アヤ子は二人の熱心な願いを聞き入れて、水泳服の制作を引き受けます。以下の文章はそれに続く場面です。よく読んで後の問に答えなさい。なお、設問の都合で本文の上に行数をつけてあります。また、一部表記を改めている部分もあります。

「分りましたわ」

アヤ子は、笑ってそう云った。

「頼みますわ。ええのん、作って下さい」

鬼内先生は、ほっとしたように云った。

「それで、実験はどなたがやりますの？」

「鬼内さんが、やります。だから、これから寸法取って下さい」

矢島先生がそう云った。

「無茶やなあ。わしにやれやれと云って、自分はやらんつもりかいな」

鬼内先生はうれしそうな顔をして、そんなことを云った。

この人は、専任コーチで、先生ではない。家はここから電車で二時間もかかる田舎のお寺だ。七人兄弟の一番末の息子である。

※陸軍士官学校を卒業したと思ったらすぐに終戦になって、それまでの苦労がA水の泡になったという経歴の持主だ。

名前は怖しいような名前だが、気だては優しく、おっとりしていていかにも育ちのよさを現わしているような人だ。

母校の中学の水泳のコーチをずっとやっていたが、前の年にここの学校にプールが新設されたので招かれたわけである。

自分が教えていた生徒も、いま何人かこの学校へ入っている。

「首のところは、どうしますの？」

アヤ子が尋ねた。

「そこが難しいんです。頭まで入ってしまうようにすれば、水は入らない代り、息が出来ない」

「そうですね」

「それで、※アノラック、ね。あんな具合に、首の一番上のところで、しぼれるようにしたらと考えているわけです」

「水は入りませんか？」

矢島先生と鬼内先生は、顔を見合せた。

「入らんように出来んやろか、いっているんです」

鬼内先生が云った。

「さあー、それはねえ」

アヤ子は、ちょっと考え込んだ。

「無理ですか」

矢島先生が尋ねた。

「首のところから身体を入れるのでしょう」

「ええ」

「それで、全部身体を入れてしまってから、首のところを紐で締めるようにするんですね」

「ええ、そうなんです」

「そうしたら、やっぱり少し入るわ」

「むろん、顔はつけないで泳ぐつもりなんですが」

「なるべく、首を伸ばすようにして泳ぐのね」

「ええ、そうです。そういうつもりなんです」

　アヤ子は、何ということなく溜息をついた。

　矢島先生は、①考え込まれては大変と、膝を乗り出して云った。

「つまり、僕らはどの程度までやれるかということを知りたいんです。普通のように泳ぐのは無理だということは分っているんですが」

「頼みますわ。もう僕は、濡れてもいいと思っているんです」鬼内先生はそう云った。

「そうですか。それなら、とにかく、一回作ってみることにしましょう」

　アヤ子はそう云って、椅子から立ち上った。

「では、寸法を取りますわ」

「有難い」

　と鬼内先生は云った。


【中略】


　矢島先生はこのプールの主である。プールで暮すことを生活の理想としている。

　前の年の六月に矢島先生たちの年来の希望が実現して、校庭から道一つ隔てたここにプールがつくられた時から、そうである。

　シーズン中は、全くプールで暮しているようなものだ。暗くなってプールの上に張り渡した針金にぶら下げた電燈がともる頃までである。

　コース・ロープを全部引き上げて、部員を帰してしまった後でも、すぐには帰る気がしないで、何ということなく、プールに留まっていたい気がする。

　飛び込んで広い水の中をゆっくりと一人で泳いだり、潜って水の底のごみを拾ったり、すっかり暗闇の中に沈んだまわりの世界を眺めている。

　矢島先生はプールのまわりに薔薇の苗を植えた。冬になってからも、授業のない時には、何遍もやって来て、薔薇の様子を見る。時々もみがらを撒いたりする。

　今のところはまだ薔薇に手いっぱいだが、追々、プラタナスやアカシヤやその他、自分の好きな木をいっぱい植えるつもりでいる。

　そのような自然との深い※聯関の中で、生命感の※充溢した、美的生活を送りたいというのが、矢島先生の理想である。

　ビニール水泳服の着想と実験も、その理想の一つの現われである。

　ロッカー・ハウスから、トレーニング・パンツの上に焦茶の※スェーターを着た鬼内先生が現われた。

「ほんなら、そろそろ着てみましょうか」

「さあ、さあ」

　コンクリートの上にひろげてあった水泳服を手ぐり寄せて、鬼内先生は足から入れ始めた。矢島先生は、そばから手伝う。

「何や知らん、けったいな具合やなあ」

「そんなことない。よく合っている。アヤちゃん、うまいこと作ってくれている」

矢島先生はそう云って、急に道の方を見た。

「アヤちゃん、まだ来ないかなあ」

「え？　アヤちゃん、来るんですか」

鬼内先生が慌(あわ)てた。

ア「さっきこれ届けに来た時、プールへ入る時間教えて云ったから、大体二時ごろや云っておいた。見せてほしいわ云ってたから、もう来るやろ」

矢島先生は今まで隠していたことを云ったのである。

イ「わあ、矢島先生、※殺生(せっしょう)やなあ」

鬼内先生は悲鳴を上げたが、その時、矢島先生の手で首の紐を締められて、黙(だま)ってしまった。

ウ「そんなこと云って、よろこぶな。いやらしい」

矢島先生は、紐をもっと締めた。

エ「息つまる」

オ「鬼内さん、アヤちゃん好きなんやろ」

カ「無茶な。矢島さんのことですか」

キ「※ごまかしな。可哀(かわい)そうに、あんたが結婚してしまってから、あの子、元気がなくなった」

ク「うそです。そんな。あっ、息つまる」

ケ「水入ったら、いかんからなあ。よく締めておかんと」

コ「矢島先生、もうそれで大丈夫です。水入らしませんて」

矢島先生はやっと鬼内先生の身体から離れた。

ビニール水泳服の中に入った※五尺七寸(ごしゃくななすん)、十八貫五百(じゅうはちかんごひゃく)の鬼内先生は、両方の腕(うで)を上げてみたり、ゆっくりしゃがんでみたりして、具合を試してみている。

破れるといけないからと云って、寸法はだぶだぶに作ってもらったのである。身体が透(す)いて見えるので、どうにも変な恰好(かっこう)である。

鬼内先生の靴下(くつした)の先に小さい穴が開いているのまで見える。

サ「アヤちゃん、まだ来んけど、そろそろ入水するか」

シ「いやもう、こんな恰好見られたらさっぱりや。ほんまに来る云うていましたか」

ス「ほんとだって。好きな鬼内さんがこの寒い時にプールへ入る云うのに、アヤちゃんが店でじっとしていられる筈(はず)がないよ」

セ「矢島先生、自分が好きなくせして、あんなことばっかりよう云えるわ」

ソ「あんたは独身、僕は子供が二人いる。僕はもう最初からアヤちゃんにそんな気はなかった。夕方なんか、アヤちゃんがちょいちょいこの前の道を通って、練習しているところを覗(のぞ)いて行くのは、あれはあんたがいるからや。そんなことぐらい、ちゃーんと知っているよ。それに可哀そうにアヤちゃんを放っといて結婚するなんて」

タ「放っといてて、わし、何も。矢島先生、ほんまに出まかせ云いはる。アヤちゃんは美人で、※ハイカラで、しっかりしているし、何でわしみたいな田舎もんのぼうっとした者にそんなこと思いますか。わしらほんとにあの人の前へ出たら、物も碌(ろく)によう云わんのに」

チ「そこがいいんや。アヤちゃんがあんたの顔を見る時の眼と、僕の顔を見る時の眼と、違う」

ツ「また、あんなことを云う。ほんとに矢島さんの口のうまいのにかかったら、何や知らん、②そんな気になって来ますが。しかし、アヤちゃん、来るんやったら早よ来たらええのに」

鬼内先生は道の方をちょっと眺めたが、思い直して、プールの端の鉄棒の段がついているところへ行った。

「さあ、歴史的な実験だぞ。英国探険隊のエヴェレスト征服みたいなもんだ」

矢島先生は、興奮してそんなことを口走った。

鬼内先生は足の先をまず水の中へつけた。

「冷たいか」

矢島先生が声をかけた。

「いや、大したことない」

鬼内先生はB割合無造作に水の中へ沈んで行った。ビニールの服は水の中へ入ると、※鈍色に光って身体にへばりついた。

鬼内先生の身体が、胸のあたりまで水中に入った時である。

「入ったあ」

と叫び声が起った。

矢島先生はプールのふちから身体を乗り出すようにして云った。

「どこが破れた」

「分りません。③ぱぱぱーと、稲妻みたいに入って来ました」

鬼内先生は、プールの中に立ったまま、その感じを報告した。

「ぱぱぱーと来たんか」

「早いこと！」

矢島先生はそれを聞くと、④溜息をついた。

「入水後、十秒にして浸水す。浸水箇所不明」

矢島先生は手帖を出して、そう記入した。

「いま、濡れているのか」

「胸から下、全部水が来ています」

「冷たいか」

「相当冷たいですな」

鬼内先生のトレーニング・パンツもスェーターも、その下に着ているシャツもパンツも、いま水づかりになっているのである。

「心臓麻痺、起すなよ」

矢島先生は心配そうな声を出した。

「大丈夫ですやろ」

「そうか。そんなら濡れついでに、ちょっと泳いでみるか」

「よっしゃ」

鬼内先生は、今では何の役にも立たない、かさばったビニールの水泳服を着けたまま、ゆっくり平泳ぎで泳ぎ始めた。

「どうや。行けるか」

「足が窮屈ですわ。あっ、腋のところからも入って来ました。ちめた」

鬼内先生は情なそうな声を立てた。

「冷たいのは当り前だ。もっと泳げ」

プールのふちから矢島先生がどなった。

「腕はどうだ。窮屈か？」

「窮屈ですな。腕も股も、もっとゆったり作らんといけませんわ」

「首はどうだ？」

「首はこれでよろしいな。首はこれくらいにして泳いでいたら、入りませんわ。ああ、冷めたい。よう冷える」

「何云うか。頑張れ。アヤちゃんが祈ってる」

「もう、上りますわ。もう、無理です」

鬼内先生はそう云うと、方向を変えてプールのふちへ泳ぎついた。二十五米プールの縦半分を泳いだわけである。

鬼内先生は唇の色が青くなっている。ビニール水泳服を脱ぐと、大きな足の先に水が※三合ほどたまっていた。

矢島先生と鬼内先生は、それを見て笑った。

鬼内先生がロッカー・ハウスの風呂に入って、着換えを終ってから二人でコンクリートの上にだらしなくのびたビニール服の上にかがみ込んで、浸水箇所を丹念に調べた。

その結果、右足の先と股のところと両方の腋の下と合計四ヵ所破れたことが分った。

二人が、これは着物※スリーブ式にしないといけないと話し合っている時、当の裁断者である星子アヤ子がプールの入口に姿を現わした。

それに気が附くと、二人とも何かひどく慌てて水に濡れているビニール水泳服を畳んでしまった。⑤それはアヤ子に見せてはならない物のような気がしたのである。

「やあ、いらっしゃい。惜しいことをしましたねえ。たった今、実験を終ったところです」

矢島先生は、大きな声でそう云った。

「もう十分早くいらっしゃれば、水の中へ入っているところが見られたのに。惜しかったなあ」

アヤ子は、中へは入って来ないで、

「どうでしたの？　実験は」

と尋ねた。

「大成功です」

矢島先生が叫んだ。

「大いに有望です。水は入りましたが」

「え、それで、濡れました？」

「ちょっと濡れましたけど、大したことはないです。とにかく、大成功です」

鬼内先生は笑っている。

「見たかったわ」

アヤ子は、そう云った。

「また、すぐに第二回の実験をやります。今度は、着物スリーブ式にしようと思っています。その方が、よさそうです」

「じゃあ、また持って来て下さいね」

「ええ、お願いします。いろいろ、僕ら、研究してみましたから」

「この次は、きっと見せて下さいね」

「ええ、是非。惜しかったなあ、今日は。とてもよかったですよ。僕ら、感激しましたねえ」

「ごめんなさい」

「ああ、さよなら。また来て下さい。どうも済みませんでした」

アヤ子は行ってしまった。

「さあ、うどん屋へ行こう」

矢島先生は勢いよく云った。

鬼内先生は校舎の横を曲って行くアヤ子の姿を見送っていたが、

それを聞くと、さっき大急ぎで畳んだ、濡れたビニールの水泳服を持ち上げて、ロッカー・ハウスの方へ歩き出した。

(庄野潤三『ビニール水泳服実験』)

※注
・陸軍士官学校…兵士に対して作戦の指示を出す士官を教育する陸軍の学校。
・アノラック…登山やスキーなどで着るフードつきの防寒・防風用の上着。
・聯関…連関に同じ。
・充溢…満ちあふれること。
・スェーター…セーターのこと。
・殺生…思いやりがないこと。
・ごまかしな…ごまかしてはいけない。
・五尺七寸、十八貫五百…五尺七寸は長さ約一七二・七センチメートル、十八貫五百は重さ約六九・四キログラム。
・ハイカラ…洋風でしゃれていること。
・鈍色…濃い灰色。
・三合…五四〇ミリリットル。
・着物スリーブ…肩(かた)と袖(そで)の切れ目やぬい目がない袖の形。

問一　――部A「水の泡」――部B「無造作」とありますが、本文中での意味に最も近い表現を後の中からそれぞれ選び、記号で答えなさい。

A「水の泡」
ア　対岸(たいがん)の火事　　イ　寝耳(ねみみ)に水
ウ　元の木阿弥(もくあみ)　　エ　藪(やぶ)から棒

B「無造作」
ア　苦もなく　　イ　念入り　　ウ　軽はずみ　　エ　不慣れ

問二　――部①「考え込まれては大変と、膝を乗り出して云った」とありますが、「矢島先生」がこのような行動をとったのはなぜですか。「矢島先生」が考えていた内容にも注意して、その理由を**六十～八十字**で説明しなさい。

問三　――部②「そんな気になって来ますが」とありますが、これは「鬼内先生」にとってどのようなことを表していますか。その説明として最も適当なものを次の中から選び、記号で答えなさい。

ア　以前抱いていたアヤ子に対する感情を思い返してしまったということ。
イ　知らないうちにアヤ子への思いが強まってきた感じがするということ。
ウ　アヤ子の気持ちに寄り添えなかった自分にあきれてしまったということ。
エ　口車に乗せようとする矢島先生に対して腹を立ててしまったということ。

問四　――部③「ぱぱぱーと、稲妻みたいに入って来ました」とありますが、これはどのような様子を表していますか。その説明として最も適当なものを次の中から選び、記号で答えなさい。

ア　水泳服の破れ目から入り込んでくる水の量が多い様子。
イ　水泳服の破れ目から入り込んでくる水の動きがとても速い様子。
ウ　水泳服の破れ目から入り込んでくる水が非常に冷たい様子。
エ　水泳服の破れ目から入り込んでくる水が音を立てている様子。

問五　――部④「溜息をついた」とありますが、この時の「矢島先生」の心情を表す表現として**適当でないもの**を次の中から一つ選び、記号で答えなさい。

ア　罪悪感　　イ　失望感　　ウ　敗北感　　エ　無力感

問六　(i)(ii)の小問にそれぞれ答えなさい。

(i)　この文章『ビニール水泳服実験』をUJ中学校の授業で扱った時に、生徒から「アヤちゃんはモテるよね」という発言がありました。これをもとに、「アヤちゃんは人気者!?」というテーマを立ててグループ学習を進めました。登場人物の発言や様子などを参考にしながら考察した時の発言内容は次に示すようなものです。話し合いは、本文中に示されているア～ツの会話文が[A]～[F]の部分で引用されながら進められました。[A]～[F]に入る最も適当な会話文をア～ツの中から一つずつ選び、記号で答えなさい。

Aさん　ビニールで水泳服を作って欲しいという依頼(いらい)は、突拍子(とっぴょうし)がないものだけれど、星子洋裁店の主人であるアヤ子さんは、首部分の作り方を確認するなどして、とても前向きにビニール水泳服を作ろうとしています。「アヤちゃん」と呼ばれて慕(した)われているのは、そんな彼女の様子を見ても分かるんだけど、たとえば、93行目から137行目あたりを読むと、そんなアヤちゃんに二人の先生が「あこがれ」を抱いていることが分かると思うんだけど、どうかな?

Bさん　私もそう思うわ。アヤちゃんを巡(めぐ)る二人の先生のやり取りは笑っちゃう展開よね。まず鬼内先生の発言に注目すると[A]の部分で、自分のことを田舎者という鬼内先生にとって、アヤちゃんは、まさに「マドンナ」・「高嶺(たかね)の花(はな)」として映っていたのよね。鬼内先生が結婚した後も、そのように思っているかは分かんないけれど、矢島先生が[B]で言っていることがもし本当なら、今でも鬼内先生は、アヤちゃんのことを思っているのかもしれないわ。

Cさん　矢島先生の名前が出たけど、私は矢島先生のアヤちゃんに対する視線が気になるのよ。たとえば、[C]では、鬼内先生が結婚したあとのアヤちゃんの様子を、それに[D]の部分では、プールをちょくちょく見に来るアヤちゃんの様子を、さらに言えば[E]ではアヤちゃんの眼の動きにまで触れているよね。矢島先生のほうが、鬼内先生より、よっぽどアヤちゃんのことを意識しているんじゃない?

Dさん　なるほどね。そうだとすると、二人ともアヤちゃんを気にかけている点では同じかもしれないね。でも、今Bさんが触れた[E]の発言に注目すると、アヤちゃんは矢島先生に向けない視線を、どうして鬼内先生には向けるのか、といった意味が込められているようにも読めそうなんだけれど……。

Eさん　つまり、矢島先生の鬼内先生への嫉妬(しっと)ということかな?もしそう考えるなら、鬼内先生に水泳服を着せている時の[F]という一言は、鬼内先生へのあてつけであり、仕返しのような意味なのかもしれないね。

Fさん　そうだよね。とは言え、二人のやり取りは、ばかばかしくも、ほのぼのとした印象を伝えるね。ビニール水泳服の実験は結果的に失敗に終わるけど、１９１行目「矢島先生と鬼内先生は、それを見て笑った」とあることからも、もともと二人は仲が良いんだよ。

Aさん　これまでの話をまとめると、矢島先生は鬼内先生に少しやきもちを焼いているようだけど、それも含めて二人の男性から好意を持たれている点で、「アヤちゃんは人気者！」であると言って良いと思います。この点を踏まえると、ビニール水泳服の実験が失敗に終わった場面で、アヤちゃんがプールを訪れた時、――部⑤「それはアヤ子に見せてはならない物のような気がしたのである」と述べられている部分がありますが、二人はなぜこのような「気がした」のでしょうか？　みなさんはどのように考えますか？

(ii)　(i)のグループ学習での発言内容をふまえて、――部⑤「それはアヤ子に見せてはならない物のような気がしたのである」という部分について、その理由を説明したものとして最も適当なものを次の中から選び、記号で答えなさい。

ア　ビニール水泳服で泳ぐ鬼内先生の姿を見せると、アヤちゃんが切ない気持ちになって気の毒であると考えたから。

イ　実験に失敗したビニール水泳服を見せて、せっかく作ってくれたアヤちゃんを失望させてはいけないと考えたから。

ウ　ビニール水泳服の破れた部分を見せると、これまで築いてきたアヤちゃんとの関係が悪くなってしまうと考えたから。

エ　水が入り込んでしまったビニール水泳服を見せると、アヤちゃんの次作への意気込みが強まってしまうと考えたから。

穎明館中学校（第一回）

—50分—

注意　字数制限の問題では、句読点も一字として数えます。

一　次の文章を読んで、あとの問いに答えなさい。

> 中学一年生の「マチ」は、自分の意見をはっきり言えない内気な性格を直したいと思っていた。夏休みが明けると、文化祭で発表する合唱の練習が始まった。「マチ」が所属するソプラノパートのリーダーは、「マチ」の小学校の頃からの友人である「琴穂」が務めることになった。

文化祭で歌う『遠い日の歌』の、ソプラノのパート練習。

オルガンで音を取りながら、一度通して歌い、二度目の練習に入る。すると、途中で、教室の後ろのドアが開いて、ソプラノのパートリーダーである琴穂が顔を出した。

「ごめん！　部活の片づけで遅れちゃった」

オルガンを囲んでいたソプラノの女子が一斉に歌うのをやめて、声の方向を見る。琴穂が顔の前で手を合わせて「ごめんごめん」と言いながら駆け寄ってくる。

「本当にごめんね。今どこ歌ってた？」

①「――いいよ、もう一度最初からやろう」

すぐに練習が再開され、琴穂も加わったが、歌い始める前に、マチの後ろで「琴穂ちゃん、いつも遅れてくるよね」という小さな声が聞こえた。自分のことではないけど、ドキンとする。聞いてはいけない気がするのに、耳が勝手に声の続きを聞いてしまう。

「リーダーなのに、やる気あるのかな」

琴穂は、朝練習を遅刻することが多い。その上、放課後も部活を理由に早めに練習を切り上げ、他のみんなを残して先に教室を出て行ってしまうことがよくあった。

歌った後で、それぞれグループごと、自分たちの歌の悪い部分について話し合う。

教室の隅から、アルトの女子の声が聞こえてくる。自分たちのソプラノより歌声がまとまっているように聞こえて、このままじゃ合わせて練習したときに声量が負けてしまうのではないか、つられてしまうのではないかと心配だ。アルトのリーダーであるみなみの声が一際よく聞こえる。

マチがみなみの方を見ていると、琴穂が「ねえねえ」と話しかけてきた。てっきり合唱に関することだろうと振り向くと、いきなり「聞いてみた？」と聞かれた。

「何を？」

「みなみと恒河のことだよ。夏休み、自由研究一緒にやったんでしょ？　あの二人、つきあってるの？」

小声になって関係のない話をしようとする。

その言葉を聞いた途端、ａふいに、マチの胸の中で②たくさんの感情が一度に揺れ動いた。

『リーダーなのに、やる気あるのかな』

さっき聞いたばかりの声を思い出したら、悲しくなった。本音を言えば、琴穂に真剣に練習して欲しいのはマチも同じだ。

「ちゃんと練習、しようよ」

とっさに飛び出した声が我ながら冷たく聞こえて、驚いた。③琴穂が「え」と短く声を出す。きょとんとしたその表情を見たら、もう一押し、声が止まらずに出てしまった。

「しっかりやろうよ。琴穂、遅れてきたのに、関係のない話したり、全然、みんなに悪いと思ってる様子がないよ」

琴穂が目を見開いた。ショックを受けたのだと、表情でわかった。わかった途端、喉元が苦しくなって、それから全身が熱くなる。顔を伏せて、琴穂から離れた。

ややあって、背後から「わかった」と琴穂の声が答えた。思いがけず素直な声だったせいで、琴穂が沈んだ様子なのが、振り返らなくても伝わってくる。マチが返事をするより早く、「じゃ、もう一度ね」と他の子の声がして、歌の練習がまた始まってしまう。

④声がうまく出なかった。息が苦しかった。

練習が終わった後で様子を見ると、琴穂は顔を俯けながら席に戻るところだった。

そのとき、「マチ」と呼びかけられた。さっき、琴穂の遅刻を責めていた子たちだ。

「琴穂のこと、ありがとう。マチみたいなまじめないい子が注意してくれると助かるよ」

こっそりと囁くような声に「ううん」と首を振る。感謝されるようなことは何もない。黙って一人で席に着いた琴穂のことが気がかりだった。

（中略）

文化祭が終わると、教室内の空気は十二月の新人戦に向けて緊張感を高めていくようだった。夏の大会ではまだ出場できなかった一年生の中にも、新人戦なら活躍できる子が出てくる。マチたちの科学部は関係ないが、運動部の子たちはみな、忙しそうだった。

放課後の教室にも、部活の話題が増えていた。運動部の子たちの顔が X なしか興奮して見える。大変そうだけど、楽しそうだ。

そんな中、ジャージに着替えたみなみがすまなそうに話しかけてきた。

「マチ、今日のことなんだけど……」

科学部に行くしたくをしていたマチは、すぐにピンときた。夏休みに約束して以来、マチとみなみは（注1）高坂紙音の家を一緒に訪ねる機会が多くなっていた。お互いに部活がある日を選んで待ち合わせるのが当たり前になっていたので、今日も紙音の家に一緒に行くつもりだった。

みなみが言った。

「紙音のところ、今日は私一人で行くよ。陸上部、新人戦前でみんな張りきってるから、科学部よりも終わるの、遅くなると思う」

「そうなんだ」

「うん。――紙音の家に行くのも、今日はだいぶ遅くなっちゃうんだけど」

文化祭の合唱練習の間も、みなみとマチは紙音の家を何度も訪ねた。しかし、応対に出てくるのは最初の日と同じように、いつでも紙音のお母さんだけだった。

一学期の最初、マチの制服のしつけ糸を切ってくれたあの子は、今、一人きりの部屋で過ごしているのかもしれない。そう考えると、胸の奥がきゅっとなる。

「私、一人で行こうか」

マチが言うと、みなみがびっくりしたように「え」と呟いた。

「高坂さんの家なら、何度もみなみちゃんと一緒に行ったし、私一人でも大丈夫だよ。みなみちゃん、新人戦の準備で忙しそうだし、明日も朝練があって早いんでしょ?」

「そうだけど、マチを一人で行かせるのは悪いよ。遠回りになるし」

みなみが断りかけたとき、思いがけず、背後から「私、行くよ」という声がした。振り返って、驚く。

琴穂だった。

マチとみなみは⑤思わず顔を見合わせる。そんな二人に向け、琴穂がさらに続けた。

「私がマチと一緒に行く。今日はバスケ部、陸上部ほど遅くならないと思うから、ちょっと待っててくれれば大丈夫だよ。私にまかせて、みなみは部活に行って」

「助かるけど、でも」

みなみの声を遮るように、琴穂がすばやく首を振り動かした。

「みなみってさ、しっかりしてるのはいいんだけど、一人でたくさんのことを抱えこんでがんばりすぎるんだよね。そんなんじゃ、いつか参っちゃうよ。――今年の新人戦、陸上部の他の子に聞いたけど選手になれそうなんでしょ?」

みなみの顔にはっとした表情が浮かぶ。琴穂がふう、と小さなため息をついた後で笑った。

「だったら、今はそっちががんばり時だよ。もっと頼ってよ。――これまで副委員長なのに全然頼りにならなかったのは、私が悪かったからさ」


言いながら、琴穂がマチを見た。「マチに仕事、だいぶ頼っちゃってたし」と決まり悪そうに告げる。

「マチも、これまで、いろいろごめんね。私、部活を言い訳にしすぎてた。そんなこと言い出せば、みなみだって陸上部が大変なのに、委員の仕事したり、高坂さんの家、行ったりしてたんだもんね」

謝った後で照れくさそうに目を伏せた琴穂を前に、みなみがとまどうような表情を浮かべる。ややあってから、bおずおずと「いいの?」と琴穂を見た。

「頼んでも、平気?」

「うん」

琴穂が[Y]を張って頷いた。

一連のやりとりを驚きながら見ていたマチの頰がゆるんでいく。「ありがとう」とためらいがちにお礼を言うみなみを、とてもいいと思った。いつもしっかりしているみなみが自分たちを頼ってくれたことが、嬉しくなる。

琴穂と二人で紙音の家に向かう途中、マチは改めて琴穂に礼を言った。

「さっきはありがとう。みなみちゃん、嬉しかったと思う」

横を歩いていた琴穂が、「だって」と笑う。

「みなみ、完璧すぎるんだもん。あれ、本人何でもないふうにやってるけど、結構大変なはずだよ」

「私も実はちょっとそう思ったことがあったけど、言い出せなかったんだ。琴穂が言ってくれてよかった」

「うーん。みなみ、たぶん、自分が無理してることにも気づいてないんじゃないかなあ。自分のことって、かえってなかなか気がつけないよね。

私もそうだったし」

琴穂が「ごめんね」と頭をかく。

「私も合唱の練習、リーダーなのにちゃんとやってなかった。マチに注意されてはっとしたの」

「私こそ、あのときはキツイこと言っちゃってごめん」

あわてて謝ると、琴穂が「そう？」と首を傾げた。

「全然キツくなかったよ。むしろ普段おとなしいマチから言われるなんて、私、よっぽどだったんだなって反省した。――なんか、ありがとね。陰でこそこそ言うんじゃなくて、面と向かって言ってくれたから、かえって気分よかったよ」

「そんな……」

頬がかあっと熱くなった。

――はっきり自分の意見が言えない性格を直したい。

今年の四月、マチが中学校に入学するにあたって目標にしたことだ。その一歩が踏み出せたようで⑥胸の奥がじん、とあたたかくなる。

（辻村深月『サクラ咲く』〈光文社文庫〉による）

（注1）高坂紙音…不登校の同級生。マチとみなみは学校からの連絡事項を伝えるために、ときおり紙音の家を訪れていた。マチは二学期になったらまた紙音の家に行こうとみなみと約束をしていた。

問一　波線部a・bの言葉の意味としてもっとも適当なものを次の中からそれぞれ選んで、記号で答えなさい。

a　ふいに
ア　だんだんと
イ　想像通りに
ウ　突然
エ　無意識に
オ　すぐに

b　おずおずと
ア　かしこまって
イ　期待をこめて
ウ　無遠慮に
エ　図々しく
オ　ためらいながら

問二　傍線部①「――いいよ、もう一度最初からやろう」とありますが、このせりふから読み取れる心情の説明としてもっとも適当なものを次の中から選んで、記号で答えなさい。

ア　みんなから嫌われているのに、それに気づきながら改善しようとする様子が見られない琴穂を不快に思っている。

イ　一生懸命みんなで合唱の練習をしていたところに、突然それを遮るように琴穂がやってきたことに驚いている。

ウ　練習にいつも遅刻してくる琴穂に対して、パートリーダーとしてどのような言葉で注意しようかと悩んでいる。

エ　パートリーダーであるにも関わらず、自覚が足りず練習に遅刻してくる琴穂の無責任さに対していら立っている。

オ　琴穂がようやく部活を終えて合唱の練習に来てくれたことに安堵し、一緒に練習できることに喜びを感じている。

問三　傍線部②「たくさんの感情」とありますが、ここに含まれる感情としてふさわしくないものを次の中から一つ選んで、記号で答えなさい。

ア　悲しみ　イ　嫉妬　ウ　怒り　エ　失望　オ　不愉快

問四　傍線部③「琴穂が『え』と短く声を出す」とありますが、それはなぜですか。四十五字以内で説明しなさい。

問五　傍線部④「声がうまく出なかった。息が苦しかった」とありますが、それはなぜですか。六十字以内で説明しなさい。

問六　空欄X・Yに当てはまる漢字としてもっとも適当なものを次の中からそれぞれ選んで、記号で答えなさい。

ア　胸　イ　身　ウ　気　エ　心　オ　目　カ　顔

問七　傍線部⑤「思わず顔を見合わせる」とありますが、その理由としてもっとも適当なものを次の中から選んで、記号で答えなさい。

ア　今まで部活動を言い訳に無責任な言動をしていた琴穂が、自らみなみの代役を買って出たことに二人とも驚いたから。

イ　みなみが紙音の家に行くことができないために二人は困っていたが、代わりに琴穂にお願いするのは名案だと思ったから。

ウ　無責任な行動で信頼を失ったにもかかわらず無自覚な琴穂に気まずさを覚え、どのように断るべきかと二人で困惑したから。

エ　今さらパートリーダーとしての失敗に責任を感じ、誰かのために行動しようとする琴穂に二人そろってあきれ果てたから。

オ　琴穂が気をきかせてくれたことは嬉しいが彼女のことを信用できず、どちらが断ろうかとお互いに探り合っていたから。

問八　傍線部⑥「胸の奥がじん、とあたたかくなる」とありますが、このときのマチはどのような心情ですか。その心情に至った過程も含めて七十字以内で説明しなさい。

問九　本文の特徴の説明としてもっとも適当なものを次の中から選んで、記号で答えなさい。

ア　擬音語を多く用いることで、音楽というテーマを中心に展開する物語をいっそう豊かに表現している。

イ　登場人物同士の会話を中心に展開しており、その中でマチとみなみの関係性の変化を細やかに描いている。

ウ　マチの視点に沿った物語でありながら、マチだけでなく琴穂やみなみの心情をも鮮明に描写している。

エ　「……」や「——」を使い会話に空白を作ることで、読者に登場人物の心情をより具体的に示している。

オ　「〜た」と過去を表す文末を用い、マチが目標を達成するまでの出来事をマチ自身が回想的に語っている。

二　次の文章を読んで、あとの問いに答えなさい。

人は国籍や文化、宗教などの違い以上に、個性の差が大きい

人はそれぞれ生まれも育ちも違う。だからこそ、考え方も価値観も習慣も、あれこれ違ってくるのは当然だ。

これは至極、当たり前のこととして理解しているつもりではあるけれど、当然であるがゆえによく忘れがちになることでもある。ときに人は、①この大前提を脇に置き、人間関係のなかで本来は無用であるはずの怒りや不安を相手に抱いてしまうことがよくある。

私は、これまでさまざまな国の人たちとともに仕事をしてきた。とくに(注1)ISSの運用は15カ国が参加する国際協力プロジェクトだ。各国の科学技術政策に基づいて進められてきている計画であるから、当然そこには国策による利害関係も影響してくる。各国の宇宙機関に属する宇宙飛行士たちは、それぞれの国の政策を背負ってISSのプロジェクトに参加しているという意識を強く持っている。

それゆえ、お互いの国の違いをまったく意識しなくなる、ということはあり得ない。これが完全に民間レベルの活動で多国籍企業が参加するようなプロジェクトであったなら、国の違いよりも各企業の文化や利害の違いが支配的になるのだろう。

しかし、私がこれまで多国籍の人々と仕事をしてきた経験から言えば、人が誰かと付き合うときに生じる相違点には、国や企業、人種や文化、宗教などの違い以上に、個人のオリジナリティの差が圧倒的に影響している、と強く感じる。

［ a ］、人を「卵」として考えると、国籍や習慣、文化などの違いは②「殻」の部分にしか相当せず、人の思考や行動パターンの大部分を占めるのが卵の「中身」、つまり個性と私はとらえている。

そのように考えると、何か意見の相違があったときに、「この人はアメリカ人だから、こう考えるんだ」とか「この人はこの宗教だから、そう言うんだ」というような「殻」の部分だけでステレオタイプ(注2)に相手を判断しようとすると、本質的な状況分析の妨げになる。

これは日本人同士で仕事をする場合でも同様だ。会社ごとに企業文化は異なるし、同じ会社の人間同士でも部署や役職が違えば立場や役割も変わる。すると、その属性(注3)によって思考や行動パターンも異なってくる。

［ b ］、出身地、幼少期からの家族構成、学校生活、スポーツや音楽活動など、どのような集団活動に参加してきたかなども、その人の考え方や行動に少なからず影響を与える。とは言え、それらも「殻」の部分であって、最終的にその人の思考や行動パターンを形成するのは、個性によるところが大きいように感じる。

ただし当然、さまざまな国々の人と一緒に仕事をしていくなかでは、相手の国の習慣、文化、言語、歴史などを知ることも大切だ。比較文化論ではないが、相手がどんな背景で育ったかを知ることで、相手を多少なりとも理解する助けになるからだ。

「違い」を認め、「違い」を生かす

コミュニケーションとは、異なる個性と個性が交流し、よりよい関係を築き、チームとしてうまく機能していくために必要なプロセスとも言える。自分の卵の殻を破って、自分自身を相手にさらけ出す。同時に、相手には先入観を排除して心を開き、いわば腹を割って相手を理解しようと努める姿勢が不可欠だ。

「何を言っているんだろう?」「何でわかってくれないのだろう?」と、こちらが相手を責めるとき、得てして相手も同じように感じているものだ。いったん③自分の意見を横に置いて、相手の立場に立って、相手の考えや意図を理解するよう努めてみることから「相互理解」はスタートする。相手が発信しているものをきちんと汲み取る。いわば、相手が投げたボールを一度キャッチしたうえで、投げ返す。この繰り返しだ。

それはもちろん、手放しで相手に賛同するということではない。考え方の相違があれば、自分の意見をきちんと伝えればいい。逆に、そこですぐに溝が埋まらなくても、意見の相違を発展的にとらえることが大切だ。相違を知ることは、④自分が新たな視点を得られるいいチャンスと考えれば前向きにもなれる。そのような姿勢を通して、相手との違いを認識しながら、お互いの個性の違いを尊ぶ気持ちも生まれるのではないだろうか。

コミュニケーションは、まず「相手と自分は違う」という認識が出発点である。また、組織においては、チームに存在するそれぞれの「違い」によって、作業の効率性の向上や、ときには大きな問題に直面した際に、突破口につながるさまざまなアイデアが生み出される可能性もある。「違い」は、チーム全体としての能力をより高めるための財産と考えるべきであろう。さらに言えば、何が違い、何が同じかという点を明確にしたうえで、メンバー全員の価値観のベクトル(注4)を、チームが目指すべき方向にまとめていくのがマネジメントに携わる者の役目だ。

私がISSでコマンダー(注5)を務めたときも、クルーにはそれぞれさまざまな「違い」があった。[c]、ベクトルは「ミッションの成功のために全力を尽くす」という同じ方向を向いていた。機能的なチームの必要条件の1つは、お互いの違いを認識し、1つの目的のために結束できることである。

国境のない宇宙だから感じたこと

私がコマンダーとしてISSに滞在していたときに、人間は個人の主義主張、国や文化、イデオロギー(注6)の違いを越えて協調できるものだと実感したことがあった。

2014年2月末に、ロシア軍がウクライナ南部のクリミア半島を事実上、掌握し、クリミア自治共和国を一方的に編入した。同年3月9日、私がコマンダーに就任する直前にウクライナ危機が勃発した。アメリカを中心とする国際社会が厳しい経済制裁を科すなか、ロシアも応酬する結果となった。

欧米とロシアの緊張状態はISSでも決して無縁ではなく、とくにロシアとアメリカのクルーの間では問題に対する立場の違いがあり、わだかまりも生じていた。私は「今日は皆で一緒に夕食を食べよう」と声をかけ、食事をしながらこの状況について話し合った。

結果、あることに私たちは気づくのだった。それは、クリミアを巡って緊張が高まっている地球上には、ISSにいる私たち6人はいない、ということだった。つまり、地上で緊張状態が続いているなかだからこそ、ISSにいる私たちがしっかり仕事をする義務がある。宇宙開発の発展だけでなく、平和のためにも、私たちが一致協力して今の任務に集中してあたることが使命だ、という結論に達したのだ。そのため、私も含め6人のクルーは、「明日からも頑張ろう」という前向きな気持ちになれた。

こんなときに、当事国であるアメリカやロシアではなく、⑤日本人である私がコマンダーを務めていることに、何かの縁を感じながら、「違い」を理解し合う大切さを実感した。

(若田光一『一瞬で判断する力――私が宇宙飛行士として磨いた7つのスキル』〈日本実業出版社〉による)

(注1)ISS…国際宇宙ステーションの略称。
(注2)ステレオタイプ…型にはまった考え方。
(注3)属性…そのものに備わっている性質。
(注4)ベクトル…ものの考え方の方向。
(注5)コマンダー…指揮をとる人。まとめる役目の人。

(注6)イデオロギー…人々の考え方や行動を根底で制限している信念や思想。

問一　空欄(くうらん)a～cに入る言葉として適当なものを次の中からそれぞれ選んで、記号で答えなさい。

ア　また　　イ　だが　　ウ　なぜなら
エ　ところで　　オ　たとえば

問二　傍線部(ぼうせん)①「この大前提」とありますが、どういうことを指していますか。本文中の言葉を使って四十字以内で答えなさい。

問三　傍線部②「『殻』の部分」とありますが、

(i)　本文中で説明される「殻」に当てはまらないものを次の中から一つ選んで、記号で答えなさい。

ア　個人として信じている宗教
イ　出身地や出身校
ウ　文化や習慣
エ　個人として持つ思考や行動
オ　個人に影響を与える集団

(ii)　筆者は「『殻』の部分」だけで相手を判断することに対してどのような危険があると考えていますか。本文中から十五字以内で抜き出して答えなさい。

問四　傍線部③「自分の意見を横に置いて」とありますが、これはどういう態度のことを言ったものですか。その説明としてもっとも適当なものを次の中から選んで、記号で答えなさい。

ア　自分の考えにこだわらずに、相手の考えを受け入れようとする態度。
イ　自分の考えに自信を持って、相手の言うことにも耳を傾(かたむ)けようとする態度。
ウ　自分の意見を捨てて、相手の考え方を新しく取り入れようとする態度。
エ　自分の意見の誤りに気づき、相手の正しさを認めようとする態度。
オ　自分の考えと相手の考えを比較して、両者の違いを見極めようとする態度。

問五　傍線部④「自分が新たな視点を得られるいいチャンス」とありますが、筆者はどのようなチャンスが得られると考えていますか。具体的に八十字以内で説明しなさい。

問六　傍線部⑤「日本人である私がコマンダーを務めていることに、何かの縁を感じながら」とありますが、ここで筆者が感じたこととしてもっとも適当なものを次の中から選んで、記号で答えなさい。

ア　本来持ちこむべきでない国家間の対立を持ちこんだロシアとアメリカのクルーに対して、両者を客観視できる日本人だからこそ、両者の過(あやま)ちを気づかせることができた。
イ　国家間の対立に影響を受けてわだかまりをもつロシアとアメリカのクルーに対して、異なる視点に立つことができる日本人だからこそ、クルーとしてすべきことを両者に問いかけることができた。
ウ　欧米とロシアの緊張状態の影響によって対立を深めたロシアとアメリカのクルーに対して、個人的な立場を優先できる日本人だからこそ、宇宙開発を優先すべきだと主張することができた。
エ　ウクライナ危機の影響によって互いを否定し合うロシアとアメリカのクルーに対して、当事国ではない日本人だからこそ、平和の重要性を伝えることができた。

オ　大国であるために自己主張が強いロシアとアメリカのクルーに対して、多様なものを認めざるをえない日本人だからこそ、組織として使命を優先すべきだと納得させることができた。

問七　本文の内容の説明として適当なものにはA、不適当なものにはBを、それぞれ答えなさい。

ア　宇宙飛行士はそれぞれの国の政策を最優先にして、プロジェクトに参加すべきである。

イ　相手の出身国の文化や歴史を知ることは、他者を理解する助けとなる。

ウ　国際協力プロジェクトを推進するためには、各人の持つ個性を優先した方がよい。

エ　コミュニケーションで大事なのは、相手と自分が異なる存在であるという認識を持つことだ。

オ　宇宙開発の発展だけを考えたからこそ、様々な国から参加するクルーが一致協力できた。

三　次の①～⑤の傍線部のカタカナを漢字に改めなさい。

① 古い道具もていねいにシュウリして使い続ける。

② テスト問題はまず落ち着いてジュクドクしましょう。

③ 政治家たちがザダンカイで意見を話す。

④ ごはんのおかわりはヤマモリが良い。

⑤ 試合でヤブれたので対策を考えよう。

江戸川学園取手中学校(第一回)

―50分―

一　次の文章を読んで、後の問いに答えなさい。(抜き出しの問題に答える場合、句読点・記号は全て一字とする)

(吉田千紗子は中学三年生。担任である加賀美先生との個人面談に臨んでいる場面である。)

「私、ずっと知りたかったんです。先生たちが若い頃に何を考えていたのか。先生はいつ教師になろうと思ったんですか?」

「そうですね。わりと小さい頃から教師という仕事は意識の中にあったと思いますよ」

「どうしてですか?」

「父も教師だったからですかね」

ああやっぱりそうか……と、千紗子は(1)思いがした。これまでも三人の先生に教師を志した理由を聞いたことがある。年齢も、性別もまちまちだった彼ら、彼女らは、みんな(2)ように同じことを言っていた。親が教師だったから――

わかるようで、わからない理由だ。

「親が教師だとどうして子どもも教師になろうとするんですか?」

「不思議なことですか?　その仕事に就いている人が同じ屋根の下にいるんです。イメージは湧きやすいでしょう」

「それでも不思議です。だって他の職業ではあんまり聞かない話じゃないですか。なんか教師って異様に多いと思うんです。親が教師だから自分もっていう人。先生の親はそんなに尊敬できる人だったんですか?」

話しているうちに少しずつ気持ちが昂ぶっていく。千紗子の弱点だ。①幼いころから気が強いとよく指摘されていた。千紗子が熱くなると、波が引くように周囲の空気は冷めていく。困惑したような笑みがいくつも並ぶ。

先生は笑いはしなかったが、難しそうな表情を浮かべていた。

「それは絶対数の問題じゃないですかね」

国語科準備室に足を踏み入れたのは、中一の冬以来だ。当時、クラスの中で小さなイジメが起きていた。周囲の人間はおろか、いじめを受けている本人さえ事を荒らげようとせず、嵐が過ぎるのを静かに待とうとする中で、千紗子はそれを許すことができなかった。

一年次の担任を訪ねて戸をノックしたあの日の国語科準備室にも他の教師の姿はなく、今日と同じように静まり返っていたのを覚えている。

「絶対数って?」

べつに自分が特別正義感が強い人間とは思っていない。友だち思いであるわけでもなく、周囲の人が言うように気が強いとさえ思わない。ただ、納得できない話を「そういうものだから」と受け流すことができないだけだ。ちゃんと納得したいだけ。その気持ちがたぶん人よりも強いから、クラスメイトと同じようにイジメをやり過ごそうとした当時の担任を許すことができなかった。

加賀美先生が千紗子の目を見つめている。はじめて直視する先生の瞳は子どものように澄んでいて、白目の部分がやけにキレイなことが印象的だった。

「たとえば野球選手やタレントの子がその職業に就く割合とそう変わ

らないのではないかと思うんです。何せ百万人いると言われていますから」

「百万人ってなんですか？」

「この国の幼稚園から、小、中、高、それに養護学校なども含めた教師の総計です。すごいですよね。日本人の百数十人に一人が教師なんですから。そのうちのどれほどの人が家庭を築き、子どもを持っているのかは知りませんが、やはり他の職業の方よりは目につくのではないでしょうか。ただ――」

先生は何かを言いかけてためらった。普段冷静な加賀美先生にしてはめずらしいことだ。

「ただ、なんですか？」

追及するように続きの言葉を求めると、先生はいたずらっぽく肩をすくめた。

「すみません。べつにたいした話ではないのですが、僕の場合は状況が少し違って、教師をしていた父の姿を見たことはないんです。というよりも、父そのものを知りません。僕が二歳のときにガンで亡くなっていますので。なので、きっと父の影響はあるだろうと思いつつ、具体的にどう影響しているのかというのはあまり考えたことがありませんね」

だったら、どうして先生になったのか？　その疑問は形を変えて胸の中に居残ったが、それ以上の質問は受けつけまいというふうに先生は首を横に振った。

「そうか。吉田さんのお父さんもたしか小学校の教師でしたね」

加賀美先生が手もとの資料を手に取った。「母もです」という言葉が、②自分でも驚くほど刺々(とげとげ)しく口をつく。

先生はやさしい笑みを崩さない。

「ご両親ともですか。それは、きっと大変だったでしょう」

「誰がですか？」

「もちろん、吉田さんがですよ。ご両親も大変でしょうけど、その煽りを受けている吉田さんはもっと大変だろうとお察しします」

③千紗子は不意を打たれた。誰にも明かしたことのなかった心の内だ。たいして広くもない家で、父も、母も、自分こそが世界で一番忙しいという顔をしている。小さい頃は教育に理想を抱くそんな両親を千紗子も誇りに思っていたが、いつの頃からか④違和感を抱くようになっていた。

そのきっかけも覚えている。帰宅の遅くなった母の代わりに夕飯を作り、三つ下の妹と二人でテーブルについたときだった。そんなの慣れっこだったし、むしろそうして両親が自分を信頼してくれることを得意に思っていたはずなのに、その日はなぜか心がささくれ立ち、苛立ちを抑えることができなかった。

どうして他の家の子どものために、自分の家の子どもが蔑ろ(ないがし)にされなければいけないのだろう？

そんな疑問がはじめて芽生えた。いや、ずっと蓋をしていた不満や憤りが、はじめて堰(せき)を切ったように溢れ出たのだ。

それが千紗子の十一歳の誕生日だったのもきっかけの一つだったと思う。普段の母は自分の考えこそが正しく、ミスを認めず、決めつけるようなことばかり口にする。そんな人が、千紗子だけが持たされていたキッズ携帯に『本当にごめんね。誕生日なのに。日曜日にちゃんとみんなでお祝いしようね』と、妙にやさしいメッセージを送ってきた。

⑤いっそ妹の結花子のように忘れていてくれた方が気は楽だったかもし

れない。気づくと、千紗子は涙をこぼしていた。具体的な内容は知らなかったが、その時期、母が勤めている小学校で大変な問題に巻き込まれているのは気配でわかっていた。

だから帰れないのは当然だという気持ちと、許せないという思いとが胸の中に複雑に入り乱れた。『どうしたの、お姉ちゃん。大丈夫？』と心配する結花子の声までわずらわしくて、その夜は自分の部屋に引きこもった。

母という人間に対しても、⑥教師という仕事にも、愛憎が常に入り混ざっていた。どちらにしても、子どもはその煽りを受けている。少なくとも千紗子はそれをずっと感じていたが、こんなふうに誰かに認められた記憶はこれまでない。

そんなことを思う一方で、先生自身の家族の存在が言葉の端に見て取れた。始業式の日、最初のホームルームで、先生はたしか「娘が二人」「上の子はみんなと同じ今年中学三年生」と言っていた。

「先生も家族に迷惑をかけてるんですか？」

口にしてはじめて恩着せがましい言葉だと認識するが、訂正しようとは思わない。泣きたいのを堪えるのに必死だった。

先生は小さくうなずいた。

「間違いなくかけていますね」

「先生の娘さんは先生のことどんなふうに思っているんですか？」

「さあ、それはどうでしょう。頼りない父親と思われているのは間違いないと思いますが。幸いうちは妻と娘たちの関係は良好ですので」

「先生の――」

そこまで言ったところで言葉に詰まった。千紗子は唇を噛みしめる。先生は上目遣いに千紗子を見つめた。

「なんでしょう？」

気づかないフリもできたはずなのに、先生は逃してくれなかった。続きの言葉が気になったのだろう。

千紗子も先生の目を見つめ続けた。視線を逸らした瞬間、涙がこぼれそうでこわかった。

「先生の娘さんたちも、やっぱりいつか教師になろうとしているんですか？」

しばらくの沈黙のあと、千紗子はようやく切り出せた。それは自問に近かった。子供を蔑ろにしてまで生徒たちに情熱を注ぐ両親が許せない。その気持ちは間違いないのに、教師として働く二人を、とくに母親を尊敬してしまう自分もいる。

自分はどうせ教師を目指す。その確信があればこそ、尋ねなければならなかった。どうして自分はそれでも教師になろうとするのだろう。

「どうなんでしょうね。いまはそんな素振りをまったく見せていませんが」

千紗子は食らいつくように質問を続けた。

「仮に教師になろうとしていたら、いまの娘さんたちにどんな声をかけますか？」

「うーん、そうですね。学校の行事を楽しむ努力をしなさいって伝えるかもしれません」

「行事？」

「ええ。修学旅行も、体育祭も、文化祭も、合唱コンクールも。もちろん普段の学校生活も、すべてです。楽しめなくてもいいんです。苦しい経験も血肉になる。ですが、せめて学校を楽しもうとしなかった人間に、親としての僕は子どもを預けたいと思いませんから。最初から諦めている人に教師になってほしくありません」

心の内を見透かされた気がした。千紗子は学校が楽しい場所だなんて思ったことがない。気の合う友人もいないし、合唱部だって暇つぶしのために所属しているだけだ。

先週の修学旅行も観光地を巡っただけだった。ワクワクするようなドラマなんて一つも起きない。そんなものだと決めつけていたし、楽しもうなんて思えなかった。

「もし、娘さんたちが教師になるって言いだしたら、やっぱり先生はうれしいですか?」

なんとか落ち着こうと努めた。先生にこちらを気にする素振りは見られない。「それはわかりませんね。いまの自分にそんな気持ちはありませんが、いつかの自分は喜ぶのかも知れません」

「どうして?」

「やっぱり自分の生き方を肯定してもらえる気がするからじゃないですか。取り繕うことのできない、むき出しの父の姿を見ていますからね、あの子たちは。そんな父の姿を見て育った子たちが、いつか自分の頭で考えて教師という道を選択してくれたのなら、それはやっぱりうれしいことなのだと思います」

きっとその日のことを想像したのだろう。先生はふっと目を細めた。

⑦千紗子はその表情に見覚えがあった。『二十年後の私』というタイトルだけが与えられた小学校の卒業文集。悩みに悩み、先生に提出するクラスメイトが少しずつ出始めた頃、千紗子はようやくペンを執った。

そんな作文ですら納得がいかなければ書き始められない自分の不器用さは、間違いなく母譲りのものだ。

最後はその気づきがペンを走らせる力になった。

『二十年後の私は小学校の先生になっている。大学で知り合った先輩と結婚もしていて、二人の娘に恵まれている。

もちろん子どもはかわいくて仕方がないけれど、私は一つのことに集中すると他のことが手につかなくなる性格だ。子どもたちにうしろめたい気持ちを抱きながら、生徒たちと真剣に向き合う毎日を送っている。』

必死に母を想像した。すると、母を母としてでもなく、もちろん教師としてでもなく、一人の人間として捉え始めるという不思議な現象が起きた。

自分の将来にかこつけて、母という人間の物語を紡いだ気がする。そうして完成させた作文を読み、母は今の先生と同じように柔らかく目尻を下げたのだ。

最後の一文に、千紗子はこんな言葉を選び取った。

『それでも私は自分の信じた道を突き進むしかないのだ。教師になったことを、私は絶対に後悔しない。』

壁の時計が目に入った。面談が終わる時間まであとわずか。このあとも何人かの生徒の面談が控えている。

「先生は教師になって良かったと思っていますか?」

二十分間、ほとんど千紗子の方から質問していた。その自覚はあったが、ギリギリまで先生と話をしてみたかった。

【早見和真「春までのセンセイ」（『小説推理　二〇二三年三月号』〈双葉社〉掲載）問題のため一部文章を改めた】

問一　空欄1・2に入れるのに適切な言葉を記号で答えなさい。

ア　火が消えた　イ　判で押した　ウ　口車に乗る

エ　舌を巻く　オ　腑に落ちる

問二　傍線①とあるが、自分の性格について、周囲からの評価とは別に自分でどう考えているかを述べた段落を探し、初めの三字を答えなさい。

問三　傍線②とあるが、なぜ「自分でも驚くほど刺々しく」なったかの理由として最も適切なものを本文全体を踏まえて次から選び、記号で答えなさい。

ア　「いたずらっぽく肩をすくめた」先生の姿に、生徒の前に立つ教師としての資質に疑問を感じたから。

イ　「たしか」という先生の言葉に、父の職業を意識せずに話をしていた先生に不信感を覚えたから。

ウ　「父そのものを知りません」という先生の事情も考えずに、親の職業が子に影響する話をしている自分に腹が立ったから。

エ　先生の「吉田さんのお父さんも」という言葉に、母親の存在が軽く扱われたような気がしたから。

問四　傍線③とあるが、それはどのような事実があったからか。それを述べた部分を含む段落を探し、初めの三字を答えなさい。

問五　傍線④とあるが、その「違和感」を具体的に述べた一文を探し、初めの三字を答えなさい。

問六　傍線⑤とあるが、その理由として最も適切なものを次から選び、記号で答えなさい。

ア　母親に自分のミスを認めるメッセージを送らせずに済むから。

イ　「忘れていたのなら仕方がない」と考えることができるから。

ウ　妹に自分の誕生日を知られてしまうのは気が重いから。

エ　大事なことを忘れるくらい嬉しいことがあったと思えるから。

問七　傍線⑥とあるが、「教師という仕事」に対する「愛憎」について具体的に述べた部分を含む段落を傍線部より後から探し、初めの三字を答えなさい。

問八　傍線⑦とあるが、その「見覚え」のある表情が書かれている部分を含む一文を探し、初めの三字を答えなさい。

問九　千紗子は母がどのような教師生活を送っていると考えているか。答えとして最も適切な一文を探し、初めの三字を答えなさい。

□二　次の文章を読んで、後の問いに答えなさい。（抜き出し、論述の問題に答える場合、句読点・記号は全て一字とする）

「え、それいつだよぉ！　何時何分何秒？」

「地球が何回まわったときぃ⁉」

子どもの頃のこんな口げんかに身に覚えのある人も多いかもしれません。私は負けん気の強い子どもでした。幼馴染みの男の子たちとの言い合いがエスカレートすれば冒頭のセリフは常套句です。言われたほうは返事に困ってごにょごにょするので、先に「言ったモン勝ち」。

あれから約45年の今思うに、「　X　」の起点はいつなのか。そもそも「まわる」は公転なのか自転なのか……。起点が地球誕生時ならば、地球は46億歳だから、公転した回数はざっくり46億回ほどでしょうか。自転も割り切ってえいやっと公転を365倍してみれば、1兆6790億回。あるいは、起点を人ひとりの誕生の瞬間にするなら、私の場合は公転51回、自転1万8600回余り。

地球に比べてわずかな回数の私は、5年前に天文学の研究機関を飛び出して①宇宙を届ける仕事を始めました。届け先は、保育園や児童センター、学校、公民館など、コンパクトな機材をもって、あるいは一緒に活動してくれる演奏家やボランティアの皆さんと一緒に、地域の方々に宇宙の話をしています。本稿は、読者の皆さんも一緒にどうでしょうか、というお誘いです。

今、大きくジャンプして宇宙へ飛び出すとしましょう(ぜひ想像してください)。足元に輝く地球、その先の黒い空間に目をやれば、人がどれほど願っても触れることのできない領域が広がっています。宇宙空間にはもちろん空気がなく、そのため音もありません。足をつけるべき地面はなく、温度はマイナス270度の極寒。目には見えませんが、太陽や銀河系の彼方からやってきた高エネルギーの放射線(宇宙線)が飛び交います。

宇宙空間を地球30個分ほど行くと、一番近い天体に到着します。地球の(ア)エイセイ、月です。距離にして約38万km、大人の足で歩き続けて11年ほどのところです。

さらに地球1万個分ぐんと離れれば、太陽に出会います。太陽は大きく、直径は地球の109倍、月の400倍もあります。

もっと遠くから太陽系全体を俯瞰しましょう。太陽のまわりを公転する天体のうち、3番目の軌道にのる小さな岩の惑星が地球です。地球は誕生から46億年。物理法則にしたがって46億回まわった岩は、太陽がある限りこの先もまわり続けるでしょう。地上の私たちは皆、宇宙からは見分けることはおろか、見つけることすら難しい存在です。それでも悠久の時間の中で、②淡々とまわり続ける岩の表面に確かに存在していて、同じ時代の地上すべてと一緒に、命あるかぎり広大な宇宙空間を旅してゆく、ともいえます。

人は日々、目の前のことに一生懸命です。気づけば③近視眼的になっているし、現代社会でひたむきに頑張るほど、情報に振り回されたり人と比べたりして心が疲弊することもあります。私の周りでは、学校になじめないことで苦しむ子どもも少なくありません。

人生においてどうにも前に進めない時、大きく自分を俯瞰することで目の前の問題がちっぽけに思えたり、少し(イ)レイセイになったり、心が軽くなったりした経験はないでしょうか。宇宙の話をしていてもそんな声をよく耳にします。時間空間ともに極端な値をとる宇宙の話題は、④マクロとミクロの視点を自然に行き来することになって、余裕をなくした私たちの心を癒し、ものごとを大きく俯瞰する良いツールになるのでしょう。巨大な宇宙空間と小さな自分。宇宙138億年の歴史と限りある命の時間。何者でもない自分とかけがえのない自分。同一性と多様性——。宇宙を知ることは、(ウ)ユウゲンの命をもつ自分を知り、時間をどう使うか、自分にとっての幸せや、本当に大切なもの、守るべきものは何なのかを捉え直すことにもつながります。

【さて、⑤ロマンであり癒やしである宇宙は、同時に⑥無慈悲な現実世界でもあります。地球は宇宙空間を運動する岩の塊だからです。内部が活発な天体ですから、地表ではこれからも火山の噴火や大地震が起きていくでしょう。太陽の表面では太陽フレア（爆発現象）が起きていて、巨大なフレアは地球で[エ]シンコクな磁気嵐を引き起こし、あらゆる電子機器に甚大な被害を与える恐れがあります。（Ｙ）、あまり知られていませんが、地球には常に天体衝突の脅威（巨大隕石の落下）があります。これは太陽系内を運動する天体の宿命です。実際、２０２２年にも危険性の高い小惑星が新たに発見されています。

（Ｚ）、今日の暮らしは宇宙のできごとの上にあります。生命は運よく38億年にわたって地球表面でバトンをつないできましたが、だからといって明日の⑦□□はないのです。私たちが宇宙の現実に無頓着で、大きく手を組むことも渋っていれば、ささやかな日常はいつか全停止してしまうでしょう。

とはいえ、高度な知的生命体には選択肢があります。たとえば、天体衝突の問題では、２０２２年に小惑星の軌道を直接変える[オ]ヤシン的な実験がありました。世界的に天体衝突の問題に取り組むプラネタリー・ディフェンスの活動は、個人が支援することもできます。また、宇宙という「究極の共通テーマ」で各国の子どもや大人をオンラインでつなぐ実践もあります。これは、世界共通の天文現象を軸にそれぞれの文化や学びを紹介し合いながら、文化的背景をこえてつながろうとする取り組みです。ロマンと癒しがつまった宇宙の話題でより多くの人が大きな視点を鍛えれば、地球規模の課題に対する選択肢も増えそうです。】

宇宙から俯瞰する疑似体験は、自分の心に作用することも、人間存在を巨視的に問うこともあります。しかも、お金はかからず、時も場所も選びません。誰でも自分のために今すぐ実践できるし、身近な人はもちろん、その気になれば世界中で共有することもできます。宇宙の話題は全世界の共通項で、全員が当事者（主人公）です。

では、当事者の一人、これを読むあなたは何からチャレンジしてみますか？　参考までに、ある小学校で宇宙のお話をした後に子どもたちが書いたメッセージを紹介しましょう。大人も子どもも、まずはここが出発点です。

〝みんなこの小さい地球に住んでいると思うと、もっと世界は広がっているんだし、いろいろな見方をして生きていかなければいけないな、と思いました〟

〝ぼくは、プラネタリウムを見て、どうして自分がうまれたか考えました。このちきゅうでうまれてうれしいと思いました〟

さて、そんなわけで私は今日も言ってまわるとしましょう。

⑧「キミはいつ地球に生まれたの？
地球が何回まわったとき？」

ご一緒に、身近な人といかがですか。

【野田祥代「地球がまわるとき」（『群像　２０２３年２月号』〈講談社〉掲載）問題のため一部文章を改めた】

問一　空欄Ｘに入れるのに適切な言葉を文中から五字で抜き出しなさい。

問二　傍線①とあるが、その内容として正しいものを次から選び、記号で答えなさい。

ア　幼い時から宇宙とつながる言葉を意識的に発することが、宇宙とつながりを持つ最大の方法であることを伝えること。

イ　全てを宇宙と関連付けて考えることが、人生を充実させる唯一の方法であり、常に宇宙を身近に感じる方法を伝えること。

ウ　宇宙のことを知ることによって、自分にとって本当に大切なものを捉え直すことができることを多くの人に伝えること。

エ　世界を戦争や災害から守るためには、人類がみな宇宙の知識を身につけ、理系の学力を向上させる必要があると世間に訴えること。

問三　傍線②とは何のことか。文中から抜き出しなさい。

問四　傍線③と対比となる言葉を文中から抜き出しなさい。

問五　傍線④とあるが、その内容を具体的に述べたひとかたまりの部分を探し、初めの三字を答えなさい。

問六　傍線⑤とあるが、困難な状況に置かれ精神的に疲れきってしまった人に対して、宇宙の話題がどのような効果をもたらすと筆者は考えているか。「〜する。」に続くように、文中から二十六字で抜き出し、初めの三字を答えなさい。

問七　空欄Y・Zに入れる言葉の組み合わせとして正しいものを記号で選びなさい。

ア　Y　つまり　Z　ところが　　イ　Y　ところが　Z　ただし

ウ　Y　ただし　Z　また　　エ　Y　また　Z　つまり

問八　傍線⑦の空欄に入れるのに最も適切なものを記号で選びなさい。

ア　保証　　イ　保障　　ウ　補償

問九　傍線⑧は筆者が宇宙の話をするきっかけとして用いられているものである。こうした宇宙の話の特徴を表現した十四字の言葉を文中から探し、初めの三字を答えなさい。

問十　傍線ア〜オのカタカナを漢字に直しなさい。

問十一　傍線⑥とあるが、宇宙が「無慈悲な現実世界」であることについての筆者の考えを【　】内の文章を要約する形で、八〇字以上百字以内で説明しなさい。ただし、「衝突」「日常」「選択肢」の三語を必ず用いること。

桜美林中学校（２月１日午前）

—50分—

＊　漢字で書くべきところは漢字で書いてください。
＊　解答に字数制限がある場合は、句読点なども字数として数えます。

一　次のそれぞれの問いに答えなさい。

問一　①〜⑥の——線部のカタカナを漢字に直しなさい。

①　今日はからだのグアイが良い。　②　資金の不足をオギナう。
③　ものごとをアンイに考える。　④　図書のモクロクを整理する。
⑤　小数点以下をシシャ五入する。
⑥　ナイカク総理大臣に任命される。

問二　次の熟語と同じ成り立ちのものを一つ選び、記号で答えなさい。

「頭痛」

ア　作文　イ　国営　ウ　無害　エ　作用

問三　次の四つの漢字は、ある共通する部首をつけると別の漢字を作ることができる。その部首名をひらがなで答えなさい。

先・由・酉・朝

問四　次の□に対になる漢字を入れて、四字熟語を完成させなさい。

空□絶□

問五　次のことばは慣用句である。（　）に入る漢字の総画数を漢数字で答えなさい。

足が（　）になる。

二　次の文章を読んで、あとの問いに答えなさい。

近田さんは顔を上げず、開いたままの歴史の教科書に目を落としていたが、しばらくして立ち上がった。話を聞く、ということだろうか。

僕たちは廊下に出た。

「近田さん、ごめん。①この前のは、ほんとじゃないんだ」

「……この前のって？」

近田さんと会話するのは二日ぶりだけど、一か月ぶりくらいの感じがした。

「ハセが近田さんを誘って遊びたがるから、僕はしかたなく付き合ってるだけって言ったこと。僕が枝野にそう言ってたの、聞いてたんだよね」

「うん」

近田さんは怒ってるような、悲しんでいるような、その中間くらいの顔をした。

「あれはほんとじゃないんだ。べつに、ハセが誘うからしかたなく近田さんと遊んでいたわけじゃなくて……」

本当は近田さんと友達になれてうれしいし、もっと仲良くなりたいと思っている。そういうことを、僕は伝えた。でも近田さんは暗い顔をしたままだった。

「……ほんとに？」

②上目づかいで用心深げに僕のほうを見ている。

「うん」

「でも佐久田君、わたしのこと一度もチカって呼んでくれなかったよ。やっぱりほんとはわたしと遊んだり、勉強教えたりなんかしたくなかったんだ。いつも少し、めんどくさそうな顔してたし」

「それは……」

③チカと呼ばないのには、ちゃんと理由がある。でも、それはちょっと言いにくい。

「友達ができたと思ったのに」

近田さんはなかなか僕のことを信用してくれなかった。やっぱり、すごく怒っているのだ。それだけ僕が彼女を傷つけたということでもある。いったいどうすればいいのだろう？

近田さんを前にしてA途方に暮れていると、

「チカ、そろそろ許してやってくれよ」

というハセの声がした。

ハセは、心配して僕と近田さんの様子を見に来たみたいだった。

「こいつ、かっこつけてクールなフリするところあるからなあ。おれはサクの性格知ってるからわかるけど、サクはチカと遊ぶの、ほんとはすごく楽しんでるんだ。勉強教えんのもさ。それはほんとだぜ」

まあ、勉強教えるのは、すごくいらいらするとき、あるけど。

ハセの説明にも、まだ近田さんはBいぶかしげな表情をくずさない。

「ハセ君はチカって呼んでくれるけど、佐久田君は近田さんとしか呼んでくれないよ」

「だーかーら、サクはシャイなんだって。照れちゃって、呼び方を変えられないだけなの。な、サク」

ハセは僕の肩を叩いた。

「そんなことより、④徳川埋蔵金の暗号、新しい手がかりが見つかりそうなんだぜ、チカ」

「え、そうなの？」

と近田さんは言った。

「ハセ、昨日言っただろ、これ以上深追いは」

反射的に僕がそう言うと、ハセは［１］笑った。

「ほら出た。わかるかチカ。いまのがまさにそうだ。暗号のことだって本当は気になってるのに、いまみたいにクールなフリしてすぐかっこつけるんだ、サクは」

X（　）を指されて、たぶん赤くなっているであろう僕の顔を、近田さんはじーっと見つめた。

「……少し、わかった」

「お、わかった？」

少し、と近田さんはもう一度言った。

「サクも、いつまでも照れてないでチカって呼べよ。おれたちは、ハセとサクとチカの三人で長谷川調査隊だ」

「……うん。ごめん、近田さん」

「バカか、おまえは」

「――あっ、ごめん……チカ」

僕は慌てて言い直した。

その二文字を口にする瞬間、胸から喉にかけて、バスケットボールくらいの大きさの緊張がせりあがってくるような、［２］した苦しさを感じた。

近田さんは小さくうなずいた。許してくれたということだろうか？

本当は近田さんを前にすると、なぜかどきどきして、「チカ」と気安く呼べないなんてことは、僕の口からは絶対に言えるわけがないのだ。

それから、僕はまた彼女の勉強をみてあげるようになった。

僕は一度彼女を泣かせているので、どんなにいらいらしても、それを表に出さないようにすることに努めなければならなかった。

彼女の理解力には限界があって、ひとりで教科書や参考書を読んでも、どうにも理解が追いつかないみたいだった。誰かが横にいて解説をしてあげないと、書いてあることの意味がわからないのだ。学校の授業は近田さんのペースに合わせて進んではくれない。

それにしても、彼女の、「勉強しなきゃ」という思いはどこから来ているのだろうか。

僕は、教科書に書いてあることはすぐに理解できる。運動はできないけど、勉強に関しては要領がいい。勉強が苦手な人がいることはすごくよく理解しているつもりだけど、どうしても、僕の想像を超えて理解力のない様を見せつけられると、腹立ちを感じてしまう。そんな自分に、また腹が立つ。僕だって、すごく足の速い人に走りを教えられれば、どうしてそんなに［3］しか走れないのかと、腹を立てられるに決まっているのだ。それはとても傷つくことだろう。

頭では、わかっているんだけどな、と思う。

僕は、⑤近田さんが勉強に必死になっている理由を知りたい。

「あの、近田さん、そんなに無理しなくてもいいんじゃないかな」

「うん、でも、やらなきゃ」

と近田さんは言う。

「前から気になってたんだけどさ」

と僕は言う。「もしよかったら、近田さんが、どうしてそんなに勉強をがんばってるのか、聞かせてもらえないかな」

僕は初めて、彼女が勉強に励む理由をたずねた。

近田さんは教科書に目を落として、静かになった。あれ、これじゃ、前と同じじゃないか。教科書に、ぽとんと涙が垂れるんじゃないか。なんでだ？　怒ってないのに。ただ理由を聞いただけなのに。と焦る僕に、

「お姉ちゃん、起きないんだ」

と近田さんは言った。教科書に涙は垂れていなかった。

「お姉ちゃん、ずっと起きないんだ」

近田さんは、泣いてはいないけど、何かにしがみつくみたいな必死な顔をしている。

お姉ちゃん、病院にいて、もう、一年以上も起きなくて、いつ起きるかわからなくて、お姉ちゃんはすごく優しくて、勉強ができて、フルートが上手で、お父さんにもお母さんにも、いつもたくさんほめられてて、だから、わたしはすごく勉強ができるようにならなきゃいけなくて、お父さんとお母さんが、違う町に住もうっていうから、引っ越してきて、四葉のクローバーは願いが叶うから、百個集めようって思って――、

近田さんの、ぐちゃぐちゃな話をまとめると、こんなことだった。

近田さんには、四つ歳上のお姉さんがいる。

お姉さんは明るく快活で、そのうえとても優秀で、中学では生徒会長を務めていた。その町で一番の進学校に進んだ。吹奏楽部では、フルート奏者として一年生でレギュラーを取った。お姉さんはとても面倒見がよく、近田さんと連れ立ってよく出かけていた。近田さんはお姉さんのことが好きだった。近田さんには夏祭りに一緒に遊びに行ってくれる友達がいなかったので、お姉さんに一緒に行ってもらった。これは僕の予想だけど、近田さんのお姉さんは、近田さんのことを心配して、すごくよく面倒を見てくれていたのではないか、少なくとも、もしも近田さ

んが僕の妹だったら過剰に目をかけずにはいられないだろう――ともかく、去年の夏、お姉さんは近田さんとともに夏祭りに行った。その帰り道に、飲酒運転のバイクがお姉さんをはね飛ばした。二人は歩道を歩いていたが、そこにバイクが突っ込んできたのだった。車道側を歩いていたのは、お姉さんだった。バイクに激突され、お姉さんは宙を舞った。頭を打って意識を失い、救急車がやってきて、病院に運ばれ治療を受けたが意識は戻らず、医者に、「一生このままかもしれません」とドラマのようなセリフを言われた。

　近田さん一家は環境を変えようと、近田さんの小学校卒業を待ち、近田さんのお父さんの実家がある町に引っ越してきた。それがここだ。

　近田さんは、お姉さんが宙を舞う瞬間を目の前で見ていた。自分がはねられたほうがよかったのじゃないかと彼女は思った。どうしていろんなことがうまくできない自分ではなく、なんでもできる姉が寝たきりにならなければいけなかったのか。

　近田さんは、お姉さんの意識が戻るためにできることをなんでもした。四葉のクローバーを百枚集めたり、流れ星が消えないうちに三回、「お姉ちゃんが目を覚ましますように」と唱えたり、そういう、まったく、なんの根拠もない迷信からくる行動を。近田さんの知識では、それくらいしかできることがなかった。

　お姉さんの意識はひと月たっても二月たっても、半年たっても戻らなかった。指が一ミリ動くことすらなかった。もしかしたら、医者の言っていたように、もう、このまま一生戻らないこともあるのではないか、と近田さんは思った。だから近田さんは、お姉さんができたことを自分ができるようにならなければいけないと思った。勉強もできて、フルートも吹けるようにならなければいけないのだと。

　でも近田さんには、その両方を姉と同じくらいできるようになることは無理だと、自分でわかっていた。だから、勉強だけにしぼることにした。お姉さんの代わりに、自分がたくさん勉強をして、少しでも、優秀だったお姉さんに近づかなければいけないと思った。

「わたし、どうしてこんなに、なんにもできないのかなあ。サク君が、一生懸命教えてくれてるのに、どうしてわたし、ちっとも、わからないのかなあ。お姉ちゃんなら、できるのに、どうして、わたし、できないのかなあ」

　近田さんは［4］涙を流した。

　お姉ちゃんなら、できるのに、という言葉に、⑥僕の胸は、すごく痛くなった。

　近田さんは、全然悪くないじゃないか。

　どうしてそんなことが起こるんだ。

　自分よりできるきょうだいが、呼吸しかできなくなってしまったときの気持ちは、どんなふうだろうか。とてもつらいだろうと想像することしか、僕にはできない。

　僕は、近田さんに対して、何も言ってあげることができなかった。

（小嶋陽太郎『ぼくのとなりにきみ』〈ポプラ社〉より）

問一　［1］～［4］に入ることばとして適切なものを次の中からそれぞれ選び、記号で答えなさい。（ただし、同じものは使えない。）

ア　ぎゅっと　　イ　ぽろぽろと　　ウ　ニヤリと

エ　オロオロと　　オ　ちんたらと

問二　～～線部A・Bの本文における意味として適切なものを次の中か

らそれぞれ一つ選び、記号で答えなさい。

Ａ　「途方に暮れている」
ア　心を奪われてぼんやりしている。
イ　本音をかくしてだまっている。
ウ　自信を失ってあきらめている。
エ　うまい方法がなくて困っている。

Ｂ　「いぶかしげな」
ア　悲しそうな　　イ　疑わしそうな
ウ　怒っているような　　エ　あきれているような

問三　═線部Ｘ「（　　）を指されて」は、「言い当てられる」という意味の慣用句である。（　　）に入る適切な漢字二字を答えなさい。

問四　──線部①「この前のは、ほんとじゃないんだ」とあるが、「この前」とはどのようなことを指しているか。文中のことばを用いて三十五字以内で答えなさい。

問五　──線部②「上目づかいで用心深げに僕のほうを見ている」とあるが、このときの近田さんのようすとして適切なものを次の中から一つ選び、番号で答えなさい。

１　僕に嫌われていると思い、あだ名で呼ばない理由を直接言われてこれ以上傷つきたくないと思っている。
２　自分と仲良くなりたいと言う僕の言葉をうれしく思う一方で、あだ名で呼ばれないことを悲しんでいる。
３　なかなかあだ名で呼ぼうとしない僕のことをすぐには信じることができず、僕の本心を探ろうとしている。
４　あだ名で呼んでくれない僕のことをあまりこころよく思っておらず、僕に対して素直になれないでいる。

問六　──線部③「チカと呼ばないのには、ちゃんと理由がある」とあるが、その理由を「～から」につづくように文中から三十五字以内で探し、初めと終わりの五字をぬき出しなさい。

問七　──線部④「徳川埋蔵金の暗号、新しい手がかりが見つかりそうなんだぜ」とあるが、なぜハセはこのような話題を出したのか。その理由として適切なものを次の中から一つ選び、番号で答えなさい。

１　かたくなになっている近田さんの様子を見て、話題を変えることでその場の空気をなごませようとしたから。
２　僕が思わず反応するような話題をふることで、近田さんに手っ取り早く僕の性格を分からせようとしたから。
３　近田さんの前で照れてしまう僕をもどかしく思い、僕が素直に自分を見せられるような話題を出そうとしたから。
４　僕が得意な勉強の話題を出すことで、僕が照れて表現できない近田さんへの思いをはっきりさせようとしたから。

問八　──線部⑤「近田さんが勉強に必死になっている理由」とあるが、それを説明した次の文の（　　）に入ることばを四十字以内で答えなさい。

事故にあったお姉さんが（　　　　　　　　　　）と思ったから。

問九　──線部⑥「僕の胸は、すごく痛くなった」とあるが、それはなぜか。その理由として適切なものを次の中から一つ選び、番号で答えなさい。

１　自分とお姉さんを比べて悩む近田さんのつらく悲しい状況を知り、近田さんの気持ちに同情したから。

2　お姉さんのことで苦しんでいる近田さんを前にして、何もしてあげられない自分の無力さを痛感したから。

3　病院にいるお姉さんのために必死に行動し、無理をしているように見える近田さんが心配になったから。

4　どんなにできなくても決してあきらめず、お姉さんのために努力し続ける近田さんの姿勢に感動したから。

問十　「僕」の人物像として適切なものを次の中から一つ選び、番号で答えなさい。

1　誤解されやすい一面もあるが、温厚な性格でだれに対しても分けへだてなく接することができる人物。

2　勉強に関しては友人に教えられるほど得意であるが、自分の感情を他者に表現できない気弱な人物。

3　不器用で冷たい印象を持たれることもあるが、困っている他者を放っておけない正義感のある人物。

4　恥ずかしがり屋で思いが伝わらないこともあるが、他者の心の苦しみを感じ取ることができる人物。

三　次の文章を読んで、あとの問いに答えなさい。

なぜマスク姿が異様に映るのか

日々、他人の視線を怖れる人は、べつにコロナ禍が起こらなくても、以前からいた。花粉症の季節でないのにマスクをする、そんな人がいつのまにかすこしずつ増えていたような気がする。もろマスクをしている人だけではない。往来でも電車のなかでも、①人びとは見えないマスクもつけだしていた。まわりを「ないこと」にするというマスク。エレベーターのなかでたがいに視線が合わないよう宙を見つめる人。前に高齢者や妊婦が立っていても、近くで騒いでいる人がいても、気づいていないふりをしてスマホに見入る人。いや、気づいていないふりではなく、ほんとうに気づいていないのかもしれない。透明の耳栓で耳を塞ぐこと。あえてまわりの人に関心をもたないようにすること。そのことにわたしたちは知らぬまに慣れきっていたのかもしれない。

関心を英語でいえばインタレスト、それはラテン語inter-esseに由来する語で、直訳すれば、たがいに関係しあって(inter)あること(esse)。だから利害とも訳す。その意味では、まわりを「ないこと」にするとは、文字どおり関係をもつこと、他人に関与することを拒むということだ。

でも、②これを異例な事態と考えないほうがいい。マスクにあたるものをわたしたちはこれまでもずっとつけてきた。たぶんそこには二つの仕様があった。

一つは、「感染予防」。呼吸とともにウイルスが体内に入るのを防ぐというわけだ。何かを入れて何かを入れない。「感染」というのは、ここでは、たがいに別であるべきものが入り交じらないということ。そういう意味でなら、私生活や家族の生活を知られないように閉じる玄関のあの厳重な鉄製のドアがそうだった。登校が完了するとすぐに閉ざされるあの学校の門扉もそうだし、国という単位でいえば厳重な出入国管理もそうだ。ひとは個人や家族や国の内／外の境をこんなふうに強く意識し、また規制してきた、［1］そうさせられてきた。集合住宅のあの鉄の扉など、まるで社会のいろんなほころびは最後は家族で処理しなさいと、中から開けるのではなくて外から閉められているみたいに見える。

人と人の交わりを規制する仕切り、そういう関所のようなものが社会のいたるところにある。もちろん、むやみに入り交じってはならない「別にあるべきもの」は、わたしたちが選んだというよりは、社会のA暗黙の約束としてあるものだ。だからほんとうはそういうかたちでしかありえないというようなものではないはずだ。

もう一つ。じぶんをむきだしにしないという意味では化粧や衣服もマスクと（Ｘ）に変わらない。マスクはたしかに、じぶんというものを護るために、じぶんとは異なる〈他〉との接触を遮る皮膜ではある。いいかえると、〈他〉との仕切りをきちんとしておかないという強い意識があるからひとはマスクを装着する。《ア》そうだとしても、しかし、マスクはじぶん（たち）の〈内〉を〈外〉にたいして隠すものだとは単純にはいえない。

③マスクは今でこそ異例に見えるが、顔をむきだしにすることのほうが、文明社会ではずっと異例だった。これはBやんごとなき階層の人たちだけかもしれないが、かつて公家は眉を消してそのすこし上にそれこそ繭型に額に描きなおした——表情の微妙な変化が眉の線に出ない——し、婦人は横髪を垂らしたり、扇子を当てたりして表情を隠した。《イ》現代でも、女性は丹念な化粧で「すっぴん」を人前では見せないようにしている。

つまり、マスク姿が異様に映るのは、顔をむきだしにするのが世間の「普通」になったからだ。他人と至近距離で接するのがあたりまえとなった都市生活では、たがいに妙な思惑がないことを証明するために素顔を晒す。それは、武器を持っていないことを証するために素手で握手をするのと似ている。

注1 峻別するということ

現代の化粧といえば、一時期、「ナチュラルメイク」という、それまでの化粧よりいっそう手の込んだ化粧法が流行ったことがある。まるでメイクしていない自然のままの顔みたいに見せるというのがそれ。ナチュラル（自然のままの顔）をメイクする（拵える）というわけだ。素顔の擬装である。このとき素顔じたいが仮面になっている。《ウ》いや、そもそも本音を表情で隠すときも顔はすでに偽りの仮面である。その点では、［　④　］。だから、極端なことをいえば、いずれマスクの装着が不要になっても、顔の下半分を白く、あるいは黒く塗りたくるようなメイクが現れても不思議ではない。いやじっさい、マスクにメッセージを描き入れて、Tシャツのようにそれを身につける人も出てきている。

ここで思い起こしたいのは、マスクという言葉じたいが顔と仮面をともに意味するということだ。《エ》マスカレードが仮面舞踏会を意味するように、マスクは顔を覆う仮面であるが、同時に「彼は甘いマスクをしている」と言うように、顔そのものをも意味する。日本語なら「おもて」（面）がそうで、「おもて」は人が被るお面をいうとともに、「おもてをあげぇ」というように素顔も意味する。

マスクには、隠すこととは逆に隠されたものがより強く意識させられるという面もある。人が何かを隠せば隠すほど見たくなるという心根もそうだろう。［　2　］、身体のどこを秘せられるべき部位とみなし、隠すのかは、時代によって、さらに地域によって大きく異なる。便所といえばドアがつきものだが、そのドアがなくて代わりにお面が用意してあり、用を足すときにそれを装着するという文化もあったのである。さらに、顔をすっぽり隠すのがあたりまえの地域もあれば、顔をすっぽり覆えば罰せられる地域もある。

　これらに共通しているのは、表に出していいものといけないものとが峻別されているということ。峻別するといっても、ここに何か根拠のようなものがあるわけではない。そのようにみなすのもまた暗黙の約束だということでしかない。というのも、そもそも自然には絶対に隠しておかねばならないものなどないからだ。でもその暗黙の約束を破ることは許されない。社会の秩序というものがそれによって崩れるからだ。

　秩序とは、人びとが世界をどのようなものとみなし、区切っているかということだ。世界のさまざまの（Ｙ）な要素を一つ一つ、不同のもの（対象）の集合として捉えなおしてゆくこと、よいものとわるいもの、正しいことと正しくないこと、有益なものと有害なもの、敵と味方をしかと区別すること。生存を（Ｚ）なものにするために、人びとはずっとそういう共有できる秩序をつくり、修正し、維持してきた。混じってはならないもの、区別をあいまいにするものは、きびしく遠ざけられた。

［3］そういう秩序には、人種差別や身分差別、異邦人の排斥というのがついてまわった。じぶん（たち）とは違う者の排除だ。それらは「身の安全を確保する」という名目で、マンションのドアや学校の門扉、都市の区画などに形を変えて今も残る。眼をよくこらさないとそうとは見えないバリアーとして。

［4］これらのバリアー、とくに今わたしたちが回避を求められている⑤濃厚接触が、ほんらいは人びとの喜びの源泉であったこと、あることを忘れないでいたい。人を喜ばせて喜ぶ、人が喜んでいるのを見て喜ぶというのは、人の習性ともいえるが、おそらくヒトだけのものではなくて、家族や集団を形成してきた哺乳動物には大なり小なり身についた習性であろうと、身近な小動物を見ていて思う。子どももそれ以外の動物も、体を押しつけあい、なすりつけあって、戯れる。押しくらまんじゅうをしている子どもの楽しそうなこと！

　大人だってそう。頭を小突きあったり、肘鉄砲をくらわしたり、背中を撫でたり、ふざけて顔を異様に近づけたりするのが好きなもの。狭い場所で肘をぶつけながら鍋をつつくのも、体を思い切りぶつけあうスポーツも、性的な愛着も、大好きなのだ。そして生きていてよかったという思いも、そういう楽しみがあってこそ抱ける。

　今、〝緊急事態〟のなかで、それとは逆に、無限定の人びととの接触に晒されざるをえない人、ウイルスに感染しやすい場で働かざるをえない人たちがいる。病院や保健所のスタッフであり、介護・保育職であり、スーパーマーケットのレジ係であり、清掃業務従事者であり、役所の窓口であり、テレワークのできない肉体労働者であり、要は現場を離れられない人たちだ。家で仕事をできる人とこのときこそ外でみなを支える仕事に就く人。⑥その階層的分断が、先のバリアーの一つとしてあることも、このコロナ禍のなかでむきだしになった。

【鷲田清一「マスクについて」
（内田樹編『ポストコロナ期を生きるきみたちへ』〈晶文社〉所収）より】

注1・峻別する……きっちりと分ける。はっきりと区別する。

問一　［1］～［4］に入ることばとして適切なものを次の中からそれぞれ選び、記号で答えなさい。（ただし、同じものは使えない）

ア　だから　　イ　ところで　　ウ　しかも

エ　けれども　　オ　あるいは

問二　（Ｘ）～（Ｚ）に入ることばとして適切なものを次の中からそれぞれ選び、記号で答えなさい。（ただし、同じものは使えない）

ア　流動的　　イ　合理的　　ウ　安定的　　エ　本質的

問三　～～線部Ａ・Ｂの本文における意味として適切なものを次の中からそれぞれ一つ選び、記号で答えなさい。

Ａ「暗黙の約束」

ア　多くの人に広く知れわたっている事実

イ　はっきりと書き表されてはいない決まり

ウ　だれもが自然と身につける習慣

エ　満たさなければならない一定の基準

Ｂ「やんごとなき」

ア　高貴で身分が高い　　イ　勤勉で社会的信用が高い

ウ　知的で教養がある　　エ　裕福（ゆうふく）で心にゆとりのある

問四　本文には次の一文がぬけている。文中の《ア》～《エ》のどこに入れたらよいか、記号で答えなさい。

西洋では20世紀になるまで、男性なら髭（ひげ）で表情を見取られにくくするのがあたりまえだった。

問五　――線部①「人びとは見えないマスクもつけだしていた」とあるが、これは「人びと」がどのようにすることを指しているか。文中から二十五字以内で探し、初めと終わりの五字をぬき出しなさい。

問六　――線部②「これを異例な事態と考えないほうがいい」とあるが、それはなぜか。その理由として適切なものを次の中から一つ選び、番号で答えなさい。

1　社会には〈他〉との交わりをはばむ仕切りが多く存在し、人びともまたじぶんの〈内〉と〈外〉を分けなければいけないという意識を持っているから。

2　社会で人びとはじぶんの〈内〉と〈外〉との区別をはっきりさせることになれてしまい、〈他〉に対して強い関心を持てなくなっているから。

3　人びとにはじぶんと異なる〈他〉との交わりを求める気持ちがあったが、社会の中でじぶんの〈内〉と〈外〉が交わる機会をうばわれてきたから。

4　人びとはじぶんの〈内〉と〈外〉との区別があいまいになることをおそれ、これまで社会の中でじぶんと異なる〈他〉とむやみに交わることをさけてきたから。

問七　――線部③「マスクは今でこそ異例に見える」とあるが、それはなぜか。その理由を文中から二十五字以内で探し、初めと終わりの五字をぬき出しなさい。

問八　［④］に入ることばとして適切なものを次の中から一つ選び、番号で答えなさい。

1　マスクの方が素顔に近いかもしれない

2　メイクの方がナチュラルであるといえる

3　マスクもメイクも基本的には変わらない

4　マスクとメイクには大きなへだたりがある

問九　――線部⑤「濃厚接触が、ほんらいは人びとの喜びの源泉であった」とあるが、その説明として適切なものを次の中から一つ選び、番号で答えなさい。

1　濃厚接触の中で人びとはたがいに喜びを分かち合い、よりよい人間関係を築くための方法を学んできたということ。
2　現在は回避を求められているが、人びとにとって濃厚接触は他者と喜びを共有する手段の一つであったということ。
3　そもそも人びとには濃厚接触に喜びを感じる習性が身についており、その中で家族や集団を形成してきたということ。
4　人びとは濃厚接触によって他者とコミュニケーションを図り、それは同時に生の喜びにもつながっていたということ。

問十　――線部⑥「その階層的分断が、先のバリアーの一つとしてある」とあるが、それを説明した次の文の（Ａ）（Ｂ）に入る適切なことばを答えなさい。ただし（Ａ）は五字程度で考えて答え、（Ｂ）は文中から十五字以内で探し、ぬき出すこと。

コロナ禍の中で（Ａ）が〈他〉との区切りとなり、（Ｂ）というバリアーの一つとなっているということ。

問十一　本文の内容と合っているものを次の中から二つ選び、番号で答えなさい。

1　社会を守るためにつくられた共有の秩序は変わることがない。
2　人と人との交わりを規制する仕切りは社会のいたるところにある。
3　往来や電車の中では常にまわりの様子に気を配る必要がある。
4　メイクをしない自然のままの顔を見せることが現代の化粧の流行りである。
5　表に出しているものと隠したいものは時代や地域によって異なる。
6　〝緊急事態〟においてはどのような人々も外出するべきではない。

大宮開成中学校(第一回)

—50分—

※　字数制限のある問いでは、句読点や符号(、。「」など)も1字と数えます。

□　次の各問いに答えなさい。

問一　次の——部のカタカナを漢字に直しなさい。

①　シュウトクブツを交番に届ける。
②　友人の意見にビンジョウする。
③　災害からフッコウする。
④　地球はジテンしている。
⑤　地震(じしん)が起きるヨチョウが見られた。
⑥　彼(かれ)は趣味(しゅみ)も多く、ハクシキである。
⑦　髪(かみ)をタバねる。
⑧　よくウれた柿(かき)を食べる。

問二　次の慣用句・ことわざを含(ふく)む文について、□に当てはまる漢字を答えなさい。

①　彼が東京に行くなんて□□(二字)の霹靂(へきれき)だ。
②　彼女(かのじょ)は沈黙(ちんもく)が続く会議で□□(二字)を切った。

問三　次の各文の——部が直接かかる部分を例のようにぬき出しなさい。ただし、句読点は含みません。

(例　雨が　降ったので、洗濯物(せんたくもの)が　ぬれた。　解答＝降ったので)

①　少年は　お気に入りの　海辺で　真っ赤な　夕日が　水平線に沈(しず)む　光景を　見つめた。
②　この、人類が　繁栄(はんえい)を　極めて　いくまでに　山積みに　なった　問題が、今後　我々を　追い詰(つ)めて　いくだろう。

問四　次のグラフ中のテレワーク人口の割合の変化に着目し、そこから読み取れることを一つあげ、四十字程度で書きなさい。その際、(注意事項(じこう))の1・2にしたがうこと。

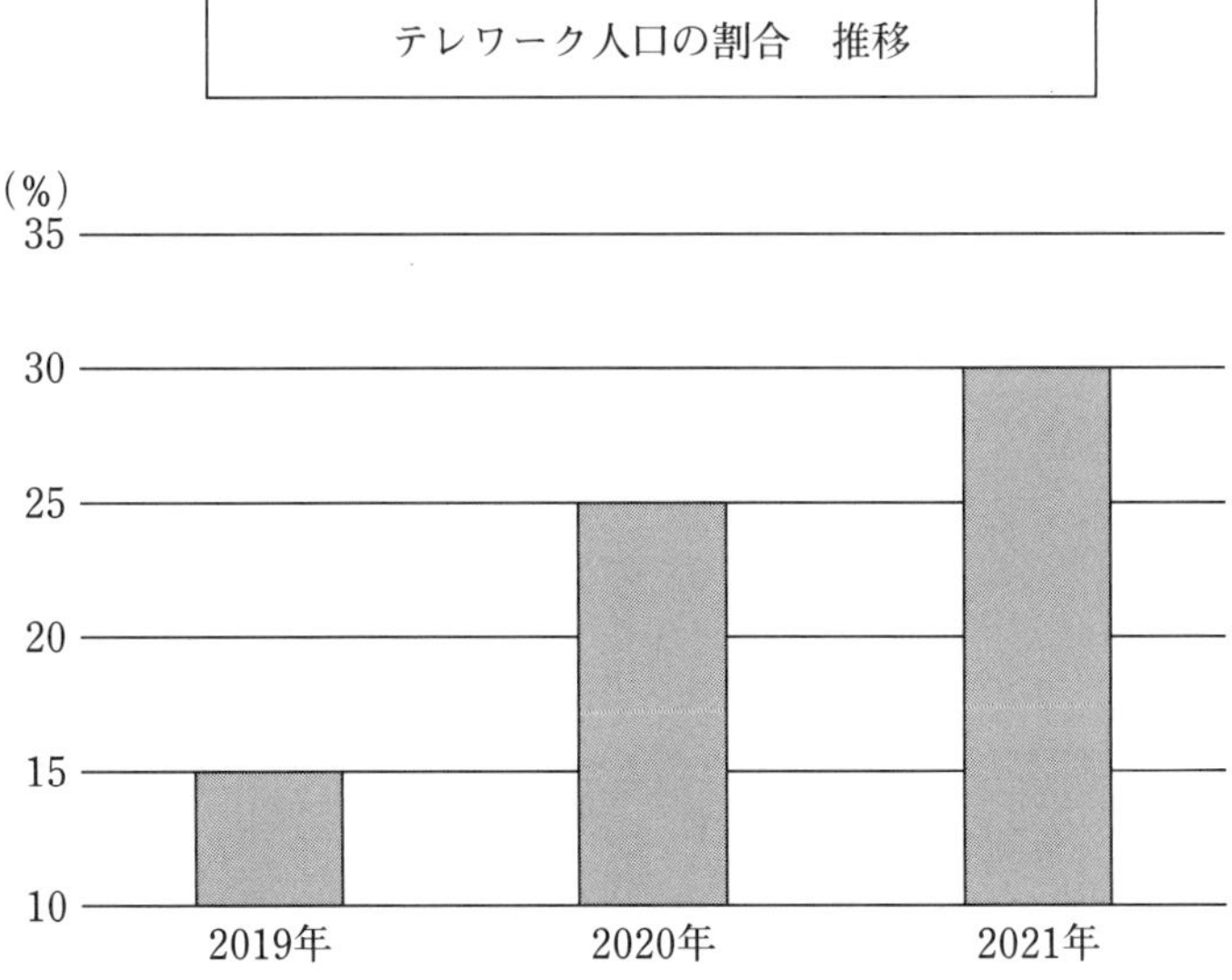

国土交通省「テレワーク人口実態調査」をもとに作成

※テレワーク人口…情報通信技術を活用した、場所や時間にとらわれない柔軟(じゅうなん)な働き方をしている人の総数

（注意事項）1　文の主語を明らかにすること。
2　数字を表記する際、次の例を参考にすること。
（例　二十%　三十五%　二〇一〇年　二〇一六年　）

二　次の文章を読んで、後の問いに答えなさい。

1　我々人間は、現在南極大陸を除くすべての大陸の、あらゆる異なった環境条件の下で生活しています。極寒の北極圏にも人間は住んでいますし、灼熱の砂漠という極度の乾燥地帯や、それとは反対の極めて雨量の多い雲霧林にも人類は分布しています。また周りを海で囲まれた絶海の孤島に住み着いている人々もいるのです。それなのに一体どうして人間という生物だけは、このように極端に異なる環境の下に広がっても、①どこでも同じ人間としてあまり変化せずに生きていくことが出来るのでしょうか。もしかしたら人間という生物は体のどこかに、他の生物には見られない、体や性質が変化変容することを妨げる、何か独特な※1平衡維持（ホメオスタシス）を司る器官でも持っているのでしょうか。

2　そうではありません。私の考えでは、人間だけが他の生物とは違って、自分の体を環境に直接さらしていないから、が答えです。人間は他の全ての生物のようには、環境に密着して生きていないからなのです。

3　※2以上のことを簡単にまとめると、一般の生物は環境との関係が直接であるために、②常に自分を取り巻く環境の変化に巧く適合するようにと、自分の体や性質を少しずつ変化変形させて生きてきているのだということになります。ところが人間という生物だけは、他の生物のように自分の体や性質を環境の変化に応じて変化させることをせずに、環境と自分との間に『文化』という名の言わば中間地帯を介在させ、この中間地帯を自然環境の変化に応じて変化変形させる、［　Ⅰ　］自然環境の変化をそれに吸収させることで、自分自身は環境の変化を直接には受けずに生き延びていく生物なのです。［　Ⅱ　］人間は甚だしく異なった環境に分かれて住むようになっても、体や性質はそれほど変化せずに済んでいるのです。

4　その代わり人間を取り巻くこの文化という中間地帯の形状や性質は、住む地域の様々な条件に応じて変化変貌しなければならないために、結果として世界には、多種多様な相互に異なる『文化』が［　A　］に存在することになるのです。

（中略）

5　この中間地帯としての文化とは、文化人類学において、〈広義の文化〉と言われるものとほぼ同じです。そこにはどんなものが含まれるのかを具体的にあげますと、第一は食物を加工し食べやすくするための『道具』『火』の使用、そして寒さを防ぐための『衣服』、さらには雨露を防ぐための何らかの構造物、つまり『家』などです。

6　石や金属の刃物があれば、動物のように、獲物に直接嚙み付いて肉や骨を嚙み砕くための丈夫な牙や歯を持つ必要はありませんし、何らかの動物を殺して、その皮で体を覆うことができれば、一般の動物がするように長い毛を体に生やすことで、寒さを防がなくともよくなります。［Ⅲ］言語を使うことなども、人間を他の生物とは異なった特殊な生物にしている重要な文化の要素です。

［7］なかでも言語は道具や衣服と違って、触ったり目に見えたりするものではありませんが、環境からの刺激や情報を人間が感知した結果を処理し、そのことを仲間に伝えることで、肉体的には強靭さを欠く人間が、集団的に協力して様々な環境にうまく対処することに役立っています。この文化にはさらに各民族集団に特有の※3風俗習慣、儀礼や宗教など様々なものが含まれますが、これらが生物としての人間を言わばすっぽりと包んで覆い、自然環境との間にあって環境の直接の影響から人間を守っていると考えるのです。したがって③言語や風俗習慣、そして宗教までが、住む場所の環境によって違わざるを得ないのです。

［8］この文化という中間地帯（あるいは領域 domain と言ってもよいと思いますが）は視点を変えると、人間と自然環境との間に介在して、環境の影響を人間が直接まともに受けないようにするための、言わば外界からの衝撃を※4緩衝したり吸収したりする一種の装置（ショック・アブソーバー）の役目を果たしていると考えることができます。そしてこの装置のおかげで、全生物の中で人間という生物一種だけが、自分自身の体の性質や形をそれほど変えずに、地球上のあらゆる異なった自然環境、たとえばすべてが凍てつく極北の地から炎熱酷暑の熱帯まで、さらには極度に乾燥した草木のほとんどない砂漠地帯から、すべてが正反対の熱帯雨林にまで分布を広げながら、それでも種としての［B］を失うほどの性質や形状の変化を示さずに済んでいるのです。

［9］※5先に述べたように、人間以外の一般の生物は、環境が変化すればそれに適応するために、自分の体を新しい環境に合わせて変えることで、生き残りを図ります。④〈水は方円の器に従う〉と言われるように、水は注ぎ入れられた容器の形を素早く自分の形としますが、これと同じように一般の生物はまさに新しい環境に出会うと、それにピタッと合うように自分の体や性質を変えることで、生き残りを図るのです。これに対し人間だけは自分を変えずに、〈自分を取り巻く文化〉を新しい環境に合うように変化させることで対応します。その結果として地球上の様々な異なる環境の下に、人間は自分自身の体や性質をあまり変えることなく、結果としてどこでも同じ人間として生き残ってきたのです。

［10］このように※6生態学的に文化をとらえる考えは今まで提出されたことのない、文化がもつ人間にとっての働きの新しい解釈ですから、もう少し詳しく説明しましょう。

［11］たとえば自動車の車輪は、一般には空気を詰めたゴムのチューブが中に収められている弾力のあるタイヤが、路面の凹凸などから受ける衝撃をうまく吸収して、車に乗っている人の体に衝撃がもろに伝わらないように作られた装置です。そして更にこの車輪そのものまでが、さらに強力な板バネ（またはコイル・スプリング）やダンパーと呼ばれる、油圧を利用した衝撃吸収装置との組み合わせを介して、車体に取り付けられているので、道路条件がいろいろと変化しても、車内の人は常に快適な状態を保つことが出来るのです。

［12］⑤これと同じような仕組みを持つ特殊な装置を、人間は体の周りに張り巡らしているのだと考えてください。このような、自然環境からの様々な刺激や衝撃を和らげたり吸収したりして、それを人間の体に直

接に伝えず吸収してくれる一種の衝撃吸収・緩衝装置に包まれ守られているからこそ、人間は他の動植物とは違って、大きく異なった環境条件の下に広がって住むようになっても、それぞれが人間として元々持っている、生物の種としての[B]を失うことがないのです。

[13]　その代わり、このような役目を担うことになった『文化』は、人間が異なる自然環境に住むようになれば、それに対応して人間を変化から守るために、それ自体が常に変化変容せざるを得なくなります。そして⑥文化の主要な部分を占める言語も、当然自然環境の違いを受け止め処理すべく変貌します。ですから人間の言語のもつ驚くほどの多様性とは、住居や衣服の違いや風俗習慣、そして宗教の違い、また食べ物の種類や調理法の違いなどと組み合わさって、人間が地球上の、環境条件を甚だしく異にするどんな場所に住んでも、ほぼ同じ人間であり続けることを担保する重要な役割を果すものなのです。

[14]　[Ⅳ]人間の言語が持つ様々な音声や文法の違いを、直ちに人々の住む環境や風土条件の違いに結びつけて、明快に説明することは現段階では残念ながらできません。しかし用いられる語彙の種類や性質に限れば、これらの違いは人々の住む環境と密接に関係し、その違いを反映していることはよく知られている事実です。

[15]　たとえば北極圏で雪と氷に一年中囲まれて生活している狩猟民族の使う言語には、それぞれ違った性質や特徴を持っている氷や雪の、部外者の目には僅かな違いとしか映らない性質の相違が人々の暮らしの安全や必要に大きく関わっているため、このような細かな違いは非常に多くの短い独立語で正確に言い分けられています。

[16]　ところが日本では冬だけ寒く時々雪が降るような場所でも、雪や氷についての独立語は、氷、つらら、雪、みぞれなどに限られていて、さらに細かい違いを表現したいときは、粉雪、綿雪などの複合語を用いたり、べとべとした雪とか、さらさらした雪といったように説明したりします。このような言い方で用が足りるということは、たくさんの短い独立語ですべてが区別できる言語の場合に比べて、雪が持つ暮らしにおける切実さが少ないと言えるのです。

[17]　ですから文化人類学者は、ある言語の語彙のすべてを概観※7すれば、その言語を用いている人々がどのような風土条件のもとで、何をどのように食べ、家畜にどの程度依存して暮しているかといったようなことを、大雑把ではありますが、頭に描くことができるのです。このことが、⑦言語は「ある人々の暮らしの概略※8を示す見取り図である」などと言われたりする理由です。

[18]　以上述べたような⑧『文化』のもつ調節機能のおかげで、人間それ自体は、どのような自然環境に置かれようとも、互いに同じ人間であり続けるという、生物としては極めて特殊例外的な存在となっているのです。

(鈴木孝夫『日本の感性が世界を変える　言語生態学的文明論』〈新潮選書〉による
問題作成のために本文を一部変更したところがあります)

※1　平衡……物事の釣り合いが取れていること。
※2　以上のことを簡単にまとめると……[1]段落以前の、人間以外の生物と環境に関する記述を受けての表現。
※3　風俗習慣……ある一定の集団社会の上で、広く一般に行われているしきたりやな

らわし。

※4　緩衝……対立している物などの間にあって衝突や不和などを和らげること。

※5　先に述べたように……※2と同じ。

※6　生態学……生物と環境の間の相互作用を扱う学問分野のこと。

※7　概観……物事の全体を大まかに見渡すこと。

※8　概略……物事のおおよその様子。

問一　――部①「どこでも同じ人間としてあまり変化せずに生きていくこと」とありますが、「人間」が「どこでも同じ」ように生きていられるのは、なぜですか。次の文の、ア～ウの□に当てはまることばを、それぞれ本文中からぬき出しなさい。

人間は、環境と自分の間に言わば□□□□(四字)(ア)としての□□(二字)(イ)を存在させることで、□□□□□□□(七字)(ウ)による影響を、直接受けずに済んでいるから。

問二　――部②「常に自分を取り巻く環境の変化に巧く適合する」とありますが、「環境の変化に巧く適合」している例として**合っていないもの**を、次のア～エの中から一つ選んで、記号で答えなさい。

ア　硬い木の実の多いガラパゴス諸島にたどりついた小さな鳥のくちばしが、木の実を砕いて食べやすくするために、太くて硬いものに進化した。

イ　強風が吹くことが多い富士山において、カラマツの幹や枝が風を避けるために、上方向ではなく横方向へ伸びていくようになった。

ウ　アフリカの乾燥地帯に咲く菊の一種が、水分蒸発を少なくするために皮を厚くし、少ない水分を求めて根を地下深くまで広げていった。

エ　木がまばらに生える熱帯の草原で生活をしているヌーが、水や食糧を得るために、乾季と雨季の切り替えに合わせて、大移動をした。

問三　Ⅰ～Ⅳに当てはまることばとして適当なものを、それぞれ次のア～オの中から一つずつ選んで、記号で答えなさい。ただし、同じ記号を二回以上選ぶことはできません。

ア　だから　イ　ところで　ウ　つまり　エ　ただし　オ　さらに

問四　A　に当てはまることばとして最も適当なものを、次のア～エの中から一つ選んで、記号で答えなさい。

ア　原始的　イ　必然的　ウ　理想的　エ　本質的

問五　――部③「言語や風俗習慣、そして宗教までが、住む場所の環境によって違わざるを得ない」とありますが、それはどういうことですか。最も適当なものを、次のア～エの中から一つ選んで、記号で答えなさい。

ア　人間を環境の影響から守るために、各地域の環境が持つ様々に異なる特徴に応じて、異なる言語や風俗習慣、宗教が生まれてきてしまうということ。

イ　人間は環境に合わせて進化していくため、人間が住むそれぞれの環境に応じて、新たな言語や風俗習慣、宗教を生み出してしまうということ。

ウ　人間の住む自然環境が厳しくなると、人間は絶滅しないようにするために、住んでいる環境に合った言語や風俗習慣、宗教を生み出さなくてはならなくなるということ。

エ　人間は環境が変わると、精神的に影響を受けやすいため、心の状態を細やかに表現できるように、さらに言語や風俗習慣、宗教を発達させなくてはならなくなるということ。

問六　二ヵ所の［B］に当てはまる共通したことばとして最も適当なものを、次のア〜エの中から一つ選んで、記号で答えなさい。

ア　相互性　イ　親和性　ウ　多様性　エ　同一性

問七　――部④「水は方円の器に従う」とありますが、このことわざに近い意味のものとして最も適当なものを、次のア〜エの中から一つ選んで、記号で答えなさい。

ア　所変われば品変わる　イ　火のないところに煙は立たぬ

ウ　朱に交われば赤くなる　エ　青は藍より出でて藍より青し

問八　――部⑤「これと同じような仕組みを持つ特殊な装置」とありますが、ここでいう「自動車の車輪」と「文化」はどのような点で同じですか。最も適当なものを、次のア〜エの中から一つ選んで、記号で答えなさい。

ア　どこにいても人間を人間らしく存在させる点。

イ　外界から受ける衝撃を和らげる点。

ウ　人間がそばにいないと存在できない点。

エ　地球上の至るところに存在している点。

問九　――部⑥「文化の主要な部分を占める言語」とありますが、「言語」にはどのような役割がありますか。本文中のことばを用いて、五十五字以内で答えなさい。

問十　――部⑦「言語は『ある人々の暮らしの概略を示す見取り図である』」とありますが、なぜそう言えるのですか。最も適当なものを、次のア〜エの中から一つ選んで、記号で答えなさい。

ア　人間が厳しい自然環境に対応していく中で言語は多様化していったため、語彙の意味や文法の違いを調べれば、人々がどのように自然を克服してきたのかが想像できるから。

イ　その地に住む人々が思いを共有するために言語は生み出されてきたため、その地域の言語の語彙の意味を調べれば、どのように相互理解を深めていったのかが分かるから。

ウ　言語が持つ語彙の種類や性質は、その言語を使う人々の住む環境と密接に関係しているため、使用されている言語を調べることで、その地域の人々の暮らしぶりを想像できるから。

エ　言語は文化も宗教も違う人々同士の交流の中で生み出されてきたものであるため、語彙の意味を正確に調べていけば、どのような交流をしていたかが分かるから。

問十一　――部⑧「『文化』のもつ調節機能」とありますが、これについて大宮開成中学校の先生と生徒が話し合いました。これを読んで後のア〜エの□に当てはまることばを、それぞれ本文中（10〜14段落）からぬき出しなさい。

大場さん　人間は『文化』のもつ調節機能のおかげで、生物としては特殊例外的な存在になると筆者は言っているけど、『文化』の調節機能ってどういうものなんだろう。

先生　それについては、10〜14段落を読んでいくと分かりやすいと思うので、皆で読んでみましょう。

宮沢さん　そもそも『文化』は、人間それぞれがア□□□□□□□

（八字）の下に住んでいたとしても、自然環境からの影響を直接受けないようにするために、外界からのあらゆる刺激や衝撃を□□□□□□□□□□（十字）する役目を果たすものだよね。（イ）

開藤さん　だから、人間はどんな場所に住んでいたとしても、自分自身の体を変えることなく、□□□□□□□□□□□□（十二字）ことができたわけだね。（ウ）

成田さん　そうだね。人間を□□□□□□（六字）ために、『文化』が自然環境の違いを受け止めて、『文化』自体が変化変容してくれている。その変化している機能を、筆者は『文化』のもつ調節機能って表現したんだね。（エ）

三　次の文章を読んで、後の問いに答えなさい。

> 高校二年生の佐々木ひかりは、クラスをまとめるクラス委員である。秋の終わりにあった合唱コンクールでは、音楽一家に生まれた御木元玲が指揮をしたが、クラスはまとまらず、さんざんな結果になってしまった。

彼女の歌声に、そして合唱を導こうとする情熱に圧倒されて、すごい、すごい、すごい、この人はすごい、と涙が出そうだったのだ。御木元さんのことが猛烈に羨ましかった。敵わない。歌ではもちろん、人間としてぜんぜん敵わない。勉強そのものが好きなわけでもないのに勉強してクラス委員をやっているだけじゃ、だめだ。それは勤勉ではなく、むしろサボタ※1ージュなんじゃないか。初めから春を捨ててしまうのは、逃げているってことなんじゃないか。

でも、どうすればいいのかわからなかった。ずっと人のまとめ役で、今さら自分にも何かほしい、何者かになりたいなんて、いったい何をどうすればいいのだろう。べつにいちばんにならなくたっていい。ただ一所けん命になれる何かがほしくてたまらなくなった。

合唱コンクールの前後、無口になってしまった私を友人たちが気遣ってくれた。どうかしたの、とか、ひかりらしくないよ元気出してよ、とか、たくさんの子が声をかけてくれた。やりにくいよね御木元さんて、なんてa眉をひそめる子もいた。

「なんか、わかるよ、ひかりの気持ち」

そうつぶやいたのは千夏※2だった。千夏は合唱コンクールでピアノを担当していた。お気楽そうな千夏に何がわかるのかと思ったけれど、意外に真剣な目を見たら何もいえなくなってしまった。

「御木元さんを見てると、自分にはなんにもないんだな、ってつくづく思うよ」

千夏はいい、それからにっこりと笑った。

「それなのに、不思議なんだ、見ていたいんだよ。御木元さんにはどんどん進んでいってほしいし、それをずっと見ていたい気持ちになるんだ」

半分くらい、同じ気持ちだ。でもあとの半分では、羨んでいる。①春もなく夏も秋も冬も無視して、歌うことで何の迷いもなく進んでいける御木元玲と、なんにもない私。

「なんにもないって思わされて、平気？」

聞くと、ちょっと考えてから千夏は答えた。

「……これからじゃないかな。なんにもないんだから、これからなんじゃないの、あたしたち」

のんきだな、と思う。あたしたち、と一緒にされたのもなんだか面白くない。ただ、これから、という千夏の言葉に賭けてみたい気もした。そうでなければ、②私は一生冬のまま、春から目を逸らして生きていかなければならない。

あのときから、何が変わったのだろう。

クラス替えを目前にして、このクラスでもう一度合唱コンクールの歌を歌わないかという提案が担任の浅原から出されている。また御木元さんの力を見せつけられることになる。わかっていたけれど、はい、と答えた③私の気持ち。クラスのみんなの気持ち。そして御木元さんの気持ち。ほんの何か月か前のあの頃とは変わっているのがわかる。

冬のマラソン大会で、私たちはもう一度あの歌を歌うことになった。合唱コンクールではさんざんな出来に終わった『麗しのマドンナ』を、マラソン大会で走る御木元さんの応援歌として歌ったのだ。そのときに思いがけず見た彼女の一粒の涙が私たちの胸を濡らした。彼女を固めていた雪が溶けかけているのがわかった。

たったそれだけで、だ。私たちは変わった。毎日、昼休みや放課後に十五分ずつ続ける練習にほとんどクラス全員が揃うようになった。

本番直前となった今日からは、浅原の※3肝煎で終礼の時間から音楽室を使わせてもらっている。ただし、浅原本人は顔を出さない。先に見ちゃったらつまんないじゃない、と彼女はあくまでも陰から楽しむつもりらしい。

「ここは明るく歌うところなの。もう歌詞も覚えたでしょ？　できるだけ楽譜は見ないで、顔を上げて」

御木元さんの指示で三十の顔が上がる。

「じゃあ四十八小節、出だしから」

千夏のピアノが鳴り、みんなが歌い出すとすぐにまた御木元さんが腕を振って歌を止めた。

「もうちょっと明るく歌おう。マドンナたちの華やいだ気持ちになって。さあ、明るい顔をして」

そういって自ら明るい笑顔をつくってみせた。そうして、こちらを見渡して、

「明るい顔ってわかる？　頬骨を上げて。そう、そして目の奥を開けて。はい、各自十回、目の奥を大きく開けて、閉じて、開けて」

えー、どうやってー、とあちこちから声が上がった。

「目の奥に扉があると思ってみて。そこを大きく開くイメージ」

御木元さんは大きく目を見開いている。くすくす笑い声が聞こえる。

「あれって扉じゃなくて目そのものじゃん」

早希が小声でいい、それでも真似をして大きく目を開いている。

すごいなあ、と私は素直に感心している。御木元さんが④こんなふうに指示を出せる。みんながそれに従っている。音楽というのは、お互いの親密さと信頼があって育っていくものらしい。マラソン大会のゴール前で芽を出した私たちの歌は、時間をかけて、今、ゆっくりとふた葉を開いたところくらいだろうか。

「そうそう、いいね、そんな感じ。みんないいかな、顔の明るさを忘れないで。これで声の※4ピッチが揃うよ」

御木元さんの右手が挙がり、千夏のピアノが弾む。

よろこびの歌がはじまる。ほんとうだ、みんなの声が明るくなっている。

　御木元さんが指揮の腕を大きく振るその軌跡から音楽があふれ出す。私たちの声が伸びていく。重なっていく。弾み、広がり、膨らんでいく。

　歌が終わっても、まだ光のつぶがそこかしこに残っているような感じがする。汗ばむような熱気を逃したくて、窓を開けに立つ。重いサッシを開くと、さっと風が入り込んできた。頬に受ける風が気持ちいい。もうすぐ、⑤春だ。

　三月に入れば卒業式がある。その前日、卒業生を送る会で歌うのがこの合唱のゴールになる。

「ものすごく楽しみにしてるからね」

　浅原は教師らしからぬb不敵な笑みで私たちを挑発する。のるよ。受けて立つよ。クラス委員はクラスの気持ちを代表して胸を張る。

「ひかり、それじゃ浅原の思うツボだって」

「合唱は気合いで歌うものじゃないってわかってるよね、ひかり」

　意気込む私にあやちゃんが、史香が、みんなが口々に声をかける。ああ、こういうとき、⑥春なんじゃないかな、と思う。今、もしかすると私は春のまっただ中にいるんじゃないか。

　御木元さんが一度、手を大きく打った。

「じゃあ今日の仕上げ。最後にもう一度、通していってみよう」

　その声で、音楽室の中がしんとなる。

「さあ、明るい気持ちを忘れないでね。あ、待って、ひかり、背筋を伸ばそう」

　はい、と姿勢を正しながら、小さな驚きとよろこびに打たれてしまった。今、御木元さんが、ひかり、と呼んだ。佐々木さんから、昇格だ。

　家に帰ると、めずらしく父がもう食卓についていた。

「おかえり。ひかりはけっこう遅いんだな」

「うん、今、クラスの合唱の仕上げ。いつもはもうちょっと早いよ」

　テーブルの上にお赤飯の折※5がちょこんと載っていた。

「どうしたの、このお赤飯」

　どこかでお祝い事でもあったのかと思いながら取り箸に手を伸ばすと、

「きらりのお祝い」

　母がうれしそうにいうのでぎょっとした。姉を見ると、照れくさそうにしている。

「やだ、お姉ちゃん、結婚決まったの？」

　やだ、じゃない。ぎょっとすることもない。姉はきっと早いうちに結婚するだろうと思ってはいたのだ。今年、二十四になる。もういつ結婚してもおかしくない歳だ。

「違うわよ」

　母が笑う。

「ほら、ちゃんと自分でいいなさい」

　促されて姉が口を開いた。

「やっと進路が決まったの」

「進路ぉ？」

　思わず大きな声を出してしまった私に、姉が小さくうなずく。

「看護師になりたかったんだ。でも今さらいえなくて、こっそり看護学校を受験してたの。その合格通知が今日来たのよ」

そういって分厚い封書を取り出してみせた。隣で母が大きくため息をつく。

「この子ったら短大出てもふわふわ、お勤めしてもなんだかふわふわふわふわしてて、いったいどうするつもりなのかずっと心配だったんだから」

「あれ、学生の頃に看護師になりたいっていったら、そんな大変な仕事、きらりには無理だっていったのお母さんでしょ」

「そういわれたくらいであきらめるようじゃ、反対したくもなるわよ」

やんわりと応酬を続けるふたりを見くらべながら、なんだか新しい風に吹かれたような気がしている。持って生まれた資質でいつも春のように笑っている姉のことが、自慢でもあり心配でもあった。ほんの少し、妬みもあったのかもしれない。でも、その姉がきちんと春以降を見据えていた。

「おめでとう」

姉はにこにこと私を見た。

「ありがとう。あたしはひかりみたいに頭がよくないから、試験に落ちたらどうしようってほんとどきどきしてた。この歳だから、もうあとがないしね」

あとはある。何度でもチャンスはめぐってくる。今の私にはそう思える。

「でも、ぜんぜん気づかなかったよ。仕事のあとに勉強してたの？　えらいね。あたし、⑦お姉ちゃんはずっと春みたいな人だと思ってた。春のまんまずっと行くんだと思ってたよ。秋に備えて、準備してたんだね」

「あー、ばかにしてるー」

姉が笑った。そして c 屈託のない声でいった。

「でもさ、春のあとには、秋の前に、夏が来るんじゃない？」

「いいなあ、おまえたちはこれから夏か」

それまで黙っていた父が口を挟む。

これから夏、といわれて一瞬ぽかんとした。考えたこともなかった。春でさえまぶしいのだ。夏なんて私には想像もつかない。

「まだ見えねえだろ」

※6亮太郎の声が耳によみがえる。春の背中、と彼は続けた。

⑧だいじょうぶかもしれない。じたばたもがきながら、このまんまで生きていけるかもしれない。私にはなんにもなくても、たくさんの声が聞こえる。ひかり、ひかり、と呼ぶ明るい声たち。

「まだ見えねえだろ」

⑨うん、まだ見えないみたいだよ、亮太郎。いつかこの春の背中が見えてきたら、追いついて、追い越してやればいい。怖れることはない。だって、春の先にあるのは、夏なんだな。私たちは、まだ、これからだ。

（宮下奈都『よろこびの歌』〈実業之日本社文庫〉による
問題作成のために本文を一部変更したところがあります）

※1　サボタージュ……なまけること。
※2　千夏……………原千夏。ひかりの級友。後に登場する「早希」「あやちゃん」「史香」も同じクラスの友人。
※3　肝煎……………心を配って、熱心に世話を焼くこと。
※4　声のピッチ……声の高さ。
※5　折………………薄い木の板などで浅く箱型に作った、料理や菓子などを詰める容器。

※6　亮太郎……ひかりの幼なじみ。高校入学後、心がおどるような素敵な時間はいつか終わってしまうことをおそれるひかりに「まだ見えねえだろ」「春の背中だよ」と話していた。

問一　══部a「眉をひそめる」・b「不敵な」・c「屈託のない」の本文中での意味として最も適当なものを、それぞれ後のア～エの中から選んで、記号で答えなさい。

a「眉をひそめる」
ア　他人の発言や行動にだまされないように、用心する
イ　他人のわがままな行動に気分を悪くして、苦しい顔をする
ウ　他人の顔色をうかがって、雰囲気を壊さないようにする
エ　他人のいやな言動に対して、不快な顔をする

b「不敵な」
ア　恐れることを忘れたような
イ　何かをたくらむような
ウ　勝ちほこったような
エ　場にそぐわないような

c「屈託のない」
ア　おびえる心がなく大胆な
イ　へりくだることのないような
ウ　心配事がなくさっぱりした
エ　他人の思いを気にしない

問二　――部①「春もなく夏も秋も冬も無視して、歌うことで何の迷いもなく進んでいける御木元玲」とありますが、実際の「御木元玲」は、級友との関係をうまく築けず、「冬」のようなつらく苦しい時を過ごしていました。そのことが比ゆを用いて示されている部分を本文中から九字でぬき出しなさい。

問三　――部②「私は一生冬のまま、春から目を逸らして生きていかなければならない」とありますが、これを説明した次の文の、ア～ウの□に当てはまることばを、それぞれ本文中からぬき出しなさい。

ひかり自身、ア□□□(三字)になろうとイ□□□□□(五字)になることもせずに、ウ□□(二字)なふりをし続けなければいけないということ。

問四　――部③「私の気持ち。クラスのみんなの気持ち。そして御木元さんの気持ち。ほんの何か月か前のあの頃とは変わっている」とありますが、「クラスのみんなの気持ち」が「変わっ」た理由を説明したものとして最も適当なものを、次のア～エの中から一つ選んで、記号で答えなさい。

ア　合唱コンクールの結果に絶望した御木元さんが、級友の歌のおかげで、マラソンを完走できたから。
イ　合唱を必死に導こうとした御木元さんの、級友の励ましに涙する姿にクラスのみんなが感動したから。
ウ　再び合唱を発表しようと先生に言われて、今度こそ御木元さんと一緒に頑張ろうと思ったから。
エ　合唱を頑張った御木元さんを泣かせてしまったので、今度こそみんなで笑おうと決意したから。

問五　――部④「こんなふうに指示を出せる」とありますが、御木元さんの指示の出し方を説明したものとして最も適当なものを、次のア～

エの中から一つ選んで、記号で答えなさい。

ア　級友に改善をうながそうと、自ら手本を示すことで、級友がついていきたくなるような雰囲気を作っている。

イ　自分の実力を示すことで、級友に尊敬の念を抱(いだ)かせ、自分についてこざるを得ない状況(じょうきょう)を作っている。

ウ　合唱へのこだわりを捨てて、級友を笑わせることで、級友が緊張(きんちょう)せずに歌えるよう工夫をしている。

エ　曲の音程やリズムだけではなく、作曲者の思いをわかりやすく解説することで、クラスに一体感をもたせている。

問六　――部⑤「春」と⑥「春」の表す内容の違いを「⑤は～、⑥は～という違い。」という形で、自分のことばで二十五字以上三十五字以内で答えなさい。なお、「⑤」「⑥」はそれぞれ一字として数えます。

問七　――部⑦「お姉ちゃんはずっと春みたいな人だと思ってた」とありますが、この表現について大宮開成中学校の先生と生徒が話し合いました。これを読んで後のア～エの□に当てはまることばを、本文中からぬき出しなさい。

先生　本文のひかりはなぜ姉であるきらりを「春みたい」とたとえているのか考えてみましょう。

大場さん　短大を出て、就職をした時の様子を母はア□□□□(四字)って表現しているから、春のア□□□□(四字)した雰囲気の人っていう意味じゃないかなあ。

宮沢さん　だからひかりもきらりがイ□□(二字)のことをしっかり考えていたことに驚いているんだね。

開藤さん　これって、ひかりとは対照的だよね。だって、ひかりは自分の将来について、いったいウ□□□□□□□□□□□□□(十三字)と思っているよ。

宮沢さん　本当だ、対照的だね。楽しい春が終わり辛(つら)い秋のような季節が来ることを恐れるひかりとは全く逆だ。

成田さん　しかも、ひかりは自分と違ってエ□□□□□□□□□(九字)で春のように笑うきらりを妬んでもいるよ。

大場さん　ひかりが、きらりを「春みたいな人」っていうのは、自分と対照的なきらりへの劣等感(れっとうかん)があらわれているんだね。

問八　――部⑧「だいじょうぶかもしれない」とありますが、ひかりがそう感じたのはなぜですか。その理由を説明したものとして最も適当なものを、次のア～エの中から一つ選んで、記号で答えなさい。

ア　卒業生を送る会の後には、自分たちが最上級生となって級友たちと勉学にはげむ日々が待っているから。

イ　たとえ自分に才能がなくても、自分を支えてくれる級友がいることを信じられるようになったから。

ウ　今の自分には明るい未来は見えないが、時間は流れていくのでいつか楽しい時が来ると思えたから。

エ　友達との輝(かがや)かしい日々はいつか終わってしまうのだが、その先にも輝かしい未来が待っていると思えたから。

問九　――部⑨「うん、まだ見えないみたいだよ、亮太郎。いつかこの春の背中が見えてきたら、追いついて、追い越してやればいい」とありますが、この表現について大宮開成中学校の生徒が話し合いました。これを読んで後のア～ウの□に当てはまることばを、※6を参考にしながら本文からぬき出しなさい。

大場さん　ひかりは「春の背中」が「まだ見えない」って言っているね。「春の背中」って何だろう。

宮沢さん　本文の最後で「春の先にあるのは、夏なんだな。」ってあるよ。「春の背中」を追い越した先には夏があるんだよね。

大場さん　じゃあ、「春の背中」は春の終わりのことだね。今ひかりは「春のまっただ中」にいるんだ。いったい、いつからひかりは「春のまっただ中」にいたんだろう。

開藤さん　級友の気持ちが一つになるきっかけのマラソン大会は〔ア〕□（一字）に行われていたんだよね。

成田さん　でも、三月の発表に向けた練習では、御木元さんの指示もあって、歌い終わった後のあたりの雰囲気を〔イ〕□□□□（四字）が残るような明るいものだったと表現しているよ。これはもう春なんじゃないかな。

大場さん　そうだね。ひかり自身その合唱を〔ウ〕□□□（三字）が開いたくらいだとたとえているもんね。みんなと三月の発表に向けた練習を始めたころから、ひかりは「春のまっただ中」にいたんだね。

問十　本文に関する記述として、正しいものを次のア～エの中から一つ選んで、記号で答えなさい。

ア　ひかりだけでなく千夏やあやちゃんなどの登場人物それぞれの視点から物語が描かれることで、それぞれの心情が分かりやすくなっている。

イ　「秋に備えて、準備してた」のように、季節を隠ゆとして表現することで、登場人物の置かれた状況を表現している。

ウ　「家に帰ると、めずらしく父がもう食卓についていた。」以降、親子の交流と級友との交流とを比較することで、それぞれの特徴を明示している。

エ　「マラソン大会」や「合唱コンクール」のような学生になじみ深い行事を描くことで、登場人物たちの複雑な人間関係を分かりやすくしている。

開智中学校(第一回)

—50分—

一　次の傍線部のカタカナを、それぞれ漢字に直しなさい。

A　影響はハカり知れない。
B　手指をセイケツに保つ。
C　文書のカイラン。
D　ギョウソウが変わる。
E　上司へのホウコク。
F　友達とダンショウする。
G　ヨキン通帳。
H　ネンリョウ不足。
I　ヒョウバンのよい店。
J　スープのフンマツを溶かす。

二　①～⑤の慣用句の使い方として、最も適切なものを次の中から一つずつ選び、記号で答えなさい。

①　水に流す
ア　五年前のいざこざは水に流して、彼と協力しながら計画を進めよう。
イ　これまで積み重ねた努力を、一瞬で水に流してしまった。
ウ　ドアを開けると、会場は水に流したように、しんと静まりかえっていた。
エ　転職してからの彼は、水に流したように本領を発揮した。

②　胸がすく
ア　卒業後親友とは離れ離れになってしまい、胸がすくような思いだ。
イ　練習不足だったが、相手校の欠場によって胸がすくような勝利を得た。
ウ　人前で発表するのが苦手で、胸がすく思いで自分の出番を待った。
エ　苦戦の中、味方チームから胸がすくような逆転ホームランが放たれた。

③　音をあげる
ア　山頂まではまだまだ遠いが、皆で音をあげながら頑張ろう。
イ　愛犬が姿を消してしまった夜、少女は部屋で音をあげて泣いた。
ウ　優勝が決まった瞬間、彼女は感極まって音をあげた。
エ　毎日の厳しい訓練に音をあげて、辞めてしまう人も多い。

④　目に余る
ア　最近の彼の言動は、ひどく自己中心的で目に余る。
イ　満開を迎えたコスモスは、目に余るほどの美しさだ。
ウ　自分にとって初めての孫は、目に余るほどかわいい。
エ　明日、プレゼントを受け取った彼女の喜ぶ顔が目に余る。

⑤　うつつを抜かす
ア　災害現場を目にした彼女は、うつつを抜かしてその場に立ち尽くした。
イ　バンド活動にうつつを抜かして、大学の勉強をおろそかにした。
ウ　だまされていると知った彼は、うつつを抜かして怒りをあらわにした。
エ　いつもうつつを抜かしている彼は、何を考えているのか読み取れない。

三　次の文章を読んで後の問いに答えなさい。（字数制限のある問いは全て記号を含んで答えなさい。）

「問い、考え、語り、聞くこと」としての哲学において、もっとも重要なのは「問うこと」である。「問い」こそが、思考を哲学的にする。たとえば、「今日は何しようかな、疲れてるしなぁ、今週中にあれ片づけなきゃいけないのに、……そういえば、昼ご飯、何食べよう？」――こういうのは「考える」ということとは違う。頭の中で何となく思いが巡っているだけである。

「考える」というのは、もっと自発的で主体的な活動を指す。それは「問い」があってはじめて動き出す。問い、答え、さらに問い、答える――この繰り返し、積み重ねが思考である。それを複数の人で行えば、対話となる。

問いによって考えるようになるということは、何をどのように問うかによって考えることが変わってくるということを意味する。つまり、［あ］によって［い］が決まるのである。そして、どのような問いをつなげていくかによって、［う］が変わる。

漠然としたことしか考えられないのは、問いが漠然としているからだ。抽象的なことばかり考えるのは、問いが抽象的だからだ。明確に問うことができれば、明確に考えることができ、具体的に問えば、具体的に考えられる。考えが同じところばかりグルグル回っていて、先に進めないのは、問いに展開がないからだ。

【中略】

①哲学には哲学の問いというのがある。伝統的に哲学の中で論じられてきた問いである――真理、存在、認識、善悪、正義、美、他者、空間、時間、等々。一般的に言って、哲学の問いは、自分の問いにはなりにくい。

もっとも世の中には、哲学の問いを自分の問いにできる人がいる。何かのきっかけで哲学書を読んで、その種の問いに目覚める人もいれば、もともとそういう疑問をもっていて、あれこれ悩んでいるうちに、どうやらこれは哲学というものらしいと気づくパターンもあるようだ。その種の人は、いわゆる哲学好きになり、場合によっては大学で哲学の研究を志すに至る。

［A］、普通の人が、いきなりこういう疑問を抱くことはまれである。専門家ですら、こうした問いを明けても暮れてもずっと考えているわけではない。誰しも、物事を突き詰めていったり、深く悩んだり傷ついたりすると、いわゆる哲学の問いにぶつかることはあるが、私たちは普段、そんなに深く考えたり悩んだりしない。どこかでそんなことをうっすら考えていても、面倒くさいか、恐ろしいかで、問わないままにしている。それが私たちの日常だ。

いわゆる専門的な哲学の問題は、結局のところ、誰にとってもほとんどの場合、実生活には関係がないのである。哲学じたいが*浮世離れしているからというより、哲学の問題が現実の具体的な文脈から隔たっているのである。

これは哲学の特徴ではなく、専門化された知識によくあることだ。医学が細分化したために、患者の体や生活の全体を見られなくなるのと似ている。体や生活と同様、現実には哲学の問いのような区分はない。

実生活の問いは、もっと具体的で複合的で*錯綜しており、いくつもの問いが絡み合っている。哲学であれば、他者、空間、時間、認識、善悪、美は、時に相互に関連づけられることはあっても、たいていは別々の問題として論じられる。哲学者自身も、一般には何か特定の問題の専門家である。

ところが実生活の中では、たとえば「他者」とは友だちであり、親であり、夫であり妻であり、会社の同僚であり上司であり、得意先の人であり、［B］、たまたま道で行き合って言葉を交わした人、ただすれ違うだけの人、目の前にさえいない赤の他人、不特定多数の人である。「他者なるもの」という一般的で抽象的な存在と出会うわけではない。そのつど具体的な何者かと特定の空間と時間を共有する。週末に自宅で家族とのんびり過ごす。一人暮らしの部屋で、テレビの中の他人を見ながらお菓子をほおばる。学校の教室で、隣のクラスメートが*内職をしているのを横目に見て、睡魔と闘いながら退屈な授業を受ける。会社で同僚と打ち合わせをして、得意先にメールを送り、資料の整理など、いろんな仕事に忙殺され、夜遅く満員電車に揺られて疲れ果てて帰宅する。

そうやって私たちは家族や友人のことを気づかい、目の前のことに一喜一憂し、過去のことを振り返って後悔し、将来のことを心配する。今やるべきことは何か、時間をどう使うか、どこに行くべきか、何が正しく、何が間違っているか、といったことを考える。

こうした問題を突き詰めていくと、部分的には他者のみならず、知覚、空間、時間、善悪や正義といったいわゆる哲学の問題につながっていく。だが、全体としては、いろんな問題が複雑に絡み合い、哲学の問題として考えられることをはるかに超えている。

その中にはもちろん哲学的でない問題も含まれている。［C］、今日は何を食べるのか？　食事の材料をどこで買うか？　テレビは何を見るか？　どの授業が退屈か？　誰にメールを送るか？　等々。

だが、そこで立ち止まらずに、哲学的な次元へ入っていくこともできる――なぜ私たちは何かを食べるのか？　なぜただ食べるだけではなく、おいしいものを食べるのか？　食事は人間の生活の中でどのような意味をもつのか？　テレビで見ることと直接目で見るのは何が違うのか？　映像はどのような意味で現実か？　なぜ授業を受けるのか？　授業を受けることと学ぶことはどのように関係しているのか？　等々。

これらの問いは、通常「哲学の問題」と言われるものではないが、じゅうぶん哲学的であろう。逆に、哲学の問いだから、それを考えることがつねに哲学的というわけではない。哲学の問題といえども、たとえば誰がどんなことを言ったのかという事典的・哲学史的な事柄や、どこにどんなことが書いてあるかというような文献学的なことは、かならずしも哲学的とは言えない。哲学全体がそうであるように、内容的に哲学だったら、問いや議論が哲学的なわけではないのだ。

思うに、元来は〝哲学の問題〟があるというよりも、物事の〝②哲学的な問い方〟があるだけなのだ。私たちはそれぞれ、自分の現実生活の中でさまざまな問いと出会う。自分から疑問に思うこともあれば、他の人から問いかけられることもある。どんな問いであれ、自分にとって身近な問い、自分が直面した問いから出発しても、哲学的な問いへと進んでいくことができる。

哲学の問題が、現実の文脈から切り離され、個別のテーマに分かれていることは、学問として純粋で専門的に高度であるためには必要だろう。

けれども、他方でそのことは、個々のテーマに関して、仮に何か重要な結論や洞察が歴史上の哲学者によって提示されていたとしても、
［X］
もちろん、哲学研究の目的はそんなことではなく、思想上のさまざまな問題を明らかにすることであり、現実の生活に生かせるかどうかなど、どうでもいいという考え方もある。私自身、そういう考え方にも共感する。

だが、哲学の問題にせよ、それ以外の哲学的な問いにせよ、現実の生活に関する疑問から出発すれば、そこで問い、考えたこと、そこで得られた洞察は、ふたたび現実のコンテクストに戻しやすく、その人の生活にとって、大きな意味をもちうる。だから、③いわゆる哲学の問題を考えることよりも、自分自身の問いをもつことのほうが重要なのである。

（梶谷真司『考えるとはどういうことか　0歳から100歳までの哲学入門』〈幻冬舎新書〉）

（問題作成の都合上、表記を改めたところがあります。）

注　＊浮世離れ……様子や言動が、世間の常識からかけはなれていること。
＊錯綜……複雑に入りまじること。入りくむこと。
＊内職……ここでは授業中に他の授業や教科の勉強をすること。
＊洞察……物事の本質を見通すこと。
＊コンテクスト…文脈。

問一　空欄［あ］～［う］に当てはまる言葉として最も適切なものを次の中から一つずつ選び、記号で答えなさい。

ア　思考の質　　イ　思考の進み方　　ウ　問いの質

問二　空欄［A］～［C］に当てはまる言葉として最も適切なものを次の中から一つずつ選び、記号で答えなさい。

ア　たとえば　　イ　あるいは　　ウ　けれども

問三　傍線部①「哲学には哲学の問いというのがある」とありますが、筆者が考える「哲学」や「哲学の問い」について説明したものとして**適切ではないもの**を次の中から一つ選び、記号で答えなさい。

ア　哲学の問いを自分の問いとして考えることができる人は多くはない。
イ　哲学で論じられる問題の多くは実生活とは関係がない。
ウ　哲学に関する議論をしていても哲学的ではないということはありうる。
エ　現実の問題は哲学の問題と比べると細分化されており単純である。

問四　傍線部②「哲学的な問い方」とありますが、この問い方について説明したものとして最も適切なものを次の中から一つ選び、記号で答えなさい。

ア　哲学の中で論じられてきた内容をふまえた問い方
イ　専門的な訓練を受けることによってできるようになる問い方
ウ　物事が存在する理由や意味、物事同士の関係を問う問い方
エ　具体的かつ客観的な答えを見つけようとする問い方

問五　空欄［X］に当てはまる表現として最も適切なものを次の中から一つ選び、記号で答えなさい。

ア　その発見は決して唯一無二のものだとは言えない、ということにもなる。
イ　他の学問で見出された答えと一致しない、ということも意味する。
ウ　テーマに応じて問いを変える必要がある、ということも考えられ

る。

エ　個々人の現実生活には大きく影響しない、ということにもつながる。

問六　傍線部③「いわゆる哲学の問題を考えることよりも、自分自身の問いをもつことのほうが重要なのである」とありますが、筆者が「哲学の問題」を考えるよりも「自分自身の問い」を持つ方が重要であると考える理由を七十字以内で説明しなさい。

問七　本文の内容と一致するものを次の中から一つ選び、記号で答えなさい。

ア　人間は考える生物なので、頭の中で思いを巡らせていけば、不思議と考えは深まる。

イ　実生活における悩みや後悔もつきつめて考えれば哲学の問題につながっていく。

ウ　抽象的なことを考えた方が哲学的であるので、まずは考える練習をする必要がある。

エ　問いや議論が哲学的であるかどうかは専門化された知識を有効活用しているかどうかで決まる。

問八　この文章の表現と構成に関する説明として**適切ではないもの**を次の中から一つ選び、記号で答えなさい。

ア　この文章は対比を用いて論理的に議論を展開している。

イ　この文章は具体例によって筆者の主張をより明確にしている。

ウ　この文章は比喩（ひゆ）によって難しいテーマを平易に説明している。

エ　この文章は主張に対する反論を踏まえて結論を導いている。

四　次の文章を読んで後の問いに答えなさい。（字数制限のある問いは全て記号を含んで答えなさい。）

> 町田圭祐（けいすけ）は、中学校で同じ陸上部に所属していた友人、山岸良太から、青海（せいかい）学院高校に進学して、一緒に陸上を続けようと誘われた。しかし圭祐は、入学直前に交通事故にあい、足に大けがを負ったことで、陸上をあきらめることになった。一方で良太は、期待の新入部員として、入学前から陸上部の活動に参加している。次の文章は、新入生に向けて部活動を紹介する「新入生オリエンテーション」が終了した場面から始まる。

特に興味を惹（ひ）かれる文化部もないまま、新入生オリエンテーションは終了した。

準備は上級生がしてくれたけれど、片付けは一年生も手伝うらしく、自分が座っていたパイプ椅子（いす）を体育館の指定された壁際（かべぎわ）まで運ばなければならない。

立ち上がって椅子をたたみ、クラスのヤツらの最後尾にダラダラとついていっていると、流れに逆らうようにして、良太がやってきた。

「椅子、運ぶよ。貸して」

僕の足を①案じて駆（か）け付けてくれたのか。

「いいよ、これくらい」

遠慮（えんりょ）したのでも、照れたのでもない。ケガ人扱いされるのが嫌（いや）で、本気で断った。

「俺、片付け当番だから」

良太はいつものさらりとした口調で言うと、僕の持っているパイプ椅子に手をかけた。良太のクラス、一組が当番なのか。じゃあ、と僕は椅子から手を離した。

「ほら、陸上部、てきぱき動け！」

ステージ上から声を張り上げたのは、陸上部の顧問らしき教師だ。当番は陸上部。良太の顔が少し曇った。それが、ムカつく。

「やっぱり、いいよ」

「あー、町田！」

良太から椅子を奪い取るため、手をかけようとした横から、声をかけられた。

＊宮本だ。ニヤニヤと笑っている。

「山岸くんも久しぶりだね」

宮本は良太にも愛想よく声をかけ、良太も薄く笑い返した。②はからずも、三崎中から青海学院に進学した同級生、勢揃いだ。

僕と良太と宮本の共通点は、三崎中出身だということ。多分、それだけだ。

これが女子同士なら、手を取り合って、高校でもよろしくね、などと、はしゃぐのかもしれない。内心、互いにどう思っていたとしても。だけど、男同士の場合、そんな空気すら生じない。

無言のヘンな間ができてしまう。

僕をはさんで二人がいるのだから、この間は、僕が断ち切らなければならないのではないか。

「宮本も、僕の椅子運びを手伝いにきてくれたのか？」

とっさにこういう台詞しか出てこない自分が嫌になる。

卑屈。漢字ドリルにしか出てこない単語だと思っていたのに、今の僕を表すのにぴったりの言葉になってしまっている。

「そんなわけないじゃん」

③ケロリとした顔で宮本が答えた。

＊「愛の告白の返事を聞こうってときに、相手が一番嫌がりそうなことをするヤツなんかいないよ」

宮本はニカッと歯を出して笑った。

反して、④良太の顔が曇る。愛のなんちゃらが気持ち悪いからではないはずだ。

宮本は、僕がケガ人扱いされるのを嫌がることに気付いている。

【中略】

「で、考えてくれた？」

「いや、それが……」

高校では部活をやらない。そう強く決意したはずなのに、⑤はっきりと口にすることができなかった。

良太がいるからだ。

入院中、良太は何度か病院に見舞いに来てくれた。

退屈しのぎにと、毎回、マンガ本を数冊持ってきてくれたけど、良太が読んでいたものというよりは、話題の作品を新しく買ってきてくれたというような、折り目も紙の色あせもないものばかりだった。

僕の事故について、ひき逃げ犯が見つかっていない、ということは話しても、足の状態については、ほとんど話題にしなかった。

――足に磁石がくっつくかも。

一度、おどけて言ったことがある。良太は笑うどころか、まるで涙をこらえるように顔にギュッと力を込めただけだった。

そして、「ごめん」とつぶやいて、逃げるように病室を出て行った。

良太が謝ることなど何もない。

事故現場に一緒にいたとか、横断歩道を渡っている最中に良太から電話がかかってきたとかいうならまだしも、僕の交通事故と良太とはまったく無関係だ。

同情はしても、罪悪感を抱く必要はない。

なのに、良太は僕に謝った。

あれは、僕を青海学院に誘ったことに対してではないかと思っている。

そして、良太の後悔は今も続いている。

「見学に行ってから、決めようかな」

またもや、思ってもいないことを宮本に言ってしまった。

「おおっ。だよな、見学に行かなきゃな」

肩に手をのせ、バンバンと叩(たた)かれる。宮本には「入部する」と聞こえたのだろうか、と疑ってしまうほどのはしゃぎっぷりだ。

おいてけぼりをくらったような顔の良太と目が合った。

「宮本から、放送部に誘われたんだ。活動内容をまったく知らなかったんだけど、ドラマ作りとか聞くと、ちょっとおもしろそうかなと思って」

そう言う僕は今、ちっともおもしろそうな顔をしていないはずだ。

「そっか。俺、ドラマはあまり興味なかったけど、圭祐が作るのなら見てみたいよ」

良太の顔も泣き笑いのように見える。

「でも、脚本(きゃく)を書くのは俺なんだな」

宮本が割って入ってくる。

「町田には……。なんか、三人で話してるのに、苗字と名前が交ざるのって、ややこしくない？　呼び名は統一すべし。ってことで、圭祐って呼ばせてもらうな」

「なんでもいいよ……」

「で、圭祐には、そのいい声を生かして、声優をしてもらいたいと思っているんだ。ちなみに、俺の名前は正也ね」

宮本……。正也は親指を立てて、得意げに自分の方に向けた。

僕は良太に向かって肩をすくめてみせた。

「声がいいなんて、思ったことないんだけどね」

――長距離走向きだなんて、思ったことないんだけどね。

頭の中で、いつかの自分の声が重なる。

「俺も、圭祐はいい声だと思ってるよ。県大会での、ラスト一周のかけ声も、みんながしてくれていたけど、圭祐の声が一番スッと耳に入ってきたし。あ、ゴメン」

良太が口を一文字に結んだ。

謝ったのは、陸上のことを話してしまったからだろう。褒(ほ)めてもらえて、僕は嬉(うれ)しかったのに。⑥これじゃ、ダメだ。

「なんだ、いい声だと思ってたなら、そのとき言ってくれよ。僕は宮、いや、正也のことはまだ信用していないけど、良太が言ってくれることなら、自信が持てる」

そう言って、咳(せき)払いをして、「あ、あ」と発声練習のような声を出してみる。「僕の声でタイムが上がるなら、いつでも応援に行くから、陸上、がんばれよ」

体育館内はざわついているのに、僕と良太のあいだにだけ、ぽっかりと空間ができてしまったように、音が止まった。

⑦やりすぎたか、と後悔する。

良太がズズッと鼻をすすった。だから、泣くところじゃないんだって。

「なーんて。じゃあ、椅子はよろしく。ありがとな」

オ僕は笑いながらそう言って、「いい声だっただろう」とおどけながら、正也の肩に腕をまわした。

もう、良太の方には振り返らない。

「正也、放送部の見学、今日の放課後にでも早速行くか」

本当に、昨日から、つまり高校に入学してから、⑧僕は慣れないことばかりしている。

「行くに決まってんだろ、おーっ！」

正也が調子に乗って、片手を振り上げる。

なあ、良太、僕は高校生活を楽しんでいるだろう？

陸上部に入れなくても。

（湊かなえ『ブロードキャスト』〈角川文庫〉）

（問題作成の都合上、表記を改めたところがあります。）

注　＊宮本……宮本正也（まさや）。圭祐達と同じ中学から青海学院に進学した。一緒に放送部に入ろうと圭祐を誘っていた。

＊愛の告白…宮本が圭祐を、放送部に誘っていたことを指す。

問一　傍線部①「案じて」、②「はからずも」、③「ケロリとした顔」のここでの意味として最も適切なものをそれぞれ一つずつ選び、記号で答えなさい。

①「案じて」

ア　からかって　　イ　申し訳なく思って

ウ　心配して　　エ　思い出して

②「はからずも」

ア　久しぶりに　　イ　思いがけず

ウ　一時的に　　エ　うれしいことに

③「ケロリとした顔」

ア　平然とした顔　　イ　不満げな顔

ウ　楽しそうな顔　　エ　驚いた顔

問二　傍線部④「良太の顔が曇る」について、良太がこのような表情になった理由を、太郎さんと花子さんが話し合っています。次に示す二人の会話を読んで、空欄に当てはまる言葉を、本文中から書き抜きなさい。

太郎　良太の顔が曇る直前の、正也のセリフがポイントだよね。

花子　そうね。良太は圭祐の椅子を運んであげようとしていたけれど、正也からそれが「［A（十三字）］」であると言われて、動揺（どうよう）しているみたいだね。

太郎　良太の行動は、一見親切なことに見えるんだけど、なぜだろう。

花子　圭祐にとってはそれが、「［B（八字）］」ことだと感じられて、嫌な気持ちになったみたいだよ。正也にはそれがわかっていたようだね。

問三　傍線部⑤「はっきりと口にすることができなかった」について、この時の圭祐の気持ちを説明したものとして、最も適切なものを次の中から一つ選び、記号で答えなさい。

ア　陸上に誘ってくれた良太の前で、他の部活に入ろうと言うのは、良太に申し訳ない。

イ　部活をやらないと伝えたら、良太はいっそう罪悪感を感じてしまうだろう。

ウ　放送部に興味があるなんて伝えたら、良太は陸上を断念した自分を気の毒に思うだろう。

エ　部活に入る意志がないと知ったら、陸上をあきらめた自分に、良太は怒りをおぼえるだろう。

問四　傍線部⑥「これじゃ、ダメだ」とありますが、圭祐がそのように感じた理由として、最も適切なものを次の中から一つ選び、記号で答えなさい。

ア　良太の言葉によって、自分が陸上の県大会に選手として出場できなかったという辛いできごとを思い出し、気がめいってしまったから。

イ　放送部への挑戦を良太に後押ししてもらえたと思ったのに、良太にはまだ、陸上ができなくなった自分に遠慮しているような態度が見えたから。

ウ　良太が、陸上をあきらめて放送部に入ろうとしている自分に気をつかって、本当はよくもない自分の声をほめるような事を言ったから。

エ　良太が自分の声の良さをほめてくれたのに、自分がそれを素直に喜べていないことに気づき、自分の卑屈さがいやになったから。

問五　傍線部⑦「やりすぎたか、と後悔する」とありますが、圭祐が後悔したのは、具体的にはどのようなことですか。最も適切なものを次の中から一つ選び、記号で答えなさい。

ア　「陸上」という話題に自分から触れることで、良太により強い罪悪感を持たせようと意地悪をしてしまったこと。

イ　放送部に乗り気な様子を見せることで、一緒に陸上をがんばっていた良太に、さびしい思いをさせてしまったこと。

ウ　自分が応援に行くから陸上をがんばれと、良太に必要以上のプレッシャーを与えてしまったこと。

エ　良太の言葉を信じると言って放送部に入ろうとすることで、良太に責任を押し付けるような状況にしたこと。

問六　傍線部⑧「僕は慣れないことばかりしている」について、後の問いに答えなさい。

(1)　本文中の波線部ア〜オで示された圭祐の言動のうち、ここでの「慣れないこと」に**当てはまらないもの**を一つ選び、記号で答えなさい。

(2)　圭祐がこのような行動をとっているのは、何のためだと考えられますか。その目的を五十字以内で説明しなさい。(「・・・ため。」という形で書くこと。「・・・ため。」も字数に含みます。)

開智日本橋学園中学校(第一回)

—50分—

□一 次の傍線部の漢字をひらがなに、カタカナを正しい漢字に直して答えなさい。

① その都度注意をする。
② 眼下に広がる風景。
③ 彼は蔵書家だ。
④ 腹筋と背筋をきたえるトレーニングをする。
⑤ 植木市で苗木を買う。
⑥ この建物の耐震ホキョウを行う。
⑦ 去年の夏、ヨーロッパショコクを旅行した。
⑧ 一九六〇年に熊本城のテンシュカクは復元された。
⑨ 決勝戦を前にフルい立つ。
⑩ 三冠王の達成はシナンのわざだ。

□二 次の文章を読んで、後の問いに答えなさい。(字数制限のある問いはすべて句読点や記号を字数に含んで答えなさい。)

体は、リアルなものの代表のように考えられています。

コロナ禍でオンラインでの会議や授業が一気に普及したときも、しばしばこんな不満の声が聞かれました。

「便利だけど、身体性に欠けるんだよなあ……」

対面のコミュニケーションにはあって、オンラインのコミュニケーションにはないもの。その差分を、多くの人が直感的に「身体性」と呼んでいたのです。オンラインのコミュニケーションに物足りなさを感じるのは、生身の体が介在していないからなのだ、と。

しかし、本当にそうでしょうか。

①体は、私たちが考えるほど「リアル」なものでしょうか。

(Ａ)、(株式会社)イマクリエイトが開発した「けん玉できた！ＶＲ」※という製品があります。その名のとおり、バーチャルリアリティを使ってけん玉のわざをトレーニングする、というものです。

仕組みはいたってシンプル。コントローラーを手にもち、ヘッドマウントディスプレイを装着すれば、バーチャルの空間内でけん玉をあやつることができます。②リアルの空間と違うのは、玉の動く速度が実際よりもかなり遅いこと。スローモーションで動く玉を相手に、けん玉の練習ができるのです。

その効果は驚異的です。このシステムを体験した一一二八人のうち、実に九六・四％にあたる一〇八七人が、わざを習得したというのです。必要な時間も、ものの五分程度。バーチャル空間で少し練習しただけで、リアルの空間でも、けん玉ができるようになるのです。サイトを見ると、お年を召した男性がわざをクリアしてハイタッチする動画が紹介されています。

バーチャル空間で、けん玉をする感覚を体験できる、というのなら分かります。それは日常を忘れて物語の世界に没入するのと、構造的には同じことです。

(Ｂ)、「けん玉できた！ＶＲ」で起こっているのは、③これとはまったく違うことです。「けん玉感を体験する」だけであれば、その経験の本質は「現実らしさ」にすぎません。しかし「けん玉できた！ＶＲ」では、「できるようになる」という体の変化が、「現実に」起こっているのです。たとえて言うなら、［ア］空間でケーキを食べただけなのに、満腹になるどころか体重が増えたようなものです。

物理法則にしばられた地球上の［イ］な空間と、テクノロジーによって作り出された［ウ］な空間。言葉を使って記述すればこの二つの空間を区別することは簡単です。けれども「けん玉できた！ＶＲ」が示しているのは、体から見れば、この二つの区別はそれほど自明なものではない、ということです。

［エ］空間で体験したことも、それがいかに現実には「ありえない」ことであったとしても、何ら遜色ない「経験値」として蓄積され、［オ］空間で行為する私たちのふるまいを変えてしまう。（Ｃ）「リアルではない」と頭で分かっていたとしても、体はそれを、いわば「本気」にしてしまうのです。

ここにあるのは、私たちがどんなに意識して「リアル」と「バーチャル」のあいだに線を引こうとも、その境界線をやすやすと侵犯してもれ出てくるような体のあり方です。体は、私たちが思うよりずっと奔放です。「え、そんなことしちゃうの⁉」と驚くようなことがいっぱい起こる。体は「リアルそのもの」と言えるほど、確固たるものではありません。体はたいてい、私たちが意識的に理解しているよりも、ずっと先に行っています。

その「奔放さ」は、ときにあぶなっかしく見えることもあります。だって、リアルとバーチャルが区別できないということは、「だまされている」ということに他ならないのですから。頭では違うと分かっているのに、体はついその気になってしまう。ある意味で、体はとても「ユルい」ものです。

でもこのユルさが、私たちの体への介入可能性を作り出します。体が（Ｄ）確固たるものであったなら、「けん玉できた！ＶＲ」のようにテクノロジーを用いて、体の状態を変えることは不可能だったでしょう。〝体はゆく〟――④体のユルさが、逆に体の可能性を拡張しているとも言えます。

体のユルさが作る体への介入可能性。病や障害の当事者にとって、この介入可能性は、そのまま介助可能性を意味します。体のユルさがあるからこそ、テクノロジーや他者の力を借りて、「思ってもみなかったところ」に出てしまえる。それは当事者にとっては希望そのものです。たとえば、同じＶＲで、幻肢の痛み、すなわち幻肢痛を緩和する試みがあります。

幻肢とは、事故や病気が原因で手や足などの体の一部を切断したり、麻痺状態になったりした人が、ないはずの手足、あるいは感じないはずの手足を、ありありと感じる、という現象です。寝転ぶと幻肢の腕が床を突き抜けたり、電車で座ったら前に立っている人に幻肢の足が刺さったり……まさに体の奔放さを象徴するような現象です。

（中略）

この幻肢痛、特に上肢の幻肢痛を緩和する方法として、ＶＲが用いられています。すべての人に有効というわけではありませんが、⑤相性のよい患者さんの場合には、何十年も苦しめられてきた痛みが消えると言います。

患者さんがＶＲ空間において見ているのは、合成された「自分の手」

です。健康な側の腕の動きを※キャプチャし、それを反転させて両手が動いているように見せている。なので動きは常に左右対称です。実際に動かしているのは健康な側の手だけだったとしても、ボールをとれば【　】ように見えます。このバーチャルな手を見ているうちに、痛みがすっと消えるのです。

幻肢痛は、脳の命令通りに手が動いていないことに起因すると考えられています。ということは、この場合は、生身とは見た目もだいぶ違うVRの手（VRの手は棒人間に近い簡素なものです）が、「自分の手」として認識され、その結果痛みが消えたということになります。

（伊藤亜紗『体はゆく　できるを科学する〈テクノロジー×身体〉』〈文藝春秋〉）

※　VR…バーチャル・リアリティー。コンピューター技術や電子ネットワークによってつくられる仮想的な環境から受ける、さまざまな感覚の疑似的体験。仮想現実。

※　遜色ない…見劣りしない。

※　キャプチャ…コンピューターにデータを取り込むこと。

問一　（　）A〜Dにあてはまる最適な語を次からそれぞれ選び、記号で答えなさい。

ア　しかも　　イ　ただし　　ウ　ところが

エ　たとえば　　オ　もし

問二　傍線部①「体は、私たちが考えるほど『リアル』なものでしょうか。」という質問がありますが、その答えを述べている一文を本文中から探し、最初と最後の五字を抜き出しなさい。

問三　傍線部②「リアルの空間と違うのは、玉の動く速度が実際よりもかなり遅いこと。」と同じ表現技法を用いた一文を、この部分より後の部分で、3段落後の「〜体重が増えたようなものです。」までの文章から探し、最後の五字を抜き出しなさい。

問四　傍線部③「これ」とは何を指していますか。最適なものを次から選び、記号で答えなさい。

ア　リアルな空間の中で実際にけん玉を行い、体験すること。

イ　物語の世界に入るようにバーチャル空間で、けん玉をする感覚を体験すること。

ウ　コントローラーをけん玉に見立ててバーチャル空間でけん玉をあやつること。

エ　バーチャル空間の中でケーキを食べて、満腹になるばかりか体重が増えること。

問五　［　］ア〜オには「リアル」か「バーチャル」のどちらかの言葉が入ります。「リアル」をA、「バーチャル」をBとし、それぞれ記号で答えなさい。

問六　波線部a〜dの「ない」について、種類の違うものを一つ選び、記号で答えなさい。

問七　傍線部④「体のユルさが、逆に体の可能性を拡張しているとも言えます。」とありますが、これはどのようなことを述べていますか。最適なものを次から選び、記号で答えなさい。

ア　けん玉のできない人が異空間のバーチャルな空間の中でけん玉を実際に体験すれば、リアルな空間でもできるようになるように、体はできることが増えていく可能性に満ちている。

イ　体はリアルな空間でできないことがあってもバーチャルな空間で

その「経験値」をつめば、その後リアルな空間で自然とできるようになるほど、頭では説明のできない可能性を持っている。

ウ　体は、バーチャルな空間とリアルな空間の区別がつかないので、バーチャルの空間でできることは、リアルな空間でもできると「だまされている」ことに気がつかないユルさを持っている。

エ　体は、リアルな空間では確固たるものであり、逆にバーチャルな空間ではユルいものなので、リアル空間でできないこともバーチャルの空間だけではできるようになるという性質がある。

問八　傍線部⑤「相性のよい患者さんの場合には、何十年も苦しめられてきた痛みが消える」とありますが、なぜ痛みが消えるのか、その理由を五十五字以内で答えなさい。

問九　【　】にあてはまる適当な語句を前後の文脈を理解した上で考え、十字以内で答えなさい。

三　次の文章を読んで、後の問いに答えなさい。(字数制限のある問いはすべて句読点や記号を字数に含んで答えなさい。)

> ごく平凡な家族に起こった「長男の出家」という事態。長男が僧になりたいと言い出したのは、小学校三年生になったばかりのころだった。次の文章は過去をふり返り、その後の父親の戸惑いの状況が描かれた場面である。

「お寺に行くか」

と聞いたら、息子は大喜びだった。毎週日曜に、お父さんはどんなおもしろいところに行くのだろうと思っていたのだろう。いずれ飽きるだろうと想像していたが、飽きるどころか朝などぼくを起こしに来る。

そのうち問題が起こった。参禅者の仲間の古参の者から苦情が出たのだ。

「ここは幼稚園じゃない。坐禅の妨げになる」

和尚はその参禅会代表、海産物問屋の主人を呼んで、言った。

「いったいここでは誰が師匠で誰が弟子か。わしがいいと言ったんだ。わしにも考えがあるのだ。子供一人が来て妨げになるような坐禅などやっていてどうする」

この言葉は和尚の身の廻りを世話するおばさんから聞いた。

「わしにも考えがある」というのはどういうことなのか。そのときぼくは気になったが、聞いてみようとまでは思わなかった。今日の成り行きを予想していたとしたら、たいした①先見の明と言うべきだろうが、なにか別のことを考えていたのかもしれない。和尚はべつに、息子に坐禅をさせろとはいっぺんも言わなかったから。ただしこの和尚には修行でとぎすまされたカンのようなものがあって、ときどきぼくたちを驚かせた。独参が終わって部屋から退出しようとすると、

「この頃は気が緩んでいるぞ。ちっとも進まなくなったじゃないか」

とか、

「坐っているときに余計なことを考えてるんじゃない」

などと言って、※警策で畳をハッシとたたく。

そう言われるときには、たしかに、坐りながら新しいオーディオの機械を買おうと、カタログを頭に浮かべていたり、休みになったら家族を連れてどこへドライヴに行こうかなどと、空想していたりする。やられるな、と思って、念入りにお拝(お辞儀)をしたり、わざと張り切った声

を出してもダメなのだ。

息子が僧になりたいと言い出したとき、ぼくはそれまでのいきさつを考えて、不思議な気がした。散歩の途上、寺を見つけて坐禅に行き出したことはともかくとして、家で［1］にあまった息子が、拾われるようにして寺へ行くようになったということ、その子が寺の人間になりたいと思うようになったことは、当然の成り行きと言ってしまえばそれまでだが、そういうふうに［2］がうまく嚙み合っていったのは、やはり「縁」という言葉でしか言い表せない気がした。

それにもう一つ付け加えなければならないことは、この「気違い坊主」と町で言われている愚海和尚は、動物好きだということだ。と言っても、ペットにして可愛がるというのではなく、動物の方から寄ってくる、だから傍において可愛がる、というタイプの動物好きだ。簡単に言えば、動物の気持ちがわかるのだ。

いろいろな動物が入れ替り立ち替り和尚の傍に来て、しばらく居たり、居なくなったりした。犬や猫はもちろんだが、鶏や小鳥や兎やうずら、あひる、山羊等々。ほとんどが檀家や近所の百姓などが持ち込むのだ。いらなくなったから、とか、しばらく預かってくれ、とか言って。

和尚はべつに彼等を大事にするとか、ペット愛好家がやるように、②動物なのか人間なのかわからぬような扱いをするわけではない。動物は動物。居ようが居まいが、それは彼等の勝手だ。和尚のやり方は、ただ彼等と話をするだけである。

動物たちはだから和尚の言うことがよくわかるらしい。数年前に甘ったれのカナリヤがいて、③和尚とよくピーピー話し合っていた。猫がそばに来ると、和尚にさかんに何か言いつけたり、追い出しにかかったりした。そのうち姿が見えなくなったので、たぶん④し返しをされたのだろうということになり、猫は和尚からうんと叱られた。そのときはひどくしょんぼりしていたそうだ。そのうちこの猫もいなくなった。たぶん寺の外へ遊びに出て、野犬にやられたのだろうと和尚は言った。ある日和尚が寺のそばの道を歩いていると、猫の声がした。まわりを見まわしたが、姿が見えない。行きかけると、また鳴く。和尚には居なくなった猫の声だとわかった。近くの藪の中を探してみると、※腐乱した猫の死体があった。和尚は穴を掘って埋めてやり、※般若心経を唱えた。

和尚にはこういうところがある。

息子が寺で遊んで退屈しなかったのも、寺の人間になろうと思ったのも、和尚の⑤こういう人がらと関係があるのではないかと、ぼくは思った。

ぼくがいちばん気にしたのは、息子に坊さんの適性があるかどうかということだった。

ぼくの考えでは、坊さんというのは他人への思いやりが深く、ものごとに※恬淡としていて物欲が無く、掃除でも雑巾掛けでも進んでして、その上、出来ることなら、※大蔵経を全部読もうというような心掛けをもった人間のことである。ところがぼくの息子は、［3］について言えば、それはたぶん大人になってから出てくる性格だとしても、［4］が無いとはとうてい言えず、自転車、ローラースケート、ウォークマン等、友達の持つものなら何でも欲しがり、もうそろそろ⑥オートバイを見る眼が違ってきているし、ぼくが車を運転しているときには、隣に坐ってぼくと同じに手足を動かし、「早く運転が習えるようになったらいいなあ」と言っているのだ。

掃除、雑巾掛けの件は、じっとしていられないタチだから、それほど心配しなくていい。勉強しろと言うよりは、掃除しろ、雑巾掛けしろ、と言った方が、反応が早い。大蔵経に関する限りは、無いものねだりと言うしかない。経文を求めて※天竺へ行くとか、※五山の※大衆を集めて般若を講ずるなどということはとうてい無理な話である。

助手席に坐って、ヘッドフォンを頭に、ウォークマンを聞きながら、ハンドルを廻し、アクセルを踏むまねをしている息子を見ると、⑦この子のどこから坊さんになろうという声が出てきたのだろうと、思わずしげしげと眺めるのだ。そして、坊さんになっても、ウォークマンを聞きながら車を運転することが出来るぐらいのつもりでいるのではないか、だがあの和尚ではぜったいそういうことはさせてくれるはずはないと思うと、息子が憐れに思えてくる。

（三浦清宏『長男の出家』〈福武文庫〉）

※　警策…座禅のとき、修行者の肩ないし背中を打つための棒状の板。
※　腐乱…くさって形がくずれること。
※　般若心経…仏典の一つ。
※　恬淡…あっさりして、こだわらないさま。
※　大蔵経…仏教聖典の総称。
※　天竺…インドの古称。
※　五山…禅宗で最高寺格の五寺。
※　大衆…多数の僧侶。

問一　傍線部①「先見の明」の意味として最適なものを次から選び、記号で答えなさい。

ア　自分の意見を先に言うこと。
イ　将来への明るい希望があること。
ウ　先のことを前もって見ぬくかしこさのこと。
エ　物事を一度見てすぐに理解すること。

問二　［　］1に「自分の力ではどうにもならない」という意味になるように次から選び、記号で答えなさい。

ア　足　イ　手　ウ　身　エ　耳

問三　［　］2に入る語として体の一部を表す漢字を入れた二字の熟語を書きなさい。

問四　傍線部②「動物なのか人間なのかわからぬような扱いをする」とは、どのようなことと考えられますか。最適なものを次から選び、記号で答えなさい。

ア　動物の方も、人間と同じように人間の心を理解すること。
イ　動物にも人間と同じように尊厳を持って接すること。
ウ　動物のしたい放題にさせ、無理に押し付けないこと。
エ　動物をやたらとかわいがり、自己満足すること。

問五　傍線部③「和尚とよくピーピー話し合っていた。」の部分に使用されている表現技法を次から二つ選び、記号で答えなさい。

ア　擬人法　イ　体言止め　ウ　直喩法
エ　擬声語　オ　擬態語

問六　傍線部④「し返し」について、これは、だれ(何)のだれ(何)に対する「し返し」ですか。次の（　）①・②に最適な言葉を本文中から探し、四字以内で答えなさい。

（①）の（②）に対するし返し。

問七　傍線部⑤「こういう人がら」について、和尚の人がらを二点、それぞれ五十字以内でまとめなさい。

問八　本文中[ ]の3・4に入る最適な言葉を、本文中からそれぞれ四字以内で抜き出しなさい。

問九　傍線部⑥「オートバイを見る眼が違ってきている」とは、具体的にどのようなことですか。「息子が」を主語にし、二十五字以内で答えなさい。

問十　傍線部⑦「この子のどこから坊さんに……と眺める」について、父親が感じた息子と和尚との結びつきについて説明した次の文の空欄A・Bに補う語を本文中から探し、Aは十八字、Bは一字で抜き出して答えなさい。

息子が僧になりたいと言い出したのも、[A]がある愚海和尚との不思議な[B]があったからだ、と父親は感じている。

かえつ有明中学校（2月1日午後　特待入試）

—50分—

注意　1　句読点、記号、符号はすべて1字として数えなさい。
　　　2　本文中には、問題作成のために省略や表現を変えたところがあります。

一　次の文章を読んで、あとの問いに答えなさい。

　われわれは時間や場所についていつもだいたいの見当をつけることができます。専門的には時間についてだいたいの見当をつける能力は時間の見当識、場所について見当をつける能力は場所の見当識といいます。

　人類は時計や暦を発明してこのような見当をつける能力を道具に頼るようになり、その分その力を退化させていますが、それでも必要になればだいたいのことはわかります。

　ところが、大脳がソンショウ（A）を受けると、時間の見当がつけられなくなることがあります。このような人は季節がわからず、冬であっても、夏です、と答えたりします。夏にそんな服着ますか？　と本人のセーター姿を指摘しても、すぐにはピンときません。

　あるいは午前か午後かがはっきりしなくなることもあります。時間を尋ねると、朝の一一時頃なのに、午後三時頃、などと答えます。

　一日二四時間のうち、だいたい今はどのあたりか、一月三〇（三一）日のうち、だいたい今はどのあたりか、一年三六五日のうち、だいたい今はどのあたりか、などというおよその見当がつかなくなるのです。

　［　I　］時間の経過がはっきりしなくなる場合もあります。

　目が覚めると必ず、朝だ、と思ってしまう人がいました。たとえ昼寝の後でも、目が覚めると、朝ご飯を食べると言い張って奥さんを困らせるのです。

　普通はあまり考えなくても、だいたいの見当がつきます。深い洞窟にこもって夜昼の情報を遮断し、時計もなしで自由に暮らさせると、だいたい二四時間から二五時間の間くらいのリズムで寝起きするようになる、という実験があります。脳にはおおよそ一日のリズムを測る仕掛けがあるのです。もう少し短い時間経過についてはいわゆる「腹時計」もケッコウ（B）役に立っています。

　普段われわれは、①このような内からの仕掛けと周囲からの情報を合わせて、だいたいの時間経過を判断しています。この判断が出来なくなると、一日の行動は基準を失い、まとまりを欠くものになってしまいます。

　自分の居場所を知るのも大切な能力です。

　この力も地図や磁石や標識（言語）に頼るようになって、だんだん（　X　）してはいますが、大脳の基本的な能力のひとつです。

　アフリカのブッシュマンは獲物を追って時には二日も三日も草原の中を移動することがあるそうですが、ちゃんと自宅へ戻ってきます。別に地図（1）を持っているわけではありません。太陽や星の位置から東西南北を判断し、手掛かりになる地形や樹木などを記憶することで頭の中にしっかり地図を作り上げているのです。

　大脳ソンショウでは街の中で自分がどこにいるのかまったくわからなくなり、自宅へも戻れなくなってしまうことがあります。建物は見えているのですが、見えているだけで、方向を知る手掛かりにならなくなってしまうのです。普通は別に考えるほどのこともなく、自転車屋があれば左へ曲がり、パン屋があれば右へ曲がり、内科医院の横を入り、という感じで歩いてゆきます。頭の中に地図が出来上がっていて、それに合わせて移動しているのです。この2地図が壊れてしまうと、建物は建物としてしか見えず、方向や道順を判断する手掛かりとはならなくなってしまいます。

東西南北の感覚も頭の中の地図を描く上で重要な助けになります。街に住んでいる場合は文字情報がいくらでもありますから、この感覚なしでも移動可能ですが、広い平原など手掛かりが少ないところではどうしても必要です。この感覚は子供の時の記憶が重要です。今、南を向いているとします。そうすると、右手は西で、左手は東、背中が北になります。あたりまえですが、この判断がすぐ出来る人と、少し時間をかけなければ出来ない人があります。筆者などは後者で、しばらく考える必要があります。しばらく何を考えているかというと、子供の時に自宅の縁側に腰掛けて座っている自分を思い出しているのです。この時の正面が南で、左手が日が昇ってくる東の方、右手が日が沈む西の方と思い出し、だからこっちが西かなどと考えるので、時間がかかってしまいます。

［Ⅱ］、子供の頃にしっかり焼き付けられた方向感覚を一回一回今の状況に重ねないと、判断が出来ないのです。地図を読むときも東西南北を考える時、この種の翻訳をやっている自分に気がつきます。もちろんこんな面倒なことをしないで、見ただけで東西南北がわかる方がいいのですが、考え方の癖みたいなもので、今はあきらめています。もともとこの手の能力がないのでしょう。

筆者の仲間は案外います。3地図をみても仙台は東京の東北方向、などと考えられず、東京の上でちょっと右のほう、などと覚えている人たちが②そうです。南半球のオーストラリアのことを、イギリスやアメリカでは「下のほう　down under」と呼ぶのだそうです。

ま、いずれにしても、時間の見当がつけられ場所の見当もつけられるから、われわれは安心して暮らせています。おおげさに言えば、時空間の広大な世界にしっかりと錨を下ろして自分という船を停泊させている、その錨みたいに自分の心を安定させる働きが（　Y　）には備わっています。

大きな広がりの中で、正しく見当をつけるということの大切さは、時間や空間に限りません。自分がこれからやらなければならない③問題の処理にこそ最もよく表れます。

たとえば何かの仕事を抱え込んだ時、だいたいこの程度のペースとこの程度のCシリョウを読めばだいたいいけそうだ、という見当がうまくつけられて、たいしてあせらずに余裕で仕上げることの出来る人がいるかと思えば、その仕事にどれくらいのエネルギーを注ぎ込めばよいのかまったく見当がつけられずに、というか見当をつけようともせずに、こんなものすぐ出来るとたかをくくって遊びほうけ、Dマギワになってあせりまくって、結局何も出来ずに終わってしまう人もいます。試験でも、ここは先生がかなり熱を入れて授業していたな、大事なところに違いない、という見当がつく人と、つかない人がいます。授業の内容だけでなく、その重要さの程度を教師の態度と合わせて、大きな立場から眺められるから、見当がつくのです。

見当をつけるためには4地図が必要です。

地図は点ではなく、面から出来ています。たくさんの地点がそれぞれに関係を持っているのが地図です。仕事をどのくらいで仕上げるかという見当も、この試験ではどこが重要かという見当も、仕事にからむ周辺の知識、あるいはその試験についての授業全体の知識、つまり面の知識が作り上げられていないと、つけようがありません。

見当づけはヤマカンとは違います。ヤマカンは面の知識なしで、エイヤッと目的地点に達しようとするわけですから、うまくゆくわけがありません。たとえうまくいったとしても、その時かぎりで後には何も残りません。

人生の節目節目で、われわれはいろいろな選択や決断を迫られますが、その決断も複数ある選択肢のどれでもいいや、箸の倒れた方向へ行こう、という選択や決断ではうまくゆきません。そんなやりかたは試験のヤマカンと一緒です。自分は何をしたいと思っているのか、どの程度のことをしたいと思っているのか、あるいは今選ぼうとしていることが自分の性格に合っているのかどうか、その方向を選べばその後の生活はどのような方向へ向かうのか、それで後悔しない方向なのかどうか、などということについてあらかじめある程度の考えを持っていないと、見当をつけられません。

見当をつける、というのは扱っている問題を一度手元から離して、遠い距離から眺め、他の問題とのかかわりがどうなっているのかという大枠を知ることです。全体像を摑むことです。英語ではパースペクティブと言います。日本には大局観という言葉があります。また、英語から輸入され、日本でも定着していることわざに、「（　Z　）」というのがあります。あるいは「井の中の蛙、大海を知らず」ともいいます。細部にこだわって見当をつけられない愚かな状態のことを笑っているのです。部分的な、狭い知識だけでは全体がどうなっているのかは判断出来ません。大きな立場から見ると、それまで見えていなかったことが見え、わからないこともわかるようになります。

（山鳥重『「わかる」とはどういうことか―認識の脳科学』〈ちくま新書〉より）

問一　……部A～Dのカタカナを漢字に直しなさい。

問二　Ⅰ・Ⅱにあてはまる語句として適当なものを、それぞれ次から一つ選び、記号で答えなさい。

ア　たとえば　　イ　つまり　　ウ　ところが
エ　むしろ　　オ　あるいは

問三　①内からの仕掛けと周囲からの情報を合わせて、だいたいの時間経過を判断　について、ⅰ「内からの仕掛け」・ⅱ「周囲からの情報」の具体例としてもっとも適当なものを、それぞれあとから一つ選び、記号で答えなさい。

ⅰ「内からの仕掛け」
ア　緊張するとお腹が痛くなる　　イ　夏になると汗をかく
ウ　夜になると眠くなる　　エ　走ると呼吸が速くなる

ⅱ「周囲からの情報」
ア　日影に入るとすずしい　　イ　晴れた日は気分が良くなる
ウ　リラックスすると眠くなる　　エ　春になると桜が咲く

問四　（　X　）にあてはまることばを、文中からぬき出しなさい。

問五　═部１～４の「地図」から、「地形が描かれ、目で見ることのできる地図」をすべて選び、番号で答えなさい。

問六　「時間」や「空間」について見当をつける話題から次の話題に移り始める段落はどこですか。その初めの六字をぬき出しなさい。

問七　②そう　の指す内容としてもっとも適当なものを次から一つ選び、記号で答えなさい。

ア　平野でも方位の判断がすぐにできる感覚を持つこと。
イ　地図上の方位を日本語以外にも翻訳して表現できること。
ウ　時間をかけないと方位の判断ができないこと。
エ　地図に対する考え方の癖は直せないとあきらめていること。
オ　広い場所でも正しい方位を判断するために工夫して覚えること。

問八　（Ｙ）にあてはまることばを、文中から三字でぬき出しなさい。

問九　（Ｚ）にあてはまることわざを次から一つ選び、記号で答えなさい。

ア　二兎を追うものは一兎をも得ず　　イ　あとは野となれ山となれ
ウ　木を見て森を見ず　　エ　灯台下暗し

問十　③問題の処理をするうえで有効に「見当をつける」ためにはどのようにすることが必要ですか。六十字以内でまとめなさい。

□二　次の文章は、三歳で突然母「ふうちゃん（史恵）」に捨てられた「はるちゃん（遥香）」が、叔父の「大輔」を通じて、病気で入院している「ふうちゃん」から「会いたい」と連絡を受け、悩んだ末に「ふうちゃん」と会う決意をして、病院を訪れた場面です。次の文章を読んであとの問いに答えなさい。

部屋はホテルやワンルームマンションのようなつくりだった。玄関を入るとすぐにクローゼットや洗面所やトイレがあって、短い廊下を進んだ先に居室がある。

ベッドは水回りの陰なので、戸口からは死角になって、ふうちゃんの様子をすぐには見ることができなかった。

「ふう、俺だ、兄ちゃんだ」

大輔さんは戸口から声をかけた。廊下を歩きながら「はるちゃん、来てくれたぞ」と続け、わたしには身振りで、ここでストップだ、と伝えた。

「よかったな、間に合った、うん、間に合ったんだ……」

大輔さんは居室に入って足を止め、ベッドのほうに体を向けた。

「具合どうだ？　しゃべれるか？」

返事はなかったけど、大輔さんはわたしにちらりと目をやって、いいぞ、こっちに来て、とAテマネきした。

①緊張が一気に高まって、歩いていても体の重みが感じられない。

大輔さんはベッドの脇に立っていた。わたしはその隣に立って——やっと、ふうちゃんと会えた。

ふうちゃんはベッドを起こし、窓のほうに顔を向けていた。

「はるちゃんが来てくれたぞ」

大輔さんがあらためて声をかけると、ふうちゃんは無表情に窓の外を見つめたまま、顎を小さく動かした。聞こえている。気づいている。でも、こっちを振り向かない。

「よかったな、ずっと会いたがってたんだもんな……間に合ってよかった……ほんとうに、よかった……」

B感キワまって涙声になった大輔さんをよそに、ふうちゃんはまだこっちを見ない。

がりがりに痩せている。腕や脚は枯れ枝みたいだったし、目のまわりも、影ができるぐらい落ちくぼんでいる。細いだけではなくて、体ぜんたいが薄い。潤いや張りがなく、顔も首筋も手の甲も、パジャマで隠せないところはすべて、くすんだ色をしている。おばあちゃんが亡くなる直前もそうだった。生きるために必要なものは、もう体の隅々までは行き渡っていないのかもしれない。

そこまでは覚悟していたけど、ふうちゃんがそっぽを向いているとは思わなかった。具合が悪すぎて、大輔さんの声が聞こえないのか、それとも、もう来客に気づくことすらできないのだろうか。

窓の外は裏庭だった。あじさいが咲いていた。前庭よりずっと狭くても、植え込みはきちんと手入れされていて、あじさいの花の青い色は、むしろ前庭よりも鮮やかだった。

ふうちゃんは、そんな裏庭を見つめたまま黙っていた。最初は「え？なんで？」と困惑していたわたしも、しばらくたつと、冷静になれた。正確には、醒めてしまった。

なつかしくない。

(I)ふうちゃんは間違いなくわたしの母親で、わたしたちは十四年ぶりに会えて、これが最後の対面になるはずなのに、心がぴくりとも動かない。

いまのふうちゃんは、まだ死んでいない遺体のようなものだ。昔をなつかしんだり、捨てられたことを恨んだりするには、もっと元気でいてほしかった。

「おい、ふう……なんだよ、なに照れてるんだよ……」

さすがに大輔さんも、ふうちゃんのCハンノウの鈍さにあせって、「せっかく会えたんだ、積もる話もいろいろあるだろ？」と言って、わたしにも目配せした。はるちゃんが話しかけてみろよ――わかるよ、わかるけど、なつかしくないんだから……。

ふうちゃんがやっと、窓の外を見つめたまま、ささやくように言った。

「……積もる話、なくて、ごめんね」

謝った相手は、大輔さんではなく、わたしなのだろう。

「ものごころつく前に別れたら、思い出もできないから」

そう。②わたしが醒めてしまうしかない理由も、きっと、そこ。

「怒っていいわよ」

目は向けなくても、わたしに語りかけた。

「恨んでもいいし、憎んでもいいし……忘れてもいいから」

わたしは黙って首を横に振った。そうしようと思ったわけではないのに、体が――そして心が、勝手にそのしぐさを選んだ。

そのまま、しばらく間が空いた。ふうちゃんはあいかわらず窓の外を見つめ、大輔さんも困り果てた挙げ句黙り込んでしまった。

ほんとうは、すぐに話を続けたかった。でも、ふうちゃんへの呼びかけの言葉が出てこない。

③部屋に入るまでは「お母さん」と呼ぶつもりだった。実際には一度も口にしたことのない呼び方だ。三歳までのわたしは、ふうちゃんを「ママ」と呼んでいたらしい。記憶には残っていないけど、大輔さんが教えてくれた。

現実では使わなかった呼び名なら、冷静に道具扱いできると思っていた。これはお芝居のキャラの名前で、「お母さん」という役名の人と会っているつもりで呼べばいいんだから……。

甘かった。「お母さん」は強い。強すぎる。キャラの名前として割り切ることは、やっぱり、無理だった。かと言って、十四年ぶりに「ママ」と呼ぶのは、いかにも取って付けたような――お芝居の「お母さん」よりさらにつくりものめいてしまう気がする。

しかたなく、呼びかけなしで言った。

「……あじさい、見てるんですか」

ふうちゃんは一瞬だけ意外そうな顔になったけど、すぐに無表情に戻って「見えるからね」と言った。「見えるから、見てる、それだけ」

「……好きなんですか、あじさい」

また意外そうな顔になって、すぐにまた無表情に戻り、「まあ、好きだけど」と言う。

「わたしも、あじさい、好きです」

ふうん、そう、とうなずいたふうちゃんに、わたしはさらに訊いた。

「あさがおと、あじさい、どっちが好きですか？」

今度はあきれたように短く笑って、「あじさい」と言う。

よかった。わたしは「じゃあ――」と続けた。「桜とあじさいは？」

ちょっとうんざりした様子のため息のあと、また「あじさい」と答えた。
④よかった。ほんとうに。おばあちゃんは喜ぶだろうか。逆に怒ってしまうだろうか。おじいちゃんとおばあちゃんの位牌は、キャリーケースの中に入ったままだ。ここで出すのは、やっぱり、「なし」だろう。
代わりに、わたしは質問を重ねた。

「あじさいの花、赤いのと青いのとでは、どっちが好きですか」

今度はもう、返事をしてくれなかった。かまわない。伝えたいことは、あと少しだけ。

「わたしは、青が好きです」

いま窓の外に咲いているあじさいも、青。そして――。

「周防のウチの庭のあじさい、青いんです」

ふうちゃんは、息を深く吐いてから、「覚えてる」と言った。「あなたを置いて行ったときも、咲いてた」

まなざしが、やっと、わたしに向いた。

ふうちゃんは微笑んでいた。げっそりとやつれているので、笑顔にやわらかさはない。頬が動いたせいで、落ちくぼんだ目のまわりの翳りが、かえって際立ってしまったようにも見える。

でも、わたしを見つめる表情は、確かに笑顔だった。

「もっと教えて」

笑顔のまま、言った。

「あなたの好きなもの、もっと教えて」

唐突な問いかけだった。でも、わたしの答えは、自分でも驚くほどすんなりと、そう問われるのを待っていたかのように、口をついて出てきた。

「学校の勉強は、国語の、古文が好きです」

うん、うん、とふうちゃんはうなずいて、続きを目でうながした。

「アイドルとかお笑いにはそんなに興味ないけど、動物の動画を観るのは好きです。特に猫のやつが好きかな」

好きなものは、ほかに――。

「スイーツはショコラ系ならなんでも好きだし、ごはんは、一週間連続でパスタでも全然オッケーです」

細かい⑤「好き」を思いつくまま並べ上げるときりがないから、大きな「好き」について伝えることにした。

「一番好きな人は、おばあちゃんです。二番目がおじいちゃんです。二人とも亡くなったけど、いまでも好きな人のトップはおばあちゃんで、二番目がおじいちゃんで、これからもずっと同じだと思います」

ふうちゃんはゆっくりとうなずいた。ほっとしたようなしぐさだった。

「二階の窓から周防の街をぼーっと見てるのが好きで、夜になって新幹線が行ったり来たりするのを見るのが、特に好きです」

ふうちゃんの目は、いつのまにか閉じていた。眠くなったのだろうか。目を開ける体力すらなくなっているのかもしれない。でも、ふうちゃんはわたしの話をちゃんと聞いている。間違いなく。絶対に。理屈（りくつ）抜きで確信があった。

「好きなもの、たくさんあります。ありすぎて、どこから話したらいいかわからないし、いつまでたっても終わらないほどです」

ふうちゃんは目を閉じたまま、ふふっと笑い、⑥さっきよりさらに安堵（あんど）した様子で言った。

ありがとう、よかった。

ささやくよりもさらに細く、淡（あわ）く、霞（かす）んだような声だった。大輔さんがわたしに目配せする。もっと近くで聞いてやってくれ、と身振りで伝え、自分はあとずさって、場所を空けてくれた。

わたしはためらいながらベッドに一歩近づいて、耳をすました。

「……よかった」

ふうちゃんは繰り返した。目はまだ閉じている。わたしはベッドに身を乗り出して、ふうちゃんとの距離（きょり）をさらに詰めた。

「好きな、ものが、たくさん……あって、ほんとう、に……よかった」

息が浅いせいで、声は途切れ途切れになってしまう。耳に届くというより、口から出たらすぐにこぼれ落ちてしまう声を拾い集めて聞いているような感じだった。

ふうちゃんは肩のDニを下ろしたのだろうか。わたしがいま幸せなのを知って、我が子を捨てた罪悪感から救われて——よかった、と繰り返しているのだろうか。

違った。ふうちゃんは力を振り絞るように息を深く吸い込んで、さらに言った。

「好きなもの、これからも増やして……好きなものがいっぱいあると、楽しいから……よかった……はるちゃん、よかったね……」

安堵したのは、わたしのことだった。わたしに好きなものがたくさんあることを、ふうちゃんは、わたし自身のために、喜んでくれていたのだ。

わたしの名前も呼んだ。うんとひさしぶりのはずなのに、声の響（ひび）きは自然だった。ずっと呼び慣れていて、ついさっきも［　Ｉ　］にしたばかりの名前のように。

ふうちゃんは目を開けた。わたしの顔が近くにあったので少し驚（おどろ）いた様子だったけど、もう、窓のほうを向くことはなかった。

「いま、名前、呼んでくれましたよね」

目を伏（ふ）せたふうちゃんに「違います、怒ってるんじゃなくて」と笑って、続けた。

「もう一回呼んでもらっていいですか」

ふうちゃんは「え？」とわたしを見た。

「いまは、名前を呼ばれても、正直言って全然なつかしくないです。でも、あとでいつかなつかしくなると思うし、なります。絶対に。だから、名前、呼んでください」

何度でも、と付け加えた。

はるちゃん――。

親しい人や仲良しの友だちはみんな、わたしをそう呼んでいる。わたしもすっかり慣れていて、「小川さん」や「遥香さん」よりもずっと Ⅱ に馴染(なじ)んで、自分自身との距離も近く感じられる。

でも、ふうちゃんがまた目をつぶって繰り返してくれた「はるちゃん」は、ほかの誰の「はるちゃん」とも違っていた。

喉がからからに渇いたときに飲むスポーツドリンクみたいに、耳から胸まで、すうっと流れていく。最後は、胸の奥の奥、「え、胸ってこんなに深かったっけ？」と言いたくなるようなところまで届いて、なにも余りものを残さずにきれいに染み込んで、消える。

すごい。

ただし、感動や感激とは、ちょっと違う。そもそも、昔のふうちゃんが呼んでいた「はるちゃん」を、わたしはまったく思いだせない。昔の声に戻って呼んでくれたら、もしかしたら記憶がよみがえるかもしれないけど、死が目前に迫った声では、初対面の人に初めて名前を呼ばれたのと変わらない。

でも、やっぱり、すごい。

ああ、溶けた、とわかったのだ。

ふうちゃんの口にする「はるちゃん」は、胸の奥の奥の、ここから染み込んで、わたしの中で溶けていく。わたしの一部になってしまったから、もう取り出すことはできない。でも、確かに、間違いなく、ふうちゃんの呼んでくれた「はるちゃん」はわたしの中にある。

はるちゃん――。

目を閉じたまま、何度も呼んでもらった。立てつづけに呼ぶ体力は、もうない。「はるちゃん」と「はるちゃん」の間には、息継(いきつ)ぎよりも長い間が空いてしまう。

大輔さんは壁際にあった椅子(いす)をベッドの横に持ってきて、わたしを座らせてくれた。わたしも素直に従った。自分のために、というより、立ったままだと、ふうちゃんをあせらせてしまうかもしれないから。

大輔さんはさらに、スマホのボイスメモの画面をわたしに見せた。録音しておこうか、と訊いてくれたのだ。そうすれば、ふうちゃんの声はずっと――亡くなったあとも、残る。

でも、首を横に振った。記録に残さなくてもだいじょうぶ。「はるちゃん」は、しっかりと、わたしに染みた。わたしの一部になった。(Ⅲ)かすれた弱々しい声は、いずれは記憶が薄れ、どんな声だったかあいまいになって、最後は忘れてしまうだろう。かまわない。「はるちゃん」は、もう、わたしから離れない。

勉強でなにかを覚えるというのは、頭の中の整理棚(だな)に並べるようなものだ。高校受験のときに読んだ参考書に書いてあった。すぐに取り出せるように並べ方を工夫しておきなさい、と。

思い出も同じだと思っていた。頭の中に整理棚があって、わたしたちは「あのとき、あんなことがあったよね」と思い出せるように、無意識のうちに日付順に並べたり、場所やメンバーでタグ付けしたりしているんだと思い込んでいた。

だけど、いま、わかった。

自分の中に溶けてしまった思い出は、もう思いだせない。でも、ある。絶対にある。

〈重松清『はるか、ブレーメン』〈幻冬舎〉より〉

問一　――部Ａ～Ｄのカタカナを漢字に直しなさい。

問二　①緊張が一気に高まって、歩いていても体の重みが感じられないとありますが、それはなぜだと考えられますか。適当なものを次から一つ選び、記号で答えなさい。

ア　初めて訪れる病院の張りつめた雰囲気に飲まれてしまったから。
イ　寝たきりの母の体調が想像していたよりも深刻かもしれないから。
ウ　記憶があいまいなころに別れた母といよいよ対面するから。
エ　数回にわたる母との対面が今回で最後となるかもしれないから。

問三　②わたしが醒めてしまうしかない理由も、きっと、そこ　とありますが、「そこ」とはどのようなことですか。もっとも適当なものを次から一つ選び、記号で答えなさい。

ア　母親とは十四年ぶりの再会となるが、幼少期の記憶は残っていなくてなつかしさを感じなかったこと。
イ　母親とは最後の対面になりそうだが、最後に何を話すべきかわからなくなってしまったということ。
ウ　十四年ぶりに再会した母親は、はるちゃんの悲しみや怒りを思い切りぶつけられるような状態ではなかったこと。
エ　母親は、はるちゃんの幼い時の記憶があいまいになっていて、過去の話をすることはできなかったということ。

問四　③部屋に入るまでは「お母さん」と呼ぶつもりだった　とありますが、「はるちゃん」はどういう気持ちで病室を訪れたと考えられますか。もっとも適当なものを次から一つ選び、記号で答えなさい。

ア　今まで呼びたくても呼べなかった「お母さん」を口にしたいという気持ち。
イ　形式的にでも「お母さん」と呼ぶことで、満足させてあげたいという気持ち。
ウ　「お母さん」と呼ぶことで、幼いころの記憶を呼び起こしたいという気持ち。
エ　「お母さん」と呼んだら、どのような顔をするかを見てみたいという気持ち。

問五　④よかった。ほんとうに　とありますが、「はるちゃん」がこのように思うのはなぜですか。もっとも適当なものを次から一つ選び、記号で答えなさい。

ア　おじいちゃんの家のあじさいを、お母さんが覚えているのではないかと感じたから。
イ　はるちゃんの好きなものと、お母さんの好きなものが重なり、共有できた感覚があったから。
ウ　お母さんにとって嫌な記憶がつきまとうであろう青いあじさいを、好きでいてくれたから。
エ　お母さんにとっての実家の思い出が刻まれていることを信じられるようになったから。

問六　⑤「好き」とありますが、「好き」な様子をあらわす慣用句として**適当でないもの**を次から一つ選び、記号で答えなさい。

ア　目がない　　イ　心にかかる
ウ　胸をこがす　　エ　熱にうなされる

問七　⑥さっきよりさらに安堵した様子で言った　とありますが、「ふうちゃん」は何に安堵したのですか。「～に安堵した。」に続くように文中から二十字以内でぬき出しなさい。

問八　［Ⅰ］・［Ⅱ］にあてはまる体の一部を表す漢字一字をそれぞれ答えなさい。

問九　(Ⅰ)ふうちゃんは間違いなくわたしの母親で、わたしたちは十四年ぶりに会えて、これが最後の対面になるはずなのに、心がぴくりとも動かない　(Ⅱ)かすれた弱々しい声は、いずれは記憶が薄れ、どんな声だったかあいまいになって、最後は忘れてしまうだろう。かまわない。「はるちゃん」は、もう、わたしから離れない　とありますが、この二つの表現から「わたし」の心情にどのような変化があったことが読みとれますか。六十字以内で答えなさい。

春日部共栄中学校（第一回午前）

—50分—

一　次の――部について、漢字をひらがなに、カタカナを漢字に直しなさい。

① 先生のお宅をホウモンする。
② 時代ハイケイを考える。
③ 彼のゲキドウの人生を振り返る。
④ カブヌシ総会に出席する。
⑤ ハクシンの演技。
⑥ カッキョウを見せる市場。
⑦ セイジャクに包まれた会場。
⑧ 危険を冒す。
⑨ 名人の誉れ。
⑩ 薪水の労をとる。

二　次の文章を読んで、後の問に答えなさい。

どの国のことばにも、「長い」「短い」、「大きい」「小さい」、「高い」「低い」のような、それぞれ対をなしながら、事物の持つさまざまな次元を描写する形容詞がある〔と言っても、実は細かく見ると、フランス語には「深い」に当るprofondはあるが、「浅い」を直接表現することばがない。またラテン語のaltusという形容詞は、垂直上方へのへだたりを表わす（日本語の「高い」に当る）と同時に、垂直下方へのへだたり（日本語の「深い」に一部相当する）をも意味し得るため、「山が高い」も「木の根が深い」も両方ともaltusであるといった喰(くい)違いもあって、いろいろと面倒な問題があるのだが、今はこのような点にはあまり深入りしない〕。

さてそこで「長い短い」や「大きい小さい」を、どうして取り上げるのかというと、このような形容詞は、一見或(あ)る特定の対象の形状を述べているように見えながら、本当は、その対象と他の何かとを潜在的にa比較しているという構造を持っていて、そこにいろいろと面白い問題がひそんでいるからなのである。

たとえば「大きな赤いリンゴ」という表現をきくと、人は「大きい」も「赤い」もひとしくリンゴというものの性質を形容していると思うのが普通である。けれども、1この二つの形容詞の構造が非常に違っていることは次のような実験をしてみればすぐ明らかになる。

ある人が、かりにリンゴという果物を知らなかったとしよう。その人の前に、いくつかの、種類の違った果物を並べて、その中に赤いリンゴを一つ入れておく。話しを簡単にするために、他の果物は赤くないものばかり選んでおくことにしよう。さてこの人に向って、「このいくつかの果物の中に赤いリンゴがあります。どれですか」ときけば、その人はためらうことなく、正しい果物を指すことができる。〈ア〉

次に、「ではこのリンゴは大きいですか、それとも小さいですか」とたずねたらどうだろうか。今までリンゴとはどんな果物かを知らなかったその人は、初めて見るリンゴを前にして、大きいか小さいかを言うことはできないにちがいない。〈イ〉

この実験から言えることは、「赤い」という形容詞の意味を知っている人は、目の前に現われた事物が、「赤い」か「赤くない」かは、その事物についての、更に詳しい知識や情報がなくても、直ちに判断することができるのに、ある対象を[2]「大きい」と言うことができるためには、実はその対象について、もっと多くのことを知っていなければならないということである。〈ウ〉

ところがこの同じ人が、今度は象を見たことがなかったとしよう。動物園に連れて行かれて、これが象だと教えられた時に、彼は恐らく、「わあ大きいな」とか「なんて大きいんだ」と言って驚くだろう。彼は象を今迄(いままで)見たことがなかったのである。それなのに、初めて見た象に、「大きい」という形容詞を使えるのだ。そのくせ、初めて見たリンゴについて、「大きいか小さいか」ときかれて答えられなかったのである。これは一体どういうことなのであろうか。

よく考えてみると、「大きなリンゴ」と私たちが普通言う場合には、(リンゴとして)大きい方というように、リンゴという特定の事物の枠の中での大小を問題にすることが多い。言い換えると普通の平均的なリンゴとは、どのくらいの大きさのものかを経験から知っていて、その知識と照し合せながら目の前のリンゴについて、大小を判断するのである。〈エ〉

ところが象の場合はどうだったのだろうか。これも初めて見たというのに、このときは「大きな象を見てきたよ」と家に帰って話してもおかしくない。実は象の場合には、彼は今迄自分が見聞したいろいろな他の動物と比べて、目の前にいる動物が、とても大きいということを言っていると解釈できる。つまり「(象として)大きい」のではなくて「(動物として)大きい」というような意味で「大きな象」と言ったと考えられる。

「大きい」という形容詞のリンゴと象についての二つの異った使い方から分ったことは、何かあるものを「大きい」と言えるためには、私たちは何かしらの規準を必要とするということである。ある規準に照した場合にだけ、あるものが大きいか小さいか判断できるという意味で、このような形容詞を言語学では相対的な形容詞と呼んでいる。

これに対し「赤い」のような形容詞は、[3]絶対的な形容詞の例なのである。日本語では、どのような色を「赤い」と呼ぶのかということを一度知った人は、目の前にある対象が、初見であろうと[4]既知のものであろうと、それが赤いか赤くないか即座に判断することができる。郵便ポスト、消防自動車、夕日、日の丸、すべて赤い、とためらうことなく言える。つまり、「赤さ」という性質は、いわばもの(事物、対象)に根ざしている、あるいは錨(いかり)を下していると言えるのに対し、「長さ」とか「大きさ」のような性質は、ものとものの間に存在する性質で、事物それ自体には根を下していない性質なのである。

[I]、何か或る特定の事物が、「長い(短い)」とか、「大きい(小さい)」ということは、ことばの表面的な形からは、それが「赤い」とか「丸い」と全く同じであるために、素人は勿論(もちろん)のこと、言語学の専門家でも両者の区別を従来は余り問題にしなかった。実際多くの文典では、両方とも性質形容詞などと言って、ひとまとめにしてあるし、古典論理学でも同様である。しかし今の説明ですでに明らかなように、何かが大きいとか、長いとかいうことは、すでに、他のものと無意識に比較して言っているのであり、その意味では、何かが「赤い」というのとは構造が違うのである。

それではこのかくれた比較の規準、つまり潜在的な物差しには、一体どのような種類があるのかといった問題を次に考えてみることにしたい。

同じ「大きい」とか「長い」を使っても、それが、「AはBより大きい」とか、眼の前にある二つのものの一方を取上げて、「こちらの方が長い」と言うような場合は、二つのものを比較していることは誰の目にも明らかであろう。

しかし、象を見て「大きいなあ」と言うこと自体が、すでに比較の形式をとっているのだということが、私たちにはっきりと自覚されにくいのは、その場合の比較の規準が、ことばの上で明示されていないからである。したがって、「何かが大きい(小さい)」とか「何かが長い(短い)」のような文は、潜在的比較文(covert comparative)と呼ぶことがふさわしい。

これに対し、普通の文法でいう「AはBより大きい」のような文は、明示的比較文(overcomparative)と私はよんでいる。このタイプの比較では、比較の物差し(measure)はBであり、Aは測定を受ける対象という意味で標本(specimen)と称する。

明示的比較文でも、すべての場合に物差しが表現されているとは限らない。「富士山は日本一高い山だ」という文では、物差しは「日本の他の山すべて」であるが、これは省略されている。しかし「このリンゴは大きい」のタイプの文では、見たところ標本(リンゴ)だけあって、物差しがあるとは思えないのである。

(鈴木孝夫『ことばと文化』〈岩波新書〉より)

問一　══部a「比較」と熟語の組み立てが同じものを、次の中から一つ選び、記号で答えなさい。

ア　栄枯　　イ　机上　　ウ　永久　　エ　加熱　　オ　国立

問二　══部b「誰の目にも明らかであろう」に関して、『きわめてはっきりしており、疑いようのない様子』という意味を持つことわざとして次のような言葉がある。［X］に入る適当な漢字一字を次の中から一つ選び、記号で答えなさい。

【［X］を見るより明らかだ】

ア　火　　イ　土　　ウ　森　　エ　海

問三　〜〜部1「この二つの形容詞の構造が非常に違っている」とありますが、それはどのような違いですか。「大きい」を前者、「赤い」を後者として、「前者は……、後者は……。」という形で五十字以内で説明しなさい。(句読点も字数にふくみます)

問四　〜〜部2「大きい」とありますが、問題文中における「大きい」の説明として適当なものを次の中から一つ選び、記号で答えなさい。

ア　「大きい」という形容詞は特定の事物の枠内でのみ使用可能で、他の対象と比較されることはない。

イ　「大きい」という形容詞は複数の対象に対して使用可能であり、事物そのものの性質を表している。

ウ　対象が「大きい」かどうかは、ある規準に照らし合わせることで相対的に判断することができる。

エ　対象が「大きい」かどうかは、対象を事前に認識していなければ判断することはできない。

問五　〜〜部3「絶対的な形容詞の例」としてふさわしいものを、次の中から一つ選び、記号で答えなさい。

ア　安い　　イ　黒い　　ウ　軽い　　エ　難しい

問六　〜〜部4「既知」の対義語を漢字二字で答えなさい。

問七　［Ｉ］に入る適当な言葉を次の中から一つ選び、記号で答えなさい。

ア　例えば　　イ　もしくは　　ウ　ところが　　エ　なぜなら

問八　問題文中には、次の一文が抜けています。〈ア〉～〈エ〉のどこに入れるのが適当ですか。記号で答えなさい。

【したがって、初めてリンゴを見た人は、その大小については判断のしようがないのだ。】

問九　問題文の内容として、**ふさわしくないもの**を次の中から一つ選び、記号で答えなさい。

ア　同じ形容詞の中でも、言語学上では相対的な形容詞と絶対的な形容詞に区分することができる。

イ　明示的比較文は比較の形をとる文章であるが、必ずしも比較対象が明示されているとは限らない。

ウ　素人も言語学の専門家も、相対的な形容詞を使う際に、意識的に他のものとの比較をして発言をしている。

エ　従来の言語学の専門家は、相対的な形容詞と絶対的な形容詞を区分せず、ひとまとめにして扱っていた。

三　次の文章を読んで、後の問に答えなさい。

> 中学生の「私」は、クラスメイトの南野さんに足を引っかけられて右膝に怪我をしてしまう。保健室に行くと白衣を着た女性の先生が猫を撫(な)でていたが、「私」が来たことで猫が逃げてしまう。

足を洗ったあと、先生は私の足を手当てしてくれた。

その間、私はその先生をよく観察した。

かなり髪の毛の長い人だった。それをゆるく三つ編みにして、頭の上でぐるぐると大きなお団子にしている。こんな髪型をしている先生は見たことがないし、先生以外でも、たぶん見たことがない。

黒いフレームの眼鏡、標準よりも長い首。かわいらしい顔ではないけれど、洋風の印象的な顔立ちをしている。まるで図工の、中学では美術だけど、とにかくそういう資料集にでも載っていそうな、きれいなのか、そうでないのかが、なんだか分かりにくいみたいな顔。

すると先生が顔を上げて、そしたら目が合って、ドキリとした。何かしゃべらなくちゃ、という気になる。

「あの、さっきの猫は？」

「あなたが来たせいで、どっか行っちゃった」

私はちょっとムッとする。私のせい？　それが顔に出てしまったみたいで、先生はにやっと笑った。

「冗談よ。よそから入りこんできたみたい。あなたも猫が好き？」

「嫌いじゃないです」

「つまり好きなのね。分かりやすいな」

私はもう一度、［Ｘ］。変な先生。っていうか、変な大人。

大抵の大人は、私のことを何を考えているか分からないって言う。もっと素直になりなさいって。

「さっきの話ですけど」

黙っていたら負けっていう気がして、私は自然と口を開いていた。学校で人とこんなにしゃべるのは、なんだかひさしぶりだった。

「クラスに私を嫌っている女子がいて」

「そう。よくあることよ」

「でも私はその子のことが好き」

それもよくあること？　そんな言葉で、簡単にすませてほしくない。

「そういう時、どうすればいいですか？」

先生は長い首をかしげて少し考えたあと、私に教えてくれた。

「何もしないほうがいいと思う」

「何も？」

「あなたが近寄ると、その子は逃げると思うわ。だから何もしない。ただ、もし彼女のほうから近寄ってくるようなことがあったら、そのチャンスを逃さないこと。よし、できた」

先生は消毒をした傷口にガーゼを当てて、それをテープでとめてくれた。

その時、廊下から誰かが中に入ってきた。

「あら、ヒトミ先生[1]」

その人は目を丸くして、手当てをしてくれた先生に向かってそう言った。ピンク色のエプロンをつけて、ティッシュボックスを抱えている。先生というより、近所のおばさんみたい。

「まぁ、あなた、怪我したの？　ごめんなさいね、ちょっとティッシュが切れちゃって取りに行ってたの。ヒトミ先生が手当てしてくださったの？　やぁだ、すみませんです」

その時になって、私はようやくぼんやりと思い出した。そうだ、保健の先生はこのおばさんだ。身体測定の時に会ってる。じゃあ、この白衣の先生は……？

保健の先生がティッシュを片付けている間に、私はまだ私の足もとにしゃがんでいるその人の正体が気になって聞いた。

「ヒトミっていうんですか？」

先生はうなずいて、立ち上がる。その時、どこかで感じたことのある香りがした。香水……？

「あの、保健の先生じゃなかったんですね」

「ああ、白衣着てるからねぇ。アハハ」

ヒトミ先生のかわりに保健の先生が答えた。「そもそも、ヒトミ先生がなぜここに？」

ヒトミ先生は白衣のポケットに両手を入れて、どう答えようか迷っているみたいだった。

「あ、もしかして追いかけてきたんですか？」

私は猫のことを言ったつもりだった。ヒトミ先生は保健の先生には見えないようにそちらに背を向けて、私に向かって唇に人さし指を当ててみせた。その唇は微笑んでいた。

「そう。あなたが足を引きずっているのを見てね」

「え」

「心配だったから、追いかけてきたの」

「………」

なんでそんなうそをつくんだろう。

あ、そうか、仕事中にこんなところで油を売って[a]いたらまずいってことか。

「ヒトミ先生、意外とやさしいんですねぇ」

保健の先生が感心したようにそうほめた。そしたらヒトミ先生が小声で、

「意外とって」

って、つぶやいたのがおかしかった。

「あの、どうして下の名前で呼ばれているんですか?」

ヒトミ先生だなんて、まるで幼稚園の先生みたい。もしかして同じ名字の先生がふたりいるとか? 下の名前で呼ぶのはちょっと抵抗がある。しかもヒトミだなんて。

ふたりの先生たちはなぜか顔を見合わせている。

「言われがちなやつですかね」

「ええ、毎年のように」

ヒトミ先生は私の質問には答えず、そのかわりにちょっと微笑んで言った。

「お大事にね、結城瞳ちゃん」

一瞬何を言われたか理解できなくて、そして次に鳥肌[2]が。

私はまだ名乗っていなかったし、中学の体育着に名札はついていない。

それなのに、先生は私の名前をちゃんと知っていた。

それは、私にとって経験したことがないような、震えるような喜びだった。

南野さんに呼んでもらえない、かわいそうな私の名前を、先生が当然のように呼んでくれたこと。

たったそれだけのことで、私が自分の名前を本当は好きだったんだってことを思い出せた。それはずっと忘れていた大切な気持ちだった。学校の先生に下の名前で呼んでもらったのは、いつ以来だろう。

こうして、同じ学校の中に自分と同じ名前の先生がいるってことを、私は知った。


先生が立ち去ろうと体の向きを変えた時、翻った白衣の裏に白い花柄の裏地が見えて、とても素敵だと思った。

あの花の名前はなんていうんだろう。名前を知りたい。

私は強くそう思った。


……グループJの小出くん、アンジェラ松谷と婚約したって。

……顔面格差婚でしょ? マジウケる。

……平面図形のプリントって今日までだよね。

……数学の伊藤さぁ、いつもあたしばっかり指す気がするんだけどいやがらせかな。

……「ほいっぷ」の制服特集見た?

……見た見た! 大森女学院が三位とかありえないから。

……あのベストめっちゃダサいのにね。


教室って不思議な場所だと思う。

耳をすませると、いろんな声が聞こえてくる。

私は手もとの文庫本を読むふりをしながら、その中から興味深い話題を探す。


……早川くんが塾の帰りに見たんだって。

……しょうこさん?

……うそだよ、そんなの。

……動いてたの? 本当に?

右耳に集中。

しょうこさん。なんの話かは、すぐに分かった。「希望の像」だ。それは正門の脇にある小さな銅像のこと。私たちの間では、「しょうこ像」とか「しょうこさん」とかって呼ばれている。

そういう学校によくあるタイプの銅像には、やっぱりよくあるタイプのうわさ話がくっついている。夜中になると目が光るとか、動き出すとか。

どうして「しょうこ」なんていう具体的な名前がついているかというと、十数年前に校内の事故で亡くなった女子学生がいたとかで、その子の名前が「しょうこ」だったからだ。その子と銅像にはなんの関係もないはずだし、そもそも実際にそんな子がいたのかどうか、本当に亡くなったのかどうかも定かではないけれど、とにかくそういううわさ。

その時、今度は左耳からこんな声が飛び込んできた。教室内の他のどの声よりも一際はっきりと聞こえるその声を、私の耳は絶対に逃さない。

「理科の人見(ひとみ)って、子どもがいるんだって」

南野さんの声だった。右耳の「しょうこさん」と左耳の「人見先生」とを天秤(てんびん)にかけ、私は迷わず右耳にフタをした。

教室の後ろの窓際は、クラスでも派手なグループにいる子たちが、休み時間を過ごす場所になっている。みんな日当たりのいいあの場所に憧れているけれど、すでにそこにいる子たちにとっては、きっとその場所にいることが当然のことになっている。南野さんたち五人は、私たちのクラスでもっとも高級な女子のグループだ。

「うそ、子ども?」

「でも人見って独身なんでしょ? 前に男子が聞いた時、そう言ってなかった?」

「シングルマザーだって」

「へぇぇ」

私は思わず教室の後ろを振り返った。私も聞きたい。それって、ほんと? それと、人見先生を呼び捨てにするのはやめてほしい。

すぐに南野さんと目が合った。目をそらされたけれど、それでもしつこくじっと見ていると、

「見てんじゃねぇよ」

って、にらまれた。

南野さんと一緒にいる四人は、ちょっと困ったように顔を見合わせている。そのうちのひとりの五十貝(いそがい)さんは、クラスの誰からも、さらに先生たちからも好かれるような、しっかりものの実にいい子だ。

五十貝さんは、私を威嚇する南野さんの腕にそっと触った。あの子は人に触るのが本当に上手。さりげないボディタッチ。ああいうのってどこで習うんだろう。

「そのへんにしとけば?」

ちょっとおどけた感じで南野さんを止める。だけど南野さんはそれでもオサまらず、

「きもい。きもうざ」

私にひどい言葉を投げつける。そういうのを聞くと、なんだかゾクゾクしてきて、あの子から目を離せなくなる。それが余計に南野さんをいら立たせているみたい。

ふつうはこういう時、ゾクゾクすんじゃなくて、チクチクするはずなんだけど。私ってちょっと変なのかもしれない。

そもそも「ふつう」ってなんだろう。十人中九人がAで、ひとりがBだったら、Bはふつうじゃないってこと？　だったらAが八人で、Bがふたりだったらどうなるの？　七人と三人では？　「ふつう」と「ふつうじゃない」の境界線はどこにある？

六年の時、家族の都合で私たちの学校に通っていたアメリカ人のエミリーが、

「ニッポンジンハ、フツウガ、スキネ」

って言った時、私は日本人としてちょっとした屈辱を感じた。

だから私はふつうじゃなくてもいい。そう思ってる。

私はそっとブレザーの下に手を入れて、セーターの胸につけているお守りを触った。

そこにはオレンジ色のバラのブローチがついている。校則違反だけれど、南野さんの茶髪やピアスに比べればたいしたものじゃない。

入学以来、私は短かった髪を伸ばし始めた。卒業するまでには、三つ編みにして頭の上にお団子にできるかな。

この冬休みには、ママに頼んで黒いフレームの眼鏡も買ってもらった。目はそこまで悪くないけど、どうしてもほしかったから。

魅力的なものとほしいものが一致することもある。それは私が中学に入ってから知ったこと。

（戸森しるこ『理科準備室のヴィーナス』〈講談社〉より）

問一　═══部a「油を売って」の意味として最も適当なものを次の中から一つ選び、記号で答えなさい。

ア　ついでに立ち寄って　　イ　人の世話をして

ウ　愛嬌（あいきょう）をふりまいて　　エ　時間をつぶして怠けて

オ　人の悪口を言って

問二　═══部b「オサ」の漢字として適当なものを次の中から一つ選び、記号で答えなさい。

ア　納　　イ　治　　ウ　修　　エ　収

問三　═══部c「ゾクゾク」、d「チクチク」と同じ種類のことばを、次の中から一つ選び、記号で答えなさい。

ア　ザーザー　　イ　ゴロゴロ　　ウ　ドンドン

エ　バタバタ　　オ　ツルツル

問四　[X]に入ることばを、問題文中より五字で書き抜きなさい。

問五　〰〰部1「ヒトミ」とありますが、カタカナになっている理由として適当なものを次の中から一つ選び、記号で答えなさい。

ア　保健室に帰ってきた保健の先生の第一声である「あら、ヒトミ先生」というセリフを印象的にし、文章の中で場面が変化したことを強調するため。

イ　保健室に帰ってきた保健の先生の「ヒトミ」という呼び方が特徴的であり、「私」にとって記憶に残る発音であることを示すため。

ウ　「私」が「ヒトミ」が名字か下の名前かを判別できていないことを分かりやすくし、この後に「ヒトミ」が名字であることを強調するため。

エ　「私」にとって「ヒトミ」先生はこの後特別な先生になることを予感させ、自分と同じ下の名前であることを強調するため。

問六　〰〰部2「鳥肌」とありますが、その心情が具体的に表現されて

いることばを問題文中から、八字で書き抜きなさい。

問七　～～部３「私はふつうじゃなくてもいい」とありますが、「私」がそう思っている理由を五十字以内で説明しなさい。（句読点も字数にふくみます）

問八　問題文中から読み取れる「私」の性格として**ふさわしくないもの**を次の中から一つ選び、記号で答えなさい。

ア　自分が大人から見て子供らしくないことを自覚しつつ、相手の言葉に反応して思ったことが顔に出てしまう正直な性格である。

イ　常に周りをよく観察し冷静に分析しながら、自分の確固たる価値観をもとに、他人のことを年齢や容姿で批判的に判断する性格である。

ウ　友人と交流することは少なく、教室の中では周りの会話に聞き耳を立てながら、自分が興味をもつ話題を探す内向的な性格である。

エ　相手から向けられている気持ちに自覚的でありながらも、興味ある話題には相手の態度に関係なく自分の関心を向ける性格である。

四　次のグラフと表は１９９１年から２０１１年までの東京都の「年齢別運転免許保有率の推移」をあらわしたものです。このグラフと表を見て、後の問に答えなさい。

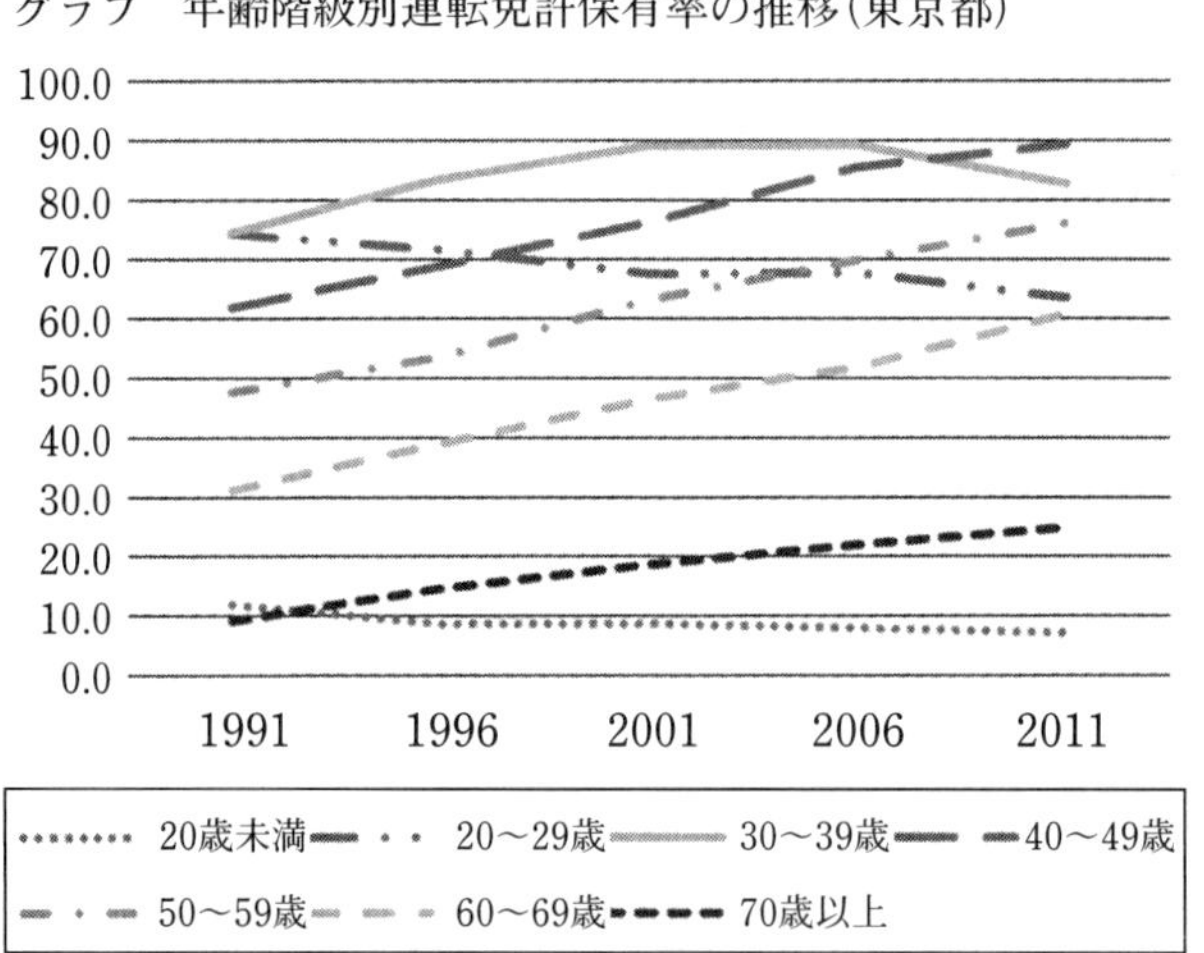

（注）保有率：年齢階層別運転免許（大型・中型・普通）保有者数を年齢別人口で除した割合

資料）警察庁「運転免許統計」より国土交通省作成

表　(%)

年	1991	1996	2001	2006	2011
20歳未満	11.9	8.7	8.7	8.0	7.1
20～29歳	74.2	71.6	67.6	67.7	63.5
30～39歳	74.6	83.5	89.1	89.3	82.8
40～49歳	61.8	68.7	76.3	85.5	89.3
50～59歳	47.6	53.5	63.2	69.8	76.2
60～69歳	31.2	39.0	46.5	51.9	60.8
70歳以上	9.1	14.5	18.6	21.9	24.8

問一　グラフ及び表から読みとれる特徴的な変化を説明しなさい。

問二　２０１１年以降も、このような傾向が続くと想定した場合、どのようなことが理由であると考えられますか。あなたの考えを述べなさい。

神奈川大学附属中学校（第二回）

—50分—

※ 字数に制限のある問題では「、」や「。」などの記号も一字と数えます。

一 次の——部のカタカナを、漢字に改めなさい。

① 名画をフクセイする。
② リーダーがドクダンで進める。
③ カンレイにしたがう。
④ カンケツな表現を目指す。
⑤ 新しい提案にサンセイする。
⑥ 一家のシチュウを失う。
⑦ この上なくツウカイな気分。
⑧ 毛糸でセーターをアむ。

二 次の文章を読んで、後の問いに答えなさい。

1総務省などの調べによると、中高生がスマホを見ている平均時間は、一日三時間以上だそうです。

二〇代になるまで携帯電話すらほぼ存在していなかった私からすれば、若い世代のＩＴ機器への順応性は驚異でしかありません。

若い人たちにとって、スマホは、友人とつながる重要な手段であり、社会の窓でもあるのでしょう。とはいうものの、長時間、掌に乗った端末ばかり見ていて2疲れませんか。

ツールを使いこなせるかどうかは別として、やりとり自体や、受け取るメッセージに、振り回されてはいませんか。

会ったこともない人と、ＳＮＳなどを通じてつながり、「友達」になるのも珍しくない時代です。でも、どういう人なのかは、やはり会ってみないとわかりません。

直接会ったこともない相手との間で進むコミュニケーションは、生きて行く上で大切なことを置き去りにしている気がします。

ＳＮＳによるコミュニケーションは、「善意」を前提にしているように思います。

つまり、相手は正直に自分のことを語っているに違いない、相手の発する言葉はホンネだから、価値観を共有できるはず——。

本当に？

自分のことを書く場合、ついつい他人によく思われたいという気持ちになります。「いいね！」やシェアやフォロワーをたくさん獲得したければ、「ウケる」ほうがいいわけですから、気がつくと「盛った」発言になっているでしょう。

また、友達をたくさんつくるために、自分のことを脚色しがちで、極端な場合は、まったくの別人に「なりすます」ことも可能です。

多くの人は、そんなことは百も承知かもしれません。誇張や小さなウソは、コミュニケーションを活発にする演出だと思っているからでしょうか。

だとすると、ＳＮＳでの関係は、「善意」ではなく「願望」を前提に成り立っていると考えるほうがいいかもしれませんね。

一方に、こんな人間だと思われたいという願望があり、受け手の側も自分を認めてほしいから、相手の話につまらない突っ込みは入れない、と。

だとすれば、ＳＮＳでは、あまり深く考えずにやりとりするべきかもしれません。ノリが大切な軽いつきあい、というスタンスですね。

では、3そういう人間関係は、ＳＮＳだけのものでしょうか。

私は、小説の執筆のために、大学生に資料まとめなどのサポートをしてもらっています。もう一五年以上、大学生と様々な話をする中で、彼らの言動に違和感があるときは、率直にそれをぶつけるようにしています。

老若男女を描く小説では、各世代のホンネ、習性を知ることが重要だからです。

その経験から、4大学生の人間関係はどんどん稀薄になっている印象を持っています。

一見、友達が多いようでも、その友達のことを実は何も知らないという人が増えた、と感じるのです。なのに、当人は、よく知らない相手でも、少し気が合うと思ったら、「親友」と呼びます。

私の認識では、「親友」とは、互いの長所はもちろん弱点も欠点も知っていて、理解し合うだけでなく、時に厳しい意見を言える相手のことです。

つまり、たとえ嫌われてでも、よくないと思う点があればその友達に言う。言われた側は、面白くない話であってもまず意見を聞き、確かにそうだと思えば改める。そして、感謝する。

そういう関係にあるのが、親友でしょう。

楽しいときに一緒に盛り上がるのは、誰にでもできます。相手の悩みに真剣に耳を傾け、相手の性格や状況を踏まえて意見を言える関係を構築するためには、コミュニケーションが必要でしょう。

だから、直接会うことが重要になります。

気が向いたときにＳＮＳでやりとりする程度の関係ばかり続けていると、実際に会える人とも薄っぺらい関係しか生まれないのではないか。

そんな心配をしています。

若者には、たくさんの悩みがあって当然です。なのに、相談できる相手がいる人は圧倒的に少ない。相手がいても、通りいっぺんの意見しか言ってくれないと、悩みは解消されません。

5そういう状況を生み出しているのが、ＳＮＳではないか。

私は、確信に近いレベルで、そう思っています。

ＳＮＳは、自分の立ち位置を常に意識しなければならない点でも問題でしょう。

1章で話題にした、「空気を読む」です。

相手とやりとりする中で、何が「悪」で、何が「善」か。何が「神」で、何が「塩」なのか。

それをつかみ損ねると、完全に浮いてしまう。あるいは、大切な友達を失ったり、周囲から非難を浴びたり無視されたりすることになります。

だから必死で空気を読む。正しい側にいれば、炎上しないし、仲間はずれにされない。結局「自分は正しいよね」を、いつも気にするようになってしまう。

そんなことの連続で、何が何だかわからなくなる人も、いるのではないでしょうか。

SNSから逃れられないのには、わけがあるはずです。

一つには、自分と同じような考え方をしている人とつながって安心できるからです。

たとえば、「原発が怖い、全部なくしてほしい！」というような思いは、なかなか人前で吐き出せません。

ところがSNSでは、似た考え方の人が見つかります。そういう「仲間」がいる、不安や不満を抱いているのは自分だけじゃないとわかれば、安心できるわけです。

種々の理由から、不安と孤独を抱える人が増えています。

他人と折り合えない。自分はずっと浮いている——。そんな不安を抱いているときに、似た考えを持つ人がいるとわかったら、とても心強いでしょう。

孤独感がやわらぎ、「おかしいのは、自分ではなく社会のほうなのでは」と考えるようになるかもしれません。

その結果、自分が否定される恐怖は薄れ、やがて、「自分のほうが正しい」という確信に変わっていきます。

そうなると、今まで生きづらいと思っていた状況が違って見えてきます。

だとすればSNSは、精神安定剤的な効果を及ぼすツールだと言えるかもしれません。

でも、6この「自分のほうが正しい」と言いたくなる感情は曲者です。いつの間にか、その人にとって大切な揺るぎない信念になり、その〝正しさ〟を知らない人に、これが本当に〝正しい〟ことなんだと、教えたくなるからです。

まあ、そこまではいいとしましょう。

その意見を聞いて、相手が考えを改めるかもしれませんから。

ところが、「それは、おかしくないか」とか「おまえの考え方間違ってるよ」などと反論されると、猛烈に腹が立ちます。そして、相手を軽蔑したり、ブロックしたり、絶交したり、激しい反応をしかねません。

自分は相手のためを思って「本当に正しいこと」を教えてあげたのに、それを否定するだけでなく、非難するとか、ありえない、絶対に許せない！　というふうにです。

人生において、自分が考える〝正しさ〟に則って行動するのは、問題ないと思います。しかしながら、自分の〝正しい〟を振りかざしたり、その〝正しさ〟から逸脱する人を「許せない！」と激しく非難したりする人が増えています。

ある人の行動が自分に深刻な迷惑を及ぼさない限り、他人のことは放っておけばいい。なのに、会ったこともない人をSNSなどで激しく攻撃する例が、後を絶ちません。

典型的なのは、芸能人の不倫騒動でしょうか。

妻や夫がいるのに、別の人とデートをしたことがわかった途端、まるで自分の敵のように怒り狂う。しかも、非難の言葉が「だまされた！」です。

だまされたと言うほど知っている人ではないのに、本気で怒っている。

著名人の結婚報道でも、それを「許せない」人と「おめでとう！」と祝福する人が、SNS上で戦っていたりします。

他人が口を挟むことではないし、好きにさせてあげればと思うんですが、そうはいかないようです。

あるいは、電車内や街で目撃した出来事についてＳＮＳで批判し、自分の〝正しい〟を振りかざして他人を攻撃する事例も、よく目にします。

たとえば、ペットの犬や猫の扱い方について――。

小さな子どもが遊んでいる公園で、リードを外した、子どもに犬が飛びかかって泣かせたなどの動画をアップして、「こんな人たちは、ペットを飼う資格なし！」とか「これはもう犯罪！」と怒りをぶつける。それが「炎上」して、時に飼い主の個人情報がＳＮＳ上で公開されるようなケースもあります。

同じくペットの例として、塩分の多い餌を与えたり、自分の足で歩けなくなったのを病院に通って延命したりしていると、「飼い主のエゴでは？ペットが可哀想」という非難の声が上がります。

社会のマナーやルールを守れないこと、動物の虐待などを認めるわけにはいきません。しかし、そうした行為をたしなめる際にも、やはりマナーやルールが必要ではないでしょうか。

他者を攻撃することの根幹にあるのは、自分は絶対に正しい、だから不正は許せない！　という、ある意味純粋な怒りでしょう。

〝正しさ〟にこだわると、怒りが湧く。この現象については、しっかり考える必要があります。

（真山仁『〝正しい〟を疑え！』〈岩波ジュニア新書〉二〇二二年　による）

問一　――部1「総務省などの調べ」とありますが、次のグラフは総務省が各年代の休日におけるメディアの利用時間をまとめたものです。グラフの説明として**正しくないもの**を次のア～エの中から一つ選び、記号で答えなさい。

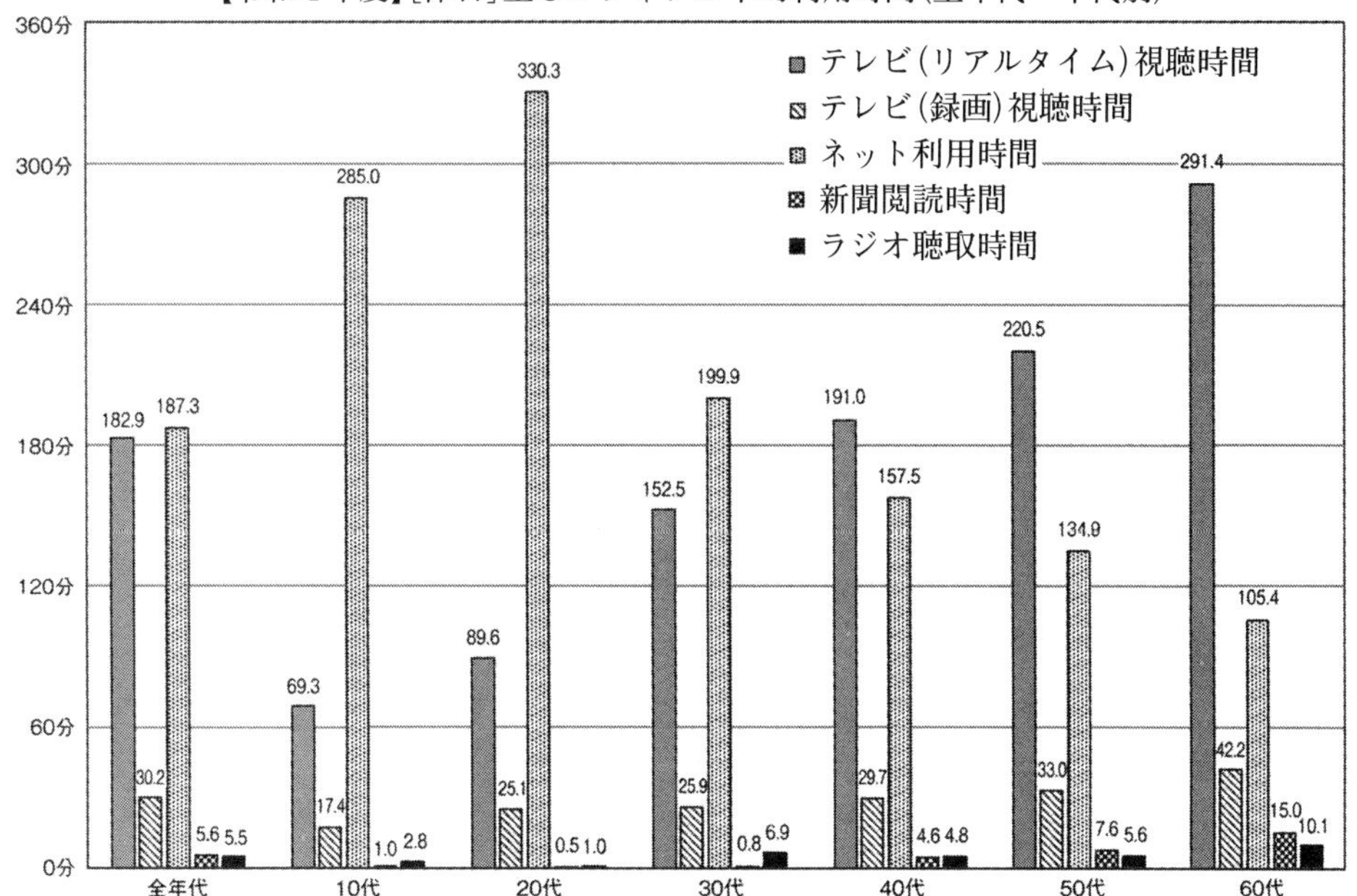

総務省「令和４年度情報通信メディアの利用時間と情報行動に関する調査報告書」より

ア　テレビの視聴（しちょう）時間はリアルタイムも録画も60代が最も多い。

イ　30代以下はどの年代も新聞よりもラジオの利用時間の方が多い。

ウ　40代以上の年代はネットの利用時間よりもテレビのリアルタイム視聴時間の方が多い。

エ　メディアの中で新聞の利用時間が最も少ない年代は10代である。

問二　――部2「疲れませんか」とありますが、何が人間を疲れさせると筆者は考えていますか。その説明として最もふさわしいものを次のア～エの中から選び、記号で答えなさい。

ア　掌サイズの小さな画面から大量の情報が提供されることによる情報処理の負担。

イ　嫌われたくないという思いから相手の顔色ばかりうかがって振り回される精神的な負担。

ウ　軽い端末だとはいえ使用のために長時間持ち続けなければならないという身体的な負担。

エ　会ったこともない人ともやりとりをしなければならないという精神的な負担。

問三　――部3「そういう人間関係」とありますが、それはどのようなものですか。その説明として最もふさわしいものを次のア～エの中から選び、記号で答えなさい。

ア　自分を実際よりもよく見せようとする発言をしあっている人々が、そうできる空間を保ちたいがために、否定的な反応をしないようにしている関係。

イ　自分は周囲の人々よりも優れているという満足を多くの人が感じられるように、現実とは異なる自分を演出する機会を順番に与え（あた）あう関係。

ウ　他人によく思われたいという強い思いから、自分自身を誇張した内容が次第に増え、どちらが人として立派であるかを張り合うようになる関係。

エ　コミュニケーションが活発かつ面白くできることのみに主眼が置かれているために誰も本当の自分を見せない、嘘（うそ）で塗（ぬ）り固められた関係。

問四　――部4「大学生の人間関係はどんどん稀薄になっている」とありますが、筆者はなぜそのように考えるのですか。その理由を「親友」という言葉を用いて一文で答えなさい。

問五　――部5「そういう状況を生み出しているのが、ＳＮＳではないか」について次の⑴・⑵に答えなさい。

⑴　「そういう状況」とはどのような状況ですか。その説明として最もふさわしいものを次のア～エの中から選び、記号で答えなさい。

ア　ＳＮＳでのコミュニケーションでは盛り上がれるが、実際に会うとしっかりと話すことができない状況。

イ　少しでも相手のことが理解できたと思ったら楽しいことも苦しいことも共有して親身に接することができる状況。

ウ　一般的に若者には悩みが多く、相談できる存在は欠かせないものだが、そういう存在が身近にいる人は少ないという状況。

エ　ＳＮＳでコミュニケーションをとることが便利で楽なあまり、相手と直接対面する必要性が減っている状況。

⑵　ＳＮＳについて、筆者はどのように見ていますか。その説明として最もふさわしいものを次のア～エの中から選び、記号で答えなさ

い。

ア　自分を誇張することが多いSNSばかり多用していると、相手の本当の姿を認識しようという意志がSNSを使っている人の中に働かなくなり、真に相手を理解することができなくなってしまう。

イ　SNS上でのコミュニケーションは、相手に無視されることを恐れるあまり、相手に都合の良いことしか言わないため、何が正しいのかを全て相手にゆだねるようになってしまう。

ウ　私たちは画面上の文字によってでしか相手を理解できないため、SNSの使用者はその言葉に隠された感情を読み取ることができず、直接会ったときの振る舞い方がわからなくなってしまう。

エ　SNSは相手の状況が見えにくく、相手が本当はどのような存在であるかを把握しきれない中でコミュニケーションをとるため、相手に嫌われない発言だけをするようになってしまう。

問六　――部6「この「自分のほうが正しい」と言いたくなる感情は曲者です」とありますが、それはなぜですか。その説明として最もふさわしいものを次のア～エの中から選び、記号で答えなさい。

ア　自分の意見が正しいことに異常なほど自信を持つあまり、一度他人に意見を否定されると意見をぶつけ合うのが嫌になって、他者と積極的にコミュニケーションをとろうとしなくなるから。

イ　自分は正しいと思うために同じ意見の人をSNSで探していたはずが、自分と反対の意見を見つけると過度に反発するようになり、「仲間」を見つける行動が逆に孤立する結果になってしまうから。

ウ　自分の考え方は誰にとっても正しいものであるという思考から、他者に自分の考え方を押しつけようとするだけではなく、異なる意見を持つ人に対して非難や拒絶をしてしまうようになるから。

エ　SNS上の情報から自分の考えを作り上げたので、SNS上の意見であれば正しいかどうかを問わず関心を持って見ることができるが、実際に会う人の意見には全く無関心になってしまうから。

問七　筆者はこの書籍の中で、「〝正しい〟にこだわり続けているのは現代人だけではない」と述べた後、次のように書いています。これを読んで、後の⑴・⑵に答えなさい。

　たとえば、歴史書の大半は、権力を握った人たちによって、自らの正当性を訴えるために書かれています。

　古代、ある英雄がいて、国中の鬼やならず者を次々と倒し、人々に平和をもたらした――などという神話的な記録は、世界中にあります。

　これを、征服される側から見てみましょう。

　暴力的な豪族が周辺の部族を武力で制圧していく中、戦いに臨んだ小部族。彼らの目的は、住んでいる場所と細やかな生活を守ることだけ。でも意志とは無関係に、容赦なく攻撃してくる強大な相手に屈服するしかなかった。男たちの多くは殺され、財産と女性や子どもが略奪されてしまう。

　豪族がもたらしたものは、小部族にとっては絶望でしかなかったけれど、勝った豪族はさらに領地を広げ、豊かになった。一方の幸福はもう一方の不幸、というわけです。

　本当は共存共栄を求めていた穏やかな小部族のことを、勝者は「鬼」

だの「蛮族」だのと呼び、退治したと記録します。のちの時代の人たちは、そんな事情を知りませんから、滅亡した小部族は「鬼＝悪者」のままです。命や生活だけでなく、彼らには名誉すら与えられず、汚名を着せられ続けます。

「正史」と呼ばれる国家公認の歴史書の多くに、そんな悲劇が隠れています。

(1)　＝＝部「そんな悲劇」とありますが、その説明として最もふさわしいものを次のア～エの中から選び、記号で答えなさい。

ア　英雄と呼ばれる権力者たちが一方的に攻撃を仕掛け、小さな部族を制圧して国を統治したように歴史書には記されるが、実際には共存共栄を求めて交渉したにもかかわらず理解してもらえなかったことによるやむを得ない行動だったということ。

イ　歴史書では、英雄が悪者を倒して平穏になったという良い話として記されているが、見方を変えると、小部族が強大な勢力によって制圧され、命や生活を奪われたにもかかわらず、汚名を着せられ続けていること。

ウ　歴史書では英雄と称される人物がいた権力を持った側の武勇伝だけが記されているが、戦いに負けた側の小部族の勇姿に関してはまったく語られておらず、また、その勇姿を語ることのできる後継者も存在していないということ。

エ　時代の中で英雄が悪い部族を倒して世の中を統治し、多くの人々が豊かになっていったにもかかわらず、少数の悪い部族たちの子孫がその統治に納得できず、歴史は間違っていると主張し続けていること。

(2)　この文章を読んで、生徒たちが身近な童話について、とらえ方を考え直してみました。筆者の考え方を理解して発言している生徒を次のA～Dの中から選び、記号で答えなさい。

生徒A：「浦島太郎」は浦島太郎が子どもたちにいじめられていた亀を助けて、お礼に竜宮城に行くという話です。もちろん生き物をいじめることはよくないですが、子どもたちがせっかく捕まえた亀の権利を金銭で奪い取ろうとする浦島の欲深い一面を描いた作品ですね。

生徒B：「桃太郎」では、桃太郎が突然「鬼退治に行く」と言い出して、鬼ヶ島に行って鬼を征伐する話が一般的ですが、鬼側からすると、自分たちの島に住んでいたところに突然やってきて制圧されるのを「鬼退治」とするのは、まさにこの文章の勝者と敗者の関係と同じですね。

生徒C：「こぶとりじいさん」では、大きなこぶに困っていたおじいさんが鬼の前で上手に踊りを踊ると、翌日も踊らせるために鬼がこぶを人質としたため、こぶがなくなった話ですが、おじいさんがこまっていたこぶを結果的にとってくれたので鬼はとてもよい存在に描かれていますね。

生徒D：「一寸法師」は、「桃太郎」と同様に鬼を退治する話ですが、この話の鬼は村人たちに一方的に悪事を働いていたところを一寸法師に退治されるものの、「打ち出の小槌」を奪われてしまうので、一寸法師こそが悪であると言えますね。

三　次の文章は森絵都「子供は眠る」の一節である。いとこ同士の「ぼく」（恭）、智明、ナス、じゃがまる（ナスの弟）、章の五人は毎年夏に二週間、章の呼びかけで章の父の別荘に集まって過ごしている。過去にこの集まりに参加した他の子どもが章の機嫌を損ねて誘われなくなったことを知っている「ぼく」、智明、ナスの三人は、年長者ぶろうとする章を陰で笑いながらも、章の機嫌を取ってきた。本文は、そんな三人から仲間外れにされていると感じたじゃがまるが四人の前で泣きわめき、章が三人を嫌味たっぷりにたしなめた出来事の後の場面である。文章を読んで、後の問いに答えなさい。

つぎの日は、雨だった。

ぱらぱらと、こわれたシャワーみたいな小雨が降りつづき、ぼくらは別荘に閉じこもったまま、だれもがなんとなく浮かない顔をしていた。

ぼくらはもう章くんの悪口をそれほど口にしなくなった。じゃがまるのこともあったけど、それ以上に、ぼくらは本気になりすぎてしまったんだ。

げらげら笑いながら、章くんのあげ足をとって遊んでいるうちは、まだ良かった。

でも、章くんに面とむかってガキ呼ばわりされた今、ぼくらは本気で腹を立てていたし、そうなると悪口もどんどん深刻な重苦しいものになっていき、その深刻さに、ぼくら自身が、うんざりしてしまった。

じゃがまるの様子もおかしかった。

「もうおまえのこと、子供あつかいしないよ。これからはちゃんと中学年あつかいする」

そう言って和解したはずなのに、じゃがまるはぼくらを無視して章くんのあとばかり追いかけまわしている。

いつもなら、あれくらいのけんかで、いちいち根に持つようなやつじゃないのに。

雨のせいかもしれない、とぼくは思った。じゃがまるは天気に左右されやすいから、雨さえ上がれば、けろっともとにもどるかもしれない。

しかし、翌日も雨は降りやまず、じゃがまるの機嫌も直らず、ぼくらはますます無口になった。※小野寺さんの幽霊みたいな足音や、包丁がまないたを打つ音がやけに耳につくようになったくらいだから、この別荘はよほど静まりかえっていたんだろう。

別れの日まで、あと二日。

あさっての朝が来たら、ぼくらはいっせいにまわれ右をして、もと来た世界へと引きかえしていく。

それなのに、ぼくらはいったい何をやっているんだろう？

ふと考えるたび、ぼくはやるせない気持ちになった。

でも、そのすぐあとで思うんだ。いっそのこと、さっさとあさってになってしまえばいい、って。

そうすればぼくは、とりあえず今年の夏をうまく切りぬけたことになる。来年の夏へのパスポートをぶじに手に入れる。

ぼくにとってはそれが何より重要なことだった。

それ以外のことはまた来年考えればいいと思っていた。

ぼくは、とってもおめでたい中学二年生だった。

「王様は裸だ」とさけんだのは、小さな子供だった。賢い人にだけ見えると言われて、ありもしない服を身にまとい、大手をふって街を歩いていた裸の王様。王様はそのとき、どんな気がしただろう？　憎いのは小さな子供じゃない。それまで王様をだまして偽物のおせじをふりまいていた連中だったと思う。

章くんは王様ほどばかじゃなかったけど、ぼくらの嘘をあばいたのは、やっぱり小さなじゃがまるだった。

別れの前日。

この夏の終了まで、あとわずか二十時間。

ようやくそこまでこぎつけたときになって、じゃがまるはすべてをひっくりかえしてしまったんだ。

その日の天気は最高で、焼きたての甘い菓子パンみたいな、いかにも真夏のピークってにおいのする風が吹いていた。きのうまでの雨が冗談みたいに、太陽の光が青空一面に冴えわたり、乾いた砂浜には水たまりのような蜃気楼がいくつも浮かんでいた。

自由研究の「雲の観察」に出むいていったじゃがまるも、うだるような外の暑さには降参したらしい。

「雲なんてひとつもないっ」

ふうふう息を切りながらもどってきて、リビングの隅のテーブルで「貝殻の研究」を始めた。貝殻を一列に並べたり、また並べかえたり、ちょっと重ねてみたり。どう見ても遊んでるだけだったけど、研究という建て前で冷房のきいたリビングにいたかったんだろう。

ぼくらはソファで勉強中だった。

その日の課目は英語だった。

「ナス。ここんとこ、ちょっと読んでみろ」

章くんがナスに教科書をまわした。それは中三の教科書で、ぼくらにはまだ早すぎたけど、だからこそ自分が教えてやるんだと章くんは張りきっていたんだ。

「二九ページの頭からだ」

「ええと。イン、ザ、ノース、オブ、ザ、シティー、オブ、ヒロシマ……」

つっかえつっかえ、ナスが慎重なカタカナ読みをする。単語はさほどむずかしくないから、ナスならすらすら読めるだろう。なのに、わざわざそんな読み方をするナスがおかしくて、ぼくはこみあげてくる笑いを押し殺した。

そのときだ。

「兄ちゃん、何してんだよ」

テーブルからじゃがまるが不満げな声を響かせた。

「へんな発音しないでよ。兄ちゃん、もっとうまいじゃんか。へんな読み方すると癖になるって、ミスター・エリオットが言ってたよ」

時が凍りつく、とはまさにこのことだろう。ナスは見るからに動揺して耳まで赤らめ、ぼくと智明もこまってうつむいた。やばい。

こいつはやばいぞ。

「どういうことだ？」

章くんがナスにつめよると、

「兄ちゃん、ミスター・エリオットに英語習ってたんだよ、六年間も」

ナスの代わりに、じゃがまるが答えた。

「ぼくも今、通ってんだ。まだ兄ちゃんには負けるけどね」

このとき章くんがどんな顔をしていたのか、ぼくは知らない。のぞきこむ勇気なんてとてもなかったから。

ぼくらは気まずくだまりこんだ。

章くんの沈黙が不気味だった。

異様な緊張感がリビングに立ちこめる。そのぴりぴりした空気の意味がわからず、じゃがまるは混乱して立ちあがった。

「どうしたの？　みんな」

だれも答えを返さない。

「ねえ、どうしたの？　どうしちゃったの？」

じゃがまるの声が泣き声に近づいていく。

どうしたの、どうしたの、と、じゃがまるは必死でくりかえし、たまりかねたナスが「なんでもないよ」とつぶやくと、

「ちがうよっ」

バシッと、ぼくの肩に何かが当たった。

「なんでもなくないよ。ぜんぜん、なんでもなくないじゃんかっ」

ふりむくと、[2]真っ赤な顔のじゃがまるが両手に貝殻を握りしめている。口もとをぶるぶると震わせて、完全にべそをかきながらも、じゃがまるはぼくらにバシバシと貝殻を投げつけた。

「みんなへんだよ。おかしいよ。この夏はなんだか、どうかしてるよ。兄ちゃんも恭くんも智明くんも、みんなへんなっちゃったよ。ぜんぜんちがくなっちゃったよ。ちがくないのは、章くんだけだよ。こんなのいやだ、いやだ、いやだっ」

瞬く間にすべての貝殻をぶちまけると、

「もとにもどしてよっ」

一言、絶叫して、じゃがまるはリビングを飛びだしていった。

バシャン。じゃがまるの叩きつけた扉がうなり声をあげる。

ぼくらはみんな、あっけにとられていた。

いったい何が起こったんだ？

うつろな頭で考えながら、ぼくは床に散った貝殻をながめまわした。

まっぷたつに割れた貝殻。

こなごなに砕けた貝殻。

ぼくの足下でまだ震えているちっぽけなかけら――。

何かとりかえしのつかないことが起こったんだと、ぼくはようやく気がついた。

「どっちみち、これで最後なんだ」

最初に口を開いたのは、章くんだった。

ぼくらは章くんに注目した。

「最後って？」

組んだ両手にあごをのせ、章くんはどこか一点を涼しげな瞳で見すえている。

「おれはさ、来年はもう高校生だ。いいかげんおまえらと遊んでるような年でもないだろ。今だって、これでもいちおう受験生だぜ」

「だからなんなの？」

ぼくがうわずった声をあげると、章くんはふっと苦笑いをして、

「だからさ、おれがここに来るのは、今年で最後ってこと。[3]どうだおまえら、うれしいだろ？」

シャレにならなかった。

ぼくらは打ちのめされた。うれしいどころか、こてんぱんにやられた。

だって章くんがいなきゃ、ぼくらの夏は始まらないんだ。

その証拠に、

「ばか、そんな顔すんな。おまえらがまた来たいんなら、いいよ、勝手に使えよ。おれから親父に頼んどくから」

[4]章くんがそう言ったとき、申しあわせたわけでもないのに、ぼくらはいっせいにかぶりをふっていた。

この別荘は章くんのものだ。おじさんなんて、関係ない。

章くんは意外そうにぼくらをながめ、「そうか」と、低くつぶやくと、強引にこの話を打ちきるようにして腰を浮かした。

「じゃ、おれはちょっとじゃがまる見てくっから。おまえら、先に昼飯の仕度でもしてろ」

章くんは急ぎ足で玄関をめざし、ぼくらは音のないリビングに取り残された。

この夏のどこかに、永遠に、取りのこされた気がした。

【森絵都「子供は眠る」（『アーモンド入りチョコレートのワルツ』〈KADOKAWA〉二〇〇五年　所収）による】

※　小野寺さん…別荘の管理人。一日三食を作ってくれる。

問一　～～部A・Bの意味として最もふさわしいものを、次のア～エの中からそれぞれ選び、記号で答えなさい。

A　おめでたい

ア　縁起がよい　　イ　お人好しな

ウ　初々しい　　エ　能天気すぎる

B　時が凍りつく

ア　責任を押しつけあうような視線が交わされる

イ　恐怖で足がすくんで誰も動けなくなる

ウ　その場に緊張が走って気まずい雰囲気になる

エ　他の人の出方をうかがいあう時間が続く

問二　――部1「わざわざそんな読み方をするナス」とありますが、なぜナスは「そんな読み方」をしたのですか。説明として最もふさわしいものを次のア～エの中から選び、記号で答えなさい。

ア　章の顔色をうかがって我慢してきた二週間分のストレスを、章に気付かれないかたちで晴らそうとしたから。

イ　章よりも英語ができることが章にばれて、来年の夏からこの別荘に誘われなくなることを避けたかったから。

ウ　自分に英語を教えられなくなった章の張りきりが恭や智明に向いてしまって、二人の迷惑になるのを恐れたから。

エ　章が教科書のどこを教えたがっているか予想できなかったので、一部を器用に間違えることができなかったから。

問三　――部2「真っ赤な顔のじゃがまる」についての説明として**ふさわしくないもの**を次のア～エの中から一つ選び、記号で答えなさい。

ア　みんなの間に以前のような仲の良さが感じられなくなっているこ

とに不安を感じ続けてきた。

イ　自分がみんなの関係に決定的な亀裂を生じさせてしまったのを感じ取って、気まずく思っている。

ウ　自分の精神的な幼さをみんなに許してもらっていたことを今さら知って、恥ずかしくなっている。

エ　みんなが険悪になっている場面からすら除け者にされて、不満を爆発させている。

問四　――部3「どうだおまえら、うれしいだろ?」と言った章についての説明として最もふさわしいものを次のア～エの中から選び、記号で答えなさい。

ア　恭たちに機嫌を取られていたと知った後も、驚きと悲しみを隠して年長者らしく振る舞おうとしているが、投げやりな気持ちまでは隠せずにいる。

イ　恭たちに尊敬されていると思っていたが、思いこみだったと知って恥ずかしくなり、じゃがまるを追いかけるふりをして出ていこうとしている。

ウ　恭たちに嫌われても面倒を見る責任を果たし続けてきたが、まったく無意味な努力だったとわかった今は、抑えてきた不満をぶつけようとしている。

エ　恭たちに気をつかわれていたことを知った直後は言葉を失ったが、取り乱したじゃがまるを見て落ち着き、すぐに年上らしい態度を取り戻している。

問五　――部4「章くんがそう言ったとき、申しあわせたわけでもないのに、ぼくらはいっせいにかぶりをふっていた」のはなぜですか。一文で説明しなさい。

問六　本文中の描写についての説明として**ふさわしくないもの**を次のア～エの中から一つ選び、記号で答えなさい。

ア　2～4行目「こわれたシャワーみたいな小雨が降りつづき、～だれもがなんとなく浮かない顔をしていた」が展開の不穏さを感じさせ、24～25行目「翌日も雨は降りやまず、～ぼくらはますます無口になった」がそれをさらに強めている。

イ　51～54行目の晴れあがった夏の風景は、49～50行目「すべてをひっくりかえしてしまったんだ」の後に置かれることで、この後の波乱を予感させる役割を果たしている。

ウ　117～123行目の砕けた貝殻についての記述は、恭たち五人の崩れてしまった関係を象徴しているだけでなく、貝殻を見ることしかできないほど恭が混乱していることも表している。

エ　150行目「音のないリビング」には、じゃがまると章の言動にふり回された恭たち三人の疲れが表れている。

問七　===部X「裸の王様」を含む段落(40～44行目)には、デンマークの作家アンデルセンの童話『裸の王様』(一八三七年)の内容が引用されている。次の文章を読んで、後の(1)・(2)に答えなさい。

「裸の王様(皇帝の新しい着物)」のあらすじ

ある国に「地位にふさわしくない者やばか者には見えない、世にも美しい布地」を織ることができると言う二人組の詐欺師がやってきた。興味をもった着物好きの皇帝は、二人に大金を渡して、城でその布地を使った衣装を織るよう言いつけた。詐欺師たちは、支給された絹糸や黄金を自分のふところに入れて、空の機織り機に向かって働いているふりをし続けた。

家来たちには詐欺師たちが織っている布地がまったく見えなかったが、おろか者あつかいされることを恐れて、みな「見事な布地だ」とほめたたえた。布地は皇帝の目にもまったく見えなかったが、見えないとは言えない皇帝は「大いに気に入った」と言って勲章をあたえた。見えていないのは自分だけだと誰もが思っていた。衣装のうわさは町まで伝わった。

できあがった衣装を着せるふりをされた皇帝がパレードに出ると、観衆もばか者あつかいされることを恐れて、見えない衣装をほめたたえた。しかし、小さな子どもが「何も着てやしない！」と言うと、観衆は自分の目が正しいことを知ってざわめいた。今さら止まれない王様は、裸のままパレードを続けるしかなかった。

（ハンス・クリスチャン・アンデルセン著　大畑末吉訳『完訳アンデルセン童話集㈠』岩波書店　一九八四年　を基に作成）

(1)　『裸の王様』の登場人物と本文の登場人物を照らし合わせて、次のように表にまとめました。［A］～［C］をうめる言葉の組み合わせとして最もふさわしいものを後のア～エの中から選び、記号で答えなさい。

「裸の王様」	本文	位置づけ
皇帝	章	逆らえる者がいないせいで、自分をかえりみることができなくなっている人
詐欺師	［A］	他者のおろかさに付けこんでだます人
家来や観衆	［B］	皇帝の前で調子を合わせている人
小さな子ども	［C］	真実を口にする、心の純粋な人

ア　A…ナス
　　B…恭、智明、ナス
　　C…ナス、じゃがまる

イ　A…恭、智明、ナス
　　B…恭、智明、ナス
　　C…じゃがまる

ウ　A…ナス
　　B…恭、智明、ナス、じゃがまる
　　C…じゃがまる

エ　A…恭、智明、ナス
　　B…恭、智明、ナス、じゃがまる
　　C…ナス、じゃがまる

(2)　═══部Xの直後の「王様はそのとき、どんな気がしただろう？」についての説明として最もふさわしいものを次のア～エの中から選び、記号で答えなさい。

ア　語り手としての恭が、あわてるばかりで自分の気持ちさえ正確にとらえられていなかった当時の自分の気持ちを客観的に整理しながら、今も明確に想像できない章の内心に思いをはせている。

イ　語り手としての恭が、信じていた相手に裏切られた章の悲しみを想像しながら、章を王様の立場にしてしまった自分たちの行いを反省して、子どものような純粋さを取り戻そうとしている。

ウ　語り手としての恭が本文の出来事を後からふりかえって、当時の自分の焦りを思い出しながら、章の表情を見て罪悪感をおぼえるばかりで、章の内心を想像できなかった自分を恥じている。

エ　語り手としての恭が本文の出来事を後からふりかえって、五人の立場を客観的にとらえながら、章が恭、智明、ナスの三人に対して抱いた怒りと悲しみを想像して、罪悪感をおぼえている。

関東学院中学校（一期Ａ）

―50分―

一　次の文章をよく読んで、後の問いに答えなさい。（問題に字数制限のある場合は、すべて句読点、符号をふくむものとする。）

> 伊能忠敬の一行は、幕府の命を受けて蝦夷地（北海道）へ測量の旅に出た。途中で平次は疲労から足を滑らせ転んでしまい、背負っていた測量記録を池に落としてしまう。貴重な記録が濡れて一部読めなくなってしまい、平次は計算したり予備の記録を使ったりして穴うめをした。

その夜、忠敬はひどく機嫌が悪そうだった。普段からいかめしい表情をしているが、Ａ輪をかけて眉間のしわが深くなり、口もとに力が入っている。

宿の座敷で、味気ない食事が終わると、忠敬が一同を引きとめて切り出した。

「おまえたちに聞きたいことがある」

氷のように張りつめた声だった。平次はびくりとして顔をあげた。

「記録を写したのはだれだ」

明らかに怒っている。平次はとっさに返事ができなかった。目を合わせられず、うつむいてしまう。

「読みとれない数字を勝手に書きこむなど、言語［Ⅰ］だ。計算で求めた数字を当てはめるなら、実際に測量する意味などない。何のために歩いてきたと思っているのだ」

「……！」

無言の衝撃につらぬかれて、平次の顔から血の気が引いた。①ひざの上で握りしめたこぶしが白くなって、血管が浮きあがっている。

どうやら、大変なまちがいをしてしまったようだ。空白で残しておけばよかったのか。しかし、それでは失われた記録は永久に戻らない。これまでの歩測がなかったことになってしまうではないか。

「②そのような考えの者を隊に残しておくわけにはいかない」

重々しい声は町奉行の裁きを告げるかのようだった。平次は③身をかたくした。名乗り出てあやまらなければ、と思うが、のどがひりついて、言葉が出ない。

「申し訳ございません！」

秀蔵の声がひびいた。

「平次がしょげていたので、何とかしてやろうと思って……。全部元通りにしてやりたかったんです。すみませんでした」

土下座する秀蔵を、忠敬はじろりとにらんだ。

「おまえには学問をする意味を教えたつもりだったが、無駄だったようだな」

「出来の悪い息子ですみません。帰れと言うなら、帰ります」

「では、帰ってもらおう」

［Ⅱ］言葉に［Ⅲ］言葉である。まるで親子げんかだが、平次は客観的に見られる状況ではない。悪いのは自分で、秀蔵はかばってくれているのだ。

しかし、平次は凍りついたままだった。目はささくれだった畳に吸いつけられている。耳は親子の会話を聞きながら、頭には入ってこない。口は開くが、舌が動かない。自分が自分でないようだった。

「荷物を整理しておくのだぞ」

言いおいて、忠敬は立ちあがった。二階の部屋へと引きあげていく。弟子たちがあとにつづいて、秀蔵と平次が残された。

秀蔵がBにじりよってきて、平次の頭に手をおいた。髪をくしゃくしゃにして笑う。

「そういうわけだから、あとは任せたぞ」

ようやく④呪縛がとけた。平次は畳に額をすりつけるように頭をさげた。

「ごめんなさい、すみません。おれが悪いんです。あやまってきますから」

「別にいいよ」

秀蔵は強引に平次の頭をあげさせた。

「もともと蝦夷地になんか行きたくなかったからな。クマもシカもキツネも、見たくないから」

「でも、おれのために、そんな……」

平次は胸の奥が熱くなってくるのを感じた。とめるまもなく、涙があふれてくる。ほおを濡らし、あごを濡らして流れ落ちる。

「おまえは親父をさがすんだろ。自分のやるべきことをやれ。おれだって、帰ったら好きなことをやるさ」

「好きなことって？」

秀蔵はちょっと迷った。

「測量じゃないことだ。とにかく、おまえは蝦夷地に行け。わかったな」

もう一度、平次の髪をかきまわして、秀蔵は立ちあがった。

「あ、待って」

制止をふりきって、秀蔵は庭のほうへ出て行った。

平次はすわりこんだまま、涙をぬぐっていた。どうすればよいのかわからない。秀蔵は本当に帰るつもりなのか。それを望んでいるのだろうか。いや、そんなはずはない。蝦夷地に渡るのを楽しみにしていたではないか。

夕食の膳が片付けられたのにも気づかず、平次は考えこんでいた。

平次は忠敬と向かい合って正座していた。

やはり、名乗り出ないわけにはいかないと思ったのだ。秀蔵のやさしさに甘えていては、いつまでたっても子どものままである。人を犠牲にして、自分の利益を追求したら、必ず後悔する。

行灯の弱々しいあかりが、せまい座敷をぼうっと照らしている。忠敬の表情はわからないが、きっと厳しい顔つきにちがいない。

「すみませんでした。記録を写したのは私です。秀蔵さんは私をかばってくれただけで、まったく悪くないのです」

そう告げると、忠敬はふうっと、息をついた。

「字を見ればわかる」

「ではなぜ……」

秀蔵を叱ったのか。あの場で平次を問いつめればよかったではないか。

しかし、平次は⑤問いを飲みこんだ。たずねる資格はないと思った。

忠敬は少し間をおいてから、口を開いた。

「おまえは学問を何と心得ておるのだ」

質問に怒りは感じられなかったが、すぐに答えることはできなかった。

出世の手段、と正直に答えたら、見捨てられるに決まっている。

淡い灯りがかすかにゆれた。

「身を［Ⅳ］手段か」

見抜かれている。仕方なく、平次はうなずいた。

「うむ、わしもかつてはそうであった。おまえと同じような年のころだな」

平次は少し顔をあげた。今はちがうのだろうか。無言の問いに、忠敬が答える。

「今は多少なりとも学問がわかって、より真剣に向き合っておる。人は、金を持った年寄りが道楽でやっている、と言うがな」

「おれも真剣です」

それだけは言っておきたかった。学問を軽んじているつもりはない。

「その点は否定せんよ。だが、方向がまちがっておる」

忠敬は手厳しく断定した。

「あらかじめ用意した答えを導くために、都合のいい数字をあてはめる。それは学問においては絶対にやってはならないことだ。予想と観測結果がちがうことなど、いくらでもある。それがどうしてか考える。学問はそこからはじまるのだ」

言いたいことはわかる。でも今回は、それほど重要な問題ではなかったはずだ。どうしても言い訳したくなってしまうが、平次はこらえた。

ところが、忠敬は平次の頭の中を読んでいた。

「一事が万事だよ。小さなことだから、ほかに影響がないから……そう言って、いいかげんなことをしていたら、悪いくせがついてしまう。基本をおろそかにせず、コツコツと努力するのが肝心だ。父上から教えられなかったか」

「……教わりました」

平次は自分が恥ずかしくなっていた。失敗を取り返そう、褒めてもらおう、とばかり考えて、大切なことを忘れていたのだ。

「読みとれないところは［Ⅴ］よかったのですね」

「そうだ。ひとつでもでっちあげたら、記録全体が信用のおけぬものとなってしまう」

⑥自分のしでかしたことをようやく理解して、平次は⑦畳に額をすりつけた。

（小前　亮　著『星の旅人　伊能忠敬と伝説の怪魚』〈小峰書店〉一部改変）

問一　――Ａ「輪をかけて」、Ｂ「にじりよって」の言葉の本文中での意味として最もふさわしいものを次の中からそれぞれ一つずつ選び、記号で答えなさい。

Ａ　ア　いつものように　　イ　予想に反して
　　ウ　今まで見たことがないほど　　エ　一層はなはだしくなって

Ｂ　ア　突然勢いよく近づいて　　イ　顔を顔のそばに近づけて
　　ウ　膝をついたまま近寄って
　　エ　ためらいがちにそろそろと近寄って

問二　［Ⅰ］～［Ⅳ］に当てはまる言葉をそれぞれ三字以内で答えなさい。

Ⅰ　言語［Ⅰ］　　Ⅱ　［Ⅱ］言葉に
Ⅲ　［Ⅲ］言葉　　Ⅳ　身を［Ⅳ］手段

問三　――①「ひざの上で握りしめたこぶしが～浮きあがっている」とありますが、これは平次のどのような状態を表していますか。最もふさわしいものを次の中から一つ選び、記号で答えなさい。

ア　師に指摘されたことによって自分の犯した間違いを悟り、恐ろしく感じている。

イ　自分は間違っていないという信念があるが、認められず悔しくて力が入っている。

ウ　自分の犯した過ちがばれてしまったのではないかと恐れて、びくびくしている。

エ　師は自分がやったことを知って問いつめようとしてるのだとわかり、戸惑っている。

問四　――②「そのような考え」とはどのような考えですか。最もふさわしいものを次の中から一つ選び、記号で答えなさい。

ア　計算で求めた数字を当てはめるなら測量など意味がないという考え。

イ　わからなくなったところは空白で残しておけばいいという考え。

ウ　読み取れなかった数字は、計算するなりして書きこめばいいという考え。

エ　わからないところを空白で残しておいては、歩測が無駄になってしまうという考え。

問五　――③「身をかたくした」とありますが、それはなぜですか。最もふさわしいものを次の中から一つ選び、記号で答えなさい。

ア　師に隊からの追放を命じられて恐ろしくなったから。

イ　自分のやったことを白状する勇気が出ず緊張していたから。

ウ　師の重々しい声が自分を責めているように思えたから。

エ　秀蔵が自分の身代わりになって罪を申し出たことに驚いたから。

問六　――④「呪縛がとけた」とありますが、ここでの「呪縛」とはどのようなことを指していますか。最もふさわしいものを次の中から一つ選び、記号で答えなさい。

ア　秀蔵と父忠敬とのけんかを、ただ茫然と見ているほかはなかったこと。

イ　本当は自分が申し出てあやまるべきだったのに、恐ろしくなって言い出せなかったこと。

ウ　自分が悪いのに白状できず、言い逃れすることしか考えていなかったこと。

エ　師の怒りで頭が真っ白になってしまい、どうしていいかわからなくなってしまったこと。

問七　――⑤「問いを飲みこんだ」とありますが、どういうことですか。最もふさわしいものを次の中から一つ選び、記号で答えなさい。

ア　秀蔵を叱った理由を聞きたかったが、自分は過ちを犯しているので聞くことははばかられると思い、聞けなかったということ。

イ　師に聞きたいことはたくさんあったが、ここで叱られて追い出されたくなかったので聞けなかったということ。

ウ　秀蔵を叱った理由を聞いてしまうことで、父子の仲をさらに悪化させることになると思い、聞くのをやめたということ。

エ　師と秀蔵の間には何か深い事情があり、自分が立ち入るべきではないと思って聞くのをやめたということ。

問八　[Ⅴ]に入る言葉として、最もふさわしいものを本文中から十字以内で抜き出して答えなさい。

読みとれないところは[十字以内]よかったのですね。

問九　――⑥「自分のしでかしたこと」とは何ですか。四十字以内で答えなさい。

問十　――⑦「畳に額をすりつけた」とありますが、この時の平次の心情として**ふさわしくない**ものを次の中から一つ選び、記号で答えなさい。

ア　感服　　イ　納得　　ウ　困惑　　エ　後悔　　オ　謝意

二　次の文章をよく読んで、後の問いに答えなさい。(問題に字数制限のある場合は、すべて句読点、符号をふくむものとする。)

①現代人はお互いを必要最低限にしか知り合わないコミュニケーションに慣れきっているわけである。[A]コンビニで買い物をする際、私たちは店員の趣味や悩みを知らないし、むしろ詮索(※細かいことまでつきつめてしらべもとめること)するのは失礼だとみなしている。ご近所同士もまた然り。媒介物(※両方の間にはいって仲立ちをするもの)となる話題がない限り、ご近所同士はお互いについて何も知らず、知ろうともしない。

そうした〝知り合わない個人生活〟は、プライバシーを最大限に尊重しあう真新しいニュータウンやタワーマンションでこそ顕著だが、東京全体、ひいては日本全体でも概ねそうだと言える。私たちはお互いのことを知り合わないままツウキン(a)電車で隣り合わせになり、金銭やコンテンツを媒介物としてコミュニケーションしている。お互いのことをほとんど知らないにもかかわらず、どうして私たちは平気な顔で過ごしていられているのか。

理由のひとつは法治が行き届き、世界有数のセキュリティのなかで私たちが暮らしているからだろう。あちこちに設置された監視カメラによって、法からの逸脱は追跡されやすくなった。[B]個人が所有する携帯デバイスによって、私たちはお互いを監視し記録できるようにもなった。②実際には監視も記録もしていないとしても、いつでも監視し記録できることが重要だ――往年のパノプティコン(※中央に高い塔を置き、それを取りまくように囚人の部屋を配置した円形の刑務所。中央の高い塔からは全囚人のことを監視できる。)よりもずっと裾野の広い規律訓練の場が日本じゅうを覆っているようなものである。無数のカメラと携帯デバイスによって私たちの安全や安心がカクホ(b)されると同時に、私たちの行動や振る舞いがその影響を受け続ける。

もうひとつは、③現代人らしい通念や習慣が浸透(※人々の間にしみとおり広がること)しているからでもあろう。お互いが礼儀作法や身だしなみに相応のコスト(※費用)を支払い、挙動不審と思われない言動に終始していれば、ジッタイ(c)としての安全はともかく、お互いの安心は保たれる。お互いの個人生活を侵害しないためには、無臭であることも重要だ。他人に迷惑をかけてはならないというテーゼ(※活動方針)はお互いのプライベートな個人生活を最大限に尊重するべきという功利主義的(※全ての行動が、幸福や快楽をもたらすかどうかに重点を置く考え方)なニーズ(※欲求)と一致したもので、令和時代の日本人のほとんどは、このテーゼを当たり前のものとして内面化している。

[C]、お互いを知り合わないままのスタンドアロン(※孤立・他と関係を持たない)な生活では、他人に対する不安を完全に拭い去ることはできない。今日でも、マスメディアがセンセーショナルな事件を報道するたび、人々は報道に釘付けになる。先にも述べたとおり、実際には犯

罪は減り続けており、監視カメラをはじめとする犯罪抑止力は日に日に高まっている。④夜のコンビニも子どもの外遊びも、昭和時代よりずっと安全になったはずなのに、私たちが昭和時代に比べて安心するようになったわけではない。セコム株式会社の調査では、近年の私たちの治安に対する懸念（※気にかかって不安に思うこと）は［D］高まっているし、今日の保護者は地域に対して第一に安全を期待している。

個人のプライベートな生活を守りあいながら、安全・安心な生活を維持するために、私たちが支払っている代償は決して小さくない。清潔でいるため・挙動不審と思われないため・臭いや行動で他人に迷惑をかけないための通念や習慣にすっかり馴らされた私たちは、個人それぞれが自己主張する社会とは異なった、⑤日本独特の功利主義的状況をお互いに強いている。このような通念や習慣がまだ^dテイチャクしていなかった二〇世紀の中頃には、日本でもヨーロッパ並みにデモンストレーションやストライキがあったが、今日ではデモンストレーションやストライキは少なくなり、それらを単なる迷惑や騒乱のたぐいと見ている人も少なくない。

どれほどハイレベルな秩序を実現したところで、個人のプライベート化を至上命令とし、実際そのように生きてきた私たちは［E］だ。ゆえに、その［E］についてまわる不安を完全に拭うことはこれからもできないだろう。それでも不安を拭うべく、私たちはますます行儀の良い通念や習慣をエスカレートさせ、監視カメラや携帯デバイスで自分たちを^eホウイし、自己主張を最小化した日本ならではの秩序を形づくってやまない。

（熊代　亨　著『健康的で清潔で、道徳的な秩序ある社会の不自由さについて』〈イースト・プレス〉一部改変）

問一　［A］〜［D］に入る言葉として、最もふさわしいものを次の中からそれぞれ選び、記号で答えなさい。（同じ記号を二度以上使ってはいけません。）

ア　とはいうものの　　イ　そのうえ
ウ　むしろ　　エ　たとえば

問二　――①「現代人はお互いを必要最低限にしか知り合わないコミュニケーションに慣れきっている」とありますが、これはどのような考えがあるからですか。［　］に入る言葉して最もふさわしいものを本文中から二十五字以上三十字以内で抜き出して答えなさい。

［　］という考え

問三　――②「実際には監視も記録もしていないとしても、いつでも監視し記録できることが重要だ」とありますが、「監視も記録もしていない」のになぜ、重要だといえるのですか。説明として最もふさわしいものを次の中から一つ選び、記号で答えなさい。

ア　いつでも監視できるという技術の進歩に期待して、安心な社会を作ることができるから。
イ　いつでも監視できると思わせることで、人々に悪いことをする気を起こさせないようになるから。
ウ　いつでも監視し記録できることだけで、人々を善良な人間に訓練できることになるから。
エ　いつでも監視し記録できる技術があるだけで、世界有数の安全な国と認められるから。

問四　――③「現代人らしい通念や習慣」とありますが、この例として筆者の言いたいことに**合わない**ものを次の中から**すべて**選び、記号で答えなさい。

ア　他人の個人生活をあれこれ聞かないようにする。
イ　なるべく誰とも関わらないように生活する。
ウ　自分が発する臭いに気をつける。
エ　公共の場で大声で話さないようにする。
オ　自分は安全な人間だとアピールする。
カ　他人を信用せず、互いに監視して安全を守る。

問五　――④「夜のコンビニも子どもの外遊びも、昭和時代よりずっと安全になったはずなのに、私たちが昭和時代に比べて安心するようになったわけではない」とありますが、これはなぜですか。理由として最もふさわしいものを次の中から一つ選び、記号で答えなさい。

ア　個人のプライベートな生活を守るために必要な負担が大きすぎるから。
イ　どれほどハイレベルな秩序を実現しても、他人を知らないことへの不安が残るから。
ウ　いくら犯罪が減ったとはいえ、ゼロになることはないから。
エ　マスメディアが事件をセンセーショナルに報道しすぎるから。

問六　――⑤「日本独特の功利主義的状況」とありますが、どういう点が「独特」なのですか。二十五字以上三十字以内で説明しなさい。

問七　［Ｅ］に入る言葉として最もふさわしいものを次の中から一つ選び、記号で答えなさい。

ア　勝手　　イ　安全　　ウ　孤独　　エ　高慢

問八　――ａ～ｅのカタカナを漢字に直して答えなさい。

ａ　ツウキン電車で隣り合わせになり
ｂ　安全や安心がカクホされる
ｃ　ジッタイとしての安全
ｄ　習慣がまだテイチャクしていなかった
ｅ　自分たちをホウイし

問九　あなたの住む町で、住民に以下のようなアンケートが回ってきました。このアンケートに答える形であなたの考えを書きなさい。ただしＱ２は、五十字以内とします。

> ○○町　住民アンケート
>
> 住民の皆様へ
>
> このたび、○○町にも防犯カメラを設置してほしいというご要望を受け、全戸にアンケートを実施することになりました。つきましては以下の質問にご回答をお願いいたします。
>
> ○○町長　山田太郎
>
> Ｑ１　あなたはお住まいの地域に防犯カメラを設置してほしいと思いますか。どちらかに○をつけてください。
>
> はい　　いいえ
>
> Ｑ２　Ｑ１のように答えた理由を具体的に書いてください。（50字以内）

公文国際学園中等部（B）

—50分—

《注意》　一　句読点や記号も一字に数えなさい。
　　　　二　作問の都合で、作品を一部改変したところがあります。

一　次の文章を読んで、後の問いに答えなさい。

父親を亡くした輝(ひかる)は、同じく父を病気で亡くした同級生の香帆(かほ)と仲良くなる。香帆は母親と二人で運動会の二人三脚(ににんさんきゃく)競争に参加することに強い想いをかけていた。輝は昨年おじいちゃんと二人三脚に出場し、散々な結果だったため、今回は樹(いつき)おじさんと出ることを決め、練習をし本番に備えていた。しかし運動会当日、二人三脚の種目の前になっても香帆の母親は学校に姿を見せない。


「えー、まじかよ。じゃあ、出れないじゃん」

智博(ともひろ)の声はあっけらかんとしている。

香帆がぐっとくちびるをかんだのが見えた。

「なんできてないの？」

祐希(ゆうき)が聞いてくる。香帆がなにも言わないので、ぼくが口を開いた。

「急に仕事になったんだって。でも、午後はなんとかして運動会にくるって話だったんだけど」

「それはむりだよ。午後からぬけ出せるわけないよ。だって、看護師はつねに人が足りないっていうちのお母さん言ってたぜ」

母親が同じ病院で働いている祐希が言うのだから、そうなのだろう。

でも、そんな言い方をしたら、まるで香帆のお母さんが、最初からできない約束をしたみたいじゃないか。

「もういい」

すっと顔をあげて、香帆が言った。さっきまで不安でゆれていた瞳(ひとみ)が、今は怒(いか)りでゆれている。お母さんのことを、怒(おこ)ってるんだ。

「あたし出ないから、もういい」

その場をはなれようとする香帆の腕(うで)を、菜摘(なつみ)がそっとつかんだ。

「でも、せっかく楽しみにしてたのに」

「そうだよ。ギリギリまで待ってみよう」

ぼくも言った。

だって、今日は香帆とお母さんの大事な日だ。二人で新しいスタートをきる日なんだろ？

無言で香帆にうったえる。香帆の瞳には、まだ①怒りの色がゆれていたが、

「わかった、待ってみる……」

うなずいてくれた。

こっちに向かってくる女の人がいないだろうか。みんなであたりに［ a ］た。

「生徒と保護者のみなさーん。整列してくださーい」

あぁ、三木先生が呼んでる。もう、これまでだ。香帆を囲んでいたぼくたちのあいだに、あきらめの空気がただよう。

「おい、輝。大丈夫(だいじょうぶ)か？　どうしたんだ？」

樹おじさんとおじいちゃんが近づいてくる。

香帆が顔をあげて言った。

「あたし、もういくね。みんながんばって」

いや、だめだ。香帆もぼくたちといっしょに走らなきゃいけない。

「待って」

ぼくは香帆を呼びとめた。

「田村はうちのおじさんと走って」

みんなが「え？」と声をそろえた。

「おじさん、田村と走れるよね？」

「え、え、えっ？」

樹おじさんが［ b ］して驚いている。

「でも、塚原くんはどうするの？」

とまどいながら香帆が言う。

「ぼくはいいんだ。とにかく、田村はうちのおじさんと走りなよ」

「でも、おれがこの子と走っちゃってもいいのか？　いちおう、保護者と走る競技なんだろ？」

すると、智博が言った。

「いいじゃん。田村は輝のおじさんと走っちゃえよ。だれが保護者かなんて、ばれやしないって。なっ？」

智博の明るい声につられて、

「うん、そうだよ」

「せっかくだから、走ろ」

祐希と菜摘もいっしょにうなずいた。智博はにかっと笑って香帆を見た。それでも、香帆はまだ困った顔だ。

ぼくは列をさばいている三木先生に向かって声をはりあげた。

「三木せんせーい。保護者って、とくに決まりはないってことでいいんですよねー？」

「うん、ないない。ていうかー、君たちなにしてんのー、早くこっちにきなさーい」

「ほらね。保護者はなんでもありだって」

ぼくは香帆に自信満々で言ったが、香帆の顔はまだ晴れない。ぼくのことを心配してくれているんだろうけど、早く整列しないと、三木先生は生徒も保護者も関係なく声をはりあげてしまいそうだ。

「でも、そしたら。塚原くんがあたしのせいで走れなくなっちゃう」

「ぼくは大丈夫」

後ろで、きらん、と［ c ］せている人がいる。

「おじいちゃんと走るから」

三木先生からたすきを受け取って、ぼくは自分の右足とおじいちゃんの左足をしっかり結んだ。

「おじいちゃん、きつくない？」

「ん、大丈夫。いい感じだ」

ぼくは体を折り曲げて、右どなりにいる香帆と樹おじさんの様子をうかがった。

香帆も、ぼくと同じ左側に立っている。

「おじさん、スタートの合図が鳴ったら、結んでる足から出すんだよ。そのあとは、いっちに、いっちに。このリズムを忘れないでよ。ちゃんと田村のペースに合わせてよ」

「わかってるって。それより、自分たちの心配をしろよっ」

からかうように樹おじさんは言った。香帆が樹おじさんを見あげる。

「あの、腕につかまってもいいですか？　お母さんと練習したときも、腕につかまってたから」

香帆のかわいいお願いに、樹おじさんのまゆげがへにょりとさがった。

なんだよ、その顔。樹おじさんに、ついやきもちを妬きそうになった。

ぼくたちは、一直線にならんで順番を待った。

三年生がスタートして、少し前に進み出る。

智博も、祐希も菜摘も、みんなお父さんとくっついて準備万端だ。

四年生がスタートして、ぼくたち五年生はスタートラインに立った。

ぼくはおじいちゃんの腰に腕をまわした。

樹おじさんよりもがっしりしたおじいちゃんの腰は、安定感がバツグンだ。おじいちゃんの手がぼくの肩をつかむと、一年ぶりとは思えないほどぴったりだった。

「おじいちゃん。ぜったいにむりはしないでね」

かっこ悪い走りはしたくないとか、そんなことはもうどうでもいいんだ。②おじいちゃんとゴールする。それだけでいい。

返事のかわりに、おじいちゃんの手に力がこもった。

四年生がゴールにすいこまれていく。いよいよだ。

スタートラインのギリギリ手前につま先をつける。

胸がドキドキする。きっと、少しはなれたところにいる香帆も同じだ。

がんばれ。

「よーい」

三木先生が声をあげる。

パンッ。

ぼくたちはいっせいにスタートした。

「いっちに、いっちに、いっちに、いっちに」

ぼくはおじいちゃんに聞こえるように、声に出しながら足を動かした。

「いっちに、いっちに、いっちに、いっちに」

最初の三十メートルくらいは、ほぼ全員が横ならびだったけど、だんだん、スピードに差が出てくる。ぼくたちの前をいく背中が、どんどん増えていく。

左どなりにいた智博と祐希たちは、もうとっくにぼくたちの前を走っている。

ぼくとおじいちゃんは、どんどんはなされていく。【Ａ】

すいっと、樹おじさんと香帆のチームがぬき出るのがわかった。

香帆の右手が、樹おじさんの腕をしっかりつかんでいる。

あぁ、よかった。香帆がちゃんと走ってる。

ぼくはおじいちゃんの腰をつかむ手に力をこめた。

赤いコーンの目印が［ d ］た。ここからちょうど、残り五十メートルだ。去年、おじいちゃんが倒れそうになったところだ。

「おじいちゃん、あと半分だよ」

ぼくたちのスピードはさらに落ちていく。

「ゆっくりで、いいよっ」

ゆっくり、ゆっくり。それでも、確実に足を前に出す。

気がつけば、校庭で走っているのはぼくとおじいちゃんだけになった。

去年といっしょ。ぼくたちだけで、校庭をひとりじめだ。

ゴールが近づいてくる。

ゴールの目の前では、応援している人たちが歓声をあげて待っている。

水色のシャツが［ e ］できた。お母さんだ。両手をぶんぶんふって、その目はぼくのことをまっすぐ見ている。

　お母さんの横には、おばあちゃんがいた。ぼくたちの姿を見たおばあちゃんが、大きく口を開けて驚くのが見えた。

　やばい。

　おばあちゃんのことを忘れていた。勝手におじいちゃんを競技に出してしまった。

　あとでおじいちゃんといっしょに怒られよう。【Ｂ】

　そう覚悟を決めて、ぼくたちは歓声のわくゴールに飛びこんだ。

　夕日が落ちて、だれもいない校庭はうっすらオレンジ色だ。

　ほんの一時間前まで、ここで走ったり声をあげたりしていたのに、今はぐちゃぐちゃになった白線が、ところどころ残っているだけだ。

「ほんとにありがとうございました」

　香帆のお母さんが、樹おじさんに頭をさげている。

「いやいや、そんな。ぼくこそ、香帆ちゃんと走れて楽しかったです」

　香帆のお母さんは、閉会式がおわるころにようやく到着した。体調の悪い患者さんがいて、状況が落ちつくまで病院を出ることができなかったのだという。

「大変ですよね、病院でのお仕事って」

　お母さんが言うと、香帆のお母さんは「えぇ」と複雑な表情でうなずいた。

「せっかく練習したのに、結局いっしょに走れなくて」

　香帆のお母さんは、手をつないでいる香帆に目をやった。

　ぼくたちは、正門の前で立ち話をしていた。

　お母さんと、樹おじさんと香帆のお母さん。

　おじいちゃんたちは、ひと足先に帰ってしまった。久しぶりに走ったおじいちゃんも、妊婦さんである莉子おばさんも、さすがにつかれてしまったようだ。

「あんなに楽しみにしていたのに、いっしょに走れなくてごめんね」

　つないだ手をゆらしながら香帆のお母さんが声をかけると、香帆はくしゃりと顔をゆがませた。③<u>その目から、もうがまんできないとばかりに涙がこぼれる</u>。

「お、おい。泣くなって。また来年、お母さんと走ればいいじゃん」

　おろおろして、ぼくは言った。

「違うの」

　声がふるえている。

「うれしいの」

　香帆の言葉に、ぼくはさらに困惑してしまう。

「うれしくて涙が出るの。みんなが……心配してくれて、やさしいから。塚原くんが、おじさんと走れって言ってくれて……おじさんがいっしょに走ってくれたから、すごくうれしいの」

　香帆のお母さんは、つないでいないほうの手をのばすと、香帆のほおをすべり落ちていく涙をぬぐった。

「ほらほら、もう泣かない」

　そう言って笑う香帆のお母さんの横顔は、香帆にとてもよく似ている。

　正門を出て、香帆たちと別れた。【Ｃ】

　香帆のお母さんは最後までぼくたちに頭をさげながら歩いていった。

　もし香帆のお母さんが競技に出ていたら、おそらくビリだったかもしれないな。そう思うほど、綿菓子のようにふわりとやさしい感じの人だった。

「じゃあ、おれも帰るな。今日はおつかれさん」

樹おじさんはいつものように、手のひらをぼくに向けてくる。

「うん」

ぼくは思いきり、樹おじさんの手を打った。

「今日の輝、かっこよかったぞ」

そう言って、樹おじさんは手をふった。

かっこいい。ぼくが？　えっ、どこが？

思いがけない言葉にぼうっとしていると、肩にこつんとお母さんの体がふれた。

「あたしたちも帰ろ」

「うん」

夕日に背中を押されながら、いつもの通学路を歩いていく。細長くのびた影を、ぼくは目で追う。

長いほうの影がお母さん。お母さんを追いこすのは、まだ当分、先かもしれない。【Ｄ】

(I)「やっぱり、残念だったな」

ぽつりとぼくはつぶやいた。

「なにが？」

「田村とお母さん。今日はさ、二人の再出発の日になるはずだったんだ」

お母さんに、香帆のことを話して聞かせた。

「お父さんに見せたいって、言ってたんだ。お母さんといっしょに走ってるとこ」

暮れていく夕焼けの空を見あげた。

やっぱり、香帆にはお母さんと走ってほしかった。二人でスタートラインに立つ姿を、空から見守ってほしかった。

(II)「お母さんは、違うと思うな」

ゆっくり首をふりながら、お母さんは否定した。

「香帆ちゃんのお父さん、きっとよろこんでると思うよ。香帆ちゃんにやさしい友達がいて、お母さんのかわりに、いっしょに走ってくれる人がいること。二人だけでがんばらなくてもいいんだよって、まわりの人に助けてもらっていいんだよって、お父さんは言ってると思うな。それがわかったから、香帆ちゃんもうれしくて泣いてたんじゃないのかな」

流れる涙を、ぬぐいもせずに泣いていた香帆。最後は泣き笑いで洟をすすっていた。【Ｅ】

「正真正銘、今日は香帆ちゃんとお母さんの、④再出発の日だったと思うよ」

「ほんとにそう思う？」

「思う！」

お母さんはきっぱりと言った。

（葉山エミ『ベランダに手をふって』〈講談社〉より）

問１　空欄部［ａ］～［ｅ］に入る慣用句について、最も適する表現を次の中から一つずつ選び、それぞれ記号で答えなさい。ただし、同じ記号を２回以上使ってはいけません。選択肢の言葉については言い切りの形で記しています。

ア　目を光らせる　　イ　目を丸くする　　ウ　目に入る
エ　目に飛び込む　　オ　目を配る

問２　傍線部①「怒りの色がゆれていた」とありますが、このときの香帆の気持ちを説明したものとして、最も適するものを次の中から一つ選び、記号で答えなさい。

ア　わざわざ人の内情を聞いては「出れない」とか「来れない」などと言ってくる智博と祐希に対し耳うるさく感じる気持ち。

イ　母が来ていないのに「早く整列しなさい」と言うなど、三木先生が生徒の行動に目を向けられていないことに対する腹立たしい気持ち。

ウ　どうしても母と運動会の二人三脚に参加したかったのに、どうして来てくれないのかと、信頼を裏切られたような気持ち。

エ　母は自分のことを一番に考えてくれていると思っていたのに、運動会当日に母が仕事を優先したことを悲しく思う気持ち。

オ　何でも知っているかのような口調で、香帆の家庭が複雑な事情を抱えていることを周りに広める輝の姿にいらだつ気持ち。

問3　傍線部②「おじいちゃんとゴールする。それだけでいい」と輝は考えていますが、輝はなぜこのように考えたのでしょうか。41字以上50字以内で述べなさい。

問4　傍線部③「その目から、もうがまんできないとばかりに涙がこぼれる」とありますが、それはなぜだと考えられますか。最も適するものを次の中から一つ選び、記号で答えなさい。

ア　お母さんの仕事を考えれば来られなかったのは仕方がないが、せっかく今まで練習してきたのに、お母さんと一緒に二人三脚に参加できずにくやしいから。

イ　初めて参加した二人三脚にかなり緊張していたが、お母さんが手をつないでくれたことによって緊張の糸が切れ、ほっとするとともに母の優しさに心がほぐれたから。

ウ　お母さんと一緒に出たかった二人三脚に、樹おじさんと参加してしまい申し訳ない気持ちになったものの、優勝できたので達成感に満たされたから。

エ　お母さんが時間になっても来ず心細く感じていたが、まわりの友人たちの優しさにふれ、無事に二人三脚に参加できて心が満ち足りていたから。

オ　お母さんは遅れても何とか学校には来てくれたが、今日がお母さんと香帆にとって大切な日だったことをすっかり忘れており悲しかったから。

問5　「ぼくはまだ子供なんだと、そんなあたり前のことを実感する。」という一文の入る箇所を【Ａ】～【Ｅ】の中から一つ選び記号で答えなさい。

問6　傍線部④「再出発の日」とお母さんは言っていますが、輝は香帆の再出発の日をどのような日と捉えていましたか。その説明として最も適するものを次の中から一つ選び、記号で答えなさい。

ア　お母さんと二人で力を合わせて二人三脚に参加し、二人で頑張っていることを亡くなっているお父さんに見せて安心させてあげたいという香帆の願いを実現する日。

イ　いつも仕事で疲れているお母さんを元気づけるため、今回の運動会で二人三脚に参加し、少しでもお母さんに笑顔になってもらいたいという香帆の思いを伝える日。

ウ　毎日頑張っているお母さんに対していつも何もできないため、せめて二人三脚で優勝し、それをお母さんにプレゼントしたいという香帆にとっての記念日。

エ　香帆やお母さんを残して死んでしまったお父さんがいなくても、過去に縛られずに、お母さんと二人でこれから先も強く生きていこうと香帆が強く決心する日。

オ　今まで学校行事に積極的に参加するなどの行動を取ってこなかったが、この二人三脚を機にもっと積極的に友人たちにも関わっていこうと香帆が思いを新たにする日。

問7　傍線部(I)「やっぱり、残念だったな」と傍線部(II)「お母さんは、違うと思うな」からは、二人三脚でお母さんと一緒に走ることができなかった香帆に対して、輝とお母さんの考えの違いが表れています。輝とお母さんの考えの違いを101字以上120字以内で述べなさい。

問8　この文章における表現の特徴について、適切でないものを次の中から一つ選び、記号で答えなさい。

ア　スタートの音を表す「パンッ」という音や「ゴールが近づいてくる」といった表現は、競技の緊迫した状況、走ってくる最中の臨場感を伝える役割を果たしている。

イ　登場人物を客観的に見る視点から書かれているため、お互いに苗字で呼び合う輝と香帆の間に生まれた恋心を、読者が自然と気づくようになっている。

ウ　連続した会話文によって登場人物たちの口調や話し方、会話の内容から彼らの性格や考えていることが分かり、よりリアルな人物像を浮かび上がらせることができる。

エ　「ぐっとくちびるをかんだ」や「にかっと笑って」など人の動きを表現した擬態語が多用され、その場のイメージを読者に伝えている。

オ　会話文だけでなく心の中で思ったことも書かれることによって、より主人公である輝の気持ちが伝わり、読者が物語に深く共感することができるようになっている。

二　次の文章は角山榮『シンデレラの時計』の一説です。本文は、シンデレラのストーリーを紹介し、十五分ごとに鳴る機械時計についての説明をした後に続く部分です。この文章を読んで、後の問いに答えなさい。（設問の都合により章ごとの見出しは省略しました。）

ところで、もうひとつ私が気になるのは、シンデレラが魔法つかいとかわした時間の約束です。どうして約束の時間におくれたら、きびしい罰をうけねばならなかったのでしょう。

いいかえると、時間の約束は当時の社会で、どういうふうに、人びとにうけとめられていたのでしょうか。

①そもそも機械時計が出現して以後、なにがいちばんかわったかというと、人びとの生活における時間意識です。

はやい話が、長いあいだ人びとは、朝は太陽とともに起きて野良ではたらき、夕がたは星をあおいで家に帰るという、自然の時間にしたがって暮らしてきました。そうした自然の時間を制度化したものを、「不定時法」といいます。かんたんにいうと、日の出から日没までを〝昼の時間〟、日没から翌朝の日の出までを〝夜の時間〟とし、それぞれを六等分ないし十二等分して計算する方法です。

この方法によりますと、夏と冬とでは昼と夜の一時間は、それぞれ長さがちがいます。季節だけではなく、緯度によってもちがってきます。

たとえばおなじ夏でも、東京と、はるかに緯度の高いロンドンとを比較すると、ロンドンの夏は午後十時になってもまだ明るさがのこっていることからも、わかるでしょう。

　ところが、機械時計がつくる時間は、人工の時間であって、季節や緯度がどうあれ、昼も夜も一時間の長さはおなじで、かわりません。これを「定時法」と呼んでいます。

　ここで注目すべき変化が起こったのです。

　それは機械時計の出現と(a)普及によって、ヨーロッパでは不定時法から定時法へ時刻制度が変化していったことです。つまり人びとの暮らしが、自然の時間とリズムにそった暮らしから、機械時計のつくる人工の時間にしたがった暮らしにかわってゆくのです。

　自然の時間とリズムにそっていとなまれる社会では、職人の仕事といえば、何時間かかろうが何日かかろうが、時間のことは気にせずに、自分でまんぞくできるまで良い作品づくりに精魂をかたむけることでした。それこそ②職人気質というものです。つまり仕事の目的は、あくまでも良い作品をつくることにあったのです。

　このようにしてつくられたのが、ルネサンス時代のミケランジェロの「ダビデの像」、日光東照宮の左甚五郎の「眠り猫」をはじめとする、名工・名人といわれる人たちの銘作、銘品です。

　ところが、人工の時間の成立とともに、仕事の性格はしだいに時間にしばられた賃労働へかわってゆくのです。すなわち良い作品をつくるのが仕事であったのが、時間労働によってえられる一時間いくらという賃金をかせぐことが、労働の目的になってゆくのです。

　ここでたいせつなことは、仕事が一時間いくらというように、時間がお金にかわってゆくことです。

　時間がお金になること、それを「タイム・イズ・マネー」といいます。この言葉は、ずっとのちの十八世紀はじめ、アメリカのフランクリンがいった言葉として有名ですが、じつは機械時計の出現以来、人びとの仕事の考えかた、時間意識の変化のなかで、③「時が金」という現実がつくられてゆくのです。

　そうした現実がつくられてゆく過程で、資本主義がうまれてくるのですが、なにが大きくかわるかというと、時間の支配者がかわってゆくということです。このことは時計と時間の歴史をみるうえで、また現代の時間のすごしかたを考えるうえでも、ぜひ心にとどめておくべきたいせつなことです。

　宗教はどの宗教でも、それぞれ独自の天地創造、終末観をもっています。

　キリスト教の天地創造は、『旧約聖書』の「創世記」の冒頭にのべられています。それによると、神は混沌※1から、光と闇、水と天、陸と植物、太陽と月と星、魚と鳥、獣と人間を六日間でつくり、七日目は安息の日としました。

　太陽と月と星をつくった神は、時間をつくったといいかえてもよいでしょう。

　その④神の時間を知ることは、時間をはかることであり、それはまた暦をつくることでもありました。そのためには星の出現を予知し、月と太陽のサイクルをはかるといった本来天文学にぞくする作業がひつようでした。

こうして農民たちは、一年のうちいつ種子をまいたらよいか、またいつ収穫したらよいかといった情報を、神の時間表である暦によってえたのです。

天文学的時間をはかるのと並行して、みじかい時間をはかるひつようがありました。その場合は、古くから日時計とか、水時計、ろうそく時計、砂時計がもちいられていました。夜明けにはしばしば雄鶏が時を告げてくれました。つまり神の時間というのは、自然的時間のことです。

神が時間を支配していたといっても、その支配者は具体的には神の意志をつたえるキリスト教の教会や、法王を中心とするカソリック教団でした。

ところが、長くつづいた安定的な神による時間支配に動揺をあたえる勢力が台頭し、それまでの時間にたいする考えをゆるがす事態が起こってきたのです。

それは中世における新興商人階級の成長であり、とりわけ彼らがいとなむ高利貸し[※2]という事業が問題をひき起こすことになったのです。

（中　略）

かつて神が時間を支配していたときは、「利子」をとる商人が非難され罰せられました。しかしいまや、商人、ブルジョワ[※3]が時計＝時間を支配するようになり、仕事をさぼるものにたいしては、賃金カットの制裁(b)がくわえられるようになるのです。

このきびしい現実は、気分にのれば仕事に精をだし、やる気がしなければ休んでいた職人たちにとって、大きなショックでした。毎日かせぐ賃金に生活がかかっていた［　X　］者は、仕事のはじまる時間におくれたり、仕事の途中で怠けることはゆるされません。

そうした新しい社会の誕生と新しい時代の生きかたが、ようやく人びとの関心をあつめつつあったのが、十七世紀後半です。

そのころ、イギリスではリチャード・バクスターというひとが、時間は貨幣とおなじようにたいせつであるから、毎時間毎分をむだづかいしないように、もっとも自分の役にたつようにすごしなさい、と人びとに説いていました。また時間を、お金とおなじように倹約(c)し貯蓄しなさいといって、時間を惜しんで仕事にはげむよう勤勉の徳を説いていました。

そういわれてみると、みなさんはシンデレラと魔法つかいとの時間の約束も、なるほどそうした社会的背景⑤があったのかということがわかるでしょう。

（角山榮『シンデレラの時計　人びとの暮らしと時間』〈ポプラ社〉より）

※注　1　混沌……区別が立たずものごとが入り混じっている状態。
　　　2　高利貸し……高い利息を取ってお金を貸す人。
　　　3　ブルジョワ……資金を使って事業を経営する人。

問1　波線部a「普及」b「制裁」c「倹約」の本文中での意味として最も適するものを次の中からそれぞれ一つずつ選び、記号で答えなさい。

a「普及」

ア　完全にできあがること。　　イ　止めどなくあふれること。
ウ　広く一般に行きわたること。　　エ　定番商品が生まれること。
オ　技術が進歩すること。

b 「制裁」

ア　裁判官が不正をしていないかを見張ること。

イ　その行いが正しいかどうかを判断すること。

ウ　間違ったことが起こらないようにすること。

エ　感情や欲望をコントロールすること。

オ　ルールや決まりを破った者に罰を与えること。

c 「倹約」

ア　お金が正しく使われているか調べること。

イ　無駄を省き、費用を切りつめること。

ウ　必要なものだけを買うよう計画すること。

エ　お金を大切にし、ためこむこと。

オ　財産を得て、幸せになること。

問2　傍線部①「そもそも機械時計が出現して以後、なにがいちばんかわったかというと、人びとの生活における時間意識です」とありますが、「人びとの生活」がどのようにかわったのかがわかる一文を本文中から抜き出し、始めの5字を答えなさい。

問3　傍線部②「職人気質」とありますが、そのような働き方の例として最も適するものを次の中から一つ選び、記号で答えなさい。

ア　会社全体の利益を生むためには個人がいくら頑張っても大きな効果は得られないので、チームワークを重視するために積極的なコミュニケーションをとった。

イ　会社に勤めて数年がたち、仕事場で後輩ができたので、自分のことだけでなく会社全体のことを考えて行動する必要が出てきた。

ウ　結婚し子どもも生まれ、家庭の時間を今以上に確保する必要が出てきたため、仕事の優先順位や効率を考えて、短時間で仕事が終わるようにした。

エ　数日後に控えたプレゼンテーションで、自分が売り出そうとしている商品をどのように紹介するかを考えていたら、熱中しすぎていつの間にか夜になっていた。

オ　生きるために仕事をする必要があるが、どちらかというと趣味などの自分の時間を十分に確保したいので、残業などは極力しないようにしている。

問4　傍線部③「『時が金』という現実がつくられてゆくのです」とありますが、それはなぜですか。その理由の説明として最も適するものを次の中から一つ選び、記号で答えなさい。

ア　機械時計の発明により、それまで明確に定まっていなかった働く時間というものが人々に意識され、労働時間とその報酬としてのお金とが強く結びついていったから。

イ　十八世紀に入り資本主義の考え方が人々にとって当たり前になることで、それまで重視されていなかった社会におけるお金の価値が格段に上がったから。

ウ　自然を大切にし、人々の欲望がそれほど強くなかった時代が終わりを迎え、人々がお金をめぐって競争し、効率を重視した生き方を選ぶようになったから。

エ　職人たちが、自分たちの作ってきた後世に残り続けるような銘作に金銭的価値があることに気づき、それまで支払われていなかった対価を求めるようになったから。

オ　資本主義がうまれブルジョワが時間を支配するようになった結果、

お金を持っていることが何よりも価値のあることとされ、時間の価値が下がっていったから。

問5　傍線部④「神の時間」とありますが、「神の時間」にしたがった生活を説明したものとして最も適するものを次の中から一つ選び、記号で答えなさい。

ア　宗教的な伝統や教義を重んじ、他者に対して思いやりを持って接するような生活。

イ　労働によって豊かな暮らしを得るために、日々一生懸命に努力し続けるような生活。

ウ　毎日決まった時間に起き、学校に遅刻しないように同じ時間に家を出るような生活。

エ　宇宙の神秘や自然の驚異などの人間の理解が及ばない現象を信じて敬うような生活。

オ　昼や夜、四季の流れなど自然のサイクルを自分の活動の基準にするような生活。

問6　空欄部［Ｘ］に当てはまる言葉を本文中から漢字2字で抜き出して答えなさい。

問7　傍線部⑤「そうした社会的背景」とありますが、ここでの「社会的背景」とはどのようなものですか。本文中の言葉を使って51字以上60字以内で答えなさい。

問8　本文における筆者の意見を説明したものとして適するものには「○」、適さないものには「×」を答えなさい。

A　機械時計の発明により正確な時間が測定できるようになったことで、仕事に対して不真面目な人が減ったので、資本主義は人間社会をよりよくしたと言える。

B　時間を節約し、効率よく仕事をすることが大切であるという考え方は、人工の時間が生まれ時間の過ごし方が変化したころから生まれたと考えられる。

C　労働時間によって得られる賃金が変わるようになった現代では、「ダビデ像」や「眠り猫」のような時代を超える芸術作品が生まれる可能性はなくなった。

D　技術が発達していた西洋諸国はいち早く定時法を導入し、さらなる国家の発展をなしえたが、日本では不定時法を長く使用していたために進歩が遅れてしまった。

E　キリスト教社会においては、自然物は神が創造したものであるため、天体の運動や作物の育成、収穫に関わる暦は、神の時間として認識されていた。

問9　二重傍線部「現代の時間のすごしかた」とありますが、次の選択肢は、本文を読んだ生徒がこの部分についてそれぞれの意見を述べたものです。本文をふまえた発言として適するものを次の中から一つ選び、記号で答えなさい。

ア　映画を倍速で見るなど、時間効率を重視しすぎている人が多い現代において、かつて人間が営んでいた時計にしばられない豊かな生活を知ることは有益である。

イ　「タイム・イズ・マネー」の考え方が生まれたのは意外と最近なのだから、お年寄りがゆっくり歩いていてもそれを急かすようなことはしてはいけない。

ウ　リニア新幹線など、移動時間を短縮するためのさまざまな乗り物が発明されているが、人間本来の時間感覚を狂（くる）わせてしまうので、危険な発明である。

エ　同じ地球上でも場所によって季節や昼の長さが違（ちが）うのだから、オリンピックなど世界中の人々が注目するイベントは、誰もが平等にそれを見られるよう工夫すべきだ。

オ　文化や宗教によって時間のとらえ方に違いがあるため、異文化の人と接するときは、相手の時間を奪（うば）わないように十分注意しなければならない。

三　次の問いに答えなさい。

問1　次の①～④の傍線部（ぼうせんぶ）のカタカナを漢字に直しなさい。（正確に、ていねいに書くこと。）

①　近くのジンジャに初もうでに行く。

②　高原の生活はカイテキである。

③　反対するイトが分からない。

④　彼はタグいまれな人物である。

問2　次の⑤⑥の空欄部（くうらんぶ）に最も適する言葉を後のア～カの中から一つずつ選び、記号で答えなさい。

⑤　いい方法を思いついたよ。□というから、さっそく練習しよう。

⑥　学校の図書館にはたくさんの本があるんだよ。利用しなければ□だね。

ア　病は気から　　イ　宝の持ち腐（ぐさ）れ

ウ　寝耳に水　　エ　負けるが勝ち

オ　善は急げ　　カ　仏の顔も三度まで

問3　次の⑦⑧の空欄部に当てはまる漢字を二つ並べて、熟語（じゅくご）を作りなさい。

⑦

宣⇩□⇩論　助⇨□⇨動

判⇩□⇩然　油⇨□⇨髪

⑧

横⇩□⇩倒　回⇨□⇨落

第⇩□⇩面　統⇨□⇨覧

問4　次の⑨⑩の傍線部について、ア～オの中から、性質の異なる言葉をそれぞれ一つずつ選び、記号で答えなさい。

⑨

ア　佐藤さんがそのようにおっしゃっていた。

イ　鈴木さんはそれをご存じのようだった。

ウ　高橋さんが学校へいらっしゃった。

エ　田中さんが様子をうかがっている。

オ　伊藤さんがご飯を召し上がっていた。

⑩

ア　月の明るい光に包まれた。

イ　祖母の優しい笑顔が好きだ。

ウ　私の幼いころに歌った歌だ。

エ　冬の冷たい雨が降ってきた。

オ　その様子はゆかいだった。

慶應義塾湘南藤沢中等部

—45分—

※　解答に句読点や記号などが含まれる場合は一字に数えます。

一　次の（　）に共通してあてはまる、漢字一字を答えなさい。

①　（　）ほどうかがいますので、（　）ろにお並びください。
②　（　）く知りませんでした。（　）て私の責任です。
③　（　）いペンで（　）かい字を書く。
④　家族ぐるみのつきあいで（　）どうしも（　）しくしている。
⑤　（　）い薬を飲むと、むせてしまって（　）しい。
⑥　あの男に（　）わるな、だまされるのが（　）の山だぞ。
⑦　駅前を（　）って、学校に（　）う。
⑧　庭に（　）えたキノコを（　）で食べてはいけない。
⑨　雨が（　）ってきたので、校旗を（　）ろしてください。
⑩　目が（　）めたとき、夢を（　）えていなかった。

二　次の文章を読んで、あとの問いに答えなさい。

店で商品を購入するとき、金銭との交換が行われる。でも、バレンタインデーにチョコレートを贈るときには、その対価が支払われることはない。好きな人に思い切って、「これ受けとってください」とチョコレートを渡したとき、「え？　いくらだったの？」と財布からお金をとり出されたりしたら、たいへんな屈辱になる。

贈り物をもらう側も、その場では対価を払わずに受けとることが求められる。このチョコレートを「渡す／受けとる」という行為は贈与であって、売買のような商品交換ではない。だから「経済」とは考えられない。

［A］、ホワイトデー（注1）にクッキーのお返しがあるとき、それは「交換」になるのだろうか。この行為も、ふつうは贈与への「返礼」として、商品交換から区別される。たとえほとんど等価のものがやりとりされていても、それは売買とは違う。そう考えられている。

商品交換と贈与を区別しているものはなにか？

フランスの社会学者ピエール・ブルデュは、その区別をつくりだしているのは、モノのやりとりのあいだに差しはさまれた「時間」だと指摘した。

たとえば、チョコレートをもらって、すぐに相手にクッキーを返したとしたら、これは等価なものを取引する経済的な「［1］」となる。ところが、そのチョコレートの代金に相当するクッキーを一カ月後に渡したとしても、それは商品［2］ではない。返礼という「［3］」の一部とみなされる。このとき、やりとりされるモノの「等価性」は伏せられ、「［4］」らしさが消える。

商品交換と贈与を分けているものは時間だけではない。お店でチョコレートを購入したあと、そのチョコレートに値札がついていたら、かならずその値札をはずすだろう。［B］、チョコレートの箱にリボンをつけたり、それらしい包装をしたりして、「贈り物らしさ」を演出するにちがいない。

店の棚にある値札のついたチョコレートは、それが客への「贈り物」でも、店内の「装飾品」でもなく、お金を払って購入すべき「商品」

だと、誰も疑わない。でもだからこそ、その商品を購入して、贈り物として人に渡すときには、その「商品らしさ」をきれいにそぎ落として、「贈り物」に仕立てあげなければならない。

なぜ、そんなことが必要になるのか？

ひとつには、ぼくらが「商品／経済」と「贈り物／非経済」をきちんと区別すべきだという「きまり」にとても忠実だからだ。この区別をとおして、世界のリアリティの一端がかたちづくられているとさえいえる。

そして、それはチョコレートを購入することと、プレゼントとして贈ることが、なんらかの外的な表示（時間差、値札、リボン、包装）でしか区別できないことを示してもいる。

［C］、バレンタインの日にコンビニの袋に入った板チョコをレシートとともに渡されたとしたら、それがなにを①イトしているのか、戸惑ってしまうだろう。でも同じチョコレートがきれいに包装されてリボンがつけられ、メッセージカードなんかが添えられていたら、たとえ中身が同じ商品でも、まったく意味が変わってしまう。ほんの表面的な「印」の違いが、②レキゼンとした差異を生む。

ぼくらは同じチョコレートが人と人とのあいだでやりとりされることが、どこかで区別しがたい行為だと感じている。［D］、わざわざ「商品らしさ」や「贈り物らしさ」を演出しているのだ。

ぼくらは人とのモノのやりとりを、そのつど経済的な行為にしたり、経済とは関係のない行為にしたりしている。「経済化＝［5］らしくすること」は、「脱経済化＝［6］にすること」との対比のなかで実現する。こうやって日々、みんなが一緒になって「経済／非経済」を区別するという「きまり」を維持しているのだ。

でも、いったいなぜそんな「きまり」が必要なのだろうか？

ぼくらはいろんなモノを人とやりとりしている。言葉や表情なども含めると、つねになにかを与え、受けとりながら生きている。そうしたモノのやりとりには、「商品交換」と「贈与」とを区別する「［7］」があると書いた。

ひとつ注意すべきなのは、そのモノのやりとりにお金が介在すれば、つねに「商品交換」になるわけではない、ということだ。

結婚式注2のご祝儀や葬儀注3の香典、お年玉などを想像すれば、わかるだろう。お金でも、特別な［8］（祝儀袋／新札注4／袱紗／署名）を③ホドコすことで贈り物に仕立てあげられる。ふつうは結婚式の受付で、財布からお金を出して渡す人なんていない。

なぜ、わざわざそんな「きまり」を守っているのか？　じつは、この「きまり」をとおして、ぼくらは二種類のモノのやりとりの一方には「なにか」を付け加え、他方からは「なにか」を差し引いている。

それは、「思い」あるいは「感情」と言ってもいいかもしれない。

贈り物である結婚のお祝いは、お金をご祝儀袋に入れてはじめて、「祝福」という思いを込めることができる。と、みんな信じている。

経済的な「交換」の場では、そうした思いや感情はないものとして差し引かれる。マクドナルドの店員の「スマイル」は、けっしてあなたへの好意ではない。そう、みんなわかっている。

経済と非経済との区別は、こうした思いや感情をモノのやりとりに④フカしたり、除去したりするための装置なのだ。

レジでお金を払って商品を受けとる行為には、なんの思いも込められていない。みんなでそう考えることで、それとは異なる演出がなされた結婚式でのお金のやりとりが、特定の思いや感情を表現する行為となる。
　それは、光を感じるために闇が必要なように、どちらが欠けてもいけない。経済の「交換」という脱［9］化された領域があってはじめて、「贈与」に込められた［10］を⑤キワ立たせることができる。だからバレンタインのチョコで思いを伝えるためには、「商品」とは異なる「贈り物」にすることが不可欠なのだ。

（松村圭一郎『うしろめたさの人類学』〈ミシマ社〉より）

※出題の都合上、本文の一部を改稿しています。

注1　ホワイトデー　バレンタインデーの一カ月後に、男性から女性へのお返しを贈る日。
注2　ご祝儀　祝いの気持ちを表すために贈る金品。
注3　香典　香や花の代わりとして死者にお供えするお金。
注4　袱紗　ここでは、物を包むのに用いる小さめの布という意味。

問一　——①～⑤のカタカナを漢字に直しなさい。

問二　空らん［A］～［D］に入る言葉を次の中から選び、記号で答えなさい。同じ記号を二度使ってはいけません。

ア　さらに　　イ　だから　　ウ　たとえば　　エ　では

問三　空らん［1］～［4］には、ア贈与・イ交換のどちらが入りますか。それぞれ記号で答えなさい。

問四　空らん［5］・［6］に入る組み合わせとして適切なものを一つ選び、記号で答えなさい。

ア　5　商品・6　商品　　イ　5　贈り物・6　贈り物
ウ　5　商品・6　贈り物　　エ　5　贈り物・6　商品

問五　空らん［7］に入る最も適切な言葉を本文中からぬき出して答えなさい。

問六　空らん［8］に入る最も適切な言葉を本文中からぬき出して答えなさい。

問七　空らん［9］・［10］には同じ言葉が入ります。［9］・［10］に入る最も適切な言葉を本文中からぬき出して答えなさい。

三　次の文章を読んで、あとの問いに答えなさい。

二十七歳の「私」は、小学校卒業以来、初めてクラス会に参加した。

　あの話を切りだすなら、今だ。このタイミングを逃したら、きっと、もう言えない。なんのために今日、ここへ来たのかわからなくなる。
「あの……あのね」
　このときのために注1サワーは二杯で抑えていた。自分の頭がクリアであるのを確認しながら、私はあらたまって二人へむきなおった。
「私、今日は、1教えてほしいことがあって来たの」
　三十人で横列を組むとき、足の速い者と遅い者を交互に配置する。真梨江先生がそんな戦略を立てたのは、地方予選の本番までいよいよ三週間を切ったころだった。
　練習中、みんなの足がそろっていないと、走行中に一文字であるべきラインがVの字にくぼんだり、Wの字にゆがんだりしてしまう。悪くすると、ラインがバラけて崩壊する。俊足と鈍足をとなりあわせることにより、極端な速度の差異が生じるのを防ぎ、全体のスピードを均そうという試みだった。

「みんな、一人だけ速く走ろうとしないで、横の子と合わせることを、まずは一番に考えてちょうだい。全員が横の子と合わせて走ったら、列は絶対にくずれないでしょう。それが勝負の鍵よ。三十一脚、きっちりそろって走りぬいたチームが最終的には好記録を叩きだすの。突出した一人はいらないのよ」

その持論のもと、真梨江先生はクラスいち足の速い奥山くんを、クラスいち足の遅い私の横につけた。さらに、常に列をへこませていた私を一番右端に配することで、ライン崩壊のリスクを下げた。それによって私は右半身の自由を手に入れ、多少なりとも楽に走れるようになったのだから、狙いは悪くなかったと思う。

気の毒なのは、面倒なお荷物を押しつけられた奥山くんだ。

「奥山くん、できるだけ飯田さんのこと、引っぱってあげてね。転びそうになったら助けてあげて。奥山くんと飯田さんは二人で三脚、つまり、一心同体ってことよ」

どんくさい女子と一心同体なんて冗談じゃない。と、ふつうの男子ならば、大いに反発していたところだろう。が、奥山くんはその額とあごのラインが指し示すように、どこか[注2]観音めいた心根の持ち主だった。だれに対しても親切で、みんなのいやがる仕事も快く引きうけ、イメージ映像としては「いつもゴミ箱を焼却炉へ運んでいる」。そんな彼だからこそ、真梨江先生は無茶な難題を突きつけ、そして、そんな彼だからこそ、内心はともあれ、文句も言わずに私の世話役を引きうけたのだ。

真梨江先生の戦略は吉と出た。日に何度かは必ず横の子に引きずられて転び、練習を中断させていた私は、奥山くんの横になって以来、ひざこぞうをすりむく回数が減った。彼が巧みに足の運びを合わせてくれたからだ。それでも尚かつ私が転んだときには、まるで自分が蹴倒しでもしたみたいに、いともすまなそうな目をして「ごめんね」と助けおこしてくれる。

「よっ。奥山、熱いぞ！」

「お姫さまだっこしてやれ！」

幼稚な男子たちにひやかされても、奥山くんはひるまない。私が転倒するたび、「なんだよ、奥山」「ダーリン、しっかりしろ」と理不尽なブーイングを受けても、奥山くんは怒らない。度重なるにつけ、そんな彼の善良さが、私には逆につらくなっていった。

だれよりも速く走れるはずの奥山くんに、自分がブレーキをかけていること。練習のたびにいやな思いをさせていること。彼が［Ａ］であるほどに、情けなさがひざこぞうにしみてくる。

（中略）

そして、ついに決戦の日。十月のある日曜日、市の競技場で30人31脚の予選が催された。

忘れたいから忘れたのか、ショックで記憶が飛んだのか、あの一日を私は切れぎれの断片としてしか呼び起こすことができない。

（中略）

スタートを告げるピストル。

一列に並んで出た。

うまくいった。

この調子。

がむしゃらに走った。

前へ、前へ、体のぜんぶの力で。

速い。

今日の私は速い。

速すぎた。

残り半分の地点で足が止まった。

筋肉が軋む。

ひざが笑う。

もう動けない。

限界。

再び加速する余力はどこにもない。

私の失速に気づかないまま、[B]を走る奥山くんが一歩前へ出る。

組みあわせた腕と腕が離れかける。

待って、奥山くん。

腕を気にして、足を怠った。

右足のひざから力がぬけた。

がくんと世界が傾いた。
[C]足の紐が外れ、体ごと地面に突っこんだ。
奥山くんと私の足が離れた――。

切れぎれな記憶の連なりのなかで、皮肉にも、最も忘れたいその場面だけがスローモーションの緻密さで目の裏に焼きついている。

　一列のラインは無惨に寸断された。見たくないものを見るように、二、三歩先で奥山くんがふりかえる。それに連動してその左の男子、そのまた左の女子と、つんのめりの波が伝っていく。

　グラウンドに転がる私を見すえる奥山くんの顔には表情がなかった。


いつもの優しいまなざしも、「ごめんね」とさしだされる手もない。彼はただ影のようにのっぺりと立ちつくしていた。なにも言わない。動かない。その不動に、その沈黙に責められている気がして、私はますます動転した。

　消えたい。この世界からいなくなってしまいたい。

　しかし、それは許されなかった。バッテリーが切れたような奥山くんに代わって、業を煮やしたみんなが騒ぎだしたのだ。

「琴ちん、立とう」

「起きろよ、飯田」

「最後までがんばろう」

「ファイト！」

　もはや勝ち目はない。決勝進出の望みは断たれた。それでも、せめてゴールをしようというみんなの声に抗えるわけもなく、私はごま粒ほどの余力をふりしぼり、地中深くから掘りだすように下半身を起こした。

　同時に、奥山くんもはたと動きを再開し、ぎくしゃくした手つきで私たちの足に紐をまわした。

　もう一度、合体。再び組みあわせた腕は、しかし、どこかよそよそしい。

「最後までファイト！　レッツゴー二組！」

　博多くんの涙声を合図に、整列しなおした横一文字で、三十一脚がまた走りだす。

　半分やけくその「いち、に、いち、に」。

　スタンドからの哀れみの拍手。

　ゴール地点で待つ真梨江先生の悲壮な声援。

　不幸中の幸いは、ゴール後、ひざから血を流していた私を保健係が救護室へ連れていってくれたことだ。抱きあって泣く子。地べたにうずくまる子。無言で肩を上下させる子。いたたまれないその場から立ち去ったあとも、しかし、決勝進出の夢を絶たれたみんなの盛大な嘆きは私を苛みつづけた。どんな顔をすればいいのか。どう償えばいいのか。いっそ転校してしまいたい。ところが——。

　約二十分後、ひざこぞうにガーゼを貼りつけた私がスタンドの一角へもどったときには、なぜだか2空気が一変していた。

　いったいなにが起こったのか？

　さっきまでの注3慟哭が嘘のように、六年二組の面々はころっといつものみんなにもどっていたのだ。もはやそこに湿気はなく、むしろ「楽しかった」「やるだけやった」「いい思い出ができた」などと、こぞってポジティブなことを言いあっている。私の失態はなかったことになっているのか、だれもそこには触れようとしない。まるであの転倒場面だけがみんなの思い出からポイント消去されたかのように。

「飯田さん、お疲れさま。すてきな思い出をありがとう」

　真梨江先生がそう言って握手を求めてきたとき、この人だ、と私は直感した。

　私がいないあいだ、3きっと彼女がみんなに言いふくめたのだ。

　飯田さんを責めないこと。

　飯田さんが転んだ話はしないこと。

　飯田さんの失敗は忘れて「いい思い出」にすること。

　私は自分の手を背中に隠したまま、真梨江先生から顔をそむけた。正直な話、転倒のことをみんなから責められていたら、気の弱い私はかなりの確率で不登校になっていたことだろう。が、当時の私は［　D　］気分で、いっそ責めてくれればいいのにと思った。六年二組の「いい思い出」を守るため、私というマイナス要素を排除する、記憶から閉めだしてふたをするという真梨江先生のやり方に、みんなの嘘っぽい明るさに傷ついていた。

　唯一、あの転倒が夢幻でなかったことを証していたのは、皮肉にも、急に変わった奥山くんの態度だった。

　ラスト三週間の練習中、いつも二人で三脚だった。左の足と右の足を常につないでいた。4私が転べば助けてくれた。励ましの言葉をくれた。なのに、最後の最後で、彼は私を突きはなした——。

　のみならず、予選を敗退したその日以来、彼はほかのだれにも気づかれないくらいのさりげなさで、私を避けるようになった。5目が合えばそらす。私が近づけば背をむける。まじめな子どもにありがちなかたくなさで、奥山くんは私を彼の視界からしめだすことにしたのだ。

　結局、まともに口をきくこともないまま、私たちは小学校を卒業した。

　クラスメイトたちの多くが進学する地元の公立を避け、知った顔のいない私立の中学校へ入学したとき、私はようやく二脚の足で再び歩きだせる思いがした。新しい学校。新しいクラスメイト。もうクラスの全員に負い目を感じなくてもいい。奥山くんの冷たい背中に、決して交わらない瞳に、いちいち泣きたくならずにすむ。新しい自分として一からやりなおせる。そう思った。

　子ども時代の特殊な経験がどれだけ人を縛りつづけるものか、当時の私はまだ知らなかったのだ。

「私、今日は、教えてほしいことがあって」

急に居住まい[注4]を正した私に、あっちんと内田がわかりやすく瞳の落ちつきをなくす。

「あの、予選の日のことなんだけど」

「予選？」

「あの日……あのとき、私、転んで、それで負けちゃって。そのあと私、救護室へ行ったじゃない」

「あ……ああ」

「や、そうだっけ？」

私の目を見ない二人の声がかぶった。あっちんはもはやサワーに手を出さず、内田もビールの泡がしぼむにまかせている。

「あのあいだに、なんかあった？」

「なんか？」

「救護室からスタンドへもどったら、急にムードが変わってたから。泣いてたみんなが元気になってて、なんだかへんな空気で……あの感じ、私、ずっと忘れられなくて。ね、なんかあったんだよね」

あっちんと内田が額を突き合わせ、目と目でなにかを相談する。

口を開いたのは内田だった。

「いや、その、なんかあったってほどじゃないんだけどさ」

「でも、あったよね。教えて」

「いや、その……ちょっと、言いづらいんだけど」

「大丈夫。言って」

（中略）

「飯田が転んだせいだとか言いだすヤツも、やっぱ、いて」

「うん」

「飯田が転んだのは奥山のせいだとか言いだすヤツもいて。だれが速すぎたとか、だれが出遅れたとか、だれの紐の結び方が悪かったとか、どんどん、やなムードになってきて、そんで、そしたら……」

「うん」

「その……」

はっきりしない内田の横から、業を煮やしたあっちんが言った。

「そしたら、真梨江先生が泣きだしたんだよ。私たちのだれよりも激しく、爆発的に」

「は？」

真梨江先生？

「ここでケンカしたら六年二組の思い出がだいなしだって、真梨江先生、すごい勢いで泣きだして、止まらなくて。私だって悲しくてくやしい、でも、ここは笑顔で終わらせなきゃいい思い出にできないんだって、わあわあ泣きながら言うの。大人があんなに泣くの見たの、初めてだったから、もうみんな、びっくりしちゃって、おろおろして。クラス全員、一気に泣きやんだんだ。ぴたっと、ほんとに、［　E　］みたいに」

そうなんだよ、と内田がにわかに勢いづいて言った。

「先生があんまり泣くもんだからさ、オレら、もう泣いてる場合じゃなくなっちゃって、あわててフォローにまわったんだよな。負けたけど最後までがんばれてよかったとか、最高の思い出になったとか、夢をありがとうとか、もう必死で。母親たちも一緒になって、元気をもらった、感動をもらった、ありがとうありがとうの大合唱で」

「気がついたら、テレビカメラがその姿に食いついてて、それでやっと先生、泣きやんだんだよね。マスカラ[注5]落ちちゃったから今のはカットして、って」

「………」

　あっけにとられて、声もなかった。私が救護室にいるあいだ、まさかそんなことが起こっていたなんて。

「私、真梨江先生がみんなに言ったのかと思ってた。私が転んだことは言っちゃいけないとか、悪いことは忘れようとか」

「ううん、そうじゃなくて」

　昔とおなじどんぐりまなこ[注6]で、あっちんが頭をふる。

「ま、ネガティブなこととか言うと、また真梨江先生が泣きだすんじゃないかって恐怖はあったかもしれないけど。でも、それよりも、子どもは子どもなりに、やっぱり琴ちんのこと心配して、そっとしといてあげようって思ったんだよ」

「私のせいで負けたのに？」

「だから、琴ちんのせいじゃないって。あの日は、みんなが興奮してスピードあげすぎて、ペースが狂ってたんだよ。あれは、クラス全員のミス」

「てか、そもそも優勝したチームのタイム見たら、オレらと全然、格がちがったじゃん。メジャーリーグと少年野球くらいの差があったよ。決勝進出なんて、どだい夢の夢だったんだ」

　いともからりと内田が言ってのけ、泡のつぶれたビールを喉へ流しこんだ。

「ま、オレはきれいなレポーターにサインもらって、もうそれだけで大満足だったけどな。芸能人と会ったのも生まれてはじめてだったし」

「あ、私もサインもらった。あれ、どこやったかな」

　初めてドーラン[注7]を塗った大人を見た。帰りにお母さんたちがたこ焼きを買ってくれた。後日、テレビに真梨江先生の号泣シーンがノーカットで流れていた。オレのつむじも〇・五秒だけ映った。みるみる声を軽快にしてもりあがる二人を前にして、私はこの十五年間、後生大事[注8]に抱えつづけてきたしこりの収めどころを失い、呆けたようにまばたきをくりかえした。

　なあんだ。みんなにとってあれは、真梨江先生の思惑とは関係なしに、本当に「　F　」になっていたのか。敗退の痛みなどはとうに克服し、子ども時代のまたとない珍経験[注9]へと昇華[注10]させていたのか。

　あの転倒を今も引きずっているのは、転倒した本人だけなのか——。

　あの負けが彼らの傷になっていなくてよかった。そんな安堵をおぼえる一方で、十五年間の呵責[注11]のもとをとりそこなったような、なんとも言いがたい徒労感が広がっていく。

（中略）

「奥山くん」

　個室の前で待ちぶせし、もどってきた奥山くんを捕まえたのは、飲み放題の終了まで残すところ十五分の土壇場だった。早く、早くと自分をせっつきながらもなかなか思いきれず、彼がトイレへ立ったのを最後のチャンスと、ようやく重い腰を上げたのだった。

「あ……」

　とまどいをあらわに足を止めた奥山くんの目に混濁はなく、頬にも上気の影はなかった。大人の飲み方をしていたようだ。

「あの、ちょっと、話をさせてもらってもいい？」

声のうわずりを懸命(けんめい)に抑えて言った。できるだけふつうに、みんなとおなじ軽さに倣(なら)って。でも、決めたことは言って帰ろう。

「あ、うん。もちろん」

瞳を激しくまたたかせながらも、奥山くんはうなずいた。

私たちは連れだって外へ出た。先に立ってガラス戸に手をかけた奥山くんは、小さな段差でも私の足もとを気づかってくれて、その洗練された所作がいかにもSP[注12]のプロフェッショナルを思わせる。

六年二組の教室で私を避けていた少年はもういない。彼もあれを過去へ流しているのなら、今さら触(ふ)れず、このままにしておいたほうがいいのではないか。ふと迷いがさすも、もう遅い。

店の窓明かりを離れて街灯のもとへ立つと、見あげるほどに背が伸(の)びた奥山くんの横で、私は胸の鼓動(こどう)と格闘(かくとう)した。安っぽくべたついた焼きとりの匂(にお)いが夜風に乗って鼻先をかすめていく。

「六年生のとき……」

軽く、軽く、軽く。私の重石を奥山くんになすりつけないように。

「［　G　］」

笑って言えた。笑わなきゃ言えなかった。

「あのころ奥山くん、いつもすごく優しくて、練習でもいつも助けてくれて、なのに肝心(かんじん)の本番で私、転んじゃって、そのせいで奥山くんにまで迷惑(めいわく)かけちゃって……。ありがとうも、ごめんねも言えないままだったこと、ずっと気になってたの。もう昔のことだし、奥山くんは忘れてるかもしれないけど、私は忘れられなくて。だから、今日はそのことちゃんと話して、それで、終わりにしたかったの」

つっかえながらもどうにか言いきった。直後、奥山くんの目が混乱の火花を散らしているのを見て、どきっとした。

「あ、あの、ほんとにごめんね、今さら。聞いてくれてありがとう。じゃ……」

言うだけ言って逃(に)げようとした私を制するように、そのとき、奥山くんがぬっと掌(てのひら)を突きだし、張りつめた声を響(ひび)かせた。

「触(さわ)って」

「え」

「触ってみて」

血色のいい大きな掌。触って？　意味がわからず瞳で問うも、奥山くんは一文字に結んだ口を動かさない。どうやらそのままの意味らしい。

私はこくりと息を呑(の)み、震(ふる)える手をさしのべた。人差し指と中指、二本の指先でそっと眼下の掌に触れる。[6]ぬめりとした。

「濡(ぬ)れてるでしょ」

「はい？」

「汗(あせ)っかきなんだ」

「え」

「とくに、緊張(きんちょう)すると大量に汗が出て」

「あ……」

「今ならふつうに言えるけど、子どものころはすっごく、それが恥(は)ずかしくて、だれにも知られたくなくて」

声をなくした私の前で、あいかわらず白い奥山くんの首筋がみるみる赤く染まっていく。

「あの日……あの予選の日も、ぼくの手、汗でびっしょりだった。気がつかなかった？」

問われて、ハッと息をつめた。あの日。スタートラインで肩と肩を組みあわせたときの、奥山くんの掌。その感触？　思いだせない。首を横にふった。

「そんな余裕（よゆう）なくて」

「すごい汗だったんだ、緊張（きんちょう）して、あのムードにやられちゃって。紐を結ぶときも、腕を組むときも、どんどん汗が出てくるからすごく焦（あせ）って。飯田さんが転んだとき、あれが絶頂だった。ぼくのせいだ、ぼくが汗ばっか気にしてたからだってパニクって、ますます手がびしょびしょになって……」

ごめん、と奥山くんが悲痛な声とともに低頭[注13]する。

「その濡れた手を、どうしても、飯田さんに、さしだせなかった」

「……」

時間が止まった。時がもどった。十五年前のあの日、地べたに転がる私を無表情に見下ろしていた奥山くん。どうして気づいただろう。そのこぶしが大量の汗を抱いていたなんて。いつも冷静で、おだやかで、大人びていたあの男の子が、それほどの重圧に震えていたなんて。

子どもだったんだ。ふいに、そのあたりまえの事実がすとんと胸に落ちた。奥山くんも、私も、もしかしたら真梨江先生も、あのころはみんなまだ本当に子どもだったんだ――。

「あれからぼく、飯田さんの顔、とてもじゃないけどまともに見られなくて、謝る勇気もないまま卒業しちゃって、それが、なんていうか、ずっとこのへんに引っかかってて……」

このへん、と奥山くんのこぶしが鳩尾（みぞおち）のあたりを叩（たた）いた瞬間（しゅんかん）、はじかれたように7私の涙腺（るいせん）がゆるみ、彼の背後にうかぶ上弦（じょうげん）[注14]の月がぼやけた。

「だから今日、飯田さんと話ができてよかった。ほんとによかった」

「奥山くん……」

「ＳＰやってると、どうしてもあの日のことを思いだすんだ。どんな要人守っても、セレブ守っても、クラスメイトの女子一人守れなかったら、ただのポンコツだなって」

十五年間、私とおなじ重さを負ってきてくれた元パートナー。その肩からようやく力がぬけて、なつかしい観音の笑みがもどった。

私も――。目の縁（ふち）ぎりぎりに涙を押し留（とど）めながら、私は声にならない声を返した。私もずっとあの日に捕（と）らわれつづけてきた。ことあるごとに自ら傷口をえぐり、そして、弱気になっていた。どうせまた私は失敗する。自分のせいでみんなに迷惑（めいわく）をかける。悪いほうへ悪いほうへと考えては怖（お）じけてしりごみし、心の弱さをぜんぶあの転倒のせいにして、結局のところ、臆病（おくびょう）な自分を甘（あま）やかしつづけていた。

「私も、今日、ここにきてよかった。奥山くんと話ができて、本当に……」

ほどけていく。自らの手でこじらせていた紐のむすびめが解けていく。

「ありがとう」

地を踏（ふ）む足の軽さにふらつきながらも、初めて自分から奥山くんに手をさしのべた。

「こちらこそ、ありがとう」

再びつなぎあわせた手。それだけで十分だった。ためらいなく握手（あくしゅ）をしてくれた彼の濡れた掌に、十五年前の真実が宿っている。

わかりあうために必要な年月もある。人は、生きるほどに必ずしも過去から遠のいていくのではなく、時を経ることで初めて立ち返れる場所もあるのだと、触れあった指先にたしかな熱を感じながら思った。

【森絵都「むすびめ」（『出会いなおし』〈文春文庫〉所収）より】

※出題の都合上、本文の一部を改稿しています。

注1　サワー　酒の一種。「二杯で抑えていた」とは酔わないようにしていたということ。
注2　観音　仏教において、人々をあわれみ、苦しみを除き、救いの求めに応じてくれる存在。
注3　慟哭　ひどく悲しんで、激しく泣くこと。
注4　居住まい　姿勢や態度。
注5　マスカラ　まつげを濃く見せるために塗る化粧品。
注6　どんぐりまなこ　どんぐりのように丸くてくりくりした目。
注7　ドーラン　演者が舞台やテレビ撮影で使う化粧品。
注8　後生大事　物事をいつまでも大切にすること。
注9　珍経験　めずらしい経験のこと。
注10　昇華　物事をより高い程度にたかめること。
注11　呵責　責めさいなむこと。
注12　ＳＰ　要人の身辺を警護する私服警官。
注13　低頭　頭を低く下げること。
注14　上弦の月　新月から満月になる間の半円状に見える月。

問一　――1「教えてほしいこと」の内容を具体的に表現しているセリフをぬき出して、最初の五字で答えなさい。

問二　空らん［A］に当てはまる最も適切な言葉を次の中から選び、記号で答えなさい。

ア　寛容　イ　厳格　ウ　悲壮　エ　優秀　オ　冷静

問三　空らん［B］・［C］に共通して当てはまる適切な漢字一字を答えなさい。

問四　――2～5は次のア・イのどちらですか。それぞれ記号で答えなさい。

ア　その時に本当に起きていて、かつ、私もそう感じていたこと、またはそう考えていたこと。
イ　その時に起きてはいなかったが、私がそう感じていたこと、またはそう考えていたこと。

問五　空らん［D］に当てはまる最も適切な言葉を次の中から選び、記号で答えなさい。

ア　いじけた　イ　くやしい　ウ　大胆な　エ　不安な

問六　空らん［E］に当てはまる最も適切な言葉を次の中から選び、記号で答えなさい。

ア　泡を食った　イ　せきを切った
ウ　竹を割った　エ　水を打った

問七　空らん［F］に入る最も適切な五文字の語句を本文中からぬき出して答えなさい。

問八　空らん［G］に当てはまるセリフは何ですか。最も適切な言葉を次の中から選び、記号で答えなさい。

ア　決勝にいけなくて、残念だったね
イ　転んじゃって、ごめんね
ウ　冷たくされて、悲しかったな
エ　優しくしてくれて、ありがとう

問九　――6「ぬめりとした」とありますが、奥山くんの手が濡れていたのは、この後、何をすることに緊張していたからですか。説明しなさい。

問十 ――7「私の涙腺がゆるみ」とありますが、それは奥山くんの言葉から何を知ったからですか。「～ことを知ったから。」の形に合うように二十字以上二十五字以内で本文中の一節をぬき出して答えなさい。

四　以下の①から⑮までのもののうち、あなたが「世の中をハッピーにしている」と考えるものを三つ選び、その理由を一五〇字以内で説明しなさい。

① 独立　② 鉄道　③ リゾートホテル
④ 誕生日　⑤ 国家　⑥ オリンピック
⑦ スポーツ　⑧ 藤沢　⑨ プロフェッショナル
⑩ 自動車　⑪ 温泉　⑫ ファッション
⑬ 学校行事　⑭ 自然　⑮ オーディション

※ 原稿用紙(げんこうようし)の使い方に従って書くこと。ただし、一マス目から書き始め、改段落はしないこと。

※ 解答の文章中に①から⑮までの語を書かないこと。例えば「オーディションは」と書かずに「⑮は」とすること。

慶應義塾中等部

―45分―

一　次の文章を読んで、後の各問いに答えなさい。

「ねぇ、ねぇ、ケンちゃん。社会のレポートの宿題、終わった」

「ぜんぜん」

「えー、だって明日提出じゃなかったっけ」

「そういうヒロはどうなんだよ」

「わたしは昨日終わらせたわよ。夜中までかかっちゃったんだから。ケンちゃん、どうするつもり」

「なあに、チャ爺さんにお願いすれば、ものの三秒さ」

「またチャットＧＰＴに頼るつもり。先生が使っちゃダメだって言ってたじゃない」

「絶対バレないって」

俺と裕子はご近所さんで、昭和風な言い方でいえば幼馴染ってやつだ。今でも一日の生活のすべてがサッカー部関係のことでまわっている俺と違って、裕子は陸上部には所属していたものの引退するまではきっちりと部活と学習を両立して堅実な生き方をしていた。性格もまったく違う二人だが、幼いころから一緒によく遊んでいるせいか、異性ということを必要以上に意識してしまうこの年頃でも、なぜか気軽に話ができる存在だ。何事に対しても堅すぎるのが玉にキズだが。

「ぜんぜん話変わるけどさ。男子パートの音取り何とかしてよね。ケンちゃんパートリーダーでしょ」

「なんだよ、いきなり。女子だって、まだ歌えてないヤツたくさんいるじゃん」

「『今、別れの時――』から先が一番いいところなのに、男子がケンちゃん以外はボロボロじゃない。今年は中学校生活最後の年だから、絶対に校内音楽会で最優秀賞を獲るんだから。頼りにしてるんだからね、頼んだわよ。じゃーね」と言い残して裕子は教室の方に走っていってしまった。

ヒロのヤツ、何が頼りにしているだよ。勝手に言いたいことばかりいいやがって。^A^そもそも、もとはといえば俺はパートリーダーなんて柄じゃないし、全くやりたくなかったのに。あいつが勝手に指揮者に立候補して、その挙句、指揮者にパートリーダーの指名権があるなんて勝手なことをぬかして。^B^おかげでこの有り様だ。

確かに、男子の歌声はヒロのいう通りひどいものだ。でも、それは自分のせいじゃない。これがサッカーだったらチームを盛り上げていく手だてが思い浮かぶんだが、合唱となると、どこから手をつけてよいのか皆目見当もつかない。いつもレポートでお世話になっている、万能の神、チャ爺さんも［　C　］ここでは役に立たない。

「ちぇっ。俺以外男子は全員ボカロ(注1)じゃだめか」^D^吐き捨てるようにひとりごちて、グラウンドへ向かった。

「健太先輩、ちょっと相談があって」

グラウンドに着くやいなや、後輩の雄太が走り寄ってきた。俺自身は世代交代でこの夏、もう引退した身である。でも毎日練習に出て、後輩の面倒を見ている。言わば、サッカーバカだ。

「ドリブルしている途中、相手にボールを奪われてしまうことが多いんで、日本代表の（注2）三苫選手みたいに抜ける方法ってあるんですかね」

「おまえ、バッカじゃねーか。そんな簡単に三苫になれたら苦労しないわ。とりあえず、ドリブルデザイナー（注3）岡部将和さんのＤＶＤがあるから今度貸してやるよ。まずは基本テクニックから地道に練習するんだな」

「さすが、健太先輩っす。あざーす」雄太は元気に走ってピッチに戻っていった。

　後輩から受けた相談には必ず何らかのリアクションを返してやることにしている。何のことはない。ＤＶＤを貸してやるって言っただけだ。でも、自分で言うのもなんだが、後輩からは結構頼りにされているとも思う。もしかしたら、Eこの雰囲気が気持ちいいから、引退してからも毎日グラウンドへ足を運んでいるのかもしれない。

　それに比べて明日の放課後は少し憂鬱だ。うちのクラスにピアノ室が割り当てられている音楽会の練習の日だからだ。ふとさっきのヒロの言葉を思い出して気が重くなる。

「ちょっとー、ケンちゃん、男子ぜんぜん声出てないじゃない。なんとかしてよ」口を尖らせたヒロの顔が迫ってくる。

「うるさいな。何とかしてって言われたって、俺だってみんなに声出すように言っているよ。そうかといって怒鳴ったり脅したりして声が出るようなもんでもないだろ。いったいどうすりゃいいってんだよ」

「ケンちゃん、いつもサッカーグラウンドで後輩に上手にアドバイスしているじゃない。同じようにできないの」ヒロの顔がだんだん紅潮してくる。


「無茶言うなよ。いきなりサッカーのド素人を三苫や（注4）メッシにできるわけないじゃん。それと同じことだよ。チャ爺さん使ってちゃっちゃとレポート書くのとはわけが違うんだぜ」

Fいや、待てよ。サッカーグラウンドで後輩にアドバイスだ？　そうだ。それだ！

「よーし。今日の男子の練習はおしまい。その代わり、明日は学校に朝一時間早く来ること。わかったら、解散」突然俺は男子に解散命令を出した。

　はじめはきょとんとした表情で一瞬静止状態になった男子達だが、一人が帰り始めるとそのあとに続いてぞろぞろとピアノ室を出て行った。鳩が豆鉄砲喰らったような表情から、今や赤鬼と化したヒロが怒鳴った。

「ちょっと、ケンちゃん。何やってるのよ」

「いいから任せておけって」

　そう、人間、やる気さえあれば自分からどんどんうまくなろうとするはずなんだ。サッカー部の後輩たちが、俺のつたないアドバイスでもスポンジが水を吸うが如く、吸収していくみたいに。

　翌早朝。教室には眠そうな顔したヤツも結構いたが、曲がりなりにも全員がそろった。

「いいか、今からＤＶＤを見るから寝るんじゃないぞ。寝たいヤツは今すぐ帰ってくれ」そう、俺はみんなをやる気にさせるのは結構得意なのだ。

「この中でアメリカのロックとか好きなヤツいるか。今から見るのはな、ちょうど四十年くらい前にアフリカの飢餓に苦しむ子どもたちを救おうと、当時の大、大、大スターたちが集まって曲を完成させた凄いビデオだ。マイケル・ジャクソンの名前くらいは知っているだろう」というと、俺は(注5)『WE　ARE　THE　WORLD』のドキュメンタリー形式のメイキングビデオを見せた。いやー何回見ても(注6)レイ・チャールズは渋い。クラスの何人かには凄まじく、他のヤツらにもほどほどに。みんなで心を一つにして合唱を作り上げることの大切さが伝わったようだ。

さあ、やる気は起こせた。あとは音取りの練習あるのみ。ピアノなんか使えなくても、伴奏の音源さえあれば練習はいくらでもできる。男子の半分以上はやる気満々だ。残りの半分も雰囲気に引っ張られて何とかやれている状態。それでいい。罰ゲームではないんだ。俺自身、なんかすごく充実していて楽しい。チャ爺さん丸写しの社会のレポートなんGかどうでもよく感じられる。

さぁ、いよいよ女子と音を合わせて練習する日がやってきた。俺は自信満々だ。他の男子たちも見てろよという顔をしている。いいぞ。試合に臨むサッカー部と同じ雰囲気だ。

この曲を作曲した人が、ピアノ伴奏の子にもスポットを当てさせたいという意図が丸見えのキラキラしたピアノの前奏が始まった。俺たちの頭の中にはもう歌いだしの、早朝の白い靄がかかった山々の新緑に朝日が当たって輝いているという、はっきりとしたイメージが浮かんでいる。あとは『今、別れの時――』のところで俺たちの爆音を待つのみだ。これを喰らってみろ、ヒロ！

(注1)「ボカロ」…ボーカロイドの略。パソコンなどに入力されたメロディーと歌詞をもとに、曲に合わせた歌声を合成するアプリのこと。また、その曲を歌うアニメーションやCGによるキャラクターのこと。

(注2)「三苫選手」…三苫薫。世界で活躍するプロサッカー選手。そのドリブル突破力、アシスト力とゴール力には定評がある。

(注3)「岡部将和」…ドリブルデザイナー。世界の一流選手も相談に来るほどのテクニックを持っている。

(注4)「メッシ」…アルゼンチン出身の世界で活躍するプロサッカー選手。

(注5)「WE　ARE　THE　WORLD」…一九八五年にアフリカの飢饉と貧困を救うために作られたチャリティーソング。当時世界中の著名なアーティスト四十五名が参加。

(注6)「レイ・チャールズ」…アメリカの著名なブルースの第一人者。

問一　――A「そもそも」とあるが、これを言い換えた言葉としてもっともふさわしいものを、次の1～5から選び番号で答えなさい。

1　いわんや　　2　いわゆる　　3　ついつい
4　だいたい　　5　しばしば

問二　――B「ぬかして」と同じ使い方をしている表現としてもっともふさわしいものを、次の1～5から選び番号で答えなさい。

1　一字ぬかしてタイプしてしまった。
2　一匹をぬかしてみんなメスだった。
3　最後の一人をぬかしてリレーは優勝だ。
4　びっくりして腰をぬかしてしまった。
5　何をぬかしておるのやらわからない。

問三　［C］に入る言葉としてもっともふさわしいものを、次の1～5から選び番号で答えなさい。

1　にわかに　　2　さすがに　　3　まさしく
4　閑話休題　　5　さてしも

問四　――D「吐き捨てるようにひとりごちて」とあるが、そうなる理由としてもっともふさわしいものを、次の1～5から選び番号で答えなさい。

1　早くグラウンドに行って、後輩たちとサッカー部の練習に参加したかったから。

2　男子の歌声がうまくそろわないのは自分のせいなのに、どうすることもできないから。

3　裕子に頼りにされたにもかかわらず、良い対策が浮かばない自分に腹を立てたから。

4　校内音楽会には生身の人間だけでボカロは参加できない決まりに腹を立てたから。

5　裕子が自分のことを勝手にパートリーダーにしてしまって、憎たらしいから。

問五　――E「この雰囲気が気持ちいい」とあるが、この気持ちと同じような健太の心情が描かれている一文を本文中から探し、はじめと終わりの三字を答えなさい。ただし、句読点や符号も一字と数える。

問六　――F「いや、待てよ」とあるが、健太はこの時どうすることを思いついたか。本文中の言葉を用いて「～こと。」に続くように、二十字以上二十五字以内で答えなさい。ただし、句読点や符号も一字と数える。

問七　――G「どうでもよく感じられる」とあるが、こうした気持ちになる理由としてもっともふさわしいものを、次の1～5から選び番号で答えなさい。

1　教科の成績よりも、裕子を見返してやりたいと考える気持ちの方が大きかったから。

2　チャットGPTは情報が不正確なこともあり、その場しのぎのアイテムだから。

3　突然翌日の早朝に集めたにもかかわらず、男子がひとり残らず教室に来てくれたから。

4　自分が考えて行ったことで成果を得られたという充実感が、より大きいものだったから。

5　社会科は、テストの成績も良く、レポートなどの提出物で点数を稼ぐ必要がないから。

二　次の文章を読んで、後の各問いに答えなさい。（問題作成の都合上、表記を一部改めた部分がある）

慶應義塾中等部は、港区三田にある。学校周辺の観光名所といえば、東京タワー、六本木ヒルズ、東京ミッドタウンなど、映画やテレビドラマのロケ地でもお馴染みの場所が浮かぶに違いない。「名所」とは、古くは和歌を読むときに用いる歌枕の場所を指していたが、1狭義の意味を離れて、近世には人々が見物しに訪れる［　A　］を指すようになる。

諸君にとって思い出のある場所はどこだろうか。

新型コロナウイルス感染症による世界的な混乱も明け、「日常」を取り戻しつつあるここ東京は、かつて江戸と称された。徳川家康が一五九〇（天正十八）年に江戸に入り城を築いて以来、幕藩体制の中心地として急速に発展してきた場所だ。百年後の元禄年間には、「［　B　］」と称され、江戸や上方（大阪や京都）を中心に文学や文化、歌舞伎などの演劇が大衆芸能として花開いていく。江戸の文化・芸能は、庶民の庶民による庶民のためのもので、浅草一帯を中心に生き生きと繁栄を遂げてきた。ところが、大衆のつくり上げてきた歴史が、文化が、そして生活が、一瞬にして崩壊する日がやってくる。そう、関東大震災である。

　かつての江戸は明治になって東京へと改称。そして一九二三(大正十二)年九月一日、午前十一時五十八分。マグニチュード七・九の巨大地震が東京や神奈川を中心に襲いかかり、大都市に大きな被害をもたらした。江戸以来の伝統に馴染んできた人々の暮らしが、街並みが、一気に消え失せた。しかし、過去の積み重ねが消えたことで、2今まで入れなかったものがすっと入ってくるようになる。

　繁華街は浅草から銀座に移行し「モガ」「モボ」という言葉も生まれた。これはモダンガール、モダンボーイの略で、西洋文化の影響を受けた若い男女が、最先端のファッションに身を包み銀座を闊歩する映像や写真が象徴的であろう。和装(着物)は洋装へ。足袋は靴下、ストッキングに。草履は靴に。化粧の仕方も外国の映画スターを真似たようなスタイルに大きく変化する。大震災によって、外国のものが入りやすくなってきたのである。人間の服装を一つ変えるにしても大変な社会変動であるが、このように、過去とのつながりを［ C ］によって強制的に絶たれたことで、過去の空白地帯が東京に生まれ、その溝をうめたのが新しい西洋からの文化だったのである。

　3新しい風が吹いたのは、なにも空間や人間の生活に対するものだけではない。言葉もまた、時代によってとぎすまされ、［ D ］を生むことになる。大震災の翌年、大正十三年十月、「文芸時代」という雑誌が創刊された。すでに新人作家として認められていた横光利一、川端康成といった面々が参加した。世の中が新しい状況の中で発行された雑誌は、人々の期待で注目されることになる。中でも横光利一の短編「頭ならびに腹」は、たちまち話題になった。

「真昼である。特別急行列車は満員のまま全速力でかけていた。沿線の小駅は石のように黙殺された。」

　この文章のどこが新しいのだろう。それは簡潔に示される［ E ］ではないか。まず、「特別急行列車」という、東海道線の蒸気機関車を主語にしている。当時、もっとも進んだ科学技術であり、重工業の代表とでもいうべき機械が「全速力でかけていた」と、擬人化的表現を用いて重工業の先端をゆくものを人間のようにとらえている。また、「黙殺」される「沿線の小駅」は、より擬人化が強調されているようにも読める。

　今でこそ、小学生でさえ、「満員」電車やバスに揺られて通学している児童がいるが、そもそも4「満員」という群衆が私たちの周りに日常的に登場するのはこの頃が初めてであり、多くの人間が固まって行動するようになるのは、科学技術の発展が契機になったことはいうまでもない。

　こうして、文学の世界にも群衆や新しい機械文明が取り入れられ、5擬人法という表現技法が［ D ］を生んだ。こうした文学の一派を新感覚派と呼ぶ。関東大震災によって、文学作品にも新しい流れの一つの節目が起こったのである。

　かつて江戸の繁華街であった場所はすべて消えた。画家の竹久夢二は震災直後の灰色の東京を見下ろして「新しく造られる大東京は、緑の都市でなくてはならない」とつぶやいたといわれている。

　関東大震災では、震源地の近くでは激震による建物の倒壊や津波による流失があったと言われているが、実際のところ、東京や横浜では火災による消失が甚大であった。江戸の芸能、文化の中心地であった隅田川周辺、上野、浅草一帯はすべて焼け野原となった。夢二は震災後の焼け跡を歩いて数々のスケッチも残している。

新しい百年を生きていく諸君よ。自分たちが学び、生活する東京を、今後どのような都市にしていきたいと考えているか。この百年で私たちの生活は確かに便利になった。今や手のひらの中で最先端の情報にふれられる。実際にふれたい、手に入れたいとあらば、クリック一つで世界中の商品を購入できる世の中である。都市の再開発は加速度を増し、かつて江戸の人々の心を癒した自然樹木や景観の名所は人の手によって少しずつ姿を消している。伝統芸能、芸術の継承者は年々少なくなり、やがてまた起こるであろう震災を待たずして、歴史の空白地帯が再び生まれようとしているこの現実は、もはや人ごとではあるまい。

問一　――1「狭義」の対義語を、次の1～5から一つ選び番号で答えなさい。

1　異議　2　意義　3　語義　4　広義　5　会議

問二　[A]～[E]にあてはまるもっともふさわしい表現を、次の1～9からそれぞれ一つずつ選び番号で答えなさい。

1　科学技術　2　自然の猛威　3　短文の効果
4　花のお江戸　5　二種類の主語　6　既成概念
7　新しい感覚　8　姉妹都市　9　名高い場所

問三　――2「今まで入れなかったものがすっと入ってくるようになる」とはどういうことか。もっともふさわしいものを、次の1～5から選び番号で答えなさい。

1　歴史の空白地帯となったところに外国からの文化を取り込んだこと。
2　江戸を中心に上方の芸能が大衆芸能として花開いたこと。
3　浅草周辺に西洋文化の影響を受けた若者が集まるようになったこと。
4　焼け野原となった東京を復興させて新しい街づくりを推進したこと。
5　銀座一帯に外国のものが集中し、半ば強制的に近代化を遂げてきたこと。

問四　――3「新しい風が吹いたのは、なにも空間や人間の生活に対するものだけではない」とあるが、本文の内容をふまえた上で「空間」「人間の生活」に含めないものを、次の1～5から一つ選び番号で答えなさい。

1　銀座　2　擬人法　3　モボ・モガ
4　映画スター　5　芸術の継承者

問五　――4「『満員』という群衆が私たちの周りに日常的に登場するのはこの頃が初めて」とあるが、この説明としてもっともふさわしいものを、次の1～5から選び番号で答えなさい。

1　浅草や銀座周辺は常に人でごったがえしていたということ。
2　新しい機械文明のおかげで人びとの生活が豊かになったということ。
3　科学技術の発展によって人びとの移動手段が変わったということ。
4　都市の再開発が人びとに与えた影響ははかり知れないということ。
5　蒸気機関車は一般の人びとには縁のない乗り物だったということ。

問六　――5「擬人法という表現技法」とあるが、その表現技法と同じものを、次の1～5から一つ選び番号で答えなさい。

1　父の頭に霜がおりてきたなあ。
2　閉会後、門は固く口を閉ざした。
3　聞こえるよ、器楽部の演奏が。
4　国破れて山河あり。城春にして草木深し。
5　ダンス部の踊りは、まるで打ち上げ花火のようだ。

問七　――6「焼け野原」とほぼ同じ意味で使われている表現を、次の1～5から一つ選び番号で答えなさい。

1　倒壊や津波　2　樹木伐採計画　3　大東京

4　緑の都市　5　過去の空白地帯

問八　次のア～エについて、本文の内容に合っていれば1を、合っていなければ2を記入しなさい。

ア　新型コロナウイルスの影響で海外とのパイプが遮断され、日本独自の文化が花開くようになった。

イ　関東大震災は東京に大きな被害をもたらしたが、皮肉なことに新しい風を受け入れやすくするきっかけをつくった。

ウ　震災は文学界にも新風を巻き起こし、科学技術の発展とともに新しい表現方法が生み出されることになった。

エ　筆者は過去と現在をわけてとらえ、新しい百年は震災が起こっても日本独自の文化や伝統を絶やさないようにしてほしいと願っている。

三　次の文章を読んで、後の各問いに答えなさい。

「雪月花の時最も友を思ふ。」

これはA川端康成氏がBノーベル文学賞を受けた時、スウェーデン学士院で行った「［C］日本の私」という講演の中に挿入した詩の一行であった。自然の景物を友とするところに成立する日本人の美意識を、いろんな和歌や詩を挙げながら説いていた中で、この詩の一節もまことに適切な引用句として挿まれていたことを思い出す。

この詩句について、あるとき私は、川端氏に誰の作かと尋ねたことがある。すると氏は、あの大きな眼をぎろりと光らせて、

「そんなこと、知るもんですか」

と、Dにべもない返事だった。だが私は間もなく、それが矢代幸雄氏の名著『日本美術の特質』から孫引きされた(注1)白楽天の詩句であり、原詩が少し間違って引用してあることを知った。さらにまた、その詩が和漢朗詠集に収められていて、平安時代にその詩句はきわめて(注2)人口に膾炙し、E枕草子にはそれについての一挿話を書きつけていることに気づいた。

きわめて日本人的な美意識とはいえ、その原作者は中唐の高名な詩人であった。もっとも白楽天の詩句など、とくに日本人に好かれやすい性質を持っているのかも知れない。朗詠には「交友」の章に、

琴詩酒ノ友皆我ヲ抛チ
雪月花ノ時最モ君ヲ憶フ

という［F］として挙げられている。詩の題は(注3)「殷協律ニ寄ス」。(注4)江南で生活していたころ、琴、詩、酒をともに楽しんでいた友だちは、すべて私を見棄てどこかへ行ってしまった。自分は今ひとりになって、雪、月、花に対しながら、これをともに見て楽しむ友として、切に君(殷氏)のことを思う、というのだ。

この詩がもとで、日本では「琴詩酒」とか、ことに「雪月花」とか、言われるようになった。言わば、日本人の風雅思想の形成の上で、この詩句は大事な役割を果したと言える。それに、その後日本人がG四季の代表的な景物を言うとき、この三つに夏の［H］をも加えて挙げるのが常で、今も私たちは何かというと雪月花と言っている。

（山本健吉『現代の随想　28　山本健吉集』より）

(注1)「白楽天」…白居易のこと。中唐(唐代中期)の詩人。

(注2)「人口に膾炙し」…人々の口にのぼって、広く世間に知られているさま。

（注3）「殷協律ニ寄ス」…白楽天の部下であり友人の殷協律に寄せるという意。

（注4）「江南」…中国の地域の名前。

問一　――A「川端康成」の作品の冒頭部であるものを、次の1～5から一つ選び番号で答えなさい。

1　高瀬舟は京都の高瀬川を上下する小舟である。

2　吾輩は猫である。名前はまだない。

3　禅智内供の鼻と云えば、池の尾で知らない者はない。

4　メロスは激怒した。

5　国境の長いトンネルを抜けると雪国であった。

問二　――B「ノーベル文学賞」を受賞した日本人を、次の1～5から一つ選び番号で答えなさい。

1　夏目漱石　　2　与謝野晶子　　3　森鷗外

4　大江健三郎　　5　樋口一葉

問三　［C］にあてはまる言葉を、次の1～5から一つ選び番号で答えなさい。

1　新しい　　2　美しい　　3　正しい

4　小さな　　5　おかしな

問四　――D「にべもない」の意味としてもっともふさわしいものを、次の1～5から選び番号で答えなさい。

1　愛想のない　　2　品のない　　3　忖度のない

4　自信のない　　5　飾り気のない

問五　――E「枕草子」の冒頭部（序段）であるものを、次の1～5から一つ選び番号で答えなさい。

1　やまとうたは、人の心を種として、万の言の葉とぞなれりける。

2　いまはむかし、たけとりの翁といふものありけり。野山にまじりて竹をとりつつ、よろづのことにつかひけり。

3　つれづれなるままに、日くらし、硯にむかひて、心にうつりゆくよしなし事を、そこはかとなく書きつくれば、あやしうこそものぐるほしけれ。

4　春はあけぼの。やうやうしろくなりゆく山ぎは、すこしあかりて、紫だちたる雲のほそくたなびきたる。

5　祇園精舎の鐘の声、諸行無常の響きあり。沙羅双樹の花の色、盛者必衰の理をあらはす。

問六　［F］にあてはまる表現技法を、次の1～5から一つ選び番号で答えなさい。

1　反復　　2　倒置　　3　比喩　　4　対句　　5　体言止め

問七　――G「四季の代表的な景物」について、次の問いに答えなさい。

(1)「雪月花」それぞれが表している季節の組み合わせとしてもっともふさわしいものを、次の1～5から選び番号で答えなさい。

1　雪：春　月：秋　花：冬

2　雪：春　月：冬　花：秋

3　雪：秋　月：冬　花：春

4　雪：冬　月：春　花：秋

5　雪：冬　月：秋　花：春

(2)［H］にあてはまる言葉としてもっともふさわしいものを、次の1～5から選び番号で答えなさい。

1　燕　　2　時鳥　　3　啄木鳥　　4　白鳥　　5　鶯

(3) 「雪月花」の本文中での説明としてもっともふさわしいものを、次の1～5から選び番号で答えなさい。

1 「琴詩酒」よりも大切にされてきた日本の伝統文化のこと。
2 日本独自の文学から生まれ発展してきた日本人の風雅思想のこと。
3 時の経過とともに疎遠になってしまった友人との惜別の情のこと。
4 移りゆく季節の流れに対して感じるある種の儚さのこと。
5 自然を身近な生活の中に感じ取る日本人の美意識のこと。

四 次のA～Fの――部の語について、後の各問いに答えなさい。

A 木が倒れる。　B スマホがある。
C 合唱曲を歌う。　D 母に似る。
E 薬が効く。　F 部屋の明かりが消える。

問一 A～Dの――部の語に、「～ている」をつけるとどうなるか。その説明としてもっともふさわしいものを、次の1～4から一つずつ選び番号で答えなさい。

1 動作が進行中だということを表す。
2 動作や作用の結果を表す。
3 いまの状態を表すが、――部のままの形で使われることは少ない。
4 「～ている」の形にすることができないが、「た」をつけると発見や気づきを表す。

問二 E・Fの――部の語について説明した次の文章の空欄にあてはまるもっともふさわしい言葉を、後の【語群】1～6から一つずつ選び番号で答えなさい。

E、Fのそれぞれの――部に「ている」をつけると、変化が起きた結果、その状態が持続していることを表す。Eの文では、話し手が今まさに変化を［ア］しているにちがいない。ただし、E、Fそれぞれの文でもその状態が永遠に続くわけではない。

それでは、「た」をつけるとどうなるだろうか。Eの文は、薬をのんだ結果、すでにその作用は［イ］していて、それ以前の状態が持続していないことを表している。Fの文では、変化が起きた［ウ］に焦点があてられ、その状態が持続していることを表している。動作や作用の過程で時間の制約がありそうだ。

【語群】　1 瞬間　2 時間　3 実感
4 完了　5 経験　6 錯覚

五 ――のカタカナを、正しい漢字に直しなさい。

ア この作品はヒョウバンがよい
イ 彼はシュウセイ向上心を失わなかった
ウ レンメンと続いた伝統を守る
エ フクジ的な問題が生じる
オ 寒さでコキザみにふるえる
カ かるたの取りフダを並べる
キ 免許をコウフする
ク デンピョウに記入する
ケ 郊外にテンキョする
コ 二人の考えはキせずして一致した

サ　フクシンの部下

シ　クラスイチガンとなって取り組む

ス　ソウバン解決するだろう

セ　親コウコウをする

ソ　畑をタガヤす

国学院大学久我山中学校(第一回)

—50分—

〔注意事項〕 1　設問の関係で、原文とは異なるところがあります。
2　句読点(、や。)その他の記号(「や〃など)は1字分として数えます。

一　次の文章を読んで、後の問いに答えなさい。〈問題は問一から問六までであります。〉

設問の都合上、本文の表現を一部改めた箇所があります。

筆者は、世界各地の家庭の台所を訪れて一緒に料理をし、料理を通して見える暮らしや社会の様子を発信している。

筆者はヨルダンで、「料理上手な方だ」と、サマルさん(シリア難民)一家を紹介された。彼女の家庭を訪問した後で、シリア難民をめぐる社会事情を記したものが以下の文章である。

その後ヨルダンで過ごす中でも、ヨルダン人から「シリア菓子はおいしい」という話をたびたび聞いて、シリアへの憧れがずんずんと募っていった。

しかし、①シリア菓子屋がなぜヨルダンにあるのかという事情を知ると、今すぐ行ける状態でないという現実が身に沁みる。ヨルダンもスーダンも、街角の菓子屋を動かしているのは、シリアからの難民だ。２０１１年に端を発するシリア内戦は10年以上経っても終わりが見えず、住んでいた人々の半数以上が難民として国内外に逃れた。今世紀最大とも言われる難民の発生は、どうして起きたのだろうか。

シリア内戦は、中東諸国に波及した民主化運動「アラブの春」が発端だった。シリアでも40年間続いていた独裁政権に対する不満が高まっており、２０１１年に抗議デモがはじまった。これが、周辺国からの武力支援を得るなどして内戦へと発展。政府側・反政府側両陣営に過激派組織が参戦したことなどで泥沼化し、出口の見えない内戦が２０２３年現在も続いている。

その間に、安心して暮らせる場所を求めて、多くの人が家を離れた。シリア国外に逃れた国外避難民は６８０万人、国内の別の場所に避難した国内避難民は６９０万人。あわせるとその数約１３７０万人におよぶ(ＵＮＨＣＲ※、２０２１年12月時点)。国連統計では、内戦直前の２０１１年の人口が２２７０万人ほどだから、そこに生活していた人の半分以上の数が難民になったということだ。１３００万人というのは、東京都の人口に匹敵する。テレビのニュースで、荒廃した街の様子を見たことがあった気がするけれど、改めて数字で知ると途方もない規模で人々が住む場所を失ったという現実に呆然とする。今世紀最悪の人道危機ともいわれる内戦の犠牲は、あまりに大きい。【A】

そして、国外に逃れた６８０万人の難民を受け入れたのは、隣接する国々だ。一番多いのはトルコで、次いでレバノン、ヨルダンも66万人以上の難民を受け入れている。ただしこれは難民登録されている人数で、ヨルダンの人口統計によると130万人ほど住んでいるとされる。ヨルダンの人口が約1000万人だから、その約7パーセントにあたる人々が流入してきたことになる。なかなかな割合だ。【B】

その上、ヨルダンには1948年の第一次中東戦争以降発生したパレスチナ難民も、230万人ほどいる。イラク戦争による難民6・5万人などもいて、すべて合わせて単純計算すると、人口の3割ほどが難民ということになる。ものすごい数だ。小学校に行ったら、クラスの10人くらいは難民ということなのだろうか。「ヨルダンに住んでいる人の7割くらいはパレスチナ系なんだよ」と教えてくれた人もいる。結婚などによって同化が進んでいるからだろうか、本当の数字はわからないし、見ためで区別することもほぼできない。【C】

単純に難民受け入れ人数だけ聞くと、「大勢の難民を受け入れていてえらい」と言いそうになるけれど、受け入れ国の負担は大変なものだ。医療・社会保障・教育などの公共サービスを難民にも提供しなければいけないし、砂漠気候なので飲料水の確保も問題だ。そしてそれらには大きな財政支出が伴う。また、シリア内戦前のヨルダンの失業率は12パーセント程度だったが、2014年頃から急上昇して2021年には19・3パーセントにのぼっている。難民の就業機会も重要なテーマだが、その前にヨルダン人の※雇用を守らなければいけない。しかしシリア人の就業を制限して十分な生活費を支給し続けられるほど※潤沢な資金があるはずもない。結果、2018年現在ヨルダンに住むシリア難民の85パーセントは貧困ライン以下の生活をしている。【D】

財政的な負担増や、もともと生活する人々の暮らしへの影響に加えて、難民は犯罪を起こすなどといった必ずしも根拠のないイメージによって、多くの国で難民受け入れは※軋轢を生む。ヨーロッパでは難民政策が選挙の争点の一つになるくらい、身近な関心事だ。それはそうだ、［　X　］と思うと、なかなか気持ちよく納得はできない。

ヨルダンの場合はどうなのか。もちろん、軋轢がないわけではない。しかも、シリア人の約80パーセントは難民キャンプの外に暮らし、街で生活を共にしているのだから、社会インフラを分け合わなければいけない機会も多い。けれど、ヨルダンに住むヨルダン人たちに話を聞いて印象的だったのが、「シリア人はおいしいものをもたらしてくれたから」という言葉だった。特に、シリア人が営むお菓子屋さんは素晴らしいという。「シリア人が来て街の菓子屋のレベルが上がった」という話も聞いた。さらっと発されたその言葉に、②なんだかすごく励まされた。また、※サマルが英語を教える家庭教師先の家で※マクドゥースをお裾分けしたら、その方は顔をほころばせて喜んでいた。こちらまでうれしくなった。

もちろん、どんなにシリア菓子が評判でも、紛争は解決しないし、ヨルダンの財政問題が解決するわけではない。「シリア菓子はおいしいからヨルダン人は難民を歓迎している」というのはあまりに※うぶだろう。

しかし政策的にも、ヨルダンがシリア人を受け入れる一歩を踏み出しているのは注目したい。2016年、ヨルダン政府はシリア難民の就労許可基準を※緩和した。医療等の外国人就労が認められない分野を除いて、複数の分野で※正規雇用の申請ができるようになった。これはかなり異例の政策で、難民というのは普通、正規の仕事につけずに非正規の仕事で身を立て、※脆弱な立場に置かれる。キャンプ内に住んでいても物売りなどではなく正規の仕事につけるというのはすごいことなのだ。

実際、これによって就労許可者は、2015年12月から2016年12

月の1年間で4000人から4万人に急増した。加えて、すでにシリア人が行っていたビジネスを正式に認めたり新規の開業を認めたりする方針を出した。それまで非正規だったシリア人の菓子屋も、正式にビジネスとして認められるようになったのだ。お菓子がおいしいからシリア人はウェルカムというだけの話でなく、政策的にも、シリア人を社会の一員として受け入れ、共生する道を築こうとしているのだ。

　ところで、わが日本の難民受け入れ状況をご存じだろうか。ヨーロッパの国々が、軒並み十数パーセント以上の認定率のところ、日本は0・7パーセント（2021年）。認定数で言うと3桁少ない74人だ。この圧倒的な認定率の低さには、難民認定基準の厳しさがあるといわれる。難民として認められなくても、一時的な在留特別許可が与えられることもあるものの、社会の一員として受け入れていこうというステージにはまだない。ヨルダンのシリア難民のことも心配だが、自分が生きるこの国の［Y］も心配だ。

（岡根谷実里『世界の食卓から社会が見える』〈大和書房〉による）

※　UNHCR…国連難民高等弁務官事務所。
　雇用…働いて生きていけるようにすること。

　潤沢…たくさんあること。

　軋轢…争いが生じて、仲が悪くなること。

　サマルが英語を教える家庭教師先の家…ヨルダン人の家。

　マクドゥース…シリアやレバノンの家庭料理。茹でたナスにパプリカペーストやクルミを挟み、オイルに漬けた保存食。

　うぶ…ういういしいこと。

　緩和…ゆるめること。

　正規雇用…正社員として働けること。

　脆弱…弱い。

問一　筆者は［　　］の中で――線①をくり返し説明している。それを簡潔に示した次の一文について、後の設問(1)(2)に答えなさい。

　シリアでは、［Ⅰ］が［Ⅱ］化して出口の見えない状態に陥った結果、［Ⅲ］となって現在も故郷に戻れずにいる状況が背景にある。

(1)　［Ⅰ］［Ⅱ］に入ることばを、文中の［　　］からそれぞれ漢字2字で抜き出して答えなさい。

(2)　［Ⅲ］にあてはまることばを、文中の［　　］から15字で抜き出して答えなさい。

問二　次の脱落文は、文中の【A】～【D】のどこに入りますか。最も適当な箇所を記号で答えなさい。

それくらい生活の中に当たり前に「難民」がいるわけだ。

問三　［X］にふさわしい内容の文を「善」と「損」という語を必ず入れて、30字以内で答えなさい。

問四　――線②とありますが、なぜ筆者は励まされたのですか。最も適当なものを次の中から選び、記号で答えなさい。

ア　ヨルダン人が国の政策に満足し、難民による不利益を言い立てなくなったのを目の当たりにしたから。

イ　軋轢をはらみながらも、ヨルダン人がシリア人のもたらしたものに感謝する姿に、共存の兆しが感じられたから。

ウ　自分も気に入っているシリア菓子の評判が、彼らのイメージアップになっていることに気が付いたから。

エ　シリア菓子がシリアとヨルダン両国の架け橋になっているのを見て、それが紛争をも解決すると確信したから。

問五　Y に入ることばとして最も適当なものを次の中から選び、記号で答えなさい。

ア　若者　イ　雇用　ウ　評判　エ　未来

問六　本文の内容に合っているものを次の中から2つ選び、記号で答えなさい。

ア　具体的な数値が示されることによって、シリア難民の置かれた厳しい経済事情が分かるようになっている。

イ　シリア難民の開いた菓子屋に刺激されて、ヨルダン人はそれよりもおいしいお菓子を作れるようになった。

ウ　難民の受け入れは、彼らに公共サービスや雇用を提供することだけでなく、自国民への配慮が不可欠である。

エ　日本はヨーロッパ諸国に比べて難民認定率は低いが、在留許可によって社会で活躍できる機会を与えている。

オ　難民登録されている以上に人々がヨルダンへ流入しているが、経済の活性化に貢献して失業率は低下した。

二　次の文章を読んで、後の問いに答えなさい。〈問題は問一から問六までであります。〉

なお、本文の改行において、設問の都合上、原文と異なる部分があります。また、方言を用いた部分については、適宜、本文の左側〈　〉内に共通語による表現をそえてあります。

《ここまでのあらすじ》

舞台は長崎県五島列島、福江島福江の新栄町。町の外れに、家族7人で暮らすミンコ(美沙子)は6歳。終戦の翌年に生まれた。戦地から帰った父は不慣れな船乗りになり、家はどん底の生活が一年近く続いている。一家の裏手には、仲良しの恵子の家がある。恵子の父は元軍人。誇り高く、周囲から「軍人さん」と呼ばれ、母も「奥さま」と呼ばれていた。しかし敗戦で職業がなくなり、家財道具も売り尽くして、生活のために焼き芋屋を始めた。

春、3月3日の朝。家の事情がわかっている姉たちは、ひな祭りだからといって母にごちそうを作ってくれなどとねだってはいけない、とミンコに念をおして登校していった。姉たちが出て行った後、繁盛している町内の子どもたちがミンコを誘いに来た。お寺の下の田んぼ(この季節はれんげ畑になっている)で去年のようにひな祭りのごちそうを食べよう、という。ミンコは、田んぼに行きたくて、ごちそうをねだった。母親は困り果て、なおもねだるミンコを叱りながら、目には涙が光った。ミンコは思いついて、いもの天ぷらでいい、という。母親は、それならばといって、山盛りのいもの天ぷらを揚げ、重箱を用意した。玄関のわきで、着飾った子どもたちが待っている。母親は、姉からのお下がりの着物をミンコに着せ送り出した。

ミンコたちは、表へ走り出た。ミンコはうれしくて、そのうれしさが、ミンコの小さいからだからはみ出しそうだった。約束どおり、みんなと田んぼへいけるのがうれしかった。いもの天ぷらだけでもうれしかった。あまりにも心がはずみすぎて、なかよしの恵子がその仲間にくわわって

いないことを、すっかりわすれていた。【A】

「わぁーい、わぁーい」

　田んぼへ着くなり、重箱を開いた。友だちの重箱には、えびやいか、色とりどりのかまぼこ、卵焼き、たけのこ、れんこん、煮(に)まめが、色どりよくつめられていた。そのごちそうを見て、ミンコはびっくりした。こんなごちそうを見たのは、はじめてだった。ミンコがおどろいて見ていると、

「ミンコちゃんのには、何が入っとる〈てる〉？」

と、幸子(さちこ)が聞いた。

「うん、今、あけるばい〈よ〉」

①ミンコは、いさぎよく重箱を四段あけた。黄色のいもの天ぷらばかりが、顔を出した。

「ワァー!!　おいしそうじゃ！」

　みんなが、ミンコの重箱に歓声(かんせい)をあげた。

「ミンコちゃん、えびとかえてくれろ」

「ゆで卵とかえてくれろ」

「かまぼことかえてくれろ」

「煮しめとかえてくれろ」

　いもの天ぷらに、人気が集中した。みんなにたりよったりの重箱の中味だったので、いもの天ぷらがめずらしかった。ミンコは、喜んで交換(こうかん)した。帰りぎわには、ミンコの重箱は、ごちそうではみ出さんばかりになった。

　ミンコは、ひとりで食べようとは思わなかった。姉たちの朝のことばを思い出していた。

「ミンコ、ごちそうば〈を〉作ってくれっちいうたらいけんぞ〈っていったらいけないよ〉。ミンコは、かしこかけん〈かしこいから〉、いわんね〈いわないね〉。かしこかもんね」

　姉たちは、きっと学校から帰ってきても、いもの天ぷらさえねだらずに、またそうけ〈竹製のざる〉を持って、田んぼへ、せり採(と)りに行っているだろう。

（おりゃあ〈わたしは〉、食べんでもよか〈よい〉、持って帰って、兄ちゃんや姉ちゃんどん〈たち〉が食べたらよか。うんまかっち〈うまいねぇって〉、いうじゃろうなあ。はよう〈はやく〉持って帰って食べさせんば〈なければ〉）

　そう思うと、ミンコの胸は、喜びで、はちきれそうだった。

　宗念寺(そうねんじ)の坂道を、ワァーッと、みんなでかけおりるときになって、ミンコは、恵子が仲間にくわわっていないことに気がついた。【B】

「ああ、どげん〈どう〉しよう」

と、ミンコは思って、立ちどまった。

「ミンコちゃん、どげんしたと？」

　友だちも立ちどまって、心配そうに聞いた。

「うん、恵子ちゃんば〈を〉さそうとば〈のを〉、わすれた」

と、ミンコは答えた。

「また来年、さそうたらよかじゃん〈いいじゃない〉」

　友だちはこともなげにいったけれど、ミンコは恵子をうらぎったようで、心が暗くなった。【C】

　家が近くなった。

「おみやげ三つ、たこ三つ」

　やす子が、ミンコの背中をたたいた。ミンコも、たたきかえした。幸子にも邦子(くにこ)にもおもいきりたたかれて、ミンコの心はすこし明るくなった。【D】

（こん〈この〉ごちそうば見たら、みんなびっくりするばい）

そう思うと、はやくごちそうを見せたくて、ミンコは、また走った。重たい重箱が、カタカタとゆれた。

家に着くと、ミンコはまず、姉たちにあやまった。【E】

「姉ちゃん、ごめん。朝、いわれとった〈ていた〉とに〈のに〉、泣いて母ちゃんにせがんだとよ〈のよ〉」

「ミンコ、よかとよ〈いいのよ〉。母ちゃんに聞いた。せがんでも、いもの天ぷらなら、せがんだうちに入らんもん〈入らないもの〉、ね」

姉たちは、顔を見あわせていった。②ミンコは、ほっとして、重箱を母にわたした。母は重箱の引き出しをあけると、

「あらよー〈あらまぁ〉、ごちそうばい」

感嘆（かんたん）の声をあげた。

「ミンコよい〈よ〉、せっかく、みんなと田んぼへ行ったとじゃけん、あが〈あなた〉が全部食べてくれればよかったとに〈のに〉……」

「うんにゃ〈いいや〉、おらぁ、腹いっぱい田んぼで食べてきたけん、おなかいっぱいたい」

ミンコは、［　　］。

「さあ、さあ、淑子（よしこ）に智子（ともこ）、小皿ば〈を〉六枚出してくれろ。ごちそうば、わけるけんね〈からね〉。ミンコは食べたっち〈て〉いうちょるばってん〈けれども〉、またおなかがすくかわからんけん、ミンコにもわけるけんね。家族みんなと食べるのも、またよかもん〈いいもの〉じゃけん」

と、いったあと、急に思いだしたように、

「ミンコ、恵子ちゃんは？」

と、聞いた。

「うんにゃ、いっちょらん〈いっていない〉」

「やっぱりね。昼間、うらであの子の声がしたけん〈から〉、ひょっとしたら、っち〈って〉、思うちょった〈思っていた〉ら、やっぱり、いかれんじゃったとじゃんね」

母は、自分の分の皿を持つと、うらへ出ていった。ミンコは、すこしホッとした。そして心の中で、

（やっぱり、ミンコの母ちゃんばい）

と、③母のあたたかい心づかいが、うれしかった。しばらくすると、母は、小皿に焼きいもをのせて帰ってきた。

「売れ残りじゃばってん〈だけれども〉、ちいうて〈って〉、くれたとよ。さあ、ミンコが食べろ」

母が、ミンコの前に小皿をおいた。ミンコは、おなかがすいていたので、大口をあけて、パクパク食べた。冷（ひ）えたイモを食べていると、今日の自分のうらぎりが、ゆるされたような気がした。

「ミンコ、これからは、どっかへいくときにゃ、かならず恵子ちゃんば〈を〉、さそえよ！　ごちそうが作れる、作れんは二の次じゃけんね。あん〈あの〉子はすなおな子じゃけん、ひがまんばってん〈ひがまないけれども〉、やっぱ、さそわれんじゃったら、さびしかけんね」

やさしくさとすようにいったが、④母のことばは、ミンコの胸に強くこたえた。

恵子の家の焼きいも屋は、あまり売れていなかった。その原因を、

「愛想（あいそ）が悪かもん〈悪いもの〉。どうせお客さんで〈お客さんとして〉買うと〈の〉なら、愛想の良かとこ〈良いところ〉がよか〈よい〉もんね」

と、ミンコの家へやってきたおとなたちが、いっていた。

「ふたりとも性分（しょうぶん）じゃけん〈だから〉、急に愛想よう〈よく〉できんとじゃろね。つんだ

ひかね（かわいそうだね）」

母は、同情していた。春だけで、恵子の家は焼きいも屋をやめた。

（今井美沙子『少女ミンコの日記』〈ポプラ社〉による）

問一 ――線①からは、ミンコのどのような心の動きがうかがえますか。最も適当なものを次の中から選び、記号で答えなさい。

ア　みんなを驚かそうと思っていたが、すぐにあきらめた。
イ　みんなに対してひけめを感じたが、それをふりきった。
ウ　幸子の気づかいを感じつつも、気づかないふりをしようとしている。
エ　幸子への対抗意識がめばえつつも、それをおさえこもうとしている。

問二 次の脱落文は、文中の【A】～【E】のどこに入りますか。最も適当な箇所を記号で答えなさい。

いつも恵子と仲よしなのに、ほんとうは、自分のことしか考えてなかった、と思いあたったのだった。

問三 ――線②とあるが、ミンコがほっとしたのはなぜですか。最も適当なものを次の中から選び、記号で答えなさい。

ア　覚悟して正直に謝ったことが、姉たちの朗らかな笑いをさそったから。
イ　姉たちにこっぴどく叱られると思っていたが、わずかな小言だけですんだから。
ウ　深く反省している態度を見せたことが、うまく功を奏して、姉たちをなごませたから。
エ　叱られることなくむしろ、謝るようなことはしていない、と姉たちにとりなしてもらえたから。

問四 文中の［　］に入ることばとして最も適当なものを次の中から選び、記号で答えなさい。

ア　うそをいった　　イ　冗談めかした
ウ　うやむやにした　　エ　隠さずにいった

問五 ――線③とありますが、「母のあたたかい心づかい」とは、どのようなことをさしているのですか。「ごちそう」ということばを必ず用いて、35字以内で答えなさい。

問六 次の文は、――線④について、一つの解釈を述べたものです。後の設問Ⅰ・Ⅱに答えなさい。

今しがた、［A］ような気がしたのは、やはりまちがいであって、恵子ちゃんの［B］に気づいてあげられなかった自分は、恵子ちゃんにほんとうにかわいそうなことをしてしまったのだ、と思いあたり、ミンコは胸をいためている。

Ⅰ　［A］に入ることばを、文中から15字以上20字以内で抜き出しなさい。

Ⅱ　［B］に入ることばをひらがな4字で答えなさい。ただし、文中のことばを名詞のかたちにして記すこと。

三　次の問いに答えなさい。

問一 次の①～⑥の――のカタカナを、漢字に直しなさい。

① 台風で運動会がエンキになった。
② 宝物をヒミツの場所にしまう。
③ 美しい光景が私のノウリに焼き付いている。

④　希望したジョウケンに合うものを見つけられて満足する。

⑤　カンラン車から東京の街を一望する。

⑥　どの説明もスイソクの域を出ない。

問二　次の①②の□に共通して入る漢字一字を答えなさい。

①　隊列が一□乱れず行進している。

②　目的のためにはお金に□目をつけない。

問三　次の四字熟語と同じような意味を持つものとして最も適当なものをア～エから選び、記号で答えなさい。

【一所懸命】

ア　一念発起　　イ　言行一致　　ウ　一意専心　　エ　一日千秋

問四　次の□にはそれぞれ漢数字が入ります。すべて足した答えを漢数字で答えなさい。

□里霧中　（どうすべきか判断に迷い、方針や見込みが全く立たないこと。）

□人□色　（好みや考えは人によってそれぞれ違うということ。）

□差□別　（いろいろな種類があり、その違いが様々であるということ。）

問五　次の①②それぞれにおいて、熟語の構成が他の三つと異なるものをア～エから選び、記号で答えなさい。

①　ア　投網　　イ　読経　　ウ　造園　　エ　賃貸

②　ア　永久　　イ　訪問　　ウ　欲望　　エ　名実

問六　誤った敬語の使い方がなされている文を次の中から一つ選び、記号で答えなさい。

ア　先輩(せんぱい)の自宅に招待され、料理をいただいた。

イ　両親が運動会にお越しになった。

ウ　市長が会議のはじめに挨拶(あいさつ)をなさった。

エ　お客様の要望をうかがった上で、方針を決める。

栄東中学校(A)

—50分—

注意事項　字数指定のある問題は「、」や「。」も1字として数えるものとします。

一　次の各文の——線部を漢字に直しなさい。

1　シキュウご返事ください。
2　鎌倉(かまくら)時代ソウケンの寺。
3　不注意にキインする事故。
4　試合がショウネンバを迎(むか)える。
5　お正月にネンガジョウが届く。

二　次の(1)～(10)に当てはめるのに最も適切な言葉をあとの【語群】から選び、それぞれ記号で答えなさい。ただし、記号は一度ずつしか使いません。

・本心を(1)に打ち明けた。
・クレームに対する(2)な対応にいらだつ。
・風にそよぐ(3)な柳(やなぎ)の枝を描(えが)く。
・大切な客人に対し(4)なもてなしを心がける。
・先方の(5)な心づかいに感謝する。
・なりふりかまわず(6)なやり方でお金をかせぐ。
・(7)な小鳥のさえずりに目を覚ました。
・私としたことが(8)にもすっかり忘れていた。
・けんか相手のことを(9)に言う。
・雨上がりは(10)に外に出たくなる。

【語群】

ア　たおやか　　イ　かぶん　　ウ　ねんごろ　　エ　うかつ
オ　あこぎ　　カ　そぞろ　　キ　あしざま　　ク　せきらら
ケ　かんまん　　コ　うららか

三　次の文章を読んであとの問いに答えなさい。

具体的にどのようなことが起こると、自分たちの言語に消滅(しょうめつ)の危機がおしよせてきていると分かるのでしょうか？　1子供がその民族の言葉(=母語)を話さなくなる、これが最も分かりやすい消滅のサインです。言語の危機度をうらなう重要な決め手は、話者数ではありません。子供が、母語として、その言語を習得しているかどうかなのです。

子供がその民族の言葉を話さなくなる理由は、二つあります。一つは、強国に教育の場で同化政策を施(ほどこ)された時です。母語を話すと罰(ばっ)せられるなどの状況下(じょうきょうか)で、子供は仕方なく強国の言語を話し、結果として母語が失われていく場合です。

二つ目の理由は、大人たちが自分たちの母語を伝承する姿勢がない時です。それは、国家がバイリンガリズム(=二言語併用(へいよう))を政策として推(お)し進めた時に起こりやすい現象です。

母語よりも、はるかに社会的に有利な言語があれば、多くの親は、後者を選びます。当面の利益に惑(まど)わされて、将来、子供がアイデンティティを失ったり、独自性を失ったりするという大きな損失には気づかないからです。親が子供に母語を教えなくなるという現象も、こうした政策の中で起こることが多いのです。

バイリンガリズムの中で、母語の使い方が不完全な若者たちが現れ始めたら、母語消滅のサインが灯っています。母語は、親から子へ自然にバトンタッチされるもの。親が自分たちの民族の言葉をいつくしみ大切にし、子供に伝えていく姿勢がなければ、その言語は消滅せざるを得ません。

国は、常に母語を優先する政策をとってこそ、程よいバイリンガリズムができあがるのです。

では、[2]母語が言語的にどういう状態になった時に、消滅のサインが灯るのでしょうか？

言語学者の土田滋さん、共著を出している文化人類学者のダニエル・ネトルさんと言語学者のスザンヌ・ロメインさんの発言を参考にして、私なりに日本語にあてはめて考えてみます。

まず、①語彙が乏しくなります。語彙の中でも、名詞（例、「犬」「鳥」「米」）は残りやすいのですが、動詞（例、「添える」「とろける」）や形容詞（例、「けむい」「いまいましい」）が消え始めます。具体的な物の名前は残りやすいけれど、やや抽象度の高い動詞や形容詞は消えやすいんですね。

また、語彙が少なくなっているので、同じ意味合いを持つ語を使い分けることができずに、たった一語ですべてを賄おうとします。たとえば、大きさを表す時に、「大きい」の他に、「でかい足」「巨大な岩」「特大の手袋」「大規模な調査」「大がかりな仕掛け花火」など、[3]さまざまな語があるのですが、すべて「大きい」だけで済ませるわけです。

②発音も、似ている音の区別ができなくなります。たとえば、「寂れる」。「さびれる」だったか、「さみれる」だったか分からなくなり、あいまいに発音します。「び」と「み」の発音は、似ていますからね。

③文法も簡略化して規則的なものに変わり始めます。ですから、複雑な構文を作る連体修飾部（＝名詞などの体言を修飾する語句）や連用修飾部（＝動詞などの用言を修飾する語句）は少なくなり、形容詞や形容動詞や副詞だけで済ませてしまいます。

たとえば、「私は、歯の根が合わないほどの恐怖に襲われた」という連体修飾部のある文なら、「私は、激しい恐怖に襲われた」という形容詞だけの文にして済ませるというぐあいです。文の中に、もう一つの主語「歯の根が」と述語「合わない」の入った連体修飾部を含みこむ複雑な構文が作れなくなっていくのです。

④言いたいことが十分に表現できなくなります。たとえば、「彼はむっつりしていた」という表現が最も適切な場合でも、「むっつり」などの日本語特有の□な表現ができなくなるのです。母語であれば、自然と身に付く言語感覚が失われていくのです。

つまり、日本語の豊かで複雑な部分が消えて、単純化され、やせ衰えていくという傾向を表します。多様性や複雑さが失われていく。これが、消滅に向かい始めたことを示す言語的なサインです。変化ではなく、日本語自体がやせ細っていくのです。

やがて、日常の話し言葉として用いられなくなり、さらに書き言葉としても使われなくなり、本当の消滅が訪れ、地球上から音もなく消えていきます。

では、完全に消滅してしまった後で、復活したという言語はあるのでしょうか？　ありません。言語学者のディクソンさんも言い切っています、「どの言語も一度日常的に使われなくなったもので再び生き返ったためしはない」と。

　ただし、細々とでも、書き言葉が残っており、その上に何らかの好条件が加われば、復活する可能性は皆無ではありません。[4]その例は、ヘブライ語です。

　西暦七〇年、ユダヤの国は、ローマ帝国に滅ぼされました。国を追われたユダヤの人たちは、現在のドイツのある地域を中心に、世界各地に散らばりました。そのため、西暦二〇〇年頃にはヘブライ語は、話し言葉としては用いられることがなくなり、日常語としては消滅とみなせる状態になりました。それでも、独自のネットワークを持ち、各地で『旧約聖書』のような権威ある文献をもとに、ヘブライ語の知識を失わないための努力が続けられていました。

　一八世紀後半になると、ユダヤ教内部における啓蒙運動*1(＝ハスカラー運動)が起こり、ユダヤ文化復興の気運が盛り上がり、まずヘブライ語が書き言葉として広く使われるようになりました。さらに一九世紀末には、話し言葉としても復活を成し遂げたのです。なんと、約一七〇〇年間の断絶を経て、一九世紀末に近代ヨーロッパで話し言葉として復活したのです！

　そして、第二次世界大戦後の一九四八年にイスラエルが建国されて、この国の唯一の公用語になりました。

　なぜ、一般的にはありえない復活が可能になったのでしょうか？　次に述べる二つの特別な条件に恵まれたからです。一つ目は、確かに話し言葉としては消滅してしまっていましたが、ユダヤ教のヘブライ語聖書の典礼言語*2として、あるいは学者の使用する文章言語として細々と生き続けていたことです。つまり、一七〇〇年間の長きにわたって書き言葉として、かろうじて命をつないでいたのです。

　二つ目は、ユダヤ教という一つの宗教で結びついた民族の強い絆があり、それが政治的な信条を一にする集団となっていたことです。これらの好条件が、世にもまれな消滅言語の復活を引き出したのです。

　こうしたヘブライ語の稀有な例を除くと、一度消滅した言語が復活することはないのです。ですから、自分たちの言語を消滅させたくなかったら、消滅の兆しが見えた時に、手を打つ必要があることが分かります。

(中略)

　奈良時代にはすでに、他の言語では決して真似できない短歌という独自の文学形態を生み出し、平安時代には、世界の人に読んでもらえるような巧みな心理描写を駆使した傑作を誕生させています。現代だって、日本語の特質であるオノマトペ*3をふんだんに使ったコミックで、世界中の若者たちを魅了しているではありませんか。

　日本人自身が、日本語に対する積極的な価値を見出し、誇りと自信を持って守らなければ、誰も日本語を守ってはくれないのです。言語学者のデイヴィッド・ハリソンさんは、こう言い切っています。「私が確信していることはただ一点、言語が外部の人間によって『救われる』ことはありえないということだ」。

　日本人が日本語を守らなければ、日本語は消滅するのです！

　そして、日本語を子供たちに喜んで教えてあげてください。日本語を存続させるためには、子供たちへのしっかりした日本語の教育こそが生命線なのです。

消滅の危機に見舞われながらも、なんとか復興の道を歩んだ言語は、いずれも幼児からの母語教育プログラムを施したことによって成功しています。たとえば、マオリ語。ニュージーランドの先住民であるマオリ族の言語です。

マオリ語は、一八六〇年頃には、西欧からの入植者や宣教師、金の採掘者や商人たちの使う英語に押されて少数者言語になってしまいました。学校教育でも西欧化を進めるために、マオリ語はカリキュラムから外されてしまい、英語学習者が増加の一途をたどりました。一九〇〇年頃にはマオリ語を話す人は激減。一九八〇年頃には、マオリの人々のうち、マオリ語を母語として話す人は人口の二〇%未満になってしまい、消滅の危機に陥ったのです。

けれども、マオリの政治家たちが、自分たちの言語の消滅の危険性を認識し始め、一九八二年には幼児期から学校に上がる前の段階まで、マオリ語を教えるプログラムを始め、その後マオリ語を教える期間をどんどん延ばし、一三歳までの教育プログラムにしました。

ついに一九八七年には、マオリ語が英語に並んでニュージーランドの公用語の一つに認定されたのです。

また、ハワイ語も5同様な手法で復興させようとしています。ハワイ語は、ポリネシア系の先住民族の言語です。アメリカの英語同化政策によって、ハワイ語は消滅の瀬戸際まで追い込まれていました。

ですが、一九七〇年代には、ハワイ語を復興しようとする先住民の「ハワイ文化復興運動」が起こり、一九八〇年代には、幼児にハワイ語を使って学習させるという試みを開始。さらに年少の児童を対象とした私立のハワイ学校を開設したりして、復興に努めています。

これらの例から、子供たちに自分たちの民族の言葉を学ばせることが、その言語の存続の鍵になっていることが分かります。どうか、このことを意識し、子供たちに豊かな日本語を教えてあげてください。

日本語学者の金田一春彦さんは、今から三五年前にこう述べています、「日本語はだんだん影を薄くしていって、しまいにはなくなってしまうのではないかと心配する人があるようだ。ことに近頃、英語からの外来語がふえ、また生の英語が＊4跳梁することで、英語にとって代わられるのではないかと懸念する人があるようだ。が、これは絶対に心配はいらない」と。

私も、そう言いたい。でも、私には言えません。時代が大きく変わってきています。世界共通語の英語に押されて、日本語はもっと危険な状況にさしかかっていると思えるからです。

英語教育学者の鳥飼玖美子さんも、述べています、「英語さえできれば、という思い込みが行き渡った社会状況は、母語の軽視に繋がらないであろうか。6日本語の継承が揺らぐことはないであろうか。日本語の将来は、英語を抜きには語れないことを直視せざるを得ない時代に入っている」と。

ＩＴ社会に突入してからは、英語が世界共通語になっています。そして英語を話したほうが、いや話せなければ、取り残される危険性が高くなっています。現に、日本の会社なのに、英語を社内公用語にすると明言し、実施している会社も出てきています。

アイルランドの人々が自らの意志でアイルランド語を捨てて英語にのりかえているように、日本人も自ら日本語を捨てて英語にのりかえる人が多くなる可能性があります。英語を話せなければ、世界に置いていかれるとばかりに。

　そして、今や日本は小学校から英語教育を施し、中学校では英語の授業時間数が国語の時間数を超えています。政策は、「国民総バイリンガル」を目指す方向に動いています。それは、やがて、世界共通語の英語モノリンガル[＊5]に連なる道なのです。

　そうした動向に対して、「ちょっと待って。この本で述べてきたようなリスクがあるのよ。本当に英語にのりかえていいの？　独自性を持ち、人類の貴重な財産でもある日本語を捨てて？」と、あなたに問いかけたかったのです。

　日本語を母語として大切にしなかった報いは、自分の拠って立つアイデンティティを失うという形で、遠からぬ時期にやってきます。いな、刻々と日本人全体に、音もなく近づいてきています。その音なき近づきに早く気づいて、きちんと決意をしておかなければなりません。日本語を大切にしよう。日本語は自分を支えている言語なのだという意識をしっかり持とう。そのうえで、世界共通語を効率的に学んでいこう、と。

（山口仲美『日本語が消滅する』〈幻冬舎〉より）

＊1　啓蒙……人々に正しい知識を与えること。
＊2　典礼……定まった儀式や儀礼のこと。
＊3　オノマトペ……擬声語と擬態語のこと。
＊4　跳梁……好ましくないものがのさばりはびこること。
＊5　モノリンガル……一つの言語しか話せない人のこと。

問一　——線部1「子供がその民族の言葉（＝母語）を話さなくなる」とありますが、その理由を説明したものとして、適切なものを次から**すべて選び**、**五十音順に**記号で答えなさい。

ア　子供にとって母語が他言語よりも有利にならない場合に、親が有利な他言語を子供に習得させようとするから。
イ　国家がバイリンガリズム政策を推し進めた結果、自国の独自性を失い子供たちが母語を話す自信をなくすから。
ウ　教育に関心がうすい親が増えると、自分たちの母語をいつくしみ子供たちに伝承しようとする姿勢を失うから。
エ　他国に支配され、その国の文化や風習を取り入れざるを得なくなると、母語を使うことが許されなくなるから。
オ　母語の使い方が不完全な若者が現れ始めると、親から子へ母語を自然にバトンタッチする際の障害となるから。

問二　——線部2「母語が言語的にどういう状態になった時に、消滅のサインが灯るのでしょうか」とありますが、「日本語」の「言語的」な「消滅のサイン」として**適切ではないもの**を次から**すべて選び**、**五十音順に**記号で答えなさい。

ア　名詞を軽んじて、抽象度の高い動詞や形容詞しか使わなくなる。
イ　意味が違う言葉でも、発音が似ていれば正確に区別しなくなる。
ウ　書き言葉としては使われなくなることで、多様性が失われる。
エ　同じ意味合いの言葉を一語で済ませ、使い分けをしなくなる。
オ　規則的で単純な構文を使うなど、複雑な構文が作れなくなる。

問三　——線部3「さまざまな語があるのですが、すべて『大きい』だけで済ませるわけです」とありますが、これを「小さい」に置き換えたとき次のように説明できます。次の説明の中の［ a ］・［ b ］に当てはまる言葉をそれぞれ**ひらがな**で答えなさい。ただし［ a ］

は「さ」から始まる五字の言葉、［b］は「お」から始まる四字の言葉とします。

・「小ささ」を表す言葉は、「小さい」の他に「ちっちゃな手」、「小規模な工事」、「びびたる量」、「［a］幸せ」（ひかえめなさま）、「［b］子供」（年が若いこと）など、さまざまな語があります。

問四　本文中の［　］に当てはめる言葉として最も適切なものを次から選び、記号で答えなさい。

ア　論理的　　イ　情緒的　　ウ　理想的

エ　現実的　　オ　感覚的

問五　――線部４「その例は、ヘブライ語です」とありますが、ヘブライ語が復活したのはなぜですか。三十字以上四十字以内で答えなさい。

問六　――線部５「同様な手法」とありますが、それはどのような手法ですか。十五字以内で答えなさい。

問七　――線部６「日本語の継承が揺らぐことはないであろうか」とありますが、鳥飼さんのこの言葉を受けて筆者が問題視している日本の現状が、最も具体的に述べられている一文を本文中から探し、最初の五字をぬき出して答えなさい。

問八　この文章の要旨として最も適切なものを次から選び、記号で答えなさい。

ア　日本語の話者が少なくなると日本語消滅の危機に直面する可能性が出てくるので、日本人は少子化を改善すると共に、幼児期からの日本語教育に力を入れるべきである。

イ　日本の子どもたちが日本語をあまり勉強しないのは教育制度に問題があるからなので、次世代に日本語を継承するために、日本語重視の教育制度に改善するべきである。

ウ　日本語を消滅させないようにするために、日本人は日本語の独自性や価値を自ら認識し、自分たち自身の手で日本語を守っていくのだという決意をするべきである。

エ　日本語消滅のサインはすでに明確に表われているので、何年かかってもいずれは復活できるように、ヘブライ語の例を参考にして国家として対策を施すべきである。

オ　これからはグローバル化がより一層進んでいくので、日本語を存続させるためには、日本語を捨てるのではなく英語も公用語にしてバイリンガルを育てるべきである。

四　次の文章は、こざわたまこ「ホモ・サピエンスの相変異」（『教室のゴルディロックスゾーン』所収）の一節です。中学二年生の「私（ひかり）」は、亜梨沙、ふじもん、さーやとよく行動を共にしていましたが、ある事をきっかけに亜梨沙と仲違いをし、グループから離れてしまいます。その後、それとは別の事をきっかけにふじもんと亜梨沙も仲違いをしてしまいます。本文は、ふじもんに助けを求められた「私」が、亜梨沙と話をするために家を訪ね、インターホン越しに会話をしている場面です。これを読んで、あとの問いに答えなさい。

「……だから、突き飛ばしたの？」

「違う！」

ひび割れた音声が、激しいノイズとなって耳に届く。

「絶対違う。あれは、ふじもんが勝手に――」

声は途中で掠れて、それ以上続かなかった。階段の踊り場で言い争いになり、追いかけてこようとするふじもんの腕を、亜梨沙が振り払った。ふじもんは階段の段差から滑り落ちて、足首を捻挫してしまった。ほとんど亜梨沙に突き飛ばされるような形で。

「……あたしは悪くない」

　亜梨沙がぼそりとつぶやいた。まるで、自分に言い聞かせるみたいに。

「あたしは悪くない。[a]……あたしは悪くない。悪く、ないもん」

　その言い方に、既視感を覚えた。ああ。私はこれを、知っている。

（中略）

[b]「……ちい、悪くないもん」[*1]

　嘘を吐いているようには見えない。しかし林さんは「子どもの言うことでしょう？　信じられない」と言って聞く耳をもたなかった。じゃあなんで自分の子どもの言うことは信じるんだろう。そう思ったけど、もちろん言えるはずがない。

「あの子がうちの子どもの体を押したのは事実ですよ。みんな見てるんだから」

　林さんは喋っているうちにヒートアップしたのか止まらなくなり「だいたいねえ」と語気を強めた。

「あなたもお姉さんなら甘やかすんじゃなくて、こういう時くらいちゃんと言ったらどうなの」

　だって私、ほんとの家族じゃないし。そんな言葉が喉まで出かかったものの、なんとかこらえる。ちいはいつのまにかお絵かきをやめて、睨むようにこちらを見ていた。

　林さんはついにしびれを切らしたらしく、もういいよ、と吐き捨てた。

「なんでもいいから、一回ちゃんと謝って」

　仕方なく、「すみません」と頭を下げる。すると林さんが、あなたじゃなくてあの子、とちいを指さした。

「あの子に謝らせてよ。[1]それが筋でしょう」

「……ちい。謝って」

　ちいはそっぽを向いたまま、答えない。もどかしい気持ちで地面に膝をつき、ちいの腕をつかむ。けどちいは、頑なにそこから動こうとしなかった。

「ほら、早く。立ってってば」

　ちいの腕を引っ張ろうとすると、撥ねのけられた。その手が、勢い余って私の頬をかすめる。痛っ、と声を上げると、ちいが初めてまずい、という顔をした。

「いい加減にしてよ！」

　かっとして、思わず叫んでいた。

「黙ってたんじゃわかんないよ。何か理由があったなら、それをちゃんと言わないと。そんなんじゃ、誰にも伝わらないよ」

　すると、ちいが突然、ううううう、と獣のような唸り声を上げた。

　ううう、ううううう。呻きながら、自分の拳を思い切り太ももに打ちつける。やめな、怪我するよ、と言っても聞こうとしない。言葉を発する代わりに、ちいは自分を殴った。何度も、何度も。林さんも男性職員も、呆然とした顔で私達を見つめている。

「あの。すみません、遅れてしまって」

その声に振り返ると、父がはあはあ息を乱しながら、こちらに向かって歩いてくるところだった。

「この度は……」

父がそう言って、林さんに頭を下げようとする。林さんがはっとしたように、父に向き直った。

「ちょっと、あなたねえ。こっちは言いたいことが山ほどあるんですけど」

父は状況を把握しきれていないらしく、助けを求めるように私に視線を送ってきた。何を、今更。私は咄嗟に、父から目を背けてしまった。

今頃来たって、遅いよ。

父に向かってそう言いかけた次の瞬間、ちいが父の姿を認めて、とてとてと歩き出した。ちいの顔が、みるみる涙に滲んでいくのが分かった。最後は、うわああああん、と声を上げて父に駆け寄り、思い切り泣きじゃくった。林さんが、ぽかんとした顔でそれを見つめていた。

「ちい？　どうした」

ちゃんと話してみろ。そう言って頭を撫でると、ちいはうえええええええん、と大粒の涙を流しながら、ちいね、ちいね、としゃくりあげた。

「ちい、どん、ってしちゃったの。タイセイ君が、お前んちのおかーさん*2ママハハなんだろって。ママハハっていじわるなやつのことを言うんだぞって。それでちい、どんって……。そしたら、タイセイ君が。ごめんなさい」

ちいは父の足にしがみつき、何度も何度もごめんなさいを口にした。

父はそれを聞いて頷きながら、自分の足に力いっぱいしがみついてくる小さな娘の声に、耳を傾け続けた。[2]私のもとにはついぞ届くことのなかった、その声に。

「……亜梨沙は、さ。ほんとは謝りたいんじゃないの、ふじもんに」

それを聞いた亜梨沙が、心外だ、と言わんばかりに声を荒らげる。

「はあ？　なんで、あたしが。あんなやつ、マジでどうだって――」

「ふじもんは言ってたよ。*3六年生の時のこと、ずっと亜梨沙に謝りたかったって」

亜梨沙が一瞬、何かに怯んだように声を詰まらせるのがわかった。

――私、さっき嘘吐いた。

電話を切る直前、ふじもんは［A］でそう言った。

――亜梨沙の気持ち、知らなかったなんて嘘。本当は、わかってた。亜梨沙がそのことに、気づかないふりしてくれてたのも。

なのに、私――。言葉はそこで途切れ、代わりに［B］が聞こえ始めた。嗚咽が少しずつ大きくなっていく。ふじもんは、強い人ではないのかもしれない。勇気がある人でもないのかもしれない。それでも、亜梨沙に会ってちゃんと謝りたい、と言ったあの子を、卑怯者とは呼びたくなかった。

「謝りたいって、何？」

亜梨沙が短いため息をこぼした。ふじもんの思いを、鼻で笑うかのように。

「ていうかふじもん、今更ひかりを頼って来たんだ。ちょっと調子よすぎじゃない？」

「私は、そうは思わない」

「ふーん。ひかりはやさしいんだね。でも、あたしは無理だなー。ふじもんが裏でひかりのこと、なんて言ってたか知ってるし」

　黙り込んだ私に、あっ、でもそっかー、と[C]が追い打ちをかける。

「ひかりには、新しいお友達がいるもんね。うちらを切ったところで、たいした影響ないか」

「……え？」

「あたし、知ってるよ。ひかりが最近、*4高橋さんとこそこそしてるの。どうせうちらのこととか、べらべら喋ってるんでしょ」

「そんなこと」

「え、じゃあなんでずっと隠してたの？　あたしが嫉妬するとでも思った？　亜梨沙に知られたら面倒なことになりそうだから、だから、黙ってようって？」

　返す刀で、すっぱりと切られた。何も返せずまごつく私に、あーあ、やっぱりみんな嘘吐きじゃん、と亜梨沙がつぶやく。

「顔合わせてる時だけへらへらして、裏では隠しごとばっかり。これだから女子の集団って嫌い。面倒臭い。ほんっと嫌になる」

「……それ、やめて」

「なんで？　みんな言ってるようなことじゃん」

　嫌い嫌い嫌い嫌い、と亜梨沙が叫んだ。あんた達嫌い。全員嫌い。大っ嫌い。亜梨沙の顔は、私からは見えない。だから、想像するしかない。亜梨沙は今玄関の向こうで、泣きそうな顔をしてるんじゃないか。どうしてか、そう思った。

「友達ごっこ、白々しいんだよ」

　亜梨沙が吐き捨てる。

「今更謝られたって、意味ない。あたしは、あの時庇って欲しかった。あの時助けて欲しかったの。あの時のあたしを助けてくれなきゃ、意味ないの。あたしがふじもんにしたことも、一緒だよ。時間は戻せないんだから。あたしは誰も許さないし、許してもらおうとも思ってない。だから絶対、謝らない」

　なんで、わかってくれないの。絞り出すようにして口にしたその言葉が、意思に反して3すがるようなニュアンスを帯びてしまったことに、亜梨沙自身も気づいたのだろう。それをなかったことにするように、もう切るから、と一方的に会話を打ち切った。

「わかったら、どっか行って。もう二度とあたしにかかわらないで」

　亜梨沙がインターホンを切りかけたその時、待って、と声を上げた。

「お願い。最後にひとつだけ答えて」

　このまま続けるべきか、少しだけ迷った。今更言ってなんになる。もしかしたら、全部私の勘違いかもしれない。

「今までのって、ほんとに亜梨沙の言葉？　亜梨沙が考えた、亜梨沙自身の言葉？　だったら、仕方ないけど」

「……どういう意味」

　亜梨沙の声に微かな震えが混じっているような、そんな気がした。

「ほんとは、さーやなんじゃないの」

「え？」

　インターホンの向こうで、亜梨沙が息を止めるのがわかった。

「ねえ、答えて。そうなんじゃないの？　高橋さんのことも、さっき言ったことも全部。4さーやから聞いたんじゃないの」

「……だったら、なんなの」

　亜梨沙が口にしたいくつかの単語には、聞き覚えがあった。嫉妬。面倒なこと。友達ごっこ。全部、さーやの台詞に似ていた。ううん、それだけじゃない。他にも気になることはあった。さーやとふじもんが、急速に距離を縮めたこと。ふじもんがいつからか、私を敵視するようになったこと。

いちばん決定的だったのは、高橋さんのことだ。私と高橋さんがあの河原で会っていることを、他に知る人はいない。あの時偶然河原で顔を合わせた、さーやを除いては。

「私は亜梨沙を面倒くさいなんて思ったこと、ない。時々やんなっちゃうことはあったとしても、嫌いになることはないと思う。それはほんとだよ。信じてくれなくてもいい。だって、私がそれを知ってるから。さっき亜梨沙が言ったのは、私の言葉じゃなくてさーやの言葉だから」

さーやがどうしてこんなことをしたのかは、わからない。もしかしたら、さーや自身にもわからないのかもしれない。相変異したバッタが、わけもわからず田畑を食い荒らしてしまうように。自分がそうは望んでいなくても、自分の姿形を変えてしまうことだって、きっとあるのだろう。

「さーやじゃなくて、私の言葉を聞いてよ。ねえ、私、どうすればよかった？　陸上なんてやらなければよかった？　あの時一緒にクラブをやめていればよかった？　宇手先生のこと、言われた通り無視してればよかった？　亜梨沙がしてほしかったのって、亜梨沙が今したいことって、本当にそういうこと？」

亜梨沙は黙ったまま、何も答えない。しばらくの間、沈黙が流れた。長い長い、静寂だった。とその時、インターホンから微かに物音が聞こえた。亜梨沙が何か言おうとしている。息を潜めて、その続きを待った。

「――る、から」

ガガガッとコンクリートに爪を立てるような激しいノイズが流れて、ブツッと電源の切れる音がした。それを最後に、インターホンの音声は途切れた。それで、終わりだった。あまりにもあっけない。何度ボタンを押しても、結果は同じだった。

『自然界にはそういう現象があるんだって。大勢の仲間達に囲まれて生活すると狂暴化して、体の色とか、翅の長さが変わる生き物がいるの。……相変異したバッタは集団で畑とか田んぼとかを襲って、その土地を食い荒らしちゃう』

私はもう、気づいている。亜梨沙が決して、気が小さく繊細で、傷つきやすいだけの女の子ではないことに。気が小さく、繊細で、傷つきやすいことを理由に人を傷つけることのできる、それだけの図々しさを、そこらじゅうの田畑を食い荒らすだけの強かさを手に入れていることに。

あれからずっと、考えていた。一度体の色や翅の長さを変えたバッタは、もう元の姿に戻ることはできないのだろうか。もし戻れないとして、相変異する前のバッタとその後のバッタは、二度とお互いを仲間だとは認識できないのか。

「……ない」

だとしたら、あまりに悲しすぎやしないだろうか。

「私は、バッタじゃない」

踏み出しかけた足を止める。そしてもう一度、確かめるように口にした。そうだ、5私は――私達は、バッタじゃない。たとえそうだったとしても、そうじゃない、と言いたい。だって私は、人間だ。空を飛べず、翅の長さも体の色も変えられず、相変異もできない私達は、たくさんの仲間に交じっても、あるいはたった一人でいても、自分がどうあるべきかを自分の意志で決めることができる。

こうなったら、あと何十回でも、押してやる。うるさい何時だと思ってんのって、亜梨沙が怒鳴り返してくるまで。そう心に決めて、私は再びインターホンへと向き直った。よし、と一歩踏み出し、白いボタンに指が触れたその時、

「……ねえ。今出る、って言ってんじゃん」

ガラガラ、と音がして、玄関の戸が勢いよく開いた。夜の住宅街に、ひどく不機嫌そうな声が響く。

6「大体、今何時だと思ってんの?」

私を見つめる怒ったようなその顔が、初めて出会った時みたいだ、と思った。

【こざわたまこ「ホモ・サピエンスの相変異」
(『教室のゴルディロックスゾーン』〈小学館〉所収)より】

＊1　ちい……母の再婚相手の連れ子。学童に通っている。
＊2　ママハハ……継母。自分と血のつながっていない母のこと。
＊3　六年生の時のこと……亜梨沙が根も葉もない悪い噂をクラスメイトに立てられた時、噂を否定しなかったこと。
＊4　高橋さん……「私(ひかり)」と最近よく喋るようになったクラスメイト。

問一　〜〜線部a「……あたしは悪くない。悪く、ないもん」、〜〜線部b「……ちい、悪くないもん」とありますが、この二つに共通することを説明したものとして最も適切なものを次から選び、記号で答えなさい。

ア　自分にも非があると思い謝罪をしたいと考えているが、どうしたら良いかわからずかたくなに謝らずにいる。
イ　口論の原因となった相手が悪いと思っているので、相手が謝ってくるまでは謝らないでおこうと思っている。
ウ　自分に非はないはずなのに、まるで自分だけが悪いかのように言ってくる周囲の人に苛立ちを感じている。
エ　事態が大きくなったことに焦っており、自分は悪くないと暗示をかけることで安心感を得ようとしている。
オ　周囲から怒られるのではないかと不安に思っており、どうすれば自分の正当性を主張できるか悩んでいる。

問二　——線部1「それが筋でしょう」とありますが、どういうことですか。最も適切なものを次から選び、記号で答えなさい。

ア　会話の流れからここで謝る必要があるということ。
イ　年下から謝っていくのが正しい順番だということ。
ウ　子どもに謝らせるのは保護者の義務だということ。
エ　突き飛ばした本人が謝るのが道理だということ。
オ　ここでちいが謝れば皆に認められるということ。

問三　——線部2「私のもとにはついぞ届くことのなかった」とありますが、それはなぜですか。最も適切なものを次から選び、記号で答えなさい。

ア　私がちいを姉だからという理由で甘やかし怒ったことがないので、突然怒り始めた私にちいはびっくりしてしまったから。
イ　私が林さんに対してしっかりした謝罪をする気配がなかったので、ちいは謝罪をする必要がないと勘違いしてしまったから。
ウ　私がちいにその場を収めるために謝罪を要求し、ちいの言い分を

聞こうとしなかったので、ちぃは心を開かなかったから。

エ　私がちぃに、血の繋がった家族ではないという思いから厳しく接しているので、ちぃは喋ったら怒られると考えたから。

オ　私が、子どもを傷つけた件に加え私を傷つけた件でも怒り始めたので、ちぃはどうしたらよいかわからなかったから。

問四　本文中の［A］～［C］に当てはまる言葉として、最も適切なものを次から選び、それぞれ記号で答えなさい。ただし、記号は一度ずつしか使いません。

ア　感情や抑揚のない声　　イ　金切り声　　ウ　震える声

エ　押し殺すような泣き声　　オ　不自然なほど明るい声

問五　――線部3「すがるようなニュアンス」とありますが、ここには亜梨沙のどのような思いが表れていますか。**「友達」という言葉を必ず用いて二十字以上三十字以内で説明しなさい。**

問六　――線部4「さーやから聞いたんじゃないの」とありますが、さーやが亜梨沙に言った内容と考えられるものとして、**ふさわしくないもの**を次から一つ選び、記号で答えなさい。

ア　ひかりは高橋さんと会ってることを何で言ってくれないんだろう。うちらが嫉妬するとでも思ってるのかな。

イ　ひかりって自分のことあまり喋らないよね。うちらに喋ると面倒なことになりそうとか思ってるのかな。

ウ　高橋さんとひかりが河原で人知れず会ってるのを見かけたよ。うちらの悪口でも言ってるのかな。

エ　簡単に縁が切れるうちらの友情関係って何だったのだろう。ごっこ遊びみたいなものだったのかな。

オ　亜梨沙って最近変わったよね。ひかりやふじもんに対してもそうだけど、攻撃的になったと思う。

問七　――線部5「私は――私達は、バッタじゃない」とありますが、ここには「私」のどのような思いが表れていますか。「相変異したバッタは」という書き出しに続くように五十字以上六十字以内で説明しなさい。

問八　――線部6「私を見つめる怒ったようなその顔」とありますが、なぜ亜梨沙は怒ったような顔をしているのですか。その理由として最も適切なものを次から選び、記号で答えなさい。

ア　非常識な時間に訪ねて来た私に怒りを感じているが、同時に嬉しくもあったので、どのような顔をすれば良いかわからなかったから。

イ　必死に自分に話しかけてくる私の姿を見て、直接話をしてみようという気にはなったが、まだ私の事を許したわけではなかったから。

ウ　自分は悪くないはずなのに、ふじもんへの謝罪を求め亜梨沙だけが悪いかのように言う私に、文句を言ってやろうと考えているから。

エ　この場にいないさーやの話を持ち出し、的外れなことを言う私に、自分を理解してくれていないことへの悲しみと怒りを感じたから。

オ　私に謝罪をして仲直りをしようと考えているが、そのことが相手に伝わるのが照れくさかったので、気持ちをごまかしたかったから。

自修館中等教育学校（Ａ１）

―50分―

一　次の――線部のカタカナは漢字に改め、漢字はその読み方をひらがなで答えなさい。

① テイレイの会議を開く。
② この問題はヨウイに解ける。
③ この駅はジョウコウ客が多い。
④ ツウカイなできごとにあう。
⑤ 新しいリョウイキを発見する。
⑥ 熱い応援(おうえん)にフルい立つ。
⑦ 万全の対策で試験にノゾむ。
⑧ 解答への道筋を考える。
⑨ 尊い仏像を拝む。
⑩ 山の中腹にたどり着く。

二　（　）内の意味を参考にして、次の慣用句の□に当てはまる体の部分を答えなさい。ひらがなでも構いません。

① □をすえて勉強する。（じっくりと物事に取り組む）
② けん玉の□比べをする。（どちらがすぐれているか比べる）
③ 父はいつも妹の□を持つ。（ひいきする）
④ ケーキには□がない。（大好きである）
⑤ □が浮くようなお世辞を言う。（わざとらしさが見えすいて不快になる）

三　次の文章をよく読み、後の各問いに答えなさい。（句読点や記号も1字に数えます）

> 一郎はある日、以下のように書かれたはがきを受け取る。
> 「かねた一郎さま　九月十九日
> あなたは、ごきげんよろしいほで、けっこです。あした、めんどなさいばんしますから、おいでんなさい。とびどぐもたないでくなさい。山ねこ　拝」
> うれしくてたまらない一郎は森に出かけていく。途中、一人の奇妙(きみょう)な男と出会った。

その草地のまん中に、せいの低いおかしな形の男が、膝(ひざ)を曲げて手に革鞭(かわむち)をもって、だまってこっちをみていたのです。

一郎はだんだんそばへ行って、びっくりして立ちどまってしまいました。その男は、片眼で、見えない方の眼は、白くびくびくうごき、上着のような半纏(はんてん)のようなへんなものを着て、だいいち足が、ひどくまがって山羊(やぎ)のよう、ことにそのあしさきときたら、ごはんをもるへらのかたちだったのです。一郎は気味が悪かったのですが、なるべく落ちついてたずねました。

「あなたは山猫(やまねこ)をしりませんか。」

するとその男は、横眼で一郎の顔を見て、口をまげてにやっとわらって言いました。

「山ねこさまはいますぐに、ここに戻(もど)ってお出やるよ。おまえは一郎さんだな。」

①一郎はぎょっとして、一あしうしろにさがって、

「え、ぼく一郎です。けれども、どうしてそれを知ってますか。」と言いました。するとその奇体な男はいよいよにやにやしてしまいました。

「そんだら、はがき見だべ。」

「見ました。それで来たんです。」

「あのぶんしょうは、ずいぶん下手だべ。」と②男は下をむいてかなしそうに言いました。一郎はきのどくになって、

「さあ、なかなか、ぶんしょうがうまいようでしたよ。」

と言いますと、男はよろこんで、息をはあはあして、耳のあたりまでまっ赤になり、きもののえりをひろげて、風をからだに入れながら、

「あの字もなかなかうまいか。」とききました。③一郎は、おもわず笑いだしながら、へんじしました。

「うまいですね。五年生だってあのくらいには書けないでしょう。」

すると男は、急にまたいやな顔をしました。

「五年生っていうのは、*1尋常五年生だべ。」その声が、あんまり力なくあわれに聞えましたので、一郎はあわてて言いました。

「いいえ、大学校の五年生ですよ。」

すると、男はまたよろこんで、まるで、顔じゅう口のようにして、にたにたにたにた笑って叫びました。

「あのはがきはわしが書いたのだよ。」

一郎はおかしいのをこらえて、

「ぜんたいあなたはなにですか。」とたずねますと、男は急にまじめになって、

「わしは山ねこさまの*2馬車別当だよ。」と言いました。

そのとき、風がどうと吹いてきて、草はいちめん波だち、別当は、急にていねいなおじぎをしました。

一郎はおかしいとおもって、ふりかえって見ますと、そこに山猫が、黄いろな陣羽織のようなものを着て、緑いろの眼をまん円にして立っていました。やっぱり山猫の耳は、立って尖っているなと、一郎がおもいましたら、山ねこはぴょこっとおじぎをしました。一郎もていねいに挨拶しました。

「いや、こんにちは、きのうははがきをありがとう。」

山猫はひげをぴんとひっぱって、腹をつき出して言いました。

「こんにちは、よくいらっしゃいました。じつはおとといから、めんどうなあらそいがおこって、ちょっと裁判にこまりましたので、あなたのお考えを、うかがいたいとおもいましたのです。まあ、ゆっくり、おやすみください。じき、どんぐりどもがまいりましょう。どうもまい年、この裁判でくるしみます。」山ねこは、ふところから、巻煙草の箱を出して、じぶんが一本くわえ、「いかがですか。」と一郎に出しました。一郎はびっくりして、

「いいえ。」と言いましたら、山ねこは*3おおようにわらって、

「ふふん、まだお若いから、」と言いながら、マッチをしゅっと擦って、わざと顔をしかめて、青いけむりをふうと吐きました。山ねこの馬車別当は、気を付けの姿勢で、しゃんと立っていましたが、いかにも、たばこのほしいのをむりにこらえているらしく、なみだをぼろぼろこぼしました。

そのとき、一郎は、足もとでパチパチ塩のはぜるような、音をききま

した。びっくりして屈んで見ますと、草のなかに、あっちにもこっちにも、黄金いろの円いものが、ぴかぴかひかっているのでした。よくみると、みんなそれは赤いずぼんをはいたどんぐりで、もうその数ときたら、三百でも利かないようでした。わあわあわあわあ、みんななにか云っているのです。

「あ、来たな。蟻のようにやってくる。おい、さあ、早くベルを鳴らせ。今日はそこが日当りがいいから、そこのとこの草を刈れ。」やまねこは巻たばこを投げすてて、大いそぎで馬車別当にいいつけました。馬車別当もたいへんあわてて、腰から大きな鎌をとりだして、ざっくざっくと、やまねこの前のとこの草を刈りました。そこへ四方の草のなかから、どんぐりどもが、ぎらぎらひかって、飛び出して、わあわあわあわあ言いました。

馬車別当が、こんどは鈴をがらんがらんがらんがらんと振りました。音はかやの森に、がらんがらんがらんとひびき、黄金のどんぐりどもは、すこししずかになりました。見ると山ねこは、もういつか、黒い長い繻子の服を着て、勿体らしく、どんぐりどもの前にすわっていました。まるで奈良のだいぶつさまにさんけいするみんなの絵のようだと一郎はおもいました。別当がこんどは、革鞭を二三べん、ひゅうぱちっ、ひゅう、ぱちっと鳴らしました。

▼

空が青くすみわたり、どんぐりはぴかぴかしてじつにきれいでした。

「裁判ももう今日で三日目だぞ、いい加減になかなおりをしたらどうだ。」山ねこが、すこし心配そうに、それでもむりに威張って言いますと、どんぐりどもは口々に叫びました。

「いえいえ、だめです、なんといったって頭のとがってるのがいちばんえらいんです。そしてわたしがいちばんとがっています。」

「いいえ、ちがいます。まるいのがえらいのです。いちばんまるいのはわたしです。」

「大きなことだよ。大きなのがいちばんえらいんだよ。わたしがいちばん大きいからわたしがえらいんだよ。」

「そうでないよ。わたしのほうがよほど大きいと、きのうも判事さんがおっしゃったじゃないか。」

「だめだい、そんなこと。せいの高いのだよ。せいの高いことなんだよ。」

「押しっこのえらいひとだよ。押しっこをしてきめるんだよ。」もうみんな、がやがやがやがやがや言って、なにがなんだか、まるで［X］をつついたようで、わけがわからなくなりました。そこでやまねこが叫びました。

「やかましい。ここをなんとこころえる。しずまれ、しずまれ。」

【中　略】

別当がむちをひゅうぱちっとならしましたのでどんぐりどもは、やっとしずまりました。

山猫が一郎にそっと申しました。

「このとおりです。どうしたらいいでしょう。」

一郎はわらってこたえました。

「そんなら、こう言いわたしたらいいでしょう。このなかでいちばんばかで、めちゃくちゃで、まるでなっていないようなのが、いちばんえらいとね。ぼくお説教できいたんです。」

山猫はなるほどというふうにうなずいて、それからいかにも気取って、繻子のきものの胸を開いて、黄いろの陣羽織をちょっと出してどんぐりどもに申しわたしました。

「よろしい。しずかにしろ。申しわたしだ。このなかで、いちばんえらくなくて、ばかで、めちゃくちゃで、てんでなっていなくて、あたまのつぶれたようなやつが、いちばんえらいのだ。」

④どんぐりはしいんとしてしまいました。それはしいんとして、堅（かた）まってしまいました。

そこで山猫は、黒い繻子の服をぬいで、額の汗（あせ）をぬぐいながら、一郎の手をとりました。別当も大よろこびで、五六ぺん、鞭をひゅうぱちっ、ひゅうぱちっ、ひゅうひゅうぱちっと鳴らしました。⑤やまねこが言いました。

「どうもありがとうございました。これほどのひどい裁判を、まるで一分半でかたづけてくださいました。どうかこれからわたしの裁判所の、名誉（めいよ）判事になってください。これからも、葉書が行ったら、どうか来てくださいませんか。そのたびにお礼はいたします。」

「承知しました。お礼なんかいりませんよ。」

「いいえ、お礼はどうかとってください。わたしのじんかくにかかわりますから。そしてこれからは、葉書にかねた一郎どのと書いて、こちらを裁判所としますが、ようございますか。」

一郎が「ええ、かまいません。」と申しますと、やまねこはまだなにか言いたそうに、しばらくひげをひねって、眼をぱちぱちさせていましたが、とうとう決心したらしく言い出しました。

「それから、はがきの文句ですが、これからは、用事これありに付き、明日出頭すべし[＊4]と書いてどうでしょう。」

一郎はわらって言いました。

「さあ、なんだか変ですね。そいつだけはやめた方がいいでしょう。」

山猫は、どうも言いようがまずかった、いかにも残念だというふうに、しばらくひげをひねったまま、下を向いていましたが、やっとあきらめて言いました。

「それでは、文句はいままでのとおりにしましょう。そこで今日のお礼ですが、あなたは黄金のどんぐり一升（いっしょう）と、塩鮭（しおざけ）のあたまと、どっちをおすきですか。」

「黄金のどんぐりがすきです。」

⑥山猫は、鮭の頭でなくて、まあよかったというように、口早に馬車別当に云いました。

「どんぐりを一升早くもってこい。一升にたりなかったら、めっきのどんぐりもまぜてこい。はやく。」

別当は、さっきのどんぐりをますに入れて、はかって叫びました。

「ちょうど一升あります。」

山ねこの陣羽織が風にばたばた鳴りました。そこで山ねこは、大きく延びあがって、めをつぶって、半分あくびをしながら言いました。

「よし、はやく馬車のしたくをしろ。」白い大きなきのこでこしらえた馬車が、ひっぱりだされました。そしてなんだかねずみいろの、おかしな形の馬がついています。

「さあ、おうちへお送りいたしましょう。」山猫が言いました。二人は馬車にのり別当は、どんぐりのますを馬車のなかに入れました。

（宮沢賢治『どんぐりと山猫』より）

＊1　尋常…尋常小学校。現在の小学校にあたる。

＊2　別当…役職名の一つ。
＊3　おおように…ゆったりとした様子。
＊4　出頭すべし…役所、警察などに出向きなさいということ。

問1　――線部①「一郎はぎょっとして、一あしうしろにさがって」とありますが、この時の一郎の気持ちを説明したものとして最も適当なものを次の中から1つ選び、記号で答えなさい。

ア　足が山羊のようにまがり、足先がへらの形をしていた男がにやっと笑ったので、人か動物か分からずに戸惑う気持ち。
イ　おかしな形の男が革鞭を持っていたので、それでたたかれはしまいかとおそれおののく気持ち。
ウ　気味が悪く感じていた男に、会ったこともないのに自分の名前を言われておどろき、警戒する気持ち。
エ　男が一郎の質問に答えるだけではなく、一郎の正体を知ろうとしていたのでおどろきをかくせない気持ち。

問2　――線部②「男は下をむいてかなしそうに言いました」とありますが、この時の「男」の気持ちを説明したものとして最も適当なものを次の中から1つ選び、記号で答えなさい。

ア　山ねこの書いた文章はとてもうまく書けているのに、それを示せる機会がないのを残念に思う気持ち。
イ　自分の主人である山ねこの書いた文章だが、まちがいも多いため、お仕えする主人のことを情けなく思う気持ち。
ウ　うまい文章と思っていないので、かなしそうな顔をすることで、一郎から同情してもらおうとする気持ち。
エ　うまい文章である自信はないが、一郎にも下手な文章だと思われていると思い、いたたまれない気持ち。

問3　――線部③「一郎は、おもわず笑いだしながら」とありますが、それはなぜですか。最も適当なものを次の中から1つ選び、記号で答えなさい。

ア　一郎は山ねこの書いた文章がうまいと言ったら、男がよろこんで真っ赤になるので、主人思いの男に好感を持ったから。
イ　一郎は文章がうまいとおだてたら、男が真っ赤になって着物のえりを広げる様子がおかしく思えたから。
ウ　一郎は文章についてお世辞を言ったが、男はむじゃ気に喜び、字についても一郎に良い評価を求めてきて、おかしかったから。
エ　一郎は男の書いたはがきを「うまいようでしたよ」とひと事のように言ったのに、男が真に受けるのが思いがけなかったから。

問4　本文中の冒頭から▼までのところからわかる山ねこについて、AとBが話しています。［　Ⅰ　］［　Ⅱ　］には本文中の言葉が当てはまります。それぞれ指定された字数で、▼までの本文中から抜き出しなさい。

A　山ねこが登場した場面を読んで、山ねこにどのような印象を持った？
B　山ねこは一郎に裁判をお願いしたわけだけれど、それにしては「ありがとう」の一言もなくて、ちょっと変わっているなと思った。
A　子どもの一郎に対して知恵は借りるけれど、下手にはでないぞと威厳を保とうとしているのだと思う。［　Ⅰ（19字）　］という山ねこの動作がそれを示しているようだ。
B　一郎のことを子どもだと思って少し見下したような気持ちも

[Ⅱ(11字)]という発言に見られるね。

問5 [X]に当てはまる言葉を次の中から記号で選び、「[　]をついたよう」という慣用句を完成させなさい。

ア　人ごみ　イ　闇(やみ)の中　ウ　羊の群れ

エ　雲　オ　蜂(はち)の巣

問6 ――線部④「どんぐりはしいんとしてしまいました」とありますが、それはなぜですか。わかりやすく説明しなさい。

問7 ――線部⑤「やまねこが言いました」以降のやまねこのしゃべり方について、AとBが話しています。[Ⅰ][Ⅱ]には本文中の言葉が当てはまります。それぞれ指定された字数で本文中の――⑤以降のやまねこのセリフから抜き出しなさい。

A　――⑤以降のやりとりは、山ねこの性格が表れているね。

B　さきほどAが言っていた威厳を保とうとしているということ？

A　その性格も関係しているね。さらにここでは「[Ⅰ(17字)]」という言葉に注目したいな。つまり、体面をとても気にする性格なのではないかな。だからあのような格式ばった言い方を求めたのではないかな。

B　なるほど。山ねこの性格がいっそうはっきりしてきたね。でも「[Ⅱ(5字)]」は言い方として命令口調でいやな感じがするなあ。

A　「[Ⅱ]」は裁判所では当然のように使われるようだよ。山ねこは「こちらを裁判所としますが」と言っているからその流れからもこのような言い方を求めたと言えそうだね。

問8 ――線部⑥「山猫は、鮭の頭でなくて、まあよかった」とありますが、それはなぜですか。猫の性質を考えて説明しなさい。

四　次の文章をよく読み、後の各問いに答えなさい。（句読点や記号も1字に数えます）

大切なことは、長い時間軸で物事を考える習慣をつけることです。

最近の日本では「無駄(むだ)を省く」や「合理化」など、①無駄に思える部分を切り捨てるのが「正しい態度」であるかのような思い込みが、いろんな分野で常識になっています。

けれども、一見すると賢(かしこ)いように見える、そんな単純な考え方は、非[*1]常事態にはまったく逆効果になってしまう場合があると、今ではあちこちで判明しています。

[A]、都道府県と市町村で、同じような仕事をする保健所や医療(いりょう)機関がだぶっているのは「無駄だ」と決めつけて、統合や廃止(はいし)を進めてきた地域では、感染の拡大という予想外の展開に対処できず、医療体制が危機的な状況に陥(おちい)っています。

この事例が教えるのは、浅い考えで「無駄だ」と見なされてきた部分が、実は「予想外のこと」が起きたときに対処できる「余白」や「伸びしろ」だったという事実です。

物事を、昨日、今日、明日、という短い時間軸で考えてしまうと、今すぐに役に立たないものは「無駄だから捨てよう」という早まった結論になりがちです。けれども、3ヵ月後、1年後、5年後、10年後という長い時間軸で考えてみれば、今すぐに役に立たないものでも、いざという時に何かの役に立つかもしれない、という事実に目が向きます。

会社の経営者などが口にする「選択と集中」という言葉も[X]時

間軸で物事を考えるパターンのひとつです。

いま好成績を上げている分野に、人やお金を集中して注ぎ込む、という考え方は、短期的な業績の向上には結びつくでしょう。［Ｂ］、長い時間軸で見れば、集中されずに捨てられた分野の重要度が急に上がったりすると、社会の変化や予期せぬ非常事態に対応できず、結果としてマイナスの効果をもたらす可能性もあります。

情報の真贋（本当とうそ）や＊２信憑性を自分で判断・選別する「目」を持ち、あらかじめ用意された「正解」の知識に頼りすぎず、長い時間軸で物事を考える習慣が身に付くと、日々の生活においても、少しずつ②「精神の自由」を獲得できるはずです。

自由というのは、上の偉い人が、いくつかの条件の範囲内で、下の者に与えてくれるものだ、という風に理解している人がいるかもしれませんが、そうではありません。

人間は本来、自由に考え、自由に行動する権利を持っています。社会のルールは、各人の自由と自由が衝突した時に、弱い方の人が痛みを感じたり、我慢を強いられたりしないように作られたものですが、先にあるのは自由であって、ルールではありません。

ただし、自由の度合いが大きければ大きいほど、すべての人にとって良いかと言えば、それもまた正しくありません。一人一人にとっての最適な「自由の大きさ」は、その人が持っている「自由を使いこなす能力」に対応しています。

旅慣れた人なら、旅行先で「一日、自由に過ごして下さい」と言われたら、自分で情報を集めて計画を立て、満足できる時間を過ごせるでしょう。けれども、あまり旅慣れていない人なら、自分で内容を自由に決めるという意味での「自由度」が少なくてもいいから、失敗しない計画を誰かに決めてもらえたら、と思うでしょう。

おそろしいのは、自分の能力以上の自由を与えられた時、人はそのストレスに疲れて、自由を手放してもいいから、上の偉い人に物事を決めてほしい、と投げ出してしまいたくなることです。そうならないために、③自由という道具を使いこなす能力を、自分で少しずつみがいていかなくてはなりません。

では、自由という道具を使いこなす能力を、自分で高めていくには、どうすればいいのでしょうか。

その答えを知るには、自由の「反対語」は何だろう、と考えてみることが必要です。

国語的には「不自由」というのが正解になるのでしょうが、概念、［Ｃ］考え方の意味から考えると、例えば④「服従」や「隷属」などの言葉が思い浮かびます。

上の偉い人に服従すれば、自由がない反面、自分で物事を決めたり責任を取ったりしなくて済む、という「楽な面」もあります。そのため、ボクは自由がなくてもいいや、上の偉い人に服従して、強い集団の一員になるよ、という道を選ぶ人もいるでしょう。

けれども、今回の非常事態が教えているのは、もし集団の全員が従うリーダーが、的確な判断を下す能力のない「無能」なら、集団全体はどうなるのか、ということです。

それを考えれば、集団が非常事態を生き延びるために最良の形態は、一人一人が独立した個人として自由に物事を考え、それぞれの持つ能力を活かしてアイデアを出し合い、みんなで対等に「いちばんましな答え」を探し出すことだろうと思います。

　実際の生活では、学校や社会のいろいろな集団の中で、服従という態度をとらざるを得ない場合は多いでしょう。それによって保たれる、秩序や安定も大事です。しかし、子どもの頃からずっと、親や教師などの「上の偉い人」に服従した経験しかなければ、大人になってからも「誰かに服従することしかできない人間」になってしまいます。

　そうならないためには何が必要か。⑤上の偉い人に服従するたびに、心の中でそれに「反抗」する気持ちを持っておくことです。偉いとされる上の人に従順に服従するのでなく、心の中で反抗しながら「今回は服従してやる」という意識を持つことです。

　こういう考え方を習慣にできると、上の偉い人の横暴な態度がエスカレートした時に、「今までは服従してやったけど、これ以上は従えない、もう限界だ」と自分の頭で判断して、心の中でなく実際の言葉と行動で、上の偉い人に反抗できます。

　世界の歴史は、こうした反抗の積み重ねで進歩してきました。一人一人は弱い力しか持たなくても、反抗という考え方が心の中にあれば、それをみんなでつなぎ合わせて大きな力に変え、王様などの「支配者」による理不尽な横暴を打ち砕くことができます。かつては地球上のあちこちで制度化されていた「奴隷」が、今では姿を消し、国際社会の常識は、一人一人が持つ人間としてのいろいろな権利＝人権を大切にする方向へと変わってきました。

　もちろん、中には「この人なら服従してもかまわない」と思える、頼りになるリーダーも存在します。信頼できるリーダーの条件とは、例えば「他人に責任を押し付けない」とか「うそをつかない」、あるいは「自分だけ良い境遇になろうとしない」などが考えられますが、どんなリーダーなら自分が「服従してやってもいい」と思えるか、皆さんもそれぞれの基準を考えてみてください。

　最後に、尾崎行雄という政治家の言葉をご紹介して、私の原稿の締めくくりとします。彼の名前を初めて知る人も多いかもしれませんが、日本が自由のない封建的な古い社会から近代的な自由と民主主義の国へと進む上で、大きな功績があった人物です。

　その尾崎行雄は、こんな言葉を遺しています。

⑥「人生の過去は予備であり、本舞台は未来にあり」

　これから先、日本と世界がどんな状況になっていくのか、正確なことは誰にも予測できません。けれども、自分の中でいろいろな能力を高め、知識だけでなく知性を高め、自由を使いこなす能力を高めていくことで、何があろうと乗り越えることのできる「図太さ」と「しぶとさ」を身に付けられるのでは、と思います。

　皆さんのこれからの人生が、おもしろいものになるよう、祈っています。

【山崎雅弘「図太く、しぶとく、生きてゆけ　誰も正解を知らない問題にどう答えを出すか」（『ポストコロナ期を生きるきみたちへ』〈晶文社〉所収）より】

＊1　非常事態…ここでは新型コロナウイルス感染症が世界的に広がっている状況を指す。

＊2　信憑性…信頼できる度合。

問１　――線部①「無駄に思える部分を切り捨てる」について、次の各問いに答えなさい。

⑴　この理由を説明した１文を本文中から探し、最初の５字を答えなさい。

⑵　筆者は「無駄」を別の言葉で何と表現していますか。最も適当な言葉を本文中から２つ、それぞれ３字前後で抜き出しなさい。

問２　［A］～［C］に当てはまる言葉として最も適当なものを次の中からそれぞれ選び、記号で答えなさい。

ア　つまり　　イ　けれども　　ウ　だから　　エ　例えば

問３　［X］に当てはまる２字の言葉を本文中から抜き出しなさい。

問４　――線部②「精神の自由」とありますが、筆者が説明する「自由」の内容として当てはまらないものを次の中から１つ選び、記号で答えなさい。

ア　自由は偉い人が下の立場の人に自動的に与えてくれるものではない。

イ　人間は生まれながらにして自由に考えて行動する権利を持っている。

ウ　自由と社会のルールが対立したときには、ルールが常に優先される。

エ　一人ひとりにとっての最適な自由の大きさは、異なっている。

問５　――線部③「自由という道具を使いこなす能力」とありますが、これを高めるためにまずどのようなことが必要ですか。それが説明された部分を本文中から22字で抜き出し、最初と最後の５字を答えなさい。

問６　――線部④「『服従』や『隷属』」とありますが、これらが「自由の反対語」であるのはなぜですか。その説明として最も適当なものを次の中から１つ選び、記号で答えなさい。

ア　自由には独立した一人ひとりが責任を持って決断するという側面を伴うが、「服従」や「隷属」はそうしたあり方とは正反対の状態だから。

イ　「服従」や「隷属」とは自由が部分的に制限された状態であるが、その制限のされ方は国家や民族によって異なるから。

ウ　集団の全員が従うリーダーが的確な判断を下す能力がなかった場合、非常事態において集団が生きのびるのは難しいから。

エ　自由の反対語は、本来「不自由」のほうが正しいが、「服従」や「隷属」という表現を支持する人もいるから。

問７　――線部⑤「上の偉い人に服従するたびに、心の中でそれに『反抗』する気持ちを持っておく」とありますが、なぜ「反抗する気持ち」が必要なのですか。理由を２つに分けて、それぞれ40字以内で説明しなさい。

問８　――線部⑥「人生の過去は予備であり、本舞台は未来にあり」とありますが、「未来」のためにしておくべき「予備」だとして筆者が説明している部分を本文中から50字以内で抜き出し、最初と最後の５字を答えなさい。

問９　筆者の主張として最も適当なものを次の中から１つ選び、記号で答えなさい。

ア　長い時間軸で物事を考える習慣を身につけると、合理化が正しい結論になることが多い。

イ　短い時間軸で物事を考え続けると、いつのまにか精神の自由を手に入れることができる。

ウ　非常事態を生きのびるためには、無能なリーダーにいつまでも従っていてはいけない。

エ　人間にとって自由は最も大切な価値観であり、どんなリーダーにも服従してはいけない。

五　みなさんは「やさしい日本語」という言葉を聞いたことがありますか。「やさしい日本語」とは、日本に住む外国人にもわかるように配慮して簡単にした日本語のことで、災害発生時に適切な行動をとれるように考え出されたのが始まりです。例えば「高台に避難してください」は難しい表現なので、「高い所に逃げてください」と言いかえます。また専門用語や敬語表現もできるだけ使わないようにします。現在では行政や医療機関など多くの場面で使われるようになっています。

以上の内容をふまえ、次の①〜④の――線部を「やさしい日本語」に言いかえなさい。ただし後の条件に従うこと。

① 強風のため、現在この電車は運転を見合わせています。

② ここでの会話や飲食はひかえてください。

③ 診断結果は、後日、電話でお知らせさせていただく形となります。

④ 余震の可能性があるので、倒壊のおそれがある建物にはなるべく近づかないこと。

条件

・熟語を使わないこと。ただし□部分はそのままでよい。

・あいまいな表現や敬語を使わないこと。

芝浦工業大学柏中学校(第一回)

―45分―

一 次の問に答えなさい。

問一 次の①～④の――部のカタカナを漢字に直しなさい。②は送りがなも正しく答えなさい。

① 彼のタイゲン壮語(そうご)の癖(くせ)にはうんざりだ。

② これは誰にでも解けるヤサシイ問題だ。

③ 医療(いりょう)ジュウジ者の仕事を調べる。

④ イジワルなことをしないでよ。

問二 生徒たちが次の①～④の熟語について話し合いをしています。次の会話を読み、【　】内のカタカナを漢字に直しなさい。

①【カイホウ】

A「これは同じような意味を持つ漢字によって構成されている熟語だね。」

B「同じ構成で同じ読みの熟語があるけど、こちらは制限をなくして出入りを自由にするという意味だよ。」

C「この熟語は確かに窓とか校庭とかに使うけど、そういう違いがあったんだ。」

②【イギ】

A「この熟語は日常会話ではあまり使わないよね。」

B「ドラマとかではよく耳にするな。裁判で使われているイメージがあるよ。それもひとりやふたりではなく、たくさんの人がいるなかで出てくる熟語って感じ。」

C「それぞれの考えや意見を闘わせている時に使われている熟語だよね。」

③【カテイ】

A「これは前の漢字が後の漢字を詳しく説明している熟語だね。」

B「前の漢字には、インタイの『タイ』や、トウボウの『トウ』と同じ部首が使われているね。」

C「行ったり来たりすることが元になってできた部首なんだって。」

④【ハッコウ】

A「これは前の漢字が動作を表していて、後の漢字が『～を』を補っている熟語だね。」

B「後の漢字には、ツウキンの『キン』やキュウジョの『ジョ』と同じ部首が使われているね。」

C「この熟語は法律や条約に関する文章で見たことがあるなぁ。」

二 次の文章を読んで、あとの問に答えなさい。

日本は詰(つ)め込み教育だとか、何でもかんでも強制しているとか言われます。その結果、規律(きりつ)が重視され、行動は「～しなければならない」と型にはめられがちです。

学校では常に①「must(マスト)」がついて回ります。これでは息苦しいし、知らない間に〝正しい〟を探して、それにすがるクセがついてしまう。

「してもいいよ」という②「may(メイ)」をベースにした教育が理想だと私は思っています。

【Ⅰ】

その一方で、若いうちに道徳（モラル）や社会のルールを守る大切さを身につける必要があります。私たちは助け合って生きているからです。いや、自分は誰の助けも不要だ！　と宣言したところで、あなたが手にしているスマホは誰かがつくった物だし、交通手段も誰かのおかげです。

社会通念を身につける場として学校の役割はとても重要ですし、ルールを守る意識を持つために、ある程度の強制も必要になります。

自分勝手な行動で集団に迷惑をかける。迷惑をかけられた側の立場になれば、いかにその行動がよくないかわかるはずです。

【Ⅱ】

ルールを守るというのは〝正しい〟を守ることではなく、社会性を養うためのステップです。ルールを理解する、ルールを守れる。その前提があって初めて、このルールは少し変えた方がいいという意見に説得力が生まれます。

多様性は尊重するけど、他人に迷惑をかける自分勝手は認められない。社会には、常に［　Ｘ　］が表裏一体で存在しているということを覚えておいてください。

本書で問題にしている〝正しい〟は、モラルや社会性を守った上で、意見が分かれた場合にどう考えるのか、という話です。

【Ⅲ】

だから、「人を殺すのだって、価値観の多様性からすれば正しいでしょ」という発想は通用しません。

多様性の認識が社会に広がったことで、〝正しい〟も複数あっていい、という考え方が受け入れられやすくなってきました。

極端なようですが、人の数だけ〝正しい〟があるということです。

でも、思い出してください。

あなたが自分の価値観をもとに〝正しい〟と考えるのは自由ですが、それを他人に押しつけてはいけません。

多様性とは、そういうもの。この発想こそが「ｍａｙ」です。

お互いが多様性を認めていれば、価値観が異なる人とも仲良くできるはずです。

私はみなさんより人生を長く過ごしてきましたが、すべての価値観が同じ人に会ったことはありません。気が合う人でも、価値観が似ているのは半分ぐらいです。

【Ⅳ】

だから、〝正しい〟の基準がちがったら友達になれない、なんて思い込まないように。

私からすれば、自分と違う〝正しい〟を訴える人は魅力的に見えます。視野を広げてくれるからです。

一つの物事に複数の〝正しい〟があるとするなら、一つの〝正しい〟を押しつけて他の意見をつぶすのではなく、皆が認め合いながら「落としどころ」を探す大切さが見えてくるはずです。

だれか一人が訴える〝正しい〟をまるごと認めてしまうと、多様性は失われ、異なる意見の人は受け入れられないものになります。

［　Ａ　］、可能な限り多くの〝正しさ〟を盛り込んだ「落としどころ」を探る作業が、重要になるのです。

その好例が、民主主義についての議論ではないでしょうか。

皆さんは、民主主義について考えることがありますか？

日本でも「民主主義を守れ！」のデモがありますし、ＳＮＳでも話題になります。

この「民主主義を守れ！」という訴えも要注意です。

[B]、「民主主義を守れ！」と訴える人の多くは、自分が気に入らない事態が起きたときだけ、そう叫んでいるからです。まるで、日本に民主主義がないかのように。

（中略）

もちろん、少数意見の尊重や熟議を尽くすなど、より良き民主主義のためのルールはありますが、最後は多数決ですべてが決まります。たった一票の差でも、その決定は揺るぎません。

そう、民主主義は残酷な制度なのです。多様性の時代にはなじまないかもしれませんね。

[C]、大勢の人の主張をまとめるためには、今のところ「最良の方法」だと考えられています。

第二次世界大戦時のイギリスの首相チャーチルは、「民主主義は最悪の政治形態であるが既知※注1の政治形態の中では一番ましだ」というようなことを言っています。

多数決の原則を踏まえた上で、どうすれば多数意見の人に自分の訴えを聞き届けてもらえるかを考えることで、「最悪」の民主主義を進化させていく――。

この作業こそが大切で、③私が〝正しい〟を疑えと言う理由です。

価値観は違っても、喧嘩せずにみんながある程度納得できる落としどころを探す。

[D]、日本に民主主義がないと感じるなら、もっと掘り下げて、プロセス※注2のどこに問題があるかを探らなければなりません。

―Y―

感情や自分が信じる〝正しい〟を根拠にするのではなく、可能な限り普遍的※注3な視点から、問題を探り当てるのです。

力のある者が他者を制圧して押し切ったら、必ず反発が起き社会はうまく機能しません。

多数決では勝利しても、反対派が一定数いるのであれば、強引な主張が後々問題を起こすのは、当然のなりゆきです。

そうならないために知恵を絞る。それが政治だと私は思っています。

ヒステリックに〝正しい〟を振りかざさず、相手を徹底的に罵倒することもなく、自分の意見を聞いてもらうために汗を流す。それが大切なのです。

④〝正しい〟が気になるのは、自信がないからです。

胸を張って「自信がある」と言うなんて、嫌なやつじゃないか。そう思うとしたら、あなたは自信の意味を勘違いしています。

自信とは、自分を信じることです。色々考え、試行錯誤して、確かめながら生きていく。そのためには、頑張っている自分を信じることが大切です。

他人の意見をしっかりと聞き、頭から非定するのではなく異なる意見として受け入れられる広い視野と懐の深さを持つ。

これからの人生を豊かなものにするためにも、そうした心構えを大切にしてほしいと思います。

（真山仁『〝正しい〟を疑え！』〈岩波ジュニア新書〉による）

※注1　既知……すでに知っていること。
※注2　プロセス……作業を進める方法や過程。
※注3　普遍的……あらゆる物事に共通して当てはまること。

問一　――部①「ｍｕｓｔ」、②「ｍａｙ」とありますが、本文中でのそれぞれの使い方の説明として、もっともふさわしいものを次の中から選び記号で答えなさい。

ア　「ｍｕｓｔ」は自分が決めたルールに基づいて自分が「～しなければならない」と考えるもの。一方「ｍａｙ」はみんなで決めたルールに基づいて、他者に「してもいいよ」と許すもの。

イ　「ｍｕｓｔ」は社会通念に照らして、それぞれが自発的に「～しなければならない」とするもの。一方「ｍａｙ」は実際には行動が強制されるものの、表面的には「してもいいよ」と認めるもの。

ウ　「ｍｕｓｔ」はすでにある、行動の規律に対して「～しなければならない」とするもの。一方「ｍａｙ」は自分で正しいと思うことを考え、他人に対しても「してもいいよ」と認めるもの。

エ　「ｍｕｓｔ」は自分勝手を認めず、決められたルールを「～しなければならない」ととらえるもの。一方「ｍａｙ」は多様な考えに基づいてどんなことに対しても「してもいいよ」と許可するもの。

問二　次の文は本文中の【Ⅰ】・【Ⅱ】・【Ⅲ】・【Ⅳ】のいずれかの箇所(かしょ)に入ります。もっともふさわしい箇所を選びア～エの記号で答えなさい。

> それを感じ取るには想像力が必要です。

ア【Ⅰ】　イ【Ⅱ】　ウ【Ⅲ】　エ【Ⅳ】

問三　［Ｘ］に入る語句として、もっともふさわしいものを次の中から選び記号で答えなさい。

ア　集団と個人　　イ　理想と現実

ウ　秩序(ちつじょ)と混乱　　エ　自由と義務

問四　［Ａ］～［Ｄ］に入る言葉としてもっともふさわしいものを次の中からそれぞれ選び記号で答えなさい。ただし、同じ記号を二度使ってはいけません。

ア　もし　　イ　だから　　ウ　なぜなら　　エ　でも

問五　［　］で囲まれた部分の本文における役割はどのようなものですか。その説明としてもっともふさわしいものを次の中から選び記号で答えなさい。

ア　今までの論を整理し、「民主主義を守れ！」と訴える人への批判がなぜ起こるのかを読者が納得できるように、ＳＮＳなどの具体例を用いて説明している。

イ　「民主主義」についての読者の考えをより深めるために、日本には「民主主義」が存在するのかしないのか、という対立する二つの意見を紹介している。

ウ　新たな問題を提起するために、これまでの〝正しさ〟についての話題を打ち切って、「民主主義について考えることがありますか？」と疑問を投げかけている。

エ　〝正しさ〟についての筆者の主張をよりわかりやすく説明するために、学校生活などの話題に続き、「民主主義についての議論」を例として取り上げている。

問六　本文中の「Ｙ」の部分には使い方を誤った同音または同訓の漢字が一字あります。正しい漢字を書きなさい。

問七　――部③「私が〝正しい〟を疑えという理由」とありますが、次の生徒のやり取りを読み、それぞれの空欄に当てはまるように指定された字数の決まりを守って説明しなさい。

Aさん　ここで筆者が言っている、疑うべき〝正しさ〟というのは、［Ⅰ（10字～15字以内）］正しさのことだよね。

Bくん　筆者によると、多数決をするときには、［Ⅱ（20字～40字以内）］ことが必要だということがわかるよ。

Cさん　つまり〝正しさ〟を疑うことによって、［Ⅲ（10字～15字以内）］ことができるというわけだね。

問八　――部④「〝正しい〟が気になる」とありますが、「〝正しい〟が気になる」と、どのような行動をとると考えられますか。例として**ふさわしくないもの**を次の中から一つ選び記号で答えなさい。

ア　これまで当然のことだと考えられてきた「男らしさ」「女らしさ」の押しつけに対して、疑問の声を上げる。

イ　洋服を選ぶ際に、自分が気に入ったものではなく、SNSで評価が高いものを調べてそれを購入する。

ウ　友達や家族といった自分と近い関係であっても、自分の意見をまげて相手に合わせた意見を言う。

エ　国の代表を選ぶ選挙において、候補者をおとしめるようなフェイ※（にせもの）クニュースをうのみにしてしまう。

問九　この文章を読んだあとで、生徒たちは関連する書籍を見つけ、本文との関連について考えを述べています。

関連する書籍…宇野重規『民主主義とは何か』にあった二文
（出題に際し、表記を一部改めた）

［文1］「民主主義とは多数決だ。より多くの人々が賛成したのだから、反対した人も従ってもらう必要がある」

［文2］「民主主義の下、すべての人間は平等だ。多数派によって抑圧（よくあつ）されないように、少数派の意見を尊重しなければならない」

本文の筆者の主張を正しくとらえている生徒として、もっともふさわしい生徒を次の中から選び、記号で答えなさい。ただし、さん・くんはつけなくてもかまいません。

Aさん　本文では、「最後には多数決ですべてが決まります」と言っているから、筆者は［文1］側の意見だということが言えそうね。多数の意見が反映できているのだとしたら、民主的だといえるのではないかしら。

Bくん　［文2］のように少数派の意見を尊重していたら、いつまでたっても話し合いがまとまらないよね。話し合いがまとまらないままだと、じゃんけんで決めるというような偶然性（ぐうぜんせい）に頼（たよ）ることになってしまうよ。

Cさん　多数決を絶対のものとしないことで、［文1］と［文2］を両立させたらいいんじゃないかな。筆者は［文1］の正しさを認めつつ、［文2］の条件を満たすように努力すべきだと言っているように読み取れるわ。

Dくん　［文2］は現代の流れに合致（がっち）しているよ。［文1］のやり方をとっている限り、反対派が問題を起こすのは避（さ）けられないから、多数決でものごとを決めるやり方は今すぐやめるべきだよ。

Eさん　［文1］と［文2］は反対のことを言っているようだけど、一人に対して平等に一票が与えられているということで共通しているのよ。でも少数派の一票をより重くみるべきだと筆者は言っているのね。

三　次の文章を読んで、あとの問に答えなさい。

ぼくらの方の、ざしき童子のはなしです。

1

あかるいひるま、みんなが山へはたらきに出て、こどもがふたり、庭であそんでおりました。

X

たしかにどこかで、ざわっざわっと箒の音がきこえたのです。

も一どこっそり、ざしきをのぞいてみましたが、どのざしきにもだれも居ず、ただお日さまの光ばかり、そこらいちめん、あかるく降って居りました。

こんなのがざしき童子です。

2

「※大道めぐり、大道めぐり」

一生けん命、こう叫びながら、ちょうど十人の子供らが、両手をつないで円くなり、ぐるぐるぐるぐる、座敷のなかをまわっていました。どの子もみんな、そのうちのお振舞によばれて来たのです。

ぐるぐるぐるぐる、まわってあそんでおりました。

そしたらいつか、十一人になりました。

ひとりも知らない顔がなく、ひとりもおんなじ顔がなく、それでもやっぱり、どう数えても十一人だけおりました。その増えた一人がざしきぼっこなのだぞと、大人が出てきて言いました。

けれどもだれが増えたのか、とにかくみんな、自分だけは、何だってざしきぼっこでないと、一生けん命眼を張って、きちんと座っておりました。

こんなのがざしきぼっこです。

3

それからまたこういうのです。

ある大きな本家では、いつも①旧の八月のはじめに、如来さまのおまつりで分家の子供らをよぶのでしたが、ある年その中の一人の子が、はしかにかかってやすんでいました。

「如来さんの祭へ※行くたい。如来さんの祭へ行くたい」と、その子は寝ていて、毎日毎日言いました。

「祭延ばすから早くよくなれ」本家のおばあさんが見舞に行って、その子の頭をなでて言いました。

その子は九月によくなりました。

そこでみんなはよばれました。ところがほかの子供らは、いままで祭を延ばされたり、鉛のうさぎを見舞にとられたりしたので、何ともおもしろくなくてたまりませんでした。「あいつのためにひどいめにあった。もう今日は来ても、どうしたってあそばないぞ」と約束しました。

「おお、来たぞ、来たぞ」みんながざしきであそんでいたとき、にわかに一人が叫びました。

②「ようし、かくれろ」みんなは次の、小さなざしきへかけ込みました。
そしたらどうです、そのざしきのまん中に、今やっと来たばかりのはずの、あのはしかをやんだ子が、まるっきり痩せて青ざめて、泣き出しそうな顔をして、新しい熊のおもちゃを持って、きちんと座っていたのです。
「ざしきぼっこだ」一人が叫んで逃げ出しました。みんなもわあっと逃げました。ざしきぼっこは泣きました。
こんなのがざしきぼっこです。

4

また、北上川の朗明寺の淵の渡し守が、ある日わたしに言いました。
③「旧暦八月十七日の晩に、おらは酒のんで早く寝た。おおい、おおいと向うで呼んだ。起きて小屋から出てみたら、お月さまはちょうどおそらのてっぺんだ。おらは急いで舟だして、向うの岸に行ってみたらば、紋付を着て刀をさし、袴をはいたきれいな子供だ。たった一人で、白緒のぞうりもはいていた。「渡るか」と言ったら、「たのむ」と言った。④子どもは乗った。舟がまん中ごろに来たとき、おらは見ないふりしてよく子供を見た。きちんと膝に手を置いて、そらを見ながら座っていた。
「お前さん今からどこへ行く、どこから来た」ってきいたらば、子供はかあいい声で答えた。「そこの笹田のうちに、ずいぶんながくいたけれど、もうあきたから外へ行くよ。」「なぜあきたね」ってきいたらば、子供はだまってわらっていた。「どこへ行くね」ってまたきいたらば「更木の斎藤へ行くよ」と言った。岸に着いたら子供はもう居ず、おらは小屋の入口にこしかけていた。夢だかなんだかわからない。けれどもきっと本当だ。それから笹田がおちぶれて、更木の斎藤では病気もすっかり直ったし、むすこも大学を終わったし、めきめき立派になったから」
こんなのがざしき童子です。

（宮沢賢治『ざしき童子のはなし』による）

問一 [X] に、ア～オを意味が通るように並べ替えなさい。ただし四番目には次のアが入ります。

ア　ざわっざわっと箒の音がきこえます。
イ　ところが家の、どこかのざしきで、ざわっざわっと箒の音がしたのです。
ウ　大きな家にだれも居ませんでしたから、そこらはしんとしています。
エ　とおくの百舌の声なのか、北上川の瀬の音か、どこかで豆を箕にかけるのか、ふたりでいろいろ考えながら、だまって聴いてみましたが、やっぱりどれでもないようでした。
オ　ふたりのこどもは、おたがい肩にしっかりと手を組みあって、こっそり行ってみましたが、どのざしきにもだれも居ず、刀の箱もひっそりとして、かきねの檜が、いよいよ青く見えるきり、だれもどこにも居ませんでした。

問二　2の話について解釈したものとして**ふさわしくないもの**を次の中から選び記号で答えなさい。

ア　いつの間にか一人増えていることは間違いないわけだから、確かにざしき童子が姿を現していると考えてよい。
イ　遊んでいる子どもたちに男の子も女の子もいたとするなら、ざしき童子も男の子か女の子かわからないということになる。
ウ　「確かに知っている顔」と書いてあるので、遊んでいる子どもによって、違う子どもに見えている可能性もある。

エ　大人はどの子どもがざしき童子かわかっており、判断力のある大人をざしき童子はだますことができない。

問三　――部②「『ようし、かくれろ』みんなは次の、小さなざしきへかけ込みました」とありますが、みんながかくれるのはなぜですか。もっともふさわしいものを次の中から選び記号で答えなさい。

ア　仲の良いともだちがようやく元気になって遊べるようになったので、驚かせてお祝いしようと思ったから。

イ　はしかをやんだ子のためにいろいろな都合をあわせていて、快気祝いまで強制されるのはおもしろくないから。

ウ　友達はみな、一度ざしき童子に会ってみたくて、自分たちがかくれんぼをすればざしき童子が現れると思ったから。

エ　もともと友達としては認めておらず、せっかくいなくなったのに、また遊ばなければいけないのがいやで仕方なかったから。

問四　――部①「旧の八月」③「旧暦八月十七日の晩」について、調べてみると日本には旧暦というものがあって、今のカレンダーとはずれていることがわかりました。たとえば、「立春」は二月三日ですが、旧暦を使っていた頃は実際にもう少し春めいていたと考えられます。それを踏まえて、3と4の話に関わりがあると思われる、旧暦の八月に関わる行事を次の中から選び記号で答えなさい。

ア　ひな祭り　　イ　中秋の名月(お月見)

ウ　端午の節句　　エ　七夕

問五　――部④「よく子どもを見た」は、渡し守が「ざしき童子」というものを知らない場合と知っている場合とで、よく子どもを見た理由についての異なる解釈が考えられます。それぞれの場合について、指定された形式に合わせてわかりやすく説明しなさい。

ざしき童子を知らない場合、「よく子どもを見た」のは、［30字以内］からだが、

ざしき童子を知っている場合、「よく子どもを見た」のは、［30字以内］からだと考えられる。

教室でこの作品について議論をしています。次の文章を読んであとの問いに答えなさい。

生徒たちが「ざしき童子」について調べてみると、柳田國男の「遠野物語」の中に次のような話が見つかりました。

古い家にはザシキワラシという神様がいることが少なくない。この神様は十二、三歳の子どもである。たまに人に姿を見せる。ある家では休暇に帰った時に廊下でザシキワラシとすれちがって大変驚いた。違う家では、母が一人で縫い物をしているとがさがさ音がする。この部屋は東京に出張に行った主人の部屋で、一人いる母がおかしいと思って戸をあけるが誰もいない。しばらくすると今度は同じ部屋から鼻をならす音がする。きっとザシキワラシだろう。この神がいる家は金持ちになるという。

ザシキワラシは女の子であることもある。別の家では女の子の神様が二人住んでいると言われていた。ある男が町から帰ってくると、橋のほとりで二人の見慣れない美しい娘に会った。どこから来たか男が聞くと、神が住んでいると言われる家から来たのだという。どこに行くのかと聞くと、そこから離れた村のある家の名前を告げた。その男は、きっと神

に出ていかれた家は世も末だ、と思ったが、ほどなくして、家のものが二十人ばかり毒にあたって死に絶え、女の子一人が残ったが、子どもも残せず、老いて病気で死んだということだ。

Aくん　読んでみると、宮沢賢治の話と似ているところがあるね。整理してみよう。

Bさん　〰〰部アと同じような話が［　i　］で、〰〰部イと同じような話が［　ii　］だね。

Cくん　柳田國男のザシキワラシの特徴をまとめると、「［　iii（10字以内）　］」「男か女かわからないこと」「住んでいる家を裕福にすること」「ザシキワラシが去ると不幸になること」と言ったところかな。

Aくん　住んでいる家が裕福になるんだったら、もしかしたら宮沢賢治の話も全部金持ちになっているという言葉があるんじゃないかな。

Bさん　そう言われて読んでみると、2には「お振舞」なんて表現がある。きっとごちそうするとかいう意味だから、お金持ちだろうね。1には、［　iv（5字以内）　］なんていう言葉があるよ。

Cくん　3についてはどうだろう？

Aくん　同じように、「大きな本家」っていう言葉があるよ。この家は［　v（10字以内）　］ことができる。だから分家の子はおもしろくなかったんだよね。

Bさん　ざしき童子が裕福にするのはわかったけれど、柳田國男の話は男の子だったり、女の子だったりするって書いてある。宮沢賢治の方は全部男の子じゃないかな。

Cくん　たしかに4の話では、［　vi（15字以内）　］から男の子のようだね。僕はざしき童子は女の子のイメージだった。

問六　空欄 i 、 ii に入る話の番号を答えなさい。

問七　空欄iiiに入る文を考え、10字以内で書きなさい。

問八　空欄ivに入る言葉を、宮沢賢治の「ざしき童子のはなし」の中から探し5字以内で抜き出しなさい。［　X　］に入れる文も含めて探すこと。

問九　空欄 v に入る文を考え、「～ことができる」に続く形で10字以内で書きなさい。

問十　空欄viについて、正しく説明している文となるように考えて「～から男の子のようだね。」に続く形で15字以内で書きなさい。

芝浦工業大学附属中学校（第一回）

—60分—

注意　一　指示がない限り、句読点や記号などは一字として数えます。
　　　二　正しく読めるように、読みがなをふったところがあります。

一　この問題は聞いて解く問題です。問題文の放送は一回のみです。問題文の放送中にメモを取っても構いません。放送の指示に従って、問一から問三に答えなさい。

※以下のQRコード、URLよりHPにアクセスすると音声を聞くことができます。

https://sites.google.com/shibaurafzk.com/sitjuniorhigh

二　次の文章を読んで、後の問いに答えなさい。

自分の名前にコンプレックスを持っている中学生の田中涙子（ティアラ）（わたし）は、名前の読み方を「るいこ」と偽り、同級生の倉田さんと仲良くなった。ある日、倉田さんといた涙子は、他の同級生に自分の名前の本当の読み方をばらされ、倉田さんを置いてその場から逃げ去ってしまう。涙子が泣きながら廊下を走っていたところ、図書室司書のしおり先生に声をかけられ、図書室へと案内される。

先生は、優しくわたしが泣いていた理由を訊ねてきた。もちろん、わたしは答えたりしなかったけれど、先生の静かな声音に誘われたような気分になって、わたしは「わたしがティアラだから」とだけ呟いた。しおり先生は、そんな意味不明なわたしの呟きに、難しそうな表情で、涙の子かぁ、と呟いたのだ。

先生は少し困ったように眉を寄せて、優しく言う。

「名前の通りに、生きる必要なんてない（ア）んだよ。先生も、自分の名前の通りに生きてる自信はないもの。涙の子だからって、泣く必要はないんだから」

わたしが黙り込んだせいだろう。先生は、わたしが泣いていた理由を探るのを諦めたのか、ぜんぜん違うことを言った。

「田中さんは、最近、漫画を読んでないね。前はよく、漫画を読んでいたでしょう」

①わたしは、はっとして顔を上げる。

先生の言う通り、図書室の当番のときは漫画を読んでいた。けれど、漫画を持ち込むのは校則で禁じられているから、先生にはばれない（イ）ようにしていたつもりだった。

「どうして」

「見ればわかるよ。先生は、司書ですから」

そう言いながら胸を張り、しおり先生は誇らしげに言う。

「どうして、怒らないんですか」

「ふふふ、それはね」

子どものような笑みを浮かべると、秘密めかして先生は言った。

「先生も、漫画が好きだから」

若い先生だから、それに不思議はないのかもしれないけれど。

だからって、校則で禁じられていることを見過ごすなんて、先生としてはどうなのだろう。

②ちょっと呆れてしまう。

「本や物語に、※1ウ貴賤はないよ」

キセン、という言葉を変換するのに、ほんの少し時間がかかったけれど、漫画で出てきたことのある単語だったから、なんとなく意味は理解することができた。

「小説でも、漫画でも、物語の価値は等しく、人の心を動かすから」

「でも、馬鹿にされます。くだらないものだって……」

「だからカバーをかけて読んでいるの？」

しおり先生は、そう首を傾げて言う。

思っていたより、普段の行動を先生に見られていたらしい。

カバーをかけていたのは、校則で漫画が禁じられているからだけれど、たとえ校則で赦されていたとしても、わたしはカバーをかけていただろうな、とも思う。

「なにを読んでいるかは、知られたくないです」

馬鹿にされたくない。

自分のことを知られて、嗤われたくなんて、なかった。

読んでいる本のこと、趣味のこと、夢のこと。

役に立たないとか、くだらないとか、悪い影響があるとか。

大好きなもののことを、否定、されたくなかった。

ちゃぶ台の陰で、※2乾いたひとさし指の爪の感触を、撫でてあげるようにして確かめる。

「そうだね」

なにに関してか、先生は同意を示して、頷いた。

「けれど、他人にどう見られようと、田中さんの想う価値は変わらないからね。それだけは、憶えていて」

なんて答えたらいいかわからなくて、やっぱりわたしは黙り込んでしまう。沈黙の気まずさを隠すように、紅茶のカップに口をつけると、この静寂に耐えられなかったのは先生も同じだったのかもしれない。彼女はうんうんと頷き、饒舌に語った。

「漫画にはね、人の心を動かす力があるんだから。先生だって、漫画を読んでいなかったら、読書の楽しみを知ることはなかったし、この仕事についてなかったとも思う。うん、漫画は人の心を動かすよ。漫画に何度泣かされたことがあるか……」

「悲しくて、ですか」

「違うよ」

それは沈黙を気まずく思っての意味のないエ質問だったけれど、先生は微笑んで否定した。

「嬉しかったり、温かかったり、ほっとしたり……。そういう優しい気持ちで泣くの」

カップを両手で包み込むようにしながら、しおり先生が優しく笑う。

「先生、もしかしたら無責任だったり、見当はずれなことを言うかもしれない。けれどね、田中さんに③知っておいてほしいと思うことがあるの」

先生はそう言いながら、悩むように眉を寄せていた。わたしが人と話すとき、言葉を必死にほじくり返そうと焦るように、先生も慎重に言葉を選ぼうとしているのかもしれないと思った。

「あのね、涙の子って、なにも悪い意味ばかりじゃないんだよ」

「そう……、でしょうか」

「うん」しおり先生は眼を伏せる。ふぅ、とカップを冷ますために息を吹きかけながら。

「先生も、子どもの頃はたくさん泣いた。嫌なことばかりで、つらくて悲しくて、部屋に閉じこもって、枕に顔を押しつけて、誰にも聞かれないようにわんわん泣いていたことがある……。そういう経験を積み重ねると、涙ってなんだかネガティブなイメージが付いて回るのかもしれない。けれどね、大人になって、ちょっとわかったことがあるんだ」

カップを置いて、先生が伏せていた眼を上げる。わたしを見て、にっこりと笑いながら、彼女は教えてくれる。

「大人になっても、やっぱりたくさん泣いちゃうことに変わりはないんだけれど……。けれどね、嬉しかったり、感動したりして、涙を流すことも増えてくるの。優しい気持ちに包まれて、胸が温かくなって、じんじん心が揺れ動いて……。そうして流す涙は、とても優しい温度をしているんだよ」

わたしは、先生の言う、その涙の感触を想像しようとしたけれど。

それは、なんだかわたしには、手の届かないもののような気がして。

けれど。

「涙って、人の優しさがかたちになった、綺麗なものなの。先生は、今じゃそういう涙を流すことの方が多いよ。読書をして、心を動かされて、感動をして……。そうすることで積み重なった優しさは、また他の誰かを優しい気持ちにしてくれると思う」

わたしは、乾いた爪の感触を確かめる。

あのとき、彼女が触れて走った、むずがゆい感覚のことを、思い返した。

世界が色づく魔法を見て、込み上げてきたものを。

「いつか、優しい気持ちで流す涙で、つらい気持ちを洗い流せるときがくるといいよね。我慢しなくてもいいの。つらいときがあったら、先生のところに来ていいからね。ここにあるたくさんの本は、つらい気持ちを忘れさせてくれる。涙の本当の意味を、きっと教えてくれるから」

だから、いつでも。

いつでも、あなたのことを、先生に話していいからね。

わたしは眼を伏せて、紅茶のカップに口をつける。熱い液体が、喉の奥へと少しずつ流れていくのを感じた。

「先生」

「うん」

「わたし……」

今は、うまく言えない。

わたし自身のことや、わたしが受けている仕打ちのことを、話すのには勇気が必要だった。

けれど、きっとわたしは、またここに来ることになるだろう。

そのとき、わたしは④自分を覆い隠すものを脱ぎ捨てることができるだろうか。

わたしのことを知ってほしいと、そう訴えることができるだろうか。

わたしの趣味、わたしの夢、わたしの名前、わたし自身のことを、誇れるときがくるだろうか。

「また、ここに来ます、から」

わたしはそうとだけ告げて、紅茶を飲み干した。

【相沢沙呼「煌めきのしずくをかぶせる」(『教室に並んだ背表紙』〈集英社〉所収)】

※1　貴賤……貴い(とうと)ことと、卑しい(いや)こと。

2　乾いたひとさし指の爪……涙子が、倉田さんにネイルを塗(ぬ)ってもらった後にそのまま登校し、教員に見つかってネイルを落とされたという出来事があった。

問一　══線ア～エの「ない」の中で、他とは性質の異なるものを一つ選び、記号で答えなさい。

問二　――線①「わたしは、はっとして顔を上げる」とありますが、なぜ涙子はこのような反応をしたのですか。二十字以上三十字以内で答えなさい。

問三　――線②「ちょっと呆れてしまう」とありますが、なぜ涙子は呆れてしまったのですか。三十字以上四十字以内で答えなさい。

問四　――線③「知っておいてほしいと思うこと」とは、どのようなことですか。適切なものを次の中から一つ選び、記号で答えなさい。

ア　涙は優しい気持ちになった時にも流れるものなので、「涙の子」という名前もネガティブな意味だけではないということ。

イ　涙は人を優しい気持ちにするものなので、「涙の子」という名前も他人への優しさに満ちた綺麗な名前であるということ。

ウ　涙は人の心が動いた時に流れるものなので、「涙の子」という名前には人の心を動かす力が込められているということ。

エ　涙は人間であれば誰でも流してしまうものなので、「涙の子」という名前も必ずしも悪い意味ばかりではないということ。

問五　――線④「自分を覆い隠すものを脱ぎ捨てる」とありますが、これは具体的にどのようなことですか。適切なものを次の中から一つ選び、記号で答えなさい。

ア　ためらいや恥(は)ずかしさを捨て、自分から図書室へしおり先生を訪ねられるようになること。

イ　涙に対する先入観を捨て、作品に感動した時に素直(すなお)に優しい涙を流すことができるようになること。

ウ　名前に対するコンプレックスを捨て、「涙の子」という名前の通りに生きられるようになること。

エ　自分が好きなものを人に馬鹿にされるかもしれないという不安を捨て、素直に好きと言えるようになること。

問六　しおり先生の人物像に関する説明として適切でないものを次の中から一つ選び、記号で答えなさい。

ア　生徒に対して、丁寧(ていねい)に言葉を選んで寄り添(そ)える人物。

イ　生徒に積極的に働きかけ、正しい答えに導ける人物。

ウ　生徒をよく観察し、些細(ささい)な行動の変化にも気づける人物。

エ　小説も漫画も公平に扱(あつか)う、物語への愛情が深い人物。

三　次の文章を読んで、後の問いに答えなさい。

身体感覚を考えるにあたり「感覚そのものがない」ことについても考えてみましょう。

感覚のなかでも、視覚は重要です。目が見える晴眼者(せいがんしゃ)にとって、世界は視覚を基礎に作られているといっても過言ではないでしょう。そんな視覚を失ったら、つまり目が見えなかったら、真っ暗でなにもない世界となるのでしょうか？　目の前の空間がどのように広がっているのかすら、わからないのでしょうか？

心理学の観点から「美」を研究する神経生理学者セミール・ゼキによれば、①印象派の画家クロード・モネは「生まれつき目が見えない状態で生まれ、後から目が見えるようになりたい」と語ったそうです。そうすれば「目の前にあるものがなにかわからないまま、その純粋な形を見ることができる」と考えたからだといいます。

ですが実際は、②そんな様子ではなさそうです。10年ほど前、全盲の研究生と一緒に視覚について考えてみたことがありました。彼が感じる世界について話してもらうのです。聞くと驚くことばかり、そこには想像とはまったく異なる、豊かな世界がありました。

たとえば、色について話したことがあります。生まれつき目が見えなかった彼は、これまで一度も色を見たことがないにもかかわらず、色には強い関心を持っていました。そして、それぞれの色に対するイメージのようなものを抱いていました。ちょっとした会話の話題や、小説のエピソードなどから、明るくて目立つ赤や空の色の青といったように、それぞれの色がどんなものなのかを推測しているのです。

色については、欠けた情報を補って想像しているという様子ですが、③空間については晴眼者とまったく違う、豊かな世界を持っていることがわかりました。

そもそも彼は私の研究室までは※白杖をついて来るのですが、研究室に入った後は、白杖をまったく使わないで歩き回ります。そして、そのまま椅子のあるところに来て座るのです。それはまるで、見えているかのような行動にも思えました。

目が見えないのに、どうしてテーブルと椅子のある場所まで迷わずに歩けるのかと聞いたところ、音の反射から、空間内の広がりやおおよその障害物があることがわかるというのです。彼は旅行好きで、旅先でボランティアの同行をつのっては旅に出るとのことですが、はじめて入るホテルの部屋でも、音の響きから部屋の大きさがわかるそうです。広めの部屋では音が広がるというのです。音が吸収される方向から、ベッドの位置もわかるといいます。

［Ⅰ］つまり彼は視覚がなくても、目の前の空間は、音と空気の流れから把握できるのです。視覚という、影響力の強い感覚がなかったとしても、まったく別のルートから作りあげた空間世界を共有できる。こうした違いを意識しながら、共通の世界について語らえたら、それこそがすばらしいことではないでしょうか。

［Ⅱ］しかし一方で、④視覚障害の彼には理解できない空間経験もありました。彼がボランティアに新聞記事を読みあげてもらっていたときに、片隅にある小さな記事にボランティアが気づくことに驚いたというのです。

晴眼者にはごくふつうのこと、興味をもった記事であれば、小さな記事であっても気づくことができます。［A］、触覚でひとつひとつ点字を順番に確かめていく目の見えない学生にとって、この一目で気づくという見方が大きな驚きだったのです。

［B］、当然のことかもしれませんが、どこからどのように見ているかという「視点」への理解は、彼には難しく感じられたようです。た

とえば天から見下ろすような⑤「俯瞰する」という視点が、ピンと来ないようなのです。

それで気がついたのですが、私を含めた晴眼者は、視点の切り替えをよくします。漫画や映画を「視点」から見なおしてみると、気づくことができるでしょう。自分自身の視点で見ている風景と、俯瞰する視点から見る風景を、効果的に見えるように、切り替えています。

たとえば広い空間を、敵と味方が複雑に入り交じり格闘する戦闘シーンや、スパイ映画で、敵に追われてビルの上を飛び回るシーン。こうしたシーンは、天から見下ろすような「俯瞰する」視点で描かれることが少なくありません。ちなみに、こうした視点の切り替えは、夢の中でもおきています。たとえば自分が空を飛んでいる様子を、天から見下ろしているような夢を見たことはありませんか？

晴眼者が日常で頻繁に目にするシーンの切り替えは、視覚障害者の学生にとっては理解し難く、特に俯瞰的な光景をイメージすることが難しいというのです。漫画や映画を説明されて情景をイメージするときも、自分で小説を読むときも、常に登場人物と同じ視点でいるといいます。

［Ⅲ］それでは、俯瞰的な視点とは、どのように得られるのでしょうか？

どんな実体験と結びついているのでしょう？　晴眼者にとっては、高いビルや小高い丘から眼下に広がる街並みを見下ろしたときなどに見た、さえぎられていたものがなく視野が広がるという、視覚的な経験にもとづいているのではないでしょうか。

一方の視覚障害の学生によれば、俯瞰的な視点は、小説で触れたくらいで、実際に体験したことはないそうなのです。

［Ⅳ］互いの語りをほんとうに理解するためには、異なることと共通することを、丁寧に知り合っていくことが重要なのではないでしょうか。

（山口真美『こころと身体の心理学』〈岩波ジュニア新書〉）

※　白杖……目の不自由な人が歩行するときに使う白い杖。

問一　――線①「印象派の画家クロード・モネ」とありますが、クロード・モネの考えは、この文章においてどのような役割を持っていると考えられますか。適切なものを次の中から一つ選び、記号で答えなさい。

ア　読者と同じ視点の考えを示すことで、読者に親近感を持たせるとともに、この後述べる筆者の考えを理解させやすくする役割。

イ　画家の考えを示すことで、目の見えない人の世界が、独特な感性を持つ画家にも想像できない世界であることを誇張する役割。

ウ　晴眼者の考えを示すことで、この後述べる目の見えない人の世界が、晴眼者の想像とは異なる世界であることを強調する役割。

エ　有名人による、筆者と同じ視点の考えを示すことで、その後述べる筆者の考えに説得力を持たせる役割。

問二　――線②「そんな様子」とありますが、どのような様子ですか。説明として、適切なものを次の中から一つ選び、記号で答えなさい。

ア　目の見えない人が認識する世界は真っ暗であるため、目の前にあるものすら、なにかわからない様子。

イ　目の見えない人が認識する世界は真っ暗であるが、目の前に広がる世界を聴覚などによってとらえている様子。

ウ　目の見えない人が認識する世界は色がないため、色について説明されてもイメージすらわかない様子。

エ　目の見えない人が認識する世界は色がないが、実は晴眼者の想像以上に世界を豊かにとらえている様子。

問三　――線③「空間については晴眼者とまったく違う、豊かな世界を持っていることがわかりました」とありますが、その空間の把握の仕方の例として適切でないものを次の中から一つ選び、記号で答えなさい。

ア　先生の話す声の響き方から、部屋の広さを把握する。
イ　友人の会話の内容から、部屋にいる人の数を把握する。
ウ　自分の足音のはね返り方から、家具の配置を把握する。
エ　杖をつく音の反射から、自分の座席までの道を把握する。

問四　――線④「視覚障害の彼には理解できない空間経験」とありますが、これはどのような経験ですか。適切でないものを次の中から一つ選び、記号で答えなさい。

ア　教科書を読み、強調された重要な箇所にすぐに気づくこと。
イ　新聞を読み、順番に文字をたどって小さな記事に気づくこと。
ウ　映画の説明を聞き、情景を広い視野からとらえ整理すること。
エ　小説を読み、登場人物から離れた客観的な視点から話を把握すること。

問五　[A]、[B]に入る言葉として適切なものを次の中から一つずつ選び、それぞれ記号で答えなさい。

ア　また　　イ　たとえば　　ウ　しかし
エ　つまり　　オ　ところで

問六　――線⑤「『俯瞰する』という視点が、ピンと来ないようなのです」とありますが、目が見えない人にとって「俯瞰する」という視点を理解することが難しいのはなぜだと筆者は考えていますか。理由を五十字程度で答えなさい。

問七　次の文が入るのに適切な箇所を本文中の[I]～[IV]から一つ選び、記号で答えなさい。

つまり、同じ環境に住む人たちでも、受け取る感覚の違いから、異なった世界を見ていることもあるということです。

四　次の詩を読んで、後の問いに答えなさい。

※黎明の蛙たち　　吉田瑞穂

九州山脈の朝焼けが、
有明海も水田も
あかねいろにそめている。
ぼくは朝やけにそまりながら
たんぼのあぜみちをあるく。

不意の客に
おどろいた子蛙たちは
草むらの露をけちらして
水田にとびこみ
水底にもぐって土になる。

大きなとのさま蛙だけ

ゆったりと早苗(さなえ)にだきついて
すがたをけしてしまう。

子蛙たちは、
水面にうきあがり
おちついて　ぼくをみつめる。
人間に話しかけたい人間の目だ。
ぼくは子蛙たちに話しかける。
──公害もなく、保護色もいらない
　　蛙の村をつくりたいね──

となりのたんぼの親蛙たちが
ごるく　ごるく　ごるく　ごるく
げぺる　げぺる　げぺる　げぺる
にぎやかに　うたいだした。
とのさま蛙も　すがたをみせて
いっしょに　うたったらどうだ。
朝やけのあかねいろにそまりながら……。

【吉田瑞穂「黎明の蛙たち」(『しおまねきと少年』〈銀の鈴社〉所収)】

※　黎明……明け方。

問一　──線①「すがたをけしてしまう」とは、どういうことですか。本文中の語句を用いて二十字以上三十字以内で答えなさい。

問二　──線②「人間に話しかけたい人間の目だ」とありますが、もし「子蛙たち」が人間の言葉を話せたら、どんなことを「ぼく」に話しかけるか、あなたの考えを答えなさい。ただし、次の条件に従うこと。

A　「子蛙たち」の一匹(いっぴき)になり切って書くこと。ただし、人間の言葉を話せるものとする。

B　詩に書かれている状況(じょうきょう)をふまえて書くこと。

C　八十字以上、百二十字以内で書くこと。ただし、出だしの一マスは空けないで書くこと。

問三　──線③「にぎやかに　うたいだした」とありますが、この時の筆者の様子として適切なものを次の中から一つ選び、記号で答えなさい。

ア　子蛙を心配するように鳴き声を上げる親蛙を見たことで、人間と同じように親子の情を大切にする蛙の姿に親しみを感じている。

イ　「ぼく」が子蛙に話しかけたのに合わせたかのようなタイミングで親蛙が鳴きだしたことで、偶然(ぐうぜん)のおかしみに感動している。

ウ　四回ずつ同じ鳴き方をくり返すという親蛙の鳴き声の規則性に気付いたことで、自然のもたらす音楽的な美しさを体感している。

エ　子蛙にかけた「ぼく」の言葉に答えるように親蛙が鳴きだしたことで、蛙と心が通じ合って調和が生じたように感じている。

問四　この詩の表現上の特色として適切でないものを次の中から一つ選び、記号で答えなさい。

ア　部分的に段を下げて強調する箇所(かしょ)を設けることで、詩の背景に社会への問題意識があることを示している。

イ　蛙を擬人法(ぎじんほう)によって描写(びょうしゃ)することで、「ぼく」が自然と人間とを対等に見ていることが表現されている。

ウ　「ごるく」や「げぺる」という擬音を用いることで、何にもおびやかされずに過ごす蛙の生き生きとした様子を表している。

エ　「そめている。」や「あるく。」のように多くの文末で過去形を用いないことで、詩の臨場感を高めている。

五　次の各問いに答えなさい。

問一　ことわざ「のれんに腕押し」と同じ意味のことわざを次の中から一つ選び、記号で答えなさい。

ア　打てばひびく　　イ　豆腐にかすがい

ウ　蛙の面に水　　エ　猫に小判

問二　次の語句の意味として適切なものを後のア〜エの中から一つ選び、それぞれ記号で答えなさい。

1　クリエイティブ

ア　新規的　　イ　画期的　　ウ　創造的　　エ　空想的

2　やきもきする

ア　いらいらして気をもむ　　イ　ゆったり落ち着く

ウ　嫉妬で気が気でない　　エ　やけを起こして怒る

問三　日本語として適切なものを次の中から一つ選び、記号で答えなさい。

ア　ピアノ教室の練習が延びてテレビが見れない。

イ　父の会社は約十人ほどの小さなものであった。

ウ　鬼になった私は笑いながら逃げる友達を追いかけた。

エ　私はこの本を読んで主人公が勇敢だと思った。

問四　次の慣用句を使って、短い文を作りなさい。

「白羽の矢を立てる」

※慣用句の内容が具体的にわかるようにしなさい。

慣用句「足がぼうになる」の場合

（悪い例）「ぼくは、足がぼうになった。」

（良い例）「ぼくは、落とし物をしてしまい、足がぼうになるまで探し回った。」

※「動きを表す語」など、後に続く語によって形が変わる場合は、変えても良いです。

（例：「あるく」→「あるいた」）

六　――線のカタカナを漢字に直しなさい。

1　コンサートが終わってもコウフンが止まらない。

2　山で岩石をサイシュウする。

3　安いのにケッコウおいしかった。

4　チョスイチの周りを散歩した。

5　年長者をウヤマう。

渋谷教育学園渋谷中学校（第一回）

—50分—

※「〇〇字で」、または「〇〇字以内で」、という指示がある場合は、「。」「、」「かっこ」なども一字と数えます。

一　次の文章を読んで後の問いに答えなさい。本文の上にある数字は行数を表します。

【男子大学生の榛名忍は以前は「天才高校生作家」としてもてはやされていたが、現在はスランプに陥っている。忍は東京オリンピックに向けて競歩をテーマとした小説を執筆するために、大学の後輩で競歩の男子選手である八千代篤彦に取材を行う。以下は、二人が他大学との合同合宿に参加している場面である。】

「よく最後までついてきたじゃん。ラスト5キロ、結構上げたのに」

※蔵前に比べたら若干息の乱れている八千代が、短く「はい」と頷く。

「昨日と今日、八千代を見てて思ったのは、長い距離を歩くとき——特に後半に入るとフォームが安定しない。スパートをかけたときにスピードを出そうと《走り》の動きが出て来ちゃうんだな。※警告出されるの、レースの後半が多いだろ？」

ハッと顔を上げて、蔵前を見た。八千代も全く同じことをした。

※能美も、関東インカレも、日本インカレも、八千代はレースの後半に決まって警告を出された。ここからスパート合戦が始まるというとき、狙ったように出鼻を挫かれるのだ。

「か－な－り、直し甲斐のあるフォームだから、五日間みっちり鍛えてやるよ。綺麗になるぞぉ」

げらげらと笑って、駐車場でストレッチをする選手達のもとに向かう蔵前の背中を、忍は脹ら脛を摩りながら見送った。

【中略】

どうしようか迷って、迷って、迷って、二人に駆け寄った。足を前に繰り出すたびに悲鳴を上げる太腿に活を入れ、不穏な空気に近づいて行った。

「歩くの嫌いか？」

普段の人懐っこさとか、気さくな先輩という印象からはほど遠い、低く冷たい蔵前の声がする。怒っている。確かに彼は怒っている。険しい顔の蔵前と、八千代の背中。二人を見つめたまま、忍は動けなくなった。

「過酷な競技だよ。苦しいことばかりだ。俺だってそうだ。でも、歩いてるときの君は、刑罰でも受けてるような顔をしてる。早くこの刑期を終えて自由になりたいって顔だ」

八千代が何か言いたそうに息を吸うのがわかった。でも、蔵前が八千代の言葉を奪ってしまう。

「違うの？　本当はさ、走りたいんじゃない？　走りたいけど仕方なく競歩やってない？　走れない鬱憤とか苛立ちをエネルギーに競歩をやるなら、それを走ることに向けた方がいいんじゃないの？」

蔵前の言っていることは、多分、正しい。八千代だって、長距離走を続けられるならきっと続けたに違いない。

でも、世の中には本人の「続けたい」という熱意だけじゃどうしようもないことがたくさんある。どうしようもないことの方が、きっと多い。

「さっきも必死に俺についてきたけど、あれがレースだったら失格だ。『冷静になれ』って何回言った？　なのに、勝手に焦って不安になって食らいついてくる。今のままじゃ、日本選手権だろうと全日本競歩だろうと、ラストで勝負すらできずにまた負けるよ」

正しい、本当に、彼が言っていることは正しい。流石は日本代表だ。的確に、(1)八千代の本質と弱点を見抜いている。その蔵前の顔が、①シンソコ恐ろしかった。

「八千代は、競歩でどこに行きたいの？」

首を傾げて、蔵前が八千代を見上げる。八千代の方が背が高いのに、蔵前の方がずっと大きく感じられた。彼から漂う凄みのようなものが、じりじりと肌を焼いてくる。

東京オリンピック、なんて――口が裂けても言えない。

黙り込んだ八千代を、蔵前は凝視していた。しばらくして彼は両手をゆっくり腰に持っていき、八千代を覗き込むようにしてニィッと白い歯を覗かせた。青天の下、水の撒かれた土のグラウンドのような、そんな顔で。
(2)「というわけで、明日も頑張りましょう」にこやかに言って、蔵前は何事もなかったみたいに合宿所に入っていった。

随分時間がたってから、八千代がこちらを見た。切れ長の目を瞠って、彼は唇を②真一文字に結んだ。

何を言えばいいかわからなかった。言葉は、人よりたくさん持っているはずなのに、自分の中のどの本棚を探せば今の八千代に相応しい言葉があるのか、見当もつかない。

「蔵前さんの言う通りですよ」

温度の感じられない表情で頷いて、彼は小さく肩を落とした。からん、と、彼の奥で何かが落ちる音がした。

「言う通りだ」

ふらつくような足取りで、八千代は忍の側を通り過ぎていく。

「八千代」

「頭を冷やしに行くだけですよ」

素っ気なく呟いて、八千代は正門から外へと出て行った。さっきまで淡い夕焼けが綺麗だったのに、藪の向こうがすっかり紺色に染まっている。

「福本さん、それ貸して」

玄関脇にいた福本に駆け寄り、その手から自転車の鍵を奪った。ちょうどいい。前カゴに八千代のウインドブレーカーが入っている。

顔を上げると、下駄箱の前から蔵前がこちらを見ていた。外しかけたスタンドを戻し、彼に駆け寄った。

「あの、蔵前さん」

「酷いと思う？」

あっけらかんとした様子で言われて、言葉を失った。

「彼、ぱっと見は冷静そうな顔をしてるけど、結構カッとなりやすいよね」

「わかってて、なんであんな言い方するんですか。本人が続けたくても、否応なく諦めざるを得ないことがあるって、蔵前さんだって知ってるでしょう」

「当たり前じゃん」

　下駄箱に寄りかかった蔵前は、肩を揺らして笑った。当然のことを聞くなという顔で。

「もう限界だって競技を辞めた奴。怪我で辞めざるを得なかった奴。実業団から戦力外通告されて泣く泣く田舎に帰った奴。競歩に限らず、大量に見てきたよ」

「じゃあ……」

「ここにいるはずじゃなかった、って顔して後ろついてこられて、イライラしちゃってね」

　(3)本当にそうなのだろうか。ならどうして蔵前は、昨日八千代に「綺麗になるぞぉ」と言ったときと同じ顔をしているのだろう。

「取材のときに榛名センセに言いましたよね？　競歩は転向ありきのスポーツだって。俺だって大学から競歩を始めたから、高校のときは大学駅伝を走りたいと思ってた。もっと言えば、箱根が走りたかった」

　穏やかな溜め息をついた蔵前が、遠い目をする。遠く遠く、大学生もしくは高校生だった頃の自分を思い出しているみたいだった。

「でも、競歩は箱根を走れなかったコンプレックスを埋める代替じゃない。競歩を箱根の代わりにしてるようじゃ、競歩が好きで《歩き》を極めようとしてる奴には勝てないよ」

俺とか、※長崎龍之介にはね。

　歌うように長崎の名前を出されて、忍はすっと息を止めた。蔵前は、八千代の心根をわかって言ったのだろうか。※ロング歩の最中に、八千代に彼のことを話してわざと煽ったりしたのだろうか。

　さっき話していた※楓門大の選手が、もし、好きな作家として※桐生恭詩の名前を出していたら、俺は笑って「そうなんですか」と言えただろうか。

「そうかも、しれませんけど」

　きっと、ヘラヘラと「そうなんですね。面白いですよね、桐生さんの本」と言うのだ。意外と違和感なく笑えるのだ。そして、今日の夜ベッドに入ってから、今更のように悔しいと思う。今更悔しいと思う自分にさらに悔しくなる。

「八千代は確かに、箱根駅伝がなくなっちゃった穴を競歩で埋めようとしてるのかもしれないけど、それは絶対に、悪いことではないと俺は思います」

　庇っているのは、俺なのに。俺が庇っているのは八千代なのに。どうして、自分を必死に守っているような気分になるのだろう。

「そんなことも許されないなんて、一度挫折した人間は何もできないじゃないですか」

　心血を注いだ何かをすっぱり諦められるなんて、そんな潔い人間ばかりじゃないだろう。引き摺って引き摺って、それでも次を目指そうとする人間だって、いるだろう。

　――いるだろう。

「ああ、そうだろうね」

あっけらかんと、蔵前は頷いた。

「でも、八千代君に俺の言葉が必要だって言ったの、榛名センセでしょ？」

そうだ。確かに、そうだ。

「……八千代を、迎えに行って来ます」

蔵前に一礼し、玄関を出た。「いってらっしゃ～い」と手を振る蔵前の姿が、ガラス戸に映り込んでいた。

【中略】

「やっぱりこういうとき、人間って海に行くんだよな。俺が読んできた小説の登場人物って、みんなそうだった」

「……わかりやすくてすみません」

沈んだ声は、波の音に掻き消されそうだった。

「わかりやすくて助かったよ」

自転車の前カゴに入っていたウインドブレーカーを渡してやる。強い風が海から吹いてきて、八千代は諦めた様子でそれを着込んだ。

「別に、拗ねてふて腐れてるだけなんで、夕飯の時間までには帰りますよ」

「じゃあ、夕飯の頃まで付き合うよ」

遮るものが何もなくてすこぶる寒いが、忍は砂浜に腰を下ろした。立っているよりはマシだろう。両足を、さらさらの砂の上に投げ出す。だいぶたってから、八千代が隣に座った。

誰もいない砂浜で、黙って海を見ていた。特に面白いものもない。冬だし暗いし、夜景や③<u>トウダイ</u>の明かりが見えるわけでもない。

だから、かもしれない。

「俺のデビュー作、二十万部売れた。新しい世代の書き手が現れたって。リアルな青春を描く新星だって」

口から、言葉がぽろぽろとこぼれていく。「凄いじゃないですか」と、八千代が答えた。

「二作目は、プレッシャーもあったけど、結構楽しく書いたんだ。『読者の期待を軽々と越えた傑作だ』って、文芸誌に書評が載った」

「それも凄いですね」

「三作目は、デビューした玉松書房じゃないところから出した。『アンダードッグ』ってタイトル。俺は気に入ってる話だったのに、売り上げがイマイチ奮わなくて、ネットでもいい感想を見かけなかった。それで俺も、書きたいものを楽しんで書くだけじゃなくて、ちゃんと数字とか需要とか、そういうことを考えないといけないんだなって思った」

八千代は何も言わなかった。満ち潮ってわけでもないのに、波の音が近くなった。

「四作目の『遥かなる通学路』は、正直、いろいろ考えすぎて書くのがきつかった。担当からたくさん修正指示が入って、何がいいのかわからなくなって、無理矢理完成させた。一昨年の一月に出した『嘘の星団』も同じような感じだったな。去年出した『アリア』は、久々にそういう息苦しさを抜け出せたような気がしたんだけど、結局未だにスランプのままだ。世間はもう、天才高校生作家のことなんて忘れてる」

波の音が、また近くなる。

「『遥かなる通学路』の頃からかなあ。思ったように書けなかったって気持ちとか、期待に応えられなかったって気持ちを、次の作品に投影するようになったの。『遥かなる通学路』の分まで『嘘の星団』に、『嘘の星団』の分まで『アリア』にって……失敗から逃げ回るみたいに、自分の中にできちゃった穴を次の作品で必死に埋めるようになったの」

穴は、増えていく。忍の心はぼこぼこの穴だらけになっていく。「天才高校生作家」でなくなった自分が身につけるべき新しい《価値》を探して、(4)ゾンビみたいに彷徨う。

「失敗して、次の挑戦でその穴を埋めようとするんだよ。蔵前さんはああ言うけど、俺はそういうものだと思う」

最初から何もかも上手く行くなら、それに越したことなんてない。次こそは、次こそは……何度《次》を積み重ねたって辿り着けないのかもしれない、もう《次》なんてないかもしれないと怯えながら、それでも《次》を信じて生きている。(5)俺も、彼も、一緒だ。

「俺は負けたんですよ」

ぽつりと、八千代が言った。

「長距離で負けた。それは事実なんです。競技そのものを諦めて、普通に大学生やって普通に就活して普通に就職する選択肢だってありましたけど、駄目だったんですよ」

駄目だったんです。

波の音と音の間で、八千代はその言葉を繰り返した。

「俺ね、小学生の頃から走るのが好きで、中学、高校と陸上ばっかりだったんですよ。はい、今日から別の目標を見つけて、頑張って生きて行ってください。なんて言われても、何をすればいいかわからないんです。何ができるかもわからないんですよ。だから、競歩は俺に価値をくれるんじゃないかと思ったんです」

そうだ。俺には価値が必要なんだ。作家であり続けるためには、価値がないといけない。書くことをやめたら、俺は何者にもなれない。

書き続けること以外に、自分を確かめる方法がわからない。

「俺も負けたんだよな」

寒さに、指先の感覚が遠のいていく。鼻の頭が痛くなって、鼻水を啜った。

「そうだな。そうだよな、俺は負けたんだ。負けたってわかってるくせにぐちゃぐちゃ言い訳して、スランプだとか、『どうせ俺なんか』なんて言ってふて腐れて拗ねてたんだ。認めるよ、負けたんだ。俺は、負けたんだ」

「先輩は、誰に負けたんですか？」

他の作家に、本に、世間からの期待に、ニーズに、売り上げに——そこまで考えて、どれも合っているけれど、どれも違うと気づいた。

「榛名忍に、だ」

天才高校生作家という肩書きを、期待を、重いと思った。でも、いざ「誰からも期待されなくなった自分」を想像すると、期待されたいと思う。期待される自分でいたい。期待に応えられる自分でいたい。もっと上手に夢を見るはずだったのに。胸の奥にいる怖いほど純粋(じゅんすい)な自分が、そうやって嘆(なげ)いている。

東京オリンピックが決まったあの日から、俺は一歩も前に進んでいない。

「俺は、俺に負けてきたんだ。本を読むのが好きで、小説を書くのが好きな俺に、ずっと負けてきた。俺の期待を④ウラギってきた」

ふふっと、八千代が笑うのが波の音に紛(まぎ)れて聞こえた。無意識に足下(あしもと)にやっていた視線を彼へ移すと、確かに微笑(ほほえ)んでいた。

「元天才高校生作家も、大変ですね」

「ああ、大変だよ。凄く大変だよ」

今、とても辛(つら)い話をしているはずなのに。どうしてこいつは笑って、釣(つ)られて俺も笑ってしまうんだろう。

「帰ろう。帰って飯食って風呂(ふろ)だ。明日はまた20キロ自転車漕(こ)ぐんだから」

立ち上がると、内股(うちまた)にびきんと痛みが走った。呻(うめ)きながらズボンについた砂を払(はら)うと、八千代が「え、明日もやるんですか？」と聞いてきた。

(6)「やるよ。遊びに来てるんじゃないんだから」

浜は真っ暗になっていた。手探りで自転車を探し、砂の上を引き摺って歩いた。

（額賀澪『競歩王』〈光文社〉より）

※蔵前……競歩のコーチ。

※警告……競歩では歩く際のフォームに厳格な制約があり、「常にどちらかの足を接地させる」、「前足のひざを伸ばす」などのルールがある。違反(いはん)が認められると注意や警告が出され、失格になる場合もある。

※能美……「全日本競歩能美大会」のこと。直後の「関東インカレ」、「日本インカレ」は大学生の大会。

※長崎龍之介……八千代と同年齢(ねんれい)のライバル選手。競歩一筋で、リオデジャネイロオリンピックに出場した。

※ロング歩……競歩の練習メニューの名前。

※楓門大……今回の合同合宿に参加している大学のひとつ。

※桐生恭詩……忍と同時期にデビューした同世代の作家。かつては忍の方が人気があったが、今は桐生の方が売れている。

問一　==線①～④のカタカナを漢字に、漢字をひらがなに直しなさい。漢字は一画ずつていねいに書くこと。

問二　──線(1)「八千代の本質と弱点を見抜いている」とありますが、蔵前が見抜いた八千代の選手としての「本質と弱点」はどのようなものですか。五十一字以上六十字以内で説明しなさい。

問三　──線(2)「にこやかに言って、蔵前は何事もなかったみたいに合宿所に入っていった」とありますが、ここまでの場面で描かれている蔵前の説明として最もふさわしいものを次の中から一つ選び、記号で答えなさい。

ア　競歩に取り組む八千代の姿勢に物足りなさを覚え、あえて八千代を試すような発言をした彼からは、いつもの前向きで実直な雰囲気(ふんいき)は消えうせ、日本の競歩界の第一人者としての凄(すご)みが感じられた。しかし最後には、八千代の才能を強く信じているかのように明るい笑顔を向けている。

イ　競歩に取り組む八千代の考え方に疑問を感じ、その真意を執拗(しつよう)に追求した彼からは、いつもの気さくでさっぱりした雰囲気は消えうせ、競歩のエキスパートとしての気位の高さが感じられた。しかし最後には、何事もなかったかのように八千代に対して再びさわやかな笑顔を向けている。

ウ　競歩に取り組む八千代の姿勢に対して不満を感じ、突き放すような言葉を発した彼からは、いつもの冷静で落ち着いた雰囲気は消えうせ、競歩という競技を愛するがゆえの怒りが感じられた。しかし最後には、沈黙することしかできない八千代に対して諦めと悲しみがにじむような複雑な笑顔を向けている。

エ　競歩に取り組む八千代の姿勢に対してあえて怒りをあらわにしてみせ、厳しい言葉を投げかけた彼からは、いつもの親しみやすく明るい雰囲気は消えうせ、日本競歩界を背負う者としての威厳が感じられた。しかし最後には、沈黙する八千代に対してあっけらかんとした様子で晴れやかな笑顔を向けている。

オ　競歩に対する八千代の考え方を正さねばならないと考え、有無を言わせぬ態度で八千代を叱った彼からは、いつもの穏やかで優しい雰囲気は消えうせ、若い選手に規範を示そうとする厳しさが感じられた。しかし最後には、返す言葉もないほど落ち込む八千代の気持ちを察して励ましの笑顔を向けている。

問四　――線(3)「本当にそうなのだろうか」とありますが、蔵前に対して忍がこのように考えるのはなぜですか。最もふさわしいものを次の中から一つ選び、記号で答えなさい。

ア　蔵前は八千代が自分と同じく長距離走から競歩へ転向したことを知ったうえで、自分や長崎とは決定的な実力の違いがあると彼を見下すようなことを言っているが、八千代の才能は認めるかのような笑顔を浮かべており、忍は蔵前の様子が不思議で仕方なかったから。

イ　蔵前は八千代が長距離走を諦めて競歩に転向したことを知りつつ、彼の選手としての在り方を否定するような残酷なことを言っているが、それでも八千代の成長を期待するかのような笑顔を浮かべており、忍は蔵前の真意が他にあるのではないかと感じたから。

ウ　蔵前は八千代が長距離走へのコンプレックスを競歩にぶつけているということを知り、その姿勢は間違っていると強く批判するようなことを言いながらも、八千代に対する同情を感じさせるような笑顔を浮かべており、忍は蔵前の真意が理解できなかったから。

エ　蔵前は八千代のように他競技から競歩へ転向してきた多くの選手の末路を知っていて、彼の選手としての将来を危ぶむような発言をしているにもかかわらず、八千代を鍛えるのが楽しみだというような笑顔を浮かべており、忍は蔵前に不信感を抱いたから。

オ　蔵前は八千代が前向きな気持ちで競歩に取り組んでいるわけではないということを知り、それを腹に据えかねて厳しい言葉を述べながらも、八千代のフォームを美しくする自信にあふれた笑顔を浮かべており、忍は蔵前の言動に違和感を覚えたから。

問五　――線(4)「ゾンビみたいに彷徨う」とありますが、これは忍のどのような様子を表したものですか。最もふさわしいものを次の中から一つ選び、記号で答えなさい。

ア　「天才高校生作家」と称賛された頃と違って、最近は納得のいく作品が書けなくなり、身も心も疲れ果ててしまっているが、失敗を次の作品に生かさなければ意味がないという思いにとらわれて、自分の才能に対する不安を抱えつつ、苦悩しながら試行錯誤を繰り返している様子。

イ　最近はデビュー作を超える手ごたえのある作品が一向に書けないまま、心に穴が空いてしまったように無気力になっているが、次の作品ではひょっとしたら挽回できるのではないかという淡い期待を捨てきれず、もがき苦しみながら、いつ終わるとも分からない挑戦を続けている様子。

ウ　人気作家としての過去の栄光を取り戻したいという思いが空回りし、思うような結果に結びつかず小説を書くこと自体に嫌気がさしているが、次の作品でこれまでの失敗を埋め合わせなければならないという考えに固執してしまい、結果に怯えて苦悩しながらも、書くことを諦められずにいる様子。

エ　これまでいくつか作品を書いてきたものの、どれもデビュー作を超える評価を得られず、作家としての方向性を見失って混乱しているが、次の作品を書くことで自分が作家であることを証明できるかもしれないという思いに引きずられ、辿り着けるかもわからない目標に向かって、苦悩しながら努力を継続している様子。

オ　華々しい作家デビューの後、次第に自分の思いや周囲の期待にかなう作品が書けなくなり、心に大きな傷を負っているが、次の作品をうまく書くことでしか過去の失敗から逃れることができないという思いに取りつかれ、先の見通しもなく、もがき苦しみながら小説を書き続けている様子。

問六　――線(5)「俺も、彼も、一緒だ」とありますが、忍と八千代はどのような点で一緒なのですか。最もふさわしいものを次の中から一つ選び、記号で答えなさい。

ア　挫折を繰り返した結果、ついに自分が身につけるべき新しい価値を見極めたが、もうこれ以上挑戦を続けることができないかもしれないという思いにさいなまれ、次の挑戦を最後だと思ってやりとげようと考えている点。

イ　挫折を味わった後、上手くいく保証のない中で怯えながらも、自分が何者であるかを証明したい、自分の新しい価値を求めたいという気持ちを抑えきれず、次の挑戦を諦めることができずにいる点。

ウ　立ち直れないほどの挫折をしたが、自分が新しい価値を身につけるためには、その経験を生かして今できることをするしかないと、次の挑戦を前向きに捉えうまくいくことを信じようとしている点。

エ　立ち直ることができないような大きな挫折を経験したことで、自分には何の価値もないのではないかという不安にとらわれ、最後になるかもしれない次の挑戦に怯えている点。

オ　挫折を経験し一度は夢を諦めようとしたが、何をしていいか分からず過ごすうちに、自分に新たな価値を与えてくれるものが見つかり、諦めさえしなければまだまだ次の挑戦があるということを信じている点。

問七　――線(6)「やるよ。遊びに来てるんじゃないんだから」とありますが、ここでの忍の説明として最もふさわしいものを次の中から一つ選び、記号で答えなさい。

ア　大好きで取り組んできた分野での自分の負けを認めるのはとても辛いことだが、似た境遇にある八千代と本音を語り合ったことで、自分を見つめ直すことができ、厳しい状況は変わらないものの前向きな気持ちが生まれている。

イ　大好きな文学において自分の才能の限界を認めるのはとても辛いことだが、長距離を諦めて競歩に転向した八千代と胸の内を共有したことで、苦しんでいるのは自分だけではないと思えるようになり、一歩ずつでも前に進もうという意欲が芽生えている。

ウ　作家としての敗北を受け入れるのはとても辛いことだが、拗ねてふて腐れていた八千代が自分の話を聞いて明るくなったことで、自分の置かれた状況を客観視する余裕が生まれ、困難な状況にあってもそれを不思議と楽しめるようになっている。

エ　出版した小説の売り上げにおいてライバルに敗北したことを認めるのはとても辛いことだが、長距離走で挫折を味わった八千代が新たな価値を求めて競歩に挑んでいるのを知ったことで、自分が何者かを知りたいという好奇心が湧いてきている。

オ　他人が決めた肩書きを背負い続けるのはとても辛いことだが、同じような悩みを抱える八千代に自分の話を聞いてもらえたことで、自分の気持ちに整理がつき、周りからの期待に応えられる自分になろうと決意を新たにしている。

問八　次のア～キは、この作品を読んだ生徒たちの感想です。作品の解釈として明らかな間違いを含むものを二つ選び、記号で答えなさい。

ア　八千代は走ることが大好きだったのにそれを諦めるのは辛いことだろう。彼は「走る」代わりに「歩く」ことをしているわけだけれど、でも蔵前の言葉から考えると、競歩を好きでやっている選手には勝てない。焦ると走りたい気持ちが出てしまうのかもしれない。彼が競歩選手として成長するには「歩く」こと自体を好きになる必要がありそうだ。

イ　忍は天才高校生作家として華やかにデビューしたけれど、書くことがだんだん辛くなってしまい、昔の自分にも、ライバルである桐生恭詩にも勝てずにいる。桐生に勝って、書くことをもう一度好きになることができれば、また思うような作品が書けるようになるだろう。

ウ　蔵前や長崎は好きで競歩を極めようとしている人物で、八千代とは対比的な位置づけがされている。蔵前は八千代に厳しい言葉を投げかけるけれど、それによって八千代は自分の考え方を見つめなおし、変化・成長のきっかけを与える存在として重要な役割を果たしている。さらには忍の変化にも影響を与えることになる重要な人物だ。

エ　蔵前から責められた八千代に対して、最初忍は「何を言えばいいかわからなかった」(61行目)けれど、海辺での場面では「口から、言葉がぽろぽろとこぼれていく」(159行目)ようになっている。きっと、自分の物語と八千代の物語が重なって捉えられたから、自分を振り返る言葉が八千代への言葉として自然とあふれてきたのだろう。

オ　本文は忍の視点から描写されることが多く、八千代の本心ははっきりとは描かれていないけれど、最後の場面では二人の気持ちが通じ合っていることが読み取れる。作品の構造としては、競歩選手を描こうとする小説家を描くという二重構造になっていておもしろい。

カ　冬の海辺の情景描写が効果的だ。「沈んだ声は、波の音に掻き消されそうだった」(144行目)など、今にも消え入りそうな声で話す二人の意気消沈した姿が波の音によって印象付けられている。また、「波の音と音の間で、八千代はその言葉を繰り返した」（201行目）などから、波音が二人を包むことで幻想的な空間が演出され、その中でお互いの心の内をぶつけあう二人が現実世界から切り離されているように感じられる。冬の冷たい空気が、残りの合宿が二人にとって更に辛いものになることを暗示している。

キ　忍は思うような作品を書けないことの原因について、売上げやニーズなどを気にした影響もあると考えていたようだ。しかし八千代と話をしていくうちに、書くことが自分に価値をもたらすということに気づき、自分自身の内側に本質的な原因があるということに思い至る。八千代との対話を通して自分自身への理解が深まったということが言える。

二　次の文章を読んで後の問いに答えなさい。

日本語学・日本語教育学者の庵功雄さんが著した『やさしい日本語』は、簡略化された〈やさしい日本語〉の概要を示しつつ、(1)社会におけるその重要性を指摘しており、目下の論点にとって非常に参考になる著書だ。

そこで①テイショウされている〈やさしい日本語〉とは、簡単にまとめるならば、(1)語彙を絞る、(2)文型を集約するなどして文法を制限する、(3)難しい表現を噛み砕く、といった方法により、特定の障害のある人や在日外国人などにとっても習得や理解がしやすいように調整された日本語のことだ。

この〈やさしい日本語〉は、災害時における行政やメディアによる広範な情報発信という用途のほか、平時においても、多様な人々が暮らす日本の地域社会の共通言語として用いることによって、※社会的包摂や多文化共生につながることが目指されている。具体的には、たとえば、

「地震直後に必要になる水や保存食はもちろんのこと、給水車から給水を受けるためのポリタンク等も事前に購入しておきたい」

という※日本語ネイティブ向けの防災の呼びかけは、

「地震のすぐあとのための水や食べ物はとても大事です。水をもらうときのためのポリタンク（水を入れるもの）も買ってください」

といった文章に言い換えることが推奨される（『やさしい日本語』一八七―一八八頁）。

同書中で紹介されているエピソードのなかで特に印象深いのは、聴覚に障害のある一人の男性のエピソードだ。彼はろう学校で必死に日本語を学んだが、彼の母語である日本手話が日本語と大きく文法体系が異なることなどもあり、敬語の使い分けや助詞の使い方などはうまく習得できなかった。就職後、彼が「てにをは」の不自然な文――たとえば、〈仕事が終わらせる〉など――を書いたりすると、周囲の同僚にからかわれたり、蔑まれたりするようになり、相当の辛苦を味わったという（同書一三八―一三九頁）。同様のつらい思いは、日本で働く在日外国人なども少なからず経験していることだろう。

日本語を母語とする者が高度に使いこなしているものを皆が従うべき「規範」として立て、そこから逸脱した使用を嘲ったり厳しく注意したりするのでは、社会的包摂や多文化共生からは遠ざかるばかりだろう。むしろ、「日本で安心して生活するために最低限必要な日本語」（同書八六頁）を基準に皆が日本語の学習やコミュニケーションのあり方を考えていくことは、特定の障害のある人や在日外国人などが「日本の中に自

らの「居場所」を作る」（同書七三頁）ことにつながりうる。

以上の指摘は非常に重要だ。〈やさしい日本語〉を知恵を絞って構築し、日本語教育の現場などに普及させて日本語習得のハードルを下げることは、たとえば移民など、この国の地域社会で生きていく必要のある人々にとっても、また、彼らと共生していく日本語ネイティブの住民にとっても有益であることは間違いない。

さらに、同書では、〈やさしい日本語〉はそのほかの点でも日本語ネイティブ自身にとって大いに恩恵があると指摘されている。私も含め、日本語ネイティブはしばしば、「「適当に言っても通じる」というある種の「甘え」」（同書一八四頁）のなかにいる。たとえば、企業でも②カンチヨウでも大学等々でも、自分でもよく分かっていない曖昧な業界用語を※符丁のように用いて、仲間内でうなずき合って過ごす、というのはよく見られる光景だ。また、無駄に難しい言葉をこねくり回して③リッパな話をしているように見せかける、というケースもしばしばあるだろう。

そうした甘えや幻惑から脱して、自分とは異なる背景を有する相手の立場に立ち、物事を分かりやすく表現して伝えようとすることは、多くの場面でコミュニケーションの成功の機会を増やしてくれるほか、物事のより明確な理解や、より多角的な理解を促進してくれるだろう。

ただし、〈やさしい日本語〉が日本語それ自体の規範になってはならない。私はこの一点に関してのみ、〈やさしい日本語〉の推進に対して一抹の懸念を抱いている。

たとえば同書では、日本語ネイティブにとっては拙く思えるような日本語も一種の「方言」ないし日本語のバリエーションであって、たとえば在日外国人がそうした日本語で「大学のレポートや会社のビジネス文書を書いても受容すべきだ」（同書二〇七頁）と言われている。もしもこの主張が、あらゆるレポートやビジネス文書についての規範的主張として④テンカイされているのだとしたら、それには明確に反対したい。

【中略】

また、たとえば専門家の繰り出す表現がときに難しいものになるのは、難しい言葉を無駄にこねくり回しているから——本当は分かりやすく言えるのに、敢えて好きこのんで難しい言葉を用いているから——というケースも確かにあるが、そればかりではない。

医学であれ、工学であれ、法学等々であれ、専門家が扱う問題は、まさにその道の専門家が必要であるほどに、そもそも難しい。複雑な問題をあるがままに正確に捉え、解決の方途を正確に言い表そうとするならば、その表現はおのずと複雑で、繊細なものになっていく。

もっとも、専門家は常に難しい言葉の使用に終始していればよいというわけではない。専門家と市民との十分なコミュニケーションは本当に重要であり、そこでは難しい言葉はしっかりと嚙み砕かれるべきだ。（この点については、後の第四章第3節で主題的に扱う。）ただし、その前にまずもって、専門の領域において突き詰めた思考と表現が必要なのだ。

また、種々の社会問題の込み入った中身に分け入ったり、人間の心理の微妙な襞を分析したり、古来受け継がれてきた世界観や価値観の内実を浮き彫りにしたり、といった場合にも、慎重に繊細に言葉を練り上げることが必要となる。そうやって腐心することではじめて表現できることがあり、その表現によってはじめて見えてくるものがあるのだ。そして、そのような実践が可能であるためには、言語という巨大な文化遺産の奥深くにアクセスし、その厖大な蓄積を利用しつつ、変更を加えたり新たなものを付け加えたりしていく道が、私たちに確保されていなければならない。つまり、〈やさしい日本語〉ではなく、前掲書で言うところの(2)「精密コードとしての日本語」(同書二〇九頁)を用いることが、そこでは可能でなければならない。

しかもそれは、各分野の専門家や、あるいは作家といった職業の人に可能であればよい、というものではない。〈精密コードとしての日本語〉の使用が私たちのうちのごく一部に限られてしまえば、そこに大きな知的格差や、あるいは権威・権力の偏りが生まれ、日本語は非民主化されてしまうことになる。また、そもそも、過去の言葉の蓄積を理解できる人が少なくなれば、その分だけ遺産自体が先細り、朽ちていってしまうことになる。

要するに、言葉は常に伝達のための手段であるわけではなく、しばしば、言葉のまとまりをかたちづくること――表現を得ること――それ自体が目的となる場合がある、ということだ。その点で、「日本語母語話者にとって最も重要な日本語能力は、「自分の考えを相手に伝えて、相手を説得する」ということである」(同書一八一頁)という、同書で繰り返されている主張は、言葉の働きの一方を強調し過ぎているように思われる。もちろん、その種のコミュニケーションスキルもきわめて重要だ。しかし、これがほかの何よりも重要であるというわけではない。すなわち、その伝えるべき「自分の考え」それ自体を生み出すことも、同じくらい重要な言葉の働きなのである。

それから、言語の簡素化と平明化を推進することが、必ずしも言語の民主化につながるとは限らない、という点も強調しておくべきだろう。

多様な人々の間で用いられる共通言語を意図してつくろうとする際には、一般的に、語彙と文法を制限して学習や運用のコストを減らすという方法がとられる。しかし、人工的な共通言語のこうした特徴は、たとえばジョージ・オーウェル(一九〇三―一九五〇)の小説『1984』に登場する、※全体主義国家の公用語「ニュースピーク」の特徴と似通っている。

本書第一章でいくつか具体的な事例を通して確認したように、多くの言葉は、物事に対する特定の見方、世界観、価値観といったものを含んでいる。(たとえば、「土足で踏み込む」、「かわいい」、「しあわせ」など。)(3)言葉は思考を運ぶ単なる乗り物なのではなく、ある種、「思考が言語に依存している」(『1984』四六〇頁)とも言えるのである。そして、件の全体主義国家は、言語のこの特徴を最大限に利用している。すなわち、旧来の英語を改良した「ニュースピーク」なる新しい言語を発明し、その使用を強制することによって、国民の表現力や思考力を弱め、全体主義に適う物事の見方に嵌め込むのである。

ニュースピークの具体的な設計思想は、文法を極力シンプルで規則的なものにすること、そして、体制の維持や強化にとって不要な語彙を削減し続けることである。小説の登場人物の口からは、「年々ボキャブラリーが減少し続けている言語は世界でニュースピークだけだ」(同書八二頁)とも語られている。たとえば、「good(良い)」という言葉の程度を強めるのに「excellent(素晴らしい)」とか「splendid(見事)」といった言葉があるのは無駄であって、「plusgood（＋良い）」とか「doubleplusgood（＋＋良い）」という言葉で十分とされる（同書八一頁）。作者のオーウェルは、小説の付録として「ニュースピークの諸原理」を詳細に著しているが、そこで彼は次のようにも綴っている。

我々の言語と比較してニュースピークの語彙は実に少なく、さらに削減するための新たな方法がひっきりなしに考案され続けた。ニュースピークは他の言語と異なり、年々語彙が増えるのではなく、減少し続けたのである。選択範囲が狭まれば狭まるほど人を熟考へ誘う力も弱まるのだから、語彙の減少はすなわち利益であった。（同書四七三―四七四頁　※原文を基に一部改訳）

しっくりくる言葉を探し、類似した言葉の間で迷いつつ選び取ることは、それ自体が、思考というものの重要な要素を成している。逆に言えば、語彙が減少し、選択できる言葉の範囲が狭まれば、その分だけ「人を熟考へ誘う力も弱まる」ことになり、限られた語彙のうちに示される限られた世界観や価値観へと人々は流れやすくなる。ニュースピークとはまさに、その事態を意図した言語なのである。

語彙と文法の制限によって簡素化・平明化を実現したニュースピークは、淀みのない滑らかなコミュニケーションを人々に可能にさせるが、しかしその事態は、人々がこの言語によって飼い慣らされ、表現力・思考力が弱まり、画一的なものの見方や考え方に支配されることを意味していた。

もちろん、これは小説のなかの話であり、ある種の思考実験に過ぎない。（とはいえオーウェルは、二〇世紀前半に猛威を振るった現実の全体主義国家の言語政策やプロパガンダなどを手掛かりに、ニュースピークを周到に構想したわけだが。）

また、〈やさしい日本語〉はニュースピークのようなものだ、と言いたいわけでもない。ニュースピークは、全体主義に適わない世界観や価値観を表現する言葉を積極的に廃止し、「ありとあらゆる他の思考様式を完全に排除すること」（同書四六〇頁）を明確に意図して設計されている。その一方で〈やさしい日本語〉は、先に確認したように、地域に住む人々の多様な背景を尊重し、相手の立場に立ったコミュニケーションを推進することを目的としている。それゆえ、(4)人々は〈やさしい日本語〉の使用によって、画一的なものの見方どころか、多角的なものの見方を獲得できる可能性が大いにあるだろう。

しかし、仮に〈やさしい日本語〉が全面化するとすれば――つまり、いかなる場面でも〈やさしい日本語〉の使用が推奨されたり要求されたりするとすれば――その際にはこの言語はニュースピーク的なものに近づくことになる。誰か（言語学者？　国の機関？）が意図して減らした語彙と表現形式に従ったかたちであらゆる報道がなされたり、あらゆるレポートや論文が書かれたりするようになれば、どのような語彙や表現形式が制限されるかに応じて、思想的な偏りが生まれたり強まったりするだろう。また、たとえば価値中立的な言葉や政治的に中立的な言葉だけを用いる、といった方針を採ったとしても、言うまでもなくその方針自体が、一種の思想的な偏りを示すものとなる。

そして、それ以前に、〈精密コード〉としての側面を失った日本語は、それを使用する者の表現力や思考力を著しく弱めてしまうことだろう。

（古田徹也『いつもの言葉を哲学する』〈朝日新書〉より）

※社会的包摂……一人ひとりが取り残されることなく社会へ参画することができるようにすること。
※日本語ネイティブ……日本語を母語とする人。
※符丁……仲間だけに通じることば。あいことば。
※全体主義……個人の権利や利益を国家の統制下に置こうとする思想。

問一　＝＝線①～④のカタカナを漢字に直しなさい。漢字は一画ずつていねいに書くこと。

問二　――線⑴「社会におけるその重要性」とありますが、〈やさしい日本語〉はどのような点で重要ですか。最もふさわしいものを次の中から一つ選び、記号で答えなさい。

ア　〈やさしい日本語〉は全ての人が日本語の規範として用いることを目的として作られており、日本語を母語としない人々が日本人と対等にコミュニケーションをとることを推進し、多文化社会の中でも差別をなくすことを可能にするという点。

イ　〈やさしい日本語〉は文化的背景や能力にかかわらず誰もが容易に使えることを目的として作られており、社会に所属する全ての人が排除されずに共に暮らしていくことを推進し、緊急時においても多くの人々が適切な情報をすばやく得ることを可能にするという点。

ウ　〈やさしい日本語〉は日本で暮らすあらゆる人々の共通言語になることを目的として作られており、日本語を母語とする人と在日外国人の言葉の壁による教育格差をなくすことを推進し、将来的には格差のない平等な社会を形成することを可能にするという点。

エ　〈やさしい日本語〉は人々が持つ様々な個性や違いに配慮することを目的として作られており、日々の生活のなかで誰もが周囲の人と親しい人間関係を速やかに築くことを推進し、災害などの非日常的な場面でも必要な情報を周囲の人と共有することを可能にするという点。

オ　〈やさしい日本語〉は国内で暮らす多様な人々の円滑な意思疎通を実現することを目的として作られており、日本語習得の際のハードルを下げて移民を増やすことを推進し、日本以外の文化圏の人々であっても自分の考えを他者に的確に伝えることを可能にするという点。

問三　――線⑵「精密コードとしての日本語」とありますが、それについて筆者はどのような考えを持っていますか。最もふさわしいものを次の中から一つ選び、記号で答えなさい。

ア　複雑な事象を的確に表現するために欠くことのできない繊細な日本語であり、使うためにはこれまでの言語文化の積み重ねを理解して更新していく姿勢が必要で、その使用が一部の人々に限定されてしまうことには危機感を抱いている。

イ　専門的な分野において現象を速やかに分析するための高度な日本語であり、市民がその意味を即座に理解できるようなわかりやすいものではないため、その性質上権威や権力と強く結びつき、日本語の非民主化を推し進めるものであることを懸念している。

ウ　社会に存在する様々な課題を解決するために必要となる練り上げられた日本語であり、専門家や知識人だけが用いることで格差が生じないように、日本で生活するあらゆる人々が使えるようになることが重要だと考えている。

エ　込み入った状況を詳細に表すことができる緻密な日本語であり、適切に用いるためには意味や使う状況を間違ってはならないので、過去から現在にいたるまでの言葉の蓄積を日本語教育のなかで教えていくことが必要だと感じている。

オ　専門性が求められる場面でも日本語を母語としない人々との対話の場面でも使用できる柔軟な日本語であり、専門家と市民が円滑なコミュニケーションを行うために、今後さらに活用されるべきであるという確信を持っている。

問四　――線(3)「言葉は思考を運ぶ単なる乗り物なのではなく、ある種、『思考が言語に依存している』」とありますが、それはどういうことですか。五十一字以上六十字以内で説明しなさい。

問五　本文を読んだAさんは〈やさしい日本語〉と「ニュースピーク」とについて考えを整理するため、――線(4)「人々は〈やさしい日本語〉の使用によって、画一的なものの見方どころか、多角的なものの見方を獲得できる」に注目して、次のようなメモを作成しました。これについて、あとの(1)、(2)に答えなさい。

> メモ
> 人々は〈やさしい日本語〉の使用により、［X］ようになり、多角的なものの見方を持つようになる。
> 人々は「ニュースピーク」の使用により、［Y］ようになり、画一的なものの見方を持つようになる。

(1)　［X］に入る表現として最もふさわしいものを次の中から一つ選び、記号で答えなさい。

ア　日本語を母語としない人の不自然な言葉づかいに対する自分の態度を振り返り、相手の言葉づかいに対して寛容になろうとするなかで、相手の目線に立って対話することを意識する

イ　自分が今まではわかりにくい表現を使っていたことに気が付き、相手の気持ちや状況に寄り添った丁寧な表現を心掛けるなかで、その場にふさわしい新しい言葉を創り出す

ウ　無意識のうちに日本の文化を相手に押し付けていたことを反省し、相手の文化を学んでいくなかで、日本以外の文化の持つ独自性や素晴らしさを理解する

エ　日本語の敬語や助詞が他文化の人にとっては難しいのだとわかり、相手が少しでも理解できるように会話を工夫するなかで、現在の日本語の単語や文法の形式にこだわる必要はないと思う

オ　自らの言語が持つ不明瞭さや難解さを自覚し、より相手に伝わりやすい表現を用いてコミュニケーションをしようと努めるなかで、自分とは違う文化的背景を持つ他者の気持ちを考慮する

(2)　［Y］に入る表現を四十一字以上五十字以内で本文に即して答えなさい。

問六　次のア〜カは、本文に登場する〈やさしい日本語〉・〈精密コードとしての日本語〉・「ニュースピーク」について生徒が話しているものです。それぞれの言葉に関する具体的な例として明らかな間違いを含むものを一つ選び、記号で答えなさい。

ア　私のクラスには海外からの留学生がいて、国語の授業で読んだ説

明的な文章には難しい言葉や表現がたくさんあると言って困っていたよ。それに気が付いた先生は簡単な表現に言い換えながら説明してくれたんだ。これが相手の立場になって〈やさしい日本語〉を使うということなんだね。

イ　今日見た映画の主人公は、夢を追い続けて貧しい生活をするか、夢を諦めてしっかり働くか、決められずに苦しんでいたよ。一緒に見ていた兄が「彼の心の葛藤がよく伝わってきたね」と言っていて、あの悩んで揺れ動く気持ちは「葛藤」と言うんだとわかったよ。〈精密コードとしての日本語〉を使うと微妙な心理が表現しやすくなるね。

ウ　近所に住んでいるおじいさんが言っていたけれど、戦時中は敵国だったアメリカやイギリスから入ってきた言葉を使うことが禁止されていた時期があったんだって。国家が言葉を統制することによって人々を偏った価値観に導くという点では「ニュースピーク」とよく似ているね。

エ　私が住んでいる地域の避難所の看板には今までは「避難場所」としか書かれていなかったけれど、最近「逃げるところ」という表現が書き足されて、意味がわかりやすくなったよ。聴覚情報だけではなくて視覚情報でも〈やさしい日本語〉は活用することができるんだと思ったよ。

オ　以前風邪を引いたときに薬を飲んだらすぐに身体が楽になったよ。でも、あとになって、薬だと思って飲んだのが実はラムネだったとわかったんだ。なぜ治ったんだろうと思って調べたら、薬自体に効能がなくても信じて飲むことで効果がでる「偽薬効果」・「プラシーボ効果」という医学用語があることを知ったよ。こういう用語も〈精密コードとしての日本語〉だね。

カ　いとこの結婚式があったとき、「終わる」や「切れる」みたいに不幸を連想させる言葉は使わないようにってお母さんに注意されたよ。こういう言葉は「忌み言葉」と言って縁起が悪いから場面によっては使うことが避けられるらしいけれど、言葉を制限して思想を狭めるところは「ニュースピーク」みたいだよね。

問七　筆者は本文に続く箇所において、〈やさしい日本語〉と〈精密コードとしての日本語〉の間には「緊張関係」があり、この緊張は解くべきではないと述べています。筆者は二つの言葉の関係性に対してどのような意見を持っていると考えられますか。本文の内容をふまえて最もふさわしいものを次の中から一つ選び、記号で答えなさい。

ア　専門家が複雑な問題を研究するときは〈精密コードとしての日本語〉を用いて、市民が生活するために必要な情報を取り入れるときは〈やさしい日本語〉を用いるという使い分けによって社会は成り立っているため、専門家と市民はお互いの領域に踏み込むのではなく、各々の立場にふさわしい言葉を使うべきである。

イ　〈やさしい日本語〉が万人に対して開かれた平明な言葉である一方で、〈精密コードとしての日本語〉は一部の知識人のみが使用する高等な言葉であり、二つの言葉は相反する性質を持っているため、統合して新たな言葉を創造することを目指すのではなく、従来通りそれぞれを独立したものとして厳密に区分して使用していくべきである。

ウ　人々がお互いへの理解を示しながら安心して生活しつつ高い思考

力を維持できるようにしていくために、日々の暮らしの中で使用する言葉を〈やさしい日本語〉と〈精密コードとしての日本語〉のいずれか一方に統一するのではなく、両者の均衡（きんこう）を保ちながらそれぞれの場面で使い分けていくべきである。

エ　〈やさしい日本語〉と〈精密コードとしての日本語〉はどちらが全面的に使用されることになっても必ず社会から取り残されてしまう人が出てくるので、対立し合う二つの言葉として区別するのではなく、バランスを取りながら双方（そうほう）の持つ特徴を融合（ゆうごう）させた民主的な表現形式を模索（もさく）していくべきである。

オ　〈やさしい日本語〉と〈精密コードとしての日本語〉は使用する人々の間で思想の偏りが起きないように配慮されている点で共通しているが、言葉が民主化されている状態を保持するために両者を同一視するのではなく、それぞれの場面に適した語彙や表現形式を選び取っていくべきである。

渋谷教育学園幕張中学校(第一回)

―50分―

注意　・記述は解答欄内に収めてください。一行の欄に二行以上書いた場合は、無効とします。
・記号や句読点も一字に数えること。

□一　次の文章を読んで、後の問いに答えなさい。

A　完全な計画が不可能だとすれば、少なくともある程度は、その場で対処していくしかない。その場の状況を見ながら、その場で考え、その場でどうするかを決める。その場で考えていては間に合わないこともあるから、そのようなことについては、あらかじめ計画を立てる必要がある。しかし、その場で考えても間に合うことは、その場で対処すればよい。たとえば、複雑な迷路のようになった地下鉄の駅に初めて行くときは、あらかじめ地図を見て出口を調べておいたほうがよいだろうが、初めてでないときは、事前に調べなくても、たいていそれほど迷わずに出口を見つけることができる。

どのような状況になるのかがよくわからないときに計画を立てるのは、起こりうるさまざまな状況を想定しなければならないから、本当にたいへんである。それぞれの状況のもとでいちいちどうするかを決めていかなければならないので、その計画は複雑かつ膨大なものとなろう。しかも、想定した状況のほとんどはじっさいには起こらないから、せっかく立てた計画も、その大部分は活用されず、無駄となる。

そうだとすれば、むしろ計画を立てず、その場で対処するほうがよいのではないだろうか。たしかに事前の計画が必要な場合もあるが、積極的にその場の対処に任せるほうがかえって効率がよいことも多い。

このような考えにもとづいて最近よく用いられるようになった言葉が「アジャイル(agile)」である。この言葉は、辞書的には「機敏な」とか「身軽な」を意味するが、コンピュータのソフトウェアの開発において、従来とは異なる新しい開発手法を表すのに用いられるようになった。すなわち、ソフトウェアを開発するさいに、初めからすべての(a)コウテイにかんして綿密な計画を立てるのではなく、まずは小さな単位で試しながら、試行と修正を繰り返してソフトウェアの全体を完成させていくという手法である。

このソフトウェアの開発における用法が拡張されて、「アジャイル」という言葉は、いまでは行動一般にかんして用いられるようになった。すなわち、何らかの行動をしようとするとき、事前にきちんと計画するのではなく、進行中のその時々の状況に応じて適当にどうするかを決め、うまく行かなければ修正を行うといったことを繰り返して、行動全体を完遂するというやり方が「アジャイル」とよばれるようになったのである。

仕事の打合せのなかで「アジャイルで行こう」と言われた場合、それはようするにその場でやりくりしようという意味である。私たちはついつい、しっかりした計画を立てて、絶対に失敗しないようにすべきだと考えがちであるが、そのような緻密な計画を立てることは、実際上ほとんど不可能であるか、①あるいはきわめて効率が悪い。緻密な計画にこだわるのは、失敗にたいする「病的な恐怖」によるところが大きい。

たとえば、恐ろしくて飛行機に乗れない人がたまにいる。そのような人は飛行機の安全性を十分理解していても、飛行機に乗るのを恐れる。たしかに危険な状況で恐怖を抱くのは適切であり、それは逃げるといった行動を引き起こして、じっさいに害を(b)被ることを防いでくれる。しかし、危険でない状況で恐怖を抱くのは不適切である。それは害の未然の防止に役立たないどころか、有益な行動を妨げもする。飛行機への恐怖は、このような病的な恐怖である。

最近、「正しく恐れよ」とよく言われる。放射能に汚染された食品であっても、汚染度は低く、健康に影響はないのに、恐ろしくて食べられない人がいる。このような人は、危険度に見合った「正しい恐れ」ではなく、それに見合わない病的な恐怖を抱いているのである。

緻密な計画へのこだわりも、失敗への病的な恐怖に支配されている可能性が高い。緻密な計画を立てなくても、アジャイルでやっていけば、失敗することはほぼないにもかかわらず、失敗を恐れて、可能なかぎり緻密な計画を立てようとする。たとえ計画を立てるのが無駄であり、その場で適当にやってもうまくやれるということを頭でよく理解していても、どうしても失敗への恐怖がなくならない。こうして計画を立てずにはいられないのである。

アジャイルで行くことは、一見、いい加減で、行き当たりばったりのようにみえるかもしれないが、計画を立てるよりも、アジャイルで行くほうが効率的で、成功する確率が高い場合もある。だからこそ、アジャイルで行くのである。私たちがアジャイルではなく、しっかりした計画に向かいがちなのは、アジャイルがいい加減で失敗の可能性が高いからではなく、むしろ失敗への病的な恐怖があるからである。あえてアジャイルで行くことは、②そのような病的な恐怖の克服にもつながる。

もちろん、アジャイルが重要だと言っても、計画がいっさい無用だというわけではない。過度に緻密な計画は無用だが、適度な計画は効率の面でも、成功率の面でも、重要である。結局、適度な計画を立て、あとはその場のやりくりに任せることが大切だ。つまり、計画とアジャイルの適切なバランスが何と言っても重要なのである。

B

アジャイルでやっていくには、その場の状況に応じて的確に対処する能力、つまり③臨機応変の能力がなければならない。ヒーローはたいていこの能力に秀でている。『００７』のジェームズ・ボンドは、ビルの屋上や水上などでじつにスリリングな戦いを見せるが、どんなに窮地に陥っても、手持ちの小道具やその場にある物を巧みに利用して、きわどく危機を脱していく。そんなに都合よく小道具や物があるわけないだろうと思いつつも、俊敏な対応能力に感心させられる。

このような臨機応変の能力は身体知の一種である。それは身体で覚えた知であり、脳だけではなく、身体にも刻みこまれた知である。ただし、身体知のすべてが臨機応変の能力だというわけではない。たとえば、舗装した道路でしか自転車に乗れないとしよう。このとき、自転車に乗る身体知をもっていると言えるが、臨機応変の能力をもっているとは言えない。砂利道でも、芝生の上でも、でこぼこ道でも、それらに対応してうまく自転車に乗ることができてはじめて、臨機応変の能力があると言える。ボンドのような臨機応変の能力は、身体知のなかでも、多様な状況に対応できるようなタイプの身体知、すなわち

「多面的身体知」なのである。

私たちは、ボンドには遠く及ばないにせよ、多少なりとも、このような多面的身体知をもっている。混雑した駅では、いろいろな人とさまざまな仕方でぶつかりそうになるが、たいていうまくよけることができる。会社にいけば、上司や同僚など、さまざまな人から挨拶されるが、相手に応じて適切に挨拶を返すことができる。このような多面的身体知をほとんど無意識的に行使することで、私たちの日々の生活は成り立っている。

ところで、臨機応変の能力には、このように状況に応じて適切に「行動する」能力だけではなく、状況に応じて適切に「考える」能力も含まれる。こちらは身体を動かす能力ではないので、身体知ではないが、臨機応変の能力のひとつである。

たとえば、紅葉の季節に「そうだ、京都に行こう」と思い立ち、家を出る。計画と言っても、新幹線で行くというきわめておおまかな計画しか立てていない。駅に着いて、自由席にするか、それとも指定席にするか考える。混み具合を調べてみると、自由席は座れないようだが、指定席は一時間後にしか空いていない。早く行きたい。まあ、座れなくてもいいかと思って、自由席の切符を買う。

こんな調子で、その場、その場で、適当に考えて、やりくりしていく。そうすれば、たいした計画を立てなくても、無事に京都にたどりつける。ここでは、状況に応じて適切に考えるという臨機応変の能力が大きく物を言う。

［C］その場の状況に応じて考える能力も、行動する能力と同じく、訓練や実地経験によって鍛えることができる。人によって臨機応変の思考能力に違いがあるのも、生まれつきの素質の違いもあるだろうが、訓練や実地経験の違いによるところが大きい。

私が数人の友人と一緒に北京（ぺきん）に行ったとき、夕飯を食べに街中のレストランに入ったことがあった。私たちは誰も中国語ができなかったが、英語が多少通じるだろうと思っていた。しかし、残念ながら、英語もまったく通じなかった。そのとき、一人が紙に漢字を書いて店員に見せたところ、見事に通じた。私はそんなことを思いつきもしなかったので、④彼の機転におおいに感心した。どうしてそんな機転が(c)キいたのかと聞いてみたところ、彼は似たような状況を経験したことがあると言った。

思考における臨機応変の能力も、行動におけるそれも、訓練や実地経験によって育まれる。したがって、訓練や実地経験の違いによって、臨機応変の能力にも個人差がある。自分の臨機応変の能力を見誤ると、その場で適切に対処できず、［ X ］ことになる。アジャイルでやるときには、自分の臨機応変の能力を正しく自覚することが重要である。自分には臨機応変に対応する能力があまりないと思えば、アジャイルの部分を減らして、計画の部分を手厚くしなければならない。つまりは、臨機応変の能力を正しくわきまえたうえで、⑤計画とアジャイルのよいバランスをとることが肝心なのである。

（信原幸弘『「覚える」と「わかる」　知の仕組みとその可能性』〈ちくまプリマー新書〉による。
なお出題の都合上、本文を一部改めた。）

問一　═部(a)〜(c)のカタカナを漢字に、漢字をひらがなに直しなさい。

問二　空欄［X］には「行き詰まってどうにもできなくなる」という意味の語句が入る。あてはまるものを一つ選びなさい。

ア　立ち往生する　　イ　立ち返る　　ウ　目くじらを立てる
エ　矢面に立つ　　オ　水際立つ

問三　――部①「きわめて効率が悪い」とはどういうことか。最も適当なものを選びなさい。

ア　絶対に失敗しないように計画に従った行動ばかりをしていると、その場の状況に応じてどうするかを決めて修正を加える能力が育たず、行動全体をやり遂げるのが遅くなるということ。

イ　絶対に失敗しないようにすべきだと考えてどれだけ綿密な計画を立てても、事前に全ての状況を想定することはできず、納得がいくまで計画の修正を繰り返すことになるということ。

ウ　どのような状況が生じるかが確実にわからないうちに計画を立てても、結局はその場に合わせて新たに計画を立て直さなければならず、かえって時間の無駄が生じてしまうということ。

エ　綿密に立てられた計画はその場の状況に合わせて一部だけを変更することが難しく、万が一想定外の事態が生じた場合には、全てを一からやり直さなければならなくなるということ。

オ　緻密な計画を立てるには、起こりうる様々な状況を想定しなければならないため膨大な計画が必要であるが、そのほとんどは実際には起こらず、計画の大半が無駄になるということ。

問四　――部②「そのような病的な恐怖の克服にもつながる」とあるが、人が「そのような病的な恐怖」を「克服」しなければならないのはなぜか。その理由を説明しなさい。

問五　――部③「臨機応変の能力」とはどういうことか。［A］～［C］に分けた本文の、［B］の範囲から説明しなさい。

問六　――部④「機転」のここでの意味として最も適当なものを選びなさい。

ア　計画の全体を見渡して、今必要とされる行動をとっさに選ぶこと。
イ　過去の経験をふまえて、その場にふさわしい行動をとること。
ウ　計画の細部にこだわらずに、その場に応じた対応をすること。
エ　トラブルの原因をすばやく見つけ出し、取り除いて解決すること。
オ　おおまかに立てた計画をもとに、相手の立場に立って判断すること。

問七　――部⑤「計画とアジャイルのよいバランスをとる」際に注意すべきことは何か。最も適当なものを選びなさい。

ア　様々な状況を想定し、最も成功率の高い計画とアジャイルのバランスを決定すること。

イ　計画を立てる力が足りないならば、事前に計画を立てずにその場で行動を決めること。

ウ　個人の能力に見合った適度な計画を立て、あとは状況に応じてその場で対応すること。

エ　臨機応変の能力が生まれつきの素質か、訓練や実地経験によるものかを自覚すること。

オ　自分の能力に自信がある場合のみ、一切の計画を立てずにアジャイルでやりきること。

［二］　次の文章は志賀直哉（しがなおや）「或（あ）る朝」の全文である。これを読んで、後の

問いに答えなさい。なお、出題の都合上本文を一部改めている。

祖父の三回忌の法事のある前の晩、信太郎は寝床で小説を読んで居ると、並んで寝て居る祖母が、

「明日坊さんのおいでなさるのは八時半ですぞ」と云った。

暫くした。すると眠っていると思った祖母が又同じ事を云った。彼は今度は返事をしなかった。

「それ迄にすっかり支度をして置くのだから、今晩はもうねたらいいでしょう」

「わかってます」

間もなく祖母は眠って了った。

どれだけか(a)タった。信太郎も眠くなった。時計を見た。一時過ぎて居た。彼はランプを消して、寝返りをして、そして夜着の襟に顔を埋めた。

翌朝(明治四十一年正月十三日)信太郎は祖母の声で眼を覚した。

「六時過ぎましたぞ」驚かすまいと耳のわきで静かに云って居る。

「今起きます」と彼は答えた。

「直ぐですぞ」そう云って祖母は部屋を出て行った。彼は帰るように又眠って了った。

又、祖母の声で眼が覚めた。

「直ぐ起きます」彼は気安めに、唸りながら夜着から二の腕まで出して、のびをして見せた。

「このお写真にもお供えするのだから直ぐ起きてお呉れ」

お写真と云うのはその部屋の床の間に掛けてある擦筆画(*1)の肖像で、信太郎が中学の頃習った画学の教師に祖父の亡くなった時、描いて貰ったものである。

黙っている彼を「さあ、直ぐ」と祖母は促した。

「大丈夫、直ぐ起きます。——彼方へ行ってて下さい。直ぐ起きるから」そう云って彼は今にも起きそうな様子をして見せた。

祖母は再び出て行った。彼は又眠りに沈んで行った。

「さあさあ。どうしたんだっさ」今度は(i)角のある声だ。信太郎は折角沈んで行く、未だその底に達しない所を急に呼び返される不愉快から腹を立てた。

「起きると云えば起きますよ」今度は彼も度胸を据えて起きると云う様子もしなかった。

「本当に早くしてお呉れ。もうお膳も皆出てますぞ」

「わきへ来てそうぐずぐず云うから、尚起きられなくなるんだ」

「①あまのじゃく！」祖母は怒って出て行った。信太郎ももう眠くはなくなった。起きてもいいのだが余り起きろ起きろと云われたので実際起きにくくなって居た。彼はボンヤリと床の間の肖像を見ながら、それでももう起しに来るか来るかという不安を感じて居た。起きてやろうかなと思う。然しもう少しと思う。もう少しこうして居て起しに来なかったら、それに免じて起きてやろう、そう思っている。彼は大きな眼を開いて未だ横になって居た。

いつも彼に負けない寝坊の信三が、今日は早起きをして、隣の部屋で妹の芳子と騒いで居る。

「お手玉、南京玉(*2)、大玉、小玉」とそんな事を一緒に叫んで居る。そして一段声を張り上げて、

「その内大きいのは芳子ちゃんの眼玉」と一人が云うと、一人が「信三さんのあたま」と怒鳴った。二人は何遍も同じ事を繰り返して居た。

又、祖母が入って来た。信太郎は又起きられなくなった。

「もう七時になりましたよ」祖母はこわい顔をして反って叮嚀に云った。信太郎は七時の筈はないと思った。彼は枕の下に滑り込んで居る(b)懐中時計を出した。そして、

「未だ二十分ある」と云った。

「どうしてこう(ii)やくざだか……」祖母は溜息をついた。

「一時にねて、六時半に起きれば五時間半だ。やくざでなくても五時間半じゃあ眠いでしょう」

「宵に何度ねろと云っても諾きもしないで……」

②信太郎は黙って居た。

「直ぐお起き。(iii)おっつけ福吉町(＊3)からも誰か来るだろうし、坊さんももうお出でなさる頃だ」

祖母はこんな事を言いながら、自身の寝床をたたみ始めた。祖母は七十三だ。よせばいいのにと信太郎は思っている。

祖母は腰の所に敷く羊の皮をたたんでから、大きい敷蒲団をたたもうとして息をはずませて居る。祖母は信太郎が起きて手伝うだろうと思って居る。ところが信太郎はその手を食わずに③故意に冷かな顔をして横になったまま見ていた。とうとう祖母は怒り出した。

「不孝者」と云った。

「年寄の云いなり放題になるのが孝行なら、そんな孝行は真っ平だ」彼も負けずと云った。彼はもっと毒々しい事が云いたかったが、失策った。文句も長過ぎた。然し祖母をかっとさすにはそれで十二分だった。祖母はたたみかけを其処へほうり出すと、涙を拭きながら、烈しく唐紙(＊4)をあけたてして出て行った。

彼もむっとした。然しもう起しに来まいと思うと楽々と起きる気になれた。

彼は毎朝のように自身の寝床をたたみ出した。大夜着(＊5)から中の夜着、それから小夜着をたたもうとする時、彼は(c)フイに「ええ」と思って、今祖母が其処にほうったように自分もその小夜着をほうった。

彼は枕元に揃えてあった着物に着かえた。

あしたから一つ旅行をしてやろうかしら。諏訪(＊6)へ氷滑りに行ってやろうかしら。諏訪なら、この間三人学生が落ちて死んだ。祖母は新聞で聴いている筈だから、自分が行っている間少くも心配するだろう。

押入れの前で帯を締めながらこんな事を考えて居ると、又祖母が入って来た。祖母はなるべく此方を見ないようにして乱雑にしてある夜具のまわりを廻って押入れを開けに来た。彼は少しどいてやった。そして夜具の山に腰を下して足袋を穿いて居た。

祖母は押入れの中の用簞笥から小さい筆を二本出した。五六年前信太郎が伊香保(＊7)から買って来た自然木の(iv)やくざな筆である。

「これでどうだろう」祖母は今迄の事を忘れたような顔を故意として云った。

「何にするんです」信太郎の方は故意と未だ少しむっとしている。

「坊さんにお塔婆(＊8)を書いて頂くのっさ」

「駄目さ。そんな細いんで書けるもんですか。お父さんの方に立派なのがありますよ」

「お祖父さんのも洗ってあったっけが、何処へ入って了ったか……」そう云いながら祖母はその細い筆を持って部屋を出て行こうとした。

「そんなのを持って行ったって駄目ですよ」と彼は云った。

「そうか」祖母は素直にもどって来た。そして叮嚀にそれを又元の所に仕舞って出て行った。

信太郎は急に可笑しくなった。④旅行もやめだと思った。彼は笑いながら、其処に苦茶々々にしてあった小夜着を取り上げてたたんだ。敷蒲団も。それから祖母のもたたんでいると彼には可笑しい中に何だか泣きたいような気持が起って来た。涙が自然に出て来た。物が見えなくなった。それがポロポロ頬へ落ちて来た。彼は見えない儘に押入れを開けて祖母のも自分のも無闇に押し込んだ。間もなく涙は止った。彼は胸のすがすがしさを感じた。

彼は部屋を出た。上の妹と二番目の妹の芳子とが隣の部屋の炬燵にあたって居た。信三だけ炬燵櫓（*9）の上に突っ立って威張って居た。信三は彼を見ると急に首根を堅くして天井の一方を見上げて、

「銅像だ」と力んで見せた。上の妹が、

「そう云えば信三は頭が大きいから本当に西郷さんのようだわ」と云った。信三は得意になって、

「偉いな」と臂を張って髭をひねる真似をした。和いだ、然し少し淋しい笑顔をして立って居た信太郎が、

「西郷隆盛に髭はないよ」と云った。妹二人が、「わーい」とはやした。信三は、

「しまった！」といやにませた口をきいて、櫓を飛び下りると、いきなり一つでんぐり返しをして、おどけた顔を故意と皆の方へ向けて見せた。

《注》

*1　擦筆画……鉛筆、コンテ、チョーク、パステルで描いたうえに、擦筆でぼかしをつけた画。擦筆は、吸い取り紙やなめし革を巻いて筆状にしたもの。

*2　南京玉……陶製やガラス製の小さい玉。糸を通す穴があり、指輪や首飾り、刺繍の材料などにする。ビーズ。

*3　福吉町……現在の東京都港区赤坂二丁目。

*4　唐紙……中国から伝わった紙。ここでは、唐紙を使用した襖を指す。

*5　大夜着……大型で袖のある、厚い綿入れの寝具。

*6　諏訪……長野県の諏訪湖。

*7　伊香保……群馬県の温泉地。

*8　お塔婆……卒塔婆。主に法事の時、供養のためにたてる細長い木片。

*9　炬燵櫓……こたつの、熱源の上に置き蒲団をかける、木製の枠組み。

問一　═══部(a)〜(c)のカタカナを漢字に、漢字をひらがなに直しなさい。

問二　〰〰部(i)〜(iv)の本文中での意味として最も適当なものをそれぞれ選びなさい。

ア　悪い　　イ　強い　　ウ　怒った

エ　おそらく　　オ　じきに　　カ　粗末な

問三　――部①「あまのじゃく」とは、信太郎のどのような点をいっているのか。説明しなさい。

問四　――部②「信太郎は黙って居た」とあるが、このときの信太郎の心情として最も適当なものを選びなさい。

ア　何を言っても説教をする祖母に愛想をつかしている。

イ　返事をするのが面倒になって再び寝ようとしている。

ウ　返事をしないことで祖母をあせらせようとしている。

エ　何度も起こしにくる祖母に我慢の限界を迎えている。

オ　正論を言われたので言い返すことができないでいる。

問五　――部③「故意に冷かな顔をして横になったまま見ていた」とあるが、このときの信太郎の心情を説明しなさい。

問六　――部④「旅行もやめだと思った」とあるが、このとき信太郎は、祖母のどのような行動に対して、どのような気持ちになっているのか。――部④までの範囲で説明しなさい。

問七　本文の説明として**適当でないもの**を一つ選びなさい。

ア　日常の何気ない一場面に、信太郎の心情の変化が細かく表現されている。

イ　けんかをしつつも親しい感情を抱く信太郎と祖母の交流が描かれている。

ウ　妹や弟が元気に遊んでいる様子によって、家族の明るさを表現している。

エ　急かされながら起きる朝の風景のゆううつな感じがテーマとなっている。

オ　祖母が、祖父の法事にきちんと備えようとしている様子が表われている。

問八　次の〈文章〉は、江戸時代から現代にかけての日本の文学の歴史について説明したものである。空欄［1］～［4］に入る説明として適当なものを選びなさい。

〈文章〉

江戸時代から近代にいたる中で、文学は「何をどう書くか」ということが変わっていった。江戸時代まで物語は、現実世界のことを描くものだけではなく、現実ばなれした空想の物語が語られるなどしていた。江戸時代には例えば、［1］。しかし明治維新以降、近代になると、現実の世界や人の気持ちをありのままに書く「リアリズム」という西洋の理念が入ってきて、俳句では、［2］。小説では、［3］。戦後になると、文学の書き方はさまざまに変わっていき、例えば、［4］。

ア　三島由紀夫が『金閣寺』などで、日本の伝統美を美しい文章にこだわって表現した

イ　滝沢馬琴が八犬士たちの戦いを描く壮大な長編である『南総里見八犬伝』を書いた

ウ　松尾芭蕉が奥州・北陸などを旅して、『奥の細道』を書いた

エ　志賀直哉が『和解』など、実体験にもとづいた小説を発表した

オ　紫式部が『源氏物語』を記し、のちの物語作品に影響を与えた

カ　正岡子規が「写生」という考え方にもとづいて創作をした

湘南学園中学校（B）

—50分—

一　——線部のカタカナをそれぞれ漢字に直しなさい。

(1) 議案をカケツする。
(2) 会社にキンムする。
(3) 年老いた親にコウコウをする。
(4) ネットウで食器を消毒する。
(5) 道でハイゴから声をかけられた。
(6) 有名画家の絵のフクセイを買う。
(7) 地方ジチを重んじる。
(8) ケワしい山を登る。
(9) 相手の意志をトウトぶ。
(10) カリに雨が降っても実行する。

二　次のことわざの□にあてはまる動物をAから、完成したことわざの意味をBからそれぞれ選び、記号で答えなさい。

(1) □心あれば水心
(2) □百まで踊り忘れず
(3) □の面に水
(4) □の耳に念仏
(5) □も食わない

A　ア　雀　イ　犬　ウ　魚　エ　蛙　オ　馬

B　ア　何をされても平気でいること。
イ　いくら意見をしても効き目がないこと。
ウ　幼い時に身に着けた習慣は、年をとっても忘れない。
エ　だれからも全く相手にされない。
オ　一方が他方を気に入れば、他方も相手を気に入るようになる。

三　次の文章を読んで、後の各問いに答えなさい。

現在日本では、探求の時間への変更も含めて、大きな教育改革が行われようとしています。その原因は、世界が、これまでの数百年続いていた文明の流れが転換するような、とても大きな変化の節目にあるからです。日本もその影響を被らずにはいられません。世界はどのような点で変わろうとしているのでしょうか。

まず、世界がひとつになろうとしている点です。こう言うと、「いや、今各国は緊張関係にあってそれぞれの国が自分の狭い人間関係に閉じこもろうとしている。（Ａ）、外国人差別とか、移民排除とか、※マイノリティの人を鬱陶しがったりする動きが起きているのではないか」といった反論がすぐに出てくるでしょう。確かに、イギリスはヨーロッパ連合を脱退しましたし、国境の壁を高くして移民を入れさせない法律を強めている国もあります。

それはその通りですが、そうした動きは「反動」なのです。反動とは、全体的な大きな流れに対する対抗です。大きな流れそのものは変わりません。［ア］

世界の各地は、さまざまな仕方で、さまざまな面でつながっています。世界中からたくさんの商品がやってきます。いろいろな国から仕事をしに来ます。世界中から観光客が遊びに来ます。コロナ禍と環境の配慮から、こうした動きがそのまま続くかわかりませんが、情報や知識が国境を越えていくのは間違いない動きです。インターネットでどこの国の人ともつながることができます。情報を遮断しようとしている独裁的な政治家もいますが、それも風前の灯火です。世界を二つに分けるような戦争はなくなりました。小さな紛争もすぐに世界中で問題として取り上げられ、解決に向けた努力がなされます。

世界はひとつにつながっています。国内で貧富の格差がつくのは、この流れの負の側面です。同じ労働なら安い賃金の国や地域に仕事が流れてしまうからです。国境がすぐになくなるとは思いませんが、今よりもその意味と力は※相対化されて、世界中がひとつになる流れは止まりません。1私たちは、この流れの中で生じている良い側面を推進し、悪い側面を正していかなくてはなりません。

二つ目は、今触れた環境問題です。地球は、人間とあらゆる生き物が共有している唯一のかけがえのない環境です。地球温暖化、大気・土壌・海洋の汚染、廃棄物の増加、資源乱用、過剰な土地開発と森林伐採。これらの人間の活動によって、生態系は汚染され、生物種は減少しています。自然災害や自然の枯渇、環境汚染という形をとって人間にも跳ね返ってきています。自然には回復力や自己維持力がありますが、その※キャパシティを超えた人間による自然の乱用と※搾取が、現代社会の最大の問題です。[イ]

とりわけ地球温暖化は、きわめて深刻な※喫緊の課題でしょう。環境保護は、地球規模で、世界的に、全人類が取り組まなければならない、待ったなしの問題です。この二〇年ほどが、環境破壊を留めるギリギリの限界線のように思われます。

環境や自然が人類にとって最もケアしなければならないものとなりました。これからは、人間は自分たちを地球環境の一員として捉える「緑の思想」を2「緑の政治」によって実現しなくてはなりません。自然を人間がどのように利用しても構わないと考えていた時代からは、これは大きな変化です。

三番目は、情報テクノロジーと人工知能（ＡＩ）の進歩です。インターネットの普及により、私たちの周りには大量の情報が溢れ、だれもがそれらに簡単に※アクセスできます。3専門家と一般人の情報格差は縮んでいますが、他方、その情報をどれだけ的確に使えるかで、個々人の情報力に大きな差が生じています。

コロナ禍によって、ネットでのコミュニケーションや情報収集をうまくできるかどうかで、人と人との間にますます大きな格差ができてしまいました。ネット会議をうまく使いこなせる会社は、これまでよりもコストをかけずに業務ができるようになるでしょうし、自宅で仕事をしたい優秀な人たちにとっては魅力的な職場となるでしょう。ネットをうまく利用できる学校や大学は教育の手段が豊富になる一方で、そうではない大学や学校は取り残されてしまうかもしれません。[ウ]

また、近年、ＡＩやロボットの発展が目覚しく、それによって社会のあり方が変わってくると言われています。ＡＩはあまりに賢くて人間を不要にしてしまうと※危惧する学者もいますが、コンピュータは生物ではないですから、生き物である人間の心と同じことができるとは思えません。

しかし道具としてのＡＩやロボットは、私たちの仕事のあり方を大きく変えるでしょう。作業ロボットの登場によって工場での労働はずいぶん変わりました。同じように、形式的・機械的に処理できる事務仕事は、今後ＡＩにとって代わられていくでしょうし、接客業も単純なものはコンピューターが行うようになります。もうその傾向は現れています。コンビニの※ＡＴＭが銀行や役所の窓口の代わりになり、回転寿司の注文はタブレットでするようになりました。

しかしＡＩやロボットでは到底できそうにない仕事もあります。創造的な仕事、感性や個性が求められる仕事、複雑なコミュニケーション、そして人間の身体が必要な仕事がそうです。ＡＩ社会とは、人工知能ではできないことが重視される社会のことです。ある意味で、人間が人間らしくすることが求められる社会だと言えるでしょう。でも、それは結構、4骨の折れることかもしれません。

四つ目は、個々人の生き方です。これまでの日本では優れた組織や集団に帰属することが、よい人生だと思われてきました。よい学校を出て、よい大企業に就職するという生き方です。こうした人生は、世間からも評価され、羨ましがられてきました。

（Ｂ）今では、個々人がどういう生き方をするかが問われるようになっています。どこの組織に帰属しているかではなく、自分にとってやりがいのある仕事や活動ができているのか、仕事だけではなく、個人としての生活が充実して幸せであるか、家族や友人との間でよい関係が築けているか。見知らぬ人々にどれくらい貢献できているか、自分自身が、人生を評価する基準を作っていかねばならないでしょう。5一般的で単純な物差しでその人物の優劣が評価される時代は終わりました。収入や社会的地位だけに価値を求める人はどんどん減っていき、心が充実する活動に価値が求められていくでしょう。

勉強も同様です。人気のある大学の人気のある学部に入学しただけではもはや評価されなくなるでしょう。それ以前に、自分が満足できないでしょう。せっかく医学部に入っても、医師という職業に意味を見出せない人がよい医師になれるでしょうか。どの大学に入ったかではなく、そこで何を学ぶのか、学んだのか、が問われるようになります。

大学で教壇に立つ者としては、せっかく難関大学に入っても何をしたらよいかわからないで、大学での学びも方向性がなく、その後はあまり伸びないという人をたくさん見てきました。今後の日本は、これまでとは別の意味での学歴が問われるようになります。それは、何をどのような価値や方向性に基づいて学び、それを何に活かそうとしているかという意味での「学びの※履歴」としての学歴です。

そして、6これまでとは異なった知識と知的能力がさらに重視される社会になります。これから重視される学歴とは、どこの有名大学を出たかではありません。あなたが何の勉強をしたか、どんな知識や能力を身につけて、それがどのように社会に結びついているのか、本当の意味での「学」びの履「歴」が問われるのです。その学んだことによって、どのような新しい知的貢献ができるのか、社会に対してどのようなよい影響が与えられるのか、こうしたことが評価されるようになるのです。

これからの社会では、産業社会の実利から一定の距離を置き、自由で根本的なことを研究することは、人間の新しい方向性を切り開く活動として、とくに貴重なことになっていくでしょう。

五つ目は、四つ目と関わってきますが、人と人との結びつき方です。これまでの日本社会は、自分が帰属する集団の人たちと濃密に関係し、その外の人には無関心という傾向がありました。インターネットや※SNSが発展した世の中では、もしかするとこの傾向はかえって強まったかもしれません。一部の人たちは、自分が共感できる集団の人たちとだけつながり、さらに濃密に関係を持つようになったからです。[エ]

しかし先に述べたように、ひとつの集団だけに属する人はどうしても視野が狭くなり、異なった人たちと接することが難しくなります。しかし今後は、一生の間で、職業を変えることは多くなり、複数の職場に同時に関わることが多くなるでしょう。それに応じて、友人や家族でさえも今よりも変化しやすくなるでしょう。社会が流動的になっていく傾向は今後もさらに続くはずです。

特に大切になるのは、職業以外の場面で人々に関わる活動でしょう。（Ｃ）、ボランティアや地域サービス、※相互扶助、趣味など、個人の生活でも多様な人々と出会うようになります。こうした活動の一部は、国境を越えて広がっていくでしょう。人間関係は、一方で国際的になりますが、他方で地元密着型になるでしょう。そうした人間関係の中から新しいビジネスが生まれてくるのかもしれません。地域社会も、地方であっても、都会であっても、新しくきた人々や異質な人々とどうよい関係を築くかが、その場所の発展を左右するはずです。7高校生から大学生にかけて、多様な経験をした若者がこれからは強く求められるようになるでしょう。

世界の大きな変化を恐れる必要はありません。日本人は変化に対して少々悲観的すぎるようです。※スティーブン・ピンカーという心理学者は、世界には悲観主義が横行しているが、実際には世界はこれまで進歩していると指摘します。統計を見れば明らかなように、世界からは戦争や暴力が減り、貧困も病気も減り、人々はより健康的で長寿となり、教育も向上しているのです。

私もこの考えに同意します。8世界は全体的によい方向に向かっています。しかしこのよい方向は、今を生きている私たちがそれを引き継ぎ、さらによいものへと発展させることでしか維持できません。環境問題や地域紛争、貧富の格差、差別などは、いまだに解決からは遠い、世界規模での深刻な問題です。ひとつの国や地域の問題も世界中とつながっています。昔ながらの考え方をしている人たちを新しい考えに変えていってもらう努力も必要です。

今後は、世界の人が一丸となってこれらの問題を解決し、人類が新しい段階になるような努力を続ける必要はあります。私たちは努力すべきですが、人類が学び続ける生き物である限り、その将来に楽天的であってよいと思います。

（河野哲也『問う方法・考える方法「探究型の学習」のために』〈ちくまプリマー新書〉より）

※マイノリティ　少数、少数派のこと。
※相対比　他のものと比べてそれを位置づけること。
※キャパシティ　機械・器具などの負荷に耐えられる量の程度。
※搾取　不当に安い賃金で働かせ、利益の大部分を独り占めにすること。
※喫緊　さしせまって大切なこと。
※アクセス　求める情報に接すること。
※危惧　心配すること。
※ＡＴＭ　現金自動預け払い機。
※履歴　その人が今まで経験してきた学業・職業・賞罰など。

※SNS　ソーシャル・ネットワーキング・サービス
※相互扶助　たがいに力を貸して、助け合うこと。
※スティーブン・ピンカー　実験心理学者

問一　文中の（Ａ）〜（Ｃ）にあてはまることばを次のア〜エから一つずつ選び、記号で答えなさい。同じ記号はくり返し用いてはいけません。

ア　しかし　イ　だから　ウ　また　エ　たとえば

問二　═══線部「風前の灯火」の意味として最も適当なものを、次のア〜エから一つ選び、記号で答えなさい。

ア　か弱い様子　イ　健気（けなげ）な様子
ウ　滅亡（めつぼう）寸前の様子　エ　興奮している様子

問三　――線部１「私たちは、この流れの中で生じている良い側面を推進し、悪い側面を正していかなくてはなりません」とありますが、「この流れ」は何がどうすることで生じると筆者は考えていますか。文中から、「〜こと。」につながるように十四字で探し、ぬき出して答えなさい。

問四　――線部２「緑の政治」とありますが、これは何を目的とする「政治」のことですか。文中から漢字四字で探し、ぬき出して答えなさい。

問五　――線部３「専門家と一般人の情報格差は縮んでいますが、他方、その情報をどれだけ的確に使えるかで、個々人の情報力に大きな差が生じています」とありますが、これと同様に、情報テクノロジーの進歩による良い影響と悪い影響が書かれている一文を文中の他の場所から探し、句読点をふくめてはじめと終わりの五字ずつをぬき出して答えなさい。

問六　――線部４「骨の折れること」とありますが、どのようなことが「骨の折れること」なのですか。それを説明した以下の文の（Ⅰ）と（Ⅱ）にあてはまることばを文中から探し、それぞれ五字以内でぬき出して答えなさい。

技術の進歩により、私たちの仕事のうち形式的・機械的、あるいは（Ⅰ）仕事がＡＩに置きかわる中で、人間が（Ⅱ）すること。

問七　――線部５「一般的で単純な物差し」の具体例として**ふさわしくないもの**を次のア〜エから一つ選び、記号で答えなさい。

ア　高い収入を得ること。
イ　大企業（だいきぎょう）に就職すること。
ウ　豊かな教養を身に付けること。
エ　有名な大学を卒業すること。

問八　――線部６「これまでとは異なった知識と知的能力がさらに重視される社会」とありますが、分かりやすく言いかえるとどのような社会ですか。文中から「〜社会。」につながるように六十五字で探し、はじめと終わりの五字ずつをぬき出して答えなさい。

問九　――線部７「高校生から大学生にかけて、多様な経験をした若者がこれからは強く求められるようになるでしょう」とありますが、なぜそのような若者が求められるのですか。その理由として最も適当なものを次のア〜エから一つ選び、記号で答えなさい。

ア　自身が熱中できるものを見つけ出し、特定の集団で交流を深めることが仕事での活躍（かつやく）に大きな影響をもたらすから。
イ　世界中で国際化が進んだことで、異文化に理解のある国際人の活躍が社会全体で求められるようになったから。

ウ　様々な活動をすることによって、不特定多数の人と交流することができ、そうした経験がその場所の発展につながる可能性があるから。

エ　国内外問わず多様な経験をすることによって、流動的な世界の変化に順応し、集団から独立して活躍することができるから。

問十　次の一文があてはまるところを文中の[ア]～[エ]から一つ選び、記号で答えなさい。

今回の新型コロナウイルスの世界的な流行で、国境の移動に制限が出たりしましたが、逆に見れば、世界がそれだけつながっていることの証です。

問十一　——線部8「世界は全体的によい方向に向かっています」とありますが、世界がよい方向に向かいつづけるために、人類はどうするべきと筆者は考えていますか。句読点をふくめて四十字以内で説明しなさい。

[四]　次の文章を読んで、後の各問いに答えなさい。

> 主人公の「大田(=俺)」は授業をさぼるなどしてまじめに受けず、ただひとつ打ちこんでいた駅伝もケガのためにやめてしまいました。そのようなある日、「上原」先生が担当する陸上部の部長に最後の駅伝大会を走るよう誘われました。断り続けていた「大田」ですが、結局は駅伝を走ることにします。駅伝大会の前日の全校激励会が行われる中、みんなに心の中で笑われているように感じた「大田」はいたたまれない気持ちになって、チームメイトの「ジロー」と怒鳴り合いをしてしまい、体育館から出て行ってしまいました。
> 以下は、その日の夜のできごとです。

その日の夜は、外を出歩く気にもならず俺は家で(　A　)チャーハンを作った。不似合いだと笑われそうだけど、いらつくと料理をする。野菜やら肉やらを刻んで炒めるとすっきりするし、それをやけ食いすれば、面倒なことが忘れられそうになる。カニカマやソーセージやキャベツなど、何でも入れたチャーハンは、われながらいい匂いがした。よし食べようと皿に盛り付けようとした時、玄関から「すみません」という声が聞こえてきた。

「なんなんだよ」

出て行くと、上原が立っていた。

「みんなにさりげなく様子見に行けって言われたんだ」

上原は(　B　)笑った。

「さりげなくねえじゃねえか」

「こっそり外から眺めてたんだけど、様子がわからなくて」

「あっそう」

「ここじゃあれだから、入ってもいい?」

「ああ、まあ」

俺がしかたなくうなずくのに、上原は「お邪魔します」と、家の中に上がってきた。

「散らかってっけど」

俺は畳の上に散乱している洗濯物やら漫画やらを隅に放り投げた。

「お母さんは?」

上原は台所を見渡した。

「仕事」

「遅いの？」

[1]「ああ。やっぱりなって感じだろ？」

「何が？」

「俺ん家。母子家庭だから、ヤンキーなんだって」

「そんなこと言ったら、私の家は父親しかいないよ。今時、両親そろっているほうが珍しいって。それより、いい匂いがすると思ったら、大田君が料理してたんだね」

「ああ、お前も食う？」

「うん」

上原はしっかりとうなずいた。遠慮を知らないやつだ。まあ、せっかくの出来立てだ。上原と食べるのはうっとうしいけど、後で冷めたぶんを食べるよりましだろう。上原が「そう言えばおなかすいてたんだよね」と勝手に※ちゃぶ台の上を片づけ、俺が二人分のチャーハンを運んだ。

上原はいただきますと手を合わせてチャーハンを口にすると、「結構、おいしい」と嬉しそうに笑った。

「まあな」

チャーハンはいつ作ってもそこそこうまくできる。今日の味もなかなかだ。

「ジローに、ラーメンでもおごるって※王将に連れ出して[2]うまいこと丸め込んでって言われたんだけど、逆にチャーハンごちそうになるとはね」

「不良にラーメンおごるって、教師らの定番なのかよ」

[3]俺は顔をしかめた。

「どうかな？　実際にラーメンご馳走してる先生は見たことないけど。でも、ジローが不良はきっと王将が好きだって言うから」

[4]上原と話していると、気が抜ける。

「あっそう。っていうか、上原もジローのことは、ジローって呼ぶんだな」

上原はあだ名を使ったり下の名前を呼び捨てにしたりせず、正しく苗字で生徒を呼ぶ珍しい教師だ。

「そう言われれば、そうだね。なんだろう、ジローって、何かね」

「あいつ、異常に気安いからな」

上原に同意してから、俺は今日のジローを思い出して、気が重くなった。

「ほら、大田君って怖いじゃん。正直言うと、私だってびびるんだよね。そのくせ、みんなびびってないふりするでしょう？」

「何の話だよ」

「でも、ジローは、俺、大田怖いからあいつが機嫌悪くなると、いつもトイレに隠れてるんだとかってしゃあしゃあと言うんだ。ジローのそういう所、なんか安心するんだよね」

「まあ、お前も相当正直だけどな」

上原は俺がつっこむのを「そうかな」と流して、「それよりさ」と

[5]［　　］しなおした。

「あんだよ」

まさか俺は[6]［　　］はしないけど、改まった雰囲気にスプーンはひとまず置いた。

「昔、先生が言ってたんだ。中学校っていくら失敗してもいい場所なんだって。人間関係でも勉強でもなんだって好きなだけ失敗したらいいっ

て。こんなにやり直しがききやすい場所は滅多にないから。まあ、中学に限らず、人生失敗が大事って、よく言うじゃん。※マイケル・ジョーダンだって、俺は何度もミスをしたから成功したって道徳の教科書で言ってるしね。だけどさ、取り返しのつかないこともごくたまにはあるでしょ？　失敗しちゃだめな時って」

「ああ」

上原が間をおかずに話すから、俺はうなずくことしかできなかった。

「7それが今だよ。今は正しい判断をする時だよ。妙な意地とかにとらわれないで、自分のためにも、手を差し伸べてくれる人のためにも。ほら、マイケルだって、何度も失敗したとか言いつつ、ここぞって時にはちゃんと※ムーンウォーク決めるでしょう？」

「ムーンウォークをするのは、マイケル・ジャクソンで、ジョーダンが決めるのはシュートだ」

俺が言うと、上原は「そうだっけ」と笑ってまたスプーンを手にした。

「つくづく義務教育ってすごいなって思うよ。私、職員室で苦手な先生とは話さないもん。嫌な先輩とか、関わらずにすみますようにって思っちゃう。でもさ、中学校ってすごいよね」

上原はさっきの真剣な様子はどこへやら、チャーハンを食べながら（Ｃ）しゃべった。

「俺みたいにしてても、誰かが声かけてくれるしな」

俺がいやみっぽく言っても、「そうそう」とチャーハンを食っている。8こいつのこういうところ、一種の才能だ。

「ま、明日、待ってる」

上原は適当なことを好き勝手言って、（Ｄ）チャーハンを平らげて帰っていった。

寝る前、俺は中身が残っていたか、※黒彩を振って確かめた。記録会や練習会のたびに使った黒彩。染めるたびに髪の毛は傷んでギシギシになった。

いや、もうこんなもので覆い隠してもしかたないのかもしれない。俺は黒彩を置き、バリカンを手にした。

（瀬尾まいこ『あと少し、もう少し』〈新潮文庫〉による）

※ちゃぶ台　おりたたみのできる短いあしのついた食事用のつくえ。
※王将　飲食物を提供する店の名前。
※マイケル・ジョーダン　元プロバスケットボール選手。
※ムーンウォーク　ダンスの技法の一つ。ミュージシャンであるマイケル・ジャクソンによって広まった。
※黒彩　髪の毛を黒く染めるスプレーの商品の名前。

問一　文中の（Ａ）～（Ｄ）にあてはまることばを次のア～エから一つずつ選び、記号で答えなさい。同じ記号はくり返し用いてはいけません。

ア　ちゃっかり　　イ　のん気に
ウ　がむしゃらに　エ　照れくさそうに

問二　――線部1「やっぱりなって感じだろ？」とありますが、「やっぱり」どうなのですか。本文中から句読点をふくめて十五字で探し、ぬき出して答えなさい。

問三　――線部2「うまいこと丸め込んで」について、

(1)「丸め込んで」の意味として最も適当なものを次のア～エの中か

ら一つ選び、記号で答えなさい。

ア　うそを言って自分たちに都合のいいようにするという意味。

イ　人のきげんを取って怒りをしずめるという意味。

ウ　おだやかに接して相手の気持ちを和らげるという意味。

エ　人を自分の思うようにあやつるという意味。

(2)　具体的にはどうすることですか。それを説明した以下の文の（Ⅰ）・（Ⅱ）にあてはまることばをそれぞれ漢字二字で答えなさい。

明日の大会に（Ⅰ）が来るように（Ⅱ）すること。

問四　――線部3「顔をしかめた」とありますが、他にも「顔を」で始まる慣用表現はいろいろあります。次の意味を持ち、「顔を」で始まる慣用表現をそれぞれ完成させなさい。なお、□の中にはひらがな一字が入ります。

(1)　苦しそうな表情をしたり、痛そうな表情をしたりする＝顔を□□□□

(2)　広く世間で知られるようにする＝顔を□□

(3)　相手の名誉を傷つけないようにする＝顔を□□□

(4)　心配ごとや困ったことなどで、表情が暗くなる＝顔を□□□□□

(5)　たのまれて人に会う＝顔を□□

問五　――線部4「上原と話していると、気が抜ける」のはなぜですか。その説明として最も適当なものを次のア～エから一つ選び、記号で答えなさい。

ア　生徒とのへだたりがほとんどなく、まるで友だちのように気安く接してくるから。

イ　本当であればかくしておいた方がいいようなこともかくさずに、はっきりと言ってしまうから。

ウ　不良生徒の気持ちをよく理解しており、安心して話をすることのできる存在だから。

エ　たとえ深刻な内容の話であっても、相手を緊張させることなく伝えることができる先生だから。

問六　――線部5「[　　]しなおした」、6「[　　]はしない」の[　　]には座り方を表す同じことばが入ります。そのことばを漢字二字で答えなさい。

問七　――線部7「それ」は何を指していますか。それを説明した以下の文の（Ⅰ）・（Ⅱ）にあてはまるように、――線部より前の部分に出てくる文中のことばを使ってそれぞれ十字以内で答えなさい。

（Ⅰ）ので、（Ⅱ）時。

問八　――線部8「こいつのこういうところ、一種の才能だ」とありますが、上原先生のどのようなところを言っていますか。最も適当なものをア～エから一つ選び、記号で答えなさい。

ア　いやなことはいやだと、はっきりと口に出すことができるところ。

イ　場に応じて、意識的にすぐに気持ちを切り換えることができるところ。

ウ　他の人がこわがる人物に対しても、ものおじせずに接することができるところ。

エ　生徒に対してまじめに向き合ったり、話を受け流したりすることが自然にできるところ。

問九　本文の内容と最も合っているものを次のア～エから一つ選び、記号で答えなさい。

ア　これまで記録会や練習会に参加するために髪の毛を黒く染めていた大田は、本当の自分の気持ちをかくすのにつかれて自分に対して怒り(いか)さえ感じている。明日の大会に全力でのぞむために、上原先生が帰った後、髪の毛を短く切ってしまおうと決意している。

イ　ふだんは生徒だけでなく教師からもこわがられている大田であったが、それは大田のことを十分に理解しないでいる周囲に問題があった。そのことに気づいた上原先生は、みずから率先(そっせん)して大田のことを理解しようとこころみている。

ウ　上原先生と話をした大田は、明日の大会には必ず参加しようと思い直すようになった。その気持ちの表れとして、大会に参加するためにいつものように髪の毛を黒く染めるのではなく、髪の毛を短く切ってしまおうとしている。

エ　上原先生はわざと人物を取りちがえるなどして大田の心をなごませながら会話を続ける一方で、冷静に大田の様子を観察している。そしてちょうどよいタイミングで、訪問して話したかったことを大田にしっかり伝えている。

昭和学院秀英中学校（第一回）

—50分—

＊ 設問の都合で、本文には一部省略・改変がある。

＊ 字数制限のある場合は、句読点なども字数に入れること。

一 次の傍線部の1～5のカタカナは漢字に直し、漢字は読みをひらがなで答えなさい。

1 あちこちを旅すれば、ケンブンが広がる。

2 松島といえば有名なケイショウ地です。

3 努力がケツジツして第一志望に合格した。

4 外国に行った友とはオンシン不通になっている。

5 根拠のないことを軽軽に発言してはならない。

二 次の文章を読んで、後の問いに答えなさい。

頭で覚えるというより、①身体で覚える知識がある。大工は巧みに金槌でクギを打つが、金槌の打ち方を頭で知っているわけではない。金槌でクギを打とうとすれば、おのずと手が動き、うまく金槌がクギに当たる。頭ではなく「手が知っている」のだ。

もちろん、手が知っているといっても、脳が何の役割も果たしていないというわけではない。脳の働きがなければ、当然、手は動かないし、金槌も動かない。しかし、手の動かし方にかんして、脳から手に一方的に指令が送られ、手はただその指令に従って動くだけというわけではない。脳と手のあいだには、双方向的な信号のやりとりがある。手はみずからその筋肉のあり方に従って動き、その動きが神経信号として脳に伝えられる。脳はその信号にもとづいて手の動きをどう調整するかを決め、その調整信号を手に送る。手はそれにもとづいて動きを調整し、その新たな動きをふたたび脳に伝える。このような双方向的なやりとりを繰り返すことによって、金槌でクギを打つときの手の巧みな動きが可能になる。

手はみずからその筋肉のあり方に従って動こうとする。けっして脳の指令どおりにただ動くのではない。これが肝心な点だ。金槌でクギの打ち方を覚えるとき、手にはクギを打つのにふさわしいような筋肉がついてくる。そのような筋肉があってはじめて、うまく打てるようになる。もちろん、手と脳のあいだの適切な信号のやりとりも不可欠であり、クギの打ち方を覚えるときに、そのやりとりも習得される。［ I ］、それだけではなく、クギを打つのにふさわしい筋肉もついてくるのだ。この筋肉のあり方が金槌でクギを打つという知識の不可欠な要素である。手が知っているというのは、手がしかるべき筋肉のあり方をしているということだ。「知る」ということは、頭だけで行われるのではなく、身体でも行われるのである。

このクギ打ちの例のように、身体で覚えるには、身体をつくらなければならない。泳げるようになるためには、泳ぐという動作にふさわしい身体をつくる必要がある。手足にしかるべき筋肉をつけることはもちろんだが、それだけではなく、関節の柔軟性や引き締まった体形も重要だ。泳ぐ練習をするということは、そのような身体をつくるということでもある。もちろん、そうはいっても、身体と脳のあいだの適切な信号のやりとりを習得することも、やはり不可欠である。いくら身体ができても、信号のやりとりがうまくできなければ、泳ぐことはできない。しかし、

逆に、信号のやりとりがうまくできても、泳ぐのにふさわしい身体をつくらなければ、泳ぐことはできないのである。【ア】

下手な練習は、しないほうがよいと言う。どうしてであろうか。下手な練習をすると、身体に悪い癖（くせ）がつく。②上手な練習をして、良い動きを繰り返せば、良い身体ができあがる。だが、下手な練習をして、悪い動きを繰り返すと、その動きに合った良くない身体ができあがる。もちろん、そのときには、身体と脳のあいだの信号のやりとりも良くないものとなる。［Ⅱ］、下手な練習をすると、脳と身体に悪い癖がつくのだ。

テニスやゴルフなどを習うときは、我流（がりゅう）ではなく、ちゃんとしたコーチについたほうがよい。自分ひとりで練習していると、身体に悪い癖がついてしまう恐（おそ）れがある。どれほど一所懸命（いっしょけんめい）練習しても、いやむしろ一所懸命やればやるほど、悪い癖がつく可能性が高まる。【イ】

いったん悪い癖がついてしまうと、そこから脱（だっ）するのは並大抵（なみたいてい）のことではない。なにしろ身体が変形してしまったのだから、それを元に戻（もど）さなければならない（ただし、その変形は目に見えるものでないことも多い）。この変形を元に戻すためには、少なくとも身体が変形するのに要したのと同じだけの時間と労力が必要となろう。悪い癖がついてしまってから良いコーチについても、それはゼロからの出発ではなく、マイナスからのスタートとなる。悪い癖のついた身体を元に戻すことから始めなければならないからである。【ウ】

身体で覚えるのは、身体そのものを作らなければならないから、非常にたいへんだ。いわゆる座学は、先生の話を聞いて頭で覚えるだけだから、身体を使う必要はほとんどない。しかし、実習や演習になると、身体で覚えることが中心になる。慎重（しんちょう）に正しい手順で身体の訓練を行うことが、実習や演習では何よりも重要となるのである。

身体で覚えるものはたくさんあるが、※知覚や感覚もそのひとつである。知覚や感覚はひょっとすると、私たちに生まれつき備わった能力だと思われているかもしれない。たとえば、オギャーと泣いて生まれた瞬間（しゅんかん）から、眼をあければ、人の顔や部屋の天井（てんじょう）が見えるし、いろいろな足音や話し声が聞こえるように思われるかもしれない。それらがいったい何なのか、どんな意味をもつのかはわからないとしても、顔は顔に見えるし、足音は足音に聞こえる。知覚される世界、感覚される世界は、赤ん坊でも大人とたいして変わらない。こう思われるかもしれない。【エ】

知覚や感覚もまた、私たちが世界から刺激（しげき）を受け、それに応じて身体を動かすという経験を積んでいくなかで、次第（しだい）に習得されるものである。そのような世界との交わりの経験がなければ、世界はただの※混沌（こんとん）として立ち現れるだけで、顔、天井、足音、話し声などに明確に区別されて立ち現れることはない。それぞれの事物が互（たが）いに明確に区別されることを③「分節化」と言うが、身体による世界との交わりがなければ、世界は分節化されて立ち現れてこないのである。

モリヌークス問題という興味深い問題がある。これは、生まれつき眼の見えない人が開眼手術を受けて眼が見えるようになったとき、その人は立方体と球を眼で見ただけで、どちらがどちらであるかを正しく言い当てることができるだろうか、というものである。この人はもちろん、［　　］ので、手で触（ふ）れれば、どちらが立方体で、どちらが球かを正しく述べることができる。しかし、手で触れずに、眼で見るだけで、どちらがどちらなのかを正しく言い当てることができるだろうか。

パッと聞くと変な問いに感じられるかもしれないが、この問題は人の知覚の成り立ちを考えるうえで、とても重要な視点を与えてくれる。なぜなら、この問題の背後には、ひとつの重大な前提があるからだ。それは、開眼手術を受けた人がはじめて眼を開いて立方体と球を見たとき、立方体はすでに立方体に見え、球はすでに球に見えるという前提である。

この前提のもとでは、モリヌークス問題への答えは「ノー」であるように思われる。なぜなら、立方体が立方体に見え、球が球に見えても、その立方体と球の視覚的な現れ(見え姿)はそれらの触覚的な現れ(手触り)とは明らかに異なるので、どちらが立方体で、どちらが球かを、触覚によって正しく述べることができても、視覚によって正しく述べることはできないように思われるからである。【オ】

しかし、じっさいは、その前提が成り立たない。開眼手術を受けた人が眼を開いても、すぐには何も見えないのである。眼のまえに広がるのはまったくの混沌である。ふつうの人々も強烈な光を浴びると、まぶしくて、ほとんど何も見えなくなる。それと似て、開眼手術を受けた人の場合も、最初は光の渦が眼前に広がるだけである。そこから時がたつと、やがて立方体が立方体に見え、球が球に見えるようになる。しかし、そのためには、立方体や球から光の刺激を受け、それに応じて身体(頭や眼球など)を動かすという経験を積まなければならない。そのような経験のなかには、身体の動きを触覚的に感受することも含まれている。つまり、立方体と球の視覚経験のなかには、触覚経験が入りこんでいるのである。

そのため、立方体が立方体に見え、球が球に見えるようになったときには、立方体と球の視覚的な現れから、どちらが立方体で、どちらが球かを言い当てることができるかもしれない。［Ⅲ］、それらの視覚経験に入りこんだ触覚経験が、立方体と球の触覚的な現れと何らかのつながりがあるかもしれないからである。このようなつながりがあれば、立方体と球の視覚的な現れをそれらの触覚的な現れと関係づけることができるかもしれず、そうなると、視覚的な現れから、どちらが立方体で、どちらが球かを言い当てることができるようになるだろう。

【中略】

④エナクティヴィズムという考え方がある。それは、事物が事物として知覚できるようになるためには、身体を動かして事物からうまく刺激を探り出すことが必要だという考え方である。机が机に見え、雨音が雨音に聞こえるという分節化された知覚が成立するためには、それらの事物から受ける刺激に応じて身体(とくに眼や耳などの感覚器官)を適切に動かして、それらの事物から新たな刺激を探り出し、その新たな刺激に応じてまた身体を適切に動かすということを繰り返していく必要がある。

このような「刺激の探り出し」を適切に行う能力は「感覚―運動スキル」とよばれる。私たちは事物との交わりを通じてこの感覚―運動スキルを習得する。そしてこのスキルを用いて事物から刺激を適切に探り出すことによって、分節化された知覚を得るのである。何が描かれているのかがよくわからない図をしばらくあれこれ眺めていると、パッとあるもの(たとえば、髭をはやした男)が見えてくることがある。そしていったんそれが見えるようになると、つぎはすぐそれを見ることができる。しばらく眺めているあいだに、それを見るための感覚―運動スキルを習得したのである。

(信原幸弘『「覚える」と「わかる」　知の仕組みとその可能性』〈ちくまプリマー新書〉より)

※知覚…たとえばコーヒーを飲んで「苦い」と思うように、五感による刺激を受けて、その刺激に意味づけするること。

※混沌…物事の区別がはっきりつかず、ごちゃごちゃになった状態。

1　空欄Ⅰ～Ⅲに当てはまる語句を次のア～カから選び、記号で答えなさい。

ア　だから　イ　しかし　ウ　なぜなら
エ　ところで　オ　たとえば　カ　つまり

2　次の一文を入れる場所として最も適当なのはどこか、本文の【ア】～【オ】から選び、記号で答えなさい。

〔しかし、じっさいはそんなことはないのだ。〕

3　本文中の□に入れるのに、最も適当な表現を次のア～オから選び、記号で答えなさい。

ア　触覚によって「立方体」と「球」という言葉を習得した
イ　「立方体」と「球」の手触りの違いを重視している
ウ　形がわからなくても「立方体」と「球」を想像する
エ　もともと「立方体」と「球」の形の違いに興味があった
オ　「立方体」と「球」の違いを、中身によって分かる

4　傍線部①「身体で覚える」についての説明として、最も適当なものを次のア～オから選び、記号で答えなさい。

ア　脳と身体でやりとりする信号の調整により、柔軟な関節と引き締まった身体に不可欠な筋肉ができてくる。
イ　脳から送られる信号を受け取った身体が、その信号に従って適切に動ける筋肉や関節の備わった身体になる。
ウ　脳からの指令にとらわれずに、身体を鍛え上げて適切な動きの実現にふさわしい筋肉のあり方ができる。
エ　脳と身体の双方向的な信号のやりとりをくりかえして、その動きに対応できるような身体を作っていく。
オ　脳からの一方的な信号に従うのではなく、その動きが可能になった身体が信号を脳に発信するようになる。

5　傍線部②「上手な練習」とはどういうことか。17字～20字で抜き出して答えなさい。

6　傍線部③『分節化』について、次の問いに答えなさい。

(1)　『分節化』の例として当てはまらないものを次のア～オから一つ選び、記号で答えなさい。

ア　天文観察をくりかえすうちに、夜空に浮かぶ無数の星々を見て、ぱっと何の星座かが言えるようになる。
イ　経験豊富な医師は、レントゲン写真を見ただけで、未熟な医者には見つけられない病気を発見できる。
ウ　料理人ができあがった料理の味を確かめて、隠し味に使われた食材の名前が分かるようになる。
エ　様々な楽器の音が響き合うなかで、交響曲の指揮者が音を聞き分けて、すぐに的確に指示を出す。
オ　留学生が現地の人とのさまざまにコミュニケーションを重ねて、現地の友人を増やしていく。

(2)　筆者は、世界を分節化してとらえるためにはどんな力が必要だと述べているか。傍線部③より後から8字で抜き出しなさい。

7　傍線部④「エナクティヴィズム」と同じことを述べたところを、傍線部④より前から、次の空欄に当てはまるように見つけ(字数は空欄

内の指示に従う)、最初と最後の5字を書きなさい。

(35字)というとらえ方

8　波線部「生まれつき眼の見えない人」が開眼手術を受けた後、事物を見分けられるようになるまでには、どのような段階をふむか。65字以内で書きなさい。

三　次の文章を読んで、後の問いに答えなさい。

> 智美は摩耶子が経営する老犬ホーム「ブランケット」に勤めている。「ブランケット」は飼い主から料金を受け取って老犬を預かり、最後まで大切に面倒を見るという施設だが、飼い主の様々な事情で若い犬を預かることもある。

車が空いていて、予定よりも早く目的地に到着したから、テイクアウトできるコーヒーショップで飲み物を買って、外のベンチで飲んだ。

摩耶子が飲み物を買ってくるのを待っている間、タヌ吉は通りすがりの人すべてに愛嬌を振りまき、可愛がられていた。女子高生などはきゃあきゃあと声をあげて、タヌ吉を撫で回した。

「名前、なんて言うんですか？」と尋ねられたので、タヌ吉と答えると、彼女たちは道を歩いている人が振り返るような声で笑い転げた。

知らない人は苦手なのに、犬と一緒にいると身構えないですむ。犬が［A］になるような感じだ。

ベンチでコーヒーを飲んでから、摩耶子と智美はタヌ吉を連れて歩き出した。

近くの公園で飼い主と待ち合わせをしているという。

①「まだちょっと早いけど……早くきているかもしれないから」

ふいにタヌ吉の顔が変わった。リードを引っ張ってぐんぐん先に進もうとする。

「こら、タヌ吉！」

引っ張り癖のあるタヌ吉の首輪は、ハーフチョークという形のものだ。半分がチェーンでできていて、無理に引っ張ると首輪が軽く絞まるようになっている。

それでもタヌ吉は、どんどん前に進む。尻尾が円を描くように大きく振り回された。

「タヌ！」

公園の奥にいる人が声をあげた。タヌ吉は弾かれたように走り出した。

車椅子に乗っている②a女性――智美と同い年くらいだろうか。そしてもうひとり、②b年配の女性がいた。彼女らのところに、タヌ吉はまっすぐに走っていった。

「タヌ、タヌ、タヌ、元気だった！」

車椅子の女性に飛びついて、タヌ吉は激しく顔を舐め回した。すぐに追いついてきた摩耶子と、母親らしき年配の女性が挨拶をしている。

「すみません、早くからありがとうございます」

「いいえ、こちらこそいつもお世話になっています」

タヌ吉は身体を捩るようにして、車椅子の女性に甘えている。

彼女はひどく痩せていた。ニット帽をかぶっているが髪が普通よりもずっと薄いことがわかる。皮膚もくすんだような色をしていた。

なんの知識もないが、それでも彼女がなんらかの病を患っていることは間違いないように思えた。

彼女はタヌ吉の名前を呼びながら、豊かな毛に顔を埋めている。

聞くまでもなかった。なぜ若いのに、③タヌ吉が別の飼い主をみつけてもらうわけでもなく、ブランケットに預けられているのか。

車椅子の彼女は笑顔で、摩耶子と智美に会釈した。

「タヌ、すごく元気そうです。ありがとうございます」

「元気ですよ。病気一つしません。元気すぎて、困るくらい」

摩耶子のことばに、彼女は声をあげて④a笑った。

「うちにいたときも、本当に元気で参りました。わたしのおきにいりの篭バッグを噛みちぎってしまったり、スリッパもみんな歯型だらけで……」

そう言った後、彼女は④b泣きそうな顔をした。

「あれからもう二年も経つんですね。うちにいた期間よりも、ブランケットでの生活の方が長いのに、タヌはちゃんとわたしのことも覚えていてくれる……」

摩耶子は静かな声で言った。

「犬は愛してくれた人のことは絶対に忘れませんよ」

彼女はぎゅっとタヌ吉を抱きしめた。

「治るからね。わたし、早く治るから……。また一緒に暮らそうね」

タヌ吉は目を細めて彼女の声を聞いていた。

面会は二十分ほどで終わった。

それだけの時間でも彼女はあきらかに疲れているように見えた。タヌ吉は名残惜しそうにしていたが、摩耶子はリードを引いて、タヌ吉を引き離した。

「じゃあ、また体調がいい時にでも連絡下さいね」

そう言うと、彼女の母が頭を下げた。

「本当にお世話をかけますが、よろしくお願いします」

摩耶子はタヌ吉を抱き寄せながら微笑んだ。

「⑤うちはこれが仕事ですから。美月さん、お大事にして下さいね」

彼女は力強く頷いた。

「絶対に早く治ります。タヌ吉ともう一度暮らせるように……」

「タヌ吉も待っていますよ」

タヌ吉は［B］鼻を鳴らして、美月をじっと見ていた。

彼女たちと別れて車に乗り込むと、摩耶子が言った。

「甲状腺の難病なんですって。入退院を繰り返しているそうよ」

大きな目と通った鼻筋、大病を患っていることは見た目でわかるが、それでも可愛らしい顔をしていた。

「もともとは和歌山に住んでいたんだけど、治療のためこちらに引っ越してきて犬を飼える状況じゃなくなったんですって」

ペット可の住居を探せばいいという問題ではない。母親も彼女の看病で手いっぱいで、犬の世話をする余裕はないだろう。

「新しい飼い主を見つけることも考えたんでしょうけど、美月さんはもう一度タヌ吉と一緒に暮らしたいと望んでいるの」

いくら知人や親戚でも、人に預けてしまえばその人たちも情がうつる。返してくれとは簡単には言えないだろう。

※碧や智美もタヌ吉のことは可愛がっているし、別れることを考えれば悲しいけれど、仕事だからまだ［C］。

だから、タヌ吉はブランケットにいる。彼女の心の支えであるために。

「タヌ吉はほかの飼い主と一緒に暮らした方が幸せになれるでしょうね。ブランケットにいるのは、あの人たちの都合に過ぎないとわたしは思っているわ。でも、もしかすると、そうじゃないかもしれない。新しい飼い主はタヌ吉を愛さないかもしれないし、いい加減な飼い方で早死にさせてしまうかもしれない」

話を聞きながら、智美は気付いた。

摩耶子は、タヌ吉の話をしながら、※クロと瀬戸口の話をしているのだ、と。

智美にとっては、タヌ吉と美月は同情できるし、理解できる。瀬戸口のことは理解したくもない。だが、タヌ吉とクロにとっては、大きな違いではない。

どちらも、大好きな飼い主から引き離されて、ブランケットにやってきて、たまに飼い主に会うことができる。飼い主の抱えている事情が、よんどころないものか、身勝手かなんて、犬にはわからない。

「自分の仕事が犬を幸せにしているなんて思わないわ。老犬ホームがなければ、最後まで飼い主のそばにいられたかもしれない」

摩耶子はまっすぐに前を見ながら独り言のようにつぶやいた。

「でもね、この仕事があることで、犬と飼い主との間に、選択肢がひとつ増えるの。それは誇りに思っているわ」

見捨てるのではなく、手放すのでもなく、迷いを迷いのままで置いておくように。

智美はタヌ吉のゲージを覗き込んだ。⑥タヌ吉は、目を輝かせて尻尾を振った。

(近藤史恵『さいごの毛布』〈角川文庫〉より)

※碧…「ブランケット」のスタッフ。

※クロと瀬戸口…クロはブランケットに預けられた別の犬で、瀬戸口はその飼い主。

1 空欄A～Cに入る、最も適当な語句をそれぞれ次のア～オから選び、記号で答えなさい。

A　ア 緩衝材　イ 逸材　ウ 消耗材　エ 素材　オ 吸音材

B　ア 恨めしげに　イ くやしげに　ウ 物ほしげに　エ 苦しげに　オ 切なげに

C　ア 働ける　イ 割り切れる　ウ 頼める　エ 慰められる　オ 楽しめる

2 傍線部①「ふいにタヌ吉の顔が変わった」とあるが、それはなぜか、15字～20字で説明しなさい。

3 傍線部②a・②bについて、②a「女性」の名前を本文から見つけて答えなさい。また②b「年配の女性」とはだれなのかを、本文から抜き出して答えなさい。次の空欄に当てはまる形で書くこと。

[a] と、その [b]

4 傍線部③「タヌ吉が別の飼い主をみつけてもらうわけでもなく、ブランケットに預けられている」とあるが、これはなぜか、本文全体をふまえ61字～70字で説明しなさい。書き出しは「飼い主が」とすること。

5 傍線部④a「笑った」・④b「泣きそうな顔をした」とあるが、この部分の心情説明として、次のア～オから当てはまらないものを二つ選び、記号で答えなさい。

ア タヌ吉と一緒に暮らしていた頃のいたずらの数々を思い出し、その頃が懐かしくてたまらなくなった。

イ　タヌ吉が台無しにした物の数々を思い浮かべ、それらを自分が愛用していたことを思い出し、つらくなった。

ウ　タヌ吉をブランケットに預けた期間の長さを思い返し、離ればなれになっている淋しさが、改めて強くこみあげてきた。

エ　タヌ吉は、飼い主と離れた期間の方が長いのに、変わらず慕ってくれるので、愛しさがつのって逆に切なくなった。

オ　タヌ吉が、飼い主の自分を忘れていないことを目の当たりにし、つらい治療に立ち向かう意欲がかきたてられた。

6　傍線部⑤「うちはこれが仕事ですから」とあるが、本文全体をふまえたとき、摩耶子は自分の仕事について、どのような考えや気持ちを抱いていると考えられるか、その説明として最も適当なものを次のア～オから選び、記号で答えなさい。

ア　自分の仕事は、事情があって飼い主と一緒に暮らせない犬を手厚く世話することであり、ブランケットの仕事は飼い主の事情にあわせて犬の幸せな生活を維持しているという強い誇りを持っている。

イ　自分の仕事は、飼い主の事情に応じて、離ればなれでも飼い主と犬の絆を維持しているという自信があるが、犬自身が行き届いた世話だと感じているかについては自信が持てないでいる。

ウ　自分の仕事は、犬が飼い主に愛されてずっと一緒に暮らすという本来の姿からすれば不要なものだが、飼い主が犬を飼えない状況にあるとき、その事情に寄り添うという点で価値があると考えている。

エ　自分の仕事は、犬には分からない勝手な事情で飼い主から引き離された犬を助けることであり、犬の不幸せについて心を痛めてはいても、犬が安心して暮らせる環境を準備できて喜ばしいと感じている。

オ　自分の仕事は、飼い主の事情でゆきどころを失いかけた犬の居場所を維持することであり、飼い主と犬を繋ぎ続ける大切なものだと思うが、自分に仕事を頼んでくる飼い主に対しては反発を感じている。

7　傍線部⑥「タヌ吉は、目を輝かせて尻尾を振った」とあるが、これを見て智美がどんな気持ちになったと考えられるか、その説明として最も適当なものを次のア～オから選び、記号で答えなさい。

ア　タヌ吉が、飼い主と久しぶりに会えたことをうれしがっている様子を見て、自分が飼い主の替わりとなれるよう、もっとかわいがってあげたいという気持ちになっている。

イ　タヌ吉が、飼い主の事情に振り回されていることに気づかずにいる様子を見て、逆に飼い主の身勝手さを思いうかべ、タヌ吉に同情して暗い気持ちになっている。

ウ　タヌ吉が、飼い主と会える次の機会を楽しみにしている様子を見て、その機会がいつ来るか分からないと改めて伝えるのがためらわれ、やるせない気持ちになっている。

エ　タヌ吉が、飼い主と引き離されている事情も分からないまま、智美にもなついてくる様子を見て、改めてその境遇を思いやり、いとおしさが増した気持ちになっている。

オ　タヌ吉が、飼い主と別れた直後に、智美にも愛嬌をふりまく様子を見て、自分がいくら心配したり気づかったりしても、犬には通じていないのが分かり、拍子抜けした気持ちになっている。

成蹊中学校(第一回)

—50分—

【注意】、。「」はそれぞれ一字と考えなさい。

一　次の文章を読んで、後の問いに答えなさい。

　姉がこの部屋に来たのはいつが最後だっただろう。ああそうだ、四月の、お釈迦様の誕生日だ。小学生のとき、私が世界で一番美味しいと言った洋菓子タカギの生チョコタルトを手土産にやって来た。

『生チョコタルト、甘ったるいって何度も言ったじゃん』

　かつては濃厚な甘さとタルトのさくっとした食感にうっとりしたものだけれど、お酒を飲むようになってから甘さがくどく感じられるようになった。しかもタカギのケーキはちょっとダサい。昭和でセンスが止まっている感じ。艶々のチョコクリームにたっぷり散らされたアラザン*は、当時はおしゃれだと言われたのかもしれないけど、食感を悪くしてるだけだということにそろそろ気付いてほしいと思う。

　なのに、姉はA馬鹿の一つ覚えみたいに生チョコタルトしか買ってこない。しかも必ずホール。生チョコタルトは5号サイズしかないので、ふたりで食べるにはあまりに大きい。

『あら。美弥ちゃんは、大人になったらぜーんぶひとりで食べるんだって言ってたじゃない』

『小学生のころの話でしょ。この年になるとただただ重いんだってば』

『またそんなことを言う』

　私の部屋のキッチンなのに、我が家のような立ち居振る舞いで、姉はタルトとコーヒーの支度をする。四分の一ずつ切り分けられたタルトとブラックコーヒーが、ダイニングテーブルに座っている私の前に置かれた。向かい側の姉の席は、同じサイズのタルトとカフェオレ。姉は甘党なのだ。このタルトだって、姉が食べたいだけかもしれない。

『でかいんだけど』

『そんなことないでしょ』

　姉は大きな口でタルトを食べ、カフェオレで飲み下す。五口くらいでタルトが消える。湯気を立てていたカフェオレも、あっという間になくなった。私はそれを見てB『相変わらずクジラ……』と小さく独り言ちた。

(中略)

『何？　何か言った、美弥ちゃん』

　小さな声を聞きつけた姉が軽く睨んできて、『いや別に』と答える。

『相変わらず食べるの早いなって感心しただけ』

『ふん。あなたはぞんぶんにゆーっくり味わいなさい』

　それから、姉は勝手に部屋中の掃除を始めた。これも、いつものことだ。

　タルトの上のアラザンをつつく私を尻目に、姉はくるくる動く。窓を拭き、床を磨く。それでいて、『もっとこまめに冷蔵庫の中の整理をしないと』とか『洗濯機の裏から靴下が三足分も出てきた』とか文句を言ってくる。『こんなことじゃいつまで経っても結婚できないよ』とも。

(中略)

『お姉ちゃん、もう帰りなよ。そういうとこウザいんだよ。ウザ女王だよ。私さぁ、もう二十四だよ？　いつまで私の親気取りでいるわけ？　私のことに構わず、もう自分の家庭だけ守ってなよ。何ならお姉ちゃんこそ子どもを産んでさ。その子の世話を好きなだけやるといいよ。そうすれば、私のことなんてどうでもよくなるんじゃない？　早くそうなってよ、まじでウザいから』

　これも、いつものやり取りだ。姉がキレて、次に私が逆ギレする。母親のいない家庭だったから、姉は私の母親代わりとして頑張っていたのだと思う。父が何でもこなせる万能なひとだったこともあるけれど、父子家庭ゆえの不便はさほど感じたことがない。他の母親たちより断然若い姉が誇らしかった時期すらある。

　けれど、姉は姉に過ぎず、母親ではない。いつしか、親でもないくせにと姉を疎ましく思うようになっていった。そもそも、姉は*過干渉すぎた。父が亡くなってからそれは酷くなり、私は高校を卒業するまで門限が十九時だった。門限を過ぎれば姉からの着信とメッセージが止まらず、帰宅すれば小一時間説教され、泣かれた。高校卒業を機に家を出れば、週に何度もやってきては世話を焼かれた。彼氏ができれば必ず紹介しなくてはいけなかったし、同棲は姉の許可を得ないといけなかったから同棲もどきだった。成長すればするほど、姉にうんざりする気持ちも膨らんだ。

　姉が、大袈裟に眉を下げる。

『そんな悲しいこと言わないで。もし仮に子どもを産んだって、美弥ちゃんに対する感情は変わんないよ』

『嘘だね。自分の子どもの方が絶対大事になるよ。C私は、その方が助かる』

　タルトをぱくりと食べて、甘さに顔を顰める。ブラックコーヒーで無理やり飲み下して、『私はいまの生き方がいいんだよ』と言った。

『後悔したっていいよ。その覚悟で、いまの状況を選んでるんだから。ほら、ウザ女王はもう帰って。あ、タルトの残り持って帰ってね』

　ああ、そうか。生きている姉と触れ合ったのは、あの日が最後なんだ。喧嘩別れしてからずっと会わずにいて、そしたら姉が入院や手術をし、お見舞いにも行けなかった。

「後悔、かあ」

　無意識に、言葉が口から零れ落ちた。こんな後悔は、覚悟していない。姉と気まずいまま永遠の別れが訪れるなんて、どうして想像できるだろう。

（中略）

　和史さんの自宅待機期間が終わるのを待って、私は*茜ちゃんと一緒に姉夫婦の家を訪ねた。ふたりは父の遺してくれた一軒家に住んでいたから、実家でもある。

「ここに来ても、もう香弥はいないんだね」

　玄関先に立った茜ちゃんが、正視できないといったように俯いた。待ち合わせ場所についたときから、彼女は泣き腫らした顔をしていた。勤務先のフラワーショップで自ら作ってきたという花束を片手に抱いている。姉の好きな百合が豊かに香っているのが、隣にいる私にもわかる。

　中に入ると、父の遺影が見守る和室に簡易祭壇が設えられていた。去年のお正月に撮った写真が、姉の遺影に使われていた。

「あ。これあたしが撮ったやつ」

　茜ちゃんが言う。切り取られてしまっているが、満面の笑みを浮かべている姉の両脇には、和史さんと愛想笑いしている私がいる。私はすっぴんで、だから写りたくないと言ったのに、姉が『こういうときくらい、いいじゃない！』とごねたのだ。

『お年玉あげるから、一緒に写ってよ、お願い』

両手を合わせてお願いされて、そこまですることじゃないでしょう、と渋々頷いた。今度から、私がちゃんと化粧してるときにしてよね。

あのときはまだ世の中が大きな変化を迎えるなんて想像もつかなかったな、と思う。姉がいなくなってしまう、なんてことは、なおのこと。

線香の匂いが鼻を擽る。祭壇周りを見回せば、様々なものが供えられていた。華やかな花籠に、ぬいぐるみ。結婚式のときの写真もあれば、茜ちゃんとのツーショット写真もある。和史さんが精一杯、姉の周りを華やかにしようと試みたことが伝わってくる。

仏飯の横には、アラザンが散った生チョコタルトもあった。大きく切り分けられたタルトは、今朝にでも供えられたのだろうか。表面がまだ艶々している。

D「こんな風にしても、全然現実味がないんだよね」

声がして、振り返る。お盆にガラス製の茶器を載せた和史さんが立っていた。

「言い方は悪いけど、ままごとでもしてる気分だ。ああ、ふたりとも、こっちへどうぞ。お茶でも」

続き間の下の間を示されて、移動する。父が気に入っていた＊黒檀のテーブルに、私たちと和史さんは向かい合わせに座った。和史さんの背中越しに、姉が見える。茜ちゃんがティッシュを取り出して洟をかんだ。

「まあどうぞ」

大きな体軀のひとが、一回りも二回りも小さく頼りなくみえる。私たちの前に、冷茶と生チョコタルトが一切れずつ供された。

「ままごとの気分で、迷子になった気分でもある。香弥はほんとうはどこかにいて、おれがはぐれてしまったのかなって。おれの方がおかしいのかな、ってさ」

「分かる。あたしも、香弥がふらりと遊びに来そうな気がしてならないの。そんなはず、ないのにね」

ふたりがしみじみと言い、私も頷く。

いまにも、玄関の引き戸ががらりと開く音がして「ただいまあ」なんて声がするのではないだろうか。あら美弥ちゃんたち来てたの？　お夕飯食べて帰りなさい。何なら泊まっていく？　美弥ちゃんと茜、同じ部屋でいいよね。なんてことを言って入って来て、この祭壇を見て「趣味が悪い悪戯ね！」と顔を顰めるのだ。

「こないだ、美弥ちゃんがこれは夢ですか？　っておれに訊いただろ。あれ、よく分かるよ。夜中に目が覚めて、いますごく怖い夢を見たんだよ、香弥が死んだなんてあんまりに酷い夢って隣に声をかけて、ぞっとするんだ。ああ、夢じゃなかったんだって」

ばかだよな、と力なく笑う和史さんに「そうなんですよね」と相槌を打つ。

「ＬＩＮＥの通知が来ると、姉かなって思うんです。この間は街中で、姉を見かけた気がして追いかけちゃいました。もちろん、違うんですけど」

はっきりとした別れを経ていないから、現実についていけない。世界から切り離されたのは、ほんとうは私なんじゃないかと思う。

「まあ、食べなさい」

和史さんが、姉のような口ぶりでタルトを示す。

「これ、祭壇にも供えられていましたね」

姉がいなくなった後もこのタルトを食べるのか。Eやっぱり笑ってフォークで切り分ける。口に運ぶと、相変わらずの甘さが広がった。

「これ、お気に入りだったからね。おれも、ずいぶんご相伴にあずかったもんさ」

「うちに来るといっつもこれを持ってきて、でも美弥ちゃんが好きだからって言い訳してました」

やっぱり、姉の好物だったのだ。小さく笑うと、茜ちゃんが「え？違うよ」と言った。

「これ、美弥ちゃんが初めて香弥にプレゼントしたタルトじゃん」

茜ちゃんの言葉に、二口目を頬張っていた私は「ふお？」と声を漏らした。首を傾げると「覚えてないの？」と呆れた顔を向けられる。

「美弥ちゃんが小学校六年生で、香弥が十九のとき。美弥ちゃんが、誕生日プレゼントに買ってきてくれたやつじゃん。世界で一番美味しいタルト、独り占めしていいよって言われたって、香弥大喜びしてさ。あたし、そのときの写真、なんべんも見せられたよ」

思い出した。姉が大人になる前に世界で一番美味しいタルトを独り占めさせてあげたくて、私はお小遣いを貯めて生チョコタルトを買おうとした。でも六百円くらい足りなくて、そしたら父がこっそりお金をカンパしてくれた。年の数だけろうそくを付けてもらって、大事に抱えて帰った。夕飯のあと、父と協力して歌を歌いながらタルトを出した。驚いてほしいなとは思ったけれど、姉は大げさだと呆れてしまうくらいわんわん泣いた。火をつけたろうそくが溶け切ってしまうんじゃないかというくらい、泣いた。それから浮腫んだ目をしょぼしょぼさせて、ホールのタルトを食べる姉に、私は何度も『美味しい？』と訊いた。姉は確か、『すごく美味しい』と答えた。あたしも、世界で一番美味しいタルトだと思うよ、美弥ちゃん。その顔がとてもやさしくて、可愛くて、だから私はニコニコと笑った。

ああ、そうか。そういうことだったか。

F私がすっかり忘れていたことを、姉は大事に抱え続けてくれていたのか。

初めて、涙が出た。

いままで滲みもしなかった涙が、ぽろぽろと溢れた。

何で忘れていたんだろう。何で、話さなかったんだろう。お姉ちゃんの方が、生チョコタルト好きなんじゃん。私が好きだからとか言って、ほんとうは自分が食べたいだけじゃん？　たったそれだけのことを言っていれば、G何か変わっていたはずなのに。こんな風に知ることは、なかったのに。

「香弥は、美弥ちゃんが大好きだったからなぁ」

和史さんが言えば、茜ちゃんが「ほんとうに」と返す。お父さんが亡くなって絶望していたとき、美弥がぎゅっと縋りついてきてくれたから頑張れたって言ってた。美弥がいるから頑張れるって。あたし、きょうだいがいないからそれがすごく羨ましかった。喧嘩しあっててもしあわせそうなふたりを見るのが、大好きだった……。

両手で顔を覆って、溢れるままに涙を流す。お姉ちゃん、お姉ちゃん。たったひとりの私のお姉ちゃん。大好きだったのに。傍にいるのが当たり前で、言わなくったって大丈夫だって思ってた。でも、違ったね。ごめんね、ごめんなさい。

泣きながら、生チョコタルトを食べる。アラザンが、しゃりしゃり鳴る。濃くて甘ったるい。でも、特別な味がした。

【町田そのこ「赤はこれからも」（『ぎょらん』〈新潮社〉所収）による】

【注】

＊アラザン——銀色の粒状（つぶじょう）をした甘みのある糖衣菓子。
＊過干渉——意見や指示をしすぎること。
＊茜ちゃん——香弥の親友。
＊黒檀——黒くて堅（かた）い木材。
＊ご相伴にあずかる——一緒にもてなしを受ける。
＊カンパして——（お金を）出して。

問一　——線部A「馬鹿の一つ覚え」とあるが、ここではどのようなことを「馬鹿の一つ覚え」といっているのか。説明として最もふさわしいものを次の中から選び、記号で答えなさい。

ア　甘党でたくさん食べたい姉は、タルトはホールの5号サイズが一番食べ応えがあると思っていること。
イ　小学生だった妹が世界で一番美味しいと言ったため、これをあげておけば妹は喜ぶと姉は思っていること。
ウ　洋菓子タカギの生チョコタルトは、クリームが艶々でアラザンが乗っていておしゃれだと思っていること。
エ　大人になったらぜーんぶひとりで食べると言った妹の願いを叶（かな）えるため、手土産にすべきだと思っていること。

問二　——線部B「相変わらずクジラ……」とあるが、これはどのようなことのたとえか。説明しなさい。

問三　——線部C「私は、その方が助かる」とあるが、なぜ助かるのか。「その方」の内容を明らかにして、説明しなさい。

問四　——線部D「こんな風にしても、全然現実味がないんだよね」とあるが、ここで和史がいう「現実」とは何のことか。答えなさい。

問五　——線部E「小さく笑ってフォークで切り分ける」とあるが、「小さく笑っ」たときの美弥の気持ちとして最もふさわしいものを次の中から選び、記号で答えなさい。

ア　姉の夫までが、妹の美弥ちゃんには生チョコタルトさえ出せば喜ぶ、と勘違（かんちが）いしていることにあきれている気持ち。
イ　姉に最後に会ったときに文句を言いながら食べたことを思い出し、また食べなければならないのかとうんざりした気持ち。
ウ　祭壇に供えてもらうほど姉が生チョコタルトを好きだったことを再確認し、姉の好物を振る舞う姉の夫を微笑（ほほえ）ましく思う気持ち。
エ　姉がいなくなっても、姉と生チョコタルトはセットになっている状況が面白く、生チョコタルトを通して姉を懐（なつ）かしく思う気持ち。

問六　——線部F「私がすっかり忘れていたのか」とあるが、「私がすっかり忘れていたこと」とは何か。説明しなさい。

問七　——線部G「何か変わっていたはずなのに」とあるが、何がどう変わっていたのか。説明として最もふさわしいものを次の中から選び、記号で答えなさい。

ア　世界一美味しい生チョコタルトを和史さんや茜ちゃんと分け合って食べる時間が、姉との思い出を噛（か）み締めながら自分一人で食べる時間に変わっていたはず。
イ　甘ったるい生チョコタルトを買ってくる姉を嫌（いや）がっていた気持ち

が、茜ちゃんに羨ましがられるきょうだいの仲をもっと見せつけたいという気持ちに変わっていたはず。

ウ　甘党の姉が生チョコタルトを独り占めしたいと思っていたことに気づいてあげられなかった状況が、亡くなる前に思う存分食べさせて満足させてあげられる状況に変わっていたはず。

エ　生チョコタルトを手土産に持ってくる姉に文句を言ったり、世話を焼いてくれることをウザがったりするような自分の姉に対する態度が、姉に対して素直に接する態度に変わっていたはず。

問八　――線部H「でも、特別な味がした」とあるが、なぜか。七十五字以内で説明しなさい。

二　次の文章を読んで、後の問いに答えなさい。

突然ですが、今みなさんは、山登りをしているとします。山頂まで半分のところで、ちょっと疲れてきました。そんな時に、「［X］、半分しか登っていません」と言われると、ぐったりとした気持ちになるかもしれません。まだまだこの先も歩かなくちゃいけないのか、と。他方で、「［Y］、半分も登りました」という言葉を聞くと、少しだけ明るい気持ちになるかもしれません。がんばって歩くか、と意欲も湧いてきます。

山登りなので水筒を持っています。貴重な水です。「水は、［Y］半分しかありません」と言われると、緊張や焦りの感覚がわずかに生まれるのではないでしょうか。他方で、「水は、［X］半分あります」という言葉を聞くと、なんとなく安心するのではないでしょうか。

ここからわかることは、言葉というものが私たちの感じ方や考え方に大きな影響を与えている事実です。【 1 】、感じ方、考え方は、行動にも影響を与えます。言葉、感じ方、考え方、行動。これらは連鎖的につながっていきます。

私の*専攻である社会学には社会構成主義という考え方があって、この立場では、言葉や対話が現実を創造すると考えます。この考えですと、新しい言葉を使い、これまでと違う方法で対話をすれば、そこから新しい現実が生まれることになります。そのため、*心理療法の領域にもA大きな影響を与えてきました。心理療法とは、いわば対話によって人々の現実をよりよいものへと変えていく営みだからです。

そして社会構成主義に基づく心理療法のひとつが、ナラティヴ・*セラピーです。一九八〇年代に*セラピストのマイケル・ホワイトとデビット・エプストンが提唱しました。

ところで、心理療法では、*クライアントは*カウンセラーに困り事を相談します。それはみなさんもご存知の通りです。

ですが「相談する相手が見つからない」というのが本書のテーマのひとつでもあります。カウンセラーであれ誰であれ、相談相手がさっと見つかるのであれば、私たちだって苦労しません。

というわけで、ここではまずは、自分で自分にナラティヴ・セラピーができるようになることを目指します。自分で自分にセラピる（セラピーする）ので、私はこれを「ナラティヴ・セラピル」と呼んでいます。

ナラティヴ・セラピーとは、どのような問題もナラティヴが生み出していると考え、問題を生むナラティヴに対処していくセラピーです。

といっても、「ナラティヴ」という言葉がよくわからないのではないでしょうか。これはですね、はっきり言って誰にとってもわかりにくいんです。だからここは「ストーリーとか物語のことね、ふんふん」とさっと進んでください。だんだんわかってきますから。

まずは、ストーリーが私たちの現実をつくる、このことを押さえます。

【２】、＊神の祟りを信じている部族の人にとって、神の祟りは「現実」です。それは本当に恐怖の対象だし、病気になると祟りへの対処として実際にお祓いしたりします。他方で、現代を生きる私たちは、神の祟りというストーリーを信じていません。神を恐れて暮らすことはほとんどありません。

このように、社会や文化によって人々に共有されるストーリーは違います。そして、ストーリーによって、人々が何を現実と見なすかは異なります。

それと同じように、その人がどのようなストーリーを生きているかによって、同じ現象に対する見方は変わります。B見方が変われば、その現象への反応も変わります。

たとえば、あなたは四人組の仲良しグループのメンバーだとします。ふと見ると、少し遠くで、自分以外の三人が楽しそうに笑いながら立ち話をしています。

あなたは「なになに〜、なに話してるの〜」と笑顔で三人の輪のなかに入っていくかもしれません。自分たち四人は仲が良いというストーリーを生きているので、三人のところに駆け寄っていって、ごく自然に会話に混ざります。

反対に、あなたはその輪に入っていきたいけど入っていけずに、立ちすくんでしまうかもしれません。頭のなかには「私の悪口で、盛り上がってるかもしれない」という考えが浮かんでいます。それは、あなたが自分のいないところでは悪口を言われているかもしれないというストーリーを生きているからです。

このように、同じ現象をどう理解するか、どう反応するかは、その人がどのようなストーリーを生きているかによって変わります。

そして、ナラティヴ・セラピーの目的は、苦しみをもたらすストーリーから、C自分にとって生きやすいストーリーへと、ストーリーを書き換えることにあります。

私たちに苦しみをもたらしているのが「ドミナント・ストーリー」です。ドミナントとは支配的という意味です。ここから、ドミナント・ストーリーとは、支配的なストーリー、人々を苦しめているストーリー、人々にある行動をとらせているストーリーを指します。

たとえば、「痩せていない自分には価値がない」、「男は／女はこうあるべきだ」、「新卒で大企業に入社しなくちゃいけない」、「絶対失敗しちゃいけない」、「こんな鼻の形ではモテない」、「遅刻は絶対にいけない」などなど私たちはさまざまな、時には自分独自のDドミナント・ストーリーに縛られて生きているものです。

他方で、私たちを楽にしてくれるのが、「オルタナティヴ・ストーリー」です。オルタナティヴとは、主流のものに代わる別の新しいものという意味です。ここから、オルタナティヴ・ストーリーとは、支配的なストーリーとは別のもうひとつのストーリー、自分にとって生きやすいストーリーのことを指します。

繰り返しになりますが、ナラティヴ・セラピーでは、生きづらさを生んでいるドミナント・ストーリーを、自分にとって生きやすいオルタナティヴ・ストーリーへと書き換えていきます。

先ほどの、四人組の例に戻ります。「私の悪口で、盛り上がってるのかもしれない」という思いが頭に浮かんだまま立ちすくんでいると、あなたに気づいたお友達がこちらを向いて手を振っています。それで行ってみると自分の悪口なんかじゃ全然なくて、面白い話をしていて一緒になって笑う、なんていう展開もあるわけです。こうした経験を繰り返しているうちに、「自分のいないところでは、悪口を言われてるかも」というストーリーは書き換えられていきます。友達への信頼感が育っていきます。

私たちは日常的に、さまざまな＊架空のストーリー、いわば＊妄想を、現実だと思い込み、必要のない苦しみを生きているものです。そんな私たちの妄想を「それって、妄想だよね」とやさしく修正してくれるのは、新しい経験や他者の存在です。

この私も、教員一年目の最初の頃は、大学生がなんだか怖かったものです。【３】、実際に目の前に現れるリアルな大学生はみんな親切で（私が＊単位を出す側の人間だということもあるでしょうが）、「若者って、ちょっと怖いかも」なんていうストーリーはあっさり書き換えられたものでした。アフロヘアモコモコ男子もロングネイル大好き女子も世界＊冷笑絶望系男子も、センセーには親切です。どうも。

E こんなふうに日常のなかでもストーリーの書き換えはよく起きますが、それを意識的に行うのがナラティヴ・セラピーです。

（中村英代『嫌な気持ちになったら、どうする？　ネガティブとの向き合い方』〈ちくまプリマー新書〉による。なお、問題文の一部を省略している。）

【注】

＊専攻――専門的に学んでいる学問の分野。

＊心理療法――精神的な働きかけで病気などを治療しようとする方法。

＊セラピー――薬や手術などを用いない治療。

＊セラピスト――治療を行う人。

＊クライアント――心理療法を受けに来た人、依頼者。

＊カウンセラー――依頼者の問題・悩みなどに対し、専門的な知識を用いた面談をして援助する人。

＊祟り――神仏や霊魂などによる災い。

＊架空――想像によってつくりあげること。

＊妄想――根拠もなく想像すること。

＊単位――進級や卒業のために必要な、科目で一定以上の成績を修めたことを証明するもの。

＊冷笑――見下して笑うこと。

問一　空欄［Ｘ］、［Ｙ］にあてはまることばを次の中から選び、それぞれ記号で答えなさい。

ア　あと　イ　まだ　ウ　もう　エ　ようやく

問二　空欄【１】～【３】にあてはまることばを次の中から選び、それぞれ記号で答えなさい。

ア　でも　イ　そして　ウ　たとえば

問三　――線部Ａ「大きな影響を与えてきました」とあるが、どういうことか。説明として最もふさわしいものを次の中から選び、記号で答えなさい。

ア　カウンセラーが話す一つひとつの内容が、クライアントの悩みや問題の解決を促しているということ。

イ　言葉や対話が現実を創り上げると考える社会構成主義が、心理療法においても応用されたということ。

ウ　言葉というものが、わたしたちの生活において感じ方や考え方に影響し、行動を変化させているということ。

エ　マイケル・ホワイトとデビット・エプストンによるナラティヴ・セラピーが社会構成主義を作るということ。

問四　――線部B「見方が変われば、その現象への反応も変わります」とあるが、どのようなことを言っているのか。説明として最もふさわしいものを次の中から選び、記号で答えなさい。

ア　同じ現象が起こったとしても、感じ方はそれぞれ異なるので、互いの見方を尊重するべきだということ。

イ　同じ現象が起こったとしても、その人が持っている考えによって、示す感情や態度は異なるということ。

ウ　どのような現象も言葉や対話によって表れるので、表現の仕方によって生じる現実は変わるということ。

エ　どのような現象も良い方向へとらえることができるので、常に前向きな考え方を持つべきだということ。

問五　――線部C「自分にとって生きやすいストーリー」とは何か。本文中から十五字以内で抜き出しなさい。

問六　――線部D「ドミナント・ストーリーに縛られて生きているものです」とあるが、「ドミナント・ストーリーに縛られて生きている」人とはどのような人か。説明しなさい。

問七　――線部E「日常のなかでもストーリーの書き換えはよく起きますが、それを意識的に行うのがナラティヴ・セラピーです」とあるが、意識的に書き換えるとはどうすることか。また、その結果、ストーリーはどのように書き換わるか。説明しなさい。

三　次の①～⑤の――線部のカタカナを漢字にしなさい。

① エンドウの観客に手を振る。

② エンジたちにお菓子を配る。

③ 犯人が法によってサバかれた。

④ 校則についてトウロンする。

⑤ 身体にフタンがかかる。

成城学園中学校(第一回)

―50分―

一　次の――線のカタカナ部分を漢字に直しなさい。

1　ケイソツな行動。　2　はだにココロヨい風。
3　ゼンゴ策を考える。　4　トウシツをひかえる。
5　ガイロ樹を植える。　6　ザッコクを食べる。
7　ジュウオウに動き回る。　8　すばらしいコウセキをあげる。

二　次の文章を読んで、あとの問いに答えなさい。(句読点や記号も一字と数えます。)

1　どのような状況(じょうきょう)になるのかがよくわからないときに計画を立てるのは、起こりうるさまざまな状況を想定しなければならないから、本当にたいへんである。それぞれの状況のもとでいちいちどうするかを決めていかなければならないので、その計画は複雑かつ膨大(ぼうだい)なものとなろう。しかも、想定した状況のほとんどは【 X 】から、せっかく立てた計画も、その大部分は活用されず、無駄(むだ)となる。

そうだとすれば、むしろ計画を立てず、その場で対処するほうがよいのではないだろうか。たしかに事前の計画が必要な場合もあるが、積極的にその場の対処に任せるほうがかえって効率がよいことも多い。

このような考えにもとづいて最近よく用いられるようになった言葉が「アジャイル(agile)」である。この言葉は、辞書的には「機敏(きびん)な」とか「身軽な」を意味するが、コンピュータのソフトウェアの開発において、従来とは異なる新しい開発手法を表すのに用いられるようになった。すなわち、ソフトウェアを開発するさいに、初めからすべての工程にかんして綿密な計画を立てるのではなく、まずは小さな単位で試(ため)しながら、試行と修正を繰(く)り返してソフトウェアの全体を完成させていくという手法である。

このソフトウェアの開発における用法が①拡張されて、②「アジャイル」という言葉は、いまでは行動一般(いっぱん)にかんして用いられるようになった。すなわち、何らかの行動をしようとするとき、事前にきちんと計画するのではなく、進行中のその時々の状況に応じて適当にどうするかを決め、うまく行かなければ修正を行うといったことを繰り返して、行動全体を完遂(かんすい)するというやり方が「アジャイル」とよばれるようになったのである。

仕事の打合せのなかで「アジャイルで行こう」と言われた場合、それはようするにその場でやりくりしようという意味である。私たちはついつい、しっかりした計画を立てて、絶対に失敗しないようにすべきだと考えがちであるが、そのような緻密(ちみつ)な計画を立てることは、実際上ほとんど不可能であるか、あるいはきわめて効率が悪い。緻密な計画にこだわるのは、失敗にたいする「病的な恐怖(きょうふ)」によるところが大きい。

[a]、恐(おそ)ろしくて飛行機に乗れない人がたまにいる。そのような人は飛行機の安全性を十分理解していても、飛行機に乗るのを恐れる。たしかに危険な状況で恐怖を抱(いだ)くのは適切であり、それは逃(に)げるといった行動を引き起こして、じっさいに害を被(こうむ)ることを防いでくれる。[b]、危険でない状況で恐怖を抱くのは不適切である。それ

は害の未然の防止に役立たないどころか、有益な行動を妨げもする。飛行機への恐怖は、③このような病的な恐怖である。

最近、「正しく恐れよ」とよく言われる。放射能に汚染された食品であっても、汚染度は低く、健康に影響はないのに、恐ろしくて食べられない人がいる。このような人は、危険度に見合った「正しい恐れ」ではなく、それに見合わない病的な恐怖を抱いているのである。

緻密な計画へのこだわりも、失敗への病的な恐怖に支配されている可能性が高い。緻密な計画を立てなくても、アジャイルでやっていけば、失敗することはほぼないにもかかわらず、失敗を恐れて、可能なかぎり緻密な計画を立てようとする。たとえ計画を立てるのが無駄であり、その場で適当にやってもうまくやれるということを頭でよく理解していても、どうしても失敗への恐怖がなくならない。こうして計画を立てずにはいられないのである。

2　アジャイルで行くことは、一見、いい加減で、行き当たりばったりのようにみえるかもしれないが、計画を立てるよりも、アジャイルで行くほうが効率的で、成功する確率が高い場合もある。だからこそ、アジャイルで行くのである。私たちがアジャイルではなく、しっかりした計画に向かいがちなのは、アジャイルがいい加減で失敗の可能性が高いからではなく、[c]失敗への恐怖があるからである。あえてアジャイルで行くことは、そのような病的な恐怖の克服にもつながる。

もちろん、アジャイルが重要だと言っても、計画がいっさい無用だというわけではない。過度に緻密な計画は無用だが、適度な計画は効率の面でも、成功率の面でも、重要である。結局、適度な計画を立て、あとはその場のやりくりに任せることが大切だ。つまり、計画とアジャイルの適切なバランスが何と言っても重要なのである。

アジャイルでやっていくには、その場の状況に応じて的確に対処する能力、つまり臨機応変の能力がなければならない。ヒーローはたいていこの能力に秀でている。『007』のジェームズ・ボンドは、ビルの屋上や水上などでじつにスリリングな戦いを見せるが、どんなに窮地に陥っても、手持ちの小道具やその場にある物を巧みに利用して、きわどく危機を脱していく。そんなに都合よく小道具や物があるわけないだろうと思いつつも、俊敏な対応能力に感心させられる。

このような臨機応変の能力は④身体知の一種である。それは身体で覚えた知であり、脳だけではなく、身体にも刻みこまれた知である。ただし、身体知のすべてが臨機応変の能力だというわけではない。たとえば、舗装した道路でしか自転車に乗れないとしよう。このとき、自転車に乗る身体知をもっていると言えるが、臨機応変の能力をもっているとは言えない。砂利道でも、芝生の上でも、でこぼこ道でも、それらに対応してうまく自転車に乗ることができてはじめて、臨機応変の能力があると言える。ボンドのような臨機応変の能力は、身体知のなかでも、多様な状況に対応できるようなタイプの身体知、すなわち「多面的身体知」なのである。

私たちは、ボンドには遠く及ばないにせよ、多少なりとも、このような多面的身体知をもっている。混雑した駅では、いろいろな人とさまざまな仕方でぶつかりそうになるが、たいていうまくよけることができる。会社にいけば、上司や同僚など、さまざまな人から挨拶されるが、相手に応じて適切に挨拶を返すことができる。このような多面的身体知をほとんど無意識的に行使することで、私たちの日々の生活は成り立っている。

3　ところで、臨機応変の能力には、このように状況に応じて適切に「行動する」能力だけではなく、状況に応じて適切に「考える」能力も含まれる。こちらは身体を動かす能力ではないので、身体知ではないが、臨機応変の能力のひとつである。

　たとえば、紅葉の季節に「そうだ、京都に行こう」と思い立ち、家を出る。計画と言っても、新幹線で行くというきわめておおまかな計画しか立てていない。駅に着いて、自由席にするか、それとも指定席にするか考える。混み具合を調べてみると、自由席は座れないようだが、指定席は一時間後にしか空いていない。早く行きたい。まあ、座れなくてもいいかと思って、自由席の切符を買う。

　こんな調子で、その場、その場で、適当に考えて、やりくりしていく。そうすれば、たいした計画を立てなくても、無事に京都にたどりつける。ここでは、状況に応じて適切に考えるという臨機応変の能力が大きく物を言う。

　その場の状況に応じて考える能力も、行動する能力と同じく、訓練や実地経験によって鍛えることができる。人によって臨機応変の思考能力に違いがあるのも、生まれつきの素質の違いもあるだろうが、訓練や実地経験の違いによるところが大きい。

　私が数人の友人と一緒に北京に行ったとき、夕飯を食べに街中のレストランに入ったことがあった。私たちは誰も中国語ができなかったが、英語が多少通じるだろうと思っていた。しかし、残念ながら、英語もまったく通じなかった。そのとき、一人が紙に漢字を書いて店員に見せたところ、見事に通じた。私はそんなことを思いつきもしなかったので、彼の［i］［ii］におおいに感心した。どうしてそんな［i］［ii］が利いたのかと聞いてみたところ、彼は似たような状況を経験したことがあると言った。

　思考における臨機応変の能力も、行動におけるそれも、訓練や実地経験によって育まれる。したがって、訓練や実地経験の違いによって、臨機応変の能力にも個人差がある。自分の臨機応変の能力を見誤ると、その場で適切に対処できず、立ち往生することになる。アジャイルでやるときには、自分の臨機応変の能力を正しく自覚することが重要である。自分には臨機応変に対応する能力があまりないと思えば、アジャイルの部分を減らして、計画の部分を手厚くしなければならない。つまりは、⑤臨機応変の能力を正しくわきまえたうえで、計画とアジャイルのよいバランスをとることが肝心なのである。

（信原幸弘『「覚える」と「わかる」　知の仕組みとその可能性』〈ちくまプリマー新書〉より）

問一　空らん【X】に入る言葉を五字以上十五字以内で答えなさい。

問二　――線①「拡張されて」とありますが、文章中におけるこの言葉の意味として最も適切なものを次のア～エの中から選び、記号で答えなさい。

ア　他の場面でも使われるようになった。
イ　他の表現があてはまるようになった。
ウ　他の文章でもよく見かけるようになった。
エ　他の言葉が英語以上に適切だとわかった。

問三　――線②「アジャイル」とありますが、筆者は文章中でこの言葉をどのように言い換えていますか。次の文の空らんに当てはまる十五字の言葉を、これより前の文章中から探し、抜き出して答えなさい。

(　　)というやり方。

問四　空らん[a]、[b]、[c]に入る最もふさわしい言葉を次のア~オの中から選び、それぞれ記号で答えなさい。ただし、同じ記号をくり返すことはできません。

ア　むしろ　　イ　たとえば　　ウ　まるで

エ　もちろん　　オ　しかし

問五　――線③「このような病的な恐怖」とありますが、それはどのようなものですか。「理解」という語を用い、「~にもかかわらず~こと」という形で筆者の主張をまとめて答えなさい。

問六　――線④「身体知」とありますが、筆者が考える「身体知」としてふさわしくないものを次のア~エの中から一つ選び、記号で答えなさい。

ア　小さいころから水泳を習っていたので、小学六年生になった今も、上手に泳ぐことができる。

イ　「社会」の授業で歴史上の人物名を覚えるのに、何度も声に出したことで暗記することができた。

ウ　友達にカブトムシがよくとれる木を教えてもらい、そこに行ってみると何びきもとることができた。

エ　歯みがきの指導を受けて、しだいに奥歯(おくば)まできれいに歯をみがくことができるようになった。

問七　空らん[i][ii]に漢字を一字ずつ入れると二字熟語になります。次のア~コの中から当てはまるものをそれぞれ選び、記号で答えなさい。

ア　期　　イ　起　　ウ　機　　エ　規　　オ　気

カ　点　　キ　展　　ク　典　　ケ　転　　コ　天

問八　――線⑤「臨機応変の能力」とありますが、この能力について説明した次の文の空らんⅠ・Ⅱに当てはまる言葉を、Ⅰは[3]の文章中から七字、Ⅱは[2]の文章中から十七字で探し、それぞれ抜き出して答えなさい。

(　Ⅰ　)によって高められる(　Ⅱ　)能力。

問九　この文章の内容と合うものを次のア~オの中から一つ選び、記号で答えなさい。

ア　アジャイルで行くためには、事前にしっかりとした計画を立てる必要がある。

イ　アジャイルは数種類あるので、場面に応じて使い分けなくてはいけない。

ウ　アジャイルの欠点は、予測できないことに対してはうまく働かないことである。

エ　アジャイルをうまく使えるかどうかが、効率的な仕事を行うカギである。

オ　アジャイルを活用するかどうかは、一緒(いっしょ)に作業をする人にゆだねられている。

問十　この文章の筆者の主張をふまえて、次の問いに答えなさい。

夏休みの宿題として課された「一冊の漢字ドリルを提出日までに終わらせる」という作業を、ある小学生が最も効率的に行い、成功させるためには、どのようにすればよいですか。くわしく説明しなさい。

三　次の文章を読んで、あとの問いに答えなさい。（句読点や記号も一字と数えます。）

その週の土曜日、季節外れの台風が近づいていた。午後には上陸するらしい。

ぼくは、自転車を立ちこぎして学校に行った。台風の時って、なんでこんなに興奮するんだろう。

学校に着くと、すぐに平林先生の指示で、①台風対策を始めた。

ネットをかけて全部を覆ってしまうというのが一番いいのだけど、②ぼくたちの畑は、人参や枝豆のような背の低い野菜と、トウモロコシやオクラのような背の高い野菜とが入り組んで植わっているので、うまくネットをかけることができない。

人参と枝豆には根元を守るために土寄せをし、トウモロコシとオクラは、支柱がちゃんと埋まっているかを確認して、もう一度、ひもをしっかり結びなおした。しっかり、といっても、ぼくが結んだから、あまり自信がない。アズサがいてくれたら、ちゃんと［A］ができているか、確認してくれたと思うけど。

今日、アズサは畑に来なかった。オクラが採れるようになってから、アズサは毎日来ていたから、今日も来るんだろうとみんなが思っていて、誰もアズサに連絡をしなかったのだ。今から呼んだら来るかもしれないけれど、来たころには、作業は終わっているだろうから、ぼくたちはアズサ抜きで作業を続けた。

途中で、前川先生が、物置が倒れないかと心配して様子を見に来てくれた。

「それほど高さはないし、隣に駐輪場もあって、直接風を受けないからだいじょうぶだろうとは思うけど。」

そう言いながら、前川先生は、物置の各コーナーにアンカーをもう一つずつつけた。それから、コンポストのふたにも、風で飛ばされないようにダクトテープを張ってくれた。

お礼のつもりで、なっていたオクラを全部採って、前川先生にあげると、前川先生は、うまい、うまいと言いながら、その場でぼりぼりと食べ始めた。ぼくたちの作ったオクラを、前川先生がそんな風に食べてくれたのが、とてもうれしかった。

風で飛ばされそうなものは全部物置の中にしまって、鍵をかけて作業を終了した。

帰る際、平林先生が、ぼくと西森くんに注意した。

「気をつけて帰りなさい。家に帰ったら、外に出るんじゃないぞ。台風が来てるのに畑の様子を見に行って、そのまま行方不明になってしまう人のニュースを聞いたことあるだろう。そんなことになったら大変だから、台風が完全に通りすぎるまで畑には来るなよ。」

以前は、そういうニュースを聞いた時、どうして台風の中、出ていっちゃうんだろうと思ってたけど、③今は畑の様子を見に行く人の気持ちがよくわかる。

帰り道は向かい風で、自転車が全然進まなかった。ぼくは、自転車をこぐのをあきらめ、途中から自転車を降りて押して帰った。

やっとのことでうちに帰ると、十時になっていた。

「ただいま。」

返事がない。電気もついていない。お母さん、いないのかな。

電気をつけてダイニングに行くと、テーブルの上に、「水と食料を買いに行ってきます」と書き置きがあった。防災バッグの中に乾パンが入っていたと思うけど、あれじゃ足りないんだろうか。

ぼくは、キッチンに手を洗いに行って、ついでになにか食べるものがないか探した。朝早くから畑仕事をすると、おなかがすいて仕方がない。菓子パンをつかんでリビングに行き、テレビをつける。

台風の直撃を受けそうな地域の海岸沿いで、レポーターが斜めになりながら、必死に叫んでいたけど、なにを言ってるのか、全然わからなかった。

画面が変わると、田んぼが映った。強烈な風が、稲を水面にたたきつけている。あの稲は、ちゃんと元に戻るんだろうか。

その映像を見て、ぼくたちの畑は、だいじょうぶなんだろうかと心配になった。とくに、ぼくが支柱に結んだひも。ほどけないといいけど。ヤングコーンとオクラは食べたけど、トウモロコシは食べてないんだから、どうか倒れないでほしい。

テレビを見始めて、結構な時間が経つのに、お母さんは、なかなか帰ってこない。水は重いから、車で買いに行ったと思うんだけど、どこまで行ったんだろう。

窓の外を見ると、公園の木がしなっていた。空が暗い。いつ雨が降り出してもおかしくない。マンションが、ゴオオッと不気味な音を立てて揺れたような気がした。このマンションは、そんなに古くないと思うし、地震対策とかもちゃんとやってあるだろうから、台風で倒れるってことはないと思うけど、ちょっとこわくなる。

お母さん、いつも家にいてうるさいのに、こういう時にかぎっていないんだから。なんかあったら、ぼく一人で、どうしたらいいんだろう。

そういえば、アズサはいつも一人だって言ってた。今も家で一人なんだろうか。心細いだろうな。

それよりも、支柱に結んだひもが気になる。いい加減に結んだつもりはないけど、百パーセントいぼ結びです、と自信を持って言えない。もしかしたら、ほどけてしまうかもしれない。もし、トウモロコシが倒れたら、たぶん、その下にある枝豆もだめになってしまうだろう。ぼくのいい加減な作業のために、みんなで一生懸命育てた野菜がだめになったら大変だ。やっぱり、今から行って、結びなおしてこよう。

ぼくは、急いで玄関に向かった。

自転車と家の鍵を手に取り、ドアノブに手をかけようとしたら、その前にドアが開いた。

「うわあっ。もう、なに、朔弥、なんで玄関にいるの？　びっくりさせないでよ。」

お母さんが、驚いて手に持っていたエコバッグを落としそうになっていた。

「お帰り、遅かったね。」

お母さんが、水のペットボトルを玄関に引き入れて、靴を脱ぐ。

「うん、大変だったんだから。モールに行ったら水が売り切れてて、駅の東側のスーパーまで行ったのよ。そしたら、事故があったみたいで、すごい渋滞(じゅうたい)でさ。ほら、水運ぶの手伝って。」

「お母さん、ぼく、ちょっと、畑に行ってくるよ。」

　お母さんが、靴を脱ぐのをやめてぼくを見た。

「畑って、学校？」

「うん。」

「今、出てくなんてだめよ。」

「どうして？」

「危ないからに決まってるでしょ。すごい風なのよ。なにが飛んでくるかわからないじゃない。」

「でも、ぼく、ちゃんとひもを結ばなかったかもしれないんだ。そのせいで《Ⅰ》が倒れたら、オクラも《Ⅱ》も全滅(ぜんめつ)しちゃうよ。」

「だめ。家にいなさい。警報が解除されても、しばらくは外に出たらだめだからね。川が増水してたりして危ないんだから。行くなら明日にして。」

　お母さんのその言い方が、ぼくの気持ちは関係ないって感じで、無性(むしょう)に腹が立った。

「お母さんは、どうしていつも、ぼくのやろうとすることに文句を言うの？　ぼくはだいじょうぶなのに。」

「いつも文句なんて言ってないでしょ。だいたい、なんの根拠(こんきょ)があって、だいじょうぶって言ってるのよ。」

「④お母さんは、ぼくのことを信用してないんだよね。」

「信用してないんじゃなくて、心配してるんでしょ。あなたはまだ子どもなんだから。お母さんには、あなたを守る義務があるの。」

「お母さんは、心配なんてしてない。全部自分の思うとおりにしたいんだ。」

「そんなことない。」

「そんなことあるよ。お母さんは、お母さんの思う理想の息子(むすこ)っていうのがあって、ぼくをそれに近づけようとしてるじゃない。」

「なによ、その理想の息子って。」

「家でダラダラしてないで、喜んでサマーキャンプに参加して、ソーシャルスキルがあって、面接官の前でも親戚(しんせき)の前でも、［ a ］大きな声でしゃべって、お母さんの気に入るような、さわやかな優等生の友だちがいっぱいいるような子じゃないの？」

　お母さんが黙(だま)った。

「お母さんがうるさく言ったって、ぼくはお母さんの思うような立派な息子になれないんだから、ほっといてよ。」

　ぼくがドアノブに手をかけると、お母さんが、ぼくの手首をつかんで言った。

「あのね、朔弥が、毎朝、早起きして畑に行って、野菜や花を育ててるのは知ってるよ。でも、台風が来てるんだから。台風なんて、朔弥一人でどうにかできるものじゃないでしょ。危ないから家にいなさい。」

「でも、ひもを結びなおしたら、《Ⅰ》は倒れないかもしれないじゃないか。」

「そうかもしれないけど、それは朔弥の命を危険にさらしてまですることじゃないでしょ。」

　なんだよ、ぼくの命を危険にさらすって、そんなに大げさなことじゃない。大体、⑤ぼくの命なんて、大したことないじゃないか。

ぼくなんか……。

涙（なみだ）が［ b ］あふれてきた。

「ちょっと、なんで泣くのよ。」

「ぼくは……。」

「え？」

「生きる価値があるの？」

「なに、急に。当たり前でしょ。」

「ぼくは、ごみなんじゃないの？」

「ごみ？」

「お母さん、ぼくのこと、うざいと思ってるでしょ。ぼくはお母さんにとって、ごみなんじゃない？」

「は？　なんで、お母さんが朔弥のことうざいと思うのよ。朔弥は、頭いいし、優しいし、いいところいっぱいあるのに。」

「お母さん、いつも、そんなんじゃだめだって言うじゃん。」

「だめなんて言ってないでしょ？」

「言ったよ！　ソーシャルスキルがないとだめなんだって！　だから、ソーシャルスキルのないぼくは、この世の中じゃやってけない、ごみみたいなもので、生きる価値がないんじゃないの？　きっとトウモロコシの方が価値があるよ。みんなで、大事に育ててるし、食べたらおいしいんだから。」

「そんなわけないでしょ！」

お母さんに肩（かた）を［ c ］つかまれ、ぼくはよろけそうになった。

「やめてよ！」

お母さんの手を払（はら）いのけ、ドアを開けようとしたら、⑥お母さんが後ろから抱（だ）き着いてきた。

「離（はな）せ！」

体をよじって逃（のが）れようとしたけど、お母さんは、くっついたまま離れない。

「離すわけないでしょ。あのね、朔弥、お母さんは、ソーシャルスキルがあった方が、世の中生きやすいだろうと思ったから、ソーシャルスキルを身につけなさいって言ったの。ソーシャルスキルがない朔弥は生きる価値がないなんて言ってない。」

目をつむったら涙がこぼれた。

「ぼくは生きててもいいの？」

ドアに向かったまま、お母さんに聞いた。

「ソーシャルスキルが低くたって、なんだって、生きてていいに決まってるじゃない。そんな当たり前のこと、言わなくたって、わかってると思ってたわよ。」

お母さんが、ぼくに抱き着いたまま答える。

「口に出して言わないとわからないよ。」

ぼくがそう言ったら、お母さんは、

「まさか、朔弥にそんなこと言われるとは思わなかったわ。」

と言った。

「でも、そうだね。いいよ、言うよ。朔弥は、ごみなんかじゃない。お母さんの一番の宝物だよ。お母さんは、朔弥のことが一番大事。朔弥がいなくなったら、お母さん、悲しいよ。ソーシャルスキルが低くても、なんでもいいから、生きていてほしい。だから、こんな台風の最中に、朔弥を外になんて出さない。」

そう言われて、うれしいというより、ほっとした。そしたら、⑦もっと涙が出てきた。

「わかった。もう出ていかないから離して。」

「あー、暑い。」

お母さんが、ぼくの体から離れた。

「それにくさい。中学生男子、くさいわ。」

そうかな。確かにいっぱい汗はかいたけど。

「これ、照れ隠しだからね。言い慣れないこと言ったから、恥ずかしくなったのよ。くさくても、大事に思ってるから。くさいから生きる価値がないなんて言いださないでよ。」

そういうお母さんの声は、涙声だった。

お母さんは、靴を脱ぐと、

「ああ、疲れた。おなかすいたわ。ちょっと早いけど、お昼にしよう。お昼作りたくなくて、のり弁買ってきたから。」

と言って、ダイニングに行ってしまった。

ぼくは、リビングルームにお母さんが買ってきた水を運んだあと、手を洗いに洗面所に行って、ついでに顔も洗った。

それから、テーブルに着いて、二人でなにも言わずに［　d　］のり弁を食べた。

味のしみた、ちくわの磯部揚げがおいしい。

お弁当を家で食べることなんてないから、なんか変な感じ。お母さんとの距離感も変な感じ。

テーブルから窓の外がよく見えた。いよいよ大雨だ。さっきテレビでレポートしてた海の近くみたいに、雨が斜めに降っている。物置は飛んでいかないと思うけど、トウモロコシはだいじょうぶかな。

心配になるけど、⑧今は畑に行けないのだから仕方がない。明日、畑に行って、できることをしよう。


（花里真希『ハーベスト』〈講談社〉より）

問一　――線①「台風対策」とありますが、「台風対策」として「ぼく」たちが行っていないことを次のア～カの中から一つ選び、記号で答えなさい。

ア　物置のコーナーにアンカーをつけたこと。
イ　風で飛ばされそうなものを物置にしまったこと。
ウ　野菜にネットをかけておおったこと。
エ　トウモロコシとオクラをひもでしばったこと。
オ　コンポストのふたにテープをはったこと。
カ　人参と枝豆の根元に土寄せをしたこと。

問二　――線②「ぼくたち」とありますが、この日に「ぼく」と一緒にいた生徒はだれですか。文章中から探し、抜き出して答えなさい。

問三　空らん［　A　］に入る四字の言葉をこれより後の文章中から探し、抜き出して答えなさい。

問四　――線③「今は畑の様子を見に行く人の気持ちがよくわかる」とありますが、それはなぜですか。理由として最もふさわしいものを次のア～エの中から選び、記号で答えなさい。

ア　「ぼく」は、中学生になり大人に近づいたので、働く大人の気持ちがわかるようになったから。
イ　「ぼく」は、成長し度胸がついてきたので、まったく台風のことをこわがらなくなったから。

ウ　「ぼく」は、みんなで野菜を育てる喜びを知ったので、畑のことを心配する気持ちがわかるから。

エ　「ぼく」は、畑作りの大変さを二度と味わいたくないので、その苦労をいやがる気持ちがわかるから。

問五　空らん《Ⅰ》、《Ⅱ》に入る言葉をそれぞれ文章中から探し、抜き出して答えなさい。

問六　――線④「お母さんは、ぼくのことを信用してないんだよね」とありますが、「ぼく」がこのように思ったのはなぜですか。次の文の空らんに当てはまる十二字の言葉を文章中から探し、抜き出して答えなさい。

「ぼく」は（　　　）ではないと感じているから。

問七　空らん［a］、［b］、［c］、［d］に入る最もふさわしい言葉を次のア～クの中から選び、それぞれ記号で答えなさい。ただし、同じ記号をくり返すことはできません。

ア　ぐいっと　　イ　ちょこっと　　ウ　じわっと

エ　長々と　　オ　黙々（もくもく）と　　カ　てきぱきと

キ　はきはきと　　ク　ぞくぞくと

問八　――線⑤「ぼくの命なんて、大したことないじゃないか」とありますが、「ぼく」がそう思うのはなぜですか。次の文の空らんに当てはまる八字の言葉を文章中から探し、抜き出して答えなさい。

「ぼく」には（　　　）が欠けていると感じているから。

問九　――線⑥「お母さんが後ろから抱き着いてきた」とありますが、それはなぜですか。理由としてふさわしいものを次のア～オの中からすべて選び、記号で答えなさい。

ア　「ぼく」が外出しようとするのをひきとめるため。

イ　「ぼく」に親としての愛情を伝えるため。

ウ　「ぼく」に対するうしろめたさをかくすため。

エ　「ぼく」の言いぶんを聞く気がないため。

オ　「ぼく」を絶対に危ない目にあわせたくなかったため。

問十　――線⑦「もっと涙が出てきた」とありますが、それはなぜですか。「～と言われ、～から」という形にまとめて説明しなさい。ただし、「自信」という言葉を必ず用いること。

問十一　――線⑧「今は畑に行けない」とありますが、「行かない」のではなく「行けない」と表現しているのはなぜですか。「ぼく」の気持ちにふれながら説明しなさい。ただし、「生きる価値」と「命」という言葉を必ず用いること。

西武学園文理中学校(第一回)

—50分—

注意　特に指示がなければ、書き抜きや記述の問題は句読点を文字数に含みます。

一　次の文章を読んで、後の問に答えなさい。

人間はこれまで、同じ時間を共有し、「同調する」ことによって信頼関係をつくり、それをもとに社会を機能させてきました。「同調する」というのは、たとえば、ダンスを踊ったり歌を歌ったり、スポーツをしたり、あるいは一緒に掃除をしたり、同じように身体を動かしたり調子を合わせたりしながら共同作業をするということです。

人間のコミュニケーションにおいて大事なのは、時を共有して同調することであり、信頼はそこにしか生まれません。母と子が、何の疑いもなく信頼関係を結べるのは、もともと（ A ）していたからです。胎児のときは、お母さんの動きを直に感じとっています。そのつながりは、その後、赤ちゃんとして母親の身体の外に出た後、へその緒を切っても残ります。

そして、そのつながりを、音楽や音声、あるいは一緒に何かをするという形で継続しているのが家族や仲間などの共同体です。こうした共同体がもつ文化の底流には、同じような服を着たり、同じテーブルを囲んで食事をしたり、同じような歌を歌ったり、同じような作法を共有したりといった、身体を同調させる仕掛けが埋め込まれています。人々はそれを日々感じることで、疑いをもつことなく信頼関係をつくり上げています。信頼は、こうした継続的な同調作用がなければつくれません。

人間と共通の祖先をもつサルやゴリラを見てもそれはよくわかります。彼らは身体的なつながりで群れをつくっています。日々お互いの存在を感じ合うことで、仲間として認識するということです。挨拶(あいさつ)を欠かさないのもその一つ。ニホンザルであれば、親しい者同士、グルーミング(毛づくろい)をする。

一方、言葉を持った人間は、言葉で表現しなければ納得できなくなっています。しかし、①言葉で表現できるものはごく一部にすぎず、言葉だけで信頼関係をつくることはできません。だから、頭の中では言葉を通じて仲間とつながっていても、身体がつながっている感覚が得られない。逆にいえば、身体でのつながりを得ていないために、言葉にこだわってしまう。「そもそも言葉と身体は一致することがないものである」ということを理解できずに、一致を求めてさまようようになりました。

さらに、情報通信技術の発達によって、継続的な身体のつながりで社会をつくるという、人類が何百万年もかけてつくり上げてきた方法が崩壊しかけています。一人一人の人間が、家族や地域などのコミュニティから引きはがされてバラバラになったことで、これまで信頼関係で結ばれてきた共同体が機能しなくなっている。インターネットは、継続性だけは保証しました。インターネットで情報を交換し合っていれば、絶えずつながっていると思うことは可能だからです。ライン、ツイッターといったツール(手段)を通じて、時間や空間を軽々と超えて常時つながっている感覚を得るようになりました。でも、それは言葉をはじめとする「シンボル」を通じてつながっているだけで、身体がつなぎ合わされているわけではありません。

しかし、インターネットでつながることに慣れると、肌で接している現実の世界の自分より、スマホの中にいる自分のほうがリアリティ(現実味)をもつものになってしまう可能性があります。なぜなら、現実はなかなか自分の意図するようにはならないからです。思い通りにするには他者と交渉しなくてはいけない。そこでは他者からプレッシャーをかけられて泣くこともあるでしょう。こんな厄介な現実世界より、自分の思い通りになるほうが、居心地がいい。スマホの世界は、面白くなければやめればいいし、振り出しに戻って繰り返すことだってできます。こういう世界に慣れると、②<u>どうしても現実よりスマホの世界にいたくなる。</u>

本来、人間は「互いに違う」ということを前提に、違うからこそお互いに協力し、異なる能力を合わせながら、一人一人の力ではなし得ないことを実現してきました。そのために、人間は他者とのつながりを拡大するように進化してきたわけです。人間同士が尊重し合うことの前提にあるのは、相手を100%理解することではなく、「相手のことはわからない」という認識です。わからないからこそ知りたいと思うわけで、極端なことをいえば、わかってしまったら、もう知る必要はありません。自分と同じようにできていて、自分と同じ心を持っていると思えば、何もその人と付き合う必要はなく、自分だけを拡張していけばいいからです。

(　Ⅰ　)、ICT(情報通信技術)やAI(人工知能)は、個人を拡張する方向に進んでいて、異なるもの同士がつながり合って新しいことを生み出すことを目指していないように思います。インターネットは、「同じである」ことを前提として付き合うバーチャルな(仮想の)空間です。相手も自分も同じように行動することを前提につながっている。

生身の人間の触れ合いより、ネット上の世界に重きを置いていると、人間同士の付き合いが「お互いに違う」ことを前提としているということがわからなくなります。スマホなど、非常に便利と思われるコミュニケーションツールによって、本来違うはずの人間が(　B　)する方向に誘導されている。

これが、現代に闇をもたらしている正体ではないでしょうか。

世界のあらゆるものが数値化されることによって相対的に評価されるようになる中、人間も、生身の身体ではなく、デジタル情報に置き換えられて評価されるようになってきました。(　Ⅱ　)中国では、ある企業が人間の点数化を始めています。そして、その点数が近い人同士は相性がいい、あるいは、自分より点数の高い人を友だちとして選んだほうが自分の利益になるといった考えのもと、点数を基準に友だち選びをする人たちが登場しています。こうして直につながりのないものへの情報による評価が、信頼のツールになり始めています。

人間は、もともと自分で自分を定義することができません。ゴリラやチンパンジーとの共通の祖先だった時代から、他者の目によって自分を評価したり意識したりする生き物でした。人間は強い共感力をもっているために、相手から期待されていることを感じ取れるからです。そう考えれば、進化のプロセス(過程)を経て、人間の社会が情報化時代に至ったことは理解できます。そのほうが、評価がわかりやすい。

でも、人間は不確かなものです。人間は、数値を見て、好きになったり、嫌いになったりするわけではなく、相手と直接会ってその具体的な姿や行動や表現などを見て、どこかに憧れたり、どこかで拒否したり、共感したりする。王子さまが、貧しい家に生まれた女の子に心を動かされ、身分をわきまえずに結婚するシンデレラ物語のようなことは、おとぎ話の中だけではなく現実にも起こります。

人間と人間との出会いや関係は、決して予測できるものではなく、どういうところで③火花が散るかわかりません。それは、人間はそれぞれ、予測がつかないような中身をもっているからです。どう表現されるかは、その時々によって変わり、それを他者は、数値でなく直観で判断します。人間と自然の出会いも、人間と動物の出会いも、動物同士の出会いも同じ。そこで新たな関係が生まれ、別の出来事によってその関係が壊れ、あるいは関係が持続されたり強化されたりする。そこで起こることを100％予測することはできません。だからこそ人間と動物の出会い、人間同士の関係は面白いのです。

この面白さこそが、生きる意欲につながる。そう考えれば、今、人間が見失っているのは、④生きる意味だと言えるかもしれません。

(山極寿一『スマホを捨てたい子どもたち　野生に学ぶ「未知の時代」の生き方』〈ポプラ新書〉より。一部内容に手を加えてある。)

問1　空欄(Ａ)(Ｂ)に入る語句として最も適切なものを次の選択肢の中からそれぞれ選び、記号で答えなさい。

(Ａ)　ア　均一化　イ　一本化　ウ　一元化
　　　エ　一体化　オ　統合化

(Ｂ)　ア　絶対化　イ　具体化　ウ　実体化
　　　エ　個別化　オ　均質化

問2　――線部①に「言葉だけで信頼関係をつくることはできません」とありますが、それはなぜですか。その理由を説明した次の文章の空欄にあてはまる語句を、本文から十字以内で抜き出しなさい。

人間の信頼関係は(　　　　　　　　　　)によって生まれるから。

問3　――線部②の理由を六十字以上七十字以内で説明しなさい。ただし「現実世界」「スマホの世界」の二語を必ず用いること。

問4　空欄(Ⅰ)(Ⅱ)に入る接続詞の組み合わせとして適切なものを次の選択肢の中から一つ選び、記号で答えなさい。

ア　(Ⅰ)　しかし　(Ⅱ)　たとえば
イ　(Ⅰ)　でも　(Ⅱ)　それに
ウ　(Ⅰ)　また　(Ⅱ)　しかし
エ　(Ⅰ)　けれども　(Ⅱ)　だから
オ　(Ⅰ)　そして　(Ⅱ)　さらに

問5　――線部③の比喩表現があらわしている具体的な内容を、「～こと。」に続くように本文中から五十五字以内で探し、最初の五字を抜き出しなさい。

問6　――線部④「生きる意味」の説明として適切なものを次の選択肢の中から一つ選び、記号で答えなさい。

ア　情報を交換しつながりあうことで、少しでも自分の利益になる関係性を作り上げ、豊かな生活をすること。
イ　ＡＩによる人間の数値化を阻止し、生身の人間同士が互いに評価し合うことで関係性を深めていくこと。
ウ　他者を直観で判断し、予測不可能な出会いや経験を積み重ねながらつながりを拡大していくこと。
エ　点数による客観的な評価に加えて直接他者と関わることで、人間を正しく判断する力を養うこと。

オ　インターネットで自分と似た他者をみつけて関係を深めることで、自己の新たな可能性を引き出すこと。

問7　本文の内容と一致するものを、次の選択肢の中から二つ選び、記号で答えなさい。

ア　人間と類人猿は、グルーミングなどの身体のつながりによって、互いを仲間として認識することができる。

イ　人間は、自分と共通点のある他者と共同で作り上げたコミュニティの中でのみ、安心して生活することができる。

ウ　人間は、それぞれ異なる能力を持つ他者とつながり、互いに協力することで様々なことを実現してきた。

エ　人間は、言葉を持ったことと情報通信技術の発達によって、身体がつながっている感覚を得にくくなってしまった。

オ　人間は、自身がもたらした現代の闇の中でもがきながら、スマートフォンなどのコミュニケーションツールを開発してきた。

□二　次の文章を読んで、後の問に答えなさい。(※印の語句には、文章の後に注があります。)

群馬の山村の谷間、山の中腹にある小学校に通っていた。再婚した父はバスで二時間もかかる鉱山の社宅にいて週末にしか帰って来なかったから、ふだんは祖母と姉の三人で生活していた。父からのわずかな仕送りで暮らしていたので貧しかったが、祖母の枯れておだやかな母性にくるまれていればよかったので、我がままで小心な少年に育っていった。

理科の時間に畑でトマトを植える実習があると、次の理科の時間も勝手に畑に行ってしまう。担任の若い女教師が呼びに来て、今日は教室で授業をするのよ、とやわらかく諭(さと)してくれても、おれはトマトの世話をしたいんだ、と(　A　)畑に坐(すわ)り込んだままでいた。

三歳のときに死んだ母はこの小学校の教師をしていたので、古い先生の中には①家庭の事情をよく知る人がおり、かなり同情的な扱いをしてくれていたので調子にのっていたところもあった。豆電球で信号機の模型を作る教材を与えられると、国語の時間も社会の授業も関係なく、給食すら食べずに一日中配線をいじりまわしていた。

放課後、完成した信号機に電池を入れ、点灯させているところに担任が来て、

「その根気は偉(えら)いわね。でも、あなたさえいなければ、私はこのクラスで理想の教育ができると思うのよね」

と、静かに涙を流したものだった。

転校生が来たのは小学四年の秋だった。彼女は学校から四キロも山の奥に入ったところにある発電所に赴任してきた所長の娘だった。

目が大きく、鼻筋が通り、肌が白く、笑うと両頬にえくぼのできるかわいい子だった。彼女はその容貌(ようぼう)の愛らしさばかりでなく、学業成績ですぐにクラス全員の注目を集めるようになった。きれいな字で作文や習字を書き、テストではいつも百点をとった。

しとやかで控えめな日常態度に似合わず、体育で五十メートル走をやればダイナミックなフォームであっさりとクラスの新記録を作ってしまった。中川清子は転校してきて一カ月も経たない間にクラスのアイドルになってしまったのだった。

問題児であるのは自覚していたが、学業では誰にも負けないつもりでいた。だから清子の出現はショックだった。教師たちも、この子は困っ

た存在だが成績だけは文句がつけられないので、ある程度の我がままは許してやろうといった態度を見せていた。それに甘えて好き勝手な学校生活をしていたのに、万事に優等生の清子が現れてから、教師たちは（Ｂ）高圧的になった。

「少しくらい成績がいいからって、自分勝手は許しませんよ。清子ちゃんを見てごらんなさい」

今までになくきつくそう言われると、たしかに反論の余地はなく、ふてくされて横を向くしかなかったのである。

②清子のばかやろうめ、と胸の内で悪態(あくたい)をつきながらも、その愛らしい笑顔を前にすると頬を赤くして伏し目になってしまった。それまでは山村の色黒で荒い上州弁を口にする女の子たちしか知らなかった。彼女の都会の匂いのする洗練された言葉遣(づか)いと仕草は憧(あこが)れと嫉妬(しっと)の入り混じった羨望(せんぼう)の対象になった。

成績で見返してやろうにも、家で学習する習慣はなく、落ち着きのない授業態度が急に改まるはずもなかったので、テストではいつも二番に③甘んじた。いじめの口実を見つけようとしても、清子は女の子たちにも人気があった。彼女に暴力でもふるえばクラス全体を敵にしてしまう恐れがある。

そこで思いついたのがウサギであった。

校庭の隅の小屋でウサギを飼っていた。エサを与えるのは四年生の係だった。二カ月に一度くらいエサ当番が回ってくる。自分で野の草を刈り、十数匹のウサギに与えなければならない。青草のない秋、冬には家の野菜くずなどを持ってくる決まりになっていた。

雪の降る日、祖母に持たせてもらった④白菜の葉をウサギにやりながらふとひらめいたいたずらを、その日の放課後に実行した。

終業式の前日だった。クラス全員が体育館の掃除に行っていた。誰もいない教室に一番小さなウサギを抱きかかえて入り、清子の赤いランドセルの中に入れた。死んでは困るのでエサの白菜も少しだけ入れてやろうとしたが、ノートや教科書を汚してしまいそうだったから、それらを抜き出して机に隠した。⑤なにくわぬ顔で体育館に行き、掃除を終えて教室にもどると、清子はまったく気づかずにランドセルをしょって下校していった。

雪は横なぐりになっていた。

途中で気づいた清子が学校に引き返して教師に言いつけたら騒ぎが大きくなりそうだったので、雪の中を走って家に帰った。

ぬるい掘(ほ)りごたつに肩までもぐり込み、胸の内で次第にふくらんでくる後悔の念に心臓を圧迫されながら、何度も大きなため息をついていた。

※「あんべでもわりいか」

祖母がザルの中の豆を拾いながら心配そうに声をかけてくれたが、これはもう彼女に相談したところでどうなる問題ではなかった。

典型的な甘ったれのお祖母さん子ではあったが、精神的な乳離れの時期にさしかかっていたのだった。その日は食欲もなく、風邪をひいたらしいと言って早く布団に入った。

雪の山路を一時間以上歩いて発電所の社宅に帰った清子がランドセルを開けると、中からウサギがころがり出る。泣く清子。怒る両親。全校集会での犯人追及。

その夜、いつまで経っても寝つかれなかった。ウサギの哀しげな赤い目が繰り返し夢に出てきた。

翌日は学校を休みたかったが、もし仮病を使ってしまえばこのまま一生立ち直れなくなってしまいそうだった。仕方なく雪のあがった青空の下を猫背になって登校した。教室に入るとすでに清子は来ていて、いつも取り巻いている女の子たちの輪の中で変わらぬさわやかな笑顔を見せていた。

ホームルームの時間にも担任はウサギに関することはなにも言わず、冬休みの注意をしたのみだった。ほっとしたようなうしろめたいような割り切れない気分のまま休みに入ってしまうのは耐えられなかった。終業式が終わってからそっとウサギ小屋をのぞいてみた。

しかし、昨日は緊張して一匹を取り出したので、どのウサギが清子のランドセルに入れたものなのか判別できなかったし、全体の数も正確には覚えていなかった。教師に聞けば分かるのだろうが、妙なところで（Ｘ）を掘ってしまいそうだったのでやめた。

結局、そのまま冬休みになってしまい、ウサギの件は公にならずに三学期をむかえた。

黙っていてくれたのは清子なのだと思うと、彼女に大きな借りができてしまった気がして嫉妬が消え、愛らしさに加えてそのふところの深さに対する恋心に似た憧れの念ばかりが増大していった。だが、面と向かうとなにも話せなかった。フォークダンスで手をつなぐと胸が苦しくなった。

⑥六年生の秋、日曜の午後、いたたまれなくなって清子の家を見に行った。小学校の裏路を歩いて一時間余、途中で栗やトチの実を拾いながら山の中を行くと、川に沿って小さな発電所があり、平屋の住宅が六戸並んでいた。路端の石に腰かけ、爪をたてて栗の実の渋を取りながら、陽の暮れるまで谷間の集落を見おろしていた。あそこに清子が住んでめしを食い、風呂に入って暮らしているのだと想像すると、渋皮の残る生栗でさえ口に含むと（Ｃ）甘く感じられたものだった。

森を吹き抜ける風が降り積もった落ち葉を舞い上げ、背筋に寒気が忍び寄ってはいたが、不思議に淋しくなかった。秋の夕暮れの空気を清子と共有しているのだと思い込むと、それまでに感じたことのない甘酸いうずきを体の芯に覚えるのだった。

ふり返ってみると、これが初恋だった。

【南木佳士「ウサギ」（『冬物語』〈文春文庫〉所収）　一部内容に手を加えてある。】

（注）※「あんべでもわりいか」……「具合でも悪いのか？」

問１　空欄（Ａ）～（Ｃ）に入る語句として適切なものを次の選択肢の中からそれぞれ選び、記号で答えなさい。（選択肢は一回ずつしか使えない。）

ア　明らかに　　イ　元気に　　ウ　ほのかに
エ　かたくなに　　オ　楽しげに

問２　――線部③「甘んじた」⑤「なにくわぬ顔で」の意味として適切なものを次の選択肢の中からそれぞれ選び、記号で答えなさい。

③　ア　落ち着いた　　イ　妥協した　　ウ　取り残された
　　エ　下降した　　オ　納得した

⑤　ア　平然として　　イ　一人だけで　　ウ　そわそわして
　　エ　笑みを浮かべて　　オ　無表情なままで

問３　――線部①にある「家庭の事情」とはどんなことか。三十字以上四十字以内で答えなさい。

問4　――線部②はどのような感情が表れたものか。本文中から十五字以内で探し、最初の三文字を書きなさい。

問5　――線部④とあるが、このいたずらを実行した後、主人公の心理はどう変化したか。その変化の説明として、適切なものを次の選択肢の中から一つ選び、記号で答えなさい。

ア　清子の存在が目障りでその腹いせにいたずらを実行したが、先生に告げ口もしない彼女の人間性が心に刻まれたことをきっかけに、せつない思いが募っていった。

イ　どうにかして自分に注意を向けようとしていたずらを実行したが、翌日の清子の態度に全く変化がないので不満を抱くようになった。

ウ　運動も勉強もかなわずクラスメートの人気まで奪った清子をおとしいれるためにいたずらを実行したが、自分を疑いもしない清子を尊敬するようになった。

エ　後先を考えず、わがままな性格のままにいたずらを実行したが、ランドセルの中でウサギが死んでしまうであろうことに気づき、強い恐怖心に取りつかれることになった。

オ　担任の先生に叱られることを承知の上でいたずらを実行したのに、翌日呼び出しを受けることもなかったため拍子抜けし、逆に反省することになった。

問6　空欄（Ｘ）に適当な漢字二字を入れて「（Ｘ）を掘る」という慣用句として完成させなさい。

問7　――線部⑥の理由として適切なものを次の選択肢の中から一つ選び、記号で答えなさい。

ア　場所を変えて清子と話しをしてみたいという思いが生じたから。

イ　清子への恋心を持て余し、どうすることもできなかったから。

ウ　清子に対するやるせない思いがあふれて、顔を見たくなかったから。

エ　いたずらの犯人は自分だと告白し、罪悪感から解放されたかったから。

オ　清子の自宅を確認し、清子と空気を共有する満足感を得たいから。

問8　本文の特徴の説明として適切なものを次の選択肢の中から一つ選び、記号で答えなさい。

ア　周囲からの愛情を得られず孤独であった少年期の思い出が、雪や秋の夕暮れなどの背景の中で静かに語られている。

イ　小学四年から六年までの思い出が、清子への想いの変化を中心にして第三者の視点から語られている。

ウ　清子の病弱ではかなげな様子をウサギと重ね合わせることで、人物を容易にイメージできるようにしている。

エ　わがままだった主人公が初恋を経て精神的に成長していく様子が、様々な人物との会話を通して語られている。

オ　作者の少年時代の淡い初恋にまつわる思い出が、臨場感あふれる細やかな描写によって語られている。

三　次の各問に答えなさい。

問1　次の――線部のカタカナは漢字に、漢字はひらがなに直しなさい。

(1)　実力の差はカミヒトエだ。

(2)　文明のリキ。

(3)　難民をキュウサイする。

(4)　悪の権化。

(5)　生命の息吹を感じる。

問2　①から⑤の文章の意味を表す四字熟語を、空欄にそれぞれ漢字を二字補うことで完成させなさい。

①　あることがらを成し遂げる決心をすること。

一念(　　)

②　言葉で表せないほどひどいこと。

言語(　　)

③　何かをきっかけに気持ちがかわること。

(　　)一転

④　方針などが絶えず変わって定まらないこと。

(　　)暮改

⑤　大事なこととつまらないことを取り違えること。

(　　)転倒

青稜中学校(第一回B)

—50分—

注意　字数指定のある問題は、設問に指示がない限り、句読点・記号を字数に数えます。

一　次の文章を読み、後の各問いに答えなさい。

1　中学に入ったとき、私に、Kという友人ができた。

私はその中学に、同じ私学の小学校(当時は国民学校と呼ばれ、私はその第一回卒業生に当る)から進学したのだったが、小学生の頃は、まともに十日間とつづけて登校できなかったひ弱な子供だった。……もっとも、両親がうるさくなかったのをいいことに、宿題をサボっては腹が痛いといい、寝坊しては頭痛を訴え、といった怠け癖からの欠席も多かったが、とにかく、私は勉強もせず、といって運動好きの暴れん坊でもなく、しょっちゅう風邪ばかり引いている、ぐうたらで気の弱い子供だった。

それが、中学に入ると、一日も学校を休まなくなった。急に身長も伸びはじめた。進学するときの体力検定にⒶ思わぬ好成績をとったのが、ひとつの自信になったのかもしれない。跳箱でも鉄棒でも野球でも、正課の柔・剣道でも、やってみると結構うまく行くので、私はすっかりスポーツ好きになった。学業も同じことで、欠席をしなかったおかげか、一学期にⒷ意外にいい成績をもらうと、それから、私は生まれてはじめて家でも「勉強」をするのをおぼえ、それが面白くなりはじめた。

いつも避けてばかりいた同級生との喧嘩も、もう逃げなかった。幸運にも、最初の喧嘩に、私は勝った。いきなり相手に組みついて投げとばすと、われながら呆れかえるほどきれいにそれが決まり、相手が泣きだしてしまったのである。泣きながら起き上り、私に向ってこようとする彼を、同級生たちが取りおさえた。私は全身が小刻みに慄えていたが、気がつくと、①それまでとは一変した級友たちの畏敬の目が、その私を取りかこんでいたのだった。Kと友達になったのも、その頃である。

(中略)

2　……翌朝、私が玄関で靴をはいていると、門の外で、「Y……クン」と、尻上りのふしをつけた歌うような大声が、私を呼ぶのが聞こえた。Ⅰ声はいくども同じ滑稽な調子で私の名を繰り返して、私は敷台で笑う母の前で、羞恥で顔が赤くなった。

だが、走り出た門の前でKの笑顔を見たとき、私は、わけのわからない嬉しさでいっぱいになった。

「……やめてよ。へんな声で呼ぶの」

と、怒ったような声でいいながらも、だから私はその私に肩を並べてきて、

「どうして？　これから、毎日キミをここまで迎えにくるよね」

と答える善良そのものの顔のKに、それ以上、なにもいえなかった。それまで、私には、こういう経験は一度もなかったのだ。

その日から、私たちは仲良く行動をともにするようになった。——それは、疎開さわぎで、私の一家が離京する日までつづいた。

毎日、Kは私を迎えにきた。私たちはいっしょに肩を並べて坂を上

り、肩を並べて坂を下りた。（中略）

べつに私がそう望んだのではないのに、彼はまるで©忠実な番犬のように私につき従い、あれこれと面倒をみるのを、自分の仕事みたいにしていた。貰い物だといい、へんに舌にざらざらする大きな黒砂糖の塊りを、無理に私の鞄にすべりこませたりもする。ときにはやりきれなくなるほど押しつけがましい、親切の押売りもあった。たとえば、雨が降っても彼は私が自分の傘をさすのを許さないのである。自分の傘に入れという。そして、自分は全身がⒹ濡れねずみになりながらも、私をその傘に入れていなくては承知しない。

たしかに、Ⅱいささか迷惑な男だったし、その年齢の少年なりに、私には被保護者の感覚、しかも同年の少年からの子供扱いが、癪にさわることもあった。だが、私はそれまで、これほど不細工であけっぴろげな、ひたむきな好意を受けた経験がなかった。……もちろん、よく喧嘩もして、彼が迎えにこない朝もあった。でもそんな日、学校でKがそっと耳打ちをするみたいに、今日いっしょに帰ろうといってドタドタと逃げて行くと、もう私はダメであった。いくら黙って怒った顔をつづけていても、彼は、Ⓔ牛の周りをまわる虻のように、私の周囲をぐるぐるとまわりながら詫び、詫びながらいつまでもついてくるのである。

私はまだ、そんなときの彼の声が、面白おかしげな露骨な哀願の表情が、耳に、目にのこっている。

「笑って。ね？　お願いだから笑って。ボクの出べソ見せてあげる。百面相をしようか？　ホラ、こんな顔どう？」

「……フン、なにもわざわざ百面相なんかしなくったって、充分におかしなお顔ですよ」

「ホラ返事をした。返事をした。ね、いっしょに帰ろう？　明日また迎えに行く。ね？」

「……さわるなよ。いいよもう。あんまりへんな顔するなよ」

こうして、いつも私は負け、彼は、握手を求めてきて大げさに跳びまわった。

そういうとき、彼にはまったくプライドというものがないみたいだった。大道の真中で本当に出べソさえ見せかねない。その点、ⅰ恥も外聞もなく、がめつい大阪商人のような粘りと押しの強さがあり、またKには一つの負目があれば、かならずそれに関聯する取柄（どんな負目にも取柄はあるものだと、私はKから教えられた）を、まるで負目をはるかに上廻るもののように吹聴するという、はなはだ実際的な宣伝の才能もあった。

（中略）

3　あれは、昭和十七年。私が夏休みを海岸で過して帰京してからだから、そろそろ秋のはじめ頃だっただろう。――その当時、私たちの登校にはゲートルの着用がしだいに常識化してきたというのに、そんな風潮には見向きもせず、普段着のAは、いつも半ズボンに青か粗い縞※1のワイシャツという、「敵性」※2の服装で平気な顔をしていた。長いすんなりした脛をむき出しにし、そこに海老茶のガーターで派手な色靴下を留めて、よく高台のS侯爵邸の薔薇の垣に沿って自転車を走らせてもいた。②私は、Aが裾のひらいたはなやかなスカートに白靴下の妹らしい彼によく似た美少女を後ろに乗せているのをみて、まるで夢を見ているような気持ちになり、「カルイザワ」という言葉が急に浮かんできた。私はその高原の富裕な人びとがあそぶ別荘地には行ったこともなかったのだが、A兄妹のどこかバタ臭い[※3]ハイカラさ、スマートな美しさに、何故か、その地名がひどく似合うような気がしたのだった。

高台の、Aの家である純白の瀟洒（しょうしゃ）な洋館には天使みたいに愛らしいその一人の妹と、二人の王女のように上品で優しい姉さんとがいるという話だった。あとで私は弟もいたのを知ったが、これはそのとき完全に無視されてしまっていた。

③……このことは、この伝説的風説[※4]（ふうせつ）がAを尊崇（そんすう）し、羨望し憧憬する男たちの――いや、つまりはKの――流した口碑[※4]（こうひ）であるのを示している。また、これがなんとなく素直に信じられたというのは、私たちが、じつはまだまだお伽噺（とぎばなし）しが好きな年頃でもあったことを証しているのだろう。

[4]「……たい、たいへんだぞ。Aのやつ……」

いつもの呼びだす声に私が門の外に出ると、Kが小さな目をきらきらさせ、声をひそめていった。秋のある日だった。

「どうした？　Aがどうしたのさ」

でもKは、すぐには答えられず、落着かない檻（おり）の中の小動物のように目を据（す）えて左右に歩きまわり、唇だけがパクパクと働いた。

「いったいどうしたんだよ、しっかりしろ」

焦れて私がいうと、吃（ども）りながら、やっとKは答えた。

「ス、凄（すげ）えのよ、たいへんな帽子をね、かぶってやがんだ。と、とにかく凄えんだ、あ、あれきっと革だぜ」

彼は、あとは目を白黒させたまま、強引に私の手を引っぱり、高台への石段に登る角まで私を連れて行った。私も、そして、その道を颯爽（さっそう）と、しかしゆっくりと歩いてくるAの帽子を見た。

なるほど、たいしたものであった！　古い、ゆたかな時代と貫禄のついたその帽子は、まさに、私たち野暮ったく新品のピカピカの徽章（きしょう）を輝かせている中学一年生たちの目をうばった。しばらくはKが、私がいくら説明しても、あれは革製だと固執してゆずらなかったほど、その羅紗（らしゃ）は毛が擦り切れ、脂でねっとりとくろずみ美しい光沢をたたえている。その徽章もまた、一見して燻（いぶ）されたような古びた重厚な光を、しずかに内から放っているのだった。

いわば、それは物憂げに、④安っぽい新装に無関心な眸（ひとみ）を投げる大人、帽子の大人だった。長い年月にきたえられた見事な肉体のような、手入れのよく行きとどいた、濫費[※5]（らんぴ）された莫大（ばくだい）な時間と努力と才能の自然の結晶なのであった。――私たちは唸（うな）った。

それにしても、つい昨日まで新しい学帽が色白の頬に初々しく似合っていたAに、この帽子の大人がなんとよく調和して見えたことか。が、たぶん彼もその帽子に支配されていたのだった。いつも愛想のいいAは、その日にかぎり能面のような無表情でかるく頭を下げ、ただ私を見て重おもしい大人ぶった声で、「どうぞ、一度お出かけ下さい」とだけ投げ出すようにいうと、花道を引っ込む役者みたいな歩き方で、ゆっくりと駅の方角に歩み去った。

そのときから、同時に私たちは、帽子に時代をつける研究に憑（つ）かれた[※6]。私たちは、もはや帽子のこと以外はまったく口にしない。新しい季節に入ってしまったのだ。

狂奔[※7]（きょうほん）は、やはりKのほうが私より一途であり、芸がなかった。彼はどこから聞いてきたのか、徽章を醤油で煮つめた。ポマードでべたべたの帽子で友人たちの靴を磨きまわった。もちろん、おかげで彼の学帽はみるみる鞣し皮のような臭い光沢こそ放つようにはなったが、まだ毛が擦り切れていなかったので、ちょうど裾刈りにしたての頭髪に無茶苦茶にポマードをなすりつけたみたいに、全体は汚ない叢に似た不細工なケバ立ちでしかなかった。

私は内心で嘲笑し、独自の研究をつづけていた。

そのうち、Kには当然といえば当然の結果が来たのだった。ある昼休み、同級生の一人が駆け寄りながら私にこうどなった。

「おい、Kのやつ、体操場の裏に連れてかれちゃったぞ、上級生に」

「……どうして？　あいつ、なにをしたんだ？」

「きっと帽子のことさ」と、同級生はいい、冷笑した。「ポマードなんか派手につけやがって。バカだなあ、あいつ」

私がおそるおそる駈けつけると、すでに上級生の姿はなかった。Kは二つ三つ胸のボタンを引き千切られ、左の目のあたりが黒くなって、地べたに坐りこみ、手の甲で鼻をこすりあげながら泣きじゃくりつづけていた。

「……K」

と私が呼ぶと、Kは顔を上げたが、なみだと泥でくしゃくしゃに汚れ、その上、殴られたためか片眼が腫れて歪んでいて、みじめとも滑稽ともつかぬ哀れな形相に変わっていた。

「帽子、トラレちゃった」と、Kはいった。

私は暗然としたまま答えなかったが、それは、あんまり豚小舎の豚そっくりになったKを眺め、なにかいうと吹き出してしまうおそれもあったからだ。

やがて、Kは泣き止んで私の渡したハンカチで顔を拭いた。突然、顔を上げて私を見ていつものだらしのない微笑に上唇を捲くりあげると、洟をすすりながらいった。

「でも、……あれ、ワセリンでやるといいんだってね」

ii 性こりもない熱情に、私は打たれた。

——私の方法は、いわば、より合理的で、小賢しかった。私はまず、いわゆる時代がつくという、その「時代」の分析からはじめて、それがつまり風雨に曝されたということであると思い、では簡便に風雨にサラす法は、と求めた。私は裏布地を破り棄て、毎日ブラシをかけて毛を抜き、なるべく雨の日は傘から何気なく帽子を出して歩いた。屋根の上にも置いた。雨にさらすと、たしかに羅紗の毛は抜けるのである。また家では徽章を外し、樋から雨水の流れ落ちる地面に、表側を出して埋めた。（中略）

臆病な私はKの二の舞になるのをおそれ、ポマードに代るものをあれこれと探し、ほんのちょっとずつつけてみてためした。ワセリンもいささか派手すぎる気がした。ある日、メンソレータムを後ろの縫合わせの部分につけると、胸が高鳴るほどいい効果である。でも、これでも目立つことは目立つ。あわててこそぎ落し、私は思案の末、帽子の裏側にそれを塗った。この方法は、大成功であった。メンソレは徐々に、外側に満足すべき穏やかさで控えめな艶を滲み出させた。さらに私は鼻翼の脂を帽子で拭き、汗もまた効果的であるのを発見した。

5 だが、年が変わり、私たちが二年生になった頃、Kは、帽子への興味などはすっかり忘れていた。

ていた。

そして、私の帽子は脂染んで、さながらX帽子の思春期の相貌を呈していた。

その冬、私たち中学生にも一律に勤労働員※8が実施されるという噂がひろまりだした頃、Aの妹が急性腹膜炎※9とかで急逝した。たった四日間ほど病気だっただけなんだよ、とKが電話で泣きながらそれを報らせてきた。受話器を片手に握ったまま、私は、ふいに自分は彼女を「愛」していたのだと思った。彼女とは、いわば私にとり美しい「カルイザワ」の一部であり、スカートを風にひるがえし兄の自転車に乗せてもらっていた白靴下の美少女の絵姿につきたのだが、⑤私は、はじめてそれがある痛みの記憶なのを認めたのだ。

（山川　方夫「Kの話」一部改変）

※1　A……Kの小学校時代の同級生の美少年で、秀才校として名高い都心の中学校に通っていた。

※2　「敵性」の服装……敵対国（アメリカ）風の装いということ。戦争が激化するにつれ一般にもゲートルなど軍装を意識した衣服が浸透していったため、ここではそんな風潮の中で洋服を着ているAの様子が一層際立っている。

※3　バタ臭い、ハイカラ……ここではいずれも西洋風でしゃれている様子を表す。

※4　風説・口碑……ここではどちらも「うわさ」程度の意味。

※5　濫費……計画もなくむやみに費やすこと。

※6　帽子に時代をつける……「ハイカラ」に対抗して「バンカラ（野蛮・粗暴）」という概念が生まれ、新品の学生帽を年季の入ったものにみせるよう意図的に傷めつけることが一部の学生の間で行われた。

※7　狂奔……夢中になって、あれこれと動きまわり努力すること。

※8　勤労働員……第二次世界大戦末期の昭和十八年以降に深刻な労働力不足を補うために、中等学校以上の生徒や学生が軍需産業や食料生産に強制的に動員された。

※9　急性腹膜炎……腹膜（＝臓器の表面を覆っている膜）部の細菌感染による炎症から、発熱と腹痛、嘔吐などの症状を引き起こす病気。当時、医者が軍医として徴兵されてしまったために、深刻な医師不足となり、Aの妹もまともに治療を受けられないまま命を落とした可能性もある。

問1　――i、iiの本文における意味として、最もふさわしいものをそれぞれ選びなさい。

i　「恥も外聞もな（い）」

ア　体裁を気にしないさま。　イ　人に誇れるものがないさま。

ウ　世間の評判が悪いさま。　エ　下品であるさま。

ii　「性こりもない」

ア　努力を継続すること。　イ　失敗を反省しないこと。

ウ　性質が変わらないこと。　エ　失敗に屈しないこと。

問2　Ⓐ～～「思わぬ」、Ⓑ～～「意外に」とあるが、好成績を取ったことを「私」がこのように感じることの背景にはどのような理由がありますか。最もふさわしいものを次から選びなさい。

ア　病弱であることを差し引いても、「私」がどの分野にも特段これといった取柄もない落ちこぼれであったこと。

イ　「私」が本来自分の長所といえるような特徴も、短所としてとらえてしまうネガティブな性格の子供であったこと。

ウ　「私」はまだ幼く、自身を客観視して自分の隠れた才能や取柄に気が付くことができなかったということ。

エ　「私」は体の弱さゆえに、自分の熱意とは裏腹に、勉強にも運動にも真剣に取り組むことができなかったこと。

問３　①――「それまでとは一変した級友たちの畏敬の目が、その私を取りかこんでいたのだった」について次の各問いに答えなさい。

(1)　この「級友たち」の視線に表れている心情の組み合わせとして、最もふさわしいものを次から選びなさい。

ア　自分より強い相手への憧れと嫉妬の入り混じった気持ち。

イ　自分が蔑（さげす）んでいた相手が変化したことへの驚きと嫌悪の気持ち。

ウ　自分の憧れる相手に対する好意と尊敬の気持ち。

エ　自分が敵わない相手にかしこまり、尊敬する気持ち。

(2)　「級友たち」が「私」に「畏敬の目」を向けるのはなぜですか。簡潔に説明しなさい。

問４　②段落の文章について次の各問いに答えなさい。

(1)　Ⓒ〜〜「忠実な番犬」・Ⓓ〜〜「濡れねずみ」・Ⓔ〜〜「牛の周りをまわる虻」とありますが、「私」が「Ｋ」をこのように例えることについての説明として、最もふさわしいものを次から選びなさい。

ア　動物のように本能のまま自由奔放にふるまう「Ｋ」を見下し、自分の思うままに支配して良い対象であると考えていることが表現されている。

イ　比喩を「番犬」→「ねずみ」→「虻」という順で、より単純な動物へと変化させることによって、「私」が次第に「Ｋ」を軽んじていく過程を表している。

ウ　「Ｋ」の押しつけがましいほどの親切や卑屈な態度に、少なからず煩（わずら）わしさを感じるとともに、「Ｋ」を自分より下に見ている様子を表現している。

エ　「Ｋ」が自らを貶（おとし）めて「私」を楽しませようとしているという関係に気を良くし、二人の力関係を動物の比喩によって示している。

(2)　‖「だが〜私は、わけのわからない嬉しさでいっぱいになった」とありますが、「わけのわからない嬉しさ」とは、矛盾（＝つじつまが合わないこと）に対し「嬉しさ」を感じていることだととらえて、「私」の感情を次のように説明しました。Ⅰ、Ⅱ〜〜部分の内容をふまえて、文章の［　Ａ　］、［　Ｂ　］にあてはまる言葉を考えて答えなさい。

「私」は「Ｋ」の行為に対して［　　Ａ　　］のにも関わらず、［　　Ｂ　　］ために、「Ｋ」につきまとわれることを内心嬉しく思っている。

問５　②――「私は、Ａが裾のひらいたはなやかなスカートに白靴下の妹らしい彼によく似た美少女を後ろに乗せているのをみて、〜『カルイザワ』という言葉が急に浮かんできた」とありますが、「カルイザワ」という表記になっていることの理由としてふさわしくないものを次から一つ選びなさい。

ア　ずっしりとした男性的な漢字表記よりも、女性的なカタカナ表記のほうがひらめくスカートの軽やかさや白靴下の清楚な雰囲気に似合うから。

イ　「私」自身は「軽井沢」という土地に実際に訪れたことはなく、人から聞いた情報としてしか知らないから。

ウ　「私」が思い描いているのは、実際の「軽井沢」ではなく、あくまで彼の持っている上流階級のイメージとしての場所であるから。

エ　「カルイザワ」というカタカナ表記に、「A」兄妹の持つ異国情緒あふれるイメージを重ねているから。

問6　③――「このことは、この伝説的風説がAを尊崇し、羨望し憧憬する男たちの――いや、つまりはKの――流した口碑であるのを示している」とありますが、「このこと」が指す内容をふまえて、この部分を説明したものとして最もふさわしいものを次から選びなさい。

ア　「A」に「天使」や「王女」のような崇高(すうこう)な存在としての姉妹がいるという噂は、良家の「お嬢様」然とした女子に対する少年たちの憧れの表出である。

イ　「A」に美麗な姉妹がいるという話は、「A」の「アイドル性」をより確固たるものにするために、まことしやかに喧伝(けんでん)された少年たちの「妄想」である。

ウ　「A」には姉妹に加えて弟もいることが伏せられていたことは、少年たちにとって「男兄弟」のことなど全く取るに足らない情報であったことを意味する。

エ　「A」の「天使」や「王女」のような人間離れした姉妹の存在に対する少年たちの関心の高さは、まだ「お伽噺し」を好む彼らの「幼さ」を示している。

問7　④――「安っぽい新装に無関心な眸を投げる大人、帽子の大人だった」について次の各問いに答えなさい。

(1)　ここで「帽子の大人」と対照的な「安っぽい新装」とは、具体的にどのような帽子のことをさしているのですか。「〜の帽子」に続く形で本文から三十字以内で抜き出し、そのはじめと終わりの五字を書き抜きなさい。

(2)　「帽子の大人」は「私」たちにとってどのようなものであると考えられますか。それを端的に表した表現が含まれた一文を文中から抜き出し、はじめの五字を書き抜きなさい。

問8　⑤――「私は、はじめてそれがある痛みの記憶なのを認めたのだ」とありますが、これは「私」にどのようなことが起こっているのですか。その説明として最もふさわしいものを次から選びなさい。

ア　幼少期に憧れた人物の喪失により、精神的な「痛み」に耐え忍んでいる。

イ　少年期を振り返り、その思い出が美化した過去に過ぎなかったことを思い知っている。

ウ　生まれて初めての失恋による「痛み」の感覚のような喪失感を経験している。

エ　失うことによって初めて自分の思いに気づくという経験をしている。

問9　次の先生と生徒たちの会話を読んで後の各問いに答えなさい。

先生…　この物語の舞台は一九四二年第二次世界大戦中の東京です。四月に米軍からの本土攻撃が始まった直後、「私」と「K」は知り合います。「私」にとって「K」は初めての友達です。「私」は当時中学一年生ですから、君たちと同じ十二歳ですね。この年齢はちょうど思春期の入り口、つまり［a］と［b］の境界上の存在と考えることができますね。

A……　「思春期の入り口」かぁ…。そういえば、この文章の中にもX＝＝「帽子の思春期」という表現が出てきますね。帽子を擬人化しているのかな。

B……　擬人化というより、「帽子が変化していく様子」と「［①］」を重ねている表現なんじゃないかな？

C……　そうだね。帽子に関しては、「帽子に時代をつける」っていう表現もあるね。これは自分の帽子をわざと使い古したように見せることだから、「A」が持っているような「帽子の大人」に近づけるってことでしょう。つまり、「②自分たちを大人に見せる」ってことに執着することなんじゃない？

D……　そうだよね。また、それとは全く対照的でありながら、「私」たちの年代の少年にとって3段落に登場する「A」兄妹のような存在にも強く惹かれるものだよね。そういったものに惹かれるっていうのが「思春期」なのかもね。

先生…　なるほど。少年の思春期には「［X］」と「［Y］」の両側面があるということですね。では「思春期」の終わり（＝［b］へと変化する時）は一体いつだとみなさんは考えますか？

A……　え〜っと、子どものころの夢が実現したときでしょうか。

B……　確かにそれもそうだけど、むしろ夢に破れたり、思うようにいかなかった経験を通して人は成長していくのでは？「私」にとっては、まさに「A」の妹が死んでしまった時のようにね。

C……　そう考えると、「私」より「K」のほうが先に「思春期」から脱しているよね。だって、［③］という部分が「K」にとっての「思春期」の終わりでしょう？

D……　少年たちは競うようにして様々な経験を積み重ねながら成長していくんだねえ…。

先生…　「私」と「K」の関係は一九四四年の秋に「私」が疎開で東京を離れるまで続くのですが、その後は交わることのない別々の道を生きていきます。この小説の全体の構造は、問題文の部分を、一九四五年終戦後の「私」が振り返るという形をとっています。このような構造によって、［Z］を表現しているのでしょう。

(1)　［a］、［b］にあてはまる二字の語を、本文から書き抜きなさい。（文章中の同じ記号にはすべて同じ語があてはまります）

(2)　［①］にあてはまる言葉を十字以内で考えて答えなさい。

(3)　［X］、［Y］にあてはまる語をいずれも「○○への××」という形で六字で答えなさい。（ただし、［Y］は②〜〜「自分たちを大人に見せる」ことに対する欲求を言いかえた言葉です。また［X］はそれと対応した言葉です。）

(4)　［③］には「K」の「思春期」の終わりを示す本文の一文があてはまります。本文4・5段落の中から最もふさわしい一文を抜き出し、はじめの五字を書き抜きなさい。

(5)　［Z］にあてはまるものとして、最もふさわしいものを次から選びなさい。

ア　「思春期」を終えるとは、戦争の過去を捨て自らの生き方を選

び取っていくことなのだという「私」の決意

イ　戦争が「思春期」の思い出や「私」の瑞々しい感受性のすべてを奪っていってしまったという喪失感

ウ　「思春期」が輝いて見えるのは「K」たちと過ごすかけがえのない時間を永遠に失ってしまったからだという「私」の感慨

エ　敗戦という屈辱が輝かしい「思春期」の思い出をすべて色褪せたものに変えてしまったという「私」の悲哀

	時代背景	私
1	1942年（第二次世界大戦中）	・中学一年生（十二歳）
2	1942年4月 米戦闘機日本本土初攻撃	・「K」（＝始めての友達）との出会いと交流
3	1942年　秋	・「A」兄妹との出会い ・「カルイザワ」を夢見る少年たち ＝ X
4		・学生帽に「時代をつける」ことに夢中になる少年たち ＝ Y
5	1943年 勤労動員始まる	・中学二年生 ＝「A」の妹の死を経験

二　次の文章を読み、後の各問いに答えなさい。

日本人は、何かにつけて海外（とくに欧米）での反応を気にしたり、海外ではどうしているのかを気にする。テレビで討論番組や報道解説番組などをみていても、その時々のテーマの専門家とされる人物が「海外では……」という言葉を連発し、やたらと海外流を紹介し、日本は遅れているというようなコメントを、いかにも得意げにしている場面に出くわすことがある。

でも、海外と違うから自分たちは遅れているのだと反射的に思ってしまうところに、思考停止を感じざるを得ない。心の奥に刻まれている欧米コンプレックスがもたらす思考停止と言えようか。

冷静に考えてみればすぐにわかることだが、それぞれの①文化に※1固有な伝統的価値観があり、それに基づいた制度や慣習があり、また特徴的な行動パターンがあるわけで、違いがあって当然で、どちらがよいかはそう簡単に判断できるものではない。他の国であれば、

「そんな国もあるんだな」

という程度の反応になるであろうことでも、なぜか日本では、

「だから日本は遅れてるんだ」

「ここが日本のズレてるところなんだよね」

というような反応になり、

「日本も海外に学んで一刻も早く改善していかないと」

といった議論になってしまいがちである。

そもそも文化的伝統が違えば、形の上では同じ制度ややり方を取り入れても、②それがもたらす影響はまったく違ったものになる。

ビジネス書でも、翻訳物や「ハーバード流」のように海外流、とく

にアメリカ流を売り物にしたものが目立つが、それは③海外流が正しく、また新しくて、日本は遅れているといった思いを無意識のうちに抱えている日本人が多く、その手の本がよく売れるからだろう。

だが、アメリカ社会は日本が理想としモデルにするほどうまくいっているだろうか。犯罪が多く、貧富の差が著しく、病気になっても医療費が高額すぎて富裕層以外はなかなか医者にもかかれず、争い事が多く※2訴訟だらけである。とても日本がモデルにして目指すような社会ではあり得ない。

さらに言えば、アメリカ流はべつに新しいわけではなく、アメリカ社会では伝統的なやり方なのである。

たとえば、※3成果主義も雇用の流動性も、べつに新しいとか進んでいるというのではなく、単に④アメリカ流であるにすぎない。ゆえにアメリカ流と違う日本が遅れているのではない。

アメリカ流と違うからといって※4年功賃金や終身雇用などの日本流をつぎつぎに崩してきたが、アメリカ社会で苦しんでいるアメリカ人が非常に多いという現実からすれば、アメリカ流が進んでいるわけでも望ましいわけでもないことは明らかだろう。

日本の社会は、従業員とその家族の生活の安定を重視する※5人事評価や雇用のシステムで奇跡的な経済発展を遂げてきたわけだし、治安も保たれてきた。でも、ここにきて行き詰まっている。だが、アメリカをはじめ海外の国々も同じく行き詰まっている。

そこで冷静に考えれば、海外と違うからといって、「日本は遅れてる」と海外流に※6追随する必要はないはずだ。欧米諸国では、海外と何か違うところがあったとして、「自国は遅れている」などといって、海外流を慌てて取り入れようとしたりするだろうか。

私たちも、こうした思考停止を脱して、もう少し地に足のついた動きをすべきなのではないか。

（榎本　博明『思考停止という病理』〈平凡社新書〉）

※１　固有……他にはなく、そのものだけにあること。
※２　訴訟……裁判を申し立てること。
※３　成果主義……企業において、業務の成果によって報酬や人事を決める考え方。
※４　年功賃金……勤続年数や年齢に応じて賃金が昇給する制度。
※５　人事……組織などの中で個人の地位の決定などに関する事柄。
※６　追随……あとに付き従うこと。

問１　①――「文化」とありますが、あなたが知っている日本の伝統的な文化を一つ挙げなさい。

問２　②――「それ」とありますが、これが指す内容を、本文の言葉を使って十字程度で説明しなさい。

問３　③――「海外流が正しく、また新しくて、日本は遅れているといった思いを無意識のうちに抱えている日本人」とありますが、日本人が抱えているこのような思いを端的に表現している部分を、本文から二十字以内で書き抜きなさい。

問４　④――「アメリカ流」とありますが、ではその「アメリカ流」の社会に対して、「日本流」の社会とは何かを考えた際に、どのような特徴があると考えられるでしょうか。本文の表現から読み取れるものとして最もふさわしいものを次から選びなさい。

ア　結果や実力を重視し、優秀な人材を確保し利益を上げることを第一に考える。
イ　指示通りに行動をすることを重視し、周囲との協調性の高さを第一に考える。
ウ　過程や成長を重視し、長く活躍してもらうための働きやすさを第一に考える。
エ　経験を重視し、労働者やその周囲の人々の暮らしを守ることを第一に考える。

問5　次に示すのは、授業で本文を読んだ後の、教師と生徒の話し合いの様子です。これを読んで、後の各問いに答えなさい。

教　師…　本文を読み終えたところで、この文章の主題についてみんなで考えてみましょう。まず、この文章の特徴として気付いたことは何かありますか?

生徒A…　冒頭から結末まで、筆者は一貫して日本と欧米を対比させて論理を展開しているところかなあ。

生徒B…　確かに。それによって、［　X　］効果がありそうだね。

生徒C…　ほかにも、［　Y　］という言葉が繰り返し使われているよね。この文章のキーワードなんじゃないかな。

教　師…　良いところに気が付きましたね。この［　Y　］というキーワードが用いられている箇所を見てみると、筆者は日本人の悪習慣の一つとしてこれを捉えていることが分かります。

生徒B…　そうすると、筆者は［　Z　］ということが言いたいんじゃないかな。

生徒A…　なるほど、だから最終段落でも「地に足のついた動きをすべきなのではないか」と言っていたんだね。

生徒C…　こうやって読むと、この文章の主題が全体に一貫して表れていることがよく分かるなあ。

(1)　［　X　］に入るものとして、最もふさわしいものを次から選びなさい。

ア　日本と欧米の相違点から日本社会の特徴を明らかにする
イ　日本と欧米の共通点から理想の社会モデルを明らかにする
ウ　欧米人が日本に対して感じている劣等感を明らかにする
エ　日本社会が欧米社会よりも優れていることを明らかにする

(2)　［　Y　］に入るものとして、最もふさわしい言葉を本文から五字以内で書き抜きなさい。

(3)　［　Z　］に入るものとして、最もふさわしいものを次から選びなさい。

ア　今後は海外との差異がある部分を日本の劣っている部分だと捉えるのではなく、そこに見られる日本独自の文化や社会を大切にすべきなのではないか
イ　今後は海外との差異がある部分を日本の劣っている部分だと捉えるのではなく、日本人もほかの諸外国のような先進的な考え方を真似すべきなのではないか
ウ　今後は海外と日本を比べることをやめ、個々の多様性を認めるグローバルな考え方を実現するために、共通の文化や社会に統一していくべきなのではないか
エ　今後は海外や日本という枠組みから脱却し、何も考えずに判断

してしまうことがないような、何があっても動じない強さと信念を持つべきなのではないか

問６ 次のア～オで示された内容について、本文に示された内容として正しいものには○で、正しくないものには×でそれぞれ答えなさい。ただし、全て同じ記号を書いた場合、全ての解答を採点対象としません。

ア　日本人は、ほかの国と比べてすぐに自国を否定してしまいがちだが、文化や価値観が違えば制度や慣習も異なるため、簡単にその良し悪しを判断できるものではない。

イ　何かと欧米に対して劣等感を抱きがちな日本人だが、それは他の国の国民も同様に欧米への劣等感を抱いているように、欧米社会は理想的なシステムが整ったものである。

ウ　アメリカ社会では、富裕層以外は医療費を払うことが難しいなど、暮らすうえで不便なことが多いため、日本人が感じているほどアメリカ社会は理想的なものではない。

エ　日本人から見れば進んでいるように見えていても、欧米諸国の国民は自国の社会制度によって生活が苦しめられているため、欧米人こそ他国と比べて自分たちは遅れていると感じている。

オ　日本の海外と違う部分を安易に劣った部分であると決めつけてしまったり、海外の制度に追随したりするのではなく、海外よりも優れた制度を持つ日本の良さに目を向けるべきである。

三　次の①～⑧の物を数えるとき、どのように数えますか。その数え方として最もふさわしいものを次からそれぞれ選びなさい。

①　タンス　②　カニ　③　キャベツ　④　テント
⑤　箸　⑥　粉薬　⑦　織物　⑧　短歌

ア　玉　イ　反　ウ　張　エ　首　オ　膳
カ　棹　キ　包　ク　杯　ケ　句

四　次の――部の漢字には読みをひらがなで書き、カタカナは漢字に直しなさい。

①　寸暇も無い毎日。
②　霧笛が鳴り響く。
③　子どもが健やかに育つ。
④　人の優しさにカンルイする。
⑤　背筋を伸ばしてイギを正す。
⑥　サッカーのジッキョウ放送がある。
⑦　法にテイショクする恐れ。
⑧　目も当てられないサンジョウ。
⑨　株価がノキナみ下がる。

専修大学松戸中学校(第一回)

―50分―

一　次の――線の漢字の読みをひらがなで書き、――線のカタカナは漢字に直して書きなさい。

① 周囲の状況に注意を払う。
② 外来生物が繁殖する被害が拡大する。
③ 新聞の縮刷版を資料に用いる。
④ 為替の値動きに注目する。
⑤ 落ち着くために大きく息をスう。
⑥ 雨がハゲしく降り出す。
⑦ トトウを組んで行動を起こす。
⑧ 討論会でネツベンを振るう。
⑨ フンマツの風邪薬を服用する。
⑩ 船で湖をユウランする。

二　次の文章を読んで、あとの問いに答えなさい。問いの中で字数に指定のあるときは、特に指示がないかぎり、句読点や符号もその字数に含めます。

> 中学校二年生の海斗は、パン職人になりたいと言って仕事をやめて修業を始めた父親に反発し、私立中学校の受験をやめてしまい、現在は公立の中学校に通っている。ある日、海斗は保育園が一緒だった友だちの健吾や倫太郎をともない、父親が住みこみでパン職人の修業をしているパン屋を訪ねてみた。

「父さんさ、この本のクマじーさんみたいに、毎日、朝起きて、パンを焼いて、それを人に食べてもらう。そういう仕事というか、生活がしたいって気づいたんだ」

そんな地味^{A}な毎日に、憧れたというのか？

「毎日食べても飽きなくて、おいしくて、朝起きて、あのお店のパンを食べたら、一日頑張れそうだって思ってもらえるようなパンをつくりたいんだ」

ああ、全然違う。①ずっと自分が尊敬してきた父さんと違う。

まあ、いい……。

それが父さんの本心だとしてもだ。

「それって、大人としてどうなの？」

なんで、そこで家族のことを考えなかったのか。

「親のくせに、自分の夢とか追っていいわけ？　なんのために仕事してるかわかんなくなったって、家族養うためじゃないの？　それじゃダメなわけ？　普通に考えて、おかしいよ。非常識だよ」

どうして父親として、家族を養うことが一番大事だという発想にならなかったのか。

海斗はそれこそが、腹立たしかった。

親として、大人として、ありえないと思うのは、そこなのだ。

「父さんもそう思うよ」

すると、父さんは素直にそれを認めた。

「大人として、親として、ダメなやつだ。父さんは普通じゃないよ。ほんと、非常識だよ」

ダメなやつだ……。

そう、素直に認められると、もう、攻撃する余地はなかった。

「だって、自分の人生なのに、ずっとおじいちゃんが喜ぶかどうかで、大事なことを決めてきてしまったからね」

おじいちゃんが死ななきゃ本当にやりたいことに気づけなかった不幸な男を、自分は父親に持ったのだ。

「父さんはずっと、おじいちゃんの言いなりの、中身がからっぽな子どもでしかなかったんだ。年齢は大人なのに、子どものまま生きてきてしまったんだ」

自分の父親は、年齢は大人なのに、子どものまま生きてきてしまった哀しい男。

その事実を、受け入れるしかない。

それに……。

自分だって父さんのせいにして、中学受験から逃げたようなものだし……。

「サイテーだな」

父さんを責めるように言いながら、その言葉が自分にもはねかえってくる。

「うん……サイテーだ」

「大人失格だよ」

②だけど父さんと自分では立場が違うと思いなおして、言葉を替えてみる。

「うん、父さんもそう思うよ。大人失格だ。家族の大黒柱として頑張らなきゃならないのに、それを投げだしてるんだ。父親としても、夫としても失格だよ。だから、本当なら、母さんに離婚されて当然なんだ」

そう、当然。

「だけど母さん、ダメだって言うんだ。人生は何歳からでもやりなおせるってところを、私と子どもたちに見せてほしいって。それが自分で自分の人生を選んでこなかった大人としての役目だって……」

人生は何歳からでもやりなおせる、その姿を見せる……？

「父さん、今さ。生まれて初めて、生きてるって実感できてるんだ。生きてるのが、楽しいんだ。そうしたらさ。父さんの人生に、母さんやおまえたちがいてくれることのありがたみが、やっと実感できるようになったんだ」

だったら……。

「だから今は、③母さんがくれた家族のままでいさせてもらえるチャンスを、絶対に手放したくないって思ってる」

やりなおすその姿を、見せてもらおうじゃないか。

「父さんはこの通りダメなやつだし、許されないことをしてるってわかってる。だけど、いつか、家族として、父親としてもう一度、受け入れてもらえるようになりたいんだ」

パン屋のクマじーさんみたいな地味な生活で、満足する姿を見せてもらおうじゃないか。

「絶対に頑張るから、母さんにも海斗にも＊総也にも、新しい父さんを見ていてほしい」

もう、見て見ぬふりはしないからな。

そして、オレだって自分で選んだ道を、進ませてもらうからな。

今度は、黙ってあきらめたりしないからな。

そう心に決めると、もう、質問したいことはなかった。

「そろそろ、帰るわ……」

「そっか……」

父さんは［1］うなずくと、立ち上がって言った。

「じゃあ、*佐々木くんに駅まで送ってもらうよう、お願いしてくるよ」

父さんがお店の中に戻っていく。

海斗は携帯で健吾に電話して、帰るから戻ってくるように伝えた。

やがて、雑木林の中から、健吾と倫太郎が現れた。

「海斗、ヤベーよ。妖怪いたよ、妖怪！」

健吾が、興奮ぎみで話す。

「だからあれは違うって」

倫太郎が呆れて、首を横に振る。

「だって、変な音聞こえたし」

「あれは風の音だろ」

「イヤ、あれは風じゃない。妖怪の叫び声だね」

海斗は健吾と倫太郎のどうでもいい話を聞きながら、さっきの父さんの姿を思いだしていた。

［2］自分をわかってもらおうとするその姿は哀れだったけれど、ごまかしたり、格好つけたりするところが一ミリもなかった。

ウソがなかった。

あれが、本当の父さんの姿なのだ。

大きな会社で研究者だったその姿は、もう過去のものなのだ。

その事実はがっかりだったけど、受け入れる覚悟は持てた。

海斗はそれだけでも、来て良かったと思った。

「じゃあ、気をつけて帰ってね」

再び、佐々木さんが運転する車に、三人は乗り込んだ。

「たくさんお土産ありがとうございます」

父さんがお土産用に用意してくれたパンをそれぞれが受け取ると、倫太郎が［3］お礼を言った。

「おじさんがパン屋開いたら、オレ、一番に買いに行くからね」

健吾に言われて、父さんが［4］うなずく。

「じゃあ、行くぞ」

佐々木さんの言葉を合図に、車が出発する。

それでも海斗はそのあと、最後まで言葉を交わすどころか、その姿をまともに見ることができなかった。

絶対に頑張ってくれよ。

本当はそう言いたい気持ちがあったけど、海斗は、二人が後ろを振り向いて手を振っているのを横目に、バックミラーに映る父さんの姿を見ることしかできなかった。
④心の中で、絶対に頑張れよと繰り返しながら、両手をあげて大きく手を振る父さんの姿を、ただ見つめることしかできなかった。
佐々木さんに駅まで送ってもらうと、タイミング良く電車が到着する時間だった。

C改札を抜けるとすぐに電車が来て、三人は急いで乗り込むと、座席に横一列に並んで座った。

窓越しに見える遠くに連なる山々や、広々とした畑や、ゆっくりと流れる川の景色をぼんやりと眺めながら、海斗は大きく息を吐いた。

「聞きたいことは、聞けた？」

　そのタイミングで、まんなかに座っている倫太郎に聞かれる。

「えっ、うん……まあな……」

　畑のあぜ道を白い軽トラックが一台ゆっくりと走っていく様子を見ながら、海斗はぼんやりとうなずいた。

「いろいろ納得できた？」

「……うーん」

　海斗は大きく首をかしげて考えた。

「納得っていうか、仕方ないって感じかな」

　おじいちゃんが望んでいる道をただただ進んで、ここまで来てしまった。だから今から、やりなおす。

　その事実を受け入れる代わり、自分も父さんのせいにしないで、好きな道を進ませてもらおうじゃないかと心が決まったという程度だ。

「そうだよなー」

　すると、健吾がしみじみとした声で言った。

「仕方ないって、あきらめるしかないことってあるよなー」

　足の故障でサッカーをあきらめた健吾に言われると、その言葉は説得力があった。

　それでも、電車が空いてることをいいことに、海斗から思わず大きな声が出る。

「ああ、オレ、なんでもっとまともな親から生まれてこなかったんだろうなー」

　違う家に生まれてきたら、こんなことにはならなかったのに……。


「やってらんねーわー」

　声に出してみると、仕方ないという気持ちがさらに増して、気分が少し軽くなった。

　すると、倫太郎も声を大きくして言った。

「そうだよなー、オレもあの家じゃなかったらって思うわー」

「なんだよ、倫太郎も親に不満かよ」

　健吾が驚くと、倫太郎は大きくうなずいた。

「だって、父さんも兄ちゃんも優秀で、うちの学校からするりといい大学入ってさ。オレだけ、すでに中学でつまずいて、落ちこぼれてて……スゲー居心地悪いよ」

「いい中学に行ってるだけでもスゲーのになぁ」

「それだけじゃ納得してもらえないからさ。家にいて、自分はこの家の住人としてふさわしくないって思いながら生活する毎日は、正直地獄だよ」

「優等生じゃないと、許されないわけ？」

「許されないっていうか、家の中がそれが当たり前って空気だからなぁ」

「それは……息苦しいな」

　健吾が納得すると、倫太郎は大きくうなずいてつづけた。

「オレさ、*同窓会のとき、総也が暴れてるの見て、うらやましかったんだ」

　倫太郎は窓の外をぼんやりと眺めてつづけた。

「オレ、物心ついたときから、どう評価されるかばっかり考えてたからさ。わがまま言って、こいつはダメなやつだってD烙印を押されるのが怖くて、あんな風に暴れて自分を通すことってなかったなあってさ」

　すると、健吾が大きくうなずいた。

「たしかにあいつは、自由だ。自由すぎる。わがままな自分が格好悪いとか、情けないとか、そういう発想がまったくない」

「そう、それだよ。どう思われるかまったく気にしてないんだよな。オレもあんな風に自己主張できてたら、今頃、こんな風に迷子になってなかっただろうなあ」

「それって……」

海斗は倫太郎の話を聞いて、ふと思った。
⑤なんか、うちの父さんと、どっか似てる……
「海斗のお父さんとオレが似てる？　なんで？」

倫太郎の疑問に、海斗はさっき父さんから聞かされた話をした。おじいちゃんが納得してくれる道ばかりを選んでしまった結果、こんなことになってしまったと……。

「じゃあもし、オレが海斗のお父さんみたいに優秀なままだったら、親が死んで初めて、本当に歩きたい道は違ってたって、気づくことになったかもしれないってことか……」

倫太郎はそう言うと、腕組みをしてうつむいた。

「本当はお笑い芸人になりたかったとか、気づいちゃうのかもな」

そんな倫太郎の肩に手を置いて、健吾が楽しげにささやく。

「だからさ」

そこで倫太郎がむくりと顔をあげて言った。

「わがままって、言ってもいいんだよな」

海斗は、その言葉にドキリとした。

「ちゃんと自己主張していかないと、海斗のお父さんみたいに、大人になってから、歩きたい道はここじゃなかったって気づいて、後悔するってことだよな……」


それって……。

海斗はゆっくりと、思いを巡らせた。

本当はどうしたいのか、ちゃんと自己主張しないと、あとで後悔するということだ……。

あとになって、進みたい道を歩けなかったのは、会社をやめた父さんのせいだと言い訳しても、その責任は自己主張してこなかった自分にあるということだ。

そうだ。もう父さんのせいにするのはやめよう。

自分はまだ中学生だ。

エリートだとか、そうじゃないとかにとらわれずに、どんな道に進むか、なにをしたいのか、自由に選んでいいのだ。

「オレ……」

そこで海斗の心は、大きく動いた。

「高校、おまえのとこ目指すわ。清開学園目指す」

「はあ？　どうしたんだよ、急に」

倫太郎はあまりの急展開に戸惑っているようだったけど、海斗はつづけた。

「いや、受験をあきらめたとこからやりなおさないと、オレも、ヤベーことになるなって思ってさ」
⑥海斗は思いきって、自分の心の奥深くで眠らせつづけてきた、＊パンドラの箱を開けることにした。
「オレ、実は清開学園に入ったら、ディベート部に入りたかったんだよ」

「ディベート部……」

倫太郎がぼんやりと繰り返す。

「五年生の秋に、清開の学園祭見に行ったとき、高校生の模擬国連の映像が流れててさ。絶対にこの部活に入って、高校生になったら模擬国連に参加したいって、［5］決めてたんだよ」

それは、将来どんな病気でも治す薬を開発する人になりたいという夢より、はるかに強い希望だった。

あの頃、大人になってからの夢を語るのは簡単だった。その夢はまだ遠い未来だし、いくらでも変更は可能だという気楽さもあった。

だけど、清開学園のディベート部に入って、高校生になったら模擬国連に出たいという夢は、あまりに具体的で、かつ近すぎる未来で、恥ずかしくて口にできなかったのだ。

「ちょっと～！」

そこに健吾が怒ったような口調で、割り込んできた。

「オレ、全然話が見えないんですけど！　模擬国連ってなに？　*彩音の学園祭でもその言葉聞いたぞ！」

健吾が聞き慣れないのは、当然だった。

「模擬国連っていうのはさ。ニセモノの国連会議を開催して、各チームでその国の大使になりきって、決まったテーマにそって議論するんだよ」

実は海斗もくわしく知っているわけではなかったけど、わかる範囲で説明を試みた。

「例えばその会議のテーマが【子どもの貧困】で、自分のチームが【ノルウェー】だったら、ノルウェーの大使として、他の国を担当しているチームと英語で意見を闘わせるわけ」

「はあ？　英語で？　よその国の人になりきって？　日本代表じゃダメなわけ？」

驚く健吾に、今度は倫太郎が説明をはじめた。

「だって、国連だからさ。いろんな国が集まって議論しなきゃ意味ないじゃん。うちの国ではこんな対策をとってて、でも、こんな問題もあるんですって、その国の代表として議論しなきゃならないから、担当になった国について調べあげないとその国の人として話せないし、だから準備もスゲー大変だし……海斗、マジであれやりたいの？」

倫太郎が<u>顔をしかめて</u>(E)聞く。

「うん、だから塾はやめても、英会話教室だけはどうしてもやめられなかったんだ」

そうなのだ。中学受験はやめても模擬国連への夢だけはどうしても捨てられなくて、それで英会話教室だけはつづけてきたのだ。

「だから彩音の学園祭で、おまえが模擬国連を手伝わされてるって聞いて、うらやましかったよ」

海斗はあのとき感じた、猛烈な嫉妬心を思いだす。

「倫太郎はディベート部ではないの？」

すると、倫太郎は首を大きく横に振って言った。

「オレは違うよ。うちの兄ちゃんがディベート部だったから、それで顧問の先生に目をつけられててさ。あのときも先生に見つかっちゃって、手伝いさせられてたんだけど、なにが楽しくてあんなことやってるのか、オレにはまったく理解できないよ」

「オレも……今聞いても、そんなことしてなにが楽しいのか全然わかんねーわ」

健吾もうんざりした声を出してうなずく。

「だけど……」

倫太郎がつづけた。

「模擬国連やりたいなら、やっぱりうちの高校に行くのがベストだと思う。うちの高校のディベート部は、世界大会に出たことある先輩もいるしな」

「そう、それを目指したい」

海斗は自分で言いながら、こんなにハッキリと自分の希望を口にしたのは、いつ以来だろうと思った。

そして、希望を口にするだけで、こんなに気持ちが弾むものなのかと驚くばかりだった。

うまくいくか、いかないかなんて、わからない。

それでも、やりたい！　やってみたい！　あきらめたくない！

いろんな国の大使になりきって、国際問題を議論してみたい！

そう心に決めると、不思議と父さんのことなんて、どうでもいいと思えた。

だって、高校生になるまで、もう二年ないのだ。迷ってる暇はない。今すぐ猛勉強を開始して、清開学園に入れる学力をつけなければならない。

「海斗、良かったな」

倫太郎がしみじみと言った。

「お父さんから話を聞いたおかげで、前に進めそうじゃん」

「そうかな……」

海斗はあいまいにうなずきながら、それは違うとはっきりと思っていた。父さんから話を聞いたからじゃない。

倫太郎と健吾といっしょに来たからだ。

こうして二人に、話を聞いてもらえたから、ずっと蓋をしていた本心を導きだすことができたのだ。

だけど、そんなことは恥ずかしくて、とても言えなかった。

⑦二人には感謝の気持ちでいっぱいだったけれど、そのあとはもう、健吾が雑木林で聞こえたつもりになっている妖怪の声のことだとか、佐々木さんの服装や髪型の話とかを、ポツポツ話しながら、再び電車を乗り継いで、自分たちの住む街へと帰っていったのだった。

（草野たき『マイブラザー』〈ポプラ社〉による）

＊総也＝海斗の弟。五歳の保育園児。

＊佐々木くん＝海斗の父親とともに、修業先のパン屋に住みこみで働いている人。

＊同窓会のとき、総也が暴れてる＝保育園の同窓会に誘われた海斗は、あえて弟の総也を連れていき、場を混乱させることで、話を聞いたり現状を聞かれたりするのを避けていた。

＊パンドラの箱＝ギリシア神話の中に出てくる、開けると不幸や災いとなるようなことが起こるといわれている箱。

＊彩音＝海斗たちと保育園で一緒だった幼なじみ。

問一　［1］～［5］にあてはまる言葉として、最も適切なものを次から一つずつ選び、それぞれ記号で答えなさい。

ア　うるさそうに　　イ　嬉しそうに　　ウ　気まずそうに

エ　いそがしそうに　　オ　必死に　　カ　安直に

キ　丁寧に　　ク　密かに

問二　――A「地味」の対義語を、漢字一字で書きなさい。

問三　――B「当然」、C「改札」と熟語の組み立てが同じものを次から一つずつ選び、それぞれ記号で答えなさい。

ア　健康　イ　是非　ウ　頭痛　エ　点火
オ　対岸　カ　知的　キ　不満　ク　大卒

問四　――D「烙印を押される」、E「顔をしかめて」の意味として、最も適切なものをあとから一つずつ選び、記号で答えなさい。

D「烙印を押される」

ア　ぬぐい去ることのできない汚名を受ける
イ　その人の性格や品物のよさが保証される
ウ　事実ではない情報を世の中に広められる
エ　一方的な決めつけから仲間外れにされる
オ　ほかよりも劣っていると憐れみを受ける

E「顔をしかめて」

ア　迷惑そうな表情で　イ　面白そうな表情で
ウ　得意そうな表情で　エ　不快そうな表情で
オ　意外そうな表情で

問五　――①「ずっと自分が尊敬してきた父さん」とありますが、どのような存在だったのですか。次の文の［Ⅰ］・［Ⅱ］にあてはまる言葉を指定字数に合わせて、文章中から抜き出して書きなさい。

●［Ⅰ（九字）］をつとめ、一家の［Ⅱ（三字）］として家族を養ってきた偉大な存在。

問六　――②「父さんと自分では立場が違うと思いなおして、言葉を替えてみる」とありますが、どのようなことですか。最も適切なものを次から一つ選び、記号で答えなさい。

ア　父さんに対して「サイテー」と言ってみたが、もう中学生である自分がこんな子どもじみた言い方をするのは恥ずかしいと思い直し、「大人失格」というきちんとした表現に改めたということ。
イ　父さんに対して「サイテー」と言い批判したものの、親を責めてもよい立場にある自分が言う言葉としては手ぬるいのではないかと思い直し、「大人失格」という強い言葉で突き放したということ。
ウ　父さんに対して「サイテー」と責めたあと、それは自分にもあてはまることに気づいたが、家族を養う大切な義務を投げ出した父さんだけを責めようと思い直し、「大人失格」という表現にしたということ。
エ　父さんに対して「サイテー」となじってはみたものの、投げやりなこの表現は、親に養われている立場の自分が吐いていい言葉ではないと思い直し、「大人失格」という改まった場で用いる表現に直したということ。
オ　父さんに対して「サイテー」という言葉をぶつけてはみたが、自分も父さん同様、大切なことから逃げた立場にあると思い直し、後ろめたさもあって「大人失格」と柔らかな表現に改めたということ。

問七　――③「母さんがくれた家族のままでいさせてもらえるチャンス」とありますが、何をすることで「家族のままでいさせてもらえる」というのですか。文章中の言葉を使って、四十五字以上五十五字以内で説明しなさい。

問八　――④「心の中で、絶対に頑張れよと繰り返しながら、両手をあげて大きく手を振る父さんの姿を、ただ見つめることしかできなかった」とありますが、このときの「海斗」の気持ちを説明したものとして、最も適切なものを次から一つ選び、記号で答えなさい。

ア　父さんが心の底から生き方を変えたいと思っていることを理解し、応援する決意は固まったものの、また一から技術や知識を学ぼうともがく父さんの姿がやはりあわれで、つらい気持ちになっている。

イ　父さんの真剣な思いは理解でき、応援したいという気持ちが生まれてきた一方、これまで尊敬していた父さんとは違い、本当の姿を見せている今の父さんとのずれを自分の中で消化しきれずにいる。

ウ　パン職人になりたいという父さんの決意がゆるぎないことは理解でき、好きにさせてあげたいという思いは持てたが、父さんのことを許すことはできず、反発するような気持ちを強くしている。

エ　父さんが自分の生き方を変えようとしていることに好感が持て、父さんの頑張りを支持したいと思ったが、健吾や倫太郎がいるので、素直に自分の気持ちを表現するのを恥ずかしく思っている。

オ　家族のことをかえりみず夢を追い求めようとする父さんのことが許せず、もっと責めたいと思ったものの、父さんの決意が変わらないことを実感し、どうでもいいと投げやりな気持ちになっている。

問九　――⑤「なんか、うちの父さんと、どっか似てる……」とありますが、「倫太郎」のどのような点が「海斗」の父さんと似ているというのですか。最も適切なものを次から一つ選び、記号で答えなさい。

ア　自分がどのように生きたいのかを考えあぐねていて、生き方の方向性を見失っているところ。

イ　周囲からの期待をうらぎってでも、自分で選択した道を歩いていきたいと思っているところ。

ウ　親や周囲から期待されて育ち、その期待に応えることができるほどには優秀であったところ。

エ　親の期待に対して反発することができず、自己主張をすることを禁じられてしまったところ。

オ　自己主張せず周囲からの評価ばかり気にしてきたために、今さら悔やむことになったところ。

問十　――⑥「海斗は思いきって、自分の心の奥深くで眠らせつづけてきた、パンドラの箱を開けることにした」とありますが、具体的にはどうすることにしたというのですか。次の文の［　　］にあてはまる言葉を、三十字以上四十字以内で書きなさい。

●健吾と倫太郎に対して、［　　］ことにした。

問十一　――⑦「二人には感謝の気持ちでいっぱいだった」とありますが、なぜですか。最も適切なものを次から一つ選び、記号で答えなさい。

ア　健吾と倫太郎と話をし、また、自分の希望していることを聞いてもらえたことで、未来への具体的な目標をはっきりさせることができたから。

イ　健吾と倫太郎が、大それた自分の理想をいっさい否定しなかったばかりか共感してくれ、三人で同じ高校を目指すようになったのが心強かったから。

ウ　健吾と倫太郎がそばにいてくれたことで父さんときちんと向き合うことができたうえ、二人とも自分と同じような経験をしており、より絆が深まったから。

エ　健吾と倫太郎が親身になって話を聞いてくれたおかげで、自己主張をしたがっていた自分の本心に気づくことができ、目標が定まったから。

オ　健吾と倫太郎に自分の希望を話したことで進むべき道が見つかっ

たのにもかかわらず、それは父さんのおかげだと優しく気づかってくれたから。

問十二　この文章の表現について説明したものとして、最も適切なものを次から一つ選び、記号で答えなさい。

ア　「サイテー」「ヤベー」「スゲー」「マジ」などのくだけた表現を多用することで、ともすると重くなりがちな「家族関係」「友人関係」という物語のテーマに明るさをもたらし、読者が最後まで読み切ることができるよう配慮している。

イ　全体的に「……」を多く盛り込むことで、描かれていない部分を読者に想像させ、解釈の自由度を上げるとともに、親との付き合い方に悩む「海斗」「健吾」「倫太郎」の重苦しく複雑な心情も同時に表現し、文学性を高めている。

ウ　「今度は、黙ってあきらめたりしないからな」「本当はどうしたいのか、ちゃんと自己主張しないと、あとで後悔するということだ……」のように、「海斗」の内面を直接描くことで前向きになっていくその気持ちをわかりやすく表現している。

エ　前半部分は「海斗」の父さんの話、後半部分は「海斗」自身の話で展開するといったように、同じ家族でありながら、これから先の両者の行くすえについて明暗をはっきり描き分けることで、物語の輪郭をはっきりさせる工夫をしている。

オ　文章全体を通じ、基本的には「海斗」の視点から物語が展開しているが、ところどころにさしはさまれている過去を描いた場面では、「父さん」の視点から物語を進めることで、「父さん」の人物像や価値観などをとらえやすくしている。

三　次の文章を読んで、あとの問いに答えなさい。問いの中で字数に指定のあるときは、特に指示がないかぎり、句読点や符号もその字数に含めます。

人間が厄介なのは、心を持つ存在だという部分にある。しかも、形のない心の方が主導権を握っている。心の持ち方を変えないことには、先に進めないケースが多々ある。

かつての私もそうだった。プライドが高く、常に高い目標を設定してしまっていた。実力がそれに見合えばいいのだが、努力の少ない割には無理な目標設定をして、さらにたちが悪いことには、そのこと自体に満足を覚えていたのだ。

ところが、①そんなことでは、いつまでたっても目標をA達成することができない。労せずして有名になろうとしたり、労せずして司法試験に合格しようとしたりしていたのだが、その結果、私が手にしたのは挫折の二文字だけだった。やがて自己肯定感を喪失し、気づけば引きこもりになっていた。

［１］あの時、ハンガリー出身の思想家チクセントミハイのフロー体験の概念を知っていたら、少しは違う行動をとっていただろう。フロー体験とは、自分がやっていることに没入することで、B高揚感を得られる状態である。ある意味それは、自己肯定感を持つ状態を維持することだといえる。【ア】

そのためには、チャレンジとスキルのバランスがとれている状態を保つ必要がある。そうすれば、日常的に没頭できるはずだ。無理なことをして挫折してばかりだと、チャレンジするのが嫌になってしまう。簡単すぎるのもよくない。ちょっと頑張れば越えられるハードルを、いかに設定できるかがカギを握る。

　常に、そんなちょうどいいハードルを設定できれば、フロー体験を味わい続けることが可能になり、自己肯定感に満ちた人生を送れるというわけである。【 イ 】

　結局、人が自己肯定感を持って生きていくためには、＊トランス・ヒューマニズムのように身体ばかり変えようとしてもだめで、心を変えていく必要があるのだ。でも、だからといって＊マインドコントロールを勧めているわけではない。

　むしろ、うまく自分の心をコントロールできる環境を整えることで、自然に自己肯定感を高めていこう、といいたいのだ。あたかも自然を見ることで、心が洗われたり、落ち着いたりするように、自分にとって快適な環境に身を置くということである。

　過酷な環境に身を置く必要はまったくない。＊新自由主義的な世界では、それが求められたのかもしれないが、過剰な競争を肯定することによって、自己肯定感は反比例的に損なわれていった。

　したがって今後は、＊トランス・マインドのスタンスで、上手に人生のハードルを設定していくべきなのだ。幸か不幸かコロナ禍で経済活動は停滞した。やがてまた再開するのだろうが、少なくとも、働き方をはじめ既存の世の中の仕組みを見直す機会にはなった。【 ウ 】

　競争して勝つだけが人生ではない。それよりも生き生きと日々を過ごすことの方が大事だ。そのことに多くの人たちが気づき始めている。

　誰もが立ち止まって、自分に向き合う時間を持てたのだから、あの退屈な自粛生活も無駄ではなかったといっていいだろう。ただでさえ変わるためには、アメリカからの圧力という黒船が必要なこの国に、外からの圧力のせいで重い腰を上げざるを得ないという意味においては、②グローバル規模での黒船がやってきたといっていいだろう。

　さて、あなたはどのように今後の目標(ハードル)を設定するだろうか？以前のように高いハードルを、しかも同じ数だけ並べる必要はまったくない。③自分の飛びやすいハードルを、飛び越えることが喜びにつながるようなハードルを並べればいいのだ。いま、ようやく自信を持って生きられる世界が訪れようとしている。胸を張って生きていこうではないか。あなたはそのままで十分素晴らしいのだから。【 エ 】

　そもそも人が悩む場合、その多くは④人間関係に原因がある。というか、これは私の実感でもある。

　なぜ、イライラするのか、なぜ、落ち込むのか……。それは仕事がうまくいかないとか、家族や友人ともめたとか、そういう理由からであることが多い。

　私たちは無人島に住んでいるわけではないのだから、独りで物事が完結することなどほとんどない。そうすると、なにをするにしても自分以外の他者が絡んでくる。その他者のせいで、自分の思った通りに物事が進まない事態が発生するのだ。それがイライラしたり、落ち込んだりする原因になる。そういう状況を「人間関係」と呼ぶのだ。人間関係がどうなのか具体的にいわなくても、この四文字で状況がわかってしまう。

【 オ 】

　そう、私たちが日ごろ、この言葉を使うときは、特別な意味を込めている。単純に人間同士の関係性のことをいっているわけではないのである。特別な意味、基本的には＊ネガティヴな意味を込めているといっていい。

コントロールすることのできない他者に、苦しめられている関係である。とはいえ、他者の方は、必ずしも相手を困らせてやろうと思っているわけではない。これもまた、私の体験に基づくのだが、ある日突然、会議における私の態度の悪さに対して出席者から苦情が寄せられたことがあった。よもや、自分が誰かを困らせているなどとは思ってもいなかった私は、思わずハッとした。会議を取りまとめていた私は、ただ単に結論を統一しようとしていたのだが、それが人の意見を軽視し、抑えつけているととられたのである。もちろん、そんなつもりは毛頭なかったにもかかわらず……。

私たちは、自分が正しいと思うことを普通に発言し、行動しているだけで、それが誰かにとっての「人間関係」の原因になってしまっていることがあるということだ。このことをうまく説明しているのは、フランスの社会学者ブルデューによるハビトゥスという概念だろう。

彼は、この言葉を傾向性という意味で使っている。簡単にいうと、人が生まれ育った環境によって形成される性質のようなものである。誰もが自分のハビトゥスを有しているので、知らず知らずのうちに、そのハビトゥスの価値を高めるような言動をとってしまうのである（C）、と。

［2］、私は関西で生まれ育ち、社会人になってからはずっと非関西圏で生活している。するとやはり、無意識のうちについ関西を讃えるような言動をとってしまっているのだ。

ブルデューにいわせると、それは象徴闘争という行為であって、ある種やむを得ないものである。いま風の言葉でいうなら、*マウントを取ろうとしてしまうのが、生き物である人間の*性なのだろう。

問題は、自分が正しいと思い込んでいる他者と、どう付き合っていけばいいかである。これには二つの態度が考えられるだろう。

一つはペシミズム（悲観主義、厭世観）的な態度である。［3］、あきらめるということである。ドイツの哲学者ショーペンハウアーがペシミズムの典型なのだが、彼は人間関係についても、細心と寛容を使い分けよ、と説いている。いわば、よく観察して、相手のどうしようもない部分については受け入れるしかないということである。

それが、簡単にできれば苦労しないのだが、ショーペンハウアーはトレーニングすることは可能だという。石を相手に話しかけろというのだ。たしかに石にいくら話しかけても、説得しても、態度が変わることはない。石とはそういう存在だ。ある意味で、他者とは石と同じように、変えることのできない存在だからといいたいのだろう。

たしかに、このトレーニングは役に立ちそうである。

私たちは相手も同じ人間だから、きっとわかるはずと思い込んでいる。［4］、人間は変わりうるという前提が、そもそも間違っているのである。相手は石だと思えば、見方も違ってくるはずだ。

もう一つの態度は、他者とすり合わせを行うというものである。いや、正確にいうと、他者は変わらないのだから、自分が勝手にすり合わせを行うということだ。これには、ドイツの哲学者ディルタイの生の哲学が参考になる。彼は人生における体験を重視した哲学者である。

私たちは体験を通して、自分の価値観をテストすることになる。人と意見がぶつかる、というのもその一環だ。自分のモノサシを、他者のそれと突き合わせることで初めて、違いが明らかになる。そうやって他者を理解していくわけである。

ここで気づくのは、ショーペンハウアー的態度もディルタイ的態度も、

*ベクトルは違う方向を向いていても、共通している点があるということである。

　前者は、あきらめという後ろ向きな態度であるように見えて、しかし自分の他者に対する見方を変えようとしている。後者は、すり合わせという前向きな態度でもって、やはり自分を変えようとしているのである。

　したがって、いずれも自分を変えようとしている点では共通している。考えてみれば、これは当然のことで、他者が変わらないなら、変えられないなら、自分が変わるしかない。その方法が若干異なるだけなのである。⑤後ろ向きに変わるか、前向きに変わるか、である。

　私自身は後ろ向きでも前向きでも、どちらでもいいと思っている。というよりも、D状況に合わせてコロコロと変わればいいのだ。前後に転がってもいい。コロコロと態度を変えるというと、なんだか悪いことのように聞こえるが、そうともいえない。

　もともとコロコロという表現は、丸いものが転がるさまからきている。丸いから転がるのだ。これを性格に当てはめると、とたんにいい意味になる。人間が丸くなったとか、丸い人だとか――。それは性格の面での柔軟性を指しているはずだ。

　世の中に不条理なことが増え、人々がギスギスしてくると、なおさら対立しがちになる。そんななかで「人間関係」をうまく築き上げていくためには、自分が丸くなるのが最善なのである。*日和見主義といわれようと、*右顧左眄といわれようと、それすら気にしないのが丸い性格である。

　⑥いまの時代は、そうした性格があらゆる場面において求められているような気がしてならない。たとえば、２０００年代の*ヒルズ族のように、尖った性格が求められた時代とは前提が異なっているからである。そんな尖った性格が求められた時代には、人々は対立することを奨励さえされた。ディベートをするスキルが求められていたのは、その*証左だろう。

　おそらくその背景には、正しい価値観が予め前提されていて、それを追求すべきだとする空気があったのだと思う。でも、いまはそうではない。正しい価値観など予め前提することはできないのだ。

　この不確実な時代にあっては、むしろ相手の意見に合わせつつ、共に前に進んでいく柔軟な態度が求められるのだ。［5］、ディベートよりも対話の時代だといわれるのである。

　そして対話には、尖った性格よりも丸い性格が求められる。目的は他者を倒すことではなく、他者とうまくやっていくことだからである。⑦一緒に、コロコロと転がっていけばいい。そういえば、コロコロという語は、笑い声が響くさまを形容するものでもある。他者は変えられないが、自分が変わることで、ネガティヴなニュアンスを帯びた「人間関係」という言葉の意味も変えられるはずだ。コロコロと笑いながら、共に進んでいく関係を意味する言葉として。

（小川仁志『不条理を乗り越える　希望の哲学』〈平凡社新書〉による）

*トランス・ヒューマニズム＝科学技術などを積極的に活用して人間の身体などの生物学的限界を超えようとする考え方。

*マインドコントロール＝自己あるいは他者の意思で感情や思考などを変化させたり抑制したりすること。

*新自由主義＝政府などによる規制の最小化と自由競争を重んじる考え方。

*トランス・マインド＝心の持ち方を変えること。

*ネガティヴ＝否定的。

*マウントを取ろう＝相手よりも自分の方が立場が上であることを見せつ

ける言動をし、自分の優位性を示そうとすること。

＊性＝持って生まれた性質や宿命。

＊ベクトル＝ここでは、方向性。

＊日和見主義＝形勢をうかがって有利な方につこうとする態度をとること。

＊右顧左眄＝周囲の情勢や他者の意見を気にして、なかなか決断ができないこと。

＊ヒルズ族＝東京の港区にある六本木ヒルズ内のマンションに住むベンチャー企業（きぎょう）の経営者や芸能人、モデルなど。若くて裕福（ゆうふく）な人が多く、華やかな生活ぶりが注目された。

＊証左＝事実の裏づけとなる証拠（しょうこ）。

問一　[1]～[5]にあてはまる言葉として、最も適切なものを次から一つずつ選び、それぞれ記号で答えなさい。

ア　たとえば　イ　だから　ウ　つまり　エ　なぜなら
オ　もし　カ　しかも　キ　あるいは　ク　しかし

問二　――A「達成」について、次の各問いに答えなさい。

Ⅰ　「達」という漢字の総画数を漢数字で答えなさい。

Ⅱ　「成」という漢字について、次の黒く塗った部分は何画目に書きますか。漢数字で答えなさい。

成

問三　――B「られる」と意味・用法が同じものを次から一つ選び、記号で答えなさい。

ア　先生が教室に来られる前に席に着いていましょう。
イ　午前五時半ならば自力で起きられると思います。
ウ　そこはかとなく秋の気配が感じられるようになった。
エ　他人から一人前と見られるように成長したい。
オ　駅前に新しい商業施設（しせつ）が建てられる予定です。

問四　――C「とってしまうのである」の主語を、一文節で抜き出して書きなさい。

問五　――D「状況に合わせてコロコロと変わればいい」とありますが、このような状態を表す四字熟語を次から一つ選び、記号で答えなさい。

ア　臨機応変　イ　右往左往　ウ　南船北馬
エ　心機一転　オ　試行錯誤

問六　次の一文は文章中の【ア】～【オ】のどの部分に入るのが適切ですか。一つ選び、記号で答えなさい。

それほど、人間同士の関係というのは厄介なものだということである。

問七　――①「そんなこと」とありますが、どのようなことですか。文章中の言葉を使って、三十五字以上四十五字以内で説明しなさい。

問八　――②「グローバル規模での黒船がやってきたといっていいだろう」とありますが、この内容についての説明として、最も適切なものを次から一つ選び、記号で答えなさい。

ア　グローバル規模での黒船とは、コロナ禍によって人々が退屈な自粛生活を強いられたということであり、その結果、経済活動が停滞し新自由主義的な世界が否定され、生き生きと日々を過ごせるようになったということである。
イ　グローバル規模での黒船とは、フロー体験やトランス・ヒューマニズムのような新しい考え方が人々に浸透したということであり、その結果、高揚感や自己肯定感に満ちた人生を人々が希求するようになったということである。

ウ　グローバル規模での黒船とは、コロナ禍によって人々が退屈な自粛生活を強いられたということであり、その結果、働き方や既存の世の中の仕組みを見直すことになり誰もが自分と向き合う時間を持てたということである。

エ　グローバル規模での黒船とは、フロー体験やトランス・ヒューマニズムのような新しい考え方が人々に浸透したということであり、その結果、競争して勝つだけが人生ではないという意識を人々が持ち始めたということである。

オ　グローバル規模での黒船とは、コロナ禍によって人々が退屈な自粛生活を強いられたということであり、その結果、アメリカからの圧力で導入された新自由主義が否定され、人々が自信を持ち始めたということである。

問九　――③「自分の飛びやすいハードル」とありますが、どのようなハードルということですか。その説明として、最も適切なものを次から一つ選び、記号で答えなさい。

ア　自分の趣味や好みに合わせ飛ぶこと自体を楽しむことができるように設定したハードル。

イ　ハードルを越える喜びを実感することを目的に実力以下のレベルに設定されたハードル。

ウ　自分の技量などよりも高いものの多少努力をすれば越えることができる程度のハードル。

エ　自分の目標達成に向けてあえて自分の力量を無視して非常に高めに設定されたハードル。

オ　自分の自己肯定感を満足させる目的で何度でも飛び越えることができる程度のハードル。

問十　――④「人間関係」とありますが、この言葉を筆者はどのように解釈していますか。文章中から二十九字で探し、初めと終わりの五字ずつを抜き出して書きなさい。

問十一　――⑤「後ろ向きに変わるか、前向きに変わるか、である」とありますが、この内容についての説明として、最も適切なものを次から一つ選び、記号で答えなさい。

ア　「後ろ向きに変わる」とは、相手のどうしようもない部分に関しては無視することで、「前向きに変わる」とは、相手と自分の差を意識して、異なるところをはっきりさせて関係を新たに築きあげていくことである。

イ　「後ろ向きに変わる」も「前向きに変わる」も、相手も自分と同じ人間だから理解し合えるはずだという前提に立って、自分の意見を相手に合わせながら関係を築きあげていくことである。

ウ　「後ろ向きに変わる」とは、相手の意見に自分の意見をすり合わせていくことで、「前向きに変わる」とは、相手も自分と同じように変わることができるという確信を持って関係を築きあげていくことである。

エ　「後ろ向きに変わる」とは、相手のどうしようもない部分については受け入れるしかないと考えることで、「前向きに変わる」とは、相手と自分との違いに合わせて、自分が変わっていきながら関係を築いていくことである。

オ　「後ろ向きに変わる」も「前向きに変わる」も、自分を変化させようとする点では共通していて、他者との対立を避けて相手に服従することで人間関係を築いていくことである。

問十二　――⑥「いまの時代は、そうした性格があらゆる場面において求められているような気がしてならない」とありますが、筆者がこのように述べる理由として、最も適切なものを次から一つ選び、記号で答えなさい。

ア　あらかじめ前提することなどできない正しい価値観を追求すべきだという空気が、いまだにあるから。

イ　不条理なことが増え、人々が対立しがちな世の中では、他者とうまくやっていくための対話が必要だから。

ウ　不確実な時代にあっては、相手の意見に合わせることなく、前に進んでいく態度が求められるから。

エ　尖った性格が求められた時代が終わって、人々が対立することを奨励されることもなくなったから。

オ　人間関係を築く目的が他者を倒すことだけではなく、他者とうまくやっていくことでもあるから。

問十三　――⑦「一緒に、コロコロと転がっていけばいい」とありますが、「一緒に、コロコロと転がって」いくとは具体的にはどうすることですか。「柔軟」・「関係」という二つの言葉を使って、三十字以上四十字以内で説明しなさい。

問十四　この文章で筆者が述べている内容に合うものを次から一つ選び、記号で答えなさい。

ア　周囲との関係が往々にしてうまくいかないのは、人間が心を持つ存在で、形のない心が行動の主導権を握っているからであり、現在の心の持ち方を否定して、理性に基づいて行動することが関係の改善には必要である。

イ　自己肯定感を持つ状態を維持するためには、チャレンジとスキルのバランスを正しく設定することが必要であり、うまく自分の心をコントロールしながら高い目標を常に設定し、その達成に努力し続けることが大切である。

ウ　人が意図せず相手を困らせてしまうのは、それぞれの人が生まれ育った環境によって形成されている性質を無意識のうちに高めようとする言動をとってしまい、相手よりも上位に立とうとするからである。

エ　自分が正しいと思い込んでいる他者とつきあうときに必要なのは、相手を説得しても変わらない石のような存在として受けとめることであり、自分のモノサシで相手を測らなければ、関係性は自然に改善されていく。

オ　対立することが求められた時代が終わって対話の時代になり、相手に合わせて自分が変われば、相手も変えられるし、否定的な色合いを持った「人間関係」という言葉の意味も変えられるはずである。

千葉日本大学第一中学校(第一期)

―50分―

一　次の各問いに答えなさい。

問一　次のことわざの反対の意味を持つことわざを次のア~キからそれぞれ選び、記号で答えなさい。

A　蛙の子は蛙
B　立つ鳥後を濁さず
C　あばたもえくぼ
D　君子危うきに近寄らず
E　せいてはことを仕損じる

ア　旅の恥はかきすて　　イ　善は急げ
ウ　虎穴に入らずんば虎子を得ず　　エ　覆水盆に還らず
オ　弘法筆を選ばず　　カ　トンビが鷹を生む
キ　坊主憎けりゃ袈裟まで憎い

問二　次の文中の空欄□に入る漢字一文字をそれぞれ答えなさい。

A　手も足も出ずに終わるかと思われたが、なんとか一□報いた。
B　長い距離を歩いたおかげで足が□になる。
C　何回も同じことを言われ、□にたこができる。
D　どうにか説得をしようとしたが、取り付く□もない。
E　彼の足の速さはチームの中でも□を抜いている。

二　次の文章を読んで、後の問いに答えなさい。

審美眼とは美を判断する眼力だ。何を美しいと思うか、何をおいしいと思うかという美的な感覚が一致すると、お互いの大事なところを[a]ミトめ合うことになって、一気に［ X ］が深まる。

たとえばその人がいいと思っているものに関して、「あ、たしかにこのポイントがいいですよね」と乗っかっていくと、その人の気持ちをぐっとつかんでいくことができる。

自分の審美眼を柔軟にしておけばおくほど、相手の審美眼にどんどん合わせられるので、その人の気持ちを増幅させることができる。

つまりほとんどのものを「いい」と言える審美眼があれば、どんなものでもほめられるから、相手に乗っかって共感を引き出したり、相手の気持ちを鼓舞することができるといえる。まさに最強の「ほめる力」だ。

私はこの一〇年間ぐらい、ありとあらゆるものをほめてきた気がする。本書でも「この人はすばらしい」などとほめてきた。ある時期から「世の中にはいいものがあふれている」と考えるように切り換えたので、以来、その「いいもの」を紹介するようにしていると、たいていの人と共感できてしまうようになった。

いいものを見つける審美眼を磨いているうちに、たいていのものをほめられるようになったわけだ。これはとても[b]ベンリだった。自分の好き嫌いに関係なく、とにかくいいポイントを見つけ出せるのだから、「好きじゃないけれど、ここはいい!」と言えるようになって、人間関係が驚くほどスムーズになった。[A]昔の私からしたら、信じられないことである。

もちろん私にも趣味やテンポが合わない人もいるのだが、それでも「この点はいい」と言えてしまう。お世辞ではなく、本当にいいと思えてしまうところが、B全方向的審美眼を磨いた〝たまもの〟である。

最初はすごいと思えなくても、観点を変えて見ていくと、すごいところが発見できて、「これはすごい」と思えるのだ。先ほど視点を変える話をしたが、審美眼を磨くのは、さまざまな視点を持つこととつながっている。

この先、みなさんが生きていく上で、ほめることに関して、自分の本心を偽って(いつわ)ばかりいたら疲れる(つか)と思う。ほめられない人を無理やり偽ってほめていても長く続かない。相手も「これはお世辞だな」「心にもないことを言っているのだろう」と気づいてしまって、かえって人間関係をこじらせたり、相手の自信を失わせてしまう。

だからここは虚心坦懐(きょしんたんかい)に、C心底いいと思ってほめる練習をしたほうがいい。そのために審美眼を広げ磨くのである。

審美眼を広げるには、最初は自分が好きなものを徹底(てってい)追求することから始めればいい。たとえばフェルメールが好きなら、展覧会に行って、本物を見てみる。会場にはパンフレットや音声ガイドのイヤホンがあるが、そういうものをできるだけ使ったほうがいい。

とくにイヤホンガイドはおすすめである。いまはたいていの展覧会にはイヤホンガイドが用意されているので、それを借りることをおすすめする。

私は美術展を見るときは、必ずイヤホンガイドを借りることにしている。なぜなら絵の良さはパッと見ただけではなかなかわからないからだ。でもガイドをしてもらうと「ああ、そうなのか」と発見があるので、勉強になって、あらたに審美眼が広がる。

D文学作品も同じだ。誰(だれ)かいい〝師匠(ししょう)〟に解説してもらったり、評論を読んで見方を学ぶと、文学を味わう審美眼が磨かれる。

たとえば池澤夏樹(いけざわなつき)さんの『世界文学を読みほどく』(新潮選書)では十大傑作(けっさく)をあげているが、こうしたものを読んでおくと、傑作といわれる作品の何が素晴らしいのかがよくわかる。池澤さんは哲学者(てつがく)キェルケゴールの『死に至る病』(白水社)の解説も書いているが、私たちと時代も宗教もかけ離れ(はな)たキェルケゴールが、池澤さんの手にかかると、まるで手触り(てざわ)感のあるようなところまで近づいてきて、身近に感じられる。

解説を読むと見方が偏る(かたよ)と心配する人がいるが、私はそうは思わない。古典をそのまま読んで深く味わえる人などめったにいない。Eそういうときに〝案内人〟として誰かに解説してもらうのは、審美眼を磨く意味でも大変効果がある。

見方が偏るのが心配なら、一人の紹介者だけでなく、F何人もの紹介者の解説を読めばいいのだ。ちなみに私がハイデッガーの『存在と時間』を読んだときは、解説書だけで二〇冊近く読んだ記憶(きおく)がある。

それくらい難解な書物だったのだが、新しい解説書を読むたびに、「へえ、そうなのか」と発見があって面白かった。ハイデッガーのことを一生懸命(けんめい)cケンキュウしている人が書いてくれたわけだから、こんなにありがたいものはない。

Gそういうものを読みまくっていると、いいところをほめるのと似ていて、どこがいいのかわからない難解なものでも、ポイントがわかってくる。

このように、いろいろな解説や評論にふれることで、キョウヨウ(d)を広げることになるし、審美眼を広げてほめポイントを発見する練習にもなるので、〝[Y]〟である。

（齋藤孝『ほめる力「楽しく生きる人」はここがちがう』〈ちくま文庫〉より）

問一　～～線部a～dのカタカナを漢字に直しなさい。

問二　空欄[X]・[Y]に当てはまる語句として適当なものを、次のア～エからそれぞれ一つずつ選び、記号で答えなさい。

X｛ア　眼力　　イ　感覚
　　ウ　気持ち　エ　共感

Y｛ア　一日一善　イ　一利一害
　　ウ　一望千里　エ　一石二鳥

問三　――線部A「昔の私からしたら、信じられないことである」とあるが、筆者は「昔の私」をどのようにとらえているか。最も適当なものを次のア～エから一つ選び、記号で答えなさい。

ア　自分の好き嫌いにとらわれ、世の中のさまざまなものの悪い点ばかりが見えていたため、人間関係をこじらせてしまうことが多かった。

イ　美のとらえ方が具体性に欠けており、いい点がどこなのかを人に説明することができないため、人の気持ちをつかむことが難しかった。

ウ　もののとらえ方が硬直(こうちょく)的で、自分が好きと思えないといい点を見つけることができないため、相手の審美眼に合わせることができなかった。

エ　ほめることばかりに意識が向き、好きでないものも無理やりほめようとし続けていたため、適切な審美眼を育てることができなかった。

問四　――線部B「全方向的審美眼」とはどのような審美眼か。本文中より二十字以内で抜(ぬ)き出しなさい。

問五　――線部C「心底いいと思ってほめる練習をしたほうがいい」とあるが、なぜか。最も適当なものを次のア～エから一つ選び、記号で答えなさい。

ア　自分の本心に反する形でなにかをほめていると精神的な疲れがたまってきてしまうため、自分がいいと思うもの以外をほめないようにすることで気が楽になるから。

イ　本心からいいと思う気持ちがあってほめていたのだとしても、表現のしかたがよくなければ相手にその感動が伝わらずにがっかりさせてしまうから。

ウ　自分が好きではないものをほめることは相手をだましていることにもなってしまうので、自分が好きと思えているものの魅(み)力を他人に伝える努力をしたほうがよいから。

エ　本心をとりつくろって相手をほめることは必ずしも良い結果に繋(つな)がるとは限らないが、本心からほめることができるようになることで人間関係を円滑に築(かつ)きやすくなるから。

問六　――線部D「文学作品も同じだ」とあるが、これはどういうことか。最も適当なものを次のア～エから一つ選び、記号で答えなさい。

ア　美術も文学も、いい〝師匠〟となってくれる専門家に教わることで、作者の真意を見抜くことができるという点で同じだということ。

イ　美術も文学も、解説や説明を通じて作品を味わう視点を得たり、美を判断する力を鍛えたりできるという点で同じだということ。

ウ　美術も文学も、自身の経験や感覚に照らしながら味わうことで、より深い審美眼を得ることができるという点で同じだということ。

エ　美術も文学も、解説に頼りすぎると見方が偏り、作品を味わうための審美眼が狭くなってしまうという点で同じだということ。

問七　――線部Ｅ「そういうときに〝案内人〟として誰かに解説してもらうのは、審美眼を磨く意味でも大変効果がある」とあるが、なぜか。最も適当なものを次のア～エから一つ選び、記号で答えなさい。

ア　解説に触れることによって、何に注目して作品を味わえばいいのかを学ぶことができると共に、作品の好き嫌いを判断する基準を自分の中に作ることができるから。

イ　解説に触れることによって、自分だけでは気づけないその作品のよい点を発見することができると共に、自分自身で様々なもののよい点を発見する練習にもなるから。

ウ　解説に触れることによって、自分が想像もしなかった多様な作品の味わい方を知ることができると共に、傑作とそうでない作品を見分ける判断力を養うことができるから。

エ　解説に触れることによって、「よい」とされる作品と「悪い」とされる作品の違いを学ぶことができると共に、名作が社会に与える影響を学ぶことができるから。

問八　――線部Ｆ「何人もの紹介者の解説を読めばいい」とあるが、これについて三人の生徒が話し合っている。これを読んで後の問いに答えなさい。

生徒Ａ…作品をありのままに受け取ることって大切だと思うんだけど、どうかな。

生徒Ｂ…そうだね。でも本文に「絵の良さはパッとみただけではなかなかわからない」ってあるように、作品の良さって僕にはわからないな。

生徒Ｃ…うんうん。文学についても筆者は同じようなことを言っているね。〔　Ⅰ　〕という部分だよ。

生徒Ａ…確かにそうか。そういえば、場面は違うけれど、学校の先生からも似たようなことを言われることがあるね。ほら、インターネットの情報をどう読むかということだよ。

生徒Ｂ…インターネットにはいろいろとうその情報もあるだろうからね。一人の意見をそのまま受け取るのはかなり危ないよね。

生徒Ｃ…本文で言われているのは、例えばハイデッガーのケンキュウ者の解説したものだから、うその情報っていうことはないだろうけど、〔　Ⅱ　〕という点では同じかもしれないね。

(i)　空欄〔　Ⅰ　〕に当てはまる語句を本文中から二十五字程度で探し、最初の五字を抜き出しなさい。

(ii)　空欄〔　Ⅱ　〕に当てはまる語句として最も適当なものを、次のア～エのうちから一つ選び、記号で答えなさい。

ア　複数人の説明を読んでその共通点や相違点を考えることで、見方が偏ることを防ぐことができる

イ　どんな情報でもまずは本当に正しいのか疑問に思ってみることで、だまされることを防ぐことができる

ウ　その人物が本当に信頼できる人なのかをしっかり調べることで、情報のよしあしを判断できる

エ　様々な意見を読んで考え方の多様性を実感することで、自分の意見も自信をもって発表することができる

問九　――線部G「そういうもの」の具体例として最も適当なものを次のア～エから一つ選び、記号で答えなさい。

ア『世界文学を読みほどく』　イ　十大傑作

ウ『死に至る病』　エ『存在と時間』

問十　本文の内容と一致するものを次のア～エから一つ選び、記号で答えなさい。

ア　審美眼とは相手からの共感を引き出したり、相手の気持ちを増幅させたりするための眼力のことである。

イ　世の中の人々の多くはほめられることに喜びを感じるので、たとえ本心でなくてもほめた方がよい。

ウ　審美眼を広げるためには自分の好きなものを追求し、多くの解説や評論に触れて様々な見方を養うとよい。

エ　解説を読むことで見方が偏ることを心配する場合は、身近な人と意見を交換し合うなどして見方を広げるとよい。

三　次の文章は菊池寛「勝負事」のほぼ全文である。以下の文章は、「勝負事ということが、話題になった時に、私の友達の一人が、次のような話をしました。」という冒頭に続いて語られる「友達」の話である。これを読んで後の問いに答えなさい。

私は子供の時から、勝負事というと、どんな些細なことでも、A厳しく戒められて来ました。幼年時代には、誰でも一度は、弄ぶにきまっている、めんこ、ねっき(注1)、ばいなどというものにも、ついぞ手を触れることを許されませんでした。

「勝負事は、身を滅ぼす基じゃから、真似でもしてはならんぞ」と、父は口癖のように幾度も幾度も繰り返して私を戒めました。そうした父の懸命な訓戒が、いつの間にか、私の心のうちに勝負事に対する憎悪の情を培っていったのでしょう。小学校時代などには、友達がめんこを始めると、そっとその場から逃げ帰って来たほど、殊勝な心持でいたものです。

私の父が、いろいろな憎悪の中から、勝負事だけを、なにゆえこんなに取り分けて戒めたかということは、私が十三、四になってから、やっと分ったことなのです。

私の家というのは、私が物心を覚えて以来、ずっと貧乏で、一町(注2)ばかりの田畑を小作して得るわずかな収入で、親子四人がかつかつ暮していたのです。

確か私が高等(注3)小学の一年の時だったでしょう。学校から、初めて二泊宿りの修学旅行に行くことになったのです。小学校時代に、修学旅行という言葉が、どんなに魅惑的な意味を持っているかは、たいていの人が、一度は経験して知っておられることと思いますが、私もその話を先生から聞くと、小躍りしながら家へ帰って来ました。帰って両親に話してみますと、どうしても、B行ってもいいとはいわないのです。

今から考えると、五円(注4)という旅費は、私の家にとっては、かなりの負担だったのでしょう。おそらく一月の一家の費用の半分にも相当した大金だったろうと思います。が、私はそんなことは、考えませんから、手

を替え品を替え、父と母とに嘆願してみたのです。が、少しもききめがないのです。

もう、いよいよ明日が出発だという晩のことですが、私は学校の先生には、多分行かれない、と返事はして来たものの、行きたいと思う心は、(1)矢も楯も堪らないのです。どうかして、やってもらいたいと思いながら、執念く父と母とに、せびり立てました。とうとう、父も母もしつこい私を、持てあましたのでしょう、泣いたり、怒ったりしている私を、aステておいて二人とも寝てしまいました。

私は、修学旅行の仲間入りのできないことを、友達にも顔向けのできないほど、恥かしいことだと思い詰めていたものですから、一晩中でも泣き明かすような決心で、父の枕元で、いつまでもぐずぐず駄々をこねていました。

父も母も頭から、蒲団を被っていましたものの、私の声が彼らのbムネにひしひしと応えていたことはもちろんです。私が、一時間近くも、旅行にやってくれない恨みを、くどくどといい続けた時でしょう。今まで寝入ったように黙っていた父が、急にむっくりと、床の中で起き直ると、蒲団の中から顔を出して、私の方をじっと見ました。

私は、あんまりいい過ぎたので、父の方があべこべに怒鳴り始めるのではないかと、内心［ X ］ものでいましたが、父の顔は怒っているというよりも、むしろ悲しんでいるといったような顔付でありました。涙さえ浮んでいるのではないかと思うような目付をしていました。

「やってやりたいのは山々じゃ。わしも、お前に人並のことは、させてやりたいのは山々じゃ。が、貧乏でどうにもしようがないんじゃ。わしを恨むなよ。恨むのなら、お前のお祖父さんを恨むがええ。(注5)御厩では一番の石持といわれた家が、こんなになったのも、皆お祖父さんがしたのじゃ。お前のお祖父さんが勝負事で一文なしになってしもうたんじゃ」と、いうと、父はすべてのcベンカイをしてしまったように、クルリと向うを向いて、蒲団を頭から被ってしまいました。

私は、自分の家が御維新前までは、長く庄屋を勤めた旧家であったことは、誰からとなく、薄々きき知っていたのですが、その財産が、祖父によって、(注6)蕩尽されたということは、この時初めて、父からきいたのです。むろんその時は、父の話を聞くと、(2)二の句が次げないでC泣寝入りになってしまったのです。

その後、私は成長するにdシタガって、祖父の話を父と母からきかされました。祖父は、元来私の家へ他から養子に来た人なのですが、三十前後までは真面目一方であった人が、ふとしたことからイ(注7)賭博の味をおぼえると、すっかりそれに溺れてしまって、何もかもうっちゃって、家を外にそれに浸りきってしまったのです。御厩の長五郎という賭博の親分の家に、夜昼なしに入り浸っている上に、いい賭場が、開いているというと、五里十里もの遠方まで出かけて行くという有様で、賭博に身も心も、打ち込んでいったのです。天性の賭博好きというのでしょう。ウ勝っても負けても、にこにこ笑いながら、勝負を争っていたそうです。それに豪家の主人だというので、どこの賭場でも「旦那旦那」と上席に座らされたそうですから、つい面白くって、家も田畑も、壺皿の中へ叩きステてしまったのでしょう。むろん時々は勝ったこともあるのでしょうが、エ根が素人ですから、長い間には負け込んで、田畑を一町売り二町売り、とうとう千石に近かった田地を、みんな無くしてしまったそうです。おしまいには、賭博の資本にもことを欠いて、祖母の櫛や(注8)笄まで持ち出すようになったそうです。しまいには、住んでいる祖先伝来の家屋敷まで、人手に渡すようになってしまったのです。

が、祖父のこうした狂態や、それに関した逸話などはたくさんききましたが、たいてい忘れてしまいました。私が、今もなお忘れられないのは、祖父の晩年についての話です。

祖父が、本当に目が覚めて、ふっつりと賭博を止めたのは、六十を越してからだということです。それまでは、財産を一文なしにしてしまった後までも、まだ道楽が止められないで、それかといって大きい賭場には立ち回られないので、馬方や土方を相手の、小賭博まで、打つようになっていたそうです。それを、祖母やその頃二十五、六にもなっていた私の父が、涙を流して(注9)諫めても、どうしても止めなかったそうです。

が、祖父の道楽で、長年苦しめられた祖母が、死ぬ間際になって、手を合せながら、

「お前さんの代で、長い間続いていた勝島の家が、一文なしの水呑百姓になってしまったのも、わしゃ運だと諦めて(注10)厭いはせんが、せめて死際に、お前さんから、賭博は一切打たんという誓言をきいて死にたい。わしは、お前さんの道楽で長い間、苦しまされたのだから、後に残る宗太郎やおみね(私の父と母)だけには、この苦労はさせたくない。わしの臨終の望みじゃほどに、きっぱり思い切って下され」と、何度も何度も繰り返して、口説いたのがよほど効いたのでしょう、義理のある養家を、根こそぎ潰してしまった(注11)我悔が、やっと心のうちに目ざめたのでしょう。また年が年だけに考えもしたのでしょう、それ以来は、生れ変ったように、賭博を打たなくなってしまったのです。

それで、六十を越しながら、息子を相手に、今では他人の手に渡ってしまった昔の自分の土地で、小作人として、馴れない百姓仕事を始めたのです。が、今まで、ずいぶん身を持ち崩していたものですから、そうした荒仕事には堪えなかったと見え、二年ばかり経つと、風邪か何かがもとで、ぽっきり枯枝が折れるように、亡くなってしまったのです。

一生涯、それに溺れてしまって、身にも魂にもしみ込んだ道楽を、封ぜられたためでしょうか、祖父は賭博を止めてからというものは、何となくほうけてしまって、物忘れが多く、畑を打ちながら、鍬を打つ手を休めて、［ Y ］考え込むことが多かったそうです。そんな時は、若い時に打った五百両千両という大賭博の時に、うまく起きてくれた賽ころの目のことでも、思い出していたのでしょう。

それでも、改心をしてからは、さすがに二度とふたたび、勝負事はしなかったのです。もし、したことがあったならば、それはただ一度、次にお話しするような時だけだろうとのことです。

それは、何でも祖父が死ぬ三月ぐらい前のことです。秋の小春日和の午後に、私の母が働いている祖父に、お八つの茶を持って行ったことがあるのです。見ると、稲を刈った後の田を、鋤き返しているはずの祖父の姿が見えないのです。多分田の向うの(注12)藁堆の陰で日向ぼっこをしているのだろうと思って、その方へ行ってみますと、果して祖父の声が聞こえて来るのです。

「今度は、俺が勝ちだ」と、いいながら祖父は声高く笑ったそうです。その声を聞くと私の母は、はっとムネを打たれたそうです。きっと、古い賭博打ちの仲間が来て、祖父を(3)唆して、何かの勝負をしているに違いない、と思うと、手も足も付けられなかった祖父の、昔の生活が頭の中に浮んで来て、ぞっと身が震うほど、情なく思ったそうです。せっかく

慎んでいてくれたのにと思うと、いったい父を誘った相手は、どこのどいつだろうと、そっと足音を忍ばせて近づいて見たそうです。

見ると、ぽかぽかと日の当っている藁堆の陰で、祖父とその五つになる孫とが、相対して蹲っていたそうです。何をしているのかと思ってじっと見ていると、祖父が積み重っている藁の中から、一本の藁を抜いたそうです。すると、孫が同じように、一本の藁を抜き出したそうです。二人はその長さを比べました。祖父が抜いた方が一寸ばかり長かったそうです。

「今度も、わしが勝ちじゃぞ、はははは」と、祖父は前よりも、高々と笑ったそうです。

それを見ていた母は、祖父の道楽のために受けたいろいろの苦痛に対する恨みを忘れて、心からこの時の祖父をいとしく思ったとのことです。

祖父が最後の勝負事の相手をしていた孫が、 E であることは申すまでもありません。

(菊池寛「勝負事」)

〔注〕

1 「ねっき、ばい」……「めんこ」同様、子ども同士で勝負する遊びの一つ。

2 「一町」……「町」は土地の面積の単位で、約一万平方メートルほど。

3 「高等小学」……現在の小学校高学年から中学生くらいの子どもを対象とした学校。

4 「五円」……現在とはお金の価値が違い、当時は大卒初任給が四十円程度であった。

5 「御厩では一番の石持」……ここでは、稲の収穫量が多く、裕福であること。「厩」は通常、馬小屋の意だが、ここでは農家くらいの意。

6 「蕩尽」……蓄えを使い果たすこと。

7 「賭博」……賭けごと、ギャンブルのこと。

8 「笄」……女性が髪をかき上げるのに用い、飾りにもなるもの。

9 「諫めても」……行いを改めるように忠告しても、の意。

10 「厭いはせんが」……嫌がりはしないが、の意。

11 「我悔」……自分の行いを悔やむこと。

12 「藁堆」……刈り取った草を円錐状に高く積んだもの。

問一 〜〜線部a〜eの漢字は読みを答え、カタカナは漢字に直しなさい。

問二 ═線部(1)「矢も楯も堪らない」・(2)「二の句が次げない」・(3)「唆して」の意味として最も適当なものを、各群のア〜エのうちからそれぞれ一つずつ選び、記号で答えなさい。

(1) 「矢も楯も堪らない」

ア 両親への不信感が募っていく
イ きれいさっぱり、忘れてしまった
ウ もはや仕方がないとあきらめがついた
エ 思いつめて、我慢することができない

(2) 「二の句が次げないで」

ア 同じ目にあうのではないかと不安で
イ 驚きあきれて次の言葉が出てこないで
ウ あまりのことに怒り、悲しく思って
エ 自分もその性質を継いでいると絶望して

(3) 「唆して」

ア その気になるように仕向けて
イ おとしいれようと企てて
ウ 実力を見るためにさそって
エ だまし打ちにしていじめて

問三 空欄〔X〕・〔Y〕に当てはまる語句として最も適当なものを、次のア～オのうちからそれぞれ一つずつ選び、記号で答えなさい。

ア さめざめ　イ じっくりと　ウ びくびく
エ ぼんやり　オ いきいきと

問四 ――線部A「厳しく戒められて来ました」とあるが、「友達」の父が「勝負事」を戒めたのはなぜだと考えられるか。本文全体を踏まえ、「祖父」という言葉を用いて六十字以内で説明しなさい。

問五 ――線部B「行ってもいいとはいわない」とあるが、「友達」の両親はどういう状況であったと考えられるか。その説明をした次の文章の空欄〔①〕～〔②〕に当てはまる語句を、各群のア～エからそれぞれ一つずつ選び、記号で答えよ。

両親は息子を〔①〕けれども、〔②〕的事情によって修学旅行に参加させる余裕がなかった。

①
ア 情けなく感じていた
イ 不愉快だと感じていた
ウ 気の毒に思っていた
エ ほほえましく思っていた

②
ア 経済
イ 社会
ウ 信条
エ 教育

問六 ――線部C「泣寝入りになってしまった」とあるが、これは結果としてどうなったということか。簡潔に答えなさい。

問七 「祖父」が賭博をやめた理由について左のように表にまとめた。表中の空欄〔①〕～〔②〕に当てはまる語句を簡潔に答えなさい。

	要因		祖父の気持ち
1	祖母の〔①〕を聞いた。	→	自分の行いを後悔した。
2	祖父が〔②〕。	→	行いを振り返って反省した。

問八 ――線部D「手も足も付けられなかった祖父」とあるが、これを表している部分として適当ではないものを、本文中の……線部ア～キのうちから二つ選び、記号で答えなさい。

問九 空欄 E に当てはまる語句として最も適当なものを、次のア～エのうちから一つ選び、記号で答えよ。

ア 祖母　イ 父　ウ 母　エ 私

問十 本文の内容や表現に関する説明として最も適当なものを、次のア～エのうちから一つ選び、記号で答えなさい。

ア 生まれながらにして勝負事が好きではなかった「私(=友達)」は、小学校時代に、まわりの子がめんこなどの遊びをしていると、その姿を見てそっとその場を去るようにしていた。

イ 修学旅行に行けなくなった自身の存在を恥ずかしいことだと思った「私(=友達)」は、自分が恥をかいたことについて、寝ている両親を厳しい口調で激しく責め立てて困らせた。

ウ 「真面目一方であった人」は、家族に見せる姿と家族の知らないところで賭博にのめり込んで周囲からもてはやされる姿という、「祖父」の二面性を印象づける表現になっている。

エ 「心からこの時の祖父をいとしく思った」は、家庭を危機におとしいれた「祖父」に対して、憎しみの気持ちではなく、むしろ親しみの心情が感じられるような表現になっている。

中央大学附属中学校(第一回)

—50分—

一　次の文章を読んで、以下の設問に答えなさい。

> 慎はシングルマザーの母と暮らしている。母には慎一という恋人がいたが、先日二人で北海道旅行に行って車が横転する事故にあって以来、家を訪ねてくることもなくなった。ある日、祖母が交通事故にあって救急搬送された。その頃、慎は5時間目の体育の授業中で、給食の時間に食べたものを吐いてしまった。教師が急いで早退し病院に向かうよう促したため、慎は吐いたものの後始末をできず、結果として慎が予期していたとおりにいじめが始まった。一方、祖母は交通事故後に帰らぬ人となってしまった。

ある放課後、C棟の脇の梯子に登れと命令された。自分の住まいの側までいじめが迫ってきたのは生々しい恐怖だった。慎は数人に取り囲まれた。誰かの兄か、中学生も一人二人混じっていた。皆、なにがおかしいのかにやにやしていた。梯子にのぼって、上の方のゴシック体のCの脇に「ａｓｔｌｅ Ｈｏｔｅｌ」を書き足せというのだった。

「おまえの親はそこが好きなんだからちょうどいいだろう」といわれ、慎は怒りを飲み込んだ。自分のことなら脅えるだけだったが母のことを揶揄されるのは悔しい。

にらみ返すと「なんだよ」「やるのか」と四方から小突かれはじめた。仕方なく背伸びしてやっとのことで梯子の一番下にとりついた。皆が取り囲み、その背後を彼らの乗ってきた自転車が囲んでいた。

慎はぶらさがったままはやされつづけた。梯子の先には、かすかに屋根のでっぱりと、あとはいつもの曇り空がみえる。しばらくぶらさがって皆が飽きるのを待つほかない。

実際、慎の様子にあきてしまうと中学生の一人が慎を引っ張りおろした。そのまま［Ａ］と突き飛ばすと「貸せよ」といって慎から極太字のサインペンを奪い取った。それから［Ｂ］と梯子にとりついた。本当は最初から自分が登りたかったのだ。

皆、揃って真上をみあげた。中学生は、ひょーっと奇声をあげながらどんどん登っていく。ⓐヘンセイキの途中みたいで、ときどき叫び声がかすれている。梯子の終わり、Cの真下に来ると片手で梯子を掴み、口でサインペンのキャップをⓑハズした。

「こえーよ」と叫んだが、その声には笑いが混じっている。サインペンのキャップが落ちてきたが地上の皆は安心しきっていた。キャップは皆の背後のアスファルトに［Ｃ］とあたって大きくバウンドした。全員振り返ったが見失ってしまった。皆、上のほうが気になってすぐに視線を戻した。Cの字の大きさに比べて中学生の書き足した文字は小さすぎた。かすかな黒い染みにしかみえなかった。

もっと大きく書け、と下から声が飛んだが中学生は降り始めた。しかしキャップを落としたときに下をみたせいか、降りる足取りは登るときよりもかなり慎重になっている。

「足、震えてんぞ」下から別の中学生が叫んだ。

「おまえの名前も書いておいてやったからな」降りてきた中学生は恐怖をごまかすようにいうと、サインペンを慎に投げた。全員満足したらしく、いっせいに自転車に乗ると元気よく帰っていってしまった。慎はもう一度上を見上げたがしみが読みとれないことで気持ちを納得させた。

葬式が終わりしばらくすると祖父がⓒシンロウで倒れてしまった。ⓓカンビョウのため母はS市の実家からM市の勤め先に通うことにした。団地に一人で寝泊まりさせるわけにはいかないと、慎もS市から車で登校することになった。朝五時に起きる生活がはじまった。

床に就いた祖父はすまないな、とだけいった。

①「全然、大丈夫」と母はいったが祖父は言葉の間違いを訂正することもなく目をつぶった。

母は毎日往復三時間の移動で［ D ］疲労していった。電車賃がかかるので、慎は夕方から夜までを団地で過ごして、晩御飯は実家で夜遅く食べる。しかも月に二度ほど、母は職場に早朝出勤しなければならなかった。その日は午前四時過ぎに家を出て車内でパンを食べる。

まだ真っ暗なうちに団地に着くと、駐車場に入る途中で須藤君の姿をみた。朝練に向かう途中のようだ。今、慎がいじめられていることは体育の合同授業で一緒になるから、多分知っている。自分一人がかばっても何も変わらないだろうということも分かっているようだ。

須藤君は車内の慎には気付かず、野球道具の入った袋を背負いながら黙々と歩いて行く。須藤君と野球という組み合わせは今でも［ E ］感じるが「誰とでも仲良くしろ」という親の言葉にすこぶる素直だったことを思えば、運動に関しても親のⓔイコウがあって、須藤君はそれに従っているだけのことかもしれない。慎は遠ざかる須藤君の背中をそっと見送った。

母は霊柩車に乗り込んだときのやつれた表情がそのまま張りついてしまったようだ。慎は息詰まる思いだった。

祖父の家では［ F ］使わなくなっていた古いトースターから黒焦げになったパンが飛び出してきたとき、母はそれを［ G ］掴んで台所のシンクに向かって思い切り投げつけた。パンは台所の壁に当たって跳ね返り、慎の足下に落ちた。焦げていても構わないからと手を伸ばすと「ばかっ」と怒鳴った。②それから自分がそういわれたみたいにうつむいた。

朝早くS市を出ても国道の手前の踏切によく捕まった。早朝は貨物列車のラッシュだった。左からの列車が行き過ぎてもすぐに右からやってくる。どの列車もひどく速度が遅い。母は苛々してハンドルを叩いたりしたが、時折、牛を満載した車両がゆっくり通り過ぎると我にかえったように慎の方を向いた。少し笑っているようにもみえる。牛は顔の先を貨車からわずかに覗かせて、二人の乗った車をみおろした。慎は母の機嫌が少しでもよくなるように毎朝牛の登場を渇望した。③踏切の警笛の鳴り響く中を牛が横切るとき慎は本当に救われたような心持ちになった。

ある朝珍しく母の機嫌がよかった。前日から祖父の状態もよく、踏切にも捕まらず、早朝のラジオの流した一曲目が母の気に入っているらしいものだった。

「ビートルズの『シーズ リービング ホーム』っていう曲」尋ねないのに教えてくれた。

「私も武道館にいきたかったけど、いけなかったんだ」といった。学校のLL教室で音楽の授業で聴いた陽気なビートルズと趣がずいぶん違う。道はすいている。車は時速百キロ以上出している。慎は心が軽くなってしまい、ついいった。

「こないだ病院で、慎一さんにあったよ」

「こないだって、いつ」母は驚いた様子だ。慎は最初から説明しなければいけなくなった。水の流れるトイレでの出会いから、交わした会話まで。すべて明るく喋ったあとで、母の気配が一変していることに気付いた。

それでも慎は、その話を今までしなかったことで怒っているのだと考えた。

「葬式とかで、忙しかったから、いえなくて」ごめんなさいと付け加えたが、母はわかったとだけいって黙り込んでしまった。

「そんなこと、子供にいうかね。しっかし」やがて母は滅多にみせない北海道訛りを出していった。

(お母さんがうろたえている!)慎は母の横顔をみつめてしまった。すぐに睨みかえされた。なにかいわれるかと思ったが母は無言のままだ。

車の中は鉛に満たされたようになった。口にしたのは慎一への怒りだったが、母は目の前の慎に腹を立てているように思えた。実際、慎は自分が軽率なことをしたという気がした。

このときまで慎は母が慎一をふったのだとばかり思っていた。これまでがそうだったからだ。しかし、これまでがそうだったというのも思いこみではないのか。慎は急に思いついた。母の恋愛がうまくいかないとしたらその原因は自分の存在にあるのかもしれない。なぜ今まで考え付かなかったのだろう。重苦しい雰囲気の車内で窓の外ばかりみた。

母が帰ってこなかった夜を思い出す。母があの夜、慎一と二人でいなくなってしまっても自分は納得していたのだと心の中で考えた。自分が一瞬でもそう思ったことを母は知らない。④慎は念力をおくるようにそのことばかり考えつづけた。

十一月のある日、慎は学校で数人から本をもってくるように命令された。昔、慎一がくれた手塚治虫のサイン本だ。貸せという話だったが多分返してはもらえないだろう。学校から帰宅すると忘れないように手提げにいれて、明朝団地に戻ってきたときすぐに手に取れるように玄関に置いた。

翌朝は月に二度の早出の日だった。二人は夜明け前にS市を出発した。団地についたのは午前六時をまわったところだった。慎は母に起こされた。外はまだ夜の暗さだ。

二人ともうっかりしていた。母はC棟の前に停めて、キーをさしたまま車のドアを閉めてしまった。慎も家の鍵のついたキーホルダーを助手席においたままドアを閉めていた。⑤母は焦げたパンをみるような目でドアをみた。恐ろしい沈黙が続いた。

「手提げがないと学校にいけない」慎はおずおずといってみた。

「［　H　］」母は慎の方をみない。車の処置のことで頭がいっぱいのようだ。

「でも」

「でもなに」慎の「でも」よりも速い言い方だった。

「［　I　］」

「書道の道具」慎は嘘をついた。

「［　J　］」

「でも」

「でも、いったいなんなのさ」母の苛立ちはどんどん高まっていた。

「［　K　］」慎は黙った。母は自分の家のベランダのあたりを見上げた。

霧が出てきた。霧は土手の向こうからきて、団地全体を包み始めている。

「わかった、もう」と母はいった。なにをどうわかったのか、母は慎を押しのけるようにして歩き出した。団地の側面まで行くと梯子に手をかけた。そのまま上を見上げている。夜が明けつつあった。慎が追いつくと

「誰かこないか見張ってて」といって母はブーツを脱いだ。でも、という言葉を飲み込んだ。さっきから何度「でも」をいっただろう。何を思ったか母はストッキングも脱いで裸足になった。コートのボタンもはずすと慎が驚いているのも構わずに梯子を登り始めた。

母はどんどん登っていった。中学生の「こえーよ」という叫び声。四階から落ちた女の子。Cの横のくだらない落書き。ジャッキを回す母の手。慎はなにもいうことが出来ずに立っていた。足下にはたった今脱いだブーツとストッキングがある。ブーツは去年の冬に買ったものだ。ストッキングはブーツの上に丸めて置いてある。ずっと昔にも似た光景をみたことを思い出した。ガソリンスタンドから帰ってきた母が風呂に入るときにも、こんなふうに脱いで丸めて床に置いていた。制服はズボンだったからストッキングは冬場の防寒のつもりだったのだろう。今もあのときと同じように、まるで無造作にそれは置かれている。

霧が母を包み始めた。かすんではいるが、母が登っていくのはみえた。周囲は明るくなってきている。母はやみくもに登り続けたわけではなかった。

「今、四階？」朝露を含んだ空気が母の声をかすかにこだまさせた。慎はまだ母がなにをしようとしているのか飲み込めていなかった。

「四階だよね」母は慎の返事を待っていなかった。母はちゃんと横をみて確認しながら登っていたのだ。

母は梯子の左端に寄ると、左手を端の家のベランダの手すりに伸ばしはじめた。届かないと分かると、今度は左足も大きく宙に踏みだした。右手右足を梯子に残したまま、体を思い切り伸ばす……と左手が手すりにかかった。

慎はあわてて周囲を見渡した。ウインドブレーカーを着た男が不意に団地の脇から現れた。C棟の脇を巻くようにして、慎には一瞥もくれずに走り去っていった。慌てて慎は上をみた。母も動作をとめ、鋭い目つきでウインドブレーカーの男をみつめている。

母は再び手を伸ばした。霧は土手の向こうから広がってきている。さらに濃くなるだろう。

慎の体はすくみっぱなしだった。母の左足のつま先が、端の家のベランダのでっぱりにかかり、左手が鉄柵をつかむと母はためらわずに重心を移動させた。右手と右足をベランダの方に移す。

本当なら今度はベランダの向こう、室内の人影も慎は見張らなくてはならなかった。B棟の窓から覗く人もいるかもしれない。どこかの部屋のカーテンが不意にさっと開くのではないか。しかし慎はなにもしなかった。呆然としていた。この軽業が途中で見とがめられるなどということは想像できなかった。母は足と手を動かして各戸を移っていった。

たとえ四号室まで辿り着いたとして、窓の鍵は開いていただろうか。霧が慎の視界を奪った。やがて母の姿はまったくみえなくなってしまっ

た。それでも慎は上をみあげたが、心がざわつきはじめた。濃い霧に包まれると、狭いような広いような気持ちになると母はいっていた。暗示にかけられたように、慎も同じような気持ちになった。

　母は自分の家に入ろうとしている。だが慎は母がこれからどこかに消え去ってしまうような気がする。

「どこにいるの」と声がしたとき、まだ慎は何もみえない上空をみあげていた。⑥誰に呼ばれたかも一瞬分からなかった。

「慎」母が自分の名前を呼んでいる。近くか遠くか、上からなのか横からなのかも分からない。返事をしようとしたら口の中が乾ききっていることに気付いた。慎も霧の中にいた。慎の名を呼ぶ声が団地の間をかすかに反響している。ずいぶん長い間、慎という名前を呼ばれていなかったような気がする。声の方向がだんだん定まってくる。小走りで近づいた。

　突然目の前に姿をあらわした母に慎はぶつかりそうになった。お互い少し驚いて、顔をみあわせた。母はだらんと下げた手に手提げ袋とキーホルダーを持っている。

　母はほら、といって手提げを手渡した。書道の道具の入っていないことは明らかだが、なにもいわない。母がストッキングをはきおえたとき「おはようございます」と声がした。二人振り向くと、須藤君が立っていた。

「おはよう。すごい霧だね」母は会釈をかえした。いつもの母ならおはようしかいわないだろう。

　久しぶりに慎は須藤君と歩いた。寒いねという須藤君に相槌をうったが、体はまだ少し亢奮で火照っている。くらくらとめまいもする。

　須藤君はなにもいわなかった。続いている慎へのいじめのことも、アパート脇に揃えられていた母のブーツのことも。霧は晴れてきた。それでも街は曇っていた。

「今日も朝練？」慎はきいてみた。

「うん。もうすこししたら屋内練習になるけど、今が一番寒いよ」須藤君は気弱そうにいったが、それでも久しぶりに改めてじっくりみると須藤君の肉体はがっしりと引き締まり、背もずいぶん高くなっている。

「でも、少し前からスパイク履かせてもらえるようになったんだ」というと、袋から黒いスパイクシューズを取り出した。そして靴底を上にしてスパイクをみせてくれた。

「いいでしょう」試合は補欠だけど、とそのことはどうでもいいことのように付け足した。それから不意に立ち止まった。

「最近、あまり夜中に鳴かないよね」と須藤君はいった。水族館のプールの前だ。今は結婚してつがいになったトドを二人で眺めた。須藤君もトドの声を気にかけていたのを六年間、知らずにいた。

　しばらく二人は立っていた。須藤君は慎の横顔を何度かのぞきこんだ。

「なんで泣いているの」須藤君はいつもより困った口調でいった。

　⑦慎は上着の裾で顔をぬぐうと「これ預かってくれない」といって手塚治虫の本を手提げごと須藤君に渡した。

　慎はときどきだが再び須藤君と一緒に登校するようになった。自分からいろいろ話すようになった。母も新しい生活のリズムに慣れてきたようだった。祖父もだんだん回復して、車の運転もして詩吟の集いにも出かけるようになった。

ある朝S市から国道に入るT字路で赤信号になった。

「そういえばどうでもいいけど」母は停車すると煙草に火をつけてからいった。

「あんた、キャッスルのスペル間違ってるよ」C・A・S・T・L・Eだよ。CASSLEじゃないよ。

「僕が書いたんじゃない」中学生がやってきて、僕の名前で勝手に書いたんだ。正直にいってみると、それはなんでもないことだった。

「馬鹿が多いんだね」母は眉間に皺を寄せて、煙草をふかした。

「おじいちゃんずっと一人暮らしだと寂しいから、私たちが引っ越しをしなきゃ」

「うん。いいよ」

「今度の学校も馬鹿がいないとは限らないよ」母はすでに吸殻でいっぱいの灰皿に煙草を無理矢理押し込んだ。

「平気だよ」自分でも意外なほどきっぱりとした言い方になった。⑧母は慎の横顔をみつめた。

左手の方で信号待ちをしている車がワーゲンだった。

「こんな朝に」母は、呟いた。

国道側が青に変わり最初のワーゲンが行くと次もワーゲンだった。道の左手には大きな家具屋の店舗があってみえなかったが、つづく三台目もワーゲンだった。

「すごい」慎はいった。

「次もだ」母の声もうわずっていた。

どこかで見本市でもあったのか、これからあるのか、どれも真新しい色とりどりのワーゲンが数珠のようにつづいた。二人は声を揃えてワーゲンを数えた。全部で十台が通り抜け終わると計ったように信号が切り替わった。

二人の乗ったシビックはワーゲンに先導される形で早朝の国道を走った。慎は母が喜ぶと思い自分も嬉しくなった。しかし見通しのよい上り坂になって前方をワーゲンばかりが行進するのをみているうちに母は急になにかがこみあげてきたみたいになった。母はまた煙草をくわえ火をつけると、アクセルを思い切り踏み込んだ。

追い越し車線に入って数台抜いたところでトンネルに入った。母はさらに加速させた。キンコン、キンコンとスピードの出しすぎを警告するチャイムが鳴った。

トンネルを抜けるころには十台のワーゲンをすべて追い抜いて先導する形になった。母は満足そうにバックミラーを覗いた。やっと少し速度をゆるめたが、ワーゲンの列はどんどん遠のいた。

根元まで吸った煙草を捨てようとしたが、灰皿にはもう押し込めそうもない。母は慎に短くなった煙草を手渡した。

「そこから捨てて」という。まだ先端の赤く灯る煙草を受け取った慎は、あわてて空いている方の手で窓を開けた。左手の海岸に向けて慎はそれを放った。煙草はガードレールの向こうのテトラポッドの合間に消えた。

（長嶋有『猛スピードで母は』〈文春文庫、二〇〇九年〉一四四頁～一六〇頁）

【問1】 ===ⓐ～ⓔのカタカナを漢字に改めなさい（楷書で、ていねいに書くこと）。

ⓐ ヘンセイキ　ⓑ ハズす　ⓒ シンロウ

ⓓ カンビョウ　ⓔ イコウ

【問2】 [A]～[C]に当てはまる語を次の中からそれぞれ選び、

(ア)～(オ)の記号で答えなさい。

(ア)　どん　(イ)　ぎくっ　(ウ)　かつん

(エ)　ぴょん　(オ)　ひたひた

【問3】　――①「『全然、大丈夫』と母はいったが祖父は言葉の間違いを訂正することもなく目をつぶった」とありますが、「言葉の間違い」について説明した次の文章を読んで、［a］～［d］に当てはまるものをそれぞれ選び、(ア)～(ク)の記号で答えなさい。ただし、**同じ記号を2度以上用いてはいけません**。

祖父は、日頃から慎の母のいい加減な言葉遣いを注意する人物でした。今回も「全然、大丈夫」という母の言葉遣いに目くじらを立てそうなものの、祖母の死後に体も弱り、母の世話にもなっているので、注意するには至らなかったようです。この部分からは、「全然、大丈夫」という母の言葉遣いは「間違い」という前提があることがわかります。

明治時代にさかのぼると、「僕は全然恋の奴隷だった」のように、「全然」の後ろに［a］表現をともなう使い方も、「全然おいしくない」のように、「全然」の後ろに［b］表現をともなう使い方もあったようです。いずれの使い方にせよ、ある状態を［c］表現として使われていました。一方、ある時期からは、［b］表現との結びつきが強まり、「全然」は「～ない」のような表現とともに用いることが「正しい」とされるようになりました。しかし、近年では「全然、すごいよ」のように、［a］表現を［c］意味で使用される例が、再び増えてきました。慎の母親が使う「全然」は、この意味のものだと言えます。母親は、祖父のような世代の人にとっては「間違い」と思われてもおかしくない形で、「全然」という言葉を［d］のです。このように、言葉は時代によってその使われ方が変化するので、「間違い」と決めつける前に一度立ち止まってみる必要があるのではないでしょうか。

(ア)　仮定する　(イ)　否定する　(ウ)　創造する　(エ)　強調する

(オ)　想像する　(カ)　運用する　(キ)　肯定する　(ク)　命令する

【問4】　［D］～［G］に当てはまる語を次の中からそれぞれ選び、(ア)～(カ)の記号で答えなさい。ただし、**同じ記号を2度以上用いてはいけません**。

(ア)　徐々に　(イ)　一概に　(ウ)　滅多に

(エ)　乱暴に　(オ)　偶然に　(カ)　意外に

【問5】　――②「それから自分がそういわれたみたいにうつむいた」とありますが、この部分の説明として最も適当なものを次の中から選び、(ア)～(エ)の記号で答えなさい。

(ア)　慎は、祖母の死を受けていらだつ母親をなぐさめたいと思い黒焦げのパンを拾ったが、怒鳴った直後にすぐ気落ちする母親の感情の起伏の激しさに直面して戸惑ってしまった。

(イ)　母は、朝の忙しい時間にもかかわらずパンを黒焦げにしてしまったことにいらだって怒鳴ったが、慎は、母親の怒りを自分に対する怒りだと勘違いして、自分自身を責めている。

(ウ)　慎は、パンを拾って皿に戻そうと思った途端に、母親に怒鳴られたので驚いたが、怒鳴った母親の方は自分の怒鳴り声が祖父に聞こえて叱られるのではないかと焦ってしまった。

(エ)　母は、いろいろなことがうまく運ばない現実にいらだって思わず慎を怒鳴ったが、自分と同じように大変な状況にある慎に八つ当たりをしてしまったことで、少し落ち込んでいる。

【問6】　――③「踏切の警笛の鳴り響く中を牛が横切るとき慎は本当に救われたような心持ちになった」とありますが、なぜですか。理由として最も適当なものを次の中から選び、(ア)～(エ)の記号で答えなさい。

(ア)　張りつめた空気がただよう中、車両に押し込まれた牛たちが穏やかな表情で踏切を通り過ぎるのを見るたびに、慎も穏やかな気持ちになることができ、とてもありがたかったから。

(イ)　渋滞中のドライバーがいらだつ中で、場違いな牛の登場とのんびりとした牛の様子を見て母は満面の笑みになり、その笑みにつられて慎も笑顔になれたことをありがたく思ったから。

(ウ)　いらだってはいるが、牛を積み込んだ車両が通り過ぎさえすれば踏切が開くことがわかっており、母は牛を見ると自然と表情をゆるめるので、慎は牛の登場をありがたく思ったから。

(エ)　いらいらが高まる状況の中、その場に似つかわしくない牛を満載した車両がゆっくり通り過ぎることで、慎は母の様子が少し穏やかになったように感じ、とてもありがたく思ったから。

【問7】　――④「慎は念力をおくるようにそのことばかり考えつづけた」とありますが、ここでの慎の気持ちを言い表したものとして、最も適当なものを次の中から選び、(ア)～(エ)の記号で答えなさい。

(ア)　恋人を作る上では、僕の存在が足かせになっていることに母は気づいていない。二人がよりを戻すには僕を捨てる勇気が必要だ。

(イ)　二人が旅行に行った時から僕は捨てられる覚悟はできていた。でも、そのことを伝えたら、本当に捨てられるのではないだろうか。

(ウ)　母が僕より恋人を優先したって構わないと思っていた。そのことを母に直接伝える勇気はないが、いつかどこかで気づいてほしい。

(エ)　母は恋人とうまくいかなかったけど、二人の関係にはなにも問題はなかった。僕のような難しい年頃の息子がいることが問題なんだ。

【問8】　――⑤「母は焦げたパンをみるような目でドアをみた」とありますが、ここでの母の様子について説明したものとして、最も適当なものを次の中から選び、(ア)～(エ)の記号で答えなさい。

(ア)　思うようにいかないことが連続する中、自らもミスをしてしまい、言葉を失っている。

(イ)　現実には起こりえないはずの光景を目の前にして、ひどく驚き、ぼうぜんとしている。

(ウ)　焦げたトーストにいらだったかつての朝を思い出し、再度ミスをしたことに取り乱している。

(エ)　恋人とうまくいかなくなった日のことをふと思い出して、うんざりした気持ちになっている。

【問9】　［H］～［K］に当てはまる会話文を次の中からそれぞれ選び、(ア)～(オ)の記号で答えなさい。

(ア)　須藤君にはいつ手提げを渡すの？

(イ)　事情を先生にいって、友達に借りなさい

(ウ)　手提げに大事なものでも入っていたのかい？

(エ)　今日はもう仕方ないから、そのまま学校にいきなさい

(オ)　この状況が分からないの。どうしたらいいっていうわけ

【問10】　――⑥「誰に呼ばれたかも一瞬分からなかった」とありますが、ここでの慎の気持ちについて説明した次の文章を読み、(1)〜(4)について適当なものを選び、それぞれ記号で答えなさい。

冬の早朝に母親が裸足で団地の梯子を登るという姿を見て、慎は母に驚きつつも心配しながら、この団地に関する様々な記憶を呼び起こします。慎に嫌がらせをするために梯子に登った中学生、かつてこの団地の四階から落ちて死亡したという女の子。慎はこれらの記憶とともに普段の母の様子を思い出しながら、

(1)
(ア)　昔の母はおだやかで優しかったことをなつかしく思い出しています
(イ)　無造作に置かれた母のストッキングを見て不安な気持ちになります
(ウ)　母が行おうとしていることの意図を今ひとつ理解できないでいます

。母が四階にたどりついた当初は、慎は周囲を気にしていました。しかし、母が各戸のベランダを移動し始めると、ただぼんやりと立ち尽くすばかりで、慎は、

(2)
(エ)　母の言いつけの真意をようやく理解したのです
(オ)　母の姿が誰かに見つかるとは思わなくなります
(カ)　母の奇怪な行動になげやりな気持ちになります

。そのうち、母の姿が濃い霧に包まれて見えなくなっていくとともに、

(3)
(キ)　母がふいに消えてしまうという思いにわけもなくとらわれるのです
(ク)　自分自身もこのまま消えてしまうのではないかと不安になるのです
(ケ)　すべてが消えてなくなってしまえばいいと考えるようになるのです

。その後、母は無事に慎のもとに戻り、声をかけます。慎はその声を聞いて、

(4)
(コ)　母は自分を愛していたのだと確信するのです
(サ)　自分自身を見失っていたことに気づくのです
(シ)　母が生きていたことが信じられないのです

。

【問11】　――⑦「慎は上着の裾で顔をぬぐうと『これ預かってくれない』といって手塚治虫の本を手提げごと須藤君に渡した」とありますが、この時の慎について説明した次の文章を読み、(1)〜(4)について適当なものを選び、それぞれ記号で答えなさい。

手塚治虫は戦後から昭和時代が終わる頃まで活躍した有名な漫画家です。当時の子どもたちにとって手塚治虫のサイン本は価値の高いものでした。十一月のある日、慎は「学校で数人から本をもってくるように命令され」ます。この時の慎は、

(1)
- (ア) 命令に従うことにためらいつつも、友達を喜ばせようとして学校にサイン本を持っていくのです
- (イ) 母の恋人からもらったサイン本を早く手放したいと思い、ためらうことなく本を持参するのです
- (ウ) 貸した本は返ってこないと予想しつつも、サイン本を持って行くことにはためらいがありません

。

つまり、慎は、

(2)
- (エ) 自分から現状を打破しようとは思っていません
- (オ) 母が自分にもっと注目するよう策を練っています
- (カ) 自分が我慢しても友達を喜ばせたいと思っています

。

しかし、

(3)
- (キ) 母が須藤君に話しかけたことで、慎は須藤君に心を許せるようになったのです
- (ク) 母が自分の願いを聞き入れたことで、慎は母を信じられるようになったのです
- (ケ) 母や須藤君との関わりを通して、慎は主体的に生きるきっかけをつかむのです

。

その最初の一歩が、

(4)
- (コ) 「須藤君に手提げを預ける」こと、つまり「命令に従わないこと」
- (サ) 「須藤君に話しかける」こと、つまり「新しい友だちをつくること」
- (シ) 「慎」という母の呼びかけに応えること、つまり「母と会話すること」

に表れています。

【問12】 ——⑧「母は慎の横顔をみつめた」とありますが、この時の慎と母親について説明した次の文章を読み、[a]～[f]に当てはまる言葉をそれぞれ選び、(ア)～(サ)の記号で答えなさい。ただし、**同じ記号を2度以上用いてはいけません。**

落書きの文字は、中学生によって書かれたものだと知った母は、「馬鹿が多いんだね」と言いつつ引っ越しの提案をします。引っ越した先でも慎に対するいじめは起こるかもしれないことを母はそれとなく言いますが、このときの慎は、母にとって[a]をみせたと言えるでしょう。家族の死をきっかけにした[b]の中で母が毎日を精一杯生きていたように、慎も日々を生き抜きながら少しずつ強くなっていたようです。慎は、母が危険を顧みず、手提げのためにベランダ伝いに家に入ったことや、須藤君が慎に対するいじめを知っていながらも普段どおりに接してくれたことをきっかけに、少しずつ他者に向かって[c]ができるようになります。二人の気遣いに触れることで、慎は苦しい状況から回

復しつつあるのです。

　こうした慎を見て、母もまた変わっていきます。月に二度ほどある早朝出勤のため国道を車で走っていた時、慎と母は色とりどりのドイツ車が連なって走るという［ d ］を目にします。かつて早朝の渋滞の中、母は開かずの踏切を前にしていらだちを爆発させ、慎はそれに戸惑うばかりでした。しかし、いま母はいらだつこともなく自分の車の前に連なるドイツ車を一気に抜き去り、［ e ］を覚えているようです。慎の変化を目にした母もまた、［ f ］ができたといえるでしょう。

(ア) 日常的な風景　(イ) 不適切な振る舞い
(ウ) めまぐるしい変化　(エ) 充足感や爽快感
(オ) めったにない光景　(カ) 意外にも毅然とした態度
(キ) 安定感や安堵感　(ク) 自分らしさを取り戻すこと
(ケ) 自分の意志を表現すること　(コ) 恋人との仲を取り戻すこと
(サ) 反抗心を芽生えさせること

二　次の文章を読んで、以下の設問に答えなさい。

1　ふしぎの体験

　人間は毎日生活している間に、「あれ、ふしぎだな」と思うときがある。それにも大小さまざまがあり、ふしぎだと思いつつすぐ心から消えてしまうのと、［ A ］そのふしぎさを追究していきたくなるのと、相当に程度の差がある。


　非常に簡単な例をあげよう。夜中にふと目を覚ますと、ビーンと変な小さい音が聞こえる。「あれ、ふしぎだな」と思う。それが気になって眠れない。［ B ］起き出して、音を頼りに調べてみると、「なぁーんだ、冷蔵庫の音だったのか」とわかって安心する。「ふしぎ」ということは、人間の心を平静にしておかない。「わかった」という解決の体験があって平静に戻る。

　電車に乗っていると、赤い帽子に赤い靴、鞄まで真赤という服装のおじさんが乗ってくる。「あれ、ふしぎな人」と思うが、おじさんがどこかで降りてしまうと、「変な人だったな」と思い、それで忘れてしまう。この際は、「わかった」というところはないが、「変な人」ということで、自分の人生にかかわりのない事柄として、心の中から排除してしまうことにより、心の平静をとり戻す。

　［ C ］平静をとり戻したのに、翌日まったく違うところで電車に乗っていると、また例のおじさんがやってきた。こうなるとそのままではおれない。「偶然だ」、「あんな服装流行しているのかな」、「あのおじさん、僕をつけているのかな、まさか」などと心がはたらきはじめる。つまり、①<u>人間というのは「ふしぎ」を「ふしぎ」のままでおいておけない</u>。何とかして、それを「心に収めたい」と思う。

　大人になって毎日同じようなことを繰り返していると、あまり「ふしぎ」なことはなくなってくる。何もかもわかったような気になると、今度は面白くなくなってきて、「ふしぎ」なことを提供してくれるテレビ番組や催しものなどを見る。これらは必ず「ふしぎ」なことが最後には心に収まるようになっているので、少しの間心をときめかして、後は安心、ということになる。

あたりまえの事

「ふしぎ」の反対は「あたりまえ」である。大人は［　D　］「あたりまえ」の世界に生きている。ところが、それを「あたりまえ」と思わない人がいる。

リンゴが木から落ちるのを見て、「ふしぎだな」と思った人がいる。この人はそれだけではなく、その「ふしぎ」を追究していって、最後は「万有引力の法則」などという大変なことを見つけ出した。リンゴが木から落ちることは、それまで誰にとっても「あたりまえ」のことだったのに、ニュートンにとっては、それを「心に収める」のに大変な努力が必要だった。そして、彼の努力は人類全体に対する大きい貢献として認められた。

「人間は必ず死ぬ」。これもあたりまえのことである。しかし、これをあたりまえと思わず、「人間はなぜ死ぬのか」と考え続けた人がいる。釈迦牟尼は、それを心に収めるために、家族を棄て、財産も棄てて考え抜いた。彼の努力の結果、仏教という偉大な宗教が生まれてきた。これも人類に対する偉大な貢献となった。

このように考えると、②「ふしぎ」と人間が感じるのは実に素晴らしいことだと思われる。特に他の人たちが「あたりまえ」と感じていることを「ふしぎ」と受けとめる人は、なかなか偉大である、と言えそうである。

こんな人はどうだろう。この人も「人間が死ぬ」という「ふしぎ」に心をとらわれた。それを解決しようとして、仏教やキリスト教や、あれこれの本を読んだ。しかし、どれにも満足できないので、何かにつけ他人に問いかけるようになったし、この大きい「ふしぎ」に取りつかれているので他の仕事にあまり手がつかなくなった。そして残念ながら、この人は周囲の人たちに敬遠され、ますます孤独になって心の状態までおかしくなってきた。こうなると、③この人は「嫌われ者」になってくる。

「他の人はごまかして生きているのに、自分だけが考えるべきことを考えている」などというので、こんな人はますます嫌われる。それは「ふしぎ」を自分の力で心に収めることをしないだけではなく、せっかく平安に生きている人の心を乱すので嫌がられるのである。「ふしぎ」と思ったからには、自分でそれを追究していく責任がある。

子どもとふしぎ

子どもの世界は「ふしぎ」に満ちている。小さい子どもは「なぜ」を連発して、大人に叱られたりする。しかし、大人にとってあたりまえのことは、子どもにとってすべて「ふしぎ」と言っていいほどである。「雨はなぜ降るの」、「せみはなぜ鳴くの」、あるいは、少し手がこんできて、飛行機は飛んで行くうちにだんだん小さくなっていくけど、なかに乗っている人間はどうなるの、などというのもある。これらの「はてな」に対して、大人に答を聞いたり、自分なりに考えたりして、子どもは、自分の知識を貯え、人生観を築いていく。

六歳の子ども、④おおたにまさひろ君の詩につぎのようなものがある。

　おとうさんは
　こめややのに
　あさ　パンをたべる

（灰谷健次郎編『児童詩集　たいようのおなら』サンリード、一九八〇年）

こんなのを見ると、「人間てふしぎなもんだな」と思ったりする。日常の「あたりまえ」の世界に、異なる角度から照らす光源ができて、それによって今まで見過ごしてきたことに注意を向けられたり、関心を寄せたりする。子どもの「ふしぎ」に対して、大人は時に簡単に答えられるけれど、一緒になって「ふしぎだな」とやっていると、自分の生活がそれまでより豊かになったり、面白くなったりする。

2　ふしぎが物語を生む

納得のいく答

子どもは「ふしぎ」と思う事に対して、大人から教えてもらうことによって知識を吸収していくが、時に自分なりに「ふしぎ」な事に対して自分なりの説明を考えつくときもある。子どもが「なぜ」ときいたとき、すぐに答えず、「なぜでしょうね」と問い返すと、面白い答が子どもの側から出てくることもある。

「お母さん、せみはなぜミンミン鳴いてばかりいるの」と子どもがたずねる。

「なぜ、鳴いてるんでしょうね」と母親が応じると、

⑤「お母さん、お母さんと言って、せみが呼んでいるんだね」と子どもが答える。そして、自分の答に満足して再度質問しない。これは、子どもが自分で「説明」を考えたのだろうか。

それは単なる外的な「説明」だけではなく、何かあると「お母さん」と呼びたくなる自分の気持ちもそこに込められているのではなかろうか。だからこそ、子どもは自分の答に「納得」したのではなかろうか。そのときに、母親が「なぜって、せみはミンミンと鳴くものですよ」とか、「せみは鳴くのが仕事なのよ」とか、答えたとしても「納得」はしなかったであろう。たとい、せみの鳴き声はどうして出てくるかについて「正しい」知識を供給しても、同じことだったろう。そのときに、その子にとって納得のいく答というものがある。

「そのときに、その人にとって納得がいく」答は、「物語」になるのではなかろうか。せみの声を聞いて、「せみがお母さん、お母さんと呼んでいる」というのは、すでに物語になっている。外的な現象と、子どもの心のなかに生じることとがひとつになって、物語に結晶している。

物語ること

人類は言語を用いはじめた最初から物語ることをはじめたのではないだろうか。短い言語でも、それは人間の体験した「ふしぎ」、「おどろき」などを心に収めるために用いられたであろう。

E

かくて、各部族や民族は「いかにしてわれわれはここに存在するのか」という、人間にとって根本的な「ふしぎ」に答えるものとしての物語、すなわち神話をもつようになった。それは単に「ふしぎ」を説明するなどというものではなく、存在全体にかかわるものとして、その存在を深め、豊かにする役割をもつものであった。

ところが、そのような「神話」を現象の「説明」として見るとどうなるだろう。確かに英雄が夜ごとに怪物と戦い、それに勝利して朝になると立ち現われてくるという話は、ある程度、太陽についての「ふしぎ」

を納得させてくれるが、そのすべての現象について説明するのには都合が悪いことも明らかになってきた。たとえば、せみの鳴くのを「お母さんと呼んでいる」として、しばらく納得できるにしても、しだいにそれでは都合の悪いことがでてくる。

そこで、現象を「説明」するための話は、なるべく人間の内的世界をかかわらせない方が、正確になることに人間がだんだん気がつきはじめた。そして、その傾向(けいこう)の最たるものとして、「自然科学」が生まれてくる。「ふしぎ」な現象を説明するとき、その現象を人間から切り離(はな)したものとして観察し、そこに話をつくる。

このような「自然科学」の方法は、ニュートンが試みたように、「ふしぎ」の説明として普遍的(ふへんてき)な話(つまり、物理学の法則)を生み出してくる。これがどれほど強力であるかは、周知のとおり、現代のテクノロジーの発展がそれを示している。これがあまりに素晴らしいので、近代人は「神話」を嫌い、自然科学によって世界を見ることに心をつくしすぎた。これは外的現象の理解に大いに役立つ。しかし、⑥神話をまったく放棄(ほうき)すると、自分の心のなかのことや、自分と世界とのかかわりが無視されたことになる。

せみの鳴き声を母を呼んでいるのだと言った坊(ぼう)やは、科学的説明としてはまちがっていたかも知れないが、そのときのその坊やの「世界」とのかかわりを示すものとして、最も適当な物語を見出(みいだ)したと言うことができる。

ところで、すでに述べた赤づくしの服装の人に二度も出会った人が次に三度目に出会う。そして、「わかった。あれはCIA(注：米国の中央情報局)の人物が僕をつけ回しているのだ」と判断したとする。このような解釈(かいしゃく)は、自分の心の状態を表現するのにはピッタリかも知れないが、外的事実の吟味(ぎんみ)をまったく怠(おこた)っている。あるいは、内的事実と外的事実が取(と)り違(ちが)えられていると言える。このようなときは、妄想(もうそう)と言うことになる。

このことは逆に考えると、精神病的な妄想と言えども、それを「異常」としてのみ見るのではなく、その人が世界と自分とのかかわりを、何とか自分なりに納得しようとしたり、それを他人に伝えようとしたりする努力のあらわれとして見ることもできる。

自然科学と妄想との間に「物語」があると考えてみると、その特性がわかる。簡単に言うと、⑦自然科学は外的事実に、妄想は内的事実に極端(きょくたん)に縛(しば)られた「物語」ということになる。

(河合隼雄『物語とふしぎ』〈岩波書店、二〇一三年〉一頁～一〇頁)

【問1】 [A]～[D]に当てはまる語を次の中からそれぞれ選び、(ア)～(オ)の記号で答えなさい。ただし、**同じ記号を2度以上用いてはいけません。**

(ア)　なかなか　(イ)　とうとう　(ウ)　だいたい
(エ)　あくまで　(オ)　せっかく

【問2】 ――①「人間というのは『ふしぎ』を『ふしぎ』のままでおいておけない」とありますが、どういうことですか。次の中から最も適当なものを選び、(ア)～(エ)の記号で答えなさい。

(ア)　不安を抱(かか)えている人は、「ふしぎ」なことから目をそむけて、自分の心を閉ざしていってしまう、ということ。

(イ)　人は知識や経験を積み重ねていくにつれて、「ふしぎ」だと思っていたこともそう感じなくなる、ということ。

(ウ)　人は「ふしぎ」なことに出会ったとき、納得できるような自分なりの答えを見つけようとする、ということ。

(エ)　「ふしぎ」にとらわれた人は、いつの間にか答えを追い求めること自体が目的になってしまう、ということ。

【問3】　――②「『ふしぎ』と人間が感じるのは実に素晴らしいことだと思われる」とありますが、なぜですか。次の中から最も適当なものを選び、(ア)～(エ)の記号で答えなさい。

(ア)　今では「あたりまえ」として受け止められていることにも、多くの人が力を合わせて「ふしぎ」なことを「あたりまえ」にしてきた偉大な過程があったから。

(イ)　「あたりまえ」を「ふしぎ」から区別して考えていくことによって、人類はそれまでになかった多くの科学的な発見を手に入れ、進歩することができたから。

(ウ)　「ふしぎ」に心をとらわれ、その「ふしぎ」について「あたりまえ」に考え続けていくこと自体に大きな価値があると、これまでの歴史が証明しているから。

(エ)　「あたりまえ」とされていることであっても、それを「ふしぎ」ととらえ、その「ふしぎ」について考え続けていくことが、大きな成果につながりうるから。

【問4】　――③「この人は『嫌われ者』になってくる」とありますが、これに関する次の説明文を読み、[a]～[d]に当てはまる語をそれぞれ選び、(ア)～(カ)の記号で答えなさい。ただし、**同じ記号を2度以上用いてはいけません。**

「釈迦牟尼」は、「人間が死ぬ」という「ふしぎ」について、持っているものを全て棄てて、[a]の中で努力し考え続けた結果、仏教を創始するに至りました。一方、「この人」も答えを求めて努力しますが、書物で見出せないと分かると、周囲の人に答えをたずねるようになりました。しかし、ふつうの人は「人間が死ぬ」という「ふしぎ」にとりつかれていては、[b]の生活もままなりません。そもそも、自分で考え続けなければ、自分にとっての「ふしぎ」に、[c]な答えが出るはずがありません。自分の本来の仕事もせず、周囲の人を自分の「ふしぎ」に巻き込もうとする「この人」は、他の人の[b]をかき乱す迷惑な存在ともなってくるのです。

　さらに言えば、「この人」は、「ふしぎ」に心をとらわれるなかで、この謎に興味のない他者に[d]とも思える態度をとるようにもなっていくのです。こうして、「この人」はますます「嫌われ者」となっていきます。「釈迦牟尼」が問題の答えを自分で追究し続けたのとは大きく違うのです。

(ア)　曖昧　(イ)　充分　(ウ)　丁寧
(エ)　傲慢　(オ)　孤独　(カ)　日常

【問5】　――④「おおたにまさひろ君の詩」とありますが、これに関する次の説明文を読み、(1)～(3)について適当なものを選び、それぞれ記号で答えなさい。

六歳のまさひろ君は、米屋なのにパンを食べるお父さんに「ふしぎ」を感じているようです。大人であれば米屋であってもパンを食べることは「あたりまえ」なことでしょうが、ここに「ふしぎ」を見出しているまさひろ君の感性は、

(1)［(ア) 常識的な考えにとらわれがちな大人をハッとさせます　(イ) ユニークで独創的な行為を嫌う大人をがっかりさせます　(ウ) わが子の成長を強く願う子煩悩な大人をホッとさせます］。

いつもの生活の中で

(2)［(エ) 「ふしぎ」なことこそが「あたりまえ」だと感じ取れる　(オ) 「ふしぎ」だと感じたことを「ふしぎ」だと口にできる　(カ) 「あたりまえ」なことが「ふしぎ」の中に存在している］子

どもの感覚に寄り添うことで、

(3)［(キ) かつて自分が体験した懐かしい風景が、まざまざと思い出されるのです　(ク) いつか出会うはずの風景の中に、自分の未来の姿が映し出されるのです　(ケ) 大人の目にも、いつもの風景がいつもとは違った形で見えてくるのです］。

【問6】 ――⑤『「お母さん、お母さんと言って、せみが呼んでいるんだね」と子どもが答える』とありますが、どういうことですか。最も適当なものを次の中から選び、(ア)～(エ)の記号で答えなさい。

(ア) この子どもは、せみがミンミン鳴く声を子どもが母親を呼んでいる声であるとたとえることで、物語における表現技法の一つである擬人法を実践的に習得した、ということ。

(イ) この子どもは、せみがミンミン鳴くという出来事に自分の気持ちや経験を重ね合わせることで、せみが鳴く理由についての自分なりの解釈を見つけ出している、ということ。

(ウ) この子どもは、せみがミンミン鳴く姿に自分の感情を重ね合わせるうちに、自身とせみとの境界線を失い一体化していくことでファンタジーを生み出している、ということ。

(エ) この子どもは、せみがミンミン鳴く理由について大人に知識を与えられるのでなく、自分なりの答えを導いていく中で、自ら成長していくきっかけをつかんだ、ということ。

【問7】 [E]には、次の(ア)～(エ)の文が当てはまります。意味が通るように並べ替え、その順番を(ア)～(エ)の記号で答えなさい。

(ア)　夜の闇を破って出現して来る太陽の姿を見たときの彼らの体験、その存在のなかに生じる感動、それらを表現するのには、太陽を黄金の馬車に乗った英雄として物語ることが、はるかにふさわしかったからである。

(イ)　しかしそれと同時に、彼らは太陽を四頭立ての金の馬車に乗った英雄として、それを語った。

(ウ)　古代ギリシャの時代に、人々は太陽が熱をもった球体であることを知っていた。

(エ)　これはどうしてだろう。

【問8】　――⑥「神話をまったく放棄すると、自分の心のなかのことや、自分と世界とのかかわりが無視されたことになる」とありますが、なぜだと考えられますか。最も適当なものを次の中から選び、(ア)～(エ)の記号で答えなさい。

(ア)　「神話」とは、自分たちを取り巻く世界に対して各人や各民族・部族が行う独自の解釈のあらわれであり、ものの見方や考え方の特徴が色濃く示されたものであるから。

(イ)　「神話」とは、人間にとっての根本的な「ふしぎ」について説明するものであり、時代的な制約にもかかわらず客観的な説明をしようという努力がみられるものだから。

(ウ)　「神話」の方法と「自然科学」で導かれる普遍的な説明とは、ともにあってこそ効果的なのであり、一方だけでは自分がかかわる世界を説明することはできないから。

(エ)　「神話」とはちがって、「自然科学」による科学技術の発展は著しく社会を変化させてしまうので、自分の心と向き合うだけの精神的な余裕を人々に与えないから。

【問9】　――⑦「自然科学は外的事実に、妄想は内的事実に極端に縛られた『物語』ということになる」とありますが、このことに関する次の説明文を読み、[a]～[e]に当てはまる言葉をそれぞれ選び、(ア)～(ケ)の記号で答えなさい。また、[(1)]～[(4)]には、「内的」・「外的」のいずれかが入ります。「内的」＝Ⓐ、「外的」＝Ⓑとしたとき、当てはまるものをそれぞれ選び、ⒶもしくはⒷで答えなさい。

　すべてが真っ赤な服装の「おじさん」とまったく別の場所で偶然に三日連続で出会ったとき、人はその奇抜な服装の人物との度重なる出会いに驚くことでしょう。そして、この「ふしぎ」な出会いの意味を読み解こうとするはずです。こうして導き出されたものが「物語」です。

　赤い服装の人物との三度の遭遇を、「CIAが自分をつけ回している」と説明するとき、自分がCIAに追われるような何かをした、という[(1)]事実でもない限り、これは「妄想」といえます。「妄想」とは、[a]に基づいた個人的な見解です。したがって、「妄想」は、その人の不安や恐れという[(2)]事実が極端に強く込められているのであり、その人なりの「物語」であるともいえるでしょう。

　もし、個人の事情は取り払って、同じ人物と別の場所で偶然に三度出会う確率を考え、計算によってその答えを求めようとするなら、それは[b]によるものといえます。これは、「ふしぎ」を説明するのに、個人の[(3)]事実を一切排除しようとする態度です。ニュートンが発見した物理学の法則が、「万有引力」と呼ばれるように、その説明は［ c ］を持っています。

近代における［ d ］を目にした人々は、「自然科学」の知に対して絶対的な信頼を寄せてきました。しかし、そのような態度によっては、［ e ］が軽視されることになる、と筆者は指摘しています。人には、それぞれの［ (4) ］事実に根ざしたものの見方があるのです。「自然科学」によって切り捨てられがちな「物語」に注目し、自分の心のありようの重要性について改めて考えてみても良いのではないでしょうか。

(ア)　普遍的な性格
(イ)　関係性の希薄さ
(ウ)　根拠のない判断
(エ)　追究していく責任
(オ)　テクノロジーの発展
(カ)　安心できる平和な世界
(キ)　「自然科学」的な発想
(ク)　「神話」を解釈すること
(ケ)　世界と自分とのかかわり

中央大学附属横浜中学校(第一回)

―50分―

注意事項　句読点や記号は一字あつかいとします。

一　次の文章を読んで、後の問いに答えなさい。

私たちには、「 ① 」のような、ある出来事のずっと前の、遠い原因を突き止めてやろうという意気込みはあまりありません。意気込みがないというよりは、自分や周りの人に起こった日々の出来事について、じっくり時間をかけて、過去をさかのぼってその原因を探ることはなかなかできないという方が正しいかもしれません。なぜなら、私たちは他にもいろんなことを考えたり、何かの用事や課題を終わらせなければならなかったりと忙しいからです。勉強、部活動、遊び、仕事、家事、育児……現代に生きる私たちは、毎日毎日何かに追われています。

その一方で、身の回りで起こった出来事の「もっともらしい原因」については知りたい気持ちがあります。原因がわかればなんだかスッキリして、次にすすめるような気がしませんか。原因がわかれば、その出来事をコントロールできる、と思えるかもしれません。つまり私たちは、ある出来事が起こった原因について、深く考える余裕はないけれど、なぜそれが起こったのかは自分なりに理解しておきたい。1そういう特徴を持っているのです。

このように、自分や他人が経験した出来事(特に成功・失敗)や、自分や他人の行動の背景にある原因をアスイソクしたり判断したりするプロセスは「原因帰属」と呼ばれ、社会心理学的な研究が進められてきました。

帰属という言葉は少し難しく聞こえるかもしれませんが、帰属意識(ある集団や組織に所属しているという感覚)で使われる「帰属」と同様、何かに属する、という意味です。 ② 、原因帰属は、起こった出来事の原因を、何に求める(所属させる)か、というような意味だと考えてください。ここからは、自分や他人に起こった出来事、他人の行為や反応に焦点を当てて、私たちの原因帰属の特徴を見ていきましょう。

原因帰属について詳しく説明していくにあたって、2つの重要な帰属のタイプ――2内的帰属と外的帰属――を最初に紹介しておきます。

内的帰属とは、出来事や行為の原因を、その出来事を経験した人やその行為をした人自身に求める形の帰属です。一方で外的帰属とは、ある出来事や行為の原因を、その人が取り囲まれている環境に求める形の帰属です。これだけではよくわからないでしょうから、冒頭で取り上げた「数学のテストで高得点を取った」を例にして考えてみましょう。高得点を取ったという出来事に対して、「私は能力があるから」のように、自分自身の性質や特徴を原因とするとき、あなたは内的帰属を行っています。 ③ 、「テストの直前にたまたま見返した部分がそのまま出題されたから」のように、自分を取り囲む環境や偶然性の高いイセンコウ要因を原因とするとき、あなたは外的帰属を行っています。

学校の成績を対象として成功や失敗の原因を考えるとき、内的帰属の典型的なものとしては、先ほどの例でも挙げた能力や努力があります。ここでの「能力」は自分の力で上げたり下げたりすることが難しい、その人がもともと持っている性質を指すと考えてください(能力の定義は研究や分野によってさまざまありますが、この本では、みなさんが「能力が高い人」と聞かされたときに頭の中にイメージするような人がもっている要素、として理解していただいてかまいません)。努力の方は、自分でやったりやらなかったり(その程度を上げたり下げたり)を決めることができるものと考えてください。いずれにせよ、能力も努力も個人の内側に存在するという点では共通しています。

外的帰属の典型例としては、取り組む課題の難しさや運が挙げられます。テスト内容が全体的に簡単であれば良い点数が取れますし、難しかったら点数は悪くなります。たまたま直前に見返したところが出題された(から良い点数が取れた)という場合は、運が良かったと捉えられるでしょう。いずれの原因も、自分ではコントロールすることができないという意味で個人の外側に存在するものであると解釈できます。

内的・外的帰属の違いがわかった上で、あらためて、この章の最初に思い出してもらった自分にとってうまく行った出来事、［④］うまく行かなかった出来事の原因を思い出してみてください。それは内的帰属でしょうか。それとも、外的帰属でしょうか？　原因帰属の研究が始まった初期の頃は、人は自分自身や他人に起こった出来事や行為の原因を、その人自身の内的で安定した要因に求めやすいことが注目されました。テストで悪い点数をとったのは努力が足りないから。テストでいい点数を取ったのは能力が高いから。このような内的帰属をした経験はみなさん少なからずあるでしょう。

さて、これから本格的に原因帰属のプロセスを考えていくにあたって、「出来事」、「行為」、そして「反応」の３つの言葉を内的／外的帰属の観点から少し整理しておきます。

「出来事」とは、自分や他者(社会心理学の研究分野では「他人」のことを通常「他者」と呼びます。ここからはこの言葉を使うことにします)に起こった何かのことを指します。その「何か」は、たまたま、偶然、自分の予想と反した状況で起こることもあります。ゆえに、自分や他者に起こった「出来事」の原因帰属には、［⑤］的な要因の効果が一定以上見込まれる可能性が高いと言えるでしょう。次に「行為」は、自分や他者の発言や動作など、意識的に身体を動かすことでなされるものです。したがって、そこには行為者自身の能動性がイメージされやすいと言えます。結果として「行為」の原因帰属は、行為者の［⑥］的な要因の効果が大きく見積もられることが予想できます。最後に「反応」(例：緊張している様子)は、何かの出来事(例：授業中に指名された)に応じて生じます。何かによって引き起こされる、という意味で、「反応」には［⑦］的な要因の影響が一定程度見込まれうると捉えられます。

以上が本書で扱う３つの言葉の定義ですが、何が言いたいのだろうと不思議に思った方もいるかもしれません。ここでみなさんにお伝えしたいのは、「出来事」、「行為」、「反応」のうちのどの言葉を使っていても、外的要因、内的要因の両方が原因帰属として用いられはしますが、これら２種類の要因の影響力(バランス)がそれぞれ少しずつ違っているということです。たとえば「行為」は、「出来事」や「反応」と比べて原因帰属において［⑧］的要因の影響力が強くなる可能性が高いでしょう。以降では、このようなイメージの違いを前提として、３つの言葉を必要に応じて使い分けながら議論を進めていきます。

前述の通り、私たちは内的帰属を行いやすいのですが、もちろん外的帰属が行われる場合もあります。その違いはどこにあるのでしょうか？

いくつかの条件がそろえば、むしろ外的帰属の方が行われやすくなります。「テストで悪い点数をとったのはテストが難しかったから」は典型的な外的帰属ですが、みなさんもこのような理由付けをした経験は少なからずあるでしょう。

では、内的帰属、外的帰属のどちらを行うかはどのように決まるのでしょうか。社会心理学者たちは、原因帰属の研究をすすめる中で、帰属のされかたに影響する要因を説明しようとしてきました。ここでは、さまざまな状況で活用できそうな、他者に起こった出来事や行為に関わる情報を切り分けてひとつひとつ検討していく手法をテイショウ[ウ]したケリー(Kelley, 1973)による共変動理論[3]を紹介します。

共変動理論は、自分や他者に起こった出来事、自分や他者の行為や反応に関わるいくつかの要素が、それらを見た人(または経験した本人)によってどのように認識されるのかが重要であるとします。具体的には、以下の3側面に注目します。

(1)　観察された出来事、行為や反応の「**一貫性**」
(2)　その他の刺激を対象とした場合との「**弁別性**」
(3)　他の人たちに起こった出来事や、行為、反応との「**合意性**」

ここからは他者に起こった出来事である「あなたの友人のあおいさんが数学のテストで悪い点数をとった」に的を絞(しぼ)って、この3つの側面がどのように機能しているのかを順番に理解していきましょう。

まず、(1)**一貫性**とは、観察された出来事や行為が、状況の違いに関係なく起こるものかどうか、に関する側面です。あおいさんが数学のテストでいつも悪い点数をとっているのであれば一貫性が高く、いつもは成績がいいのに今回に限って点数が悪い場合は一貫性が低いことになります。

次に(2)**弁別性**です。弁別性とは、観察された出来事や行為が、その対象に対してのみ見られるのかどうか、に関わる側面です。あおいさんが数学のテストだけで点数が悪く、英語や国語では成績が良いのであれば弁別性が高く、数学も英語も国語も成績が悪いのであれば弁別性が低い、ということになります。

最後に(3)**合意性**について説明します。合意性とは、周囲の人たちと、観察対象となった人物に起こった出来事や行為がどの程度一致しているかに関わるシヒョウ[エ]です。あおいさんや彼女のクラスメイトの大半が数学のテストで悪い点数をとっていたとしたら合意性が高く、あおいさんだけが数学のテストの点数が悪い場合は合意性が低いと判断されます。

それではこの3つの要素の高低がどのような組み合わせになったらどのような帰属が行われるのでしょうか。

内的帰属が行われるのは、あおいさんが小テストでも定期テストでも常に数学の点数が低く(一貫性が高く)、国語や英語など、どんなテストでも点数が低く(弁別性が低く)、クラスの中であおいさんだけが数学の点数が低い(合意性が低い)ときです。つまり、「あおいさんが数学のテストで悪い点数をとった」ことは、あおいさん自身の努力の足りなさ(あおいさんは勉強不足)や能力(あおいさんは勉強ができない)、性格(あおいさんは不真面目)に帰属されます。

一方で、いつもは数学の成績がいいのに今回だけ点数が低く(一貫性低)、英語や国語ではいい点数をとっていて(弁別性高)、数学の点数が悪いのはあおいさんだけではない(合意性高)場合、「あおいさんが数学のテストで悪い点数をとった」原因は、たとえば「今回の数学のテストは難しかった」など、外的な要素に帰属されます。

　また、あおいさんはいつも数学の点数が低いけれど(一貫性高)、他の科目ではいい点数をとっていて(弁別性高)、数学の点数が悪いのはあおいさんだけではない(合意性高)、という場合も、数学のテストを作っている先生の出題の仕方や教え方に問題があるとか、数学という科目自体が他の科目に比べて難しいのだ、というように、あおいさん以外の別の外的な要素に原因が帰属されます。

　このように、私たちは他者に起こった出来事や行為に対してしらずしらずのうちに3つの要素に基づいて分析を行い、外的帰属をするか内的帰属をするかを考えている、ということになります。私たちが普段なにげなく行っている原因帰属も、このように要素ごとに分解、理解していくと、新しい発見があるかもしれませんね。あなたが観察した誰かの行為は、いつも見られるものですか(一貫性)？　他の対象に対しても同じような行為が見られますか(弁別性)？　そして、その人だけがそれをしますか(合意性)？　一見フクザツに見える事象を要素に分解して理解しようとする考え方に慣れておけば、もう少し後で説明する「誤った原因帰属」を防げるかもしれません。

(村山綾『「心のクセ」に気づくには　社会心理学から考える』〈ちくまプリマー新書〉改変した部分があります。)

問一　――ア～オについて、カタカナを漢字に直しなさい。

問二　「[①]」にあてはまることわざを次の中から選び、番号で答えなさい。

1　目からうろこが落ちる
2　ちりも積もれば山となる
3　船頭多くして船山にのぼる
4　風が吹けば桶屋(おけや)がもうかる

問三　――1「そういう特徴」とありますが、その説明としてもっともふさわしいものを次の中から選び、番号で答えなさい。

1　自分や他人の行動について、じっくり時間をかけて理由を探ろうとする特徴。
2　自分や他人の行動について、自分が得をする結果に結びつけようとする特徴。
3　自分や他人の行動について、自分が納得できる根拠を見つけようとする特徴。
4　自分や他人の行動について、直前に起きた出来事を原因にしようとする特徴。

問四　[②]～[④]にあてはまることばの組み合わせとしてもっともふさわしいものを次の中から選び、番号で答えなさい。

1　②　しかし　③　また　④　あるいは
2　②　つまり　③　むしろ　④　または
3　②　だから　③　ところが　④　たとえば
4　②　したがって　③　そして　④　もしくは

問五　――2「内的帰属と外的帰属」とありますが、「内的帰属」の説明を次の中からすべて選び、番号で答えなさい。

1　友だちに紹介されて読み始めた本の一部が国語のテストに出たので、春美さんは高得点を取ることができた。

2　夏海中学校のサッカー部は、県大会の一回戦で優勝候補の学校と対決することになり、二回戦に進めなかった。
3　幼いころから背が高く、毎日練習を積み重ねていた秋男さんは、有名なプロバスケットボールの選手になった。
4　冬太さんの乗るはずだった飛行機が雷の影響で欠航してしまい、大事な取引先との会議に出席できなかった。
5　先生から何度も言われていたのに、図画工作の宿題を忘れてしまったのは、年雄の集中力が欠如していたからだ。

問六　⑤～⑧にあてはまることばとして「内」・「外」のいずれが適切ですか。「内」ならば「A」、「外」ならば「B」でそれぞれ答えなさい。

問七　――3「共変動理論」とありますが、この理論を通じて筆者が述べていることとしてもっともふさわしいものを次の中から選び、番号で答えなさい。

1　私たちが日常的に行っている原因帰属について、一貫性・弁別性・合意性の観点から出来事や行為を分析すると新しい気付きが起こりうる。
2　他者に起こった出来事の原因を一貫性・弁別性・合意性の側面から分析することで、その他者が私にとってどのような存在であるかを理解できる。
3　実際の出来事において一貫性・弁別性・合意性それぞれの側面における高低を明らかにすることで、私たちは誤った原因帰属を防ごうとしている。
4　私たちは実際の出来事に対して自分が外的帰属を行った正当性を明らかにするために、一貫性・弁別性・合意性の側面を組み合わせて出来事を分析する。

問八　――4『誤った原因帰属』を防げるかもしれません」とありますが、

(1)　筆者の考える「誤った原因帰属」を防ぐ方法を説明した次の文の□にあてはまる語を文中から十五字以内でぬき出しなさい。

私たちが他者に起こった出来事や行為に対して□ことを心がける。

(2)　次の表は太郎さんのクラスで行われたテストの結果です。（テストは百点満点。）このとき「太郎さんが冬の国語のテストで五十点をとったのは、太郎さんが努力しなかったからだ」というのは――4「誤った原因帰属」と考えられます。そう考えられる理由を**「内的」「外的」**という語を用いて七十字以内で答えなさい。

テスト結果	国語（夏）	国語（冬）	算数（夏）	算数（冬）
太郎	90	50	80	85
次郎	95	45	60	70
三郎	50	20	40	30
クラス平均	75.4	38.1	64.7	76.9

二　次の文章を読んで、後の問いに答えなさい。

> 胡雪（こゆき）が学生時代の友人達と立ち上げた会社「ぐらんま」はマンションの一室が仕事場になっている。会社は軌道に乗っていたが、忙しさのあまり気がついた人がやる約束だった片付けには手が回らなくなり、食事も各自でいいかげんに済ますようになっていた。以下の文章は代表の田中の提案で雇（やと）われた家政婦の筧（かけい）みのりが、最初に訪問した日の一場面である。

ふと、視線に気がついた。

あの、筧みのりがドアのところからこちらをのぞいている。胡雪と目が合うと、こっちこっちと言うように、手招きした。

胡雪が自分の鼻を指さして、「私?」と尋ねると、こっくりうなずいた。間違いなく、田中でも伊丹でもないようだ。仕方なく席を立った。

「なんですか」

キッチンに入ると同時に、つっけんどんに訊（き）いてしまう。

「あのね、これが夜食」

筧は銅色のアルミの大鍋の蓋（ふた）を開けた。ふんわりと、カレーとそれだけじゃない、やさしい甘い香りがした。鍋の中にはたっぷりとカレー色の液体が入っている。

機嫌が悪かったはずの胡雪でも、思わず、笑みが浮かんでしまうような匂い。でも、1顔を引き締めて尋ねた。

「これ、なんですか」

「カレーうどんの汁」

「こんな鍋、ありましたっけ?」

「上の棚にあったから、使った」

ああ、と思い出した。

昔、鍋料理を初めてする時に、駅前のスーパーで一番大きな両手鍋を買ったのだった。当時は一人暮らしの田中の部屋を会社にしていた。確か、大きさは直径三十センチだった。本当は土鍋がよかったけど、それだけの大きさなものになると高くてアルミのしか買えなかった。

田中と胡雪、二人で買いに行ったのだ。スーパーで大きなレジ袋に入れてもらって、二人で片方ずつ、ぶらぶらと提げて帰ってきた。

「人が見たら、俺たち、同棲（どうせい）カップルみたいに見えるかな」

「ばーか」

二人でげらげら笑った。だって、同棲よりずっといいことが始まるってわかっていたから。

お金もなかった、信用もなかった、仕事もなかった。何もなかった、だけど、何かが始まる期待とわくわく感だけがあった。

それから、何度使ったかしれない。鍋料理はもちろんのこと、夏はそうめんを大量に茹（ゆ）で、モモちゃんが山でタケノコを取ってきた時もこれで茹で、秋は東北出身の田中が「芋煮会」をした。最初、くすんだ金色に光っていた表面も、ところどころぼこぼこにへこんでしまっている。

でも、この数年、使っていなかった。ここに越してきた時、地方の有名窯元（かまもと）の土鍋を、取引先から贈られたから。自分たちの仲の良さを知っている相手の、気の利いた引っ越し祝いだった。

「……昔、土鍋が買えなくて」

土鍋はアルミの数倍の値段だった。

「正解」

筧はクイズ番組の司会者のように人差し指を立てた。

「え？」

彼女が言い切った言葉の意味がわからなくて訊き返した。

「正解。これで正解。土鍋は鍋物と炊飯くらいにしか使えないけど、これなら菜っぱも茹でられるし、カレーも作れる。ご飯だってがんばれば炊ける」

「そうですか」

「冷凍庫に冷凍うどんが買ってあるから、電子レンジでチンして、これを上にかけて食べるの」

ああ、それで、カレーだけじゃない、醤油(しょうゆ)と砂糖の甘い匂いがしたのか、とわかった。純粋なカレーじゃなくて、出汁(だし)も入っているんだろう。

「ネギは千切りにして冷蔵庫に入れてあるから上に載せて。汁に入れて煮てもいいんだけど、今から入れると煮すぎちゃうから」

筧はテーブルの上の大皿を指さした。かけてあるラップは湯気で曇っていた。

「これはおにぎりと鶏のから揚げ。こっちは夕食用。大根葉とじゃこと卵を炒めたやつを混ぜ込んだのと、ゆかりと枝豆を混ぜ込んだの、ツナとゴマ油を入れたのの三種類。一人各一個ずつ。余ったら冷凍しておいて、明日チンして朝ご飯に食べるといい。から揚げは冷めてもおいしい味付けになってる。それから、具だくさんの豚汁が土鍋に入ってる」

それはガス台に置いてあった。筧が重い蓋を持ち上げると、また大きな湯気が立った。

「食べる時、温めなおして……それから」

「……それ、私がやるんですか？」

「は？」

それまで、すべてにおいて堂々と振る舞っていた筧が、初めて、[2]虚(きょ)を突かれた顔になった。胡雪は少しだけ、すっとする。だから、さらにきつい声が出た。

「それ、私がしなくちゃいけないんですか、って訊いているんです」

「あんたが……何？」

筧は意味がわからないようで、ますます、「？」という顔になる。

「私が女だから、皆の夕食と夜食の用意をしなくちゃならないってことなんですか？　私に声をかけてきたのは」

低いけど、筧にははっきり聞こえるように言った。

「いや、そんなんじゃないよ」

「だって、そういうことでしょ。私を見つけて声をかけたんだから。私だって仕事があるんですよ。これから、あなたが来る度に、食事の用意を私がしなくちゃならないなら……まあ、途中まで作るのはあなたですけど、最後のそういう用意っていうか、仕上げっていうか、そういうの、私がしなくちゃならないんですか？　そんなの聞いてないし、そういうふうに思っているなら、私、困るんですよ」

「……違うよ」

「どこが違うんです？　現に今、あなた、私を指名して、私に説明してますよね？」

[3]「そういうつもりじゃなかった。そういうふうに思わせたら、ごめん」

筧は意外と素直に謝った。

「ただ、あたしももう少ししたら帰るから、誰かに言付(ことづ)けないと、と思って部屋をのぞいたら、あんたが一番暇そうだったから」

「暇……？」

さらに頭に来た。もしかしたら、女だから声をかけてきた以上に頭に来たかもしれない。

「いや、そんなこと、どうしてわかるんですか。私、給料の計算とかしてたんですよ？　それなりに忙しいんですよ。男とは違うけど、男の人がしている仕事とは違うけど、だけど、忙しいのは一緒で」

声が大きくなっている、と途中から気がついていた。もしかしたら、田中や伊丹たちにも聞こえているかもしれない。だけど、やめられなかった。

「バカにしないでよ」

「ごめん。そういうつもりではなくて、でも、さっき部屋をのぞいた時、あなたからは殺気っていうか……覚悟っていうか……そういう気配みたいのが感じられなかったから。他の人と違って。でも、それはあたしのただの感じ方で、勝手な見方だから、間違ってたらごめん」

覚悟……？

4胡雪はふっと力が抜けて、近くにあったイスに崩れ落ちるように腰掛けてしまった。

覚悟がないってこと？　私は。

「だから、とっさに声をかけてしまった。女とか、そんなんじゃなかったつもりだけど」

「……わかりました」

もういいです、と言って立ち上がろうとして、今度は本当に自分に行き場がないことを知った。

今の会話が聞こえていれば、居間にも、寝室にも行けない。

「私だって、がんばってますよ……覚悟がないとか、言わないで」

気がついたら、泣いていた。

そんなこと、言われなくても自分が一番わかっている。友達が起業すると聞いて、なんとなくふらふらと付いてきてしまった。本当は別にやりたいことなんてなかった。ただ、大学時代の友人付き合いが楽しくて、……男たちの間に、女が一人の「［A］一点」の環境を続けたくて、ここまで来てしまった。

お姉ちゃんが言っていたことも当たってる。就職活動から逃げた。家事をしたくない、と言いながら、女である環境に甘えていることは、自分が一番、よくわかっている。

ずっと一緒だと思っていた。ずっと男女は同権の世界で、中高大と育ってきたのだ。

それなのに。

三十になったら、急に「それじゃあ、だめだ」と言われるようになった。

母から、姉から、心ない親戚から、ふと立ち寄った居酒屋で隣に座ったおやじから、生理不順で通った婦人科医から……。

結婚をアキョウヨウするわけではないですけど、女性の妊娠に期限があることもまた、事実なんですよ。

阿佐ヶ谷のではない、別の産婦人科医に言われた。

平成元年に生まれた自分が、令和が始まると同時に突き付けられた現実。

そんなことも何も知らないのに、なぜ、この、今日来たばかりの女に「覚悟がない」なんて言われなくてはならないのか。

胡雪がしゃくりあげていると、筧は黙って自分のバッグを出した。ぺらぺらの、バッグというより袋と言った方がいいような、ナイロン製の鞄。スーパーのキャンペーンで配っているエコバッグのような、または、葬式のコウデン返しのカタログギフトの中から選ぶような、安っぽい、ださい鞄。

そこから、彼女が取り出したのはリンゴだった。

つやつやした、でも、まだまだらにしか色づいていないリンゴが、次々と出てくる。

痩せぎすな中年女がリンゴを持っていたら、それは魔女にしか見えない。

「これ、今日、家を出る時に、アパートの大家さんがくれたの。田舎から送ってきたんだって。台風で落ちたやつ。傷物で、あまり赤くないけど、甘いんだって」

これは、予算外、あたしからのお世話になるご挨拶、と言って、小さく笑った。

胡雪は、彼女を雇う時に田中が夜食や夕食用に決まったお金を渡す、と言ってたのを思い出した。その予算外、という意味だろう。

筧はくるくると器用に皮をむいた。むいたものを四つに割って、さらにそれを割って八つにした。

きれいな手をしている、と気づいた。ごつごつと骨ばった体の大きな女なのに、指だけはすらりと長くて白くてしなやかだ。

そのまま食べさせてくれるのか、と思ったら、彼女はキッチンの下の棚から、テフロン加工のフライパンを出して並べた。

コンロにかけ、ごくごく弱火にして蓋をする。

筧の様子をじっと見ていたら、少しずつ涙が乾いてきた。そっと指で拭った。

「焼くんですか、リンゴを」

「そう」

その間も、彼女の手は止まらず、残りのリンゴもすべて同じようにむいた。それらを次々と焼いていく。

キッチンにかすかに甘い匂いが漂った。

「砂糖も水も何も入れないの。ただ、フライパンに並べて蓋をするだけ」

途中で、筧はフライパンの蓋を取って、胡雪に見せてくれた。みずみずしかったリンゴからじわりと水が出てきて、端がカラメルのように焦げ始めている。彼女はそれをフライ返しでひっくり返した。

「こうして両面、きつね色に焼ければ出来上がり」

筧は冷凍庫からアイスクリームを出してきた。コンビニなどどこでも売っている、百円台の安いアイスだった。

小皿に丁寧にこんもり盛って、焼いたばかりのリンゴを載せた。

「さあ。まずはこれ食べて」

スプーンを添えて、胡雪に出してくれた。

「本当はデザート用だったんだけど」

そして、胡雪の前に座った。

「……いただきます」

熱いリンゴが載ったアイスクリームはとろりと溶け出している。それと甘酸っぱいリンゴを一緒に口に入れた。

「どう？」

胡雪の顔をのぞき込むように見た。

「おいしい」

「よかった」

筧は立ち上がって、包丁やまな板など、使ったキッチン用品を次々に洗っていく。

「……女の子がいるって聞いて」

水音の中に、小さな筧の声が聞こえた。

「リンゴをもらったものだから、つい、アイスクリームを買っちゃった」

女の子だから甘いものなんて、短絡すぎるよねえ、あたし。

ありがとう、と素直に言えない。

でも、甘すぎない、アイスクリーム以外、砂糖をいっさい使っていないデザートは心をとろかした。

「これ、紅玉（こうぎょく）ですか」

ごめんなさい、という言葉の代わりに尋ねた。

「ん？　違うの。普通のリンゴ。アップルパイとかジャムとか、本格的なお菓子作りに使うなら紅玉だけど、あれは高いし、砂糖をしっかり入れないとおいしくならないからね」

これなら、普通のリンゴでできるから、時々作るんだ、と教えてくれた。デザートなんて柄（がら）じゃないんだけど、とつぶやく。

「そうなんだ」

「紅玉を知っているなんて、お菓子作りでもするの？」

「母と姉が」

母たちのケーキは、砂糖とバターを贅沢（ぜいたく）にいっぱい使う。

それそのものが、恵まれた立場をエ誇示するかのようなお菓子作りだ。

でも、これは、台風で落ちたリンゴをただ焼いただけ。でも、甘い。

十分、甘くて優しい。

途中から、アイスが溶けきって、焼きリンゴを溶けたアイスのソースで食べているみたいになった。それもまたおいしい。

5今の自分に一番合っているデザートだと思った。

「女の子がいるって聞いて、デザートを作るなんて、女は甘い物好きだっていう、もしかしたら、思いこみや差別かもしれないけど」

筧はつぶやいた。

「でも、相手を喜ばしたかっただけ。それだけ」

「ありがとうございます。私も感情的になってすみませんでした」

そんなふうに人に謝ったのは久しぶりだった。なんだか、すっきりした。

「男の役割とか女の立場とか、そんなに気にしなくてもいいじゃないの」

筧がさらりと言った。

「あたしが家政婦やってるのは、ただ、この仕事がよくできて、好きだからだし」

「あ、なんか、いいもん、食ってる」

急に声をかけられて驚いた。

仮眠から起きたらしい、モモちゃんがキッチンをのぞいて叫んでいた。

「うまそう。おれにもちょうだい」

「これはデザート、皆はご飯のあとだよ」

筧はモモちゃんにも夕飯と夜食の説明をした。さっき胡雪にしたのと同じように。

これはおにぎり、これは豚汁、冷凍うどんはチンしてカレー汁をかけて。

「うわ、おいしそうだなあ」

「徹夜や夜遅くまで仕事する人には、カレーうどんっていいんだって。消化がよくて、スパイスが脳を活性化する」

「へえ、そうなんだ」

「できたら、食べたあと、三十分くらい仮眠するとさらに効率がいいらしいよ」

「そんな時に寝たら、もう、目覚めない永遠の眠りについちゃいそう」

筧とモモちゃんが声を合わせて笑った。
6 そうだ。女の子のために甘いものを(でも甘すぎないものを)作るのと、徹夜の人のためにカレーうどんを作るのと、どう違うのだろう。
「カレー一口、味見させて」

「少しだけだよ」

筧は小皿にすくったカレーを彼に差し出した。

「うまーい!」

「油揚げとちくわと玉ねぎが入ってる。食べる時に、ネギを別に載せるんだ」

「これ、うまいなー、ご飯にもかけたい。普通のカレーと少し違うけど」

「カレーうどんのゴクイ(オ)、知ってる?」

「なんですか?」

胡雪と桃田は同時に子供のような声をあげてしまった。

b「一さじの砂糖だよ。それを加えることで、味に丸みが出る」

「へえ」

「じゃあ、あたしはそろそろ帰りますから」

筧はキッチンを磨き上げて、エプロンをイスの背にかけ、コートを着込んで、あのペラペラバッグを手に持った。

「さあ、失礼しますよ」

玄関に向かう筧を、皆、部屋からぞろぞろ出てきて見送った。

「ありがと、あんした」

「また、今度」

「いいんだよ、あたしは仕事で来ているんだから」

さあ、仕事に戻って戻って、と筧はしっしとするように、手を振った。

「こんなの、今日だけでしょ。そのうち、慣れたら誰も顔を出してくれなくなるんだから」

「ばれたか」

伊丹が笑った。

筧が部屋を出て行くと、誰ともなく顔を見合わせて、「俺たちもご飯にしますか」と言い合った。

田中や伊丹たちもキッチンのテーブルで、思い思いに、おにぎりと豚汁を食べ始める。

「これ、うま」

大根葉のおにぎりにかぶりついていた田中が思わず、という感じでつぶやいた。

「こっちの、ゆかりおむすびもなかなか」

「から揚げ、最高。なんか、運動会のお弁当思い出す」

「豚汁、身体があったまるな」

皆、きっと、さっきの胡雪と筧のやり取りを聞いていたのだろう。だけど、自然に食事が始まったことで、誰も何も言わない。

悪くないね、家政婦、と胡雪がつぶやいた。

だろ、と田中。

「じゃあ、まあ、しばらく来てもらうか」

「そうだな」

「賛成！」

モモちゃんが一番大きな声を出した。

食べ終わると、また、皆、順番に皿や容器を洗って片づけた。

胡雪はびっくりしていた。

このところ、なんだか、ずっと孤独だった。なんだか、「ぐらんま」はずっとぎくしゃくしていた。

それが、赤の他人が一人来て数時間いてくれただけで、家族みたいにご飯を食べている。

7自然に筧のエプロンを畳んで、戸棚にしまった。なんの義務感もなく、こだわりもなく。

さあ、私も仕事に戻りますか、と胡雪も少し微笑んだ。


（原田ひ香『まずはこれ食べて』〈双葉文庫〉改変した部分があります。）

問一　――ア～オについて、カタカナを漢字に直し、漢字は読みをひらがなで答えなさい。

問二　――1「顔を引き締めて尋ねた」とありますが、胡雪はなぜこのような態度をとったのですか。もっともふさわしいものを次の中から選び、番号で答えなさい。

1　筧に自分の持っている欠点を見せないようにしているから。
2　筧の家政婦としての料理の腕を認めないようにしているから。
3　筧に対してそう簡単には気を許さないようにしているから。
4　筧に食い意地が張っていると思われないようにしているから。

問三　――2「虚を突かれた」とありますが、本文中での意味としてもっともふさわしいものを次の中から選び、番号で答えなさい。

1　不意打ちを食らった。　2　うそを見抜かれた。
3　守りがくずされた。　4　弱点を攻められた。

問四　――3「そういうつもりじゃなかった」とありますが、筧が打ち消しているのは胡雪のどのような言葉ですか。該当する部分の最初の五字を答えなさい。

問五　――4「胡雪はふっと力が抜けて、近くにあったイスに崩れ落ちるように腰掛けてしまった」とありますが、このときの胡雪の様子について説明したものとしてもっともふさわしいものを次の中から選び、番号で答えなさい。

1　気持ちのコントロールがきかなくなり、男性である田中や伊丹には絶対に聞かれたくないようなことを言って騒ぎ立ててしまったが、筧に素直に謝られたことで拍子抜けし、興奮も冷めてへたり込んでいる。

2　筧に当然のように家事を押し付けられることにも我慢がならなかったが、自分にとってもっともふれられるのを恐れていた事柄を指摘され、わずかに持っていた仕事へのプライドが保てなくなっている。

3　筧のような初対面の人に自分の何が分かるのかとこみ上げる怒りをこらえられないでいたが、あまりにも見当違いな指摘を受けたことで全身の力が抜けて言葉を返すことをやめてしまっている。

4　仕事に対する自分の姿勢を適切にとらえた言葉を筧に突き付けられ、張りつめていた気持ちが切れてしまったように座り込んでしまったが、その言葉を否定する材料は見つからないでいる。

問六　[A] に入れるのにもっともふさわしい、色を表す漢字一字を答えなさい。

問七　——5「今の自分に一番合っているデザートだと思った」とはどのようなことかを説明したものとして、もっともふさわしいものを次の中から選び、番号で答えなさい。

1　どんなに値段が安くても食材どうしの調和によって高級な食材にも負けない味が十分出せるということを伝える「デザート」が、自分を見下す家族に負けたくない一心で見栄を張り、強がって生きてきた「今の自分」の道しるべとなってくれるように思ったということ。

2　優しさにあふれつつも、素材の味を生かしながらちょっとした工夫で変化も味わえる「デザート」が、おのれに無いものや欠けていると思ったものにとらわれてもがいていた「今の自分」を導いているように思ったということ。

3　溶けきって形のなくなったソースと合わさった、いかにも甘い「デザート」が、居心地の良さに甘え友人たちに頼ってばかりで、不満があっても文句しか言わず事態を変えようとしてこなかった「今の自分」を映し出しているように思ったということ。

4　刺激的でなおかつ手間のかからない驚きに満ちた「デザート」が、仕事が順調に進んできたことを当然のように思い、努力もせずいい加減な態度でいた「今の自分」の目を覚まさせてくれるように思ったということ。

問八　——6「そうだ。女の子のために甘いものを（でも甘すぎないものを）作るのと、徹夜の人のためにカレーうどんを作るのと、どう違うのだろう」とありますが、このとき胡雪が気づいたのはどのようなことですか。三十字以内で答えなさい。

問九　——7「自然に筧のエプロンを畳んで、戸棚にしまった」とありますが、この自然な行為の中にも何らかの胡雪の気持ちが含まれているとしたら、それはどのようなものですか。ふさわしくないものを次の中から一つ選び、番号で答えなさい。

1　気づいた人が片づけをするという本来の「ぐらんま」の約束を自然に実行したことで、初心に帰ったようなすっきりした気持ち。

2　筧が、すれ違いの生じていた職場においしいご飯の力で明るさをもたらしてくれたことへの感謝のような気持ち。

3　筧が、女であることに寄りかかったっていいのだと教えてくれた、その女の象徴でもあるエプロンをいつくしむような気持ち。

4　飾り気のないまっすぐな言葉を掛けて胡雪のもやもやした悩みを晴らしてくれた筧のことをしたうような気持ち。

問十　次の場面は、本文中で〰〰a〰〰bで示されている、この物語ならではの料理に関連する言葉について、生徒たちが話し合っているところです。これを読んで後の問に答えなさい。

Aさん……〰〰a「リンゴ」は、台風で落ちた傷物だったね。胡雪が泣いているきまずい空気の中、いきなり登場して場の雰囲気をガラッと変える役割を果たしていたよね。

Bさん……使いものになるのかわからない見た目の悪いリンゴでも、必要なときに良い働きをする。①これと似たような働きをしていた調理器具があったよ。

Cさん……登場する食材の持つ意味が別の事柄と重なる場合もあるよ。わたしが注目したのは、〰〰b「一さじの砂糖」だよ。②それを加えることで、味に丸みが出ると言っていたけれど、これは物語の中でもとても重要な表現だと思うな。

Dさん……なるほど。人を和ませたり話に広がりを持たせたりするのに食材や調理器具が多く出てきて、それらが絶妙に絡み合っている物語と言えそうだね。

(1)　――①「これと似たような働きをしていた調理器具」とは何ですか。本文中から九字でぬき出して答えなさい。

(2)　――②「それを加えることで、味に丸みが出る」とありますが、このような、「たった一さじの砂糖が全体の味に良い影響を及ぼしたこと」はどういう事柄と重なりますか。〰〰bより後の本文中から三十五字程度でぬき出し、最初と最後の五字を答えなさい。

筑波大学附属中学校

—40分—

注意　句読点、かぎかっこ等の記号も一字と数えるものとします。

一　次の文章を読んで、後の問いに答えなさい。

> 陸上部に所属する「私」(坂東)たちの高校は、二十七年ぶりに京都の都大路を走る女子全国高校駅伝大会に出場することになった。一年生の自分は補欠選手だという気楽な気分でいた「私」だったが、大会前日の夜、体調をくずした先輩の代わりにアンカー(最終走者)として出場するよう、顧問の菱夕子先生から告げられた。

雪が降っている。

どんよりと濁った空を見上げ、頬をごしごしとさすった。

鼻筋に落ちた雪片がしんとした冷たさを肌に伝えていく。

耳の先に触れてみるが、こちらは寒さのせいであまり感覚がない。

宙に向かって、白い息を吐き出し、その場で十回足踏みした。

私は今、道路のど真ん中に立っている。

これから5区を走る各都道府県代表のアンカーたちが四十七人。おしくらまんじゅうのように固まりながら、吹き荒ぶ寒風に無言で耐えているのはひとえに、この場所を目指して走り続けている仲間のランナーから、一本の*1タスキを受け取るためだ。

「第四走者が、残り五百メートルの地点を通過した順に番号を呼びます。呼ばれた番号の人、*2中継線まで来て、スタンバイしてくださいよー。」

拡声器を持った係員のおじさんの割れ気味な声が響く。強めの関西弁*3イントネーションが混じるせいで、単に連絡事項を伝えているだけなのに、せっかちな感じも加わって、ちょっと怖く聞こえる。そのぶん、①場の雰囲気を切り替えさせる効果は抜群で、周囲の緊張レベルが一気に二段階ほど引き上げられるのを感じた。

「4番、4番——。」

早くも番号を呼ばれた選手が*4ベンチコートを脱いで、中継線まで進んだ。都大路を目指す者なら誰もが知っている、何度も優勝経験がある超強豪校のユニフォームだ。

その選手の足を見て、びっくりした。

ふくらはぎからぽっこりと出ている筋肉の逞しさが尋常ではない。女子がここまで鍛えられるのか、と思わず凝視してしまった先で、4番のゼッケンをつけた選手は屈伸してから、シューズの先をぶらぶらと揺らして、

「ラストォ!」

と両手を掲げ、左右に大きく振った。

人の山に阻まれてコースを見ることはできないが、声が届く距離まで第四走者が近づいているのだ。

それを証明するかのように、私たちの背後を*5先導車両や白バイが通過していく。

色とりどりの鉢巻きをつけた選手たちの頭が並ぶ向こうに、先頭を切って4番が勢いよく出発するのが見えた。

次の選手がまだ呼ばれないので、独走状態でタスキを受け取ったということだ。一方、役目を果たした選手は腰に手を当て、走り終えた人特

有の肘を左右に張り、肩で大きく息をする、くたびれきった後ろ姿とともに歩道側へと消えていった。

先頭が通過してから一分近くが経って、

「26番、28番、46番――。」

とようやく三人の番号が呼ばれた。

それからは続々と、ゼッケン番号がダミ声*6でもって拡声器経由で告げられていく。周囲から急に、パチンパチンという肉を叩く音が聞こえ始めた。寒さで固くなった太ももを叩き、少しでも筋肉をほぐそうとしているのだ。

②本当に私、走るんだ――。

スタジアムからこの中継所までの連絡バスに乗っている間も、雪とともに流れていく京都の街並みを眺めながら、いっそこのまま家の前まで走って帰ってくれないかな、と内心、真面目に願っていた私である。

バスから下りたのち、待機所になっている病院のロビーでは、はじめて留学生のランナーを見た。彼女のことは陸上競技雑誌で見かけたことがあった。私や咲桜莉*7が得意とする中距離走の高校記録を持つ超有名選手だった。驚いたのは、彼女が自分よりもずっと身長が低かったことだ。

緊張のしすぎで、身体をどこかに置き去りにしてしまったような私に対し、留学生の彼女は同じデザインのベンチコートを着た女の子二人と談笑していた。サポート要員として、中継所まで部員が駆けつけているのだ。呼び出しの寸前まで、留学生は足のマッサージを受けていた。ひとりでやることもなく、キャラメルを舐めていた③私とはエラい違いだった。

第二集団のトップを切って、その留学生選手がタスキを受けて出発する。

「すごい。」

思わず声が漏れてしまうほど、今まで見たことがない走りのフォーム*8だった。

まわりの選手たちもハッとした表情で彼女の後ろ姿を目で追っていた。走る際の、足のモーション*9がまるで違った。走るためのマシーンと化した下半身に、まったくぶれない上半身がくっついているようだ。跳ねるように地面を蹴る、その歩幅の広さといい、それを支える筋肉のしなやかさといい、何て楽しそうに走るんだろう、とほれぼれしてしまうフォームで、彼女はあっという間に走り去っていった。

彼女のXザンゾウを思い浮かべながら、視線を中継所に戻したとき、

「私は好きだよ、サカトゥーの走り方。大きくて、楽しそうな感じがして。」

緊張のしすぎで、まったくごはんを食べる気が起きない朝食会場で、正面に座る咲桜莉に突然告げられた言葉が耳の奥で蘇った。

そんなことを彼女から言われたのははじめてだった。私は咲桜莉の機敏で跳ねるような足の運び方や、テンポのよい腕の振り方が、自分にはできない動きでうらやましく、自分の走り方は大雑把で無駄が多いと思っていたから、驚くとともに純粋にうれしかった。おかげで用意された朝食を全部平らげることができた。

私が留学生の彼女を見て楽しそうと感じたように、咲桜莉が私の走りを見て楽しそうと感じてくれている――。

留学生の彼女と私じゃレベルがまったく違うけれど、不思議なくらい勇気が太ももに、ふくらはぎに、足裏に宿ったように感じた。

④気づくと、あれほど我が物顔でのさばっていた緊張の気配が身体から消え去っている。

　そうだ、私も楽しまないと――。

　こんな大舞台、二度と経験できないかもしれない。もちろん、来年だってここに戻ってきたいけれど、私が走れる保証はどこにもないのだ。

　ならば、この瞬間をじっくりと楽しまないと。最初で最後のつもりで、都大路を味わわないともったいないぞ、サカトゥー。

　図々しい気持ちがじわりじわりと盛り上ってくると同時に、走る前の心構えが整ってきた。さらには、周囲の様子もよく見えてきた。もっともそれは、半分の選手がすでにゼッケン番号を呼ばれ、待機組の人数が減ったせいかもしれないけれど。

　早く、走りたい――。

　身体がうずいて、その場で二度、三度とジャンプして、ステップを踏んだ。

　すでに先頭が通過してから、五分以上が経過しただろう。

　ついに、私の番号が呼ばれた。

　順位に関しては、良いとは言えない。

　でも、それは菱先生も事前に予想済みのことだった。というのも、各都道府県で行われた予選大会にて、五人のランナーは本番と同じ距離を走る。コースのつくりや、当日の天候の違いによる影響は多少あるだろうが、都大路に駒を進めた各校のタイムはすべて公開されるので、その記録をチェックしたら、おのずと全体における自校のだいたいの位置がわかる。私たちの学校の記録は四十七校中三十六位だった。

「全員がはじめての都大路で、いきなりいい成績なんて出ないから。今回はまずは二十位台を目指そう。」

　と菱先生はａハッパをかけたが、この場に残っているのは十五人くらい。すでに三十位台にいることは間違いなさそうだ。

　中継線に並んでいた選手が四人、目の前で次々とタスキを受け取り、Ｙイチモクサンに駆け出していく。

　ベンチコートを脱ぎ、青いキャップをかぶった係員に手渡し、中継線まで進んだ。

　私とほぼ同じタイミングで、すぐ隣に赤いユニフォームの選手が立つ。私よりも五センチくらい背が高い。寒さのせいか、緊張のせいか、血の気のない真っ白な肌に、唇だけが鮮やかな赤色を残していた。ぱっつんと一直線に揃えられた前髪と重なるように、きりりと引かれた眉の下から、切れ長な目が私を見下ろしている。

　互いの口から吐き出される白い息を貫き、視線が交わった瞬間――、⑤彼女の目Aと、私の目Bを結ぶ、直線ABの中間点Cにて、何かが「バチンッ。」と音を立てて弾けるのを聞いた気がした。

　相手は目をそらさなかった。

　私も目をそらさなかった。

　拡声器を手に係員のおじさんが隣を通ったのを合図にしたように、二人して同じタイミングでコースに向き直った。

　体格を見ても、面構えを見ても、相手は一年生ではなさそうだった。

　でも、何年生であっても、この人には負けたくない――。

　むらむらと闘争心が湧き上がってくるのを感じた。

　そう言えば、「どうして、私なんですか？」と昨夜、菱先生の部屋で泣きべそをかく寸前の態で選考の理由を訊ねたとき、

「駅伝はみんなで戦うもの。でも、いちばんしんどいときは、誰だってひとりで戦わなくちゃいけない。そこでどれだけ戦えるかは、持ちタイムでは測れない。じゃあ、ひとりで粘り強く戦えるのは一年生で誰かってなったとき、キャプテンもココミ*10も真っ先に挙げたのが、坂東――、アンタの名前だった。」

と告げてから、⑥「鉄のヒシコ」は「私もそう思った。だから、死ぬ気で走ってきな。」

と完全に目が据わった表情でニヤリと笑った。

菱先生は勝負師ゾーンに入ってしまった感じで怖すぎるし、二人の先輩が推してくれたことも、それってb買いかぶり以外の何物でもない、と今でも思うが、雪が舞う視界の先に自分と同じ黄緑色のユニフォームが見えた途端、⑦すべてが頭のなかから吹っ飛んだ。

「美莉センパイ、ラスト！　ファイトですッ。」

目いっぱいの声とともに、私は両手を大きく頭上で振った。

雪の勢いが増したぶん、ユニフォームのネオンカラー*11が映えて見える。美莉センパイは赤ユニフォームの選手と並びながら近づいてくる。どちらが先を走っているのか、よくわからないが、その歪んだ表情からも、センパイが最後の力を振り絞ってラストスパートをかけていることは明らかだった。

「美莉センパイ！　美莉センパイ！」

と名を連呼する横で、同じく赤ユニフォームの選手が、

「わかば！　わかば！　最後の力出せェ！」

と叫んでいる。

美莉センパイお馴染みの、肘を左右に張ったフォーム、その右手にはすでに肩から外されたピンク色のタスキが握られていた。

自然、身体がスタートの体勢を取る。

シューズがアスファルトを蹴る足音が一気に近づいてきて、肌に触れた雪が解けたのか、それとも汗なのか、テカテカに濡れた美莉センパイの顔が迫ってきた。

苦しいだろうに、それでも笑顔を作り、

「まっすぐ進んで、一回だけ右！」

と甲高い声とともに美莉センパイはタスキを渡し、私の背中をパンッと叩いた。

【万城目学「十二月の都大路上下ル」（『八月の御所グラウンド』〈文藝春秋〉所収）による】

注

＊1　タスキ…ここでは、駅伝の走者が次の走者に手渡していく、輪にした細長い布のこと。肩から腰のあたりにななめにかける。
＊2　中継線…駅伝の選手が次を走る選手にタスキを渡す場所。
＊3　イントネーション…音の上がり下がりの調子。
＊4　ベンチコート…スポーツ選手が寒いときに着る防寒具。
＊5　先導車両や白バイ…駅伝で先頭選手の前を走る車両やバイクのこと。
＊6　ダミ声…にごったガラガラ声。
＊7　咲桜莉…「私」と同じ陸上部の一年生。
＊8　フォーム…運動しているときの姿勢。
＊9　モーション…動作。
＊10　ココミ…「私」と同じ陸上部の上級生。
＊11　ネオンカラー…明るく派手な蛍光色のこと。

(1)　――線部①「場の雰囲気を切り替えさせる」とありますが、その場の雰囲気はどのように切り替わったのですか。最も適当なものを、次の中から選びなさい。

ア　次に走るのは自分だということに気づき、我に返ったランナーたちの集中力が一気に高まっている。

イ　タスキを受け取る時が迫っていることを意識して、レース前特有のはりつめた空気が広がっている。

ウ　係員から伝えられる連絡事項にしたがってすばやく行動できるかわからず、不安がただよっている。

エ　強豪校とのたたかいがいよいよ近づき、しっかり準備運動をしなければならないと焦り始めている。

(2)　――線部②「本当に私、走るんだ――。」とありますが、この時の「私」について説明したものとして最も適当なものを、次の中から選びなさい。

ア　落ち着いた気持ちで番号が呼ばれるのを待っていたが、係員のダミ声や他の選手が太ももを叩く音によって、走ることが急に怖くなっている。

イ　他の選手の鍛えられた体を観察するなどして楽しんでいたが、自分の走る時が近づいてきたことによって、気持ちが急に後ろ向きになっている。

ウ　中継所の緊迫した雰囲気に圧倒されていたが、係員が番号を呼ぶ間隔が短くなってきたことによって、走ることへの気持ちが急に高まっている。

エ　走るための心構えが十分にできないでいたが、走るための準備に余念が無い選手たちによって、走ることに対する実感が急にわいてきている。

(3)　――線部③「私とはエラい違いだった。」とありますが、「私」はどのような点で自分が留学生と違うと感じていますか。最も適当なものを、次の中から選びなさい。

ア　留学生は、仲間のサポートを受けて、心身ともに走るための準備ができている点。

イ　留学生は、この駅伝に対して思い入れがなく、出発を前にリラックスしている点。

ウ　留学生は、他の選手の様子を気にすることなく、自分の世界に入りこんでいる点。

エ　留学生は、経験豊かで実績があるため、周りの視線を意識してふるまっている点。

(4)　――線部④「気づくと、あれほど我が物顔でのさばっていた緊張の気配が身体から消え去っている。」とありますが、その理由として最も適当なものを、次の中から選びなさい。

ア　同じ学校の仲間と楽しく話していた朝食のひとときがふと頭に浮かび、失いかけていた元気を取り戻すことができたから。

イ　いつも気にしてくれている咲桜莉の声が耳の奥でよみがえり、一人だけで戦っているのではないと思うことができたから。

ウ　劣等感をいだいていた自分の走り方を咲桜莉がほめてくれたことを思い出し、少しの間優越感にひたることができたから。

エ　自分が留学生の走りに対して感じたものと同じ言葉で自分をほめてくれた仲間を思い出し、自信を持つことができたから。

(5) 〜〜線部a「ハッパをかけた」、b「買いかぶり」とありますが、文章中での意味として最も適当なものを、それぞれ後の中から選びなさい。

a「ハッパをかけた」

ア　気をつけさせた　　イ　厳しく指導した

ウ　気合いを入れた　　エ　強く働きかけた

b「買いかぶり」

ア　その気にさせるうそ　　イ　実際以上の高い評価

ウ　励ますためのお世辞　　エ　よけいなおせっかい

(6) ——線部⑤「彼女の目Aと、私の目Bを結ぶ、直線ABの中間点Cにて、何かが『バチンッ。』と音を立てて弾けるのを聞いた気がした。」とありますが、これはどのようなことを表していますか。**三十字以内**で説明しなさい。

(7) ——線部⑥「鉄のヒシコ」とありますが、ここで菱先生のことを「鉄のヒシコ」と呼んでいるのはなぜですか。最も適当なものを、次の中から選びなさい。

ア　「私」のためらいや異論を少しも聞き入れてくれそうにない様子だったから。

イ　「私」の考えよりも高い順位の獲得を優先しようとしている様子だったから。

ウ　「私」が泣きそうになっていることを一切気にかけていない様子だったから。

エ　「私」が驚いたりとまどったりしていることを楽しんでいる様子だったから。

(8) ——線部⑦「すべてが頭のなかから吹っ飛んだ。」とありますが、これはどういうことですか。最も適当なものを、次の中から選びなさい。

ア　先生の話に納得できない気持ちでいたが、そのようなわだかまりがすべてなくなり、少しでも早く先輩からタスキを受け取りたいと思うようになったということ。

イ　昨夜の菱先生の表情を思い出して怖さが蘇ったが、そのような恐怖心がすべてなくなり、自分を推してくれた先輩の期待にこたえることだけに集中したということ。

ウ　自分が出場するのにふさわしいかどうか確信が持てないでいたが、そのような迷いがすべてなくなり、タスキを受け取って走ることだけに意識が向いたということ。

エ　先生や先輩の前で泣きそうになった自分を情けなく思っていたが、そのような自責の念がすべてなくなり、先生の言葉どおり死ぬ気で走ろうと決意したということ。

(9) この文章の表現の工夫について、児童が班で話し合っています。これを読んで、［1］〜［3］に当てはまる言葉を、それぞれ文章中から**五字**でぬき出しなさい。

児童A―　私は最初の部分に注目したよ。一文一文が短い上にすぐに改行されていて、少しずつ作品世界に入っていけるようになっていると思う。

児童B―　ぼくは、「私」がどこで何をしているのかはっきりと書かないことで、読者を引きこむ効果があると思うな。

児童C―　この部分の「[1]」から始まる一文には、擬人法（人間ではないものを人間であるかのようにあつかう比喩）が用いられているね。

児童B―　ぼくは「私」と同じタイミングで走ることになった選手の描写に注目したよ。顔のつくりが細かく描写されていて、表情が頭に思い浮かびそう。

児童C―　「[2]」で始まる一文からは、「私」が、自分よりも背が高い相手から威圧感を受けていることが伝わってくるね。

児童A―　さっきの擬人法に似ている描写だね。

児童C―　私は最後の場面の表現に注目したよ。ここでは、タスキをつなごうと必死に走ってくる「美莉センパイ」と、それを待ち受ける「私」の様子が臨場感をもって描かれていると感じたよ。

児童A―　そうだね。「美莉センパイ」が最後の力を振り絞って走ってくる勢いそのものが、走っている様子や表情の細かな描写からも伝わってくるね。

児童B―　「[3]」から始まる一文は、そうした「美莉センパイ」の勢いに押されるように、いよいよ「私」も走り出す覚悟というか、タスキを受け取る準備ができたことが分かる表現だと思うよ。だから、最後の「私の背中をパンッと叩いた」という表現が印象に残るのかもしれないね。

(10)　この文章のX[ザンゾウ]、Y[イチモクサン]を漢字に直しなさい。（ハネやハライなどの点画もきちんと書くこと。）

二　同じ筆者が書いた次のⅠ・Ⅱの文章を読んで、後の問いに答えなさい。

Ⅰ

現在の人間たちの協力の最たるものは「職業」です。多くの人は職を持っていて、特定の仕事をするだけで生きていけるようになっています。私の場合であれば大学教員ですので、大学で講義をしたり、研究をしているだけで給料をもらって、衣食住を賄うことができます。私が身に着けている衣服も毎日食べている食料も、住んでいる家も、自分で作ったものではありません。作ろうと思っても質の高いものは作ることができません。その代わりに他のもっと技術のある人間が仕事として作ってくれたものを買っています。

現代人には当たり前すぎて普段はあまり意識しないかもしれませんが、これは大きな協力関係です。皆が[　]ために質の高い仕事をすることで、全員が安全で快適な生活を送ることができています。

職業という協力関係の重要さは、誰かが仕事を辞めたらどうなるかを考えるとすぐにわかります。たとえば、衣服を作る仕事の人が全員辞めてしまったら、みんな自分の服は自分で作らないといけなくなります。きっと粗末な衣服しか作れないことでしょう。忙しい人は全く作れないかもしれません。着替えを用意しておくのも大変ですし、洗っているうちにぼろになるでしょうから、洗濯もあまりしなくなるでしょう。衣服は汚れ、感染症も広まりやすくなるかもしれません。現代人が安く品質の高い衣服を手に入れることができているのは、作ることに特化した人が専門に作ってくれるおかげです。

①そしてそれは一方的な関係ではありません。衣服を作る人も食料や住居は別の専門家に作ってもらっています。私たち人間は、現在、社会という大きな協力関係の網の目の中に組み込まれています。

「社会の中に組み込まれる」ということは「社会の歯車になる」ということです。この言葉にはあまりいい印象はないかもしれません。自分の個性とか*1アイデンティティがおびやかされていると感じるかもしれません。しかしそれは誤解だと私は思います。②むしろ社会の歯車になることでほとんどの人は個性を発揮して、みんなの役に立てるのだと思います。

たとえば、社会が全く存在しない状況を考えてみましょう。父親、母親、小さい子どもの三人家族だけで無人島で暮らしているような状況です。この場合、生きていくために必要な仕事はすべて三人だけで分担しないといけません。狩りをするのは、生物的に力の強い大人の男性である父親になるでしょう。植物や果物を採集したり、調理したりするのは、狩りに不向きな女性や子どもの仕事になるでしょう。たとえ、狩りなんて荒っぽいことが嫌いな男性や、採集よりも狩りの方が好きな女性だったとしても、餓えないためには身体的に向いている方をやらざるをえません。狩りに失敗したり、食べ物を見つけることに失敗したりすれば、すぐに命の危機が訪れます。また、この世界では、勉強が得意とか、絵をかくのが得意とか、コミュニケーション能力が高いとか低いなどの個性が役に立つことはありません。なにより必要なのは、獲物をしとめたり、食料を確保する能力です。力や体力が何よりも重要です。強く丈夫で健康な人間だけが生き残る世界です。それ以外の個性には出番はありません。

一方で私たちの社会は違います。力や体力が必要な職業もあれば、勉強や絵を描くことやコミュニケーション能力が必要な職業もあります。どれか一つの能力が優れていれば、十分に活躍の場が見つかります。少なくとも狩猟採集社会よりは、今の社会の方が自分に合った役割(歯車)が見つかる可能性が高いように思います。

こうした他人との協力からなる社会を形成するようになると、人間という生物が増える単位も変わってきます。人間以前の生き物は自分の力で自分だけを増やしていました。細菌も*2線虫もカエルも虫もサルも、増えることができるかどうかは自分の能力や運によって決まっていました。優れた能力を持っていれば*3生殖に成功し、子孫を作ることができますし、そうでなければ*4血統は途絶えてしまいます。

ところが協力関係の網の目の中にいる人間は違います。自分が生き残って増えるためには他の人の能力も重要です。また自分の能力もほかの人が生き残って増えることに貢献しています。自分の命が大事なのと同じように、他の人の命も大事になっていきます。③増える単位が自分の体を超えて広がっているといってもいいかもしれません。

このような大規模な協力関係は人間ならではの特徴です。人間以外の生物が非血縁個体と協力することは、特殊なケースを除いてほとんどありません。なぜ人間のみでこのような特殊な能力が生まれたのかについてはいろいろな説があります。人間の持つ高度な言語能力や認知能力や寿命の長さが大事だったと言われています。また、それらの能力が生まれた背景には、狩猟採集生活の中で協力する必要性があったことや、子どもが成長するまでに時間がかかることから子育てに他の個体の協力が必要だったことなどが指摘されています。

このような性質のどれが直接的な原因だったのかはわかりませんが、いずれにせよ、このような他の個体との協力を可能とする人間の性質は、元をたどれば少産少死の戦略によってもたらされたものです。命を大事にして長く生きるようになり、他個体と付き合うことが可能になったために協力することが有利になりました。

しかも、人間には他者を認識する知能や、他者の気持ちを察することのできる共感能力も備わっています。結果として協力関係がどんどん発展していきました。私たち人間は地球上の他のどんな生物よりも協力的な、いわば「やさしい」生物です。このようなやさしさの進化は少産少死の戦略を極めてきた生物にとって必然だったように思えます。

（市橋伯一『増えるものたちの進化生物学』〈ちくまプリマー新書〉による）

Ⅱ

進化を促進する以外にも、裏切り者にはもうひとつ別の価値があるように思います。裏切り者は、協力が本当に価値があるのかを問い直す意味があります。生物の進化には協力性を発展させるような、一貫した傾向があることを述べてきました。この傾向にブレーキをかけるのが裏切り者の役割ではないかと思います。そしてブレーキは、とかく協力に走ってしまう生物に対して、その協力は本当に意味があるのかを問いかける役割を担っているように思います。

例えば、日本でもよく見かけるアミメアリでは、裏切り者が増えてしまって社会の形を変えてしまっています。アミメアリの巣にはもう女王はおらず、働きアリが卵を産むようになっています。それでも働きアリどうしは協力して餌の探索や育児をしています。そして集団が大きくなると分裂して新しい巣を作ることで増えていきます。

この珍しい生活様式は、おそらく自分で卵を産むようになった裏切り者の働きアリが増えて女王を*5駆逐したことによると考えられます。しかし、面白いことに、それでも働きアリどうしの協力関係は維持できているのです。アミメアリが日本全国に分布していることを見ても、女王のいる普通のアリよりも増殖効率で著しく劣るということはなさそうです。

このアミメアリの存在は、女王だけが生殖するという普通のアリの社会のあり方が必ずしもアリの繁栄にとって重要ではないことを示しています。みんなが生殖をしたとしても、労働の分担さえできていれば十分に効率よく生きていくことができるのです。これは働きアリが卵を産むという裏切り行為によって、女王だけが生殖をするというやり方が本当に価値があるのかを問い直した結果だといえるでしょう。

同じことは私たちヒトの社会にもあてはまります。私たちは協力することを良いことだと思い、裏切りは悪いことだと思っています。学校ではみんな仲良くするように繰り返し教えられ、みんなで協力して何かを成し遂げることが*6推奨されます。一方で裏切り者といえば基本的に*7ネガティブなイメージで語られます。別にそのことが悪いわけではありません。

ただここで強調したいのは、こんなふうに協力を良しとする風潮は、進化によってヒトの脳に刷り込まれたものだということです。ヒトの本能だといってもいいかもしれません。

私たちヒトは、生命の誕生から一貫して協力関係を発展させることによって生存競争を勝ち抜いてきたのですから、脳は協力を好み、とにかく協力を進めるように成形されてしまっています。言い換えると、協力というのはヒトという種の成功体験です。それで成功してきたのだから、今後も協力をし続けてしまいます。

ここで気をつけないといけないのは、過去にうまくいった方法がこれからもうまくいくとは限らないことです。皆さんの会社や共同体にも、過去の成功体験にこだわって新しい環境に対応できない人はいないでしょうか。同じことが協力を好む私たちの心にもあてはまります。協力を好む心は時に、協力のための協力をするようになります。本来の協力の効果は、分業して一人ではできない価値を生むことです。協力のための協力はその本来の効果とはむしろ逆の効果を及ぼしかねません。皆さんの会社や共同体でも、時に非効率な団結や助け合いを無言のうちに強要されたことはないでしょうか。

そこに裏切り者の役割があります。例えば年金*8はみんなが協力して老後の生活を保障する制度ですが、若者の加入率が落ちているといいます。これは社会全体で見れば若者の裏切り行為に他なりませんが、彼らからすると将来もらえるかどうかもわからないのに金をとられるのは、納得ができないでしょう。こうした裏切り行為は年金制度の見直しを促すきっかけにもなります。他にも利己的*9にふるまう怠け者が現れるというのは、その協力関係が実は非効率な協力になっていることを示唆*10しているのかもしれません。

このように裏切り者の出現は困ったものではありますが、その協力に本当に価値があるのかを問うきっかけとなる利点もあります。人間社会を維持するためには、裏切り者は多くの場合、排除しなければなりません。しかし排除するまえに、少しだけ彼らの言い分にも耳を傾けたほうがいいのかもしれません。

（市橋伯一『協力と裏切りの生命進化史』〈光文社新書〉による）

注

＊1　アイデンティティ…自分らしさ。
＊2　線虫…体長〇・五～二ミリ程度の小さく細長い生物。体は細長く糸や筒のような形をしている。
＊3　生殖…生物が自らと同じ種に属する個体をつくること。
＊4　血統…祖先からの血のつながり。
＊5　駆逐…追いはらうこと。
＊6　推奨…優れていることをあげて、それを人にすすめること。
＊7　ネガティブ…否定的なさま。
＊8　年金…国の社会保障制度の一つとして、社会全体で高齢者等の生活を支える制度のこと。
＊9　利己的…自分の利益だけを考えるようす。
＊10　示唆…それとなく教え示すこと。

(1)　文章中の□に入る言葉として最も適当なものを、次の中から選びなさい。

ア　自分自身の将来の　　イ　自分以外の誰かの
ウ　多くの収入を得る　　エ　世に技術を広める

(2)　――線部①「それは一方的な関係ではありません。」とありますが、ここでの関係として最も適当なものを、次の中から選びなさい。

ア　自分だけがもつ特別な技術を磨く(みが)ことにより、他の専門家に負けないように互い(たが)に高め合っていくライバルの関係。

イ　いざというときには複数の専門家がもっている力を存分に発揮して、社会の危機を乗り越え(こ)ようとする団結の関係。

ウ　いくつもの専門的な仕事が関わることにより、誰もが安心して過ごすことのできる社会が成り立つ助け合いの関係。

エ　もし仕事を急に辞めてしまった人がいても、すぐに似たような専門性をもった人が代わりを務める支え合いの関係。

(3)　――線部②「むしろ社会の歯車になることでほとんどの人は個性を発揮して、みんなの役に立てるのだと思います。」とありますが、その理由として最も適当なものを、次の中から選びなさい。

ア　今の社会は、範囲(はんい)は限定されるがだれでも自分に合う仕事から自由に選択(せんたく)して働くことができるから。

イ　狩猟社会ではむだと思われていた能力も、現在の社会の仕組みの中では誰かを助けるのに役立つから。

ウ　人と同じ仕事をすることになっても、社会の一員となって貢献できれば人生を前向きに過ごせるから。

エ　社会が存在しなければ、生き残るのに有利な人間の能力ばかりが重視される生き方を強い(し)られるから。

(4)　――線部③「増える単位が自分の体を超えて広がっている」とありますが、これはどういうことですか。次の［　］に入るように「**単位**」「**子孫**」という言葉を使って**十五字以上、二十五字以内**で書きなさい。

人間は個人という単位ではなく、［　　　］ということ。

(5)　Ⅰ・Ⅱの文章を読んで考えたことを児童が班で話し合っています。これを読んで後の(i)～(iv)に答えなさい。

児童A―　Ⅱの文章には、Ⅰの文章で出てこなかった「裏切り者」という言葉が出てきたね。
児童B―　「裏切り者は、協力が本当に価値があるのかを問い直す意味があります。」と書いてあるよ。これはどういうことなのかな。
児童C―　もう一度、アミメアリの例を見て考えてみよう。普通のアリの社会の場合は、［　X　］という方法で仲間を増やしていくのに対して、アミメアリの社会の場合は、働きアリが卵を産むという方法で仲間を増やしているね。
児童A―　そのアミメアリの巣には女王は追い出されてもういないとも書いてあるよ。一見すると女王にとっては「裏切り者」だね。
児童B―　でも結果的にアミメアリが日本全国に分布しているのであれば、この「裏切り者」が進化には必要だったとも言えるかもしれないよ。
児童C―　ヒトの場合はどうなのかな。
児童B―　Ⅱの文章では、═線部「私たちヒトは、生命の誕生から一貫して協力関係を発展させることによって生存競争を勝ち抜いてきた」と書いているよ。

児童D― Ⅰの文章では、人間の、他者を認識し共感する能力に着目しているね。 Y という言葉は生物としての人間の特徴をうまく表しているよ。

児童B― なるほど、ⅠとⅡの文章を比べるのもおもしろそうだね。次は、この二つの文章を比べてみよう。

（話し合いは続く）

(i) X に入る具体的な言葉を**十字以内**で考えて書きなさい。

(ii) アミメアリの例の場合、「裏切り者」がいたことによってどのようなことが明らかになりましたか。最も適当なものを、次の中から選びなさい。

ア 仲間と協力さえすれば、自分より強い相手もたおせること。
イ 一般的でない方法であったとしても、仲間を増やせること。
ウ 強い存在に頼らなくても、大きな集団をまとめられること。
エ 集団よりも個で進化したほうが、効率的に繁栄できること。

(iii) Y に入る言葉をⅠの文章から**十字以内**でぬき出しなさい。

(iv) 〰〰線部「この二つの文章を比べてみよう。」とありますが、Ⅰ・Ⅱの文章を比較した内容として最も適当なものを、次の中から選びなさい。

ア Ⅰは人間は互いの気持ちを理解することで協力関係を築いてきたと述べているが、Ⅱは仲間を裏切る者の気持ちにも耳を傾けて親身に寄りそう方がよいと述べている。
イ Ⅰは協力関係の網の目をもつ人間は他の個体より長く生きられると述べているが、Ⅱは人間も裏切り者の出現により協力関係が崩れて存続が危うくなると述べている。
ウ Ⅰは人間は他の個体と協力し合うことによって発展してきたと述べているが、Ⅱは協力関係の負の側面に目を向けてそれをうまく解決するためのヒントを述べている。
エ Ⅰは人間は他の個体と協力するのに有利な能力を高めてきたと述べているが、Ⅱは人間社会の中では仲間を裏切る者が出ないようにすべきであると注意を述べている。

帝京大学中学校(第一回)

—50分—

注意　問題の中で、字数が指定されている場合は、特に指示のない限り、句読点等を字数にふくめること。

一　小学三年生のサトシと哲ちゃんは探検ごっこをする仲間だが、クラスの男子達からいじめの標的にされており、この日も二人一緒に暴力をふるわれていた。これに続く次の文章を読んで、後の問いに答えなさい。

「大丈夫?」起き上がり、哲ちゃんに声をかける。

「うん。サトシ君は大丈夫?」

「うん」

さっきまで楽しかったのに、今は泥だらけなことをかっこ悪く感じた。二人とも、腕から血が出ていた。

草むらから出て、水道に行く。血が出ている傷口のまわりの泥を洗い落とす。足や顔のまわりも洗う。

「そうだ。サトシ君に渡すものがあったんだ」洗い終わり、哲ちゃんはハンカチで体をふいていく。

「何?」ぼくも体をふく。

「これ」ポケットの中から赤い星のピンバッジを出す。「探検隊の証にしようと思って。お揃いだよ」

「いいの?」バッジを受け取る。

赤は哲ちゃんの好きな色だ。ランドセルも赤い。女みたいと笑われても、自分の好きなものを捨てたりしない。

「お父さんが買ってくれたんだ。サトシ君にもあげなさいって」

「ありがとう」

シャツの胸に画びょうのような形のバッジをさし、留め金で裏から留める。哲ちゃんもポケットからもう一つバッジを出して、同じように留める。

傷はまだ痛かったけど、楽しい気分が戻ってきた。

六時のチャイムが鳴ったら、遊ぶのをやめて家に帰る。

「バイバイ」

「また明日ね」

T字路で哲ちゃんと手を振り合い、わかれる。

右に行くと哲ちゃんの家で、左に行くとぼくの家だ。学校に行く時も、学校から帰ってきて遊びにいく時も、ここで待ち合わせする。お互いが見えなくなるまで、手を振りつづける。

哲ちゃんにもらったピンバッジを見る。夕陽が当たって、赤い星が光る。

胸にさしておくと目立つから、①学校ではシャツの裾にさそうと約束した。いつも持っているのが二人の友情の証になる。

自転車に乗った石井君と久保君が後ろから来て、横を通りすぎた。何か言われるかと思ったけど、何も言われなかった。ぼくを見ることさえなかった。まるで、[A]みたいだ。

ぼくの家の三軒隣が石井君の家で、久保君の家はその裏にある。二人も同じ幼稚園だった。幼稚園の頃は、家が近いから仲良しだった。電車のおもちゃでよく一緒に遊んだ。

いじめられるようになったのは二年生の終わり頃からだ。にぶいし、いつまでも探検ごっこや電車ごっこをしていることを笑われるようになった。三年生になると、プロレスごっこしようと言われ、殴られたり蹴られたりするようになった。腕にあざができて、お母さんにどうしたの？と聞かれ、石井君と久保君にやられたと言ってしまった。お母さんは怒って、二人の家に行った。次の日から、暴力はごっこ遊びではなくなった。

「サトシ君」

後ろから歩いてきた男の人に声をかけられる。

「こんにちは」田中君だった。

「河原で遊んでいたの？」

「うん」

田中君は、ぼくと哲ちゃんの友達だけど、年は二十歳くらい上だ。ぼくの家の正面に建つアパートに住んでいる。いつもTシャツにジーパンとか楽そうな格好をしている。大学生だと思っていたら、お兄さんはもうすぐ三十歳になるんだよ、と前に言われた。

去年の夏に家の前で自転車に乗る練習をしていたら手伝ってくれて、それから一緒に遊ぶようになった。秘密基地の作り方も、田中君が教えてくれた。

「またいじめられたの？」

「ううん。②いじめじゃないよ」

いじめられていると自分でもわかっているのに、言葉にして認めたくなかった。

「石井君や久保君に何かされたんじゃないの？」

「お母さんには言わないでね」

「わかってるよ」

けがをして、田中君に手当てしてもらったことが何度かある。

何をされたか話したら、そんなこと気にしないで好きなことをやった方がいいと言って笑っていた。哲ちゃんも、ぼくは気にしないよと言って笑っていた。

「秘密基地、雨で壊れなかった？」

「大丈夫だった」田中君の顔を上げる。

「それは、良かった」

他の大人と違って、田中君はぼくや哲ちゃんに目線を合わせようとしない。子供だからって手加減してくれることもなくて、秘密基地を作る時は作業が遅いと何度も怒られた。おかげで、台風で壊れても、ぼくと哲ちゃんだけで新しく作り直すことができた。

a

b

c

d

e

「哲ちゃんやサトシ君みたいな友達がいれば良かったなって思うよ。僕もサッカーや野球は得意じゃないから」

「サッカー好きじゃないの？」

日本代表の試合がある日、田中君はサッカーのユニフォームを着ていた。

「見るのは好きだけどね」

「そうなんだ」

「大丈夫だよ。今はたくさん友達がいるから。大人になったら、同じことが好きな友達と会えた」

デザイン事務所というところで田中君は働いている。きっと、そこには田中君と同じような格好の人がたくさんいるのだろう。ぼくのお父さんは毎日スーツで会社に行く。大人にも色々な人がいるようだ。

「好きなことが同じじゃないと、友達になれないの？」

「そんなことはないよ。でも、[B]」

「よくわかんない」田中君はたまに難しいことを言う。

「いつかわかるようになるよ」

「ふうん。石井君や久保君とも、前は友達だったんだよ」

「うん」

「どうして友達じゃなくなっちゃったんだろう」

「サトシ君は石井君や久保君と友達になりたいの？」

「……うん」

いじめられたくないし、ちょっとだけ石井君や久保君に憧れている。

二人とも女子に人気がある。二人だけじゃなくて、運動ができる男子はみんな人気がある。ぼくと哲ちゃんは女子にいじめられることはないけど、冷たくされることがあった。教室にいても、石井君や久保君たちは光って見える。

秘密基地を作ろうなんて、来年は思わないかもしれない。幼稚園の頃に遊んでいた電車のおもちゃは押入れの奥に入れたまま、もうずっと出していない。好きだった遊びを子供っぽく感じることは、ぼくにもある。哲ちゃんと遊ぶのは楽しいし、野球やサッカーは苦手だ。でも、いつまでも子供みたいな遊びをしているより、石井君や久保君たちのグループに入りたいと思ってしまう時があった。

「友達が多いことは悪いことじゃないからね」

「うん」

お父さんもお母さんも先生も、たくさん友達を作りなさいと言っていた。哲ちゃんしか友達がいないことを、お母さんは恥ずかしいと感じているみたいだ。保護者会で他のお母さんたちがあいさつし合っている中に入りにくいと話していた。

「じゃあ、サトシ君にはこれをあげよう」肩にかけているカバンから、田中君はスマイルマークの黄色い缶バッジを出す。

ぼくが差し出した手の平の真ん中に、バッジを置く。

「何これ？」

哲ちゃんがくれた赤い星のピンバッジに比べて、かっこよくない。目と口のバランスが悪いせいか、ニセモノっぽい。こんなんつけていたら、またいじめられる。

「これは不思議な力を持ったバッジなんだよ」

裏も見てみるけど、普通の缶バッジだった。カバンの中にずっと入っていたのか、真ん中がへこんでいる。

「不思議な力？」

「ヨーロッパのある村に伝わる秘密の魔法がかけられたバッジでね、友達バッジっていうんだ。これをつけていると、誰とでも友達になれる」

「ヨーロッパのどこ？」

ぼくが聞くと、田中君は腕を組んで右上を向いて考えこむ。

「フランス。これは秘密だから誰にも言っちゃダメだよ」ぼくの方を見る。

「ふうん」

嘘だと思うけど、③それ以上は聞かないであげた。田中君は防衛隊ごっこをする時、ぼくと哲ちゃん以上に大きな物語を作りあげる。たまに、平気な顔で嘘もつく。

「ヨーロッパは国が陸つづきなのに、国ごとに言葉が違うだろ?」

「うん」

「さっきも言ったけど、違うっていうことを受け入れるのはとても大変なんだ。それで戦争が絶えなかった時代に、考え出された魔法なんだ。その頃は宝石が入ったブローチで、お金持ちにしか買えないものだったんだけど、今はこうして缶バッジになった。もうすぐ誰でも買えるようになる」

「雑誌に載っている幸福になれるブレスレットみたいなもの?」

お母さんが読んでいる週刊誌に、恋人ができたり、宝くじが当たったりするブレスレットの広告が載っていた。

「違うね。あんなインチキとは全然違うよ」

「違うんだ」

「学校につけて行ってみなよ。いらなかったら返してくれればいいから」

「うん。ありがとう」

「バッジの力のことは誰にも話しちゃダメだよ。哲ちゃんにも秘密だからね」田中君はぼくの目をのぞきこんでくる。

「わかった」バッジを握る。

夕方になってもまだ暑いのに、④冷たい風が手の中を通った。

(畑野智美『ふたつの星とタイムマシン』〈小学館文庫〉より)

問一　――線①「学校ではシャツの裾にさそうと約束した」とありますが、シャツの裾にさすのはなぜですか。四十字以内で説明しなさい。

問二　[A]にあてはまる言葉として適切なものを次の中から一つ選び、ア~エの記号で答えなさい。

ア　ぼくなんかいない　　イ　ぼくを避けている

ウ　ぼくを怖がっている　　エ　ぼくに関わりたくない

問三　――線②「いじめじゃないよ」とありますが、そう言ったのはなぜですか。適切なものを次の中から一つ選び、ア~エの記号で答えなさい。

ア　いじめを否定しないと、田中君にいじめの事実が知られてしまうから。

イ　いじめられたことのない田中君に、「ぼく」の気持ちは分かるはずがないから。

ウ　いじめのことを田中君に話しても、どうせ信じてもらえないから。

エ　言葉にしてしまうと、いじめの事実が強く意識されてしまうから。

問四　[a]~[e]にあてはまる会話文として適切なものを次の中から一つずつ選び、ア~オの記号で答えなさい。

ア　「ううん。いじめられもしなかったし、いじめもしなかったよ」

イ　「友達いなかったし」

ウ　「えっ?　そうなの?」

エ　「田中君も子供の頃、いじめられた?」

オ　「ふうん」

問五　[B]にあてはまる言葉を文中から二十四字で探し、はじめと終わりの五字をそれぞれ抜き出しなさい。ただし、句読点は含めないものとします。

問六　――線③「それ以上は聞かないであげた」とありますが、それはなぜですか。適切なものを次の中から一つ選び、ア～エの記号で答えなさい。

ア　田中君は平気な顔で嘘をつくので、聞くだけ時間の無駄だから。

イ　嘘をつくのが苦手な田中君に、余計な苦労をかけたくないから。

ウ　「ぼく」を心配してくれる田中君に、これ以上嘘をつかせたくないから。

エ　田中君は「ぼく」を見下しているので、嘘によってますます「ぼく」がみじめになるから。

問七　――線④「冷たい風が手の中を通った」とありますが、これは「ぼく」のどのような気持ちを表していますか。三十字以内で説明しなさい。

□二　次の文章を読んで、後の問いに答えなさい。

現在、環境問題がさまざまに議論されています。一口に環境問題といっても、地球温暖化・オゾン層の破壊・熱帯林の減少・酸性雨・有機化合物や有毒金属による地球汚染など、多くの問題にわたっており、対策も個々の問題に応じて異なっています。逆に、原因はただ一つです。人間の諸活動が、環境問題を引き起こしているからです。地上に人類が現れて以来、地球環境は汚染され続けてきたとa極論を言う人もいます。実際、人類の手で多くの種が絶滅させられました。しかし、人類も自然に生まれてきた生物の一つですから、その活動が環境に影響を与えるのは必然なのかもしれません。

［A］、人類は生産活動を行うという点で他の生物とは異なった存在であり、自然では作り得ない物質を生産し、その大量消費を行うようになったのも事実です。その結果、人類の活動が地球の環境が許容できる能力とb匹敵するほどのレベルに達しており、自然では浄化しきれない人工化合物があふれ、新しい生命体を作る試みすらし始めています。人類は、意識しているかどうかは別として、環境を根本的に変えかねない事態を招いているのです。【ア】

かつては、「環境は無限」と考えられていました。［B］、環境の容量は人類の活動に比べて圧倒的に大きく、すべてを吸収処理してくれると思ってきたのです。［C］、廃棄物を平気で海や空に捨て、森林を切り、海や湖を埋立て、ダムを造ってきました。しかし、環境が無限でないことを、さまざまな公害によって学んできました。また、陸にも海にも砂漠化が進み（海にも砂漠化が進み、海藻が枯れています）、自然の生産力が落ち始めています。確かに、このままの消費生活を続けると、地球の許容能力を越え、カタストロフィーが起こるかもしれません。人類の未来は、環境問題の危機をいかに乗り切るかにかかっていると言っても過言ではないでしょう。【イ】

この環境問題の原因は、無責任に大量生産・大量消費の社会構造にしてしまった私たちの世代の責任であると考えています。自分たちは優雅で便利な生活を送りながら、その「借金」を子孫に押しつけているのですから。借金の最大の象徴は、原子力発電所から出る大量の放射性廃棄物でしょう。電気を使って生活を楽しんでいるのは私たちですが、害にしかならない放射性廃棄物を一万年にわたって管理し続けねばならないのは、私たちの子孫なのです。あるいは、熱帯林を切って大量の安い紙を使っているのは私たちであり、表土が流されて不毛の地となってしまった大陸や島に生きねばならないのは子孫たちなのです。環境問題は、すべて①このような構造をもっています。この点を考えれば、せめて子孫たちの負担を少しでも軽くするような手だてを打っていかねばなりません。

この地球環境の危機に対し、「原始時代のような生活に戻れ」という主張をする人がいます。大量消費が原因なのですから、それをやめればいいという単純な発想です。しかし、それは正しいのでしょうか。いったん獲得した知識や能力を捨てて、原始時代の不安な生活に戻れるものなのでしょうか。生産力の低い生活に戻れば、どれほど多くの餓死者が出ることでしょう。②はたして誰が、それを命じることができるのでしょうか。たぶん、答えは、そんな知恵のない単純なものではないと思います。なすべきことは、現在の私たちの生き方を振り返り、いかなる価値観の変更が必要で、そのためには、科学がいかなる役目を果たすべきかを考えることではないでしょうか。

環境問題を引き起こした原因の一つは、現在の生産様式が自然の論理に合っていないことにあります。ある意味で、かんたんで楽なやり方しか採用してこなかったのです。

例えば、現在の生産方式の多くは、工場(プラント)を集中化し、巨大化した設備で大量生産を続けるという方法がとられています。その方が、生産効率が高く、省力化できる、つまり安上がりで大量に生産ができるという経済論理が優先されているのです。そのために、政府が基盤整備に投資を行い、それに合わせて輸送手段を集中し、都市へ人を集めるというふうに、社会構造まで含めて巨大化・集中化に邁進しています。その結果、少量ならば自然の力で浄化できるのに、大量に工業排出物を放出するため、海や空気の汚染を深刻化させたのです。【ウ】

工場を分散させ、小規模施設とすることが、まず第一歩です。それでは生産力が落ちると反論されそうですが、小規模でも同じ生産力を保つ研究が必要なのです。そのヒントは、科学の技術化は、一通りだけではないという点にあります。むしろ、③今までは大規模生産しか考えず、それに適した技術しか開発してこなかったといえるかもしれません。もうけるという経済論理が、科学技術の中身を決めてきた可能性があります。「自然にやさしい科学」とは、従来とは異なった、小規模でも高い生産性をもつ原理や技術の発見という意味を込めています。【エ】

また、巨大化・集中化は「画一化」につながっています。全国いたるところで、同じ物が売られ、同じテレビ番組が流れ、同じビルが建ち並んでいます。画一化された文化の中で、画一化された生活を送り、画一化された製品に囲まれている結果が、大量消費構造を支えているのです。それぞれが、独自な生活スタイルをとり、固有な文化を生き、独特の生産様式をつくり出す、という価値観の転換が必要だと思います。そのような「多様性」の中で生きるためには、どのようにして太陽や風や海流や地熱など自然のエネルギー利用を行うか、人工化合物でなく自然物を利用するかなど、やはり「環境にやさしい科学」が望まれることになるのです。

④その可能性は、エレクトロニクス技術による「マイクロマシン」という、生物が採用している生体反応を利用するのに似た方式にあるかもしれません。虫は、あんなに小さな体なのに、実に精巧な機能をもってい

ます。例えば、蚊は、一センチにもならない体であるにもかかわらず、獲物を探すための三種のセンサー（二酸化炭素用＝人の呼吸、赤外線用＝人の体温、乳酸用＝人の汗）、毛細血管の位置を探る超音波センサー、皮膚に穴を開けるノコギリ状のパイプと鋭い針の二重構造からなる口吻、針の先端部が血管で止まるように血漿を検知するセンサーをもっています。もし、私たちが、これだけの機能をもつ機械を作ろうと思えば、非常に巨大でエネルギーを使う機械となってしまうでしょう。ところが、蚊は、それを見事に作り上げているのです。マイクロマシンは、そのような小型でエネルギーをあまり使わない生物機械を実現することをめざしています。ヒントは、電気エネルギーを使って機械を動かすのではなく、生体反応をもっと利用することにあります。

また、原子一個一個を制御するナノテクノロジーも、新しい工学機械の可能性を拓くかもしれません。マイクロマシンやナノテクノロジーなどから、大量生産・大量消費とは異なった論理で生きる社会をめざす必要があると考えています。

（池内了『科学の考え方・学び方』〈岩波ジュニア新書〉より）

問一　〜〜線a・bの意味として適切なものを次の中から一つずつ選び、ア〜エの記号で答えなさい。

a「極論を言う」

ア　根拠のない主張をする
イ　意味のないことを言う
ウ　一方に偏りのある主張をする
エ　誰にとっても当たり前のことを言う

b「匹敵する」

ア　つりあう　　イ　ぶつかりあう
ウ　区別がつかなくなる　　エ　勝負にならなくなる

問二　[A]〜[C]にあてはまる語句として適切なものを次の中から一つずつ選び、ア〜エの記号で答えなさい。

ア　さて　　イ　ただ　　ウ　だから　　エ　つまり

問三　この文章には次の一文が抜けています。文中の【ア】〜【エ】のうちでどこにあてはめるのが適切ですか。ア〜エの中から一つ選び、記号で答えなさい。

二一世紀は、まさにこの課題に直面する時代となるに違いありません。

問四　――線①「このような構造」とありますが、どのような構造ですか。五十字以内で説明しなさい。

問五　――線②「はたして誰が、それを命じることができるのでしょうか」とありますが、ここで筆者はどのようなことを言おうとしていますか。適切なものを次の中から一つ選び、ア〜エの記号で答えなさい。

ア　現在の生き方を見直す場合にも、今ある知識や能力を捨てずに済むような方向性で考えるべきであるということ。
イ　地球環境の危機を乗り切るには、多くの餓死者を出すという重い決断を誰かがしなければならないということ。
ウ　仮に誰かが命令したとしても、原始時代の不安な生活にどれだけの人間が戻れるかは誰にもわからないということ。
エ　これまでに獲得した知識や能力を使えば、地球環境の危機の原因が大量消費以外にもあることがわかるはずだということ。

問六　――線③「今までは大規模生産しか考えず、それに適した技術しか開発してこなかった」とありますが、これはなぜですか。「〜から。」

に続く形で答えとなる部分をここより前の本文から三十字以内で抜き出し、はじめと終わりの三字をそれぞれ答えなさい。

問七　――線④「その可能性は、エレクトロニクス技術による『マイクロマシン』という、生物が採用している生体反応を利用するのに似た方式にあるかもしれません」とありますが、これはなぜですか。適切なものを次の中から一つ選び、ア～エの記号で答えなさい。

ア　「マイクロマシン」の原理は、大量生産・大量消費の論理を否定しようとすることで作り出されたものだから。

イ　「マイクロマシン」の原理は、独自な生活スタイルや固有な文化の存在する「多様性」の中から生まれたものだから。

ウ　「マイクロマシン」の原理は、生体反応を利用して電気エネルギーを生み出すことを可能にするかもしれないから。

エ　「マイクロマシン」の原理は、小規模で高い生産性を持つ技術の実現にもつながるかもしれないから。

問八　本文の内容と合致(がっち)するものを次の中から一つ選び、ア～エの記号で答えなさい。

ア　ナノテクノロジーの研究によって、蚊のような小型でエネルギーをあまり使わない機械も実現できるようになった。

イ　「環境にやさしい科学」が望まれているために、人々は全国いたるところで同じ物が売られているような社会をつくりあげている。

ウ　私たちの生き方を振り返って価値観を見直すことによって、人類の活動が地球環境に影響を与えてしまうという事態は避けることが可能である。

エ　人類が他の生物とは異なり生産活動を行うことができたために、自然の持つ浄化能力を越えた環境汚染という問題が起きてしまった。

三　次の1～5について、a～cの四字熟語を完成させた時、□に入る数字の合計を、それぞれ算用数字で答えなさい。

1　a　□意専心　b　□里霧中　c　□位□体
2　a　□面楚歌　b　言行□致　c　□寒□温
3　a　□方美人　b　□日坊主　c　□者択□
4　a　□束三文　b　心機□転　c　□転□倒
5　a　岡目□目　b　千載□遇　c　□人□色

四　次のそれぞれの――線部のカタカナを漢字に改めなさい。

1　この仕事に必要なケイヒを計算する。
2　患者(かんじゃ)はショウコウ状態を保っている。
3　この店は品ぞろえがホウフだ。
4　あなたの期待にコタえたい。
5　一年生のトキョウソウが開始された。
6　燃えにくいケンザイを集める。
7　状況がどうなるかセイカンする。
8　彼女(かのじょ)のあの役はコウエンだったと評価が高い。
9　三年ぶりにキュウキョを訪れた。
10　森がサイゲンなく続いている。

桐蔭学園中等教育学校(第一回午前)

—50分—

注意事項　記述問題において、小学校で習わない漢字はひらがなで書いてもかまいません。

一　次の——線部のカタカナを漢字に、漢字をひらがなに直して書きなさい。

① 祖父はギリと人情に厚い人だった。
② 習慣と病気のインガ関係を調査する。
③ キャベツ畑に農薬をサンプした。
④ 常に世界ジョウセイに注目しておく。
⑤ 新しいファッション雑誌がカンコウされた。
⑥ 有名な脳科学者のコウエンを聴(き)きに行く。
⑦ 県大会でヒガンの初優勝を果たした。
⑧ スポーツ選手のキンセイの取れた体型。
⑨ 節約のため質素な生活を送る。
⑩ だれに対しても敬う気持ちを忘れない。

二　次の文章を読んで、後の設問に答えなさい。

外出したさい、ちょうどお昼なので、その辺で昼飯を食べようと思ったら、ラーメン屋が目に留(と)まった。ラーメンもいいが、もっとほかに美(お)味(い)しいものがあるかもしれない。そう思って、つぎの店を探す。すると、そば屋が目に入った。そばか、それもいいけど、もう少し探してみよう。こうして洋食、とんかつ、お好み焼き、等々、いろいろな店をめぐるが、結局、どれもいまいちで、決められない。探せば探すほど、余計に迷ってしまう。最後は、もう何でもいいや、と思って、眼(め)の前のラーメン屋に入る。そうしたら、そのラーメンはいまいちだった……。

①こんな失敗をしないためには、あらかじめ周辺にどんな店があるのかをよく調べ、腹の減り具合(ぐあい)や懐(ふところ)具合を勘案(かんあん)[注1]して、どの店で何を食べるかをしっかり決めておかなければならない。このような計画を事前に立てておけば、昼飯を求めて当てもなく彷徨(ほうこう)[注2]するというような愚(ぐ)は避けられる。

このように計画はたしかに重要である。よく計画してから行動せよと言われることも多い。しかし、②なぜ計画は重要なのだろうか。あらためて考えてみよう。まず、その場で考えたのでは間に合わないケースがある。「泥縄(どろなわ)」という言葉が示すように、泥棒を捕(つか)まえてから縄[注3]をなっていては、泥棒に逃(に)げられてしまう。泥棒を捕まえたらどうするかをあらかじめ考えて、縄で縛(しば)ることにするなら、縄をなって用意しておかなければならない。事が起こってから対策を考えようとしても、十分考える時間はないし、いい対策を思いついても、準備する時間がない。まさに③「泥縄式」の対応になる。

また、計画を立てないと、せっかく行ったことが無駄(むだ)になることがある。今夜は、コーヒーでも飲みながら、本を読もうと思って、コーヒー豆を買って帰る。しかし、コーヒーミルを探してみると、どこにも見当たらない。そういえば、古くなったので、先日、ゴミに出したのだとAハタと気づく。挽(ひ)いてある豆を買うべきだったと後悔(こうかい)しつつ、仕方なくお茶をいれて飲む。せっかく買ったコーヒー豆は無駄になってしまう(腐(くさ)

るものではないのでとってはおけるが)。

さらに、計画を立てないと、やったことが無駄になるどころか、邪魔にさえなることがある。家具の配置換えをしようと思って、机や椅子、本棚を動かしてみる。しかし、やみくもに動かしたりすると、たとえば動かした机が邪魔になって、そこに本棚を置くことができなかったりする。そこで、仕方なく、机を元の位置に戻すB羽目になる。家具の配置換えは、結構複雑な作業だ。行き当たりばったりでは、ある移動がつぎの移動の邪魔になることがある。どれをどの順に移動するかの事前のしっかりした計画が必要だ。

「机上の空論」とか「下手の考え休むに似たり」という言葉があるように、現実と噛み合わない上滑りの思考は、空転するばかりで役に立たない。しかし、現実としっかり噛み合った思考は、きわめて有用である。家具の配置換えを計画的に行うには、部屋の図面を書いて、どこに机や椅子、本棚を置くかを書きこみ、それらをそこに移動するためには、どの順にどのルートで動かすかを具体的かつ詳細に決めなければならない。④それはまさに「机上」で綿密に行わなければならない。そのような「机上」の緻密な計画があってはじめて、効率的な配置換えが可能になる。

もちろん、計画を立てるには、それなりの時間と労力がかかる。場合によっては、とくに計画を立てずに、適当に場当たり的にやったほうが早く楽にできるかもしれない。汚れた食器を洗浄機に入れるとき、どれをどの順にどこに置くかをあらかじめ決めるのは、非常にむずかしい。そんなことをあれこれ考えるより、適当に入れて、うまく行かなければやり直すようにしたほうが、はるかに早いし、楽である。

とはいえ、たいていは計画的にやったほうが効率的である。家具の配置換えについて計画を立てるのは、なかなか手間暇のかかる作業だが、計画を立てたほうが早く楽にできる。重たい机や本棚を動かすのは時間と労力がかかるし、それを何度もやり直すのは耐えがたい。そのような試行錯誤を図面上で行うことができるのは、私たち人間の恵まれた才能だ。計画はそのような才能を活かした人間独自のすぐれた営みなのである。

たしかに計画は重要だ。しかし、読者のみなさんもおそらく身に染みているように、どれほど緻密に計画を立てても、必ず想定外のことが起こる。

たとえば、さまざまな可能性をよく考えて周到に計画を立て、そのうえで銀行強盗を決行したとしよう。ところが、銀行の床にたまたまバナナの皮が落ちていて、それで滑ってあっけなく捕まってしまう。もちろん、バナナの皮が銀行の床に落ちていることはまずないが、その可能性はけっしてゼロではない。完全な計画を立てようとすれば、どれほど確率の低い出来事でも、それが生じたときの対策を考えておかなければならない。

しかし、生じる可能性のあることは、きわめて確率の低いものまで含めれば、ほとんど無限にあると言ってよい。たとえば、銀行強盗中に、赤ちゃんが突然泣きだして、その声で外にいる仲間と連絡がとりづらくなるとか、行員の尋常ならざる悲鳴に驚いて腰を抜かす、運転を誤った車が銀行に突入してくるなど、可能性は低くても、けっして起きないとは言えない。さらには、ミサイルの飛来や隕石の落下といった出来事すら、確率はゼロではない。このようなほとんど無数の起こりうる事柄をすべて考慮することは、私たち人間には実際上不可能である。

したがって、どれほど緻密な計画を立てるとしても、きわめて確率の低い事柄は無視せざるをえない。ミサイルの飛来や隕石の落下は、確率がゼロではないとはいえ、起こらないものとして考慮の外に置くほかない。

ただし、厳密に言えば、⑤どの事柄を無視するかは、それが生じる確率だけで決まるわけではない。生じる可能性のある事柄のうち、銀行強盗の成功を大きく妨げるものもあれば、そうでないものもあるだろう。つまり、事柄によって、それが生じたときにどれだけ成功を妨害するかが異なる。これを「妨害量」の違いとよぶことにしよう。妨害量の大きい事柄ほど、それが生じたときに成功を大きく妨げる。

銀行強盗中にバナナの皮ですべって転ぶことは、きわめて確率が［あ］とはいえ、それが生じれば、ほぼ確実に捕まる。したがって、その妨害量はかなり［い］。これにたいして、行員の尋常ならざる悲鳴は、ある程度の確率で起こるとはいえ、それほど銀行強盗の遂行に支障を来さないだろう。したがって、その妨害量はあまり大きくない。

このような妨害量が、どの事柄を無視するかに関係してくる。バナナの皮による転倒が行員の尋常ならざる悲鳴よりもはるかに確率が［う］としても、それらの確率とそれぞれの妨害量を掛けあわせた値(妨害の「期待値」とよばれる)は、バナナの皮による転倒のほうが［え］かもしれない。そうだとすれば、バナナの皮による転倒のほうが、銀行強盗の成功をより大きく妨げることになろう。そうであれば、行員の尋常ならざる悲鳴を無視して、バナナによる転倒のほうを考慮に入れることになるだろう。つまり、どの事柄を無視するかは、その事柄が生じる確率だけではなく、その確率と妨害量を掛けあわせた値(つまり妨害の期待値)によって決まるのである。

以上、厳密を期すために、少し込み入った話をしたが、ともかく重要なことは、どれほど緻密な計画を立てるにせよ、完全な計画を立てることは不可能だということである。起こる可能性のある事柄はほぼ無限にあり、そのすべてを考慮することはできないから、一部の事柄は起こらないものとして無視するしかない。つまり、想定外とするしかない。しかし、想定外の事柄も、生じる確率がゼロでない以上、起こりうる。そして、もしそれが起これば、計画はおそらく失敗するだろう。したがって、絶対に失敗しない完全な計画を立てることは不可能なのである。そこには、計画を立てることは重要だが、⑥完全な計画を立てることはできないというジレンマがある。このことはよく頭に入れておいたほうがよいだろう。

(信原幸弘『「覚える」と「わかる」　知の仕組みとその可能性』〈ちくまプリマー新書〉より)

(注1)勘案…あれこれと考え合わせること。
(注2)彷徨…あてもなく歩き回ること。
(注3)縄をなって…「縄をなう」は藁や糸をより合わせて縄を作ること。

問1　===線部A「ハタと」・B「羽目になる」の意味として最も適切なものをそれぞれ次の中から一つずつ選び、記号で答えなさい。

A「ハタと」
ア　なんとなく　イ　やっと　ウ　突然　エ　はっきり

B「羽目になる」
ア　予想外の展開になる　イ　初めにもどる
ウ　余計な苦労になる　エ　困った状況になる

問2　――線部①「こんな失敗」とありますが、それはどのような失敗ですか。その説明として最も適切なものを次の中から一つ選び、記号で答えなさい。

ア　周囲や自分の状況をあらかじめ考えて事前に昼食を食べる店を考えておかなかったために、結局おいしくない食事をとることになってしまったという失敗。

イ　いろいろな種類の昼食を目の前にしてその中からひとつを選ぶ決断力が足りなかったために、結局おいしくない食事をとることになってしまったという失敗。

ウ　昼食に食べたいものをあらかじめ考えておいたが、近辺にそれが食べられる店が無かったために、結局おいしくない食事をとることになってしまったという失敗。

エ　最初に目に留まった店に入ればよかったが、ほかの店にも目移りしてしまったために、結局おいしくない食事をとることになってしまったという失敗。

問3　――線部②「なぜ計画は重要なのだろうか」とありますが、「なぜ計画は重要なの」ですか。その理由を五十字以上六十字以内で説明しなさい。句読点などの記号も字数にふくみます。

問4　――線部③「『泥縄式』の対応」とありますが、その具体例として最も適切なものを次の中から一つ選び、記号で答えなさい。

ア　購入していた宝くじで大金が当選してから、家族と賞金の使い道について相談した。

イ　新発売のゲーム機を購入予約してから、お小遣いをもらうために親にどう説明しようか考え始めた。

ウ　文化祭で使っていた電動ドライバーが故障してから、故障した部品を買いにホームセンターに行った。

エ　登山していたら持ってきた水筒の水が尽きてしまい、慌てて水場を探した。

問5　――線部④「それはまさに『机上』で綿密に行わなければならない」とありますが、「『机上』で行う」とはどういうことですか。その説明として最も適切なものを次の中から一つ選び、記号で答えなさい。

ア　実際の現場とは離れたところで事前にその現場を想定して行うということ。

イ　実際の行動が空転しないように、現実との関係をよく考えて行うということ。

ウ　行動が無駄にならないように、効率性の高さを重視して行うということ。

エ　同じことを何度も繰り返さないように実際に図面に書いて試行錯誤するということ。

問6　――線部⑤「どの事柄を無視するか」とありますが、「どの事柄を無視するか」は何によって決められると筆者は述べていますか。その説明として最も適切なものを次の中から一つ選び、記号で答えなさい。

ア　その事柄が妨げになることを防ぐための計画の緻密さ。

イ　それが実際に起きたときにものごとの成功をどれくらい妨げるかをあらわした「妨害量」。

ウ　計画の実行を妨害するような出来事が発生する確率の高さ。

エ　計画の妨害となる事柄が生じる確率とその事柄が成功を妨げる程

度とをかけ合わせた値。

問7 文中の空らん［あ］・［う］には「高い」もしくは「低い」が、空らん［い］・［え］には「大きい」もしくは「小さい」のいずれかが入ります。適切な方を書きなさい。

問8 ――線部⑥「完全な計画を立てることはできない」とありますが、それはなぜですか。その理由の説明として最も適切なものを次の中から一つ選び、記号で答えなさい。

ア　計画を妨害する可能性のある事柄は無限にあるわけではないため、全てを考慮に入れることも不可能ではない。しかし、考慮に入れたことが起こった場合でも、計画した対処法にまちがいがある可能性もあるから。

イ　計画を妨害する可能性のある事柄はほぼ無限にあるため、その全てを考慮に入れる必要が出てくる。しかし、全てを考慮に入れたとしても、それが起こったときの計画の失敗を防ぐことはできないから。

ウ　計画を妨害する可能性のある事柄はほぼ無限にあるため、その全てを考慮に入れることはできない。しかし、考慮に入れなかったことも起こる可能性はあり、それが起これば計画は失敗することになるから。

エ　計画を妨害する可能性のある事柄は無限にあるわけではないため、その全てを考慮に入れることができる。しかし、そこに計画を実行する側の油断が生じ、計画の実現を妨げることになるから。

三　次の文章を読んで、後の設問に答えなさい。

誰もいなくなった放課後の教室はがらんとしていてとても静かだった。上靴の底が床を擦る音、椅子を引く音、心臓が脈を打つ音、グラウンドから聞こえる声。全部が鮮明に届いて、ひとりなのにどうしてか少し緊張してしまう。

机の中に放り込んだスマホを無事回収し、それから何気なく窓の外に視線を移した。まだ明るい空と混ざり合ったオレンジの光がとても眩しい。

夕焼けを収めておきたくてカメラを起動させると、そのタイミングでスマホが振動した。

表示された通知を確認すると、ユウナから《あやちゃんスマホあった？》といった内容のメッセージが送られてきていた。《あった。ごめんありがとう》と返信しながら、①なにがごめんとありがとうなんだっけと自分に疑問を抱く。

癖というのは怖いもので、慣れれば慣れるほど、言葉や仕草に含まれる意味合いが薄れていってしまう。「ごめん」も「ありがとう」も大切な言葉なのに、私が使うと、どうしても粗末にしているような気がするのだ。

「あれ、庄司さん」

不意に、そんな声が掛けられた。振り向くとそこには仁科くんが立っていて、私の口からは反射的に「仁科くん」と彼の名前がこぼれた。空に向かって構えていたスマホを隠すように腕を下ろす。空が綺麗で写真に収めたいと思う、なんて、私のキャラじゃない。

「忘れもの？」

「うん、スマホ忘れちゃって。仁科くんは？」

「俺は—……うん、まあ、そんな感じ？」

なんで疑問系？と思ったけれど、私がその理由を聞く前に仁科くんに「ひとり？」と質問される。彼は私の横を通り抜けると、窓を開け夕焼けの光を浴びるように窓の縁に体を預けた。黄昏れる、というのは、こういう瞬間を言うんだなとその時強く実感した記憶がある。

「いつものふたりは一緒じゃないんだね」

「いつもの……」

「永田さんと、木崎」

「ああ……モモコは部活。ユウナは一緒にいたけど先に帰ったの。一緒に戻らせるの申し訳ないじゃん」

「ふうん」

ふうんって、②聞いてきたのは仁科くんのほうなのに。

興味のなさそうな返事にうまく反応できず、沈黙が訪れる。こういう時ばかり、話し上手なユウナがいてくれたら、なんて都合の良いことを考えてしまう私は、③とてもずるい人間だと思う。

「ねえ」と、仁科くんが再び口を開く。

開けた窓から抜ける夏のぬるい風が、仁科くんの黒髪を仄かに揺らしている。彼の横顔をちゃんと見るのは初めてで、その美しさに、心臓が脈を打った。

④「庄司さんって学校楽しい？」

「は？」

「楽しい？」

クラスメイトと話している時より雑なトーンで二度聞かれたその質問の意図は汲み取れなかった。

庄司さんって学校楽しい？

それは、どういう視点でどういう理由で聞かれたものなのだろうか。

「普通に、楽しいよ」

疑問を抱いたけれど、問うに値しなかった。あたりさわりなく聞かれた質問に答えると、仁科くんは「へえ」とこれまた興味なさそうに言うのだった。

私が過ごす学校生活は可もなく不可もない。日々に大きな不満もないし、これといってトクベツなことも起きない。

放課後は友達と遊んだり、寄り道をしたり、A人並みに恋愛もしたりして、そうやって生きている。

一般的に見て、平均的に考えて、私が生きている今は、「普通に楽しい」のだと思う。

ただ、それが少し物足りないっていうだけで。

「その〝普通〟って、なんなんだろ」

「はあ？」

「〝普通〟に楽しいとか〝普通〟においしいとか。誰にとっての普通が基準になってんのかなって、疑問に思ったことない？」

仁科くんと私は、友達でも恋人でもない、ただのクラスメイトだ。これまでのどこかでまともに会話をした記憶はない。目を見て話すのだって、その時が初めてに等しかった。

私が知っている仁科くんは、いつも周りに人が集まっていて、誰にでも平等で、運動も勉強もできる、才能にも人脈にも恵まれた人。

「ずっと気になってたけどさ、庄司さんってべつにすごい明るい人間じゃないよね」

じゃあ、⑤私が今、話している仁科くんは誰なんだろう。

西日が仁科くんを照らしている。窓に寄りかかったまま振り向き、仁科くんは続けた。

「木崎と話してる時とか特に、目死んでるし。いつも〝合わせてあげてる〟んだなって思って見てたよ。庄司さんって、⑥百円のイヤフォン買って一日で壊れて『百円だからしょうがないや』って妥協するタイプなんだなって」

「……なにそれ。意味わかんないし」

「値段と質は比例するから。百円のイヤフォン五十回買うのと五千円のイヤフォン一回買うのとじゃ全然意味合いが違う。注そんで庄司さんは、高いイヤフォンを買わない派」

「ねえ、さっきから何の話してるの」

「それってさあ、対価を払って壊れた時が怖いから？」

何も言えなかった。B図星をつかれて、言い返す言葉がなかったのだ。

中学生ながらに、私は自分の限界を見据えていた。

高いイヤフォンを買うのは怖い。払ったお金が高ければ高いほど、壊れた時のショックが大きいから。その点、百円で買ったイヤフォンは何回壊したって抱える罪悪感はたかが知れている。

百円だから。安いから。音質は気になるけれど支障が出るほどじゃないから。

思い入れは少ないほうがいいのだ、物にも――人にも。

地元だから。揉めたら面倒だから。周りの歩幅に合わせたほうが何事も穏便に済むから。

誰にも言ったことのない本音が露呈してしまった気がして、私は恥ずかしくて目を逸らした。

「……なんなの、仁科くん」

「べつに、思ってたことを言っただけ。やっぱり、俺が想像してた通りの人だった」

「想像って」

「庄司さん、いつもつまんなそうな顔してる。勿体ない生き方してるんだなあっ思ってたよ――俺と同じだ、って」

こぼれた私の声はとてもかすかで、弱かった。睨むように視線を向けても、仁科くんにはきっと響いてはいない。

クラスの人気者の仁科くんとはかけ離れた二面性を知っている人は、いったいどのくらいいるのだろう。

「今日の空、綺麗だよね。収めておきたいって思うの、わかるよ」

仁科くんがシャッターを切る音がやけに印象的だった。

『庄司さん、いつもつまんなそうな顔してる』

同級生に、ましてや関わりのなかった男子に、こんなふうに言葉を吐かれたことはなく、仁科くんには期待するほどデリカシーがなかった。

つまんなそうな顔して生きてる。

それってどんな顔？　仁科くんの世界に、私はどんなふうに映ってるの。

聞きたかった、けれど、聞く勇気はなかった。

「勝手に私をわかった気にならないでよ」

「はは、ごめん。でも事実でしょ？」

「むかつく…」

むかついた。けれど同時に、⑦本音で話した時間はあまりに煌めいていて――私は確かに惹かれていたのだ。

(雨『きみとこの世界をぬけだして』〈スターツ出版〉より)

(注)「そんで」…「それで」の意。

問1　══線部A「人並みに」・B「図星をつかれて」の意味として最も適切なものをそれぞれ次の中から一つずつ選び、記号で答えなさい。

A「人並みに」

ア　世間の人と同じ程度に　　イ　周囲の人の真似をして

ウ　他の人より一層真剣に　　エ　感情を持った人間らしく

B「図星をつかれて」

ア　他人からは隠しておきたい自分の弱みを見ぬかれて

イ　そのとおりであることを人から指摘されて

ウ　思いもよらないことが突然起きて

エ　質問にどう答えたらよいか分からなくて

問2　――線部①「なにがごめんとありがとうなんだっけと自分に疑問を抱く」とありますが、これはどのようなことですか。その説明として最も適切なものを次の中から一つ選び、記号で答えなさい。

ア　メッセージを送ってくれた友人に対する返信に、謝罪と感謝の気持ちを意味する言葉をうっかり使ってしまったと気づいたということ。

イ　メッセージをくれた友人に対する返信に、謝罪と感謝の気持ちの言葉をどうして付け加えないといけないか不思議に思ったということ。

ウ　メッセージをくれた友人に対して、単なる習慣で反射的に謝罪と感謝の言葉を返信している自分に気づいたということ。

エ　メッセージを送ってくれた友人に対して、謝罪と感謝の気持ちを表すことに慣れてしまっている自分におどろいたということ。

問3　――線部②「聞いてきたのは仁科くんのほうなのに」とありますが、このときの「私」の心情の説明として最も適切なものを次の中から一つ選び、記号で答えなさい。

ア　聞かれたことについてそのまま答えたのに、つまらなそうな返事をされてしまい、いらだちを感じている。

イ　聞かれたことについてそのまま答えたのに、そっけない返事をされてしまい、とまどいを感じている。

ウ　聞かれたことについてそのまま答えたのに、わけのわからない反応をされてしまい、がっかりしている。

エ　聞かれたことについてそのまま答えたのに、反感のこもった反応をされ、どうしていいかわからなくなっている。

問4　――線部③「とてもずるい人間だと思う」とありますが、「私」が自分のことを「ずるい人間」だと感じているのはなぜですか。その理由の説明として最も適切なものを次の中から一つ選び、記号で答えなさい。

ア　目の前にある大事な問題から目をそらし、自分に都合のいい想像をして現実逃避するところがあるから。

イ　いつもは見下している友人に、たまたまそこにいるからという理由だけで助けてもらおうとするところがあるから。

ウ　自信が持てないという理由で、好意を持っている相手との間を他人に取り持ってもらおうとするところがあるから。

エ　自分が困ったときにだけ、普段は適当にしか付き合っていない相手にでも頼ろうとするところがあるから。

問5　――線部④「庄司さんって学校楽しい?」とありますが、「仁科くん」はなぜこのような言葉をかけたのですか。その理由の説明として最も適切なものを次の中から一つ選び、記号で答えなさい。

ア　庄司さんは表面的には楽しそうにしながら実は生活に物足りなさを感じているのではないかと思っていて、それをこの機会に確かめたかったから。

イ　庄司さんは無理をしてまで周りに合わせることで友人関係を維持しているのではないかと思っていて、そんな庄司さんの勇気の無さを責めたかったから。

ウ　庄司さんは「普通」であることに違和感を抱いているのではないかと思っていて、自分と同じ思いを抱く仲間として悩みを共有したかったから。

エ　庄司さんは周囲の人に合わせることを優先するために自分自身が本当に望んでいることを犠牲にしているのではないかと思っていて、そんな庄司さんを救ってあげたかったから。

問6　――線部⑤「私が今、話している仁科くんは誰なんだろう」とありますが、このように考えたのはなぜですか。その理由の説明として最も適切なものを次の中から一つ選び、記号で答えなさい。

ア　人気者で優等生に見えていた「仁科くん」が、普段の元気な様子とは打って変わって気弱な様子で弱音を吐いている様子を目にし、いつもの彼とは同一人物とは思えなかったから。

イ　誰にでも優しく平等だった「仁科くん」が、初めて話したにも関わらず「私」を傷つけるようなことを平気で言っているため、これが「仁科くん」の本性であると認めたくなかったから。

ウ　人気者で優等生に見えていた「仁科くん」が、特別に親しくもない「私」に対していつもと違った様子でずけずけとした物の言い方をしているため、まるで別人のように感じられたから。

エ　誰にでも優しく平等だった「仁科くん」が、クラスメイトである「私」の話を上の空で聞いて会話が成立しない様子を見て、これは本当の「仁科くん」であるはずがないという気持ちが湧いたから。

問7　――線部⑥「百円のイヤフォン買って一日で壊れて『百円だからしょうがないや』って妥協するタイプなんだなって」とありますが、仁科くんはこの言葉で庄司さんがどのような人であると言っているのですか。五十字以上六十字以内で説明しなさい。句読点などの記号も字数にふくみます。

問8　――線部⑦「本音で話した時間はあまりに煌めいていて」とありますが、このように感じたのはなぜですか。その理由の説明として最も適切なものを次の中から一つ選び、記号で答えなさい。

ア　今までは本音で話そうとしてもそれを受け止めてくれる友人はいなかったが、仁科くんは「私」の本音を受け止め理解してくれて心をうたれたから。

イ　仁科くんに指摘されることで「私」は初めて自分の隠されていた思いに気付かされたが、それは眼を背けたくなるものであったから。

ウ　「私」の悩みに気付き、とげのある言葉によってではあるが「私」にアドバイスしてくれる仁科くんの優しさに好意を抱き始めたから。

エ　本音を隠して友人に合わせている「私」にとって、「私」の本心を見抜いている仁科くんとのやりとりは新鮮で貴重なものであったから。

東京学芸大学附属世田谷中学校

―40分―

※　句読点や「　」などの記号は一文字分とすること。

一　次の――部をそれぞれ漢字に直しなさい。ただし、一点一画に注意し、楷書で丁寧に答えること。必要に応じて適切な送り仮名も用いることとする。また⑬～⑮については、その読みをひらがなで答えなさい。

①　研究にチャクシュする。
②　新しく美術館をケンチクする。
③　壊れた机をシュウリする。
④　役をネツエンする。
⑤　セキニンカンの強い人。
⑥　現状をチョクシする。
⑦　好調をジゾクするのは難しい。
⑧　新しいジギョウに出資する。
⑨　城をきずく。
⑩　服を何枚もかさねる。
⑪　高い山々がつらなる。
⑫　無礼をあやまる。
⑬　木の幹。
⑭　功名をたてる。
⑮　時候のあいさつ。

二　次の文章を読み、後の問いに答えなさい。

生物多様性の源泉について整理してみましょう。多様性のひとつの源は、さまざまな環境要因の相互作用です。ひとつの環境要因に特化すると、別の環境要因に十分適応できないことが多様性を生み出します。さらに、その環境要因が一定ではなく、時間とともに変化していくことも多様性を生み出します。第5章で取り上げたカタクリは、早春という季節の専門家といってもよいでしょう。特定の環境が実現する時期がそれぞれ別に存在することによって、複数の種類の植物が同じ場所に生育することが可能になるわけです。

そして、もうひとつ状況を複雑にするのが、植物自身の環境への影響です。例えば、見渡す限り平らな地面が広がっている環境を想像してください。そこには日陰ひとつありませんから、直射日光の下では光が強すぎて枯れてしまう植物は入り込むことができません。しかし、そこに直射日光を好む大きな植物が先に入り込めば、今度はそこに、その植物による日陰ができます。そうすれば弱い光を好む植物も入り込めるようになります。これは、ごく単純化した設定ですが、一般に、植物が成長することによって環境自体もダイナミックに変化します。そして、①そのことが環境に多様性をもたらし、ひいては生物の多様性を増すのです。

［A］、病気や害虫の存在も植物の多様性を左右します。例えば、水田ではイネの病気や害虫が大きな問題となります。この原因のひとつは、イネを好む害虫や病原菌にとって、水田は、大きな［I］のようなものである点にあります。害虫が一本のイネを食べ終えて周りを見回せば、いくらでもイネがあるわけですから、ひょいと隣に移動して新

しいイネにありつくことができます。害虫にとってはまさに天国です。

植物は、その食害を防ぐために、害虫にとっては毒になる成分を体につくることがあります。しかし、一部の害虫は、［Ⅱ］から、結局はいたちごっこです。イネは一般的な意味での毒はもちませんが、葉はケイ酸を含んでいて硬く、外敵に食べられにくくなっています。それでも、進化の過程で、今度はケイ酸を含む葉でも食べることができる昆虫が現れることになります。イネばかり植わっていれば、そのような昆虫を避けることはできません。人間は殺虫作業に追われることになります。

しかし、②もし、多様な植物が地面を覆っているなかで、同じ種の植物がぽつん、ぽつんとしか生えていなかったらどうでしょう。それぞれの植物は、それぞれの防御手段をもっています。その防御をかいくぐるように進化した害虫もいるはずですが、それは、特定の防御手段をもつ植物に対してのものです。つまり、その害虫が食べることができるのは、特定の種類の植物に限られるわけです。そうすると、防御手段をかいくぐってある植物を食べたとしても、その植物を食べ終えて周りを見回すと、周囲は種類の異なる別の防御手段をもっている植物です。その害虫が食べられる植物は見つかりません。多様な生態系のなかでは、水田のようにはいかないのです。つまり、単調な生態系のなかの植物ほど害虫などに弱いことになりますから、害虫や病気の存在は、生態系を多様化する方向にはたらくはずです。

③植物の多様性を生み出すものは、環境要因の多様性に加えて、時間的な変化、植物が環境に及ぼす影響、そして外敵との駆け引きがあります。それらを単純化して理解するのは簡単ではありません。しかし、生命が周囲の環境と密接にかかわりながら進化してきた結果、現在の多様性が生まれたことだけは確かです。そして、その多様性こそが、地球の生態系を安定に保ち、維持することに役立っているのです。

あるひとつの場所で環境がどれだけ多様かを実感するのは難しいかもしれませんが、そこに生えている植物の多様性を観察すれば、環境の多様性を見積もることができます。それは、都会のなかの公園でも構いませんが、そこにきちんと植えられている植物だけに目を奪われないようにしたほうがよいでしょう。むしろ、④人間がタネをまいたわけではないのに顔を出した植物にこそ、環境の多様性の秘密がひそんでいるのです。

【園池公毅「生物の多様性の源」（『植物の形には意味がある』〈角川ソフィア文庫〉所収）作問にあたり一部改編している】

問一　――線①「そのこと」にあたる内容を「すること。」という形で本文中の語句を用いて答えなさい。

問二　［A］に入る語として適切なものをそれぞれ選び、記号で答えなさい。

ア　また　　イ　ところで　　ウ　ともすると
エ　例えば　　オ　しかし

問三　［Ⅰ］に入る語として適切なものを次から選び、記号で答えなさい。

ア　物流センター　　イ　冷蔵庫　　ウ　貯水池　　エ　食料貯蔵庫

問四　［Ⅱ］に入るものとして適切なものを次から選び、記号で答えなさい。

ア　その毒を体の中に取り込むことで無毒化させられます
イ　その毒を解毒する仕組みを進化させることがあります

ウ　その毒に耐性のある虫がその植物を新たにえさとしはじめます
エ　その毒になる成分を好んで食すようになり結果として害虫がふえます

問五　――線②「もし、多様な植物が地面を覆っているなかで、同じ種の植物がぽつん、ぽつんとしか生えていなかったらどうでしょう」という問いかけについてどのようなことが述べられるか。つなぐことばの働きに着目しながら本文の展開を追って次のように整理するとき［ a ］・［ b ］に入る内容を本文中の語句を用いて書きなさい。

それぞれの植物の持つ防御手段をかいくぐるように進化した害虫
←
［ a ］
←
その害虫が食べられる植物は見つからない
←
［ b ］

問六　――線③「植物の多様性を生み出すもの」とはなにか。本文中から四つ探し、「植物の多様性」との関係を整理して図に書きなさい。

問七　――線④「人間がタネをまいたわけではないのに顔を出した植物にこそ、環境の多様性の秘密がひそんでいるのです」とあるが、このように言えるのはなぜか。前段落の語句を用いて三十字程度で答えなさい。

三　次の文章を読んで、後の問いに答えなさい。

他言語が母語と大きく違うもうひとつの点は、子供時代のような環境を作りづらいところだ。大きくなった私がいきなりロシア語をはじめたからといって、誰も寝る前にロシア語で子守唄をうたってくれようとはしないし、朝から晩まで周りの大人たちがロシア語であやしてくれるわけでもない。それに子供にとって必要なことばと、大人が必要としていることばは、ふつうは分けて考えられている。たとえば日本語を母語とする赤ちゃんが最初に覚えたことばが「まんま」だとして、それはその赤ちゃんにとっては食べものを表す、生きることに直結したとても大切な単語だけれど、他言語話者向けの日本語教科書の最初の基礎単語として「まんま」が挙がることは、まずない。大人の使わない幼児語が学習者向けの基礎単語とはならないのは、①大人が語学をやるときにはごくふつうのことだと思われている。

子供時代の環境や子供時代に用いる単語を語学学習に組み込むべきか否かは好みが分かれる。子供というものを大人未満の未熟な存在ととらえてしまうのであれば、なにもわざわざ大人の使わない幼児語を覚える必要はないということになるだろうし、母語話者の子供にむけて作られた教材が語学の授業でとりいれられると、②ばかにされているように感じるという人さえいる。だがそうした反発はたいてい、「子供」という存在に対する誤解からきている。

詩人のアレクサンドル・ブローク（一八八〇～一九二一）は『絵の具と言葉』（一九〇六年）というエッセイの中で、「大人の特徴というものは、いいところばかりではぜんぜんない」と書いている。「大人は合理的にものを考え、適度に疑うことを知っていて、その場に応じて状況をふまえて思考することができるけれども、同時にたいてい疲れているし、頭が固いし、賢くない。大人には、賢さや単純明快さが足りないことが多い」と。

語学学習について考えるとき、この「子供のほうがいい」点は多く挙げられる。ものごとに対する興味が尽きず、なんでも自分でやってみたがり、新しいことをどんどん吸収することは、③語学学習にはもってこいの利点である。しかし「だからといって大人が子供のような言語環境を作ってそこに身をおいたとしても、子供のようになれるとは限らないんじゃないか」と思えるかもしれない。でも、「なれるとは限らない」というのは、「なれない」ということではない。子供に学ぶところはたくさんあるし、学ぶことはできる。

私がそのことを強く感じたきっかけは、※1モスクワの文学大学で受けていたフランス語の授業だった。フランス語のマルガリータ先生は、単語暗記や文法説明や練習問題や小テストといったスタンダードな学習もかなりハードにやらせたが、同時にいつも必ず子供がやるような遊び道具を持ってきて、フランス語のなぞなぞやカードゲームで遊ばせたり、子守唄を聴かせたり、子供がよく使う口ぐせや口ごたえの決まり文句などを紹介したりした。私たちはフランスの子供たちがよく使うという口ごたえの言い回しを覚えると嬉しくなって、多すぎる宿題にフランス語でぶーぶー文句を言う。マルガリータ先生は④「待ってました！」とばかりに、大人が子供を教え諭す口調でそれに答える。その一連のやりとりが定番になって、モスクワの中心にある文学大学の教室が、あっというまにフランスの家庭——といっても、地球上には存在しないのではないかと思えるほど居心地のいい、想像上の家庭のような雰囲気になった。

私はそのころ同級生のマーシャという女の子と仲良くなって、大学に頼んで寮で一緒に暮らすようになっていた。マーシャと二人で帰りながら、私が「ことばを学ぶと、子供時代を体験できるみたいで楽しいね」と話すと、マーシャは「世界にはたくさんの言語があるんだから、まだまだいくつもの子供時代が体験できるよね」と答え、私たちはほかにはどんな言語の子供時代をどんなふうに過ごしたいかを語り合った。このころマーシャと学校帰りに歩きながら、あるいは寮で料理や洗濯をしながらくりかえし話したテーマのひとつに、「語学学習はどこまで可能か」「原語で作品を楽しめるようになるくらいまでがんばる言語はいくつほしいか」という話題があった。マーシャが「理想をいえば、すべての言語の子供時代を知りたいし、世界じゅうの人が世界じゅうの言語を知るようになればいい」と言っていたのをよく覚えている。あのときの私はたぶん、いくらなんでも⑤それは欲張りすぎなんじゃないかというようなことを言った気がするけれど、マルガリータ先生の授業を受けていた私たちは、「新しい言語を習うとは新しい子供時代を知ることだ」という点については、なんの疑問も抱いていなかった。つまりあのころの私たちはそんなふうにして子供時代を存分に味わい、マルガリータ先生の授業はすごい、楽しい、とは感じていたけれど、それがどんなにすごいことなのかはまだあまりわかっていなかったのだ。

あとになってマルガリータ先生が、それを意識的にやっていたのだと話してくれたことがある。「語学教師はことばの子供時代を作らなければいけない」という話だ。マルガリータ先生は※2レフ・トルストイを例にだして、「子供時代といっても、リアルな子供時代じゃなくていいのよ。早くにお母さんを亡くしたトルストイが思い描いた、明るい光の球体のような理想郷の子供時代——⑥そういう世界を演出することが、語学教師の定めなの」と語った。

そのうち私はロシア語やロシア文学にかまけてフランス語に割ける時間がなくなり、フランス語の授業ではすっかり落ちこぼれてしまったけれど、マルガリータ先生が話してくれた「明るい光の球体のような理想郷の子供時代」という語学教師の夢だけは忘れようがない。それは、「新しい語学をはじめた自分」という存在を全力で祝福してくれる空間を、語学学習のなかに作りだす仕事だ。短期間で試験用の知識を詰め込むためだけなら、必ずしもそんなことをする必要はないかもしれないし、遠回りに思えるかもしれない。けれども語学は、いったん覚えたと思っても、長く学んでいるうちに何度も基礎に立ち返る必要がある。記憶したはずのことを忘れて確認したり、新たに得た例外的な知識を基礎と引き比べてみたり。そんなとき、語学をはじめたころの記憶が堅苦しく強制的なものでしかなければ、その場所に戻って考えなおしたりするのはつらい作業になってしまう。でも、自分のほんとうの子供時代よりも幸福な思い出に満ちていれば、とくに必要に迫られなくとも思いだしたくなる。実際、私はいまも当時のフランス語の教材やプリントを大切に保管していて、たまに見返しては「フランス語の子供時代」を思いだす。モスクワの教室が突然フランスに飛んでいくようなあの幸福な時間に思いをはせると、行ったこともないフランスで子供時代を過ごしたような気にすらなってくる。いや、フランス語の語学力はたいして育っていないのだから、まだ子供時代のままなのかもしれないけれど。

　ロシアで暮らしていた私にとってロシア語はもうすこしリアルな「子供時代」で、理想郷とはいえないような困ったことや悲しい現実に直面した記憶もあるけれど、マルガリータ先生のおかげもあって、それが自分の「ことばの子供時代」だという感覚が芽生えていたこと自体に意味があった。もともと児童書も好きだった私は、ロシア語のおとぎ話や子供向けの詩（ロシア語の児童書は詩の形式で書かれているものが多い）をたくさん読み、寝る前には童話の朗読CDを子守唄がわりに聴いた。

　そして（これは予期していなかったことだが）子供でいる時間を持つことで、気持ちの余裕が生まれた。心理学風にいうなら、誰しも自分の内に「5歳の自分」を持っているという、あれだ。この「5歳の自分」はしばしば大人の世界についていけなくて、だだをこねることがある。ところが語学学習のなかに「5歳の自分」を解放できる空間を組み込んでしまえば、5歳の私はすっかり満足して、おとぎばなしに聞き入って幸せそうに眠ってくれる。そして夢のなかで、詩人アレクサンドル・プーシキン（一七九九～一八三七）の書いた物語詩『ルスランとリュドミーラ』にでてくる学者猫（歌をうたったり、おとぎ話を聴かせてくれたりする猫のことだ）と一緒に、こんなことを感じている――子供は間違えてもいいし、舌足らずでもいいし、まだまだ知らない単語がたくさんあってもいい。そのことばの世界に生まれてきただけで、じゅうぶん偉いのだ、と。

（奈倉有里『ことばの白地図を歩く』〈創元社〉より。
作問にあたり一部改編している）

【注】※1　モスクワ……ロシア連邦の首都
※2　レフ・トルストイ……ロシアの小説家

問一　――線①「大人が語学をやるときにはごくふつうのことだと思われている」とあるが、どのようなことか。「こと。」に続くように本文中から抜き出しなさい。

問二　――線②「ばかにされているように感じるという人」はどのよう

な考え方を持っているからか。「～という考え方」に続くように説明しなさい。

問三　――線③「語学学習者にはもってこいの利点」について間違っているものを次から一つ選び、記号で答えなさい。

ア　物事に対する興味が尽きないこと。

イ　状況をふまえて思考すること。

ウ　まだまだ知らないことがたくさんあってもいいこと。

エ　何でも自分でやってみたがること。

問四　――線④「待ってました！」とあるが、マルガリータ先生は学習者が(A何に)対して(Bどのような手段(しゅだん))で(Cどうすること)を待っていたのか文章中の言葉を用いて、全て五字以上で答えなさい。

問五　――線⑤「それは欲張りすぎ」とあるが、筆者はどのようなことを欲張りすぎと考えたのか次の中から適切(てきせつ)なものを一つ選び、記号で答えなさい。

ア　マーシャが世界じゅうの言語を知って、原語で作品を楽しめるようになるのが理想だと思っていること。

イ　私が全ての言語の子供時代を知りたいし、世界じゅうの人が世界じゅうの言語を知るようになるのが理想だと思っていること。

ウ　マーシャが全ての言語の子供時代を知りたいし、世界じゅうの人が世界じゅうの言語を知るようになるのが理想だと思っていること。

エ　私が世界じゅうの言語を知って、原語で作品を楽しめるようになるのが理想だと思っていること。

問六　――線⑥「そういう世界を演出することが、語学教師の定め」とあるが「語学教師の定め」の内容(ないよう)を別の言葉で言いかえているところを本文中から四十八字で探し、はじめと終わりの五字をそれぞれ抜き出しなさい。

問七　あなたは今、言葉の通じない国にいるとします。その国の言葉であなたが最初に知りたいと思う言葉や表現(ひょうげん)を一つ挙げましょう。また、その言葉を知りたいと思った理由を二〇〇字以内で説明しなさい。

東京都市大学等々力中学校(第一回S特)

—50分—

注意　字数制限のある場合は、特別な指示がない限り、すべて句読点や「　」（　）などの記号を含んだ字数として解答すること。

一　次の――線の漢字はひらがなに、カタカナは漢字に直して答えなさい。

1　早苗を田に植える。
2　正絹のスカーフ。
3　兄は柔和な性格だ。
4　熱心に修行を重ねる。
5　祖父を敬う。
6　重大な場面にムシャぶるいがした。
7　社会のコンカンをゆるがす出来事。
8　この書類はシキュウ届けてほしい。
9　音声をヘンシュウする仕事に就く。
10　夏の訪れをツげる。

二　次の文章を読んで、あとの問いに答えなさい。

「僕」（薫）の父である窪田正喜は、「僕」が生まれる時に亡くなった。母はこれ以外語ろうとせず、「僕」は、会ったこともない人を「父さん」とは呼べないため、ずっと正喜さんと呼んでいる。母がいまだに正喜さんを深く想っており、正喜さんを失った哀しみも癒えていないと「僕」は痛いほどに分かっていた。この哀しみは、「僕」の心の奥深くにひっそりと沈殿していった。

夏休み、母の希望で「僕」たちはベルリンにやってきた。この街は「僕」が生まれる一年ほど前、母と正喜さんが訪れた場所である。そこで、母が正喜さんと泊まった思い出のホテルに二人で宿泊することになった。次は、ホテルに泊まった翌朝の場面である。

「薫に、聞いてほしいことがあるの」

母が少し深刻な表情でそう切り出したのは、マダム[注1]が作ってくれたスクランブルエッグに、手作りのトマトケチャップをかけている時だ。僕は、昨日[注2]の話の続きかと思った。でも、そうではなかった。

「ママね」

母のこんなにも険しい表情を見るのは、久しぶりだ。だから僕は、何かとても大事なことが起こる予兆を瞬時に察知する。もしかして、母が病気とか。しかも、もう治らない病気とか。だから最後に、息子の僕を思い出の地に連れてきてくれたのかもしれない。考えれば考えるほどだんだんおなかが痛くなりそうだった。でも、このタイミングで席を立つわけにはいかない。仕方なく、黙って次の言葉を待っていると、

「新しい人生を、歩み始めようと思うの」

母は予想外のことを口にした。けれどその静かな響きには、しっかりとした意志が込められていた。

「新しい人生って？」

まさか、このままベルリンに残るなんて考えているのだろうか。ここ数日間の母の興奮ぶりを思い出し、僕がそんなことを想像しかけた時、

「ママ、再婚しようと思ってね」

母は言った。僕の目をまっすぐに見て。母の肩越しに、(注3)真っ黒いグランドピアノが見える。あまりに予想外の展開に、僕は言葉を失った。脳味噌から、脂汗がにじみ出てくる。小学生の頃は、母が誰かと再婚してくれたらいいと願っていた。でも、そんなことは逆立ちをしたってあり得ない、そう思ってあきらめていた。

「驚いた?」

母が、茶色いパンにバターをたっぷり塗りながら、強い目で僕を見る。母の目の周りに、(注4)昨日の夜のような赤い雲の広がりはない。母は、僕の言葉を待っている。でも、①何も言い出せなかった。頭の中で、たくさんのブーメランが、乱れ飛んでいる。

僕は、［A］母の発言がなかったかのように、スクランブルエッグを口に詰め込んだ。味がしないのは気のせいだろうか。砂が入り込んだみたいに、なんだか胸の奥が［B］する。母の新しい人生を素直に喜ぶことができない自分にますますむかつき、僕は味のしないスクランブルエッグを食べ続けた。

僕の体と心に蓄積されたこの哀しみは、どうなってしまうのだ。得体の知れない怪物のようなそれを、なんとか飼い馴らし、ようやくここまで辿り着いたというのに。哀しみは時間をかけて降り積もり、今では地層のように固まって、すっかり僕を支配している。僕に残されたそれは、どうなってしまうというのだ。

けれど僕は、自分の哀しみの存在を、母に正直に打ち明けることが、どうしてもできなかった。結局はまた、正喜さんを利用してしまう。

「正喜さんは?　正喜さんはどうなっちゃうの?」

僕がそれを言ったのは、大量のスクランブルエッグを全部平らげ、ヨーグルトの中にはちみつをこぼしている時だ。

「マサキはもう、いないもの」

目の前の母は、目じりにたくさんの皺を作って微笑んだ。目じりに深く刻まれた皺が、乾いた大地に跡を残す川のように見えてくる。この幾筋もの川を伝って、母の涙は海に流れた。目の前にいる母は、頬がこけ、年相応に疲れている。

「忘れちゃったの?」

少しして、僕は聞いた。どうしても、母の顔をまっすぐに見ることができない。新しい人生とやらに、僕自身は含まれるのだろうか。

「忘れるわけないじゃない。でも、もうこの世界にはいないんだってことが、今回の旅行で、ママ、やっとわかったの。触ったり、手をつないだりすることは、もう二度とできないんだって。それまでは、いつかマサキが帰ってくるような気がしてたんだけど。だからずっと、お墓にも行けなかったのね」

母は他人事みたいにそう言いながら、マダムが注ぎ足してくれたコーヒーに口をつける。

「あの時、私もマサキも必死だった。頭が混乱して気を失いそうだった私の手を握って、がんばれ、がんばれ、って応援してくれた。頭から血を流しているのに、それでも自分のことより、妻と子の身を案じてくれたの。ママは本当に気がおかしくなりそうだった。だって、最愛の人が息もたえだえになっているのに、なんにも助けることができなかったんだもの。新しい命は、今まさに誕生しようとしているし。その時に、人生に与えられたエネルギーを、(注5)全部使い果たしてしまったのよ」

十三年経って、母は初めてその時の話をした。その意味の大きさを、僕はちっぽけな頭で必死に考える。そしてようやく、ひとつの質問へと辿り着いた。

「ママは嬉しかった？　僕が生まれた時。それとも、悲しかった？　正直に答えて」

こんな②(　)詰まった会話を母と交わすことなんて、今までなかった。でも僕は、母の本当の気持ちが知りたかった。もしかすると、ずっと知りたかったのかもしれない。

「もちろん、嬉しかった。だって、マサキの子どもだもの。望んで望んで、神様に拝み込んで、ようやく授かった命だもの。でも、やっぱりマサキを失った悲しみの方が大きかったの。ママは、薫を抱っこしたりおっぱいを飲ませながら、いっつも泣いてた。薫を見ていると、どうしたってマサキを思い出してしまうから。薫はマサキにそっくりだから」

母にとって、僕の誕生より、正喜さんの死の方が大きかった。うすうす、なんとなくはわかってはいた。でも、今初めて、本人の口からはっきりとそれを聞いた。何か壊せる物があったら、僕は今すぐそれを手に取って、思いきり床に叩きつけたかった。

「だけど、③それが逆転したわ」

母が、声のトーンを落としてつぶやく。

「ベルリンに来て、薫と一緒にいろんな所に行って、うまく言えないんだけど、あぁ、私の人生は幸せだわ、ってやっと思えたの。心の底からね。なんとなくママは、人生を楽しむことに、罪悪感を持っていた。マサキに申し訳ないって。でも、そうじゃないことにようやく気づけたの」

ここまで母が言った時、ホテルのご主人と一緒に大型の犬が二匹、散歩から戻ってきた。一匹は漆黒、もう一匹はベージュで、ドイツの犬らしく、どちらもとても賢そうな顔をしている。二匹はじゃれ合いながら、楽しそうにピアノの周りを駆け回っていた。正喜さんになついたという犬かもしれない。そう思ったらふと、犬の背中を熱心に撫でる正喜さんの後ろ姿が、風景に透けて見えそうになる。

もしかすると、母の目にもまた、犬の背中を撫でる正喜さんの横顔が見えているのかもしれない。母は、そんな表情を浮かべている。気づけば④僕の乱暴な気持ちは、どこかへ行ってしまっていた。それにね、と母は続ける。

「ママはもう、マサキと過ごした時間より、薫と一緒にいる時間の方が長いのよ。そんな日が来るなんて、思ってもみなかった。それで、ある人からのプロポーズを受け入れようって、思えたの。だって、ママはこれから先も、生きていかなくちゃいけないから。人は、ひとりじゃ生きていけないってことが、はっきりわかったわ。もちろん、ママには薫がいてくれるけど、親子とは、少し意味が違うのよ」

⑤母の言っていることが、わかるようで、わからない。わからないようで、少しわかる。

「薫、今まで本当にありがとう」

母は急に改まった様子で言った。なんだか母が、遠くに離れてしまうようで心細くなる。

「ママ、薫がいなかったら、絶対に乗り越えられなかったから。ママね、すっごく嬉しかったの」

「何が？」

「だって薫、ママのこと、いっぱい笑わせてくれたでしょう」

「覚えてるの？」

僕はずっと、あれは人生の失敗談だと思っていた。

「当たり前じゃない。毎日毎日、今日はどんなことして笑わせてくれるんだろうって、家に帰るのが楽しみだったんだから」

（注６）幼い頃のあの努力は、無駄ではなかったのだ。そう思ったら、⑥僕の中に降り積もった哀しみが、ほんの少し溶けたような気がした。

「僕さ」

僕は、母の瞳をしっかりと見て言った。母の顔が、［　Ｃ　］とかすんで見える。こんな時に、どうして涙が込みあげてくるのだろう。わからなかったけど、僕は母から目を逸（そ）らさずに続けた。

「母さんが幸せになるのを、応援するよ」

その瞬間、母がにっこり笑う。太陽のように。いや、母は太陽そのものだった。

ベルリンで過ごす時間は、あと一日残っている。

【小川　糸「僕の太陽」（『短編少年』〈集英社文庫〉所収）より】

（注１）「マダム」……既婚女性に対する敬称。夫人。奥様。

（注２）「昨日の話」……母がこのホテルで「僕」を授かったという話。「僕」はこれまで正喜さんを得体のしれない幽霊でも見るように思っていたが、この話を聞いて、窪田正喜という存在が確かな重みを持って迫ってきたと感じている。

（注３）「真っ黒いグランドピアノ」……かつて母と正喜さんがホテルに泊まった際、正喜さんが演奏したピアノ。

（注４）「昨日の夜のような赤い雲の広がり」……「僕」と母は、昨夜母と正喜さんの思い出のレストランに行った。そこでワインを飲んだ母の目の周りに広がった色彩のこと。

（注５）「その時」……「僕」が生まれた日の夜のこと。母は予定より早く陣痛が来て、正喜さんは慌てて病院に連絡したが翌朝来るようにと言われた。しかし、母の苦しむ姿を見るにつけ、正喜さんはいてもたってもいられず、母を車の助手席に乗せ、雨の中病院に向かった。その途中で自動車事故に遭（あ）い正喜さんは亡くなった。事故の原因は対向車の居眠り運転であった。そして、「僕」は事故後の車内で生まれた。

（注６）「幼い頃のあの努力」……正喜さんを思い出して「僕」の目の前でぼんやりたたずむ母を、幼い頃の「僕」が人生のすべてのエネルギーを費やし、思いっきり笑わせようとしていたということ。母はくすっと笑ったが、その儚（はかな）い笑顔の背後には無限の哀しみが控えていた。「僕」の手には負えないと分かっていたが、「僕」は母を大笑いさせたかった。

問一　――線①「何も言い出せなかった」とありますが、それはなぜですか。その理由として最も適当なものを次から選び、記号で答えなさい。

ア　母に意表を突かれた「僕」は、母に言いたいことが多くあるものの、ためらっていたから。

イ　「僕」には予想外の展開だったため、母が期待するような言葉を考える余裕がなかったから。

ウ　母の決意を前に、「僕」の言葉はもはや何の役にも立たないとあきらめていたから。

エ　「僕」が密かに抱いてきた希望をやっと叶（かな）えられるとわかり、興奮してしまったから。

問二　A にあてはまる言葉として最も適当なものを次から選び、記号で答えなさい。

ア　おそらく　イ　とても　ウ　決して　エ　まるで

問三　B ・ C にあてはまる言葉として最も適当なものを次から選び、それぞれ記号で答えなさい。

ア　はらはら　イ　ゆらゆら　ウ　さらさら

エ　ざらざら　オ　ずるずる

問四　――線②が「差し迫った状況で身動きがとれなくなる」という意味になるように、（　）にあてはまる言葉を三字以内で考えて答えなさい。

問五　――線③「それ」の指し示す内容を説明した次の文の空欄にあてはまる言葉を、それぞれ指定された字数で答えなさい。ただし、1は文章中の言葉を使い、2は文章中から抜き出して答えること。

1 十字程度 よりも、 2 十字 の方が勝ったということ。

問六　――線④「僕の乱暴な気持ちは、どこかへ行ってしまっていた」とありますが、「僕の乱暴な気持ち」を具体的に表している一文を文章中から探し、最初の五字を抜き出して答えなさい。

問七　――線⑤「母の言っていること」とはどのようなことですか。その説明として最も適当なものを次から選び、記号で答えなさい。

ア　夫と過ごした時間より、息子と共に歩んだ時間の方が大切であるということ。

イ　ひとりで生きてゆくことの孤独感から解放されたいということ。

ウ　夫と妻を結び付ける愛情と親と子を結び付ける愛情は異なるということ。

エ　プロポーズを受け入れることによって、過去とは決別するということ。

問八　――線⑥「僕の中に降り積もった哀しみが、ほんの少し溶けたような気がした」について、次の各問いに答えなさい。

1　「僕の中に降り積もった哀しみ」を説明したものとして最も適当なものを次から選び、記号で答えなさい。

ア　母の、亡くなった正喜さんを忘れようと努力する上での哀しみ。

イ　母の、亡くなった正喜さんを忘れられないことに対する哀しみ。

ウ　「僕」の、亡くなった正喜さんを父親だと思えないことに対する哀しみ。

エ　「僕」の、亡くなった正喜さんとの思い出が何一つないことに対する哀しみ。

2　「ほんの少し溶けたような気がした」とありますが、それはなぜですか。その理由として最も適当なものを次から選び、記号で答えなさい。

ア　母の再婚相手も、正喜さんと同じように、母を幸せにできる存在だとわかったから。

イ　これまで「僕」が母に抱いてきた疑念が晴れ、今後の人生を楽しめるとわかったから。

ウ　正喜さんだけではなく、「僕」自身も母を笑顔にできる存在だとわかったから。

エ　「僕」のことを愛せずにいた母が、「僕」の想像以上に苦しんでいたことがわかったから。

問九　文章の内容にあてはまるものを次から一つ選び、記号で答えなさい。

ア　母は、意を決して「僕」に再婚話を切り出したが、「僕」の予想外の反応に戸惑いの表情を見せ、「僕」を落胆させた。

イ　母は、正喜さんを忘れるためにベルリンへ来たが、過去の思い出に浸り、プロポーズ相手との未来を見つめることができなかった。

ウ　母は、「僕」が母のことを大切に思ってくれていると認識し、今後は「僕」だけのために前向きに人生を歩もうと思い始めた。

エ　母は、「僕」とベルリンに来たことで、「僕」の存在の尊さを認識し、「僕」とプロポーズ相手とともに新たな人生を歩もうと決心した。

三　次の文章を読んで、あとの問いに答えなさい。

ヒトの場合、(注1)このような感覚入力からはじまるボトムアップ処理だけで「何か」を認識しているのではなく、(注2)前頭葉からのトップダウン処理もおこなわれている。①トップダウン処理では、そうやってパターン認知した情報が、知っているモノの形(知識表象)(注3)としてすでにあるかどうかを長期記憶のなかから検索して、最も似ている知識表象を選択する。つまりそれまでにもっていた知識や記憶と照らし合わせて、「何か」として(注4)カテゴリー化する。

だから、モノが置かれた文脈によって、同じ形のモノでも別の「何か」として認識されることがある。図1の右端にある上下二つは同じ絵だ。［A］、上段のようにさまざまな顔の絵のなかにこの図があると、メガネをかけたおじさんに見えやすく、下段のように②動物の絵のなかにあると、ネズミに見えやすくなる。

図1　文脈によって同じ絵の見え方が変わる。右端の絵は，上段の顔のなかにあるとメガネをかけたおじさんの顔に，下段の動物の絵のなかにあるとネズミに見えやすい。

とくに、入力される感覚からの情報が不十分なときには、このトップダウン処理が優位になる。そのときは、知識を使った推論によって、それが「何か」を知ろうとする。たとえば、図2に何が描かれているか、そう簡単にはわからない。「何か」を知ろうとする過程で、頭のなかを検索している感じを実感していただけるのではないだろうか。

図2　カモフラージュされたパターン。画面中央右寄りにダルメシアン(犬の一種)が見えてくる。

そうやって知識や記憶を総動員して、「何か」としてカテゴリー化する。だから壁のしみのようなあいまいな形にも、わたしたちはさまざまな「何か」を見る。月でウサギが餅(もち)つきをしているのも、おねしょのしみが日本地図をつくるのも、星の並びにさまざまな神話が生み出されたのも、この③視覚認知の特性に基づいている。だからこそ、鉛筆1本が生み出す線でさまざまなものが表現できるのだろう。

「夕暮れのカラス」「絶望する人」「早春の竹林」――(注5)アイの水彩画を整理するときに、わたしが勝手につけていたタイトルだ。チンパンジーの本意ではないだろうが、しばらく見ていると、さまざまなイメージが浮かぶ。そしてタイトルをつけた方が、「何月何日に描いた赤と黄の絵」などというより、あの絵だな、と思いだしやすくて便利だった。

このように、見たモノを頭のなかでカテゴリー化し、シンボルに置き換えておけば、情報として記憶から取り出したり、他者に伝えたりすることが容易になる。そうして複雑な思考や効率的なコミュニケーションができるようになったことは、④<u>ヒトが文化や技術を発展させる原動力になったはずだ</u>。

このカテゴリー化の基準になるのが、ほかでもない言語だ。だから異なる言語を話すヒトでは、その認識する世界も違うはずだ、と主張するのが、サピア＝ウォーフ仮説（言語相対性仮説）である。言語化とカテゴリー化とがまったく同じとはいい切れないという反論もある。ただ少なくとも、ヒトが言語をもったことと、ヒトが世界をカテゴリー化して見る記号的（注6）なモノの見方をするようになったことは深く関連していそうだ。

イギリスのア考古学者スティーヴン・ミズンは、壁画をはじめとする後期旧石器時代におこった文化の爆発の原動力を、知能が⑤<u>認知的流動性</u>を得たことによるものだと指摘した。

ネアンデルタール人や初期のホモ・サピエンスの脳では、よりイ原始的な一般知能に加えて、集団のなかでの社会生活に特化した社会的知能、ウ狩猟採集に特化した博物学的知能、石器エ製作などの物づくりに特化した技術的知能の三つがそれぞれ独立に発達していた。その後、芸術や宗教を生み出すようになったホモ・サピエンスに備わったのは、新たな知能ではなく、三つの知能の間に認知的な流動性を得たことだ、という指摘だ。わたしたちは、概念や思考方法、知識を別のことに応用して使うことが得意だ。比喩（ひゆ）や類推を好むことも、その証拠として考えると辻褄（つじつま）が合う。そしてこの認知的流動性を生み出したのが、言葉、それも今のわたしたちが使っているような分節化（注7）した構成的言語だと指摘されている。

ヒトは、言語を獲得したことによって、複雑で効率的な思考やコミュニケーション能力を手に入れた。そしておそらく同時に、想像する力も手に入れた。しかし、進化の過程で新しい能力を獲得することは必ずしも進歩ではない。実は既存の能力の喪失（そうしつ）というトレードオフ（注8）によって成り立っている。イギリスの心理学者ニコラス・ハンフリーが『喪失と獲得』のなかで論じているのは、そのような進化のうらおもてだ。

ハンフリーは、ヒトが言語を手に入れることで失った能力、それは、モノをありのまま写真のように知覚し、記憶する能力であると指摘している。そしてその説に説得力をもたせる現象の一つが、チンパンジーの記憶力だ。

前述のように、アイたち霊長研のチンパンジーたちは、数字の順番を覚えていて、画面上にランダムに散らばった数字を小さい順に触れることを学習している。この課題を使って、彼らの記憶力を調べた研究がある。井上紗奈さんらの研究だ。一番小さな数字に触れた瞬間に、数字がすべて白い四角に置き換わってしまう。そこで記憶を頼りに、小さい数字があった場所から順に答えていくという課題だ。

このとき、アイの子アユムをはじめ、子どものチンパンジーたちがずば抜けた記憶力を発揮した。数字が消えても迷いなくピッピッピ、と小さい順に触っていく。数字が表示されてからスタートの1を押すまでに0・6秒、その短時間に配置を覚えていることになる。これは一見にしかずなので、「アイのホームページ」から、ぜひその映像をごらんいただきたい。比較対象として、京都大学の大学院生などが挑戦しても、到底勝てない速さで、しかも高い正答率なのだ。

彼らがこのような能力をもつのは、数字が散らばった画面を写真のように映像で記憶しているからだと考えられている。直観像（注9）記憶や映像記憶とよばれるものだ。ヒトがこの課題を解くときには、数字が消える前にその配置を1、2、3、4、……、と確認しようとする方法が一般的だろう。それはいわば記号化して覚える方法で、その処理の分、時間がかかる。［B］映像記憶なら、カメラのように一瞬で記憶できてしまうというわけだ。

（中略）

わたしたちは言語をもったことによって、目に入るものをつねにカテゴリー化し「何か」として見ようとする記号的な見方をしている。つまり目に入るものをそのまま認識しているつもりでも、無意識に⑥言語のフィルター(注10)を通して世界を見ているのだ。

すでに述べたように、チンパンジーは線画に描かれたモノが「何か」を認識することができる。それはすなわち描線を「何か」に見立てていることになるのだから、カテゴリー分けをするような記号的なモノの見方をまったくしないとはいいきれない。とくに、子どものころに何らかのシンボルを学習したチンパンジーが、ほかのチンパンジーより記号的なモノの見方をしていることを示す証拠も少しある。

先に紹介したプレマックの研究で、ただ一人、顔のパーツを並べて福笑いを完成させたサラ(注11)も、プラスチック片による言語を学習していたことを思い出してほしい。

［C］、チンパンジーのカテゴリー化能力を調べた田中正之さんの研究もある。まず、7人のチンパンジーに「花」「木」「草」「その他」の四つのカテゴリーに属するモノの写真から、いつも「花」を選ぶことを学習させた。これは、どのチンパンジーもできるようになった。ピンクのサクラでも、黄色いタンポポでも、学習によって同じ「花」とカテゴリー分けができるというわけだ。次に、写真のかわりに写実的な彩画、色つきのデフォルメ(注12)されたイラスト、白黒の線画を見せて、そのなかからも「花」を選べるようになるかを調べた。その結果、アイと3人の子どものチンパンジーたちは、どんな表象でも「花」を選ぶことができるようになった。［D］、他の3人のおとなのチンパンジーたちは、偶然の正答率以上に正解できるようにならなかった。

動物が生きていくためには、環境のなかで天敵や食物を見分けなければいけない。そのため⑦多くの動物がこの基本的なカテゴリー化をおこなっている。しかし、チンパンジーは、花のように食物でないものも、ある程度のカテゴリー化ができるようになる。さらに、若くて思考が柔軟なうちか、アイのように、ある時期までに漢字などの視覚的なシンボルを習得した経験がある場合には、さまざまな表象表現を認識し、カテゴリー化ができるようになるということらしい。

（齋藤亜矢『ヒトはなぜ絵を描くのか――芸術認知科学への招待』〈岩波書店〉より）

（注1）「このような感覚入力」……十字型・曲線の組み合わせなど低次の情報から、複雑な図形・形・色の組み合わせなどの高次の情報に段階的に処理されるしくみ。
（注2）「前頭葉」……大脳半球の中心を左右に走る溝（みぞ）より前方の領域。ヒトにおいてよく発達し、感情・注意・思考などの精神作用や自分の意志によって行われる運動を支配し、また他の領域と密接に連絡する。
（注3）「表象」……心に思い浮かべられる具体的な像。イメージ。
（注4）「カテゴリー化」……分類すること。

(注5)「アイ」……京都大学霊長類研究所でチンパンジーの絵の研究をした際に研究対象としたおとなのチンパンジーの名前。
(注6)「記号的」……「記号」とは、ある文化の体系の中で、一定の意味を表すもの。
(注7)「分節化」……連続しているものに区切りを入れること。
(注8)「トレードオフ」……何かを達成するためには何かを犠牲にしなければならない関係のこと。
(注9)「直観」……推理・推論・類推・伝聞によらず、直接的に対象をとらえること。
(注10)「フィルター」……ろ過装置。
(注11)「サラ」……言葉のかわりにプラスチック片を用いた言語を学習し、「顔」を構成することができたチンパンジーの名前。
(注12)「デフォルメ」……意図的にゆがみを加えて表現すること。

問一　――線①「トップダウン処理」とありますが、その説明として最も適当なものを次から選び、記号で答えなさい。
ア　長期記憶の中より知識表象を検索して最も類似した知識表象を選択すること。
イ　長期記憶を知識表象から検索して最も適切なカテゴリーを選択すること。
ウ　知っているモノの形を知識表象から検索して類似の「何か」を長期記憶化しようとすること。
エ　長期記憶と知識表象を同時に検索することで、最も類似している知識表象を選択すること。

問二　[A]～[D]のうち逆接の接続詞が入らないものを一つ選び、記号で答えなさい。

問三　――線②「動物の絵」は何の具体例として挙げられていますか。文章中から二字で探し、抜き出して答えなさい。

問四　――線③「視覚認知の特性」とありますが、それはどのようなことですか。「～見方。」に続くように、文章中から三十五字以上四十字以内で探し、最初と最後の五字を抜き出して答えなさい。

問五　――線④「ヒトが文化や技術を発展させる原動力になった」とありますが、「原動力」の例として適当でないものを次からすべて選び、記号で答えなさい。
ア　おねしょのしみを地理や医学の知識で解釈すること。
イ　星座にまつわる神話の論理的整合性に疑問を抱くこと。
ウ　意味のない月の模様をウサギの餅つきに見立てること。
エ　壁のしみから強い恐怖心に駆られるような幽霊を連想すること。

問六　〓線ア「考古」・イ「原始」・ウ「狩猟」・エ「製作」のうち、他と構成が異なる熟語を一つ選び、記号で答えなさい。

問七　――線⑤「認知的流動性」の例として適当でないものを次から一つ選び、記号で答えなさい。
ア　いつも多くの人と一緒に居る集団をシマウマの群れに例える行為。
イ　川の水量や濁りとイワナの釣果の関係を近隣の人と情報共有する行為。
ウ　狙(ねら)った獲物にめぐり会えるまで何日でも忍耐強く歩き続ける行為。
エ　扱う獲物によって、石器の材質や形状を変化させようとする行為。

問八　――線⑥「言語のフィルターを通して世界を見ている」とありますが、これとは対照的な認識方法を文章中から四字で探し、抜き出して答えなさい。

問九　――線⑦「多くの動物がこの基本的なカテゴリー化をおこなっている」とありますが、条件を満たしたチンパンジーの「カテゴリー化」が「多くの動物」の例外である理由を、文章中の言葉を使って四十字以上五十字以内で説明しなさい。ただし、「認識」という言葉を必ず使い、「〜ではないものでも、〜から。」の形で答えること。

四　次の資料を見て、あとの問いに答えなさい。

問一　資料Ａ中の――線①「インバウンド需要の消失」とありますが、これは具体的には何が原因でどのようなことが起きたことを指していますか。他の資料を参考にし、「買い物客」という言葉を必ず使って四十字以内で答えなさい。

問二　資料Ａ〜Ｈから読み取れることとして適当でないものを次からすべて選び、記号で答えなさい。

ア　資料Ａ中の「消費形態やライフスタイルの変化」とは、一つには少子高齢化による購買行動の変化が挙げられる。

イ　資料Ａ中の「消費形態やライフスタイルの変化」とは、一つにはネットショップの利用の増加が挙げられる。

ウ　新型コロナ感染拡大の影響によって、これまで高級路線の小売店として好調だった百貨店も苦戦を強いられるようになった。

エ　新型コロナ感染拡大の影響によって減収が続いていた百貨店だが、二〇二一年四月には過去に類のない大幅な収益があった。

オ　百貨店のインバウンド売上は二〇二〇年四月に最も減り、その後やや回復したが、コロナ禍以前の規模とは程遠い状況である。

カ　外国人観光客を拡大させる日本の政策は、景気の低迷や少子高齢化による国内消費の停滞、女性の雇用の創出などとも関係がある。

キ　訪日外国人が激減した原因としては、新型コロナ感染拡大の他に、海外の人に好まれるコンテンツのアピール不足も挙げられる。

資料Ａ　「コロナで百貨店の売上高　１兆5,000億円減少　百貨店の８割が赤字」

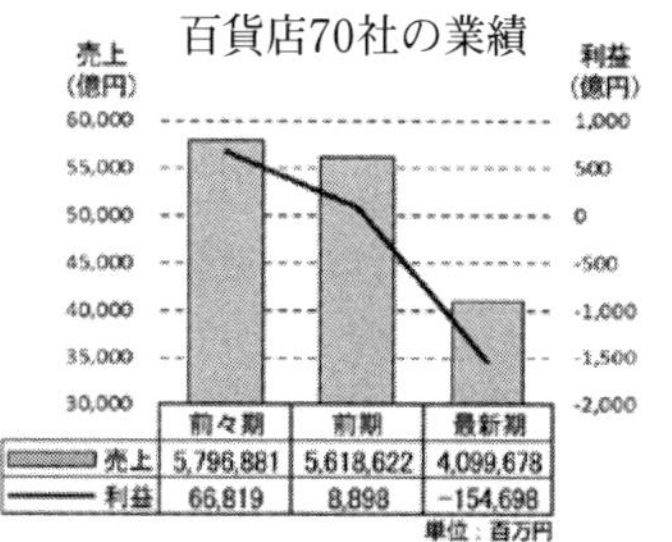

東京商工リサーチ調べ

全国の主要百貨店70社の2020年度(2020年４月期－2021年３月期)の売上高は、合計４兆996億円(前期比27.0％減)で、前期より１兆5189億円減少した。調査を開始以来、５期連続の減収となった。

期初から新型コロナ感染拡大の影響が直撃し、外出自粛(じしゅく)や休業、時短営業に加え、①インバウンド需要の消失など、かつてない苦戦を強いられた。

純利益は、合計1546億円の赤字(前期は88億円の黒字)だった。雇用(こよう)調整助成金などの各種支援を受けながらも、想定以上の売上の落ち込みで費用を吸収できない企業が続出し、赤字百貨店は全体の約８割(構成比79.4％)にのぼった。

百貨店業界は消費形態やライフスタイルの変化で百貨店離れが加速し、ここ数年は撤退(てったい)や閉店が全国で相次いでいる。コロナ禍(か)はこれに拍車をかけ、装置産業で対面販売を軸(じく)にした旧来型のビジネスモデルの弱点をあぶりだした。

2021年に入っても大手百貨店の閉店が相次ぎ、不振に喘(あえ)ぐ地場百貨店の経営破たんも発生している。新型コロナの感染再拡大、緊急事態宣言の発令などで引き続き厳しい事業環境が続くだけに、当面の市場縮小は避けられない見通しだ。

(出典：2021年８月31日東京商工リサーチ「データを読む」)

資料Ｂ　「インバウンドとは」

インバウンド(inbound)は「外国から自国への旅行」や「自国への外国人旅行者」を指す言葉です。日本へのインバウンドは「訪日旅行」「訪日外国人」とも呼ばれます。

2019年、日本の訪日外国人数は過去最高の3,188万人となりました。2014年の春節(旧正月)頃に訪日中国人観光客による「爆買い」現象が注目されて以来、テレビのニュースなどでも「訪日外国人」「外国人観光客」「インバウンド」「インバウンド需要」「観光立国」などのキーワードが頻出(ひんしゅつ)するようになっています。

一方で2020年２月頃からは、新型コロナウイルスの世界的な流行により旅行需要が停滞(ていたい)し、感染対策のための入国制限も敷かれることとなりました。訪日外国人が激減し、インバウンド市場は大きな打撃を受けています。

(出典：訪日ラボ「インバウンド用語集」〈https://honichi.com/words/インバウンド/〉)

資料Ｃ　百貨店の現状

一般社団法人日本百貨店協会の「全国百貨店売上高概況(がいきょう)」(2019年12月発表)によると、2019年の年間売上高は約５兆7547億円と前年より1.4％減で、市場規模は縮小傾向だ。特に少子高齢化の影響を受け、地方百貨店の苦戦が続いている。

大都市圏では、インバウンド(訪日外国人)の取り込みを続けてきた結果、外国人向けの販売額が、売り上げの中で一定の存在感を持つようになった。また高級路線の小売店として、ハイブランドや高品質品を消費者に訴求・提案する動きもある。一方、専門店をテナントとして招き入れる生き残り策を取る店舗(てんぽ)もある。

百貨店や家電量販店にとって強力なライバルとなっているのが、ネットショップだ。経済産業省の調査では、2018年の日本国内のＢ to Ｃ＊向けのＥＣ(Electronic Commerce、電子商取引)市場規模は、約18兆円と前年より8.96％増と拡大傾向であることがわかった。(＊「Ｂ to Ｃ」…Business to Consumerの略で、企業〈Business〉が一般消費者〈Consumer〉を対象に行うビジネス形態のこと。)

各社はさまざまな販売業者の商品を１つのサイトでまとめて販売するオンラインショッピングモールが存在感を強める中で、人気のオンラインショッピングモールに出店したり、自社でネットショップ事業に乗り出して対抗したりしている。また、実店舗にタブレットを配備して、店頭にない商品をネット注文できるようにするなど、店舗とネットを連携(れんけい)・融合(ゆうごう)させる新たな取り組みも始まっている。

(出典：株式会社リクルート　リクナビ　就活準備ガイド　「業界研究」　百貨店・専門店・流通・小売業界　https://job.rikunabi.com/contents/industry/912/#i-3)

資料Ｄ　観光立国日本

2014年から、日本は「観光立国」を目指して歩んでいます。観光立国とは、国内外から観光客を誘致して、人々が消費するお金を国の経済を支える基盤のひとつとしている国のことです。そのためには、特色のある自然や都市の環境・光景をアピールするとともに、美術館などの観光施設を整備する必要があります。

日本が観光立国を目指す理由は何でしょうか。現在の日本では、景気の低迷や少子高齢化で、国内消費の拡大が難しくなっています。そこで観光に注力し、インバウンド客を呼び込んで消費を促(うなが)そうと考えられました。温泉・和食・忍者(にんじゃ)・侍(さむらい)・ポップカルチャー・寺社・豊かな自然など、日本には海外の人に好まれるコンテンツが豊富にあります。しかしながら、これまでインバウンド客の受け入れ態勢やアピール力が不充分でした。今、そういった部分を見直してより多くの観光客を呼ぶ取り組みがされているのです。また、観光業を活性化させることで多くの雇用を生み出すことも狙いです。特に促進されているのは、観光業での女性の活躍です。結婚や出産で仕事から離れていた女性たちが、観光業で働き、納税者となればさらに国の財政が潤(うるお)います。こうした理由から、日本は観光立国を目指しているのです。

(出典：おもてなしＨＲ〈https://omotenashi.work/〉)

資料Ｆ　百貨店免税品売上高前年同月比

(2019年４月～2020年４月)

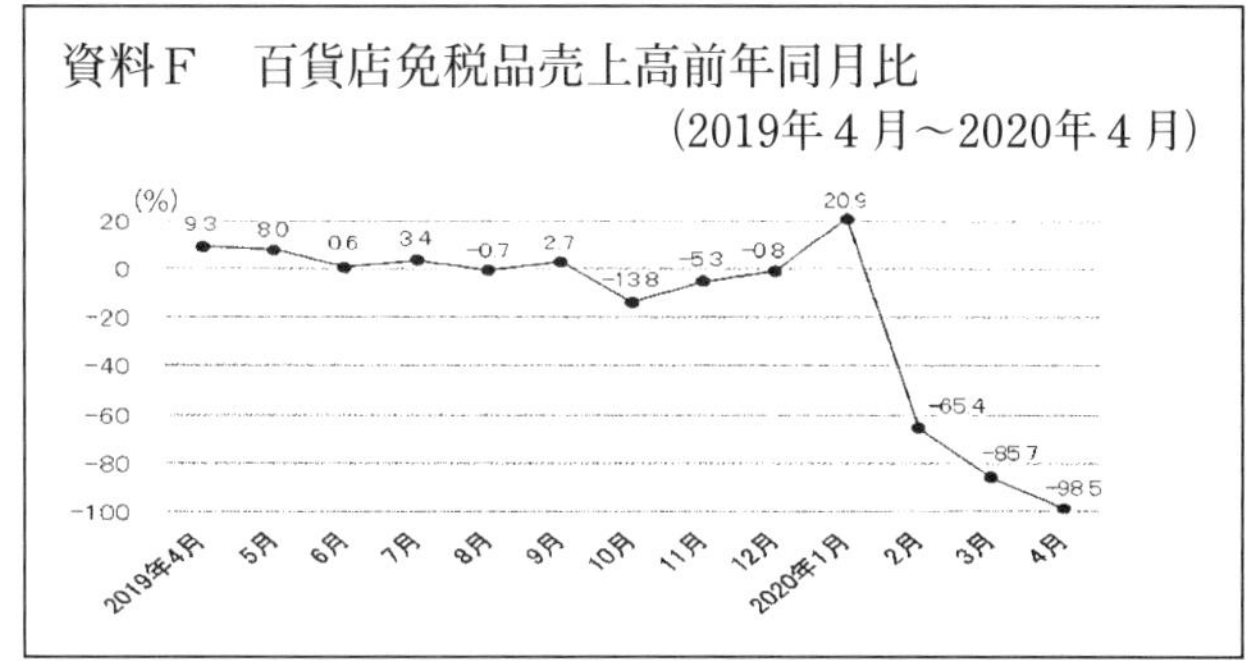

資料Ｇ　百貨店免税品売上高前年同月比

(2020年５月～2021年８月)

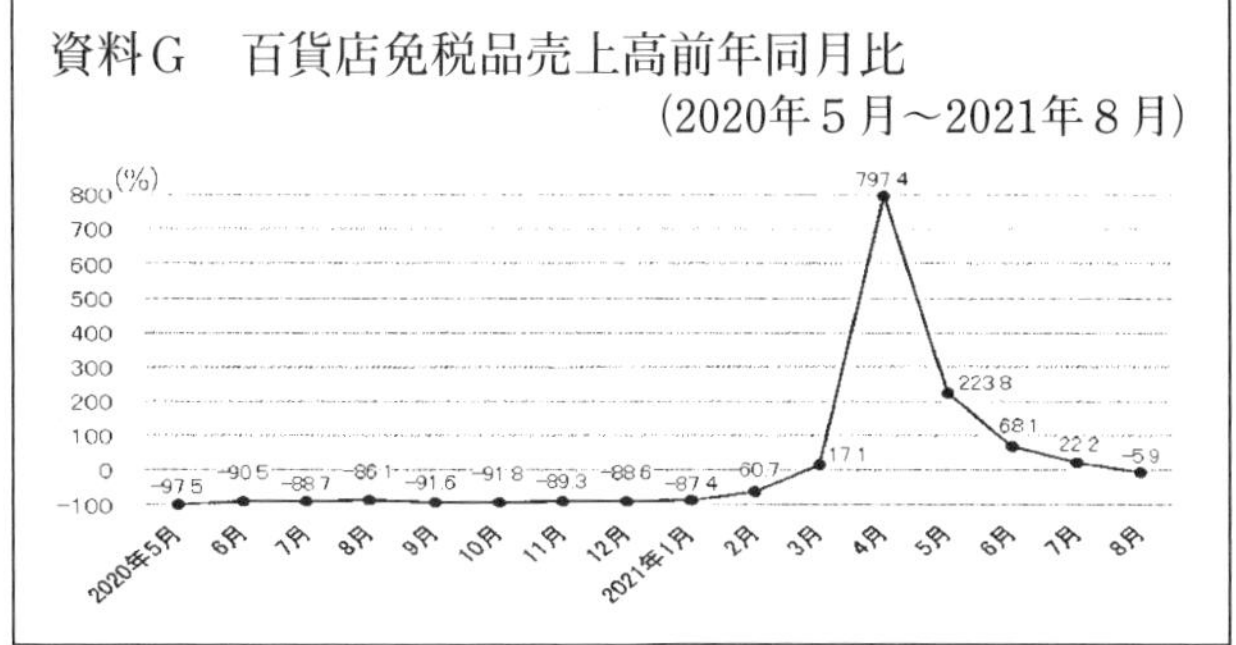

資料Ｅ　日本の免税(めんぜい)制度

外国人旅行者等の非居住者(以下「非居住者」といいます。)が、土産品等として国外へ持ち帰る目的で輸出物品販売場において、免税対象物品を一定の方法により購入した場合には、その購入に係る消費税が免除されます。

これは、非居住者が土産品等を国外へ持ち帰ることは、実質的に輸出と同じであることから設けられている制度です。

(出典：国税庁ＨＰ)

資料Ｈ　百貨店免税品売上高　(2019年４月～2021年８月)

	実額	前年同月比
2019年4月	約344億7千万円	109.3%
2019年5月	約309億9千万円	108.0%
2019年6月	約283億3千万円	100.6%
2019年7月	約281億3千万円	103.4%
2019年8月	約256億6千万円	99.3%
2019年9月	約253億2千万円	102.7%
2019年10月	約256億4千万円	86.2%
2019年11月	約261億5千万円	94.7%
2019年12月	約299億2千万円	99.2%
2020年1月	約316億9千万円	120.9%
2020年2月	約110億2千万円	34.6%
2020年3月	約47億5千万円	14.3%

	実額	前年同月比
2020年4月	約5億円	-98.5%
2020年5月	約7億7千万円	-97.5%
2020年6月	約26億8千万円	-90.5%
2020年7月	約31億7千万円	-88.7%
2020年8月	約35億5千万円	-86.1%
2020年9月	約21億2千万円	-91.6%
2020年10月	約21億円	-91.8%
2020年11月	約27億9千万円	-89.3%
2020年12月	約34億4千万円	-88.6%
2021年1月	約39億9千万円	-87.4%
2021年2月	約43億3千万円	-60.7%
2021年3月	約55億5千万円	17.1%

	実額	前年同月比
2021年4月	約45億円	797.4%
2021年5月	約25億1千万円	223.8%
2021年6月	約45億1千万円	68.1%
2021年7月	約38億7千万円	22.2%
2021年8月	約33億4千万円	-5.9%

(出典：資料Ｆ～Ｈは日本百貨店協会「免税売上高・来店動向」を元に作成した)

東京農業大学第一高等学校中等部（第三回）

—40分—

［注意事項］　解答の際、句読点、括弧（かっこ）などの記号は字数に含（ふく）むものとします。

一　次の①～④の傍線部の漢字の読みをひらがなに直し、⑤～⑧の傍線部のカタカナを漢字で答えなさい。また、送り仮名が必要な場合は送り仮名を付しなさい。

① 会食をするのにふさわしい日和をうかがう。

② 温泉の脱衣所の場所がわかりにくい。

③ 雲の切れ間から山々が雄姿をあらわす。

④ 人を見た目だけで侮ってはいけない。

⑤ 最後に勝利をオサメルのは私たちだ。

⑥ エアコンがハソンしたので買いなおす。

⑦ 休日に野山をサンサクすることが生きがいだ。

⑧ 足で戸を閉めるなんて、とんだオウチャク者だな。

二　次の文章を読んで、後の問に答えなさい。

リスクをめぐる混乱は人々が正しい知識を欠くゆえに起こる。このような混乱を避けるため、専門家は正しい知識を非専門家である民間人に教えなければならない。

このような言明は、ここで紹介したエイズ騒動※1や、BSEパニック※2、東日本大震災後の放射線をめぐる問題や、HPVワクチン、新型コロナウイルスの感染拡大など、リスクをめぐる社会的混乱が起こるたびに勢いを増す。正しい理解があれば、こんなことは起こらない。デマやフェイク※3はファクトで訂正し、人々に正しい知識を持たせることが[1]適切なリスク管理の第一歩というわけだ。

ここで紹介した小澤氏、畝山氏のコメントにも、政府や国民、メディアがリスクを正しく理解していないことへの忸怩（じくじ）※4たる思いが読み取れる。私もリスクについての学習やそれに基づく行動が必要であること、またそのようなことが行われていない結果、リスクをめぐる混乱が起こる、という専門家の見解には同意する。

しかし他方で、非専門家が正しい知識を身につければリスクをめぐる問題は解決するといった素朴な考えは欠如モデルと呼ばれ、科学コミュニケーションの分野ではすでに批判の声が上がっている。また専門家や医療ジャーナリストがしばしば掲げる「正しい知識」「正しい理解」「正しく恐れる」というフレーズは、リスクに関して［　X　］の「正しい」理解や対応が存在するという印象を生みやすい。[2]リスクは本質的にグラデーションであり、何をどのような形でリスクとして提示するかは専門家によって異なる。同じリスクであっても、個々人が置かれた文脈によってその感じ方、考え方は変わってくるため、それらを[A]十把一絡げ（じっぱひとから）にできる「正しい理解」などは存在するはずはないのだが、実際一般に向けてはこの言葉が頻繁に掲げられ、かつ「正しく怖がる」といった言葉で個々人の感じ方にすら「正しさ」があるような啓蒙（けいもう）が行われる。

それに加えて私が目を向けたいのは、「正しい理解」のもとに行われる啓蒙的情報提供が、リスクの実感を身体ではなく情報に依存した形に変えてゆくことである。これについては第1章で線維筋痛症と摂食障害の事例を提示しながらすでに述べた。しかしそこで紹介した線維筋痛症の加藤さん、過食症の田辺さんのリスクの実感には、身体が痛いとか、食べたら不快とかいった身体を巻き込むリスクの実感が少なくとも存在した。

他方松本のエイズ騒動や狂牛病パニックにはそれが欠けている。前者においてはフィリピン女性1名の陽性報告のみであり、松本市でそれ以外の感染者は当時報告されていない。※5vCJDに関しては、国内陽性者はゼロである。このような事実を述べることで、日本人被害者はゼロでよかったじゃないかといった議論を展開したいわけではない。そうではなく、問題視される病気の集団内での身体を介した経験がほぼ皆無のまま、ある病気に対する集団の想像力だけが走り出した結果、あからさま3でグロテスクな他者の排除や攻撃が生み出された事実に目を向けたいのである。

専門家が掲げる「正しい知識」や「正しい理解」といったものは、排除や攻撃を取り除く上で重要な役割を果たす。しかしこれらの見解も、リスクの実感を身体から乖離(かいり)させ、情報に委譲するという点でHIVやBSEについての情報と本質的に同じ力を持っている。リスクをめぐっては絶対的な「正しさ」が存在しない以上、複数の「正しい知識」や「正しい理解」が掲げられる余地はどうしても残り、それらの対立が他者の排除や攻撃の引き金となる可能性は残り続ける。それゆえにリスクをめぐって起こる排除や差別を4「正しさ」という素朴な科学主義で解決しようとすることには限界があるのである。

また私は、「自分は大丈夫と思うな」といった形で今ここの身体経験を否定し、情報を与えることでリスクの実感をやみくもに醸造することは、差別や排除の問題を超えて、私たちが生命であるという事実をも否定する可能性があると考えている。

私たちの生の実感を身体ではなく情報に移し替えることの何が問題なのか。身体感覚という曖昧なものより情報を信じたほうがより確かで、安心な生活が送れるのではないだろうか。そのような問いに次節で答えてゆきたい。

哲学者の市川浩は1985年に刊行された『〈身〉の構造―身体論を超えて』の中で記号、すなわち言葉やイメージを仲立ちとした経験の問題を次のように述べる。

> 今日の問題は、記号を仲だちとする情報経験が、現実の代理ではなく、現実そのものとなったという点にあります。われわれの日常経験をふりかえってみても、現在では直接経験よりもむしろ情報経験の方が圧倒的に多いのに気づきます。毎日家庭や職場で経験する直接経験は、確かな世界経験です。それに対して情報による間接経験は不確かな疑似経験であるとして、これまで低い価値しか与えられませんでした。しかし現代では、われわれが直接経験しない情報経験が量の面で圧倒的に多いというだけでなく、質的にも情報経験が直接経験以上に日常生活にとって大きな意味をもつようになっています。
>
> [Y]、というわけです。

これに続いて市川は、「真偽不定の情報経験によって構成される現実、受容能力を超える過剰な情報刺激、間接経験による疎隔(そかく)された世界体験、これらがいずれも精神病理学的な症候とどこか似ているのは不気味」と述べる。間接経験による疎隔された世界体験とは、メディアによって提供される情報のことである。これらの情報は身体を伴う一次的な経験にはなりえず、常に疑似体験にしかなり得ない、ということだ。

ここまで読まれた方はすでにお気づきと思うが、統計的データとショッキングな事例を手がかりに介入対象の想像力に分け入るリスク管理は、市川が不気味だとする経験のあり方を推奨することでしか成立しない。前章で示したように、心房細動の抗血栓療法においては、不整脈の自覚や、薬の効き目の実感のあるなしは治療開始の一義的条件ではない。大切なのは患者の直接経験よりも、専門家により発見され、伝えられる情報経験である。その結果、非専門家である私たちに求められるのは、情報に身体を寄り添わせ現実の実感を形作り、生活を再編成していくこととなる。

ここで取り上げたHIVやBSEをめぐるパニックは、［　I　］。それまで人々は何の恐れも感じずナイトクラブに行っていたし、松本に住む人々と交流していたし、牛肉も美味しく食べていた。しかしその積み重ねられた身体経験が情報経験により一気に転覆させられたのだ。

この騒動を、合理性を欠いたメディアや群衆に見られるありがちなパニックと揶揄し、正しい知識の大切さを主張することは容易い。しかしこのような問題の理解の仕方は、想像力に介入するリスク管理が本質的に持つ不気味さを矮小化することにならないだろうか。

（磯野真穂『他者と生きる　リスク・病い・死をめぐる人類学』〈集英社新書〉による）

※1　エイズ……ヒト免疫不全ウイルス（HIV）に感染することによって免疫力が低下し、感染症やがんにかかりやすくなる病気。

※2　BSE……牛の病気の一つ。狂牛病とも言われる。牛が感染した場合、異常行動や運動失調などを示し、死亡するとされる。

※3　ファクト……事実。

※4　忸怩たる思い……自ら恥じ入る気持ちに駆られること。

※5　vCJD……神経難病の一つ。BSEとの関係が指摘されている。

問一　傍線部1「適切なリスク管理の第一歩」とありますが、どういうことですか。その説明として最もふさわしいものを次のア～オの中から選び、記号で答えなさい。

ア　専門家が民間人に対してリスクに関する情報を提供することで、社会的に混乱した状況をおさめようとすること。

イ　メディアや医療ジャーナリストがリスクに関する情報を提供することにより、民間人にリスクの本質を正しく理解させようとすること。

ウ　メディアの情報をうのみにするのではなく、民間人も積極的に情報を集めてリスクをめぐるパニックに巻き込まれないようにすること。

エ　専門家が情報を提供することによって、民間人がリスクについての風評やうわさに惑わされないようにすること。

オ　政府や専門家が提唱するリスク管理についての情報を常に意識し、民間人がリスクをめぐる問題を解決しようとすること。

問二　空欄［X］・［Y］にあてはまる語句として最もふさわしいものを次のア～オの中から選び、それぞれ記号で答えなさい。

［X］　ア　起死回生　イ　唯一無二　ウ　安心立命　エ　公明正大　オ　泰然自若

［Y］　ア　百聞は一見にしかず　イ　雨だれ石を穿つ　ウ　氏より育ち　エ　苛政は虎よりも猛し　オ　急がば回れ

問三　傍線部２「リスクは本質的にグラデーションであり」とありますが、どのようなことですか。その説明として最もふさわしいものを次のア～オの中から選び、記号で答えなさい。

ア　リスクはそもそも未来に起こる予測不可能な出来事であるので、その危険度も予測不可能であるということ。

イ　リスクというものは、事態が明らかになるにつれて、その危険度が増していくものであるということ。

ウ　リスクというものは、状況の違いや行動の仕方によって、その損失や悪影響の程度が異なってくるものであるということ。

エ　リスクはそもそも専門家の提示の仕方が異なるものなので、「正しい」理解ができる専門家は少ないということ。

オ　リスクはそもそも個々人の捉え方によって異なるものであるので、複数の影響が生じるものであるということ。

問四　傍線部Ａ「十把一絡げ」の意味として最もふさわしいものを次のア～オの中から選び、記号で答えなさい。

ア　意味のあるものをたくさん集めて活用していくこと。

イ　様々な種類のものを区別することなくひとつにすること。

ウ　解釈が複数あるものの中から一つの解釈にしぼること。

エ　同じ種類のものをたくさん集めてひとまとめにすること。

オ　たくさんの価値あるものの中から一つのものを選ぶこと。

問五　傍線部３「他者の排除や攻撃が生み出された」とありますが、それはなぜですか。その理由として最もふさわしいものを次のア～オの中から選び、記号で答えなさい。

ア　問題視される病気についてほぼ未体験の集団内で、それぞれの思いや憶測が広がり、疑心暗鬼になっていたから。

イ　国内で問題視される病気についてほぼ経験のない集団内で、様々な思いや思惑からデマやフェイクが拡散されていたから。

ウ　集団内の人が実体験ではなく疑似体験しかしていないため、問題視される病気についての風評被害を心配していたから。

エ　日本での実体験がほぼ皆無であるため、情報経験だけでは不確かだと思う群集心理が働き、問題視される病気が誇張されていたから。

オ　国内で問題視される病気が、「いずれは現実のものとなってしまうかもしれない」という負のイメージを払拭（ふっしょく）したいという思いが群集心理となっていたから。

問六　傍線部４「「正しさ」という素朴な科学主義で解決しようとすることには限界がある」とありますが、「限界がある」理由として最もふさわしいものを次のア～オの中から選び、記号で答えなさい。

ア　身体で生の実感をすることが最も信頼できるが、「正しさ」という科学主義に基づく情報体験は疑似体験にしかなり得ないので信頼度が劣ってしまうため。

イ　「正しさ」という科学主義に基づく情報提供が圧倒的に多くなっているが、身体を介した経験でもリスクに起因する排除や差別の一部をなくすことができるため。

ウ　科学主義による情報経験は、実体験と異なり真偽不定な間接経験による疎隔された世界体験であるので、リスクを曖昧にしてしまうため。

エ　「正しさ」の定義が複数あることにより、専門家の提示の仕方や非専門家の捉え方が多様となり、リスクの解釈の仕方が複数生じてしまうため。

オ　科学的データや数字の情報はデマやフェイクに置きかえられて拡散されることがあるが、これを「正しさ」という科学主義で防止することは容易ではないため。

問七　空欄 Ⅰ にあてはまる内容として最もふさわしいものを次のア～オの中から選び、記号で答えなさい。

ア　情報による間接経験を蔑ろにしたケースである

イ　直接経験が世界体験から疎隔された故に起こったことである

ウ　統計的データを読み間違えたことにより起こったのである

エ　情報経験ではなく直接経験が一義的条件になったケースである

オ　情報経験が集団の直接経験を凌駕したケースである

問八　波線部「その積み重ねられた身体経験が情報経験により一気に転覆させられたのだ」とはどういうことですか。七十字以内で答えなさい。

三　次の文章を読んで、後の問に答えなさい。

> 二〇二〇年夏、新型コロナウィルス感染症により休校していた学校が再開した。長崎県五島列島に住む高校三年生の佐々野円華は、一人になるために家の近くの堤防にいた。そこを偶然通りかかった同級生の武藤柊に声をかけられ、会話する場面である。

「佐々野さんは、吹奏楽部だよね？」

「あ、うん」

またちょっと驚く。名前に続き、まさか部活まで知られているなんて本当に想定外だ。

「吹奏楽部も、今年は大会みたいなのはないの？」

「うん」

「そっか。――あのさ」

「うん？」

「ひょっとして、泣いてました？　佐々野さん」

武藤の顔を凝視したまま――動けなくなる。

咄嗟に思ったのは、なんで敬語？　ということだった。さっきまで普通にタメ口だったのに、急に。

答えに詰まる円華の前で、武藤がさらに言った。

「さっき、そんなふうに見えたから」

気づいたとしても、面と向かってそういうこと聞くかな？　と思う。だから声をかけてくれたのか、と妙に納得はしたけど、気まずかった。ひとりになりたくてここに来た、なんて意味深な答え方をしてしまったことも、改めて後悔する。

「別に、吹奏楽の最後の大会がなくなったから(A)感傷に浸ってた、とかじゃないよ。確かに寂しいし、悔しいけど、そういうんじゃなくて」

「うん。でも、誰かに何か言われたのかなって思って」

(1)頬が、かっと熱くなる。武藤の視線は曇りなく、どこまでもまっすぐだった。

「……なんで」

か細い声が出る。武藤が円華に横顔を向け、椿のステンドグラスの天主堂のすぐ下――旅館や、寮の建物が並ぶあたりを見つめる。

「寮に住んでる、小山ってわかる？　弓道部の。あいつもオレと同じで、休校の時もずっと地元戻らずにこっちにいたんだけど、そいつが学校行ったら、昨日、聞かれたって言ってたから。——つばき旅館、島の外から来た客を泊めてるみたいだけど、近くに住んでて大丈夫かって」

胸の真ん中がずくん、と痛くなる。あ、やっぱり、そんなふうに言われてるんだ、とわかっていたはずなのに、それでもショックを受けてしまう。思わず、「あのさ……」と声が出た。

「それ、普通、本人に言う？　私が知らなかったらどうするつもりなの？　武藤くんの今の話で初めて知ったんだったら、すごい傷つくよ」

「でも、じゃあ、どうなの？」

武藤の声は笑っていなかった。円華は少しでも笑いごとにしたくて、呆(あき)れたように半笑いで言ったのに、真剣な顔でただじっと円華を見ている。

「知ってるの？　そんなふうに言われてること」

「……知ってるよ」

2観念して頷(うなず)くと、空の青さが沁(し)みるようにまた目の奥が痛んだ。あわてて唇を引き結び、首を振る。

「知ってる。こんな時なのにまだ客を泊めてるのかって、うちが、周りから相当思われてそうなこと。さすがに、小山くんたちがそんなとばっちりを受けてるってことまでは、想像もしてなかったけど」

立地が近いというだけの理由で寮の子たちまでそんなふうに言われるのだとすれば、3小春(こはる)の言い分は、やはり仕方がないのかもしれない。

学校が再開され、いつも通り、円華は今日、幼馴染みの福田(ふくだ)小春と下校しようとした。そんなに長い距離じゃないけれど、校門から並んで出て、小春の家の近くの分かれ道まで一緒に歩くのは、二人にとってはいつものことだった。

だけど放課後になって、言われたのだ。

「ごめん、円華。しばらく、別々に帰ってもいい？」

どうしてか、最初は全然わからなかった。だから、純粋に「え？」と口にすると、小春が少しだけ早口になった。

「円華と一緒に帰ってるところ見て、うちのおじいちゃんとかおばあちゃんがちょっと心配になったみたいで。ほら、うちら、話しながら帰ってるから、マスクしてても、距離が近くて心配なんだって。お母さんとかも、うちのお姉ちゃんが施設で働いてることもあって、気になったみたい」

心配になったみたい、気になったみたい、というそれが、何を「気にして」のことなのか、円華にもだんだんわかってきた。でも、嘘(うそ)でしょ？　と思った。頼むから、そんな理由からじゃないって否定してほしい。だけど、小春は話し終えると、それ以上は何も言わずに円華の方をただ見た。その目を見て、4体の芯が一瞬で冷たくなっていく。

小春とは、小学校からずっと一緒だ。中学から吹奏楽部なのも一緒。

小春の家のおばさんやおじさんとも小さな頃から顔見知りだし、おじいちゃんやおばあちゃんにだって会えば挨拶してきた。家にも何度も遊びに行って、ごはんだってご馳走(ちそう)になったことのある小春の家の食卓やリビングを思い出したら、その中で、自分のことが——自分の家族や旅館のことがどう話題にされたのか、Bまざまざと想像できてしまって、何も言えなくなった。

「あー、わかった」

どうしてそんなふうに言ってしまったのかわからない。傷ついてることを悟られまいとそうしたんだと気づくと同時に、あ、私、傷ついたのか、と気づく。

小春は何度も「ごめんね」と謝っていた。

「ほんと、ごめん。帰ってるとこさえ見られなかったら、学校では喋(しゃべ)っても大丈夫だから。今だけ、ほんと、ごめん」

「あ、うん」

「じゃ、先に行くね」

去っていく小春に、吹奏楽部の別の女子が駆け寄っていく。二人が何か話し、肩を並べて同じ速度で歩き始めるのを見た瞬間、円華はなるべくさりげないふうを装いながら、近くのトイレに駆け込んだ。二人がこっちを振り向きもせずに行ってしまうのも胸が苦しかったし、こちらを向いて意識されるのもそれ以上に嫌だった。

小春の姉が働いている「施設」とは、高齢者が入居する介護施設のことだ。島は、人口に対して、医療や介護に従事する人の割合がとても高い。テレビでこのところさかんに言われる「医療従事者」の言葉が、今更のように胸を締めつける。小春の姉は、特に気をつけていて、家族みんなが大皿の料理を一緒につつくようなことすら今はできずにいるのだと、そういえば少し前に聞いていた。

そっか、私、嫌がられてるのか。大好きな、小春の家のおばさんやお姉ちゃんたちから、警戒されてるのか。

誰にも、自分の姿を見られたくなかった。顔を伏せるようにして校門を出て、足元を睨(にら)むようにしながら家までの道を急いだ。誰も円華のことなど見ていない、気にしていない、と言い聞かせても、心臓がすごく大きく鳴っていて、足にぎこちない力が入るのを止められなかった。

小春の声が、耳の奥で響き続けていた。

——帰ってるとこさえ見られなかったら、学校では喋っても大丈夫だから。

5 なんだそれ、と思う。

学校ならいいけど、帰り道は一緒にいられない。家族や、周りの目が気になるから。そう突きつけられて、明日からも教室で普通に小春と笑顔で接することができるとは到底思えなかった。別の子と一緒に帰る小春の背中。他の子とは一緒に帰れても、円華はダメ。それって。

差別じゃないか——。

差別、という言葉の大きさに、思ってしまった後から気持ちが怯(ひる)む。

6 高い場所から急に下を覗(のぞ)き込んだ時のような、足が竦(すく)む感覚があった。

円華の家がやっているつばき旅館は、小さいが、曾祖父(そうそふ)の代から続いている古い旅館だ。そして、コロナのあれこれが騒がれ始めてだいぶ減ってしまったけれど、今も、それまでと変わらずにお客さんを泊めている。そのほとんどが島外のお客さんだ。長崎市内や福岡など九州本土からの人が多いけれど、中には、東京や大阪から泊まりに来る人もいる。うちを気に入って、東京から毎年来ている常連さんのひとりは、リモートワークになって出社しなくても仕事ができるようになったから、と確かに今も長期で滞在しているようだ。

休業するか、お客さんからの予約を取り続けるか。祖父母も両親も葛藤(かっとう)していた。円華には悟られまいとしていたようだったけれど、円華が自分の部屋に引き上げると、大人が皆で話し合っている気配を感じた。消毒用のアルコールがなかなか手に入らなくて、どこか販売しているサイトがないか、円華も両親と一緒に探した。お客さんが安心して来られるようにって。

そういうことの葛藤の全部を、円華も見ていた。

休業を選ばず、営業し続ける選択をした家族のことを、円華もできる限り応援したいと思ったけれど、家族の間でも、話さないこと、聞けないことがだんだん増えていった。たとえば、泊まりに来たお客さんが、どこから来た人なのか。これまでは、何気なく両親に聞けていたけれど、今は構えないと聞けない。両親も、必要以上に明かさない。

7――今だけ、ほんと、ごめん。

また、小春の声が蘇(よみがえ)る。

今だけ、というその「今」は、いったいいつまで続くのだろうか。

政府が日本全国に出した緊急事態宣言は、月末までには解除されるのではないかと言われている。円華はこれまで気安く「早く元通りになればいい」と思ってきたし、口に出してきた。母たちも、お客さんが減っても、「今は我慢だね」とか「今は仕方ない」と口癖のように話しているけれど、テレビでこの間、「新しい生活様式は下手するとあと二、三年は続く」と話す人がいて仰天(ぎょうてん)した。だって、そんなに待てない。まだ一学期なのに、私の二学期も、三学期もどうなるのだろう。卒業するまで小春とは一緒に帰れないのか。マスクなしで生活することも、もう、高校に通う間は無理なのか。

吹奏楽部では、円華はホルンを吹いている。息を吹き、音を出す。たったそれだけのことが、今は危険とされる。

楽器の演奏はしばらく難しいかもしれないけれど、代わりの活動を何か考えよう、と顧問の浦川(うらかわ)先生がみんなに話してくれた。でも、部活が再開されたところで、円華はもう、自分が参加できる気がしない。帰り道、自分を置いて去っていく小春たちの後ろ姿が瞼(まぶた)の裏から消えない。小春でさえああなのだから、円華が参加することを嫌がる子はもっといるかもしれない。みんな、きっと怖いのだ。だから、「今だけ」遠ざける。日常が戻ったら、また円華とも戻れると思っているのかもしれないけれど、そこで置き去りにされた円華の気持ちはどうしたらいいのだろう。

一度にいろんなことを考えて、気持ちはぐちゃぐちゃだった。

円華は、大人の決断があまりに早すぎないか、ということにも怒っていた。みんな、すぐにあきらめすぎる。

夏から始まる吹奏楽コンクールや、インターハイとか、いろんな大会が中止になる決断はあまりに早すぎないだろうか。その頃までに状況が変わっている、という可能性だってゼロじゃないのに。なのに、先のことがどんどん決まってしまう。

思い出すのは去年のコンクールのことだ。部員みんなで本土にフェリーでわたり、佐世保(させぼ)のホールで演奏したこと。集まったたくさんの吹奏楽部の中で、九州から全国に行ける学校は三校だけ。行けるかどうかわからないけれど、練習してきたこの曲をこれから先もまだこのメンバーで演奏し続けたいというそれだけの理由で皆、優勝したいと願った。あの瞬間、私たちの心ははっきりひとつだと感じた。なのに――。

円華の未来はどこにゆくのだ。

俯(うつむ)きながら家に帰り、鞄(かばん)を置いて、飛び出すようにしてこの堤防に来ると、そこで限界を迎えたように涙が一気に溢(あふ)れた。海と空、二つの青が涙で潤(うる)んで溶けだし、混じり合っていく。悔しかった。とても、とても悔しかった。一番悔しいのは、そんなにも悔しいし、理不尽だと思っているのに、小春に何も言い返せなかったことだった。何でも話せる親友だと思っていたのに、今は、親友だからこそ、本当の気持ちは絶対に明かせない。

泣いてるところを見られたのは、あまりに不意打ちだった。しかも、武藤にだなんて。

「ごめん」

円華の口から、途切れるような細い声が洩れた。

「泣いてたこと、他の人に言わないで」

思わず言ってしまうと、そんなふうに頼まなきゃいけないこともなんだか惨めになって、言葉の最後がちょっと掠れた。武藤が困るかもしれない、と思ったけれど、彼がすんなり「わかった」と頷いてくれて、ほっとする。

「邪魔してごめん」

そう言って、また元通りイヤフォンを耳に入れ、あっさりとランニングに戻っていく。その背中を見つめながら、円華はおかしくなって少し笑った。8邪魔してごめんって、なんかズレてる。元通り、また好きなだけ泣いていい、という意味なのだろうか。

乾いた声で、ふっと笑い、それからまたなぜかこみ上げてきた涙を拭う。小さくなっていく武藤柊の姿を見つめながら、うん、あの人がモテるの、なんかわかるな、とこっそり思った。

(辻村深月『この夏の星を見る』〈KADOKAWA〉による)

問一　傍線部A「感傷に浸って」・B「まざまざと」の語句の意味として最もふさわしいものを後のア〜オの中からそれぞれ選び、記号で答えなさい。

A　「感傷に浸って」

ア　懐かしむような気分になって
イ　楽しむような気分になって
ウ　心が痛むような気分になって
エ　後悔するような気分になって
オ　充実したような気分になって

B　「まざまざと」

ア　心から理解するさま
イ　単純であるさま
ウ　心に深く感じ入るさま
エ　じっと見つめるさま
オ　はっきりと感じるさま

問二　傍線部1「頬が、かっと熱くなる」とありますが、円華がこのようになった理由として最もふさわしいものを次のア〜オの中から選び、記号で答えなさい。

ア　円華は武藤についてほとんど知らないのに、武藤は、円華の名前や部活動まで知っていて、嬉しかったから。
イ　泣いていた理由をはぐらかそうとしたが、武藤は理由を教えるまで目をそらしてくれない気がして恥ずかしかったから。
ウ　学校でほとんど話したことのない武藤が、泣いていた理由を見抜くような発言をしてきて、驚いてしまったから。
エ　一人で考え事がしたくて堤防に来たのに、武藤がすぐに帰らず、しつこく質問してくることに困惑しているから。
オ　武藤が、円華が一人で堤防にいた理由を、根拠のない憶測だけで当てようとしてくる態度に怒りがこみ上げたから。

問三　傍線部2「観念して頷くと、空の青さが沁みるようにまた目の奥が痛んだ」とありますが、この時の円華の心情として最もふさわしいものを次のア〜オの中から選び、記号で答えなさい。

ア　自分の家が営んでいる旅館が、いまだに宿泊客を受け入れていることを認めざるを得なくなってしまい、強い不安を抱いている。

イ　自分の家が近所で悪く噂(うわさ)されていることを改めて実感したと同時に、自分を気にかけてくれている武藤に慰められている。

ウ　宿泊客を受け入れるか受け入れないか葛藤している両親に対して、心無い噂をする近隣住民や武藤を激しく憎悪(ぞうお)している。

エ　家業が周囲から良く思われていないことを認めるのは悔しくて仕方がないが、こんなことで挫(くじ)けている場合ではないと自分を奮い立たせている。

オ　自分の家の近くに住んでいる同級生まで変な噂に巻き込んでしまって申し訳なく思うが、噂を消すことはできないと悲観している。

問四　傍線部３「小春の言い分は、やはり仕方がないのかもしれない」とありますが、「小春の言い分」とはどのようなものですか。最もふさわしいものを次のア～オの中から選び、記号で答えなさい。

ア　コロナによって攻撃的になった家族の不安を取り去るまで別行動をして、円華に危害が加わらないようにするというもの。

イ　小春の家族が抱いているコロナに対する不安がおさまるまでは、学校外では円華と一緒に行動できないというもの。

ウ　円華との付き合いは、「施設」で働いている姉の評判に関わるため、感染の危険がある旅館に立ち寄ることはできないというもの。

エ　県外から来た武藤ですら地元に帰郷できない状況で、県外からの客を泊めている家の子である円華と会うことはできないというもの。

オ　家族の感染症対策のため、コロナが落ち着くまではすべての行動を共にできないというもの。

問五　傍線部４「体の芯が一瞬で冷たくなっていく」とありますが、どういうことを表していますか。最もふさわしいものを次のア～オの中から選び、記号で答えなさい。

ア　小春が自分を遠ざけようとしているということがにわかに信じられなかったが、小春が本気だとわかり、その事実を受け入れざるを得ないということ。

イ　小春の発言の意図を理解し、小春と強いきずなでつながっていると思っていたのは自分だけだったのかもしれないと思いはじめたということ。

ウ　コロナに敏感になっている小春の発言を受けて、つばき旅館の経営や、家族の生活に対する危機感がしだいに大きくなってきたということ。

エ　反論しても、今後の関係性に亀裂が入るだけなので、小春の提案を受け入れるしかなくなったということ。

オ　小春本人ではなく、小春の家族がこんなにも自分を警戒しているということに気づき、少しずつ周囲の人が離れていく寂しさが募るということ。

問六　傍線部５「なんだそれ」とありますが、この時の円華の心情として考えられるものを、次のア～オの中から<u>二つ</u>選び、記号で答えなさい。

ア　自分と付き合うことで、周囲から苦言を呈される小春の気持ちを理解してあげられなかったという自己嫌悪におちいっている。

イ　信頼していた親友から、家族を理由にして一方的に遠ざけられたみじめさや悔しさが残り続けている。

ウ　一緒に帰る友達がいなくなってしまい、一人で帰ることが恥ずかしく、大きな孤独を抱えている。

エ　平常を装うことに耐えきれず、積もった不満を誰でもいいから吐きだしたいという衝動にかられている。

オ　一緒に行動することを拒否されるという理不尽な扱いを受けて、小春の発言に対する反発心を抱いている。

問七　傍線部6「高い場所から急に下を覗き込んだ時のような、足が竦む感覚があった」とありますが、この時の円華の状況として最もふさわしいものを次のア～オの中から選び、記号で答えなさい。

ア　今まで自分の周りにはたくさんの人がいて、周囲とのきずなを感じる場面はあったが、今は味方がいないということを受け入れられず、現実逃避している状況。

イ　小春がちがう吹奏楽部の子と歩き去っていく後ろ姿を見て、長年培（つちか）った友情が、いとも簡単に壊れてしまうということに驚き、深く傷ついている状況。

ウ　小さいけれども歴史のある実家の旅館に対して、手のひらを返したようにあれこれと吹聴してくる周囲を信頼できなくなり、絶望している状況。

エ　小春との会話がかみ合わなかったことを冷静に思い返して、今まで経験したことがないくらい周囲から孤立していることに気づき、怖くなっている状況。

オ　高校最後の大事な一年間を充実したものにするはずが、コロナによって、生活が大きく変わってしまったことを受けて、将来が見えなくなり困惑している状況。

問八　傍線部7「今だけ、ほんと、ごめん」とありますが、「今だけ」という言葉を、円華はどうとらえていますか。説明として最もふさわしいものを次のア～オの中から選び、記号で答えなさい。

ア　見通しのつかない事柄であっても、混乱しないように、具体的な情報を流すための便利な言葉としてとらえている。

イ　親しい相手だからこそ、少し距離をおいても必ずいつか元に戻れるという意味を持つ言葉としてとらえている。

ウ　周囲に不安な思いをさせないための、短期間で事が済むという意味の言葉としてとらえている。

エ　一見相手を気遣うような意味が含まれているようでいて、実は楽観的で無責任な言葉としてとらえている。

オ　一時的ではあるけれども、苦境をともに乗り越えて欲しいと相手を説得するための言葉としてとらえている。

問九　傍線部8「邪魔してごめんって、なんかズレてる」とありますが、武藤はどのような人物だと考えられますか。最もふさわしいものを次のア～オの中から選び、記号で答えなさい。

ア　円華を励ますために、自分から積極的に話しかけてくれるなど、相手の立場に立って物事を考えられる親切な人物。

イ　周囲に対して疑心暗鬼になっている円華の不信感を払拭してあげたいと、わざとふざけた態度をとる心優しい人物。

ウ　円華が泣いていたか確かめたり、噂の話をしたりと自分本位な発言を繰り返す反面、困った時には頼りになる人物。

エ　円華の実家が客を受け入れることで、円華自身が苦境に立たされるということを警告してくれた誠実な人物。

オ　円華への無遠慮ともとれる発言をする時もあるが、円華にさりげなく気を遣うことができる思いやりのある人物。

桐光学園中学校（第一回）

—50分—

注意　本文の表現については、作品を尊重し、そのままにしてありますが、設問の都合上、省略した部分、表記を改めた部分があります。
また、特に指示のないかぎり、句読点も一字に数えます。

一　――線㋐～㋔のひらがなを漢字に直しなさい。

1　カイコをたくさん飼って㋐ようさん業を営む。
2　冬は㋑せいざの観察に適している。
3　電車の㋒うんちんを払う。
4　大勢の前で詩を㋓ろうどくする。
5　新しい法律の案について㋔かくぎ決定する。

二　次の文章を読んで、後の問いに答えなさい。

> 十月の日曜日の昼近く、「るり子（＝るり姉）」は、姉の三人の子どもたち（八歳の「さつき」、七歳の「みやこ」、四歳の「みのり」）にせがまれ、家の裏手にある、海までさほど遠くない川に向かうことになった。もともと子どもは苦手だとは思いながらも、この三人と関わることは別だと、近ごろ「るり子」は感じるようになって来ている。五分ほど歩いて、幅八メートルほどの川が流れる川べりの道に出た。

るり子は昔から、川が海につながっているということが不思議でならなかった。大人になった今でも、ちょっと妙に思う。A川と海は違うものなのに、それがつながっているなんておかしなものだ、と。

「あの鯉、金色じゃん」

「あっ、あっちにはオレンジのがいるよー」

さつきとみやこはきゃんきゃん騒いで、フェンスの網目模様がつきそうなくらいに、からだを押し付けている。

「ねえねえ、鯉じゃない魚がいるよ、るり姉。見て見てあそこ」

みのりがそう言って、横に立っているるり子のふくらはぎに手を置いた。みのりの手はとても冷たくて、ちょっと湿っていて、るり子のふくらはぎの湾曲部にピタッとくっついた。

「どこどこ？　ああ本当だ。なんていう魚だろうね」

「みのちゃん、あの魚にえさあげたい」

るり子は、みのりの腋の下に手を入れて持ち上げ、フェンスの先に手が届くように抱え直した。子ども独特の匂いがした。牛乳と汗と太陽の匂いだ。

「はい、じゃあ、あの魚のところまでほうってみて」

みのりが力いっぱいパンの耳を投げる。

「あっ」

みのりが投げたえさは、すぐに鯉に見つかって、あっという間に食べられてしまった。

「鯉さん、食べないでよー」

みのりが腕を伸ばして、また思いきりほうる。黒色の鯉がすばやく寄ってきて、大きな口で勢いよくえさを食べてしまう。しかしみのりは、懲りずに何度も繰り返す。抱きかかえてる腕がつらくなってきた。みのりはるり子の腕のなかで、元気よく反り返って川に身をのり出す。

「はい、おしまい」

るり子はみのりを下ろして、腕をぐるぐると回した。みのりが不服そうにるり子を見る。

もしあのままこの子を抱えてて、急に力が抜けて、ふいに川に落としてしまったらどうなってただろう。るり子は、鯉たちが威勢よくぶつかり合っている川を覗いた。浅いから大怪我するに違いない。もしくは……。［Ⅰ］と身震いし、怖い妄想を頭から追い出す。るり子は1息を吐き出して、またしゃがみこんでフェンスの間からえさを投げている、みのりのつやつやとした髪をなでた。

子どもの頃、よくこの道を通って海まで行った。そしてそのときも、B川と海の境がよくわからなかったんだということを、るり子は思い出していた。淡水と海水の境目。川と海の境目。るり子はそのことについて考えてみた。境目について。この川のどの部分が境かということについて。

「あ、すずめ！」

みやこが大きな声を出した。

川に投げ入れるときに細かいパンくずが落ちたのか、数羽のすずめがいつの間にか寄ってきていた。

「あたし、鯉じゃなくて、すずめさんにえさあげようっと」

みやこが川に背を向けて、道にパンを撒き始めた。とたんにすずめが十羽くらい集まってきた。チュンチュンというすずめの声をきいて、さつきもみのりも川に背を向けた。鯉は変わらず貪欲に口を開けている。

昔、この川に何度かお父さんとお姉ちゃんと釣りに来た。もう少し先の、橋のところにポイントがあって、あるときなんてバケツいっぱいに鮒だか鮎だかが釣れた。あのときは自分も竿を持たせてもらって、かなり釣った記憶がある。

浮きがくっと沈むあの感じ。くいっと手首が下がるあの瞬間。ものすごく得したようなあの気分。自分という人間は、もしかすると案外いい線いってるんじゃないかって、はじめて思えた瞬間だった。あのあと、バケツいっぱいの魚をどうしたんだっけ。うちに持って帰ったんだっけ。

「ちょっと！」

突然のa金切り声に、るり子は驚いて振り向いた。

「なにやってるのよ！」

子どもたちは［Ⅱ］として手を止めた。

「ここにえさを撒かないでちょうだい！」

「はあ……」

「迷惑してるのよ。うちの前が鳥の糞だらけになっちゃうのよ！」

「あっ、そうですか。すみません」

るり子は、背後の家から出てきたであろう、年配の女に頭を下げ、子どもたちに目で合図した。

「どうもすみませんでした。気を付けます」

るり子はもう一度［Ⅲ］と頭を下げた。子どもたちはつまらなそうに、また鯉に向かってえさを投げ始めた。

「まったく、困るのよね」

るり子は申し訳なさそうな顔をつくって軽く会釈してから、2ゆっくりと女に背を向け、川のほうに向き直った。

「本当に困るわ」

みのりがしゃがんだまま、きき耳を立てているのがわかる。

「あなたが掃除してくれるならいいのよ。それだったら、いくらでもえさを撒いてかまわないわよ」

みやこが b にわかに振り返って、るり子の母、つまりみやこにとっての祖母よりはるか年上であろう女を見つめる。

「糞を掃除するの大変なのよ。あなた、鳥の糞を掃除したことある？」

るり子はなんとなく首をかしげてみせる。ちょっとしつこいなと思う。道端には、もうほんの少しのパンくずさえ落ちていない。そんなのぜんぶ、さっきのすずめたちが食べてしまった。

「迷惑なのよ。いい加減にしてちょうだい」

こういう場合どうしたらいいんだろう。子どもたちがいなかったら言い返してやるところだけど、もう一度ここで謝ったほうがいいのだろうか。でもひたすら謝るっていうのも、子どもたちの教育っていうか、気持ちに、よくない影響を与えそうな気がする。だって、ここまでうるさく言われるほど、悪いことはしてないはずだ。

るり子は、女の顔を［Ⅳ］と見た。あと一言でもなにか言ってきたら、きちんと筋の通った話をしようと決めた。

老年期後期にさしかかろうとしている女は、るり子を見ていたけど、その目はどこも見ていないし、なにも見えていないような感じだった。女は、「気を付けてちょうだいよ！」と、日頃あまり耳にしないような声の調子で言って、そのまま新築であろう家のなかに入っていった。三人の娘たちのちいさな手は、その間じゅう止まっていた。

なんだかひどいことになってしまった。こういうことって、子どもは一生忘れないものだ。3 るり子は、無性に腹が立ってきた。

みやこがるり子のスカートを引っ張って、にっと白い歯を見せた。そして、遠くでちょこちょこと歩いている一羽のすずめに向かってパンの耳を投げた。何羽かのすずめがすばやくえさに寄ってきた。

るり子はおどけて微笑んでから、シッ、とすずめを追い払い、子どもたちに向かって、はっきりとした大きな声で言った。4 言う前に深く息を吸った。

「ここにえさを撒いちゃいけないんだって。すずめが糞をするんだって。そのお掃除がとっても大変なんだって。だから、もう道にはえさを撒かないでね。鯉さんたちにえさをあげようね」

るり子の声で、みのりの緊張がようやく解けたのがわかった。さつきは、さっきより少し乱暴気味に、鯉がほとんどいない場所を狙ってパンを投げた。みやこは、「あたし、鳥のほうが好きなんだけど」と言いながら、つまらなそうに川にえさをほうった。

るり子はうしろを振り返って、先はどの女の家を眺める。どこかの窓からずっと見ていたに違いない。今も監視してるに決まっている。庭には、しゃれたプランターやら鉢やらがいくつもあって、色とりどりの花が咲き乱れている。そのなかに、陶器でできたリスや七人の小人の置物が、見事に配置されている。

5 るり子は大げさに頭をふって、世界中の人にきこえるようなため息をついた。それから、フェンスにぴたりとからだを寄せて、川を覗きこんだ。ちょっと先のほうに、みのりが言った小さな魚がたくさん見える。川の風景だ、と思った。

そしてそのとき、ふと思い出した。そうだ、昔、ここにカニがいたんだ。今みたいにフェンス越しに川を覗いていたら、石の横に大きなカニの姿が見えた。この距離から見えたんだから、かなり大きかったはずだ。

お父さんに教えたらお父さんも興奮して、わたしに「欲しいか？」ってきいた。わたしにそうきくときは、たいてい自分がのり気なときだった。父親は無謀にも、この緑のフェンスをのり越えて土手を降りた。そしてズボンをまくり上げて、慎重に川に入っていった。わたしは、父に気をとられてカニを見てなかった。だってそりゃそうよ。フェンスをのり越えて、川に降りる人なんてまずいないんだから。

お父さんは川底を注意深く見ながら、カニを探していた。それから顔をあげて、わたしに「どこだ」ってきいた。わたしは慌てて一生懸命にカニを探した。だけどそんなの、もうどこにもいなかった。人間の気配を感じて、とっくにどこかに逃げたのだ。考えたら当たり前だ。川に何年も棲んでいるカニを、素手で捕ろうなんてほうが間違ってる。しばらくして戻ってきた父は、「惜しかったな」と言った。途中なにかで切ったらしく、すねから血が出ていた。

るり子は、目を凝らしてカニを探してみた。でももちろんいなかった。あの当時でさえ、カニなんてすごくめずらしかった。

「おじいちゃんのこと覚えてる？」

るり子は、さつきにきいてみた。

「うん、ちょっとだけ覚えてる」

横からみやこが「あたし、あんまし覚えてなあい」と勝ち誇ったように言う。父が肺がんで死んだのは三年前だ。Cるり子は、川と海の境のことを考えていた。川が海に流れつくことをぼんやりと思っていた。

「海は大きな水たまりなんだ」

と、父は教えてくれた。6父はいつも正しかった。

今、るり子ははじめて、男に生まれたかった、と強く思った。そうしたら、わたしはお父さんの息子になれたし、誰かの父親になれたはずだった。そして、すずめたちに景気よくえさを撒けたかもしれない。

7四人で広がって手をつなぐ帰り道、さつきが「二百四十グラムに六十グラム足せば、三百グラムになるよね」と言った。

【椰月美智子「川」（『るり姉』〈双葉文庫〉所収）】

問一　［Ⅰ］～［Ⅳ］に入る言葉として最も適当なものを次の中からそれぞれ選び、記号で答えなさい。（ただし、同じ記号を二度使ってはいけません。）

ア　きちっ　　イ　じっ　　ウ　びくっ
エ　ずっ　　オ　ぞくっ

問二　――線a「金切り声」・b「にわかに」とありますが、本文における意味として最も適当なものを次の中からそれぞれ選び、記号で答えなさい。

a　金切り声

ア　金属がつぶれるような耳障りな声
イ　張りつめて余裕を失った声
ウ　助けを求めるようなふりしぼる声
エ　高く張り上げた鋭い声

b　にわかに

ア　いきなり　　イ　ゆっくり　　ウ　しっかり　　エ　はっきり

問三　――線1「息を吐き出して」・4「言う前に深く息を吸った」とありますが、こうした「息」に関する描写を通して読み取れるそれぞれの「るり子」の様子の説明として最も適当なものを次の中から選び、記号で答えなさい。

ア　1は、日頃から自分に自信が持てず、今も恐ろしい考えを抱いたことに深く落ち込んでいるのに対し、4は、見張り続けている年配の女性を納得させる言い方を、内心不安になりながらも探り出そうとしている様子。

イ　1は、子どもたちと接するのはやはり不慣れであることを実感し、嘆いているのに対し、4は、こんなにも自分たちの心に負担をかけた年配の女性への当てつけに、いやみな言葉を聞かせてやろうと勢い込んでいる様子。

ウ　1は、今自分だけが守ることのできる幼い命の存在を改めて実感し、自らを落ち着かせようとしているのに対し、4は、子どもたちの意識を完全に切り替えさせるために、可能な限り冷静になろうとしている様子。

エ　1は、子どもの重みに耐え切れず一方的に下ろした自分をうまくごまかそうとしているのに対し、4は、極度の緊張から逃れて自分を取り戻すべく、子どもことばを巧みに使って彼らの仲間に入り込もうとしている様子。

問四　――線2「ゆっくりと女に～向き直った」とありますが、「るり子」のこの様子の説明として適当でないものを次の中から一つ選び、記号で答えなさい。

ア　自分が冷静であることを、子どもたちに感じ取ってもらいたいと考えている。

イ　年配の女性からさらに厳しく叱られるに違いないと、内心では緊張している。

ウ　失礼のない謝り方をしたので、この件についてはもう十分だろうと思っている。

エ　子どもたちの意識を、年配の女性から別な方へ向かわせようとしている。

問五　――線3「るり子は、無性に腹が立ってきた」とありますが、その理由として最も適当なものを次の中から選び、記号で答えなさい。

ア　こうした経験が子どもたちに悪い影響を及ぼすことへの心配以上に、結局は言い負かされてしまった自分の無力さを認めるしかなかったから。

イ　自分の表情も見ずに話し続ける相手に不気味さを感じた以上に、子どもの無邪気さが奪われてしまったことへの取り返しのなさに気づいたから。

ウ　整った住まいに似合わず汚い言葉を使ったことだけでなく、そのことによって子どもの手の動きまでも封じてしまった女性に対する強い反感を覚えたから。

エ　この件が子どもたちの心に傷を残してしまいかねないことへの強い反発と、一方では迷いが生じて女性にうまく対応し切れなかった自分への悔しさもあったから。

問六　――線5「るり子は大げさに～川を覗きこんだ」とありますが、その理由について、わかりやすく説明しなさい。

問七　――線A「川と海は違うもの～おかしなものだ、と」・B「川と海の境～境かということについて」・C「るり子は、川と海の境～ぼんやりと思っていた」とありますが、これらの表現から読み取れることとして最も適当なものを次の中から選び、記号で答えなさい。

ア　川と海とはそれぞれ別のもので、境目もはっきりあるとかつては理解していたものの、今では、川も海も境目のない同じものだということを知ることができ、海の懐の深さと雄大さを思いつつ、新たな魅力に心地よく浸っている。

イ　川と海とはやがて一つにつながると幼いころに教わったことをなんとなく思い返し、この川べりに生きていた人々も、亡くなるとその魂は別世界としての海に流れ着いて一つになってゆくに違いないと、しみじみと感じ入っている。

ウ　境目を越えて川は海とつながるが、動き続ける川と動かない海とが一つになるその不思議さを覚えるにつけ、日常の様々な経験が今の自分につながっていることを思い、川が海に流れつくと言った父の言葉の意味を感じ始めている。

エ　川はやがて海に流れつくことで境目が消えて一つになるとの教えを思い出したことで、この世とあの世の境目を飛び越して、自分も亡き人の心とつながることができたと確信し、励まされ強くなれるような気持ちになっている。

問八　――線6「父はいつも正しかった」とありますが、そのように振り返る「るり子」の説明として最も適当なものを次の中から選び、記号で答えなさい。

ア　今日のように我慢を強いられるのはまだ大人になりきれていないからだとは思いたくないけれども、父のような自由な行動が許されるのは大人の特権なのかと少し皮肉に思っている自分を見出し、複雑な思いを抱いている。

イ　フェンスを乗り越えて向こう側に降り立つことまでした父の大胆さを思うにつけ、自分にはそういうことはできないだろうと思う一方で、そうした存在感の大きな父になお憧れている自分に改めて気づいている。

ウ　今日の悔しさは忘れられそうにないので、これまで自分の競争相手だった父の包容力の大きさを認め、これからの自分の人生において、事あるごとに父を手本として自信を持って生きていこうと、固く誓っている。

エ　年配の女性に反論できなかった情けなさを反省し、父の決断力には決して及ばないながらも、父がフェンスを越えたことを見習って自分も行動力を発揮し、周囲に認めさせながら生きてゆきたいものだと、気持ちを新たにしている。

問九　――線7「四人で広がって～と言った」とありますが、これについて述べたものとして最も適当なものを次の中から選び、記号で答えなさい。

ア　年配の女性にしつこく注意されて何やら落ち込んでしまった表情の「るり姉」を察して、「さつき」が子どもの中での年長者として他の話題を探して元気づけようと、精一杯気を遣っている様子が感じられる描写である。

イ　自分の世界に入り込んでしまった様子の「るり姉」を何とか励まそうと、泣きたいのをこらえて算数の話題を振る「さつき」の健気さが伝わるという、血縁者同士の思いやりが際立つ、美談としての結末である。

ウ　知らない大人に叱られたことを忘れようとして算数に没頭する子どもたちのしたたかさと、それに適切に応えるであろう「るり子」

の気持ちの切り替えが予想されるという、読者の想像をかき立てる工夫がなされている。

エ　子どもたちからは、自分たちのいつもの調子を取り戻して家路につく様子が感じられる一方で、今日の出来事を通した「るり子」の変化に読者の意識が向けられるという、余韻が残る終わり方である。

三　次の文章を読んで、後の問いに答えなさい。

現在、世界のオノマトペを大まかに捉える定義としては、オランダの言語学者マーク・ディンゲマンセによる以下の定義が広く受け入れられている。

オノマトペ：感覚イメージを写し取る、特徴的な形式を持ち、新たに作り出せる語

かなり抽象的な定義である。「特徴的な形式を持つ」という点は、オノマトペに重複形が多いことから納得できそうである。「新たに作り出せる」という点も、「ジュージャー」のような例から明らかだろう。では、「感覚イメージ」を「写し取る」とはどのようなことを意味するのだろうか？

まず、オノマトペは感覚を表すことばかどうかを考えよう。一般に、「感覚を表す」ことばとして真っ先に挙げられるのは形容詞である。日本語の形容動詞も含む。「うるさい」「静かな」「甲高い」は聴覚、「大きい」「鮮やかな」「赤い」は視覚、「滑らかな」「熱い」「重い」は触覚、「酸っぱい」「甘い」「しょっぱい」は味覚、「くさい」「芳ばしい」は嗅覚といった具合に、形容詞の多くは感覚特徴を表す。

一方で、感覚と強く関わる動詞というと、「聞く」「見る」「感じる」「味わう」「嗅ぐ」あたりである。名詞なら、「音」「外見」「手触り」「味」「匂い」などであろうか。「走る」「食べる」「吠える」「知る」などの動詞は、五感のどれに関わるかというよりも、どんな出来事かを軸にしたことばである。「ネコ」「空気」「夢」「昨日」などの名詞も、どの感覚のことばかというよりは、対象がどんなものかに関心を持つことばである。

では、オノマトペはどうだろう？　いわゆる擬音語は、「ニャー」「パリーン」「カチャカチャ」のように聴覚情報を中心に表す。擬態語の中には、「ザラザラ」「ヌルッ」「チクリ」のように触覚情報を表していると思えるものもあれば、「スラリ」「ウネウネ」「ピョン」のように視覚情報に注目しているものもある。さらに、擬情語と呼ばれるオノマトペは、「ゾクッ」「ドキドキ」「ガッカリ」のように第六感とでもいうべき身体感覚や心的経験を表す。

多くの形容詞と同様、オノマトペは感覚のことばなのである。このことは、感覚的でない意味を表すオノマトペが想像しがたいことからもわかる。たとえば、「正義」「愛」「迷惑」といった名詞は特定の感覚によらない意味を表す。一方、これらの意味を表すオノマトペというのは、日本語でも他言語でもなかなか見つからない。これらの概念は、音で真似るには抽象的すぎるのであろう。形容詞ならば、「正しい」「愛おしい」「迷惑な」のような語でこれらの概念を表すことができる。その意味で、1オノマトペは形容詞よりもさらに感覚を中心に据えたことばと言えるかもしれない。

先の定義によると、オノマトペは感覚イメージを「写し取る」ことばだという。しかし、ことばで「写し取る」とはどういうことなのだろうか？　このことを考える糸口として、オノマトペが万国共通に理解されるものなのかという問題から始めたい。写真やコピー機のようにイメージを写し取ってことばにするのなら、どの言語のオノマトペでも似通っているのではないだろうか。もしそうなら、知らない言語のオノマトペでも、意味がある程度予想できそうである。

[2]次の五つの問題に答えてみてほしい。いずれも外国語のオノマトペに関する問題である。

①インドネシアのカンベラ語で「ンブトゥ」は物体が移動した際に立てる音を表す。どんな物体のどのような方向の移動だろうか？

②南米のパスタサ・ケチュア語で「リン」は物体を移動させる様子を表す。どんな場所にどんなふうに移動させる様子だろうか？

③中央アフリカのバヤ語で「ゲンゲレンゲ」はひとの身体的特徴を表す。どんな特徴だろうか？

④南アフリカのツワナ語で「ニェディ」は物体の視覚的な様子を表す。どんな様子だろうか？

⑤韓国語で「オジルオジル」はある症状を表す。どんな症状だろうか？

答えは以下のとおり。①「ンブトゥ」は［A］、②「リン」は［B］、③「ゲンゲレンゲ」は［C］、④「ニェディ」は［D］、⑤「オジルオジル」は［E］。日本語ならそれぞれ、①「ボトッ／ドサッ」、②「スッ」、③「ゲッソリ」、④「キラキラ」、⑤「クラクラ」あたりが対応しそうである。とはいえ、②については、「スッ」は差し込む動きに限らないため、日本語は「リン」にちょうど対応するオノマトペがないということになろう。さて、読者のみなさんは何問正解できただろうか。

一般に、オノマトペはその言語の母語話者[※1]には[a]しっくりくる。まさに感覚経験を写し取っているように感じられる。ところが、非母語話者には必ずしもわかりやすいとは限らない。実際、日本語のオノマトペは、外国人留学生が日本語を学ぶ際の頭痛のタネになっている。「髪の毛のサラサラとツルツルはどう違うの？　全然わからない！」と彼らは言う。

感覚を写し取っているはずなのに、なぜ非母語話者には理解が難しいのか。[3]「感覚を写し取る」というのはそもそもどういうことなのか。この問題は、オノマトペの性質を理解する上でとても重要である。同時にこれは、オノマトペの問題にとどまらず、アートをはじめとしたすべての表現媒体[※2]において問われる深い問いなのである。

オノマトペが感覚イメージを写し取ることについて、もう少し深く考えてみよう。対象を写し取るものとしてもっとも直接的で写実的なのは動画や写真だろう。しかし「感覚」は、外界にあるものではなく、表現者に内在するものである。

[4]絵画はどうだろう。写真ほど忠実ではないが、やはり対象を写し取っていると言ってよいだろう。しかし、絵画で大事なのは、表現者の「感覚の表現」であり、多かれ少なかれ絵画の中に見えるものは、表現者の「主観的感覚」である。したがって絵画は、その抽象度において大きな差が生まれる。非常に細密に対象を切り取った[b]具象的な絵画は、その対

象が誰にでもよくわかる（もちろん、それだけではアートにはならず、どんなに具体的に描かれた対象でも、そこに表現者の「感覚」が表現されてはじめて「アート」であると言える）。他方、抽象絵画は表現者の内的な感覚の表現に重点が置かれ、特定の対象が同定できないこともよくある。

オノマトペは絵画のように「感覚イメージを写し取る」のであろうか？ オノマトペは、少なくとも当該言語の母語話者はそれぞれ意味を直感的に共有できるので、絵画でいうと、具体的な対象が同定できない抽象絵画よりは、具象絵画に近いだろう。ただし、絵画は原則、鑑賞者の使う言語や文化に関係なく受け止められることを前提としているが、オノマトペは特定の言語の枠組みの中で理解される。

アイコンはどうだろうか？ そう、コンピュータ画面でアプリやゴミ箱を示したり、街中でトイレや交番などの場所を示したり、メールやSNSなどのデジタルコミュニケーションで感情を伝えたりするための、アレである。

アイコンは、アート性よりは、わかりやすさを重視した記号と言ってよいだろう。ちなみに「アイコン」の語源はギリシア語の「エイコーン eikōn」（ラテン語では「イコン icon」）で、〈偶像、崇拝の対象となる像、象徴〉というような意味を持つ。「感覚イメージを写し取る」という観点からアイコンが興味深いのは、かなり抽象化しているのに、対象がわかりやすい点である。「☺」「(^^)」のような絵文字・顔文字（emoticon）も、かなりデフォルメされているにもかかわらず、笑顔であることが一目瞭然である。

実は、オノマトペが注目されている大きな理由は、まさにこの「アイコン性 iconicity」にある。アメリカの哲学者チャールズ・サンダース・パースは、「アイコン」ということばを「性質から対象を指示する記号」という特別な意味で用いた。噛み砕くと、「表すものと表されるものの間に類似性のある記号」のことである。絵や絵文字は、それらを構成する点や線の組み合わせが対象物に似ているので、パースの意味でも「アイコン」である。ジェスチャーの多くもアイコンである。ステーキを食べるジェスチャーは、実際にナイフとフォークを持っていなくとも、ステーキを食べる動作に似ている。

この定義によれば、オノマトペはまさに「アイコン」である。表すもの（音形）と表されるもの（感覚イメージ）に類似性があると感じられる。日本語の母語話者であれば、「ニャー」というオノマトペはネコの声に似ていると感じる。音以外を表すオノマトペであっても、たとえば「ピカピカ」という音連続と明るい点滅は似ている気がするし、「ぶらり」という音形も気軽なお出かけにいかにも似合っているように感じられる。しかし、よくよく考えてみると、この「似ている」という感覚は、それ自体どこか曖昧で興味深い存在である。いずれにしても、音形が感覚にアイコン的につながっているという点で、オノマトペは「身体的」である。

（今井むつみ・秋田喜美『言語の本質　ことばはどう生まれ、進化したか』〈中公新書〉より）

※1　母語話者…「母語」は「幼いころに習得する言語」、「母語話者」は「母語を話す人全体」を指す。

※2　媒体…メディアのこと。

問一　――線a・bについて、後の問いに答えなさい。

a　「しっくり」の意味として最も適当なものを次の中から選び、記号で答えなさい。

ア　気持がよいほどはっきり筋道が通っているさま。
イ　違和感がなくなにも感じないさま。
ウ　慣れ親しんでいて落ち着くさま。
エ　曖昧で不快に思うさま。

b　「具象的な」と意味が近い言葉として最も適当なものを次の中から選び、記号で答えなさい。

ア　写実的な　　イ　抽象的な　　ウ　主観的な　　エ　感覚的な

問二　――線1「オノマトペは～と言えるかもしれない」とありますが、筆者がこのように判断する根拠として適当でないものを次の中から一つ選び、記号で答えなさい。

ア　形容詞は感覚特徴を表すことが多い。
イ　動詞や名詞に比較して、オノマトペは身体感覚や心的経験と関連するものが少ない。
ウ　感覚的でない意味を表すオノマトペは想像しがたい。
エ　形容詞は「正しい」「愛おしい」「迷惑な」といった語で感覚的でない意味を表せる。

問三　――線2「次の五つの問題に答えてみてほしい」について、後の(1)・(2)の問いに答えなさい。

(1)　A ～ E に入るものを次の中からそれぞれ選び、記号で答えなさい。

ア　きらめく様子
イ　土、水、火などに差し込む様子
ウ　めまい
エ　瘦せこけた様子
オ　重いものが落ちた音

(2)　この「問題」を通して筆者が言いたかったことは何ですか。四十五字以内で説明しなさい。

問四　――線3「『感覚を写し取る』～どういうことなのか」とありますが、筆者は「感覚」をどのようなものであると定義していますか。文中から二十二字でさがし、はじめの五字を抜き出しなさい。

問五　――線4「絵画はどうだろう」について、後の(1)・(2)の問いに答えなさい。

(1)　「絵画」について説明したものとして適当でないものを次の中から一つ選び、記号で答えなさい。

ア　絵画において表現者の感覚の表現は、抽象度によって差が生まれる。
イ　具象度の高い絵画は理解されやすいが、抽象度の高い絵画は理解されない場合がある。
ウ　対象を写し取るという点から言えば、写真と同様に、絵画も写実性が必要だと言える。
エ　絵画においては、表現者の主観的感覚がどれだけ表現されているかが重要になる。

(2)　「絵画」と「オノマトペ」の関係性についての説明として最も適当なものを次の中から選び、記号で答えなさい。

ア　絵画もオノマトペも表現者の主観的感覚を抽象的に写し取った

ものであると同時に、その対象を認識できる具象性も兼ね備えている点で共通している。

イ　絵画は基本的に鑑賞者の使用言語や文化的背景に関わらず楽しむことが可能だと考えられるが、オノマトペはその言語が通用する範囲のなかでなければ理解されにくい。

ウ　オノマトペがその言語の母語話者にとって直感的に理解できるものであるのと同様に、絵画も作品の文化的背景が共通する鑑賞者にとっては理解しやすいものである。

エ　オノマトペは話者の感覚イメージを写し取る意識によって生み出されるが、絵画は表現者と鑑賞者相互のはたらきかけによって成立する。

問六　――線5「アイコンはどうだろうか?」とありますが、「アイコン」と「オノマトペ」の関係性についての説明として最も適当なものを次の中から選び、記号で答えなさい。

ア　アイコンは、わかりやすさを重視した記号であるため万人に通用するものと言えるが、オノマトペは母語話者以外には理解しにくい場合があるため、類似性が少ない。

イ　「表すものと表されるものの間に類似性のある記号」というパースの定義に照らし合わせるならば、オノマトペはアイコンとは言えない。

ウ　写実的な音形によって感覚イメージを写し取っているにもかかわらず、母語話者に対して曖昧にしか意味を伝えることができないオノマトペは、「身体的」アイコンと言えない。

エ　対象を写し取っているとは言えない抽象度の高い表現であるにもかかわらず、それが何を表しているのかがわかりやすいという点で、アイコンとオノマトペは似ている。

問七　本文の特徴の説明として適当なものを次の中から二つ選び、それぞれ記号で答えなさい。

ア　読みやすい文体を用いたり、多様なオノマトペを登場させたりすることで、読者にはあまり聞きなじみのないオノマトペへの抵抗感を極力少なくする配慮をしている。

イ　オノマトペという感覚的な言語について、学術用語を用いて考察することで、一見遠く感じられる言語学と日常の言語体験とを結びつけている。

ウ　オノマトペの代表的な定義の曖昧さに着目し、具体的な事例を列挙しながら特徴を整理することで、その定義の否定を試みている。

エ　オノマトペの定義を共有した上で、その他の言語表現などと比較して共通点や相違点を明らかにしていくことで、徐々にオノマトペの特徴を導き出している。

オ　文章のはじめに持論を提示し、そこから海外のオノマトペの事例を用いたり、新たな問いを立てたりすることで、持論に深さと確かさを与えている。

東邦大学付属東邦中学校（前期）

—45分—

一　次の文章を読んで、あとの問いに答えなさい。

　東京は緑多き都である。と、このように書いても$\overset{a}{\text{ピンとこない}}$人は、おそらく東京生まれの東京育ちで、しかもあまり旅に出ないのではあるまいか。

　［Ⅰ］、生まれ育ったふるさとの風景は見慣れてしまって、言われてみればそうかもしれぬ、と今さら気が付く向きもあろう。

　そして、初めて上京した方の第一印象は、「意外に緑が多い」ではなかろうかと思う。

　もともと山地に恵まれ、南北に長い日本は多様な植物のホウコである。たとえば世界の大都市と比較した場合、マンハッタン島の厚い岩盤の上にあるニューヨークは、摩天楼を築くにはもってこいだが、樹木の生育には適さない。広大なセントラルパークが人工的に造られたのは十九世紀半ばで、今も公園内にはむき出しになった岩盤を見ることができる。自然に親しめるだけの緑地はほかにないと言ってもよかろう。

　ヨーロッパ諸都市の緑は厚いが、そもそも農作物の生育に適した土地に人間が住みついた、と考えるべきであろうか。新大陸に渡った開拓者たちは、何よりもまず乾燥した大地に呆然としたはずである。

　乾燥地帯と言えば、北京は砂漠の中のオアシスに造られた都市に思える。内陸部なので冬の寒さは厳しく、夏の暑さはまたひとしおで、いきおい樹木の多くが人工的な植樹であることは一目瞭然である。はじめに満州族の金が都を据え、次いで蒙古族の元が都したのち、漢族王朝の明が入り、以後はふたたび満州族の清が都に定めた。明を除けばすべてが北方民族であることを考えれば、気候風土の条件はさておき、本国に近いところ、［Ⅱ］万里の長城に近い場所が、戦略的に好もしいとされたのであろう。

　上海も緑は少ない。商業都市として発展すれば、そうなるのは当然である。(1)同じ理由から日本では、大阪が緑に恵まれていないと思える。

　(2)そこで東京の緑について考えてみると、面白いことに気付く。東京の公園には諸外国に見られるような、人工的なわざとらしさがない。その多くは、都市計画によって造成された緑地ではないのである。

　たとえば、皇居という最大の緑地はかつての江戸城である。皇居前の広場も霞が関の官庁街も大名屋敷。上野公園は戊辰戦争で大半を焼失した寛永寺※1の伽藍跡であり、芝公園は寛永寺とともに徳川家の菩提寺である増上寺の寺域、さらに新宿御苑は信濃高遠藩内藤駿河守の下屋敷で、明治天皇と昭憲皇太后を祀る明治神宮は、ほぼ全域にわたり近江彦根藩井伊家の下屋敷であった。ほかにも赤坂御用地は御三家紀州藩の中屋敷、市ヶ谷の防衛省は同じ御三家尾張藩の上屋敷、東京大学は加賀百万石前田家の上屋敷跡地に造られた。

　そのほか首都機能のほとんどは、こうした旧寺社地、旧武家屋敷跡を利用したのである。その割合は江戸※2御朱引内のうち八十四パーセントに及んだから、町人たちは残り十六パーセントの狭い土地に、押し合いへし合いして住んでいたことになる。この状況をテレビドラマや映画で再現した場合、長屋のセットはかなりリアルであろうが、武家屋敷や江戸城大奥などは、だいぶダウンサイジングされていると考えるべきである。

［Ⅲ］、江戸の約七十パーセントを占める武家地は幕臣や大名家の所有地ではなく、徳川将軍家が貸し与えた、いわば「社宅」であった。よって明治政府の徳川家に対する「辞官納地」という処分は、あまりに過酷であった。「辞官」は官位を辞する、「納地」は領地の返上である。諸大名は領国に帰ればよいが、幕臣たちは住む家さえなくなるのである。彼らの本音としては、「王政復古」も「大政奉還」もやれるものならやってみろ、「辞官」だってどうでもよい、しかし「納地」はご勘弁、というところであろうか。慶応四年正月に始まった鳥羽・伏見の戦は、この処分に対する旧幕臣たちのクーデター、もしくは一種の労働争議と言えよう。

［A］そうした世情の中での(3)東京遷都は相当の冒険だったはずである。しかしそれでも断行されたのは、欧米に倣った中央集権国家を確立するための首都機能が必要だったからである。

この基本政策の決め手となったのは、辞官納地によって明治政府が接収した旧武家地であった。京都には港がなく、大阪には首都機能を収容する余裕がないが、東京には十分な土地、それも大名庭園まで備えた広大な緑地が残されていた。

［B］東京が緑多き都である理由はこれである。しかも二百六十五年間も戦争をしなかった結果の遺産が、官庁や大学や博物館や動物園として国民に供せられ、それでもまだ余った庭園は、セントラルパーク※3にもハイドパークにも劣らぬ豊かな緑地となった。

［C］亡くなられた坂本龍一※4さんは、私と同学年であり、同じ東京都中野区の生まれであった。つまり、同じ時間の同じ距離、同じ角度から東京を見ていた。おそらく、このごろの東京の変容ぶりに、心を痛めていらしたのは私と同様であろう。(4)ふるさとの発展を希んでも、変容を希む人はいない。まして芸術は自然との対話である。

私は時代小説を書くようになってから、東京を江戸時代と地続きの場所として捉えるようになった。頭の中に重ねられた地図をめくれば、記憶にない昭和戦前期から幕末までの東京が現れる。

［D］今からたかだか百六十年前、坂本さんと私が生まれるわずか八十数年前は江戸時代だった。

［E］明治維新の本質は「植民地にならないための国家改造」であったから、欧化政策は急進的であり、江戸時代を遙かな昔に追いやってしまっただけである。

都心の再開発を唱える人々は、(5)このたかだかの距離感、わずかな歴史を見誤っているのではないかと思える。少なくともここで論じられているのは今日の利益であって、必ずしも未来の国民に資するとは思えない。私は再開発という美名のもとに、父祖が遺してくれた東京の緑がこれ以上損なわれることをb潔しとしない。

現在の神宮外苑はかつて大名屋敷や旗本御家人の屋敷であった。明治期の練兵場に始まり、今日の外苑に至るまで緑が厚く広いのは、そうした歴史によると思われる。まして、イチョウが枯れるか枯れざるかという問題ではない。私たちがこの変容の時代に遺すべきものは、世界に冠たる東京の緑、けっして高層ビルに代わられてはならぬ永遠の緑である。

【浅田次郎「東京の緑」(『ＳＫＹＷＡＲＤ』(日本航空機内誌)
２０２３年8月「つばさよつばさ」)より。】

(注)　※1　伽藍……大きな寺の建物。
※2　御朱引内……江戸時代、幕府によって定められた江戸の範囲。
※3　ハイドパーク……ロンドン中心部にある王立公園。
※4　坂本龍一……日本の音楽家。

問1　══線「ホウコ」の「ホウ」と同じ漢字を使うものを次のA～Iの中からすべて選び、記号で答えなさい。なお、正解は一つとは限りません。いくつかある場合には、そのすべての記号を書きなさい。

A　ホウチされたままの空き家。
B　正午のジホウが聞こえる。
C　シホウから敵にせめられる。
D　昔行った町をサイホウする。
E　ホウガイな値段の自転車。
F　チョウホウしているかばん。
G　周りを警察にホウイされる。
H　七色にかがやくホウセキ。
I　今年のさんまはホウリョウだ。

問2　～～線a「ピンとこない」、b「潔しとしない」の本文中の意味として、もっとも適切なものを次のA～Eの中から一つずつ選び、それぞれ記号で答えなさい。

a　ピンとこない
A　生理的に受け付けない
B　論理的に理解できない
C　積極的に考えられない
D　本能的に反対できない
E　直感的に感じ取れない

b　潔しとしない
A　不思議だと思わない
B　忘れたいと思わない
C　許すことができない
D　止めることができない
E　反対することができない

問3　本文の段落の先頭に次の一文を入れるとすると、どこが適切ですか。この文が入る段落としてもっとも適切なところを本文中の[A]～[E]の中から一つ選び、記号で答えなさい。

> それほど遠い昔ではない。

問4　[Ⅰ]～[Ⅲ]にあてはまる言葉としてもっとも適切なものを次のA～Hの中から一つずつ選び、それぞれ記号で答えなさい。

A　すると　　B　ところで　　C　すなわち
D　そこで　　E　したがって　　F　だから
G　なぜなら　　H　もっとも

問5　――線(1)「同じ理由から日本では、大阪が緑に恵まれていないと思える」とありますが、どのような理由で大阪が緑に恵まれていないと考えられますか。もっとも適切なものを次のA～Eの中から一つ選び、記号で答えなさい。

A　緑を増やそうとすることよりも、商業が発展しやすいように都市の環境が整えられたから。
B　気候風土に適した都市づくりを優先すると、緑に親しみがもてる商業都市はできなかったから。
C　乾燥地帯だった土地を住みやすく変えるために植樹したが、緑が育つ環境条件ではなかったから。

D　商業を発展させるために選んだ土地が、もともと岩盤が多く緑が育たない土地だったから。

E　外国からやってくる敵を防ぎやすい土地として選んだ場所が、緑が育ちづらい土地だったから。

問6　――線(2)「そこで東京の緑について考えてみると、面白いことに気付く」とありますが、「面白いこと」とはどのようなことですか。その説明としてもっとも適切なものを次のA～Eの中から一つ選び、記号で答えなさい。

A　東京の緑は人の手がまったく入っていない自然そのものであるということ。

B　東京の緑は人々の生活のそばにもともとあった自然であるということ。

C　東京の緑は人々が生活する都市の中に新たに作られた自然であるということ。

D　東京の緑はすでに存在している自然を人の手で増やしたものであるということ。

E　東京の緑は人が江戸の町を改めて作ろうとして移した自然であるということ。

問7　――線(3)「東京遷都は相当の冒険だったはずである」とありますが、筆者がそのように述べる理由としてもっとも適切なものを次のA～Eの中から一つ選び、記号で答えなさい。

A　「辞官納地」によって、幕臣たちが領地を失ったことに強く反発して、政府と争う状況下であったから。

B　「辞官納地」だけでなく、「王政復古」や「大政奉還」などの政策への反対派が多く存在していたから。

C　「辞官納地」は、諸大名も幕臣も受け入れがたいものだったので、強い反対を招く可能性があったから。

D　東京だけではなく、他の場所にも緑が豊かで首都機能を置くことのできる地域があるとわかっていたから。

E　東京遷都をしても、新しい国家体制における首都機能を果たすことができる条件が整っていなかったから。

問8　――線(4)「ふるさとの発展を希んでも、変容を希む人はいない」の説明としてもっとも適切なものを次のA～Eの中から一つ選び、記号で答えなさい。

A　東京をふるさとと考えて暮らす人が多くなっていくことは望ましいことだが、自然に関心を持たない人が出てくるのは望ましくないということ。

B　ほこりを持てる場所として多くの人に認められることは望ましいことだが、多くの人が住むために高層ビルを建てるのは望ましくないということ。

C　緑あふれる都としての東京がこのまま緑を増やすことは望ましいことだが、緑を減らして人工的な施設を増やしていくのは望ましくないということ。

D　ふるさとの良さを引きつぎさらに住みよくなることは望ましいことだが、元の形が失われて異なる土地になっていくのは望ましくないということ。

E　日本各地のふるさとがそれぞれ独自に良くなっていくことは望ま

しいことだが、東京だけどんどん開発が進んでいくのは望ましくないということ。

問9　——線(5)「このたかだかの距離感」とはどのようなことですか。その説明としてもっとも適切なものを次のA～Eの中から一つ選び、記号で答えなさい。

A　人間の作り出す歴史と自然はいつもとなりあう関係であるということ。

B　政策によっては国の歴史が大きくぬりかえられてしまうということ。

C　江戸時代から現代までの時間はそれほど長い年月ではないということ。

D　未来の東京は緑がなくなればすぐに様変わりしてしまうということ。

E　世界でも都市の再開発が進めばどこも同じになってしまうということ。

問10　……線「東京は緑多き都である」とありますが、その理由を説明した次の［　　］にあてはまる言葉を本文中から**三十字以内**でぬき出し、**最初と最後の三字**ずつを答えなさい。（句読点、記号等も字数に数えます。）

［　　　　　　　　　　］から。

問11　筆者の主張としてもっとも適切なものを次のA～Eの中から一つ選び、記号で答えなさい。

A　自然の豊かさを保っていくことは世界共通の価値観であり、世界にさまざまなことを発信していく都市としての東京の緑がなくなってしまうことは容認することはできない。

B　東京はこれまで引きつがれてきた歴史の中で、世界のどこにも見ることのできないような緑豊かな都市となったわけで、その東京の緑を安易になくしてしまってはならない。

C　東京がこれからも日本の首都として機能していくためには、このまま再開発を進めることは必要なことであるが、東京の緑を保存していくための方策も検討するべきである。

D　ふるさとである東京に住み続けている筆者は、東京の今の姿を見て心を痛めており、ふるさとのあるべき姿を守りつつ地球環境保護の一環として東京の緑を残していきたい。

E　東京だけでなく世界中の都市は高層ビルの建設などで自然が少なくなってきており、せめて東京だけでもそのままの自然を後世に遺していくことが私たちの使命なのである。

二

次の文章を読んで、あとの問いに答えなさい。

「でも、伊原[※1]、ずいぶん早くから受験の準備してたでしょ」

誤魔化(ごまか)すように話を戻(もど)す。

「(1)小心者だから」

あれほど男らしく変貌(へんぼう)したのに絵麻(えま)にはこの言われようだ。もしや、受験の準備を早くから始めたことで余裕ができ、それが今の伊原の男らしさに見えているのかもしれない。

クラスの男子たちは、北風の訪(おとず)れと共に一斉(いっせい)に大人しくなった。校庭で走り回っていたサッカー部の子たちも、土日を潰(つぶ)して練習していた野球部の子たちも、皆休み時間にこぞって机に向かっていた。かといって勉強をしている様子ではない。ただ、机に向かってぼんやりしている。

　尚美には、少しだけその気持ちがわかった。

　やる気はないのにプレッシャーがあって自由になれない。中途半端に体を机の前に置いておけば、少なくとも後ろめたくはない。

　ぎりぎりになって講習に申し込んだ十日ほど前から、三日に一度の割合で尚美もそれを経験している。

「そもそも、努力してできた結果って、信用ならなくない？」

　絵麻が、母親のお古のステンカラーコート※2のポケットに手を突っ込んだまま、(2)肩を竦めた。

「だって、それって、努力しなきゃできないってことじゃん」と、「できない」の部分を強調して続ける。

「エマチンが頑張らない派だってことは判るけど、伊原にそんなこと言ったら傷ついちゃうよ、きっと」

　ポケットの中の指先が、ざりざりする。

　どうして制服や、制服用のコートのポケットの中は、いつもざりざりするのだろう。もう砂遊びをするような年齢じゃないのに。

　尚美は、ポケットから手を出した。掌が大きく息をついたように感じる。

「頑張るっていう姿勢はかっこいいと思うよ。そこに価値があると思うし。でも、それによってもたらされた結果を、自分のものみたいに思っちゃうのって、怖いじゃん」
　(3)もたらされたという言い回しが気に障った。
　いつもの尚美なら、うんうんと頷いて、やっぱり絵麻はスゴイなあと思っていただろう。だが、今日はつまらない何かがいちいちこつんとぶつかってくる。

「(4)結果は結果なんじゃないの？」

　自分がおためごかし※3に努力しようという矢先に言われたから気に障るだけだと判る。

　それでも、口にした。

「例えばさ、伊原が将来、猛勉強して東大に入ってもさ、それって猛勉強の結果が東大合格ってだけのことでしょ？　伊原という人に東大ブランドの価値があるってことにはならないはずなのに、そのへん、勘違いしたりする。別に、伊原がそう勘違いしてるって話じゃなくて、ただ、たとえ話に使っただけだけど」

　尚美の反論口調にも動揺せず、絵麻はいつもの調子で淡々と話すだけだ。
　(5)言っていることはいちいち判る。正しいとも思う。なのにどうしてか、いつもは素直に受け入れられる絵麻の正しさが今日だけは飲み込めずに喉を塞ぐ。やっぱり何か正しくないような気がしてしまうのだ。
「でも、結果を導きだすだけの努力を成し遂げるってことが、その人の価値を高めるんじゃない？　少なくとも、そういうことになってるんだと思うけど。でなかったら、誰も努力なんかしないよ」

　何をむきになっているんだろうと自分でも不思議だった。絵麻は穏やかな微笑みで尚美の意見に頷き、しばらく黙った。

　絵麻が何を考えているのだろうと、少しだけ不安になる。

　掌をまたピーコート※4のポケットに突っ込んで、ざりざりを確かめた。その感触は尚美を苛々させる。指先に目がついているように色を感じた。

どんな色だかわからないけれど、ざりざり色。そう感じてしまう尚美のざりざりした部分が、絵麻をざりざりさせてしまったのか、それとも絵麻のざりざりに擦(こす)られて、自分がざりざりしてしまうのか。ダイヤモンドでもルビーでもない、ざりざり色だ。

「あたしは違う。成し遂げられる程度の努力を努力と思いたくないし、努力しなければ出せない結果を自分の価値とは結びつけられないよ」

いつもながら口調は穏やかだが、絶対に譲(ゆず)らない意志のある言い方をする。

尚美は際限なく苛立つ自分を感じている。だけど、何をどう言えば絵麻の意見に立ち向かえるのかが判らない。

自分にだって絶対に譲れない確固たる考えはある。なのに、それをうまく言葉にして伝えられないことがもどかしい。いつも言葉使いの巧(たく)みな絵麻の言い分に便乗することで、そのもどかしさを避(さ)けてきた。言いなりになっていたとは思わないが、そうと気がつくと、自分はいつでも言葉にできないだけで、絵麻とは違うことを考えていたのではないかとも思う。

私たちの間に音楽があればいいのに。

二人で声を合わせて「ざりざりの歌」を歌えば、通じるかもしれない。

押し黙ってしまった自分を誤魔化すように小さな咳払(せきばら)いをした。

「どうしてあたしたちの年代って、みんな、価値観を統一させたがるんだろうね。尚美はそれがないから好きだな」

声の調子を少し上げた絵麻が、そう言って笑った。花のような笑顔だ。(6)絵麻なりの手打ちが嬉(うれ)しい。なのに、それすら尚美には言えず、最強の笑顔さえざりっと尚美を擦り上げてくる。思わず「痛っ」と声をあげたくなった。

自分の口元がへの字になっていることがわかった。きっと二度と鏡を見たくなくなるような顔になっている。

「エマチンが思ってるほど、みんな馬鹿(ばか)じゃないと思うよ」

言うつもりのなかった言葉が、ぽろりと溢(こぼ)れた。

（中略）

絵麻は(7)はっきりと傷ついた目を返した。

絵麻が言いたいことはわかっている。

そんなふうに思ってないと言い返さない絵麻は、何を思って黙ってしまったのか。

自分の底意地の悪さに息苦しくなった。

絵麻がそんなふうに思ってるわけじゃないと判っていながら、そんな言い方になってしまった自分のとげとげしい気持ちは、一体どこから湧(わ)き上がったのだろう。

絵麻を傷つけようとした。わざと傷つく言い方を選んだ。

言いたいことを伝える言葉はどんなに指先がざりざりしても探し当てられないのに。自分を守りたいだけの意地悪な棘(とげ)は、考える間もなく飛び出してしまう。ざりっと音を立てて、絵麻を傷つけた。

努力することは無駄(むだ)じゃないと、そう言ってもらいたかっただけだ。たとえ絵麻がそう考えないのだとしても、「尚美の努力は無駄にはならないよ」と、励(はげ)まして欲(ほ)しかった。

今、そう言えれば。

だが、尚美には、それだけのことを伝える勇気がない。

「やっぱ、ソニプラ※5ですかね」

もう一度向けられた花の笑顔に、今度は確かに救われて、ぎこちなく微笑みながら頷いてみせる。

目指す店の前はとうに通過していた。ただ喋るためだけに歩き続けていたと気がつく。沈黙をかき消されることに安心して、雑踏へ雑踏へと歩き続けていたのだ。

センター街の中央にある十字路から横に出て雑貨店の並ぶ通りを引き返し、駅にほど近いファッションビルに向かう。

(8)「ソニプラなら、※6恵比寿の方が近かったじゃん」
尚美には、そう言うのが精一杯だった。

「そうだね」

振り絞った勇気は絵麻の爆笑に救われた。

学校帰りにそのまま寄り道しての買い物だったら、こんなおかしな気持ちにはならずに済んだだろう。

したいことと、しなくちゃいけないことと、それらを押し込むべき自分の時間は、いつも尚美をばらばらにしてしまう。

絵麻に聞こえないよう噛み潰しながら、ため息を吐き出した。

（前川麻子『パレット』〈光文社文庫〉より。）

（注）※1　伊原……尚美や絵麻と同じ公立中学に通う三年生。明るい性格で絵麻のボーイフレンド。
※2　ステンカラーコート……冬用のコートの一種。
※3　おためごかし……いかにも人のためにするように見せかけて、実は自分の利益をはかること。
※4　ピーコート……冬用のコートの一種。
※5　ソニプラ……輸入雑貨専門店「ソニープラザ」を略した呼び方。
※6　恵比寿……東京都渋谷区にある地名。

問1　――線(1)「小心者だから」とありますが、このあとに続くと考えられる言葉としてもっとも適切なものを次のA～Eの中から一つ選び、記号で答えなさい。

A　ほかに何もしたいことがなかったんだよ。
B　勉強しない自分が情けなくていやなんだよ。
C　何かをしていないと落ちつかないんだよ。
D　勉強を始めないと不安でしかたないんだよ。
E　勉強している友だちを見たくなかったんだよ。

問2　――線(2)「肩を竦めた」とありますが、この動作には絵麻のどのような思いが表れていますか。もっとも適切なものを次のA～Eの中から一つ選び、記号で答えなさい。

A　納得しかねるという思い。　B　わけがわからないという思い。
C　見そこなったという思い。　D　自分には関係ないという思い。
E　気味が悪いという思い。

問3　――線(3)「もたらされたという言い回しが気に障った」とありますが、それはなぜですか。その理由としてもっとも適切なものを次のA～Eの中から一つ選び、記号で答えなさい。

A　その人ががんばった成果ではなく、たまたま実力以上の成果が出ただけであるかのように思えたから。
B　その人の力のように見えるものの、元々そうなる道すじだったのだと言っているように聞こえたから。
C　その人の成功は本人だけのものではなく、支えた親や教員のおかげであるかのように考えているから。

D　その人が努力しようがするまいが、最終的な結果は初めからわかっていたかのように言っているから。

E　その人が勝ち取ったわけではなく、その人ではない別の何かが与えてくれた結果のように感じたから。

問4　――線(4)「結果は結果なんじゃないの?」とありますが、この発言について以下の問いに答えなさい。

I　これはだれの発言ですか。次のA・Bから一つ選び、記号で答えなさい。

A　絵麻　B　尚美

II　この発言の内容の説明としてもっとも適切なものを次のA~Eの中から一つ選び、記号で答えなさい。

A　結果とひと口に言っても、短期的結果と長期的結果があるので、そのどちらを重視すべきかは場合によって異なる。

B　努力は人に知られず行うべきものであり、本人以外はその努力の達成度を結果という形でしか見ることができない。

C　その人が実は全く努力していなかったとしても、良い結果が出たならばその人の行動は正しかったと考えるしかない。

D　その人の努力と結果とは必ず結びつくとは限らないので、結果だけでその人の努力を評価するのはまちがっている。

E　結果はその人の努力の表れで、良い結果は努力が十分だったことを示すのだからその人を評価するよりどころとなる。

問5　――線(5)「言っていることはいちいち判る」とありますが、尚美のとらえた絵麻の考え方としてもっとも適切なものを次のA~Eの中から一つ選び、記号で答えなさい。

A　ある人が上を目指し、全力を尽(つ)くして目標に到達(とうたつ)したとしても、その目標は客観的に見てそれほど目を見張るようなすごさを持っていない。それなのに本人も周囲も目標に到達したことばかりに目が行き、客観的な見方ができなくなってしまっているのは残念なことである。

B　ある人が上を目指し、全力を尽くして目標に到達したとしても、それはあくまでも努力に対する成果であって、その人自体の価値とは別物である。それなのに成果の全てを自分のものにできたかのように思いこんだり他の人がその人を評価したりするのはおかしなことである。

C　ある人が上を目指し、全力を尽くして目標に到達したとしても、それはその人の限界に過ぎず、目標自体の持つ価値はまだまだ奥が深い。それ以上はその人がいくら努力しても得ることができない可能性もあるので、あらゆる可能性を視野に入れることが大切なことである。

D　ある人が上を目指し、全力を尽くして目標に到達したとしても、実は単なる偶然(ぐうぜん)によってたまたま得ることができた結果である。偶然による成功を自分の実力と思いこんでも、いつかは自分の実力の低さを痛感することになるので、そのことに気づかないのは気の毒なことである。

E　ある人が上を目指し、全力を尽くして目標に到達したとしても、実はその人が目指す目標は別のところにあるということはよくある話である。自分をしっかり見つめて目標を設定すべきなのに、まわりの人の見方に流されて安易に決めてしまうのはその人にとって不幸なことである。

問6　――線(6)「絵麻なりの手打ち」の説明としてもっとも適切なものを次のA～Eの中から一つ選び、記号で答えなさい。

A　たがいの異なる意見を尊重しつつ、話題に区切りをつけようとすること。

B　とりあえず結論をたな上げして、また別の機会に話し合おうとすること。

C　自分が正しいということを示しながら、相手に合わせたふりをすること。

D　明るい顔を見せながら、自分の考えを無理やり押しつけようとすること。

E　相手の考えを悪く言うのをさけて、自分たち世代全体の責任にすること。

問7　――線(7)「はっきりと傷ついた目を返した」とありますが、それはなぜですか。その理由としてもっとも適切なものを次のA～Eの中から一つ選び、記号で答えなさい。

A　尚美の発言から尚美が本当は絵麻をずっときらっていたのだということを知ってしまったから。

B　尚美の発言から絵麻自身これまで考えてもいなかった自分のみにくい考え方に気づかされたから。

C　尚美の発言から意外にも尚美が悪意をもって絵麻の気持ちを傷つけようとしたことがわかったから。

D　尚美の発言から尚美がいつの間にか絵麻も及ばないほど言葉たくみな人に成長していたと思ったから。

E　尚美の発言から絵麻が自分は他人より優れた者だと思っていると非難されたように感じたから。

問8　――線(8)「尚美には、そう言うのが精一杯だった」とありますが、この時の尚美の気持ちの説明としてもっとも適切なものを次のA～Eの中から一つ選び、記号で答えなさい。

A　絵麻がおどけた言動で自分をなんとか元気づけようとしてくれていることを察して感動したが、本当に自分を心から許してくれているのかをためしてみようとした。

B　絵麻の笑顔についつられて浮かべてしまった自分のほほえみを後悔し、絵麻の言葉のあげ足を取ることで絵麻をまだ心から許していないということを示そうとした。

C　絵麻がわだかまりのない言葉をかけてくれたことにほっとするとともに、あえて軽い不平を言うことで絵麻とこれまで同様の仲の良さでいられることを確かめようとした。

D　絵麻が自分のささくれた気持ちに寄りそおうとしていることに反発を感じ、わざといじわるな言葉を返すことで絵麻の落ち着きはらった笑顔をひっこめさせようとした。

E　絵麻の笑顔を見てほっとした気持ちになると同時に、できることなら絵麻の思いもよらないような面白いことを言ってその気持ちをさらに明るくさせたいと考えた。

問9　本文の尚美についての説明としてもっとも適切なものを次のA～Eの中から一つ選び、記号で答えなさい。

A　いつもならばすなおに受け入れられる絵麻の強い発言に、なぜかこの日は一つ一つひっかかるものを感じてしまった。自分も傷つくことを承知の上で絵麻に批判を試みると絵麻は優しく対応したが、絵麻の笑顔の下にさげすみがあるのを見ぬいてしまった。

B　自信を持って断定的なことを言う絵麻の、同級生を見下すような発言に自分を非難されてしまったように思って反感をいだいた。いつまでも冷静になれなかったため、絵麻のこれまでの発言を自分は何の疑問も持たずにそのまま受け入れていたようにさえ感じてしまった。尚美の気持ちを見ぬいたかのような絵麻の笑いで、尚美は自分の誤解に気づいた。

C　絵麻は同級生ではあるが尚美にとってはまるで大人と接するような気おくれを感じるような存在だった。しかしこの日は絵麻の発言にいつになく誤りがあるように感じられてしまった。さりげなく指摘したつもりの言葉は結果的に絵麻より自分を傷つけるものとなってしまい、絵麻のなぐさめを受けても、自分の表現力の少なさを反省するばかりだった。

D　自分の中にしっかりした価値観を持つ絵麻をかなわない存在だと思っていたが、この日は高校受験に対する不安もあり、絵麻の考えをそのまま受け入れられずにいた。自分自身がいやになるような言葉でしか絵麻に接することのできない自分をもてあましていた。絵麻と大きく対立することはなかったが、それでもすっきり心が晴れるまでには至らなかった。

E　極端ではあるが真実をするどく指摘する絵麻の発言にいつもは同意することしかできなかったが、この日は反発したくてたまらなかった。しかしいざ否定しようとしても自分の考えをうまく言葉にすることができず、絵麻に笑われて情けなく感じた。

問10　本文の説明としてもっとも適切なものを次のA～Eの中から一つ選び、記号で答えなさい。

A　尚美と絵麻が町中を歩く場面で、尚美にとって周囲の人ごみは単なる背景ではなく、絵麻との気まずさを救ってくれる役割をも持つことがわかる。

B　ポケットの中のざりざり感について、「制服や、制服用のコートのポケットの中」という限定により、学校生活がすべての不満の原因だと尚美が思ったことがわかる。

C　「北風の訪れと共に一斉に大人しくなった」という表現から、男子たちが受験に対する意識ではなく、寒くなったことで勉強に向かったことがわかる。

D　「ざりざりの歌」のような音楽があれば良いのにと絵麻が思っていることから、絵麻が言葉よりも音楽の方が自信があると考えていることがわかる。

E　絵麻も尚美もともにその言動は記されるが、心の動きは尚美のものしか記されないことから、絵麻が尚美にとって不可解な存在であることがわかる。

東洋大学京北中学校(第一回)

―50分―

注意　字数指定のある問いはすべて、句読点・記号も一字と数えるものとします。

一　次の問いに答えなさい。

問一　ぼう線部のカタカナを漢字に直しなさい。

(1) 味にうるさい客を満足させるのはシナンのわざだ。
(2) 私と兄の性格は、家族なのにタイショウ的です。
(3) ジョウリュウとは、液体を加熱して気体にし、それを冷やして液体にもどす作業のことである。
(4) ドローンをソウジュウする。
(5) 眠(ねむ)りはアンソクだ。私は眠ることが何よりも好きだ。

問二　次の作品の冒頭(ぼうとう)文を読み、その作品名をア～オからそれぞれ選び、記号で答えなさい。

(1) 祇園精舎(ぎおんしょうじゃ)の鐘(かね)の声、諸行無常(しょぎょうむじょう)の響(ひび)きあり。沙羅双樹(さらそうじゅ)の花の色、盛者必衰(じょうしゃひっすい)の理(ことわり)をあらはす。奢(おご)れる人も久しからず、ただ春の夜の夢のごとし。
(2) 月日は百代(はくたい)の過客(かかく)にして、行(ゆ)かふ年も又(また)旅人なり。舟(ふね)の上に生涯(しょうがい)をうかべ、馬の口とらへて老(おい)をむかふる者は、日々旅にして旅を栖(すみか)とす。
(3) ゆく川の流れは絶えずして、しかも、もとの水にあらず。よどみに浮(う)かぶうたかたは、かつ消えかつ結びて、久しくとどまりたるためしなし。

ア　源氏(げんじ)物語　　イ　おくのほそ道　　ウ　徒然草(つれづれぐさ)
エ　方丈記(ほうじょうき)　　オ　平家物語

問三　(1)～(4)のことばの対義語を、ア～クの熟語(じゅくご)から選び、それぞれ記号で答えなさい。

(1) 名目　(2) 質疑　(3) 精密　(4) 一般(いっぱん)

ア　具体　イ　粗雑(そざつ)　ウ　故障　エ　実質
オ　異常　カ　応答　キ　特殊(とくしゅ)　ク　調査

問四　ぼう線部の敬語の種類をア～ウから選び、それぞれ記号で答えなさい。

(1) 母の代わりに私が参りました。
(2) お探しの本はこちらでございますか。

ア　尊敬語　イ　謙譲語(けんじょうご)　ウ　丁寧語(ていねいご)

問五　ぼう線部の主語を、波線部ア～オから選び、それぞれ記号で答えなさい。

(1) ア私たちは　イバスに　ウ乗って、エおじいさんの　オ家に　行った。
(2) ア将来の　イ僕(ぼく)の　ウ夢は　エ医師となって　多くの人の　オ命を　救うことです。

二　次の文章を読んで、後の問いに答えなさい。

無言で水遣(みずや)りをして回る彼女(かのじょ)の後を、航大(こうだい)は付いて歩く。既(すで)に聞きたいことは聞き、伝えたいことは伝えた。立ち去ることもできたが、そうはしなかった。何となく、彼女は迷っているように思えたからだ。打ち明けるべきか否(いな)か、彼女の頭の中で議論が交(か)わされている気がした。

　三年生の校舎も済ませ、最後に西棟へと向かう。廊下を歩く生徒の数が増えている。

　西棟に到着すると、銀色のシンクの上で、ガザニアが黄色い花弁を元気いっぱいに大きく広げていた。

A

「あれ？」と航大が反射的に呟く。

「どうかしたの？」

「いや、この花、昨日見たときと見た目が違うと思って」

　昨日は勘違いだろうと思ったが、やはり花弁の開きが変化している。いまの状態は初めて目にしたときと同じで、昨日は花弁が立っていた。

　航大の疑問は、凛が即座に解消してくれた。

「それはたぶん、昨日の天気のせいだよ。ガザニアは日光が当たると花を開いて、陽が沈むと花を閉じる習性があるの。昨日は太陽がほとんど顔を出さずに薄暗かったから、花弁が閉じかけていたんだと思う」

「詳しいな。……って、そうか。同じ花を家で育てているんだっけ」

「お母さんがね。私もたまに世話をするけど」

　言いながら、凛はシンクへと近付く。蛇口を捻り、じょうろに水を汲みながら、ガザニアの花を見下ろす。

B

「私がこの花を嫌いって言ったこと、憶えてる？」

「そういえば、そんなこと言ってたな」

　ガザニアへ向けられた凛の視線は冷たく、刺々しかった。

「この花を見ていると、自分の嫌なところを見せつけられているようで、ウンザリするんだ」

「……綺麗な花に見えるけど」

　凛が溜め息を吐きながらかぶりを振る。

「見た目の話じゃないよ。太陽が出ているときだけ明るく花を開いて、夜には花を閉じている。そういうところが嫌いなの。人前でだけ必死に明るく振る舞う自分の二面性を見ているようで、苛々する」

　唐突な告白に目を丸くする航大を尻目に、凛がさらに続ける。

「私、本当はあんなに明るい性格じゃないんだ。むしろその逆。陰気で、内向的で、物事をネガティブな方向にばかり考えちゃう。それが本当の私。学校での私は、皆の前で元気な女の子を精一杯演じているだけ」

　そう打ち明けられても、簡単に信じることはできなかった。航大にとって、凛のイメージは学校一の明朗快活な女の子だ。持ち前の明るさでいつも周りの人間を元気付けてきた彼女が実は演じられていたものだったなんて、すぐさま受け止めることなどできない。ただ、嘘をついているわけではないことは、彼女の目を見ればわかった。

　凛が蛇口を閉める。①水道の音が止むと、静寂が際立った。

「うまくいってないの」

　凛がポツリと呟く。

「何が？」と航大が短く先を促す。

「今度の劇の稽古。順調なんて言ってたけど、本当は全然なんだ。嘘ついてごめんね」

「そうなのか？　壮太も順調と言っていたけど」

　航大の言葉を聞き、凛が口元を歪める。

「それが問題なの」

　どういうことか、と航大は首を傾げる。

これまで我慢していた分を吐き出すように、凜は大きく溜め息を吐いた。

「正直、劇の完成度は低い。でも、他の部員の皆はいまの出来でもう満足しちゃってる。それが私の悩み」

C

「ああ」と航大は声を洩らす。ようやく、彼女の悩みが理解できた。

熱量の差。運動部でもしばしば起こる問題だ。演劇だって、チームスポーツに似た性質を持っているのだろう。個々人の理想や目標にギャップがあれば、自然と歪みが生まれてしまう。

「そのこと、部員同士で話し合ったりとかは？」

「してない。というか、できない。いま、部内の雰囲気はすごく良いから、それを壊すのが恐い」

②諦観の滲んだ口調で、凜が答える。部員たちの目線の低さを嘆いているわけではなく、うまく皆を引っ張っていけない自分の不甲斐なさを恥じているかのようだった。

航大は、じっと凜の横顔を見詰める。苦しそうというより、迷子みたいに心細そうな顔をしている。このまま文化祭当日を迎えれば、演劇部の部員たちは満足するだろう。しかし、それは凜の目指すゴールとは程遠い。彼女の心が満たされることはない。理想と現実とのギャップに加え、部長としての責任感が彼女を蝕んでいる。舞台の成功の線引きをどこにすべきか、決めかねているのだ。

凜がもう一度溜め息を吐いて、続ける。

「人から嫌われることが恐いから、仲間外れにされないように周りに合わせて笑って、空気を読まない言葉を口にしないように、いつも神経を張り巡らせている。その結果、部長なのに部員に演技の要求ひとつできない。他人の目ばかり気にして、ひとりで勝手に思い悩んでいる。滑稽だよね。私はそんな薄っぺらな人間なんだよ」

凜の言葉は、何度も読み上げられたセリフのように淀みなかった。声に出さずとも、ずっと抱え続けてきた想いだったのだろう。胸の奥底に溜め込んでいた自らへの不満が、堰を切ったように溢れ出している。

困り果てる友人の横顔を眺めていると、腹の底から強い感情が湧き上がってきた。彼女の助けになりたい、問題解決のための力になりたいという気持ちが全身を巡り、体が熱を持ち始める。自分の中にある目に見えない何かが、アクセルが踏み込まれるのを待つ車のように振動している。

D

「薄っぺらじゃないだろ」

余計な一言はさらに彼女を傷付けることになるかもしれないと知りながら、航大は反論した。指摘せずにはいられなかった。

凜が航大に視線を向ける。彼女は痛みに耐えるように眉根を寄せていた。濃い黒色の*1双眸が、慰めの言葉などいらないと拒絶している。自分が刃物を手にしているような気分になり、③航大は息を呑む。これから口にしようとしている言葉は、果たして本当に彼女のためになるのだろうかと不安になる。口を閉ざし、沈黙に身を委ねたくなった。

腰に手を置き、大きく息を吐く。サッカーをしていたころ、PKを蹴る前に必ずやっていたルーティンだ。肺の中の空気と一緒に、不安と弱気を体外へと追いやる。緊張がほぐれ、心が落ち着いた。

一度口から出た言葉をなかったことにはできない。勢いに任せて、航大は続ける。

「誰に頼まれたわけでもないのに早起きして学校の花を世話しているような人間が、薄っぺらなわけがない」

「そんなの、たいしたことじゃないよ」

謙遜ではなく、本心からそう思っているのだろう。凜の声には、突き放すような刺々しさがあった。

怯まずに、航大は言葉を重ねる。

「俺が同じことをしていたら？」

「え？」

「俺や他の誰かが凜と同じことをしていても、たいしたことじゃないと思う？　それくらい普通のことだ、って」

「それは……」

凜は言葉に詰まり、困ったように眉をひそめた。沈黙が、彼女の答えを雄弁に語っている。他人に優しく、自分に厳しい。それは立派な心持ちだが、それ故に自らの美点を素直に受け入れられないことは、彼女の明確な欠点だ。屋根より高いハードルを見上げて嘆息＊2するなんて、それこそ滑稽だ。

プランターに植えられた花の姿が頭に浮かんだ。一見すると美しいその花も、よく観察してみれば、咲き終わり、枯れた花をいくつもその身に付けたままにしている。重苦しく、辛そうだ。

いまの自分に、彼女の悩みを解決する力はない。しかし、彼女が抱えている不要なものを取り除くことくらいなら、自分にもできるのではないか、と航大は思う。花がらを摘むように、不当に彼女の心を重くしているものたちを、ひとつひとつ取り払う。それも、彼女の力になるということではないだろうか。

E

「誰だって人から嫌われることは恐いよ。俺もそうだ。いまだって、自分の行動は凜にとって迷惑なんじゃないかって不安になってる」

「そんな。迷惑なんかじゃないよ」

両手を大きく左右に振り、慌てた様子で凜が否定する。その大袈裟な仕草が余りにいつも通りで、航大は少し緊張がほぐれた。

X 普段の明朗快活な姿を、凜は本当の自分ではないと言った。でも、咄嗟に顔を出した彼女の一面は、航大のよく知る彼女だった。やはりその顔も、彼女を形づくる一部なのだ。たとえ演じていたものであっても、偽りではない。そのことにホッとした。

肩の力が抜ける。重く考えることなんてないのではないかと思えてきた。普段通り、軽口のキャッチボールをするみたいに、思い付きを口にすればいい。それくらい気楽な方が、相手だって変に緊張しないで受け止められる。

（真紀涼介『勿忘草をさがして』〈東京創元社〉）

＊1　双眸……両目の瞳のこと。

＊2　嘆息……なげいて、ため息をつくこと。

問一　凜がガザニアの花を嫌う理由について説明した次の文の空欄にあてはまることばをそれぞれ［　］内の文字数で文中からぬき出して答えなさい。

太陽が出ている時だけ明るく花を開いて、夜には閉じているというガザニアの［①三文字］が、人前では明るく振る舞う一方で［②五文字］なものの考え方ばかりしている自分を見ているように感じられるから。

問二　ぼう線部①「水道の音が止むと、静寂が際立った」とありますが、この表現の効果についての説明として最も適切なものをア～オから選び、記号で答えなさい。

ア　互いに相手の話を聞こうとして訪れた静けさを表現することで、自分のことより相手の気持ちを第一に考えてしまう航大と凛の人の良さがはっきりと伝わる。

イ　はりつめたような静けさを表現することで、相手の意外な一面に驚く航大と、本音を打ち明けようとする凛の間に流れる緊張感がよくうかがえる。

ウ　凛の打ち明け話と静けさを重ねることで、大きな衝撃を受けた航大と、真実を話してすっきりした凛との、正反対の心情がくっきりと浮かび上がる。

エ　悩みを告白する前に静けさを表現することで、嘘をつき続けてきた凛の罪悪感や、嘘に気づくことの出来なかった航大の自分を責める気持ちをうまく描き出している。

オ　物音に注目させ、静けさを強調することで、相手の意外な一面を冷静に受け止めようとする航大と、告白に興奮している凛の正反対ともいえる姿勢を浮き彫りにしている。

問三　ぼう線部②「諦観」とありますが、これは「あきらめの末に世間的な事柄にこだわったり、振り回されたりしなくなること」という意味をもつことばです。凛は〈何を〉あきらめ、〈何に〉こだわらなくなりつつあるのでしょうか。本文の内容と見比べて最も適切なものをア～オから選び、記号で答えなさい。

ア　明朗快活にふるまうことをあきらめ、周りの人間を元気づけることにこだわらない。

イ　みんなを引っ張ることをあきらめ、部員たちを満足させることにこだわらない。

ウ　部員との熱量の差を埋めることをあきらめ、自分の目指すゴールにこだわらない。

エ　自らへの不満を胸の奥底に溜め込むことをあきらめ、部内の雰囲気をたもつことにこだわらない。

オ　人から嫌われないようにすることをあきらめ、自分をよく見せることにこだわらない。

問四　本文からは、次の文章が抜けていますが、文中のA～Eのどこに挿入するのが適切だと考えられますか。記号で答えなさい。

突然の衝動に航大は驚くが、戸惑いはなかった。懐かしい。自分はこの感覚を知っている。サッカー部を辞める前、悩むことが嫌いだった自分は、いつだって思いのままに行動していた。

問五　ぼう線部③「航大は息を呑む」とありますが、このときの航大の気持ちについての説明として最も適切なものをア～オから選び、記号で答えなさい。

ア　自分の過去の経験と凛が置かれている状況は違うのに、共感しているかのような態度をとることで相手を傷つけてしまったのではないかとふいに気づき、強い不安を覚えている。

イ　思い悩む凛に対し、友人として助言したいと思う気持ちは強くあるものの、自分の発言が彼女の怒りにふれ、何らかの不利益を被ってしまうかもしれないことにおそれを抱いている。

ウ　悩みが原因で凛が快活さを失っているのなら、自分の経験から助言することで元の彼女に戻ってくれるのではないかと思いつつ、それは出すぎた行為なのではないかとためらいを感じている。

エ　困り果てている彼女の助けになりたいとは思いつつも、今まで悩み事を隠してきたような凜が素直に自分の手助けを受け入れてくれるのだろうかと、いぶかしく思っている。

オ　自分のあり方に深く思い悩んでいる凜に対して不用意に慰めの言葉をかけることは、かえって彼女を傷つけることになるのではないかとためらい、緊張している。

問六　文中の X から始まる二段落における航大の気持ちとして最も適切なものをア～オから選び、記号で答えなさい。

ア　話をしているうちに凜が普段通りの姿を見せるようになったことで、先ほど思い悩んでいた姿は彼女の本来のものではなかったのだと納得した。

イ　それまで快活な姿しか見せてこなかった凜が悩みを語り助言を求めてきたことで、本音を話してくれたのだと実感して嬉しくなった。

ウ　普段から本音を話すことのない凜と花の水やり作業を共にすることで、彼女の抱える悩みを解決させることが出来たと達成感を覚えた。

エ　暗い胸の内を明かした凜が自分の励ましを聞いて普段どおりの様子を見せたことで、明るい面も彼女の本当の姿だったのだと安心した。

オ　いつもと違った凜の表情が自分の話を聞いてすぐいつも通りに戻ったのを見て、今抱えている悩みも深刻ではないようだと拍子抜けした。

問七　本文中の表現の特徴として最も適切なものをア～オから選び、記号で答えなさい。

ア　植物の水やりをしながら歩く場面の時間の経過とともに、植物の状態が凜の心理状態にあわせて変化していることが効果的に表現されている。

イ　凜の抱えている悩みの内容が、航大や部員たちとのやりとりの中で徐々に明らかになっていき、結果的に解決に向かうよう話を展開させることで、物語にメリハリをつけている。

ウ　航大のせりふが途中まで短いあいづちしかないことからは、凜の深刻な悩みを理解することのできない彼の幼さが読み取れる。

エ　自分への不満を抱える凜を目の前にしたときの航大を描いた場面では、思いのままに行動し発言するという冷静さに欠ける性格が浮き彫りになっている。

オ　凜を励ます航大が過去を思い返している表現からは、彼がサッカー部で経験したことが人を理解し勇気づけるために役立っていることが分かる。

三　次の文章を読んで、後の問いに答えなさい。

なお、問題作成の都合上、一部表記を改めたところがあります。

定住化の原因については、より詳細な議論が必要であろう。 A 、定住化の過程についても、それが漁具の出現と並行していること、水辺で起こっていることなど、他にも興味深い事実が見出される。

あまり横道に逸れないために、ここでは次の点を確認しておくにとどめよう。人類はそのほとんどの時間を遊動生活によって過ごしてきた。

［B］、気候変動等の原因によって、長く慣れ親しんだ遊動生活を放棄し、定住することを強いられた。いま私たちはその定住がすっかり当たり前の風景となってしまった時代を生きている。

　定住化の過程は人類にまったく新しい課題を突きつけたことだろう。人類の肉体的・心理的・社会的能力や行動様式はどれも遊動生活にあわせて進化してきたものだからである。だとすると、定住化はそれら能力や行動様式のすべてを新たに編成し直した革命的な出来事であったと考えねばならない。

　その証拠に、定住が始まって以来の一万年の間には、それまでの数百万年とは比べものにならない程の大きな出来事が数えきれぬほど起こっている。農耕や牧畜の出現、人口の急速な増大、国家や文明の発生、産業革命から情報革命。これだけのことが極めて短期間のうちに起こった。これこそ、西田[*1]が定住化を人類にとっての革命的な出来事と捉え、「定住革命」の考えを提唱する理由に他ならない。

［C］、その革命の中身は具体的にはいかなるものであったのだろうか？　人類はいかなる変化を強いられたのか？　またいかなる課題を乗り越えねばならなかったのか？　引き続き、この革命がもたらした大きな変化について見ていこう。

　生活していればゴミが出るし、生きていれば排泄物が出る。したがって定住生活者は、定期的な清掃、ゴミ捨て場やトイレの設置によって環境の汚染を防がなければならない。私たちはそうしたことを当たり前と思っている。そうじをしなければならないことも、ゴミをゴミ捨て場に捨てることも、トイレで用を足すことも。

　しかし、定住革命の視点に立つなら、これらはすこしも当たり前ではない。遊動生活者は、ゴミや排泄物のゆくえにほとんど注意を払わない。理由は簡単だ。彼らはキャンプの移動によって、あらゆる種類の環境汚染をなかったことにできるからである。①遊動生活者にはポイ捨てが許されている。

　するとこう考えることができる。数百万年も遊動生活を行ってきた人類にとって、そうじしたり、ゴミ捨て場をつくったり、決められた場所でのみ排便したりといった行動を身につけるのは容易ではなかったのではないか？

　まずゴミについて考えよう。いま文明国の多くがゴミ問題に悩まされており、ゴミの分別をしきりに市民に教育している。だがうまくいかない。

　②これはある意味で当然のことである。ゴミというのは意識の外に放り捨てたものだ。もはや考えないようにしてしまったもの、それがゴミである。ゴミの分別とは、そうして意識の外に放り捨てたものを、再び意識化することに他ならない。考えないことにしたものについて再び考えなければならないのだから難しいのである。

　遊動生活を行っていたときにはこのような課題に直面することなどなかった。食べたら食べかすを放り投げておけばよかったのだから。

　定住生活を始めた人類は新たな習慣の獲得を強いられた。定期的に清掃活動を行い、ゴミはゴミ捨て場に捨てるという習慣を創造せねばならなかった。たとえば貝塚のようなゴミ捨て場を決めて、そこにゴミを捨てるよう努力した。

　重要なのは、そのときの困難が今日にも受け継がれているということだ。ゴミの分別がなかなか進まないこと、そうじがまったくできない人がいることは、この困難の証拠なのである。

　次にトイレについて考えよう。子育てをしたことのある人ならだれでも知っているが、子どものしつけで一番大変なのが、トイレで用を足すのを教えることである。

　よく考えて欲しい。オムツをつけた幼児であっても、立ち上がり、駆け回り、話をし、笑う。おべっかなどの高度な技術を使って大人に自分の要求を飲ませようとすることもしばしばだ。彼らは生物として極めて高度な行動を獲得している。

　それにもかかわらず、彼らは便所で用を足すことができない。それは周囲からの粘り強い指導の下でやっと獲得できる習慣である。

　現在、布オムツから紙オムツへの移行によって、オムツ離れの時期が遅れてきていることが指摘されている(かつては二歳前でオムツ離れをすますことがほとんどだったが、いまでは三歳や四歳を過ぎてもオムツ離れできないことも珍しくない)。これは、③<u>決められた場所で排泄を行うという習慣が、人間にとってすこしも自然でないことのあらわれに他ならない</u>。だからこれほどまでにそれを習得することが困難なのである。

　特定の便所を設けないという文化は数多く存在する(ヴェルサイユ宮殿にトイレがないのは有名な話だ)。そもそも排泄行為を我慢することほどつらいものはない。

　そうじやゴミ、そしてトイレについての考察は、定住革命というものの困難を教えてくれる。人類は大変な苦労を重ねて、ゴミと排泄についての*2エートスを獲得してきたのだ。

　しかもそれだけではない。ここから分かるのは、定住革命が、かつて人類が一度だけ体験した革命ではないということである。たしかに人類はある一定の時期に定住革命を成し遂げた。だが、定住生活を行う個々の人間もまたその人生のなかで定住革命を成し遂げなければならないのである。少なくとも二つ、すなわち、トイレで用を足すようになること、そして、そうじを行い、ゴミをゴミ捨て場に捨てるようになることである。定住生活を行う私たちは苦労をしてこの革命を成し遂げている(もちろん成し遂げていない人もいるが、それはすこしもおかしなことではない)。

　定住革命は［　X　］である。定住革命はいまここでも(トイレやゴミ捨て場で)行われているのだ。

　遊動民が死体をもって移動することは不可能である。だから死体はそこに置いていかれる。だが、定住民にはそうはいかない。だから、特別の仕方で、置いておく場所を作らなければならない。それが墓場だ。実際、考古学においては、墓場がゴミ捨て場と並び、定住生活の開始を徴づける重要な*3メルクマールになっている。

　こちらに生きている者の場所があり、あちらに死んだ者の場所がある。定住は、生者と死者の棲み分けをもとめる。

　すると、死者に対する意識も変化するだろう。あの場所にはあいつの体がある。でも、あいつはどこに行ってしまっただろう……。

　死体の近さは、死者だけでなく、死への思いを強めるはずである。それは、やがて、霊や霊界といった観念の発生につながることだろう。それは宗教的感情の一要素となる。

定住社会では、コミュニティーのなかで不和や不満が生じても、当事者が簡単にコミュニティーを出ていくことができない。そのため不和や不満が蓄積していく可能性が高い。

学校でのクラスのことを考えると分かりやすいだろうか。ケンカや仲違いなどの不和が起こっても、生徒は毎日同じクラスに行って、同じ席に座らなければならない。だが想像してみて欲しい。もし、席が毎日自由に決められたら？　しょっちゅう勉強の場所が変わったら？　少なくとも、不和が、すべてが固定されている場合と同じように堆積していくことはないだろう。新しい環境が人々をリフレッシュさせ、それこそ〝水に流す〟ことも多くなるに違いない。

定住社会の場合はそうはいかない。したがって、不和が激しい争いになることを避けるためにさまざまな手段を発展させる必要がある。「これはしてもよい」「これはしてはいけない」といったことを定める権利や義務の規定も発達するだろう。

争いが起こったときには調停が行われるだろうが、そこで決定した内容を当事者たちに納得させるための拘束力、すなわち何らかの権威の体系もはぐくまれることだろう。法体系の発生である。

ちなみに、遊動狩猟民は、一般に、食料を平等に配分し、道具は貸し借りする。これは遊動民なりの、不和を避けるための技術と考えることができる。驚くのは、過度の賞賛を避ける習性をもっているということだ。*4ブッシュマンの社会では、④大きな獲物を捕らえてきた狩人は、頭を下げて、そっとキャンプに戻り、ひっそりこっそりと獲物を皆の目に付くところに置いておくのだという。過度に賞賛されて、権威的存在ができることを避けるのである。

（國分功一郎『暇と退屈の倫理学』〈新潮文庫〉）

*1　西田……西田正規のこと。彼は著書『人類史のなかの定住革命』において「定住革命」を提唱している。

*2　エートス……道徳的な慣習・行動の規範。

*3　メルクマール……目印。指標。

*4　ブッシュマン……アフリカに住む狩猟民族。

問一　［A］～［C］にあてはまることばの組み合わせとして最も適当なものを選び、記号で答えなさい。

ア　A　また　B　だが　C　では

イ　A　一方で　B　ゆえに　C　したがって

ウ　A　そして　B　なぜなら　C　たとえば

エ　A　つまり　B　しかし　C　また一方で

オ　A　たとえば　B　したがって　C　つまり

問二　ぼう線部①「遊動生活者にはポイ捨てが許されている」とはどういうことですか。その説明として最も適切なものを次のア～オから選び、記号で答えなさい。

ア　遊動生活者は生活の場をころころ変えるため、そのたびに新しい環境で気分をリフレッシュすることができ、いやなことがあっても水に流すことができるということ。

イ　遊動生活者は場所を移動しながら生活するため、過度にひと所を汚染してしまうことがなく、ゴミを出してもそのこと自体を振り返って考えなくてもすむということ。

ウ　遊動生活者が新たに定住生活を始めるにあたっては、今後さまざまな困難が待ち受けているため、一定期間に限ってのみ例外が認められているということ。

エ　遊動生活者は、自分たちにとって大切な人を亡くしても死体をもって移動することができないという制限があるため、特別にポイ捨てが認められているということ。

オ　定住生活者と比べると、遊動生活者の方がゴミの処理の仕方に困難がつきまとうことは周知の事実であるため、世界的にもポイ捨てが許容されているということ。

問三　ぼう線部②「これはある意味で当然のことである」とありますが、なぜそう言えるのですか。「これ」の指す内容を明らかにしながら、**四十字以上、六十字以内**で理由を説明しなさい。

問四　ぼう線部③「決められた場所で排泄を行うという習慣が、人間にとってすこしも自然でないことのあらわれに他ならない」とありますが、ここで筆者が主張していることとして最も適切なものを次のア～オから選び、記号で答えなさい。

ア　オムツの開発によって、また布オムツからより快適な紙オムツへの進化によって、幼児だけでなく大人も決められた場所だけで排泄を行うという習慣づけの必要性をあまり感じなくなっているということ。

イ　ゴミを分別した上でゴミ捨て場に捨てるという習慣と同様に、決められた場所で排泄を行うという習慣を獲得することを大人の見栄のために幼児に求めること自体が不自然で無理のある行為であるということ。

ウ　数百万年も移動しながら生きてきた人類にとっては排泄物のゆくえを考える必要がなかったため、定住化によって決められた場所でのみ排泄を行うということ自体が負担を強いる大きな変革であったということ。

エ　オムツを必要とする幼児であっても、自分の満たしたい要求を大人たちにつきつけるという極めて高度な行動ができるため、排泄に関しても粘り強いしつけなど必要なく自然にできるようになるものだということ。

オ　歴史的に見ても、特定の場所にトイレを設置しないという文化はいまだ世界各地に根強く残っており、それを画一的に決められた場所だけで行うよう統一を図っていくことが今後いっそう求められるということ。

問五　[X]に入ることばとして最も適切なものを次のア～オから選び、記号で答えなさい。

ア　今も世界のどこかで行われている、そうじ革命・ゴミ革命・トイレ革命の三大革命

イ　長い人類史において、かつて遊動民から定住民となる際に一度だけ体験した革命

ウ　人類にとって避けられない通過儀礼であり、かつての遊動生活者が成し遂げた革命

エ　人類史上の出来事であると同時に、定住民がその人生のなかで反復しなければならない革命

オ　人類誰にも例外なく訪れる試練であり、人生において二度必ず成し遂げなければならない革命

問六　ぼう線部④「大きな獲物を捕らえてきた狩人は、頭を下げて、そっとキャンプに戻り、ひっそりこっそりと獲物を皆の目に付くところに置いておく」のはなぜですか。その理由を説明したものとして最も適切なものを次のア～オから選び、記号で答えなさい。

ア　獲物を捕らえてきた狩人自らが狩猟民族皆の食料を分配する役割を担ってしまうと、どうしても自分の分だけ多くとろうとする心理が働く傾向があり、食料を平等に配分できなくなるから。

イ　狩猟の際には獲物を仕留めるための道具が必要であり、自分の道具ではなく他者から借りた道具を使って仕留めた場合に限っては、その道具の持ち主の獲物とする暗黙の了解があるから。

ウ　皆の目に付くようなわかりやすい場所に獲物を置いたのは、大きな獲物を仕留めるには大変な労力が必要であり、それを見事成し得た狩人は遊動民の仲間からたたえられる存在であるから。

エ　遊動民の特性として持たざる者は持てる者から取ろうとする傾向があるので、大きな獲物を捕らえることができた狩人は、自分とその家族を守るためにいさかいを避けようとするから。

オ　大きな獲物を捕らえる能力を持つ狩人が過度にほめたたえられると、その狩猟民の中で優劣関係が生じるおそれがあり、そうした事態を避けて狩猟民どうしの仲たがいを防ぐ必要があるから。

問七　次のア～オから本文の内容に**当てはまらないものを二つ**選び、記号で答えなさい。

ア　私たちが当たり前であると思っているゴミをゴミ箱に捨てることやトイレで用を足すことは、定住革命の視点に立つならばそれを習慣化させるまでには大変な努力が必要であり、困難がともなうものであった。

イ　遊動民は新しい環境のなかで生活に必要な情報や資源をすばやく入手しなければならないため、定住民と比べるとゴミの分別やトイレで用を足すことを覚えるのに時間が多くかかってしまうのは当然である。

ウ　ゴミの分別がなかなか進まないこととそうじができない人がいることは、人類が定住生活を始めた際に生まれた新たな習慣の獲得にともなう困難が、今日の私たちにも受け継がれているという証拠である。

エ　定住生活者が墓場とゴミ捨て場を並べて設置することで生者と死者の棲み分けを求めるのに対し、遊動生活者は心理的に生者と死者の棲み分けをするため「霊界」の観念の発生につながり、それが宗教を生んだ。

オ　すべてが固定化されているために不和や不満が蓄積していく可能性の高い定住社会では、激しい対立や争いを避けるために「権利」や「義務」の規定を発達させる必要があり、その結果として法体系が発生した。

四　次の問いに答えなさい。

ある海外の研究では、２００７年に日本で生まれた子供の半数が１０７歳より長く生きると推計されています。人生１００年時代に、高齢者から若者まですべての国民が幸せに暮らすためには、今後どのような社会が求められると思いますか。あなたの考えを**一三〇字以上、一五〇字以内**で書きなさい。

注意事項

・一マス目から書きなさい。
・句読点や記号も一字とし、一番上のマス目に来る場合は、そのまま書きなさい。
・漢字で書けるものは漢字で書くようにしなさい。
・書きことばで書きなさい。

獨協埼玉中学校(第一回)

—50分—

一　次のⅠ・Ⅱの問いに答えなさい。

Ⅰ　次の傍線部の漢字はひらがなに、カタカナは漢字に改めなさい。

① 山の頂から美しい景色を見る。
② 自転車で日本を縦断する。
③ 事態を深刻にとらえる。
④ 友人にアナバの温泉を教える。
⑤ 怒りで顔をコウチョウさせる。
⑥ 事件を公平にサバく。

Ⅱ　次のことわざについて、空欄にあてはまる文字をそれぞれ漢字で答えなさい。

① 弘法にも(　)の誤り
② 石の上にも(　)年
③ 三人寄れば(　)殊の知恵
④ 百(　)は一見にしかず

二　次の文章を読み、後の問いに答えなさい。

中学三年生の弓子は、前日、母親と担任の先生との三者面談に行った。弓子は三年生になってから成績が悪化したため、高等部にすすめない可能性がある。しかし成績が下がった本当の理由は、弓子がテスト中に自分の解答をわざと消し、まちがった解答を書いたからだった。そのことを、弓子は誰にも言っていない。

「もっと勉強がしたいから、中学受験をさせてください。そう言ったのは、弓子、おまえだよな」

弓子は、父の声の強さにたじろぎながらも、視線はそらさなかった。むかいあって立つ娘と父親のあいだには夕食がならんだテーブルがあり、イスにすわった弟の太二が箸を持ったままかたまっている。

三泊四日での海外出張から帰ってきたばかりなので、父はワイシャツにスラックスという姿でダイニングルームの入り口に立っていた。ネクタイをゆるめ、ワイシャツの一番うえのボタンをはずした首元に汗が光っているのは、暑さのせいばかりではなく、父が全身で怒っているためだと弓子はおもった。

土曜日の午後八時すぎで、弓子は夕飯を食べおえて自分の茶碗や皿を流しにはこんだところだった。①太二は大好物のトンカツにもほとんど箸をつけていなかった。母は、父が帰ってきてから一緒に食べると言うので、弓子はひとりでトンカツをほおばり、豆腐とワカメの味噌汁を飲み、ごはんをおかわりした。ポテトサラダとキャベツの千切りも残さず食べた。

父からは十分ほどまえに電話があり、受話器をとった母によると駅に着いたところだという。太二は事情を知っているらしく、とたんに箸が動かなくなった。弓子だって、父が帰ってきたらどうなるかはわかっているのに、なぜかおなかがすいてしかたがなかった。

予想していたとおり、父は玄関にはいるなり、「弓子」と大声で呼んだ。「おとうさん、おちついてください」

むかえに出た母がなだめても、父の怒りはおさまる気配がなかった。

足音を立ててダイニングルームにはいってくると、父は旅行カバンを床にたたきつけた。

（ａ）、②かつて弓子が言ったことばをひきあいにだして、娘をにらみつけてきた。

「私立も公立も関係ない。勉強する気がないなら、高校なんか行かずに働きに出ろ！」

父はバス停から家までの百メートルほどの道を怒りをたぎらせながら歩いてきたのだろう。弓子の頭に、夜道をぐいぐい歩く父の姿がうかんだ。

子どものころ、家族四人でよく散歩をした。川ぞいの土手を歩くのだが、父の歩き方はとてもゆっくりで、おまけにすぐ立ちどまる。道ばたの草花に見いったり、空を見あげたり、とつぜんラジオ体操をはじめたこともあった。みんなが先に行ってしまっても、父は自分の世界にはいったままで、なかなか歩きだそうとしなかった。

「おとうさ〜ん。はやく〜、きてよ〜」と太二がかわいい声で呼ぶたびに、弓子はしあわせなきもちになった。

だから、スーツをきて革靴をはいた父が大股で歩いているのを見かけたときは③おどろいた。私立の中高一貫校に入学して一ヵ月がすぎたころで、先生から始業まえの学習をすすめられて、弓子はそれまでより三十分早い六時二十分に家を出た。そしてバスの窓からふと外に目をやると、駅へとつづく舗道を父が猛烈な勢いで歩いている。家ではいつものん気にしているので、こんなにパワフルな父の姿は見たことがなかった。

以前住んでいたマンションから駅までは二キロ以上あったが、弓子が小学五年生の秋に完成した新築の家は駅まで一キロあるかないかだった。父が朝は駅まで歩くようになったのは知っていたが、まさかこんなに全力で歩いているとはおもってもみなかった。

（ｂ）、弓子は父を見かけたことを家族の誰にも話さなかった。そのころにはもう、母とも父ともあまり口をきかなくなっていたからだ。

――最後に家族四人で土手を散歩したのは、いったい何年まえだろう？

弓子は、④こんなに追い込まれた状況にもかかわらず、むかしのことをおもいだしている自分がふしぎだった。母が父のうしろに立っているのは、娘をかばうつもりはないという無言の意思表示なのだろう。

小学生のとき、弓子はよく家の手伝いをした。母が看護師をしているため、洗濯物をとりこむのは弓子の役目だったし、夕方五時すぎに母が帰ってくると一緒に晩ごはんのしたくをした。太二の面倒も、どれだけ見たかわからない。たいへんだとおもうこともあったが、「弓ちゃん、ありがとう」と母に感謝されるのがなによりうれしかった。

ところが中学生になったとたん、弓子は家事をしなくなった。通学に片道一時間以上かかるうえに部活もあるため、平日は帰宅が午後七時をすぎるし、週末も予習や復習でいそがしい。母もそれがわかっているので、たまにしか用を頼んでこなかったが、弓子はわざとらしくため息をついた。それなのに成績が落ちているというのだから、⑤母にかばってもらえないのは当然だった。

弓子は、泣こうとおもえばすぐに泣き出せるとおもった。とりみだすのだって、わけもない。それだけの不安とさみしさは、すでに胸いっぱいにつまっていた。

【省略部分の内容】

弓子は中学に入学したときのことを思い出していた。

入学すると毎日礼拝があり、弓子もおごそかなきもちで祈りをささげた。クリスチャンになるつもりはなかったが、伝統ある学校の一員になれたことが誇らしかった。開校当初からのセーラー服が有名で、弓子は毎晩［A］プリーツスカートにアイロンをかけた。バスと電車を乗り継いでの通学の途中には、男子学生や男性サラリーマンたちからうるさいほど目をむけられたが、弓子はまんざらでもなかった。部活は英会話部にはいった。中等部だけでなく高等部の先輩たちとも仲良くなり、弓子は地元の中学校ではけっして味わえない理知的でおだやかな学園生活に満足感をえていた。

ところが、弓子はしだいに⑥居心地の悪さを感じるようになった。伝統校だけあって、祖母、母と三代にわたって学んでいる子もいたし、帰国子女も少なくない。弓子だって母にきちんとしつけられてきたし、友だちともふつうにつきあえていた。ただ、やはり裕福な家庭の子が多いので、なにかと育ってきた環境のちがいを意識せざるをえなかった。憧れて入学したものの、それは地元の同級生たちに対して優越感にひたりたかっただけではないのか。自分はこの学校にふさわしくないのではないか。

そうしたひけ目を感じているせいで、礼拝のあとでは、「ついていけないよねえ」と、友だちとこっそりグチを言いあってしまう。一種の息抜きだが、弓子はうしろめたさの意識にかられて、⑦いてもたってもいられなくなることがあった。そうかといって熱心に祈りをささげたいわけでもない。英会話にしても、上達するにつれて、かえって自分には他人にかたれるほどの経験も意見もないのが自覚されて情けなくなった。

英会話部は毎年学園祭でミュージカルを上演する。歌もダンスも本格的で、連日汗ビッショリになって練習を積み、講堂での本番にのぞむ。満員の観客をまえにして、プレッシャーをはねのけて熱演するのだから、幕が下りたあとは部員たちが抱きあって涙にくれる。弓子も達成感にひたったが、その一方で、ここは自分がいるべき場所ではないのではないだろうかとの疑問がわくのをおさえられなかった。

二年生まではどうにかこらえていたが、三年生になるとさらにやりきれなさがつのった。大学受験をみすえて、高等部に進むまえから勉強に没頭する子もいれば、部活動に熱中する子もいて、弓子は同級生たちの勢いに圧倒された。国語の先生になるという目標をあきらめてはいなかったが、このままではとても教壇に立って授業をすることなどできそうにない。

⑧そんな弓子とは裏腹に、太二は絶好調だった。テニスの腕前をぐんぐんあげて、去年の秋には市民大会小学四年生の部で優勝した。五年生になった今年は六年生とも互角以上に戦っているとのことで、父と母もよく太二の試合の応援に行っていた。弓子も一度さそわれたが、いいかげんな返事をすると、それきり声をかけてもらえなくなった。太二は当然のように地元の第一中学校に進むつもりでいて、将来の目標はテニスで世界一のプレーヤーになることだという。

弓子は、両親に自分のことも気にかけてほしかった。しかし、これまで学校についてきかれるたびにイヤな顔を見せてきたし、学園祭や体育祭にもこなくていいと言っておきながら、いまさら悩みを聞いてほしいとは言えなかった。

——いったい、どこでまちがったのだろう？　父の言うとおり、地元の第一中学校に進んでおけばよかったのだろうか？　いや、それならそれで、やはり不満を抱えていたにちがいない。（　c　）、わたしはどこに行ったところで、うまくやっていけなかったのだ。

そして、気がつくと、弓子は消しゴムで数学の解答を消していたのだった。

（佐川光晴『大きくなる日』〈集英社文庫〉による）

問一　傍線部①「太二は大好物のトンカツにもほとんど箸をつけていなかった」とありますが、その理由として最も適当なものを、次の中から一つ選び、記号で答えなさい。

ア　母と同じように、父の帰りを待ってから夕飯を食べようと思っていたから。

イ　父が帰ってくれば弓子をしかるだろうと思い、食べる気になれないでいたから。

ウ　父の怒っている様子が恐ろしく、思わず手を止めてしまったから。

エ　弓子と父の言い合いが始まり、食事をとるどころではなくなったから。

問二　空欄（　a　）～（　c　）にあてはまる言葉を、それぞれ次の中から一つずつ選び、記号で答えなさい。ただし、同じ記号は一度しか使えないものとします。

ア　ただし　　イ　また　　ウ　そして

エ　つまり　　オ　あるいは

問三　傍線部②「かつて弓子が言ったことば」とありますが、それは何ですか。本文中から探し、はじめの五字を書き抜きなさい。（句読点含む）

問四　傍線部③「おどろいた」とありますが、このように感じたのはなぜですか。三十～三十五字で説明しなさい。（句読点含む）

問五　傍線部④「こんなに追い込まれた状況」とありますが、どのような状況ですか。最も適当なものを、次の中から一つ選び、記号で答えなさい。

ア　弓子がしばらく家族と出かけておらず、一人ぼっちになっている状況。

イ　弓子と父の関係が悪化し、自分から中学校での悩みを打ち明けられずにいる状況。

ウ　弓子の高等部への進学が危うくなり、担任から進路変更をすすめられている状況。

エ　弓子の成績の悪化を父親に知られ、勉強不足を責められている状況。

問六　傍線部⑤「母にかばってもらえないのは当然だった」とありますが、この説明として最も適当なものを、次の中から一つ選び、記号で答えなさい。

ア　中学生になったとたん家事を手伝うのをいやがるようになった弓子が、自分の幼い振る舞いを思い出してあきれている。

イ　学校がいそがしいふりをして母に甘えていた弓子が、自分の気持ちを母に理解してほしいと感じている。

ウ　勉強を優先するため家事を手伝わずにいたのに成績が下がってしまった弓子が、自分が悪いと認めている。

エ　もう母は自分の味方をしてくれないのだと気づいた弓子が、今までの自分のいいかげんな行いをくやんでいる。

問七　空欄［A］にあてはまる言葉として最も適当なものを、次の中から一つ選び、記号で答えなさい。

ア　素早く　イ　ぎこちなく　ウ　念入りに　エ　こっそりと

問八　傍線部⑥「居心地の悪さを感じるようになった」とありますが、その理由として適当でないものを、次の中から一つ選び、記号で答えなさい。

ア　中学校の同級生との育った環境の違いを感じたから。

イ　中学校での宗教的な習慣が合わないと気付いたから。

ウ　中学校を受験した理由がくだらないものに思えてきたから。

エ　中学校の伝統的な校風による予想外の面が見えてきたから。

問九　傍線部⑦「いてもたってもいられなくなることがあった」とありますが、その理由として最も適当なものを、次の中から一つ選び、記号で答えなさい。

ア　本来は真剣に祈りをささげるべき時間なのに、ほかの悩みに気をとられていたから。

イ　軽い気持ちでグチを言ってしまったが、本当はいけないことだとわかっていたから。

ウ　居心地の悪い学校の中で、上辺だけでの友だち付き合いをしてしまっていたから。

エ　周囲と比べて取りえが何も無いことを自覚し、このままでいいのかとあせっていたから。

問十　傍線部⑧「そんな弓子とは裏腹に、太二は絶好調だった」とありますが、弓子と太二のどのような点が「裏腹」ですか。説明として最も適当なものを、次の中から一つ選び、記号で答えなさい。

ア　弓子は中学で悩みが絶えないが、太二は順調にテニスの腕前を上げている点。

イ　弓子は高校に進学できるかわからないが、太二は地元の中学に行くことが決まっている点。

ウ　弓子はテニスの試合を見に行くほど興味を持てないが、太二はテニスを楽しんでいる点。

エ　弓子は将来の夢が定まらないが、太二は将来の夢への道を確実に進んでいる点。

問十一　本文の内容を説明したものとして最も適当なものを、次の中から一つ選び、記号で答えなさい。

ア　弓子はかつて家族と仲が良かったが、中学受験を反対されたことがきっかけで距離が開き、冷たい態度をとっている。

イ　弓子の父は散歩中に家族を待たせたり、弓子に対して大声でどなったりと、家族を振り回している。

ウ　弓子の母は父の味方をするときもあるが、いそがしい弓子に気をつかって用事を頼む回数を減らしている。

エ　太二は弓子が中学で友だち作りに苦戦している姿を反面教師にして、中学では部活に集中しようと決めている。

三　次の文章を読み、後の問いに答えなさい。なお、作問の都合上、本文を一部改変してあります。

制服(a)は、だれもがはやく脱(ぬ)ぎたいとおもっている。夕方になるとはやく終業時間にならないかなとおもい、最上学年になるとはやく卒業したいなとおもう。が、①制服には意外に心地いい面があることも、ひそかに体験してもいる。

この本のはじめのところで書いたように、ぼくらにとってじぶんの全身はじかには見えない。つまり、じぶんの全身はイメージとして想像するしかないものなので、とても心もとない。そんななかで、ぼくらはもらった贈り物の箱をがらがら揺さぶって中身を推測するように、じぶんの外見をさまざまに加工することで、そのイメージを揺さぶり、じぶんがだれか、じぶんには何ができ、何ができないかを、身をもっておぼえてゆくのであった。そういうときに、一義的な社会的意味と行動の規範が明示された制服は、社会のなかの個人としてのじぶんに確定したイメージを与えてくれる。服が自由すぎて、選択の幅がすこぶる大きくなると、じぶんを確定する枠組がゆるくなりすぎて、かえって落ちつかない。制服のほうが選択に迷わなくてかえって楽なのだ。おとなになって、じぶんはこのブランド、この会社の服というふうに決めてしまうと、毎シーズン、買い物が楽なのと同じだ(もちろん、自由な服だと、毎日どんな服を着ていくか、それを決めるためにいろいろなことを考えるので、ファッション感覚はきたえられる。この点、制服だと、②服装についての訓練が※1おざなりになって、卒業してから苦労する)。

そうすると、イメージさえよければ、制服のほうがいいという気持になるのも当然だ。実際、かわいい制服にあこがれる少女がいっぱいいるし、制服がすてきだからという理由で受験生が殺到する高校もあるくらいだ。ちょっとうがった※2見方をすると、これには、単純に「あの服かわいい」といった気分だけでなく、おとなの〈女〉になることの拒絶という、入り組んだ感情もはたらいているのかもしれない。あるいは、他の高校との微妙な差異を楽しむ遊びの感覚も作用しているかもしれない。

1

他方ではもちろん、学校から配布bされた制服を、おとながじぶんたちをかれらの規範のなかに強引に収容するための囚人服のように感じて、それを見えない細部で徹底的にくずすというきつい抵抗もある。従順であることの拒絶であり、おとなの※3顰蹙を買うことにこそみずからのアイデンティティを懸ける「不良」や「族」※4の精神は、多かれ少なかれ、だれのうちでも蠢きだしているものだ。

2

僕らは日によって、じぶんをぐっと押し出したいときもあれば、できるだけめだたないようにじぶんを隠し、他人の視線を避けていたいときだってある。一日のなかでも、じぶんをぐっと引き締めたいときもあれば、だらんと緩んだままでいたいときだってある。そのとき、じぶんがそのなかに隠れる服として、制服というのはとても心地いいものだ。じぶんがア「だれ」であるかを隠して、匿名の③人間類型のなかに埋没してしまうというやりかただ。

3

とりわけ、八〇年代に※5DCブランドが流行したときのように、だれもじぶんと他人との微妙なテイストの差異をことこまかに表現したがった時代、JRや私鉄の車両に吊り下げられたファッション雑誌の広告のけたたましい言葉づかいをまねしていえば、「個性的でなければならない」、「じぶんらしくなければならない」という強迫観念に多くのひとが憑かれていた時代をへて、人びとはいま、どうもそういう強迫観念に疲れだしているようにみえる。「ここではない別の場所にいれば、じぶんはこんなではなかったはずだ、じぶんにはもっと別の可能性があったはずだ」といった思い、それに駆られて、あるいはそういう物語に拉致されて、人びとがそれぞれの「イ〈わたし〉探しゲーム」にぐいぐいのめり込んでいったのが、八〇年代のカルチャーであり、ファッション狂騒曲であった。じぶんはまだおのれの素質、おのれの秘められた可能性を十分に展開しきっていない、じぶんはまだ本来の場所にたどり着いていない、じぶんにはまだじぶんの知らないじぶんがある、その真のじぶんに出会わねばならない……といった強迫的な物語のことである。ぼくらの時代の※6「青い鳥」幻想だ。④そしてそれにもうあきてしまった、疲れてしまったというのが、どうもいまの時代の雰囲気のようになっている。

4

ぼくが数年前に見たヴィム・ヴェンダース監督の映画『都市とモードのビデオノート』は、まるでそういう現代人を※7揶揄するかのように、⑤こんなナレーションとともにはじまった。

きみは、どこに住もうと、どんな仕事をし何を話そうと、何を食べ、何を着ようと、どんなイメージを見ようと、どう生きようと、どんなきみもきみだ。独自性(アイデンティティ)――人間の、物の、場所の、独自性。身ぶるいする、いやな言葉だ、安らぎや満足の響きが隠れている〝独自性〟。じぶんの場、じぶんの価値を問い、じぶんがだれか、〝独自性〟を問う。じぶんたちのイメージをつくり、それにじぶんたちを似せる。それが〝独自性〟か？　つくったイメージとじぶんたちとの一致が？

〔中略〕

ぼくらがいま無意識に選択し、着用しているものに含まれている意味というものを考えるとき、ぼくはついこのヴェンダースの言葉をおもいだす。じぶんの[A]にこだわるというより、むしろじぶんを適度にゆるめておくことのできる服。そういう服をぼくらは制服というものにひそかに求めだしているのかもしれない。制服を着ると、ひとの存在がその(社会的な)ウ《属性》に還元されてしまう。そうすることで、ひとは「だれ」として現れなくてもすむ。人格としての固有性をゆるめることのできる服とは、そのなかに隠れることができる服である。そう考えると、現在の制服も、人びとによって、人格の拘束とか画一化などといった視点からではなく、むしろ制服こそが〝[B]〟という感覚で受けとめられだしているのかもしれない。これは注目しておいていいことだ。

ぼくらは制服を着ることでも、いかがわしい存在になることができる。制服のなかに隠れることができるからだ。これまでみてきたことからもあきらかなように、制服はぼくらを閉じ込める、とは単純にいえない。制服という拘束服に反発する気分はよくわかる。けれども、ひとがふつうに着ている服が、おかあさんらしい服であったり、サラリーマンらしい服であったり、老人らしい服であったりするのをみていると、ぼくに⑥はどんな服も制服であるようにみえてくる。だいいち、変形の学生服にしたって、一目でわかるくらい明確な特徴があるのだから、それも抵抗の制服だといえるのだ。こうして制服とその変形という問題一つとっても、けっこうこみいった問題があることがわかる。

同じように、個人を匿名の《属性》へと還元するという意味で、制服は一種の「疎外(そがい)」のマークでもあるが、同時にそのようにして個人を、つねに同じ存在でいなければならないという《同一性》(エ)の枠から外してくれるという意味で、ひとをつかのま解放してくれる(あるいは緩めてくれる)装置でもあるのだ。

(鷲田清一『ちぐはぐな身体　ファッションって何?』〈ちくま文庫〉による)

〈注〉※1　おざなり……いいかげんなこと。

※2　うがった見方……表面に出ていない、ほんとうの姿をとらえようとすること。深読みすること。

※3　顰蹙を買う……ある言動により他人から嫌がられたり、軽べつされたりする。

※4　族……ここでは、暴走族のこと。

※5　DCブランド……一九八〇年代に日本国内で社会的に流行した、日本のファッションブランドの総称。

※6　「青い鳥」幻想……現実には存在しない幻想を追い求めること。

※7　揶揄……からかって面白おかしく扱うこと。

問一　二重傍線部a「服」、b「布」と同じ意味で使われているものを、それぞれ次の中から一つずつ選び、記号で答えなさい。

a　制服

ア　服用　　イ　服飾　　ウ　着服　　エ　服従

b　配布

ア　毛布　　イ　布団　　ウ　湿布　　エ　公布

問二　傍線部①「制服には意外に心地いい面があることも、ひそかに体験してもいる」とありますが、この具体例として適当でないものを、次の中から一つ選び、記号で答えなさい。

ア　わたしのことを知らなくても、制服を着たら、わたしがその学校の生徒だということがわかる。

イ　どんな服を着るか毎日考えるのは大変だけれど、学校の制服があれば、考える必要がない。

ウ　他の学校との制服のデザインの差を楽しんだり、着くずしてじぶんの個性を楽しんだりすることができる。

エ　じぶんらしさを表現したくないときに、学校の制服を着ると、目立たないので安心感がある。

問三　傍線部②「服装についての訓練」とありますが、具体的に何の「訓練」を指していますか。本文中から十字以内で書き抜きなさい。

問四　傍線部③「人間類型」とありますが、これと同じ意味で使われている言葉を、本文中の波線部ア～エから一つ選び、記号で答えなさい。

問五　傍線部④「いまの時代の雰囲気」とありますが、ここではどのような雰囲気のことを指していますか。本文中の表現を使い、四十字以内で具体的に説明しなさい。(句読点含む)

問六　傍線部⑤「こんなナレーション」とありますが、この引用部分の内容を説明したものとして最も適当なものを、次の中から一つ選び、記号で答えなさい。

ア　「じぶんらしさ」にこだわるべきで、人はそれがなければ安心感や満足感を得ることができない。

イ　理想のじぶんの姿と実際のじぶんの姿との間にずれがあるとき、そこに独自性があるとはいえない。

ウ　「じぶんらしさ」を追求すると新しいじぶんに出会えるが、理想は高くなる一方なので意味がない。

エ　無理のない無防備な姿でいればよいので、じぶんのイメージ通りでいようと意識する必要はない。

問七　空欄［A］・［B］にあてはまる言葉として適当なものを、それぞれ次の中から一つずつ選び、記号で答えなさい。

A　ア　可能性　イ　人間性　ウ　固有性　エ　公共性

B　ア　自然体　イ　個性的　ウ　世間体　エ　発展的

問八　傍線部⑥「どんな服も制服であるようにみえてくる」とありますが、その理由として最も適当なものを、次の中から一つ選び、記号で答えなさい。

ア　「～らしい服」を着ることによって、じぶんの役割や職業にたいする愛着がわくから。

イ　なんとなく着ていても、その人の社会的な立場がしぜんと服にあらわれているから。

ウ　好きな服を選ぶと、制服の変形と同じように「じぶんらしさ」を表現できるから。

エ　じぶんの特徴を人に示すために、あえてわかりやすい服を選ぶようにしているから。

問九　次の一文を本文に戻すとき、最も適当なところを本文中の［1］～［4］から一つ選び、記号で答えなさい。

> が、ここでは、従順か反抗かといった杓子定規（しゃくしじょうぎ）な見方ではなく、もう少し別の角度から制服へのもつれた思いについて考えてみよう。

問十　本文で述べられている「制服」についての説明として最も適当なものを、次の中から一つ選び、記号で答えなさい。

ア　年代を問わず着るもので、とても心地よい服装だから誰しも「ずっと着ていたい」と思っている。

イ　着た人に社会的な意味を与える役割があるが、それはイメージにすぎないため不確実であるともいえる。

ウ　規範のなかに人々をしばりつけるための服であり、アイデンティティを失わせるという悪い面もある。

エ　その人の独自性を隠すことにより、いつも同じ存在でいなければならないという考えから解放する。

日本大学中学校（A－1日程）

—50分—

注意　1　問題文の表記や改行は、一部書き改めたところもあります。
　　　2　字数指定のある問いでは、特にことわりのない限り句読点等の記号も一文字分と数えます。

一　次の各問いに答えなさい。

問1～5　次の――線部分のカタカナを漢字で書きなさい。

問1　明日は友人宅をホウモンする予定だ。

問2　青と白とをキチョウとした美しい街並み。

問3　美味（おい）しいものをたくさん食べて舌をコやす。

問4　芥川賞受賞（あくたがわしょう）のロウホウが舞（ま）い込（こ）んだ。

問5　漢字の成り立ちの多くはケイセイ文字です。

問6～10　次の――線部分の漢字の読みをひらがなで答えなさい。

問6　新鮮（しんせん）な空気を吸うために戸外へ出る。

問7　この地域では古くから養蚕がさかんだ。

問8　夜がもっとも長い冬至の日にはゆず湯が欠かせない。

問9　神社の境内で遊んだ懐（なつ）かしい思い出。

問10　目的を成就させるために努力を重ねる。

問11・12　次の［　］部分AからHにあてはまる漢字一文字を入れ、それらをA～D・E～Hと順につなげてできる四字熟語をそれぞれ漢字で答えなさい。

問11　待てば海路の［A］和あり
一［B］一退
花鳥風［C］
千里の道も一［D］から

問12　厚顔［E］恥
怪［F］の功名
夏草や兵どもが［G］の跡
暗［H］模索

問13　次の短文の――線部分と同じ意味・用法のものはどれですか。後の1から4の中から一つ選び、その番号で答えなさい。

【日本大学中学校の校訓は「情熱と真心」です。】

1　グラウンドに出て、友だちとサッカーをしよう。
2　春になると寒さが和らぎ、過ごしやすくなる。
3　教育には受ける権利と受けさせる義務がある。
4　少しずつ近づいていくと、はっきりと見えてきた。

問14～16　次のまど・みちおの詩を読んで、後の問いに答えなさい。

［　　］

1　ない
2　今が今　これらの草や木を
3　草として
4　木として
5　こんなに栄えさせてくれている
6　その肝心（かんじん）なものの姿が

7　どうしてないのだろう
8　と、気がつくこともできないほどに
9　あっけらかんと

10　こんなにして消えているのか
11　人間の視界からは
12　いつも肝心かなめのものが

（『西郷竹彦授業記録集⑤　詩の授業』による）

問14　この詩の作者が、この詩で強調したいことを示すために使っている表現技法として適当なものはどれですか。次の中から一つ選び、その番号で答えなさい。

1　体言止め　　2　直喩法
3　擬態語・擬音語　　4　倒置法

問15　この詩の中で対比されている二つの項目として適当なものはどれですか。次の中から一つ選び、その番号で答えなさい。

1　ないものと、視界から消えているもの
2　視界にあるものと、栄えているもの
3　視界から消えているものと、見えるもの
4　栄えているものと、見えるもの

問16　――線部分「肝心かなめのもの」とありますが、これが何を表現しているかを考え、それに適した□部分にあてはまる詩のタイトルとして適当なものはどれですか。次の中から一つ選び、その番号で答えなさい。

1　花　　2　実　　3　枝　　4　根

二　次の文章を読んで、後の問いに答えなさい。

　見える人と見えない人の空間把握の違いは、単語の意味にかかわる、というの
にもあらわれてきます。空間の問題が単語の意味にかかわる、というのは①意外かもしれません。けれども、見える人と見えない人では、ある単語を聞いたときに頭の中に思い浮かべるものが違うのです。

　たとえば「富士山」。これは難波さん（注1）が指摘した例です。見えない人にとって富士山は、②「上がちょっと欠けた円すい形」をしています。いや、実際に富士山は上がちょっと欠けた円すい形をしているわけですが、見える人はたいていそのようにとらえていないはずです。

　見える人にとって、富士山とはまずもって③「八の字の末広がり」です。つまり「上が欠けた円すい形」ではなく「上が欠けた三角形」としてイメージしている。平面的なのです。月のような天体についても同様です。見えない人にとって月とはボールのような球体です。では、見える人はどうでしょう。「まんまる」で「盆のような」月、つまり厚みのない円形をイメージするのではないでしょうか。

　三次元を二次元化することは、視覚の大きな特徴のひとつです。「奥行きのあるもの」を「平面イメージ」に変換してしまう。とくに、富士山や月のようにあまりに遠くにあるものや、あまりに巨大なものを見るときには、どうしても立体感が失われてしまいます。もちろん、富士山や月が実際に薄っぺらいわけではないことを私たちは知っています。けれども視覚がとらえる二次元的なイメージが勝ってしまう。このように視覚にはそもそも対象を平面化する傾向があるのですが、重要なのは、

こうした平面性が、絵画やイラストが提供する文化的なイメージによってさらに補強されていくことです。

私たちが④現実の物を見る見方がいかに文化的なイメージに染められているかは、たとえば木星を思い描いてみれば分かります。木星と言われると、多くの人はあのマーブリングのような横縞の入った茶色い天体写真を思い浮かべるでしょう。あの縞模様の効果もありますが、⑤木星はかなり三次元的にとらえられているのではないでしょうか。それに比べると月はあまりに平べったい。満ち欠けするという性質も平面的な印象を強めるのに一役買っていそうですが、なぜ月だけがここまで二次元的なのでしょう。

その理由は、言うまでもなく、子どものころに読んでもらった絵本やさまざまなイラスト、あるいは浮世絵や絵画の中で、私たちがさまざまな「まあるい月」を目にしてきたからでしょう。紺色の夜空にしっとりと浮かびあがる大きくて優しい黄色の丸――月を描くのにふさわしい姿とは、およそこうしたものでしょう。

こうした月を描くときのパターン、つまり文化的に醸成(注2)された月のイメージが、現実の月を見る見方をつくっているのです。私たちは、⑥まっさらな目で対象を見るわけではありません。「過去に見たもの」を使って目の前の対象を見るのです。

富士山についても同様です。風呂屋の絵に始まって、種々のカレンダーや絵本で、デフォルメ(注3)された「八の字」を目にしてきました。そして何より富士山も満月も縁起物です。その福々しい印象とあいまって、「まんまる」や「八の字」のイメージはますます強化されています。

見えない人、とくに先天的に見えない人は、目の前にある物を視覚でとらえないだけでなく、私たちの文化を構成する視覚イメージをもとらえることがありません。見える人が物を見るときにおのずとそれを通してとらえてしまう、文化的なフィルターから自由なのです。

つまり、見えない人は、見える人よりも、物が実際にそうであるように理解していることになります。模型を使って理解していることも大きいでしょう。その理解は、概念的、と言ってもいいかもしれません。直接触ることのできないものについては、辞書に書いてある記述を覚えるように、対象を理解しているのです。

(中略)

見える人は三次元のものを二次元化してとらえ、見えない人は三次元のままとらえている。つまり前者は平面的なイメージとして、後者は空間の中でとらえている。

だとすると、そもそも空間を空間として理解しているのは、見えない人だけなのではないか、という気さえしてきます。見えない人は、厳密な意味で、見える人が見ているような「二次元的なイメージ」を持っていない。でもだからこそ、空間を空間として理解することができるのではないか。

なぜそう思えるかというと、視覚を使う限り、「視点」というものが存在するからです。視点、つまり「どこから空間や物を見るか」です。「自分がいる場所」と言ってもいい。もちろん、実際にその場所に立っている必要は必ずしもありません。絵画や写真を見る場合は、画家やカメラが立っていた場所の視点を、その場所ではないところにいながらにして獲得します。顕微鏡写真や望遠鏡写真も含めれば、肉眼では見ることのできない視点に立つことすらできます。想像の中でその場所に立つこうした場合も含め、どこから空間や物をまなざしているか、その点が「視点」と呼ばれます。

　同じ空間でも、視点によって見え方が全く異なります。同じ部屋でも上座から見たのと下座から見たのでは見えるものが正反対ですし、はたまたノミの視点で床から見たり、ハエの視点で天井から見下ろしたのでは全く違う風景が広がっているはずです。けれども、私たちが体を持っているかぎり、一度に複数の視点を持つことはできません。

　このことを考えれば、目が見えるものしか見ていないことを、つまり⑦空間をそれが実際にそうであるとおりに三次元的にはとらえ得ないことは明らかです。それはあくまで「私の視点から見た空間」でしかありません。

（伊藤亜紗『目の見えない人は世界をどう見ているのか』〈光文社新書〉による）

（注１）難波さん＝バイク事故で失明し、全盲となった難波創太さんのこと。
（注２）醸成＝雰囲気や気分をかもしだすこと。
（注３）デフォルメ＝対象を意識的に変形して表現すること。

問17　——線部分①「意外かもしれません」とありますが、筆者がこのように考えるのは、見える人は、単語の意味を理解する過程に何が関わっていることに無自覚だからですか。本文中から十文字でぬき出して答えなさい。
（句読点などは字数にふくまない）

問18　——線部分②「上がちょっと欠けた円すい形」とありますが、これは見えない人が物に対しどんな認識をしていることを表していますか。本文中から三文字でぬき出して答えなさい。
（句読点などは字数にふくまない）

問19　——線部分③「八の字の末広がり」とありますが、見える人が富士山にこのイメージを持つ理由として適当なものはどれですか。次の中から一つ選び、その番号で答えなさい。

1　視覚の特徴によって認識される富士山のイメージと、見える人が共有している文化における富士山のイメージとを比較したときに、前者の富士山のイメージが優先されてしまうから
2　視覚には距離が隔たったものや巨大なものの奥行きを強調して認識してしまうという傾向があり、そこに文化的イメージが加わることで、平面的なイメージが強められてしまうから
3　三次元的な認知をしている実体に対して、これまで目にしてきた絵画やイラストなどのイメージを意図的に付け加えることによって、二次元的なイメージを優先して選択しているから
4　富士山が実体としては三次元であることは理解しているものの、視覚が持っている対象を平面的に捉えてしまうという性質が優位となり、二次元的なイメージが先行してしまうから

問20　——線部分④「現実の物を見る見方」とありますが、この見方を説明したものとして適当なものはどれですか。次の中から一つ選び、その番号で答えなさい。

1　視覚が持つ対象を二次元化する特徴によりもたらされたイメージが、様々なものを目にしてきたなかで無意識に培われた文化的なフィルターを通して、その平面性が増強された見方
2　対象そのものの実在をあるがままに捉えたイメージに、視覚が持つ対象の立体感を失わせる傾向によって想起されるイメージが添加されることにより、その平面性が強められた見方
3　文化の中で作られていったフィルターを通すことで対象の立体感

を失ったイメージが、視覚の持つ三次元のものを二次元へと変換する性質によって、その平面性が強調された見方

4　対象の平面性や立体感といった実体をつぶさに捉えたイメージが、幼少期から見聞きすることで意図せず得られた文化的なフィルターを通すことにより、その平面性が強化された見方

問21　――線部分⑤「木星はかなり三次元的にとらえられている」とありますが、このイメージを持たない人として適当なものはどれですか。次の中から一つ選び、その番号で答えなさい。

1　木星のイメージが二次元的な文化圏で育った見えない人
2　木星のイメージが二次元的な文化圏で育った見える人
3　木星のイメージが三次元的な文化圏で育った見えない人
4　木星のイメージが三次元的な文化圏で育った見える人

問22　――線部分⑥「まっさらな目」とありますが、見える人がこの目を獲得して月を見た場合、これまでと比較して月には何が生じますか。本文中から二文字でぬき出して答えなさい。

（句読点などは字数にふくまない）

問23　次の文章は、本文中の（中略）以降の内容をまとめたものです。□部分X・Yには、共通の読みを持つ熟語が入ります。その熟語の共通する読みとして、適当なひらがな三文字を答えなさい。

> 見える人は［X］があることで、必ず［Y］ができる。
> 見えない人は［X］がないからこそ、［Y］がない。

問24　――線部分⑦「空間をそれが実際にそうであるとおりに三次元的にはとらえ得ない」とありますが、これはどんな意味ですか。主語とこのようになる原因を明確にし、「視点」という言葉を使って、三十五文字以上四十文字以内で簡潔に答えなさい。

三　次の文章を読んで、後の問いに答えなさい。

> 美大在学時にメルボルンを訪れた僕は、ジャック・ジャクソンという画家との出会いで額縁に興味を持ち始め、額は絵を引き立て、守り、支え続けるものだと考える村崎の経営する額縁工房に就職した。それから八年後、円城寺画廊から額装の依頼を受けた作品の中にジャックの絵もあり、村崎に頼み、その絵の額装を一人で手掛けられることとなった。

翌朝、村崎さんの声で目が覚めた。工房の長椅子で眠りこけている僕を心配して、揺さぶってきたのだ。

「昨夜ここに泊まったのか？」

ねぼけまなこで僕は体を起こす。朝方、ちょっと横になろうと思ったら眠ってしまったらしい。

「終電、逃しちゃったんで。そのまま作業してました」

「体は大事にしろよ」

村崎さんは①眉間に皺を寄せながら言った。僕は生返事をして立ち上がる。

「村崎さん、僕……相談があるんです」

ちょっと僕を見やると村崎さんはテーブルに着き、促すようにして椅子を指さした。僕は村崎さんと向かい合い、そこに座る。

「あの絵の額、モールディング（注1）じゃなくて木材から作ってもいい

ですか」

今まで村崎さんがそうするのを手伝ったことはあったし、練習として自分用に作ることはあった。でも、受注品をひとりで木材から手掛けたことはない。そして、失礼な話だが、円城寺画廊が潤沢な予算を出してきたとは思いづらかった。

僕は②かなり意を決して申し出たのに、村崎さんは③驚きもせずあっさりとこう言った。

「やっとその言葉が出たか。おまえがそう言うの、待ってたよ」

「……でも、予算のこととか」

僕がおずおずと言うと、村崎さんは唇の端を片方、上げた。

「俺、ひとつは流木（注2）使うから。おまえの額装に多少金がかかっても、トントンだ」

僕は安堵と喜びとで、④「タダですもんね！」と笑った。ところが村崎さんは、不本意な表情を浮かべる。

「タダっていうのとは違うぞ。プライスレスだ」

村崎さんはテーブルの上で手を組んだ。

「今回、円城寺画廊が持ってきた作品の中に、十九世紀の旅芸人の一座を描いた油絵があってな。家族なのかもな。老人も子どももいて。あれを見たとき、おお、ここにつながったか、ぴったりだと思ったんだ。流れ流れていろんな景色を見てきたであろう流木が、今の姿になるまでの長い時間と経験、表情や味わいをそのまま大事に活かせるって」

急に興奮気味に話し出した村崎さんに、僕は戸惑った。

村崎さんはいつも黙々と作業しているから、心も常に冷静沈着なんだと思っていた。でも違った。彼はほんとうに額縁を作ることが好きで、こんなに熱い気持ちでひとつひとつに取り組んでいたのだ。

まるで用意されたかのように、村崎さんの手にたどりついた流木。

そうか、⑤そういうことだったのか。

「村崎さん、こんなときのために、流木を拾ったりしてるんですね」

納得しながら僕が言うと村崎さんは、いや、と首を振る。

「今回はたまたまだ。⑥売り物になるかどうかは関係なく、俺はただ手作りの額ってものを残したいだけだよ。形にして見せないと、知ることもできない」

見せる？　知るって、誰が？

僕がきょとんとしていると、村崎さんは顎に手をやりながら言った。

「俺は、ちょっと危機を感じてるね。日本美術が危ないって。それは素材から言えることで、たとえば江戸時代以前の書物はまだきれいに残ってるだろ。でも、ここ百年で作られた紙は粉化しちゃってそんなにもたないんだ。せっかくの文献も絵もこなごなだよ。昔の日本には優れた技術がたくさんあったのに、口伝でしか継承されないから消えてしまったものがいくつもある。オートメーション化が進んで、後継者をじっくり育てる余地もない。産業革命のあとに育ったのは、弟子じゃなくてビルばっかりだ」

堰を切ってあふれ出す村崎さんの話に、僕は黙って耳を傾ける。彼は遠くを見やるようにして、語り続けた。

「額装は高名な画家や美術館だけのものじゃない。ごく普通の一般家庭で、もっと日常的に楽しめるはずなんだ。子どもの描いた絵でも好きな人からもらったポストカードでも、気持ちいいなと素直に思えるものがいつもそばにあるって、すごく豊かなことだよ。額の良さを、その技術を、できるだけたくさんの人に見せて伝えていきたいって思うんだ。世間一般にとって、もっと身近な存在になるように知らせていきたいんだ。それが、俺の夢だね。人の営みと共に絵があり続ける、真の豊かな生活」

本当に、⑦村崎さんが一度にこんなにしゃべるのを見るのは初めてだった。普段は寡黙な彼の中にこれだけたくさんの想いがつまっていることを、僕はどうして理解しようとしなかったのだろう。

「夢が見られなきゃ、だめだ」って、そのひとことにすべてが凝縮されていたのに。

やっとわかった。

⑧村崎さんの夢は……。額や絵に対してだけじゃない、毎日の暮らしに向けられているんだ。生身の肉体と心を持った、人々の。

村崎さんは僕にちらりと目をやった。

「なんの木を使うか決めたのか？」

僕はうなずく。

「桜を」

日本に興味があると言ってくれたジャックに、日本人の僕から親愛の情を込めて。

（青山美智子『赤と青とエスキース』〈ＰＨＰ研究所〉による）

（注1）モールディング＝メーカーで装飾や仕上げが施された棒状の額縁の素材。

（注2）流木＝近くの河川敷で拾ったもの。村崎は何かしらを拾ってきては額縁を作った。

問25　――線部分①「眉間に皺を寄せながら言った」とありますが、この様子を説明したものとして適当なものはどれですか。次の中から一つ選び、その番号で答えなさい。

1　僕が体調を崩すことで額縁制作の期限に間に合わないのではと焦り、眉を上げている

2　僕が額縁制作に対する心意気を喪失してしまいそうなことを心配し、眉を落としている

3　僕が額装製作をモールディングでやり続けるのではないかと警戒し、眉を寄せている

4　僕が額縁製作に根を詰めすぎているのではないかと気に掛け、眉をひそめている

問26　――線部分②「かなり意を決して申し出た」とありますが、このような思いをしてまで村崎に相談をしたのは、自身が製作している額縁でジャックに対して何を示したいと考えているからですか。それを象徴する言葉を、本文中から四文字でぬき出して答えなさい。

（句読点などは字数にふくまない）

問27　――線部分③「驚きもせずあっさりと」とありますが、村崎がこのように反応したのは、彼にどんな考えがあるからですか。本文中から十四文字でぬき出し、最初の五文字を答えなさい。

（句読点などは字数にふくまない）

問28　――線部分④「タダですもんね！」とありますが、僕のこの発言は村崎が流木を使うと言った真意を理解できていないからこそ出たものです。その真意として、次の文の（　）にあてはまる十六文字をぬき出し、最初の五文字を答えなさい。

・絵画と流木とに（　）という共通点を見いだしている。

問29　――線部分⑤「そういうこと」とありますが、これが指している

内容として適当なものはどれですか。次の中から一つ選び、その番号で答えなさい。

1　日常的に額縁の材料となりそうなものを集めてきたことによって、製作した額縁に適した絵画を見抜く鋭い審美眼を持つようになり、多種多様な依頼に対応できるようになったということ

2　村崎のもとに流木がたどりついたことは偶然などではなく、熱意を持って仕事に取り組みながらもそれを表面に出さないことによって、自然と額の素材のアイデアが湧いてくるということ

3　村崎は絵の主題に適していることが良い額縁の条件だと考えているため、さまざまな額装の依頼に応えられるよう、日頃から準備を怠らず額縁の材料となるものを集めているということ

4　これまでの僕は予算の中で最良の額縁を製作することしか考えてこなかったが、流木の額縁にはさまざまな絵の良さを引き立たせる芸術的な価値があるということに気づいたということ

問30　――線部分⑥「売り物になるかどうかは関係なく」とありますが、このような思いを抱いているのは、手作りの額縁が未来で何にならないためですか。本文中から九文字でぬき出して答えなさい。（句読点などは字数にふくまない）

問31　――線部分⑦「村崎さんが一度にこんなにしゃべるのを見るのは初めてだった」とありますが、村崎にこのような変化が起きた理由として適当なものはどれですか。次の中から一つ選び、その番号で答えなさい。

1　ジャックの絵と真剣に向き合い、その良さを引き出そうとしている僕に過去の自分を重ねて親近感を抱き、今後は全ての額装依頼に木材で対応したいという思いを共有できると考えたから

2　木材からの額縁製作に挑戦し、ジャックの絵を超える作品を作りたいという僕の心意気に触発され、村崎自身の額職人としての夢を伝えることで少しでも僕の手助けをしたいと考えたから

3　流木から作る額縁には値段のつけられない価値があることを、八年間ともに働いてきた僕にさえも理解してもらえないことで寂しさを感じ、日本美術に対する危機感をより一層強めたから

4　僕がジャックの絵にふさわしい額縁を作りたいと考えていることがその言動から伝わり、それをきっかけとして村崎自身の中にある額縁に対する情熱があふれ出してきたから

問32　――線部分⑧「村崎さんの夢」とありますが、これはどんな夢ですか。因果関係を明確にし、「額縁」「真の豊かな生活」という言葉を使って、三十五文字以上四十文字以内で簡潔に答えなさい。

四　次の文章を読んで、後の問いに答えなさい。

もしかするとみなさんは、①先生やご両親から「人を疑うのはよくない」と教えられてきたかもしれません。

でも、こう考えてください。

友だちや先生、ご両親など、まわりにいる「人」を疑う必要はない。けれども、その人たちの語る「コト」については、疑いの目を向けたほうがいい。なんでも鵜呑みにせず、②自分の頭で考える癖をつけたほうがいい。

いいですか、「人」を疑うのではなく、「コト」を疑うのです。この「人とコト」を切り離して考える習慣をつけておきましょう。

それではなぜ、疑う力が大切なのか。

みなさんのご両親が中高生だったころ、また、おじいちゃんやおばあちゃんが若かったころ、疑う力は、それほど重要視されていませんでした。むしろ当時は、「なんの疑いももたず、与えられた課題をガンガンこなす人」が求められていました。数学の問題集をたくさん解いていくような、「課題解決」の力です。

でも、「なんの疑いももたず、与えられた課題をガンガンこなす人」は、いまやアジアやアフリカにもたくさんいます。しかも彼らなら、日本人よりもずっと安い給料で働いてくれます。

さらに、コンピュータやロボットを使えば、人間よりもずっと速く、たくさんの課題をこなしてくれます。コンピュータやロボットには、お給料を払う必要さえありません。こうして昔ながらの「課題解決」の仕事は、もはや日本人には回ってこなくなってしまったのです。

それでは現在、みなさんにはどんな力が求められているのか？

答えはひとつ。③「課題発見」の力です。

課題発見の意味について、わかりやすい事例を紹介しましょう。

20世紀の初頭に「自動車王」として一時代を築き、世界初の量産型大衆車を製造したアメリカの実業家、ヘンリー・フォードはこんな言葉を残しています。

④「もしも人々になにがほしいか尋ねたなら、彼らは『もっと速い馬がほしい』と答えていただろう」

自動車が普及する前の時代、人々の乗り物はもっぱら馬車でした。

遠くに移動したい、もっと速く移動したい、と思ったとき、ほとんどの人々は「もっと速く走れる馬を手に入れよう」と考えました。「馬車」という常識に縛られ、それ以外の乗り物のことなんて、⑤想像することさえできなかったのです。

しかし、フォードの発想は違います。

馬よりも速く、馬よりも疲れを知らない、もっと便利な「なにか」があるはずだ。

そう考えたフォードは、人間は馬車で移動するものだ、という当時の「あたりまえ」を疑い、まったく別の道を探っていきました。そうしてたどり着いた答えが、ヨーロッパで発明されたばかりの自動車だったのです。

当時の自動車は、まだまだ数が少なく、一部の貴族やお金持ちにしか買えない「超ぜいたく品」でした。現在でいうなら、自家用ヘリコプターや自家用ジェット機のような感覚です。自動車が馬車の代わりになるなんて、誰も想像していませんでした。

フォードは、この「超ぜいたく品」である自動車を、どうすれば安く製造できるか考えました。あたりまえの話ですが、自動車にはエンジンがあります。これは複雑で、つくるのにかなりのお金がかかる装置です。そしてその他の部品も、馬車とは比較にならないほど多くなります。このあたりのお金を削るわけにはいきません。

それではどこを削るのか？　フォードが目をつけたのは、「時間」でした。

ひとつの部品をつくるのに1時間かかっていたところを、5分でつくるようにすればいい。そうすれば1時間で12個の部品ができる。1時間分のお給料で、12倍の仕事をしてくれるようになる。

そこでフォードは、のちに「フォード・システム」と呼ばれる、ベルトコンベアを使った流れ作業による大量生産システムを開発します。よく火災訓練のときにおこなうバケツリレーのように、流れ作業で自動車を組み立てれば大量生産できることに気づいたのです。こうして自動車の価格は大幅に引き下げられ、馬車の代わりとなる自家用車が爆発的に普及していったのです。

もしもフォードが「課題解決タイプ」の人間だったら。つまり、「もっと速い馬」を探すような人間だったら。自動車の普及は遅れていたでしょう。それどころか、「流れ作業でたくさんつくる」というシステムそのものの誕生が遅れ、重工業全体の発展にも大きな影響があったはずです。

もともと「発明王」トーマス・エジソンの会社に勤務していたフォードは、与えられた課題を解決するタイプの人間ではありませんでした。みずからあたらしい課題をみつける「課題発見タイプ」の人間だったのです。

さて、そうやって考えると、いまの日本はたくさんの「馬車」があふれていることに気がつくでしょう。ほんとうは抜本的な変化が必要なのに、⑥みんなこれまでの延長線上にある「もっと速い馬」のことしか考えていない。「課題解決」にしか、頭が回っていない。馬車を捨てて、自動車に切り換えるような発想ができない。世のなかにはそうした大人は大勢いますし、もしかするとみなさんの学校にも、過去の常識にとらわれた先生がいるかもしれません。

みんなが「課題解決」ばかり考えてしまうのは、疑う力が足りないから。⑦世間で常識とされていることを疑い、「課題発見」のできる人になりましょう。

（瀧本哲史『ミライの授業』〈講談社〉による）

問33　——線部分①「先生やご両親から「人を疑うのはよくない」と教えられてきたかもしれません」とありますが、この教えをする人はあるものに捉われていますが、その捉われているものを比喩的に表現しているものは何ですか。本文中から二文字でぬき出して答えなさい。

（句読点などは字数にふくまない）

問34　——線部分②「自分の頭で考える癖をつけたほうがいい」とありますが、この忠告をする理由として適当なものはどれですか。次の中から一つ選び、その番号で答えなさい。

1　課題解決の力が求められてきた仕事が、時代の変化によって日本人には回ってこなくなってしまったから

2　良好な交友関係を築くために人を信頼することは大切だが、その人の言葉すべてを信じるのは危険だから

3　一昔前と時代が変わったことにより、疑う力が必要とされる仕事の数が大幅に少なくなってしまったから

4　人間が受け持ってきた課題発見の仕事の大部分が、コンピュータやロボットに移行してしまったから

問35　——線部分③「「課題発見」の力」とありますが、これが必要なのは、現在の日本がどんな状況にあるからですか。「状況」に続けてその答えとなるように、本文中から十文字でぬき出して答えなさい。

（句読点などは字数にふくまない）

問36　——線部分④「もしも人々になにがほしいか尋ねたなら、彼らは『もっと速い馬がほしい』と答えていただろう」とありますが、この言葉を引用した理由として適当なものはどれですか。次の中から一つ

選び、その番号で答えなさい。

1　ここでの「速い馬」とは、実際に速く移動できる馬を指し、「人とコト」を切り離して考えることによって与えられる「課題発見」の力の重要性を読者に理解してもらうため

2　ここでの「速い馬」とは、自動車のことを比喩的に表現したものであり、常識に縛られている人々への皮肉を示すことで「課題発見」の力の必要性を読者に実感させるため

3　ここでの「速い馬」とは、実際に遠くへの移動や速い移動を可能にする能力を持つ馬を指し、一般的な常識とされていることを疑うことが重要であるということを示すため

4　ここでの「速い馬」とは、フォードが製造した自動車が高性能であることの比喩であり、「課題発見タイプ」の人間が成功する事例を提示することで憧れの念を抱かせるため

問37　――線部分⑤「想像することさえできなかった」とありますが、それはなぜですか。本文中から十文字でぬき出して答えなさい。

（句読点などは字数にふくまない）

問38　――線部分⑥「これまでの延長線上にある「もっと速い馬」のこと」とありますが、このことを考えていても見つからないものは何ですか。それを比喩的に表現したものを本文中から七文字でぬき出して答えなさい。

（句読点などは字数にふくまない）

問39　――線部分⑦「世間で常識とされていることを疑い、「課題発見」のできる人になりましょう」とありますが、この言葉には筆者のどんな願いが込められていますか。「過去」「未来」という言葉を使って、二十五文字以上三十文字以内で簡潔に答えなさい。

問40　次の太郎さんと花子さんの会話のなかで、本文の内容を**適切に理解して考えをのべていないもの**として適当なものはどれですか。次の中から一つ選び、その番号で答えなさい。

1　太郎さん　筆者の言うとおり、これまで先生や両親から「人を疑うのはよくない」と言われてきたけど、僕も「人とコト」を切り離して考えていなかったことに本文を読んで気づかされたよ。

2　花子さん　目から鱗が落ちたね。「人」を疑う必要はないけれど、その人の語る「コト」まで鵜呑みにしてはいけないということだね。「コト」に対して疑いの目を向けることは大切だと、私も思ったよ。

3　太郎さん　自分自身で十分に理解し、判断する習慣をつけることが大切だね。つまり、疑う力は、自分の頭で考える力と言い換えられそうだね。そして、それが「課題発見」の力につながっていくんだね。

4　花子さん　「課題発見」の力の事例としてフォードが紹介されているけど、彼は自動車が高価で買えないという当時の「あたりまえ」を疑い、どうすれば大量に生産できるかを考えたことで、「時間」の削減に着目できたんだね。

5　太郎さん　彼が大量生産システムを開発してくれなかったら、現在の私たちの生活にも大きな影響が出ていただろうね。いまの日本の「馬車」を「自動車」に切り換えるために、私たちも「課題発見」の力をつけていこう。

日本大学藤沢中学校(第一回)

—50分—

一　次の各問いに答えなさい。

問一　次の——線部のカタカナを漢字で書きなさい。

① 食料をパラシュートでトウカした。
② キシュク舎から学校に通う。
③ 去年はサイナンに見舞(みま)われた。
④ 争議はエンマンに解決した。
⑤ 車いっぱいに荷物をツむ。

問二　次の——線部の漢字の読みをひらがなで書きなさい。

① このビルで守衛として働いている。
② 商品に欠損がないように包む。
③ 耕作した畑で野菜を収穫(しゅうかく)する。
④ 入試が近いので、自重した生活を送らなければならない。
⑤ 提案に異議を唱えた。

問三　次にあげた四字熟語と、(　)内のその意味との組み合わせが**誤っているもの**を、次のア～エの中から一つ選び、記号で答えなさい。

ア　二束三文(値段が安いこと)
イ　八方美人(誰(だれ)からも好かれやすい人)
ウ　大義名分(行動のよりどころとなる正当な理由)
エ　五里霧中(ごりむちゅう)(手がかりがなく方針が立たないこと)

問四　次にあげた慣用句と、(　)内のその意味との組み合わせが**誤っているもの**を、次のア～エの中から一つ選び、記号で答えなさい。

ア　鼻を明かす(相手を出し抜(だぬ)いて驚(おどろ)かす)
イ　膝(ひざ)を交える(同席して親しく語り合う)
ウ　腕(うで)が立つ(優(すぐ)れた技量を持っている)
エ　油を売る(熱心に商売をする)

問五　次のことわざの□にあてはまる動物が**鳥ではないもの**を、次のア～エの中から一つ選び、記号で答えなさい。

ア　□の一声　　イ　瓢箪(ひょうたん)から□が出る
ウ　□百まで踊(おど)り忘れず　　エ　□も鳴かずば打たれまい

問六　次の文の——線部「う」と同じ意味・用法のものを、後のア～エの中から一つ選び、記号で答えなさい。

その問題は、誰も解けないであろう。

ア　今年は早めにポスターを書こう。
イ　一緒(いっしょ)にお茶でも飲みましょう。
ウ　あんなに泣いて、さぞつらかろう。
エ　友達と話し合おうと思っている。

問七　次の文の——線部の敬語の種類を、後のア～ウの中から一つ選び、記号で答えなさい。

校長先生がこちらにおいでになるそうだ。

ア　丁寧語(ていねいご)　　イ　尊敬語　　ウ　謙譲語(けんじょうご)

二　次の文章を読んで、あとの各問いに答えなさい。問いの中で字数に指定のあるときは、特に指示がないかぎり、句読点や符号(ふごう)もその字数に含(ふく)めます。

映像を自分の思い通りの状態で「楽」に観るための改変行為、すなわち倍速視聴や10秒飛ばしという現代人の習慣は、文明進化の必然である。……といった言い切りには、まだまだ抵抗感をおぼえる人もいるだろう。作品は作者が発表した通りの形、「オリジナルの状態」で鑑賞すべきであると。

［A］、そもそも我々は多くの場合において、①作品を厳密な意味での「オリジナルの状態」では鑑賞していない。

［B］、映画館のスクリーンで観ることを前提に作られた映画をTVモニタで視聴する時点で、画面サイズは小さく、音響は貧弱になる。場合によっては画角(画面の縦横比)すら〝改変〟され、スクリーンでは画面端に見えていたものが見えなくなっていたりする。家庭用ビデオデッキの登場によって映画が映画館以外でも手軽に観られるようになったとき、「あんな小さな画面で映画を味わったとは言えない」と声高に叫んだ映画好きや映画人は相当数に上った。

映画文化に「他の見知らぬ観客と肩を並べ、暗闇で2時間の非日常を過ごす」という体験価値を見出す者にとっても、ビデオデッキによる映画鑑賞は到底認められるものではなかった。TVが置いてあるのは日常そのものである自宅の居間。トイレのたびに一時停止できる「ビデオ鑑賞」の体験は、真の映画体験とは似ても似つかない。

もっと言えば、②自分が理解できない言語で作られた作品を、母国語など理解できる言語の字幕や吹き替えで観る場合、果たして「オリジナルを鑑賞している」と言い切れるだろうか？　ある言語のある表現を寸分たがわぬニュアンスで他言語に置き換えることが原理的にできない以上、字幕や吹き替えは「思い通りの状態で観るための改変行為」ではないのか。

こういう話はレコードが登場して間もない頃にもあった。日本における音楽評論の草分け的存在である大田黒元雄は、大正期に日本でレコードの需要が急拡大した際、蓄音機で聴くレコード音楽は所詮「缶詰の音楽」だと斬り捨てた。真の音楽鑑賞とは生演奏を聴くことを指すのであって、録音された音源を機械を通して聴くことを音楽鑑賞とは呼ばない。皿に載ったまともな料理には程遠い、だから「缶詰」なのだと。

ただ、このような③「オリジナルからの改変行為」は、むしろ作品の供給側(映画製作会社など)が率先して行ってきたことを忘れてはならない。そのほうがビジネスチャンスは広がり、監督や俳優やスタッフらを含む制作陣がその経済的メリットを享受できるからだ。映画館で上映するだけでなく、ビデオグラム化(VHS、DVDなど)権、テレビ放映権、配信権などを販売したほうが、端的に言ってより大きく儲けられる。

配信メディア会社というだけでなく映画やドラマの製作会社でもあるNetflixやAmazonが、あるいは放送メディア会社というだけでなく番組製作会社でもあるTV局各社が、倍速視聴や10秒飛ばし機能を自社の配信サービス上に*実装しているのもまた、「オリジナルではない形での鑑賞」の積極的な提案だ。なぜそんなことをするのか？　相応の数の顧客がそれを求めているからだ。その求めに応じたほうが、ビジネスチャンスが広がるからだ。

本書冒頭で筆者は、「テクスト論」すなわち「文章を作者の意図に支配されたものと見るのではなく、あくまでも文章それ自体として読むべきだとする思想」を倍速視聴に当てはめること(製作者が意図しない速度で観る行為)に、抵抗を示した。彼らの動機の大半が「時短」「効率化」「便利の追求」という、きわめて実利的な理由だったからだ。これは作品を(あるいはコンテンツを)鑑賞する(あるいは消費する)態度の*いちバリエーションとは、到底言えないのではないか、と。

しかし、レコードやVHSやDVDは、「聴く/観るためにわざわざ家から出なくていい」「好きなタイミングで何度でも視聴できる」という、極めて実利的な特性によってその存在意義が支えられてきた。レコード会社や映画会社やDVDメーカーも、ビジネスチャンスの拡大というこれ以上なく実利的な動機をもって、これを推進してきた。

すなわちレコードやVHSやDVDでの視聴も「実利的な目的のために、オリジナルの状態で鑑賞しないことを許容する」という意味において、④倍速視聴や10秒飛ばしと〝同罪〟である。あるいは、もしそれらを⑤罪とは考えず「作品鑑賞のいちバリエーション」と認めるならば、今度は倍速視聴や10秒飛ばしのほうも「作品鑑賞のいちバリエーション」と認めなければならないのではないか。

我々の社会では、⑥新しいメディアやデバイスが登場するたび、あるいはそれらの新しい使い方が見いだされるたび、大田黒のような〝良識的な旧来派〟が不快感を示すという歴史が繰り返されてきた。

後に「芸術」の属性を勝ち取った映画ですら、登場時は「芸術にはなりえない見世物」という扱いだったし、ラジオ放送が始まって数年は、それを聞かないことが教養ある人々の態度とされた。日本初のTV放送開始から4年後の1957年、昭和日本を代表するジャーナリストにして社会評論家の大宅壮一は、書物と違って受け身で眺めるTVは人の想像力や思考力を低下させる、要は「バカになる」という意味合いを込めて、「一億総白痴化」という流行語を生み出している。

PCやインターネットの登場時にも、この種の抵抗感・嫌悪感が〝良識的な旧来派〟からこぞって表明された。2000年代初頭には、「WEBはまとまった長さの文章を精読するのに向いていない」と言って記事を全部プリントアウトして読む年配層がオフィスに一定数いたし、2010年頃ですら「PCの小さな画面で観る映画など、観たうちに入らない」と不快感を示す映画好きがそこかしこにいた(さしずめ「缶詰の映画」とでも言おうか)。

また、本を読む方法としての「デジタルデバイスで閲覧する=電子書籍」「朗読音声で聴く=オーディオブック」が、これほどまでに出版社にとって無視できない売上になることを、電子書籍とオーディオブックそれぞれの登場時に予測できた者が一体どれほどいたか。むしろ「本を読む体験としては、本来の方法に著しく劣る」と、いずれに対してもケチをつけた〝良識的な旧来派〟たる本好きは多かったはずだ。

新しい方法というやつはいつだって、⑦出現からしばらくは風当たりが強い。

目下のところ、倍速視聴や10秒飛ばしという新しい方法を手放しで許容する作り手は多数派ではない。〝良識的な旧来派〟からは*非難轟々である。

しかし、自宅でレコードを聴いたり映画をビデオソフトで観たりといった「オリジナルではない形での鑑賞」を、ビジネスチャンスの拡大という大義に後押しされて多くのアーティストや監督が許容したのと同様に、倍速視聴や10秒飛ばしという視聴習慣も、いずれ多くの作り手に許容される日が来るのかもしれない。

我々は、「昔は、レコードなんて本物の音楽を聴いたうちに入らないって目くじらを立てる人がいたんだって」と笑う。しかしそう遠くない未来、我々は笑われる側に回るのかもしれない。

［C］

(稲田豊史『映画を早送りで観る人たち　ファスト映画・ネタバレ——コンテンツ消費の現在形』〈光文社新書〉による。問題作成にあたり、本文の一部を改変しました)

＊実装＝機能や部品を組み込むこと。
＊いちバリエーション＝ここでは「一種」のこと。
＊非難轟々＝失敗や欠点を責め立てる声が大きくてやかましいさま。

問一　［A］・［B］にあてはまる語として最も適当なものを、次のア～オの中からそれぞれ一つ選び、記号で答えなさい。

ア　また　イ　なぜなら　ウ　しかも
エ　たとえば　オ　しかし

問二　——線部①「厳密な意味での『オリジナルの状態』では鑑賞していない」に**あてはまらないもの**を、次のア～エの中から一つ選び、記号で答えなさい。

ア　映画をＴＶモニターの小さな画面で観ること。
イ　映画を自分の都合で一時停止して観ること。
ウ　倍速視聴や10秒飛ばしで、映画を観ること。
エ　近所の映画館で、再上映された映画を観ること。

問三　——線部②「自分が理解できない言語で作られた作品」について、それを字幕や吹き替えで観ることが「オリジナルを鑑賞している」とは言えないとする理由を答えなさい。

問四　——線部③「『オリジナルからの改変行為』は、むしろ作品の供給側(映画製作会社など)が率先して行ってきた」理由として、最も適当なものを、次のア～エの中から一つ選び、記号で答えなさい。

ア　ドラマや番組制作も行うメディア企業は、世の中の流行に敏感で、はやりのものを扱うのが主流だから。
イ　映画館での上映だけではなく、ビデオグラム化権や配信権などを販売した方が、批評家がその経済的メリットを得ることができるから。
ウ　「オリジナルからの改変」を行うことで、監督など制作に携わった人々が大きな利益を受け取ることができるから。
エ　「オリジナルからの改変」を行うことを多くの顧客が求めており、それに応えることが作品の芸術的価値を上げることにつながるから。

問五　——線部④「倍速視聴や10秒飛ばし」の実利的な目的として筆者が挙げていることを、三つぬき出しなさい。ただし、それぞれ二字・三字・五字で抜き出すこと。

問六　——線部⑤「罪」とありますが、それは具体的にはどのようなことですか。最も適当なものを、次のア～エの中から一つ選び、記号で答えなさい。

ア　オリジナルの状態で鑑賞しないことを許容すること。
イ　倍速視聴や10秒飛ばしをしないで鑑賞すること。
ウ　制作者が意図しない速度での作品鑑賞を非難すること。
エ　ＤＶＤなどでの視聴を作品鑑賞のバリエーションから外すこと。

問七　——線部⑥「新しいメディアやデバイス」とありますが、本文中で**取り上げられていないもの**を、次のア～エの中から一つ選び、記号で答えなさい。

ア　TV放送　　イ　インターネット
ウ　TVゲーム　エ　オーディオブック

問八　――線部⑦「出現からしばらくは風当たりが強い」とはどういうことですか。最も適当なものを、次のア～エの中から一つ選び、記号で答えなさい。

ア　「オリジナルの状態」が最善であり、それに勝る方法が存在しないということ。
イ　「良識的な旧来派」から、新しい方法に対して非難する大きな声が上がるということ。
ウ　人々の新しいものに対する抵抗感が強く、受け入れることが難しいということ。
エ　有名な評論家が新しいものの合理性を、大々的に発表するということ。

問九　[C]にあてはまる文として適当なものを、次のア～エの中から一つ選び、記号で答えなさい。

ア　「昔は、紙の重い本しかなかったんだって」
イ　「昔は、映画は『芸術にはなりえない見世物』と言われたんだって」
ウ　「昔は、オーディオブックが高価だったんだって」
エ　「昔は、倍速視聴にいちいち目くじらを立てる人がいたんだって」

問十　本文の内容と合っているものを、次のア～エの中から一つ選び、記号で答えなさい。

ア　昭和から現代という時代の経過に伴い、映画館での映画鑑賞から自宅でのコンテンツの消費へと変化したことで、映画の芸術性が低下すると警鐘を鳴らしている。
イ　レコードによる音楽鑑賞の許容のように、倍速視聴・10秒飛ばしによる映画鑑賞も許容されつつある理由を、視聴者・製作者それぞれの立場で記述している。
ウ　良識的な旧来派の流行語を引用して、受け身で鑑賞する映画やテレビ放送などを批判し、書籍によって文章を読むべきだとテクスト論を主張している。
エ　多くの顧客が映像の配信サービスに10秒飛ばしや倍速視聴の機能を求めていたとしても、営利目的で放送メディア会社は実装するべきではないと主張している。

三　次の文章を読んで、あとの各問いに答えなさい。問いの中で字数に指定のあるときは、特に指示がないかぎり、句読点や符号もその字数に含めます。

> わたし(陽子)とリン(弟)そして友人の七瀬さんは、真夜中に他人の家の屋根にのぼる遊びをしていた。あるとき、クラスメイトのキオスク(相川くん)に偶然目撃され、自分もその遊びに加わりたいと言われる。後日、練習のつもりで自分の家の屋根にのぼろうとしたキオスクが転落し、右手を骨折する。さらに、学校ではキオスクが自殺未遂をしたという噂まで広まり、教師が聞き取りを開始する。キオスクへの誤解をとくため、三人は「屋根のぼり」のことを学校に話す決断をし、キオスクにもそれを伝えようとしていた。

真冬の真夜中。しかもここはエアコンつきの室内ではなく、野外である。なにをしてもむだな努力とは思いつつ、なにかせずにはいられない寒さで、押しいれから二枚の毛布を引っぱりだしてきたのだ。

左からリン、七瀬さん、キオスク、わたし――と、ぴったりよりそって毛布の上に腰かけ、残りのもう一枚をみんなの頭からかぶせた。大がかりな二人羽織というか、屋根上のミニキャンプというか。どれだけ効果があるかは怪しいものの、少なくとも風避け程度にはなる。

「なんか、ずいぶん変わったことしてるみたいだけど」

どうにも腑に落ちない、という様子でキオスクが言った。

「もしかしてこれって、ぼくのため？」

「ううん。ぼくたちもね、最後にちゃんとのぼりおさめしときたかったんだ」

リンが言うと、キオスクはますます怪訝そうに、

「最後？」

「屋根にのぼるのはこれで最後よ」

わたしはきっぱりと宣言した。

「え、どうして」

「もう、のぼれなくなるから」

「だから、どうして？」

「みんなで話しあって決めたの。わたしたち、明日、担任にぜんぶ話す。屋根のぼりのこと、最初から最後まで、ぜんぶ」

「どうして」

キオスクが声をうわずらせる。

「だってそうしなきゃ、あんたが自殺じゃないってこと、どうやって説明すんのよ」

わたしもつられて声を強めた。

「このままじゃあんた、永遠に、一生、みんなに死にぞこないって思われつづけるのよ」

「いいよ、ぼく、どんなふうに思われても。いろいろ言われるの慣れてるし」

「慣れてどうするっ」

わたしの一喝に①キオスクがしゅんと下をむく。

「相川くん」

七瀬さんがとりなすように割って入った。

「わたしたちもこのままじゃ後味悪いの。相川くんのためとかじゃなくて、自分たちがね、すっきりしないの」

「でも、先生に話したりしたら怒られるよ、きっとすごく。また職員会議とかになっちゃうかもよ」

「気にしない、気にしない」

リンがにこにこ笑って、

「いいの、すっきりすれば」

と、七瀬さんも潔くほほえんだ。

「キオスク」

わたしはキオスクの困惑顔に正面からむきあった。おしりから突きあげてくる強烈な冷えで、ついつい声が力んでしまう。

「あんたも一緒に来るのよ」

「え？」

「明日、あんたも学校に来て、わたしたちと一緒に担任に話すの」

「ええっ。そんなぁ」

人事じゃなくなったとたん、キオスクのうろたえぶりが激しくなった。

「そんなことしたら一番怒られるのはぼくだよ。あんなにみんなを騒(さわ)がせといて」

「無傷だったらね。でも、怪我(けが)したぶんだけ差しひいてもらえると思うよ」

　リンが悪知恵(わるぢえ)を働かせる。

「だからって、今さらぬけぬけ言えると思う？　屋根から落ちただけでした、なんて」

「わたしたちがついてるから。相川くんが言いづらかったら、そばにいるだけでいいの」

　七瀬さんが両手をこすりあわせながら言った。おがんでいるのではなく、指さきが凍(こご)えて痛いのだ。

「でも、そんな……」

「キオスク、あんたいいかげんにしな」

　なかなか腹をくくらないキオスクに、わたしはとうとうぶちきれた。

「わたしたちだって本当はこわいんだよ。七瀬さん、うちで泊(と)まりこみで勉強してるって、ずっとお母さんにうそついてんだし。うちの両親だってこのこと知ったら、どんなに怒るかわからない。しっかり留守番してると思って安心してたのに、姉弟(きょうだい)そろって人んちの屋根にのぼってたんだから。お正月の温泉どころじゃないよ。＊たぬきもパーよ。でも、自分たちで考えて、楽しんで、これがきっかけで七瀬さんとも仲良くなれたし、あんたがただのボケじゃないってこともわかったから。大好きな遊びだから、大事な思い出だから、ちゃんと自分たちでケリをつけたいじゃない」

　言いたいことを言いつくし、抱(かか)えこんだ膝(ひざ)の上にあごをのせた。

迷っているのか、キオスクはだまりこんだまま。街灯に照らされたとなりの屋根のあたりを［　Ⅰ　］ながめている。

　②三軒(げん)先の家にはまだ明かりが灯(とも)っていた。どこか遠くから車のエンジン音も聞こえてきた。いつもは人気のない場所ばかり選んでいたせいか、自分たち以外に目覚めている人間の気配がすると、いきなりこの夜の中に侵入者(しんにゅうしゃ)がまぎれこんだような気分になる。

　今は四人だけにしてほしかった。

　静かにキオスクの返事を待たせてほしかった。

「きっと、笑われるだろな」

　やがて、キオスクがくちびるをゆがめて言った。

「自殺だと思ってたのにさ、ただ屋根から落ちただけなんて、みんなの笑いものだよ」

「同情されるのとどっちがいい？」

　わたしが言うと、

「わかった。ぼくも一緒に行くよ」

　やっと覚悟(かくご)を決めた。

　③みんなの顔が一気に晴れやかになる。これをきっかけにキオスクの不登校を終わらせようという魂胆(こんたん)なのだ。

「本当いうとさ、ぼく、ほんのちょっと楽しみなんだ。明日、先生がどんな顔するか」

　リンが目をくりんとさせて、

「わたしも」

「わたしも」

　みんなで笑いだした。

笑いながらも、骨がぎしぎし鳴りそうなくらい寒い。さっきから息を吸いこむたびに、胃の中に霜がおりていく気がする。

［Ⅱ］。屋根のぼりもこれでおしまいと思うと、寒さより名残おしさのほうが強いのか、「部屋にもどろう」とはだれも言いださなかった。代わりに、七瀬さんがささやかな防寒対策を思いついた。

「手をつながない？　みんなで。そしたらちょっとはあったまるかも」

左からリンと七瀬さんが、七瀬さんとキオスクが、リレーのバトンでも交換していくように手をつなぎはじめた。

ギプスからはみでたキオスクの手首。そっと触れると、てのひらはぞくっと冷たい。また骨が折れたりしないように軽く握った。

あたたまりはしなかったものの、みんなでひとつの毛布にくるまって、原始的なやりかたで風と戦っている感じは悪くなかった。

ふと気がつくと、キオスクがぐずぐずと鼻をすすりあげている。

キオスクの顔をぬらしているのは鼻水だけじゃなかった。

「あんた、泣いてんの？」

「*富塚先生が言ったんだ」

「すみれちゃん？」

「富塚先生、学校やめる前にぼくんちに来たんだよ。二年C組のみんなはだいじょうぶだろうけど、ぼくのことだけは心配だって。ぼくんちに来て、言ったんだ。大人も子供もだれだって、一番しんどいときは、ひとりで切りぬけるしかないんだ、って」

七瀬さんがさしだした花柄のハンカチで、キオスクが顔中をこすりながら言った。

「ぼくたちはみんな宇宙のみなしごだから。ばらばらに生まれてばらばらに死んでいくみなしごだから。自分の力できらきら輝いてないと、宇宙の暗闇にのみこまれて消えちゃうんだよ、って」

宇宙のみなしご。

毛布をはらりと頭からはずして、わたしは夜空をあおぎ見た。

のしかかってくるような濃紺の闇に、息がつまった。

宇宙という言葉を思いうかべるだけで、この空はこんなにも暗く、果てしなく、そして荒々しい。その圧倒的な暗黒の中で、星ぼしが光を強めたり弱めたりしながら、懸命に輝こうとしている。

すみれちゃんの言葉がよくわかる。

わたしだって知っていた。

一番しんどいときはだれでもひとりだと知っていた。

だれにもなんとかしてもらえないことが多すぎることを知っていた。

だからこそ幼い知恵をしぼり、やりたいようにやってきた。*小人たちの足音に耳をすまして、自分も一緒に走ろうと、走りつづけようと、やってきた。

十四年間、あの手この手で生みだしてきた、リンとの遊び。

そのくりかえしの中で、わたしはたしかに学んだのだ。

頭と体の使いかた次第で、この世界はどんなに明るいものにもさみしいものにもなるのだ、と。

宇宙の暗闇にのみこまれてしまわないための方法だ。

「でもさ」

と、涙と鼻水だらけの顔でキオスクは続けた。

「でも、ひとりでやってかなきゃならないからこそ、ときどき手をつなぎあえる友達を見つけなさいって、富塚先生、そう言ったんだ。手をつないで、心の休憩ができる友達が必要なんだよ、って」

一瞬、わたしの手を握る④キオスクの指に力がこもった。

さっきよりも微妙に、でも確実にあたたまっているキオスクのてのひら――。

「じゃあ、これからもときどき手をつなごう」

七瀬さんがほほえんだ。

「またみんなでおもしろい遊びも考えようね。今度はもっと安全なやつを」

リンもからりと笑った。

「ぼくも一緒でいい？」

不安げなキオスクの泣き顔も、みんなのうなずきでたちまち笑顔に変わった。

明日からどうなるかわからないのに、懲りない仲間たちの笑顔がうれしい。

つなぎあわせたてのひらから電流のように流れてくるぬくもり。

心の休憩。

「さて、と」

負けずにわたしも不屈の笑顔を作ると、

⑤「今度はなにして遊ぼうかな」

新しい挑戦状をたたきつけるように、宇宙の暗闇をにらみつけた。

（森絵都『宇宙のみなしご』〈角川文庫〉による。

問題作成にあたり、本文の一部を改変しました。）

＊たぬき＝お正月にたぬきが出るという温泉に家族で出かける計画を立てていた。

＊富塚先生＝一学期の間、二年C組の担任をしていたが、体調を崩して退職した。「わたし」は「すみれちゃん」と呼んでいる。

＊小人たちの足音＝「わたし」は自分が感じた胸の高鳴りを「小人たちの足音」と表現する。

問一　――線部①「キオスクがしゅんと下をむく」とありますが、このときの「キオスク」の心情として最も適当なものを、次のア～エの中から一つ選び、記号で答えなさい。

ア　「屋根のぼり」がこれで最後だと伝えられたことに同意できなかったが、「わたし」に一喝されてひどくうろたえている。

イ　「屋根のぼり」の相談に自分だけ入れてもらえなかったことは受け入れがたいが、「わたし」に一喝されて考えを無理に押し留めている。

ウ　自分のせいで「屋根のぼり」が終わることに賛成できなかったが、「わたし」に一喝されて反論できず、しょんぼりしている。

エ　自分の意見が何一つ受け入れられないことに信じられない気持ちでいたが、「わたし」に一喝されてどうしてよいかわからなくなっている。

問二　[I]には次の意味の言葉が入る。あてはまる言葉として適当なものを、後のア～エの中から一つ選び、記号で答えなさい。

意味　気を抜かれたように、ぼんやりしているさま。

ア　憂うつに　　イ　うつろに　　ウ　無愛想に　　エ　退屈に

問三　――線部②「三軒先の家にはまだ明かりが灯っていた」とありますが、このときの「わたし」の心情として最も適当なものを、次のア～エの中から一つ選び、記号で答えなさい。

ア　「屋根のぼり」をするときには人気のないところを選んでいたため、人の気配が自分の集中をさまたげると警戒（けいかい）している。

イ　今は四人だけで静かにキオスクの返事を待ちたいから、夜の静（せい）寂（じゃく）を乱す四人以外の人の気配を迷惑（めいわく）に感じている。

ウ　キオスクの返事を今は急（せ）かしたくないから、四人だけの静寂に入（はい）り込（こ）もうとする人の気配に敵意を抱（いだ）くべきか迷っている。

エ　暗闇のなかの明かりは際立（きわだ）っていてどうしても目につくから、これだけはせめて排除（はいじょ）したいと感じている。

問四　――線部③「みんなの顔が一気に晴れやかになる」について次のようにまとめました。［①］にあてはまる言葉を本文中から八字でぬき出して答えなさい。［②］にあてはまる内容として最も適当なものを、後のア～エの中から一つ選び、記号で答えなさい。

○キオスクの悩（なや）み

　クラスのみんなには自殺だと思われていたのに、屋根から落ちただけだったということが知られると、［①（八字）］になるかもしれない。

○みんなの顔が晴れやかになった理由

　キオスクは、「屋根のぼり」のことを学校に行って話すかどうか悩んでいたが、最終的にみんなと学校へ行く覚悟を決めてくれたので、［②］。

ア　良い意味でみんなの予想を裏切ってうれしくなったから

イ　みんなの代わりに謝（あやま）ってくれるのではないかと期待したから

ウ　キオスクの不登校を終わりにできるかもしれないと考えたから

エ　みんなが抱いていた以前からの心配が解消されてすべてなくなったから

問五　［Ⅱ］に入る言葉として最も適当なものを、次のア～エの中から一つ選び、記号で答えなさい。

ア　それでも　　イ　それならば

ウ　それゆえに　　エ　それとも

問六　――線部④「キオスクの指に力がこもった」とありますが、それはなぜですか。「富塚先生の言葉」という表現を使って、五十字以上六十字以内で説明しなさい。

問七　――線部⑤「新しい挑戦状をたたきつけるように、宇宙の暗闇をにらみつけた」とありますが、このときの「わたし」の心情として最も適当なものを、次のア～エの中から一つ選び、記号で答えなさい。

ア　仲間と協力する大切さをみんなが思いだせば、絶望的な暗闇のなかで孤独（こどく）に輝き続ける世界はなくなると新しい冒険（ぼうけん）に期待している。

イ　孤独で不安な世界を明るい世界へ変えていく余地は残されており、仲間と協力して困難な状況（じょうきょう）に立ち向かおうとしている。

ウ　明日どうなるかわからない不安はつきまとうにせよ、さみしい世界がこの先もずっと続くわけではないと自分に言い聞かせている。

エ　一番苦しいときはだれの力も借りられないからといって、ただちに仲間の存在が否定されるわけではないと密（ひそ）かに感じている。

問八　この文章の特徴（とくちょう）を説明したものとして**適当でないもの**を、次のア～エの中から一つ選び、記号で答えなさい。

ア　この文章は「わたし」が子どもの頃を回想しているため、会話文以外がすべて過去を表す言葉で書かれている。

イ　この文章には会話文が多用されており、会話を通して登場人物の考え方が読み取れる。

ウ　この文章は「わたし」の視点を通して書かれているため、「わたし」の感じたことが直接語られている。

エ　この文章では短い文と改行が多用されており、読者はテンポよく内容を読み進めることができる。

四　中学一年生のAさんが、夏休みに隣のS県に住んでいる祖母と映画にいくことにしました。待ち合わせ場所は祖母の最寄り駅S駅から一時間離れている、Aさんの最寄り駅のY駅にしました。【SNSでの事前のやりとり】と【Y駅のホーム】【当日の結果】を見て、あとの各問いに答えなさい。

【SNSでの事前のやりとり】

Aさん「何時の電車で来る？」
祖母　「10時の電車で行くわね」
Aさん「10時ね。駅のホームまで迎えに行くよ。どのあたりがいいかな？」
祖母　「ありがとう。わかりやすい所がいいね」
Aさん「わかった。じゃあ階段の近くで待ってるよ」
祖母　「なるべく階段に近い所に着く号車に乗るね」
Aさん「了解。一緒に映画に行けるのを楽しみにしてるよ」
祖母　「私もよ。それではまた当日会いましょう」

【当日の結果】

・Aさんは【Y駅のホーム】の「●」の場所に10時に行った。
・祖母は【Y駅のホーム】の「▲」の場所に11時に着いた。
・祖母は携帯電話を忘れてしまったので、当日は連絡手段がなかった。
・Aさんは祖母がなかなか来なかったので祖母の携帯電話に何度も連絡した。しかし、既読がつかなかったので祖母の携帯電話に連絡をとることをあきらめ、【SNSでの事前のやりとり】を読み返して祖母を探してまわり、最終的には「▲」の場所にいる祖母を見つけた。

問一　なぜ祖母はY駅のホームに11時に来たのでしょうか。答えなさい。

問二　祖母に【Y駅のホーム】の「●」の場所に来てもらうためには、【SNSでの事前のやりとり】でAさんのどの言葉をどのようにすべきだったでしょうか。「～を～にすべきだった。」の形に合うように答えなさい。

【Y駅のホーム】

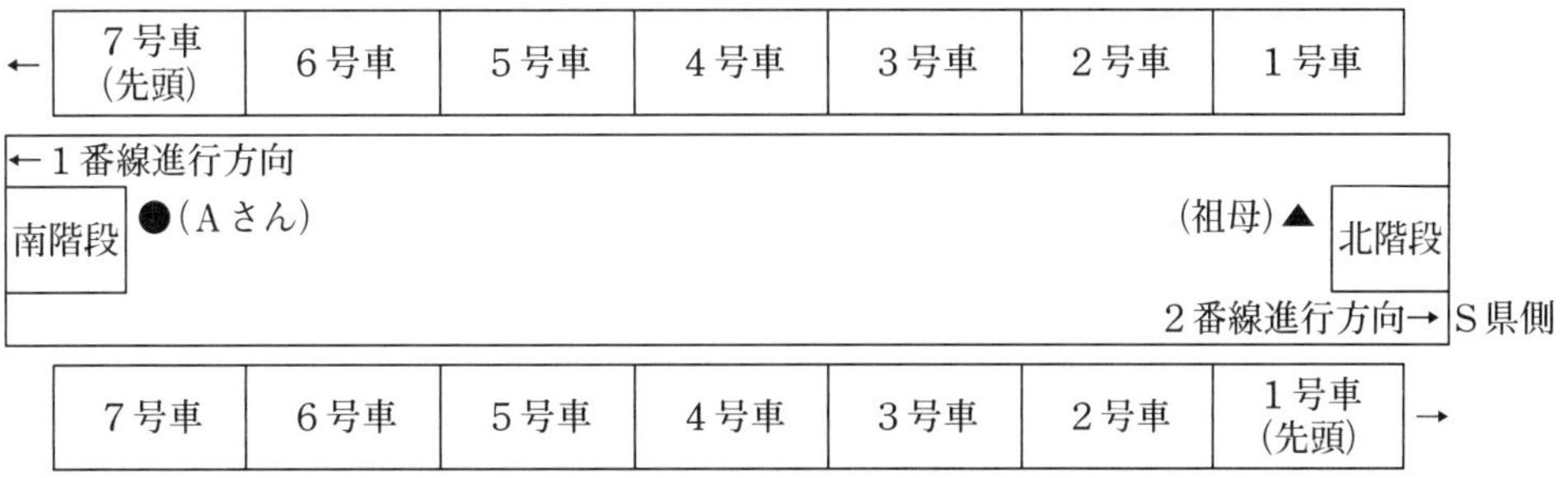

←	7号車（先頭）	6号車	5号車	4号車	3号車	2号車	1号車	

←1番線進行方向

南階段　●（Aさん）　　　　（祖母）▲　北階段

2番線進行方向→　S県側

7号車	6号車	5号車	4号車	3号車	2号車	1号車（先頭）	→

広尾学園中学校（第一回）

―50分―

注意事項　問題で文字数が指定されている場合はカッコや句読点を文字数に含みます。

□一　次の各問に答えなさい。

問一　――線の漢字の読みをひらがなで答えなさい。

① 格差が是正される。
② 初詣で無病息災を祈願する。
③ 必至に体裁をとりつくろう。
④ 真実でない噂が流布している。

問二　――線のカタカナを漢字に改めなさい。

① 線をスイチョクに引く。
② コウキョは昔の江戸城の場所にある。
③ カンセイを上げて応援する。
④ 悪い相手にうっかりカツがれた。
⑤ 突然のセンセン布告。
⑥ 手紙の最後にケイグと書いた。

□二　次の――線の□にひらがなを一字ずつ入れて言葉を完成させ、その言葉に最も近い意味の言葉を後の語群より選んで記号で答えなさい。

① あど□□い仕草。
② □ぶ□しい点がある。
③ ここ□□とない様子。
④ つ□□しい生活。
⑤ や□□ない思い。

【語群】

ア　計算高い
イ　ひかえめである
ウ　頼りなく不安だ
エ　無邪気でかわいい
オ　気持ちが晴れずせつない
カ　目立った
キ　疑わしい
ク　活気に充ちた

□三　次の【文章Ⅰ】は授業の一環で創作文クラブに入った中学一年生の米山綾瀬が、同級生の片岡泉と出会い、自分たちが書いた小説の感想を発表し合う場面である。【文章Ⅱ】は大人になった片岡泉が米山綾瀬のことを回想する場面である。それぞれの文章を読み、後の問いに答えなさい。

【文章Ⅰ】

この日のクラブで、番場先生は、予告していたとおり、生徒一人一人に感想を述べさせた。そして印象に残った作品も挙げさせた。

まずは一年生。A組からという順番だった。

A組の塩谷さんとB組の今江さんは、無難に、二日一部長の『ツバメ』を挙げた。

わたしの作品にも出てきたツバメ。でもこちらは現実的。家の軒先にできたツバメの巣を見守る家族の話だ。二日一部長の経験談だという。フンの被害がひどかったので、二日一家では、雛が飛び立つのを待って巣を撤去したそうだ。

「ちょっと後悔したんですよね」と二日一部長は説明した。「そのままにしておけば来年もまた来てくれたんじゃないかと思って。シートを敷くとか、巣の下に木の板を付けるとか。ぼくらにもやりようはあったのかもしれません」

二日一部長。優しいのだ。

この『ツバメ』は確かによかった。さすが三年生。①さすが部長。とわたしも感心した。

A組、B組、と来て、C組。片岡さんの番。

片岡さんなら自作『トムは冒険しない』を挙げたりすることもあるかと思ったが、さすがにそれはなかった。それ以上に意外なことを言った。

「わたしは綾瀬、じゃなくて米山さんの『空を飛んだカメ』がダントツで一番だと思います。もうムチャクチャおもしろくて、途中でゲラゲラ笑いました。甲羅にワインを載せて運ぶとか、大砲の弾に自分が乗ったまま発射されちゃうとか、亀、かわい過ぎ。酔っぱらいの王様もあれはあれでいそうだし。これ、ほんと、シリーズ化してほしいです」

あぁ、とわたしは思った。ほめられたことへのうれしさよりもあせりが先に来た。

それはダメだよ、片岡さん。わたしのが先輩たちのよりいいわけないじゃない。友だちだからひいきしたと思われるじゃない。それはちょっと、よくないじゃない。

「すごいな綾瀬って、ほんと、感心しました。綾瀬が本を出してくれたら、わたし、買います。図書室に置いてくれたら、わたし、借ります」と、そんなことを片岡さんが言ったその次がD組のわたしの番。

②やりづらいなぁ、と思いつつ、わたしは予定どおり二日一部長の『ツバメ』を挙げた。家族の優しい気持ちがごく自然に伝わってきました、と言った。経験談ではあるのかもしれませんけど、ちゃんと小説としてもおもしろかったです。

そうね、と番場先生も言ってくれた。掃除は自分がやるから巣は壊さないでほしいと両親にお願いした主人公。主体的に動いたところがとてもよかったです。

一年生の感想発表が終わり、それからは二年生、三年生、と続いた。

二年A組の森内副部長は、やはり二日一部長の『ツバメ』を挙げたが、二年B組ガールズは三人ともその森内副部長の『シュート』を挙げた。試合の肝心なところでフリースローを外してしまうバスケ部員の話だ。これも実際にバスケ部員である森内副部長の経験談だという。二本を二本とも決めていれば逆転で勝つことができたのに、森内先輩が二本とも外したためにチームは負けてしまったのだそうだ。

確かに悪くはなかった。が、わたしに言わせれば、『ツバメ』のほうが上だ。

『シュート』は、ただシュートを外しただけ。そういうこともあると示しただけ。その先がなかった。

でも『ツバメ』には先があった。主人公は、家に入ってきた蛾やクモなどの虫をなるべく外へ逃がそうとするようになるのだ。ツバメは守って虫は退治する、それもどうなのかと思って。なるべく、というところがよかった。そこに作者である二日一先輩の人間味が表れていた。

そして最後も最後。三年D組の二日一部長が何を挙げたかと言えば。まさかのこれ。

「ぼくも片岡さんと同じで、米山さんの『空を飛んだカメ』がおもしろかったです。すごく楽しめました。亀のかわいさもそうですけど、ハンスの人間としての弱さが印象に残りました。王様に戦争をやめてほしいのに、仕えてはいる。というか、仕えざるを得ない。例えば将来会社で働くようになったらそういうこともあるんだろうなと思いました。今度父に訊いてみようとも思いました。そんなふうに、亀のことだけじゃなく人間のことも書けてたので、とてもよかったです。ただ。ツバメが襲われてしまったのは、ちょっと残念でしたけど」

その最後の言葉でみんなが笑った。場が和んだ。

「二日一くんの言うとおりだと思います」と番場先生は言った。「亀のこと以外にハンスのことも描いたことで、物語に深みが出ました。川にぽちゃんと落ちて終わるラストも素敵でした」

参った。深み、だ。そんなことまったく考えていなかった。ハンスは、王様以外に人をもう一人出そうと思って出しただけ。ぽちゃんは、テレビのバラエティ番組で石によじ登れなかった亀が水に落ちたあの感じがよくてラストに書いただけ。

二日一部長は、たぶん、わたしと片岡さんの立場を考えて、『空を飛んだカメ』を挙げてくれた。わたしと同じ一年生の片岡さん一人がほめたままではよくないと思ったのだ。わたしたちがほかの先輩たちから睨まれたらよくない、と。

だから、部長の自分もほめることでそうならないようにした。ということなのだと思う。二日一部長。やはり優しい人なのだ。部長に適した人なのだ。番場先生もそれを感じていたから部長に任命したのかもしれない。

その意味でも、③二日一部長がそう言ってくれたのはすごくうれしかった。ただ、全員の発表が終わったときに初めて、片岡さんがほめてくれたのはもっとうれしかったことに気づいた。

この場で三年生の部長が一年生の作品を評価するより、一年生が同じ一年生の作品を評価するほうがずっと大変なのだ。片岡さんは無理せずそれをやった。『空を飛んだカメ』の王様が平和にあきたからよその国に戦争を仕掛けたのとはちがう。退屈だから二年生や三年生に戦争を仕掛けたわけではない。自分が思ったことを、ただ言ったのだ。

少なくともわたしにはそう聞こえた。聞いた瞬間は、あぁ、と思ってしまった。よくないとも思ってしまった。でも冷静に考えてみればそういうことだ。片岡さんはいつもの片岡さんとして動いた。ただそれだけ。

そして最後に番場先生が言った。

「みんな、小説を書いたのは初めてだと思うけど、よくがんばりました。二学期と三学期の第二作は十枚。次もがんばりましょう」

「死ぬ～」とまた片岡さん。

「書いたけど死ななかったじゃない」と番場先生。

「十枚は今度こそ死ぬ～」

「だいじょうぶ。十枚でも死にません」

「じゃあ、何枚なら死にますか？」

「何枚でも死にません。生徒が死んでしまうような課題を、先生は出しません。はい。じゃあ、これで一学期の創作文クラブは終了。みんな、期末テストがんばって」

二年B組の教室から出ると、いつものように、片岡さんと二人、一年生の教室に戻る。

〈中略〉

「あぁ」と片岡さんが言う。「何にしても、終わってよかった。まさか自分が小説を書くとはね。いや、書けてないか。書けてたのは綾瀬と部長ぐらいで」

「そんなことないよ。片岡さんのあれ、わたしはおもしろかったし」

「おぉ。と喜びたいとこだけど。綾瀬、それはひいきだよ。わたし、ひいきされたくない」

「ひいきじゃない。ほんとにおもしろいと思ったよ。最後、原稿用紙五枚じゃ事件は起きないよなっていうのとか、すごくおもしろいアイデアだと思った」

「ただの言い訳だよ。ちゃんと書けなかったことの言い訳。二学期三学期はあの倍書かなきゃいけないのかぁ。十枚じゃ、事件は起きちゃうよ」

「それを書いてよ。わたし読みたい」

「無理。思いつかないよ。先生がいないから言うけど。絶対死ぬ。余裕で死ぬね」

「ダメだよ、死んじゃ。片岡さん、それ言いすぎ。冗談でも死ぬとか言っちゃダメなの」

b片岡さんはちょっと驚いたような顔でわたしを見て、笑う。そして言う。

「でも、まあ、あれだ。ジャンケンで三回負けてよかったよ」

「何で？」

「決まってるじゃん。綾瀬と知り合えたから。すげ～。わたし、未来の作家と友だちになった。と思ったもん」

「作家になんてなれないよ」

「いや、なれるでしょ。たぶん、綾瀬はあれなんだよ。え〜と、ほら、何だっけ。そう。原石」

「ダイヤの？」

「あ、自分で言った」

「って、言わせたんじゃない」

「だから磨けば光んのよ。なら磨きなよ、綾瀬」

「何それ」

と言いながらも、④うれしかった。未来の作家とか原石とかがじゃなく、友だち、が。未来の作家と友だちになった、の、友だち、のほうが。

【文章Ⅱ】

中一のとき、わたしはジャンケンに負けて創作文クラブに入った。確か三回負けてそうなった。お手玉クラブとかかるたクラブとか、そんなのを希望してたのだ。

読んでたのは漫画だけ。小説なんて『トム・ソーヤーの冒険』しか読んだことがなかったわたしが創作文クラブ。まず、創作文、の意味がわからなかった。それが小説。そこはまさに小説を書く、書かされるクラブだったのだ。

その創作文クラブで、わたしは米山綾瀬と知り合った。

cてっきり綾瀬もジャンケンに負けて来たのだろうと思ったら、ちがった。綾瀬は自ら希望してそのクラブに来てた。ジャンケンはしなかったという。希望者は一人だったからすんなり決まったのだ。

そこでは本当に小説を書かされた。何でもいいから書きなさいと担当の番場先生は言った。しかたなく、わたしは探偵小説を書いた。そういうのしか思いつかなかったのだ。

探偵の名前は、トム・ソーヤーからもらってトムにした。タイトルはこれ。『トムは冒険しない』。内容はそのまま。トムはまったく冒険しない。まず、事件が起きないのだ。金髪の秘書ルーシーと二人で事務所にいるだけ。そこでコーラを飲み、指にはめたとんがりコーンを食べてるだけ。日常を書けばいいと番場先生が言うのでそうした。日常なんてそんなもんだから。で、原稿用紙五枚じゃ事件は起きない、みたいなことを言わせて強引に終わらせた。わけのわからない話だ。

でも綾瀬は、［　X　］、と言ってくれた。まあ、頭のいい綾瀬なら思いつかないだろう。あまりにもバカバカし過ぎて。

その綾瀬は、『空を飛んだカメ』という小説を書いてきた。自分で書いた『トムは冒険しない』よりもはっきりと内容を覚えてる。そのもの、空を飛んだ亀の話だ。

いつもは川や川辺、つまり水や陸にいる亀が、空を飛んでみたいと思う。そこで知り合いのツバメに頼み、飛ばせてもらう。

その飛行中、ツバメは、人間の王様が飼ってた鷹に襲われる。

亀は、王様が乗ってた馬の背に落ちる。そして何故か気に入られ、家来になる。

城でまかされた仕事は、毎日パーティーをする王様のもとへワインを運ぶこと。ワインを注いだグラスを甲羅に載せて、王様に届けるのだ。

もちろん、そんなの無理。ワインはこぼれるし、グラスは割れる。でも亀はがんばる。同じ家来である人間のハンスと友だちになったりもする。

王様はパーティーをするだけでなく、よその国と戦争もしてる。ハンスたち国民はやめてほしいと思ってるが、そうは言えずに いる。と、[d]亀にはそんなこともわかってくる。

初めて王様のもとへワインを運べた日。亀は夜空を眺めようと城の塔に上り、そうとは知らずに大砲の砲身のなかで休む。

で、翌朝、なかの砲弾とともに発射されてしまう。王様がよその国にその弾を撃ちこんだのだ。

砲弾に乗って、亀はまた空を飛ぶ。空はきれいだな、と思うが、ふと下の川に目を向け、砲弾から滑り降りる。そしてぽちゃんと川に落ちる。

と、そんな話。

すごくおもしろかった。同じ中一が書いたとはとても思えなかった。でも同じ中一が書いてるから、とても読みやすかった。

空はきれいだな、が印象に残った。すごいな、綾瀬。と感心した。本人にもそう言った。作家になれるよ、みたいなことも言った。

綾瀬は、わたしが行った高校より十以上偏差値が高い高校に行った。中学ではわたし同様帰宅部だったが、その高校では文芸部をつくったらしい。自分で部を立ち上げたのだ。興味がある人たちを集めて。

その高校時代もたまには会ってた。ハンバーガー屋さんで一緒にハンバーガーを食べたりした。わたしも綾瀬も好きだった、トマトが挟まってるやつだ。

そこでその文芸部の話を聞いた。わたしは特に驚かなかった。綾瀬なら当然、と思ったのだ。

「泉のおかげだよ」と綾瀬は言った。

「は？」

「泉が『空を飛んだカメ』をほめてくれたでしょ？　あれが自信になったの。だから部をつくれた。中学でもそうすればよかったと、あとで思ったよ」

「わたしじゃなくて、二日一先輩と番場先生にほめられたからでしょ。小説のことなんか何も知らないわたしのほめに意味はないよ」

「いや、⑤泉みたいな人にほめられたから自信になったんだよ」と綾瀬は真剣な顔で言った。

泉みたいな人、というのにちょっと笑った。わたしが笑ったのを見て、綾瀬も笑った。


（小野寺史宜『みつばの泉ちゃん』〈ポプラ社〉による）

問一　――線①「さすが部長。とわたしも感心した」とありますが、わたしは部長の作品のどのような点に感心したのですか。その説明として最もふさわしいものを次から選び、記号で答えなさい。

ア　ツバメの巣を撤去してしまったことへの後悔をきっかけに、人間が他の生命に対してどう振る舞うべきかという慈愛に満ちたテーマにまで発展させている点。
イ　フンの掃除を自ら請け負う代わりに巣を残して欲しいと頼む主人公のやさしさと、その願いを受け入れ共に雛を見守る家族のやさしさとが描けている点。
ウ　ツバメの雛が飛び立つのを見守ってから巣を撤去するやさしさが表れているだけでなく、その経験を通して他の生き物のことを考えるようになった変化まで描いている点。
エ　ツバメの雛が飛び立つのを待つやさしさだけでなく、来年のことを考えて巣を残しておくべきだったという後悔の思いを述べるやさしさも描いている点。

問二　――線②「やりづらいなぁ」とありますが、ここでのわたしの状態の説明として最もふさわしいものを次から選び、記号で答えなさい。

ア　片岡さんが自分の作品を過剰に褒めたために、周りから注目を浴びているかのように感じてしまい、これからする自分の発表に余計に緊張している。
イ　片岡さんが先輩の作品を差し置いて自分の作品を褒めたため、ひいきされたように周りから見られているのではないかと考え、いたたまれなさを感じている。
ウ　片岡さんが、友人であるという理由から自分の作品を優先して褒めたために、先輩たちの反感を買ってしまったのではないかと慎ましくなっている。
エ　片岡さんが予想外に自分の作品を褒めてくれたために、その嬉しさが込み上げてきていつもの冷静さを保つことができず、気持ちが浮ついている。

問三　――線③「二日一部長がそう言ってくれたのはすごくうれしかった」とありますが、このようにわたしが感じたのはなぜですか。その説明として最もふさわしいものを次から選び、記号で答えなさい。

ア　片岡さんがわたしの作品を褒めてくれたことに加えて、部長までもが作品を褒めてくれたため、恥ずかしくもあるが自分の作品に自信を持てるようになったから。
イ　部長がわたしの作品をおもしろかったと言ったのは、部員の上級生と下級生を平等に扱おうと配慮する気持ちがあるためだとわかり、そのやさしさに感動したから。

ウ　部員同士の争いごとが起こらないように配慮ができるほどやさしく、人柄として尊敬できる部長から自分の作品を褒められ、自分も部員として認められた気がしたから。

エ　部長がわたしの作品を褒めたのは、同じ中学一年生であるわたしの作品を褒めた片岡さんへの、先輩たちからの反感を和らげようと配慮してくれたためだと考えたから。

問四　――線④「うれしかった」とありますが、ここでのわたしの心情の説明として最もふさわしいものを次から選び、記号で答えなさい。

ア　片岡さんの発言の中で自然と自分を友だちだと考えてくれていることがわかり、関係を築けたことを喜んでいる。

イ　片岡さんの発言の中で自分の将来を期待してくれていることがわかり、友だちから応援される喜びを感じている。

ウ　片岡さんの発言の中で自分との出会いを誇りに思っていることがわかり、クラブに入って良かったと思っている。

エ　片岡さんの発言の中で自然に冗談を言い合える関係だと考えていることがわかり、友だちができたことを喜んでいる。

問五　[X]に当てはまる言葉を【文章Ⅰ】から十五字以上二十字以内で抜き出しなさい。

問六　――線⑤「泉みたいな人にほめられたから自信になった」とありますが、どういうことですか。【文章Ⅰ】の内容も踏まえ、七十字以上九十字以内で説明しなさい。

問七　波線部a～dそれぞれの説明としてふさわしくないものを次から選び、記号で答えなさい。

ア　a「その最後の言葉でみんなが笑った」は、綾瀬の小説に出てくるツバメと、自身の小説に出てくるツバメを重ねることで冗談めかした発言となっている。

イ　b「片岡さんはちょっと驚いたような顔でわたしを見て、笑う」からは、軽はずみな発言に対して、しっかりと向き合って注意してくれた綾瀬への好感が読み取れる。

ウ　c「てっきり綾瀬もジャンケンに負けて来たのだろうと思った」には、仕方なく創作文クラブに入ることになったという自身の経緯を他者にも重ね合わせる泉の思考が表れている。

エ　d「亀にはそんなこともわかってくる」には、人間社会のあり方を理解していく亀を描くことで物語に深みを持たせようとする綾瀬の意図が表れている。

四　次の文章を読み、後の問に答えなさい。

最初に問題を整理しておこう。

伝統的な友情観――すなわち、互いに自律した個人の間で交わされる、古代ギリシャに由来する男性的な友情――において、友達同士が互いを「わかり合う」ことができるのは、「私」が自分と似た人間と友達になるからだ。そのように自分と似た人間と友達になるために、「私」は自分が何者であるかを理解しなければならない。「私」が自分のことを理解していなければ、友達が自分に似ていることもまたわからないからである。友達と「わかり合う」ためには自分のことが「わかる」のでなければならない。たとえばアリストテレスは、自分自身と友達になることから、他者と友達になることが可能になる、と考えていたが、それは自分のことが「わかる」からこそ他者のことも「わかる」というロジックである。

それでは、そもそも「わかる」ということ――理解すること、あるいは認識すること――とは、いったい何を意味しているのだろうか。それに対してニーチェは次のように答える。［Ａ］人間が何かを認識するということは、①未知のものを既知のものに置き換えることである。

どういうことだろうか。

たとえば、「私」がドイツに旅行して、そこでシュニッツェルという未知の料理と遭遇したとする。「私」にとってそれは人生ではじめて出会うものであり、食べてみるまでどんな味かわからない。つまり認識できない。しかし、それを一口食べると、その食感や食材の調理法から、「このシュニッツェルというのは要するにトンカツのようなものだ」と「私」は判断する。このとき、「私」はシュニッツェルという未知の対象を、トンカツという既知の対象に置き換えたことになる。それによって、「私」はシュニッツェルという料理に対する認識を獲得するのである（余談になるが、シュニッツェルは黒ビールとよく合う料理なので、ドイツに旅行された際は是非ご賞味されたい）。

認識するということは、未知を既知に置き換えることだ。そしてそれが意味しているのは、未知のものがもっている新しさを、既知のものによって否定する、ということである。認識することによって、対象は自分がすでに知っているもの、見たことがあるもの、よくある他のものへと変換されてしまう。トンカツとして認識されてしまったら、シュニッツェルの味わいの新鮮さは薄らいでしまうに違いない。そのようにして、認識は対象を陳腐なものにしてしまうのである。

このような意味での認識の働きが、シュニッツェルではなく、自分に向けられるとき、何が起きるのだろうか。

「私」が自分を認識するということは、自分のなかにある未知なものを否定し、それを既知なものへと置き換えることを意味する。素直に考えればそうなる。そしてニーチェは、②そうした自己認識は必ず失敗する、と考える。なぜなら人間は、そもそも自分が何を考え、何を望んでいるのかを、自分でほとんど意識することができないからだ。ニーチェによれば、人間は、自分でも気づかないままに、様々なことを考え続けているのであり、そこには自分でも意識することのできない未知の部分が潜んでいる。そうであるにもかかわらず、自分のことをわかった気になることは、自分のことを誤解し、それどころか自分を陳腐なものへと貶（おとし）めることを意味するのだ。ニーチェは次のように説明する。

［…］われわれ各人は、自己自身を個人としてできる限り理解し、「自己自身を知る」ことに努める意欲をもってはいても、結局のところは、自分の中の非個性的なもの、「平均的なもの」ばかりを意識することになる。

（『喜ばしき知恵』）

このような③逆説は、受験や就職活動において、自己アピールをしたり、自己分析をしたりしたことがある人なら、誰でも経験することだろう。他人とは異なる自分のオリジナリティを説明しようとすればするほど、出てくる言葉はどこかで聞いたことがあるようなもの、似たり寄ったりなものになってしまう。ニーチェはすべての人間がかけがえのない存在であり、根本的なオリジナリティを持っていると考える。［ B ］、それを自分で認識できたと思い込んだ瞬間に、そうした個性は既知の「平均的なもの」に置き換えられ、失われてしまうのである。

［ C ］そうした自分の個性が、ずっと同じであり続けるとは限らないし、それどころか一つであるとも限らない。人間は、状況の変化によって性格が変わることもあるし、あるいは同時に矛盾する二つの考え方を持ち、それらが自分のなかでせめぎ合うこともある。このような特性もまた、自分を認識しようとした途端に、覆い隠されてしまうのである。

人間には、自分でも気づいていない個性があり、その個性は変わりうるものであり、そして多様でもありうる。このような考え方は、人間の人格のうちに、単一で、不変で、誰にでも理解できるような個性があることを否定するものである。人間には自分のことなど認識できない。「私」には自分を誤解することしかできない。そうである以上、「私」が自分と似た他者と友達になろうとしても、「私」はその他者のことも同じように誤解してしまう。こうした発想は、友達を「もう一人の私」として説明したアリストテレスの友情論を、④その根本から批判するものである。

このことは、決して、本来なら「私」は他者を理解できるはずなのに、誤解してしまう、ということを意味するわけではない。そもそも私たちには原理的に他者が理解できないのだ。［ D ］、「私」がどんなに友達のことをわかった気になっていても、友達には、「私」からは決して見ることのできない、決して知る由もない部分が潜んでいる。ニーチェは次のように述べる。

友人について。――まぁ一度君自身を相手によく考えてみるがいい、もっとも親しい知人の間でさえ、どんなに感覚が違うか、どんなに意見がわかれているかを、同じ意見でさえ君の友人の頭の中では君の頭の中とは、どんなにまるでちがった位置や強さをもっているかを、誤解や敵意ある離反へのきっかけが、どんなに多様に現われてくるかを。

(『人間的、あまりに人間的』)

ずいぶん辛辣な意見のように聞こえるかも知れない。夢も希望もない、人間らしいやさしさを欠いた考え方のように思われるかも知れない。

［ X ］

そしてこのことは、「私」が友達から理解される場面にも当てはまる。「私」は友達から常に誤解されている。「あなたってこういう人だよね」と友達から認識されることがあっても、「私」のなかには、その認識から零れ落ちるものが溢れかえっているからだ。

「私」は友達を誤解せざるをえないし、友達も「私」を誤解せざるをえない。友達同士が「わかり合う」などということは、幻想に過ぎない。そうであるにもかかわらず、私たちがわかり合える関係を友情の理想として捉えるのなら、その幻想は、それによって互いの個性を傷つけあい、相手に対する不信感を抱かせるような、息苦しい関係をもたらす。ニーチェの友情論からこのように考えることができるだろう。

では、友達とはわかり合えないという現実に対して、私たちはどのような態度を取ればよいのだろうか。ニーチェは一つの実践的なアドバイスを示している。それは、友達を⑤「軽く視る」ということである。

「軽く視る」ということは、友達を蔑ろにすることではない。そうではなく、友達との相互理解に負荷をかけないようにする、そこに寄りかからないようにする、ということだ。たしかに友達は「私」が理解しているのとは違う人間かも知れない、しかし、そうであったとしても何も問題ではない、そんなことはどうでもよい、という心構えで、友達と関わることだ。そのような心構えがあれば、友達とわかり合えないのだとしても、それは友情にとって支障にならない。ニーチェの人間観に従う限り、友情とはそうした軽やかな関係として理解されるべきなのである。

（戸谷洋志『友情を哲学する　七人の哲学者たちの友情観』〈光文社新書〉による）

問一　［A］～［D］に当てはまる語を次からそれぞれ選び、記号で答えなさい。

ア　しかも　　イ　しかし　　ウ　すなわち　　エ　たとえ

問二　――線①「未知のものを既知のものに置き換える」とありますが、これはどのようなことを意味すると述べられていますか。最もふさわしいものを次から一つ選び、記号で答えなさい。

ア　新たなものに対し自分がすでに知っている何かに修正して考えることで、認識を獲得するということ。

イ　初めて出会うものに対しすでに出会ったものに置き換えることで、未知として承認するということ。

ウ　未だ知らない対象を自分がすでに知っているものに置き換えることで、その新鮮さを否定するということ。

エ　未知の持つ新しさは肯定しつつも、既知の部分を他のものと入れ替えることで、未知を否定するということ。

問三　――線②「そうした自己認識は必ず失敗する」とありますが、その理由として最もふさわしいものを次から一つ選び、記号で答えなさい。

ア　自分の中の未知を既知のものに代替する認識では、他者が自分をどう捉えるかを考えることができないから。

イ　自分の中の未知を既知のものに変換する認識では、潜在的な未知の部分を考慮することができないから。

ウ　自分の中の未知を既知のものに改善する認識では、自分では意識できていない自分を捉えられないから。

エ　自分の中の未知を既知のものに変革する認識では、複数ありうるはずの個性を認識することができないから。

問四　――線③「逆説」とありますが、その内容の説明として最もふさわしいものを次から一つ選び、記号で答えなさい。

ア　自分自身の個性を意識しようとすると、他者と同じ所ばかり目につくようになること。

イ　個性的なものを避けようとするため、結局は他人と同じような個性にしかならないこと。

ウ　未知の自分を探すことをあきらめ、既知の自分に当てはめることで自分を捉えること。

エ　周囲の他者の真似をするばかりで、自分のオリジナリティを見失ってしまうこと。

問五　――線④「その根本から批判するものである」とありますが、そのように言えるのはなぜですか。アリストテレスとニーチェの友情論を踏まえて、七十五字以上百字以内で答えなさい。

問六　X に当てはまる以下のア～エを正しい順番に並び替えたとき、四番目にくるのはどれですか。記号で答えなさい。

ア　それによって、友達はどこにでもいる平凡な人、他の人と交換可能な陳腐なものへと貶められる。それはシュニッツェルをトンカツと呼ぶことと変わらない。

イ　友達の個性を尊重しているようで、実は否定しているのである。

ウ　しかし、ニーチェの立場に従うなら、本当は友達を誤解しているのに、友達をわかった気になることの方が、はるかに友達に対して失礼な態度ということになる。

エ　なぜなら、そのように友達をわかった気になることによって、「私」は友達がもつ未知の部分を否定し、既知のものに置き換えてしまうからである。

問七　――線⑤「軽く視る」とありますが、その説明として最もふさわしいものを次から一つ選び、記号で答えなさい。

ア　友達から誤解されることを気にせず、自分の理解にも誤解が混じることを了承してもらった上で関係を築くこと。

イ　完全な相互理解など幻想であることを前提とし、いかに負担を減らした関係を結べるかをお互いに熟慮すること。

ウ　人間がお互いに分かり合えることに期待せず、友達も結局は自分を理解し得ない他人に過ぎないと考えること。

エ　お互いの認識のずれを認め合いながら、友人関係においてそのずれは重く考えるべきではないと理解すること。

法政大学中学校(第一回)

―50分―

[一] 次の文章を読んで、後の問いに答えなさい。

今日の三、四時間目、運動会の組体操について話し合いがあった。桜丘タワーをやるのか、やらないのか。意見はまとまらず、そのせいで帰りの会が長引いた。青木も①わたしも、それから同じ塾に通っている佐藤杏子も、今日の授業はそろって遅刻だろう。いや、佐藤は母親が車で送ることも多いから、もしかしたらもう到着しているかもしれない。

全力疾走の青木の姿は、すでに視界から消えてしまった。青木が急いでいるのは、授業の最初のテストが受けられないとシールをもらえないからだろう。背が高くて眼鏡の顔が思慮深そうにも見える青木だが、②しょせんはお子ちゃまだ。澪は速度を変えずに改札を通過し、エスカレーターで[A]とホームまであがった。

ホームに佇む青木の姿があった。すんでのところで前の電車に行かれてしまったようだ。青木は、「あ」という顔をして澪を見た。澪はちいさく会釈し、ちょうどホームに入ってきた電車に、青木とは別のドアから乗った。

扉の横に立ち、リュックから漢字テスト用の練習プリントをとりだした。今日のテストに向けて最終確認をしておこう。構想、a容易、準備、肥満、再起。一度間違えた漢字にだけチェックがついている。そこだけ確認しておけばよい。構想、容易、準備、肥満、再起……。間違えたところにはしっかりシルシをしなさい。母に何度も言われたことだ。

ふと顔を上げると、民家が中心の平べったい街並みが振動とともに後ろへ後ろへ流されて、その向こうに薄くのばしたようなグレーの雲があった。

雲は町全体を覆っていて、太陽光をゆるやかに遮っていた。

澪は漢字のプリントを手にしたまま、ぼんやりと外を眺めていた。

この景色を見ると、澪はいつも不思議な気分になった。どの家にも窓がある。窓の中には人がいる。わたしが一生会うことのない人々。その全員がそれぞれ違う小学校や中学校や高校や大学に通っている。お父さんもいるだろうし、お母さんもいるだろう。皆、別々の会社に勤めていて、別々の生活がある。いりくんだ世界のあちこちに、無数の人生があるのだと思うと、澪は③奇妙な安堵をおぼえた。自分はその無数の人生の中のひとつなのだ。だったら、特別なものでなくてもいいはずだ。そんなふうに思うことで、澪の気持ちはいつも少しだけ軽くなる。

「安田さん」

ふいに肩の後ろから声をかけられた。青木だった。

澪はびっくりしたが、顔に出さず、「何」と静かに訊いた。

「反対に手を挙げてたよね」

青木が言った。

挨拶もなく、ぶしつけに本題に入る青木のこどもっぽさに、澪は内心でいらだった。無表情のまま見返すと、

「俺も反対した」

と青木は言った。

「知ってる」

桜丘タワー、みんなが「人間タワー」と呼んでいる、組体操の演目の

ことだ。

澪は人間タワーを見たことがない。この春、都心のタワーマンションからこの町に引っ越してきたばかりなので、去年の運動会に参加していないからだ。桜丘小の伝統だとか、一度見たら忘れられないとか、皆が異様にほめたたえるけれど、どんなものなのかイメージがわかないし、内心で、特別な訓練を受けているわけでもない小学生たちが作るものなどタカが知れてると思っているから、さほど興味も湧かない。

「青木くん、タワー練習の最後に手を挙げてたよね。反対意見、言おうとしてたんでしょ」

澪が言うと、青木の目に共感を迫るような色が浮かんだ。

「うん。そうなんだよ。なのに、デベソたちがうるさくて、発言できなかった」

「でべそ?」

「出畑のことだよ」

「あだ名、だめなんでしょ」

「みんな言ってるよ。幼稚園の時から。あいつ実際デベソだし」

「青木くん、なんで反対意見を帰りの会で言わなかったの」

「言っても無駄だよ。あいつら、聞く耳持たないじゃん。近藤とかさ」

「ふうん」

「でも俺、今日のアンケートに意見書いたから」

得意げに、青木は胸を張る。

「どんな意見?」

「どんなっていうか、反対意見だよ、もちろん。今、テレビでも組体操の事故のニュースとかやってるじゃん。知らない? 自治体の中では組体操禁止にしようってところもあるし、二百キロの負荷がかかるっていう話もあるし。それなのにあんなでかいタワーを作るっていうのが、時代に逆行しているっていうこと。危ないだろ。何かあったら、誰が責任とるの。俺たち受験するのにさ、もし右手を怪我したら、責任とれるの。もちろんそんなこと、そのまま書かないけどね。もっとマイルドに書いた。受験の内申書に差し障らない程度に、うまくさ」

「ふうん」

「でも、どうせ俺の意見なんか無視されて、やることになるんだろうな、タワー。沖田はやる気マックスだし、あとのふたりは沖田の部下だし、デベソとか近藤とか、あいつら死ぬほどばかだし」

④「ばかは『悪い言葉』だよ」

「学校の外でなら言ってもいいんだよ」

「ふうん」

電車が塾の最寄り駅(b)に到着した。青木と澪は一緒におりて、ホームを歩いた。

「安田さんさー、引っ越してきて、桜丘小ってレベル低いと思わなかった?」

青木が訊いてきた。

「レベル?」

「今日の話し合い、すげーレベル低かったな。俺が応援団長だから何? 応援団長は絶対に人間タワーに賛成しなきゃいけないのかよ。言論統制かよ。そんな決まりあるのかよ」

澪の肩のあたりを眺めながらひとりで［　B　］不満を言っている青木に、澪は、

「青木くんは桜丘小以外の学校を知ってるの」

と訊いてみた。

「どういう意味」

「転校とか、したことあるの」

「ない」

「そう」

澪は、青木をほほえましく感じた。おそらくは親の受け売りだろう内容をとくとくと喋って満足しているが、いきがったところで世間を知らないのだ。⑤自分の学校がどれだけましか、分かっていない。

澪は桜丘小が好きだ。秩序があり、統制が取れている。みんなが先生の言うことに従う。どの小学校もそうだと思ったら大間違いだ。

澪は転校してきた当初、用心しながらあたりを見まわして過ごしていた。だから、六年一組の人間関係については誰より詳しいかもしれない。男子は権力が分散していてあくどい子はいないし、女子も見た目が華やかな近藤蝶をトップに緩やかなカーストがあるといえばあるけれど、その近藤自体がさしで話してみたら、少しばかり自己顕示欲が強いだけの、まじめな子だったから、いじめとか、変な方向にはいかなそうだ。暴力沙汰は起こらないし、先生に暴言を吐く子もいない。

前の学校には怖い子がいた。常に獲物を探していて、誰かを傷つけることをよろこぶような子。澪はそういう子を見抜くのが昔から早かったし、そういう子の目から隠れて生きるのが得意だったから、あまりひどい目に遭うことはなかった。だけど、クラスのいじめを見て見ぬふりをすることに、心はすっかり疲れていた。

怖い子がいないだけではない。桜丘小は授業中に歩き回るような子がいない。テスト用紙をまるめて投げる子がいない。授業の始まりのチャイムが鳴ると、皆ちゃんと席につく。掃除の時間だって、たまにふざける男子はいるが、おおむねみんなきちんとやっている。誰かに押しつけてサボる子がいない。前の学校では、考えられないことだった。

「桜丘小はすごくいい学校だと思うよ。話し合いになっても、憲法があるから悪い言葉を言う子がいないよね。それだけでもすごいことだと思う」

「そうかなぁ」

あんなに貶(けな)していたのに、自分の学校を褒められると青木はくすぐったそうな顔をする。

「桜丘憲法ってさ、塾のやつらに日本国憲法の真似じゃんて、ばかにされたけどな」

「いい憲法だと思うよ」

本心だった。前の学校の先生に、こういうやり方があるんだよ、と教えてあげたかった。学校で憲法を作って、一年生の時からきちんと守らせれば、学級崩壊になんてならなかったかもしれない。

桜丘憲法の中では、児童が決して使ってはいけない「悪い言葉」が毎年、五つ決まっている。今年は、きもい、うざい、ぶす、しね、ばか。こどもたちにアンケートを取って毎年選び直している。その言葉を使った瞬間、どんな状況であったとしても、校長室に呼ばれて、親にも報告がいくことになっているので、皆、言わないように気をつけている。うっかり言ってしまったら、すぐに謝る。先生によっては居残りになることもある。他にも、あだ名をつけることや呼び捨てにすることを禁止しているし、健康な時に友達に自分の持ち物を持たせることも禁止。友達の教科書やノートに書き込みをするのも禁止。見方を変えれば規則でがんじがらめなのだけれど、むしろ小学生はがんじがらめにされるべきだと澪は思う。解き放たれた獣みたいなこどもたちがどんなに残酷か、前の学校でさんざん見てきた。

だけども、今日の話し合いで、澪は落胆した。

沖田先生が、熱しやすく単純な男子をうまく利用して、やりたくない派の子たちを吊し上げたのだ。

澪は、規律をしっかり守らせる沖田先生の統率力(c)を気に入っていたから、その沖田先生の汚いところを見てしまったように感じて、暗澹(あんたん)とした気持ちになった。と同時に、沖田先生がこれほどタワーを作りたがっているのに、［C］と「反対」に手を挙げてしまったことを悔やんだ。今日、母親からの手紙を沖田先生に渡さなくて良かったと、心から思った。

「国貞がばかなことを言ったせいで、賛成派を勢いづかせたと思わない？」

青木は顔をしかめて言った。

「おまけに泣き出すしさ。あいつ、ディベートのやり方、分かってないな。痛いとか重いとか、主観的なことばっかり言うんじゃなくて、組体操の事故が何件起きているとか、ある自治体は組体操を禁止したとか、客観的な事実を言えば良かったんだよ」

「そうかな。わたしは、どんな客観的な事実より、⑥国貞さんの言ったことが、人間タワーの本質をついていたと思うけど」

「あれが、本質？」

青木が薄ら笑いを浮かべた。

「うん。そう思う。国貞さんが『下は重くて痛い』って言ったら、『上にのるのだって怖いんだよ』って言い返した子たちがいたけれど、『痛い』と『怖い』は別物だもの。『痛い』は肉体的なもので、『怖い』は精神的なものでしょ」

「だから？」

「その二つは比べられないっていうこと」

「そうかなあ」

「あとね、国貞さんが言っていたとおり、土台になる下の人は、上の人に、やられっぱなしだよ。何もできない。背中を［D］揺するとかできるけど、それで万が一潰れちゃったら、自分の方が怪我するでしょ。だから、下の人は平たくて丈夫な背中をただ上の人のために差し出さなきゃならない。重くて、痛いのに。でも、上の人は、自分の気持ちひとつで、どんなふうにものれるでしょ。思いやりをもってそっとのることもできるし、わざと踏みつけることもできる。上の人には選択肢がある。下の人にはそれがない。圧倒的に、上にのる人が有利だよ。そういう仕組みになってるんだよ、人間がつくるピラミッドって」

青木が急に立ち止まった。青木はまっすぐ澪を見ていた。薄ら笑いが消えていた。

「すげえ。安田さん、それ、みんなの前で言えばよかったのに」

青木は真顔でそう言った。

青木の意外な素直さに動揺して、「言わないよ。わたしは上にのる側だから」⑦つっけんどんに澪は言った。

とたん、大きな声で、

「ひどいな、おまえ！」

青木は言った。

澪は慌てたが、青木は笑っていた。その笑顔は、さっぱりしていて、裏がなかった。だから澪は安心して、

「わたしは人間タワーには反対だけど、⑧人間タワーをやらないことにも反対」

と言った。

「は？　どういうこと？」

「今日の話し合いで、出畑くんや近藤さんの発言を聞いてたら……」

「デベソは単細胞なんだよ。近藤はうるさいだけで頭悪いし。去年、骨折した子がいるから今年はやらないだろうって、うちのお母さん言ってた。国貞の親も反対してるらしいし」

「だけどさ、青木くんは応援団長でしょ。国貞さんも選抜リレーの選手。運動会って、だいたい体が大きい子の方が、活躍の場があるじゃない。わたしとか出畑くんみたいな小さい子のほうが目立てる種目がちょっとはあってもいいんじゃないかって気もしない？」

そう言うと、青木はまた、黒目をふちどる白い部分が丸く見開かれるような、漫画みたいな顔をして、

「安田さんて、志望校どこなの」

と訊いてきた。

「え？」

脈絡のない質問に、澪の顔はひきつった。青木の目に邪気はない。澪はこわばったd口角をなんとか持ち上げ、苦笑いに変えて、

「何、急に。そんなのまだ決まってないよ」

と言った。

「安田さん、言うことが天才的だから、すごいところ受かりそうだな」

青木は言った。

澪は、思ったことをすぐ口にする青木のこどもっぽさに呆れた。

「じゃあ青木くんはどこなの」

そう訊くと、青木はするりと難関校を挙げた。

「ふうん」

としか、澪は言えなかった。

通りを曲がると塾の看板が見えた。青木ははっとした顔になった。

「やべえ、もう始まってるじゃん。走ろうぜ」

澪が首をふると、青木は「じゃ、俺行くから」と短く言って、躊躇(ちゅうちょ)なく澪をおいて駆けて行った。

（朝比奈あすか『人間タワー』〈文藝春秋〉より）

問一　――部①「わたし」の名前をフルネームで答えなさい。

問二　――部②「しょせんはお子ちゃまだ」とありますが、そのように思った根拠となる一文を本文中から抜き出し、最初と最後の六字を答えなさい（句点も一字とします）。

問三　――部③「奇妙な安堵」とありますが、これを説明したものとして最も適切なものを次の中から選び、記号で答えなさい。

ア　たくさんの家や、それぞれの家にそれぞれの家庭や生活があることを思うと、自分が特別な人間でなくても構わないのだと安心している。

イ　たくさんの家や、それぞれの家に住む人々がいることを考えると、自分は他のみんなとは違う特別な人間なのだと思えて安心している。

ウ　たくさんの家や、それぞれの家に住む人がいるということを考えるのはいつものことで、今日もいつもと同じ日常が過ごせるのだと

安心している。

エ　たくさんの家があり、それぞれの家に住んでいる人たちとは一生会うことはないが、想像をするだけで交流しているような気になれて安心している。

問四　――部④「ばかは『悪い言葉』だよ」とありますが、「わたし」がこのように言うのはなぜですか。その理由を本文中の言葉を使って五十字以内で説明しなさい（句読点や記号も一字とします）。

問五　――部⑤「自分の学校がどれだけましか」とありますが、澪が前にいた小学校の子どもたちはどのように表現されていますか。「〜子どもたち」に続く形で、本文中から十一字で抜き出して答えなさい。

問六　――部⑥「国貞さんの言ったことが、人間タワーの本質をついていた」とありますが、澪の考える「人間タワーの本質」とはどういうことですか。それを説明した次の文章中の［Ⅰ］〜［Ⅳ］にあてはまる言葉を答えなさい。ただし、適切な言葉が必ずしも本文中にあるとは限りません。

> 人間タワーの上にのる人は優しくのったりわざと踏みつけるようにのったりする［Ⅰ］がある。しかし、下の人は重くて痛くてもタワーが潰れてしまうと［Ⅱ］をするので、［Ⅲ］するしかない。だから上にのる人の方が［Ⅳ］にできているということ。

問七　――部⑦「つっけんどんに澪は言った」とありますが、「つっけんどんに」という言葉の意味に最も近い言葉を次の中から選び、記号で答えなさい。

ア　無表情　　イ　無細工　　ウ　無気力　　エ　無愛想

問八　――部⑧「人間タワーをやらないことにも反対」なのはなぜですか。その理由として最も適切なものを次の中から選び、記号で答えなさい。

ア　タワーの下になる人のつらさを解消する方法があるから。

イ　実際にはタワーの上にのる人も下の人も大変だから。

ウ　自分のような体の小さな人でも活躍できる場は必要だから。

エ　世間がタワーに反対しているとあえてやりたくなるから。

問九　［A］〜［D］にあてはまる言葉として適切なものを次の中からそれぞれ選び、記号で答えなさい。ただし、同じ記号は一度しか使えません。

ア　うかうか　　イ　ぶつぶつ　　ウ　ぐらぐら　　エ　ゆるゆる

問十　＝＝部a〜dの漢字の読みを書きなさい。

a　容易　　b　最寄り　　c　統率　　d　口角

［二］　次の文章を読んで、後の問いに答えなさい。

新型コロナウイルスの感染を避け、私たちがいのちを守るために大切にしなければならないと悟（さと）られたのは、密閉、密集、密接の三密を避けるということです。新型コロナウイルス感染症禍の中で、私たち人間は〝三密〟を避ける行動を実践しました。

この言葉は、二〇二〇年の流行語大賞に選ばれました。そして、毎年、年の暮れには、その年を象徴する漢字一文字が発表され、京都市東山区にある清水寺の貫主（かんす）によって揮毫（きごう）[*1]されるのですが、二〇二〇年は、〝密〟という文字になりました。

植物に目を向けてみると、植物はそもそも〝密〟を絶対に避ける生き方をしているのです。ここでは、〝三密〟を避けて、いのちを守り暮らしている三つの事象を紹介します。

一つ目は、空間における〝密〟を避けることについてです。まず、発芽という現象についてです。

植物には、カタバミやホウセンカのように、自分でタネを飛ばすものがいます。タンポポやモミジのように、風に乗せてタネを遠くへ運ばせるものもいます。オナモミやイノコズチのように、動物のからだにくっついて移動するものもいます。[①]タネは、そのようにしてまき散らすことができます。

これは、植物たちが、生育地を広げるとともに、発芽するときの〝密〟の状態を避けるためです。タネが移動しなければ、親のそばでつくられたタネが、②〝密〟の状態で発芽しなければなりません。

しかし、カキやビワのように、木にできる重いタネは、容易に移動することができません。そのまま親のまわりに落ちて、〝密〟の状態になります。そうならないために、動物にタネを広い範囲にまき散らしてもらうことは、重いタネをつくる植物たちにとって大切なのです。

ですから、果実をつくる植物たちは、「動物に果実を食べてほしい」と思っているはずです。そのために、おいしい果実を準備するのです。タネができあがったころに、おいしそうな色になって、動物に食べてもらえるように「もうおいしくなっているよ」とアピールするのです。

私たちが、植物を栽培する場合も、〝密〟を避けます。たとえば、同じ種類の植物を栽培するときには、小さいタネなら、一ヵ所に多くがまかれます。発芽してくると、小さい芽生えが〝密〟になります。

そのまま、〝密〟の状態では、芽生えが育つはずはありません。光や水や養分などの奪い合いがおこるからです。そこで、元気に育ちそうな芽生えを残し、他の芽生えを抜いて、〝密〟の状態を解消します。この作業は、「間引き」といわれます。

私たちは、植物を栽培する場合、一定の面積であれば、栽培できる本数は、経験的に知っています。ですから、それに合わせて、栽培する株の本数を決めます。そのため、タネをまく場合には、「何センチメートル離してまきなさい」とか、苗を植える場合には、「何センチメートル離して植えなさい」とかいわれるのです。

ところが、せっかく栽培するのだから、「③同じ面積に、たとえば、四倍の本数の株を栽培すれば、四倍の収穫量が得られるだろうか」と欲張ったことを考えることもあります。四倍の収穫量を得るために、すべての芽生えにまんべんなく光が当たるようにし、水も養分も不足しないようにして、育ててみます。

植物が芽生えのときには、すべての芽生えに光を当てることはaカノウかもしれません。[A]、芽生えが成長し、葉っぱが大きくなると、密に隣り合わせになった株は、陰ができてしまいます。また、土に水や養分が十分にあったとしても、根が伸びて隣の株の根と、水や養分の奪い合いがおこります。

その結果、生き残る株の本数は減ります。もし、すべての株が何とか成長したとしても、各個体の葉や根、茎やbミキの成長が抑えられます。[B]、生産されるタネの数が減ります。その結果、すべての株が枯れずに育ったとしても、収穫量は四倍にはなりません。

四倍の芽生えを苦労して育てたとしても、四分の一の芽生えの本数でりっぱに育った場合と、ほぼ収穫量は同じになるのです。一定の面積で、得られる葉や根、茎やミキ、生産できるタネの数などは、ほぼ一定になるように決まっているのです。

間引きによる〝密〟の状態の解消は、植物たち自身で行われることもあります。ある種類の植物が〝密〟の状態で生育をはじめると、光や水や養分などの奪い合いの生存競争がおこります。その結果、競争にヤブ(c)れた個体は、生育が悪くなって、やがて枯死していきます。

二つ目は、ハチやチョウを誘う競争においての④〝密〟を避ける工夫です。植物たちにとっては、子ども（タネ）をつくるための相手に、花粉を運んでくれるのは、主にハチやチョウなどの虫なのです。そのため、植物たちは、花の中にハチやチョウを誘い込まなければなりません。そこで、多くの花は、美しい色で装い、いい香りを放ち、おいしい蜜を準備して、懸命にハチやチョウを誘い込む努力をします。

もし、すべての植物が同じ季節にいっせいに花を咲かせたら、花粉を運んでくれるハチやチョウを誘い込む競争はとてつもなく激しくなります。これは、〝密〟の状態です。

そこで、植物たちは、他の種類の植物と、開花する月日を少し〝ずらす〟という知恵をはたらかせます。多くの植物が花を〝密〟に咲かせるのを避けるためです。これを人間が観察して表したものが、「花ごよみ」です。

花ごよみは、各月ごとに、どのような草花や樹木が花を咲かせるかが記述されたものです。［C］、春に咲くサクラ、コブシ、ボケ、ハナミズキ、フジ、ツツジなども、同じ地域で少しずつ、開花の時期がずれています。開花の時期を少しずつずらして〝密〟の状態を避けているのです。

そうはいっても、同じ季節や同じ月日に、多くの植物が開花します。すると、ハチやチョウなどを誘い込む競争が激しくなります。そこで、植物たちは種類ごとに、「月日」だけではなく、開花する「時刻」もずらすという知恵を思いつきました。

たとえば、⑤アサガオは、夏の朝早くに、花を咲かせます。この植物は、季節だけでなく、時刻もずらして〝密〟を避けているのです。他の花がまだ咲いていない時刻なら、ハチやチョウを誘い込みやすいからです。

夏の夕方遅くに咲くツキミソウ、夜一〇時ころに咲くゲッカビジンなども、同様の作戦で〝密〟を避けて生き残ろうとしています。私たち人間でいえば、朝の通勤ラッシュを避けて、時差出勤をするようなものでしょう。

三つ目は、生育する葉っぱが時期をずらすことです。たとえば、秋に花を咲かせるヒガンバナです。この植物は、太陽の光の奪い合いをやめて〝密〟を避けています。

多くの植物は、花が咲けば、タネができます。タネをつくるための栄養は、葉っぱがつくります。だから、植物では、花が咲く前に葉っぱが出て、その葉っぱが光合成で栄養をつくり、そのあと花が咲いて、タネができるというのが、ふつうの順序です。

［D］、多くの植物では、花が咲いているときに、葉っぱがあります。でも、ヒガンバナでは、秋に真っ赤な花を咲かせるとき、葉っぱが見当たりません。不思議なことに、葉っぱが存在しないのです。

この植物の葉っぱは、花がしおれてしまったあとに、細く目立たない姿で生えてきます。冬になると、野や畑の畦（あぜ）*2などには、細くて長く、少し厚みをもった濃い緑色をしたヒガンバナの葉っぱが、何本も株の中央から伸び出てきて茂ります。「なぜ、寒い冬に、ヒガンバナはわざわざ葉っぱを茂らせるのか」と不思議に思えますが、冬には、多くの植物が枯れています。ですから、冬の野や畑の畦で葉っぱを茂らせていると、他の植物たちと生育するための土地を奪い合う必要がないのです。生育地での〝密〟を避けているのです。

冬に茂ったヒガンバナの葉っぱは、四月から五月に、アタタかくなって他の植物たちの葉っぱが茂り出すころ、枯れてすっかり姿を消します。そのあと、葉っぱがつくった栄養を使って秋に花が咲くのです。ヒガンバナは、多くの植物たちが姿を消す冬に葉っぱを茂らすことで、他の植物たちと生育する土地を奪い合う競争を避け、〝密〟の状態を逃れているのです。

ヒガンバナは、こうした術を身につけて、⑥他者と〝密〟になってする競争を避けてきたのです。

(田中修『植物のいのち　からだを守り、子孫につなぐ驚きのしくみ』〈中公新書〉より)

＊1　揮毫…毛筆で文字を書くこと。
＊2　畦…耕地と耕地の間の土を盛り上げた仕切りのこと。
※問題作成の都合上、小見出しを削除し、本文を一部改変しました。

問一　[①]にあてはまるものとして最も適切なものを次の中から選び、記号で答えなさい。

ア　新しい　　イ　かたい　　ウ　軽い　　エ　小さい

問二　――部②「〝密〟の状態で発芽」とありますが、その結果どうなりますか。その説明として最も適切なものを次の中から選び、記号で答えなさい。

ア　植物が芽生えのときには少ない水分量でも育つが、芽生えが成長するにつれ、根っこが長くなり、育つために必要な水分量が増える。

イ　植物が間引きを行うことにより生き残りをかけた競争が激しくなり、その結果元気な芽生えだけが生き残り、全体の個体数が増加する。

ウ　植物の育つ過程で、葉っぱや根っこ、茎などは十分に生育することができるが、生産されるタネの数は一定の基準値まで調整される。

エ　植物の成長に必要な光や水や養分などをめぐって争奪戦となり、競争に勝てなかった個体は元気に育つことができず、いずれ枯れる。

問三　――部③「同じ面積に、たとえば、四倍の本数の株を栽培すれば、四倍の収穫量が得られるだろうか」とありますが、実際はどうなりますか。理由を明らかにして、七十字以内で説明しなさい(句読点や記号も一字とします)。

問四　――部④「〝密〟を避ける工夫」とはどのような工夫ですか。「〜という工夫。」に続く形で、本文中から三十字以内で抜き出し、最初と最後の三字を答えなさい(記号も一字とします)。

問五　――部⑤「アサガオは、夏の朝早くに、花を咲かせます」とありますが、このアサガオが〝密〟を避けるためにしている工夫を比ゆで表現した部分を五字以内で抜き出しなさい。

問六　――部⑥「他者と〝密〟になってする競争を避けてきた」とはどういうことですか。その説明として最も適切なものを次の中から選び、記号で答えなさい。

ア　他の植物とは別の時期に葉を生やすことで、成長に必要な光や土地を独り占めできるようになったということ。

イ　他の植物とは別の場所に葉っぱを生やすことで、光を必要としない独自の方法で育つようになったということ。

ウ　花粉を運ぶ虫がいない季節に花を咲かすことで、他の植物とは別の時期にタネを作るようになったということ。

エ　他の植物とは別の時期に根を生やすことで、短い時間と少ない土地でも生育ができるようになったということ。

問七　次の段落はもともと本文中にあったものです。これを元の位置に戻すとき、後に続く段落の最初の五字を答えなさい(句読点も一字とします)。

> これは、植物たちが自分で、〝密〟の状態を避けるために間引きを行っている現象であり、「自己間引き」とよばれます。自然の中では、植物たちは、この方法で、一定の面積で育つ個体数を調整します。

問八　植物と他の生き物との関係を説明した次の文章の［Ⅰ］～［Ⅳ］にあてはまる言葉をそれぞれ指定された字数で答え、文章を完成させなさい。ただし、適切な言葉が必ずしも本文中にあるとは限りません。

> 植物は、タネを広い範囲に［Ⅰ(二字)］させるための工夫として、動物の力を［Ⅱ(二字)］している。例えば、タネを動物のからだに付着させる、タネごと果実を食べてもらう、といったことがあげられる。タネごと食べてもらうには、［Ⅲ(四字)］果実の準備が必要であり、それが動物たちを［Ⅳ(四字)］ための手段なのである。
>
> また、植物は、虫たちが花粉を運んでくれなければタネをつくることができないが、この花粉を［Ⅰ］させる方法についても、ハチやチョウといった虫の力を［Ⅱ］している。虫を花の中に［Ⅳ］ための手段が、美しい色であり、いい香りであり、［Ⅲ］蜜なのである。
>
> 植物は自分の力で［Ⅰ］することができない。しかし、だからこそ、他の生き物の力を借りながら生きていく手段を手に入れたのではないか。

問九　［A］～［D］にあてはまる言葉として適切なものを次の中からそれぞれ選び、記号で答えなさい。ただし、同じ記号は一度しか使えません。

ア　また　　イ　しかし　　ウ　ですから　　エ　たとえば

問十　＝＝部a～dのカタカナを漢字に直しなさい。

a　カノウ　　b　ミキ　　c　ヤブれた　　d　アタタかく

法政大学第二中学校（第一回）

—50分—

一　次の各問に答えなさい。

問一　次の①～⑤の傍線部を漢字で正確に答えなさい。

①　ケイトウ立てて説明する。　②　穀物をチョゾウする。

③　混乱のシュウシュウを図る。　④　美しい布をオる。

⑤　大声援にイサみ立った。

問二　次の①～④の傍線部の漢字の読みをひらがなで正確に答えなさい。

①　調査に時間を費やす。　②　秋になり暑さが和らぐ。

③　知人の安否を確認する。　④　後援会の発起人になる。

問三　次の①～③の二つの語が類義語になるようにしたい。□に入る適切な漢字一字を答えなさい。

①　裕福・□裕　②　刊行・出□　③　真心・□意

問四　次の①～③の傍線部と同じ働きをしている言葉を後のア～ウから選び、それぞれ記号で答えなさい。

①　感染症の流行で不自由な生活を強いられる。

ア　相手に非難され、心中はおだやかでない。

イ　洗面所できれいに手を洗う。

ウ　台風で大きな橋が流された。

②　今夜から雪になるらしい。

ア　彼の振る舞いはとても中学生らしい。

イ　犯人はまだ逃げているらしい。

ウ　今日の夕陽はいつになくすばらしい。

③　あなたには鳥のさえずりが聞こえますか。

ア　まもなく長い試験が終わる。

イ　兄は無口だが弟はおしゃべりだ。

ウ　私の姉はフランス語が話せる。

二　次の文章を読んで、後の各問に答えなさい（なお、出題の都合上、本文を省略した所がある）。

〈被差別—差別〉という二分法的見方があります。それはある具体的な差別事象をめぐり、人々の全体を、差別を受ける側の人々と差別をする側の人々という二つの立場に分けていく考え方です。（中略）

私たちは、この見方をてがかりとすることで、差別を受ける人々が誰なのかを括（くく）りだすことができ、被差別の現実や被差別それ自体を冷静かつ克明に考えていくことができます。その意味で、差別を考える原点の思考法であり、本来、明快で柔軟なものです。

しかし、この見方は、普段私たちの常識のなかでは、被差別の現実から差別を考えていくうえで役立つ見方と考えられていないようです。本来この見方が持っている原理的な部分が失われ、差別を受ける人と差別する人を括りだして二分するだけの〝硬直した〟思考法になっています。そして、①まさに〝硬直した〟二分法が、「差別を考えること」から私たちを遠ざけてしまいます。

『「あたりまえ」を疑う社会学』（二〇〇六年、光文社新書）の中で書いていますが、ある評論家の発言に私は驚愕（きょうがく）したことがありました。もうかなり前になってしまいましたが、深夜のニュース番組で解放運動を進めている被差別当事者と評論家との対談がありました。冒頭評論家はこう切り出しました。

「私は生まれてこのかた、差別を受けたこともないし、差別をしたこともありません。その意味で普通の人間です。普通の人間として、これからあなたにいろいろと質問したいのですが……」。

自分は一度も差別などしたことがないと断言できることに、私はまず驚きました。なぜなら先に※1述べているように自分の行為が差別的であるか否かについては、それを受けた人の「声」によってわかるのであって、行為者が自分で決めることができるようなものではないからです。そして私はそれ以上に、差別に関係がない人間が「普通」だという了解に驚愕しました。

この評論家の発言の背後には以下のような差別をめぐる心理学的な了解図式とでもいえるものが息づいています。

差別を受ける人も差別をする人も「普通」ではない。彼らは「特別」であって、差別とは「特別」な人たちの中で起こる「特別」な出来事なのだ。その意味において差別は「普通ではない出来事」だ。他方で私も含めて多くの人々は「普通」の世界で生きている。「普通」である私は、差別とは基本的に関係がない。だからこそ、より客観的に、冷静に差別について考えられるし、「特別」を生きている当事者のあなたに、いろいろと問いかけられるのだ、と。

これは、まさに〝硬直した〟二分法的見方の典型といえます。

先の新書で私がこの発言をとりあげ批判し、言いたかったことを確認しておきます。

「普通」の人間であれば、差別しないし、差別などに関わりがないはずという考えは、まったく根拠のない幻想です。さらにその裏返しとして「差別者であれ被差別者であれ、差別に関わる人びとは普通でない特別な存在だ」という考えは、差別をできるだけ限定し、狭く稀(まれ)なできごととして私たちの日常生活世界から締(し)め出そうとする硬直した見方です。

差別とは、差別をした人と差別を受けた人との間の「問題」であり出来事なのだ。「普段」差別などしていないし、する気もなく「普通」に生きている私たちにとって、差別は関わりのないことだ。硬直した二分法的見方は、こうした了解を私たちに与えてしまいます。

例えばテレビ・ドキュメンタリーやニュースで、差別の激しさや被差別当事者の生の実相などを知り現実の厳しさを実感することもあるでしょう。その時私たちは「かわいそうだ」「差別は許せない」という思いがわきあがる一方で、「自分がそうでなくてよかった」「できることなら関わりたくない世界だ」と感じます。そして、②<u>差別というできごとから距離をとり、それを自らの生活世界から締め出してしまおうとします。</u>

つまり、私たちは、基本的に自らが生きている日常生活世界を脅かすこともない「問題」「事件」として、いわば〝[Ⅰ]の[Ⅱ]〟として差別を傍観しながら、差別を受けた人々の「痛み」や「怒り」に同情し共感し、差別をした人を「怒り」「批判」することができるのです。

「差別を考える」うえで、まず必要な作業があります。それは〈被差別―差別〉をめぐる〝硬直した〟常識的な二分法をひとまず〝カッコに入れる〟、つまり※2ペンディングし、使わないように気をつけることです。

そして差別問題をめぐり自らの位置取りをするときに思わず語ってしまう「普通の人間」の姿、[Ⅰ]で[Ⅱ](＝差別)を安心して見物できる「普通の人間」の姿とは、いったいどのようなものなのかを詳細に読み解こうとするまなざしをもつことです。

もう一つの重要な基本があります。それは「人は誰でも差別する、あるいは差別してしまう可能性がある」ということです。この見方は実は、差別という現象を差別する側から考えたときに出てくるもので、被差別者、被差別の現実から差別を考えるという先の二分法とは抵触することはありません。（中略）

私は大阪生まれ大阪育ちです。一九七〇年代大阪では部落解放運動や障害者解放運動が急速に展開していました。私が通っていた市内の中学校の校区には大きな被差別地域があり、そこから通ってくる友人も多く、中学校は人権教育、解放教育のモデル校でした。

しばらく前でしたが、校区内にある被差別地域出身で当時の運動を中心的に進めていた男性二人と会ってお話をうかがう機会がありました。二人とも、もう八〇歳近いであろう老齢になられていたのですが、彼らに当時の話や今の運動の課題などうかがうなかで、「人は誰でも差別する可能性がある」という考えをどう思うかと問うてみたのです。

彼らはすんなりと「そのとおりだよ」と言いました。「私は若い頃がむしゃらに運動を進めてきたが、他の差別問題への理解ができていたのかと考えれば、そうではないだろうと思います。障害者問題は、障害者たちの集会に参加して、連帯を表明すれば、理解できたと思い込んでいたところはありますね」と淡々と語ってくれた姿は、印象深いものがありました。

もちろん（中略）、彼らは、ただ「普通」に安住して生きている多くの私たちとは異っていて、長い時間をかけ自らの被差別性を考え抜いた結果、他者理解や人間理解が深まると同時に、感性や理性が磨かれ、結果的に他の差別事象に対しても鋭い感性を持っている場合が多いのではないかと思います。しかし、もしそうであるとしても、差別を受ける人々であるからといって、他の差別事象を真に理解できると言い切ることなどできません。いわば私たちは、③それぞれの被差別性がどうであれ、他者を差別する可能性からは、誰も逃れ得ないと私は考えます。（中略）

世の中には、ある人々をめぐる根拠のない「決めつけ」や恣意的な「思い込み」があり、ある問題や出来事をめぐり「歪められ」「偏った」理解の仕方などがあります。

「差別する可能性」とは、世の中に息づいている、こうした他者理解や現実理解をめぐる知や情緒に私たちが囚われてしまう〝危うさ〟のことです。こうした知や情緒を私たちが生きていくうえで適切であり必要なものなのかを批判的に検討しないで、そのまま認めてしまう〝危うさ〟のことです。

さらに言えば、「差別する可能性」とは「差別者になる可能性」ではありません。むしろ私たちは、自らの「差別する可能性」に気づけば、それを修正し、他者に新たに向きあい、理解するための指針として活用することができます。つまり、この可能性は「差別をしない可能性」に変貌すると私は考えています。

ではいったいそもそもどこに、この根拠のない決めつけや恣意的な思い込み、歪められた知や情緒が息づいているのでしょうか。それらは、まさに「普通」に生きたいと考える私たちの「常識」に息づいており、「普通」の中で、活き活きとうごめいているのです。

私たちは、「普通」でありたいと望みます。また自分は特別ではなく、差別という出来事からも遠い、「普通」の人間だと思う場合も多いでしょう。ただ「普通」であることは、差別をめぐる関わりから一切私たちを切り離してくれる〝保障〟などでは決してありません。

むしろ「普通」の世界には、さまざまな「ちがい」をもった他者をめぐる思い込みや決めつけ、過剰な解釈など、歪められ、偏り、硬直した知や情緒が充満しており、こうした知や情緒を「あたりまえ」のものとして受容してしまう時、Xまさに私たちは「差別的日常」を生きているといえます。

こう考えていけば、Y差別はけっして特別な誰かが特別な誰かに対して起こす限られた社会問題ではありません。それは私が生きて在る日常のなかでいつでも起こり得る普遍的で普通の現象です。だからこそ、声高に「差別はしてはいけない」とだけ叫ぶのではなく、まずは私が「差別する可能性」「差別してしまう可能性」を認めたうえで、なぜそんなことを私はしてしまうのかを思い返すチャンスとして、つまり〝よりよく他者を理解し生きていくための大切な指針〟として「差別」を活用すべきではないでしょうか。

「普通であること」を見直すことから自らが思わず知らずはまり込んでしまっている④差別する可能性を掘り起こし、自分にとってより気持ちのいい「普通」とは何かを考え直し、そこに向けて自分にとっての「普通」を作り替えていくこと、新しい「普通」を創造していくことこそ、「差別を考える」ことの核心に息づいています。

ところで、なぜ私は「差別を考えること」が重要だと言っているのでしょうか。

Ⅲ

こうした他者の姿と出会ったとき、私たちは二つのことを実感するでしょう。

一つは、いかに他者と繋（つな）がることが難しく厳しいものであるかということです。今一つは、他者と繋がることでいかに優しさや豊かさを得られるのかということです。この二つを実感するからこそ、他者と多様で多彩な〝距離〟があることに驚き、悩み、苦しみながらも、他者を理解し繋がりたいという〝意志〟が「わたし」のなかに沸き起こってくるのです。

いま、世の中では、さまざまな理由から、「わたし」と他者が繋がる〝ちから〟が萎（な）え、他者と繋がる可能性が奪われつつあります。「わたし」が、そうした〝ちから〟をとり戻すためにも、「差別する可能性」とは何かを考え活用し、「差別的日常」を詳細に読み解き、「わたし」が気持ちよく生きていける意味に満ちた、新たな「普通」を創造する必要があるのです。

（好井裕明『他者を感じる社会学　差別から考える』〈ちくまプリマー新書〉より）

［注］　※1　先に述べているように……ここよりも前の部分で筆者は、差別について「受けた側の苦しみや痛み、怒り、憤りや抗議という『声』があって初めて、ある出来事が「差別」であるとわかるし、こうした被差別の側の『声』にまっすぐ向き合うことこそが、差別を考える基本の一つです」と述べている。

※2　ペンディング……保留にすること。

問一　空欄［Ⅰ］・［Ⅱ］に入る言葉の組み合わせとして最も適切

なものを次から選び、記号で答えなさい。

ア　Ⅰ　他山　　Ⅱ　石　　イ　Ⅰ　紺屋　　Ⅱ　白ばかま
ウ　Ⅰ　すずめ　Ⅱ　涙　　エ　Ⅰ　対岸　　Ⅱ　火事

問二　二重傍線部ａ「淡々と」の言葉の意味として最も適切なものを次から選び、記号で答えなさい。

ア　ひっそりとして静かである様子
イ　すんなりいさぎよく認める様子
ウ　あっさりしてこだわらない様子
エ　ぼんやりと過去を懐かしむ様子

問三　傍線部①「まさに〝硬直した〟二分法が、『差別を考えること』から私たちを遠ざけてしまいます」とあるが、それはなぜか。その説明として最も適切なものを次から選び、記号で答えなさい。

ア　被差別の厳しい現実をてがかりに差別を考えるあり方が失われることで、目を向けるべき差別の存在が見えなくなるから。
イ　差別と被差別を二つに分ける考え方は、差別を受ける人の厳しい現実に目を向ける上では、まったく役には立たないから。
ウ　被差別の苦しみから目を背けることで差別の実態が十分に理解されなくなり、「普通」の人の見方しかできなくなるから。
エ　単に差別と被差別を分類するだけでは両者の立場が逆転することはなく、被差別の厳しい現実の解決は望めなくなるから。

問四　傍線部②「差別というできごとから距離をとり、それを自らの生活世界から締め出してしまおうとします」とあるが、その背景にはどのような考え方があるのか。その説明となっている箇所を、「という考え方」に続く形で本文中より三十五字以上四十字以内で抜き出し、そのはじめとおわりの三字をそれぞれ答えなさい。ただし、句読点・記号等を含む場合は、これも一字と数えることとする。

問五　傍線部③「それぞれの被差別性がどうであれ、他者を差別する可能性からは、誰も逃れ得ない」とあるが、それはなぜか。その説明として最も適切なものを次から選び、記号で答えなさい。

ア　たとえ自分の受けた差別を振り返り、受け止める中で人間に対する理解が深められたとしても、差別事象が異なれば、差別される側の人を本質的に理解することができるとは限らないから。
イ　たとえ自分の受けた差別を振り返り、受け止める中で他の差別事象への感性が磨かれたとしても、差別される人に共感し連帯するだけでは差別問題を同様に理解することにはならないから。
ウ　たとえ自分の受けた差別を振り返り、受け止める中で差別への理解が深まって、しなやかさを身につけたとしても、他者を差別することで自己の被差別意識を克服することもありうるから。
エ　たとえ自分の受けた差別を振り返り、受け止める中で差別問題への感性が鋭敏になったとしても、結局のところ、自分が差別されないようにするには他者を厳しく差別するほかはないから。

問六　傍線部④「差別する可能性」とあるが、それはどういうことか。その説明として最も適切なものを次から選び、記号で答えなさい。

ア　私たちは誰でも、立場の弱い人を厳しく差別する経験をすることで、それを振り返って反省し、他者に新たに向きあい理解する可能性を秘めているということ。
イ　被差別者は自らの被差別性を考え抜くことで他者への理解を深める一方、自らの被差別経験を再生産し、次は差別する側に回ってしまう恐れもあるということ。

ウ　私たちは誰でも、世の中に存在する根拠のない決めつけや思い込みなどを批判的に検討することもなく、ただ受け入れてしまう危うさをもっているということ。

エ　被差別者にとっての「普通」を理解することで社会に広く共通する「普通」のあり方が創造され、他者との親和的な繋がりが生まれる可能性があるということ。

問七　空欄［Ⅲ］には次のア～エの文が入る。これらの文を意味が通るように正しく並べ替え、その順序を記号で答えなさい。

ア　そこには自分がこれまで想像もできなかったような厳しい生があり、厳しい生のなかで「ひと」として豊かに生きてきた他者の姿があります。

イ　自らの「普通」や「あたりまえ」を掘り崩して、さらに「差別」という「問題」を理解しようとします。

ウ　それは他者と繋がる〝ちから〟を得る原点だと考えているからです。

エ　そうした過程で、私たちは異質な他者や他者が生きてきた圧倒的な〝現実〟と出会うことができるでしょう。

問八　波線部Y「差別はけっして特別な誰かが特別な誰かに対して起こす限られた社会問題ではありません」とあるが、ここから脱却するために必要なこととはどのようなことか。次の条件に従って説明しなさい。

【条件】

・直前の波線部X「私たちは『差別的日常』を生きている」の具体例を、あなた自身の体験や身近にある内容に基づいて挙げなさい（ただし、筆者が本文中に示した例を、単純に他の例に置き換えて述べることは不可とする）。

・右の具体例を挙げた上で、波線部Yの状況から脱却するために必要なこととはどのようなことか、説明すること。

・字数は百字以上百五十字以内とし、段落は作らずに一マス目から書くこと。ただし、句読点・記号等も字数に含むものとする。

三　次の文章を読んで、後の各問に答えなさい（なお、出題の都合上、本文を省略した所がある）。

「実はね、菜月さん。塾のことなんだけど」

ふうっと大きく息を吐き、光枝が菜月の顔をじっと見てくる。

「俊ちゃん、まだ小学六年生でしょう。こんなに早々と塾に行かせなきゃいけないの？」

自分も夫も俊介の塾通いには反対だと、光枝がはっきりと言ってくる。

「でも、俊介が中学受験をしたいって言い出したんです。塾も楽しいみたいで、難しい問題が解けるようになるのが嬉しいって言ってるんですよ」

俊介は塾から帰るとすぐに、その日習った学習内容を菜月の前で話してくれる。教わった算数の技法を使って、複雑な計算問題の答えをわずか数秒で出してくることもある。「お母さん、おれ、勉強がこんなにおもしろいって知らなかった」と興奮気味に話す姿はサッカーで活躍していた時とまるで同じで、この子は打ち込めるものをまた見つけたのだ。

菜月は義母に向かってそう説明した。俊介が積極的に塾に通っていることをなんとかわかってもらおうと、これまでの経緯を一つ一つ丁寧に話していく。だが光枝はそんな話にはまるで興味がないのか「ふぅん」と呟き、

「塾代って一年でどれくらいかかるもんなの？」

と［Ｉ］聞いてくる。

「受験生の六年生で……百万くらいかと」

もっとかかるかもしれないが、少なめに告げておいた。

「百万？　おおこわー。塾にそんなお金かけてどうするの」

うちは子ども二人とも、一度だって塾になど行かせたことがない。子どもは遊ぶのが仕事なのだから塾なんて可哀そうだ。小さい時に我慢を強いられた子どもは性格が歪み、ろくな大人にならない。菜月が言葉を挟む間もなく、光枝が批判的な言葉を重ねてくる。

「そういえば菜月さん、パートに出てるんですって」

「はい」

「働きに出ている間、美音はどうしてるの。さっき俊介に聞いたら、学童がどうとか言ってたけど……。あの子の帰宅時間に間に合うようには、帰って来てるの」

「いえ……俊介の言う通り、美音は学童保育に通っていて、私が仕事を終えてから迎えに行ってるんです」

①光枝は菜月の言葉に目を剝くと、「可哀そう」と首を横に振った。まさかこんな時間まで学童保育に預けているなんて思ってもみなかった、と苦々しい表情で菜月を見つめる。

「美音をほったらかしにしてまでパートに出なきゃいけないの？　私はね、そもそも美音が普通の小学校に通うことも反対だったの。送り迎えやらが大変かもしれないでしょうけど、私は小学校もそのまま聾学校に進んだほうが美音のためなんじゃないかって思ってたのよ。正直なところ、俊介の塾にお金がかかるんでしょう？　だからパートをする時間が欲しいんでしょう？　だったら中学受験なんてしなきゃいいのよ。地元の中学で十分よ。美音にも俊介にも負担をかけて、そんな子育てをしていたら、あなた絶対に後悔するわよ」

子どもたちは楽しくやっている、と繰り返し伝えても、光枝は聞く耳を持たなかった。小学生が塾に通うことなんて、いまは珍しくもないのに。

「私はてっきり菜月さんは母性愛の強い人だと思ってたわ。俊介が生まれてからはちゃんと仕事も辞めたし、家にいて家庭を守ってくれてたのに……子どもたちが可哀そう」

何度も「可哀そう」と責められているうちに、②菜月の頭の中でなにかが弾け切れるような音がした。自分にしても、美音を学童保育に通わせることにはためらいがあった。でもあの子は日々成長しているし、新しい環境を楽しもうとしている。美音ももちろん大切だ。でも俊介も大切で、お金も必要で、自分が働かなくてはいけなくて……。ようやく折り合いをつけた気持ちを揺さぶられ、どくんどくんと心臓が脈打つ。

可哀そう……。テレビも観ず、ゲームもせず、外で遊んだりもせずに一日五時間も六時間も勉強する俊介は可哀そうなのかもしれない。可哀そう……。友達との会話もままならない美音を、放課後まで学童保育所に預けるのは可哀そうなのかもしれない。

でも本当に可哀そうなのは、夢を持てない大人になることじゃないだろうか。

自分に自信が持てないことじゃないだろうか。

菜月は、俊介が「塾で勉強したい。中学受験がしたい」と言い出した時、驚いたけれど嬉しかった。戸惑いもしたが、でも息子が目標を持って、それに向かって頑張ろうとしていることが誇らしかった。その頑張りを全力で応援してやりたいと思ったのだ。

「お義母さん、俊介は将来やりたいことがあるらしいんです。それで、自分の夢を叶えるために行きたい中学があるって。私と浩一さんは、それを応援しようと決めたんです」

「そんな、子どもの言うことをうのみにしちゃって。夢なんてね、叶えられる人なんてごくごくわずか、ひと握りなのよ」

「おっしゃる通りだと思います。私も夢なんて、持ったこともありませんでした。十七歳の時から必死でただ働くばかりで……」

高校を中退して就職したリサイクル工場では、荷台に山積みにされてくるパソコンやＯＡ機器などの産業廃棄物や家電などの機械製品を、ドライバーを手に分解した。分解したものはアルミや鉄、プラスチックなどに分別して破砕機にかけるのだが、そこまでが自分の仕事だった。職場の上司や先輩は親切な人ばかりだったし、働くことは嫌いではなかった。けれど十七歳から十年間続けたその仕事は、自分が望んで選んだものではない。

「でも、私はダメだったけれど、俊介には夢があって、もしかしたらその夢を叶えるかもしれません。まだ十一歳なんです。自分がやりたいと願うことを、好きなことを、職業にできるかもしれないんです」

俊介はなにも百万円のおもちゃを買ってくれとねだっているわけではない。勉強がしたい。中学受験に挑戦して、日本で一番難しいといわれている中学校に進学したい。そう言っているだけなのだ。正直なところ、進学塾がこれほど大変だとは思ってもみなかった。十一歳の子どもをここまで残酷に順位づけするのかと呆れることもある。春期講習の最終日のテストで、俊介は全クラス合わせて最下位だった。塾の授業中に行われる小テストでも思うようには点が取れず、ほとんど毎回補講を受けている。でも俊介は入塾してからこの一か月間、一度も弱音を吐くことはなかった。なんとか這い上がろう、遅れを取り戻そうと、食事をとる時間も惜しんで机に向かっている。その姿は、義母が口にする「可哀そう」なものでは、決してない。

「お義母さん、俊介はいま毎日必死で勉強しています。その姿を見ていて私は胸が締めつけられるくらいに感動しています。すごいと思ってるんです。誇らしく思ってるんです。俊介は私の息子です。私が育てているんです。あの子の人生は私が責任を持ちます。だからお願いです、俊介には受験や塾に対して否定的なことを言わないでください。応援してくれとは言いません。でも全力で頑張る俊介に、沿道から石を投げるようなことはしないでください」

途中から気持ちを抑えることができなくなり、涙が滲んできた。光枝に歯向かうのは、浩一と結婚して以来、これが初めてだった。

光枝は唇を固く結び、なにも言葉を発さず黙っていたが、やがて椅子から立ち上がりそのまま玄関に向かっていく。従順だった嫁の反抗的な態度に呆れ、怒り、許せないのだろうとその背中を見て思った。

よく言った、と菜月は心の中で呟く。自分の思いを、本心をきちんと伝えることができた。わが子を守るために強くなったと自分を褒める。高校を中退した時の悲しさや口惜しさは、いまこうしてわが子の盾になるために必要だったのかもしれない。

手の甲で涙を拭(ぬぐ)っていると、美音が菜月の腰にしがみついてきた。母と祖母のやりとりを、［Ⅱ］見ていたのだろう。声は聴こえなくても、二人が烈(はげ)しくやり合っていたことはわかったはずだから。

玄関のドアが閉まる音が聞こえてから、菜月は美音をぎゅっと抱きしめた。「大丈夫よ。びっくりさせてごめんね」とその目を見つめて伝えると、美音と手を繋いでリビングを出た。足音を忍ばせて廊下を歩き、俊介の部屋のドアをそっと開ける。目の前には俊介の丸まった背中があり、机上を照らすライトに潜り込むような姿勢で一心不乱に問題を解いていた。

光枝に切った啖呵(たんか)が聞こえていたら恥ずかしいなと思っていたので、菜月はほっとする。勉強に集中している時の俊介は、菜月が呼ぶ声にも反応しないことがある。リビングで言い合う声は届いていなかったのだろう。

結果がどうであれ、俊介も私もこの戦いを最後まで諦めずにやり遂げる。

そう心に決めて、リビングに戻ろうとしたその時だった。

「お母さん」

俊介が椅子ごとくるりと振り返り、呼び止めてくる。

「なに?」

平静を装い、首を傾(かし)げる。

「おばあちゃん帰った?」

「うん、いまさっきね」

「なんかいろいろ言われてたね」

「……聞こえてたの」

「あたりまえじゃん。お母さんの声、大きすぎだし」

その言い方に、思わずふっと笑ってしまった。菜月が光枝にあんな口を利くのは初めてで、俊介もさぞ驚いたことだろう。

「おばあちゃん、怒らせちゃった」

菜月が投げやりに言うと、

「いいじゃん。お母さんはまちがってなかったし」

と今度は俊介が小さく笑った。③二人で目を合わせて笑っているうちに、理由もなくまた涙が出てきて、でも心は晴れてすっきりしている。

「お母さんはさぁ」

「うん?」

目尻の涙を小指で拭う菜月の顔を、俊介がじっと見てきた。笑顔は消えている。

「十七歳から働いてたんだね。おれ知らなかった」

「……うん。……言ってなかったしね」

「あのさお母さん、いまからでも遅くないんじゃない?」

「なにが」

意味がわからず聞き返すと、俊介の口元がきゅっと引き締まる。

「お母さんさぁ、いまから夢を持てばいいじゃん。お母さんのやりたいこと、なんかないの?」

「お母さんの……やりたいこと?」

私のやりたいこと……。

夢……?

(中略)

入学式からの数日間、美音は髪をまっすぐに下ろして登校していた。耳に付けた補聴器をクラスメイトに見られないよう隠すためだ。でもいまは髪を束ねることも三つ編みにすることも怖れずに学校に通っている。

俊介の部屋からは毎朝五時になるときまって目覚まし時計のベルがなる。遅れを取り戻すため、俊介だけに特別に出された宿題をこなすためだ。早起きが大の苦手だった息子が、自分の力で起きている。

　春を迎えてからの一か月間、頑張る子どもたちを見ていると、自分もまだやれることがあるんじゃないかと思えてきた。自分の可能性を語れるのは自分しかいない。そんな当たり前のことを子どもたちが教えてくれる。

　俊介が開けた中学受験という新しい扉は、菜月が想像もしなかった別の場所へと続いていた。

「あのね俊介、美音。お母さん、いまからお勉強して、保育園の先生になろうかな。お母さんが高校生の時にね、とてもいい先生に出会ったの。お母さんが高校をやめなくちゃいけなくなった時、その先生が最後まで応援してくれて……。お母さん、その時に、先生ってすごいなって思ったんだ。先生っていいな、って……」

　突然なにを言い出すのだという顔で子どもたちは菜月を見ていたが、すぐに兄妹で顔を見合わせ、にやりと笑い合う。菜月は自分が口にした言葉に胸が高鳴り、しばらく呆然としてしまった。そんな菜月の顔を見上げ、

「ママ、保育園の先生！　いいねっ！」

　美音が口を大きく開き、はっきりと言葉を出す。発声を恥ずかしがって訓練以外の場所では喋（しゃべ）ってくれない美音の可愛らしい声が大きく響く。

「うん、いいと思う。お母さんが先生って、なんかぴったりな気がする」

　俊介に言われると、また泣きたくなった。

　自分を見つめる子どもたちの目を見返しながら、ふと思う。十七歳の時になにもかも諦めた気になっていたけれど、本当にそうだったのだろうか、と。あれから自分はなにも手にしてこなかったわけではない。家族を懸命に守ってきた。かつて未来を手放したこの手に、いまは大切なものがたくさん入っている。そんなことを、いまこの年齢になってようやく気づいた。

「ママも、お兄ちゃんも、ヨーイドン！」

　となぜか美音がかけっこの合図を口にする。④<u>腹の底から出ている美音の声に心が震える。</u>

「ヨーイドン！」

　菜月も美音を真似（まね）て、大きな声で口にした。

　俊介と美音が、身を捩（よじ）って嬉しそうに笑っている。

　⑤<u>大切なものを手の中に握りしめながらヨーイドン、私はまた走り出した。</u>

（藤岡陽子『金の角持つ子どもたち』〈集英社〉より）

問一　空欄 Ⅰ ・ Ⅱ に入れる言葉として最も適切なものをそれぞれ次から選び、記号で答えなさい。ただし、同じ記号を二度以上選ばないこと。

ア　肩を落としながら　　イ　鼻にかけるように

ウ　耳をそろえて　　エ　息を殺して

オ　眉をひそめたまま

問二　傍線部①「菜月の言葉に目を剝く」とあるが、このときの光枝の

気持ちはどのようなものか。その説明として最も適切なものを次から選び、記号で答えなさい。

ア　孫たちの養育方針をめぐって菜月と意見が対立し、自分の思い通りにならないと考え、ひどく怒っている。

イ　孫たちが望む遊びや勉強をさせてもらえず、つらく悲惨な生活を送っていると考え、ひどく悲しんでいる。

ウ　孫たちの成長に必要なことを菜月が一切考えず、自身が望む生活を強いていると考え、ひどく呆れている。

エ　孫たちが理想的で幸せな生活を送るための努力を、菜月が一切してこなかったと考え、ひどく驚いている。

問三　傍線部②「何度も『可哀そう』と責められているうちに、菜月の頭の中でなにかが弾け切れるような音がした」について、次の問に答えなさい。

(一)「可哀そう」とあるが、光枝と菜月の考える「可哀そう」の意味する内容とはどのようなものか。その説明として最も適切なものを次から選び、記号で答えなさい。

ア　光枝は子どもの思うようにさせないことでその人格に影響が及ぶことを「可哀そう」と考えるが、菜月は夢に向かい自らの手で道を開く可能性を閉ざしてしまうことを「可哀そう」と考えている。

イ　光枝は子どもの本分である遊びを制限することで理想的な大人になれないことを「可哀そう」と考えるが、菜月は夢を叶えることができず希望しない職業に就くことを「可哀そう」と考えている。

ウ　光枝は我慢を強いることで性格が歪んだ大人に育ってしまうことを「可哀そう」と考えるが、菜月は夢を否定し自信をも失わせることで性格の歪んだ大人に育つことを「可哀そう」と考えている。

エ　光枝は子どもの言うことをうのみにし叶うはずのない夢を追求させることを「可哀そう」と考えるが、菜月は努力を怠ることで手に入るはずの夢を逃してしまうことを「可哀そう」と考えている。

(二)「菜月の頭の中でなにかが弾け切れるような音がした」とあるが、このときの菜月の気持ちはどのようなものか。その説明として最も適切なものを次から選び、記号で答えなさい。

ア　菜月は結婚してから今までは義母に対して不満などを漏らさず、義母の意向に沿って家庭を守り続けた。こうして忠実な嫁であろうと努めてきたにもかかわらず、話を聞かず批判ばかりされたため、せき止められていた不満が爆発し言いたいことを言おうと決意した。

イ　菜月は新しい環境に慣れようとする美音や中学受験に向けて努力する俊介の姿を見ることで、悩みつつも俊介の塾通いを支えることに決めた。そうした美音や俊介の思いも理解せず一方的に塾通いに反対する義母への説得をやめ、親としての信念を貫こうと決意した。

ウ　菜月は耳の不自由な美音を学童保育に通わせることにためらいがあったが、日々の成長ぶりを見てようやく折り合いをつけた。こうした菜月の苦悩、そして俊介の頑張りも知らずに義母が批判ばかりを繰り返すため、諦めてこの場をやり過ごしてしまおうと決意した。

エ　菜月は俊介が中学受験をしたいと言い出した時には戸惑ったものの、夢に向けて努力しようとする姿勢を誇らしく思うようになった。そうした俊介の姿勢を無視して自分の意見だけを通そうとする義母に対し、俊介の邪魔をさせないよう徹底的に対決しようと決意した。

問四　傍線部③「二人で目を合わせて笑っているうちに、理由もなくまた涙が出てきて、でも心は晴れてすっきりしている」とあるが、このときの菜月の気持ちはどのようなものか。その説明として最も適切なものを次から選び、記号で答えなさい。

ア　光枝に反抗したことが今まで一度もなかったため気が動転していたが、その緊張感から解放され安心した。加えて、俊介も母親である自分の行動に共感してくれていると知り、さらに安心すると同時に、成長した俊介を頼もしく思っている。

イ　光枝との口論の中で自分の過去を赤裸々に話すことになり、嫌な過去がよみがえって悔しい気持ちになった。しかし、俊介にも聞かれてしまったことで、これまで伝えられずにいた自分の過去を知ってもらうこととなり、晴れ晴れしている。

ウ　光枝を怒らせたままの状態で気持ちがふさいでいる上に、俊介も動揺させてしまった自分の行動を恥じた。一方、俊介は動じることもなく学習に向き合い、かつ母親である自分の行動に理解を示していたので、感謝の気持ちにあふれている。

エ　光枝に涙を流して抵抗したことが俊介に知られ、気恥ずかしい気持ちになった一方、俊介が味方してくれているとわかり、ほっとしている。と同時に、自分は間違っていなかったと母親としての行動に自信が持て、心から嬉しく思っている。

問五　傍線部④「腹の底から出ている美音の声に心が震える」とあるが、それはなぜか。その説明として最も適切なものを次から選び、記号で答えなさい。

ア　夢を諦めていた自分が今になって保育園の先生を目指すようになったことを「ヨーイドン」の掛け声で実感したから。

イ　生活のために夢を諦めていたが、今では子どもたちに夢に向かっていく後押しをしてをもらったことに満足したから。

ウ　普段はあまり声を出さない美音が、大きな声を出して自分の背中を押してくれていることに強く心を動かされたから。

エ　高校時代も保育園の先生を目指す今も、いつも身近な人たちに強く応援してもらっていることを誇らしく思ったから。

問六　傍線部⑤「大切なものを手の中に握りしめながらヨーイドン、私はまた走り出した」とあるが、このときの菜月の気持ちはどのようなものか。六十字以上八十字以内で説明しなさい。ただし、句読点・記号等も字数に含むものとする。

星野学園中学校(理数選抜入試第二回)

―50分―

〔試験上の注意〕　一　字数制限のある問題では「、」や「。」や記号等も一字に数えます。
二　問題作成のため、一部本文を改めたところがあります。

□一　次の文章を読んで、後の問いに答えなさい。

教養は、何かを目的として身につける類のものではありません。

まず、「エリートになるために教養を身につける」「お金持ちになるために教養を身につける」ということではない。教養を身につけた人が、組織を率いるにふさわしい人物になり、そのaカテイで金銭的な豊かさを手に入れることはありえますが、あくまでも、それは結果論です。

また直接的に「仕事に役立てるために身につける」というものも、教養とは距離があります。

たとえば、※プレゼンがうまくなるように※パワーポイントの資料作成のコツを身につける、営業で成果を出せるように※トークスキルを磨く、自分で会計処理ができるように簿記の実務を学ぶ――といったものは、短期目的のために身につける知識や技能に過ぎません。

ただこのような場合でも、デザインや※認知心理学の基礎知識は大いに役に立ちます。

教養とは、いつ役立つかはわからない、ひょっとしたら役立つ局面は訪れないかもしれないけれども、日々、着々と積み重ねるものです。目的※ベースではなく蓄積された知識が、そのまま「教養人としての厚み」になるのです。

［A］、もし「明確に役立つものしか学びたくない」という考えがあるのなら、今すぐ、その考えは捨ててください。①それは教養人を目指す人にはあるまじき、非常に狭量で貧しい発想です。選択と集中よりも、楽しく余裕をもって長続きさせたほうが、結局はうまくいく、が私のモットーです。

ただし、もっと長い目で見た目的意識は必要です。自分は生涯を通じて、いかなる個人として、何を目指し、成し遂げていきたいか、という②人生の目的です。

私は中学生のころから、毎年、初詣で訪れる亀岡文殊というお寺で、こう唱えていました。

「学ぶ機会をください。故郷のために役立てます」

故郷の山形県酒田市では、1976年10月29日に起きた※火事で、市の中心部にあった商店街が焼けました。焼失面積は22・5ヘクタール。のちに「酒田大火」と名付けられる大bキボ火災でした。

いつも祖母に背負われて行っていた馴染みの商店街が、一晩のうちに灰と化し、昨日まで当たり前にあった風景が一変してしまった。これは、当時7歳だった私にとって、強い喪失体験となりました。

私が「故郷の役に立つために、なんとしても学ぶ機会がほしい」と願うようになったのは、それ以来のことです。［B］「故郷の喪失」を体験したことで、いっそう「酒田市民」としての※アイデンティティが強まり、幼心に、よりよい故郷づくりのために我が身を捧げたいと思うようになったのです。

「そんな大志を幼少期のうちに抱いたなんて、すごい」と言われたりもしますが、何も特別なことではありません。

人はそれぞれに、何かしらの悲しみを背負って学んだり働いたりしているものでしょう。私の場合は「故郷の喪失」が人生の目的を抱くきっかけになっただけで、生きていれば遅かれ早かれ、誰もが、そういう局面に直面してもおかしくないと思います。

それは、たとえば、隣国に理不尽にも侵略された国の惨状を見聞きしたことで「世界平和を叶えたい。そのために何ができるだろうか」と考えるようになった、といった漠然としたものでもいいのです。あるいは、純粋な知的好奇心の赴くままに、いつ役に立つかは知るよしもない基礎研究に没頭するなどということがあってもまったくかまわないのです。

さて、そうなると気になるのは、人生の目的のために「何を学ぶか」を、どう見極めたらいいか、ではないでしょうか。

［C］、「故郷の役に立ちたい」「世界平和の一端を担いたい」、なんでもいいのですが、生涯※スパンで見た大きな目的のために、教養として「何を」学んだらいいのかなんて、とうてい見当もつきません。

どの知識が、いつ、どこで、③電光石火のように役立つかわからないからです。

大きな人生の目的意識を抱きながら、さまざまな知識に触れ、体験をしているうちに結果的に身についていて、ひょんな機会に役に立つ。それこそが教養というものなのです。

【中　略】

つい最近にも、「過去に学んだことが、こんなところで役立つのか」と思ったことがあります。

新型コロナウイルスが全国に蔓延するにつれて、人が集まるさまざまな場所の運営者は、訪れる人たちの安全確保のための対応に追われました。なかには「空間除菌」などという怪しげな対応をとる場所もありましたが、当塾※では、「換気のために冬でも窓を開ける」「食事を共にしない」といった感染予防策の基本を徹底しました。

私の対応は、すべて、公衆衛生学※の基礎中の基礎を踏まえたものですし、当時わかっていたコロナウイルスの特性に照らして理に適ったものでした。過去に政治学を学ぶ傍ら、公衆衛生学も勉強していたおかげで、【④】せず冷静に、適切かつもっとも効果的な策を講じることができたと思います。

公衆衛生学を勉強した当時は、もちろん、［D］自分の人生でパンデミック※を経験することになるとは想像もしていません。年月を経て、思いもよらぬ局面で、過去に身につけた知識が役立ったわけです。

こうした自身の体験からもいえるのは、「何を」学ぶかは、あまり問題ではなく、必要な状況で学んだ教訓を取り出し、知識を更新し、判断することです。

よく思考するために(「よき思考者」になるために)身につけておくといい学問はあります。しかし、なによりも本当に重要なのは、日々、「いかに」学ぶか、なのです。

「○○の役に立つから学ぶ」のではなく、「役に立たないことこそ、役に立つ」「すぐには役に立たないけれども、学ぶ」という視点で、おもしろがって知識を身につける、体験していく。

過去に学んだこと、体験したことを人生の目的に結実させることができる教養人とは、こうして出来上がっていくものです。その点で、教養人は、「机の上の勉強だけはよくできる受験勝者」とは、まったくわけが違います。

（斉藤淳『アメリカの大学生が学んでいる本物の教養』〈SB新書〉）

※語注

プレゼン……プレゼンテーションの略。自分の企画や意図を理解してもらうための効果的な説明。

パワーポイント……プレゼンテーション作成に用いられるソフトウェアの一種。

トークスキル……話術。

認知心理学……何かを認識・理解する心の働きを研究する学問。

ベース……土台。基礎。

ヘクタール……面積の単位。１ヘクタールは１万平方メートル。

アイデンティティ……自分は自分であると自覚すること。

スパン……ある時間の幅。

当塾では……自分の塾のこと。筆者は酒田市で小さな英語塾を始め、現在は東京・神奈川に６校をもつほどになっている。

公衆衛生学……病気の予防や健康の保持増進のために、組織的な取り組みを目指す科学や技術。

パンデミック……感染症や伝染病が全国的・世界的に大流行すること。

問一　══線ａ・ｂのカタカナと同じ漢字が使われているものを次からそれぞれ一つずつ選び、記号で答えなさい。

ａ　カテイ

ア　私たちもその組織に新しくカメイする。
イ　輸入した商品にカゼイする。
ウ　彼が犯した罪をカンカすることはできない。
エ　絵を描くことが得意なのでガカになりたい。

ｂ　キボ

ア　キソクは守ってください。
イ　キジュン値よりも少し数値が高いですね。
ウ　シンキ一転、がんばります。
エ　フウキを乱すようなことはしないでください。

問二　［Ａ］～［Ｄ］に入る語の組み合わせとして最もよいものを次から選び、記号で答えなさい。

ア　Ａ　そのため　Ｂ　つまり　Ｃ　ただし　Ｄ　たとえ
イ　Ａ　なぜなら　Ｂ　さらに　Ｃ　けれども　Ｄ　しかも
ウ　Ａ　要するに　Ｂ　だから　Ｃ　あるいは　Ｄ　まさか
エ　Ａ　ですから　Ｂ　いわば　Ｃ　しかし　Ｄ　よもや

問三　――線①「それは教養人を目指す人にはあるまじき、非常に狭量で貧しい発想です」とありますが、筆者が考える教養人とはどのような人のことを指しますか。本文全体を踏まえて七〇字以内で説明しなさい。

問四　――線②「人生の目的」とありますが、本文中でのべられている筆者の人生の目的の説明として最もよいものを次から選び、記号で答えなさい。

ア　世界の不幸な人々のことを耳にしたため、亀岡文殊で祈り続けて世界平和を実現したいと思うようになった。

イ　焼けてしまった故郷を復興させるため、深い教養を身につけてお金をたくさん稼ぎたいと思うようになった。

ウ　酒田大火という恐ろしい経験をしたため、さまざまなことを学んで自分の身を守りたいと思うようになった。

エ　幼いころに故郷の喪失を体験したため、多くのことを学んで故郷の役に立つ人間になりたいと思うようになった。

問五　――線③「電光石火のように役立つかわからない」とありますが、これはどのようなことを言おうとしているのですか。説明として最もよいものを次から選び、記号で答えなさい。

ア　どのような状況でも役立つかはわからないということ

イ　すぐに役立つかはわからないということ

ウ　価値の高いものとして役立つかはわからないということ

エ　流行に関係なく役立つかはわからないということ

問六　【④】に入る四字熟語として最もよいものを次から選び、記号で答えなさい。

ア　右往左往　　イ　異口同音　　ウ　自画自賛　　エ　適材適所

問七　本文の内容に関する説明として**ふさわしくないもの**を次から**二つ**選び、記号で答えなさい。

ア　長い生涯で見た目的のために何を学ぶべきかというのはそれほど問題ではなく、いつ役に立つかわからないものまでいかに学ぶべきかというのが重要である。

イ　トークスキルや簿記などは仕事のために身につける知識や技能であり、およそ教養と呼べるものではないため役に立つことはない。

ウ　教養を身につけた人が結果として金銭的な豊かさを取得することはありえるが、教養はお金持ちになることを目的として身につけるものではない。

エ　筆者は学んだことのある公衆衛生学を踏まえ、経営していた塾で新型コロナウイルスの基本的な感染予防を徹底した。

オ　教養は日々積み重ねていく知識であるが、時代の移り変わりと共に受け入れられなくなったものは捨てていく必要がある。

□二　次の文章を読んで、後の問いに答えなさい。

〈あらすじ〉

二十歳の柏木聖輔は両親を亡くし、奨学金を返せなくなったため大学を中退し、就職先のあてもないままやるせない日々を送っていた。そんなある日、砂町銀座商店街の総菜屋「おかずの田野倉」のもとでアルバイトをすることになったが、八か月働いたのち、店主の督次さんから「おかずの田野倉」を聖輔に任せたいと告げられる。

雨だからか、行列はできておらず、［ I ］店に入ることができた。券売機で食券を買う。ベーシックなラーメンにした。八百円は痛い。でも野菜増しでその値段だから悪くない。月イチの贅沢。そのくらいはいい。

座ったのはカウンター席。ラーメンは十分ほどで届けられた。野菜の盛りがいい。主にもやしだが、高さがある。どんぶりの縁よりずっと高い。

小声でいただきますを言う。もやしを急いで食べ、できたすき間から太麺をすすり、スープを飲む。でもうまい。来月とは言わないが、再来月の再訪はあるかもしれない。

目的を果たしたことで、とりあえず落ちついた。夕方の休憩の際に督次さんに言われたことを思いだす。

うれしい。その気持ちは続いている。正確に言うなら、うれしいというよりは、ありがたい、だ。本当にありがたい。まだ何もできない自分には応えようがない。そのことがもどかしい。

ラーメンをゆっくり食べながら、あらためて考えてみる。

※一美さんや※映樹さんはともかく。僕自身に、店を持ちたいという欲はあるだろうか。おかずの田野倉のような店。※鶏取のような店。※鶏蘭のような店。

持てたらいいなぁ、とは思う。でも今のところ、欲と言えるほどのものはない。①<u>むしろ持つべきではないとの意識がある</u>。何故か。父を知ってるからだ。

僕が中学生のころ。だから父はすでに鶏取を閉め、よその店で働いていたころ。

夜、自宅で父は母に[Ⅱ]言った。

「おれ、経営には向いてなかったんだな。一料理人でいるべきだった」

僕は父の背後でその言葉を聞いた。確か、ふすまを開け放った和室で、父と母がいた居間からの明かりを頼りに足の爪を切っていた。

話をすべて聞いてたわけではないから、どんな流れで出た言葉なのかはわからない。でもその部分だけは耳に残った。一料理人、という言葉が耳をとらえたのだ。いや。僕の耳のほうがその言葉をとらえた。

とはいえ、そのときは意味を理解しただけ。特に何も思わなかった。今は少し思う。元経営学部生ではあるが、僕も経営には向いてないだろうな、と。

たぶん、僕は広い視野を持てない。決断力もない。料理人になろうと決めたのは、そこへと向かわされる多くの要素があったからだ。

包丁で肉を切ったり、フライヤーでコロッケを揚げたりするのは楽しい。熱い油のなかでジュラジュラいうコロッケを見るのも好きだ。今まさにおいしくなろうとしてくれてるのだとうれしくなる。そこには動きがある。食材が料理に変わっていくのが見える。自分がそれをしていると思える。包丁で指を切れば血が出る。油がはねれば火傷をする。すべては僕次第。

経営だって、それは同じだろう。大事な判断を誤れば、損失を出して痛手を負う。②<u>でも僕はそちらの痛みには耐えられないような気がする</u>。言い方は変だが、出血や火傷ほどは楽しめないような気がする。

「おい、何やってんだよ。順序がちがうだろうが」

僕の目の前、カウンターの内側で、若い店長がもっと若い店員を叱る。店長は三十歳ぐらい。店員は映樹さんぐらいだろうか。

「何度言ったらわかんだよ。何度同じことすんだよ」

「すいません」

何の順序がちがうのか。そこまではわからない。店長と店員の了解事項のようなものがあるのだろう。実際、店員は何度も同じまちがいをしてしまったのだろう。

僕も店ではよくやる。忙しさのあまり、やらかしてしまう。で、督次さんに怒られる。すいませんと謝る。お客さんの前で怒られることもある。店自体がオープンなつくりだからしかたない。

ただ、この感じにはならない。［Ⅲ］するような緊張は生まれない。お客さんも、それは感じないだろう。③督次さんも、わかってやっている。

「お前さ、やる気あんのかよ」

「すいません」

「すいませんじゃなくて。やる気あんのかって訊いてんだよ」

「はい」

「あるかないか言えよ」

「あります」

客前での叱責としては、度を越したような気がする。途端にラーメンの味が落ちる。僕のほうで味を楽しめなくなる。再訪はないかもな、と思ってしまう。

たとえどんなにラーメンがうまくても、この手の店には行かなくなる。ほかの人のことは知らない。うまければいいという人もいるかもしれない。でも僕はそうなってしまう。寛いで食べられる環境というのは、案外重要なのだ。

料理をつくる側、提供する側は、最低限それを理解しておくべきだろう。自分は気にならない、ではなく、気になる人もいるのだということを認識しておくべきだろう。

※板垣三郎さんの話を思いだす。日本橋の※やましろで父の先輩であった板垣さんだ。職人気質、と鶏蘭の山城時子さんは言った。父はお客さんへの態度に関して先輩の板垣さんに意見し、店をやめた。

厳しさとは何なのか。自分への厳しさ。他人への厳しさ。それは同じであるべきなのか。分けて考えるべきなのか。駆けだしの僕にはわからない。

が。④父が僕の父でよかった、とは思う。厳しさをそうとらえる父が父でよかった。父や僕が甘いのかもしれない。もしそうなら、僕はこの先もずっと甘いままでいい。

妙なことで味が落ちてしまったラーメンを最後まで食べる。スープもすべて飲む。食べものを残す習慣は、昔からないのだ。父と母がそれを教えてくれた。父は自ら実践することで。母は、実践に言葉を交えることで。

「ごちそうさまです」と言って、僕は※鏑木家を出る。

「ありがとうございましたぁ」と店長も店員も言ってくれる。

気持ちのいい声だ。感謝の念が伝わる。言い流してない。僕自身、日々接客をしているのだから、そのくらいはわかる。

そんな声を聞くと、また来たくなってしまう。

ということの単純さ。

⑤やはり僕は経営者には向いてない。

（小野寺史宜『ひと』〈祥伝社文庫〉）

※語注

一美さん、映樹さん……「おかずの田野倉」の店員。

鶏取……聖輔の父が生前経営していた店。

鶏蘭……「やましろ」の元オーナーが経営している銀座の飲食店。「やましろ」は聖輔の父が「鶏取」を閉めた後に勤めた店のこと。

板垣三郎さん……「やましろ」の料理人の一人。聖輔の父と意見がぶつかることが多かった。

山城時子さん……「鶏蘭」のオーナー。「やましろ」で働いていて聖輔の父のことを知っている。

鏑木家……ラーメン屋の名前。

問一　［Ⅰ］～［Ⅲ］に入る語の組み合わせとして最もよいものを次から選び、記号で答えなさい。

ア　Ⅰ　にわかに　Ⅱ　くすっと　Ⅲ　どきっと

イ　Ⅰ　すんなり　Ⅱ　ぽつりと　Ⅲ　ひやりと

ウ　Ⅰ　のんびり　Ⅱ　こそっと　Ⅲ　はっと

エ　Ⅰ　あっさり　Ⅱ　がつんと　Ⅲ　びくっと

問二　次の文は、本文からぬき出したものです。あてはまる場所の**直後の五字**を本文中からぬき出して答えなさい。(句読点もふくむ場合、一字として数えます。)

> 麺は普通(ふつう)、脂(あぶら)も普通、でお願いしたが、麺は思ったより硬(かた)く、脂は思ったより多い。

問三　――線①「むしろ持つべきではないとの意識がある」とありますが、聖輔の気持ちの説明として最もよいものを次から選び、記号で答えなさい。

ア　父と同様に経営に向いていない自分に対して半(なか)ばあきらめの気持ちでいるため、自分が店を持つことをできるだけ考えないようにしている。

イ　一美さんや映樹さんのように長く働いていないうえ、経営に向いていない父の血をひく自分は、これ以上欲を出すべきではないと思っている。

ウ　中学生のころに耳にした父の言葉が忘れられず、将来自分が店を持ちたいと思っていた夢がくだかれ、父に対して反発する気持ちを抱(かか)えている。

エ　店を持ちたいという気持ちはあっても、父が店を続けられなくなったことを思うと、自分も督次さんの期待に応えられないと思っている。

問四　――線②「でも僕はそちらの痛みには耐えられないような気がする」とありますが、どういうことですか。説明として最もよいものを次から選び、記号で答えなさい。

ア　自分の決断によって店に損失が出るかもしれないことを、背負いきれないと感じていること。

イ　大事なことを決めるたびに細かいところに注意しなければならず、気疲(きづか)れしてしまうということ。

ウ　食材を料理に変える楽しみに熱中してしまい、経営まで頭が回らないということ。

エ　出血や火傷のようなけがをすることを、とても怖がっているということ。

問五　――線③「督次さんも、わかってやっている」とありますが、それはどういうことですか。説明として最もよいものを次から選び、記号で答えなさい。

ア　客の前でわざと聖輔を叱り謝らせることで、この店は店員の礼儀(れいぎ)正しさにも力を入れているということを周囲にアピールしている。

イ　聖輔の失敗を叱ることもあるが、客の居心地をこわさないためにも、度を越した言い方にならないように気をつけている。

ウ　客に再度店に来てもらえなくなることを恐（おそ）れ、店員を叱ってでも総菜の味だけにはこだわりを持とうと考えている。

エ　聖輔を叱ることもあるが、オープンな店だからこそ緊張感をつくらず、店長と店員の信頼（しんらい）関係を見せつけようとしている。

問六　――線④「父が僕の父でよかった」とありますが、聖輔がこのように思う理由として最もよいものを次から選び、記号で答えなさい。

ア　自分への厳しさと他人への厳しさを度外視して、味を一番に考える父だったから。

イ　自分に対しての厳しさを第一に考え、お客さんの機嫌（きげん）をとることのできる父だったから。

ウ　自分にも他人にも厳しさを見せず、誰もが安心する空間を作ろうとする父だったから。

エ　身内への厳しさを無関係の人に向けることはしない、けじめのある父だったから。

問七　――線⑤「やはり僕は経営者には向いてない」とありますが、聖輔がこのように思う理由として最もよいものを次から選び、記号で答えなさい。

ア　どんな接客であれ、最終的に客に対して感謝の気持ちを表すことが大事だと気づいたが、自分は味のことしか考えておらず後先を見据（す）える力がないから。

イ　緊張感のある職場づくりのために部下をしっかりと指導できる力が必要であるものの、父と同じく、自分は自分に甘い性格のため経営がうまくできそうにないから。

ウ　経営者になる場合、何度も判断をしなければならないこともあり、責任が重くのしかかるが、自分はすぐ気持ちを揺さぶられてしまう弱さがあるから。

エ　客が寛いで食べられる環境をつくることが大事であることは理解できたものの、まだ駆けだしの自分にとっては経営は何から始めればよいのか分からないから。

三　次の1～5の――線のカタカナを漢字で書きなさい。

1　平安時代のキゾクのようだ。
2　意見をカンケツにまとめよう。
3　洪水ケイホウが発令される。
4　台風が九州をジュウダンする。
5　ピアノのエンソウ会に行く。

四　次の1～5の【　】に漢字を入れ、対義語(意味が反対のことば)をそれぞれ完成させなさい。

1　私費 ↕ 【　】費　　2　散在 ↕ 【　】集
3　共有 ↕ 【　】有　　4　定例 ↕ 【　】時
5　権利 ↕ 【　】務

五　次の1～5の【　】に漢字を一字入れて、ことわざや四字熟語を完成させなさい。

1　【　】子にも衣装　(外面を飾れば誰でも立派に見えること。)

2　釈迦（しゃか）に【　】法　（その道を知りつくしている相手に、不必要なことを教えること。）

3　【　】に短したすきに長し　（中途半端で役に立たないこと。）

4　【　】刀直入　（前置きなしに、いきなり本題に入り要点をつくさま。）

5　一日【　】秋　（非常に待ち遠しいことのたとえ。）

六　例にならって、次の1～5の□に漢字一字を入れて、四つの熟語を完成させなさい。

（例）
認
伝□知
口

＊「伝承」「承認」「承知」「口承」という熟語が成立するので、□の中の正解は　承　になります。

1
泉
資□流
語

2
立
植□海
果

3
印
深□限
即

4
質
手□気
基

5
番
担□選
見

三田国際学園中学校（第一回）

—50分—

注意　特に指示のない場合、句読点等の記号は一字として数えるものとします。

（編集部注：実際の入試問題では、写真や図版の一部はカラー印刷で出題されました。）

一　次の文章を読んで、後の問いに答えなさい。

こんにちは。小桜妙子は、小桜妙子と申します。ちょっとした問題を抱えております。

一人称、ご存知でしょうか。ご存知ですよね。今検索してみましたらば、『一人称【いちにんしょう】人称の一つ。話し手自身を指す。』と出てまいりました。話し手が自分を呼ぶとき、自分を表すときに使う言葉です。

小桜妙子は、この一人称に疑問というか不自由というか、どうにも曖昧で申し訳ありませんけど、とにかく、ａままならない思いを背負い込んでいるのです。

小桜妙子は、ここ日本で生まれ育ちました。埼玉は大宮の出身です。駅近くの、こう、ごちゃごちゃっとした住宅街で二十三歳まで暮らしました。三十歳現在は東京都大田区にて一人暮らし中。弟妹が一人ずつおります。長女です。

弟は幼い時分は一人称を「たっちゃん」としておりましたが、①保育園に通うようになって「おれ」を使いはじめました。妹は中学生くらいまでは「麻衣」を一人称として使い、高校に通い始めたら急に「あたし」となりました。父は「俺」、母は「私」または「お母さん」を使います。

それでは小桜妙子はどうかというと、ここで冒頭の「ちょっとした問題」に立ち返ります。

小桜妙子は、どの一人称を使えばよいか分からず悩んでいるのです。どの一人称も［　A　］こなくて、どの一人称で自分を呼んでもそれは小桜妙子でない気がして、己のことは最早、小桜妙子と呼ぶしかありません。個人的な、小さなばかばかしい問題であります。しかし、小桜妙子にとっては非常に深刻な悩みなのです。

昔からこうだったわけではありません。小桜妙子も、幼少のみぎりは自己を「たーえー」と呼んでおりました。アクセントは「コーエー」と同じです。ゲームメーカーの。物心ついてからは主に「わたし」を、対外的には現在まで使用しております。

小桜妙子は、漫画や本をよく読む子供でした。ゲームでもよく遊びました。フィクションのキャラクターは多彩な一人称を使っています。小桜妙子もそれに憧れて、ごく小さいころに一人称を「オラ」にしてみたことがあります。結果、父に［　B　］叱られました。幼い小桜妙子はなぜそんなに怒られなければならなかったのか、［　C　］理解できませんでした。

その後いくつかの一人称の遍歴を経て、自己を「わたし」と呼ぶことに慣れてきたころ。あれは高校二年生のときでしたでしょうか。小桜妙子は昼休み、図書室で何気なく一冊の本を手に取りました。『貴・女・に・贈る……ジュニア・ノベルの書き方』という、昭和の時代に出版されたティーン向けの小説執筆ハウツー本です。著者・雪柳ゆめみ先生。なぜそんな本を手にしたか今もって謎なのですが、とにかく小桜妙子はぱらぱらめくってみました。そこに、一人称に関するコラムが載っていたのです。以下引用。

雪ちゃん先生のノベル・コラム　ナメちゃいけない?！　差がつく「一人称」のハナシ

キャラクターの個性を光らせるためには、一人称を上手に使いこなそう！　そのキャラクターが自分をどう呼ぶかで、印象が［D］変わっちゃうノダ。

●男の子の一人称

◎俺……ワイルド、ぶっきらぼう、頼りになる、スポーツ万能、強いヤツ……etcのイメージ。カタカナで「オレ」にすると、ちょっとカルい男の子に?

◎僕……優しい、優等生、ガリ勉クン、上品、王子様、病弱……etcのイメージ。カタカナの「ボク」はキザなプレイボーイに。

●女の子の一人称

◎私……真面目、ふつうの子。「わたくし」「あたくし」だとタカビーなお嬢様に！

◎あたし…おきゃん、おてんば、ススんだ子。「アタシ」にするとスケバン風?

(眼鏡をかけた猫のイラストに大きな吹き出しが付いていてその中に手書き文字で)

その他にも一人称はこ〜んなにたくさんあるヨ！　日本語ってムズカシ〜！

オイラ、俺様、僕ちゃん、オラ、拙者、ワシ、やつがれ、ワイ、ワテ、あたくし、わらわ、あっし、アタイ、おいどん、朕、余、小生、わっち、我輩、それがし、麻呂、etc……☆

引用終わり。

このコラムを読んで、小桜妙子は強いショックを受けました。確かに、自分を「あたし」と呼ぶ子と「わたし」と呼ぶ子は、微妙に印象が違います。さらに文字にすると、同じ読みなのに「私」「わたし」「ワタシ」も全てニュアンスが変わって見えます。

一人称。それは個性であり、その人のイメージを決める要素の一つ。自分を何と呼ぶか。それは大きな、大切な問題。

「わたし」は小桜妙子を表す的確な一人称なのか?

それを考え始めたらもうグルグルと止まらなくなってしまい、小桜妙子は知っている限りのあらゆる一人称で自分を呼んでみたのです。でも、どれも自分を表す呼び方ではない気がする。

そうこうしているうちに、恐ろしいことに、それまで何も考えずに使っていた「わたし」すらしっくりこなくなってしまい、小桜妙子は迷い込んでしまったのです。一人称の迷宮に。

実際問題、日常生活では小桜妙子はごく普通に一人称を使い、会話をしメールを書いたりしています。使っているのはさっきも申し上げたとおり、「わたし」です。でも、これが大変なんです。小桜妙子は小桜妙子を「わたし」と呼ぶのに納得していない。でもそう呼ばないと日常生活が立ち行かない。なので非常に頑張って、心を奮い立たせながら発音しているのです。

「わ」と口に出したときは、まだ元気です。やってやろうじゃないかという気が漲っています。

しかし「た」に差し掛かると早くも疲れが見えてきます。心の膝が折れかかっています。

「し」になるともういけません。腹の奥から力が抜けていくような、破れかぶれのたいへん荒んだ気持ちが脳味噌を覆います。

これを、「わたし」と発音し書くたびに繰り返しているわけです。疲れそうでしょう。実際、小桜妙子は疲れています。

夏実クラーク横山さんに会ったのは、②そんな疲労困憊の日々の中でした。

「あ、オイラはシャンディガフお願いします」

仕事の打ち上げの席で、小桜妙子の横に座った夏実クラーク横山さんは明るく大きな声でそう発言しました。店員さんが「そちら飲み放題メニュー外になりますが」と告げても、夏実クラーク横山さんは「うーん、でも飲みたいな、シャンディガフ」と譲りません。

「ビールとジンジャーエール頼んでセルフで、混ぜるのはどうですか」

小桜妙子は横からついそんな余計なお世話を口に出してしまいましたが、夏実クラーク横山さんはぱっと顔を輝かせて

「あったまいー！」

と叫び、店員さんにビールとジンジャーエールを注文したのでした。

夏実クラーク横山さんは短期アルバイターの大学生で、お父さんがオーストラリアの方で、十四歳までアメリカのニュー・ジャージー州で暮らしていたのだそうです。面接を担当したのは小桜妙子でした。そのときは確かに、夏実クラーク横山さんは自分を「わたし」と呼んでいたはずです。

「あたし、ビールそのまんまだと飲めないんすよね。でも何かで割るとだいっすき」

夏実クラーク横山さんは大きな目をぐりぐりとよく動かし、唐揚げやチーズ餃子、じゃこ海苔サラダを自分の皿にひょいひょいとよそってはがつがつと食べております。

「小桜サンはそれ、何飲んでるんすか」

「ただのビール……。あの、横山さんは普段自分のこと何て呼んでるの？」

「どゆこと？」

「自分を指す、一人称っていうか……ワタシ、とかボク、とかの」

「え、［E］」

［F］。

小桜妙子はあのコラムを読んだとき以来の衝撃を受けました。

［F］って、そんなことがありうるのでしょうか。

「日本はー、それいっぱいあるじゃない？」

それ、とは一人称のことでしょう。小桜妙子は思わず力強くうんと頷きました。

「いっぱいあるから、気分で好きなの使うのね。『オレ』の気分のときとか、『わたくし』の気分のときとか、あるでしょ」

あるかな。

……あるかもしれない。

……気分かあ……。

これはｂカルチャー・ショックというものでしょうか。小桜妙子は頭の中をふらふらさせたまま、大きなイヤリングを揺らしながらゲソ揚げを噛みしめる夏実クラーク横山さんの横顔になおも疑問を投げかけました。

「それって、頭の中、混乱しない……？」

「しないす。アタマで考え事するときは全部英語なんで。I, My, Meしか使わない。かんたーん」

ね？　とにっこり笑う夏実クラーク横山さんに、小桜妙子は返事をすることもできないでいました。

小桜妙子の手にはぬるくなったビールのグラスがあります。

それを持ち上げて、ぐっと一口飲んでみます。

いつもなら、

『小桜妙子はビールを飲んだ』

と考えるところです。それを、

『I drank beer.』

と考えてみました。

I

そのことばには、何の「ニュアンス」も「含み」もありませんでした。

年齢も性別も所属も、出自も性格も出身地方も、何も読み取れません。

『I』はただ、［　G　］。

I eat Karaage.（私は唐揚げを食べる）

I smell Yakitori.（私は焼鳥の匂いをかぐ）

ああ、なんて爽快。どうして今まで気付かなかったのでしょうか。

「小桜サン、カオ、すんごい真っ赤～」

夏実クラーク横山さんがけらけらと笑っています。

I see her.（私は彼女を見る）

She is smiling at me.（彼女は私に笑いかけている）

I feel good. So good.（私はいい気分だ。とてもいい気分だ）

夏実クラーク横山さんは程なくして契約期間が終わり、小桜妙子の職場には来なくなりました。でも、個人的にお友達になってもらったので問題はありません。

今、小桜妙子は月に数回、夏実クラーク横山さんに英語を教わっています。夏実クラーク横山さんのように頭の中で考えるときも英語がスイスイ出てくるようになるのが目標なのですが、それはネイティブじゃないと難しいとのことです。

授業はだいたい、一緒にごはんを食べたりお酒を飲んだりしながら行います。

「妙ちゃんはもっと発音気にしないでドンドン喋んなきゃだーよ。言いたいこと言ってこうぜ。なんでもいいよ。あちしになんでも言ってみなよ」

ビールとトマトジュースを混ぜたカクテル、レッドアイを飲みながら、夏実クラーク横山さんは鉄板餃子をばくばく食べています。日本語でも英語でも、一人称の迷宮のはるか上空をひらひらと飛んでいるその唇はまるで羽根のようにしなやかに動きます。

「③I like you（私はあなたが好きだ）」

「えーなんだよお嬉しい。でももっとフクザツな話をさー、しようよしてみようよー」

「わたしの語彙だとこれが限界だよ」

「うっそでしょ。もっとちゃんと教えてるよ！」

なぜでしょう。夏実クラーク横山さんの英語の授業を受け始めてから、④小桜妙子は小桜妙子を「わたし」と呼ぶのが、あまり苦痛でなくなりました。最近はたまに「気分」で自分を「僕」と呼んだり、幼子のときのように「オラ」と言ってみたりもします。

そのとき想像するのはいつも、彼女の羽根の生えた唇がわたしを掴んで迷宮の上を飛んで行く様です。

それを、その気持ちを英語で上手に説明できるようになるには、さらなる精進が必要だなと、小桜妙子は思っております。

【王谷晶「小桜妙子をどう呼べばいい」（『完璧じゃない、あたしたち』〈ポプラ社〉所収）一部改変】

問一　A ～ D に入る語句として最も適切なものを次の中から選び、それぞれ記号で答えなさい。**ただし、同じ選択肢を二度答えることはできません。**

ア　こっぴどく　イ　ガラッと　ウ　まるで

エ　ぜひ　オ　しっくり

問二　太線部a「ままならない」・b「カルチャー・ショック」とありますが、言葉の意味として最も適切なものを次の中から選び、それぞれ記号で答えなさい。

a　ままならない

ア　理解できない　イ　興味がない

ウ　説明できない　エ　思い通りにならない

b　カルチャー・ショック

ア　異なる文化に接したときに受ける戸惑い

イ　異なる文化に接したときに生じる不具合

ウ　異なる国の人と接したときに起こるすれ違い

エ　異なる国の人と接したときに感じる失望

問三　――①「保育園に通うようになって「おれ」を使いはじめました」とあるが、なぜ弟は一人称を変更したのか、文章の内容をふまえた上で理由を推察して、あなたの考えを述べなさい。

問四　――②「そんな疲労困憊の日々」とあるが、どういうことか、四十字以内で説明しなさい。

問五　E ・ F にあてはまる組み合わせとして、最も適切なものを次の中から選び、記号で答えなさい。なお、F は文中に二つありますが、どちらにも同じ言葉が入ります。

	E	F
ア	知らなーいっす	知らない
イ	決めてなーいっす	決めてない
ウ	オイラとあたしでーっす	オイラとあたし
エ	Iでーっす	I

問六　G に入る漢字二字の言葉を考え、答えなさい。

問七　――③「I like you」とあるが、この言葉からどのような様子が読み取れるか、最も適切なものを次の中から選び、記号で答えなさい。

ア　夏美クラーク横山さんの自由さに対して憧れの念を抱き、その気持ちを十分に表現できなくても、つたない言葉でなんとか伝えようとする小桜妙子の様子。

イ　会社との契約期間が終了しても自分に付き合って英語を教えてくれることに感謝の思いを感じ、彼女が教えてくれた英語を使って気持ちを表現しようとする小桜妙子の様子。

ウ　自分の感情を正確に発言したいという思いを理解していながら、それでも発言を強いることに対して、戸惑いを感じつつもなんとか食らいつこうとする小桜妙子の様子。

エ　英語を母語として流ちょうに口にする様子を目の当たりにして、自分もそれくらい英語が上達したいと感じ、その決意を口にして自分を勇気づける小桜妙子の様子。

問八　——④「小桜妙子は小桜妙子を「わたし」と呼ぶのが、あまり苦痛でなくなりました」とあるが、なぜか、理由として最も適切なものを次の中から選び、記号で答えなさい。

ア　日本語しか話せず、「わたし」という一人称とはなれることができないと思いこんでいたが、夏美クラーク横山さんと話す中で、英語がうまく話せないとしても「I」という一人称を使っても良いということに気づき、下手な英語を使いながらコミュニケーションを取ることに抵抗がなくなったから。

イ　自分にふさわしい一人称は一つしかないと思い込んでいたが、夏実クラーク横山さんと話す中で、その時々の自分を表現する一人称を使い分けても構わないということに気づき、「わたし」という一人称で表現されるものも、自分の一側面に過ぎないと考えを改めるようになったから。

ウ　一人称の使い方について迷いを感じ始め、混乱の真っ只中にいたが、夏実クラーク横山さんと話す中で、一人称の使い方に関する明確なアドバイスをもらえたことで、自分の認識の誤りに気づき、どんな一人称を使ったとしても自分は自分であるという事実を受け止めることが出来たから。

エ　自分を表現する適切な一人称がないことにいらだちを感じ、「わたし」という言葉を使うことを避けていたが、夏実クラーク横山さんと話す中で、一人称と自分が完全に一致していなくても、さほど気にする必要がないことに気づき、一人称の使い方にいい意味で適当になることが出来たから。

問九　本文中では、個人のイメージを決定する要素として「一人称」が例としてあげられていましたが、創作物の中では語尾を変化させることで個人の特徴づけが行われることもあります。以下の例を見て、語尾を変化させることの効果について、あなたの考えを述べなさい。

例）シマリスくん（いがらしみきお『ぼのぼの』）……語尾の「です」を「でぃす」に変えて話す特徴があります。

趣味とは

（いがらしみきお『ぼのぼの』16巻〈竹書房〉一部改変）

二　次の【文章A】は、脳科学者の養老孟司さんが、アニメ映画監督の宮崎駿さんについて書いた文章です。【文章B】は、宮崎駿さんが、映画創作について書いた文章です。この【文章A】と【文章B】を読んだ上で、後の問いに答えなさい。

【文章A】

宮崎作品は、宮崎駿という人柄の表現でもあるが、それはアニメという方法を通して、結局は日本の伝統を語ることになる。方法自体が日本的であり、語られる内容が日本的だからである。※『千と千尋』の魔女は、姿かたちが西洋の魔女だが、そういうものを取り込んでしまうのも日本文化だと、だれでも知っている。しかもあの婆さんの部屋に行くまでの廊下の調度といえば、どう見ても中国の花瓶なのである。このゴタ混ぜが日本文化でなくて、なにが日本文化か。

伝統文化といえば、能だ歌舞伎だ茶の湯だという。それはそれでいい。しかし【Ⅰ】もまた、日本文化そのものである。能衣装を子細に見れば、どう見ても中近東由来じゃないかという、派手な唐草模様のパッチだったりする。茶の湯の袱紗さばきは、カトリックの聖体拝受と同じだという説が以前からある。知的所有権などというものは、特殊な時代の、特殊な世界の産物である。独創性とか、①個性とかいうが、真の独創なら、他人はそれを理解できない。他人に理解できるなら、それはべつに独創ではない。いずれだれかが考えるはずのこと、それをたかだか最初に思いついたというだけのことだからである。個性もまた同じ。まったく個性的ということは、他人の理解を超越することである。それなら精神病院に行くしかないではないか。

普遍性というのは、深さを備えた共通性である。アニメがそういう普遍性を帯びていることを、そろそろわれわれは自信を持って認めるべきであろう。「あんなものは」「所詮はマンガ」。その種の感覚は根強く残っている。西欧文明にはとくにその傾向が強い。イスラムもそうかもしれない。なぜならかれらは、聖書やコーランを持っている。それはまさしく言葉で書かれているのである。

『方丈記』は日本風の哲学書である。［A］たいていの人はあれを哲学とはいわない。情感に満ちているからであろう。哲学は理屈だから、情緒が欠けているし、欠けて当然だと思っているらしい。［B］宮崎作品を思想だと思わないのも当然であろう。マルクス・エンゲルス全集のように、文字がいっぱい詰まって退屈でなければ、思想ではないと思っている。それならデカルトに情感はないか。逆であろう。

［C］※『方法序説』は情感に満ちている。さすがに哲学者はそれがわかっているから、人によってはあれを浪花節と評するのである。

まとめてみれば、『千と千尋』の受賞がなぜ問題になるか、その背景には二つの事情がある。一つは多くの日本人、とくにいわゆるインテリが、あれを「よいもの」と見ていいのか、その確信がないことである。もう一つは、そこへ欧州からの評価が先に来てしまったことである。いってみれば、幕末から明治にかけて、浮世絵だの大和絵だののよいものが、外国に出てしまったのと似たような現象であろう。自分が持っているもののよさは、あんがいわからないものである。

マンガはあれだけはやっているし、それだけにくだらないものを多く含んでいる。しかしそれは裾野が広いということで、高い山は広い裾野を持つともいえる。こうした日本の視覚文化は、まだ基礎的な面からきちんと②評価されていない。「足りない」ものばかりを、われわれは気にしてきたからであろう。

知的障害のある人たちに特異な才能が見つかることがある。日本ではそれは多くは画家として認められる。山下清を知らない人はあるまい。それに対して、音楽の、つまり聴覚の才能が発掘されたのは、大江光くらいではないだろうか。これは明らかに文化的なものだと、私は思っている。いまでは音楽は、過去に比較して、はるかに一般化している。だから聴覚的な才能が、いわゆる知的障害者のなかに、もっと多く見つかっていいはずである。これほど音楽が普及してもそうならないとすれば、そこにはなにか、文化的障害がある。これも自分のことはわからないという、もう一つの典型であろう。それはなにも「欠点」とはかぎらない。かつて芥川龍之介がいったように、自分の首の後ろは見えない。見ようとすれば、首の骨を折る。

日本の【 Ⅱ 】は、料理にも絵画にも表れている。それがなぜか、それこそ言葉にされたことはほとんどない。日本のアニメ、マンガは、鳥羽僧正の時代以来の伝統である。これは日本人のなかに、遺伝子として組み込まれているわけではないと思う。③まさに文化なのである。その一つの背景は、文字だということがわかっている。

音訓読みというのは、きわめて妙なシステムである。アルファベット圏の人たちは、ほとんどこれを理解しない。日本人は中国語を日本語で読む。アメリカ人に英語でそんなことを言おうものなら、英語が下手だから、間違ったことをいっていると決めつけられてしまう。しかし事実そうだというしかないではないか。私は何度か、欧米のインテリに音訓読みを説明したことがある。たいていは、途中で横を向かれてしまった。そもそも日本語の読みを理解したところで、かれらにはなんの得もないのである。そんな破天荒なことは、放っておいたら、かれらはまず思いつかないはずである。

同様に、われわれはアルファベット世界の常識がわからない。

［X］物理や化学では、世界は百あまりの原子でできているとする。こういう考えは、日本人の直観にはじつはほど遠いものである。放っておけば、つまりアルファベット圏の影響がなければ、日本人はまず原子論を立てないであろう。全世界がまさか有限の記号で書けるとは信じていないからである。アルファベットを使っていれば、そう思って当たり前なのに。

文化の違いとは、ある意味では、これほど根元的なのである。それが結果的に脳の違いを形成する。その違いは生まれつきではない。つまり遺伝子の違いではない。なぜなら、後追いとはいえ、アルファベット圏の思考を、われわれも理解するからである。日本のアニメを、かれらも理解するからである。ヒトの脳のもっとも重要な機能は、ひょっとして一般に思われているかもしれないように、個性的な思考をすることではない。普遍的、つまり根本的にはだれにでも通用する、そういう思考をすることなのである。それで「正しい」のである。下手な英語で「外人」と語り、話が通じたと喜んでいる。それで「正しい」のである。重要なのは「通じる」ことだからである。それなら個性とはなにか。【 Ⅲ 】とはなにか。「通じない」ことか。

ドイツ人は日本人にバッハが理解できるか、という。日本人はアニメがドイツ人にわかるものかと思っている。たがいにそれは、誤解に過ぎない。違う脳は、違う風に反応するかもしれない。しかし反応することに変わりはないのである。

【文章B】

生まれてきてよかったねって言おう、言えなければ映画は作らない。自分が踏みとどまるのはその一点でした。そこで映画を作るしかないと。

今は傷つきやすい子どもをいっぱい育てているんですね。たぶんそれは、ゆとりのある教育をすればいいとか、個性を尊重すればいいとか、そういう問題ではないと思うんです。でもじつはアニメーション自体がそういう傾向に荷担(かたん)しているんですよ。そのジレンマを抱えながら、じゃあやめますか、て言われるとね(笑)。

美術館で『千と千尋の神隠し』の絵を展示するでしょ。そこには湯婆婆(ゆばーば)のこんなでかい顔を壁にどんと張ってあるんですけど。そうするとね、その前で突然、湯婆婆のせりふを言い出す子がいるんですよ。何回見に行ったか知らないけど、まだビデオ化していませんから一回か二回のうちに覚えているんでしょうね。それを見て、自分たちの映画がすごかったと思っているスタッフがときどきいますが、とんでもない錯覚(さっかく)です。

本来、子どもというものは、年長者の言っていることを意味もわからずまねしたりして言葉を覚えていったはずなんです。その機会が減っているから、代わりにアニメーションでやっているだけなんです。あの映画に力があるからじゃないんです。どんなに仕組んだところで、アニメーションのワンショットで表現しているものというのは、しょせんその場で、ある目的のために才能と時間の制約の中で描いた絵が動いているだけです。そんなにたくさんの情報は入っていないんですよ。情報ということだったら、隅から隅まで見たところで限度があるんです。

でも、子どもたちの心の流れによりそって子どもたち自身が気づいていない願いや出口のない苦しさに陽をあてることはできるんじゃないかと思っています。ぼくは、子どもの本質は悲劇性(ひげき)にあると思っています。つまらない大人になるために、あんなに誰もが持っていた素晴らしい可能性を失っていかざるをえない存在なんです。それでも、子どもたちがつらさや苦しみと面と向かって生きているなら、自分たちの根も葉もない仕事も存在する理由を見出せると思うんです。

(養老孟司・宮崎駿『虫眼とアニ眼』〈新潮文庫〉一部改変)

(注)
千と千尋……宮崎駿監督のアニメ映画『千と千尋の神隠し』
方法序説……十七世紀のフランスの哲学者デカルトが書いた哲学書

問一 【 Ⅰ 】～【 Ⅲ 】に入る語句を、本文中から抜き出して書きなさい。【Ⅰ】は四文字、【Ⅱ】は四文字、【Ⅲ】は二文字で、書き抜くこと。

問二 A〜C に入る語句として最も適切なものを次の中から選び、それぞれ記号で答えなさい。**ただし、同じ選択肢を二度答えることはできません。**

ア では　イ たとえば　ウ しかし　エ それなら

問三 ——①「個性」とあるが、筆者が大切にしていることについて、四十五字以内で説明しなさい。

問四 ——②「評価されていない」とあるが、どういうことか、最も適切なものを次の中から選び、記号で答えなさい。

ア 知的障害のある人たちに特異な才能が見つかることがあり、日本では、そうした才能の多くは画家として認められることが多く、聴覚の才能が必要とされて音楽についても普及しているので、日本ではきちんと評価されていない、ということ。

イ 幕末から明治にかけて、浮世絵や大和絵が外国に流出してしまったことによって、日本のインテリ層の多くが、アニメや漫画などを素晴らしいものと考えるようになったため、日本の視覚文化は過小評価されている、ということ。

ウ 日本語の音訓読みは、アルファベット圏の人たちは、ほとんど理解が出来ないので、日本のアニメなどの視覚文化は、英語で翻訳(ほんやく)することが難しく、英語で世界を記述することができないことから、きちんと評価されていない、ということ。

エ 質が高いものが生まれる一因には量が多いこともあるのだが、日本人は、不十分なところに焦点を当てる傾向があり、マンガの一部には質が悪いものがあることなどから、自分たちの視覚文化を過小評価している、ということ。

問五 ——③「まさに文化なのである」とあるが、なぜか、四十五字以内で説明しなさい。

問六 X には、次のア〜エの四つの文が入る。最も正しい順に並べ替えなさい。

ア どちらの世界が複雑か、すぐにわかるであろう。

イ 日本語なら、仮名だけで五十音ある。

ウ たとえば英語を使うなら言葉の世界は二十六文字で全部が書けてしまう。

エ その上に漢字が常用でも約二千。

問七 【文章B】を読んで、次のア〜エの内容について、正しいものは「1」、正しくないものは「2」の記号で答えなさい。

ア アニメーションは、目的を持って描かれており、情報には限度がある。

イ 個性を尊重すれば、傷つきやすい子どもは生まれない。

ウ 素晴らしい可能性を失う目的は、つまらない大人になるためである。

エ 映画の台詞(せりふ)を正確にどれくらい言える子どもがいるかが、映画の力をはかる指標(しひょう)となる。

問八 【文章B】を読んだ上で、あなたなら、小学校低学年の子どもに対して、どのようなメッセージを込めた作品をつくりますか。次の【資料】をふまえた上で答えなさい。

【資料】

（養老孟司・宮崎駿『虫眼とアニ眼』）

三　次の二つの漢字には、共通の部首（偏）をつけることで、二字熟語が出来ます。その二字熟語を書きなさい。

（例）幾戒　→　機械

①　乎及

②　也或

③　月音

④　言壬

⑤　岡失

茗溪学園中学校（第二回）

―50分―

一　――線部の漢字の読みをひらがなで書きなさい。

1　この類いの事件は少なくない。
2　かれは口調がおもしろい。
3　それは勇み足ではないか。
4　私がほしいのは初版本です。
5　無礼な振（ふ）る舞（ま）いはやめろ。

二　――線部のカタカナを漢字で書きなさい。

1　ぼくらはドウメイを結んだ。
2　戦争反対をトナえる。
3　日本ではツツみ紙は有料です。
4　ゲキテキな勝利で終わった。
5　シンキイッテンでがんばろう。

三　次の文章を読んで、あとの問に答えなさい。

一九八一年、まだ携帯（けいたい）電話のなかったころ。高校を卒業した理佐は妹の律を連れて、見ず知らずの町に引っこし、そば屋の求人に応募（おうぼ）し、仕事を始める。その後、母とその婚約者（こんやくしゃ）が律の学校に会いたいと手紙を送り、会うことになる。

「いや、もう、立ち話で結構です。この子と妹を連れて帰れたら、なんでも」

「理佐さんはまだお若いですし、私もお話を伺（うかが）えたらありがたいです。もちろん律さんの担当としても」

藤沢先生の言葉に、母親とその婚約者は顔を見合わせる。どうぞ、と(1)藤沢先生がさらに座るように勧（すす）めるので、母親と婚約者は①渋々という様子で椅子に腰掛（こしか）ける。理佐は藤沢先生の隣（となり）に座る。

「律を連れ出した上に先生にまでご迷惑（めいわく）をかけて、あなたはどこまで勝手なの？」母親は(2)とても母親らしい口調で理佐を責めた後、ちらっと藤沢先生の様子を窺（うかが）って続ける。藤沢先生はまったく表情を変えないでいる。「家出に妹を巻き込（こ）むなんて」

「家出じゃない。独立って言ってよ」

この数か月のことを「家出」ですまされるのは、自分でも不思議なほど(3)不本意に感じた。けれども「自立」というほどは※十全に生活できていないし、周りの人に大いに助けられている自覚はあったので、理佐はひとまず「独立」という言葉を使う。

「家出じゃないの。短大に行けなくなったのが気に入らなくて、衝動（しょうどう）的（てき）に出てきたんでしょ？」「家族に相談もなくな」

母親の婚約者の言葉に、理佐は、あなたはべつに家族じゃないし、そんなふうに言うんならなんで律を怒鳴りつけたり、夜遅（おそ）くに家から閉め出したりするのよ？　と怒って言い返したくなるのだが、それはもう少し先で言った方がいいのではないかと思い直して口をつぐむ。母親の婚約者にあまりに強く(4)反発して要求を引き出す前に力で押さえつけるような判断をさせることも怖（こわ）いように感じた。理佐はつくづく、自分を「怖い」という気持ちにさせるこの男に不当さを感じたし、それを頼りにする母親にもうんざりした。

「どうして私と律に帰ってきてほしいの？」

「家族だからよ」

「そのわりには電話もとってもらえなかったんだけど」

「あなたが電話をかけてきていることには気付かなかったし、あなたからの電話だから受話器をとらないってことはなかった。その時の連絡には全部応えてないはずよ」

同じ時間帯にかかってきた電話にすべて応答していないのなら確かにそうかもしれないが、理佐はひどい屁理屈を言われているような気がした。

自分が姉妹をつかまえたい時は婚約者を派遣してきて律を追ったりするのに、理佐が話したいとなるとそれは無視するというのは筋が通らないのではないか。彼らは、自分たちに都合のいいやり方でしか姉妹と関わろうとしなかったではないかと理佐は思った。

「あの時短大に行けなかったから拗ねてるんでしょ？　でも、入学金のことだって、本当の本気で頼んでくれたら工面もしたのに、あなたはちょっと私と話しただけでアルバイトに出かけたじゃない」

私と向き合おうとしなかったじゃない、と母親は続ける。理佐は泣きたくなった。この人は何とでも言う、と思った。自分たちはさして悪いことはしていなくて、すべては理佐の勝手だったということにするためなら、どんなことでも言う、と思った。

「私がいつ永遠に大学には行けないって言った？　そのうち行かせてあげるってはっきり言ったでしょ？　それをその時自分の思い通りにならなかったからって、あてつけみたいに律を連れて出るなんて」

母親は調子づいたように続ける。母親の婚約者はその隣で、もっともだとでも言いたげな様子で腕を組んでうなずいている。

「君はそのぐらい勝手なことをしたけれども、資金の目処が立ったから大学に行かせてやると僕らは言いにきたんだ。わざわざ」

それを君らは逃げ回って、話を聞こうともしないで、なんなんだ、と母親の婚約者は理佐を責めるように見る。

「大学とは？」

気配を消すように何一つ発言しなかった藤沢先生が、ここへきて言葉を発する。母親とその婚約者は、我に返ったように理佐の隣に座っている藤沢先生に視線を向ける。

「この子は今年の四月から短大に行く予定だったんですけれども、三月に私がうっかり入学金の振り込みを忘れてしまって。そのことで怒って家を出たんです。でももっとちゃんと頼んでくれてたら私だってなんとかしたでしょうし、本当は大して行きたくもなかったのに、私のやることにとにかく不満があったからそれを口実に家出したんだと思います」

「妹を連れていったのは、本当に我々に対するあてつけですよ」

母親とその婚約者の話を、藤沢先生は表情のない顔で黙ってうなずいて聞く。理佐は青い顔をして、二人の言い訳を耳に泥が入ってきたような気分で(5)聞き流していた。

「子供が親に学校の入学金を振り込んでくれと〈もっとちゃんと頼む〉とは、具体的に何をすることだったんでしょうか？」

頭を下げて泣いて頼むとか？　と藤沢先生は少し間を置いて続ける。理佐からしたらなんでもないようなことを訊き返したように思えたけれども、母親とその婚約者は(6)答えられなかった。その場にいる誰もが何も言わないまま時間が流れるに任せていると、母親は沈黙に耐えかねたように、それはまあ、そんなことじゃなくいろいろありますけど、と濁すように言った。

「とにかくだ、君を大学に行かせてやれる条件ができたんだ。それを黙って聞け」

　意地を張るんじゃない、と母親の婚約者は言った。理佐は［　A　］をひそめてその男の顔を見ずにはいられなかった。

「本当にかわいげがないな。姉も妹も」

　かわいげがあると思われたって迷惑だからだ、と理佐は言い返したかったが、まだこの二人が姉妹を連れ戻しにやってきた本当の目的を聞き出せていないような気がしたので、そうするのはやめた。(7)ごめんなさい、と母親が呟く声が聞こえて、理佐は情けなくなった。この人、男なだけじゃない、とその両肩を持って揺さぶりたくなった。

「離婚したお父さんが亡くなったのよ」

　そうなのか、と理佐は感慨もなく思う。この男を二十歳年をとらせただけのような人だった。気分で子供をかわいがったり、叱ったりする人だった。声と体の大きい男の子供のような人で、どんなささいなことでも、家族のために何かを我慢するということができない人だった。祖父からアパートを譲り受けていたが、若い女に貢ぐために［　B　］束［　C　］文で処分したことが発覚して離婚した。

「その少し前に、お父さんの伯母さんっていう人が亡くなってて。その人は子供がなかったから、お父さんは遺産を相続していたの」理佐はうなずきながら、なんとなく話が見えてくるのを感じた。「わかるわよね？　べつにすごい額とかじゃないけど、それであなたは大学に行けるの。それですべて解決でしょ？」

　理佐は今度はうなずいたりはせず、少し迷ったあげく、すごい額じゃないって、いくらなの？　と訊き返す。

「なんでそんなことが知りたいんだ？」

「私にもらえる権利があるんなら知りたい」

「姉妹二人ともで二百万円」

「そうなの」

　姉妹二人あわせて、もらえる遺産が二百万。実感のわかない金額だった。理佐の行こうとしていた短大の授業料は、一年間で六十五万ほどだった。残りはどうするつもりなのだろう。

「全部もらえるの？」

　理佐がたずねると、母親とその婚約者は［　D　］。その様子から、そうではないのだろうと理佐は悟った。彼らにとって大事なのは、理佐を進学させることではなく、残りの金の使い道なのだろう。

　こちらに来てから、理佐はお金のやりくりのことではさんざん悩んだし、これからも問題は山積している。冷蔵庫を買ったのもやっとの思いだった。扇風機はそれより安くて周辺は涼しいから良かったものの、冬を越せるかどうかは今のところわからない。

　生活にかかるお金も問題だが、まだ小学三年の律は、これからも何かと(2)物入りだろう。そば屋の店員と※水車小屋の番をしながら、それらをすべて自分が購えるのかと考えると、理佐はほとんど意識を失いそうになる。※浪子さんが、理佐の働きは評価してくれているものの、理佐が律と二人で暮らしていることについて、ときどき不安がるのもよくわかる。律が強くて賢い子供だというのは、二人で暮らすようになってから実感するようになったけれども、まだ子供だというのなら、確かに律は子供なのだ。

その子供のこれからの人生を、自分自身の意地や独立心に巻き込んでいいのだろうか？　いくら母親が、その子を夜に閉め出すような男と付き合っているとはいっても。

（津村記久子『水車小屋のネネ』〈毎日新聞出版〉より）

※十全……少しも欠けたところがなく、すべて完全なこと。

※水車小屋……水車の力でそば粉を挽(ひ)いており、理佐はこの小屋の管理も任されている。

※浪子さん……そば屋のおかみさん。

問1　═══線部①②の意味として最も適切なものを、次のア～オの中からそれぞれ一つ選び、記号で答えなさい。

①「渋々(しぶしぶ)」

ア　遠慮(えんりょ)がちな様子。

イ　いやいやながらする様子。

ウ　びっくりして呆気(あっけ)にとられた様子。

エ　おびえて慎重(しんちょう)になる様子。

オ　イライラした様子。

②「物入り」

ア　困難が多い。

イ　時間がかかる。

ウ　お金がかかる。

エ　多感な時期をむかえる。

オ　親の愛情が欲しくなる。

問2　この場面はいつごろのことですか。最も適切なものを、次のア～エの中から一つ選び、記号で答えなさい。

ア　一月　　イ　五月　　ウ　九月　　エ　十二月

問3　――線部⑴「藤沢先生がさらに座るように勧める」とありますが、先生はなぜ座るように勧めたのですか。その理由として最も適切なものを、次のア～オの中から一つ選び、記号で答えなさい。

ア　せっかくわざわざ遠方からいらしたご両親に、ゆっくりしてもらいたいと考えたから。

イ　この学校では面談の決まり事として席をすすめることがマナーだと決まっていたから。

ウ　自分はきちんとした教師であることをアピールして、好感度をあげたかったから。

エ　時間かせぎをしないと理佐が暴走して大変なことになるのではないかと恐れたから。

オ　ちゃんと事情を聞いてからでないと二人を引きわたすわけにはいかないと考えたから。

問4　――線部⑵「とても母親らしい口調」とありますが、なぜそのような口調になったのですか。その理由として最も適切なものを、次のア～オの中から一つ選び、記号で答えなさい。

ア　母親らしい振舞(ふるま)いを強調することで、担任教師に信用してもらおうと考えたから。

イ　普段は意識していないが、公的な場であることから意識せざるをえなかったから。

ウ　婚約者に対して自分が母親らしくあることをさりげなく伝えたか

ったから。

エ　娘に対して母親らしいことを何もしてあげられなかったことを申しわけなく思ったから。

オ　感情が高ぶってしまったため、自然と母親としての本能が目覚めてしまったから。

問5　――線部(3)「不本意に感じた」とありますが、なぜ理佐はこのように感じたのですか。「家出」と「独立」の違いがわかるように、その理由を説明しなさい。

問6　――線部(4)「要求を引き出す」とはどのようなことですか。本文中の言葉を使って、「こと」に続くように答えなさい。

問7　――線部(5)「聞き流していた」とありますが、なぜそのようにしたのですか。その理由として最も適切なものを、次のア～オの中から一つ選び、記号で答えなさい。

ア　自分はまちがっていないので、聞く必要がないと思ったから。

イ　藤沢先生は味方になってくれないので、心細くなったから。

ウ　白々しい言いわけに、まともに反論する気持ちがなくなったから。

エ　家族でもない婚約者のことばに、無性に腹が立ってきたから。

オ　本当のことを言われて、言い返せるだけの言葉がなかったから。

問8　――線部(6)「答えられなかった」とありますが、なぜ答えられなかったのですか。その理由を説明しなさい。

問9　[A]に入れるのに最も適切な言葉を、ひらがな二字で答えなさい。

問10　――部(7)「ごめんなさい」とありますが、これは誰に向けて言った言葉ですか。最も適切なものを、次のア～オの中から一つ選び、記号で答えなさい。

ア　理佐　　イ　婚約者　　ウ　藤沢先生

エ　自分　　オ　姉妹

問11　[B]・[C]に入れるのに最も適切な漢数字をそれぞれ答えなさい。

問12　[D]に入れるのに最も適切なものを、本文中から七字でぬき出しなさい。

四　次の文章を読んで、あとの問に答えなさい。(作問の都合上、一部表現を改めています。)

人間はだれも、「経験」をはなれては存在しない。人間はすべて、「経験を持っている」わけですが、ある人にとって、その経験の中にある一部分が、特に貴重なものとして固定し、その後の、その人のすべての行動を支配するようになってくる。すなわち(1)経験の中のあるものが過去的なものになったままで、現在に働きかけてくる。そのようなとき私は体験というのです。

それに対して経験の内容が、絶えず新しいものによってこわされて、新しいものとして成立し直していくのが経験です。(2)経験ということは、根本的に、未来へ向かって人間の存在が動いていく。一方、体験ということは、経験が、過去のある一つの特定の時点に※凝固(ぎょうこ)したようになってしまうことです。

だから、どんなに深い経験でも、そこに凝固しますと、これはもう体験になってしまうのです。これは一種の経験の過去化というふうに呼ぶことができましょう。過去化してしまっては、経験は、未来へ向かって開かれているという意味がなくなってしまうと思うのです。

(中略)

……絶えず、そこに新しい出来事が起こり、それを絶えず※虚心坦懐に認めて、自分の中にその成果が蓄積されていく。そこに「経験」というものがあるので、経験というのは、あくまで未来に向かって開かれていく。というのは、つまりまったく新しいものを絶えず受け入れる用意ができているということです。それが経験ということのほんとうの深い意味だと思うのです。

(森有正『生きることと考えること』より)

生きているものを「　A　」と呼び、硬直化した死んでいるものは「　B　」と呼んで区別しようというのが、※森有正が最も大切にした思想です。そしてこの「経験」こそが、私たちの生を未来に向かって開いてくれるものなのだ、と言っているのです。

「苦労が身になる」人と「苦労が※勲章になる」人

「苦労が身になる」という言葉がありますが、「経験」をした人は苦労が身になりますが、一方「体験」止まりの人は、苦労は身にならずに「勲章」になります。

(3)苦労が「経験」になっている人は、よほどこちらが質問しない限りは、自分からは苦労話をしないものですが、「体験」の人の場合は、こっちが聞いてもいないのにうんざりするぐらい苦労話をしてくれます。

「苦労が身になる」というのは、まさに身になってしまったわけですから、もはやその苦労は本人の一部になっている。そういう人からよく聞くのは「あの苦労があったからこそ、　C　」という言葉です。苦労が勲章のように外側にぶら下がっている人は、「苦労は買ってでもしろ」と言ったりしますが、その苦労で当の本人は実質的には変化・成長していなかったりします。

「身になる」というのは、「質」的に深い変化がその人に起こることです。ですから、その出来事がたとえ小さなものだったとしても、「経験」として深まることで、いろんなことにつながる※普遍性が獲得されます。ですから、自分がそうなったことのない他人の状態についても、その人の思いや、その人にとって今は何が必要かというようなことが、自分の「経験」から適切につかめるようになるのです。「体験」止まりの場合には、「自分はそうなったことありませんので、分かりません」で終わってしまう。

ですから、(4)深まっていない「体験」に基づいて「この人の状況は、自分のあの体験と似たようなものだから、同じだろう」と決め付けて、「そういう時は、こうすればいいのよ!」とアドバイスしたりすることは、共感とは似ても似つかぬ「ピント外れの親切」や「ありがた迷惑」になってしまいます。「体験」には、「経験」のように普遍性がないので、他のことには応用が利かないのです。

今話したように、「経験」が個人の中で深められていくと、その出来事の特異性や個人的な要素は次第に薄らいでいって、最終的に普遍性を獲得するものになります。

地下水脈

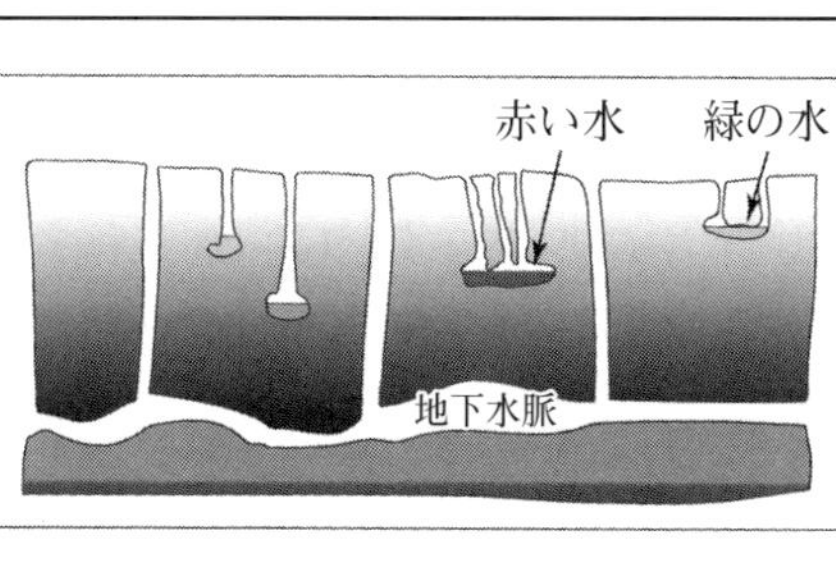

上の図を見てください。

この図は、その普遍性を地下水脈にたとえています。一番深い所を流れる地下水脈に、個人の「経験が深められて到達するかどうか、その掘り下げ方がとても大きな違いを生むわけです。

しかし、地下水脈にたどりつく前に、途中には緑の水や、赤い水などもある。赤い水が溜まった所にたどり着いてそこで止まってしまった人は、「ここから掘ると赤い水が出てくるぞ」といい、緑の水が溜まっている所で止まった人は「こっちは緑の水が出てくるぞ」と言う。井戸を掘った場所の違いで、違う色の水が汲み上がってくる。(5)これが、いわゆる専門性ということがはらむ問題点なのです。

けれども、最も深いところまで掘り切った場合には、どの場所から掘ったとしても必ず［D］に当たる。どこから掘ろうが同じ水を汲み上げてくることになる。この地下水脈に共通して流れているものが、普遍的な真実であろうと私は考えます。「経験」の質を高めるということは、すなわち「経験」を掘り下げていって、個々の専門性や個別性の壁を突き抜けて、普遍性まで到達するということなのです。

歌舞伎の坂東玉三郎さんが興味深いことを言っています。

玉三郎　……この型※はこれを表しているんだと分かった瞬間から、その型というものを取り外すことが出来るようになるんです。

三　浦　ああ、そうか。そこをもう少し話してください。それは、自由になるということですね。

玉三郎　そうです。知らずにやっている型というのは、もう、とても不自由ですよね。

三　浦　なぜそうしているのか、分からないでやっている……。

玉三郎　そう。ところが、顎なら顎のこの角度はこういうことを表しているんだということが分かると、そうじゃない角度の表現も出来るようになるんです。

（中略）

（月刊『ダンスマガジン』臨時増刊「三浦雅士氏との対談」より）

型が重視される歌舞伎の世界で長年経験した彼だからこそいえる、実に凄い言葉だと思います。彼の自在な表現の秘訣は、ここにあるんだろうなと思います。

［E］型や理論をたくさん学んでも、その型の奥に潜む※エッセンスを汲み取れるかどうかによって、(6)それが後々大きな違いを生みます。何でも初心者のうちは、型をたくさん習ってそれを型通りにやろうとして、ものすごくギクシャクしてしまう。ここで言われているように、その型から本質だけを頂いて、型の細部を捨てることができるようになるのか。枝葉に囚われることなく、幹のところのエッセンスをつかみ取るつもりで学ぶことが、何事につけても大事だと思うのです。

この地下水脈まで到達した人はみな、時代も専門も超えて、何か共通するものを感じ取っています。ですから、ある人は画家であったり、詩人であったり、哲学者であったりしますが、地下水脈から汲み取ってきている人は、みな同じことを言っています。私はこの講義を通じていろいろなジャンルの人の言葉を資料として使わせていただいているわけですが、それがたとえば専門家が浅い所から汲んできた赤や緑の水についての記述よりも、詩人の一節のほうがよほど本質を言い当てていたりすると思うからなのです。

さて、この一番下の地下水脈から汲み上げてきたもの、この深さから来た言葉というものは、非常にシンプルで分かりやすいものになっているのが特徴です。平易な言葉を使っていながらも、密度が濃い。逆に、内容の浅いものほど、言葉は［F］になります。それは※内輪の人にしか通じない。そういう言葉を並べ立てられると、読んだり聞いたりする方は「自分がバカなのかな」なんて感じさせられたりします。しかし、それはほとんどの場合、錯覚です。

本当によく分かっている人は、その物事をよく※咀嚼しているから、分かりやすい言葉を使っても、自在に話したり書いたりも出来る。しかも、エッセンスを捉えているので、型から自由ですから、いろんな喩えを駆使したり、別ジャンルのことを関連付けたりすることが可能なのです。(7)こちらにスッと入ってくるような言葉で書いたり言ったりしてくれているものは、だからこそかえって信用出来るものではないかと思います。

（泉谷閑示『「普通がいい」という病』〈講談社現代新書〉より）

※凝固……こり固まること。液体や気体が固体に変わることもいう。
※虚心坦懐……心に不満や不信など、重苦しい感情がなく、落ち着いている様子。
※森有正……直前に引用されている文章の著者で、哲学者・フランス文学者。
※勲章……本来は、国が功労のあった人に授ける、名誉を記すためのしるしのことをいう。
※普遍性……すべてのものに通じる性質。
※型……芸能などで、望ましい水準とされる動作や態勢のこと。
※エッセンス……物事の本質。
※内輪……身内だけで、外部の人を交えないこと。
※咀嚼……物事や文章などの意味をよく考えて味わうこと。

問1　――線部(1)「経験の中のあるものが過去的なものになったままで、現在に働きかけてくる」とありますが、「過去的なものになる」とはどういうことですか。次の【　】内に当てはまる語句を十字以上、十二字以内でぬき出しなさい。

経験の中のあるものが、【　　　　】されること。

問2　――線部(2)「経験ということは、根本的に、未来へ向かって人間の存在が動いていく」とありますが、森有正は、「経験」という語をどのような意味で使っていますか。四十字以上、五十字以内で説明しなさい。

問3　［A］・［B］に入る言葉を、本文中からそれぞれ一語でぬき出しなさい。

問4　――線部(3)「苦労が『経験』になっている人は、よほどこちらが質問しない限りは、自分からは苦労話をしないものです」とありますが、なぜですか。その理由として最も適切なものを、次のア～オの中から一つ選び、記号で答えなさい。

ア　苦労して成長した経験を心から誇りに思っているので、胸の中に大切に取っておいて口には出さないから。

イ　苦労の経験は自分の中で変化しているので、同じ苦労話を他人に伝えることに意味はないと理解しているから。

ウ　自分がどんなに熱心に苦労話を伝えたところで、相手にはそれを理解する能力がないと分かっているから。

エ　苦労によって確かに成長することは出来たが、もう思い出したくないくらいに辛(つら)い記憶になっているから。

オ　苦労をきちんと経験に出来た人は、その経験を自分の内で変化させて、もう忘れてしまっているから。

問5　［C］に入る内容を自分で考えて答えなさい。

問6　――線部(4)「深まっていない『体験』に基づいて～『ありがた迷惑』になってしまいます」について、次の問に答えなさい。

Ⅰ「ありがた迷惑」と同じ意味の言葉を、五字以内で書きなさい。

Ⅱ　筆者がこのように言うのはなぜですか。その説明として最も適切なものを、次のア～オの中から一つ選び、記号で答えなさい。

ア　若い人には、年長者からのアドバイスは受け入れがたいので、何を言ってもいやな顔をされるに決まっているから。

イ　自分と他者が同じ経験をすることは有り得ないので、どんなに経験が深まっても、適切なアドバイスは出来ないから。

ウ　きちんと深められていない体験は変化をしないので、いつまでたっても他人のものには当てはまらないから。

エ　経験をどんなに深めても自分の体験したことしか分からないはずなのに、分かったような顔をしてアドバイスをしているから。

オ　相手と自分の状況(じょうきょう)をきちんと理解して適切なアドバイスをしたとしても、相手が共感してくれるとは限らないから。

問7　――線部(5)「これが、いわゆる専門性ということがはらむ問題点なのです」とありますが、「専門性ということがはらむ問題」にあたる例を自分で考えて答えなさい。

問8　［D］に入る言葉を、本文中にある言葉を使って六字で答えなさい。

問9　［E］に入る言葉として最も適切なものを、次のア～オの中から一つ選び、記号で答えなさい。

ア　あえて　　イ　むしろ　　ウ　どんなに

エ　まったく　　オ　少なからず

問10　――線部(6)「それが後々大きな違いを生みます」とありますが、どのような違いがありますか、「型」という言葉を使って三十五字以内で説明しなさい。

問11　［F］に入る漢字二字の言葉を、自分で考えて書きなさい。

問12　――線部(7)「こちらにスッと入ってくる～かえって信用出来る」とありますが、なぜですか。五十字程度で説明しなさい。

明治大学付属八王子中学校（第一回）

—50分—

〈注意〉　字数には、句読点も記号も一字として数えます。

一　次の文章を読んで、あとの各問いに答えなさい。なお、文中の言葉の下の〔　〕の中はその言葉の意味とする。

【「僕（ポン）」は、大学を卒業した後、アルバイトをしながら売れないお笑い芸人を続けている。かつての相方「てっちゃん」にくわえ、「サク」ともコンビを解消し、一人で活動をしているが、なんとか売れようと、企画会社の社長であり、お笑いライブに来ていた「吉沢さん」に声をかけたところ、彼に会社に来るように伝えられた。】

二日後、吉沢さんの会社を訪れた。

間違えたかなと思うぐらい、ぼろぼろの雑居ビルだった。だけど確かに、住所もビル名も合っている。

五階建てのその建物にエレベーターはない。階段で三階に上がると、キャップをかぶったおじさんがいた。

業界〔芸能界〕の人かな。

僕はちょっと会釈したが、おじさんはそれには気づかずに階段を下りて行った。

吉沢さんが出てきて、僕に軽く手を上げる。

「ああ、きたきた。……えーと。ごめん、何て呼べばいい？」

こめかみを掻きながら苦笑いする吉沢さんに、僕は言った。

「本名は本田ですけど、ポンでいいです」

「ポンね。じゃ、とりあえず、そこに積んである箱、下に運んでくれる？」

「……箱、ですか」

部屋の隅に、大きさの揃わない段ボール箱がいくつも乱雑に置かれている。デスクの上には書類やファイルが散らばっていた。

「実は会社たたむことになってさ」

「えっ」

「明日までにここ、引き揚げなきゃいけないんだけど、挨拶回りでばたばたしてたんで荷物の整理がつかなくてね。今はこの会社、俺ひとりでやってるようなもんだから、今日はポンが来てくれて助かったよ」

これは……これは、ドッキリかなんかだろうか。

無名の芸人に①意地悪な設定を仕掛けて、どう反応するかって。

そうだ、きっとそうに違いない、そうであってほしい。

だとしたら、どんなリアクションをしたらウケる？

そんなことを虚ろに考えながら、僕は「はぁ」と気の抜けた返事をするしかなかった。

言われるまま、茶色い段ボール箱に腕を伸ばす。けっこうな重量だ。箱の角を手のひらの中央に置いて安定させ、中指や薬指でしっかり抱えて階段に向かった。

「なんか、手慣れてるねえ」

ちょっと意外そうに、吉沢さんが言った。

②僕は吉沢さんのほうを見ず、平淡に答える。

「僕、プロなんで」

荷物運びの。

階段を下りると、さっきのキャップのおじさんが少し先に立っていて「こっち」と手招きした。路上に軽トラックが停めてあり、荷台にはすでに、廃棄されるのであろうキャビネットと小型冷蔵庫が載っている。業界じゃなくて、業者の人だったらしい。僕は脱力した。

段ボール箱を運び終わり、軽トラックが行ってしまうと、今度はゴミの分別を任された。燃えるゴミとプラゴミ、瓶缶を分け、古い雑誌をまとめて紐でくくる。

「なんかさあ、もう、ゴミって捨てるのも大変だよね」

吉沢さんはいまいましそうに言いながら、書類の整理をしている。

その言葉はサクや事務所に捨てられた僕へのあてつけか。そんなふうに思えるぐらいに、心がねじ曲がっていた。

あの話は。あの話は、どうなってるんだ。

手を動かしながら、僕は悶々としていた。この状況がドッキリじゃないことぐらい、わかっている。

ゴミがあらかた片付き、床掃除を済ませると、吉沢さんが「もういいよ」と言った。午後二時だった。昼飯も食べていない。

「あとは俺しかわかんないから、自分でやる。ありがとう、お疲れさん」

吉沢さんは、缶コーヒーをひとつ、僕によこした。

デスクの隅に何本か転がっていたやつだ。これが、今日の「仕事」の報酬。

③僕はおずおずと訊ねた。

「………あの、バクチキ〔テレビ番組の名前〕のプロデューサーに紹介してくれる話って」

吉沢さんは目を見開き、ええっと叫んで笑い出した。

「まさかと思うけどなんか勘違いさせた？　俺はやってみたいかって言っただけだろ。あんなの世間話だよ」

僕は泣きそうになりながら食い下がる。

「でも、無名なヤツが一晩で有名になるっていう夢のある商売だって、励ましてくれたじゃないですか」

「もちろんそうだよ。実力と運があればね」

………実力と、運。

ポン重太郎はどちらも持ち得ていないのだと、はっきり言われたみたいだった。

僕が涙をこらえていると、吉沢さんはぽつんと言った。

「本当に難しいんだよ。人を笑わせる仕事って」

くたびれたシャツの襟が汚れている。

吉沢さんだって、人を笑わせたくてこの会社を経営してきたんだろう。笑えない自分にもがきながら。成功している知り合いを横目で見ながら。

僕は缶コーヒーを握りしめ、④吉沢さんに深くお辞儀をして部屋を出た。

翌週の土曜日、僕は新幹線で青森に向かっていた。

僕はやっぱりダメだ。ぜんぜん、ダメだ。

そもそもの始まりからしてダメだ。

大学祭でちょっとウケたからって、内定〔会社からの採用通知〕を蹴って養成所に入ったってところから、ダメダメのスタートだ。

今回のことだってまったく同じだ。いつもは気弱で自信なんかないくせに、少しばかりうまくいったと思うと急に気が大きくなって。吉沢さんがうまく取り次いでくれてバクチキのレギュラーになれるなんて思っていた。そんな甘い世界じゃないことぐらい、充分すぎるぐらい知ってるはずなのに。

　自分がバカすぎて、消えてしまいたくなった。
　⑤もうきっぱり手を引く時なのかもしれない。
　ミツバ急便の正社員試験を受けて、もう少し安定した暮らしを手に入れるのもいい。身分不相応な夢なんか追わずに、焦燥(しょうそう)感にかられる〔あせる〕ことも傷つくこともなく、汗(あせ)水流して働いて、休みの日はビールを飲んで。そのほうがずっと幸せじゃないか。

　それとも、青森に戻(もど)るか。

　親にしてみれば、あっけなく夢破れて帰ってきた息子(むすこ)なんて、近所の笑いものかもしれないけど……。いや、これでやっと笑ってもらえるならそれもいいのか。

「よくないだろ」

　僕は小さく声に出して自分にツッコミを入れる。

　スマホを取り出し、ツイッター〔短い文章を投稿(とうこう)できるウェブサービス〕を開いた。あれから僕は何も投稿していない。

　最後にツイート〔ツイッターへの投稿〕した文面を目でたどる。

「久しぶりのライブ、最高だった。その後さらに最最最高なことが起きた。人生って思わぬところで急展開するもんだよな。見返すチャンスがやってきた。今後のポン重太郎に、乞(こ)うご期待！」

　見返すチャンス。

　あのとき勢いで打ち込(こ)んでしまったそのツイートをあらためて読むと、その言葉が引っかかった。

　僕は、サクを見返したかったのだろうか。

　そんなことが原動力になっていたんだろうか。


　それともサクだけじゃなくて、この不条理な世の中に？
　⑥間違っていた。
　この日僕がすべきツイートは、「今日、ライブ会場に来てくれたお客さんたち、本当にありがとう」ってことだったのに。

　僕はその投稿を削除(さくじょ)し、スマホをズボンのポケットに入れて目を閉じた。

　ステージに立ったときのわくわくと高まる気持ち、客席との一体感を思い出す。お客さんの表情。揺(ゆ)れた肩(かた)。体が甘く疼(うず)いた。

　そうだな、サク。

　エンタメってそういうことだよな。提供するほうも受け取るほうも、一緒(いっしょ)に楽しいって。

　やっぱり僕は、お笑いが好きなんだ……。

　故郷に続く新幹線は僕を運びながら、ゆりかごみたいに揺れている。

（中　略）

　駅前の居酒屋で、僕とてっちゃんは乾杯(かんぱい)をした。

　中学校の先生を続けているてっちゃんは、ソフトボール部の顧問(こもん)をしているという。日に焼けた笑顔(えがお)が健康的だった。

　肴(さかな)をつまみながら、僕たちはいろんな話をした。

　メインは東京での僕についてだった。コンビ解散のときのこと、事務所を出てからは、宅配便のドライバーをしていること。

「サイン書くほうじゃなくて、サインもらう仕事してるよ。伝票に」

　その言葉にてっちゃんは弾(はじ)けるように笑ってくれて、それが僕を安心させた。ここで憐(あわ)れまれたりスルーされたりしたら、そこから本音を話せなくなっていたかもしれない。

二時間ぐらい飲んだあと、僕らは店を出た。

夜空に、すっきりと輝く弓のような形の月が見えた。堂々とした満月とはまた違う、清らかな美しさがあった。

僕はその光を見上げながら立ちすくむ。

「……月って、自分があんなふうに光ってるなんてきっと知らないんだろうな。教えてやりたいな」

てっちゃんは、ちょっとおどけた表情で僕に体を寄せた。

「元・相方としてツッコませてもらうけど」

「え？」

「それはポン、おまえだろ！」

思わずてっちゃんのほうを向いた僕に、てっちゃんはゆっくりと続ける。

「俺から見たら、⑦キラキラしてるよ。ポンは気づいてないと思うけど」

「僕が？」

「うん。ポンは自分のことぜんぜんダメだって思ってるかもしれないけど、俺は友達として誇りに思ってるよ。ひとりで東京に出て、誰の助けも借りずに自活して、夢を抱き続けて。すごいよ、ポンは」

「だって……だって、その夢はぜんぜん叶えられてないじゃないか」

「叶えなかったらダメなのかな。夢を持ってるっていうことそのものが、人を輝かせるんじゃないかな」

レゴリス〔月に積もっている砂で、月の輝きを増す働きをしている〕。

ああ、そうだ。僕は思い違いをしていた。

レゴリスは、きれいに見せるために手をかけたまやかしの化粧じゃない。もともと月に「備わって」いるものなんだ。

不意にそんなことがすとんと腑に落ちて、僕は思わずため息をついた。うわべだけのお膳立てじゃなくて、青森を出たときから僕が携えているありのままの想いが僕を輝かせてくれるなら……。

⑧やっぱり僕はまだ……いや、もう一度、お笑いをやってみたい。

別れ際にしみじみと、てっちゃんが言った。

「話せてよかったなあ、ずっと気になってたから。ありがとな」

そのまま、こっちのせりふだった。

手を振り合ってひとりになると、僕はサクの留守番電話を思い出した。同じだな。「ずっと気になってた」って。

それはきっと、サクがお笑いをやめると言ったとき、僕がちゃんと心のうちを話さなかったからだ。ただ「わかった」って、その一言だけで。

僕は本当は、サクに言いたいことがいっぱいあった。ちゃんと気持ちをぶちまければよかった。サクだって、それを聞きたかったに違いない。

なんでだよ。なんで僕のこと、そんなにあっさり見捨てるんだよ。

ふざけんなよ、勝手すぎるだろ。

裏切りやがって。自分ばっかりいい思いしやがって。

一緒にコンビ組もうって言ってきたの、そっちじゃないか。

僕はすごく楽しかったんだ。おまえと出会えて、すごくすごく嬉しかったんだ。

サクがいなかったら、養成所だって続けられなかったかもしれない。

⑨お笑いってほんとにいいなって思えたのは、サクが隣でそれを教えてくれたからだ。

そう、サクのおかげなんだよ。

だから……だから今ならきっと言える。本心で。

がんばれよ、サク。応援してるから。僕もがんばる。
僕はスマホを手に取り、電話のアイコンに指をあてた。

(青山美智子『月の立つ林で』〈ポプラ社〉による。一部表記・体裁を改めた)

問一 ――①「意地悪な設定」とありますが、なぜ「意地悪」といえるのですか。この理由として最もふさわしいものを次から選び、記号で答えなさい。

ア　わずかな時間で大量の荷物を整理しなければならないという、荷物運びが得意な「僕」にとっても厳しい状況であったから
イ　芸人の道が開ける機会と思わせておいて、実際は荷物の整理を手伝わせるという、期待を裏切るような設定であったから
ウ　無名のお笑い芸人がいきなり荷物運びをさせられるという、面白いリアクションをするのが難しい設定であったから
エ　相手は社長であるとはいえ、はじめて会った人に荷物の整理を手伝うよう命じられるという、不愉快な状況であったから

問二 ――②「僕は吉沢さんのほうを見ず、平淡に答える」とありますが、このときの「僕」の心情の説明として最もふさわしいものを次から選び、記号で答えなさい。

ア　期待していた話をしてくれない吉沢さんの褒め言葉を素直に受け止められないでいる
イ　いつも宅配の仕事をしているのだから荷物運びなど簡単だと自分に言い聞かせている
ウ　仕事を紹介してくれる吉沢さんのために、プロとしてしっかり働こうとやる気を出している
エ　荷物運びはずっと得意なことだったのに、それを知らなかった古沢さんにがっかりしている

問三 ――③「僕はおずおずと訊ねた」とありますが、このときの「僕」の心情の説明として最もふさわしいものを次から選び、記号で答えなさい。

ア　きちんとした報酬を出してくれない吉沢さんへの怒り
イ　どうせ約束は守られないだろうという半ばあきらめた気持ち
ウ　いよいよ仕事を紹介してくれるのだろうという確信
エ　真実を聞きたいが、知ってしまうこともこわいと思う気持ち

問四 ――④「吉沢さんに深くお辞儀をして」とありますが、このときの「僕」の心情の説明として最もふさわしいものを次から選び、記号で答えなさい。

ア　お笑いの仕事を紹介してくれたことに対して感謝している
イ　同じ目標をもっていた吉沢さんのつらさを感じとっている
ウ　会社をたたむことになってしまった吉沢さんを憐れんでいる
エ　吉沢さんへの怒りはおさまらないが、礼儀は必要だと思っている

問五 ――⑤「もうきっぱり手を引く時なのかもしれない」とありますが、「手を引く」とはこの場合どうすることですか。これを説明した次の文の空欄ア・イにあてはまる言葉を、それぞれ五字以内で考えて答えなさい。

［ア］を［イ］こと。

問六 ――⑥「間違っていた」とありますが、何が間違っていたのですか。この説明として最もふさわしいものを次から選び、記号で答えなさい。

ア　自分の力不足をかえりみず、お笑い芸人として売れない原因が、すべてかつての相方にあると決めつけていたこと

イ　大切にするべきだった相方のことを見下していたのに、関係を解消した今になって見返してやろうと考えていたこと

ウ　お笑い芸人として成功したいという自分の初心を忘れ、自分の芸に自信をなくして弱気になってしまったこと

エ　お笑いに対する純粋な気持ちを忘れ、昔の相方や世間に対して見返してやりたいという思いが先走っていたこと

問七　――⑦「キラキラしてるよ」とありますが、これと同じ内容を表した次の文の空欄にあてはまる言葉を文中から七字で抜き出して答えなさい。

［　　　］をもって輝いていること。

問八　――⑧「やっぱり僕はまだ……いや、もう一度、お笑いをやってみたい」とありますが、なぜ「もう一度」なのですか。この理由として最もふさわしいものを次から選び、記号で答えなさい。

ア　お笑いをやりたいという素直な思いを取り戻して、再び挑戦しようとする決意をかためたから

イ　コンビではなく一人の芸人として、新しいお笑いを追求しようとする意志を新たにいだいたから

ウ　これまでお笑いに注いできた努力を思い出し、再びコンビを結成して挑戦していきたいと思ったから

エ　ずっと心残りだったてっちゃんとのわだかまりを解消し、気持ちを入れ替えてやり直そうと決めたから

問九　――⑨「お笑いってほんとにいいなって思えた」とありますが、「僕」が思うお笑いの良さを表した言葉を、文中から二十一字で探し、最初の五字を抜き出して答えなさい。

問十　本文に関する説明として最もふさわしいものを次から選び、記号で答えなさい。

ア　自分に問いかけるような言葉をはさみ、「僕」の心情をくわしく描くことで、お笑いに取り組む「僕」の気持ちの変化をていねいに表現している

イ　吉沢さんやてっちゃんといった人物のせりふを多く盛り込むことで、「僕」がまわりの人物に振り回される様子をユニークに描いている

ウ　先生として活躍するてっちゃんの様子や夜空の月を魅力的に描くことで、売れずになやみ苦しんでいる「僕」との対比をあざやかに演出している

エ　「……」という表現をくり返し用いることで、「僕」がお笑いを続けていくことへの不安をだんだんと強めていく様子を的確に表現している

□二　次の文章を読んで、あとの各問いに答えなさい。なお、文中の言葉の下の〔　〕の中はその言葉の意味とする。

『ヘヴン』という小説がある。川上未映子さんが書いた名長編で、中学生の壮絶な「いじめ」がテーマになっている。

この作品の中に、加害者と被害者が一対一で話し合う場面がある。いじめられている主人公が、ばったり出会った加害者グループの一人を捕まえて、勇気を振りしぼって話しかけるという場面だ。主人公は震える

声で問いかける。どうして君たちは、ぼくに対して、こんなひどいことができるんだ、と。

ネタバレになるから詳しくは書かないけれど、結論から言うと、主人公は加害者の男子生徒にコテンパンに言い負かされる。その言い負かされ具合があまりにも圧倒的で、読んでいて悲しくなったり、腹が立ったり、とにかく感情がぶれにぶれて、正直、読むのがしんどい場面だ。

実は、ぼくは授業や講演の中で、ときどきこの小説を採り上げてワークショップ〈体験型の講座〉を開く。そして参加者に短い作文を書いてもらう。テーマは「いじめられている子を励ます」というものだ。

すると多くの参加者は、「いじめられる側」に同情し、「いじめる側」を許せないと怒る。本当にメラメラと怒りの炎が見えるくらいにヒートアップする人もいる。

でも、提出された作文を読むと、だいたい六割から七割近くの人は、「いじめる側」の肩を持つ(この比率はぼくの経験値によるもの)。正確に言うと、理屈としては「いじめる側」が言っていることに近い文章を書いてくる。心情的には「いじめられる側」に同情していても、出来上がる文章は「いじめる側」に近くなるのだ。

どうしてこんなことが起きるのか。たぶん、①「言葉がないこと」が関係している。

「人を励ます言葉」というと、どんなフレーズ〈言葉〉を思いつくだろうか。

ワークショップで出てくる不動のトップ3は「がんばれ」「負けるな」「大丈夫」。他にもいろいろ出るけれど、この三つの地位が揺らぐことはない。

でも、よくよく考えると、「がんばれ」と「負けるな」は、人を叱りつける時にも使う。「叱咤激励」という四字熟語があるように、日本語では「叱咤」と「激励」はコインの表裏の関係にある。

一方、「大丈夫」というのも、最近では「no thank you」の意味で使われることが多い。「コーヒーもう一杯飲みますか?」「あ、大丈夫です～」といった感じだ。

ぼくらが「励まし表現」の代表格だと思っている言葉は、時と場合によっては、「人を叱る言葉」や「人と距離をとる言葉」に姿を変える。どうやら日本語には、「どんな文脈にあてはめても、『人を励ます』という意味だけを持つ言葉」というのは存在しないらしい。

ワークショップでも、「いじめられる側」に同情する主旨で書きはじめられた文章が、後半に進むにつれて「こんな奴に負けないでがんばれ」という論調になっていくパターンが多い。

これは裏返すと、「自分を強く持て」ということなんだけど、受け取り方によっては、「いじめられるのはあなたが弱いからいけない」というメッセージにもなる。

「弱いからいけない」――実はこれ、課題小説の中で「いじめる側」が言ってる理屈と、ほとんど同じなのだ。

いまから振り返ってみれば、東日本大震災というのは、普段ぼくらが使っている②「励まし言葉」ではまったく対応できない事態だったのだろう。ひたすら堪え忍ぶ被災者に「がんばれ」は相応しくない(もう限界までがんばっていた)。「負けるな」というのも変だ(被災に「勝ち負け」は関係ない)。「大丈夫だよ」もおかしい(実際「大丈夫」ではなかった人たちがたくさんいた)。

そうこうしているうちに、どこからともなく「ひとりじゃない」というフレーズが出回るようになった。被災者を孤立させず、連帯しようという思いを込めた新しい「励まし言葉」だったと思う。

でも、これも使い方次第では「苦しいのはあなただけじゃない（③）」という意味になりえてしまう。

多くの人に向けられた言葉は、どうしても④編み目が粗くなる。一口に「被災者」といっても、実際にそこにいるのはさまざまな事情を抱えた一人ひとりの人間だ。だから、ひとつの言葉が全員の心にぴったりと当てはまるなんてことがあるはずない。「その言葉は今の心情にそぐわない」という人がいれば、そのたびに言葉を探すことが必要だ。

もちろん、震災は言葉だけでなんとかなる問題じゃない。だからといって、言葉は二の次でいいわけでもない。

さっきのワークショップで気づいてほしいのは、「どんな場面でも人を励ませる便利な言葉なんてない」ということ。そんな「ドラえもんの秘密道具」みたいな言葉は存在しない。

でも、不思議なもので、ぼくたちは普段から「誰かの言葉に励まされる経験」をしている。やっぱり「言葉が人を励ます」ことは確かにあるのだ。

だから、「言葉は無力だ」と絶望することはない。⑤言葉を信じて、「言葉探し」を続けたらいい。

とは言ってみたものの、そもそも「言葉を信じる」というのは、一体どういうことなのか。こういうことは、実際に「言葉を信じた人たち」が遺した言葉から学ぶしかない。

⑥昔の患者はある意味でみんな詩人だったんじゃないかな。自分じゃ気が付かないだけで。挫けそうな心を励まし、仲間をいたわる言葉をもっていたからね。

この言葉を記したのは、ハンセン病回復者の山下道輔さん（一九二九～二〇一四年）。長らく国立ハンセン病療養所で生活されていた方だ。ハンセン病療養所には、過去にこの病気を患い、治癒した後もいろいろな理由で、ここ以外に生活の場所がない人たちが暮らしている。

「いろいろな理由」というのは、例えば病気の後遺症があって介助や医療的ケアを必要としたり、長期間の入所を強いられたため社会で生活する術がなかったり、地域社会から差別されて「帰ってくるな」と言われたりと、本当に「いろいろ」だ。

日本では長らく患者を隔離する政策がとられ、多くの患者たちが療養所に収容された。「遺伝する」とか「伝染する」とか、誤解や偏見を持たれたこともあって、患者たちはとても差別された。有効な治療法が確立・普及した後も、差別は続いた。

壮絶な差別から身を守るために、身内に差別が及ばないように、療養所では偽名を使う患者も多かった。場合によっては、身内から本名を捨てさせられることもあった。

山下さんは一九四一年に一二歳で療養所に入所した。それから二〇一四年に亡くなるまで、実に七〇年以上も療養所で暮らし続けた。ハンセン病関連の資料を集めた「ハンセン病図書館」の主任を務めていて、「歴史を伝える」ことに人生をかけた人だった。

山下さんが入所した頃の療養所は、ひどいところだった。社会からの差別もあったし、横暴な医療者や職員もいた。現在なら「人権侵害」とされることもたくさんあった。「療養所」のはずなのに食事も医療も乏しくて、患者たちも農作業をしたり、土木作業に携わったり、重症者介助を手伝ったりして働かないと、施設自体が立ちゆかなかった。

　そんな中でも、患者同士の友情があり、愛情があり、笑いと涙の人情劇があり、職員の目を盗んで何かを企てようとする攻防戦があった。もちろん、複雑でややこしい人間関係もあったし、ケンカやいさかいもあった。

　陳腐な言い方だけれど、そこでは、ぼくたちと変わらない「等身大の人間たち」が生活していた。

　一九四九年の冬。山下さんの友人が亡くなった。療養所の外の畑に芋を盗みに行って捕まり、袋叩きにされたのだ。盗みはよくない。でも、敗戦後の療養所は食糧事情が悪くて、みんなお腹を空かせていた。彼は自分が面倒をみている重症患者に食べさせるために、あえて芋を盗みに行ったのだ。

　傷ついた彼が療養所に戻ってきて、どうなったか。許可なく外に出たことをとがめられ、監房に入れられた（当時のハンセン病療養所には監禁施設があった）。それが祟ったのだろう。彼はその時の傷がもとで死んでしまった。絵を描くのが好きな人だった。

　昔の患者は私物をほとんど持てなかった。身元を隠している人も多い。遺族もわからなければ遺品もない。ということは、「その人が生きていたという事実」が遺らないということだ。そんなの悲しすぎる。だから、山下さんは友人のために追悼詩を詠んだ。

　　強い北風の吹く明方／／鍔のない戦闘帽を斜に被った友は、それまで糞尿をふんばりださんとしてたのに……／／泡を噴き、消え絶えた小さな懐炉を下腹の上で握りしめたまま、かつての日、己が描いた「冬の窓」の懸かったがくに貌をそむけて逝った……

「果てに……亡友瀬羅へ」『山櫻』一九五〇年一月号

詩を詠んだって、死んだ友人は帰ってこない。

患者への差別が消えてなくなることもない。

それでも山下さんは、誠心誠意、この詩を詠んだ。

せめて言葉で遺しておけば、いつか、誰かが、彼のことを思い、彼のために祈ってくれるかもしれない。

「言葉を信じる」というのは、きっと、こういうことなんだろう。

自分の力ではどうにもならない事態に直面して、それでも誰かのために何かをしたくて、でもどうしたらいいかわからなくて、それでも何かしたくて……という思いが極まったとき、ふと生まれてくる言葉が⑦「詩」になる。

山下さんが言う「詩人」というのは、きっと、そういう言葉の紡ぎ手のことだ。

昔のハンセン病療養所には、そんな「詩人」たちがたくさんいたのだろう。過酷な差別を生き抜くために、お互いに支え合うための言葉が交わされていたんだと思う。

なにか酷い出来事が起きたとき、「言葉は無力だ」と言われることがある。何を言っても「きれいごと」だと批判される。

あの震災の後も、「文学なんか役に立たない」と言われた。「つべこべ言わず、ボランティアするなり、支援物資送るなりして、身体を動かすべき」とも言われた。

ぼく自身、「言葉に関わる仕事」に引け目を感じた。

でも、山下さんの言葉は「どんなに困難な状況でも、言葉で人を励ますことを諦めなかった人たち」がいた事実を伝えている。大切な人を支えるためには、やっぱり言葉が必要になるのだ、ということを教えてくれている。

実を言うと、ぼくは大学院生時代の二年間、山下さんの図書館でボランティアをしていた。山下さんの「歴史を伝える」ことへの執念に触れて、学者になることを志した。

だから、山下さんの言葉は、ぼくにとっては家宝みたいなものだ。

ちなみに、戦後の障害者運動は、ハンセン病患者たちが差別に立ち向かったことが原点(のひとつ)なんて言われている。

(⑧)人たちだからこそ、世間の差別に対しても、黙らずにいられたんじゃないか、と思う。

第一話で、ぼくは「この社会に『言えば言うほど息苦しくなる言葉』が増えてきた」と指摘した。

たくさん「ある言葉」というのは目立つから、すぐに気がつきやすい。対して、「ない言葉」は見つけにくい。そもそも「ない」のだから、気がつきにくいのは当たり前だ。

でも、そうした⑨「ない」ものに想像力を働かせることも必要だ。

「ない言葉」は、その都度、模索していくしかない。だから、「励まし言葉」を探し続けようと思う。そのことを地道に続けてみようと思う。

あの震災が予期せず不意にやってきたように、言葉で大切な人を支えなければならない場面は、誰にでも、不意にやってくるのだから。

(荒井裕樹『まとまらない言葉を生きる』〈柏書房〉による。一部表記・体裁を改めた)

問一 ――①「『言葉がないこと』」とありますが、どんな言葉がないのですか。文中から十八字で探し、最初の五字を抜き出して答えなさい。

問二 ――②「『励まし言葉』ではまったく対応できない事態」とありますが、この説明として最もふさわしいものを次から選び、記号で答えなさい。

ア　すでにつらい状況に耐えている人ばかりで、「励まし言葉」が必要とされていない事態

イ　苦しい状況にいる被災者に対して、ありきたりな言葉では励ますことができない事態

ウ　災害の規模があまりにも大きく、全員を励ますことをあきらめなければならない事態

エ　被災者を孤立させないためにも、皆で連帯しようとすることが何より大事だった事態

問三 (③)にあてはまる言葉として最もふさわしいものを次から選び、記号で答えなさい。

ア　(だから落ち込まないで)　　イ　(だけど気持ちはわかります)

ウ　(だからガマンしましょう)　　エ　(だけどあなたは違います)

問四 ――④「編み目が粗くなる」とありますが、このたとえが表していることとして最もふさわしいものを次から選び、記号で答えなさい。

ア　多くの人に向けられた「励まし言葉」であるために、それが自身の心情にあてはまらないという人もいるということ

イ　多くの人を励ますための言葉なので、どんな人にでも伝わるようなおおざっぱな言い回しになるということ

ウ　多くの人を励まそうと考えられた新しい言葉は、全員の心にぴったりとあてはまることを目指しているということ

エ　多くの人に向けて作られた言葉であるので、誰にでも分かりやすいぶん、面白みがなくなってしまうということ

問五　――⑤「言葉を信じて、『言葉探し』を続けたらいい」とありますが、筆者はこの主張のために、どのように話を展開してきましたか。その説明として最もふさわしいものを次から選び、記号で答えなさい。

ア　あらゆる場面で人を励ますことのできる言葉は、一生懸命に探せばきっと見つかるものだと訴え、「言葉は無力だ」と絶望する人たちにも希望を持たせようとしている

イ　「ドラえもんの秘密道具」といった分かりやすいたとえを用いることで、「励まし言葉」が決して万能で便利なものではないことを伝え、読者の正確な理解を求めている

ウ　震災やいじめのようなつらい状況に十分に対応できる「励まし言葉」がないことを一度認めたうえで、それでも「言葉が人を励ます」ことがあるという事実を強調している

エ　「がんばれ」や「大丈夫だよ」といった言葉が人々を強く励ますという事例を示し、そうした「言葉を信じる」ことはどういうことかという問いにつなげようとしている

問六　――⑥「昔の患者はある意味でみんな詩人だったんじゃないかな」について、山下さんもまた亡くなった友人のために詩を詠みましたが、この理由についての筆者の考えを説明した次の文の空欄にあてはまる言葉を文中から十四字で探し、最初の五字を抜き出して答えなさい。

［　　］を遺しておくため。

問七　――⑦「『詩』」とありますが、山下さんの考える「詩」がどのようなものかを表した部分を、これより前の文中から二十字で探し、最初の五字を抜き出して答えなさい。

問八　（⑧）にあてはまる言葉を次から選び、記号で答えなさい。

ア　歴史を伝えることを第一に考えてきた

イ　「言葉は無力だ」と言われてきた

ウ　仲間のために言葉を諦めなかった

エ　つらいことばかりの戦争を経験してきた

問九　――⑨「『ない』ものに想像力を働かせることも必要だ」とありますが、この説明として最もふさわしいものを次から選び、記号で答えなさい。

ア　つらい出来事が起こったときのために、普段から「ない言葉」を探し、表現力を磨いておく必要があるということ

イ　「言えば言うほど息苦しくなる言葉」を打ち消してくれるような勇気づけられる言葉を探していくべきだということ

ウ　これまで耳を傾けられてこなかった患者たちの声をしっかりと受け止め、社会に知らしめることが大事だということ

エ　ひとりひとりを励ますのにふさわしい言葉があると信じて、それを地道に探し続けていくことが大切だということ

問十　本文に関する説明として**ふさわしくない**ものを次から一つ選び、記号で答えなさい。

ア　すでにがんばっている人に「がんばれ」と言ったり、無責任に「大丈夫」と言ったりすることは、励ますこととは正反対の結果を招く可能性がある。そのため、相手に合わせて言葉を探していくことが必要であると言えるだろう

イ　言葉は役に立たないと言われることがあるのは、今の日本の詩や

文学が無力であるからだろう。だが、かつてハンセン病患者の人々が支え合ったように、互いを思う言葉が再び生まれるようになれば、それらの意義も見直されるはずだ

ウ　ハンセン病の人々が言葉を紡ぎ、その思いが社会に広く伝わっていったように、仲間の中で生み出された言葉であっても、多くの人々のもとに届くことがある。また、それが広がりとなって、社会を変えていくことにもなるのだ

エ　「被害者」や「恵まれない人々」といった言葉は、個別の事情を切り捨てて多様な背景をもつ人々を一まとめにしてしまうことがある。こうした言葉を安易に使い続ける限り、本当の意味で他者を励ますことはできないだろう

三　次の傍線部のカタカナを漢字に直し、漢字は読みをひらがなで答えなさい。

① 明八の文化祭では大人もドウシンに帰る。
② 記念品を参加者にキントウに配る。
③ たまごの焼き加減をゼッサンする。
④ 生徒会長にシュウニンする。
⑤ 新入生が制服のスンポウを測る。
⑥ 『明八の歴史』という本が売れたので重版する必要がある。
⑦ 迷信にまどわされてはいけない。自分を信じなさい。
⑧ 余計な仕事は後回しにする。
⑨ 重要な書類に署名する。
⑩ この地図の縮尺は二万五千分の一だ。

明治大学付属明治中学校(第一回)

―50分―

注意　字数制限のある問題については句読点・記号を字数に含めること。

一　次の文章を読んで、あとの問いに答えなさい。ただし、【　】は語句の意味で、解答の字数に含めないものとします。

ここでは私たちの知識の中にある「あいまい」な部分のことについてお話をしましょう。

ぜったいに真(真か偽かのどちらかしかないばあい)だとか、たしからしい(真や偽に程度の区別がつけられるばあい)ということは、形のうえからいえば、みんな一つの文(または判断)やいくつもの文(または判断)が結びついてできた複雑な文や判断について言われたことなのです。しかし、「あいまいさ」ということは、文や判断の中で使われている語の意味(または概念)についていわれることなのです。

たとえば、ものの名まえというものは特別のただ一つだけのものをさすとはかぎりません。「犬」という語は、あなたたちの中のだれかの家にいるコリーのポピーだけをさすことばではなくて、ポピーと似ているすべての動物をさすことができます。しかし、これらのすべての動物が、あなたのおうちのポピーちゃんと同じ姿をしているわけではありません。犬とよばれる動物の中には、ブルドッグ、ドーベルマン、チン、シェパードなど、そのほかたくさんのちがった［ 1 ］があります。見ただけですぐに犬だとわかるのもいれば、犬だかオオカミだかわからないようなのもいます。「音楽」ということばは、バッハやモーツァルトの音楽をさすと同時に、ジャズもさすでしょう。浪曲(なにわぶし)が音楽かどうかということになると、音楽だと言う人もあり、音楽でないと言う人も出てきます。「ジャズなんか音楽じゃないよ。」と言う人にとっては、音楽ということばがさすものは、もっともっとせまくて、バッハかベートーベンの音楽に似たものだけが音楽とよばれているのでしょう。

もちろん、薬の名まえのように、どれもこれも同じような規格【定められた標準】にあったものだけにつけられた名まえもありますが、このように、はっきりときまったものだけをさす語はあんがい少ないのです。私たちが使っている大部分の語は、そのさすもののあり方が同じではないのです。だれでもがそれとわかる標準になるようなものが中心にあって、まれにしか出会わないようなもの、円の中心から遠くにあるものは、だんだんと標準型からはずれて、おしまいにはほかの名まえでよばれるものとの区別をつけることがむずかしくなってきます。

また、ある語は犬や音楽とのあいだの似かたとはちがった点から似たものを考えて、まったくちがったものを同じことばでよんでいます。「美しい花」と「美しいおこない」、「偉大な山の峰」と「偉大な英雄」などという言い方のときに「花」と「おこない」、「山の峰」と「英雄」のそれぞれのものの中には、ものとして似たものはなに一つありません。しかし、これらのものにぶつかったとき私たちがいだく気持ちとか、それらから受ける感情などが似ているので、同じことばでよんでいるのです。

ものの名まえというものは、もののあいだにある似た点をひとまとめにして名づけるのですが、この似かたは、そんなにはっきりしているものではありませんし、また、似ているのが、ものの中の特ちょうではなくて、私たちの気持ちにすぎないけれども、これを一つの語でよぶばあいもあります。

また、語がさしているありさまが何をもとにして言っているのかが、あいまいなばあいもあります。

一ぴきの犬が一ぴきの馬のまわりをぐるぐるとまわって走っています。しかし、馬は犬が動くにつれて犬の方に鼻づらを向けてまわります。いったいこの犬は馬のまわりをまわっているのでしょうか。［　2　］という意味では、まわっていますが、しかし、一度も［　3　］という意味では、まわっていないといわなければならないでしょう。

あなたの前にぜんぜん見知らぬ子どもが急にあらわれて、「ぼくは自由だよ。」と言ったとしましょう。あなたには、この子が何を言っているのかわかりますか。学校の授業が終わったので自由だ、と言っているのか、あるいは、わるものどもにとじこめられていたへやからぬけ出して来たので、そう言っているのか、これだけではわかりません。こんなわからないことばを使って「自由とはなんだろう。」と考えたり「アメリカは自由の国だ。」とか「ソビエトの国は自由の国だ。」などと言ったのでは、いっそうなんのことかはっきりしないにきまっています。

推論【推理した論】の規則のばあいには、世界じゅうのどのような人でも、この規則は正しい、この推論はまちがいだということについての意見は、まったくぴったりと合います。だれが考えても「［　4　］」ということには、なんのあいまいさもありません。

また「たしからしい」知識のばあいでも、ふつうのばあいはみんなの考える「らしさ」はだいたい同じようなものです。また、ひじょうに複雑なことがらについては、たしからしさのわけについての人びとの知識が同じであれば（同じような知識をもつならば）だいたい同じような意見になるでしょう。

ところが、①語の意味のあいまいさをなくすことは、たいへんむずかしいことなのです。あいまいさをなくすためには、世界じゅうにあるものや、できごとの一つ一つにちがった名まえをつけ、一つ一つの名まえについてはすべての人間がこれを使う、ということが必要でしょう。しかし、そのためには私たちは何億どころか無限の語をおぼえなければならないことになってしまいます。

したがって人間は、やはり同じようなものをひとまとめにしてよぶという、大ざっぱなやり方でことばを使うほうが、むだがないし、第一、そうしかできないでしょう。そうなると標準型にどのようなものをきめるか、どのような気持ちを標準にして美しいとか偉大とか言うか、ということをきめるのは人びとのかってで、薬の名まえとか自然科学の中の学術【学問】用語などのわずかなもののほかは、なかなか共通な標準など求められそうにもないのです。

それに、薬の名まえや数学の用語などは、私たちの生活の中から生まれてきたものではないので、共通なものを定めやすいのです。しかし、私たちのものの感じ方や気分を表すことばは、それぞれの国の伝統や社会のあり方に深いつながりを持っていますから、世界じゅうが一つの文化、一つの社会にならなければ、共通のものは求められないということになります。また、生活がいろいろとちがえば、ある国ではひじょうに注意を向けるものやできごとでも、ほかの国ではほとんど注意を向けないということもありましょう。

英語のジェントルマンにあたる日本語がないということは、ある人をジェントルマンとよぶことのできるような見方が日本人のあいだにないことをしめしています。「紳士(しん)」と訳したのでは、意味がちがってしまうのです。反対に、日本語では自分のことを「私」「ぼく」「おれ」「わし」「あたし」などと、いろいろちがったことばでよびますが、英語ではI(アイ)、ドイツ語ではIch(イヒ)と言います。また、フランス語ではJe(ジュ)と言いますし、ロシア語ではЯ(ヤー)というふうに、それぞれ一種類の語しか使いません。②これは日本語を使うときに区別しなければならないような社会的な身分の区別が、ほかの国ではないか、または、ひじょうに弱いことを表しています。

そこでわかってくることは、私たちのことばは私たちの社会生活のあり方や、私たちの国の歴史によって大きく影響(えいきょう)されているということです。ことばは社会や歴史によってつくられてきた面を持っていて、世界じゅうのすべての国民や民族に共通なものは、思ったよりも少ないのです。そして私たちは、一定の社会のことばの③色めがねで世界をながめていますし、またこまかいところでは、ひとりひとりによって少しずつちがった意味で語を使いながら世界をながめているのです。

いままでお話したことから出てくるたいへんだいじなことは、私たちが使う語のさすものが、じっさいの世界の中にもあるのだと考えるのは、まちがいだということなのです。しかし、これはいままでも多くの人びとがしらずしらずのうちにもっている考え方です。

④これは二つの意味でまちがいです。第一には、私たちの使っている語は、原則として一つ一つのものの名まえではなくて、似たものの類の名まえであり、しかも、どういう立場から見るかによって似た点もちがってきますから、一つ一つのもののほかにこのような語がさしているものがあると考えるのはおかしいことです。

つぎの図を見てください。

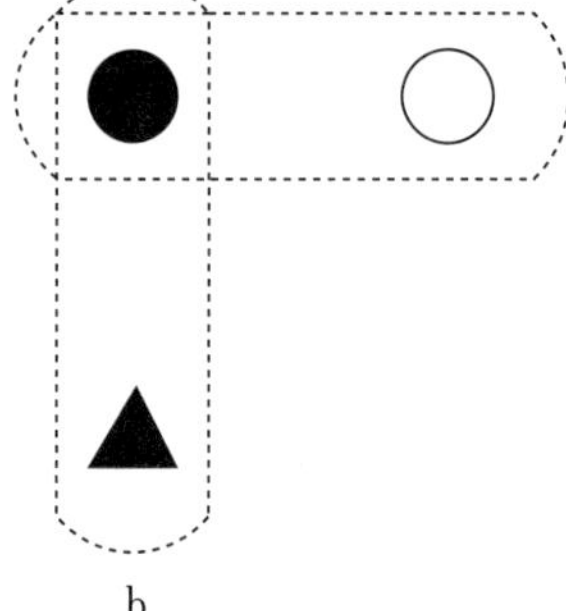

図の中にあるのは、[5]と[6]と[7]の三つです。しかし私たちはaのように似ている点をまとめて[8]という語をつくり、またbのようにまとめて[9]という語をつくることができます。あとの二つの語がさすものが独立にあるとすれば、⑤この図の中に五つものがあることになるでしょう。

第二には、じっさいの世界にあって語の中にないものが考えられ、語だけあって、じっさいの世界にないものがあり、じっさいの世界の区分と語による区分とが同じでないばあいなどがあります。ですから、語で表されたものは、かならず世界のどこかに存在していると考えたり、私たちのことばを通じて考えられたものが、じっさいの世界のすべてだと考えたりすることはまちがいです。私たちの感覚は、ある一定限度のしげきにしか反応しないようにできていますから、世界にはぜんぜん私たちに知られないようなものが無数にあるということも考えられましょう。また「無名兵士」などという語は、じっさいの兵士はそれぞれ名まえを持っているのですから、それ以上に無名兵士にあたるものが独立にあるわけではありません。

このようなことは、みなさんにとってはあたりまえのことと思われるかもしれませんが、かえって過去の哲(てつ)学者とよばれる人びとの多くがおかしてきたまちがいであり、あるばあいには、みなさんもうっかりと落ちこんでしまうわなのようなものです。なぜなら、私たちのふだんのことばづかいは、このようなわなに落ちいりやすいようにできているのです。「美の発見」とか「真理をさがし求める」とか「美しい絵」「悲しい手紙」「良い本」「真の日本人」などという例は、このようなものの一つの例にすぎません。「悲しい手紙」は手紙が悲しいという性質をじっさいもっているのではなくて、その手紙を読んだ人の気持ちが悲しいのです。ですから、べつの人が同じ手紙を読んで、反対にうれしくなることだってあります。「美しい絵」のばあいにも「良い本」や「真の日本人」のばあいにも、少しずつ持つ気持ちはちがいますが、同じことが言えましょう。

ところが、このような表し方はすべて自分の気持ちをものの中にあるかのように表しています。悲しみも、美しさも善良さも真理もみんな、ものの側にあるように表現します。そこで何か私たちの外に真とか善とか美というものがあるように思って、真や善や美を発見するために、チルチル、ミチルのようにはるか遠くに出かけるのです。しかし、ほんとうはこのような［10］は、遠い世界のかなたにではなくて、私たちの家の中にいるのでした。

もちろん、私たちは真理【道理】や美や善をさがすのに、じっさいに遠くまで旅行するのではありません。⑥ただ遠くへ旅行すると同じようなものの考え方をしてしまうのです。

ほんとうにものをさがすときには、まず手近な、さがしやすいところからはじめて、だんだんと遠くまでさがして行くものです。遠くに旅行するには、前もってそこへ行く道をいろいろとさがし、出発の方向をきめ、しかもとちゅう、いつも、つぎつぎと道をさがしながら行くものです。そのように真理を求めるときにも、まず真理という語が手近に毎日使われるいろいろなちがった意味をよりわけて、はっきりさせなければなりません。もし、それらに共通なものがあれば、（ことばが共通だというのではなくて）それがじっさいにどういうことであるかを少しずつ明らかにしていくのがよいでしょう。チルチルとミチルが、ふしぎな魔法の力で一足飛びにとちゅうをとび越えて、生まれる前の国や死者の国へ行ったように、とちゅうで注意ぶかくしらべることをわすれて「真理とは」「真理とは」と心あせって問いつづけても、むだでしょう。このような学問のしかたからは、じっさいとは縁遠いお説教か、あるいは一時の熱心な気持ちがさめれば、色あせて、ふつうの鳥になってしまう机上の空論しか残らないでしょう。

あなたたちの中のだれかは「私たちって、なんのために生きているのかしら。」と、ため息をついたことはありませんか。そして「もし私に人生の目的を知ることができたらなあ。」と考えたことはありませんか。ここまではいいのです。しかし、そのあとで、もしもあなたが、人生には目的があるんだから、「だれか知っているはずだ」と考えて、えらい哲学者や宗教家のところへ聞きに行ったとします。そして「人生の目的は幸福に生きることだ。」とか「人生の目的は他人を愛することだ。」とか「ほんとうの自分自身をつくりあげることだ。」などと、いろいろおそわっても、そしてあなたが一刻もはやく人生の目的を知りたいと思って、ひとりで満足せず、多くの哲学者のところをぐるぐるまわり歩いたとしても、けっきょく、あなたは人生の目的などわからないで失望したり、へんな信仰にこって、他人にめいわくをかけるようなことになりがちです。

もともと「目的」とは、私たちが「そうしたい」ことなのです。かならずそこへ行きつく以外にないような到着点が目的ならば、だれも目的など気にしないはずです。到着点が気になるのは、そこがはたして自分が望んでいるところかどうかを区別することができるから気になるのです。そして「そうしたい」のは「それが私にとって良いことだから、そうしたい」のです。しかし、何が良いことかは、私たちが何かやりはじめたあとでわかってくるものです。何もやらないならば、何がいいかわかりません。もしあなたが大学へでも入学するときに、面接の先生から「あなたは［ 11 ］」と聞かれても、あなたがぜんぜん学問のことについて知らなければ、答えようがないでしょう。なんでもいいから学問をしはじめてくると、はじめてやりたいことがしだいしだいにはっきりとした形をとってきます。そして、このようにつぎつぎに何かをやっているうちに、あなたの学校での目的、そしてやがて社会へ出てからの目的、としよりになってからの目的などが、つぎつぎとはっきりした形をとりはじめてくるのです。そして、これがあなたの人生の目的だったのです。何もしないで、人生の目的という大まかな、はっきりしない目的を追っていることは、じつは「人生には目的がある。」とか「目的を知る。」という言い方が、ひとりでにあなたの考え方をまげてしまったのでしょう。

このように、もし私たちが正しくものごとを考えようとするならば、正しく推論することも、またできるだけ正しい判断をくだすことも必要ですが、それとともに、私たちが使っている語の意味(概念と言うことと同じです。)を、はっきりさせることも必要です。

［A］　こうして、自分の気持ちを前のことばとはべつのことばで言いなおしてみると、前のことばが、どういうことを表すために使われていたのかがわかってきます。ですから、ことばの意味をはっきりさせるということは、一度ことばから離れて、じっさいのものごとをよく考えてみて、もう一度、もっとよいことばでこれを表すことなのだと言っていいと思います。

［B］　このように、ことがらをできるだけそのとおりに表すような、べつのことばにうつしなおして考えるということは、あいまいな語や概念でものを考えないで、あいまいな語や概念を多くの文または判断でよく説明してから考える、ということにもなります。抽象的ということばは現実の世界のことがらから離れて、頭の中で世界の中の骨組みだけをぬき出したというような意味によく使われます。ふつうには、じっさいのできごとに役立たないとか、現実のなまのままの感覚を失ったもの、というあまりよくないひびき【意味合い】を持っているようです。しかし、これはまちがった感じ方で、たとえば、

$$\frac{\partial^2\psi}{\partial x^2}+\frac{\partial^2\psi}{\partial y^2}+\frac{\partial^2\psi}{\partial z^2}+\frac{2m}{\hbar^2}(E-V)\psi=0,$$

(シュレーディンガーの方程式)

$$N_3(t):\equiv:N_2(t-1).v.N_1(t-1).(\exists x)t-1\{N_1(x)\cdot N_2(x)\}$$

(ある神経回路のはたらきを表わした論理式)

のような数字の式や論理学の式は、たしかにじっさいに使われていることばでなくて、あまり親しみのない記号で書かれています。しかし、それは習慣からきた表面だけのことで、このような式で表されているものは、じつは現実の世界の中でいつもはたらいているものなのです。

［C］　別なことばで言いかえると、たとえば「人生の目的を知りたい。」と私が考えたとき、一度いま言ったことばをぜんぶ忘れて、自分の気持ちをもう一度、「人生」とか「目的」とか「知る」などということばにまよわされないように、たしかめてみるのです。そうして、たと

えどんなに複雑で、おもしろみのないことばでもいいのですから、自分のほんとうの気持ちを、べつなことばでできるだけそのとおりに表してみるのです。どうせ、ことばなしには自分の感情にも形をあたえることはできないものです。しかし、美しい言い方や、ものにたとえた言い方でくらまされているほんとうの気持ちを、美しいことばづかいなどすてて、できるだけそのとおり表してみるのです。

D　ことばの意味をはっきりさせるということは、ことばの文法上の解釈（しゃく）や、語の起こりの歴史を知ることではありません。辞書をひいて、いろいろな言いかえ方を知ることでもないのです。ことばの意味をはっきりさせるというのは、そのことばが、どういうじっさいのことを表すために使われているかを知ることです。

これにたいして、ふだんのことばで書かれたつぎのような文章、

「自我が自我の内をかえりみることに深入りすればするほど、この自我はますますやつれてゆき、ついには、あけぼの【夜明け】の神アウローラの夫のように不死のゆうれいとなった。この自我はちょうど、キツネにおせじを言われて、うちょうてん【得意の絶頂】になり、くわえていた骨をなくしてしまったカラスに似ている。反省がたえず反省することによって思想は迷路にふみこんでしまって、一歩進むごとに思想はすべての内容から遠ざかっていった。……」（キェルケゴールの『イロニーの概念』から）

の意味を考えてみましょう。これはキェルケゴールというデンマークの名高い哲学者が、フィヒテというドイツの名高い哲学者の哲学を批評した文章です。みなさんには、なんのことかわからないかもしれません。さいわい哲学を勉強している私には、かれが何を言おうとしているのかはわかります。しかし、いま、じっさいに私たちが行っている日々の行動や生活と、どのように結びつくかをはっきりと知ることができるほど、じゅうぶんにはわかりません。じつは、この文章そのものが、そのような形で説明されていないのです。「自我」とか「反省」とか、そのほか多くの［12］なことばが使われているだけではなくて、このようなことばの意味が、この文だけではあいまいだからです。前にあげた数学や論理学の式は、［12］かもしれませんが、じっさいの生活の中で、かなり正確にはたらいています。後の例は、ふだんのことばで書かれてありますが、多分に［13］でありあいまいさを持っているといえるでしょう。

私は何も、すべて数学やへんな記号で表したほうが、正確だと言っているのではありません。ただ、ふだん私たちが使ってきたことばを、前にお話ししたようなしかたで、もっとはっきりさせることが必要で、こうすることが私たちの考え方をいっそう正確にしていくのだと考えているのです。

あいまいな、大ざっぱなことばで議論をしていると、［14］に反対したくなるものです。また、おたがいに、ことばのうえでわかりあったような気がしても、こまかい点では一つもわかりあっていないばあいもあります。「道徳は人間にとって必要だ。そして道徳は手や足で教えるものではない。良いとか悪いとかは口ではっきり言えるものだ。だから口で教えるための道徳教育は必要だ。」と、ある人は言います。「道徳が人間にとって必要なのはあたりまえだ。しかし、道徳はそれだけ別にして口だけで教えられるものではない。だから道徳教育を別にやるのは不

必要だ」と、ほかの人が答えます。

しかし、このふたりのことばの中に使われている「 15 」は、ほんとうに「いままで言ったことからかならず、ひとりでにつぎのようなことが言われる。」ということでしょうか。どうも、この「 15 」は、それほど論理のうえで正確ではないようです。というのは、それまでに言われている（たとえば点をうってあるような）語の意味が、あいまいで、言われていることの中の論理のすじみちを見つけ出すことができないからです。「教える」ということばは自転車に乗ることにも、しょうぎをさすことにも、ダンスをすることにも、歴史を知ることにも、哲学についても、みんないうことができますし、小さい子どもたちに教えるというばあいと、大学生に教える、犬に教えるなど、みんな、じっさいに表しているものはちがっているはずです。ほかのことばのばあいでも同じです。こんなにあいまいなことばで議論して、反対したり賛成したりすることは、ほんとうにむだな話です。道徳教育というものが、何かほかの目的のために使われるならば話はべつですが、ほんとうにみなさんのためを思って言っているならば、こんなあいまいな議論をやめて、もっとはっきりとした問題をつかまえて、一歩一歩すすんでいくべきではないでしょうか。みなさんが求めているのは、ほんとうは⑦そういうことなのだと思います。

ことばの意味をはっきりさせるということは、それ自身はっきりとした基準がなくて、あるばあいには、ひじょうにむずかしく、またあるばあいには、ばかばかしい気もして、こんなことに頭を使うことにがまんしきれなくなるでしょう。人間には、もっとほかにやることがあるはずだと考えるかもしれません。

しかし、じっさいは気持ちのもち方の問題だけで、けっして時間のかかるものではありません。日本人はむかしから理くつを言わないことが良いこととされていましたが、いまのような社会ではこれはかえって欠点になっています。もちろん、すじのとおらない理くつはよくはありませんが、たとえへりくつでも多くの人のへりくつをあつめると、あんがい正しい理くつが出てくるものです。正しくとも正しくなくとも、理くつを言うという気持ちがたいせつで、この気持ちをもっていれば、へりくつがだんだんと正しい理くつになってくるものです。

私たちも、大いに理くつを言いたいものです。いま、みなさんが言いはじめている理くつは、多くのばあいへりくつかもしれません。しかし、少しでも正しい理くつを言おうとする気持ちがあれば、かならず正しい理くつが生まれてきます。その正しい理くつのうえに正しい生活や人生がつくられていくでしょう。ただし注意しなければならないのは「正しい理くつ」というのはそんなにかんたんに言えるものではないし、「へりくつ」または「誤った理くつ」を「正しい理くつ」に成長させていくためには、論理の筋道だけでなくて、そのなかに使われることばの意味の正しい理解が欠くことのできない条件だということを心がけることです。そしてことばの意味の正しい理解のためには、いろいろな多くの経験にぶつかり、それを偏見なしにみつめて、どういうことばでそれらを表現したらいいか、ということを十分に考えてみることが必要です。

この本が、みなさんのへりくつを正しい理くつにまで成長させることに役立てば、こんなよろこばしいことはありません。いまの論理学がはっきりときまった真理を、みなさんに教えることができるはんいは小さいものです。そのまわりには、あいまいな意味の世界がとりまいています。これをできるだけはっきりとさせるのは、みなさんのこれからのしごととして残されています。

（沢田允茂『考え方の論理』〈講談社学術文庫〉より・一部改変）

問一　文中の［1］にあてはまる言葉を考えて、漢字二字で答えなさい。

問二　文中の［2］、［3］にあてはまる内容を考えて、十七字以内で答えなさい。

問三　文中の［4］にあてはまる内容として最適なものを、次のア～エから選び、記号で答えなさい。

ア　pならばqだ。ところがqではない。だからpではない。
イ　pならばqだ。しかしqではない。なぜならpだからだ。
ウ　pもしくはqだ。ところがqではない。だからpではない。
エ　pもしくはqだ。しかしqではない。なぜならpではないからだ。

問四　――部①「語の意味のあいまいさをなくすことは、たいへんむずかしい」とありますが、その理由を筆者はどのように説明しているか、百字以内で答えなさい。

問五　――部②「これ」、④「これ」、⑦「そういうこと」の指示内容を答えなさい。

問六　――部③「色めがね」の意味として最適なものを、次のア～エから選び、記号で答えなさい。

ア　歴史観　　イ　人生観　　ウ　先入観　　エ　世界観

問七　――部⑤「この図の中に五つものがあることになるでしょう」とありますが、これに従って文中の［5］～［9］にあてはまる言葉を、それぞれ四字以内で答えなさい。ただし、［5］、［6］、［7］の解答の順は問いません。

問八　文中の［10］にあてはまる言葉として最適なものを、次のア～エから選び、記号で答えなさい。

ア　赤い鳥　　イ　青い鳥　　ウ　白い鳥　　エ　金の鳥

問九　――部⑥「ただ遠くへ旅行すると同じようなものの考え方をしてしまう」とは、ここではどのようなことを意味しているか答えなさい。

問十　文中の［11］にあてはまる内容を考えて答えなさい。

問十一　文中のA～Dの段落を、適切な順に並び替えなさい。

問十二　文中の［12］～［14］にあてはまる言葉として最適なものを、次のア～オから選び、記号で答えなさい。ただし、同じ記号は二度使えません。

ア　抽象的　　イ　意欲的　　ウ　気分的
エ　比喩的　　オ　客観的

問十三　文中の［15］にあてはまる言葉を答えなさい。

問十四　この文章における筆者の主張を、百字以内でまとめなさい。

二　次の1～10の文中の（カタカナ）を漢字で書きなさい。

1　（シヤ）を広げる。
2　（ユウビン）を出す。
3　（リッキョウ）をわたる。
4　大学を（ソウセツ）する。
5　市民の（ケンリ）を守る。
6　（リンカイ）公園で遊ぶ。
7　選挙の（トウヒョウ）に行く。

8　歴史的な(ケンゾウ)物を見る。

9　(アタタ)かな気候。

10　穴に(クダ)を通す。

森村学園中等部(第一回)

—50分—

※　記述で答える問題は、特に指定のない場合、句読点や符号は一字として数えるものとします。

一　次の文章を読んで、あとの問いに答えなさい。

　春の田植えで植えられたあと、イネは水田で育てられます。畑で栽培される作物は、水の中で育てられることはありません。「なぜ、イネは、水の中で育てられるのか」という〝ふしぎ〟が興味深く抱かれます。イネには、水の中で育てられると、主に、①四つの〝ひみつ〟の恩恵があります。

　一つ目は、水には、土に比べて温まりにくく、いったん温まると冷めにくいという性質があることです。ですから、水田で育てば、イネは夜も温かさが保たれた中にいられます。暑い地域が原産地と考えられるイネにとって、これは望ましい環境です。

　二つ目は、水中で育つイネは、水の不足に悩む必要がないことです。ふつうの土壌に育つ植物たちは、常に水不足に悩んでいます。そのため、私たちは、栽培植物には「水やり」をします。栽培植物に水を与えないでいると、すぐに枯れてしまいます。

　しかし、自然の中で、栽培されずに生きている雑草は、「水やり」をされなくても育っています。ですから、「ふつうの土壌に育つ植物たちは、ほんとうに、水の不足に悩んでいるのか」との疑問が生じます。これは、容易に確かめることができます。

　雑草が育っている野原などで、日当たりのよい場所を区切り、毎日、一つの区画だけに水やりをします。すると、その区画に育つ雑草は、水をもらえない区画の雑草と比べて、［　Ⅰ　］。自然の中の雑草は、成長するために、水を欲しがっていることがわかります。

　三つ目は、水の中には、多くの養分が豊富に含まれていることです。水田には、水が流れ込んできます。その途上で、水には養分が溶け込んでいます。そのため、水田で育つイネは、流れ込んでくる水の十分な養分を吸収することができるのです。

　このように、水の中は、イネにとって、たいへん恵まれた環境なのです。水の中で育てば、イネには主に三つもの〝ひみつ〟の恩恵があります。これで十分かもしれませんが、これだけではありません。水田で栽培するという方法には、四つ目のものすごい〝ひみつ〟の恩恵が隠されているのです。

　「連作」という語があります。これは、同じ場所に、同じ種類の作物を二年以上連続して栽培することです。多くの植物は、連作されることを嫌がります。連作すると、生育は悪く、病気にかかることが多くなるからです。

　連作した場合、うまく収穫できるまでに植物が成長したとしても、収穫量は前年に比べて少なくなります。これらは、「連作障害」といわれる現象です。連作障害の原因として、主に三つが考えられます。

　一つ目は、病原菌や害虫によるものです。毎年、同じ場所で同じ作物を栽培していると、その種類の植物に感染する病原菌や害虫がそのあたりに集まってきます。そのため、連作される植物が、病気になりやすくなったり、害虫の被害(ひがい)を受けたりします。

二つ目は、植物の排泄物(はいせつぶつ)によるものです。植物たちは、からだの中で不要になった物質を、根から排泄物として土壌に放出していることがあります。連作すると、それらが土壌に蓄積(ちくせき)してきます。すると、植物の成長に害を与えはじめます。

三つ目は、土壌から同じ養分が吸収されるために、特定の養分が少なくなることによるものです。「三大肥料」といわれる窒素(ちっそ)、リン酸、カリウムの他に、カルシウム、マグネシウム、鉄、硫黄(いおう)などが植物の成長には必要です。

これらは、肥料として与えられる場合が多いのです。しかし、これ以外に、モリブデン、マンガン、ホウ素、亜鉛(あえん)、銅などが、ごく微量(びりょう)ですが、植物の成長に必要です。必要な量はそれぞれの植物によって異なりますが、連作すると、ある特定の養分が不足することが考えられます。

これら三つの連作障害の原因は、水田で栽培されることで除去されます。水が流れ込んで出ていくことで、病原菌や排泄物が流し出されたり、養分が補給されたりするからです。水田で育てば、こんなにすごい恩恵があるのですから、他の植物たちも「水の中で育ちたい」と思うと考えられます。

でも、水の中で育つためには、そのための特別のしくみをもたなければなりません。「どのような、しくみなのか」との疑問が生まれます。そのしくみをもつ代表は、レンコンです。レンコンは、泥水(どろみず)の中で育っていますが、呼吸をするために穴をもっています。あの穴に、地上部の葉っぱから空気が送られているのです。

実は、イネもレンコンとまったく同じしくみをもっています。イネの根には、顕微鏡(けんびきょう)で見なければなりませんが、レンコンと同じように小さな穴が開いており、隙間(すきま)があるのです。正確には、イネは根の中に隙間をつくる能力をもっているのです。

というのは、イネは、水田では、その能力を発揮して、根の中に隙間をつくります。しかし、同じイネを水田でなく畑で育てると、その根には、水田で育つイネの根にできるような大きな隙間はつくられません。必要がないからです。②イネは、置かれた環境に合わせて、生き方を変える能力をもっているのです。

[A]、水がいっぱい満ちている水田で育っていると、困ったこともあります。イネは、水を探し求める必要がないので、水を吸うための根を強く張りめぐらせません。そのため、水田で栽培されているイネの根の成長は、貧弱(ひんじゃく)になります。

根には、水が不足すると水を求めて根を張りめぐらせるという、③〝ハングリー精神〟といえるような性質があります。ですから、田植えのあと、水をいっぱい与えられて、ハングリー精神を刺激(しげき)されずに育ったイネの根は貧弱なのです。

もしそのままだと、秋に実る、垂れ下がるほどの重い穂(ほ)を支えることができません。イネは、倒(たお)れてしまうでしょう。イネは倒れると、実りも悪く、収穫もしにくくなります。そのようになると、栽培する人たちは困ります。

[B]、イネの根を強くたくましくするために、イネに試練が課せられます。④夏の水田をご覧ください。田んぼに張られていた水は、抜(ぬ)かれています。水田の水が抜かれるだけでなく、田んぼの土壌は乾燥(かんそう)させられています。

ひどい場合には、乾燥した土壌の表面にひび割れがおこっています。イネは水田で育つことがよく知られているので、この様子を見ると、「イネに水もやらずに、ほったらかしにしている」と勘違いをされることもあります。「ひどいことをする」と腹を立てる人がいるかもしれません。

でも、それはとんでもない誤解です。水田の水を抜き、田んぼの土壌を乾燥させるのは、水が不足すると水を求めて根を張りめぐらせるという、イネのハングリー精神を刺激しているのです。そうしてこそ、イネは、秋に垂れ下がる重いお米を支えられるほどに根を張り、強いからだになることができます。

土壌の表面のひび割れも、無駄にはなっていません。ひび割れて土に隙間ができることで、この隙間から、地中の根に酸素が与えられます。それは、根が活発に伸びるのに役に立つのです。［C］、イネは、秋の実りを迎えるのです。

イネの栽培におけるこの過程は、「中干し」とよばれます。この過程を経てこそ、秋に垂れ下がるほどの重いお米を支えるからだができあがるのです。ですから、中干しは、イネの栽培の大切な一つの過程なのです。

私たち日本人には、「田園風景」という言葉から思い浮かぶ景色があります。そこには、山や畑があり、一面の水田が広がっているものが多いでしょう。この風景の中にある水田には、イネがみごとに同じような背丈に成長しています。イネは、そろって成長するように栽培されているのです。

このように栽培されるためには、いろいろな工夫がなされています。「どのような工夫がなされているのだろうか」とか、「成長をそろえることは、何の役に立つのだろうか」との〝ふしぎ〟が浮かんできます。

近年のイネの栽培では、A田植えをせずに田んぼにイネのタネを直接まく「直播き」という方法が多く試みられています。しかし、日本の伝統的な稲作では、B苗代で育てた苗を水田に植える「田植え」という方法が行われてきました。

イネの苗の成長をそろえるためのa最初の工夫は、田植えで植える苗を育てるためのタネを選別することです。その方法は、少し塩を含んだ水にタネを浸すのです。栄養の詰まっていないタネは浮かびます。

発芽したあとの苗がよく育つタネは、栄養を十分に含んでいるので、重いのです。そのため、少し塩を含んだ水に浸すと沈みます。そこで、沈んだタネだけが、苗代で苗を育てるために用いられます。

イネの苗の成長をそろえるためのb二つ目の工夫は、苗代で育てることです。発芽した芽生えは苗代で育ちますが、ここで芽生えの成長に差が生じることがあります。極端に成長が遅れるような苗は、田植えには使われません。ですから、田植えでは、同じように元気に成長した苗が植えられることになります。

「なぜ、わざわざ田植えをして植えるのか」との疑問がもたれます。これは、確実に決められた本数の苗が田んぼでそろって成長するためです。田植えでは、苗代で育った苗の中から、同じように成長した元気な苗を、たとえば、一箇所に三本ずつをセットにして植えられます。そうすれば、確実に三本の苗を育てることができます。

もし苗を植える代わりにタネをまけば、すべてが発芽し、それらの苗が、同じように成長するとは限りません。発芽しないタネがあったり、極端に成長が遅れる苗などが混じっていたりします。田植えをすることによって、そうなることを避けているのです。

でも、もう一つ大切な理由があります。同じように成長した苗を選んで植えることができれば、田植えが終わったあとの水田では、苗の成長がきちんとそろいます。このように成長すれば、すべての株がいっせいに花が咲き、それらはいっせいに受粉し、いっせいにイネが実ります。そうすると、いっせいに株を刈り取ることができます。

稲刈りは、一面の田んぼでいっせいに行われます。もし未熟なものと成熟したものが混じっていると、未熟なものは食べられませんから、いっせいに刈り取ることはできません。稲刈りで、いっせいに成熟した穂を刈り取るためには、イネは成長をそろえることが大切なのです。そのために、田植えが行われているのです。

(田中修『植物のひみつ　身近なみどりの〝すごい〟能力』〈中公新書〉より)

問一　――①「四つの〝ひみつ〟の恩恵」とありますが、次から四つの恩恵には**当てはまらない**ものを一つ選び、記号で答えなさい。

ア　常に水に恵まれているため、水不足になる心配がないこと。
イ　外気温の変化の影響を受けにくく、安定した温度を保ちやすいこと。
ウ　流れ込む水によって、成長に必要な養分が常に補給されること。
エ　豊富な水のおかげで、病原菌や害虫による被害を受けにくいこと。
オ　連作障害の原因が除去されることで、連作が可能になること。

問二　[Ⅰ]に入る言葉として、最も適当なものを次から選び、記号で答えなさい。

ア　水不足が解消されます
イ　成長が確実によくなります
ウ　成長に大きな違いはないことが分かります
エ　逆に枯れてしまうことさえあります

問三　――②「イネは、置かれた環境に合わせて、生き方を変える能力をもっている」とありますが、その具体的な内容として適当なものを次から**二つ**選び、記号で答えなさい。

ア　植物の多くは水の中では育たないが、イネとレンコンだけは特別な能力を持っているため育つことができる。
イ　イネはレンコンと同様に、水の中でも呼吸できるような特別なしくみを身につけるように改良されてきた。
ウ　水田で育つイネの根はレンコンと同じ構造を持っているが、畑で育つイネの根はその構造を持っていない。
エ　イネは水の中で育てられると、地上部の葉っぱから根の中の隙間に空気が送られるようになる。
オ　畑で育つイネは、空気を取り入れる必要がないため、根の中に隙間はつくられない。
カ　イネはレンコンに比べると、それほど空気を必要としないために根の中の隙間が極めて小さい。

問四　[A]～[C]に入る言葉として適当なものを、それぞれ次の中から選び、記号で答えなさい。

ア　しかし　　イ　というのは　　ウ　つまり
エ　こうして　　オ　そこで　　カ　すなわち

問五　――③「〝ハングリー精神〟といえるような性質」について、次の問いに答えなさい。

(1) これは、イネという生物のどのような性質について述べたものですか。その説明として最も適当なものを次から選び、記号で答えなさい。

ア　か弱い生物が必死に生き延びようとして、思いがけない能力を発揮する性質。

イ　生物が厳しい環境の中に置かれると、逆に強さやたくましさを身につける性質。

ウ　周囲の環境の変化に合わせて、生物が成長の仕方を自在に変化させる性質。

エ　単独ではか弱い存在にすぎない生物が、集団になると強い生命力を見せる性質。

(2) 「ハングリー精神」とは、本来英語で「お腹がすいている」という意味を持つハングリー(hungry)に由来する言葉ですが、「ハングリー精神」を示す事例として最も適当なものを次から選び、記号で答えなさい。

ア　飢饉に相次いで見舞われた江戸時代、農民たちの苦境を見かねた将軍徳川吉宗は、冷害に強い作物の栽培を奨励し、それをきっかけにサツマイモの栽培が東日本でも広まったと言われている。

イ　野口英世は、貧しい農家に生まれ、幼い頃、やけどで左手にハンディキャップを背負ったが、その苦しい境遇をバネにして人一倍努力を重ね、後に、黄熱病の研究で偉大な業績を残した。

ウ　二〇二二年のサッカーワールドカップで、日本代表の前評判は低く、予選突破は絶望視されていたが、本番では強豪国を相手に奇跡的な勝利をおさめ、サッカーファンのみならず日本中を熱狂させた。

エ　東日本大震災直後の極限状況の中、パニックや暴動が起きることもなく、食料支給時にも整然と順番を守る日本人の行動には、海外のメディアから驚きとともに称賛が寄せられた。

問六　――④「夏の水田をご覧ください。田んぼに張られていた水は、抜かれています」とありますが、夏に水田の水が抜かれるのは何のためですか。その目的を四十字以上五十字以内で説明しなさい。

問七　═A「田植えをせずに田んぼにイネのタネを直接まく『直播き』という方法」、B「苗代で育てた苗を水田に植える『田植え』という方法」とありますが、森村君はこの二つの方法を比較するために、次のような表をノートにまとめてみました。

	A　タネを直接まく「直播き」という方法	B　苗を水田に植える「田植え」という方法
手間・労力	手間や労力はそれほどかからない。	手間も労力もかかる。
イネの成長	（　ア　）する。	すべてのイネが同じようにそろって成長する。
収穫	成熟した稲穂と未熟な稲穂が混在し、いっせいに刈り取ることができない。	（　イ　）ことができる。

①　（ア）に入る語句を、本文中から三十三字で求め、最初と最後の五字をぬき出しなさい。

②　（イ）に入る語句を、本文中から十五字で求め、ぬき出しなさい。

問八　――a「最初の工夫」、b「二つ目の工夫」とありますが、両者に共通するのはどのようなことですか。それを説明した次の文中の（　）に入る言葉を、十五字以上二十五字以内で自分で考えて答えなさい。

「どちらの工夫も、イネの成長をそろえるために（　　　　）点で共通している。」

問九　この文章の話の進め方や表現の特徴を説明したものとして、適当なものを次から**二つ**選び、記号で答えなさい。

ア　最も言いたいことが最初に提示され、次にそれを裏付けるような具体例が数多く挙げられた後、最後にイネという植物が私たちの暮らしに与えた影響にも触れている。

イ　文章の前半と後半とで対比する内容を書くことで、人間の視点から見たイネという植物の良いところと悪いところを読者にも考えさせ、無理なく結論へと導くように話が進められている。

ウ　イネという植物の〝ふしぎ〟や〝ひみつ〟について、「一つ目は」「二つ目は」のような項目を立てた表現や、人間にたとえた表現を用いることで、読者が親しみやすく理解できるように話が進められている。

エ　イネという植物の〝ふしぎ〟や〝ひみつ〟を、イネとは対照的な生態を持つ他の植物と対比させることで解き明かし、専門的な知識をわかりやすい言葉に改めながら話が進められている。

オ　イネの成長から収穫に至るまでの過程に沿って話が進められ、イネの〝ふしぎ〟や〝ひみつ〟を紹介するとともに、人間がそれを巧みに利用して工夫してきた栽培法をあわせて紹介している。

二　静岡県の三島市で育った「ゆり」は英語教師になることを目指しており、津田梅子が創立した学校に入学するため面接試験に臨んだ。以下はそれに続く文章である。読んで、あとの問いに答えなさい。

三島の英語教師の発音と津田先生のそれはあまりに違った。無理もない。津田梅子先生といえば、六歳にして岩倉使節団と共に女子留学生五人の一人としてアメリカに派遣され、十一年間も西洋人と同じように暮らしていらっしゃった方だ。ほとんど日本語も忘れてしまったというのに帰国後、こちらの文化や風習を努力で取り戻し、再び渡米して、名門ブリンマー女子大で学んだという超人的な活力の持ち主である。彼女が日本女性の教育を向上させようと創立した女子英学塾は開校四年ですでに全国にその名が轟いている。卒業すれば必ず英語教師の資格をもらえるという触れ込みで、少しでも異国の文化に胸をときめかせたことのある娘なら、夢見る憧れの学校だ。そんなわけで教師や両親に勧められてやる気まんまんで臨んだ入学試験だったが、面接にはなんの手応えもなく、その日はうなだれて、付き添いの父と一緒に三島に帰った。旧家を継いで一帯の土地を管理する父だけれど、もともとは慶應出で学問の道に進みたがっていた。ゆりの受験には一緒になって張り切っていた分、慰める言葉が見つからないのか、鬱ぎ込む娘を前にオロオロするばかりだった。

絶対に落ちた、と鬱々と過ごしていたが、どういうわけか合格通知が届いた。両親は喜んでくれたが、①祖母はおめでとうも何もなく、暗い顔でゆりの髪を撫でた。

「あなたはこの髪で女としては大変に苦労するだろうからね。万が一のために、一人でも生きていけるようにしなければなりませんよ。津田先生の言うことをしっかり聞いて、必ず英語教師のお免状を頂くんですよ」

ゆりの髪は生まれつき細かく波打っている。いつも*ひっつめにして隠しているので、それを知るのは家族だけだ。油なしには櫛も通らない。髪を梳いてくれる母にも毎日ため息をつかれていたから、ゆりは絶望感もなく、そうか、自分は醜いのか、と受け入れていた。じゃあ、せめて賢い人間にならねばと、きゅうきゅう音が出るほど髪をきつく結わえて、十一人もいる兄弟姉妹の誰にも負けないよう勉強を頑張ってきたのである。

明治三十七(一九〇四)年の九月、家族に見送られて汽車に乗り、女子英学塾にゆりは晴れて入学した。

(中略)

「*ミス・ツダは、もともとは武士の娘なの。②英語だけじゃなく、礼儀にもとっても厳しいらしいのよ。おしゃれ、遅刻、泣くこと。この三つが本当にお嫌いだって聞くわ。それだけはやっちゃダメ。授業もあの通りぜんぶ英語だし、お怒りのときは教壇をバンバン叩くんですって。宿題もすごく多いし、抜き打ちの試験もあるのよ。入学した時の人数、卒業までには半分くらいまで減るっていう噂よ」

ひええ、とゆりは黙り込んだ。早くも三島に帰りたくて仕方がない。

「あ、そうだ。一人だけ、西洋人みたいな若い女の先生がいたじゃない？　すごくおしゃれじゃなかった？　ほら、あの背が高い人。ブローチとネックレスつけてた人。あんなおしゃれ、よくミス・ツダが許したわねえ。この九月からの着任だって」

そういえば、外国人の先生に混じって、そんな若い先生もいた気がする。全校生徒を前にした入学式での津田先生のお話が怖すぎて、他のことまでI気が回らなかったのだ。

——学問をする女性は、今の日本ではまだまだ異端です。みなさんは、一挙一動、日本中から注目されています。だから、全てにおいて謙虚でつつしみ深く、前に出過ぎないことを心がけてください。勉強する女は傲慢で出たがりだなんて、文句がつけられないように振る舞ってくださいね。皆さんの振る舞い次第で、これからの日本女性たちの生き方が拓けるのですから。

確かにそうだ、と頷きつつも、一方でなんだかやる気が吸い取られていくのを感じていた。英語さえ身につければ、まっすぐな髪でなくても、胸を張って生きていけるとばかり思い込んでいたのだが。でも、津田先生のお姿を見たら、それも呑み込まざるをえなかった。清楚な風貌で黒髪をきりりとまとめ、ふくよかな身体にきっちり着付けた袴姿、形の良いおでこは光っていて大和撫子そのもの。立ち居振る舞いも隙がなく、英語なまりは残るけれど調子に乗っている風もない。それに、生徒たちもいかにも欠点のなさそうな賢そうな子ばかりだった。同世代だけではなく落ち着いた人妻風の女性も大勢いた。

(中略)

入学して一ヶ月が過ぎた頃である。その夜も、誰もいないのを確かめてから、ゆりは浴室の洗面台の前で髪をほどいた。英語の授業には一向に慣れないし、宿題や予習をこなすのもやっとで、その上、何故か日曜日は礼拝という集まりまである。気を抜くと洗面器に頭を突っ込んでうたた寝してしまいそうなほど疲れていた。

「まあ、なんて可愛らしい御髪なんでしょう！」

大きな声にぎょっとして、振り向くとそこに立っていたのは、よりによってⓐこの姿を一番見られたくない相手だった。あの、入学式の日から生徒たちの間で話題になっていた西洋帰りの河井道先生である。

　こんなところを誰かに目撃されたら、巻き毛がバレるよりずっと大変なことになる。ゆりは怖いのと、ドキドキするのとで、身じろぎもできなかった。先生は面白そうに目を輝かせて、ぐいぐい近づいてくる。

　二十七歳の道先生は背が高く、がっしりとした体つきで、ただでさえ、ものすごく目立つ。着任したのはゆりの入学と同時期なのに、すでに全生徒の憧れの的だった。ミス・ツダと正反対に、アメリカ人そのままのような装いや立ち居振る舞いで、最新流行の膨らんだ袖に豊かなスカートを穿きこなし、必ずブローチかネックレスをつけている。

（中略）

「きゃあ、やめて。ご覧にならないでください!!　誰にもおっしゃらないでください！」

ⓑ半泣きで叫んでも、道先生は首を傾げて、ニコニコ笑っている。

「なぜかしら？　そのままの御髪でとても素敵なのに」

そう言うなり、手を伸ばして、いきなりこちらの髪に触れた。恥ずかしさと緊張で、ゆりは肩をすくめた。

「無理にまっすぐにするのがそもそも、あなたには似合わないんですよ。最初に見た時から、おばあさんみたいな髪型で、変だわ、って気になっていましたの。その巻き毛を生かしたスタイルにすればいいじゃありませんか？　アメリカでは最新流行よ。その髪、あなたにぴったりする風に結って差し上げるわ。今から、私の部屋にいらっしゃいな。きっと綺麗にして差し上げてよ」

③先生の顔をまじまじと見た。自分なんかに目を留めていたなんて信じられない話だ。最新流行とか、綺麗とか、ゆりにはそぐわない言葉ばかり。何より、こんな時間に先生のお部屋に呼ばれるなんて夢じゃなかろうか。取り巻きの目が怖かったが、A廊下の電気ランプの灯りを頼りに、どんどん先を行く道先生についていった。

（中略）

「ねえ、どれがお好き？　これなんか、あなたにとても似合いそうじゃなくて？」

そう言って、道先生は花の柄がついた水色のリボンを手にした。

「こんな素敵なリボン、私なんかが、いただくわけには……」

「あら、いいことはなんでもシェアしなければなりません」

「シェア？」

ⓒ舌にのせたら、しゅわしゅわ泡になって溶けそうなその言葉を、ゆりは味わった。分け合う、という意味を持つ単語だと思い出したのはしばらくしてからである。

「そうです。光はシェアしなければ。光を独り占めしていては、社会は暗いままですわ」

（中略）

頭の上でリボンがシュッシュッと擦れる音がした。ハイできた、と手鏡の前に、背中を押し出される。そこには、波打つ髪を半分だけ降ろし、後頭部をふんわりと持ち上げた、西洋人形のような娘が、頬を薔薇色に染めて立っていた。自分を醜いと思って過ごしてきた膨大な時間を思うとなんだか悔しい気もするが、すぐに忘れてしまった。ゆりはくるくる回り、自分の姿に見とれながらも、卑屈な言葉が口をついて出る。

「でも、まっすぐな髪じゃないって知られてしまったら、誰もお嫁さんにもらってくれなくなるんじゃないですか？」

「私は結婚も恋愛もするつもりはないけれど」

道先生はさらりと口にした。④そんな生き方や考え方があっていいのか、とゆりは目を丸くした。

「男の人の顔色を窺って、自尊心をなくしてビクビク振る舞うのはよくありませんよ。神様のもとでは、女も男もみんな平等なのだから。堂々としていらっしゃい」

「え、女性と男性が平等!?」

ゆりは目をパチクリさせた。勉強ができようが、性格が良かろうが、女は男に疎まれたらおしまいだと教えこまれて生きてきたのだ。

「そうよ、キリスト教の教えでは、基本的にみんなが平等です。性別も国籍も地位も年齢も関係ないわ。あなたも私も、神様の前では、対等な姉妹なのよ。そもそも神様は女性でも男性でもありません」

へえ、とゆりはつぶやいた。ただ言われるがままにこなしていた日曜日礼拝の時間が、急にⅡとっつきやすいものに感じられた。ⓓほんの少し前までは*耶蘇と忌み嫌われていた宗教だから、心のどこかで警戒もしていたのだ。

「だからね、先生というより、お姉さんと思ってくれても構わないんですよ。ほーら、ご覧なさい。あなた、とても美しいじゃない？」

先生の言う通りだった。*姿見の中のゆりは美しい。でも、隣にいる河井先生は、もっともっと素敵だ。なんだか自分と先生が本当の姉妹のように思えて、うっとりした。先生の側にいれば、怖いものなんてこの先何もないような気さえする。B廊下のランプがさっきまでよりずっと優しくこちらを照らしていた。

（柚木麻子『らんたん』〈小学館〉より）

※問題作成の都合上、原文の表記を一部改めたり、文章の一部を省略したりしたところがあります。

（注）＊ひっつめ……髪を後ろにひとつにたばねたヘアスタイル。
＊ミス・ツダ……津田梅子先生のこと。
＊耶蘇……イエス・キリスト。転じてキリスト教を指す。
＊姿見……全身を映す大型の鏡。

問一　――①「祖母はおめでとうも何もなく、暗い顔でゆりの髪を撫でた」とありますが、この時の「祖母」の心情を説明したものとして最も適当なものを次から選び、記号で答えなさい。

ア　孫娘が有名校に合格した喜びよりも、容姿に恵まれない孫の将来を案ずる思いの方がまさり、心を痛めている。

イ　娘と共に合格を喜んでいる両親の傍らで、大切な孫が自身の元を離れていくことに対してさびしさを感じている。

ウ　兄弟姉妹の中で最も学力に秀でたゆりを応援してやりたいと思いつつも、女性が学問をすることには賛同できないでいる。

エ　英語教師になれば孫も幸せになれると思うが、入学試験にさえ手こずっていた孫には難しいのではないかと諦めている。

問二　――②『英語だけじゃなく、礼儀にもとっても厳しいらしい』とありますが、「ミス・ツダ」が生徒たちに礼儀を厳しく指導するのはなぜですか。その理由を説明した次の文の（　）に当てはまる語句を本文中から十五字で求め、ぬき出して答えなさい。

「ミス・ツダ」が生徒たちに厳しくするのは、将来社会で活躍する自身の生徒たちの行いや言動が「学問を修めた女性」として人々に印象を与え、（　）を決定づけると考えているからである。

問三 ═══Ⅰ「気が回らなかった」・Ⅱ「とっつきやすい」の本文中の意味として最も適当なものを次から選び、それぞれ記号で選びなさい。

Ⅰ「気が回らない」

ア　肝心なことを見落とす　　イ　十分に理解しない

ウ　関心を持たない　　エ　細かなところに意識が向かない

Ⅱ「とっつきやすい」

ア　分かりやすい　　イ　親しみやすい

ウ　たやすい　　エ　挑戦しやすい

問四 ――③「先生の顔をまじまじと見た」とありますが、この時の「ゆり」の様子を説明したものとして、最も適当なものを次から選び、記号で答えなさい。

ア　巻き毛を見られてしまい動揺したが、あこがれの「道先生」と二人きりでいる時間にうっとりし、先生の顔に見入っている。

イ　自分が日頃から気にしていたくせ毛を指摘された上に自室に呼ばれて、そこでしかられるのではないかと、先生を疑っている。

ウ　あこがれの「道先生」に自分の負い目だったくせ毛を褒められたことに驚き、信じられない気持ちで先生の顔を見つめている。

エ　昔から容姿に自信が持てなかったが、道先生の手によって自分も美しくなれるのではないかと期待を込めて先生を見ている。

問五 ――④「そんな生き方や考え方があっていいのか、とゆりは目を丸くした」とありますが、「そんな生き方」が指す内容を明らかにして、この時の「ゆり」の心情を七十字以上八十字以内で説明しなさい。

問六　本文の〜〜ⓐ〜ⓓの内容や表現を説明したものとして**適当でない**ものを次から一つ選び、記号で答えなさい。

ア　ⓐ「この姿を一番見られたくない相手」という表現からは、生徒には人気だが厳しいと評判の「道先生」に見つかることを最も恐れていた「ゆり」の不安気な気持ちが読みとれる。

イ　ⓑ「半泣きで叫んでも、道先生は首を傾げて、ニコニコ笑っている」という表現からは、悲鳴を上げて抵抗する「ゆり」と、ゆりの髪に興味津々の「道先生」の対照的な様子がうかがえる。

ウ　ⓒ「舌にのせたら、しゅわしゅわ泡になって溶けそうな」という表現からは、「シェア」という言葉の響きに心地よさを感じ、ひかれていく「ゆり」の様子がイメージされる。

エ　ⓓ「ほんの少し前までは耶蘇と忌み嫌われていた宗教」という表現からは、キリスト教がかつての日本では禁じられ、信者たちが弾圧されていたという歴史的背景が読みとれる。

問七 ――A・B「廊下のランプ」とありますが、この物語における「ランプ」の役割や効果について説明したものとして最も適当なものを次から選び、記号で答えなさい。

ア　「廊下のランプ」は主人公「ゆり」の好奇心を例えており、他の生徒たちの視線を気にしながらも、「道先生」についていく「ゆり」の冒険心を暗示している。

イ　「廊下のランプ」は「ミス・ツダ」に対する「ゆり」の罪悪感を表しており、厳しい「ミス・ツダ」の存在がいつも「ゆり」の意識の内にあることを読者に印象付けている。

ウ　「廊下のランプ」は「ゆり」を導く「道先生」の存在を例えており、

「ゆり」にとって「道先生」がその後大きな心の支えになっていくことを暗示している。

エ　「廊下のランプ」はキリスト教を例えており、光を照らし人々を救うキリスト教の教えが将来にわたって「ゆり」に影響を与えることを示唆している。

問八　本文に登場する二人の女性教師について、次の問いに答えなさい。

(1)　次のア～エの写真はこの物語が描かれている時代に活躍した女性たちのものである。このうち、本文に登場した「津田梅子」・「河合道」の写真を本文の内容を手がかりにして選び、それぞれ記号で答えなさい。

ア

イ

ウ

エ

(2)　次の表は「津田梅子」・「河合道」についてそれぞれまとめたものです。読んで①・②の問いに答えなさい。

人物名	共通点	功績	教育観(生徒への教育方針)	教育者として生徒に伝えていた言葉
津田梅子	海外留学を経験し、日本女性の地位を確立するために、キリスト教の教えの元に、女子教育に力を注いだ。	一九〇〇年女性に高等教育を授ける学校として女子英学塾を設立	学問をする女性代表として生徒たちには「他人からの評価」や「常識」は常に意識すべきであると指導した。	(　a　)(女子英学塾の開校式で生徒の前で語った言葉)
河合道		女子英学塾を退職後、一九二九年自宅を開放して校舎とし、恵泉女学園を設立	生徒に対しても(　b　)と教えた。	「汝(あなた)の光を輝かせ」(河合道が好んで生徒に伝えていた聖書の一句)

①　(　a　)には「津田梅子」が教師として生徒に語っていた言葉が入ります。本文の内容や彼女の教育観を参考にして最も適当なものを次から選び、記号で答えなさい。

ア　「神の前に愛と奉仕の精神をもつことを目的とします。」

イ　「学問を究め、活用し、模範的な国民を育成するのだ。」

ウ　「愛に満ちあふれたすばらしい女子を教育することが大切です。」

エ　「all-round women(完璧な婦人・女性)となるよう心がけねばなりません。」

②　二人には共通点もありますが教育観、特に教育者として生徒に

伝えていた「他者からの評価」や「社会常識」についての考え方は対照的です。本文の内容を踏まえたうえで（ b ）に入る言葉として最も適当なものを次から選び、記号で答えなさい。

ア 「他人からの評価」や「常識」にとらわれるよりもむしろ自分らしさを大切にせよ。

イ 「他人からの評価」や「常識」を尊重しながらも自分の好きなことを究めなさい。

ウ 「他人からの評価」や「常識」よりも大切なのは、愛する夫と一生を添い遂げることだ。

エ 「他人からの評価」や「常識」は時代によって変わるものだから自分の信念を持ちなさい。

三 次の①～⑧の――部のカタカナを漢字になおし、⑨～⑫の漢字の読み方をひらがなで書きなさい。

① 気象エイセイで観測を行う。

② 消化キカンを調べる。

③ 大陸をジュウダンする。

④ 案の良し悪しをケントウする。

⑤ スクリーンに写真をウツす。

⑥ 朝と夜ではカンダンの差が大きい。

⑦ お月見に団子をソナえる。

⑧ ケンポウ記念日を制定する。

⑨ 図書館の蔵書を整理する。

⑩ 自転車を無造作に停める。

⑪ 若干名募集する。

⑫ 待てば海路の日和あり。

山手学院中学校(A)

—50分—

※字数制限のあるものは、句読点および記号も一字とする。

一　次の文章を読んで、あとの問いに答えなさい。

藤井製桶所の上芝雄史さんが持っている資料①によると、明治、大正の頃には輪竹(たがにするための竹)の業者の組合、樽の底をあつかう業者の組合、フタをあつかう業者の組合があり、さらに樽は樽でも酒樽と醤油樽をつくる業者の組合は別々に存在していました。また、木取り商といって、桶専門の材木問屋さんもいました。

組合が別々にあることからわかるように、かつての桶づくりの仕事は完全に分業化されていました。また、それぞれ専門分野として作業を分担しなければならないほど、桶や樽関連の仕事が多かったことが想像できます。

桶の材料は、桶づくりを依頼する造り酒屋や醤油屋が木取り商から買って桶師にわたします。桶師は造り酒屋の敷地に出入りして桶をつくります。桶師は出職といって道具を持って全国をわたり歩き、桶づくりの「手間」だけでお金をかせぐしくみでした。

ご飯をいれるおひつや洗面桶など生活に使う小さな桶づくりは小仕事といい、こんこん屋、とんとん屋とも呼ばれる町の桶屋さんが担当しました。「[②]から棺桶まで」といわれるほど、桶は人が一生を通じてつきあう生活必需品でした。

明治時代の記録を見ると全戸数の一〇〇軒に一軒が桶屋だったことがわかり、これは二つか三つの町ごとに必ず一軒は桶屋があった、という計算になります(小泉和子編『桶と樽——脇役の日本史』法政大学出版局より)。

赤ちゃんが産湯をつかう産湯桶、毎日井戸から水をくむつるべ、水桶、たらい、おひつ、食べ物を入れて運ぶ岡持ち、風呂桶(浴槽)、洗面器用の小桶、手桶、棺桶、日常のさまざまな場面で桶が使われていましたから、これだけ桶屋があったのも当然かもしれません。

桶を締めるたがについては、今でも使われている慣用句がたくさんあります。

箍がはずれる　[③—A]

箍がゆるむ　[③—B]

箍をしめる　[③—C]

たががはずれたりゆるんだりすると、たちまち桶や樽がばらばらになってしまいますが、昔の人は人間の規律や秩序をこれになぞらえたわけで、なんともいいセンスですね。

さて、この頃の木桶の一生には、大きなサイクルがありました。江戸時代、数ある職業の中で、かせぎが良かったのは酒蔵でした。木桶づくりにはお金がかかりますが、まず、お金を持っている酒蔵が新桶を注文します。ここが木桶のサイクルのスタートです。

[④]

木桶に逆風が吹き始めたのは、時代が昭和に入ってからのことです。大桶を使うサイクルが狂い始めたのです。

⑤—A、スタートの鍵をにぎる酒蔵が、新桶をつくらなくなりました。

第二次世界大戦中、そして戦後と、酒蔵は厳しい状況に置かれていました。食べるものがなくて餓え死にする人がたくさんいた時代、米を発酵させてアルコールにするお酒が超ぜいたく品だったことは間違いなく、つくる量を極端に制限しなければなりませんでした。なんとか酒蔵を絶やさないために、数軒の酒蔵を合併してほそぼそと製造を続けたところも少なくありません。

戦争が終わり、GHQ(連合国最高司令官総司令部)の統治が始まりますが、アメリカからみた日本の醸造発酵の世界というのは、ひとことでいうなら「⑥クレイジー」だったようです。

たとえば醤油なら、原料を仕込んでから一年以上経たなければ商品(醤油)ができないという悠長さ。仕込んだ大豆や小麦のうち、四〇パーセントがしぼりかすになってしまう効率の悪さ。さらに、木桶は「不潔」であるとして、極力使わないように、と保健所が指導してまわりました。

そしてもっとも影響が大きかったのは、酒づくりで起こる欠減の問題でした。

欠減というのは、酒を仕込んで完成するまでの間に蒸発して減ってしまう分のことです(樽で仕込むウイスキーやワインの世界ではこれを「天使の分け前(エンジェルズシェア)」と呼び、お酒がおいしくなるために天使にあげる分、ととらえます)。

「桶が酒を飲む」といわれるくらい、木桶は木の肌で酒を吸います。また、樽と違って密閉されていないため、蒸発して減ってしまう分も加わって、ホーローやステンレスなどのタンクと比べて、欠減が大きくなります。⑤—B木桶でつくると酒蔵が損をするというわけです。

不潔だのなんだのと言われたうえに損をするんじゃ、割に合わない……、酒蔵が一斉に木桶からホーロータンクに切りかえていきました。

当然、酒の味はがらっと変わります。

当時、消費者から「戦後の酒はうすっぺらい」「味がない」「カドがある」など、さまざまなクレームが寄せられたという記録が残っています。これは一〇年ほど続きましたが、やがて消費者も慣れたのか、クレームも減っていきました。

⑦当時は、アルコールであればなんでもいい、という時代でした。三増酒、合成酒といわれる粗悪な酒をみんな喜んで飲みました。三増酒は戦時中に生まれたお酒で、米と米麹でつくったもろみに、水でうすめたアルコールやぶどう糖を足し、酸味料やうまみ調味料で味を整えたものです。もとのもろみの三倍の量になるので三増酒。こういうお酒がはやりました。

当時の状況からすれば無理もないことですが、日本酒本来のつくり方、味でなくてもいいという人が多かったため、いつしか本来の酒の味が忘れられていったのです。

これは醤油も同じでした。戦時中、食糧難を乗り切るために脱脂大豆を塩酸で分解し、これに甘味料やカラメル色素を加えた「アミノ酸醤油」が出回ります。また、南の国から入ってくるココヤシのかす(油をしぼった後のもの)で麹をつくり、これと醤油のしぼりかすを使って醤油をつくる「新式醤油」が登場します。いよいよ食糧がなくなってくると、塩水に醤油のしぼりかすで色をつけた「代用醤油」も出回りました。

⑤―C 戦後も、激しい食糧不足は続きます。その時に、今も醤油を主力商品とする食品メーカー、キッコーマンの研究員が、醤油のもろみにアミノ酸液を加えて一緒に発酵させる新式二号という製法を発明しました。この醸造方法は、日本の醤油醸造業を救ったといわれる画期的な方法でした。五〇日間で完成し、味もそれなりに満足のいくものです。

アミノ酸液を加えて速醸(そくじょう)するというと、現在だとイメージが良くないかもしれませんが、この発明が「日本の醸造業はクレイジーだ、とても原料大豆を支援(しえん)することはできない」といっていたGHQを動かし、醸造してつくる醤油業界に原料大豆をまわしてもらえることになったのでした。この技術のおかげで現在の醤油業界が生き残ることができた、といわれています。

藤井製桶所の上芝雄史さんによると、こういった蔵元が抱(かか)えていた事情以外にも、当時、戦争で失った家を再建したい人が多く、木材が高騰(こうとう)したことも、木桶の減少に影響したといいます。

木材の高騰と逆に、軍需(ぐんじゅ)産業がなくなったことで、鉄が余って安くなりました。こうして戦時中に軍艦(ぐんかん)をつくっていた会社が、次の活路としてホーロータンクをつくるようになったのです（ホーローは、鉄などの金属のまわりをガラスでコーティングしてつくられます）。このホーロータンクも戦後のいっとき多くつくられましたが、現在では一社しか製造するところが残っていません。

生活の道具として使われてきた小さい木桶は、プラスチックが登場してから取って代わられ、生産量がガクンと減りました。

さて、酒蔵から始まる桶づくりのサイクルがとだえたことに加え、そもそもの話として、木桶は一度つくれば一〇〇～一五〇年もちます。ということは、単純に計算しても、次回の注文は早くて一〇〇年後、ということになります。

手入れが大変、不潔、欠減で損をする、時代遅(おく)れ、というイメージがついてしまった木桶は、すっかり過去の遺物というあつかいになってしまいました。木桶を使い続けていることは、すなわち設備を整える余裕(よゆう)がない証拠(しょうこ)のようなもので、はずかしい、できることなら秘密にしたい、人に見せたくない、という風潮(ふうちょう)になっていきます。

「お金がないから仕方なく木桶を使い続け、機会があれば近代的な設備に変えたい」そう思っている蔵元が、なぜわざわざ高いお金をかけて新しい木桶を注文するでしょうか。

⑤―D なかには、絶対に昔からのつくりを変えたくないという強い思いと誇(ほこ)りを持って木桶を守ってきた蔵元もありましたが、相当の変わり者、少数派とみられていたことは間違いありません。

こうした⑧さまざまな事情が重なって木桶の注文は激減し、桶屋は仕事をうばい合うようになりました。より安くしあげるために質の悪い仕事をする桶屋もあったため、ますます桶のイメージが悪くなり、業界全体が衰退(すいたい)していきます。

藤井製桶所の次男として生まれた上芝雄史さんは戦後生まれですが、木桶の衰退とともに歩んできた人生であった、ともいえます。

「木桶は時代の流れからズレたんですね。第二次世界大戦が終わってからの一〇年で、桶屋の数は一〇〇分の一になりました」

（竹内　早希子『巨大おけを絶やすな！　日本の食文化を未来へつなぐ』〈岩波ジュニア新書〉より・一部改）

問一　――線部①「資料によると」とありますが、筆者はこの資料からどのようなことを読み取りましたか。最もふさわしいものを選び、記号で答えなさい。

ア　当時は様々な組合が存在することから、一つの桶を作る上で作業を分担し、素早く多数の注文をさばいていたということ。

イ　当時は様々な組合が存在することから、桶の種類ごとに専門的な職人がおり、それぞれが一つの桶を作り上げていたということ。

ウ　当時は様々な組合が存在することから、人々は用途によって桶を使い分けるなど桶の需要が大きく、よく売れたということ。

エ　当時は様々な組合が存在することから、分業化することで利益が出ると江戸時代の人々は信じていたということ。

問二　空らん［②］にあてはまる語を、本文中より漢字二字でぬき出して答えなさい。

問三　空らん［③―A］～［③―C］にはそれぞれ上にある慣用表現の意味が入ります。その組み合わせとして最もふさわしいものを選び、記号で答えなさい。

①　ゆるんだ秩序や決まり、気持ちを引きしめること。

②　緊張が解けてハメをはずしてしまうこと。また、それまでの秩序がなくなること。

③　秩序がなくなること。緊張がゆるんだり年をとって鈍くなったりすること。

ア　A　①　B　②　C　③

イ　A　①　B　③　C　②

ウ　A　②　B　③　C　①

エ　A　③　B　②　C　①

問四　空らん［④］に入るように次の文を正しい順に並べかえ、記号で答えなさい。

ア　場合によっては醬油屋で使われた後に、味噌屋に行くこともあります。

イ　醬油には塩分があるので、塩の効果で木桶は腐りにくく、塩分が固まって隙間をうめるためにもれづらくなり、技術の高い桶職人がつくった桶であれば、さらに一〇〇年近く使うことができます。

ウ　そうなったら、大桶を一度解体し、ばらした板を削って組み直し、次は醬油屋に引き取られます。

エ　酒蔵が新しい桶でお酒を醸しているうちに、二〇年から三〇年たつと木桶からお酒がしみ出すようになってきます。

オ　もちろん、醬油屋から味噌屋に行かないパターンや、醬油屋が新しい桶をつくるパターンもあります。

問五　空らん［⑤―A］～［⑤―D］にあてはまる語の組み合わせとして最もふさわしいものを選び、記号で答えなさい。

ア　A　まず　B　もちろん　C　つまり　D　そして

イ　A　そして　B　まず　C　もちろん　D　つまり

ウ　A　つまり　B　もちろん　C　まず　D　そして

エ　A　まず　B　つまり　C　そして　D　もちろん

問六　――線部⑥「クレイジー」とありますが、なぜアメリカはそのように見ていたのですか。最もふさわしいものを選び、記号で答えなさい。

ア　日本の醸造業の悠長さを見て、日本が戦争に負けた要因はこのような楽観的な心理にあると考えたから。

イ　原料を加工し完成までにかかる時間が長すぎるうえ、長期にわたり使われる木桶が不潔に思えたから。

ウ　醤油や酒造りの方法が江戸時代と同じでは、今後日本の醸造業の発展は見込めないと考えていたから。

エ　洗いもせず何十年も使い続ける木桶で作られた醤油や酒を、何の疑問も抱かずに売買することに驚いたから。

問七　――線部⑦「当時は、アルコールであればなんでもいい、という時代でした」とありますが、なぜそのように思われていたのですか。ふさわしいものはA、ふさわしくないものはBと答えなさい。

ア　戦中・戦後の食糧や物資不足のなかで、酒の品質は問うことはできず、飲めるだけでも恵まれているような状況だったから。

イ　戦後、GHQの指導により木桶を使わないよう指導された酒蔵が、木桶からホーロータンクに設備をかえるまで酒が造れなかったから。

ウ　戦後の貧しい時代に、作る過程で欠減する酒はぜいたく品で、酒蔵は欠減をうめるために薄めた酒を造らざるをえなかったから。

エ　木桶でつくった本来の酒の味よりも、清潔なホーロータンクでつくった新しい酒の味を人々が好むようになったから。

問八　――線部⑧「さまざまな事情」に含まれないものを一つ選び、記号で答えなさい。

ア　醤油が五〇日でできるようになった。

イ　戦争で多くの人が家を焼失した。

ウ　プラスチック製品が出回った。

エ　戦後、鉄の価格が安くなった。

問九　次のやりとりを読んで、あとの問いに答えなさい。

やしお　桶って、温泉にあるのとかおすしを作る時の桶くらいしか知らなかったけど、戦争前まで、もっと生活に密着したものだったんだね。

ゆきこ　①「桶師」の絵って、きっと見たことがあると思うよ。ほら。

やしお　あー、知ってる！これって、桶を作ってたんだ！

ゆきこ　室町時代に、板を組み合わせて円筒状(えんとうじょう)にし、外側に竹で編んだたがをかける「結桶」が生まれたんだって。

やしお　結桶の登場で、何がそんなに変わったの？

ゆきこ　本文で話題になっているような大きな桶が作れるようになって、お酒を大量生産することができるようになったんだって。

やしお　そうなんだ。じゃあ他にも②桶が大きくなったことで大量生産できるようになったものがきっとあるはずだね。

ゆきこ　調べてみたら、こうして大量生産ができるようになったことで、食生活にも大きな変化があったみたい。私たちが今考えている「日本食」も、桶の大型化なしには生まれていなかったかもしれないね。

やしお　でも、そうして大活躍していた桶も、戦後に衰退してしまったんだね。

ゆきこ　残念だよね。③今、SDGsなんていうことが盛んに言われているように、桶は最先端の知恵なのかもしれないのにね。

(1) ――線部①「桶師」を表す絵として最もふさわしいものをあとのア～ケより選び、記号で答えなさい。

(2) ――線部②「桶が大きくなったことで大量生産できるようになったもの」としてあてはまらないものを一つ選び、記号で答えなさい。

ア　醤油　　イ　味噌　　ウ　酢　　エ　米

(3) ――線部③「今、SDGs～桶は最先端の知恵なのかもしれない」とゆきこが言うのはなぜですか。本文の内容をふまえて、あなたの考えを五十字以上六十字以内で述べなさい。

図は国立国会図書館デジタルコレクションより引用。ただしクの図は東京国立博物館ホームページより引用した。

ア

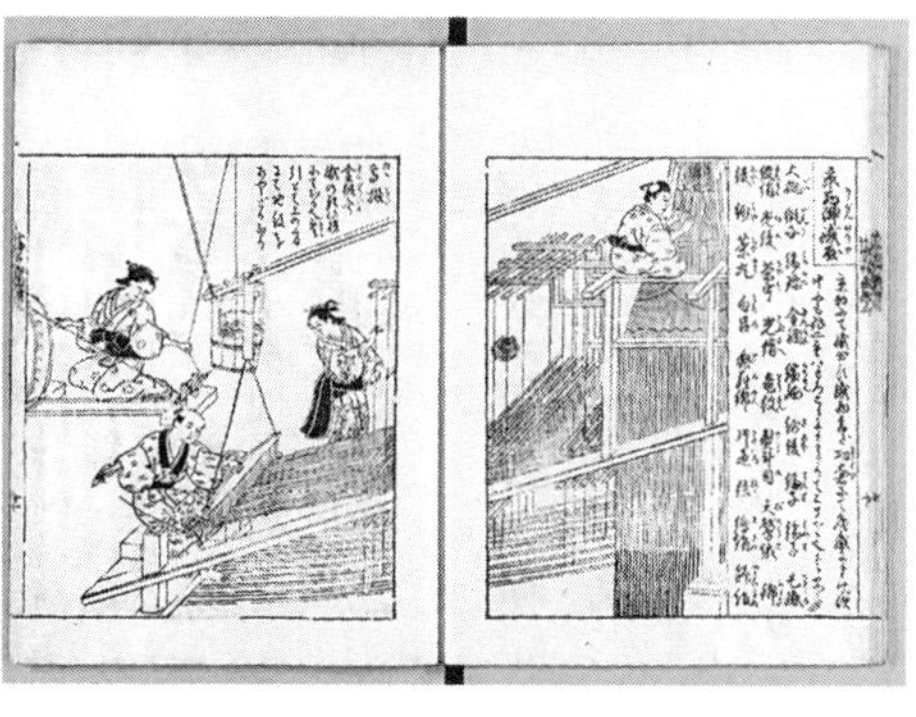

イ

ウ

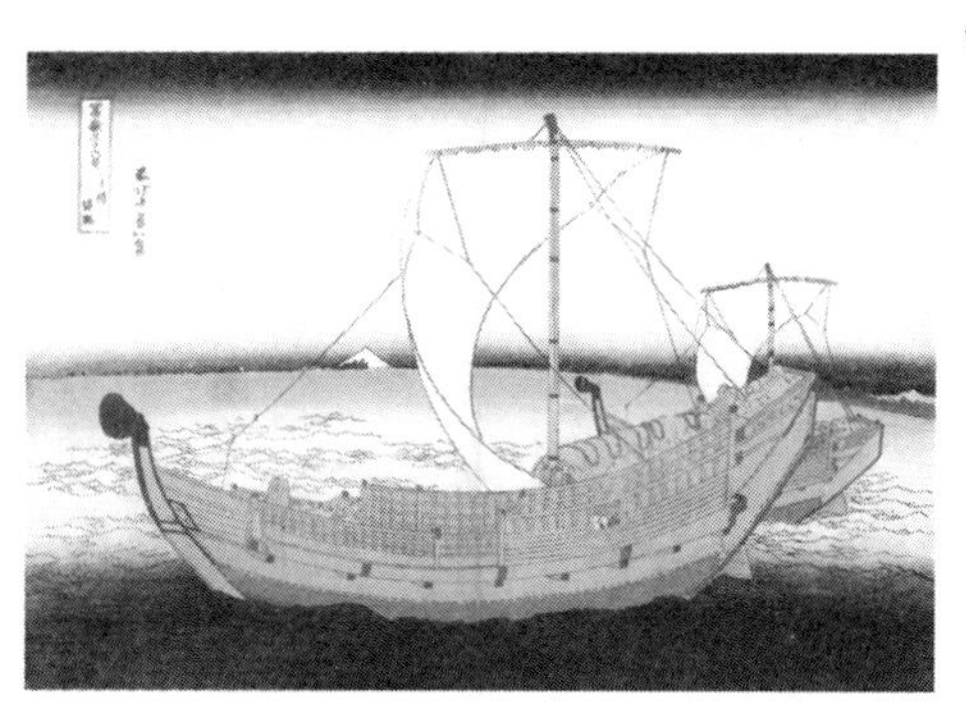

エ

オ

カ

キ

ク

ケ

二　次の文章を読んで、あとの問いに答えなさい。（一部乱暴な表現がありますが、原文の表現を生かしそのまま掲載しています。）

「オヤジが死んだあとの一家を支えたのは海軍※1工廠で働いていた一番上の兄貴だった。逸見は海軍と工員さんの町だった。二番目の兄貴も長男にならって軍艦づくりの工員さんになった。

俺は大人には逆らってばかりだったが、一番上の兄貴だけには頭があがらなかった。ちっせぇときに父親を亡くした末っ子の俺にはオヤジがわりだったからだ。俺は一番上の兄貴を『とうちゃん』と呼んでいた。おふくろが『バアさん』で兄貴が『とうちゃん』だ」

『とうちゃん』の話は、うんと小さなころ、お母さんに毎晩読んでもらった絵本みたいに、何度聞いてもあきなかった。

①お祖父ちゃんとボクは、おとうさんがいないってところが似ているなぁ。本当のおとうさんが死んじゃってもお祖父ちゃんがあんまりさみしくなかったのは、『とうちゃん』がいたからかなぁ。おかあさんが『バアさん』で一番上のおにいちゃんが『とうちゃん』ってなんかおもしろいなぁ。兄弟八人ってどんな感じなのかなぁ……。『とうちゃん』の話を聞きながら、ボクはとりとめのないことを考えていた。

それまでなにも考えずに生きてきたボクだったけど、あのころから、いつもなにかしらを考えていた気がする。

「とうちゃんは、休みの日になると釣りに出かけていた。大家族の晩のおかずを調達できる［②］の趣味だった。ときどき、俺もいっしょに連れて行ってくれた。

安浦の漁師から船を借りて、とうちゃんの手漕ぎで沖に向かった。船といっても、二、三人乗ったらいっぱいの小さな※2伝馬船だ。

とうちゃんは船を沖合に突き出ている岩につないで釣りをした。そこらは、ウミウたちの漁場でもあった。黒い羽の鳥たちは、岩から海中に飛び込んで魚をつかまえていた。俺はウミウに劣らず潜水が得意だった。海に潜っては、クチバシならぬミツマタでベラやクロダイを突いていた。

※③ウミウたちの巣は、岩よりもっと沖の猿島の切り立った崖の上にあった。崖がウミウのフンで白く染まっていたほどだった。猿島の原生林の緑が痛いくらいに目に沁みた。白い砂浜が陽を受けてきらきら光ってい

た。きれいな砂浜には人っ子一人いない。東京湾に浮かぶ猿島は砲台が築かれた要塞だったから、一般人の立ち入りは禁止されていたんだ。

　軍都横須賀には、猿島みたいに入っちゃいけない見てはいけない、写真をとったりしたら警察にしょっぴかれる、という場所がいたるところにあった。とうちゃんと吉倉の海岸から伝馬船でワタリガニをとりに出たときは、うっかり軍港内に入りこんじまって、兵隊さんに、撃つぞ！とおどされて、命からがら逃げ帰ったなんてこともあったな」


　青い空を背にした真っ白い富士山、というお気に入りの風景に気分がいいのか、お祖父ちゃんの口はいつもより滑らかに動いていた。滑らか過ぎて話が横道にそれてきたので、ボクは「ほかのおにいちゃんやおねえちゃんたちは」と声をはさんだ。ほうだいとか、ぐんこうとかの、よくわからない話よりも、お祖父ちゃんの家族の話が聞きたかったのだ。

　楽しい夢でもみているような顔つきでしゃべっていたお祖父ちゃんは話の［④］を折られ、なんだ、というように口を閉じた。

　ほかのおにいちゃんやおねえちゃんたちは？　ボクがもう一度たずねると、お祖父ちゃんは、天を目指してすっと立ち上がっている富士山から視線をはずした。片方の眉をあげ、なにかむずかしいことでも考えているような顔つきでしばらく黙りこんだ。

「上の姉貴二人は俺がまだ子どものときに嫁にいったからなぁ……」

　記憶を空からたぐり寄せるように、お祖父ちゃんは視線を上げた。空は高く、ぴるるるるーと鳴きながらトビが旋回していた。

「一番下の姉貴は給料がはいると安浦館に連れてってくれたり、今川焼きを買ってくれたなぁ」

「やすうらかん、って？」

「あ」

　お祖父ちゃんが耳をこちらに傾けた。

「やすうらかんって、なに」

「昔、そういう名前の映画館があったのよ」

「とうちゃんのほかのおにいちゃんたちも、どっか連れてってくれたの」

　お祖父ちゃんは首を振った。

「兄貴たちは、末っ子のことなんか眼中になかったんじゃねーか」

「がんちゅう？」

「俺はみそっかすだった、ってことよ」

　みそっかすの意味はわからなくてもニュアンスは通じる。それでも、ボクにはうらやましいことにちがいなかった。
⑤「いいなぁお祖父ちゃんは」ボクは思っていたことをそのまま口にした。「おにいちゃんがいっぱいいて」
「よかぁねえよ」お祖父ちゃんは眉の間にシワを寄せた。「兄貴なんていりゃあいいってもんじゃないぞ。悪さしたのがバレてとうちゃんに殴られるのはまだしも、二番目の兄貴にも殴られたからな。ヘタすりゃあ三番目や四番目の兄貴にも」

　それは、かなりイヤだ。ボクはお祖父ちゃんに同情した。でも、よくよく考えると、それもこれも自分のせいなのだ。

「お祖父ちゃんがロクなことしてなかったからでしょ」

「そうでもないぞ」お祖父ちゃんが言い返した。「ちっとはいいこともしたぞ」

　お祖父ちゃんはちょっとムキになっていた。

「いいことってなによ」

ボクはちょっと疑っていた。

「バアさんの手伝いだ」

強い口調で言いはるお祖父ちゃんは、なんだか子どもみたいだった。

「バアさんといっしょに山に拾いに行ったもんよ、枯れ木をな。ガスなんてねーんだから、あのころ。かまどだから。飯炊くのも風呂わかすのもマキだった。水道もなかったからなー。井戸だったのよ。知ってるか、井戸水ってのは、夏はひゃっこくて冬はあったけぇんだぞ。

それでもな、横須賀は他と比べて進んでたんだ。海軍がいたからな。水道がひけたのも早かったし、鉄道が敷けたのも早かった。横須賀駅ができたのが明治二十二年だ。横須賀は東京湾の守りの要だったから、鉄道がなかったらいざというときに物資や軍隊を輸送することができない、ってことだろうな」

どこかの扉が開いてしまったようにお祖父ちゃんはしゃべり続けた。

「国道なんかも早くから開通していたな。今の十六号線だ。あれは有事用だから立派だった。有事、ってのは、戦争用ってことだな。横須賀は軍都だったからな」

ぐんとがなんのことかはわからなかった。でも、八歳の子どもでも、せんそうという言葉は知っている。

⑥「せんそうがあったの」

「あぁ」

「いつ、せんそうがあったの」

お祖父ちゃんはゆっくりとまばたきをした。

「俺が若いころだ」

ガラス玉みたいに透き通った眸の先には富士山があったけれど、お祖父ちゃんの目は富士山を突き抜けてもっと遠くにあるものを見ているようだった。

⑦—A「三番目と四番目の兄貴は戦争に行って帰ってこなかった」

「……かえって…こなかったの」

「あ？」

お祖父ちゃんはなんだか上の空だった。なにかほかのことに気を取られているみたいだった。

⑦—B「……ほかのおにいちゃんたちは？」

お祖父ちゃんがのろのろとボクに目を向けた。

「とうちゃんと二番目の兄貴は海軍工廠で軍艦をつくる仕事をしていたし、二人とも兵隊さんにとられるほど若くはなかった」

「とうちゃんと二番目のおにいちゃんは行かなかったんだね」

「そうだ」つぶやくようにお祖父ちゃんが言った。「とうちゃんは七十二まで生きた。俺は、とうちゃんより十年も長く生きている」

あのとき、ボクが聞きたかったのは、お祖父ちゃんは戦争に行ったのか、ということだった。けれど、お祖父ちゃんは、

「俺も高等小学校を卒業したあと、海軍工廠見習い教習所に入所した」

と話しはじめた。

いつになく生まじめな口調だったので、ボクは口をはさむことができなかった。

「造船部で学んで工場に配属された。戦争が激しくなっていたから、傷ついた軍艦の修理が多かった。ってても、横須賀海軍工廠の仕事はそれだけじゃないぞ。戦艦信濃を※3空母に改装する工事もやったからな」

お祖父ちゃんはなんだか誇らしげだった。

「信濃は、当時、世界最大の航空母艦だった……」⑧

そう言って、お祖父ちゃんは、なぜかため息をついた。

言葉が途切れた一瞬の間に、ボクは声をすべりこませた。

「お祖父ちゃんは戦争に行った？」

お祖父ちゃんが目をすがめてボクを見た。

「召集されて、不入斗の陸軍練兵所に入った」

ボクの頭に最初に浮かんだのは、海軍じゃないんだ…ってことだった。『れんぺいじょ』という言葉のイミもわからなかった。

「れんぺいじょ、って」とボクは聞いた。

「兵隊になる訓練をする場所だ。訓練してる間に、戦争が終わった」

「よかったね。お祖父ちゃんも戦争に行かなかったんだね」⑨

お祖父ちゃんはなにも聞こえなかったようにボクから目をそらした。そして、よっこらしょ、と掛け声をかけてゆっくりと切り株から立ち上がった。

（花形　みつる『徳治郎とボク』〈理論社〉より）

※1　工廠…兵器や弾薬などを製造、修理した工場。
※2　伝馬船…木造の小型和船。
※3　空母…航空母艦の略。航空機を搭載し、その発着や整備をする軍艦。

問一　――線部①「お祖父ちゃん」とありますが、次の図は、この一家を「お祖父ちゃん」を中心に整理した家系図です。図の中の空らん［①］～［③］にあてはまる、「お祖父ちゃん」が使用している本文中の人物を呼ぶ表現として適切なものをそれぞれ選び、記号で答えなさい。なお、家系図の［　］は男性を表し、［　］（点線）は女性を表します。

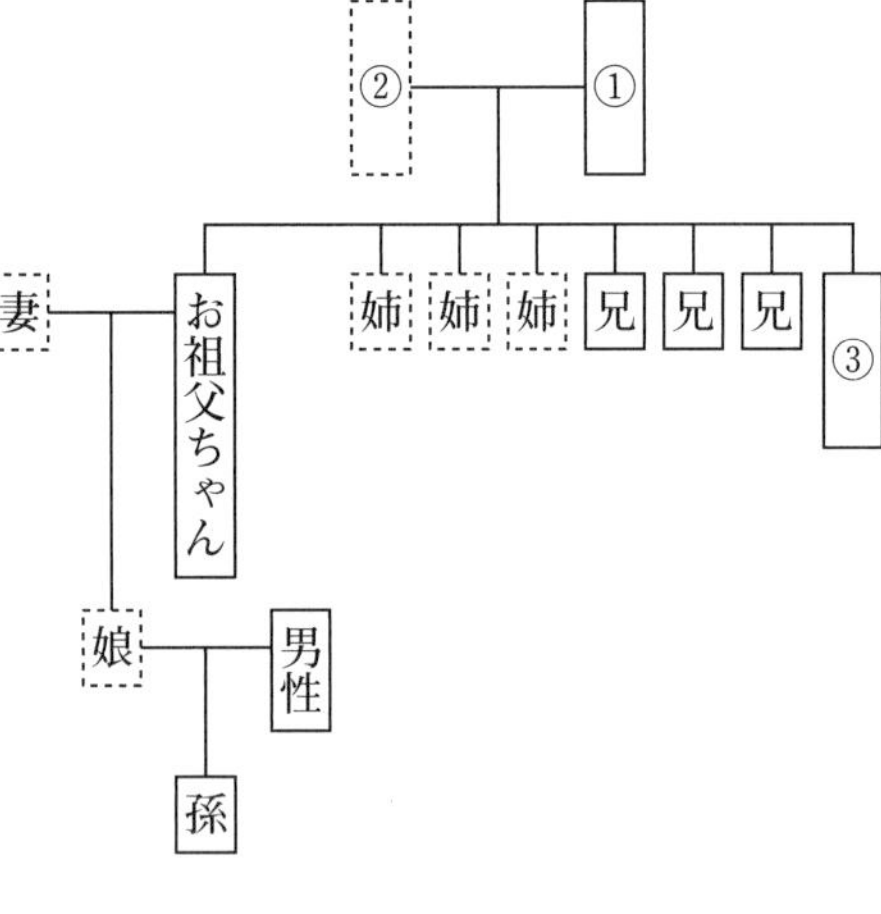

ア　おとうさん
イ　オヤジ
ウ　とうちゃん
エ　おかあさん
オ　バアさん

問二　空らん［②］にあてはまる四字熟語として最もふさわしいものを選び、記号で答えなさい。

ア　朝三暮四　　イ　一石二鳥　　ウ　一期一会　　エ　二束三文

問三　「※③」が付されている部分の文章表現についての説明として最もふさわしいものを選び、記号で答えなさい。

ア　風景を具体的に描写し、そこでの行動も詳細に説明することで、思い出の情景を生き生きと表している。

イ　様々な生き物の名前を登場させることで、一般人が立ち入らないような場所への恐怖感をやわらげている。

ウ　戦争や死を意識させるような場所と、そこで生きる生き物たちの姿を対比させ、命の尊さを強調している。

エ　実際に存在する地名や生物名を用いることで現実味を出し、「お祖父ちゃん」の記憶力の良さを伝えている。

問四　空らん［④］にあてはまる語として最もふさわしいものを選び、記号で答えなさい。

ア　骨　イ　腰　ウ　膝　エ　鼻

問五　――線部⑤「『いいなぁお祖父ちゃんは』～『よかぁねえよ』」とありますが、ここでの「ボク」と「お祖父ちゃん」の気持ちの違いを説明したものとして最もふさわしいものを選び、記号で答えなさい。

ア　「ボク」は兄弟がおらずさびしさを感じているが、「お祖父ちゃん」は兄弟がいても父親を亡くしたさびしさを埋めることはできないと思っている。

イ　「ボク」は兄や姉がいないので「お祖父ちゃん」にあこがれを抱いているが、「お祖父ちゃん」は末っ子で兄たちから殴られる立場を不満に思っている。

ウ　「ボク」はおとうさんがいない点で「お祖父ちゃん」に親近感を持っているが、「お祖父ちゃん」は「ボク」と親密な関係を築くことは避けたいと思っている。

エ　「ボク」は「お祖父ちゃん」が「みそっかす」だったということが気になって仕方がないが、「お祖父ちゃん」は二度と思い出したくない思い出だと思っている。

問六　――線部⑥「『せんそうがあったの』」とありますが、「せんそう」がひらがなで書かれている理由として最もふさわしいものを選び、記号で答えなさい。

ア　「ボク」が考えている戦争は、子どもが考えているようなかわいいものであることを示すため。

イ　「ボク」はまだ「戦争」という漢字を習っておらず、その内容を一切知らないことを示すため。

ウ　「ボク」は出来事の名前としては戦争を知っているが、まだ深くは知らないということを示すため。

エ　「ボク」が教科書で見た戦争と、「お祖父ちゃん」が体験した戦争は別のものであることを示すため。

問七　――線部⑦―A「……かえって…こなかったの」、⑦―B「……ほかのおにいちゃんたちは？」の「…」が表す「ボク」の気持ちを理由をふくめて簡潔に説明しなさい。

問八　――線部⑧「そう言って、お祖父ちゃんは、なぜかため息をついた」とありますが、次の説明を読み、「ため息の理由」を五十字以上六十字以内で説明しなさい。

軍艦信濃は、日本海軍が建造した航空母艦計画に基づき、横須賀海軍工廠で一九四〇年五月に起工した大和型戦艦三番艦を、ミッドウェー海戦以降の戦局の変化に伴い戦艦から航空母艦に変更したものである。一九四四年航空母艦として※竣工し、空襲を避けるために未完成のまま横須賀から呉へ回航される。十一月二十九日、信濃は紀伊半島潮岬沖合で、アメリカ潜水艦アーチャーフィッシュの魚雷攻撃を受け、四本が命中。浸水が止まらず、転覆して水没した。竣工から沈没まで艦命はわずか十日間であった。

（NHKアーカイブス「特集〝巨大〟空母信濃」をもとに作成）

※竣工…工事が完了すること。

問九　――線部⑨「お祖父ちゃんはなにも聞こえなかったようにボクか

ら目をそらした」とありますが、このときの「お祖父ちゃん」の心境を説明したものとして最もふさわしいものを選び、記号で答えなさい。

ア　戦争を経験していない世代からすれば、戦争で死なずにすんだのは良いこととなるが、兵隊としての訓練を受けていた身からすれば、仲間や兄弟たちは戦死して自分だけが生き残っているということになる。この思いの差を解消するのは困難なため、「お祖父ちゃん」は「ボク」の言葉に返事をすることができなかった。

イ　一番上と二番目の兄は海軍工廠で仕事をしていたので、「お祖父ちゃん」も海軍への誇りを持ち働いていたが、陸軍に配属されて訓練をすることとなった。「お祖父ちゃん」にとって不本意であったこの出来事を思い出したくないため、「ボク」の言葉に返事をすることができなかった。

ウ　「お祖父ちゃん」は年を重ねているため、ときどき戦争の記憶と現実の記憶の区別がつかなくなってしまっている。「ボク」との会話も上の空になってしまうことがあり、果たして自分は戦争に行かなくて良かったのか考えているため「ボク」の言葉に返事をすることができなかった。

エ　「お祖父ちゃん」の兄弟の中には、戦争に召集され帰って来なかった兄弟もいた。自分だけが八十歳を過ぎるまで生き残ってしまったことに罪悪感を抱き、戦地におもむくことがなかったことを「ボク」に逃げたと思われることが恐ろしくなって、「ボク」の言葉に返事をすることができなかった。

問十　「ボク」が現在から過去を回想しているとわかる一文を本文中よりぬき出し、はじめの四字を答えなさい。

三　次の――線部について、カタカナは漢字になおし、漢字は読みをひらがなで答えなさい。なお、漢字はていねいにはっきりと書くこと。

①　犬は鼻がよくキく。
②　試験で実力をハッキする。
③　あごでサシズするのは良くない。
④　小学生タイショウの陸上教室。
⑤　テンランカイに行く。
⑥　キカイ体操の選手。
⑦　ケンアクなふんいきだった。
⑧　今日は校庭がカイホウされる日だ。
⑨　二十日までの消印有効です。
⑩　一目散に逃げた。

麗澤中学校(第一回ＡＥコース)

—50分—

一　次の①～⑧の各文について、傍線部のカタカナを漢字に直しなさい。また、⑨・⑩については、二字の熟語が四つ完成するように、空欄に当てはまる漢字を書きなさい。

① 困難を乗りこえようと勇気をフルい起こす。
② 資格試験の合格通知がユウソウされてきた。
③ この辺りは実り豊かなコクソウ地帯だ。
④ 競歩大会でオウフク二十キロの道を歩きとおした。
⑤ ジョウシキあるふるまいができる人物でありたい。
⑥ 彼の人がらの良さは私がホショウします。
⑦ ソンケイする人にほめてもらえて心がうき立つ。
⑧ 全員で力を合わせてジョセツ作業を行った。
⑨ 灯➡□、給➡□、□➡絵、□➡性
⑩ 乱➡□、混➡□、□➡音、□➡談

二　次の文章を読んで、後の問いに答えなさい。

〈文章1〉

1 ※社会契約で成立している国家においては、「人格による支配」ではなく「法による支配」が行われます。たとえば絶対王政のように、王という人間がいて、その命令にみんなが従うというのではなく、法というルールのもとでみんなが平等に扱われるべきだ、ということです。

2 では、法はいかにつくられるべきかという問題が出てきます。※ルソーは直接民主制をイメージしているのですが、みんなが参加する人民集会(議会)のなかで、何か対処すべきことが出てきたとします。それを議論するさいには、個々人は自分の都合や利害を率直に表明する必要があります。互いの事情がわかったうえで、ではどうすることが一部の人だけではなくどんな人にとっても利益になるのかということを、みんなで考え合って議論し法として決定します。こうして、何かの法案がたしかに共同の利益となり、「みんなが欲すること」、すなわち「一般意志」だということに合意が得られれば、それが法になる。そうして決められた法以外のことは、もちろん個々人の自由にゆだねられます。「一般意志」の原語はvolonté générale(ヴォロンテ・ジェネラール)、「みんなが欲すること」という意味なのです。

3 そして、議会で話し合って取り出される「一般意志」は法として具体化されますが、これは国家の最上位の規範となって、行政の長である国王も法に従わなくてはなりません。ですから、A「一般意志の最高指揮」という※契約条項の言葉は、じつは「人民の主権」を表す言葉だったのです。

4 この考え方のポイントは、法の正当性の根源は「一般意志」であって、多数の賛成がそのまま正当であることを意味しない、というところです。もちろんいろいろと話し合った結果、一つに結論がまとまらないことも当然あるわけで、そのときは最終的に多数決で決めるしかありません。 Ⅰ 多数決というのは、あくまでも「決めるための方法」でしかないのです。ぼくなりにこの考え方を意味を広げたり易しく言いかえたりして説明してみると、こんなこともいえそうです。――ある法について、それは一部の人たちを苦しめるものであって「一般意志」に反する悪法であると考える人がいるかもしれません。その場合には、「とりあえず多数決で決まったその法には従うけれど、それは一般意志ではないと私は考える」と主張を続けて、それに同意する人が増えていけば法が変わることもありうる、ということにもなるでしょう。

5　これはまた、B「一般意志」と「全体意志」とは違うということも意味します。すべての「個別意志」を集計した結果である「全体意志」(これもルソーの言葉です)は、しばしば少数派を犠牲にした多数派の意志になりがちです。多数派工作をしたり※党派的利害を押し出したりして、C一部の人たちの利益をみんなの利益であり「一般意志」であると称して法にしてしまうことが起こりうる。これは、まさしく民主主義の根本問題です。

6　ルソーはこのことを危惧していました。もし「一般意志」の原則が①建前だけになり、少数の人びとの声がまったく反映されなくなれば、社会契約自体が解体し、破棄されかねない。［Ⅱ］国家の分裂、内乱状態になりかねない、と述べています。さらにぼくなりに想像してみると、何をしてもどうせ無駄だという政治的無関心に陥ったり、あるいは、強い者が弱い者から奪うという弱肉強食の状態に舞い戻ってしまったりするかもしれません。ですから、このような党派的な利害を押し出すことがないように、ルソーは、議会のなかに階級や党派がないことが最も望ましく、もしあるのなら、四つか五つ以上の複数が並存していて、それぞれの力が分散していたほうがよいだろうと述べています。

7　しかし何よりも大切なことは、法案が自分を含めての「一般意志」たり得るかをちゃんと考えて判断し、それを志向するような道徳性をもった市民がいなくてはならない。そうでなければ真の意味での②自治は成り立たない。だから、※エミールのような人間が必要となるのです。エミールは、いまやいろいろな立場の人間がいることを知り、それぞれの人への共感能力＝あわれみの力をもっています。『エミール』のなかでは、エミールが市民としてじっさいに議会に出るシーンは書かれていませんが、もしそういう場面があれば、彼はさまざまな立場の人たちに耳を傾け、「自分も含むみんなにとって利益になること」を実現しようとするでしょう。

(西研『ルソー　エミール　―自分のために生き、みんなのために生きる』〈ＮＨＫ「100分de名著」ブックス〉による

※設問の都合により、文章ならびに表記は一部変更されています)

※注

「社会契約」…社会や国家を成立させる、人民どうしの契約。十七世紀に生まれた、人民どうしが契約を結ぶことによって社会や国家が成立するという考え方がもとになっている。

「ルソー」…十八世紀のフランスの哲学者。『社会契約論』、『エミール』などの著者。

「直接民主制」…国民が代表者を立てずに直接政治決定を行う制度。

「契約条項」…ルソーが『社会契約論』の中で挙げている社会契約の内容。

「党派」…思想や主義が同じ人々の集まった団体。

「エミール」…ルソーの教育小説『エミール』の主人公。

〈文章2〉

「生きているっていいな」と心から思えるようになるために、人間には二つのことが必要です。「自分の自己実現」と、「社会の自己実現」です。「自分の自己実現」は、自分が心の深いところで本当に「やりたい」と思うことを何らかの形で実現することです。

人間はいろいろな経験をしながら、やりたいことを見つけていきます。たとえば仕事について考えてみましょう。もちろん、実際に自分がやりたい仕事に就けるかどうかは偶然もありますから、完全な形で実現することは難しいかもしれません。選択肢の中で、なるべく自分が面白いと思える仕事を選んでいるのだと思います。生きていくために、生活のために仕方なく働くこともあるでしょう。最初は満足できない仕事でも、働きながらその仕事の自分にとっての意味を少しでも見つけられれば、自己実現欲求をある程度満たすことができます。

では、自分がやりたいことは、どのようにして見つけられるのでしょうか。何かをしているとき、どうしてかわからないけれど自分が生き生きとしてくるなら、それが、本当にやりたいことだと私は思っています。

そしてもう一つ、「社会の自己実現」です。これは、社会がその構成要員をできるだけ多く幸せにできるような社会になっていくことを指しています。実は人間は、自分の自己実現と社会の自己実現を結びつけて考えられる唯一の動物なのです。

人間は、自分だけが幸せになるのではなく、みんなで上手に支え合って、みんなが生き生きとして幸せになっていけるような社会を目指す努力をしない限り、結局、自分も幸せになれないのです。

みなさんは、「自分だけが幸せ」と、「自分も含むみんなが幸せ」、どちらが幸せだと思いますか。子どもにたずねられたら、どのように答えますか。改めてこう問われると後者だとなるでしょうが、いま、世の中を見渡すと、「自分が幸せならいいじゃないか」と思っている人が多いように見えるかもしれません。少し考えてみましょう。

たとえばあなたはお金に困っていないとします。そして目の前に、何日も食事をしていない人や何か苦しみを抱えている人がいるとします。そのときあなたはどう思うでしょうか。実際にその人を前にして、「お前が苦しいのはお前がちゃんと努力しないからだ」「X だ」などと言って済ませることができるでしょうか。あなたが困っていなければいないほど、そんなことはできないでしょう。自分に何ができるかを考え、実際に手を差し伸べると思います。

それは本能のようなものです。人間は、周りで苦しんでいる人がいると、自分だけ上手くいっても幸せだと感じられない動物なのです。長い歴史の中では殺し合いや戦争も繰り返してきましたが、大きな視点で見れば、互いに助け合い、支え合ってきたからこそ、生物として生き残ってきたのです。

「目の前に困っている人がいたら放っておけない」というのはある種の共感能力です。人間には本能的にそれが備わっていると私は考えています。

もしあなたが、とても大変な状況に追いやられているとしたら、あるいは、激しい競争のなかで勝ち抜いた人だけが評価され、負けた人は「お前が努力しなかったからだ」と虐げられるのを見てきたとしたら、この大切な共感能力が発揮できなくなっているかもしれません。でも、根っこの部分には、きっと共感能力が眠っているはずなのです。

そして、その共感能力を発揮することで、「自分の自己実現」の内実が「社会の自己実現」に近づいていくことになるはずです。

（汐見稔幸『教えから学びへ　教育にとって一番大切なこと』〈河出新書〉による
※設問の都合により、文章ならびに表記は一部変更されています）

問一　傍線部①「建前」・②「自治」の本文中の意味として最も適当なものを次の中からそれぞれ一つずつ選び、記号で答えなさい。

①「建前」

ア　支持者の少ない思想。　イ　現実に合わない考え方。
ウ　表向きの方針や主張。　エ　時代遅れの願望や価値観。

②「自治」

ア　自分たちの定めた目標を時間をかけて達成すること。
イ　自分たちに関わる事柄を自分たちの判断で処理すること。
ウ　自分たちが考えた計画をすぐに実行に移すこと。
エ　自分たちが引き受けた任務を効率的に進めること。

問二　傍線部Aに「一般意志の最高指揮」とありますが、これは具体的にどういうことですか。説明として最も適当なものを次の中から一つ選び、記号で答えなさい。

ア　人民が個々に持つ要望は国家にとって最も重視すべきものであり、国家には人民の要望を全てかなえる義務があるということ。
イ　人民によって決定された国家の方針は何よりも正しく、その方針にもとづいて判断すれば人間が間違うことはないということ。
ウ　人民の意志は国家の中で最も優先すべきものであり、人民の意志によって制定された法の内容は変更してはいけないということ。
エ　人民の意志は何よりも国家への影響力が強く、暴走すれば国家を分裂させる原因にもなるので注意すべきであるということ。
オ　人民の議論によって制定された法は国家で最も拘束力があり、どのような立場の人も等しく従う必要があるということ。

問三　空欄［Ⅰ］・［Ⅱ］に入る語として最も適当なものを次の中からそれぞれ一つずつ選び、記号で答えなさい。ただし、同じ記号は一度しか選べないものとします。

ア　ただし　イ　むしろ　ウ　つまり
エ　それとも　オ　ところで

問四　傍線部Bに「『一般意志』と『全体意志』とは違う」とありますが、これについて二人の児童が話しています。空欄［a］・［b］に入る内容の組み合わせとして最も適当なものを後の中から一つ選び、記号で答えなさい。

Aさん　「一般意志」と「全体意志」は似ているように思えるけれど違うんだね。具体的にはどんな違いがあるのかな。
Bさん　身近な例で考えてみるとわかりやすいんじゃないかな。たとえば、「［a］」という状況で形成されているのが、「一般意志」だよね。
Aさん　うん、そうだと思う。では、「全体意志」の方はどうだろう。
Bさん　「全体意志」は個人の意志や欲求の集計だよね。たとえば「　b　」というようなことではないかな。

Aさん　なるほど。ルソーが重視したのは、「一般意志」の方だね。その社会に属する全ての人が救済される法をつくるためには、私たちは「一般意志」というものをよく理解しなければいけないね。

ア　a　球技大会で行う三種目のうちどれを選ぶかそれぞれの希望を聞いたところ、バスケットボールの希望者が最も多かった
　　b　日曜日に何をするかクラスのみんなに聞いたところ、『ゆっくり自分の趣味を楽しみたい』という意見が多く集まった

イ　a　旅行で山に行きたい人よりも海に行きたい人が多かったため、山に行きたい人がやむをえず自分の意見を取り下げた
　　b　仲の良い友人四人で遊ぼうとしたが、何をして遊ぶかについて相談したところ、四人はそれぞれ異なる意見を示した

ウ　a　給食の時間に流す音楽についてリクエストを受けつけて、その中から全員が知っていそうな有名な曲を独断で選んだ
　　b　クラブの備品で必要なものを一人一人に聞いたうえで、全員で共有できそうな道具をいくつか購入することにした

エ　a　テニスチームを作ったときに予定を確認し、全員が無理なく参加できる活動方針を選手たちが話し合って決めた
　　b　図書室の本を放課後整理しようという提案に、図書委員たちから『用があるので早く帰りたい』という意見ばかりが集まった

オ　a　町をきれいにするためにクラスで意見を出し合い、『毎月第二日曜日にみんなでごみ拾いをする』という結論で一致した
　　b　雰囲気の良いクラスを作るためにすべきことを議論し、『朝、顔を合わせたら声を出してあいさつすること』で合意した

問五　傍線部Cに「一部の人たちの利益をみんなの利益であり『一般意志』であると称して法にしてしまう」とありますが、このような問題が起こらないようにするためには、どうすることが重要ですか。それを説明した次の文の空欄　a　～　c　に入る言葉を、指定された字数に従って〈文章1〉の中から抜き出して答えなさい。

　a（八字）　を無視せずに耳を傾け、また特定の　b（五字）　に利益が集中しないように力を分散させる一方で、市民の中に一般意志の実現を目指すような　c（三字）　を育むこと。

問六　空欄　X　に入る語として最も適当なものを次の中から一つ選び、記号で答えなさい。

ア　疑心暗鬼　　イ　首尾一貫　　ウ　自暴自棄
エ　温故知新　　オ　自業自得

問七　次に示すのは、〈文章1〉・〈文章2〉を読んだ児童がその内容についてまとめたレポートの一部です。読んで後の問いに答えなさい。

〔法による支配〕において大切なこと
◎法案が「一般意志」たり得るかを判断する。
　↓そのために必要なことは何か。
　・さまざまな立場の人たちに対して　a（九字）　こと。

（手本：ルソーの小説
　　　『エミール』の主人公・エミール）

⇦ ［　b（二十一字）　］社会をつくっていくことを目指す。＝互いに救済しあう。

〈〈文章１〉・〈文章２〉の内容で重要だと考えたところ〉

①　「一般意志」にもとづく法をつくるためには、法案についての議論の際に、それぞれが個人の都合や利益を主張することはひかえるように心がけ、全ての人に共通する利益のことだけを考えていかなければならない。

②　個人が心からやりたいと思うことを実行するのが「自分の自己実現」だが、人間は、他者と助け合って全ての人が生き生きと過ごすことを目指す「社会の自己実現」に、「自分の自己実現」を関連づけて考えることができる。

③　多数決は法の決定のための手段であって、多数決の結果が必ずしも「一般意志」であるというわけではなく、多くの人が賛成したとしても、一部の人にとっては不利益な法が成立してしまうということもありうる。

④　人間は本能的に争う生物であり、自分さえ幸せであればよいという考えの人が多いので、困っている人がいたら放っておかずに手を差し伸（の）べ、全ての人に利益がいきわたる方法を考える精神を育てなければならない。

⑤　自分のことだけ考えるのではなく、さまざまな他者の話を聞いて、法案が自分を含めた全ての人にとって本当に利益になるのかどうかを考えることで、真の自治を行わなければならない。

（1）　空欄［　a　］・［　b　］に入る言葉を、指定された字数に従って、それぞれ〈文章２〉の中から抜き出して答えなさい。

（2）　〈〈文章１〉・〈文章２〉の内容で重要だと考えたところ〉について、〈文章１〉・〈文章２〉に述べられている内容と**合わないもの**を①〜⑤の中から**二つ**選び、それぞれ記号で答えなさい。

［三］　次の文章は、神社で働いている奥山希美（おくやまのぞみ）が、この神社の最高位の神主（かんぬし）である宮司（ぐうじ）と話をしている場面である。読んで後の問いに答えなさい。

「奥山さんは、※神職に就（つ）かれて四年でしたね」

ふいにたずねられて、希美は見上げていた顔を戻（もと）した。

「はい。そうです」

「だいぶ自信がつきましたか」

「いえ、全然」

答えたとたん、胸がちくりと痛んだ。続いた宮司の言葉で、さらに胸をえぐられたようになった。

「昨年は七五三の行事も一人で立派になさったし、ずいぶん成長されたと思いますよ」

「立派なんかではないです」

希美はかぶりをふった。心の中にあるかさぶたがあぶり出されたように感じた。普段はまるで気にならない、というよりもまんまと忘れおおせているかさぶただ。それが、七五三の行事以降、見え隠れしている。正確にはそれより少し前、※美里から「※正野池」という名前をきいたときからだった。かさぶたは、あんまり長い間姿を見なかったので、うまく治癒してくれたのかと思っていたが、そうではなかった。確かに希美の中にあって、[X]のだ。そして再び、希美をせせら笑うように脅かし始めた。

「※祝詞をつっかえてしまいました」

希美は正直に告白した。子どもの成長に対して、「心正しく」と言いたかったのに、「正しく」が出なかった。正しくない自分にそんな資格などないと思ったからだ。

うまく隠していたことが、神職に就いたことで、あぶり出されてしまった。真っ白な世界だからこそ、自分の中にある黒さが際立ってしまう。あるいはほかの職業に就いていたのなら、こんなにも気にならなかったのかもしれない。神の前に頭を垂れる時間は、自分を見つめる時間でもある。自分が否応なく突きつけられる。汚れた行為を思い出す。が、そういったところで、なんの意味も持たない。この職を選んだのは、ほかでもない自分だからだ。そして、自分がかかえていかなければならないものは、神職の世界にふみこめばふみこむほど、汚れて感じられることが、苦しかった。

「奥山さんは、中学生のころ神社に行ったのがきっかけで、神職を目指したのだと言っておられましたね」

「はい」

好ましい記憶を導き出すような宮司の声に、希美はうなだれるようにうなずいた。

「祖母が連れていってくれたんです」

祖母は、自分の※リウマチが軽くなったお礼参りに行きたいと言っていたが、あれはおそらく表向きの理由だった。当時不登校を続けていた希美を、なんとか外に出したいという思いがあったのだろう。しぶしぶ連れ出された形だったが、まさかそこにあんな衝撃が待っていようとは思いもよらなかった。希美は帰宅後、高熱を出してしまったくらいだ。久しぶりに日光を浴びたせいだったのかもしれないが、熱が下がったあとは、不思議なほど気持ちが晴れ晴れとしていた。

「私は、中学校二年生から三年生にかけて、学校へ行けない時期があって、見かねた祖母が誘い出してくれたんです」

「そうですか」

話すのに、少々力を要したが、宮司のすんなりとした言い方が意外に強い支えとなって、希美の心にわずかなゆるみができたようだった。そのせいか、ずっとからまっていた言葉がほどかれた。

「私は神にお仕えするには、弱い人間かもしれません」

言ってしまったとたん、A希美はくちびるをかみしめた。言葉が違う。本当は、汚いと言うべきなのだ。自分に降りかかるいじめの刃から逃げたくて、ほこ先をほかに向けようとした。そしてそれが見つかるや、引きこもってしまった。しかも、すべてをぶちまけて。

希美はかぶりをふった。弱いなどという言葉は、ずるい隠れ蓑でしかないのだ。守られるべきものだという錯覚がつきまとう。ここまできても、自分をかばう愚かさが、自分ながらに情けなかった。

「ずるいんです。神職の資格なんかないんです」

絞り出すように希美は言った。

中学校二年生のあの時期、いじめの標的になった希美は、なんとか回避したかった。思いついたことは、いじめを分散させることだった。もっと※みさきがやられれば、自分への攻撃が減るのではないかと思った。自己中心的で浅はかな動機だ。

だからあの日、ハエ入りのビニール袋をみさきの机の中に入れようとした。

そんな自分に、神に仕える資格などない。声を震わせる希美に、宮司はすっと焦点を外すように言った。

「※ものがたいあなたのことだから、真面目に引きこもったのでしょうね」

砂でも払い落とすような軽い声に、希美はこくんとうなずいた。

「はい。十か月間、家から一歩も出ませんでした」

十一月の半ばに部屋の扉を閉めてから、祖母に連れ出される翌年の九月半ばまで。季節は大方ひとめぐりするころだった。外へ出たときには、足がふらついた。筋肉はすっかりそげ落ちていたのだ。

それに日差しもまぶしかった。ほとんど昼夜逆転の生活をしていた希美にとって、自然光の刺激は思いがけず強かった。

ともかくとても駅までも歩けそうになかったので、一週間ほどお参りを延ばしてもらい、自宅で筋トレをしたほどだ。生活の習慣も朝型に変えた。

「十か月とは、まるでもう一度お母さんの胎内に戻ったようでしたね。よい修行をしました。資格は充分ですよ」

宮司は笑った。なんとなく①はぐらかされたような気になって希美も力なく笑うと、今度は引きしまった声で、包みこむように言った。

「あなたは自分を弱いと言いましたが、人間は、もともと弱く生まれついているものですよ」

希美は顔を上げる。

「それは当たり前のことなのです。人は弱い。善いとか悪いとかの前に、弱いのです。それがずるくあらわれることもあるし、情けなく見えることもある」

宮司の言葉にB希美は目を細めた。宮司の口元に、小さな光が見えたような気がしたのだ。木もれ日が揺れるようなやわらかい声で、宮司は続ける。

「まず自分の弱さを自覚している時点で、奥山さんは神職としての充分な資格があると思いますよ」

「I……、ありがとうございます」

希美はうなだれるようにうなずいた。

「〝叩き出し〟の儀式はね」

宮司はご神木に手を置いた。

「本当は、そんな人間の中の弱さのための儀式だと思うのです。わかりやすいように、私たちを苦しめた『魔』を退治する物語にしていますが、本当は、私たちの中にある弱さと対峙する儀式なのです。同じたいじでも意味が異なる」

「［　Y　］と対峙」

希美は同音の単語の意味を思い起こした。悪いものを打ちはらうこと、と、相対して向きあうこと。

「では、魔、というのは、本当はないのですか？」

希美は宮司を見つめた。※波多江と同じように、魔の存在そのものを、宮司は認めていないのだろうか。

希美の問いに、宮司は静かに首をふった。

「いいえ、魔はいます。それもそこらじゅうに」

自分の周囲にぐるりと目をやった。

「そこらじゅうに?」

「ええ。ウイルスといっしょです。空気中にはいろんな種類のウイルスがうようよしているでしょう。健康なときには感染しにくいけれども、弱っているときには、病気になりやすい。魔も同じようなものです。我々の周りに無数にいる。しかも、もともと、我々だって魔を持っている。いずれの人もです」

救いを求めるように見つめた目を、宮司はじっと見据えた。

「腸内細菌と同じですよ。ある程度持っておかないと、もっと悪いものが入って来たときに戦えないでしょう」

医学の話のようになったが、かえってわかりやすかった。

「汚い魔が体の中にあったって、バランスが取れていればいいんです。極端に言えばね。②厄介なのは、人の心が弱っているときです。質の悪い魔は、そこをねらいすましたように、すっと取りつく。本人にもわからない間にね。魔がさす、という言葉はじつによく言い得ていると思いますよ。まさに蚊にでも刺されたくらいの、さりげなさなのですから」

希美は泣きたいような気持ちになった。あのときの自分も、魔に操られていたのだろうか。弱っていた心をねらわれたのだろうか。

夕暮れの教室が胸に迫ってきて、希美はくちびるをかみしめる。

「でも私は、謝罪をしていません。胸のうちで自分がやってしまったことをくりかえすばかりで、誰にもあやまっていません」

(中略)

「大丈夫ですよ、奥山さん」

宮司の言い方は、激励にしては平坦だった。けれどもそれは、祝詞を読み上げるときの、張りのある声だ。すっと心に入ってくる。希美は頭を垂れた。

「人間は弱いばかりでもない。強さだってちゃんと持っています。あなたにも強い思いがある。それを伝えられるときが必ず来ます」

……、必ず。

目の前にすっと明かりがさした。思い出すたびに、暗闇にふさがれていた場所にぽっと、小さな光がともった。まぎれのない真実の光を、希美が見たような気がしたとき、宮司は言った。

「光はね、闇の中で生まれるのです」

すべてを了解しているような深い目が、そこにあった。

Ⅱ「闇を見た奥山さんには、同時に光も見つけられたはずです」

「……、はい」

希美は深くうなずいた。今自分は、まぎれもなくそこにいる。自分が見つけた光の中にいる。

「私だって、この年になるまでにたくさんの失敗をしてきました。魔が差した、では言い訳できないような醜態をさらしたこともあります。ここだけの話ですがね。ふふっ」

くだけた語尾に顔を上げると、宮司はにっこりと笑っていた。その笑顔は、少し俗っぽい感じで、なんとも※チャーミングだった。つられてC希美もくちびるをゆるめる。

「さて、今夜から全職員泊（と）まりこみになりますが、なるべく今日はゆっくりしてください。とはいえ、我（わ）が家ではそうもいかないでしょうが」

毎年、宿直室には男性職員が泊まり、女性職員は、敷地（しきち）内にある宮司の自宅にお世話になることになっていた。

「いいえ。どうぞよろしくお願いします」

文字通り招き入れてくれるような声に、希美はすでにゆっくりした気分になっていた。

すると宮司は思いついたように顔を上げ、またいたずらっぽく笑った。

（まはら三桃（みと）『ひかり生まれるところ』〈小学館〉による

※設問の都合により、文章ならびに表記は一部変更（へんこう）されています）

※注「神職」…神社の祭事や事務を行う人。

「美里」…希美の妹。

「正野池」…希美の中学時代の同級生。

「祝詞」…神主が読み上げる祈（いの）りの言葉。

「リウマチ」…関節や筋肉が痛み、こわばる病気。

「みさき」…希美の中学時代の同級生。

「ものがたい」…律儀（りちぎ）な。

「波多江」…希美の同僚（どうりょう）。

「チャーミング」…好ましく魅力（みりょく）的であるさま。

問一　傍線部（ぼうせんぶ）①「はぐらかされた」・②「厄介」の本文中の意味として最も適当なものを次の中からそれぞれ一つずつ選び、記号で答えなさい。

①「はぐらかされた」

ア　自分の態度をたしなめられた。

イ　本心を理解してもらえなかった。

ウ　自分の悩（なや）みをからかわれた。

エ　話の重要な部分をごまかされた。

②「厄介」

ア　追いつめられて、どうにもならない。

イ　扱（あつか）いにくくて、わずらわしい。

ウ　理不尽（りふじん）で、絶対にあってはならない。

エ　危険な状態で、余裕（よゆう）がない。

問二　空欄［X］に入る言葉として最も適当なものを次の中から一つ選び、記号で答えなさい。

ア　うき足立っていた　　イ　手を広げていた

ウ　腹をさぐっていた　　エ　息をひそめていた

オ　首をかしげていた

問三　傍線部Aに「希美はくちびるをかみしめた」とありますが、このときの希美について説明した次の文の空欄［a］～［c］に入る言葉を、指定された字数に従って、空欄［a］・［b］は本文中から抜き出して、空欄［c］は本文中の言葉を使い、空欄に合う形で答えなさい。

> 自分の心の中にある［a（二字）］部分を隠して、自分が［b（八字）］であるかのような言葉を選んでしまったことを愚かだと自覚し、我ながら［c（五字以内）］と感じている。

問四　傍線部Bに「希美は目を細めた」とありますが、希美がこのような表情をしたのはなぜですか。理由として最も適当なものを次の中から一つ選び、記号で答えなさい。

ア　宮司が一度終わらせた話題を再び持ち出してきた意図がわからず、どのように反応すればよいのか迷ってしまったから。

イ　自分のことを宮司が励まし、元気づけてくれているのだと気づいて、その宮司のやさしさを心からうれしく思ったから。

ウ　宮司の口にする言葉が、過去におかしてしまったあやまちに苦しむ自分にとっての心の指針になりそうな気がしたから。

エ　宮司が話を本題にもどして重要なことを話し出したのを見て、ようやく知りたかった答えを聞けると思ったから。

オ　自分がかかえているつらい過去について宮司に気をつかわせ、助言までしてもらっているのを申し訳なく感じたから。

問五　空欄［Y］に入る二字熟語を答えなさい。

問六　傍線部Cに「希美もくちびるをゆるめる」とありますが、このときの希美の心情の説明として最も適当なものを次の中から一つ選び、記号で答えなさい。

ア　宮司が神社の責任者という立場にありながら、重大な失敗をしてきた経験を気軽に希美に話したことにあきれている。

イ　宮司が大きな失敗を重ねてきたことを聞いて、自分だけが罪悪感をかかえる必要がないことを理解し、安心している。

ウ　宮司が自身の失敗談を笑い話にして、大げさな表現で希美に語る態度をこっけいに感じ、落ち着きを取り戻している。

エ　希美の心を軽くするために、話したくはない宮司自身の失敗の経験をあえて教えてくれたことをありがたく思っている。

オ　かた苦しさのない様子で、数多くの失敗をしてきたことを話す宮司の表情をほほえましく思い、親しみを覚えている。

問七　次に示すのは、二人の児童が本文の朗読をするにあたり、内容を確認(かくにん)している場面です。読んで後の問いに答えなさい。

Aさん　上手に朗読するためには、登場人物の心情や人物像をしっかり理解しなければいけないね。まず主人公の希美がどのような人物なのかを確認しよう。

Bさん　希美は、中学時代にいじめのほこ先を他人に向けさせようとするという行動をしてしまったんだよね。その行動は間違っているけれど、今でも自分を責めて、祝詞を読むときも、「正しくない自分」が「心正しく」などとは言えないと考えているよ。

Aさん　自分のあやまちに対して言い訳せずに真剣(しんけん)に悩んでいる様子から考えると、希美は、根は［a（三字）］で律儀(りちぎ)な感じの人物だね。朗読をするときは、希美のそうした性格をふまえて読むべきだね。ただ、登場人物の心情の変化に合わせて、読む調子も変えていかなければいけないんじゃないかな。

Bさん　なるほど。たとえば、波線部Ⅰの「……、ありがとうございます」という言葉を言ったときと、波線部Ⅱの「……、はい」という言葉を言ったときとでは、希美の心情は変化しているよね。

Aさん　どちらも「うなずいた」というしぐさとともに言っているセリフだけれど、心情は異なるんだね。波線部Ⅰのときの希美は、[b]けれど、波線部Ⅱのときは、[c]よね。

Ｂさん　それぞれの心情を表現して読まなければいけないということだね。一方で、希美の心を救う宮司の言葉にも注目したいな。どんな考え方をしている人物なのかをとらえて、朗読の参考にしよう。

Ａさん　自分を「弱い人間」だという希美に対して、宮司が自分の弱さと[d (八字)]ことが大切であることを伝えているところが印象に残ったよ。

Ｂさん　宮司は、人間は[e]存在であるという考え方の持ち主なんだよね。それを希美に話したうえで、希美も今の強い思いを持ち続けていれば、いつかそれを相手に伝えられるはずだとも言っているね。これは希美にとって大きな救いの言葉だったと思う。

Ａさん　宮司のそうした人間に対する考え方や、希美に対するあたたかな態度が伝わるような朗読をしたいね。

(1) 空欄[a]・[d]に入る言葉を、指定された字数に従って、それぞれ本文中から抜き出して答えなさい。

(2) 空欄[b]・[c]に入る内容の組み合わせとして最も適当なものを次の中から一つ選び、記号で答えなさい。

ア　b　宮司に自分のあやまちを知られたことをはずかしく思い、うかつに自分の悩みを打ち明けたことを後悔(こうかい)している
　　c　宮司の激励を通して、神職を選んだ自分の生き方は間違っていなかったと確信し、自分を誇(ほこ)らしく思い始めている

イ　b　希美を高く評価する宮司の言葉に喜びを感じながらも、まだ自分の強さを認められず自分を信じ切れずにいる
　　c　希美の苦しみをやわらげようとしてくれた宮司の真意を理解して感動し、宮司に対する好意をいっそう深めている

ウ　b　問題を根本から解決する方法を教えてくれず、表面的なぐさめの言葉しか言わない宮司の態度に、がっかりしている
　　c　宮司の有益な助言のおかげで、長年の苦しみから抜け出すことができそうだと感じ、晴れやかな気持ちになっている

エ　b　希美の抱える悩みや迷いにまともに取り合わないまま、無責任な助言をしているように見える宮司に反発している
　　c　希美が過去のあやまちから立ち直ることを願っている宮司の思いを理解し、その思いに応(こた)えようと張り切っている

オ　b　宮司のやさしい言葉に感謝しながらも、その言葉を完全には受け入れることはできず、苦しさを晴らせないでいる
　　c　自分のみにくさや罪悪感に悩む中で、自分がどのように生きるべきかを見いだしたように感じ、前向きになっている

(3) 空欄[e]に入る内容を、「魔」・「強さ」という語を必ず使い、五十字以内で説明しなさい(句読点等も字数に含(ふく)む)。

早稲田実業学校中等部

―60分―

一　次の文章を読んで、後の問いに答えなさい(現在では一般的に使われない表記・表現も出てくるが、原文を尊重した)。

インセンと知りあったのは、パリ大学で勉強していたころで、私たちはおなじ女子学生寮にいた。インセンがおねえさんで、いもうとの名はインインだった。ほぼ二年ちかく、おなじ寮にいたのに彼女たちの名字を知らないことが、いま考えるとふしぎなのだけれど、中国人だった彼女のインセンという名を漢字でどう書くのか知らないのは、もっとふしぎな気もする。たぶん、彼女にたずねたことはあるのだろうけれど、あとにもさきにも漢字で書いたことはまったくなかったから、忘れてしまったのだろう。もともと彼女たちは*南シナにいたのを、日本軍が攻めてくるというので一家そろって*越南に逃げたまま、ハノイからパリに留学していたのだった。

*医学部の準備課程の学生だったインセンは、ふとめの体格で、色が黒く、度のつよいめがねをかけているせいもあって、まだ二十一歳というのに、どこかオバサンじみていた。ひとつちがいのいもうとのインインのほうが、身だしなみがいいというのか、おしゃれなのか、歩きかたなども、インセンのぼとんぼとんといった感じはなかった。

寮費が安いこともあって、その学生寮には、当時、パリの他の寮には入れてもらえなかったもとフランス植民地出身の学生がたくさんいたから、値段が安いと聞いただけでとびこんできたフランス人の学生なんかは、寮生の肌の色の*ヴァラエティーにびっくりして、「こんなところ、とてもいられないわ」といって逃げ出すこともあった。一九五〇年代の前半は、[1]まだそんな時代だった。また、ヴェトナム人の学生がたくさんいて(ちょうどそのころ*ディエンビエンフウの戦争に負けてヴェトナムを失ったばかりのフランス人の側からいえば、ひどい学生寮だったかもしれない)、ドン・ガックとか、ゴ・ビンとか、*シラブルの少ない彼女たちの名をおぼえるのは難しかった。しぜん、ヴェトナム人はヴェトナム人で、*マルティニック島から来ていたフランス名をもった黒い人たちは彼女たちで、あるいは東アジアの私たちというふうに、かたまって行動することが多かった。

そのことは、でも、肌色の違いというよりは、食べものが違うから、といったほうが真実に近いのではなかったか。寮の経営者たちも、みんなが食堂に降りる朝と夜の食事どきには、なるべくおなじ国の人間がいつもおなじテーブルにすわらないよう気をつかっていたけれど、部屋は、だいたい、おなじ階にふりあてられていた。ひとつの階におよそ十人いて、廊下のすみにあるガス台を共同で使っていた。みんな昼はたいてい学生食堂に行ったから、たったひとつのバーナーをいっしょに使うのは、日曜日だけ、そしてインセンとインイン姉妹の部屋は私のいた三階の部屋のななめ向かいだったから、私たちは[2]フライパンをはさんで親しくなった。

お医者さんになりたいインセンの勉強がどうも捗っていないらしいと、ある日、私に教えてくれたのは、韓国から来ていたマリー・キムだった。彼女もおなじ階の住人で、インセンがある日、マリーの部屋に来て、つくづく大学がいやになったと話したのだという。こんどの試験に通らなかったら、医学部は全面的にあきらめなければならないので、彼女は必死なのだった。もし、だめだったら、と私はマリーにたずねた。インセンは、ハノイに帰るの？

それがだめなのよ。マリー・キムはそういってきのどくそうな顔をした。インドシナの戦争がアメリカのせいで*こんなになってしまったから、両親のところに帰るわけにもいかないんですって。マリーも、もとは北朝鮮の生まれなのを、戦争で南に逃げたのだったから、インセンは、日本人の私にはいわないことも、彼女にはうちあけるんだ、そう思うと3すこしさびしかった。じじつ、インセンは、軽い近視の私がたまにめがねをかけているのをみると、いやな顔をしていった。メガネ、かけないでよ。日本のヘイタイを思い出すから。

ふだんはのんびりした顔をして、階段や廊下で顔をあわせると、ハアッという、鼻から抜けるような声を出して、ニタッと笑いながら挨拶をするインセンの境遇が、じつはどれほど苛酷な苦労や困難や孤独のかさなりを意味するのか、ぬくぬくとはいえないまでも親の仕送りで暮らしていたあのころの私には、考える力もなかった。その年の冬はaことさら寒かったのだが、私たちはインセンの部屋におそくまで電灯がついているのに気づいて、祈るような気持だった。

冬がおわるころ、インセンは試験に失敗して進学をあきらめ、いもうとのインインは無事、薬学部に進んだ。ちゃっかりしたインインは、入学とほとんど同時に婚約まで発表して、夏までには結婚するとはしゃいでいた。マリー・キムが私をさそいに来て、私たちはインセンの部屋をたずねた。4インインのいないときをねらって、私たちはインセンをなぐさめるつもりだった。

あはは。b神妙な顔をして部屋に入っていったマリーと私を見て、インセンはあかるい声でお茶をいれてくれた。そんな顔しなくていいのよ。わたしは元気だから。試験におちたからといって、5わたしがだめになったわけじゃないもの。そういわれても、マリーと私はとても笑えなかった。だって、インセン、マリーが真剣な声でたずねた。滞在許可はどうするの。インセンは平然としていた。生きようと思ったら、どこだって、どうにかなるよ。勉強には失敗したけど、それが終りじゃないもの。どちらがはげまされているのか、わからなかった。

秋が来て、みんなが寮に戻ってきたとき、インセンが、まだインインといっしょにいたころの二人部屋をもらっていることに私たちは安心した。寮費をどうまかなっているのか、そこまではおたがいに話さなかったけれど、やがてインセンは、どこからかキルティングをした木綿布をたくさん買ってきて、中国服の仕立てをはじめた。どこでならったの、と私が訊くと、いつものハアッという鼻にかかった声を出して、ばかだねえ、というふうに私をにらんだ。こんなことぐらい、親におそわったから、できる。おもわずためいきがでるような、細かい、美しい針目で、彼女は綿入れの上下を、つぎつぎに縫いあげていった。文学部でcうだつのあがらなかったマリー・キムと私は、インセンの部屋を訪ねるたびに、彼女の手さきに見とれた。

私が帰国することになった年の六月に、インセンも結婚が決まった。相手は、大学に近いモン・サン・ジュヌヴィエーヴの坂道でヴェトナム料理店を営んでいる、やはりヴェトナム生まれの中国人青年だった。インセンは、医者になるかわりに、レストランの女主人の道をえらんだのだった。

学生寮のホールで行なわれたインセンの結婚式には、マリー・キムと私も招待された。中国人の神父さんが来て、式のあと、みんなで踊(おど)った。白いサテンの美しい中国服を着たインセンが、夫になった青年と軽々と美しいステップを踏(ふ)むのを見て、6私たちは、もういちど、インセンにはかなわないと思った。

（須賀敦子「インセン」による）

＊ 南シナ…中国の南沿岸部。
＊ 越南…ベトナム。首都はハノイ。
＊ 医学部の準備課程…医学部に入るための学習をするコース。
＊ ヴァラエティー…多様性。
＊ ディエンビエンフウの戦争…植民地の独立をめぐりベトナムとフランスとの間で展開された戦い。インドシナ戦争。
＊ シラブル…音節。
＊ マルティニック島…当時のフランス植民地。
＊ こんなになってしまった…ベトナムが南北に分断されたことを指す。

問1 ——線a「ことさら」、b「神妙な」、c「うだつのあがらなかった」の本文中の意味としてもっともふさわしいものを次の中からそれぞれ選び、記号で答えなさい。

a「ことさら」
ア　とりわけ　　イ　めずらしく　　ウ　いつも通り
エ　それなりに　　オ　いま思えば

b「神妙な」
ア　すました　　イ　すがすがしい　　ウ　しおらしい
エ　思わせぶりな　　オ　取りつくろった

c「うだつのあがらなかった」
ア　うとまれていた　　イ　将来に迷っていた
ウ　勉強ばかりだった　　エ　ぱっとしなかった
オ　周囲の目を気にしていた

問2 ——線1「まだそんな時代だった」とあるが、どのような「時代」だったと「私」は考えているか。その説明としてもっともふさわしいものを次の中から選び、記号で答えなさい。

ア　アジアがまだ貧しく留学生自体がまれだった時代。
イ　戦争のため東洋人への差別意識が高まっていた時代。
ウ　植民地出身者が市民として認められなかった時代。
エ　人種差別の意識が平然とあらわされていた時代。
オ　西洋が植民地政策の正当性を強調していた時代。

問3 ——線2「フライパンをはさんで親しくなった」について、以下の設問に答えなさい。

(1) 具体的にはどのようなことか。次の説明文の□に入る漢字二字の言葉を自分で考えて答えなさい。

［二字］を通して仲良くなったということ。

(2) この部分からわかることの説明としてもっともふさわしいものを次の中から選び、記号で答えなさい。

ア　肌色の近さがアジア人の強固な仲間意識につながっていたということ。
イ　同じアジアの文化を共有する者同士が連帯していたということ。
ウ　西洋人と親しくするとアジア人の仲間には入れなかったという

こと。

エ　偏見から身を守るためにアジア人同士で団結していたということ。

オ　アジア人はやはり西洋の気候風土にはなじめなかったということ。

問4　――線3「すこしさびしかった」とあるが、「私」は何が「さびしかった」のか。その説明としてもっともふさわしいものを次の中から選び、記号で答えなさい。

ア　日本と中国の関係を考えれば、インセンの不信感ももっともであると納得できてしまったこと。

イ　過去にこだわり現在を見ようとしない態度が、インセンのような若い世代にまでしみついていたこと。

ウ　国籍や人種といった自分ではどうしようもない要素で、インセンとの親しさが左右されてしまったこと。

エ　インセンが戦争で過酷な体験をしてきたにもかかわらず、自分にはその事実を隠していたこと。

オ　インセンの関心は日本以外に向いており、仲間意識は自分の一方的な思いこみにすぎなかったこと。

問5　――線4「インインのいないときをねらって」とあるが、その理由としてもっともふさわしいものを次の中から選び、記号で答えなさい。

ア　幸福なインインの前でインセンをなぐさめるという、だれにとっても気まずい状況を避けたかったから。

イ　天真爛漫なインインが、インセンの気持ちを考えずにはしゃぎまわってしまうことが予想できたから。

ウ　優しいインセンがインインに気を遣って空元気を出すのは、痛々しくて見ていられないと考えたから。

エ　インセンの沈んだ声を聞かせて、インインの幸せな気分にわざわざ水を差すことはないと思いやったから。

オ　ちゃっかりしたインインが、インセンを差し置いて幸せになろうとしていることに反発を感じていたから。

問6　――線5「わたしがだめになったわけじゃないもの」とあるが、インセンがこのように述べる理由としてもっともふさわしいものを次の中から選び、記号で答えなさい。

ア　自身の能力が劣っていたわけではなく東洋人差別の結果だから。

イ　試験で個人の人間性や能力のすべてが決まるわけではないから。

ウ　もともと医師ではなく手仕事の技術を生かしたいと思っていたから。

エ　戦争中の辛さに比べれば落第なんてたいしたことではないから。

オ　医師にこだわらなければ中国で不自由なく生活することはできるから。

問7　――線6「私たちは、もういちど、インセンにはかなわないと思った」とあるが、「私」はインセンのどのようなところに感心したのか。その説明としてふさわしいものを次の中から二つ選び、記号で答えなさい。

ア　苦境にも負けずに前向きな考え方を持ち続けているところ。

イ　逆境を楽しむことができる精神的な強さを備えているところ。

ウ　苦しい状況を支えてくれる多くの友人に恵まれているところ。

エ　反骨心があり周囲を見返すためには努力を惜しまないところ。
オ　自分自身の才覚を生かして実際に幸福をつかんでしまうところ。
カ　豊富な人生経験から失敗こそが好機なのだと知っているところ。

問8　本文についての説明としてもっともふさわしいものを次の中から選び、記号で答えなさい。

ア　対照的な中国人姉妹の生き様は、自由と平等を建前にした西洋社会が厳しい能力主義の社会でもあることを物語っている。
イ　国家間の過去のしがらみから解き放たれたアジアの若い世代の生き方を通して、差別や偏見が残る西洋社会を暗に批判している。
ウ　ひとりの中国人留学生をめぐる話の背後には、戦争がどれほど個人の生を損なうかという大きな問題が提示されている。
エ　異国でたくましく生きる中国人女性の姿を見つめつつ、偏見や先入観から自由でいられない人間の姿をも誠実に描いている。
オ　人種も国籍も様々な若者の交流を描き、大戦後の西洋社会で古い価値観が刷新されたことを伝える貴重な回想録になっている。

二　次のⅠ、Ⅱの文章を読んで、後の問いに答えなさい。解答の字数については、句読点等の記号も一字として数える（なお問題の都合上、一部表記を改めている）。

Ⅰ　*資本主義社会で生産される「商品」は、人々の生活に本当に必要か、本当に重要かどうかよりも、それがいくらで、どれくらい売れそうか――言い換えると、どれくらい資本を増やすことに貢献してくれるか――が重視されます。

流行するとタピオカドリンク店や高級食パン店が町中に乱立してはあっという間に消えるのは、その典型例です。また、マスクや消毒液がコロナ禍で足りなくなりました。感染症流行に対する*備蓄の必要性は専門家によって指摘されていたにもかかわらず、そのような〃無駄な〃（1）商品を資本は作ってこなかったのです。

個々のメーカーを責めているわけではありません。これが資本主義なのです。企業としては、平時には*需要が限られていたマスクよりも、もっと「売れる」商品を作らなければなりませんでした。ところが、いったんマスクが売れるとなれば、スポーツ用品メーカーやファッションメーカーなど畑違いの企業が続々と参入し、マスク市場は*飽和状態に。今度は余って、叩き売りされました。とにかく「儲かりそう」なモノを生産するのが資本主義の基本ですから、これも当然の成り行きと言えるでしょう。

ただし、「儲かるモノ」と「必要なモノ」は必ずしも一致しません。この点について*マルクスは、「商品」には2つの顔があると指摘しています。

一つは、「使用価値」という顔です。「使用価値」とは、人間にとって役に立つこと（有用性）、つまり人間の様々な欲求を満たす力です。水には喉の渇きを潤す力があり、食料品には空腹を満たす力があります。マスクにも、感染症の拡大を防止するという「使用価値」があります。生活のために必要な「使用価値」こそ、資本主義以前の社会での生産の目的でした。

しかし、資本主義において重要なのは、商品のもう一つの顔、「価値」です。

「商品」になるためには、市場で貨幣と交換されなければなりません。

交換されない椅子は、座れるという「使用価値」しか持たない、ただの椅子です。それに対して、「商品」としての椅子は、市場で1万円の値札がつき、500個の卵や2枚のシーツなど別の物と同じ価格で交換されるわけです。なぜでしょうか？

椅子や卵、シーツの「使用価値」は、全然違います。卵と椅子、どっちが役に立つでしょうか？　お腹が減っていたら卵かもしれませんし、仕事をしなければいけないときは椅子の方が役に立ちそうです。「どっちが役に立つか」と使用価値を比較しても、一向に、なぜどちらも1万円なのかが理解できません。有用性だけでは、なぜそれが5000円ではなく、1万円なのかがわからないのです。

椅子や卵、シーツはどれも同じ「価値」を持っていて、それが1万円として表現されている。マルクスによれば、この「価値」は、その商品を生産するのにどれくらいの労働時間が必要であったかによって決まるのです。つまり、椅子や卵、シーツにも同じだけの労働時間が費やされているから、同じ価値を持つものとしてどれも1万円で交換される――これが、「労働価値説」です。

（中略）

「価値」と「使用価値」も、言葉が似ているので混乱しそうです。でも、まったく別物であることは、空気のように、それなしに人間が生きることのできない使用価値の大きなものが無料である一方で、ダイヤモンドのように使用価値の小さなものが非常に高価であることからもわかるでしょう。空気は人間の労働なしに存在するので「価値」はありません。一方、ダイヤモンドの採掘には多くの労働が投入されるので「価値」は大きくなるのです。「使用価値」の効能は、実際にそのものを使うことで実感できますが、[2]「価値」は人間の五感では捉えることができません。マルクスも「まぼろしのような」性質だと言っています。日常生活では商品に「値札」をつけて、かろうじてその*輪郭をつかむことができますが、目に見えない不思議な力が、身近な商品にはあるのです。

Ⅱ「商品」の持つ2つの顔を区別すると、資本主義が様々な*矛盾や不合理を生み出すメカニズムをすっきり説明することができます。

資本主義のもとでは、いくらで売れそうか、どれくらい儲かりそうかが大事です。つまり、価格という形で現れる「価値」の側面ばかりが優先され、*肝心の「使用価値」は二の次になる。例えば、地球やお財布のことを考えれば、環境に配慮した素材を使って、長く使える商品を作るべきです。ところが、実際には、*ファストファッションのように、環境負荷を無視して、安さを追求した洋服で、私たちのクローゼットはあふれかえっています。「儲かるモノ」（価値の側面）と「必要なモノ」（使用価値の側面）がここでは*乖離しているのです。

「価値」に振り回されているのは消費者ばかりではありません。資本の側が「売れそう」だと思って作っても、ヒットしなければ大量の在庫を抱えて倒産してしまうこともあるでしょう。それなりにヒットしたとしても、タピオカや高級食パンのように、*追随する企業がたくさん現れて*供給過多になれば、やはり売れなくなって、経営難に陥る可能性があります。

（中略）

「使用価値」のために物を作っていた時代は、文字通り、人間が「物を使っていた」わけですが、「価値」のためにモノを作る資本主義のもとでは立場が逆転し、人間がモノに振り回され、支配されるようになる。この現象をマルクスは「物象化」と呼びます。人間が労働して作った物が「商品」となるや否や、不思議な力で、人間の暮らしや行動を支配するようになるというわけです。

なぜそのような不思議な事態が生じるかというと、人々はお互いが作るものに依存しているにもかかわらず、社会全体としては誰も生産を調整していないからです。みながバラバラに労働しているせいで、自分が作っているものが完全に無駄なものだったり、逆に、みんなが必要としているものなのに全然足りなかったりする。結局、作った商品を市場に持って行って、それがどのように他者に評価されるかを見ながら、何をどれくらい作るかを後追い的に決めなければなりません。

（斎藤幸平『ゼロからの「資本論」』〈NHK出版新書〉による）

* 資本…経済活動を行うための、元となる資金。
* 備蓄…万一に備えて、たくわえておくこと。
* 需要…ある商品を買おうとすること。
* 飽和…最大限度まで満たされている状態。
* マルクス…ドイツの経済学者(1818～1883年)。
* 輪郭…物事の大体のありさま。
* 矛盾…つじつまの合わないこと。
* 肝心…大切なこと。
* ファストファッション…最新の流行を取り入れながら低価格に抑えた衣料品、またそれを売る会社。
* 乖離…はなればなれになること。
* 追随…あとにつきしたがって行くこと。
* 供給過多…欲しい人は少ないのにもかかわらず、その商品がたくさんあること。
* 依存…他のものをたよりとして存在すること。

問1　――線1「〝無駄な〟商品を資本は作ってこなかった」とあるが、筆者はどのような商品のことを「〝無駄な〟商品」と言っているのか。指定された字数で言葉を入れて、説明文を完成させなさい。なお、「使用価値」という言葉を必ず用いること。

［十五字以内］ので、資本を増やすことに貢献しない商品。

問2　――線2「「価値」は人間の五感では捉えることができません」とあるが、それはなぜか。Ⅰ文中の内容をふまえ、指定された字数で言葉を入れて、説明文を完成させなさい。なお、「労働時間」という言葉を必ず用いること。

商品の価値は［三十字以内］によって決まるものだから。

問3　――線3「不思議な事態」とあるが、それはどういうことか。指定された字数で言葉を入れて、説明文を完成させなさい。なお、Ｃには「変動」という言葉を必ず用いること。ＤにはⅡ文中から十五字以上二十字以内で言葉を抜き出し、最初と最後の五字を答えなさい。

生産活動の目的は、Ａ［十五字以内］から

B（十五字以内）□□□□□□□□□□□□□□□へと変化したが、

C（十五字以内）□□□□□□□□□□□□□□□できないので、

D（抜き出し）（最初の五字）□□□□□～（最後の五字）□□□□□状況になったということ。

三　次の問いに答えなさい。

問1　①～⑦の文中にある――線のカタカナを漢字に、漢字をひらがなに直しなさい。ただし、カタカナに送りがなが含まれるものは送りがなをひらがなで答えること。

①　他人にキガイを与えるような人にはなるな。
②　新商品を売るため、センデン活動にいそしむ。
③　飛行機のソウジュウシになって、空を飛びたい。
④　検査の結果、消化キカンに異常が見つかった。
⑤　学級会の司会をツトメルのは、いつも委員長だ。
⑥　二つの国の間で安全ホショウ条約が結ばれた。
⑦　空気がきれいな土地で養生する。

問2　次のことわざ・慣用句の□に入る語をそれぞれ考え、二回以上使われているものを、後のア～キから二つ選び、記号で答えなさい。

・□も□も出ない（できることが全くない状態のこと。）
・□は□ほどにものを言う（言葉を使わずに気持ちを表現するということ。）
・□に□を置く（心を落ち着かせること。じっくり思案すること。）
・□と□の先（非常に距離が近いこと。）
・□□をおどろかす（世間に衝撃を与えること。世間の関心をひくこと。）

ア　目　　イ　鼻　　ウ　耳　　エ　口
オ　胸　　カ　手　　キ　足

跡見学園中学校(第一回)

—50分—

一　次の文章を読んで、後の問いに答えなさい。

夢をあきらめた少年(彼方)は、夏休みに訪れた奄美大島の浜辺で少女の幽霊に出会う。少女は記憶を失っているため、あの世へ行くことも、浜辺から出ることもできないという。彼方は少女の記憶を取り戻すため、話し相手になると約束をした。

昼に油ぞうめんを食べて、デザートにスイカを食べてから、ぼくはいつものように少女のいる浜辺へとでかけていった。

あっというまの数日で、ぼくの収集箱にはたくさんの貝がらが集まった。

奄美の海には、千種類以上の貝がいる。黒潮の流れで、南の特徴を持った貝がたくさん見られるのだ。

「これ、ルリガイだ！」

ぼくはうす紫色の巻貝を手にのせて、少女に見せた。

貝がら集めをはじめてから、ぼくも部屋の本棚にあった貝の図鑑を読んで、ずいぶんくわしくなったのだ。

その図鑑のなかで、ルリガイはぼくがいちばん見たかった貝だ。

ルリガイはうすくて繊細な貝だけど、ぼくが見つけたものは、ほとんど欠けていなかった。

「はじめて見た……きれいだね」

少女がぼくの手をのぞきこんで、にっこりと笑った。

顔が思いのほか近くて、どきりとする。

「浮遊貝って言って、海面をプカプカういて、旅する貝なんだってさ」

ぼくが［Ⅰ］を泳がせて説明すると、

「いいなあ……」

と、①少女はうらやましそうに、ぽつりとつぶやいた。

ぼくは手のひらのルリ貝と、目のまえに広がるルリ色の海を見て、

「……ルリは？」

と、提案してみた。

「ルリ……？」

「うん、あんたの名前。あんた、って呼び続けるのもわるいし」

ぼくは気はずかしくて、②ぶっきらぼうに言った。

「ルリ……。わたしの名前は、ルリ。……すてきな名前だね。ありがとう！」

「どういたしまして」

ぼくはすまして答えたけど、少女——ルリが自然に笑うと、ちょっとうれしくなる。

「たくさん集まったし、貝がら集めはもういいかな」

ルリ貝を収納ケースにいれながら、ぼくがなにげなくそう言うと、

「……そっか」

一瞬の間があって、③ルリがさびしそうに言った。

「ほら、今日はサンダルを持ってきたから、海にはいってみようかと思って。水着は持ってきてないし、ひとりではいるなって言われてるから、泳ぎはしないけどね」

ぼくがあわててそう言うと、ルリがちいさく笑ったから、ほっとした。

ぼくはさっそくサンダルにはきかえて、透明な海水に足をつけてみた。暴力的な陽ざしでほてっていた体が、［A］楽になる。

「ねえ、冷たい？」

ひざしたまで海につかったルリが、そんなことをたずねてきた。

ルリが歩いても、波は動かない。どれだけ風が吹いても、ルリの髪はゆれないし、風を感じることもないらしい。

海の水が冷たいのかも、潮のにおいがするのかも。

夏のこの暑さも、ルリにはわからない。

「ひんやりして気持ちいいけど、すぐになじむし、冷たいってほどじゃない。湿気は強いけど、風は涼しい。潮のにおいは……鼻がなれたせいか、よくわかんないな」

ルリにすこしでも伝わればいいと思って、ぼくはせいいっぱい考えて、言葉を選ぶ。

腕についたしずくをぺろっとなめて、「しょっぱい」と舌をだしたら、ルリは吹きだすように笑ってくれた。

さざ波の音。

やわらかな風。

いくつもの表情を持つ、空と海の青——。

ふだんは眠っているような五感をフル回転させて、この空間を、記憶にきざみつけようとしている自分がいる。

ぼくは、この時間がずっと続けばいいのにと思いはじめていた。

だけど、「楽しい」と思うと、つぎの瞬間には終わりのことを考えてしまう。

「こっちに魚がいるよ！」

——不安ににたこの気持ちをなんて言えばいいのか、ぼくにはわからない。

気をとり直してぼくが声をあげると、ルリがぱっとかけよってきた。

たったふたりだけの島に暮らしているような、ずっとこんなふうに過ごしてきたのだというような、しあわせな錯覚。

この島にいられるのもあと一週間だけど、ルリがこの浜辺にずっといるなら、来年もまた会えるかもしれない。

④そう思った瞬間、ぼくはぞっとした。

自分がどれだけ残酷なことを考えたか、おくれて気づいたのだ。

「どうしたの？」

ぼくが一瞬、顔をこわばらせただけで、ルリが声をかけてくる。

「……この浜辺をでよう」

ぼくは意を決して、声をしぼりだした。

「でも、わたしはここからでられない……」

ルリはほとんど条件反射のように、かすれた声で言う。

「そんなの、あきらめずに続けてみなきゃ、わかんないだろ！」

ぼくは思わず、かみつくように声をあらげていた。

ルリの気弱な顔を見るのが、くやしかったのだ。

「どこかにぬけ穴があるかもしれないじゃんか。思いつくこと、ぜんぶやってみようよ」

自分の口からでた言葉に痛みを感じたけど、ぼくはルリをまっすぐに見すえてから、*アダンの林へと歩いていった。

浜辺の入り口に立って、ルリにむかって手をさしだす。

ぼくが根気強く待っていたら、ルリは緊張した面持ちで、ぼくの手に自分の手をかさねてきた。

ふれた感覚はないけど、水のなかでゆっくりとたぐりよせるように、そのままうしろむきに歩いて、ルリを誘導する。

浜をでる瞬間、ルリの体がひきもどされるみたいにかすかにゆれたけど、ルリは［B］こらえて、ぼくを追いかけて手をのばした。

そして、ルリの足が、砂浜とアスファルトの境界を越えた。

「……でられた」

ルリが、ぼうぜんとつぶやく。

「できたじゃん！」

ぼくが声をあげて笑うと、ルリは泣き笑いの表情をうかべて、何度もうなずいた。

「自転車のうしろに乗りなよ。町をぐるっとまわろう。幽霊とだったら、ふたり乗りにならないよね」

「ふたり乗り、だめなの？」

「ふつうはだめだよ、あぶないから。……あ、でも、そもそも乗れるのかな」

「やってみる」

ルリはじっと自転車を見つめてから、重大な実験をするような顔つきで、そっと荷台に腰をかけた。

「……うん、イメージしたら、できるみたい」

「なんだっけ、人間が想像できることは、必ず実現できる……って、だれかが言ってたっけ」

ぼくは自転車にまたがって、ふと思い出して言った。

「ほんとうだね、たしかにそうかも」

背中から、ルリのはずんだ声がする。

「……ほんとうに、そうなのかな」

ぼくはペダルをこぎながら、ぽろっと本音をこぼしていた。

「もっとはっきり夢を想像できていたら、ぼくの夢もかなったかな……」

「彼方くんの夢？」

「うん。サッカー選手になりたかったんだ。でも、才能がなくて、試験に合格できなかった」

「それで、あきらめちゃった？」

「ぼくは……体が弱かったから、サッカーなんてむりだって、ずっとまわりに言われてた。それでも、やれるだけはやったんだよ」

顔を見られていないと思うと、なさけない言葉がつぎつぎとでてしまう。

（また、うざいって思われるかな）

ぼくは半分あきらめた気持ちで、そう思った。

ルリはもう、夢を追いかけることもできない。ほんとうにどうにもできないひとからすれば、自分がどう見えるかくらい、わかっていた。

だから、

「ほんとうにサッカーが好きなんだね」

ぼくは一瞬、ルリの言葉が理解できなかった。

「……なんで？」

「わかるよ。あきらめたくないって気持ちが、声と言葉ににじんでるから。わたしは、夢中になれるってことが、いちばんの才能だと思うけどなあ」

ルリの言葉がすとんと胸（むね）に落ちてきて、ぼくはとっさに言葉をかえせなかった。

「むりって、いやな言葉だよね」

自分もだれかに言われたのか、ルリは心底いやそうな声で言った。

「正しいこともふくまれているから、否定するのがむずかしいもの。でもね、それがひとの努力をじゃまするための言葉なら、それを言ったひとは、好きなことをいっしょうけんめいやっているひとには、ぜったいに勝てないんだよ」

ほんとうは勝ち負けじゃないけどね、とルリはおどけてつけ加えたけど、その言葉を聞いたとき、⑤ぼくは救われたような気になった。

「夢が想像できたらさ、つぎは、その夢をどこまで信じられるか……じゃないかな」

ルリのおだやかな声は、＊潮騒（しおさい）とかさなって、耳に心地いい。

「夢は、そのひとだけの世界だから。つらくても苦しくても、かけがえのない世界だよね」

「……うん」

ルリは、いつになく＊じょう舌（ぜつ）だった。ぼくをはげまそうとしてくれているんだろうけど、もしかしたら、生前の性格をとりもどしつつあったのかもしれない。

「だいじょうぶだよ。ほんとうに好きなことなら、あきらめようと思っても、あきらめきれないから」

⑥ルリのいたずらっぽい声に、どれだけ救われたかわからない。

ルリがだまると、遠ざかる波の音だけが、ぼくらのあいだを満たしていた。

それはとても、居心地のいい沈黙（ちんもく）だった。

（遠藤由実子『夜光貝のひかり』〈文研出版〉より）

＊油ぞうめん……奄美大島の郷土料理。

＊アダン……南国に生える木。

＊潮騒……潮が満ちるときに波がたてる音。

＊じょう舌……よくしゃべる様子。

問一　[Ｉ]に適する語を漢字一字で答えなさい。

問二　――部①「少女はうらやましそうに、ぽつりとつぶやいた」とありますが、それはなぜだと考えられますか。最も適するものを次の中から選び、記号で答えなさい。

ア　自分も以前からルリガイをほしいと思っていたのに、彼方が先に見つけてしまったから。

イ　自分は浜辺から出られないが、本当はルリガイのようにあちこちを旅したいと思っているから。

ウ　彼方はこれから多くのことを学べるが、自分はもう何かを学ぶことはできないと思っているから。

エ　彼方はルリガイを見つけて喜んでいるが、自分としてはもっとおすすめの貝があったから。

問三　――部②「ぶっきらぼうに」の意味として最も適するものを次の中から選び、記号で答えなさい。

ア　あかくなって　　イ　はやくちで

ウ　ぶあいそうに　　エ　しずかに

問四　――部③「ルリがさびしそうに言った」とありますが、ルリはなぜさびしそうなのですか。説明しなさい。

問五　[A]・[B]に適する語を次の中からそれぞれ選び、記号で答えなさい。

ア　ぐっと　　イ　すとんと　　ウ　どきりと　　エ　すっと

問六　――部④「そう思った瞬間、ぼくはぞっとした」とありますが、なぜぞっとしたのですか。その理由を説明した次の文の[X]・[Y]に当てはまる言葉を答えなさい。

自分は無意識のうちに[X]と思ったが、それは同時にルリが[Y]を意味することに気づいたため。

問七　――部⑤「ぼくは救われたような気になった」・⑥「ルリのいたずらっぽい声に、どれだけ救われたかわからない」とありますが、「ぼく」を救ってくれたルリの言動として**不適切なもの**を次の中から一つ選び、記号で答えなさい。

ア　弱音をはく自分を否定せず、夢をあきらめたくないという本心に気づいてくれたこと。

イ　才能のあるなしではなく、夢中になれるかどうかが一番大事なことだと教えてくれたこと。

ウ　誰かの努力をじゃまするための「むり」という言葉は、言った本人を必ず不幸にするとさとしてくれたこと。

エ　自分だけのかけがえのない夢をどこまで信じ、努力し続けられるかが大切だと背中を押してくれたこと。

[二]　次の文章を読んで、後の問いに答えなさい。

オランダの低地では、つねに高潮や洪水に悩まされてきました。西暦九〇〇年から一九〇〇年の間に一二〇回を超える水害の記録が残っています。とくに近年は気候変動によって短時間にたくさんの雨が降り、何度も洪水が発生しています。一九九五年の洪水では、二五万人もの人たちが一週間以上、避難生活を①余儀なくされました。古くから、オランダでは海の水を*堰で食い止めたり、川の堤防を高くしたりして水災害への対策をとってきましたが、この方法では、今後ますます大きくなる水災害の危機に対応できないという思いが、人々に広がってきています。

そんななか二〇〇八年、オランダで全国的に新しいプロジェクトがスタートしました。それは②「ルーム・フォー・ザ・リバー」といい、洪水のときに水があふれる場所をあらかじめつくるというものです。水を押さえ込むのではなく、水をあふれさせるまちづくりです。

堤防を高くすることに代表されるこれまでの治水は、高い壁で水と人間の世界を分けるものでした。一方の「ルーム・フォー・ザ・リバー」は、遊水地をつくったり、川幅を広げたりと「水のための空間」をつくります。「ルーム・フォー・ザ・リバー」の目的は、治水だけではありません。人が心地よく暮らすための空間をつくるねらいもあります。これまで他の地域の例で見てきたように、本来水辺は人々に恵みをもたらすのですから。

たとえば、オランダ国内を東から西へと流れるワール川の周辺に住む人々は、大規模な土木工事計画を「よりよい暮らしをつくる機会」としてとらえ、熱心に話し合いました。じつは、計画通りに進めば工事によって引っ越さなくてはならない人も多く、最初は反対の声が多かったのです。[A]人々は時間をかけて、理想的な未来を共有し、何度も話し合いを行ったすえに合意することができました。

（中略）

未来を見据えて考え、行動するという姿勢を学びたいと思いました。

オランダでは、別の解決方法をもつ人にも会いました。ロッテルダム郊外のレイスウェイクというまちに暮らす建築家のコーエン・オルトゥイスさんです。オルトゥイスさんは、「③水に浮く家」を考えています。「いつでも家のすべての部屋から水の景色を楽しむことができる。水面が上昇すれば、それに合わせて家も上昇するから、洪水や高潮も関係ない」

なぜ巨大な家が水に浮かぶのでしょう。ほとんどの木は水に浮きます。この性質を利用して丸木船や筏を水に浮かべ、人間は水の上を自由に移動できるようになりました。その後、船はめざましい発展をとげました。筏はボートになり、やがて大型帆船が世界の海を駆けめぐる大航海時代を経て、船の素材は鉄に変わり、近年では巨大タンカーも現れました。

船が水に浮くということは、船の重さが水に支えられているということです。

水に浮かんだ木片を沈めようとしたとき、小さい木片は比較的簡単に沈められますが、大きい木片は浮力が大きいため、なかなか沈めることができません。同じ材質であれば、浮力は物体の体積に比例するのです。［Ｂ］より体積が大きく、より軽くすることができれば、巨大な家でも水に浮くというわけです。

オルトゥイスさんの計画は、家だけに止まりません。最終的には、河川、運河、湖、内海などに「浮くまち」をつくろうとしています。

「浮くまちは、世界が抱える二つの問題を解決すると考えている。一つは土地の不足、もう一つは気候変動への適応だ」

現在、世界の人口は沿岸の都市に集中し、土地不足、住宅不足が起きています。

ア　しかし埋め立ては、海岸線の自然を破壊することでもあります。
イ　また、そもそも沿岸都市は気候変動による海面上昇の影響を受けやすいのです。
ウ　埋め立て工事で砂が流出し、水質が悪化します。
エ　過去数十年間、アジア各地の沿岸都市は、埋め立てにより土地を増やしてきました。

東京や大阪にもゼロメートル地帯が広がっていて、豪雨のときにどう避難するかが問題になっています。

水の上にまちをつくるという発想は、この二つの問題を解決する可能性があります。まちに浮くものは、さまざまです。ロッテルダムでは、四〇メートルの木製オフィスタワーを水に浮かべようという計画を立てています。多くの生きものがすめるタワーも考えられています。オルトゥイスさんが考えたのが水に浮遊する「海の木」です。ケーブルで水底につなぎとめられ、水上部分は陸上生物や鳥の生息地、水中部分は水生生物の生息地となります。

（中略）

ぼくがここで浮く建築を紹介した理由は二つあります。一つは、困ったときに、これまでと違った発想をすることの大切さです。課題の設定は柔軟なほうがいいのです。豪雨災害が増えてきたときに、ダムや堤防をどうするか、遊水地や田んぼもつかって治水するにはどうしたらいいか、あるいはどうしたらみんながスムーズに避難できるかなどの課題があります。多くの人が設定された課題の答えを探します。ですが別の課題を自分で設定してもいいのです。その例が「どうしたら浮くことができるか」なのです。

もう一つは、気候変動の対策さえも、ビジネスになってしまうということの怖（こわ）さです。気候変動を利用してお金をもうけられる、経済成長ができると考える人はいるでしょう。困っている人にそれを解決する方法を売ればもうかります。そういう人にとっては、人々はなるべく気候変動に対して何もしないほうがいい、気候変動は止まらないほうがいいのです。

「水に浮かぶまち」は、もしかしたら、選ばれたお金持ちだけが乗船できるノア*の方舟（はこぶね）になってしまうかもしれません。そういう危険があることも知ってほしいと思いました。SDGs（エスディージーズ）では、「誰（だれ）一人取り残さない」を原則にしているからです。

（橋本淳司『水辺のワンダー　世界を旅して未来を考えた』〈文研出版〉より）

*堰……水流をせきとめ、または調節するしきり。

*ノアの箱舟……昔、神が人類の堕落（だらく）をいかって大水を起こしたとき、ノアという正しい人は、世界中が水の下になる前に、神に命じられたとおり、四角の船を造って乗りこみ、家族や動物たちとともに助かった、その船。

問一　――部①「余儀なく」の意味として最も適切なものを次の中から選び、記号で答えなさい。

ア　差別なく公平に　　イ　自由がなく強制的に

ウ　それ以外にしかたなく　　エ　話し合う時間がなく

問二　――部②「ルーム・フォー・ザ・リバー」の目的にあたるものを次の中から**ふたつ**選び、記号で答えなさい。

ア　人が快適に生活する空間をつくるため。

イ　水上家屋を建てる空間をつくるため。

ウ　水が流れ出す空間をつくるため。

エ　生活用水をたくわえる空間をつくるため。

オ　耕作用の雨水をためる空間をつくるため。

問三　［A］・［B］に適する語を次の中からそれぞれ選び、記号で答えなさい。

ア　つまり　　イ　そこで　　ウ　さて　　エ　あるいは

問四　――部③「水に浮く家」にはどのような問題点があると筆者は考えていますか。わかりやすく説明しなさい。

問五　本文中［　］内の文を正しい順番に並べかえなさい。

問六　本文では、オランダにおける水災害への対応に変化が見られることが述べられています。水に対する基本的な考え方とその考え方に基づく具体的対策は、古い時代と今を比べるとどのように変わりましたか。その変化をまとめた次の図の〔a〕～〔c〕に当てはまる言葉を、文中の語句を用いて答えなさい。

	水に対する基本的な考え方	具体的対策
古い時代	・〔　a　〕という考え方。	・海の水を堰で食い止めること。 ・川の堤防を高くすること。
今	・〔　b　〕という考え方。 ・水に浮かべるという考え方。	・水のための空間をつくる計画。 ・〔　c　〕をつくる計画。

三　次の四字熟語が下に示された意味になるよう、□に適する漢字二字をそれぞれ答えなさい。

1　□一会　【一生に一度会うこと。】

2　□自足　【自分に必要なものを自分で作り、まかなうこと。】

3　異口□　【多くの人が口をそろえて同じことを言うこと。】

4　独立□　【人にたよらず自分の信じるとおりに実行すること。】

5　温故□　【昔のことを研究して、そこから新しいものを見つけること。】

四　次の——部のカタカナを漢字に直しなさい。

1　ゾウキ林を散歩する。

2　ごみがサンランしている。

3　きわめてゼンリョウな人。

4　木版に文字をキザむ。

5　草木を用いて布をソめる。

浦和明の星女子中学校(第一回)

―50分―

注意　字数制限のある場合は、句読点も一字と数えて答えること。

□一　次の文章を読み、後の問いに答えなさい。〔　〕内の表現は、直前の語の意味です。なお、設問の都合上、本文を変更している部分があります。

私がとても好きな研究者に、シェリー・タークルというMIT〔マサチューセッツ工科大学〕の心理学者がいるのですが、彼女は2011年に出された本で興味深いエピソードを紹介しています。

〈中略〉

携帯電話が急速に普及した当時、対面での会話を保留して、モバイル端末で「ここにいない人間」の対応を優先することに当時の人は驚愕し、戸惑っていたということです。もうすっかり忘れて久しい感覚かもしれません。

タークルが警戒心を示すのは、画面の向こう側のやりとりや刺激を優先して、対面の関係性や会話を保留するという新しい行動様式をモバイル端末が可能にしたことです。家で映画を観ていても、誰かと会ったり話したりしていても、テキストや電話、動画やスタンプ、ゲームやその他の様々な何かで中断してしまう。

つまり、複数のタスク〔マルチタスク〕と並行して、対面でのやりとりや行動を処理することに現代人は慣れてしまったのです。あるいは、対面・現実の活動も、「マルチタスキング」の一つとして組み込まれてしまうと言うべきでしょうか。①並行処理すべきタスクの一つとして、現実の会話を捉える習慣がここにはあります。

②物理的にある場所にいても、実際には別のところにいることは珍しくありません。信号待ちをしたり、スーパーのレジを待ったり、会議に出席していたりするとき、興味を惹くものがなくて退屈するなら、私たちはスマホを焦ったように取り出して、音楽を聴き、SNSを開き、誰かにテキストを送り、動画や記事をシェアしています。

〈中略〉

持ち歩けるデバイスを使って、ここではないどこかで別の情報を得たり、別のコミュニケーションに参加したりすることが可能になった状況を、タークルは「常時接続の世界」と呼びました。スマホ時代の哲学のキーワードは、「常時接続」です。常時接続の世界において生活をマルチタスクで取り囲んだ結果、何一つ集中していない希薄な状態について、特に人間関係の希薄さを念頭に「　A　」と彼女は表現しています。

メディア論では、③「人の感覚がテクノロジーによって書き換えられていく」という考え方をすることがよくあります。「技術は中立的なものだ」と語る人がたまにいますが、これは実状に反しています。実際には、新たなテクノロジーは普及するにつれて、行動様式、感じ方や捉え方、ものの見方を具体的に変えていくのです。

技術が感性のあり方を左右していくのだとすれば、スマホを手にした私たちはどう変わってしまったのでしょうか。問題点について考えるわけなので、この変化によって失われたものにフォーカスしてみましょう。

技術について考える中で、私たちは原理的な問い、平たく言えば「そもそも論」に巻き込まれていくとタークルは言います。「私たちは本当に重要なものは何かという疑問に立ち返っていく」ことになるのだと。スマホの先にある「本当に重要なもの」とは何でしょうか。

常時接続の世界で失われたもの。いろいろな論者の見解を私なりに整理して総合するなら、それは二つの観点から説明できます。それは、〈孤立〉と〈孤独〉です。それぞれについて言い換えれば、他者から切り離されて何かに集中している状態と、自分自身と対話している状態のことです。

常時接続の世界の行動について立ち止まって考えればわかることですが、私たちは、[B]なコミュニケーションを積み重ねています。いろいろなものを保留しながら、短いテキストやアクションで[C]な返答をaジュンジしていく。

例えば、こんな光景はありふれたものでしょう。対面で誰かと話しているときに、スタンプと短いテキストで4人にLINE(ライン)を返し、フリマアプリが表示してくるお知らせをスルーして、早送り機能でソシャゲ〔ゲームの一種〕のストーリーを進め、Twitter(ツイッター)でいくつかの記事を熟読せずにリツイートし、Instagram(インスタグラム)で気に入ったインフルエンサーの薦(すす)める服を保存しておく。

ここで失われているのが〈孤立〉です。何か一つのことに取り組み、それに集中するにはあまりに気が散っていて、いろいろなコミュニケーションや感覚刺激の多様性が、一つのことに没頭(ぼっとう)することを妨(さまた)げてしまっています。

〈　中略　〉

いろいろな事柄や相手に注意が分散しているわけですから、対面での会話が作業するようにこなされてしまうのは当然です。反射的なコミュニケーションで自分を取り巻くことは、相手の人格や心理状態を想像しないようにと日夜練習を積み重ねているようなものです。マルチタスク化した生活がもたらす〈孤立〉の喪(そう)失は、なかなか問題がありそうです。

常時接続の世界では、〈孤立〉だけでなく〈孤独〉もまた失われつつあるという話でした。〈孤立〉は、注意を分散させず、一つのことに集中する力に関係するのに対して、〈孤独〉は、自分自身と対話する力に関わっています。

やはりタークルが、印象深い事例を挙げているので、これを手がかりにしましょう。

先日、仲がよかった友人の追悼(とう)式に出席したとき、プログラムが書かれたクリーム色のカードが用意されていた。そこには弔(ちょう)辞を述べる人の名前、音楽を演奏する人の名前や曲名、そして若く美しかったころの友人の写真が載(の)っていた。私のまわりの何人かは、そのプログラムで携帯電話を隠(かく)し、式のあいだにテキストを送っていた。その中の1人、60代後半とおぼしき女性が、式のあと私のそばに来て、当たり前のような口調で「あんな長い時間、電話なしで座っているなんて無理ね」と言った。式の目的は、時間をとってその人に思いをはせることではないのか。この女性は、手にして10年にも満たないテクノロジーのせいで、それができなくなっているのだ。

〈　中略　〉

ここで失われ(かけてい)たものが、〈孤独〉です。退屈に耐えきれず、何か刺激やコミュニケーションを求めてしまう。自分自身と過ごすことができないということです。〈孤独〉という言葉を通して、刺激を求めたり他者への反応を優先したりすることなく、自分一人で時間を過ごすことの重要性が語られているわけですね。

④ただし、〈孤独〉といっても、これは「自分自身と過ごすこと」をフラットに指す言葉なので、否定的な含みがないことに留意する必要があります。そうはいっても、悪い印象を持ってしまう人も多いでしょう。その疑問を払拭するためにも、どうして〈孤独〉が必要なのかという問いに、ハンナ・アーレントという哲学者の想像力を借りて迫ってみたいと思います。

アーレントは、「一人であること」を三つの様式に分けています。それが、⑤〈孤立(isolation)〉、〈孤独(solitude)〉、〈寂しさ(loneliness)〉です。この補助線を引けば、多少見通しがよくなり、〈孤独〉と〈孤立〉の関係も見えてきます。順に見ていきましょう。

アーレントは、他の人とのつながりが断たれた状態を〈孤立〉と呼びました。言い換えると、〈孤立〉は、何らかのことを成し遂げるために必要な、誰にも邪魔されずにいる状態を指しています。創造的・生産的なことでなくても、何かに集中して取り組むためには誰かが介在してはなりません。例えば「何かを学んだり、一冊の書物を読んだりする」ときなどに、「他の人の存在から守られていることが必要になる」ように。

要するに、何かに集中して取り組むために、一定程度以上求められるのが、この物理的な隔絶状態です。この意味で、〈孤立〉は、何かに集中的に注意を向けるための条件になっていることがわかります。

それに対して〈孤独〉は「沈黙の内に自らとともにあるという存在のあり方」だと説明されます。ちょっとおしゃれな言い方でニュアンスを酌みにくいと思いますが、〈孤独〉にあるときの私たちは、心静かに自分自身と対話するように「思考」しているということです。〈孤独〉とは、私が自分自身と過ごしながら、「自分に起こるすべてのことについて、自らと対話する」という「思考」を実現するものなのです。葬式の最中にデジタルデバイスを触りたがる老女は、悲しみを受け止める場を退屈に感じ、「沈黙の内に自らとともにある」ことができていなかったのです。

しかし、人から話しかけられたり、余計な刺激が入ったりすると、自己との対話(=思考)は中断されてしまいます。この意味で〈孤立〉は、〈孤独〉とそれに伴う自己対話のための必要条件にほかなりません。〈孤立〉抜きに〈孤独〉は得られないということです。

より興味深いのは、「一人であること」の三様式の残りの一つである〈寂しさ〉です。アーレントは、〈孤独〉と〈寂しさ〉を区別するとき、〈孤独〉が〈孤立〉(=一人でいること)を必要とするのに対して、〈寂しさ〉は、「他の人々と一緒にいるときに最もはっきりあらわれてくる」と述べています。

〈寂しさ〉は、いろいろな人に囲まれているはずなのに、自分はたった一人だと感じていて、そんな自分を抱えきれずに他者を依存的に求めてしまう状態です。どうにも不安で、仕事が虚しくて、友人や家族とうまくいかないのが苦しくて、誰にも理解されない感覚があって、退屈を抱えきれなくて他者や刺激を求めてしまう。これに心当たりがない人は恐らくいませんよね。

実際、〈寂しさ〉は旧来的な共同体が崩壊した都市社会に生きる現代人に、宿業〔避けては通れないこと〕のようにのしかかるものだとアーレントは考えていました。私たちはみな、どこにいてもアットホームな気持ちになれない余所者（故郷喪失者）のような心理になる素質を持っており、その気持ちを忘れるために、何かや誰かと一緒にいたいと望む寂しがり屋なのです。

スマホという新しいメディアは、〈寂しさ〉からくる「つながりたい」「退屈を埋めたい」などというニーズにうまく応答してくれます。スマホは、いつでもどこでも使えるだけでなく、スマホを含む様々な情報技術が、私たちのタスクを複数化し、並行処理を可能にしています。コミュニケーションも娯楽もその他の刺激も流し込み、自己対話を止めて感覚刺激の渦に巻き込んでくれるマルチタスキングは、つながりへの欲望も、退屈や不安も覆い隠してくれます。

しかし、〈寂しさ〉からくるマルチタスキングは、いろいろな刺激の b ダンペンを矢継ぎ早に与えるものなので、一つ一つのタスクへの没頭がありません。そうすると、ふとした瞬間に立ち止まったとき、「あれは何だったんだ」と虚しくなったり、つながりの希薄さ（つながっていても一人ぼっち）を実感したりすることになります。

⑥常時接続が可能になったスマホ時代において、〈孤立〉は腐食し、それゆえに〈孤独〉も奪われる一方で、〈寂しさ〉が加速してしまうにもかかわらず、私たちはそうした存在の仕方の危うさに気づいていないように思えます。これまで論じてきた問題点に、スマホというメディアの特性を重ねると、〈寂しさ〉という問題が前景化してくるということです。

（谷川嘉浩 著『スマホ時代の哲学――失われた孤独をめぐる冒険』〈ディスカヴァー・トゥエンティワン〉より）

問1　太線部ａ「ジュンジ」・ｂ「ダンペン」のカタカナを漢字に直しなさい。

問2　傍線部①中の「並行処理すべきタスクの一つとして、現実の会話を捉える」の説明として最も適切なものを次から選び、記号で答えなさい。

ア　目の前の相手との会話や活動を保留して通話やゲームをすることは、通話やゲームを中断して目の前の相手との会話や活動を優先することと同じくらい気軽なものだと考えること。

イ　複数の人と対面して会話や活動をする際、優先順位をつけずに同時に対応することは、現代人のコミュニケーションには欠かせない能力になっていると思われているということ。

ウ　現実に対面している相手とのコミュニケーションも仕事の一つであり、効率を上げるためにスマホを用いる他の作業と同時に行うべきだと考えるようになったということ。

エ　目の前の相手と会話をすることは、誰かにテキストを送ったり、通話をしたり、ゲームをしたりするのと同時に行うことのできる作業であると考えているということ。

問3　傍線部②「物理的に～別のところにいる」の具体例として適切なものを次から二つ選び、記号で答えなさい。

ア　信号待ちをしているときに、信号が変わるまでの時間が待ちきれなくて、スマホで動画を観る。

イ　スーパーで買い物をしているときに、リゾート気分を味わいたくて、モバイル端末で音楽を聴く。

ウ　会議のときに、必要な資料を印刷し忘れ、パソコンでデータを探してその場のメンバーに送信する。
エ　家で映画を観ているときに、出演している俳優や撮影場所の情報が気になり、スマホで検索する。

問4　空欄Aに入る表現として最も適切なものを次から選び、記号で答えなさい。

ア　一つのことに没頭できない私
イ　つながっていても一人ぼっち
ウ　帰る場所がなくなった余所者
エ　他者から切り離された私たち

問5　傍線部③「人の感覚がテクノロジーによって書き換えられていく」例として最も適切なものを次から選び、記号で答えなさい。

ア　簡単に最新の情報を得られる機器を用いて、常に必要な情報を更新しながら生活できるようになり、変化に敏感になった。
イ　スマホの登場により、表現や言葉の調子から目の前の相手の感情を繊細に読み取る必要がなくなり、それらに鈍感になった。
ウ　人との交流の場でかつては非常識と認識されていた行動も、便利な道具が発達したことで、当たり前に行われるようになった。
エ　かつては手作業で行っていたり作られたりしていたものが、機械によって大量生産され、伝統的な手法が忘れ去られていった。

問6　空欄B・Cに入る語として最も適切なものを選択肢からそれぞれ選び、記号で答えなさい。

B……ア　意識的　イ　反射的　ウ　一方的　エ　間接的
C……ア　客観的　イ　表面的　ウ　具体的　エ　個別的

問7　次は、傍線部④「ただし、〈孤独〉～留意する必要があります」と作者が述べる理由について説明した文です。空欄に入る最も適切な表現を、Ⅰ・Ⅱは**傍線部④以降**の本文中から指定の字数で抜き出して答え、Ⅲは後のア～エから選んで記号で答えなさい。

「自分自身と過ごすこと」とは、[Ⅰ(4字)]をすることであり、[Ⅱ(11字)]状態を必要とするが、その状態を「孤独」と言い換えてしまうと、「【Ⅲ】から自分一人だけで過ごす」という否定的なニュアンスでとらえがちになるから。

ア　一緒にいたい人がいない
イ　誰もそばにいない方がいい
ウ　一緒にいてくれる人がいない
エ　誰がそばにいても変わらない

問8　次の1～4の状況について、傍線部⑤における「孤立」であるならA、「孤独」であるならB、「寂しさ」であるならCをそれぞれ答えなさい。

1　夏休みに友達と一緒に図書館へ行ったが、自習室のブースで解散し、それぞれ自分の課題に静かに取り組んだ。
2　友人たちと服を買いに来たが、自分だけ好みが違うため遠慮して行きたいお店を言い出せず、好みが同じ友人のSNSをスマホで眺めていた。
3　放課後に教室で小説を読んでいたが、主人公の気持ちが分からず、一度本を置いて自分の経験と照らし合わせながらよく考えてみた。
4　好きな漫画を原作とした映画を観に行こうと友人に誘われたが、じっくりと観たかったので、誘いを断って一人で映画館へ行った。

問9　傍線部⑥「常時接続が可能になった～〈寂しさ〉が加速してしまう」理由として最も適切なものを次から選び、記号で答えなさい。

ア　スマホを使うことによって他者との関係を断つことが難しくなると、本来自分がしたかったことに没入することができなくなり、一人でいることへの心細さが生まれてしまうから。

イ　スマホを用いて常に誰かと連絡を取り続けることで、それらの多くの他者の存在によって自分が守られていることを実感し、その居心地の良さから抜け出せなくなってしまうから。

ウ　スマホは「つながりたい」という欲求を満たし退屈を紛(まぎ)らわしてくれるが、与えられた多量の刺激によって感覚が正常でなくなり、いつしか自分の行動に意味を見出せなくなるから。

エ　スマホによって刺激が与えられ続けて注意が分散されてしまうと、一つひとつのことを心静かに思考することができなくなり、何に対してもつながりが薄いことを実感してしまうから。

問10　次は、本文を読んだ明子さんと星子さんの会話です。空欄に入る最も適切な表現を答えなさい。ただし、Ⅰ・Ⅱは**「以降**の本文中から抜き出し、Ｘ・Ｙは自分で考え、それぞれ指定の字数で答えなさい。

明子　私にとってスマホはあるのが当たり前だから、スマホという［Ⅰ（2字）］によって便利になっただけじゃなく考え方まで変わったなんて驚いたな。

星子　本当ね。身近だからかもしれないけど、電車内で友達同士並んで座ってても会話をせずにそれぞれスマホをいじってるのを見ると、友達ってなんだろうって考えさせられるわ。

明子　それって、本文でいっていた「人間関係の希薄さ」の具体例だよね。一人でいることに耐えられずスマホや友達に依存してしまうけど、それでは十分なコミュニケーションが取れないから満足できなくて、でも他に手段がないから依存することが止められない。【Ｘ（ひらがな4字）】巡(めぐ)りね。

星子　夢中になれるものがスマホしかないのがまずいんだよね。そこから抜けられる方法ってないのかな。

明子　そうね。それは〈孤立〉を取り戻すってことかしら。物理的に離れているだけじゃなくて、目には見えない［Ⅱ（4字）］も断ち切る必要があるよね。

星子　つまり、それって他のことに気を散らさずに一人で没頭できる【Ｙ（ひらがな3字）】を持てってことなのかな。

［二］　次の文章を読み、後の問いに答えなさい。なお、設問の都合上、本文を変更している部分があります。

凛子(りんこ)は中学二年の夏、両親と妹の爽子(さわこ)と海の近くの町に引っ越してきた。転入した学校では必死に新たな友人関係を築こうとしていたが、クラスでは誰かをからかって楽しむような雰囲気(ふんいき)があり、それに凛子は違和感(いわかん)をおぼえていた。自分に気を遣(つか)ってくれていた和久井(わくい)くんとの仲をクラスメイトにからかわれ、凛子は思わず「人をバカにしてそんなに楽しい？」という言葉を放ち、周囲から距離を置かれてしまう。

あきらめてしまえば、思った以上に私の日々は穏(おだ)やかになった。しばらくのあいだ、美緒(みお)ちゃんたちは気を遣って声をかけてきてくれた。けれど、休み時間や昼休みに距離を置くようにしたら、あっという間にみんな必要以上に話しかけてこなくなった。

タイミングもよかったと思う。すぐにテスト期間に突入し、三時間目が終われば帰宅だ。そのおかげで、ひとりでお弁当を食べる気まずさを感じなくて済んだ。

ひとりで学校に行き、テストを受けて、帰る。

そして、平常運転に戻っても、なんとなく私はひとりでいることが当たり前になった。

転入してきてから、必死になってみんなと仲良くしなければ、この関係を維持しなければ、と気を張って振る舞っていた。最初に話をするようになったのが文乃ちゃんたちだった、というのはただのラッキーだったけれど、私なりに努力はしたつもりだ。

でも、その日々は、たった一日ですべて無駄になった。

手に入れるのは難しいのに、失うのは一瞬だ。

けれどそのかわりに、私が望んでいた、静かな毎日が訪れた。

「寒いのだけが問題だなあ……」

肩をすくめてお弁当を広げる。

さすがに、教室でお昼を食べるのは気が引けた。

教室で私がひとりきりでいると、クラスのみんなに気を遣わせてしまう。それに、他のクラスの誰かに、転入生が孤立していると勘違いされて、いらぬウワサが駆け巡ってしまうかもしれない。

どうしたらいいかと悩んだ末にたどり着いたのが、和久井くんに教えてもらったこの場所だった。まさか、こんな形で役立つことになるとは思っていなかった。

外に面しているこの階段は、十月も終わろうかという今の季節、日があまり当たらないこともあり、寒い。

真冬になったら耐えられないだろう。それまでに別の場所を探しておかなくちゃなあ。屋内で誰にも見つからないところなんてあるのだろうか。

いつも誰かと一緒にいたときは、こんな悩みは一度も抱かなかった。

①誰もいなくなると、自分の居場所がなくなってしまった。

それでも、ひとりでいることはやっぱり、楽だと思う。

朝、決まった時間に家を出なくちゃ、と妙に焦ることもないし、興味のない音楽やドラマを調べる必要がない。放課後は好きな本を読んで、好きな映画を観ることができる。

誰かに合わせることがない。

自分の時間を、自由に使うことができている。

ただ、少しだけ手持ち②[　　]な感覚を抱くのは、突然日常が変化したからだ。いつもそばにいた誰かがいないことに、ちょっと違和感を覚えるだけのこと。

〈　**中略1**　〉

お母さんはいつも、お弁当に私や爽子の好きなものを入れてくれる。

この町に引っ越してくる前は仕事をしていたから、作り置きしていたおかずがよく入っていたけれど、今は毎朝キッチンで作ってくれているのを知っている。最近クリーニング店でパートの仕事をはじめたけれど、以前よりも楽だから、と料理に凝り出すようになった。

魚料理を滅多にお弁当に使わないのは、爽子のためだ。

③最近は晩ご飯にもあまり魚は出なくなった。爽子が魚がきらいだと言ったから。本当はきらいじゃないと知っているのに。

お母さんは、なにを思って私たちのためのお弁当を作ってくれているのだろう。

　きっと、この町でできた友だちと一緒にいる私たちの姿を想像しているに違いない。

　爽子はおそらく、誰かと一緒だろう。

　けれど、私はここでもひとりでいる。

　まさか、こんな人目を避けた日も当たらない場所でこのお弁当を食べているとは思っていないはずだ。

　知ったらきっと、ショックを受けるだろうなあ。

　私のために、爽子がいやがるのもわかったうえで引っ越しを決断したのに、私は同じことを繰り返している。

　だから——私は両親に、友だちがいるフリをしなくちゃいけない。

　でも、今の私が、本来の私だ。

　ひとりでいることを、私が選んだ。

　勝手に心配して、気を遣ってくる両親にやるせない気持ちになったこともある。友だちを作るために無理をしている私に気づかないどころか、笑っている。a上辺だけの私を見て安堵する姿に、怒りを覚えたことだってあった。

　それなのに、どうしてこんなに申し訳ない気持ちになるんだろう。

　今ここにいる私の視界には、誰の姿も映らない。

　それは、誰の視界にも私の姿は映っていないということだ。

　いないのと、おなじ。

　なんで私は、ここに、この町に、いるんだろう。

　このむなしさは、疎外感は、なんなんだろう。

　この世に私ひとりしか存在しないみたいに思えてしまう。

　そのほうがいいと思っていたはずなのに。私以外誰もいなければいいのにと考えるときもあったのに。
　④沈んでいく。気持ちが、私が——世界が。
　こんな気持ち、この町に来るまで知らなかった。

　ひとりに慣れていたから気にしたこともなかった。みんなの笑い声に違和感を抱いたこともなかったし、誰かに自分の意見をぶつけ、怒らせたこともなかった。

　友だちを作ろうとしなければ、こんなモヤモヤした気持ちは知らないままでいられたのに。

　そして同時に、自分がいかにひとと接することに向いていないのかがわかった。

　だからもう、友だちなんかいらない。

　私はこれからずっと、ひとりでいい。

　口の中にあるご飯から、味が消えていく。

〈　**中略2**　〉

「爽子も凛子も、この町でたくさん友だちができてよかった」

　お母さんがしみじみと呟いた。そして視線を私に向けて微笑む。

　心臓がえぐれるような痛みを隠して、口角を必死に持ち上げた。

　夕食の時間、ずっと自分をウソでコーティングしていたから、どっと疲れてしまった。居心地も悪いから、ご飯の味なんてちっともわからない。

　食器を流しに運び、部屋に戻るため階段をあがる。

　ああ、体が鉛みたいに［ A ］。

　ここ最近、学校よりも家にいるほうが疲労する。今までは学校で自分を取り繕っていたけれど、今は家族の前で取り繕わなくてはいけないからだろう。

隠さないといけないほど、私は悪いことをしているのかな。

体内にチリのようななにかが蓄積されていく。

「お姉ちゃん」

階段をのぼったところで、うしろにいた爽子が私を呼ぶ。

爽子に声をかけられるのはいつぶりだろう。

「どうしたの」

と振り返ると、爽子の鋭い視線に体がきゅっと萎縮した。

感情表現が豊かな爽子は、怒っているときもまっすぐに私を見つめてくる。私よりも年下で、身長も私よりも低い。まだ小学生で、ランドセルを背負っている姿は子どもでしかない。

なのに、圧倒されるほどの恐怖を感じる。

「もう、やめてよね」

「……なに、が？」

「お姉ちゃんのせいであたしまで引っ越しするハメになって、友だちとも別れることになったんだよ。いい加減、ちゃんとしてよ」

ぐっと声を抑えた言い方だったけれど、怒鳴られているくらいの迫力があった。

「最近、またひとりでいるでしょ」

いつの間にか俯いていたけれど、思わず弾かれたように顔を上げてしまう。

「な、なんで」

「あたしだって友だちとこの辺で遊んでるんだから。お姉ちゃんがひとりでぶらぶらしてるとこくらい何度も見かけるもん」

私が爽子を見かけたように、爽子も私を見かけていた。考えれば当然のことだ。

いつ、どんな姿を見られたのだろう。

もしかして――ウワサも耳にしているかもしれない。

ウソがばれてしまった後ろめたさと恥ずかしさで、顔が赤くなる。

「なんでお姉ちゃんは、誰とも仲良くならないの？　なれないの？」

べしっと額に烙印を押されたような衝撃に、体がふらつきそうになる。

〝誰とも仲良くなれない〟

友だちがいないというのは、そういうことなんだ。

「お姉ちゃんは平気かもしれないけど……」

爽子は唇を噛んで、言葉を呑み込むように黙る。そして、それ以上なにも言わず目をそらして私の横を通り過ぎた。自分の部屋に入り、普段よりも大きな音をたててドアを閉める。

私は、⑤廊下で足をすくめて立っていた。

どのくらいのあいだそのままでいたのかわからないけれど、しばらくしてからふらりとおぼつかない足取りで自室に入る。

ドアにもたれかかり、は、と息を吐き出す。ずるずると体が重力に逆らえず下がってしまい、ぺたりと床に座り込む。

じっと床を見つめていると、b目頭が熱くなってきた。

視界がじわりとかすんでくる。

――どうして私は、爽子のように誰かと親しい関係を築けないのだろう。

誰かが私を攻撃してくれたら、もっとわかりやすく、私は傷つくことができた。

友だちがいないことを誰かに悪しざまに責められたら泣けたかもしれない。友だちだと思った人にいじめられたら、周囲に救いを求めることもできただろう。

でも、どちらでもない。

それは、とても幸運なことだとわかっている。今現在、そういう立場で苦しんでいる人たちがいるのもわかっている。

私の悩みは贅沢で、ワガママで、自分勝手だ。

だって、誰も悪くない。

今のクラスメイトたちはみんな、転入してきた私にやさしく接してくれた。両親はいつだって私を心配してくれている。妹は、私の被害者で、けれどここでも自分の居場所を作ろうと毎日を過ごしている。

噛み合わない。私ひとりが、上手に生きられない。

耳を塞いで、ぎゅっと瞼を閉じる。

唇に歯を立てて、鼻で息をする。

こうしていれば、自分が守られるような気がした。

〈 **中略3　凛子が家に帰ると、爽子は友だちとおそろいのマフラーを編もうとして母親に教わりながら練習をしていた。** 〉

「せっかくだし凛子もなにか編む?」

なんとなしに袋に入っていた毛糸を一玉手に取って見ていると、お母さんに聞かれた。

「……え、あー、いや、いいかな、私は」

へらりと笑って断ると、お母さんが眉を下げる。

前にも見た、神妙な顔つきだ。

「凛子の友だちは、編み物やってたりしないの?」

「え、あーどうかな」

「お姉ちゃんみたいな中学生はこんなのしないんじゃない?」

言葉を濁していると、爽子が素っ気なく言う。助けてくれたのだろう。

「うん、そうだと思う」

同意してこくこくと首を上下に振るけれど、お母さんの表情はかわらなかった。

冷や汗が流れる。

だめだ、と直感が働く。この場をはやく立ち去らなくちゃいけない。

「凛子、学校楽しい?」

楽しいよ。

そう答えたいのに、うまく言葉が喉を通らなかった。だから「うん」と言葉ではなく喉で返事をして、笑みを顔に貼りつける。

——なんで私は、笑っているのだろう。

脳裏に和久井くんが現れる。笑っている。けれど、傷ついている。

楽しいの? と私は和久井くんに聞いた。楽しくないのになんで笑うのかと、そう言った気がする。

じゃあ、今の私は?

「さっき、海の近くにいたわよね、凛子」

不安そうな顔つきで問いかけられ、背中が凍りつく。氷の壁に押しつけられたみたいに背筋が伸びてしまう。

阪城くんたちと一緒にいたのを見られたのだろうか。スーパーに行ったときに、近くを通り過ぎたのかもしれない。ちっとも気づかなかった。

「近所のひとが、最近凛子がいつも海でひとりでいるって、言ってたんだけど。ときどき、派手な男の子と一緒にって」

誰が見ていたのか、なんで知られているのか。

この町のウワサは私の想像以上だ。どこかから誰かが見ているのだろう。かといって、私はやましいことをしたことはない。

ただ、海を見つめていただけ。ひとりで過ごす場所を探していただけ。ただ、となりに和久井くんがいて、ぽつぽつと他愛のない会話をしただけ。

それだけなのに、どうしてお母さんはそんなふうに心配そうな顔をするのだろう。

「海を眺めるのが好きなだけだよ。それに、派手な子はただの、クラスメイトだよ」

生唾（なまつば）を呑み込み、ゆっくりと言葉を吐き出した。声が出なかったらどうしようかと思っていたからか、やたらとはっきりとしゃべってしまった気がする。

「だから、大丈夫だよ」

なにが大丈夫なのか。

自分で自分に問いかけるけれど、答えは出てこない。

「凛子はいつも大丈夫って言うけど、本当なの？」

お母さんは眉を下げる。

「大丈夫」

口にするたびに、声が震（ふる）えていく。

視界が滲（にじ）んでいく。

なにも、見えなくなる。

真っ暗な視界の先に、明るい髪の毛の和久井くんの笑顔が眩（まぶ）しく蘇（よみがえ）った。

手をのばしたい。近づきたい。私は、ここから踏み出したい。

彼のようになりたいわけじゃない。ただ、気持ちがずっと立ち止まっているから、私の気持ちがこの場所から動けないから、苦しい。

「り、凛子」

笑いながら泣く私に、お母さんがオロオロしながら私の名前を呼んだ。

毛糸を強く握（にぎ）りしめていたらしく、ほろりと糸がほどけた。⑥きれいに巻いて整えられていたものが、崩（くず）れていく。

まるで、私みたいに。

なにが大丈夫なのか。

違う、私は大丈夫なんだ。

この町はきらいじゃない。海を見るのは好きだし、潮風も、ちょっとべとつくし寒いけれど心地がいい。友だちを作ろうとして失敗したけれど、自己嫌悪（けんお）にも陥（おちい）るけれど、でも、私はけっして苦しくもなければ悲しくもない。

「私は本当に、大丈夫なんだよ」

それを、何度も言わなくちゃいけないことが、苦しい。

「友だちがいなくても――いいんだよ、私」

どうして信じてくれないのだろう。

〈　中略４　〉

「お姉ちゃん……」

頭上から、爽子の声が聞こえてきたけれど、涙でぐちゃぐちゃになった顔を上げることができなかった。止めどなくあふれる涙のせいで、目を開けることすらできない。

そういえば、家族の前で泣いたのはいつぶりだろう。

「お姉ちゃんは、友だちなんかいらないんじゃないの？」

爽子の声が震えている。

きっと、どうしようもない姉だと思っているだろう。怒りとはどこか違う低い爽子の声には、戸惑(まど)いが含まれていた。

洟(はな)をすすってから、言われた言葉を反芻(すう)する。

——『友だちなんか、いらないんじゃないの？』

いらない、と思う。

それは、友だちが作れないから、だ。

もし、私が爽子のように明るく社交的で、誰に対しても物怖(お)じせず接することができていたら、私に簡単に友だちが作れたならば……私は友だちと過ごしていたはずだ。

「いらない、じゃない」

小さく頭を振る。

「できないから、あきらめた、だけ」

友だちと一緒にいるのが楽しいと感じることができる性格ならば、無理することなく仲良くなれる性格だったら、あきらめたりはしなかった。

「そんなの、あたし知らない！」

爽子が声を荒らげると、すぐにお母さんが「やめなさい」と爽子を諫(いさ)める。

お母さんのその声は、私のウソに安堵したときのものより、胸に突(つ)き刺さった。

爽子の言おうとしている言葉が私を傷つけることだと、そう思われていることが、恥ずかしかった。

「あたし、知らなかったんだもん！　お母さんだって、お父さんだって！」

「いいから、そんなことはどうでもいいの」

瞼をぎゅっと閉じて、ふたりの声を聞く。

爽子が怒るのは当然だ。

今まで私は、大丈夫、としか答えていなかった。できないことを隠していた。

ひとりでいるのは平気だ。これはウソじゃない。

でも、私はひとりでいること〝しか〟できないのだと、知られたくなかったんだ。

「あたしは、お姉ちゃんは自分でひとりを選んでるんだって、今までずっと、そう思ってたんだもん！」

叫び声が、リビングに響(ひび)く。

びりびりと空気が震えて、涙がびっくりしたかのように止まった。

「友だちを作ろうと思えば作れるくせにって。なのにひとりでいるから、そのせいであたしまで引っ越しすることになったから、だから！」

爽子の声に耳を傾け、そしてやっと私の視界が開けてきた。目の前に、爽子の足がある。

そして、ぽたんと床に雨が降ってきた。

いや、雨が降るはずがない。今わたしがいるのは、屋根のある家の中だ。

「……っだって、あたしはお姉ちゃんみたいに、強くないんだもん」

ぽたんぽたんと、苦しそうな声とともに雫(しずく)が床に落ちて小さな小さな水たまりを作る。

ゆっくりと顔を上げると、爽子が涙を流しながら私を見下ろしていた。

「あたしは、ひとりでいたくない」

ぎゅうっと服をつかんでいる爽子の手に、自分の手をのばす。妹の私よりも小さな手は、石のようにかたかった。

「友だちがいない学校なんて、いやだ。こわい、無理、絶対やだ。あたしはお姉ちゃんと違って、弱いんだもん」

爽子にはいつも友だちがいた。

私と違って、楽しそうにたくさんの子と笑っている姿を見たことがある。習い事に行ってもすぐに友だちを作り、どこに出かけるのも楽しそうにしていた。

「なんで、爽子がそんなふうに、思うの」

「だってあたしは友だちがいないと不安なんだもん。お姉ちゃんみたいに強くなりたいけど、あたしには無理なんだもん」

私は、私にできないことを簡単にできてしまう爽子が羨ましかった。

爽子のようになれたらいいのに、と何度も思った。そうであれば、こんなにお母さんやお父さんに心配をかけることもなかった。ウソをつく必要もなかった。

なのに爽子はどうして、私みたいになりたいだなんて言うの。

爽子は瞳いっぱいに涙を溜めて声を絞り出している。

「友だちがいないなんて、こわい」

引っ越ししたことを、爽子は怒っていた。それを私は当然だと思っていた。

でも、私は〝友だちと離ればなれになる〟から怒っていたとばかり思っていた。

「誰とも仲良くなれなかったら、あたし、ひとりぼっちになっちゃう」

そうじゃなかった。

友だちと離れて〝ひとりになる〟ことに、不安を感じていたんだ。


お母さんも私と同じ気持ちだったのか、目を丸くして驚いてから、みるみるうちに顔を歪ませる。

爽子ならすぐに友だちができると、そう思っていた。

友だちができるまで、爽子が不安を怒りで隠していたことに、私もお母さんも気づかなかった。

爽子の手を両手で包み込むと、妹は私に引かれるように床に膝をつく。ほんの少しの力で、へなへなと崩れるみたいに爽子が私の肩に頭をのせた。

「なんでお姉ちゃんは、そんなに強くいられるの……」

頭上から、大きな岩が降ってきたみたいな衝撃に、脳がぐわんぐわんと揺れる。

私は、今まで爽子のことを、どう思っていた？

爽子の気持ちを、どう解釈していた？

爽子は――ずっと、我慢していたんだ。

泣きたいほど不安な気持ちを、怒ることで隠していたんだ。

いくら今まですぐに誰とでも仲良くなったとはいえ、引っ越した先でも同じように仲のいい友だちができるかは、わからない。そんなの当たり前だ。

知っているひとのいない場所に放り出されて、爽子はずっと心細さを抱いていたのだろう。

編み物を練習しはじめたのも、この町の友だちともっと親しくなるためだ。

新しい環境でも、爽子にはすぐに友だちができたんだと思っていた。

それは、爽子が明るい性格だからだと思っていた。

それは違った。爽子が、友だちを作ろうと、行動していたからだ。

「爽子は弱くない。弱くないよ。すごく、強いよ」

ひとりでいたくないから、友だちを作った爽子の、どこが弱いの。

爽子をぎゅっと抱きしめる。

顔を上げると、お母さんが静かに頬(ほお)をぬらしていた。

家の中にいる三人が、みんなそれぞれ、泣いている。

耐えていたものをせき止められなくなった今この瞬間までずっと、⑦私も、爽子も――そしてお母さんもお父さんも、みんな、お互いの気持ちを理解していなかった。

それに気づくと、涙腺(るいせん)が崩壊(ほうかい)して、声を出して泣いた。

(櫻いいよ　著『世界は「　　」で沈んでいく』〈PHP研究所〉より)

問1　太線部a「上辺」・b「目頭」の読みをひらがなで答えなさい。

問2　傍線部①「誰もいなくなると、自分の居場所がなくなってしまった」と凛子が感じる理由として最も適切なものを次から選び、記号で答えなさい。

ア　周囲の人に孤立していると思われるのが恥ずかしいから。

イ　それまでは一緒にいる人が昼食場所を探してくれていたから。

ウ　単独行動をしていることを誰かに心配されるのを避(さ)けたいから。

エ　今では交友関係のために誰かと無理に一緒にいる必要はないから。

問3　傍線部②「手持ち□□□」とは「することがなくて退屈なこと」という意味の表現です。空欄に入る言葉をひらがな三字で答えなさい。

問4　傍線部③「最近は晩ご飯にもあまり魚は出なくなった」理由として最も適切なものを次から選び、記号で答えなさい。

ア　本当は魚をきらいではないのに、うそをついてきらいだと言い続ける爽子にあきれた母親が、彼女の言葉通りに魚を出さないようにしているから。

イ　魚がきらいだと言う爽子の言葉の裏に、この町に引っ越してきたことへの不満があると感じた母親が、気を遣って魚を出さないようにしているから。

ウ　子どもに人気のない魚がお弁当に入っていると、爽子が友人にからかわれるかもしれないと思った母親が、家でも魚を出さないようにしているから。

エ　晩ご飯に魚を出すと、それをきっかけに爽子が凛子に引っ越しの文句を言いだすと感じた母親が、けんかの種になる魚を出さないようにしているから。

問5　傍線部④「沈んでいく」における凛子の心情を説明したものとして**当てはまらないもの**を次から一つ選び、記号で答えなさい。

ア　友人がいないことを心配して気を回す両親に対し、ありがたく思うと同時に自分のことを理解してくれていないと感じている。

イ　クラスメイトと自分との間で意見や感じ方が違うことを初めて意識し、それによって生じるやり場のない気持ちに戸惑(まど)っている。

ウ　新しい学校では友だちを作ろうとがんばったが、みんなが当たり前にできていることが自分にはできず余計に孤独感を覚えている。

エ　自分はいつも学校で友だち付き合いがうまくいかないので、新しい学校でもすぐに友だちを作ることができる爽子に嫉妬(しっと)している。

問6　空欄Aに入る言葉として最も適切なものを次から選び、記号で答えなさい。

ア　重い　　イ　硬(かた)い　　ウ　黒い　　エ　冷たい

問7　傍線部⑤「廊下で足をすくめて立っていた」ときの凛子の様子と

して最も適切なものを次から選び、記号で答えなさい。

ア　ひとりでいることを自分で選んでいるつもりだったが、そうではなく友達が作れないからひとりなのだということを妹の言葉で初めて自覚し、ぼう然としている。

イ　自分がひとりで過ごしているのを妹に知られていると分かり、一番知られたくなかった母親もそれをウワサで聞いているかもしれないと思い、ショックを受けている。

ウ　うそをついていたことに怒っていながらも自らの感情を抑えるような話し方をする妹の迫力に圧倒され、まだ他にも何か知られているかもしれないと恐怖を感じている。

エ　ひとりで過ごしているという秘密が実は妹に知られていたことに驚き、これまでずっと隠し通せていると思っていたことが恥ずかしくなり、姉として情けなく思っている。

問8　次は、傍線部⑥「きれいに巻いて整えられていたものが、崩れていく」について説明した文章です。空欄に入る最も適切な表現を、Ⅰは本文中から抜き出して答え、Ⅱは後のア～エから選んで記号で答えなさい。

傍線部⑥では、凜子が手にしていた毛糸玉の描写を通して凜子の気持ちを表現していると考えられる。凜子は家族に対して「［Ⅰ］」と言うことで、きれいに巻かれた毛糸玉のように自分は［Ⅱ］と取り繕ってきた。しかし、家族には隠していた話を母親から聞かされることにより、凜子は自分のついてきたウソのほころびを感じて動揺しているのである。

ア　この町に来て自分らしく落ち着いて過ごせている

イ　周囲からウワサを流されないように生活している

ウ　爽子とのわだかまりが解消され仲良く暮らせている

エ　孤立せず友だちを作って周囲になじんで過ごしている

問9　次は、傍線部⑦中の「お互いの気持ち」について説明した文章です。後の問いに答えなさい。

爽子は、凜子を［A］という点で強いと感じていた。それに対して自分は凜子のようにはなれず、両親が引っ越しを決めたことや、その原因となった凜子を恨んでいた。実際は、凜子は［B］のであって、［A］わけではないのだと知り、これまでの姉に対する認識の誤りを悟った。

一方凜子は、［C］ことを恨んで爽子が自分にきつい態度を取っていると思っていた。そして、明るい性格のためすぐに友だちができる爽子をうらやましく感じていた。しかし、爽子に友だちがすぐできるのは［D］の裏返しであり、必死の努力があってのことだったと初めて知った。

(1)　空欄A（二か所）に入る最も適切な表現を次から選び、記号で答えなさい。

ア　友だちを作る気になればいつでも作れる

イ　友だちに合わせた行動をとることはない

ウ　友だちを作れるのに自ら一人を選んでいる

エ　友だちがいない状況に耐えることができる

(2)　空欄B・Cに入る最も適切な表現を**中略4以降**の本文中からそれぞれ抜き出し、答えなさい。ただし、Bは八字、Cは十二字で答えること。

(3)　空欄Dに入る言葉を十～十五字で考え、答えなさい。

江戸川女子中学校（第一回）

—50分—

（注意）　字数指定のある設問はすべて、句読点等を字数に含む。

一　次の——線部のカタカナを漢字に直しなさい。

①　本をジュクドクする。
②　ダンチョウの思い。
③　ゴクヒの任務。
④　荷物をアッシュクする。
⑤　会社のギョウセキ。

二　次の慣用句の空欄には、体の一部を表す漢字が一文字入る。慣用句の意味が通じるように空欄に入る漢字一字を答えなさい。

①　【　】を巻く　：感心したり、驚くさま。
②　【　】を捻る　：あれこれ工夫して考える。
③　【　】をくわえる　：どうすることもできず、ただながめている。
④　【　】をとがらす　：不服そうにする。
⑤　【　】にかける　：自慢する。

三　次の文章を読んで、後の問いに答えなさい。

鮨屋、福ずしの娘で女学生の「ともよ」は、店の常連客の「湊」という五十過ぎの紳士に興味を持っていた。偶然、「湊」と出くわし、「ともよ」はなぜ鮨を食べに来るのか尋ねる。すると「湊」は「鮨を食べることが慰みになる」と言い、自分の過去について語り出す。「湊」は子供の頃、食事が苦痛で、「体内へ、色、香、味のある塊団を入れると、何か身が穢れるような気がした。」と言うほど、食事が苦手だったのだ。以下は「湊」の過去に関する場面から始まる。

その翌日であった。母親は青葉の映りの濃く射す※1縁側へ新しい茣蓙を敷き、俎板だの庖丁だの水桶だの※2蠅帳だの持ち出した。それもみな買い立ての真新しいものだった。

母親は自分と俎板を距てた向う側に①子供を坐らせた。子供の前には膳の上に一つの皿を置いた。

母親は、腕捲りして、薔薇いろの掌を差出して手品師のように、手の裏表を返して子供に見せた。それからその手を言葉と共に調子づけて擦りながら云った。

「よくご覧、使う道具は、みんな新しいものだよ。それから拵える人は、おまえさんの母さんだよ。手はこんなにもよくきれいに洗ってあるよ。判ったかい。判ったら、さ、そこで——」

母親は、鉢の中で炊きさました飯に酢を混ぜた。母親も子供も【A】噎せた。それから母親はその鉢を傍に寄せて、中からいくらかの飯の分量を摑み出して、両手で小さく長方形に握った。

蠅帳の中には、すでに鮨の具が調理されてあった。母親は素早くその中からひときれを取出してそれからちょっと押えて、長方形に握った飯の上へ載せた。子供の前の膳の上の皿へ置いた。玉子焼鮨だった。

「ほら、鮨だよ、おすしだよ。手々で、じかに摑んで喰べてもいいのだよ」

子供は、その通りにした。はだかの肌をするする撫でられるような頃合いの酸味に、飯と、玉子のあまみがほろほろに交ったあじわいがちょうど舌いっぱいに乗った具合——それをひとつ喰べてしまうと体を母に拠りつけたいほど、おいしさと、親しさが、ぬくめた香湯のように子供の身うちに湧いた。

子供はおいしいと云うのが、きまり悪いので、ただ、②にいっと笑って、母の顔を見上げた。

「そら、もひとつ、いいかね」

母親は、また手品師のように、手を裏返しにして見せた後、飯を握り、蝿帳から具の一片れを取りだして押しつけ、子供の皿に置いた。

子供は今度握った飯の上に乗った③白く長方形の切片を気味悪く覗いた。すると母親は怖くない程度のX威丈高になって

「何でもありません、白い玉子焼だと思って喰べればいいんです」

といった。

かくて、子供は、イカというものを生れて始めて喰べた。象牙のような滑らかさがあって、生餅より、よっぽど歯切れがよかった。子供はイカ鮨を喰べていたその冒険のさなか、詰めていた息のようなものを、はっ、として顔の力みを解いた。うまかったことは、笑い顔でしか現わさなかった。

母親は、こんどは、飯の上に、白い透きとおる切片をつけて出した。子供は、それを取って口へ持って行くときに、脅かされるにおいに掠められたが、鼻を詰らせて、思い切って口の中へ入れた。

白く透き通る切片は、咀嚼のために、上品なうま味に衝きくずされ、ほどよいY滋味の圧感に混って、子供の細い咽喉へ通って行った。

「今のは、たしかに、ほんとうの魚に違いない。自分は、魚が喰べられたのだ——」

そう気づくと、子供は、はじめて、生きているものを嚙み殺したような征服と新鮮を感じ、あたりを広く見廻したい歓びを感じた。【 B 】両方の脇腹を、同じような歓びで、じっとしていられない手の指で摑み掻いた。

④「ひひひひひ」

無暗に※3疳高に子供は笑った。⑤母親は、勝利は自分のものだと見てとると、指についた飯粒を、ひとつひとつ払い落したりしてから、わざと落ちついて蝿帳のなかを子供に見せぬよう覗いて云った。

「さあ、こんどは、何にしようかね……はてね……まだあるかしら……」

子供は焦立って絶叫する。

「すし！ すし」

母親は、嬉しいのをぐっと堪える少し呆けたような——それは子供が、母としては一ばん好きな表情で、生涯忘れ得ない美しい顔をして

「では、お客さまのお好みによりまして、次を差上げまあす」

最初のときのように、薔薇いろの手を子供の眼の前に近づけ、母はまたも手品師のように裏と表を返して見せてから鮨を握り出した。同じような白い身の魚の鮨が握り出された。

母親はまず最初の試みに注意深く色と生臭の無い魚肉を選んだらしい。それはタイとヒラメであった。

子供は続けて喰べた。母親が握って皿の上に置くのと、子供が摑み取る手と、競争するようになった。その熱中が、⑥母と子を何も考えず、意

識しない一つの気持ちの痺れた世界に牽き入れた。五つ六つの鮨が握られて、摑み取られて、喰べられる――その運びに面白く調子がついて来た。素人の母親の握る鮨は、いちいち大きさが違っていて、形も不細工だった。鮨は、皿の上に、ころりと倒れて、載せた具を傍へ落すものもあった。子供は、そういうものへかえって愛感を覚え、自分で形を調えて喰べると余計おいしい気がした。子供は、ふと、日頃、内しょで呼んでいるも一人の幻想のなかの母といま目の前に鮨を握っている母とが眼の感覚だけか頭の中でか、一致しかけ一重の姿に紛れている気がした。もっと、ぴったり、一致して欲しいが、あまり一致したら恐ろしい気もする。

自分が、いつも、誰にも内しょで呼ぶ母はやはり、この母親であったのかしら、それがこんなにも自分においしいものを食べさせてくれるこの母であったのなら、内密に心を外の母に移していたのが悪かった気がした。

「さあ、さあ、今日は、この位にしておきましょう。よく喰べておくれだったね」

目の前の母親は、飯粒のついた薔薇いろの手を【　C　】子供の前で気もちよさそうにはたいた。

それから後も五、六度、母親の手製の鮨に子供は慣らされて行った。ざくろの花のような色の※4赤貝の身だの、二本の銀色の地色に竪縞のある※5サヨリだのに、子供は馴染むようになった。子供はそれから、だんだん平常の飯の菜にも魚が喰べられるようになった。身体も見違えるほど健康になった。中学へはいる頃は、人が振り返るほど美しく逞しい少年になった。

すると不思議にも、今まで冷淡だった父親が、急に少年に興味を持ち出した。晩酌の膳の前に子供を坐らせて酒の対手をさしてみたり、※6玉突きに連れて行ったり、※7茶屋酒も飲ませた。

その間に家はだんだん潰れて行く。父親は美しい息子が紺飛白の着物を着て盃を銜むのを見て※8陶然とする。よその女にちやほやされるのを見て手柄を感ずる。息子は十六七になったときには、結局いいZ道楽者になっていた。

母親は、育てるのに手数をかけた息子だけに、狂気のようになって⑦その子を父親が台なしにしてしまったと怒る。その必死な母親の怒りに対して父親は張合いもなくうす苦く黙笑してばかりいる。家が傾く※9鬱積を、こういう夫婦争いで両親は晴らしているのだ、と息子はつくづく味気なく感じた。

息子には学校へ行っても、学課が見通せて判り切ってるように思えた。中学でも彼は勉強もしないでよくできた。高等学校から大学へ苦もなく進めた。それでいて、何かしら体のうちに切ないものがあって、それを晴らす方法は急いで求めてもなかなか見付からないように感ぜられた。永い憂鬱と退屈あそびのなかから大学も出、職も得た。

家は全く潰れ、父母や兄姉も前後して死んだ。息子自身は頭が好くて、どこへ行っても相当に用いられたが、なぜか、一家の職にも、※10栄達にも気が進まなかった。二度目の妻が死んで、五十近くなった時、ちょっとした※11投機でかなり儲け、一生独りの生活には事かかない見極めのついたのを機に職業も捨てた。それから後は、ここのアパート、あちらの貸家と、彼の一所不定の生活が始まった。

今のはなしのうちの子供、それから大きくなって息子と呼んではなしたのは私のことだと湊は長い談話のあとで、ともよに云った。
「ああ判った。それで先生は鮨がお好きなのね」
「いや、大人になってからは、そんなに好きでもなくなったのだが、近頃、年をとったせいか、しきりに母親のことを想い出すのでね。⑧鮨までなつかしくなるんだよ」

（岡本かの子『鮨』による）

（設問の都合上、原文の表記を改めたところがある。）

※1　縁側……座敷の外部に面した側に設ける板敷きの部分。
※2　蠅帳……台所用具の一つ。ハエなどが入るのを防ぎ、風の通りをよくするために、網を張った小型の食品戸棚。また、傘状につくって食卓を覆うもの。
※3　疳高……声の調子が高く鋭い様子。
※4　赤貝……フネガイ科の二枚貝。肉は赤く、すし種などにする。
※5　サヨリ……ダツ目サヨリ科の海水魚。刺身、吸い物種とされる。
※6　玉突き……ビリヤードのこと。
※7　茶屋酒……料亭などで飲む酒。
※8　陶然……うっとりと気持ちのよい様子。
※9　鬱積……怒り、悩みなどの感情が、おさえつけられて心の中にこもり積もること。
※10　栄達……高い身分・地位に上がること。
※11　投機……商取引。

問1　――線部X「威丈高」・Y「滋味」・Z「道楽者」の意味として、最も適切なものをそれぞれ次の選択肢から選び、記号で答えなさい。

X「威丈高」
ア　威圧するような態度　イ　物腰のやわらかな態度
ウ　愛情があふれる態度　エ　あせらせるような態度

Y「滋味」
ア　愛情にあふれた趣き　イ　未知なる味わい
ウ　栄養のあるうまさ　エ　繊細な思いやり

Z「道楽者」
ア　武道などの修行に励む人
イ　本業以外に熱中する人
ウ　自分の職業に誇りを持つ人
エ　日々旅をして暮らし続ける人

問2　空欄【A】【B】【C】に入る表現として、最も適切なものをそれぞれ次の選択肢から選び、記号で答えなさい。

【A】
ア　どんどん　イ　がんがん　ウ　こんこん　エ　ぐるぐる

【B】
ア　むずむずする　イ　いそいそする
ウ　ごろごろする　エ　ふらふらする

【C】
ア　ぱんぱんと　イ　どんどんと
ウ　ずんずんと　エ　からからと

問3　――線部①「子供」とあるが、この表現と同一人物を示す表現を漢字二字で本文中より二つ書き抜きなさい。ただし「少年」は解答としない。また順番は問わない。

問4　――線部②「にいっと笑って」とあるが、このとき子供はどのような様子か。それを説明したものとして最も適切なものを次の選択肢から選び、記号で答えなさい。

ア　母が握った鮨はとてもおいしく、自分の内側から湧き上がるような安心した心持ちになったが、食べることを避けていた自分を恥じて、声を出せないでいる様子。

イ　母が握った鮨は福ずしの鮨よりうまく、心の底から湧き上がるような親密さを感じていたが、下に見ていた母に対して素直になれず、表情で伝えている様子。

ウ　母が握った鮨は驚くほどおいしく、心の内側から盛り上がるような激しい気持ちを感じ、これまでの親不孝を情けなく思い、精一杯の笑顔を作っている様子。

エ　母とともよが握ったすしはおいしかったが、途中で倒れてしまうなど不完全さがあり、老いた母への悲しみを感じていたが、それをなんとか隠そうとしている様子。

問5　――線部③「白く長方形の切片」とあるが、これは何か。この言葉が指すものを本文中から二字で書き抜きなさい。

問6　――線部④「ひ　ひ　ひ　ひ　ひ」とあるが、このときの子供はどのような心情か。それを説明したのが次の文である。文中の空欄ア・イにあてはまる言葉を、それぞれ指定の字数で抜き出して答えなさい。

子供はそれまで食事に苦手意識があったが、［ア　九字］と気づき、それまで思っていた気持ちとは異なり、［イ　五字］を感じ、歓んでいる。

問7　――線部⑤「母親は、勝利は自分のものだと見てとる」とあるが、何が母親にとっての勝利だったのか。十字以上十五字以内で答えなさい。

問8　――線部⑥「母と子を何も考えず、意識しない一つの気持ちの痺れた世界」とあるが、このように「心を奪われ、無意識に行動するさま」を四字熟語で答えなさい。

問9　――線部⑦「その子を父親が台なしにしてしまったと怒る」とあるが、母親にとって台無しにしてしまったのは、父親のどのような行動が原因か。それが書かれた四十字以上の一文の最初の六字を書き抜きなさい。

問10　――線部⑧「鮨までなつかしくなるんだよ」とあるが、このときの湊の心情はどのようなものか。それを説明したものとして最も適切なものを次の選択肢から選び、記号で答えなさい。

ア　母親に似ている鮨屋の娘のともよに、工夫をして鮨を食べさせてくれた母親の雰囲気を感じ取り、昔を思い出す気持ち。

イ　母親に似た鮨屋の娘のともよに、自分が胸の奥にしまっていた秘密を打ち明けることで、過去の過ちを償おうとする気持ち。

ウ　自分が母親の年齢に近付くと、母親への思いが強くなり、一緒に作った鮨の思い出により、鮨までもいとおしく思う気持ち。

エ　自分が年を取るごとに、母親のことを思い出すと、印象に残った鮨の出来事を思い出し、鮨までも恋しく思う気持ち。

四　次の文章を読んで、後の問いに答えなさい。

映像を自分の思い通りの状態で「楽」に観るための改変行為、すなわち倍速視聴や10秒飛ばしという現代人の習慣は、文明進化の［X］である。……といった言い切りには、まだまだ抵抗感をおぼえる人もいるだろう。①作品は作者が発表した通りの形、「オリジナルの状態」で鑑賞すべきであると。

しかし、そもそも我々は多くの場合において、作品を厳密な意味での「オリジナルの状態」では鑑賞していない。

たとえば、映画館のスクリーンで観ることを前提に作られた映画をTVモニタで視聴する時点で、画面サイズは小さく、音響は貧弱になる。場合によっては画角(画面の縦横比)すら〝改変〟され、スクリーンでは画面端に見えていたものが見えなくなっていたりする。家庭用ビデオデッキの登場によって映画が映画館以外でも手軽に観られるようになったとき、「あんな小さな画面で映画を味わったとは言えない」と声高に叫んだ映画好きや映画人は相当数に上った。

映画文化に「他の見知らぬ観客と肩を並べ、暗闇で2時間の非日常を過ごす」という体験価値を見出す者にとっても、ビデオデッキによる映画鑑賞は到底認められるものではなかった。TVが置いてあるのは日常そのものである自宅の居間。トイレのたびに一時停止できる「ビデオ鑑賞」の体験は、真の映画体験とは似ても似つかない。

もっと言えば、自分が理解できない言語で作られた作品を、母国語など理解できる言語の字幕や吹き替えで観る場合、［A］「オリジナルを鑑賞している」と言い切れるだろうか？　ある言語のある表現を②寸分たがわぬニュアンスで他言語に置き換えることが原理的にできない以上、字幕や吹き替えは「思い通りの状態で観るための改変行為」ではないのか。

こういう話はレコードが登場して間もない頃にもあった。日本における音楽評論の③草分け的存在である大田黒元雄は、大正期に日本でレコードの需要が急拡大した際、蓄音機で聴くレコード音楽は所詮「缶詰の音楽」だと斬り捨てた。真の音楽鑑賞とは生演奏を聴くことを指すのであって、録音された音源を機械を通して聴くことを音楽鑑賞とは呼ばない。皿に載ったまともな料理には程遠い、だから「缶詰」なのだと。

ただ、このような「オリジナルからの改変行為」は、むしろ作品の供給側(映画製作会社など)が率先して行ってきたことを忘れてはならない。そのほうがビジネスチャンスは広がり、監督や俳優やスタッフらを含む制作陣がその経済的メリットを享受できるからだ。映画館で上映するだけでなく、ビデオグラム化(VHS、DVDなど)権、テレビ放映権、配信権などを販売したほうが、［Y］に言ってより大きく儲けられる。

配信メディア会社というだけでなく映画やドラマの製作会社でもあるNetflixやAmazonが、あるいは放送メディア会社というだけでなく番組製作会社でもあるTV局各社が、倍速視聴や10秒飛ばし機能を自社の配信サービス上に実装しているのもまた、「オリジナルではない形での鑑賞」の積極的な提案だ。なぜそんなことをするのか？　相応の数の顧客がそれを求めているからだ。その求めに応じたほうが、ビジネスチャンスが広がるからだ。

本書冒頭で筆者は、「テクスト論」すなわち④「文章を作者の意図に支配されたものと見るのではなく、あくまでも文章それ自体として読むべきだとする思想」を倍速視聴に当てはめること(製作者が意図しない速度で観る行為)に、抵抗を示した。彼らの動機の大半が「時短」「効率化」「便利の追求」という、きわめて実利的な理由だったからだ。これは作品を

(あるいはコンテンツを)鑑賞する(あるいは消費する)態度のいちバリエーションとは、到底言えないのではないか、と。

［B］、レコードやVHSやDVDは、「聴く/観るためにわざわざ家から出なくていい」「好きなタイミングで何度でも視聴できる」という、極めて実利的な特性によってその存在意義が支えられてきた。レコード会社や映画会社やDVDメーカーも、ビジネスチャンスの拡大というこれ以上なく実利的な動機をもって、これを推進してきた。

すなわちレコードやVHSやDVDでの視聴も「［Z］的な目的のために、オリジナルの状態で鑑賞しないことを許容する」という意味において、倍速視聴や10秒飛ばしと〝同罪〟である。あるいは、もしそれらを罪とは考えず「作品鑑賞のいちバリエーション」と認めるならば、今度は倍速視聴や10秒飛ばしのほうも「作品鑑賞のいちバリエーション」と認めなければならないのではないか。

我々の社会では、新しいメディアやデバイスが登場するたび、［C］それらの新しい使い方が見いだされるたび、大田黒のような〝良識的な旧来派〟が不快感を示すという歴史が繰り返されてきた。

⑤後に⑥「芸術」の属性を勝ち取った映画ですら、登場時は「芸術にはなりえない見世物」という扱いだったし、ラジオ放送が始まって数年は、それを聞かないことが教養ある人々の態度とされた。日本初のTV放送開始から４年後の１９５７年、昭和日本を代表するジャーナリストにして社会評論家の大宅壮一は、書物と違って受け身で眺めるTVは人の想像力や思考力を低下させる、要は「バカになる」という意味合いを込めて、「一億総白痴化」という流行語を生み出している。

PCやインターネットの登場時にも、この種の抵抗感・嫌悪感が〝良識的な旧来派〟からこぞって表明された。２０００年代初頭には、「WEBはまとまった長さの文章を精読するのに向いていない」と言って記事を全部プリントアウトして読む年配層がオフィスに一定数いたし、２０１０年頃ですら「PCの小さな画面で観る映画など、観たうちに入らない」と不快感を示す映画好きがそこかしこにいた(さしずめ「缶詰の映画」とでも言おうか)。

また、本を読む方法としての※「デジタルデバイスで閲覧する＝電子書籍」「朗読音声で聴く＝オーディオブック」が、これほどまでに出版社にとって無視できない売上になることを、電子書籍とオーディオブックそれぞれの登場時に予測できた者が一体どれほどいたか。むしろ「本を読む体験としては、本来の方法に著しく劣る」と、いずれに対してもケチをつけた〝良識的な旧来派〟たる本好きは多かったはずだ。

新しい方法というやつはいつだって、出現からしばらくは風当たりが強い。

⑦目下のところ、倍速視聴や10秒飛ばしという新しい方法を手放しで許容する作り手は多数派ではない。〝良識的な旧来派〟からは非難轟々である。

しかし自宅でレコードを聴いたり映画をビデオソフトで観たりといった「オリジナルではない形での鑑賞」を、ビジネスチャンスの拡大という大義に後押しされて多くのアーティストや監督が許容したのと同様に、倍速視聴や10秒飛ばしという視聴習慣も、いずれ多くの作り手に許容される日が来るのかもしれない。

我々は、「昔は、レコードなんて本物の音楽を聴いたうちに入らないって目くじらを立てる人がいたんだって」と笑う。しかしそう遠くない未来、我々は笑われる側に回るのかもしれない。

「昔は、倍速視聴にいちいち目くじらを立てる人がいたんだって」

（稲田豊史『映画を早送りで観る人たち　ファスト映画・ネタバレ——コンテンツ消費の現在形』〈光文社新書〉による）

※　デジタルデバイス……スマートフォンやタブレットなど。

問1　[X]・[Y]に入れる言葉として、最適なものを次の中から選び、記号で答えなさい。

ア　偶然（ぐうぜん）　イ　必然　ウ　自然
エ　端的（たんてき）　オ　美的　カ　積極的

問2　——線部①「作品は作者が発表した通りの形、『オリジナルの状態』で鑑賞すべき」とあるが、本文中では「作品」を「オリジナルの状態」で鑑賞するとはどういうことなのか、二つ例があげられている。それを整理した次の空欄（くうらん）に適する言葉を、本文中から指定の字数で抜き（ぬ）出して答えなさい。

【ア（二字）】鑑賞では【イ（十五字以内）】
【ウ（二字）】鑑賞では【エ（十字以内）】

問3　[A]～[C]に入れる言葉として、最適なものを次の中から選び、記号で答えなさい。

ア　きっと　イ　なぜなら　ウ　あるいは
エ　果たして　オ　しかも　カ　しかし

問4　——線部②「寸分たがわぬ」・③「草分け」はどのような意味か、最適なものを次の中から選び、記号で答えなさい。

②「寸分たがわぬ」
ア　ほとんど同じようなこと　イ　かなり似たようなこと
ウ　わずかな違いもないこと　エ　少しの違いしかないこと

③「草分け」
ア　ある物事に精通した人
イ　ある物事を最初にした人
ウ　特定の物事に関心を示す人
エ　特定の物事しか関心のない人

問5　[Z]に入れるのに、最適な言葉を本文中から抜き出して答えなさい。

問6　——線部④「『文章を作者の意図に支配されたものと見るのではなく、あくまでも文章それ自体として読むべきだとする思想』を倍速視聴に当てはめること（製作者が意図しない速度で観る行為）に、抵抗を示した」とあるが、それはどういうことか。最適なものを次の中から選び、記号で答えなさい。

ア　文章はそれ自体として読むべきであるが、その考えを、倍速視聴にあてはめるべきではないということ。
イ　文章はそれ自体として読むべきではなく、したがって倍速視聴も認められるべきだということ。
ウ　文章をそれ自体として読むことは、倍速視聴の延長線として考えねばならないということ。
エ　文章はそれ自体として読むべきであるが、倍速視聴は認められても良いということ。

問7　——線部⑤「後に」から始まる段落中にある、「映画」・「ラジオ」・「TV」が、この段落中で述べられているような扱（あつか）いを受けたのはなぜか、最適なものを次の中から選び、記号で答えなさい。

ア　これらのメディアやデバイスが、受け身で視聴するだけで、想像力や思考力を低下させるものだったから。
イ　これらのメディアやデバイスが、作品を「オリジナルの状態」で鑑賞することからかけ離れていたから。
ウ　新しいメディアやデバイスに慣れていない人々が、これらに対してどのような態度で接したらよいのか、戸惑ったから。
エ　新しいメディアやデバイスに慣れていない教養人たちが、評価に値しないものと考えたから。

問8　——線部⑥「『芸術』の属性を勝ち取った」とあるが、それはどういうことか。「〜ということ」に続くように、十字以内で分かりやすく説明しなさい。

問9　——線部⑦「目下のところ、倍速視聴や10秒飛ばしという新しい方法を手放しで許容する作り手は多数派ではない」とあるが、この文と内容的に対をなす一文を抜き出し、初めの五字を答えなさい。

桜蔭中学校

―50分―

一　次の文章を読んで、後の問いに答えなさい。

自分の気持ちを言葉にする、という行為は、自分への「暴力」でもあると思っています。言葉はそこまで、柔軟なものではない。いろんな人が、いろんな人生を生きて、見つけてきた感情がどれも同じはずはないのに、「好き」「嫌い」「ムカつく」「うれしい」、①言葉にすればまるですべてが同じ形をしているみたい。本当は、その人の言葉でしか、その人の感情は表せない。本当は、新しい感情を語るためには、新しい言葉を探していかなくちゃいけない。けれど、そうしたら伝わらなくなるから。「わからない」「意味不明」「わかるように喋って?」だから私は、「言葉にしてこそ、相手に伝わってこそ、自分の感情に意味があるんだ」と思いはじめていた。学生時代。誰かと気持ちをシェアしたい、一緒に喜んだり、悲しんだりしたいって、時もあるし、だから必死で共感を求めた。けれど、それって本当に、思いのすべてを理解してもらわなくちゃ、できないことなんだろうか?

何一つ伝わってないな、と思うことは多かった。話し方が下手なのか、コミュニケーション能力の問題か、教室で友達と話していても、私の言いたいことはほとんど伝わっていない、と思うことが多かった。友達の言いたいことも、多分私は理解できていない。でも、その場のノリとか、勢いとか、そういうものによって会話は流されて、一言一言をAセイサすることなんてない。いや、そんなの誰ももう求めていないのだ。「あ、それいいよね」「わかる」「まじそう」そう繰り返していくことで、時間も一緒に流れていく。一緒に話していれば、一緒にいれば、それだけで湧く親しみというのがあって、たとえ友達の言いたいことがわかっていなくても、友達はそれでも私と一緒にいたいと思ってくれるし、私もそれでいいと思っていた。

その場が盛り上がればいい、という会話の仕方は、中学から高校にかけて激しく、流行のもの、テレビ、音楽について話していれば大体のことはやりすごせていた。それぞれが違うことを言っていても、テーマがそこにあれば、まあなんとかなってしまう。部活動とか、先生とか授業のこともそう。何かを褒めたいとか、何かを貶したいとか、大きな方向性が定まっていれば、それに従いつつ、みんな意外と好き勝手に話して、そうしてそのほとんどがスルーされていくんだ。「わかる」とか。そういう言葉が受け流していく。小説やドラマみたいに、セリフすべてに存在意義があるわけではない、と当時の私はよく考えていた。早口で言えば誰もが聞きもらすし(それでいて聞き返すようなこと誰もしないし)、ぱっと聞いておもしろくなかったら「ていうかさ」って違う話になったりする。言葉は使い捨てられていく。多分、ドラマとか漫画では、省略されてしまうやりとりだろう。きっと、物語など何もない私たち。そんな私たちの会話では、言葉がおざなりにされていく。「何を言うか」より「誰と話すか」の方が大事で、「どう話すか」「どんなテンションで話すか」が大事で、だから相手の言葉を正確に拾おうとはしなくなる。親しい相手になればなるほど、そうだった。言葉は、そばにいることを知らせる、Bテイジ連絡みたいなものだ。

それでも一つだけルールがある。

「わけのわからないことを言って、場を凍らせるな」

一緒にいるだけで、なんか話しているだけでOKの場。それを壊すな。だってこれこそが平穏だから。場のために、私たちは言葉を選ぶ。わかりやすいように、伝わりやすいように言葉を選ぶけれど、相手に自分を理解してほしいからそうしているのではないのかもしれない。誰ももう、理解しようとしてなくて、だからこそ、「なにそれ？」ってなるようなことは言ってはいけない。「わかる」っていうのは、流してしまってOKってこと。そうやってさらさら通りのいい会話をして、時間をやり過ごしたい。別に、悪いことではなくて、そういう退屈だってあっていいとは思うのだ。

けれど、私は耐えられなかった。自分の気持ちをそぎ落として、わかりやすい言葉に無理やり、あてはめて、そうしてだんだん、私は何かを捨ててきてしまっているのでは、と思い始めた。「わかる」と言われたらほっとする。みんなも自分もくつろいでいる空間は、私だって、壊したくない。けれど、語る言葉が「C タテマエ」であろうとも、声にするたび、そっちのほうが「本当」であったように感じてしまう。自分が本当はどう思っていたのか。誰とも話さず、言葉にもせずにいたら、だんだん忘れてしまうんだ。

最適化されていく。みんなにわかるように話すことで、みんなの知っている言葉を使うことで、その言葉に合わせるように自分という人間も、最適化されていく。みんなに「わかりやすい」人間になる。場を壊さない人間になる。でも、それだけだ。場の要素でしかない私。ここに自分がいたっていなくたって、同じだと思った。誰にだって共感される人間なんて、すべてが「わかって」もらえる人間なんて、そこにいる意味がないとも思った。全く別の家で、全く別の人生を生きてきて、わかるはずなんてないのに。「わからなさ」にこそ自分があると、思うのに。それなのにそれらすべてを捨ててしまっている気がした。「わかる」と言ってもらいたいがために。でも私は、やっぱり人は、「わからないけれど、でも、なんか好きだよ」「なんか嫌いだよ」、そういう感情でつながっていくものだと思った。だから、きっと、話し言葉以外の「言葉」を探し始めたのだろう。

中学生だった頃、私はインターネットで日記を書き始めていた。友達にはまだネットに詳しい子がそんなにはいなかったけれど、でも、ネットにはすでにたくさんのWEB日記が存在していて、そこでは現実の人付き合いなんて、全く関係ないみたいだった。また、個人の書いた言葉、というものは、耳で聞く言葉と大きく違って見えたのだ。言葉より優先される「場」がないから、言葉が、話し言葉よりもずっと、ごろっと目の前に現れている。ノリで流すことができない。スルーができない。わからない言葉は、わからない言葉のまま存在感を発揮し、私はそれが羨ましかった。「わからなくてもいい」と思って言葉を書けることが魅力的だった。

とりとめもない思考回路。それを、ただ言葉にしてぶつけていった。友達に話しても「は?意味不明」と言われるようなもの。だけれど、言葉と体が結びついて、言葉を書くことが、体をぎゅっと丸めたり、思いっきり走ったりすることと同じように感じられた。次の瞬間に自分が何を書こうとしているのか、わからない。理性とか、そんなものを置き去りにして、私の感情が言葉を選び、そのうち、感情すら置き去りにして言葉が暴走していく。感情というより、反射Dシンケイで言葉を書いている感じだった。わかりやすい言葉ではなかったけれど、その言葉の手触りにこそ、自分というものが存在している気がしていた。

次第にそれを読みたがる人が現れて、「書く言葉」だからこそ、受け入れられる「わからなさ」があるのかな、なんてことを思った。話す間はどうしても、相手の顔が目の前にあり、周りには空間があり、空気があり、それまでの雰囲気を崩さないように、言葉を選ぶ。言葉より場が優先されてしまうのは、「コミュニケーション」としては当たり前のことなのかもしれない。②けれど、書いた言葉は、ネットの海にある言葉は、どうだったのだろう。当時の、個人サイトが点在しているようなインターネットでは、まだ言葉はどれもがひとりごとで、コミュニケーションを前提とはしていなかった。「わかってもらう」なんてこと、考えなくてよかったんだ。だって、相手の顔は見えないし、互いがどういう環境でそれを書いているのか、読んでいるのかも知ることができない。言葉の手触りだけが生々しく、やってくる。そこにしか、「人」の気配がなかったんじゃないだろうか。

よく知らない相手なのに、同じ言葉を話している。けれど、あきらかに、自分とは違う言葉選びを相手はしていて、相手の背景にあるものは何一つ見えないのに、その「異物感」に相手の生きてきた痕跡を感じる。言葉のすべてがわからなくても、言いたいことがなんなのかわからなくても、その「異物感」にときどき、ぐっときたり、むしろ嫌悪感を抱いたりする。言葉が「人」を伝える瞬間だと思った。「わからなさ」に「人」が宿る瞬間だと思った。そういう言葉を、私はずっと書きたいと、思っていたんだ。

ネットに書いていた言葉には、次第に読者が現れて、そうしてそれを「詩みたいだ」と言う人が現れたことで、私は「詩」を発表するようになった。これが、私が詩人になったきっかけだったと思う。

詩は、私にとって、「わからなさ」に宿るものです。わかってもらいたい、という感情を抱いた途端、その言葉は詩ではなくなる、と思っています。読んで、その詩を「好きだ」といってくれる人も、それぞれが違う解釈をしていたりする。彼らがどう読むかなんて私にはコントロールできないし、それでも、届くものがある、ということが私にとっては大切だった。読み手と書き手が、完全にわかりあう必要などないのだろう。わからないけれど、でも、だからこそ強く残る手触りがあり、それこそが「詩」なのかもしれなかった。それぞれが、自分自身の中にあるものを、そこから思い出すのではないか。共感や、わかってもらう、ということを追いかけて、忘れ始めていた自分の「本当」が、奥にまだ眠っていることを思い起こすのではないか。もしかしたら。そんなことを、最近は、考えています。

実際のところはわからない。わからなくて、いいと思う。③ただ、私が書いた「わからなさ」が作品として、誰かに届いていくとき、私は、書いていてよかった、と思う。こんなことがあるんだ、といつも驚かされている。こんな瞬間があるなら、いつまでも、いくらでも、書いていけると、そのたびに、思う。

（最果タヒ『恋できみが死なない理由』〈河出書房新社〉）

問一　[　　]A～Dのカタカナを漢字に直しなさい。

問二　――線部①とはどういうことですか。くわしく説明しなさい。

問三　――線部②とありますが、筆者はなぜ「書いた言葉」で表現しようと思ったのですか。

問四　――線部③で述べられている、筆者が詩を書く喜びを説明しなさい。

[二]　次の文章を読んで、後の問いに答えなさい。

◇次の文章は、「鶴来(つるぎ)」という会社でジーンズ製作に一生をささげてきた「りょう」が、年をとってから、孫の「静」に自分の人生を振(ふ)り返って話をしている場面です。

「ねえ、りょうばあちゃん。もう一つ、教えてくれる?」

「なんじゃ。なんでも聞いてええよ」

「そうやって鶴来は、ジーンズで新しいスタートを切ったのに、りょうばあちゃんは、なんで鶴来の家を出て、神戸に来たんじゃ?」

「その話も、まだ静には、しとらんかったのう」

　りょうは視線を遠くに向けた。

「光太郎[注1]じいちゃんは、エミリー[注2]・スミスのジーンズを見た、その一ヶ月後に亡(の)うなった。五十三歳(さい)で、あたいは五十五歳じゃった。それからあたいは五年、六十まで鶴来におった。で、六十になったとき、あの家を出ようと思うたの。鶴来はもう久志[注3]が社長になっとったし、会社は久志に任したらええ。あんたも、もう大学生になっとったしな。それもあるけど、一番の理由は、もう鶴来には、恭蔵(きょうぞう)[注4]さんもおらん。光太郎さんもおらん。あたいにとって、鶴来におる意味は無(の)うなったんじゃ。それで、あの家を出て、新しいことをやろうと思うた。そう決めたんじゃ」

「その、新しい人生が、なんで神戸やったんじゃ」

「そうは決めたんじゃけどな。次に何をやろうか、何も決めとらんかった。そんなことを考える暇(ひま)もなかったしな。ただ、これまでとは違う人生を始める。それだけじゃった。挨拶(あいさつ)回りに、これまでお世話になった取引先を全部回った。それで、神戸の取引先が、元町にあっての。神戸の港のすぐ近くの街じゃ。挨拶が終わって、元町の商店街を一人で歩いとった。そうしたら、一軒(けん)の書店の看板が目に入った。茶色の外壁(がいへき)にオレンジの文字で、『海会堂書店』って書いとった」

「カイエドウ?」

「海に会うで、海会堂や。あたいは、ええ名前じゃなあ、と思うて、港町のその書店に入ってみたんじゃ。商店街の中の本屋にしては、結構広い店やった。百坪(つぼ)近くはあったかなあ。二階だてでな、平台や棚(たな)を見たら、品揃(しなぞろ)えが、他の書店とは違う。女学生の頃、倉敷(くらしき)の古書店で働いとったことがあったからな。もともと本が好き、本屋が好きじゃから、そういうのは、ちょっと見たらわかる。ええ書店には、ええ書店の匂(にお)いがするんじゃ。古書店なんかは、店主の色がそれぞれ棚に現れて特徴(とくちょう)があるもんじゃけど、そこは新刊の、しかもそこそこ大きい書店じゃのに、棚に表情があった。何より、店の名前からして、表情があるじゃろう」

　海会堂。確かにいい名前だ、と、静は思った。

「通りがかった若い店員に、ええ名前の店ですねぇ、て言うたら、ええ、よう言われます。海に会うで、海会。私も好きです。それと、カイエっていうのは、フランス語でノートとか、練習帳っていう意味もあるらしいですよ、って教えてくれた。あたいは、ますます興味を持ってね。それで、二階に上がってみて、びっくりした。船の本が、壁一面に、ずらっと置いてあったんじゃ」

「船の本？」

「そう。商船から軍艦からヨットからボートから、あらゆる船に関する本。歴史やら法律やら造船やら船舶免許の参考書やら、ロープの結び方の本とかまでね。何本もの棚に、ずらっと」

「港町の書店じゃから、船関係のお客さんが多いんじゃろうかのう」

「そういうことじゃろうなあ。それにしてもえらい充実ぶりじゃった。それで、あたいはその時、思い出したことがあった。子供の頃、浅草におった頃のことじゃ」

そこでりょうは、母親との思い出を語った。

「母親と、いっぺんだけ、凌雲閣ちゅう、高い展望塔に登ったことがあったんじゃ。十二階の展望台からな、ぎょうさんの海に浮ぶ船が見えた。そのとき、あたいは、母親に聞いたんじゃ。あのお船たちは、どこから来たの？　どこ行くの？　って。母親は、あたいに言うた。遠い遠いところからだよ。遠い遠いところへ行くのよ。あたいも、船に乗れるかなあ、そう言うあたいに、母親は、ああ、大きくなったら乗れるよ。りょう、おまえは、大きくなったら、どこへでも行け。この街を飛び出して、あの船に乗って、自由に、どこへでも行けばいいんだよ。突然、ふっと、そんなことを思い出したんじゃ」

静は祖母の話に聞き入った。

①<u>「それでな、あたいは、二階におった、店員に聞いた。この店の社長は</u>どこですかって。そうしたら、店員が教えてくれた。あそこで、ノコギリ持ってんのが、社長ですよって。見たら、店の奥の方で、作業服着て材木をノコギリで切っとる人がおった。あの人が社長か。なんで社長がノコギリ持っとるんですかって聞いたら、社長に聞いてみてくれって。それで、あたいは、近づいて社長に言うたんじゃ。手伝いましょうかって」

「いきなり？」

「そうじゃ。おまえも覚えとき。初めて会うた人と仲良うなろうと思うたら、その人のやってることを手伝うことじゃ。社長は、一瞬、はあ、ちゅうような顔をしとったけどな、それやったら、ちょっと、この材木の端っこ、持っといてくれるかなあ、って。それからあたいは、しばらくその、日曜大工みたいな作業を手伝うたんじゃ。作業が一段落したとき、社長があたいに言うた。えらい助かりました。ありがとうって。それで、この工事は、何してるんですか？　って、社長に聞いた。その時の会話は、今でも、忘れられんなあ。社長は、あたいに、こう言うたんじゃ。ああ、これですか。ここは社長室やってんけど、そんなもんいらんなあ、いうことで、取り壊すことにしたんですわって」

「社長が、社長室を？　取り壊してたの？」

「そうなんじゃ。不思議じゃろ。壊して何にするんですかって聞いたら、『ギャラリーを作ることにしたんですわって』って。『ギャラリー？』思わず聞き返したら、社長はな、人懐こい笑顔で言うたんじゃ。『自分の目で見て、ええなと思った、まだ無名の画家の絵の企画展と、販売をやろうと思ってます。会社のみんなからは、無謀やとか、A［ドウラク］やとか言われてます。それで、まあ、私が一人で、こうやって』って」

「絵の企画展？　販売？　本屋さんで？」

「あたいもそのとき、同じことを社長に聞いた。そしたら社長は、こう説明してくれた。今はたしかに、本の売り上げは好調やけど、これからの書店は、いろんなことをやっていかんと生き残れん時代がきっと来る。そこで今、大型の美術本が、結構売れてるから、絵を売ることで、絵の好きなお客さんに【　ア　】を運んでもらえるような、そんな書店にしたいって。今は、船の本が【　イ　】になってるけど、もう一つの書店の【　イ　】を作りたいって」

「面白いことを考える人じゃね」

「そうなんじゃ。あたいも、面白そうじゃ、と思うた。それで、あたいは、社長に言うた。『ここで、働かせてください』って。そうしたら、社長が、急に真面目な顔になって、あたいの目をじっと見て、言うたんじゃ」

静は身を乗り出して、りょうの言葉に耳を傾けた。

「『もちろん、ここでギャラリーをやるのは、ビジネスのためです。そやけど同時に、それは、大げさに言うたら、その作家の、生き死にに関わることでもあるんです。それから、精魂込めた作品の、生死に関わることでもあるんです。まあ言うたら、私らは、医者みたいなもんです。それだけの責任がある。あなたに、それを負うだけの覚悟がありますか』あたいは、答えたよ。『それを聞いて、余計やりたくなりました』って」

そうして、りょうは、その海の近くの書店で働くことになったのだという。

「けど、りょうばあちゃん、その時、六十じゃろ？　よう、雇うてくれたね」

「もともとその書店は、B［ネンパイ］の書店員さんが多かったんじゃ。客層に、ネンパイのお客さんが多いから、お客さんからしたら、自分と同じ歳くらいの店員がおった方が安心してくれるっていう考えでね。六十を越えた店員が、すでに三人も働いとった。それとね、社長がギャラリーやる、言うた時、社員は、みんなそこに配属されるのを嫌がったんやて」

「なんでじゃろ」

「そりゃあ、みんな、本を売りとうて、書店に勤めてるんじゃけえ。やっぱり、文芸書とか、人文書とかそういうのを売りたいんよ。社長も困っとったんや。無理に配属して、いやいや働かれてもなあ、って。そんな時に、ひょっこりあたいが現れたってわけじゃ」

「じゃけど、りょうばあちゃん、美術のC［ソヨウ］はあったの？」

「ない、ない。若い頃、好きじゃった、いうても、竹久夢二とか、中原淳一とか、そういう時代じゃからねえ。最近の画家のことなんか、からっきしじゃけえ、必死で勉強したよ。美術の専門雑誌とか読んだり、方々の展覧会に【　ア　】を運んだりね。そんなあたいを見て、社長、その人は、杣田さんていうんじゃけど、三十五歳で、私より二十五歳も下の、杣田さんが言うた。りょうさん、勉強もええですけど、もっと、大事なことがあると思うんです、って」

勉強より大事なことって何だろう。静はりょうの言葉を待った。

「相手が命を懸けて向かいおうとるもんに、どれだけ気づけるか。有名より無名。正統より異端。中心より辺境。そこに眠ってるもんに、どれだけ共感する力を持ってるかです。僕らの、生き方そのものが問われるんですって、杣田さんは言うたんよ。杣田さんのその言葉を聞いて、②あたいは、美術の雑誌を閉じた。そうして、時間はかかったけど、ギャラリーは海会堂書店の大事な柱の一つになった。当時無名やった作家を何人も見いだして、店の売り上げにもつなげた。そうして、あれは、いつやったかな、そう、ちょうど、ベルリンの壁が崩壊した年」

「ああ。一九八九年。高校三年の年じゃったから、よう覚えとる」

「そうか。その年か。あんたにはそんなこと言うてなかったけどな、その年の暮れにね。杣田さんが、社長を解任されてね」

「解任？　ギャラリーで会社を立て直したのに？」

「そう。もともと、海会堂書店は、同族企業でね。創業者の子供が、三人、おった。息子が二人と、娘が一人。普通なら長男か次男が継ぐんじゃけど、いろいろあって、娘の婿さんが継ぐことになった。それが杣田さんや。もともと勤めてた、大手の重工業の会社を辞めてな。まあ、そういうこともあって、社長になってからも、社内での杣田さんの立場は、いろいろと難しいとこがあったんじゃ。で、結局、息子さんがやっぱり継ぐことになって、杣田さんは、まあ言うたら、お払い箱になってしもうた。それで、十三年ほど続いた、二階の海会堂ギャラリーも、春に閉めることになって。そうなったら、私も、海会堂におる意味はない。どうしようか、と思うてたら、杣田さんが、言うたんじゃ。りょうさん、僕は、ここ辞めても、ギャラリーをどこかで続けよと思てるんや。これまで関わってきた画家は、ほとんど無名の頃に知りおうて、今はもう身内みたいなもんや。伴侶みたいなもんや。僕は、彼らの『居場所』を失いとうないんや。作品の『居場所』を失いとうないんや。りょうさん、もしよかったら、僕を手伝うてくれへんかって」
③「居場所」。その言葉が、静の心に突き刺さった。
遠い昔、幼い頃に浅草から出てきた祖母が、社長をお払い箱になった男と、神戸の片隅でギャラリーを開く。それが二人の「居場所」となる。

人生は、そして人と人とは、なんと不思議な縁で繋がっているのだろうか。

（増山実『百年の藍』〈小学館〉）

※設問の都合で本文の表記を変えたところがあります。
注1：りょうの夫で、鶴来の社長
注2：鶴来の会社で作ったジーンズのブランド名
注3：光太郎とりょうの次男
注4：光太郎の叔父で、りょうの育ての親

問一　［　　］A〜Cのカタカナを漢字に直しなさい。
問二　【ア】【イ】に入る体の一部を表す漢字一文字を答えなさい。
問三　――線部①の理由を、この時りょうが神戸に来たきっかけをふまえて、説明しなさい。
問四　――線部②とありますが、この時のりょうの気持ちを説明しなさい。
問五　――線部③とありますが、「居場所」という言葉が「静の心に突き刺さった」のはなぜですか。

鷗友学園女子中学校(第一回)

―45分―

【注意】　問いに字数指定がある場合には、最初のマス目から書き始めてください。なお、句読点なども一字分に数えます。

□一　次の文章を読んで、後の問いに答えなさい。

浅草の和菓子屋奥山堂で働く樋口和子(ワコ)は、製菓学校を卒業してまだ九ヵ月の修業中の身である。和菓子の世界は男性社会で、なかなか工房に立たせてもらえなかったが、ようやく作業を任されるようになってきた。しかしある日、同期の小原にワコが担当するじょうよ饅頭の数を本来より多く教えられた。余分に作った百五十個を奥山堂の名前は出さずに外で売ってくるよう、上司の鶴ヶ島(ツルさん)に命じられたワコが、雷門前にやってきた。

年の瀬で、たくさんの参拝客、観光客が雷門通りを行き交い、仲見世へと吸い込まれていった。それとすれ違うように、お参りを終えた人たちが雷門から出てくる。これだけの人が通るんだ、売れるかもしれない！淡い希望も芽生えた。

雷門の傍らで、駅弁を売るようにボックスを下げているのだが、しかし誰も振り向きさえしてくれない。じっと立っていると足もとから冷気が伝わってきた。ボックスには紙にマジックで〔おいしい！　じょうよ饅頭　1個300円(消費税サービス)〕と書いた紙をテープでとめている。浅野のアイディアである。

ワコは試みに、「お饅頭です」と言ってみる。しかし、それは蚊の鳴くような声だった。今度は意を決して、「お饅頭でぇぇす‼」と声を張り上げた。しかし緊張のため、威嚇するようになってしまう。近くを通った若い男性が、ぎょっとしてこちらに顔を向けた。ワコと目が合うと、逃げるように立ち去る。

ワコは恥ずかしさで顔を紅潮させつつも、「おいしいお饅頭ですよー」と声を出し続けた。「じょうよ饅頭ってなんだ？」とか、「ひとつ三百円なんて、ずいぶん高いわね」といった声が時折耳に入るだけで、ひとつも売れない。

それでも一時間以上経った頃だろうか、「じょうよ饅頭って、山の芋のお饅頭だよね？」

と、年配の眼鏡をかけた女性が声をかけてきた。

「はい、そうです」

ワコは夢中で応える。

彼女はボックスを覗き込むと、「あら、おいしそ」と笑みを浮かべた。

初めての好感触に、「おひとついかがでしょう？」とすかさず売り込む。

「じゃ、ひとつもらおうかしらね」

「ありがとうございます！」

抑えきれずに明るい声が出てしまう。

代金を受け取ると、ワコはトングで女性の手にじょうよ饅頭をひとつ載せた。

「あら、おいしい！」

ひと口食べた女性の感想に、「ほんとですか？」思わず訊き返していた。

「やだよ、あんた。自分でつくったお饅頭を褒められて、〝ほんとですか？〟

ってことはないだろ」

「あ、いえ、そうじゃなくて……」

　自分のお菓子をおカネを払って買ってくれるところを目にするのも、おいしいという声を耳にするのも初めての経験だった。それは、まさに天にも昇るような心地である。ワコはしばらく、じょうよ饅頭をぱくつく女性の姿を一心に見つめていた。この饅頭は自分が蒸したわけではない。餡子も自分で炊いたわけではなかった。生地をつくり、包餡しただけだ。なのに、こんなにも嬉しくて仕方がない。だったら、すべて自分でつくったお菓子を食べてもらうって、いったいどんな気分なんだろう？

「お饅頭食べたい！」

　五歳くらいの男の子の声がした。眼鏡の女性が饅頭を食べる姿を見て、羨ましくなったのだろう。

「おいしいよ」

　と眼鏡の女性が男の子に向かって言う。

　すると、母親らしい若い女性が、「ヒロトは、餡子なんて好きじゃないでしょ」とたしなめる。けれど、ヒロトというその男の子は、「食べたーい」ときかなかった。

「仕方ないなあ」

　母親がひとつ買ってくれる。

「ありがとうございます！」

　母親から饅頭を受け取った男の子が、「おいしい！」と声を上げる。口の横に餡子を付けた男の子を見て、ワコは胸がいっぱいになった。

「私もひとつもらおうか」

　年配のステッキをついた紳士から声がかかる。

「こっちにもひとつ頂だい」

「俺もひとつ」

　たちまち周りに人垣ができた。

「ありがとうございます」「ありがとうございます」ワコは急にいそがしくなって慌てる。けれど、①それは幸福ないそがしさだった。

「ちょっとあなた、ここで商売する許可を取ってますか？」

　突然そう質問される。ワコが見やると制服を着た若い警察官だった。すぐ近くの交番からやってきたのだろう。

「あのう……あたし……」

　ワコには応えるすべがない。

　女性客のひとりが、「なによ、あんた！　お饅頭くらい売ったっていいじゃないのよ！」と警官に噛みついた。

「そうよ、おいしいお饅頭を頂こうって時に、無粋なこと言わないの」

「いや、しかし、許可がないと」

　思わぬ反発に遭って、警官はしどろもどろだ。だが、すぐにワコのほうに向き直った。

「とにかくあなた、一緒に来て」

　そのまま交番に連行されてしまったワコは、なにを訊かれてもだんまりを決め込んだ。店に迷惑をかけるわけにはいかない。大きなボックスを膝の上に置いてパイプ椅子に座り、無言のままでいる。多くの人波が、外を往き過ぎた。

　先ほどの警官と、彼の上役らしい年配の警官が並んで立ち、こちらを見下ろしている。年配の警官が、「黙ったままで、いつまでこうしているつもりなんだね？」と、何度目かの同じ言葉を投げかけてくる。その時だった。

「あれ、ワコ、どうした？」

作務衣姿の浅野が交番の中を覗き込んでいた。

「どうしてるかと思って、様子を見にきたら、おまえ、交番て……」

すると上役の警官が、「あなたですか、この女性にあんなところで饅頭を売らせたのは？」

と、浅野に詰問する。

「いえ、そういうことじゃないんですけど……あの……」

すると浅野がなにか思いついたような顔になり、「新人が度胸をつけるための研修なんです」と、出任せの言い訳をした。

「この並びにある奥山堂の者です。本当に申し訳ありません」

老舗の名店の者であることは、浅野の作務衣の胸に入ったネームで証明され、②ふたりは目こぼししてもらった。「あそこで商売するには、道路使用許可の申請手続きが必要なんだからね」と再び念を押されてから。

「なあワコ、じょうよ饅頭が三百って、ほんとは小原から嘘を伝えられたんだろ？」

店に向かって歩きながら浅野が言う。首からボックスを下げたワコは、はっとして大柄な浅野を見上げた。

「みんな薄々気づいてるよ。小原を締め上げて吐かせ、クビにすれば簡単だ。けどな、小原の親父、小原菓寮の社長とうちの高垣社長はゴルフ仲間でな。自分のせがれを仕込んでくれって頼まれてんだ。いわば預りもんなんだよ、あいつは。だからそうもいかないんだ」

浅野は小さく息をついてから、「小原のやつ、自分で変わろうとしないと、一生ダメなまんまだろうな」とため息のように呟く。

ふたりでしばらく無言のまま歩いた。浅野がふと、ボックスに並んだ饅頭を見やって、「きれいにできたな」と優しく言ってくれる。

「じょうよ饅頭ってな、基本を問われるお菓子だ。簡素だけど、いや、簡素だからこそつくった者の技量が問われる。山の芋の処理の仕方、粉との混ざり具合、そうした総合的な技術の集積から成る饅頭だ」

彼が笑った。

「――って、工場長からそう言われたよ、新入りの頃にな。俺が初めて生地からつくったじょうよ饅頭をハマさんところに持っていったら、蒸してくれなかったんだぜ」

目の下のまつ毛が長い浜畑の顔を、ワコは思い浮かべた。

「ハマさんは、俺よかひとつ上なだけだが、腕が認められて早くから蒸し方、焼き方を任せられてる。だから、プライドが高い」

浅野さんは、あたしを励まそうとしてくれてるんだ。

「生地の具合を見、粉の加え方を塩梅し、空気を抱かせて、抱かせて混ぜる。すると、蒸した時、饅頭はふっくらと膨らむ。皮が破れる寸前までな。ワコのつくったのは、そんなじょうよ饅頭だ。もちろん、ツルさんにも分かったはずだ。だからハマさんに蒸せって命じたし、外で売ってこいって無茶なことも言ったんだろう。商品に成り得るものだって認めたから。それに、もしかしたら……」

と浅野が少し考えてから口を開く。

「……もしかしたら、ツルさんは、ワコに対して理不尽な仕打ちをすることで、小原の目を覚まさせようとしたのかも」

あのツルさんが……。

「ひとつもらおう」

浅野がボックスから饅頭を摘まみ上げる。

「おっと、カネはあとでちゃんと払うからな」

彼はひと口食べるごとに、「うまい、うまい」と言ってくれた。

店の作業場では、曽我が待っていた。どうやら、交番から確認の電話があったらしい。

「おまえたちはいったいなにをやっているんだ⁉」

鬼の形相で怒鳴る。

「おい、ツル！　おまえ、どういうつもりで、こんなことをさせた⁉」

鶴ヶ島が無言で目を背けている。

「おまえは奥山堂のお菓子をなんだと思っているんだ⁉」

その言葉に反発するように、鶴ヶ島が勢いよく曽我を見る。しかし、やはり黙ったままでいた。

今度は曽我がワコに顔を向けた。こんなに恐ろしい表情の曽我を見たことがなかった。いまだにボックスを駅弁売りのように首から下げたままのワコは、ぽかんとするばかりだ。

「すぐにその饅頭を捨ててこい！」

ワコはなにを言われたのか理解できないでいた。

「外気に当てて乾燥し、路上の埃を被ったお菓子を売りつけるなんて、おまえは奥山堂の信用を傷つけかねないことをしたんだぞ！　そんなものさっさと捨ててしまえ！」

曽我の言うことはもっともだ。しかし……。

「嫌です」

とワコは言い返した。

「なんだと？」

さらに怒気を帯びた曽我の声は低くなった。

「お菓子を捨てるなんて嫌です！」

さらにワコは言う。

「〝おいしい〟って……お客さまから……、〝おいしい〟って言っていただいたお饅頭なんです」

ワコの頬を涙が伝う。悔しかった。

曽我が背後を振り返って、「小原、おまえが捨ててこい！」と命令した。

小原が、びくりと身体を震わせてから、「はい」と聞こえるか聞こえないかの声で返事し、ワコのほうにやってくる。

小原がボックスを奪おうとすると、「イヤ！」ワコは身体を反転させた。

小原と揉み合う形になり、床にじょうよ饅頭がこぼれ落ちた。

「嫌です……捨てるなんて嫌です……」

ワコは泣いていた。小原がおろおろしながら饅頭を拾い集めている。

ワコは、作業場で泣いている自分が情けなくて仕方がない。捨てたくないなら、どうしたい？　また戻って売りたい？　自分で食べたい？

駄々をこねているのは分かっていた。それでも、突っ立ったまま泣きやむことができない。

ふいに鶴ヶ島が、誰に向けてでもなく語り始めた。とても静かな口調だった。

「生まれた家が貧しくてな、俺は中学を出ると働かなきゃならなかった。甘いもんが食べられるだろうって、それだけで金沢の菓子屋に住み込みで勤めたんだ。その店は流れ職人が入れ代わり立ち代わりやってきて、小僧の頃は泣かない日がないくらい厳しい扱いを受けた。なにしろ入れ代わりが激しいもんだから、誰に付けばいいのかも分からない。俺は泣きながらも、必ず一人前になってやるんだって決心した。そのためには、仕事はとにかく自分で覚えていくしかない。目で盗むのはもちろん、少ない給料をやり繰りしながら職人が酒を飲むのに付き合ったり、酔った職人を介抱することで親しくなって、つくり方や配合を教えてもらった。だから俺は、酒が飲めない頃から赤ちょうちんに出入りしてた。そうした店の焼き鳥やおでんが晩飯だった」

　いつの間にか作業場のみんなが鶴ヶ島の話に耳を傾けているようだ。ワコも肩を震わせながら聞いていた。

「勤め始めて四年もすると、すっかり仕事に慣れ、俺は次なる店の門を叩いていた。そうやって北陸だけでなく関西、関東と渡り歩いた。菓子は地域によってずいぶんと違う。東と西では甘さだって異なる。京の菓子は雅な味だ。俺の師匠は、そんな中で出会った職人たちだ。誰というのではない、名もなく腕のよい職人とその菓子に接することで自分の技術を磨いてきた」

　鶴ヶ島が曽我に顔を向けた。

「工場長、あんたもそのひとりだ」

　曽我はなにも言わなかった。

「工場長が俺に教えようとしているのは、職人たちの扱い方だ。組織をどうまとめるかってことだ。今話したとおり、俺は自分の腕を磨くことだけを考えて生きてきたからな。そういう意味では、いろいろ学ばせてもらったよ。おかげで――」と鶴ヶ島が、しゃがんだままの小原を見やる。③「性根の曲がったやつを目覚めさせるため、ひと芝居打つことになったり。もっとも、やり方が荒っぽくて、ワコにはかわいそうな役を振っちまったが」

どういうこと？　それじゃ、今度のことは、浅野さんが言ってたとおりだったの？――「もしかしたら、ツルさんは、ワコに対して理不尽な仕打ちをすることで、小原の目を覚まさせようとしたのかも」

　鶴ヶ島が珍しく優しげな表情をワコに向ける。

「悪かったな」

　ワコは戸惑いながら、もはや涙が消えていた。

「ツル」と曽我が声をかける。「おまえがあえて憎まれ役になってくれたのを知りながら、怒鳴りつけてすまなかった」

　鶴ヶ島が、曽我のほうを向いた。

「奥山堂の菓子をなにより大事にしているあんたは、ワコに菓子を捨てろと言うに違いない、と俺は考えた。修業を始めて九ヵ月ほどであんなじょうよ饅頭をつくっちまう娘が、あんたに菓子を捨てろと言われ、どんな反応をするのか？　実は興味があった」

　今度は彼が、ワコに視線を寄越す。

「俺なら、売れ残った菓子、汚れた菓子は迷わず捨てる。ところがワコは、菓子を捨てるのが嫌だと泣いた」

　ワコは泣いたことが恥ずかしくて、またうつむいてしまう。

「俺は今さっき〝悪かったな〟と、確かにおまえに謝った。一方でこうも思う。おまえの考え方は、あまりにも青く、ひとりよがりだ。それに作業場で、絶対に涙を見せるべきではない」

　彼が相変わらずこちらを眺めていた。

「小僧の俺も、作業場では泣かなかったぞ。それが職人だ」

　ワコははっとする。職人――ツルさんが、そう言ってくれた。

　鶴ヶ島が、ゆっくりと足もとのほうを見やった。そこでは、まだ小原がしゃがみ込んでいる。

「おまえはどうなんだ小原？　おまえはこれから、菓子とどうやって付き合っていくつもりだ？」

小原が、くずおれるようにがくりと両手を床についた。

今度は、曽我が小原に向けて告げる。

「おまえの採用を決めたのは私だ。コネでおまえを預かったつもりはないぞ」


仕事を終え店の裏口を出ると、外に小原が立っていた。

「みんなの前で泣いちゃって、カッコ悪い」

ワコは照れ隠しに舌を覗かせると、彼の横を通り過ぎようとした。

「どうして饅頭の数で俺が嘘の伝令したことを、工場長に言いつけなかったんだ？」

小原が言う。

「そうやってクビになって、実家のお店に帰りたかった？」

ワコが言葉を返すと、彼が鼻で笑った。

「実家に帰ったたって、俺の居場所なんてあるもんかよ」

小原がちょっと考えてから言葉を続けた。

「俺には兄貴がいた」

「いた？」

と訊くと、「交通事故で死んじまったんだ」と応える。

「出来のいい兄貴で、みんなが店を継ぐもんだと思ってた。ところが俺にお鉢が回ってくると、〝あいつなんかに……〟って陰口が聞こえてきてな」

「それですねてるんだ」

「うんざりなんだよ、兄貴と比べられるのが！」

怒鳴ったあとで彼が黙り込んだ。そうして再び口を開く。

「俺の嘘の伝令はワコが黙ってくれてても、みんなには分かってたんだな」

それには応えず、ワコは言った。

「小原君て、やっぱりお菓子が好きなんだよね」

意外そうに彼がこちらを見る。

「さっき、お饅頭が床に落ちたら、手で汚れを払いながら拾ってたでしょ。これから捨てにいくはずのお饅頭なのに」

小原は無意識に自身がしたことに、今になって驚いていた。

「そういやあ、そうだな」

小原が声を上げて笑い出す。

「なにやってんだ、俺……」
④笑い続けている彼の目尻に涙が滲んでいた。
お菓子は廃棄されてしまった。けれど、お客に食べてもらえるのがあんなに嬉しいなんて。それがワコの中に強く残った。

（上野歩『お菓子の船』〈講談社〉）

問一　――線部①「それは幸福ないそがしさだった」とは、どのようなことですか、説明しなさい。

問二　――線部②「ふたりは目こぼししてもらった」とありますが、ここではどのようなことですか、説明しなさい。

問三　――線部③「性根の曲がったやつを目覚めさせるため、ひと芝居打つことになったり」とありますが、これはどのようなことですか、説明しなさい。

問四　——線部④「笑い続けている彼の目尻に涙が滲んでいた」とありますが、今回のできごとを通して小原はどのように変化しましたか。きっかけをふくめて説明しなさい。

二　次の文章を読んで、後の問いに答えなさい。

一人称単数の主語を持つということは、その一人称単数の主語に見合う述語で思考し、行動することでもある。もしも「我々」など複数代名詞や自分が帰属する集団が主語ならば、述語はまったく変わる。だって大きくて仲間がたくさんいて強いのだ。一人称単数の主語を明け渡せば、自分はほぼ匿名になれる。だから攻撃的になる。①一人ならば言えないことも言えるようになる。

例えばどんな述語が多くなるのか。成敗せよ。許すな。粉砕せよ。立ち向かえ。……思いつくままに挙げたけれど、こうして一人称単数の主語を失いながら、人は選択を間違える。悔やんでも時間は巻き戻せない。

なぜ自分自身ではなく、複数の集団や組織の名称に主語を明け渡すのか。楽だからだ。だって一人称単数は孤独だ。心細い。

僕はかつてテレビ・ディレクターだった。番組制作会社に所属していた。でもオウム真理教の信者たちを被写体にしたテレビドキュメンタリーを撮ろうとして会社から解雇されて、帰属していた組織を失った。一人になっても撮影は続け、結果としてこの作品は映画になった。僕にとって初めての劇場映画だ。

一人で撮影を続けたときの感覚は今も覚えている。予算はないけれど指示や命令もない。すべてを自分で決めなくてはならない。そしてその責任も自分に返ってくる。不安だった。心細かった。でも気がついた。会社や業界に帰属していたそれまでとは、明らかに視界が変わっていた。

これを言葉にするのは難しい。解放感よりは不安のほうが強かった。でも同時に、カメラのファインダーを覗く自分の視点が、それまでとは違うことは確かだった。②僕は一人称単数の主語を取り戻していたのだ。だから述語も変わる。そして結果として、このときの体験は僕にとって、とても大きな糧となった。

最近、保育の現場や障害者施設、刑務所などで虐待が行われていたというニュースが多いことにあなたは気づいているだろうか。加害者の多くは保育士や介護福祉士に刑務官。保育士は子供好きだったはずだし、介護福祉士は社会的弱者への介護を自分の一生の仕事だと思っていたはずだ。そして刑務官は標準以上に正義感が強い人たちだったはずだ。

ところが、そんな人たちが日常的に虐待にふける。被害者は園児であり知的障害者であり受刑者だ。つまり弱い人たち。だから抵抗しない。できない。名古屋入管でウィシュマさんを虐待し、適切な医療につなげることすらしなかった入管職員たちも同じだろう。他にも多くの外国人たちが、入国を認められないままに虐待を受けていた。

躾や懲罰のつもりがどんどんエスカレートする。でも加害している当人はそれに気づかない。集団の一部になっているからだ。一人称単数の主語をいつのまにか失っているからだ。この延長にホロコーストを含めた多くの虐殺がある。多くのアイヒマンがいる。武力侵攻や戦争がある。

天敵への防衛策として始まった集団(群れ)は、近代において、組織や共同体を意味するようになった。具体的に書けば、会社や学校。組合やサークル。法人に町内会。派閥にグループ。まだまだいくらでもある。集団のラスボスは国家だ。国籍から逃れられる人はいない。

　人はこうして、国家を頂点としたさまざまな組織や共同体に帰属しながら生きる。そう宿命づけられている。もしも南太平洋の無人島でたった一人で暮らすのなら、あなたはあらゆる集団から離脱できるかもしれない。でもそれは本来の人の生きかたではない。

　集団の最大の失敗は戦争と虐殺だけど、それだけではない。虐待やいじめ。地球温暖化と環境破壊。温暖化ガスの弊害は明らかで毎年のように異常気象はニュースになるのに、僕たちは今の速度と方向を変えることができない。

　あなたは「ティッピング・ポイント」という言葉を聞いたことがあるだろうか。この言葉の意味は、それまでの小さな変化が急激に変化するポイントのこと。日本語ならば「臨界点」や「閾値」と言い換えられる。

　地球温暖化問題においても、温室効果ガスの量がある一定の閾値を超えると爆発的に温暖化が進み、もはや後戻りができない事態に陥ってしまうと言われている。

　いつ「ティッピング・ポイント」は始まるのか。数十年後と言うコメンテーターもいれば、数年後と言う科学者もいる。いずれにしても、このままでは人類は、最悪の事態を迎えることになる。本当に取り返しのつかない事態になってから、なぜあのときにもっと真剣に対処しなかったのか、と天を仰ぐ可能性は高い。

　その理由は集団だったから。自分の感覚よりも全体の動きに合わせていたから。自分の問題ではなく全体の問題だったから。みんなが温暖化ガスの排出を止めなかったから。みんながユダヤ人を虐殺していたから。みんながこの戦争は祖国と国民を守るためだと言っていたから。

　僕たちは集団から離れられない。それは大前提。でも集団に帰属しながらも、一人称単数の主語をしっかりと維持できるのなら、暴走に気づくことができる。

　それほど難しいことじゃない。「我々」や集団の名称を主語にせず、「私」や「僕」などの主語を意識的に使うこと。たったこれだけでも述語は変わる。変わった述語は自分にフィードバックする。すると視界が変わる。新しい景色が見える。だから気づくことができる。世界は単純ではない。多面で多重で多層なのだ。だからこそ豊かで優しいのだと。

（森達也『集団に流されず個人として生きるには』〈ちくまプリマー新書〉）

問一　――線部①「一人ならば言えないことも言えるようになる」のはなぜですか、説明しなさい。

問二　――線部②「僕は一人称単数の主語を取り戻していたのだ。だから述語も変わる」とありますが、その結果どのようになると筆者は考えていますか。本文全体を読んで説明しなさい。

三　各文の――線部のカタカナを漢字に直しなさい。

(1)　エジプト文明のキゲンを探る。
(2)　コクソウ地帯が広がっている。
(3)　鳥のさえずりをロクオンする。
(4)　クローゼットにシュウノウする。
(5)　教育のキカイキントウ。

大妻中学校(第一回)

―50分―

※　解答に字数の指定がある場合は、句読点やかっこなどの記号も字数として数えます。

□一　次の文章を読んで、後の1～12の問いに答えなさい(問題の都合上、本文を変えているところがあります。)

平林先生は、腕時計を見た。

「五時十五分か。最終下校は六時だけど、まあ、きれいになったことだし、そうだな、今日はもう終わりにしようか。」

平林先生がそう言うと、アズサは、ジャージのひざについた土をパンパンと払いながら立ち上がって、

「来週は、花を植えるの?」

と言った。

「え?」

[　A　]　でも、どういうわけか、ぼくは園芸部というのは野菜を育てるものだとばかり思っていた。

「どうしたの?」

ぼくの口からもれた「え?」という小さな声は、しっかりと平林先生の耳に届いていた。

「あ、あの、なんでもないです……。」

「黒田くん、思ってることがあるなら言ってみたらいいんだよ。」

そう言われても、「花壇なのに野菜を植えるなんて、なに考えてるんだ?」と思われそうで、なかなか言いにくい。

ぼくが、①もごもごしていたら、

「サクヤって、自意識過剰?」

と、アズサが言った。

「ジイシキカジョー?」

西森くんが首をかしげる。

「リョウ、これ日本語だよ。なんで日本で暮らしてるのに日本語を知らないの?」

「うるせえなー。アズサだって、全部の英単語を知ってるわけじゃないだろうが。」

「まあ、まあ、君たちはまだ若いんだから、言葉に限らず、知らないことはいっぱいあるさ。でも、知らないということは全然恥ずかしいことじゃないよ。むしろ、わくわくしていいじゃないか。」

「わくわくするかな?」

西森くんが先生を見て言った。

「するよ。結末がわかってる映画を見ても、そんなにおもしろくないだろう。知らないから、わくわくするんだ。」

「まあ、そうか。それで、ジイシキカジョーってどういう意味?」

「自意識過剰というのは、自分が他の人にどう見られているのか、必要以上に考えてしまうことかな。こんなこと言って変に思われたらどうしよう、とかね。」

[　B　]

「でも、実際は、みんな自分のことで精いっぱいで、他の人のことなんか、そんなに気にしてないけどね。」

C

「それで、なにが『え？』なの？」

アズサが、ぼくの顔を見る。

「あ、あの、えっと……。」

D

「まあ、いいじゃん。言いたくないなら言わなくたって。」
②たじろぐぼくを見かねたのか、西森くんが助け舟を出してくれた。
ところが、アズサは、ぼくを逃がしてくれない。

「そんなことないよ。なんかおかしいと思ったことがあったら言っとかないと、いつまでたっても、おかしいままでしょ。」

E

「あの、おかしいと思ったわけじゃなくて……。」

ぼくがそう言ったら、アズサが、のぞき込むようにぼくの顔を見た。

「じゃあ、なに？」

「おい、おまえ、こわいんだってば。そんなに黒田を追い詰めるなよ。」

「別に追い詰めてないでしょ。それから、おまえっていうの、やめてくれない？」

ぼくがはっきりしないせいで、なんだか二人がけんかを始めそうだ。

それは、ちょっと困る。

「……あ、あの、ぼく、野菜を植えるものだと思ってたから……。」

そう言うと、二人だけでなく、平林先生までもが、ぼくを見た。ぼくは相当おかしなことを言ったのかもしれない。

でも、平林先生が、

「園芸って、別に花に限ったことじゃないから、野菜を育てるのもいいかもしれないなあ。」

と言ったので、ほっとした。

「うん、いいじゃん。おれも、せっかくなんか植えるなら食べられるものの方がいいよ。」

西森くんも賛成してくれた。

でも、アズサは違った。

「わたし、いやだ。花壇なんだから、花を植えたい。」

「じゃあ、花壇の全部で野菜を育てるんじゃなくて、半分だけっていうのはどうだろう。半分で野菜を育てて、残りの半分は花を植えるんだ。」

平林先生の提案に、西森くんが、

「賛成！」

と、《Ⅰ》手をあげた。

ぼくも、西森くんに続いて《Ⅱ》手をあげた。多数決なら、これで決まりだ。

「そんなの変すぎる。③バラのとなりでキュウリを育てるなんて、絶対にいや。」

「なあ、アズサ。日本もアメリカも、④民主主義の国だよな？」

なかなか意見を曲げないアズサに、西森くんが言った。

「そうだけど……。」

アズサの勢いが弱くなる。

「うーん、日本もアメリカも民主主義だけれど、数という力業で少数派の意見をねじ伏せるのは、今の時代には合ってないんじゃないかな。少数派の意見にも耳を傾けないと遺恨が残るぞ。」

「イコン？」

西森くんが平林先生を見る。

「遺恨っていうのは、いつまでも恨みが残ることだ。これから一年以上、恨んだり、恨まれたりしながら、一緒に部活動をするのもいやだろう？」

「うん。まあ、そりゃ、ちょっとこわいかな。」

西森くんが、ちらっとアズサを見た。

さっき会ったばかりだから、アズサのことはよく知らないけど、でも確かに、アズサに恨まれたまま一緒に部活動をするなんて、ちょっとどころか、《Ⅲ》おそろしいような気がする。

「じゃあ、どうするの？」

「今から図書室に行ってみようか。」

平林先生がそう言うと、西森くんが、

「えー、なんでー？　解散じゃないのー？」

と、口をとがらせた。

「園芸書を読みながら話し合えば、みんなが納得する方法を見つけられるかもしれないじゃないか。さあ、図書室が閉まるまで時間がないから、早く草を捨てに行こう。」

ぼくたちは、急いで片づけを終えて、図書室に行った。

ところが、図書委員に、「あと十分で閉めます」と言われてしまったので、話し合いはせずに、本を借りて、どんな花壇にするのかを家で考えてくることになった。

図書室には初めて来たけど、《Ⅳ》園芸書がそろっていた。

平林先生は土作りの本、西森くんは初心者向けの野菜の本を手に取っている。

「あー、おれ、やっぱ枝豆、育てたい。枝豆うまいもんなあ。」

西森くんが大きな声でそう言うのを、⑤アズサが怖い顔で見ていた。

「ビールのつまみに枝豆もいいけど、そら豆もいいよな。西森くん、そら豆をどうやって育てるのかも、しっかり読んでおいて。」

「どうして野菜って決めちゃうの？」

アズサが、手にしているイングリッシュガーデンの本をめくる手を止めて言った。

ぼくが「野菜を植えると思った」なんて言わなかったら、《Ⅴ》花を植えていたはずなんだよなあ。

なんだか申し訳ない気持ちでアズサを見ていたら、アズサが急にこっちを振り返って、ぼくをにらんだ。

こわっ。

ぼくは、あわてて本棚から本を一冊取り出し、いかにも調べ物をしていますというように、ぱらぱらとページをめくった。

すると、パッチワークの図柄のような古い絵が目にとまった。

なんで農業コーナーのところに手芸の本があるんだ？

ぼくは表紙を見返した。「家庭菜園」と書いてある。まぎれもなく農業コーナーに属する本だ。

じゃあ、なんで家庭菜園の本にパッチワークがのっているんだろう？

そう思って、もう一度さっきのページを見てみると、ぼくがパッチワークの図柄と思ったものは、フランスのベルサイユにある「ポタジェ・デュ・ロワ」（王の菜園）という、ルイ十四世専用の菜園の見取り図だった。色とりどりの野菜やハーブが、幾何学模様に配置されていたので、それがパッチワークのように見えたのだった。

こんな風に野菜を植えられたらかっこいいだろうけど、あんな長細い花壇じゃ、無理だろうな。

次のページをめくると、今度は現代風の「ポタジェ」の写真がのっていた。

「ポタジェ」というのは、フランス語で家庭菜園という意味なのだそうだ。でも、日本語の家庭菜園とは、ちょっとニュアンスが違って、[F]用という意味も含(ふく)まれているらしい。

小さな庭に、木枠(きわく)が四つ、田の字のように並んでいて、木枠と木枠の間の通路には古いレンガが敷(し)きつめられている。木枠の真ん中には、三本の支柱が、お互(たが)いを支えあうように立てられていて、豆のつるが絡(から)んでいた。その支柱を中心に、内側から外側に向かって、赤キャベツ、茎(くき)の部分が紫色(むらさきいろ)のほうれん草みたいな野菜、それから、レタス、唐辛子(とうがらし)、一番外側にはオレンジ色の花、と波紋(はもん)を描(えが)くように植えられていた。写真の下には、「花も収穫(しゅうかく)も楽しめるポタジェ」と書いてある。

「これ、いいかも。」

「なに?」

西森くんがぼくの手にしている本をのぞきこんだ。

「ポタジェ?」

「『ポタジェとは、フランス語で菜園、または家庭菜園という意味で、野菜やハーブ、果物や花を寄せ植えにしたもののことをいいます』。」

ぼくが、そのページの一文を読み上げると、

「そんなのあるの?」

と、アズサもぼくのところにやってきた。

写真を見たアズサの顔が、どんどんゆるんでいく。

「うん。これ、すごくおしゃれ。こんな感じだったら、花のとなりに野菜があってもいい。」

アズサが、右手の親指と人差し指でわっかを作って、オッケーというジェスチャーをした。

「やったー。これで、イコンなく部活できるじゃん!」

西森くんが大きな声を出したので、図書委員がカウンターの向こうから、眉(まゆ)を寄せてぼくたちを見た。

「西森くん、静かに。ここは図書室だからね。」

平林先生が注意する。

「はーい。すいませーん。」

西森くんは、謝(あやま)る声も大きい。ぼくは図書委員の目が気になってしかたがなかった。

「ポタジェを作ることに決まりな!」

「うん、じゃあ、今手に持ってる本を借りて、今日は解散にしよう。」

平林先生は、そう言って、ぼくたちをカウンターのところまで連れていった。

西森くんを静かにさせることに労力を使うより、とっとと図書室を出た方がいいと判断したようだ。

「先生、来週は、種をまいたり、苗(なえ)を植えたりするの?」

図書室を出ると、西森くんが聞いた。

「うーん、これを読むと、野菜を植える前に、土に肥料を入れたりして、いい状態にしないといけないみたいだから、来週は、土作りかな。先生も、この週末に土作りや野菜作りのことを勉強して、来週には畑の年間予定表を渡(わた)せるようにしておくよ。」

「先生、花もあるんだから、野菜とか畑とか言わないで、ポタジェって

言ってください。」

アズサが平林先生に⑥【　　】をさす。

「花畑っていう言葉もあるだろ。」

西森くんがそう言うと、アズサがキッと西森くんをにらんだ。

「じゃあ、まあ、『園芸部のポタジェ年間計画』かな。」

平林先生がそう言うと、⑦アズサが満足そうな顔でうなずいた。

「とにかく、来週は土作りをするから、できれば家から軍手とスコップを持ってきてね。じゃあ、今日はこれで終わりにします。お疲(つか)れさまでした。」

「お疲れさまでした。」

ぼくたちは、礼をして解散した。

(花里真希(はなざとまき)『ハーベスト』〈講談社〉による)

問1　A ～ E に当てはまる表現として適当なものを、次の中から一つずつ選んで記号で答えなさい(同じ記号は二度使えない)。

イ　そんなにじろじろ見ないでほしい。

ロ　ああ、それ、ほんと、ぼくのことだ。

ハ　まあ、それはそうかもしれないけれど、でも……。

ニ　あ、そうか。花壇なんだから、花を植えるのがふつうだ。

ホ　そうかなあ？　さっきも教室から出る時に、つまずいて笑われたけど。

問2　――線①「もごもごしていたら」とあるが、「ぼく」が「もごもごしていた」理由として最も適当なものを、次の中から一つ選んで記号で答えなさい。

イ　園芸部は野菜を育てるものだと勝手に思いこんでいたが、それは他の人からは変な考えだと思われてしまうと感じたから。

ロ　部活動は同じ目的で活動することが当然だと思っていたので、自分だけ異なる考えであることを知られたくなかったから。

ハ　花壇には花を植えるものだという当たり前の知識を、自分だけが知らなかったということに対して恥ずかしいと思ったから。

ニ　自分の意見ははっきり述べるよう先生から言われていたのに、機会をのがしてしまって今さら言えなくなってしまったから。

問3　――線②「たじろぐぼくを見かねた」とはどういうことか。最も適当なものを、次の中から一つ選んで記号で答えなさい。

イ　しりごみをしている「ぼく」を見て苦しくなったということ。

ロ　困っている「ぼく」を見て途方(とほう)にくれてしまったということ。

ハ　決断力にとぼしい「ぼく」を見るのがつらかったということ。

ニ　圧倒(あっとう)されてひるむ「ぼく」を見ていられなかったということ。

問4　《Ⅰ》～《Ⅴ》に当てはまる言葉として適当なものを、次の中から一つずつ選んで記号で答えなさい(同じ記号は二度使えない)。

イ　意外に　　ロ　小さく　　ハ　勢いよく

ニ　ふつうに　　ホ　とんでもなく

問5　――線③「バラのとなりでキュウリを育てるなんて、絶対にいや」とあるが、「アズサ」はなぜ「いや」だと言ったと考えられるか。それを説明した次の文の【　　】に当てはまる四字の言葉を、これより後の文章中からぬき出しなさい。

・バラのとなりでキュウリを育てるなんて、【　　】ではないから。

問6　――線④「民主主義の国だよな？」とあるが、「西森くん」は具体的にどのようなことを言いたかったのか。それを説明した次の文の

【Ｘ】、【Ｙ】に当てはまる表現を、(　)内に示した指定の字数で答えなさい。

・「西森くん」は【Ｘ(五字以上十字以内)】ことが民主主義の原則だと考えているので、【Ｙ(十五字以上二十字以内)】という提案に「アズサ」は従うべきだということ。

問7　――線⑤「アズサが怖い顔で見ていた」について、次の(1)、(2)の問いに答えなさい。

(1)　この時の「アズサ」の心情の説明として最も適当なものを、次の中から一つ選んで記号で答えなさい。

イ　決まりかけていたことについて、話し合いを続けるのが納得いかない。

ロ　自分には受け入れがたい意見を再び聞いて、いきどおりを感じている。

ハ　自分が言い出したことについて、みんなが賛同してくれないことが不満で仕方がない。

ニ　図書室にはふさわしくない大きな声を聞いて、無神経な人たちにいかりを感じている。

(2)　(1)で答えた「アズサ」の心情はこのあと変化していく。そのことを示す表情が書かれている一文を文章中から探し、最初の五字をぬき出しなさい。

問8　[Ｆ]に当てはまる言葉として最も適当なものを、次の中から一つ選んで記号で答えなさい。

イ　観賞　　ロ　研究　　ハ　考察　　ニ　実験

問9　――線⑥「【　　】をさす」が「問題が生じないように念を押す」という意味になるように、【　　】に当てはまるひらがな二字の言葉を答えなさい。

問10　――線⑦「アズサが満足そうな顔でうなずいた」とあるが、この時の「アズサ」の心情を表す表現として最も適当なものを、次の中から一つ選んで記号で答えなさい。

イ　わが意を得たり　　ロ　案ずるより産むが易し

ハ　待てば海路の日和あり　　ニ　ようやくみこしを上げる

問11　(1)「ぼく」、(2)「アズサ」、(3)「西森くん」はどのような人物だと考えられるか。次の中から一つずつ選んで記号で答えなさい(同じ記号は二度使えない)。

イ　思ったことをすぐ口に出すが、他の人の気持ちをおしはかる優しい一面もある人物。

ロ　リーダー的存在であるが、人の意見に間違いを見つけるとだまっていられない人物。

ハ　人の意見をよく聞いて、その人の考えを尊重してうまくまとめることができる人物。

ニ　勉強熱心で知識が豊富なあまり、言葉の使い方にいちいち文句を言ってしまう人物。

ホ　人からどう思われているかをつい考えてしまい、自分の意見を率直に言えない人物。

ヘ　よいアイディアが浮かんでもすぐには口に出さず、よく考えてから話す慎重な人物。

ト　感情が表情に出やすく、自分の意見をはっきりと口に出さないと気がすまない人物。

問12　この文章の表現上の特徴を説明した文として最も適当なものを、次の中から一つ選んで記号で答えなさい。

イ　会話文の間に情景描写を入れて、登場人物の心情の変化を描き出している。

ロ　擬態語や外来語を多用して、「ぼく」の複雑な心情を効果的に表現している。

ハ　登場人物それぞれの視点から心情を語ることで、物語を重層的に表現している。

ニ　「ぼく」の視点から日常の一場面を語りながら、「ぼく」の心情を描写している。

二　次の文章を読んで、後の1～12の問いに答えなさい（問題の都合上、本文を変えているところがあります）。

日本で初めて聴導犬の育成が始まったのは一九八一年。現在国内で実働している聴導犬は五八頭（二〇二二年一〇月時点）です。盲導犬や介助犬になるのは主にラブラドール・レトリーバーやゴールデン・レトリーバーなどの大型犬ですが、聴導犬は小型犬から大型犬までさまざまなサイズの犬がいます。保護犬の中から適性を見て選ぶことも多く、ミックスの犬もたくさん活躍しています。

津田塾大学総合政策学部准教授の中條美和さんの聴導犬、次郎も日本犬ミックスの元保護犬です。飼い主のいない母犬に連れられて千葉県の動物愛護センターの敷地に現れた七頭の子犬のうちの一頭だそうで、保護団体に引き出された後、①適性を見込まれて、公益社団法人日本聴導犬推進協会に引き取られ、聴導犬となる訓練を受けました。

中條さんは生まれつき聴力が弱く、補聴器を外すとほとんど聞こえません。一対一でのコミュニケーションでは、相手の唇の動きを読み取る口話と、人の音声を文字に変換するUDトークというアプリなどを使います。大学の授業はスライドを多用しながら口頭でおこない、学生からの質問はチャットやメールで受けます。

中條さんが聴導犬を知ったのは、アメリカに留学していたときのことで、大学の先生が聴導犬を連れているのを見て、自分にも聴導犬がいたらいいのではないかと思ったのがきっかけだったそうです。アメリカではずっとその町に住むかどうか状況が読めず、申請に踏み切れませんでしたが、帰国し、住居が定まったところで、日本聴導犬推進協会に申請。二〇一六年に次郎と初対面し、医師、獣医師、言語聴覚士、ソーシャルワーカーなどの専門家から成る第三者機関での審査を経て、次郎との合同訓練に進みました。

聴導犬は人の社会で暮らすための基本的な訓練に加え、玄関のチャイム、お湯が沸いたやかんの音、タイマーの音、赤ちゃんの泣き声、［A］、非常ベルの音などさまざまな音に反応し、人に知らせる訓練を受けます。それらをひととおり終えたら、つぎは聴導犬を希望する人のニーズに合わせたカスタムメイドの訓練を受けます。その人の生活の中ではどんな音が発生し、どんな音を知らせてほしいのか、人によってニーズが違うためです。

中條さんの場合は、自宅、職場（大学）、ふだん買い物に行く場所や食事に行く場所で訓練をおこない、次郎は中條さんが知らせてほしい音がしたときは、そちらのほうを見る、あるいは腕の下に頭を入れて持ち上げるという動作を習得しました。

その後、中條さん自身が訓練士の助けなしでも、犬と自立して暮らせるようになるための合同訓練を八か月ほどかけておこない、二〇一八年に中條さんと次郎は、②晴れて聴導犬ペアとなりました。

それから四年。次郎はアラームやインターフォン、冷蔵庫が開いたままになっているときの警告音、洗濯機(せんたくき)が終わった音などを知らせるほか、道を歩いているとき背後から自転車や車が近づくと、後ろを振(ふ)り向(む)いて教えてくれます。たまに何か物音がしたような気がするときがありますが、③次郎の様子を見て確認(かくにん)できるので安心できるとのこと。

聴導犬がいることで何より助かるのは、聴覚障害があると周囲に気づいてもらえることです。視覚障害や肢体(したい)不自由と違い、聴覚障害は見た目にはわかりません。でも、「聴導犬」と大きく書かれた明るいオレンジ色のケープを付けている犬が傍(かたわら)にいれば、それが目印となり、周囲が④中條さんに伝わるコミュニケーションを工夫(くふう)してくれます。たとえば、以前は病院の待合室では、いつ呼ばれるかと常に緊張(きんちょう)していなければならなかったのが、いまは順番が来たら呼びに来てくれるので、リラックスして待っていられるそうです。

聴覚に障害のある人の困りごとのトップは、電車など交通機関での車内アナウンスが聞こえないことだといいます。突然(とつぜん)電車が止まっても、聞こえない人にはなぜ止まったのかわかりません。でも、聴導犬がいれば周囲の人が気づき、筆談やジェスチャーで伝えるなどの配慮(はいりょ)をしてくれるでしょう。

テクノロジーの進歩により、いまでは煙(けむり)・火災報知器やサイレン、赤ちゃんの泣き声などの音を検知すると、スマートフォンやスマートウォッチで振動(しんどう)やライトの点滅(てんめつ)、メッセージ表示などによって知らせるアプリも登場しています。でも、⑤これらのアプリはその人と社会をつなぐ役割をするわけではありません。

音を知らせるだけでなく、目印となることも、聞こえない人・聞こえにくい人が社会の中で安全に暮らすうえでの聴導犬の大きな役割なのです。そして、目印になることによって、聴導犬は一般(いっぱん)の人たちが聴覚障害者の存在に気づくきっかけにもなります。

二〇一八年の厚生労働省の調査によると、日本には三四万人の聴覚・言語障害者(身体障害者手帳を持つ人)がいますが、［B］ため、社会の中で忘れられがちな存在です。その他にも、身体障害、知的障害、精神障害など何らかの障害のある人は全国に約九四六万七〇〇〇人いて、概算(がいさん)で言うと人口の七・六%にあたります(令和三年版障害者白書)。この社会には、自分が気づいていないだけで、じつはさまざまな不自由や困難を抱(かか)えて生きている人々がたくさんいる。それを知ることは、誰(だれ)もがより生きやすい社会をつくるための重要な一歩です。

「なぜコミュニティの中に障害のある人がいないのか考えてほしい」と、中條さん。たとえば、小学校のころはいろいろな子がいたのに、中学、高校と進むにつれて、似たような人たちばかりになっていく。障害のある人とない人は、進路の段階で道が分けられてしまうことが多い、と感じるそうです。

「もっと⑥多様性のある社会になってほしい」

聴覚障害のある人々が社会で活躍できるようサポートする聴導犬は、

きっと⑦その一助になるに違いありません。

　聴導犬がすごいと思うのは、人から指示されなくても、自ら考えて、［C］に動くという点です。介助犬も盲導犬も、犬は人の指示に従って動くように訓練されていますが、聴覚に障害のある人が「いま音が鳴っているから教えて」と犬に指示することはできません。この音はその人に伝える必要がある音なのかどうか、聴導犬自身が判断し(すべての音を伝えていたら犬も人もまいってしまいます)、パートナーに伝えているのです。ちなみに、盲導犬も、危険だと感じたら、たとえ指示があっても進まないなどの判断を犬自らがします。

　また、中條さんによると、次郎は中條さんの家族や、よく知っている学生などがそばにいるときは、仕事をしないそうです。自分がやらなくても、代わりに音を知らせる人がいるから大丈夫、と自ら判断しているのです。

　⑧このような高度な仕事ができるのは、もちろん生まれ持った資質と、訓練の賜物ではありますが、やはり人と犬の絆の力も大きいのではないかと私は思っています。かつてアメリカでてんかん発作予知犬の取材をしたことがありますが、そのときトレーナーたちに教えられたのは、おそらくは匂いによって、てんかんの発作が起こる直前に予知できる犬はかなりいる。だが、それをてんかんのある人に知らせるという行動をするには、その人との強い絆が必要だということでした。なかには、何の訓練も受けていない普通の家庭犬なのに、飼い主の発作を予知して教える犬もいるそうです。

　次郎が中條さんの聴導犬として活躍できるのも、お互いの間にたしかな絆と信頼関係ができているからこそでしょう。次郎は中條さんにとって「［D］」のような存在だそうです。人に話すときは「次郎さん」と、さん付けにするので、知らない人が聞いたら犬だとは思わないかもしれません。その呼び方に、ともに働く聴導犬への思いと敬意を感じます。

(大塚敦子『動物がくれる力　教育、福祉、そして人生』〈岩波新書〉による)

問1　――線①「適性を見込まれて」とはどのような意味か。最も適当なものを、次の中から一つ選んで記号で答えなさい。

イ　適性があると期待されて　　ロ　適性が特にきわ立っていて
ハ　適性があると過信されて　　ニ　適性が身につくよう教えて

問2　［A］に当てはまる表現として最も適当なものを、次の中から一つ選んで記号で答えなさい。

イ　鳥のさえずり　　ロ　車のクラクション
ハ　子供たちの笑い声　　ニ　ピアノのメロディー

問3　――線②「晴れて」のここでの使い方と同じものを、次の中から一つ選んで記号で答えなさい。

イ　彼女は心が晴れてすっきりとした表情になりました。
ロ　彼への疑いが晴れて絆はよりいっそう深まりました。
ハ　午後からは晴れて洗濯日和となりました。
ニ　私たちは晴れて結婚式の日を迎えました。

問4　――線③「次郎の様子を見て確認できるので安心できる」とあるが、それはなぜか。その理由として最も適当なものを、次の中から一つ選んで記号で答えなさい。

イ　「次郎」がいることに気づいて周囲の人が状況を教えてくれれば、危険かどうかがわかるから。

ロ　「次郎」が腕の下に頭を入れて持ち上げる動作をするので、危険な物音がしているとわかるから。
ハ　「次郎」が特別な反応を示していなければ、何も危険な物音はしていないということがわかるから。
ニ　「次郎」がこわがる様子もなく歩いているので、この先に危険なものはないということがわかるから。

問5　――線④「中條さんに伝わるコミュニケーション」とあるが、その「コミュニケーション」の具体例を、文章中から九字でぬき出しなさい。

問6　――線⑤「これらのアプリはその人と社会をつなぐ役割をするわけではありません」とあるが、それを説明した次の文の【　】に当てはまる表現を、十五字以上二十字以内で考えて答えなさい。

・これらのアプリは、聴覚に障害のある人に音を知らせるだけで、【　】ということ。

問7　［B］に当てはまる表現として最も適当なものを、次の中から一つ選んで記号で答えなさい。

イ　障害が目に見えない　　ロ　障害を持つ人が少ない
ハ　障害の有無(うむ)を気にしない　　ニ　障害に対する認知度(にんちど)が低い

問8　――線⑥「多様性」とほぼ同じ意味の言葉を、次の中から一つ選んで記号で答えなさい。

イ　ジェンダー　　ロ　イノベーション
ハ　サスティナブル　　ニ　ダイバーシティ

問9　――線⑦「その一助になる」とはどういうことか。その説明として最も適当なものを、次の中から一つ選んで記号で答えなさい。

イ　多様性のある社会のおかげで活躍できるようになるということ。
ロ　多様性のある社会を実現するのに欠かせないものだということ。
ハ　多様性のある社会を作りあげるのに役立つものだということ。
ニ　多様性のある社会の必要性を人々に教えてくれるということ。

問10　［C］に当てはまる語として最も適当なものを、次の中から一つ選んで記号で答えなさい。

イ　自律的　　ロ　自発的　　ハ　自動的　　ニ　自制的

問11　――線⑧「このような高度な仕事」とはどのような仕事か。文章中の語句を用いて三十字以上四十字以内で説明しなさい。

問12　［D］に当てはまる語として最も適当なものを、次の中から一つ選んで記号で答えなさい。

イ　家族　　ロ　恋人(こいびと)　　ハ　先生　　ニ　同僚(どうりょう)　　ホ　友達(ともだち)

三　次の新聞記事「令和問答」を読んで、後の1～6の問いに答えなさい(問題の都合上、本文を変えているところがあります。※のついた説明は出題者が加えたものです)。

◆読み解く人の数だけ物語／季語で時代超(こ)え感覚共有

ミステリー作家の宮部みゆきさん(62)が、俳句にはまっている。句会に参加し、句を作り、『ぼんぼん彩句(さいく)』なる俳句小説まで出版した。親交のある俳人の高野ムツオさん(75)は、編集委員を務めた『新版　角川俳句大歳時記(さいじき)』全5巻が昨年完結した。2人が「俳句、ミステリー、人生の愉(たの)しみ」をテーマに語りあった。梅雨(つゆ)前の台風が大雨を降らせた対談当日、まずは互(たが)いの句を披露(ひろう)した。

■雨女

水無月(※六月)の急ぎばたらき雨台風　　紅天

宮部　実は私、超雨女なんです。だから俳号(※俳句の作者としての名前)は荒天からとって「紅天」。「急ぎばたらき」はせっかちで荒っぽい盗賊のやり口をいいます。「鬼平犯科帳」に登場する、たぶん池波正太郎さんが作った言葉。台風が急に来たので①拝借しました。

高野　台風は本来、【 A 】の季語。それが梅雨の前ですからね。天候不順が「急ぎばたらき」によく出ている。田植えや苗自身の成長も想像させます。雨台風という不意の瞬間がやってきて、それに負けずに、この世にあるもの皆が与えられた仕事に精を出している。「水無月」の時間空間が見えてきます。

②われもその一粒であり夏の雨　　ムツオ

高野　雨女は雨の精。雨粒になって降ってくるイメージについ私も仲間に入ってしまった。自分も雨男になって雨女についていくというつもりで作った句です。

宮部　雨でも街はたくさんの人が行き交っていますね。営業マンも塾に行く小学生もいるかもしれない。雨女も、働くたくさんの人の一粒に交じれたなと思います。夏の雨が世界の中に降っているような広がりがあって、小説になりそう。

■謎たどる

高野　宮部さんの『ぼんぼん彩句』自体が俳句から生まれた短編集で、恋や心理のあやが描かれていますが、まるで俳句のテンポと同じじゃないかと思った。フレーズとフレーズの間で一気に物語が展開する。突然暗転したり、逆に白日にさらされたり。俳句も、上五からは思いも寄らない下五に着地することがある。似ていますね。

宮部　③俳句とミステリーはどちらも謎をたどっていく楽しみがあるし、俳句は解釈する人の数だけストーリーがありますね。

高野　自分が見たり聞いたり触れたりすることが俳句の中心になるけど、この作品もディテールや言葉遣いに手触りがあって、宮部さんの肉体感覚を通して出てきたのが分かります。

宮部　ありがとうございます。俳句に興味を持ったのは11年前。作家で俳人の倉阪鬼一郎さんの新書『怖い俳句』に出会って、たった17音で場面を切り取り、雄弁に語れる俳句にいっぺんに引かれて。同年代の仲間と「BBK(ボケ防止句会)」を始めたんです。投句(※俳句を投稿すること)の中から選んだ12句からイメージを広げて、生まれた12の物語をまとめたのが『ぼんぼん彩句』です。

高野　俳句はそもそも歴史的にいっても物語性に富んでいます。連句は発句(※最初に作る句)から連想して物語を展開させるし、【 B 】の「夏草や兵どもが夢の跡」や「一家に遊女も寝たり萩と月」には時代を超えたドラマがある。

宮部　俳句に興味を持つ前から歳時記は手元に置いていました。時代小説を書くので、この季節は何を食べるのか、床の間にはどんな花を生けるのか、などを調べるためです。今はただ読むだけで楽しくて、④辞書とは違う魅力があります。

高野　日本はモンスーン気候だし、一年中降るから、たくさんの雨の季語がある。夏の雨だけでも「卯の花腐し」「走り梅雨」など様々。風の季語も多い。海運国だから、船を出すのに風は大きな関心事だったんですね。季語によって季節の感覚を共有できるし、自分が生きてこなかった時代の記憶に触れることもできる。それも俳句の大きな力です。

宮部　句を作るようになって、今ならどんな季語があるのか、まず歳時記を開くようになりました。

高野　季語は発想装置ともいえます。歳時記では、その季語が使われてきた美意識や発想パターンを知ることができる。ただ、頼りすぎるとその人ならではの生の発見や感覚が句に生かされない危険も出て来る。

【宮部みゆき・高野ムツオ「令和問答」（『読売新聞』２０２３年6月20日　より抜粋）】

問1　——線①「拝借しました」とあるが、「拝借する」と同じ種類の敬語には○を、違う種類の敬語には×をそれぞれ書きなさい。

イ　いただく　　ロ　なさる　　ハ　めし上がる　　ニ　申し上げる

問2　【Ａ】に当てはまる季節を、漢字一字で答えなさい。

問3　——線②「われもその一粒であり夏の雨」の句に使われている表現技法として最も適当なものを、次の中から一つ選んで記号で答えなさい。

イ　擬人法　　ロ　字余り　　ハ　体言止め　　ニ　反復法

問4　——線③「俳句とミステリー」の共通点を、対談している二人はどのように考えているか。最も適当なものを、次の中から一つ選んで記号で答えなさい。

イ　五感に訴えかけるような表現を用いて世界観を演出している点。

ロ　読者が想像もできないような驚くべき結末が用意されている点。

ハ　恋愛やそれにまつわる気持ちの変化がたくみに表現されている点。

ニ　直接的に表現しない部分に読者が想像する余地が残されている点。

問5　【Ｂ】に当てはまる『おくのほそ道』の作者名を、次の中から選んで記号で答えなさい。

イ　蕪村　　ロ　芭蕉　　ハ　一茶　　ニ　子規

問6　——線④「辞書とは違う魅力」とあるが、その「魅力」を説明した三十字の表現を文章中から探し、最初の四字をぬき出しなさい。

四　次の文の——線のひかれたカタカナは漢字に直し、漢字はその読みをひらがなで答えなさい。ただし③は、送りがなも書くこと。

① シキュウご連絡ください。

② ゲンカクな祖母によって育てられる。

③ 早く終わらせるためにむだをハブク。

④ あの選手はここ最近、頭角を現してきた。

大妻多摩中学校(総合進学第一回)

―50分―

【注意事項】　句読点やカギカッコは一字と数えてください。

(編集部注：実際の入試問題では、写真や図版の一部はカラー印刷で出題されました。)

一　次の文章を読んで、あとの問いに答えなさい。

世界の平均気温はこの100年間に約1℃上昇しています。

「たったの1℃？　これで温暖化なの？」と思うかもしれませんが、この1℃が実はとても大きいんです。

というのも46億年の地球の歴史の中で、温暖な時期と寒冷な時期を繰り返してきたわけですが、地球の平均気温が1℃上昇するというのは、これまで1000年単位で起きてきたことなんです。これが今、たった100年で起こってしまっています。つまり昔と比べて［①］倍のスピードで温暖化が進んでしまっていることが問題なんです。簡単にいうと地球が今、びっくりしちゃってる状況なんですよね。だから色々な場所で、その余波として、異常といわれる大雨や猛暑、干ばつなどが世界各国で起こっています。つまり②<u>異常気象が異常ではない普通にあることとして対応していかなければならないし、同時に温暖化を食い止めなくてはならない。</u>

2021年8月、国連の「気候変動に関する政府間パネル(IPCC)」は7年ぶりに、気候変動(温暖化)に関する新たな見解を発表しました。それによると、私たち人間の活動が温暖化を引き起こしていることは「疑う余地がない」と初めて断定されました。実は温暖化していないんじゃないか？　［③］化に向かっているのではないか？　という一部の説を完全否定。それだけの証拠がそろったといえます。

今までも温暖化対策を進めてきましたが、これからは対策をさらに強め、地球規模で足並みをそろえていく必要があります。現状、世界の温暖化対策はどうなっているのかというと、21世紀中の気温上昇を1・5℃以内におさえる目標を立てていますが、実はもうすでに1℃上がってしまっています。もし、このまま温暖化が進むと、今世紀末には日本の夏は、東京や大阪、福岡の大都市の最高気温が45℃近くまで上昇するのが当たり前になり、仙台や札幌など北日本も40℃を超えてくるでしょう。夜も蒸し暑く、30℃を下回らない〝スーパー熱帯夜〟が続くかもしれません。おそらく昼間は外出すると熱中症になってしまうので、国から外出禁止令が連日発表されるでしょう。昼間は冷房ガンガンの屋内でのリモートワークが中心になるか、昼間は寝て夜行動する……。人々が夜行性になってしまうかもしれません。冷房を大量に使うとなると温暖化がさらに進んでしまう心配があります。

④<u>でもこれはこのまま温暖化が進んだ場合の話</u>。こうならないために、未来は私たちの行動にかかっています。

まず二つの温暖化対策をしっかり行うことが大切です。一つは温室効果ガスを排出しないように省エネをしっかりすること。二つ目は温暖化に「適応」していくことです。

これはどういうことかというと、今、たとえば「よーいどん」で全世界のCO_2の排出をゼロにしても、温度は上がり続けてしまうんです。すでに大気中に出てしまっているCO_2がたくさんあるからで、これらはすぐになくなるわけではありません。今やっていることの効果がでるのは20年~30年後といわれていますので、私たちは温暖化が原因で起こる異常気象や激しい気象現象に備えて適応していくことも大切なのです。

具体的には自分のいる地域をよく知ること。大雨に弱い地域なのか？　津波などに弱いのか？　まずは自分の目で見て歩いてみるなどして理解し感じとり、ハザードマップなどで確認しておくことが安心材料になります。温暖化対策はなかなか結果が見えないので、いまいちピンとこないかもしれませんが、今しっかりやっておかないと、あとで温暖化が進んだときに慌てても、⑤海や森がCO_2などを今より吸収しにくくなっている可能性が高く、手遅れになってしまいます。さらに貧困の人々が増え、普通の生活ができなくなる。

たとえば海は、気温が上がることによる熱膨張と南極やグリーンランドの氷が解けることで、今世紀末には海面が今より1m上昇する可能性があります。日本のようにお金のある国は防波堤を造ればいいかもしれませんが、お金のない国もたくさんあります。［⑥］ツバルやマーシャル諸島など赤道近くの島々では、もともと海抜1mもないような低いところにたくさんの人が住んでいます。私も現地を取材しましたが、すでに海面上昇していることに島民は気づいているものの、お金がないのでほかの島に移動もできない人々がたくさんいました。カメラがまわっているときは今の生活について冷静に話してくれましたが、カメラがまわっていないところでは深刻な状況や思いを正直に話してくれ、私たちに助けを求めてきました。干満の差が大きくなる大潮の満潮時をとくに彼らは恐れていて、家の中にまで海水が入り込むなど、すでに生活を脅かされているのです。［⑦］彼らは地球規模で見れば温室効果ガスをほとんど出していません。にもかかわらず温暖化の影響を一番大きく受けているのです。先進国の私たちがなんとかしなくてはいけませんね。

一人一人がしっかり省エネを心がけて行動することは大前提です。これからは私たちの生活の常識を変えていく時代です。［⑧］CO_2などの温室効果ガスを使わない生活が当たり前になるということです。すぐにはなかなか難しいかもしれませんが、私たち人間は資源を使い切る前に気づき、新しい世の中を作ってきました。30年以上前は「このままでは石油がなくなってしまう」と恐れていたのが、今は「使わないようにしよう」に変化してきています。皆さんのお父さん、お母さんが子供の頃はインターネットや携帯電話すらほぼありませんでした。今では考えられませんよね。電球一つとっても、安いからエネルギーをたくさん使う白熱電球を選んでいましたが、今はLED電球に変わってきています。このように常識は皆さんで変えることができます。もちろん国がしっかり基盤を作ることが大切ですが、皆さんも地球にやさしい物を選ぶようにしましょう。

様々な温暖化対策がありますが、⑨究極の温暖化対策を一つあげるとしたら、緑(植物)を増やすことです。毎日、東京ドーム6個分もの森林が伐採により失われています。森はたくさんのCO_2を吸収してくれます。個人的に森を増やすのは難しいですが、たとえば緑のカーテンを作ったり、庭に植物を植えてみたり。1人がやっても効果は小さいですが、これをみんなで実行できたら皆さんの住む街も温度が下がるはずです。だから1人から10人へ、10人から100人へ……。自分だけでなく、みんなに発信することも大切ですよね。今はSNSで世界に発信できますので、皆さんもエコなことなどがうまくいったりしたらどんどん発信していきましょう。

ちなみに、たくさんCO_2を吸収してくれる木を知っていますか？　皆さんの身の回りにもあるんじゃないかなぁ？　やっかいものののあの木……実はスギの木です。スギって花粉を飛ばすし、あんまりいいイメージないですよね。でも、ちゃんと育ててあげれば、実は地球にやさしい木なんですよ。スギに限らずCO_2をたくさん吸収してくれるのは、成長過程にある木々です。人間と一緒ですよね。つまり、人の手が全く入らず日差しも届かない暗い森では意味がないんですね。ある程度人が手を加えて日差しが入るような森が理想です。林業や農業が盛んだったころは、里山という明るい森がたくさんあったのですが、今の日本には少なくなっています。国土の7割も森林がある日本は、安いからといって輸入の木材に頼らず、自国の資源を利用していくことが大切です。

温暖化対策としては、身近なところでもエコ袋を持ち歩いたり、電車やバスを使わずたまには歩いたり、自転車を利用したり、ちょっとしたエコ活動は皆さんの生活の中でたくさんできます。でもついつい温暖化対策が我慢のほうに行っちゃうから、長続きしないんですよね。本来地球環境がよくなるわけだからプラスに捉えないといけない。もちろん、お金が余計にかかったり無理をしたりするからそうなるわけで、国がバックアップするシステムが必要です。まずは温暖化対策をあまり深刻に考えすぎず、自分がやってよかったことはみんなに教えたりSNSで発信したりして、広げることをやってみましょう。

ちなみに私は気象予報士になる前はファミレスの店員だったので、エコクッキングを心がけています。エコクッキングといってもそんなに大げさなことではなく、たとえば［⑩］という言葉があるように、エネルギーを使う輸入に頼らず、その町や県でとれたもので料理を作ってみるとか、ガスコンロを二つ使って麺と具材をゆでるところを一つの鍋にまとめる「同時調理」とか、沸騰したら火を止めて余熱10分くらいでゆで卵ができる「余熱調理」などといった方法です。

そういえば、水道の出しっぱなしをやめることは直接CO_2の削減にはなりませんが、飲める水にするまでにはたくさんのエネルギーを使っていますので水は大切に使いましょう。日本は上水道が整備されているので当たり前にきれいな水が出ますが、そんな国がたくさんあるわけではありません。

⑪無駄をなくすという意識で温暖化対策をしていけば、地球や環境

にもやさしい生活ができますね。それから国を変えていく力のある人たちに頑張ってもらう必要があります。まだ18歳未満の皆さんには選挙権がありませんが、お父さん、お母さんには今後、気候変動、環境問題に強い政治家を選んで投票してもらう、また自分が大人になったら環境問題に強い政治家になり、日本を、そして世界を変えていくなんてどうでしょう？

皆さんは、一つしかないものって大切にしますよね。地球も一つしかありません。大切な地球をみんなで守って、次世代にも、46億年輝く美しい地球を引き継いでいきましょう。

【天達武史「未来はまだ決まっていない！」（『10代からの地球の守り方ＳＤＧｓの教科書』〈誠文堂新光社〉所収）より**】**

問1 ［①］に入れるのに最も適切な数を、次のア～エの中から一つ選び、記号で答えなさい。

ア　$\frac{1}{10}$　イ　10　ウ　100　エ　1000

問2 ――線部②「異常気象が異常ではない普通にあることとして対応していかなければならないし、同時に温暖化を食い止めなくてはならない」とありますが、なぜ「温暖化を食い止め」るだけでなく、異常気象が「普通にあることとして対応」しなくてはならないのでしょうか。その理由として最も適切なものを、次のア～エの中から一つ選び、記号で答えなさい。

ア　私たち人間の活動が温暖化を引き起こしているという説が否定されたから。

イ　温暖化が必ずしも異常気象や激しい気象現象を引き起こすとは限らないから。

ウ　「よーいどん」で全世界のＣＯ$_2$の排出をゼロに近づけることはできないから。

エ　すでに大気中に出てしまっているＣＯ$_2$はすぐになくなるわけではないから。

問3 ［③］に入れるのに最も適切な語句を、**ここより前の本文中から**漢字二字で抜き出して答えなさい。

問4 ――線部④「これはこのまま温暖化が進んだ場合の話」とありますが、その具体例として**適切でないもの**を、次のア～エの中から一つ選び、記号で答えなさい。

ア　大都市では最高気温が45℃近くまで上昇する夏が当たり前になってしまうかもしれないこと。

イ　日本の夜は、蒸し暑く、30℃を下回らない〝スーパー熱帯夜〟が続くかもしれないこと。

ウ　昼間は外出すると熱中症になってしまうので、国から外出禁止令が連日発表されるかもしれないこと。

エ　昼間は冷房ガンガンの屋内で寝て、夜にリモートワークをする人々が増えてしまうかもしれないこと。

問5 ――線部⑤「海や森がＣＯ$_2$などを今より吸収しにくくなっている可能性が高く」とありますが、「森」でこのようなことが起こってしまう原因の一つとして筆者はどのような現状にふれていますか。次の文の［　］に入る言葉を、本文中から二十二字で抜き出して答えなさい。

毎日、［　　　　］いること。

問6 ［⑥］・［⑦］・［⑧］に入れるのに最も適切な言葉を、

次のア～オの中からそれぞれ一つずつ選び、記号で答えなさい。ただし、同じ記号を二度以上使用しないこと。

ア　つまり　　イ　しかし　　ウ　だから

エ　たとえば　　オ　さらには

問7　――線部⑨「究極の温暖化対策を一つあげるとしたら、緑（植物）を増やすこと」とありますが、本文中で紹介されている取り組みとして最も適切なものを、次のア～エの中から一つ選び、記号で答えなさい。

ア　緑のカーテンを作り、それを森に植えに行くこと。

イ　スギの木のイメージアップにつながることをＳＮＳで世界に発信すること。

ウ　成長過程にある木々に日差しが届くような里山を守ること。

エ　日本の国土の森林が7割を下回るまでは、輸入の木材に頼らないでおくこと。

問8　⑩には「〔　〕産〔　〕消」という四字熟語が入ります。〔　〕に共通して入る漢字一字を書きなさい。

問9　――線部⑪「無駄をなくすという意識」とありますが、あなたがこのような意識をもって地球や環境のために取り組んでいることを具体的に百字以内で記述しなさい。なお、解答は温暖化対策に限定しなくてもよい。

問10　この文章は、ＳＤＧｓの17の目標のうちの一つについて書かれたものですが、それは次のア～エのうちのどれにあたりますか。最も適切なものを一つ選び、記号で答えなさい。

ア　6 安全な水とトイレを世界中に

イ　7 エネルギーをみんなに そしてクリーンに

ウ　11 住み続けられるまちづくりを

エ

二　次の文章を読んで、あとの問いに答えなさい。

【文章A】

物語の中で不幸になった登場人物だけがたどり着く場所「物語管理局」で目覚めた「私」（『赤い靴』の登場人物であるカーレン）は、この場所にいる他の登場人物たちを幸せにするための仕事である「物語管理官」の見習いになることになった。次の場面は、先輩として「私」を指導してくれる「王子」に、初任務の相談をしに行く場面である。

物語管理局に辿り着いた者には、それぞれ自室が与えられる。もらえる部屋は人間なのか動物なのかによって異なるらしく、私が与えられたのは、西の湖が見える見晴らしの良い小部屋だった。ロココ式の装飾が施された赤木の机、ハートをモチーフにした猫脚の椅子、スタイルカーテンを施した天蓋付きベッド、備え付けの家具は、どれも可愛いのに高級感がある。まるでお姫様にでもなった気分だ。

作中で幸せになれなかった者を救うには、物語の細部や結末を正確に把握しておく必要がある。

一通り室内の家具を愛でてから、椅子に腰掛け、雪の女王に渡された書籍を開いた。

見習いとして私が挑む最初の物語は、『マッチ売りの少女』である。

大晦日の夜に、年端もいかない少女がマッチを売っている。

しかし、購入者は現れない。馬車にひかれそうになり、靴を失い、少女は裸足で震えているが、お金をめぐんでくれる者も、心配して声をかけてくれる者もいない。

マッチは一本も売れていない。このまま帰宅すれば、父親にぶたれてしまうだろう。

凍える少女は、暖を取ろうとマッチに火をつける。すると火の中に、ご馳走やクリスマスの風景、この世でたった一人、優しかったおばあさんの姿が浮かび上がった。

火が消えてしまえば、おばあさんも消えてしまう。大急ぎで残りのマッチをすべてすると、周囲は真昼よりも明るくなった。それから、少女はおばあさんに抱き締められ、光に包まれながら天高く昇っていく。

翌日の寒い朝、路地には燃え尽きたマッチを握り締めたまま死んでいる少女がいた。

とても短い物語だ。あまりにも悲痛な物語だ。

それなのに。こんなにも哀しい物語なのに。一度読んだだけで、私の心は『マッチ売りの少女』に囚われてしまった。虜になってしまった。

(X)哀しいがゆえに美しい。記憶ではなく心に染み込む物語だった。

もう二度と、私はこの素晴らしい物語を忘れないだろう。

今回の任務は、この少女を救うことである。

喜びに満たされて死んだ少女の亡骸は、微笑んでいた。だけど、こんな結末が、寒さに凍えて死んだ少女の人生が、幸せであったはずがない。

私は絶対に、彼女を、マッチ売りの少女を、救いたい。

王子とは正午に一階の食堂で会うことになっていた。

①早く、この物語を読んで欲しい。

気付かぬうちに溢れていた涙を拭い、足早に待ち合わせの場所へと向かう。

食堂の扉を開けると、ティーカップを手にした王子が待っていた。

「やあ、早かったね」

「心に残る物語でした。すぐに任務の相談がしたいです」

林檎の甘い香りを漂わせる王子に、本を差し出す。

「ああ。言ってなかったけど、僕はもう読んでいるんだ」

王子はティーカップをソーサーに置くと、真面目な顔で私に向き直った。

「話し合いの前に、確認しても良いかな。君が救いたいと思っているのは誰？」

どうしてそんなことを質問するんだろう。

「もちろん、マッチ売りの少女です。間違っていますか？」

「いや、僕もそのつもりだよ。ただ、作品によっては、複数の人間が救出対象になることもあるんだ。だから、任務に向かう前に、慎重に物語(注1)を精査する必要がある」

「分かりました。私からも一つ、質問させて下さい。(注2)物語の鍵は、今日、氷の館に現れたんですよね？　既に『マッチ売りの少女』を読んでいたということは、王子は次の任務がこの物語になると知っていたんですか？」

「いや、任務とは関係なく読んでいたんだ。彼女はこの城の住人で、友人だからね。作戦を立てる前に、会っておこうか。彼女は洋裁師として働いている。僕らが着ている制服も彼女が作ったものだよ。この時間なら三階の裁縫室にいるはずだ」

「そうだったんですね。もっと幼い子を想像していたので、意外です」

「彼女は確か九歳だったかな。この城で暮らしているマッチ売りの少女は、まだ救われていない。だから、今の彼女は物語中の姿だ。裸足だし、とても痩せている」

「この城には食堂があるし、食べ物が足りていないようにも見えません。それなのに、どうして彼女は痩せているんですか？」

「僕たちは物語を終えた時の姿で、ここに召喚される。死んでしまった者は、その直前の姿だ。物語を生きたものの本能とでも言えば良いのかな。物語管理官によって結末を変えられるまで、身体が本来の姿を維持しようとするんだ」

「そんなの……。一日中、裸足で、好きな物も食べられないなんて、あんまりです」

「だからこそ、僕ら物語管理官の仕事があるんだ」

裁縫室に出向くと、小柄な少女がミシンに向かい、［　②　］に手を動かしていた。

自分の仕事に夢中なのだろう。少女は私たちに気付いていない。彼女の隣には、色とりどりの布が高く積まれていた。

背後の壁に完成した服がかけられており、陽光が差し込む左側の窓辺には、小さな鉢が置かれていた。

咲いている一輪の花はヒナギクだろうか。少女の仕事を見つめながら、鉢の縁に止まったひばりが楽しそうにさえずっていた。

「二人は今日も仲良しだね」

王子がヒナギクの花弁を優しく撫でると、ひばりが軽やかに飛び上がり、王子の肩に飛び乗った。

それから、ひばりが誇らしげに歌い出すと、裁縫中の少女が私たちに気付いた。

「やあ、仕事中にすまない。君の物語の鍵が現れたよ」

王子がそれを告げると、少女は痩せ細った手で顔を押さえて泣き出した。

「やっと私の番が来たんですね」

瞳に涙を滲ませたまま、うつむき、③少女は自らの足を触る。

「物語の中で命を与えられていなければ、私は存在しません。この世界に生んでもらえただけで、本当に幸せです。でも、自分の人生を知ってから、ずっと、胸の奥が冷たいんです。忘れられない寂しさが、凍えるような孤独が、心の奥の方に住んでいて、食事も喉を通らなくて」

「長い間、つらかったね。でも、もうすぐだ」

「王子。どうか、お願いします。私を救って下さい。④私も皆と笑顔でご飯を食べたいんです。可愛い靴だって履いてみたい」

涙を流しながら頼む少女に、王子は胸を張る。

「任せてくれ。僕は誰もが幸せになった世界が見たい。カーレンも同じ気持ちでいる。絶対に君を救うよ」

「はい。私も全力を尽くします!」

決意を口にすると、マッチ売りの少女は、痩せた手で私の手を握り締めてきた。その温もりを胸に刻み、[⑤]を返したところで、不意に思った。

貧しさに苛まれ、真冬の夜に命を落としたマッチ売りの少女は、今も満足に食事が出来ないという。でも、私はどうだ?『赤い靴』の女の子である私には、今のところ自覚出来る不幸の片鱗がない。

私は物語の中で、一体どんな哀しい結末を迎えたんだろう。

物語管理官は【冒険の間】から旅立つ。

銅の扉を開けて薄暗いその部屋に入ると、中央に二つの姿見鏡が立っていた。その鏡面が七色に輝いている。

「これは別の管理官が飛び込んでいる時空の扉だ。表面の発色は使用中の証さ。後から別の管理官が入ることは出来ない。さあ、僕らも準備をしよう」

王子が物語の鍵を振ると、目の前に三つ目の姿見鏡が出現した。

「覗いてご覧。普通の鏡とは違うことが分かるはずだよ」

「本当だ。何も映っていませんね」

鏡面に霧がかかっており、前面に立っても何も見えなかった。

「物語の世界に飛べるのは一度きりだ。誰かが通過すると表面が七色に輝き、入れなくなる。もちろん、戻って来ることは出来るけどね」

「一人しか出入り出来ないんですね。じゃあ、任務も私一人で?」

「いや、手を繋いで入れば、複数の人間が同時に鏡を通り抜けられる。見習いの君を一人で行かせるわけにはいかないよ」

空中回廊で風に煽られた時に、一度、王子と手を繋いでいる。華奢なのに王子の手は力強かった。思い出しただけで自然と頬が熱くなる。

「扉を一度しか通過出来ないということは、失敗したらどうなるんですか?」

「当然、該当する人物は不幸なままだ。城内での状況は何も変わらない」

「永遠に不幸なままということですか?」

「管理官が任務に失敗した場合、時間をおいて、再度、物語の鍵が現れるんだ。ただ、救出が先送りになるから、随分と待たなくてはならない」

そうか。失敗する可能性もあるから、彼女はあんなにも切実な表情を見せたのだ。

「責任重大ですね」

「ああ。だから事前準備が重要になる。どうやって救うのか、どうすれば本当の意味で救えるのか、しっかりと整理してから、物語に挑む必要がある」

少し前に見たばかりの少女の涙が忘れられない。

悲しい涙は、今日で終わりにしてあげたい。

「とは言っても、今回は、そこまで深刻に考える必要はない。大変なのは邪魔をする者がいる物語だ。戦う相手がいる場合と言い換えても良い。例えば勇者や戦士が登場する物語で、悪役を救う場合は、難易度の高い任務になる。何しろ敵は英雄だし、そもそも救う相手が協力的でない場合も多い」

「なるほど。でも、今回の場合、悪役はいません」

「その通り。少女の父親は彼女につらく当たっているけれど、それは娘が憎いからじゃない。そこに悪意があったわけじゃない。少女が靴を失ったのも、単なる事故で、カーレン、これは君の初めての仕事だ。僕はあくまでも助手に徹しようと思っている。⑥どうすれば彼女を救える？　彼女の救いとは、幸せとは、何だ？」

簡単なようで、しかし、とても難しい問いだった。

裁縫室で会った彼女は、物語の中で命を与えられたことを、心から感謝していた。そして、いや、だからこそ、消せない寂しさと孤独に悩んでいた。

少女が愛した物語を、大きく変えることは許されない。きっと、そんなことは彼女も望んでいない。物語を尊重しながら、彼女の願いを叶える必要がある。

⑦「答えが見つかったら、一緒に行こう。君がこの物語を変えるんだ」

（綾崎隼『それを世界と言うんだね　空を落ちて、君と出会う』〈ポプラ社〉より）

（注1）精査する――細かな点までくわしく調べること。

（注2）物語の鍵――この鍵を使用することで、不幸になった登場人物の作品内（物語の世界）に飛び込むことができる。

問1　――線部①「早く、この物語を読んで欲しい」とありますが、ここでの「私」の気持ちとして最も適切なものを、次のア～エの中から一つ選び、記号で答えなさい。

ア　物語が悲しい結末を迎えることに憤り、王子にも同じ怒りを抱いてほしいという気持ち。

イ　物語の悲しい結末をつらく思い、王子とつらさを分かち合い楽になりたいという気持ち。

ウ　物語の悲しい結末をあわれに思い、早くマッチ売りの少女をなぐさめてあげたい気持ち。

エ　物語の素晴らしさに強く心を打たれ、この感動を王子と一緒に共有したいという気持ち。

問2　［②］に入る四字熟語として最も適切なものを、次のア～エの中から一つ選び、記号で答えなさい。

ア　臨機応変　　イ　右往左往　　ウ　縦横無尽　　エ　一心不乱

問3　――線部③「少女は自らの足を触る」とありますが、この動作の説明として最も適切なものを、次のア～エの中から一つ選び、記号で答えなさい。

ア　自分の素足が感じてきた痛みや冷たさに思いを馳せている。

イ　『赤い靴』の登場人物である「私」を羨ましく思っている。

ウ　自分が素足であることを見られて、恥ずかしく思っている。

エ　自分が今まで素足で頑張ってきたことを誇りに感じている。

問4　――線部④「私も皆と笑顔でご飯を食べたいんです。可愛い靴だって履いてみたい」とありますが、マッチ売りの少女がそうできない原因を、王子はどのようなものと考えているか。ここより前の本文中から十一字で抜き出して答えなさい。

問5　マッチ売りの少女に関する記述として、最も適切なものを、次のア～エの中から一つ選び、記号で答えなさい。

ア　マッチ売りの少女は、自分を物語の中で不幸な目におとしいれた作者を恨んでいる。

イ　マッチ売りの少女は、こんなに苦しい思いをするくらいならば生まれなければよかったと思っている。

ウ　マッチ売りの少女は、たとえ不幸な結末であっても生まれてきたことを幸せに思っている。

エ　マッチ売りの少女は、今では王子やほかのみんなが側にいてくれるため、寂しさを忘れることができている。

問6　⑤ に入る言葉として最も適切なものを、次のア～エの中から一つ選び、記号で答えなさい。

ア　我　　イ　きびす　　ウ　裏　　エ　手のひら

問7　本文中に登場する「物語管理官」という仕事について、次の(1)・(2)の問いに答えなさい。

(1)　「物語管理官」には次のようなルールがあります。

①話の大前提を変えてはいけない(マッチ売りの少女にマッチを売らせない、など)。

②物語に介入するのは、極力、中盤(ばん)から終盤にかけて。

③なるべく物語を忠実になぞりながら、ここぞという場面で介入する。

このようなルールが存在するのはなぜだと考えられるか。本文の内容も踏まえてより適切なものを、次のア～エの中から**二つ**選び、記号で答えなさい。

ア　登場人物達が命を与(あた)えられた故郷としての物語を尊重することを考えると、話を大きく変えてしまうことは許されないから。

イ　話を大きく変えてしまうとその代償として物語が必ず不幸な結末に導(みちび)かれてしまい、登場人物を幸せにするという目的を果たせなくなるから。

ウ　序盤に物語を変えてしまうと物語の前提が変わって話が思いも寄らない展開に進む危険性があり、話の内容を結末まで知っているという物語管理官の強みを生かせなくなるから。

エ　物語を忠実になぞらないと登場人物達から嫌(きら)われてしまい、救出の邪魔(じゃま)をしてきて、任務に協力してくれなくなるから。

(2)　――線部⑥「どうすれば彼女を救える？　彼女の救いとは、幸せとは、何だ？」、――線部⑦「答えが見つかったら、一緒に行こう。君がこの物語を変えるんだ」とありますが、もしあなたが「物語管理官」の一員であるとしたら、『マッチ売りの少女』の物語をどのように変えますか。変更後の内容と、それがどうしてマッチ売りの少女にとっての救い・幸せにつながるのかという理由説明を、一〇〇字以内で述べなさい。ただし、「大晦日の夜に、年端もいかない少女がマッチを売っている。」という物語の大前提は変えないこと。

問8　次の文章Bは、坂口安吾(さかぐちあんご)(昭和時代に活躍した小説家)の随筆(ずいひつ)の冒頭(ぼうとう)部分である。次の文章Bを読み、あとの(1)～(3)の問に答えなさい。

【文章B】

シャルル・ペロオの童話に「赤頭巾(あかずきん)」という名高い話があります。

既に御存じとは思いますが、荒筋を申上げますと、赤い頭巾をかぶっているので赤頭巾と呼ばれていた可愛い少女が、いつものように森のお婆さんを訪ねて行くと、狼がお婆さんに化けていて、赤頭巾をムシャムシャ食べてしまった、という話であります。まったく、ただ、それだけの話であります。

(中略)

愛くるしくて、心が優しくて、すべて美徳ばかりで悪さというものが何もない可憐な少女が、森のお婆さんの病気を見舞に行って、お婆さんに化けている狼にムシャムシャ食べられてしまう。

私達はいきなりそこで突き放されて、(Y)何か約束が違ったような感じで戸惑いしながら、然し、思わず目を打たれて、プツンとちょん切られた空しい余白に、非常に静かな、しかも透明な、ひとつの切ない「ふるさと」を見ないでしょうか。

その余白の中にくりひろげられ、私の目に沁みる風景は、可憐な少女がただ狼にムシャムシャ食べられているという残酷ないやらしいような風景ですが、然し、それが私の心を打つ打ち方は、若干やりきれなくて切ないものではあるにしても、決して、不潔とか、不透明というものではありません。何か、氷を抱きしめたような、切ない悲しさ、美しさ、であります。

【坂口安吾「文学のふるさと」(『堕落論』〈新潮文庫〉所収)より】

(1) 【文章B】の――線部(Y)「何か約束が違ったような感じ」とありますが、「約束」が意味するものとして最も近いものはどれか。次のア～エの中から一つ選び、記号で答えなさい。

ア　狼は人間を食べることなどしない。
イ　狼はお婆さんに化けることなどしない。
ウ　可憐で心優しい少女は理不尽な不幸な目には遭わない。
エ　少女はみな美徳ばかりで悪さというものがない。

(2) 【文章A】の――線部(X)「哀しいがゆえに美しい」とありますが、これと同じような感覚を表している言葉を【文章B】から二十一字で探し、抜き出して答えなさい。

(3) もし仮に【文章A】に登場する別の「物語管理官」がこの【文章B】を知っていたとして、「物語の結末を改変してまでマッチ売りの少女を幸せにするのはやめておくべきだ」と言うことがあるとすれば、それはどのような理由からだと考えられるか。【文章B】を踏まえて最も適切なものを、次のア～エの中から一つ選び、記号で答えなさい。

ア　マッチ売りの少女よりも狼に食べられた『赤頭巾』の少女の方がかわいそうであり、まず『赤頭巾』の少女を幸せにするべきだから。
イ　マッチ売りの少女は心優しさや可憐さといった幸せになるに相応しい美徳を持っているとはいえないから。
ウ　マッチ売りの少女を幸せにしてしまうと、元の物語にあった「哀しいがゆえの美しさ」が失われる恐れがあるから。
エ　マッチ売りの少女は最後に笑顔で息絶えたため、『赤頭巾』と比べると十分幸せな結末であるということができるから。

三　次の各問いに答えなさい。

問1　次の①～⑤の文の――線部のカタカナを適切な漢字に改めなさい。

① ホームランダービーの出場をジタイする。
② ジャイアントパンダのシャンシャンが中国にヘンカンされた。
③ 同音イギ語を使い分ける。
④ 列車がハシを通過する。
⑤ 法律のカイセイを検討する。

問2 次の①～⑤の□にあてはまる数字を漢字一字で答え、四字熟語を完成させなさい。

① □期一会（ごいちえ）　② 七転□倒　③ □苦八苦
④ 唯一無□（ゆいいつ）　⑤ □里霧中（む）

大妻中野中学校(第一回)

―50分―

一　次の文章を読んで、あとの問いに答えなさい。(ただし、句読点や記号も一字に数えます。)

「日本は狭いという幻想」

日本文化は「縮み志向」の文化だと言われて、なるほど、と思えてしまうのは、①日本の国土は狭いということが、通り相場になっていることが大きいと思う。でも、実際には、日本はそれほど狭くはないのである。世界の諸国の中で、日本より面積が狭く、しかも生活適地が少ない国はたくさんある。

ヨーロッパなどは、そのほとんどが日本より狭い国土の国ばかりである。しかも、*1二〇〇海里(かいり)法の時代となった現代では、日本は世界第七位の地球表面積の国となっている。

韓国と北朝鮮を合わせても、日本よりずっと狭いし、広大な平野部もないし、韓国の首都圏の②人口密度はかなりなものだ。ところが、その「実際には狭い国」に住む韓国人ですら、多くの者が「日本は狭い」という印象を持っているのである。

なぜ、日本はことさらに狭い国と言われるのだろうか。

それは、島国だからである。大陸諸国や大陸と地続きの半島諸国は、実際には狭くとも、大陸の広大な拡がりの中で自分の国をイメージしているから、狭いという意識はあまり湧いてこないのである。日本人自ら「日本は狭い」と言い、「島国根性」と言えば、視野の狭い考え方、世間知らずの考え方の代名詞のようになってしまうのも、島国は狭いという大陸側の意識の反映と言えるだろう。

繰り返すが、日本はとりたてて狭い国ではないのである。それよりも、島国であること、しかも絶海の孤島ではなく、かといって大陸から容易に渡れる島でもなく、適度に離れた島の連(つら)なりとして国があること。そして、いい意味でも③悪い意味でも「島国根性」を育(はぐく)んできたということ、そこに大きな特徴がある。

日本は、島国という地勢が形づくる自然な枠組みに限定づけられている。その意味では、大陸諸国は自然の枠組みから受ける限定が比較的小さい。

実際、大陸諸国の歴史は、他民族の侵入、すなわち支配・被支配の歴史に彩(いろど)られており、国境線は絶え間なく変化し続けてきたのである。

一方、日本は周囲を海という自然の防波堤に囲まれていたために、他民族の侵入・支配を受けることがなかった。だからこそ、土着の文化を純粋培養する一方、他国の諸文物を採り入れて自らの土壌に植え替え、じっくりと時間をかけて養生する、といった形で文化を育(はぐく)むことができた。

そうして形成されてきた日本文化の特徴は、「狭い」とか「小さい」とかいうことよりも、「融合」にあるのだと思う。

つまり、日本は島国であったために、人種と文化の*2坩堝(るつぼ)として機能したのである。日本という坩堝の中で、渡来(とらい)人も土着民も、外来文化も土着文化も、また狩猟民・漁業民・農耕民も、相互に溶け合い、融合していったのである。

継ぎ目もないほど融合したというわけではないが、日本については、大陸諸国と比較して、よりそうした傾向が強い。これは重要なポイントだと言えよう。

“見立て”の文化とは何か？

「縮み志向」という観点は、明らかに「狭い」「小さい」「［A］」といった現象面に焦点を当てた見方である。それが志向性として「縮み」を含んでいる場合もあるには違いない。しかし、多くの場合、それは「縮み」というよりは、「見立て」への志向が生み出したものというべきだと思うのである。

日本庭園に形づくられる山や滝などは、自然の山や滝を縮めたところに意味があるのではなく、自然の山や滝をプロトタイプ（原型）として見立てたこと、また、その「見立て」の手法にこそ④意味がある。

山や滝のイメージを構成する最小限の型・枠組みだけを残して、ぎりぎりのところまで省略し、洗い出されたものが、日本庭園に見る山や滝なのではないかと思う。

それは、一種の純化の美学とも言えるが、そもそも「見立て」への志向性は、幼児がお山に見立てて砂を盛って遊んだり、タバコの箱を電車や自動車に見立てて遊んだりする心に発している。

ある意味で、幼児の遊びの世界それ自体が「見立て」の世界だとも言える。お人形さんゴッコしかり、オママゴトしかり、お馬さんゴッコしかり、である。

幼児がタバコの箱を床の上に滑（すべ）らせながら、「ガタンゴー、ガタンゴー」と電車の動く音を出して遊んでいる。そのときの幼児は、タバコの箱を、ほんとうの電車と感じることのできる世界に遊んでいる。そうやって遊ぶことができるのは、電車が電車であるための最低限の型・枠組みを、しっかりと感じ取ることができているからである。

そのような意味から、庭や盆栽を「大人のおもちゃ」と私が感じたことは、まったく間違いだとは言えなかったのである。

⑤もちろん、おもちゃではないのだが、「見立て」という志向が、幼児の心に通じるものであることが興味深い。

身近な器具などでママゴト遊びをする幼児的な「見立て」への志向を、大人の美意識が引き受けていった先に、庭や盆栽が生まれたのではないか。

見立て上手のセンスが、大人の文化のなかで高度化していった。それもまた日本人特有の［B］心ゆえのことなのだろう――私はそんなふうに思っている。

それにしても、日本ではなぜ、幼児以来の「見立て」志向が、高度な文化の形成にまでかかわることになったのだろうか。

私には、それにいますぐ答えるだけの用意はないが、「古典生け花の様式美」や、茶碗に見られるような「ひなびた美」を支えている意識が、どこか底のほうで通じているのであろうと思われる。

⑥「間合い」と「わび・さび」のむずかしさ

茶道の精神は「わび」にあると言われるが、「ああ、これがわびなんだ」という深い情緒（じょうちょ）的な体験が、私はいまだに持てないでいる。

明るい光と豊かな輝きを基調とする雅（みやび）の文化は、貴族社会に由来をもつ文化だが、「わび」の文化は、薄明の中でひっそりと鈍色（にびいろ）に輝き続けてきた名もなき民衆に由来をもつ文化だ――そこから単純に「雅＝派手」

「わび＝地味」と理解していた時期があった。

しかし、茶の湯で使われる茶碗には、清水焼（きよみず）や乾山焼（けんざん）のように、雅びて華やかな印象を与えるものも、けっして少なくないのである。

派手な染め付けをした茶碗にお茶をいただき、⑦私が不思議そうな顔をして「こういう茶碗もあるんですね……」とつぶやきながら茶碗を眺めていたときのこと。

「この茶碗は⑧『きれいわび』を表わしたものですよ」

茶の湯好きな知り合いの日本人が教えてくれた。「きれいわび」とははじめて聞く言葉だった。

その茶碗は、白、ピンク、黄色、赤の四色を用いて、桜の花と紅葉が器の表と内側にいっぱい描かれた、華やかなものだった。それも、例の形を崩した素朴な図柄ではなく、禅味（ぜんみ）というのだろうか、いかにも気品ある図柄である。

「桜は春を表わし、紅葉は秋を表わすんです。つまり、田植えと収穫の象徴でもあるんですよ」

そう説明してもらった。一見の華やかさ、格調の高さの中にも、いい知れない寂しさがあり、侘（わび）しさがある。そこを感じとる、ということなのだろうか。

よくはわからないが、単に「わび＝地味」「雅＝派手」というわけではないのだということだけはわかった。

美的なセンスに優れた人は別にして、私のように、とくに美術の素養もない外国人にとって、日本文化の美意識を理解するのはたいへんなことだが、なかでも「わび」「さび」の理解が最もむずかしい。

古池や　蛙（かわず）飛び込む　水の音

柿食えば　鐘が鳴るなり　法隆寺（ほうりゅうじ）

⑨これらの句から、私が受け取ることのできる感じは、多くの日本人が言うように、「何か、心の深いところにジーンとくる」とか、「水の音や鐘の音が心に染み渡るような気持ちになる」とかいったものとはちょっと違っている。

まず、アニメーションの印象的なシーンが、パッパッと連続して映し出されているような、視覚的な映像が浮かんでくる。それがとても興味深くて、楽しくなる、というのが最初の体験だ。

軽妙なタッチの水墨画といったらいいだろうか、手なぐさみに、軽い気持ちで描かれた数枚の連続絵、というイメージである。これもまた、遊び心なしではつくれないものと感じる。

しかし、この連続絵にもまた歪（ゆが）みの美学がある。たしかにリズムは整っているし、一定のメロディーも聞こえてくるような感じはある。でも、それよりも〝間（ま）〟の存在が大きいのである。

「古池や（間）蛙飛び込む（間）水の音」というように、この描かれていない空白の部分があってこその連続性なのである。【Ⅰ】アナログな連続性なのではなく、デジタルな不連続の連続性なのである。

この〝間〟の効果によって、「意味」の秩序が歪められている。逆に言えば、間をどう構成するかによって言葉が選ばれているとすら感じさせられるほど、間が重視されているように思う。

「古池にポチャンと音を立てて蛙が飛び込む」

「柿を食べていると法隆寺の鐘の音が聞こえる」

こう散文で書き換えて感じるイメージと、俳句形式で書かれたものから感じるイメージとが、大きく異なっているのは、【Ⅱ】、この〝間〟のせいである。

間があるために、五、七、五の語句は、それぞれ独立した映像イメージを喚起する。

それは、日常会話でもよくあることだ。「私はあなたを愛しています」とスッと言えば、意味をそのまま伝えたい意思を感じることができるが、「私は……あなたを……愛しています」というように言えば、そこには何かその人固有の含みを感じないではいられない。

つまり、「私はあなたを愛しています」という意味が歪むのである。

「わび」「さび」そのものは、【Ⅲ】どうもしっくりとはわからないのだが、この〝間〟による意味の歪みをもたらす俳句形式それ自体が、そこに大きな効果を与えていることは確かなことだと思う。

⑩直接的な感覚として、なかなか理解できないものについては、こんなふうに理屈っぽくわかっていくことも、異文化を照らしてみる場合には大切なことなのではないかと思う。

（呉善花『ワサビの日本人と唐辛子の韓国人』〈祥伝社黄金文庫〉より）

〔注〕＊1　二〇〇海里……沿岸から二〇〇海里までの漁業について、沿岸国が排他的管轄権を行使する水域のこと。

＊2　坩堝……金属などの物質を強く熱して溶かすのに用いる耐熱性の容器。

問一　――部①「日本の国土は狭いということが、通り相場になっている」とありますが、内容的にこれとほぼ同じことを言っている部分を文中から十六字で抜き出して答えなさい。

問二　――部②「人口密度はかなりなものだ」とありますが、「かなりな」とはここではどういう意味で用いられていますか。次のア～エの中から最もふさわしいものを一つ選び、記号で答えなさい。

ア　厚い状態である　　イ　薄い状態である

ウ　高い状態である　　エ　低い状態である

問三　――部③「悪い意味でも『島国根性』を育んできた」とありますが、「悪い意味」での「島国根性」として具体的な例を挙げている部分を文中から十字以上二十字以内で抜き出して答えなさい。

問四　文中の空欄［A］にあてはまる最もふさわしい語を次のア～エの中から一つ選び、記号で答えなさい。

ア　軽い　　イ　弱い　　ウ　短い　　エ　固い

問五　――部④「意味」とありますが、ここでの「意味」と同じことを指している語句を**「日本は狭いという幻想」**～これは重要なポイントだと言えよう。までの文中から二字で抜き出して答えなさい。

問六　――部⑤「もちろん、おもちゃではないのだが」とありますが、

(1)　筆者は、ここでは何が「おもちゃではない」と言っていますか。五字以上八字以内で具体的に答えなさい。

(2)　(1)の答えは「おもちゃではな」く、何だと筆者は言いたいのですか。次の文の空欄《　》にあてはまる語句を**〝見立て〟の文化とは何か？**～通じているのであろうと思われる。までの文中から五字で抜き出して答えなさい。

・もちろん、おもちゃではなく《　　》なのだが

問七　文中の空欄［B］にあてはまる最もふさわしい語を次のア～エ

の中から一つ選び、記号で答えなさい。

ア　恵み　イ　情け　ウ　学び　エ　遊び

問八　――部⑥『間合い』と『わび・さび』」とありますが、これらを例として筆者がここで言おうとしているのはどのようなことですか。それについて説明している部分を**「間合い」と「わび・さび」のむずかしさ**～というのが最初の体験だ。までの文中から二十五字以内で抜き出して答えなさい。

問九　――部⑦「私が不思議そうな顔をして」とありますが、なぜ不思議そうな顔をしたのですか。次のア～エの中から最もふさわしいものを一つ選び、記号で答えなさい。

ア　茶道で用いる華やかな茶碗を初めて見たため、その使い方がよく分からず戸惑いを隠せなかったから。

イ　茶道で用いる茶碗は地味なものばかりと思っていたため、華やかな茶碗が使用されていることに驚いたから。

ウ　派手な染め付けをした茶碗が『きれいわび』を表わすと教えられたが、「さび」については分からなかったから。

エ　貴族が用いていた伝統的で雅な茶碗を、どうして外国人である自分に使わせてくれたのか分からなかったから。

問十　――部⑧「きれいわび」とありますが、外国人である筆者はそれをどのように解釈しましたか。「～こと。」につながるように、文中の言葉を用いて、三十五字以内で説明しなさい。

問十一　――部⑨「これらの句から、私が受け取ることのできる感じ」とありますが、これらの俳句から筆者が感じ取っているものとして**ふさわしくないもの**を次のア～エの中から一つ選び、記号で答えなさい。

ア　遊び心のある映像的イメージ　イ　しみじみとした素朴(そぼく)な感動

ウ　デジタルな不連続の連続性　エ　歪(ゆが)みの美学

問十二　文中の空欄【　】Ⅰ～Ⅲにあてはまる語の組み合わせとしてふさわしいものを次のア～エの中から一つ選び、記号で答えなさい。

ア　Ⅰ　おそらく　Ⅱ　さすがに　Ⅲ　けっして

イ　Ⅰ　明らかに　Ⅱ　おそらく　Ⅲ　まさか

ウ　Ⅰ　けっして　Ⅱ　明らかに　Ⅲ　いまだに

エ　Ⅰ　まさか　Ⅱ　さすがに　Ⅲ　おそらく

問十三　――部⑩「直接的な感覚」とありますが、「直接」という語句を他の語句に置き換えても内容的に同じことが言えます。その語句を**「間合い」と「わび・さび」のむずかしさ**～というのが最初の体験だ。までの文中から二字で抜き出して答えなさい。

問十四　次のア～オは本文について説明したものです。本文の内容と合致しているものは○、合致していないものは×でそれぞれ答えなさい。

ア　日本は地政学的に自然の枠組みから受ける影響が小さかったので、他民族の支配を受けずに済んだ。

イ　日本庭園では、自然の景観を庭の中にそのまま小さく縮めて造形している点に大きな意味がある。

ウ　茶道においても「わび」と「雅(みやび)」な精神が同時に存在することを知って、合点(がてん)がいった。

エ　俳句形式では〝間(ま)〟の存在により言葉の表面に表われない意味や内容を感じとることが出来る。

オ　理解しがたい異文化を理解するためには、心ではなく頭を使って考えることも必要だと考えている。

二　次の各問いに答えなさい。

A　漢字に関する問題

問一　次の①～⑤の――部の漢字の読み方をひらがなで答えなさい。

① パレードを見ようと全国から老若男女が集（つど）った。
② お寺からお坊さんの読経の声が聞こえてきた。
③ いつまでも名残おしく手を振って姉を見送った。
④ 私たちの卒業式は厳かに執（と）り行われました。
⑤ 信長が大軍勢を率いて長篠（ながしの）の戦いに挑んだ。

問二　次の①～⑤の空欄□に、下の意味になるような漢字一字を書き入れて、二字の熟語で答えなさい。

① □始末　……　他人に迷惑を及ぼすようなこと。
② □売品　……　一般の人には売らない品のこと。
③ □理解　……　相手の気持ちや考えを理解しないこと。
④ □発表　……　まだ広く世間に発表されてないこと。
⑤ □神経　……　世間の評価や他人の思惑（おもわく）などを気にしないこと。

B　ことわざ・慣用句に関する問題

問三　次の①～⑤の慣用句のA・Bにはそれぞれ漢数字が入ります。A・Bの数字を足し算すると合計はいくつになりますか。漢数字で答えなさい。

① A死にB生（しょう）を得る
② A寸の虫にもB分のたましい
③ Aつ子のたましいBまで
④ A転びB起き
⑤ A兎（と）を追う者はB兎をも得ず

C　文法・言葉づかいに関する問題

問四　次の①～⑤の――部のア～エの語の中で、言葉のはたらきが他と異なるものを一つ選び、記号で答えなさい。

①
ア　彼はサッカーが得意だ。
イ　あなたはとても親切だ。
ウ　私たちはこの町で有名だ。
エ　父は今日をもって定年だ。

②
ア　弟はあどけない顔をしている。
イ　あの人はとてもだらしない性格だ。
ウ　申し訳ないことをしてしまった。
エ　そんなみっともないことはやめましょう。

③
ア　どんなに騒ごうと、ここでは平気だよ。
イ　私が手伝うと、母の仕事もはかどる。
ウ　夜更かしすると、朝起きるのがつらい。
エ　思い出してみると、とても恥ずかしい。

④
ア　入試合格の吉報（きっぽう）が待たれる。
イ　試合で同点に追いつかれる。
ウ　よく、外国人に道を聞かれる。
エ　旅先で突然雨に降られる。

⑤
ア　二人はいつでも仲がよさそうだ。
イ　この近くに駅がありそうだ。
ウ　冬の北海道はとても寒そうだ。
エ　これから彼は出かけるそうだ。

学習院女子中等科(A)

—50分—

一　次の文章を読んで、問いに答えなさい。

「二人から聞いたところによると、唯奈ちゃんが学校のものではない教材を休み時間にしていて、それはダメなんじゃないかって晴翔くんが注意したら、口論になり、唯奈ちゃんが嚙みついてきたということのようです」

金子先生は淡々と説明して、ってことだよね、と唯奈と遠藤に念を押すように言った。金子先生は、休職中の岩瀬先生の代理で、二学期から担任になっている。岩瀬先生は若い女性だったが、金子先生はけっこうおじいさんだ。ひょろっと細長いから、一部の子たちに陰で「もやし」と呼ばれている。そんな見た目だし、きびしくもなければ、面白くもない。音楽会でも唯奈には吹く真似でいいからと言うくらいだから、あまりクラスの子供たちにも興味がないのかもしれない。

「うちの子も乱暴なところがあるので、きっと嫌な思いをさせてしまったのだと思います」

遠藤のお母さんはそう言って、頭を下げた。それを見て、お父さんも慌てたように頭を下げた。

「いや、こちらこそ、ほんとにすみませんでした……怪我をさせてしまって、申し訳ありません！」

「まあ、怪我を負わせてしまったのはいけないですが、お互い様ってこともあるとは思うんですよ」

きっと、この場もさっさと終わらせたいのだろう、金子先生は言った。

「そうですね。本当に、お互い様だと思います。ただですね、嚙まれたということには、正直、驚きました」

遠藤のお母さんは言いにくそうに言う。

「本人があまり覚えていないとはいえ……すみません、ちゃんと言い聞かせますので」

お父さんは、今度は机におでこがつくほど頭を下げる。

そこで遠藤のお母さんは、えっ？　と不思議そうな顔をして訊き返した。

「あのう、唯奈ちゃん、嚙んだことを覚えていないんですか？」

遠藤のお母さんは、目を丸くして唯奈を見た。驚きの表情のその奥に非難めいた色が見てとれて、①唯奈はその視線から逃げるように、お父さんのほうを向いた。

「みたいです……この子、大きな声が苦手で、時々、頭の中が真っ白になるようでして……ほんと、嘘ではなく……ほんとに、そうなんです」

こういう場面は、お父さんだって得意ではないのだろう。②千切れてしまう言葉を一生懸命繋ぐようにして説明した。

「失礼ですが、関口さん」

遠藤のお母さんに改まった声で呼ばれて、お父さんは背中をビクッとさせた。

「は、はい」

「こう言ってはなんですが、幼稚園の子なら、そういうこともあるだろうと済まされるとは思います。でも、もう六年生ですよね。覚えていないというのは、嘘ではないのかもしれません。でも、普通の感覚でも、ないんじゃないでしょうか」

「えっと……こ、これもこの子の個性っていいますか」

「なんでも個性ですか？　個性だったら、どんなものでも尊重してあげるべきなんでしょうか？　叱らない教育方針ですか？　そういう風潮があることは知ってますが、悪いところを直してあげないと、本人がかわいそうじゃないですか？　生きにくくなるのは本人ですよ。直せるときに直してあげないと、唯奈ちゃんがかわいそう……これ、責めているわけじゃなくて」

　遠藤のお母さんは畳みかけるように一気にそこまで言って、口をつぐんだ。まだまだ言いたりないという表情の遠藤のお母さんを前に、お父さんも金子先生も黙ってしまう。

　沈黙が流れた。これまで気まずいというのがどういう感覚なのかわからなかったが、たぶんこの状況が、まさにそれなのだろう。いたたまれない気分を味わいながらも、唯奈はそんなことを考える。嫌な静けさをなごませるようにチャイムが鳴った。

　その音が消えてまた沈黙だけになりそうになったところで、遠藤さん、と金子先生が口を開いた。

「担任としても、今後同じようなことを繰り返さないように注意を払っていきたいと思います。唯奈ちゃん、わかっているよね。自分のどういうところを、改めないといけないのか。晴翔くんも、気をつけないといけないところがありますよ。二人とも、わかっていますよね。ということで、子供たちにも反省の色が見られますし、今日のところは、これで、どうでしょうか」

　金子先生が慣れた様子でまとめると、遠藤のお母さんは眉間に皺を寄せながらも頷いた。お父さんは、遠藤のお母さんの顔を見ないようにしているのか、俯いていた。

　話し合いが終わって遠藤とお母さんが席を立った。お父さんも立ち上がって頭を下げるのを、唯奈は座ったまま眺めていた。

「それでは遠藤さん、よろしくお願いいたします。関口さんは、すみません。もう少しだけお時間よろしいですか」

　金子先生にそう言われて、お父さんはまた腰を下ろした。

「時間は大丈夫です」

「先ほど、遠藤さんがおっしゃっていましたよね。個性だったら、なんでも尊重してあげるべきなのか、と。私は二学期から担任になりましたので、まだ児童一人一人を把握しきれていないところがあるかと思いますが、唯奈ちゃんは、とてもユニークなお子さんだなと見ています。尊重されるべき、素晴らしい個性を持っていらっしゃいます」

「そうですか……ありがとうございます」

「そのうえで、きっとお父様は今回の対応にご不満や、不信感をお持ちになっているかもしれません」

「いえ、そんなことは」

　金子先生は、お父さんと唯奈を交互に見るようにして話した。

「教師によっても、いろんな考え方の人がいます。その子の個性に合わせて対応していくことが大事だとよく耳にしますから、それが今の時代の主流になりつつあるのかもしれません。そういう意味では、私は古い人間なのかもしれないのですが、あまり子供たちに忖度したくないと考えています」

「忖度しない……ですか」

「みんな違って、みんな素晴らしいものを持っています。どんな子も良いところもあれば、悪いところもあるものです。その子に特別対応してあげることも必要な時だってあるとは思います。でも、ダメなものはダメ。やっちゃいけないことは、どんなことがあってもやっちゃいけない。そう言って、理解させることも大事だと思っているんです。だって、社会に出たら、そうじゃないですか。必ず自分の個性を尊重してもらえるわけではない。そういうことを学べるのが、公立の良さだと思っています」

「もちろん……です」

お父さんは頷いた。

「唯奈ちゃんには、この教室は窮屈なのかもしれないが、ここでの経験がきっとプラスになるとも思っていますから」

金子先生は唯奈を見て、そう言った。

校門を出たところで、唯奈は天を仰いだ。はあ、疲れた。A曇っているような、晴れているような、はっきりとしない空の頭上には、厚い雲がたれこめていた。でも、向こうのほうに、うね雲が浮かんでいて、晴れ間からみかん色の太陽の光が差し込んで、地上を照らしている。風は乾燥していて冷たい。雪が降りそうな匂いがして、もう冬なんだ、と思っていたら、洟を啜る音が聞こえた。隣を見ると、お父さんが顔をくちゃくちゃにして泣いていた。

「どうしたの？」

③「違うんだよ、ほんと、違うんだ」

お父さんは立ち止まり、手のひらで目を拭った。いったい何が違うのかがわからなくて、唯奈は焦る。

「ごめん、唯奈のせい……」

「だから、そうじゃないんだって、違うんだって」

もう話し合いが終わって許されたような気分になっていたので、余計に困惑した。今度は何をしてしまったのだろう。何を理解できていないんだろう。いったい、どうしたらいいんだろう。途方に暮れていると、

「唯奈！」

と、声がした。前を向くと、お母さんが片手を振りながらこちらにやって来るのが見えた。すがりつきたい気持ちで、唯奈も振り返す。

「ちょっと、圭吾？　泣いてんの？」

近くに来てこの状況に気づいたお母さんは、驚いたように訊いた。

「由利ちゃん……ごめん」

「どうしたのよ、相手の親に何か言われたの？」

お母さんは、唯奈とお父さんを交互に見た。

「いや……ってことじゃ……」

「じゃあ、担任にきつく注意された？」

「金子先生、ベテランのしっかりした先生だった……だから、そうじゃなくて」

目を拭いながら、お父さんは一つ長く息を吐いた。落ち着こうとしているのだろう。そんなお父さんを、お母さんは困ったような目で眺めていた。

お母さんが、こんな時間に帰ってくるなんて珍しい。そうか……、そういうことか。こんな大事になってしまったことに、いまになって心から申し訳なくなった。遠藤に怪我させたことよりも、お父さんとお母さ

んを困らせてしまったことのほうが、唯奈にはつらかった。

「あたしのせい……」

「違うんだってば、唯奈……お父さん、昔のことを思い出して」

チャリンとベルが鳴らされて、三人で端に寄った。自転車のおばさんは通り過ぎる時に、不審そうな目をこちらに向ける。そりゃそうだ。親子三人の中で、お父さんだけが泣いている光景は珍しいに違いない。とりあえずそばにあった、砂利の駐車場に入った。

お母さんがバッグからハンカチを取り出して差し出す。お父さんはそれで顔を拭くと、ようやく泣き止んだ。

「ごめんな、びっくりさせて」

「いったいどうしたのよ?」

お母さんに顔を覗き込まれると、お父さんは照れくさくなったのか、ぎこちなく笑った。

「昔のことって……?」

唯奈が遠慮がちにたずねると、ああうん、とお父さんは頷いた。

「お父さん、中学校に一年の途中から通えなくなって、家にいたんだけど、その頃のことだ。学校から離れたらほっとして涙が出てきた……自分でもびっくりしたよ」

「中学に、どうして行けなくなったの?」

唯奈は訊いた。

「いじめられていたわけじゃないんだ。ただ、自分一人だけ浮いているようで、そこにいる意味がわからなかった。それで、いつのまにか行けなくなってた」

「学校に行ったら、それを思い出したってことか」

お母さんの相槌に、お父さんは首を横に振った。

「家にいた時に親に言われたことを思い出したんだよ。学校に通えない子だ、かわいそうだって、よく言われたんだ。さっき、遠藤くんのお母さんと話していたら、その時の親の姿が蘇って」

いつも楽しそうなお父さんにそんなことがあったなんて。唯奈は信じられない気持ちになった。

④<u>「圭吾のご両親は、まじめだからね」</u>

お母さんはすべて知っていたような落ち着いた顔で呟いた。

「知ってたの?」

唯奈の言葉に、お父さんが頷いた。

「お母さんにはなんでも話しているから。前に唯奈に話したことがあったよな。お父さんが大学の時に、嫌なやつからは逃げろって言われたって。そう言ったのは、由利ちゃん……お母さんなんだよ。過呼吸になってうずくまっていたお父さんを、助けてくれたことがあってな」

そうそう、とお母さんも笑った。

「人のよさにつけ込まれて、いいように使われていたもんね。授業のノートを代わりに書いたり、パンを買いに行かされたり」

そう言ってから、お母さんは唯奈のほうを見た。

「唯奈にも言っておくね。自分は、自分の一番の味方でいなくちゃいけないんだよ」

「自分は……自分の一番の味方?」

「そうよ。お父さんは、そうしていなかった。自分は嫌なのに、そう言えないでいた。心はごまかせても、体に出ちゃうんだよね。それで、過呼吸になっていたんだと思う」

あたしは、あたしの一番の味方になれている？

唯奈は心の中で問いかけた。

なれていないかもしれない。

嫌なのをごまかすように、笑いたくもないのに、笑おうとしてきた。

自分の本当の気持ちを、大丈夫！　って捻じ曲げて、気づかないようにしてきた。

どう考えたって、遠藤のことが嫌いだ。遠藤に大事な過去問のコピーを取られた時、身体がカッと熱くなった感覚が蘇る。唾をかけられてぐしゃぐしゃにされて、その熱は頭のてっぺんにまで達した。そう、たまらなく頭に来た。同時に、自分がそうされたようで、ものすごく傷ついた。

同じくらい傷つけてやりたいって思った。それくらい腹が立って、だから噛み付いた。

本当は……全部、覚えていた。

忘れたいほどのことだから、忘れたと思い込もうとしていた。

⑤この本心を、きちんと説明しなくちゃいけないのだろう。でも、うまく言葉にできる自信がないなと思いながら、唯奈はお父さんとお母さんの顔をただ見つめ返した。

Bその時、二人の顔に光が差し、あたりが明るくなる。なんだろう、と唯奈は斜め上に視線を移した。

空に縞々模様ができていた。

「あっ……うね雲」

さっき遠くの空にあったうね雲が、いつのまにか空全体に広がっていた。

「へえ、あの波みたいな雲って、うね雲っていうんだね」

「たしかに、畑の畝そっくりだな」

お父さんとお母さんも唯奈の視線を辿り、感心したように呟くので、唯奈はいろいろと教えたくなった。

「あのね、気象的にはね、層積雲っていう雲の一種なの。高度が低くて、地上の風の影響を受けやすくて、ころころと形を変えるから、すぐに消えちゃうこともあるの。こんなにはっきり見えるのは珍しいよ」

さっきまで喉が締まったみたいに声が出てこなかったのに、天気のことならすらすらと口から溢れ出す。好きなことなら、たくさん披露したいし、聞いてくれた人に、へえ、と言ってもらいたい。

きれい。空にうまい棒がたくさん並んでいるみたい。

見上げていた唯奈の胸から、蝶々のようなものが飛び出す。それはぐんぐんと昇って、うね雲の隙間も通り抜け、うまい棒の上に乗っかった。

そこから見下ろしてみる。空を見上げている自分が見えるかな。その隣にいるお父さんとお母さんも見えるかな。三人とも、ごま粒ほどに小さいかな。

⑥そんなことを想像していると、曇り空のように灰色だった自分の心の中もころころと形を変えて、うね雲みたいになり、その隙間から晴れ間が見えてくるように思えた。

いまはまだ、自分の中のもやもやした気持ちや、ざらざらした思いを、うまく言葉に当てはめることができない。だけど、少なくとも自分にたいしては、ごまかすのはやめよう。笑いたくない時に、笑うふりをするのはやめよう。自分が、自分の一番の味方になろう。

唯奈は心の中で誰(だれ)かに誓(ちか)うような気持ちで、移りゆく空を見ていた。

C 風が吹いている。うね雲は列を守るように行儀(ぎょうぎ)良く、少しずつ流れていく。太陽が覗(のぞ)いた。熟(う)れたみかん色の光の帯が、静かに唯奈の顔を照らしはじめる。

（尾崎英子(おざきえいこ)『きみの鐘(かね)が鳴る』〈ポプラ社〉）

問1　傍線(ぼうせん)①「唯奈はその視線から逃げるように、お父さんのほうを向いた」とあるが、この時の唯奈の気持ちを説明しなさい。

問2　傍線②「千切れてしまう言葉を一生懸命繋ぐようにして説明した」とあるが、この時のお父さんの気持ちを説明しなさい。

問3　傍線③「違うんだよ、ほんと、違うんだ」とあるが、この時のお父さんの気持ちを説明しなさい。

問4　傍線④「圭吾のご両親は、まじめだからね」とあるが、ここでの「まじめ」とはどのような意味か、説明しなさい。

問5　傍線⑤「この本心」について、

(1)　「この本心」とはどのような気持ちか、説明しなさい。

(2)　唯奈はどのようにして「この本心」に気づくようになったのか、きっかけから順を追って説明しなさい。

問6　傍線⑥「そんなことを想像していると、曇り空のように灰色だった自分の心の中もころころと形を変えて、うね雲みたいになり、その隙間から晴れ間が見えてくるように思えた」とあるが、唯奈にはなぜこのように「思えた」のか、点線で囲んだ唯奈の想像に沿って、ていねいに説明しなさい。

問7　この作品では、空にかかわる表現が繰り返されている。波線A、B、Cの表現の移り変わりから、作者はどのようなことを表そうとしているか、波線A、B、Cそれぞれの表現が表していることを示しながら、ていねいに説明しなさい。

二　次の傍線のカタカナは漢字に、漢字はひらがなに直しなさい。

①　キソクを守る。
②　ゲキツウにたえる。
③　カンダンの差が大きい。
④　児童福祉(ふくし)にシザイを投じる。
⑤　牛をホウボクする。
⑥　まだほんのジョの口だ。
⑦　セイコウ雨読の生活。
⑧　一定のケンゲンをあたえる。
⑨　オンキせがましい態度。
⑩　自らをリッする。
⑪　サイテキな温度に調節する。
⑫　アンショウ番号を入力する。
⑬　ジュウバコのすみをつつく。
⑭　アみ物をする。
⑮　ジョウキ機関車が走る。
⑯　墓前にひざまずく。
⑰　金輪際会うことはない。
⑱　眼下に広がる光景。
⑲　高飛車な言い方。
⑳　慣例にならう。

神奈川学園中学校（A午前）

—50分—

○文中からのぬき出しや答えに求められている字数は、各問いの指示に従いなさい。

特に指定がない場合は、句読点などの符号を入れても入れなくてもよい。

一　次の(1)～(10)の——線部の漢字にはその読みをひらがなで書き、カタカナは漢字に直して答えなさい。

(1)　独立をセンゲンする。
(2)　体育でキカイ体操をする。
(3)　文化財のソンショウ部分を修復する。
(4)　他人へのカンシャの気持ちが大切だ。
(5)　タガヤした畑に種をまいた。
(6)　君の行動の意図がわからない。
(7)　新記録の達成は至難のわざだ。
(8)　食べ過ぎは禁物です。
(9)　直ちに避難を開始してください。
(10)　彼は総理大臣の職に就いた。

二　次の(1)～(5)の（　）に入る言葉としてもっともふさわしいものを後のア～オから選び、それぞれその記号で答えなさい。

(1)　ながめると（　）かぎりの雪景色だった。
(2)　彼女は困っている人を（　）ような人ではない。
(3)　先生は、がんばる生徒たちをあたたかく（　）。
(4)　うっかりして注意書きを（　）ことがあった。
(5)　子どもだと思って（　）と、思わぬできにおどろくよ。

ア　見くびる　　イ　見わたす　　ウ　見まもる
エ　見かぎる　　オ　見おとす

三　次の(1)～(5)の‖線部が修飾する文節として、もっともふさわしいものを次の選択肢から選び、それぞれその記号で答えなさい。

(1)　ア花子は　イ休日に　‖ふらふらと‖　ウ目的も　エなく　オまちを　カあるいていた。
(2)　‖時々、‖　ア出張先で　イ父が　ウきまぐれに　エ買う　オおみやげは　カ変な　キ置き物ばかりだ。
(3)　アテーブルに　イある　‖あの‖　ウかわいくて　エ小さな　オ毛糸の　カ人形は　キだれが　クつくったのですか。
(4)　‖もう、‖　アこんな　イ高くて　ウまずい　エ店には　オ二度と　カいかない。
(5)　アカバンを　イうばわれた　ウ男性は、　‖どなりながら‖　エ走って　逃げる　オ黒い　カ服の　キ男を　ク追いかけました。

四　次の(1)～(5)の——線部が三字熟語になるように、□に入るもっともふさわしい漢字を後の【語群】から選んで答えなさい。

(1)　□責任な発言をしてしまう。

(2) □完成の作品が残された。
(3) □可解な出来事が続く。
(4) □気味な笑みを浮かべる。
(5) □常識なふるまいをする。

【語群】　不・無・非・未

五　次の文章を読み、後の問いに答えなさい。（問題の都合で本文の一部を変えています。）

> 佐々野円華は、本土（北海道や本州、四国、九州など）からはなれた離島（長崎県五島列島）で旅館を営む両親と暮らす高校三年生です。この春、新型コロナウイルス感染症の流行に伴い休校が続き、九月になり学校は再開されたものの、制限の多い日々が続いています。

小春が休んでいる。

春以降、一緒に帰ることはなくなっていたし、教室でも部活でも微妙に距離を取るようになっていた。でも休んでいるのが気になって、どうしても席の方を見てしまう。

風邪かな、くらいに思っていたけれど、今日で二日目だ。すると、休み時間に同じ部のクラスメート、梨々香と話して、理由がわかった。

「小春、あれなんでしょ。――コロナ」

「えっ！」

胸がドキン、とした。驚きに声を上げた円華に、梨々香が「あ、小春じゃなくて」と声をひそめた。

「小春のお姉ちゃんが勤めてる介護施設に出入りしてる業者の人がさ、コロナになっちゃったんだって。シーツとかのリースの会社の人」

「え……」

「ちょっと前にさ、浜狭地区で陽性一名ってニュースで言ってたの、その人なんだって。なんか、福岡（注1）に遊びに行った後で発熱したらしくて」

「そうなんだ」

「小春のお姉ちゃんの、彼氏なんだって」

黙ったまま、［①］を呑んだ。梨々香が無言で目配せしてから、さらに小声になる。

「小春のお姉ちゃんも福岡、一緒に行ってたんじゃないかって噂になってる。デートか何かで遊びに行ってたみたい」

「梨々香はそれ、誰に聞いたの」

「うちのお母さん」

そのお母さんは誰に聞いたのか――聞きたいけど、言葉を呑み込んだ。夏に、自分の家の前で近所のおばさんたちが噂話をしていたのを思い出した。「本土からもお客さんをまだ泊めてる」と話していた、あの人たち。

②誰に聞いたのか、は問題じゃない。（　　）が言ってる、知っている、この春からずっと続いてきたことだ。

「で、私たち、小春に聞いたの。小春は普通に学校来てるし、それ、本当なのかなって。ほら、私たち、パート一緒だし、練習も一緒にするから、一、二年生でもちょっと気にしてる子がいて」

梨々香は、小春と同じくクラリネット担当だ。③円華が小春とぎくしゃくするようになってからは、梨々香と小春がクラスでは主に二人で行動していた。でも、円華は二人は同じパートだし、仕方ない、と思ってきたのだ。

なのに――。

「小春、なんて言ってた？」

　複雑な思いを押し殺して、円華は聞いた。梨々香が答える。

「陽性になった人、確かにお姉ちゃんの彼氏だけど、福岡は一緒に行ってないって。でも、お姉ちゃんの施設も今、大変みたいだよ。入居者でその人に接触してた人はいるのか、とか、入居者の家族にも気にしてる人はいるみたいだし、うちの近所でデイサービスで利用してたおばあちゃんがいる家も、みんな、しばらくはあそこは行かないって話してた」

「でも、なんでそれで小春が休むの？　お姉ちゃんが、濃厚接触者認定されたってこと？」

「付き合ってたんだったら確実にそうでしょー。気を遣ったんじゃない？　きっと小春は濃厚接触者の濃厚接触者だし、うちらにまで知られてるって、きっと思ってなかったんじゃないかな。黙ってるつもりだったのに、バレてたのがショックだったとか」

「④バレてたって……」

　まるで悪いことをしてるみたいだ。「濃厚接触者の濃厚接触者」という言い方にも眩暈がする。いったいどこまで範囲を広げて、私たちは相手を怖がらなきゃならないんだろう。

「小春に、学校に来るなとかは言ってないんだよね？　梨々香」

「まさかー！　そんなひどいこと、言うわけないよ！」

　梨々香があわてたように首を振る。そうだ、直接口に出すなんて、そんなひどいことを、うちの部のみんなはきっとしない。ただ、噂になった当人が、空気の圧みたいなものを感じて、ものすごく追い詰められてしまうだけで。

「落ち着くまでだよねー」

　梨々香が言った。⑤心から残念がっているような、だけど、のんびりとした言い方だった。

「小春はたぶん、大丈夫だと思うんだけど……。でも、私も、一緒にパート練習してたし、二週間くらいは発熱とか、注意しないと。円華も一応さ、注意だけ」

　落ち着くまで、という言葉に、自分が苦しめられてきたことを思い出す。一学期、部活をしばらく休みたいと職員室の浦川先生のところに言いにいった時の、あの覚悟も。

　梨々香に悪気はおそらくない。無意識に怖い気持ちがあるのはみんな一緒だ。小春が本当に「濃厚接触者の濃厚接触者」だったら、本人が登校を自粛したり、人と距離を取ることは、感染防止の観点に立てば、それはそれで正しいのかもしれない。

　でも、梨々香の言葉を、その時の円華は、どうしても受け入れられなかった。

『今日、話せる？』

　一文だけのＬＩＮＥを、円華は送った。

　小春とその前にやり取りしたのは、五月の日付だ。まだ緊急事態宣言下だったあの頃、互いに家にいて、退屈しながらオススメの漫画について情報交換していた軽いやり取りが、小春とのＬＩＮＥの画面の最後。それ以降、自分が親友とやり取りをしていなかった事実を、やりきれない思いで見つめる。

　無視されてもいいと思ったし、無視されたら、今度こそ小春とはもう絶交なのかも、とも思った。

でも、小春はたぶん、返してくる。

既読がつくのと同時くらいの速さで、案の定、画面にメッセージがすぐに現れる。

『話せる』

円華は、すぐ、今度は『元気？』と打つ。

⑥『元気だったら、外でどっか、会って話さない？　もし暇だったら』

この「元気」が単なる挨拶で言ってる「元気」を意味しないことは、今の小春ならわかるはずだ。案の定、またすぐに返信があった。

『元気。暇』

⑦言葉と裏腹に、泣きべそをかいたウサギのスタンプが入る。ウサギの背後にある文字は、なぜか『Ｔｈａｎｋｙｏｕ』だ。

そのスタンプを見たら、なんだかわからないけれど、胸のつかえがとれた。許せる、と思った。その時まで、自分が怒っていたかどうかもわからなかったし、表立ってケンカをした認識もなかったはずなのに、そうか、私は小春を許せなくなっていたんだ、と気づいた。

嫌いになりそうだったんだ、とも思ったし、それでも、嫌いになりたくなくて、今連絡してるんだ、ということも自覚していく。

許せなくなっていたけど、私、この子のこと、好きなんだ、と。

『うちの旅館の近くの堤防、こない？　小さい頃、遊んだとこ』

春に、武藤に寝そべって泣いているところを見られた、あの堤防。

小春からの返事は、今度はちょっと時間がかかった。だけど。

『ＯＫ』

スタンプの中で、目を激しく［あ］させたキャラクターが、謝るように、祈るように、手を胸の前で組んでいた。

— 中略 —

「お姉ちゃんの彼のこと、聞いたよ。あの……お姉ちゃん、濃厚接触者認定とかされた？」

「ううん」

小春が［い］と首を振る。

「最近は仕事でも会うの減ってて、彼が忙しかったり、あんまり、会ってなかったみたい」

「そうなんだ。じゃ、小春、学校休む必要ないじゃん。元気だったんでしょ？」

⑧「でも、噂になってるし……」

わかるよ、と円華は思う。

気持ちはよくわかる。だけど、言った。

「部活、来なよ。最後の演奏会だってあるんだし」

わあーん、と声がした。

子どもみたいな大きな泣き声を上げて、ぶわっと感情が溢れたように小春がその場に蹲る。

「円華、ごめんねえ」

「……いいよ」

唇を噛みしめる。小春と再び本音で話せるようになった嬉しさが半分、ああ、やっぱりそうか、とあきらめるような気持ちが半分。小春、私に対して、やっぱり悪気があったんだ。⑨無邪気に避けてたわけじゃなくて、謝るような後ろめたさもあったんだ。

だけど、それでもよかった。円華だって、こういう立場じゃなかったら、梨々香みたいにただ小春を避けたかもしれない。

［　う　］と泣きながら、小春がようやく近くまでやってくる。わざとかどうかわからないけれど、気を遣ったのか、二メートルほどのソーシャルディスタンスを取って、円華から離れた場所に彼女が座る。

空と海は、今日も、異なる二色の青でとてもきれいだ。話したいことはたくさんあったし、お互いに思っていることもたくさんあるはずだけど、全部を言葉にしなくても、今はいい気がした。

先に口を開いたのは小春の方だった。

「……連絡くれて、ありがとう」

目がまだ、だいぶ潤んでいた。

「円華は、武藤くんや小山くんと、私のこと、相当悪口言ってるんだろうなって、思ってたから」

「へ？」

「なんか、私の知らないところで、急に仲良くなってる感じあったから。どっちかと付き合い始めたのに、私、教えてもらえてないのかなって思って。……新しい友達もできて、円華は私のこと、もうどうでもいいんだろうなって思ったら、すごく寂しかった」

「えぇー、ひどくない？　一緒に帰れないって言ってきたの小春の方だし、こっちこそ、梨々香とかと私のこと、相当悪く言ってるんだろうなって思ってた」

「そんなことないよ！　一緒には帰れないけど、学校では話しても大丈夫だと思うって私、ちゃんと最初に言ったよ。なのに、円華、私のこと避けてたじゃん」

「それは、小春が私を避けるから」

「だから、ごめんってば!!　最初にあんな言い方したの、ひどかったかもって、後から反省したよ。謝ってるじゃん。ごめん！」

悲鳴のような声で謝られると、あー、もう、小春ってこういうめんどくさいとこある子だった、と思い出す。だけど、悪い気はしない。言いたいことをようやく全部話せる気がした。

「ショックはショックだったよ。うち、旅館なんだから、仕方ないじゃん。コロナのせいで、私、友達失ったんだって思ってた」

「……ごめん」

小春が謝る。今度は感情的にならず、頭を下げて、きちんと言ってくれた。

「円華に……あんなふうに言ったのに、お姉ちゃんのこと、噂になっちゃってどうしようって思って、ここ数日は特に反省してた。ごめんね」

「いいよ。悪いのはコロナだし、別に誰も悪くない」

誰も悪くない。コロナのあれこれが始まってから、よく聞く言葉だ。

誰も悪くない。

だからこそ、コロナさえなければ、という理不尽に対する怒りや悲しみが止まらなくなる。

― 中略 ―

「円華」

「何？」

小春の声がまた、涙声になる。声が途切れて、詰まる。顔を向けると、小春の目から、[え]と涙がこぼれた。野球の応援演奏の時もそうだけど、感情が表に出やすく、表情が[お]変わる。そういうところが小春の魅力だ。

「ほんとにごめん、連絡くれて、ありがとう」

「いいよ。私も、もう一度話せるようになって嬉しい」

⑩「……部活、戻っていいのかな。学校も」

「来なよ」

円華は言った。躊躇いなく。

「ヨーコちゃんも、待ってるよ。簡単に休ませてくれないから、うちの顧問は」

そこはもう、経験者だからわかる。落ち着くまでは、とか、しばらくはそれでもいい、なんてことはない。高校三年生の一年は今年しかないから、部活に戻ってきてほしい、あきらめないでほしいと、円華も言われた。

円華も、今はヨーコちゃんと同じ気持ちだ。

私の今は、今しかない。

（辻村深月『この夏の星を見る』〈KADOKAWA〉）

（注1）福岡…九州の地方都市。円華たち五島列島の人々にとっては「本土」。

問一　「[①]を呑んだ」に入るもっともふさわしい語を、次のア～エから選び、その記号で答えなさい。

ア　声　　イ　息　　ウ　涙　　エ　唾

問二　――線部②「（　　）が言ってる、知っている、この春からずっと続いてきたことだ」とありますが、（　　）に入るもっともふさわしい言葉を、本文中から三字でぬき出して答えなさい。

問三　――線部③「円華が小春とぎくしゃくするようになって」しまったのは、円華の家の仕事が原因です。二人の関係の変化を説明する次の文の（　　）に入るもっともふさわしい言葉を本文中から十六字でぬき出して答えなさい。

＊　旅館を営む円華の家が（　　十六字　　）ことが原因で、二人の間に距離が生じたということ。

問四　――線部④「『バレてたって……』～『濃厚接触者の濃厚接触者』という言い方にも眩暈がする」とありますが、

(1)　梨々香はなぜ「バレ」たという言い方をしたのですか。その説明としてもっともふさわしいものを次のア～エから選び、その記号で答えなさい。

ア　小春と一緒に行動していた自分も、部活を自粛しなければならないため、自分を巻き込んだ小春に怒っているから。

イ　職場や地域の老人たちにまで迷惑をかける感染者が許せず、関係のある小春もまた責められるべきだと考えているから。

ウ　せまい島では何も隠すことなどできないのに、感染者と関係があることを隠そうとした小春を不快に感じているから。

エ　コロナ患者と何らかの関わりがある人は周りに伝えるべきなのに、黙っていた小春を非難する気持ちがあるから。

(2)　円華はなぜ「眩暈がする」と感じたのですか。その説明としてもっともふさわしいものを次のア～エから選び、その記号で答えなさい。

ア　小春はコロナに感染したことを自分に黙っていたのに、罪悪感すら感じていないことを知り、あきれたから。

イ　友人の関係者に感染者が出ることで、コロナの脅威が身に迫るものとして実感され、不安が高まったから。

ウ　「新型コロナの感染対策」という理由をつければ、嫌いな人を簡単にはじけることに気づき、怖くなったから。

エ　恐れる気持ちばかりが先行し、少しでもコロナと関係がありそうな人を排除しようとする雰囲気に嫌気がさしたから。

問五　――線部⑤「心から残念がっているような、だけど、のんびりとした言い方だった」とありますが、梨々香の「のんびりとした言い方」ともっとも関連が深い語を次のア～エから選び、その記号で答えなさい。

ア　背水の陣　　イ　対岸の火事

ウ　馬の耳に念仏　　エ　目の上のこぶ

問六　――線部⑥「この『元気』が単なる挨拶で言ってる『元気』を意味しない」とありますが、ここでの「元気」にはどのような意味がありますか。次の文の（　）に入るふさわしい言葉を**自分で考えて**十字前後で答えなさい。

＊（　十字前後　）という意味。

問七　――線部⑦「言葉と裏腹に、泣きべそをかいた～『Ｔｈａｎｋ ｙｏｕ』だ」とありますが、小春はなぜこう送ったのですか。その説明としてもっともふさわしいものを次のア～エから選び、その記号で答えなさい。

ア　先の見えない状況に絶望していたが、円華が気づかってくれたことで、学校に戻る希望が見えたように思ったから。

イ　体は元気であるが周りから無視されてつらいため、ずっと変わらずに接してくれる円華の存在を心強く感じたから。

ウ　必要なことだったとはいえ、無視した自分を円華が許してくれたことが、涙が出るほどありがたかったから。

エ　円華が苦しい時に自分は周囲を気にして接していたが、孤立する自分を円華が気にかけてくれたことが嬉しかったから。

問八　［あ］～［お］に入るもっともふさわしい語を次のア～オから選び、それぞれその記号で答えなさい。ただし、同じ記号は一度しか使えません。

ア　ぐずぐず　　イ　ぶんぶん　　ウ　うるうる

エ　くるくる　　オ　ぼたぼた

問九　――線部⑧「わかるよ、と円華は思う」とありますが、円華は何が「わかる」のですか。次の文の（　）に入るもっともふさわしい言葉を［　］の文中から十字以内でぬき出して答えなさい。

＊コロナを恐れるあまり、コロナの危険性に少しでも近いと思われる人に対し、「行動を自粛しなければ」と思わせる（　十字以内　）で苦しめるということ。

問十　――線部⑨「無邪気に避けてたわけじゃなくて、謝るような後ろめたさもあったんだ」とありますが、

(1)　「無邪気に避け」るとは具体的にどうすることですか。その説明としてもっともふさわしいものを次のア～エから選び、その記号で答えなさい。

ア　他に仲の良い友達ができたので、円華と交流がなくなること。

イ　部活が制限され会えなくなったため、円華にも連絡しなくなる

こと。

ウ　感染対策だから仕方ないと、深く考えずに円華と距離を置くこと。

エ　円華と関係が悪化したため、自然と話さなくなること。

(2)「謝るような後ろめたさ」とありますが、どういうことに「後ろめたさ」を感じていたのですか。その説明としてもっともふさわしいものを次のア～エから選び、その記号で答えなさい。

ア　全く意味がないと分かっているのに、円華と接しないことがコロナ対策になると言いふらしたこと。

イ　「学校では話しても大丈夫」と言いながらも、学校でも円華をはぶき悪口を言ったこと。

ウ　小さい頃からの親友である円華を裏切り、新しい友達を作って円華に近づこうとしなかったこと。

エ　円華を傷つけると知っていながらも、周囲に流されコロナ対策を言い訳にして円華と距離をおいたこと。

問十　――線部⑩「『……部活、戻っていいのかな。学校も』～円華は言った。躊躇いなく」とありますが、円華はなぜ「来なよ」と「躊躇いなく」言ったのですか。その説明として**ふさわしくないもの**を次のア～エから一つ選び、その記号で答えなさい。

ア　「自粛」はコロナへの恐れ以上に集団への恐れが原因だと気づいた円華は、かつて追い詰められた自分が励（はげ）まされたように、今度は自分が小春を勇気づけたいと思ったから。

イ　親友の小春がコロナを理由に自分を傷つけたことは事実だが、小春も同じ状況で同じ苦しみを味わったため、仕返ししたい気持ちも薄（うす）れ、小春を許せるようになったから。

ウ　コロナの「感染予防」という名目で円華や小春がはぶかれ、はぶかれる側も「仕方がない」と思っていたが、本音で話すことでお互いに気持ちが通じ合った気がしたから。

エ　高校三年生の自分たちにとって、毎日がかけがえのない日であるため、「周りの目」という顔の見えない人々の思惑（おもわく）に流されて、自分から何かをあきらめたくなかったから。

六　次の文章を読み、後の問いに答えなさい。（問題の都合で本文の一部を変えています。）

オオカミは北アメリカの広い範囲で殺されて少なくなったことを書きましたが、その後大きな変化がありました。生態学の研究者たちが明らかにしたのは、次のような一連の現象です。オオカミがいなくなったために、エルクというシカが増えました。エルクが増えると植物が食べられるために、林を作る木が育たなくなって林がなくなるとか、ビーバーもいなくなるなど、森林生態系全体に大きな影響（えいきょう）が出るようになりました。

つまり、オオカミは生態系のバランスを取るという重大な役割を果たしているということがわかったのです。これによってオオカミに対する見方が変わり、アメリカのいくつかの地域でカナダからオオカミを導入して離したところ、数年経ってエルクが減り、生態系のバランスが戻ってきました。

これらの事例に共通しているのは、①動物の実像を大きくとらえ、土地と生態系の中でとらえるということです。そうでなければ、タヌキはお人好し、ビーバーは毛皮の材料、カラスはぶきみな鳥、オオカミは残忍な悪魔、といった偏見で見られたままです。しかし生態学的な視点と、調査によるデータを読み取ることで、その偏見が実像ではないことがわかりました。

正しく知ることは、私たちを偏見から解放してくれるということなのです。

私は人間ですから、人間を特別視しないことはできません。それは当然のことです。しかし生物学を学んできた者として言えば、ヒトを特徴づける頭脳が優れているということは特別な能力であることは確かですが、それは一つの能力なのであって、ヒトよりも優れたさまざまな能力を持つ動物は無数にいます。②頭脳以外の能力は取るに足らないと、なぜ言えるのでしょうか。

しかし歴史的事実は、その一つの能力が卓越していたヒトが、地球の歴史からすればごく最近になって急激に増加して地球の自然を破壊してきたということです。そのために絶滅した動植物が無数にいます。その絶滅が20世紀の後半から急激に増えているのです。

私は生き物のつながりを研究してきましたから、ある生き物が減少したり、いなくなったりすることが、思いもかけない結果を生むことを学びました。そして東京に住んでいると、ある日突然、昨日まで空に向かって枝を伸ばしていた立派なケヤキが根元から伐採されているのを目の当たりにする場面をたくさん見てきました。

［Ⅰ］、長く観察してきた玉川上水で樹木が伐採され、その結果、野草が消滅したり、野鳥が激減したりするのも見てきました。それどころか、新しい道路をつけるためとか、大きな建物を作るために林が伐採されることもしばしば目にしてきました。私たちが都市で生きるということは、そこにいた生き物を抹殺したことにほかなりません。

人は不当に攻撃されれば、相手を非難します。非難するだけでなく敵に対して戦いを挑みます。［Ⅱ］樹木は伐られるまま、動物はただ消えていくだけです。それだけに余計に心が痛みます。植物は痛みを感じないとか、動物は苦痛を感じないと言われます。そうであるかもしれません。しかし生き物のことを学び、そのつながりを調べてきた私には、伐採される木の痛みはわかるし、消えゆく動物の悲しみもわかります。いや、十分にはわかったといえないかもしれません。それでも動物や植物の声を聞けるようになりたいと思います。

私はこの本を読んだみなさんが、生き物の命の尊さについて共感してくれたと信じます。［Ⅲ］、みなさんがお父さんやお母さんに「ダンゴムシって大事なんだって」とか、「メダカがいなくなったらしいけど、守らなくちゃね」と言ったとします。想像されるのは「その気持ちはわかるけど、世の中はそんなもんじゃないんだよ」という大人の反応です。③つまり子供はサンタクロースを信じるように、非現実的なことをいうが、現実にはサンタクロースはいないし、メダカがいなくなっても人間の生活に困ることがあるわけではないというわけです。

それでもみなさんがさらに主張したら「メダカのような小魚と人の命のどっちが大事か、考えればわかるだろう」というような返事が返ってきておしまい、ということもあるでしょう。

しかしこれは二重の意味でまちがっています。一つは、人の命がメダカの命より価値があるのが正しいとはいえないからです。メダカは小さく人が大きいからでしょうか。では、ゾウは人より価値がありますか。人は知能があるからですか。

なぜ知能という、生物が持つ多くの性質の中のただ一つのものが特別の価値があるとされるのでしょう。ヒトは鳥のように空は飛べないし、モグラのようにトンネルを掘れないし、イルカのように泳げません。人ができなくてほかの動物ができることは無数にあります。知能だけが価値があることの根拠は曖昧で、それは人間がそう考えているだけのことです。

もう一つのまちがいは、メダカだけをとりあげて比較することは適切でないという意味においてです。メダカがいるということは汚染されていない水があり、そこにプランクトンも生きているということですから、メダカがいなくなることはそのことが果たされていないことを意味します。それは人が住む環境も、あるレベルを超えた汚染段階にあるということです。その意味で、④（　　）中心に考えてもメダカのいないことは危険だということです。

Ⅳ　メダカがいる、いないだけでなく、⑤メダカの環境を総合的にとらえれば、メダカがいないことの意味が理解されるのに、問題を「メダカか人か」というレベルにとどめるのは正しくないということです。それでは大切なことを見失ってしまいます。さらに言えば、子供より大人の考えが正しいとは限らないということもしばしばあります。

このような例は無数にありますが、一つだけ具体的な例をあげて考えてみたいと思います。玉川上水は江戸時代に作られた水路で、上水、つまり人々の生活用水を確保する水路でした。その役割は1965年まで続き、部分的には今でも機能しています。

できたときの玉川上水は、西の羽村から江戸の四谷までの43キロメートルありましたが、1965年に杉並区の久我山よりも下流の13キロメートルは暗渠になりました。暗渠とは、要するに蓋をして水を地下で流すことです。その結果、ここから下流は道路になり、樹木はもちろん、野草もなくなり、昆虫も鳥も、もちろんタヌキも住めなくなりました。

なぜそんなひどいことをしたのでしょう。当時は日本が高度成長期で、東京は1964年のオリンピックを控えて街中を工事で改修していました。当時の人たちにとっては、玉川上水があることはむしろ邪魔であり、当然のように、蓋をして道路をつけた方が都民にとって便利でプラスになると考えられたのです。ですから、杉並より上流も同じように暗渠にすると決められる可能性は十分にあったし、もしそうなっていれば多様な樹林やその下に咲く野草、昆虫、野鳥なども消滅していたはずです。

玉川上水の暗渠工事は一部だけで止まってよかった、なんとかこれからも残してほしいと思いますが、東京にはその高度成長期に計画された道路があり、今でもその拡張計画が進められています。そういう計画を進めるとき、動植物の調査もおこなわれて、計画の妥当性が検討されますが、基本的には「希少な動植物はいないか」ということが基準になります。

都会の緑地でも希少な動植物はいるにはいますが、なんといっても都会のせまい緑地ですから、そういう動植物は少ない、あるいはほとんどないということも多くあります。⑥そしてそれが工事をしてもいいという免罪符になります。

しかし、この本でくり返し述べたように、ありふれた普通の動植物がいることには、大きな価値があるのです。それらの生き物がつながりあって生きていることを知れば、そのことが私たち人間の生活にも大きな意味を持つことが理解されます。

　こういう工事に携わる行政担当の人々には、長い目で見た時に何が大切であるか、ある時代に決めたからといって時代の価値観は変化するのであり、不要だと判断されたら計画を変更できる判断力を持ってほしいと思います。そしてこの本の読者であるみなさんが今後、社会に出て、そのような力になってくれることを期待します。

　都市生活をすると、どうしても自然が乏しいので動植物と接する機会が少なくなります。しかしヒトもまちがいなく自然の中で進化してきたのだから、私たちのＤＮＡの中にはサルの一種としての「血」が脈々と流れています。子供は年齢の違う子供同士が一緒で遊ぶものだし、ケンカもし、仲直りをして育っていくものです。でこぼこの地面を歩いて、草を見たり昆虫を見つけたりします。痛い思いをしたり、危ないことを体験したりして、そのことを覚えていきます。それはどの時代のどこの社会でも同じです。

　もちろん都市化に伴うプラスの面は無数にあります。⑦自□自□をしなくても効率的に物資が確保できるようになりました。水道や電源が確保されたりしてからは、生活が革命的に便利になりました。私たちはそうした利便性に大いに恩恵を受けています。

　私がみなさんに伝えたいのは、⑧都市生活をしていると、動植物と距離ができるために正しい感覚が持てなくなることを自覚してほしいということです。

　そのためには、動植物のことを正しく知る必要があることを書きました。そして正しく知ることは、動植物の名前を知るだけでなく、その動植物がどういう生き方をしているかを知り、ほかの生き物とどういう関係を持っているかを知ることであり、そのために無用な偏見を持たないようにしよう、ということも書きました。

　アメリカの生物学者ジャレド・ダイアモンドは、人類が、例えばイースター島のように自分たちの社会を崩壊させた例や、マンモスやモアのような動物を捕り尽くして絶滅させた悲劇は無数にあることを説明した後で、次のように書いています。

　実は、過去において生態学上の悲劇的な失敗を犯した人と私たちのあいだには決定的な違いが二つある。こうした人たちに欠けていた科学的な知識が私たちにはあること、その知識を伝えあい、共有できる手段が私たちにはあることだ。

（『若い読者のための第三のチンパンジー』）

　そう、私たちは文字を持たなかった時代の先祖とは違い、学びさえすれば正しい知識や考え方を知ることができるのです。⑨このことは人類のかけがえのない遺産であり、誇るべきことです。そのことを思うことで、私は未来に生きるみなさんに前向きのエールを送り、明るい世界を期待することができます。

（高槻成紀『都市のくらしと野生動物の未来』〈岩波ジュニア新書〉）

問一　――線部①「動物の実像を大きくとらえ」とありますが、これはどのように考えることですか。その説明をした次の文の（　A　）・（　B　）に入るもっともふさわしい熟語を本文中からそれぞれ三字以内でぬき出して答えなさい。

＊（　A　）にとらわれず、（　B　）の立場から動物を考えるということ。

問二　――線部②「頭脳以外の能力は取るに足らない」とありますが、なぜそのように考えるのですか。その説明としてもっともふさわしいものを次のア～エから選び、その記号で答えなさい。

ア　都市化は結果的には生き物のすみかを奪ったが、20世紀に始まった都市開発は人間の頭脳の賜物と言えるから。

イ　人間の観点から物事を考えているため、人間の特徴である頭脳の優秀さにもっとも価値があると考えているから。

ウ　他の能力において人間より優れた生物はたくさんいるが、現在地球を支配・管理しているのは人間だから。

エ　人間の頭脳は地球の自然を破壊し、多くの動植物を絶滅に追い込むことができるほど特別で強力なものだから。

問三　Ⅰ～Ⅳに入るもっともふさわしい語を次のア～エから選び、それぞれその記号で答えなさい。

ア　しかし　　イ　そして　　ウ　つまり　　エ　また

問四　――線部③「子供はサンタクロースを信じるように～人間の生活に困ることがあるわけではない」とありますが、ここで言いたいことはどのようなことですか。その説明としてもっともふさわしいものを次のア～エから選び、その記号で答えなさい。

ア　「人間より他の命が大切だ」と考えるのは、サンタクロースを信じるのと同じ位、空想好きな人がすることだということ。

イ　メダカやダンゴムシが大切なのは子供の時だけなので、現実的には人間以外の生命を大切にする必要はないということ。

ウ　メダカやダンゴムシは現代人の生活と全くかかわりがないのだから、サンタクロースのようにいないも同然だということ。

エ　「人間だけでなくメダカやダンゴムシなどの生き物の命も尊い」という考えは非現実的な理想に過ぎないということ。

問五　――線部④「（　　）中心に考えてもメダカのいないことは危険だ」とありますが、（　　）に入るもっともふさわしい言葉を本文中から三字以内でぬき出して答えなさい。

問六　――線部⑤「メダカの環境を総合的にとらえれば、メダカがいないことの意味が理解される」とありますが、ここで筆者はどんなことを「理解」するべきだと考えていますか。――線部⑤より後の文章から、二十字以内の言葉をぬき出して答えなさい。

問七　――線部⑥「そしてそれが工事をしてもいいという免罪符になります」とありますが、

(1)　「免罪符」の意味を説明した次の文の（　　）に入るもっともふさわしい言葉を後のア～エから選び、その記号で答えなさい。

＊自分の行為や主張を（　　）するもの

ア　具体化　　イ　弱体化　　ウ　正当化　　エ　活性化

(2)　「工事をしてもいい」という判断の根底にはどのような考え方がありますか。その考えとしてふさわしくないものを次のア～エから一つ選び、その記号で答えなさい。

ア　水路の環境保全よりも、人間の生活水準を向上させるための都市開発を優先するべきだ。

イ　希少性の低い動植物は価値も低いので、珍しい動植物が多くないのなら開発しても問題ない。
ウ　人間は他の動植物より重要な存在なので、人間社会の発展のためには経済発展を優先しても良い。
エ　都会の緑地はせまくて動植物もほとんどいないため、道路拡張工事をしても環境には大きな影響はない。

問八　――線部⑦「自□自□」とありますが、ふさわしい漢字を入れてこの四字熟語を完成させなさい。

問九　――線部⑧「都市生活をしていると、動植物と距離ができるために正しい感覚が持てなくなる」とありますが、このようなことが起きるのはなぜですか。その説明としてもっともふさわしいものを次のア～エから選び、その記号で答えなさい。

ア　都市ではお金がないと生活できないため、環境保護よりも自分たちの生活を守ることで精いっぱいになってしまうから。
イ　都市の便利で快適な生活は人の力だけで実現したと錯覚し、環境そのものを支える動植物の存在に気づきにくくなるから。
ウ　都市化が進むことで、自然は郊外で見ればよいという意識が生まれ、動植物の減少に疑問を抱かなくなるから。
エ　都市化により人が接する動植物はペットや庭園の花のような人工的なものになったが、人々はそれで満足しているから。

問十　――線部⑨「このことは人類のかけがえのない遺産であり、誇るべきこと」とありますが、筆者がこのように考えるのはなぜですか。その説明としてもっともふさわしいものを次のア～エから選び、その記号で答えなさい。

ア　人間だけが持っている文字という伝達手段を使うなら、知識を正確に伝えることができるため、動植物との正しい距離感を未来の人々や動植物に伝えることができるから。
イ　動植物を先入観で判断し絶滅に追い込んだ事例を学ぶなら、科学的で正しい知識が重要だと痛感するため、人と動物を大切にした都市開発ができるようになるから。
ウ　動植物を絶滅に追いやることが人間の危機につながることを学ぶなら、動植物を守ることが自分たちの利益になると実感でき、動物愛護の精神を育てることができるから。
エ　動植物を絶滅に追いやった人類の失敗の歴史を学ぶなら、人間の都合だけではなく、地球上のいのちのつながりという視点で動植物との関わり方を考えられるようになるから。

鎌倉女学院中学校（第一回）

—45分—

●句読点、記号は一字と数えること。

一　①～⑩の——のカタカナは漢字に、漢字はひらがなに直しなさい。（送りがなのある場合はそれも書くこと）

① この地域はオンダンな気候だ。

② 友達にゴカイされてしまった。

③ 私腹をコヤス。

④ タンジョウビを祝う。

⑤ ジュウジュンな家来。

⑥ テンボウダイから景色を見る。

⑦ キビシク注意される。

⑧ 会社の設立に参画する。

⑨ 初日の出を拝む。

⑩ 兄は上背がある。

二　次のそれぞれの問いに答えなさい。

問一　次の文の□に当てはまる語句としてふさわしいものをどちらか選び、それぞれ記号で答えなさい。

① 季節の変わり目に、体調を□てしまった。

ア 崩し　　イ 壊し

② 我が家の子犬がやんちゃで、私の手に□。

ア 負えない　　イ 終えない

③ 同じニュースが□と繰り返されている。

ア 永遠　　イ 延々

④ 私では□だが、学級委員長を引き受けた。

ア 力不足　　イ 役不足

⑤ 姉のアドバイスは、いつも□いる。

ア 的を得て　　イ 的を射て

問二　日本には伝統的に色を表す美しい言葉が多くあります。次の文の□にふさわしい色を表わす言葉を後より選び、それぞれ記号で答えなさい。

① □の夕焼けが空に広がる。

② 少女は□に頬を染める。

③ パンが□に焼き上がる。

④ 草餅はちょっとくすんだ□だ。

⑤ 南国の海が□に輝く。

ア 鶯色　　イ 茜色　　ウ 瑠璃色　　エ 藤色
オ 山吹色　　カ 狐色　　キ 桜色

三　次の文章A、Bはどちらも、近代の看護学の発展に大きく貢献したフローレンス・ナイチンゲールについて書かれたものです。文章を読んで、後の問いに答えなさい。

文章A

※看護婦たちは、夜になると、昼間のはげしい働きでつかれきり、ぐっすりとねむった。

けれど、フローレンスは、看護婦たちがねしずまったあとも、たった一人で起きていた。たった一人でランプをかかげ、患者のようすを見て歩くのであった。

（中略）

フローレンスの、このあたたかい心が、重傷患者をどれほどなぐさめたかわからない。

兵士たちは、フローレンスを心から尊敬した。①彼女が病室を通りすぎていくと、その影にキスをするほどであった。

フローレンスの働きは、イギリス本国の人々に、深い感銘をあたえただけではなかった。アメリカにも、そのおこないは、報道された。すると、詩人のロングフェローは、彼女をたたえる詩を書いた。

「サンタ＝フィロメナ」という詩には、フローレンスがランプを手にして、部屋から部屋をそっとめぐる姿が、美しい韻文でたたえられている。

人々は、彼女のことを〈ランプを持った貴婦人〉とか、〈救いの天使〉とよんで、たたえた。

しかし、そのときフローレンス自身は、美しい詩などにかかわっていることはできなかった。彼女の心を痛めることや、やらなければならないことが、山積していた。

②「※婦長さん……。兵士というものは、あわれなものですよ……。」

今日の夕方も、フローレンスの手をにぎりながら死んでいった兵士のことばが、忘れられない。彼は、貧しい農民で、一家の働き手であった。

フローレンスがスクタリにきてから一月たったが、彼女は、兵士たちの苦しみというものが、身にしみてわかった。

同じ〈女王陛下の軍隊〉でありながら、※将校と兵士では、患者になっても、そのあつかいがちがっていた。

当時、王宮や陸軍省の厚いじゅうたんの上を歩きまわれる将校たちは、上流社会出身であった。そしてほとんどの場合、彼らは後方で指揮をとり、じっさいに死にさらされているのは、兵士たちであった。傷を負った場合にも、軍医は、将校に対しては、まっさきに手当てをした。けれど、兵士たちは、重傷を負っていても、あとまわしにされる。

いまフローレンスは、うす暗くなりかけた長い廊下を歩いて、病室を見まわっていた。

とうとう、③看護婦がはいれない病室は、なくなっていた。ついに、軍医たちはだれも、フローレンスの人柄を理解したのである。

夕食時であった。

各病室に、肉のかたまりがわけられている。

（ああ、今日もまたあの肉だわ。陸軍のコックたちは、肉は、ゆでる以外に料理法を知らないのかしら。）

フローレンスは、口には出さずに、

（これは、いよいよ、④台所をなんとかしなくてはいけないわ。）

と、心に決めるのであった。

フローレンスは、とりわけられた一さらを持って、重態の患者のベッドに近づいた。

この兵士は、三日まえに、両腕を手術した。軍医は、

「この患者は、とても助からない。」

と、手術はせずに、見捨てていたのである。

そのときフローレンスは、注意深く患者をみてから、手術をすれば助かるかもしれない、と思った。

「すぐに、あの患者の手術をお願いします。」

　彼女は、軍医にいった。

「いいや、手術の途中で死ぬでしょう。やってもむだです。こんな人手のないときには、死ぬことがわかっている患者にかかわるより、十人の人を治療（りょう）したほうがいいんです。」

「死ぬとはわかっておりませんわ。いままでに、同じような患者が手術をしたために、四人助かっています。わたしたちは、どんな場合にも、人の命を救うために、最善をつくさなければならないんです。」
　⑤<u>フローレンスのことばは、おだやかであった。ほんとうに、静かであった。</u>
　そして、軍医は、そのことばにしたがった。

　困難な手術のあいだじゅう、フローレンスは、兵士をはげまし力づけた。そして兵士は、死線をのりこえることができたのである。

　すでにいままでにも、あまりのいそがしさに軍医が見はなした患者を、いま、フローレンスは、四人までも救っていた。

　いま、フローレンスが近づいていくと、その兵士は、頭をこちらへ向けて、にっこりした。

「さあ、お食事ですよ。体を起こしてあげましょう。」

　フローレンスは、静かに、兵士の上半身を起こした。そしてさらをとって、フォークで肉をこまかにして、兵士の口へ持っていく。

「婦長さん、申しわけありません……。命を助けていただいたばかりでなく……。」

　体つきのがっちりしたその兵士は、やさしい目をしている。

「わたしたちは看護婦です。あなたがた患者の、せわをするのが仕事ですよ。そう、もうすこしたったら、このあんまりおいしくない食事を、もっとおいしくしてみせますわ。」

　すると、となりのベッドの患者が、ちょっと［⑥］笑った。

「あんたがたがきてから、ずいぶんここも変わりましたよ。※なんしろまえには、食事だっていったって、ひえきったさらを置いてくだけだったもんな。自分で食べられる患者はいいが、起きあがれないやつは、そのまぁんまさ。さらを目の前にして、食べさせてくれる者もいやあしない。ひどいもんだったよ。」

「それに、とにかく清潔になった。わしは、九月二十日のアルマ川の戦いで負傷したから、もうながいことはいっとるがな。あのころは、この病室はごみためのようだった。」

　反対がわの、中年の兵士が、大声をあげた。

「今日は、だいぶ食欲（よく）が出てきました。……これで故郷へ帰れれば、もう一度、家族の顔を見ることができるんですね。」

　食事をさせてもらっている重傷の兵士は、まるで自分にいい聞かせるように、つくづくといった。


（足沢（たるさわ）良子『新装　世界の伝記30　ナイチンゲール』）

文章B

　クリミア戦争が終結し、彼女がイギリスに帰国したあとのことでした。当時、新聞などを通じて「クリミアの天使」ナイチンゲールの活躍（やく）は、イギリス国内でも連日のように報道され、彼女は国民的なスターになっていました。そうした喧騒（けんそう）を嫌（きら）うように、偽（ぎ）名を使ってひっそりと帰国したナイチンゲールは、さっそく⑦大きな仕事に取りかかります。

戦場におもむいた兵士が、亡くなってしまうこと。つまり戦死すること。

この「戦死」という言葉を聞いて、みなさんはどんな姿をイメージしますか？

銃弾や砲撃にさらされ、その傷が原因で亡くなってしまうこと。戦死者とは、とうてい助からないような深い傷を負って亡くなった人のことだ。きっと、そんなふうに考えるのではないでしょうか？　少なくとも当時のイギリスの⑧「常識」はそうでした。

ところが、⑨ナイチンゲールが戦地で見た現実は、まったく違います。

前線で負傷した兵士たちが、不衛生極まりない病院に送り込まれる。医療物資も生活物資も足りない、いたるところにダニやシラミがうごめくような病院に、押し込まれる。ここで感染症に罹患することによって、本来は助かったはずの命が失われていく。戦場の兵士たちは、戦闘によって亡くなるのではなく、劣悪な環境での感染症によって亡くなっていくのだ。それがナイチンゲールの結論でした。

当然、彼女としては、政府に対して「戦地の衛生状態を改善してほしい」と訴えなければなりません。数多くの兵士が、戦闘とは直接関係のないところで亡くなっているのです。このまま放置するわけにはいかないでしょう。

しかしこれは、政府や陸軍に対して「あなたたちは兵士を［⑩］」と告発することでもあり、政治的なスキャンダルにもつながりかねない話でした。おそらく普通のやり方で改善を求めても、認められないでしょう。

そこでナイチンゲールが使った武器が、看護師の道に進む以前、ずっと学んできた数学であり、統計学だったのです。

最初にナイチンゲールは、クリミア戦争における戦死者たちの死因を「感染症」と「負傷」、それから「その他」の三つに分類し、それぞれの数を月別に集計していきました。

その結果、たとえば一八五五年一月の場合、感染症による死者が二七六一人、負傷による死者が八三人、その他の死者が三二四人となっています。つまり、負傷を原因とする死者の三〇倍以上もの兵士たちが、感染症によって亡くなっていたのです。

しかも彼女は、戦死者の数を集計しただけではありません。

きっといま、みなさんもずらずらと数字を読み上げられて「ちょっと面倒くさいな」とか「なんとなく［⑪］しづらいな」と思ったことでしょう。数学や計算が苦手な人は、たくさんの数字が並んでいるだけでうんざりしてしまうものです。

そこで彼女は、「コウモリの翼」と呼ばれる独自のグラフを考案し、死因別の死者数をひと目でわかるように［⑫］化しました。当時はまだ、棒グラフも円グラフも普及していなかった時代。それでもたくさんの人にこの事実を知ってもらおう、理解してもらおうと、まったく［⑬］のグラフをつくったのです。

ほかにも、当時イギリスでもっとも不健康な街とされていたマンチェスター市と死亡率を比較したり、兵士たちの年齢別死亡率をイギリスの平均値と比較したり、兵舎とロンドンの人口密度を比較したり、さまざまな統計データを揃えました。

こうしてナイチンゲールは、ヴィクトリア女王が直轄する委員会に一〇〇〇ページ近くにもおよぶ報告書を提出します。どんな権力者であろうと反論できない、客観的な「事実」を突きつけたわけです。

その結果、戦場や市民生活における衛生管理の重要性が知れ渡り、看護師という仕事が再評価され、感染症の予防にも大きく貢献していくことになりました。

（中略）

戦場の兵士たちを救い、不衛生な環境に暮らす人々を救い、イギリスはもとより世界の医療・福祉制度を大きく変えていったのは、看護師としてのナイチンゲールではなく、統計学者としてのナイチンゲールだったのです。

【瀧本哲史「ナイチンゲールと統計学」（『読む力をつけるノンフィクション選　中高生のための文章読本』〈筑摩書房〉所収）】

※看護婦…女性看護師の古い呼び名。
※婦長…看護師長。ここではナイチンゲールのことを指す。
※将校…軍人の階級の一つ。兵を指揮する。
※なんしろ…なにしろ。

問一　――①とありますが、この行動から分かる兵士たちのフローレンスに対する気持ちとして当てはまらないものを次より一つ選び、記号で答えなさい。

ア　親愛　イ　感謝　ウ　同情　エ　敬意　オ　信頼

問二　――②とありますが、兵士がこのように言う理由として最もよいものを次より選び、記号で答えなさい。

ア　どんなに活躍しても、手柄は将校のものになり評価されないから。
イ　身分が低いと、実力があっても指揮をとることができないから。
ウ　手柄を立てても、栄誉を田舎の家族に見せることができないから。
エ　上流社会出身ではないと、女王陛下に会うことができないから。
オ　命がけで戦っているのに、身分が低いと大切にされないから。

問三　――③とありますが、これはどういうことを表していると考えられますか。最もよいものを次より選び、記号で答えなさい。

ア　看護師の地位は低かったが、フローレンスが医師の信頼を勝ち取ったことで、自由に出入りできるようになったこと。
イ　戦争の傷で心を閉ざしていた兵士たちが、フローレンスの優しさに心を開き、部屋に鍵をかけなくなったこと。
ウ　当初看護師たちは未熟だったが、フローレンスの指導で力をつけ、スムーズに診療できるようになったこと。
エ　看護の知識を持っていなかったフローレンスたちが、経験を積んだことで、どんな患者の治療もできるようになったこと。
オ　フローレンスの指導で病室が清潔になったことで、不潔な病室を嫌がっていた若い看護師たちが、喜んで働くようになったこと。

問四　――④とありますが、具体的に何をすることですか。次の文の□に当てはまる言葉を考え、三字以内で答えなさい。

□の内容を改善すること。

問五　――⑤とありますが、この話し方から読み取れる心情として最もよいものを次より一つ選び、記号で答えなさい。

ア　周囲から認められたいという野心を隠そうとする恥じらい。
イ　軍医にお願いしてもどうせ無駄だろうというあきらめ。

ウ　可能性は低くてもチャレンジしようという熱い意気込み。
エ　少しでも可能性があるならば手術をするべきだという確信。
オ　軍医の気分を損ねてしまうのではないかという心配。

問六　⑥ に入る表現として最もよいものを次より選び、記号で答えなさい。

ア　熱っぽく　　イ　いたずらっぽく　　ウ　荒っぽく
エ　子供っぽく　　オ　遠慮っぽく

問七　――⑦とありますが、その「仕事」とは、どんなことですか。最もよいものを次より選び、記号で答えなさい。

ア　戦争で傷ついた兵士の心のケアをすること。
イ　看護師として成功し大きな名誉を得ること。
ウ　より多くの女性に看護師への道を開くこと。
エ　看護の現場の不衛生な環境を改善すること。
オ　患者の治療方針について決定権を握ること。

問八　――⑧とありますが、「常識」という言葉にカギカッコが付いている理由として最もよいものを次より選び、記号で答えなさい。

ア　当時だけでなく、現在の医療現場でも通用する常識だから。
イ　大事なキーワードなので強調しようと、筆者が考えたから。
ウ　イギリスでは常識でも、他の国では常識ではないから。
エ　筆者が、心の中で個人的に感じたことを引用しているから。
オ　常識だと思われていたことが、実際は間違っていたから。

問九　――⑨とありますが、具体的にどのような現実でしたか。次の文の Ⅰ 、 Ⅱ に当てはまる言葉を、指示にしたがって、本文中よりそれぞれぬき出しなさい。

兵士たちが、 Ⅰ(二字) ではなく、戦場の Ⅱ(十字) で亡くなっているという現実。

問十　⑩ に入る内容として、最もよいものを次より選び、記号で答えなさい。

ア　活躍させないようにしている
イ　無駄な死に追いやっている
ウ　わざと死なせようとしている
エ　苦しませて楽しんでいる
オ　愚かな存在だと思っている

問十一　⑪ 、 ⑫ 、 ⑬ に入る言葉として、最もよいものを次より選び、それぞれ記号で答えなさい。ただし、同じ記号は一度しか使えません。

ア　オリジナル　　イ　イメージ　　ウ　アップデート
エ　マニュアル　　オ　フィクション　　カ　ビジュアル

問十二　A、B二つの文章から分かるフローレンスの説明として、当てはまらないものを次より二つ選び、記号で答えなさい。

ア　患者には穏やかに接する一方、膨大なデータを収集して制度を変えるなど、情熱的な一面もあった。
イ　より良い看護のため全力を尽くし改革をもたらしたが、自分自身に注目が集まることは好まなかった。
ウ　看護に対する情熱を強く燃やしつつ、兵士たちの看護にあたることで軍隊を強くしようと力を尽くした。
エ　豊かな知性と高い志を持っていたが、ユーモアもあり、周りをなごませるような人物だった。

オ　忙しい仕事の合間をぬって熱心に後輩を指導し、自分の後継者となるリーダーを育てようとした。

四　次は東京の中心を流れる荒川について書かれたものです。荒川はその流れを時代によって変化させています。文章を読んで、後の問いに答えなさい。

それにしても、どうしてこんなに川の流れが変わってしまったのでしょうか。

一つ考えられるのは、①「自然の力が川の流れを変えてしまった。そして新しい川までつくってしまった」ということです。

荒川という川の名前は、「荒ぶる川」から来ています。昔の荒川は、名前のとおりの②荒くれ者で、洪水が起きて川の水があふれるたびに流れもよく変わっていました。荒川にかぎらず、川の流れがそんなにかんたんには変わらなくなったのは、人間が川の両側に高い堤防を築けるようになってからのことで、昔は川の流れが変わるのはめずらしいことではありませんでした。

③［　］いくら自然の力はすごいといっても、わずか四〇〇年ぐらい(地球の歴史で考えると四〇〇年なんてほんのわずかな時間です)の間でこんなに大きく川の流れを変えさせる力、おまけに新しい川までつくってしまう力は、さすがに自然にもありません。

となると、考えられることはもう一つ。「人の力によって川がつくり変えられた」ということです。そうなんです。荒川が今のルートを流れているのは、人がつくり変えたからです。

④荒川は約四〇〇年前と約一〇〇年前の二回、人の手によって大きくつくり変えられました。

約四〇〇年前、人々は工事によって、荒川の流れを東から西へとうつしました。

そして約一〇〇年前には、岩淵より下流の部分で、もともと荒川が流れていた場所(隅田川)は残したまま、東側のほうの土地を工事によって掘り進め、新しく川をつくってしまったのです。川が岩淵から二つに分かれているのはそのためです。

(中略)

⑤では、なぜ昔の人たちは、わざわざ川をつくり変えようとしたのでしょうか。荒川や［利根川］ほど大きなものではなくても、ほかにも人の手によって川がつくり変えられた例は全国各地にいくつもあります。

今の時代だって、これだけ大きな工事をしようと思ったら、多くのお金と人手と機械が必要になります。昔は今よりも技術が進歩していないので、もっと大変な工事だったはずです。そんな大変なことをやって何か得をすることはあったのでしょうか。

そのなぞを解くキーワードは、二つあります。一つめのキーワードは「利水」です。人々はまず「利水」のために、川をつくり変えようとしたのです。

利水とは、「川や湖などにある水を、わたしたちの生活を豊かにするために利用すること」をいいます。

昔の社会、とくに明治時代より前の時代、日本のいちばんの産業はお米づくりでした。田んぼでお米をつくるためには水が必要です。そこで人々は川から水をひっぱってきて、米づくりに利用しました。

［⑥］、生きていくためには飲み水も不可欠です。昔も今も飲み水には、川の水が使われています。川の水を水路を使ってわたしたちが住んでいる所まで運び、飲み水として使っているのです。ただし今の時代は、川の水がそのまま飲み水になるのではなく、浄（じょう）水場というところでゴミや水の汚れをとってきれいにしてから、水道の蛇（じゃ）口にまで運ばれています。

そのほかにも今の時代だと、水力発電といって、ダムなどにためた水を高いところから低いところに落としたときに発生するエネルギーを使って、電気をつくることもおこなわれています。

ひとくちに「わたしたちの生活を豊かにするために川の水を利用する」といっても、いろいろな利用の仕方があるわけです。

そして昔の人たちにとっての川は、今の鉄道や道路の役わりも果たしていました。鉄道や道路のように、荷物や人々を運ぶために川を利用していたのです。

日本で最初に鉄道が開通したのは明治のはじめ、本格的に全国で利用されるようになったのは、今から一三〇年ぐらい前の明治二〇年代ごろからです。それ以前には鉄道はありませんでしたから、人々は遠くにモノを運んだり、移動をしたりするときには道路を使うか、川や海を行きかう船を使っていました。

昔は、道路を使って荷物を運ぶのは、けっこう大変なことだったようです。なにしろ今とちがってトラックはありません。荷物を運ぶときには、牛や馬に背負わせたり、人が自分で背負って運んだりしていました。でも、牛や馬、ましてや人では、一度にそんなにたくさんの荷物を運ぶことはできません。

その点、船は荷物を運ぶときには便利でした。牛や馬よりも多くの荷物を運ぶことができます。また川を下流から上流へと上るときはちょっと大変ですが、反対に下るときは、水の流れに乗ってすいすい下流へと船を動かすことができます。

昔も今と同じように、荷物を運ぶことを仕事としている運送会社のようなものがありました。そうした人たちに荷物の運送をたのむときにも、道路を使って荷物を運んでもらうより船で運んでもらったほうが、運送費はだんぜん安くすみました。

つまり⑦昔は交通手段として道路も大切だったけれど、川も同じぐらいに大切だったのです。

今の時代の人たちは、まちづくりをするときに、どこに道路をつくれば便利になるかを考えながら計画を立てます。それと同じように昔の人たちは「ここに川があったほうがもっと便利になるな。それなら川の流れを変えようか」というふうに⑧計画を練っていたというわけです。

また先ほども話したように、お米づくりも大切でしたし、飲み水も必要でしたから、田んぼに引く水や飲み水の確保を目的にした川の工事もおこなわれました。

これが昔の人たちが大変な苦労をして、わざわざ川をつくり変えた一つめの理由です。

昔の人たちが、なぜ川をつくり変えようとしたかについてのなぞを解くもう一つのキーワードは、「治水」です。

治水とは、「大雨のときに川から水があふれ出して、家が流されたり、人が命をうばわれたり、農作物が取れなくなったりしないように、堤防をつくるなどの対策をおこなうこと」をいいます。

先ほど、約一〇〇年前に荒川の下流で、もともと荒川が流れていた場所(隅田川)はそのまま残したうえで、東側に新しく川をつくる工事をおこなって、川の流れを二つに分けたという話をしました。この工事の目的も治水でした。

隅田川の周りは、昔から東京の中でもいちばん栄えているエリアです。このエリアではたくさんの人が生活し、働いています。ですからもし洪水が起きて、川から水がまちにあふれ出したら、被害はとてつもなく大きなものになってしまいます。東京は日本の中心ですから、東京だけではなくて、日本の政治や経済がストップします。

そこで考え出されたのが、岩淵のところから新しい川をもう一つつくって、そちらにも川の水を流すことでした。このように洪水をふせぐために人の手でつくった川のことを放水路といいます。⑨今では荒川の下流では、この放水路のほうを荒川とよぶことにして、もともと荒川だった川のほうは隅田川とよぶことにしたわけです。

大雨が降って川の水かさが増えたとしても、水が流れるルートが放水路と隅田川の二つに分かれていれば、隅田川のほうに水が集中しなくてすみます。しかも荒川が放水路と隅田川の二つに分かれるところの隅田川側の入口には、岩淵水門という水門がもうけられました。「洪水がはげしくなり、これ以上隅田川の水が増え続けると川から水がまちにあふれ出すかもしれない」というときには、岩淵水門の門がとじられて、隅田川に水を入れないようにすることにしたのです。(一文省略)

今から数年前にも、岩淵水門がとじられたことがありました。二〇一九(令和元)年一〇月に、東日本の広いエリアを台風一九号がおそったときのことです。この台風では、川の堤防が決壊(切れたり、くずれたりすること)した場所が一四〇か所以上に上りました。

けれども⑩隅田川や荒川の放水路については、川からまちに水があふれ出すこともなければ、堤防が決壊することもありませんでした。昔の人たちが治水をしっかりとやってくれたおかげで、東京が水害から守られたのです。

(長谷川敦『人がつくった川・荒川　水害からいのちを守り、暮らしを豊かにする』〈旬報社〉)

問一 ――①の考えを、筆者は荒川の変化に取り入れていませんが、それはなぜですか。その理由を説明した次の文の［　　］に当てはまる言葉を五字以内で考えて答えなさい。

自然の力で川の流れを変えたり新しい川を作ったりするには、もっと［　　］が必要だから。

問二 ――②「荒くれ者」の意味として最もよいものを次より選び、記号で答えなさい。

ア　勇敢な人　　イ　うそつきな人　　ウ　乱暴な人

エ　きまぐれな人　　オ　冷酷な人

問三 ［③］、［⑥］、［⑨］に当てはまる語を次よりそれぞれ選び、記号で答えなさい。

ア　さて　　イ　また　　ウ　なぜなら　　エ　たとえば

オ　そして　　カ　しかし　　キ　ところで

問四 ――④に関連し、次のA～Cの地図は、⑴江戸時代以前、⑵江戸時代から明治時代、⑶現在の荒川の地図です。本文をよく読み⑴～⑶に当てはまる地図はどれか選び、それぞれ記号で答えなさい。

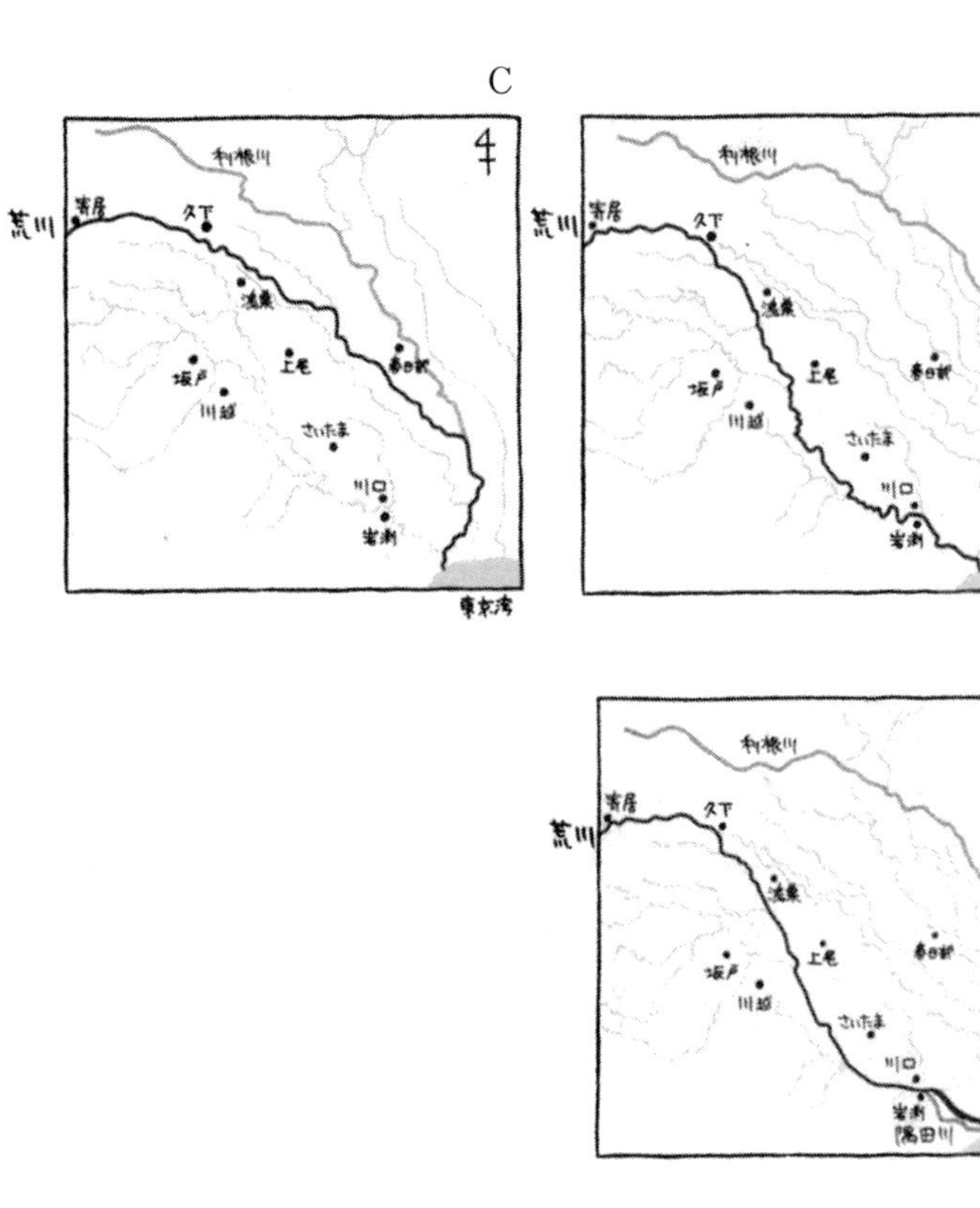

問五 ――⑤とありますが、そのキーワードを二つ本文中よりぬき出して答えなさい。

問六 ――⑦とありますが、道路より川の方が便利な点はどのような点でしたか。四十字以内で説明しなさい。

問七 ――⑧「計画を練って」の「練る」と同じ意味で使われているものを次より一つ選び、記号で答えなさい。

ア　粘土を練って形をつくる。　　イ　みこしが町を練り歩く。
ウ　文章を練って完成させる。　　エ　剣術の技を練る。
オ　鉄を練って刀をつくる。

問八 ――⑩とありますが、それはなぜですか。その理由を次より二つ選び、記号で答えなさい。

ア　もともとの荒川は残して放水路をつくり水の流れを二つに分けたから。
イ　大雨の時には水門を開いて放水路に水が流れるようにしたから。
ウ　もともと流れていた荒川は埋めて別の場所に新しく二つの川をつくったから。
エ　大雨の時は水門を閉じて隅田川に水が流れないようにしたから。
オ　隅田川を新しくつくり大雨に備えて大きな堤防を築いたから。

問九 利根川は、かつて荒川と一つになって東京湾に流れ込んでいましたが、江戸時代に行われた河川工事によって、今は千葉県の銚子という港町を通って太平洋に流れるようになりました。本文をふまえ、利根川の流れを変えた理由として良いと考えられるものを、次より二つ選び、記号で答えなさい。

ア　ひんぱんにおきていた水害から江戸の町を守るために、江戸から遠い太平洋に水を流れこませようとした。

イ　江戸の町を明るくするために、高いところから低いところに水を落として、水力発電を行おうとした。

ウ　江戸から太平洋に直接船で出られるルートをつくり、太平洋側に海外との貿易の拠点を築こうとした。

エ　重要だった稲作を発展させるために、農業用の水を整備し、新しい水田地帯をつくろうとした。

オ　当時鉄道は駅の数が少なく不便だったため、川を使って船で遠くに旅をしようとした。

カリタス女子中学校（第一回）

—50分—

＊字数の指定がある場合は、句読点や記号をふくむこととします。

一　次の①〜③の――部の漢字をひらがなに改め、④〜⑦の――部のひらがなを漢字に改めなさい。④〜⑦で送りがなを必要とするものについては、送りがなも書くこと。

① 眼鏡を新調する。
② 食器を傷めないやわらかい布。
③ 時を刻む。
④ りんかいの工業地域。
⑤ きし回生の一手で逆転勝ちした。
⑥ 人のいとなみを記録する。
⑦ 葉先から水がたれる。

二　次の文章を読んで、あとの問いに答えなさい。※のついている語は、文章のあとに語注があります。

生物としての人間は他の個体と協力することによって大きな社会を作り出しました。さて今後、人間はどうなっていくのでしょうか。

人間の協力性を可能にしたのは、人間のもつ「共感能力」だと言われています。つまり他の人の気持ちになって考えられるということです。これによって他者の望むことを察知し、協力関係を築くことができます。この共感能力は人間が増えることに大きく貢献しましたが、最近の傾向として、この共感能力は人間のなかでますます強化されてきているように思います。つまり人間はどんどんやさしくなってきています。

近年、Aウシやブタなど動物の肉を食べることについてしばしば問題視されるようになってきています。食肉の問題のひとつは温暖化などの※環境負荷が大きいことだと言われています。たとえば100gのタンパク質を生産するのに、大豆であれば2・2㎡で済むところを、ウシを放牧した場合は164㎡と70倍以上の広い土地が必要になります。また冗談のような話ですが、ウシのゲップはメタンを含んでおり、このメタンが大きな温室効果をもたらしているとされています。

さらに食肉には※倫理的な問題があると指摘されています。私たちと同じほ乳類であり、ある程度の知能をもったウシやブタを殺して食べることが許されるのかという問題です。私自身は肉が大好きですので、普段から何の疑問も抱かずにウシもブタも食べています。特に【＊】感を抱くことはありません。ただ、それはよくよく考えてみると、【＊】感を抱かなくて済むようなシステムができ上がっているからのように思います。

［1］、スーパーの肉売り場ではウシやブタの肉の切り身がきれいにパックされて並んでいます。そこに生物としての姿はもうありません。骨や血液、皮膚、毛、臓器など元の生物の特徴はきれいに取り除かれています。どこか人目につかない場所で生身の動物から肉を切り離す作業が行われています。マグロの解体ショーはよく見世物になっていますが、あれは魚だからまだ許されているように思います。ウシやブタの解体を見たい人はあまりいないでしょう。私たちは、B自分と同じほ乳類を殺すこと、さらには解体することに少なからぬ抵抗感を持っていること

を示しています。

これは人間という生物の特性からすれば当然のことです。私たちは少※産少死の戦略を極めた生物ですので命を大切にします。それも自分だけではなく、他の人の命も大切です。それは人間が大きな協力関係の中で生きているからです。私が生きて増えるためには、他の人の協力が必要です。したがって、人を殺すということには大きな抵抗感を持つようになるのは当然です。そしてこの抵抗感は、人間以外の人間とよく似た生物、たとえばほ乳類などであれば(人間ほどではないにせよ)適用されてしまうようです。

これは仕方のないことのように思います。ほ乳類の体のつくりは人間とよく似ています。ネズミでも、体温、皮膚、骨、血管があり、切ると血が出ます。内臓もほとんど人間と同じセットがそろっています。ふるまいも人間と似ています。イヌやネコを飼っている人であれば、そのしぐさやふるまいに人間らしさを感じることも多いでしょう。人間の家族と同じように扱っている人も多いのではないでしょうか。彼らは人間ではありませんが、やはり喜怒哀楽があり、好き嫌いもあり、可愛くて時にやさしさも見せます。そのような動物を殺して食べることに※忌避感を持つのは当然のことでしょう。

ウシやブタも変わりありません。家でペットとして飼うことはあまりないのでよく知られていないだけで、牧場に行けば人懐っこいウシがいますし、ブタをペットとして飼っている人もいます。彼らにもきっと人間と同じような喜怒哀楽があることでしょう。むしろそうしたウシやブタの人間らしさを知らないおかげで、平気で食べることができているのかもしれません。もし小型のウシやブタがペットとして広く飼われるようになったら、もう人間はウシもブタも食べられなくなるのではないでしょうか。そこまでいかなくても、自分が家族のように大事にしているイヌやネコと、今晩のおかずのウシやブタは同じ生物だと一度でも意識してしまうと、どんどん食べにくくなっていくように思います。実際に近年、動物食を控える選択をする人が増えているという統計結果もあります。私たちは少しずつ、他の動物へも共感の範囲を広げているように思います。

C この人間のやさしさの拡張傾向は、やさしさの由来を考えると少し不思議ではあります。もともと人間が持っている共感能力は他人との協力を可能にしたことで人間の生存に貢献し、世代とともに強化されてきたものです。したがって、他の人間への共感は、世代とともに強化されてしかるべきです。[2]、他の生物に対する共感は特に人間の生存には貢献していないように思います。私たちがどんなにイヌやネコに共感し、家族のように扱ったとしても、イヌやネコが人間の生存や子孫の数を高めてくれるようには思われません。過去の人類は、イヌは狩りのパートナーとして飼っていたようですし、ネコはネズミ捕りとして役に立っていたようですが、家族のように扱うよりは、飢餓時には食料として食べてしまえるくらいの距離感のほうが人間の生存には役に立ったはずです。ましてやウシやブタに共感してしまったら、栄養価の高い肉という食料が食べられなくなり、[3]生存には不利益になりそうです。食料になりうる生物に共感してしまうことは「増えることに貢献する能力が強化される」という増えるものの原則に反しているように思います。

このような共感範囲の拡大の原因は、まさにこの共感能力のおかげで高度に効率化した現代社会にあると思われます。まず、過去の人間の社会と現代の人間の社会の大きな違いは、栄養を得ることは生存を決める要因ではなくなっていることです。２０１９年のデータでは、世界中で生産されている食料を世界の人口で割ると、平均して一人あたり毎日約２９００kcalの食料に相当しています。成人男性でも一日に必要とするカロリーが約２６００kcalですから、この値は世界中のすべての人間に必要な食料は生産できており、適切に分配さえできれば（これが難しいのでしょうが）餓えて死ぬことはないことを示しています。

過去のどの時代においても、生物は必要な食料を得るために競争をしてきました。栄養が得られればその分だけ増えてしまうので、常に栄養は足りない状態になります。ところが現代の先進国においては、栄養は足りているにもかかわらず出生率は落ちているという、過去のどの生物にもありえなかった状況になっています。この特に栄養が余っているという状況をつくりだせたのは、他人どうしで協力することができたからに他なりません。研究者が肥料を開発し、化学メーカーが肥料を作り、耕作に適した地域に住む人が作物を育て、輸送業者が消費者まで届けるという協力体制により、食糧生産と分配を効率化できたことによります。そしてこの協力体制を可能にしているのが、他人との共感です。他の人が自分と同じように協力してくれるという確信があるから、分業が成立しています。

このように大成功した共感能力は、私たちの中で強化されつつあります。先に述べたように私たちは協力することで成功してきたので、ますます協力的に、やさしくふるまうように教育され、日常的にプレッシャーをかけられています。このやさしさを適用する範囲に線を引くことは容易ではありません。増えることに貢献するのは人間へのやさしさです。しかし、人間と同じように温かな体温を持ち、人間の幼児くらいの知能や体のサイズを持つイヌやネコが周りにいます。しかも、人間がかわいらしいと思うような外見を持っています。この生物に人間の持つ強い共感能力が発揮されてしまうのはやむを得ないことかと思います。むしろイヌやネコといった※愛玩動物はそうなるように（人間の手も入りながら）進化してきているとみなすこともできます。

こうして、人間が共感する対象はイヌ、ネコなどのほ乳類に拡張されていきます。鳥もペットとして人気ですので、鳥にも拡張されていくでしょう。ほ乳類や鳥類が仲間だとみなすようになれば、次は爬虫類や魚類となるのは避けられないでしょう。みんな同じように目、鼻、口があり、よくみればかわいいと言えないこともありません。

現状で、日本では魚を食べるのがかわいそうという声はあまり聞かれません。しかし、日本ではよく見かける鯛の頭としっぽをそのまま使った活け造りも、冷静になってみると残酷に思えます。ほ乳類で同様なことは決してやらないでしょう。実際に海外の人から見ると活け造りは残酷な行為のように見られる場合もあるようです。そのうち活け造りやマグロの解体ショーが残酷なものだと敬遠される時代がくるかもしれません。〈 中　略 〉

私たち人間は、昆虫や植物などの人間からは遠く離れた生物の命についても、ある程度は大事だと思っています。それは少産少死の戦略を極めて命が大事になり、かつやさしくなって自分以外の生物の命も大事になってしまった人間の宿命でしょう。私としては、この傾向が良いかどうかをとやかく言うつもりはありません。これは増えるために少産少死の戦略を極めた生物にとって必然だと思うからです。この傾向がつづくのは、それが人間の増加に貢献してきたからです。そして、増えることに貢献しなくなるまでこの傾向は広がっていくはずです。

(市橋伯一『増えるものたちの進化生物学』〈ちくまプリマー新書〉より)

〔語注〕

※環境負荷……人間の活動が環境におよぼす、悪い影響のこと。

※倫理的な問題……人間が社会の中で守るべきこと(＝倫理)に関わる問題。

※少産少死の戦略……筆者は、問題文として取り上げた部分の前の章で、生物は増えて子孫を残そうとするが、人間は、子どもを少なく産んで(少産)、様々な能力を得ながら大きくなり死ににくくする(少死)という、ゆっくりと確実に増えていく戦略をとった、と述べている。

※忌避感……ある物事や人物をきらって避けたいと思う感情。

※愛玩動物……人間がそばに置いて大切にし、かわいがることを目的に飼う動物。ペット。

問一　1 ～ 3 にあてはまる言葉としてもっともふさわしいものを、次のア～エの中からそれぞれ一つずつ選び、記号で答えなさい。ただし、同じ記号は一度ずつしか用いないこととします。

ア　たとえば　　イ　なぜなら　　ウ　むしろ　　エ　しかし

問二　本文中の二つの【＊】に共通してあてはまる言葉としてもっともふさわしいものを、次のア～オの中から一つ選び、記号で答えなさい。

ア　劣等　　イ　正義　　ウ　空腹　　エ　充足　　オ　罪悪

問三　A ウシやブタなど動物の肉を食べることについてしばしば問題視されるようになってきています。とありますが、どのようなことが問題なのですか。本文の言葉を使って六十字以内でまとめなさい。

問四　B 自分と同じほ乳類を殺すこと、さらには解体することに少なからぬ抵抗感を持っている　とありますが、これはなぜですか。その理由について説明している次の文章の、【 ① 】～【 ③ 】に合う言葉を入れ、文章を完成させなさい。言葉は【　】内の指定の字数で本文中からぬき出して書くこと。ただし、同じ言葉は一度ずつしか用いないこととします。

> 生物にとっては、子孫を残して増えることがもっとも重要です。人間は生まれる数が少ない代わりに、他者と【①(二字)】し合うことによって増え続けてきました。それを可能にしているのが、元来人間が持っている【②(二字)】能力です。これは【③(五字)】を感じさせるほ乳類もその対象範囲となるので、ぼう線部の「抵抗感」につながることになります。

問五　C 人間のやさしさの拡張傾向は、やさしさの由来を考えると少し不思議ではあります。について、次の(1)(2)に答えなさい。

(1)　「やさしさの拡張傾向」とありますが、現代において「やさしさ」が「拡張」しているのは、現代社会がどのような状況になったからだと筆者は考えていますか。本文の言葉を使って四十字程度で答えなさい。

(2)　「少し不思議ではあります」とありますが、筆者はどのような点を「不思議」だと感じているのですか。答えとしてもっともふさわしいものを、次のア～オの中から一つ選び、記号で答えなさい。

ア　「やさしさ」は、大昔からほ乳類全体をその対象としているのに、今もなお人間がウシやブタなどを食べ続けている点。

イ　「やさしさ」は、近年まで対象の範囲を急速に広げてきたのに、現在は倫理的な問題でその速度がおそくなっている点。

ウ　「やさしさ」は、もともと人間の生存には貢献していなかったのに、拡張されて貢献するものへと変化をとげている点。

エ　「やさしさ」は、人間が増えるためのものであったのに、人間が増えることと無関係な動物もその対象になっている点。

オ　「やさしさ」は、時代と共に強化されるはずのものなのに、現代は人間同士が助け合おうとしない社会になっている点。

問六　Dやさしくなって自分以外の生物の命も大事になってしまった人間の宿命　とありますが、あなたが知っている、人間以外の動物に対する人間の「やさしさ」が、社会的な問題になっている事例を一つ挙げなさい。ただし、「どのようなやさしさか」、「それがどのような影響をおよぼしているか」の二点を明確にして書くこと。

三　次の文章を読んで、あとの問いに答えなさい。※のついている語は、文章のあとに語注があります。

白鳥双葉は生まれつき目が見えず、視覚支援学校に通う中学一年生である。小学生のときに晴眼者(目が見える人)の男性とぶつかり、転倒した際に心無い言葉をかけられ、白杖(視覚障がい者が歩行時に周囲の安全を確認したり、困った時に周囲の人に合図を送ったりするための白い杖)を放り投げられたというできごとをきっかけに、外を歩くことが怖くなり、不登校になってしまった。また、宇佐美佑はその視覚支援学校の同級生である。

梅雨はまだ明けていないのに、もう何日も真夏のような天気がつづいているそうだ。天気予報では熱中症に注意してくださいと、そればかりいっている。

双葉はカーテンの向こうに夏をイメージしながら、クーラーがきいた部屋でひとり、A大きなため息をこぼした。

きっかけは、ひさしぶりにスマホの電源を入れたことだった。

予想はしていたものの、佑くんから何通もメッセージが届いていた。その中の一通が、「白杖歩行をがんばることに決めた!」というものだった。

もともと目が見えていたという佑くんは、はじめて出会ったころは、白杖がどんなものかも知らなかったくらいだ。どんどん外に出たいと好奇心旺盛だった双葉とは反対に、室内で遊ぶことを好んだ。何をやるにも、まずは双葉がやってみせた。それをたしかめてから、ようやくまねをするようなタイプだった。

そんな佑くんが白杖の練習をがんばっていると知って、双葉はあせりのようなものを感じた。もちろん、「がんばれ!」とエールを送ってあげるべきだと、わかってはいる。ただ、このまま佑くんが[1]前へ進んでいってしまうような気がして、心細くもあった。

そういう気持ちがごちゃごちゃになったものが、大きなため息としてこぼれたのかもしれない。

「※伴歩・伴走クラブ」の井桁さんから母さんにメールが届いたのは、梅雨が明けてすぐのことだった。〈中　略　1〉

「今回は、親子でペアを組んでもいいって」と、母さん。

井桁さんのメールによれば、駅に集合したら、ペアごとに海沿いのジョギングロードを通って、ゴールのお店まで行くそうだ。

「せっかくだから参加する?」

母さんにそうきかれた瞬間(しゅんかん)、双葉の頭にうかんだのは、佑くんからのあのメッセージだった。

――白杖歩行をがんばることに決めた!

あの佑くんが、白杖をがんばって練習している。

わたしは?

わたしだって少しくらい、がんばれることがあるんじゃないかな?

「いいよ。行こう」

双葉は、そのイベントに参加することを決めたのだった。

〈中　略　2〉

「では、準備体操を終えたペアからスタートということで!　後ほど会いましょう」

井桁さんはそう話をしめくくるや、さっそくペアのおじいさんと走っていってしまった。

母さんのガイドでスタート地点まで行くと、磯(いそ)のにおいがいちだんと強くなった。

今日は、母さんのスカーフをキズナ※として使う。

海沿いのジョギングロードを歩きはじめてすぐに、双葉は、あの日、※久米(くめ)さんがいっていたのはほんとうだったとわかった。母さんとにぎるキズナは、久米さんのときとはちがう動きをした。

この前よりも輪が大きいせいもあるかもしれない。手をより自由に動かせる分、母さんとリズムを合わせづらかった。そもそも、双葉と母さんでは、腕(うで)のひと振(ふ)りにかなり差があるようだ。母さんが腕をふりきっていないうちに、双葉の腕はもう反対側へむかって動きはじめている。

B何度か「せーの」で動きを合わせようとしたものの、すぐにバラバラになってしまった。腕がそろわないから、足も思うようにそろわない。もしかすると、あの日は、久米さんが双葉に合わせてくれていたのかもしれない。

しばらく歩いたところで、風のせいでぐちゃぐちゃになった前髪(まえがみ)を直すと、指先が少しベタッとした。

C「気持ちいいね」

それでも、双葉はそういった。

風、太陽、波の音、それに磯の香り。外の世界はなんてにぎやかで、楽しいのだろう。

「たまには炎天下のウォーキングもお肌(はだ)にいいかも?」

冗談(じょうだん)めかしてそんなふうにいう母さんの声といっしょに、海鳥の声もきこえてくる。

気持ちのいい潮風と太陽が、双葉の心の扉(とびら)を開けてくれたのかもしれない。気づけば、双葉は母さんに質問していた。

「どうして、あのときのおじさんは、目が見えない人はひとりで外を歩いたらいけないなんて、いったのかな?」

「世の中は広いからね」と、母さん。

広い世の中には、いろんな考え方の人がいるという。

「たとえば、うちは母親ひとりで双葉を育てているじゃない?　それだって、人によってはどうかしていると思うわけ」

「父親がいないから?」

「要するに、正解なんてないのに、自分こそが正解だと思ってる人が多いのよ。世界は広い。中には、自分と正反対の考え方や生き方をしている人だっている。本音をいったら、そういう人には出会わないのが無難だけど、双葉は出会っちゃったんだもんね」

母さんはキズナを強くひっぱって、自分のほうへ双葉をよせた。

「左側に円柱状の自転車よけ。手、気をつけて」

双葉はすばやく左手をひっこめた。

「母さんも、自分と正反対の考え方をする人に出会ったこと、ある?」

「もちろん、あるに決まってる。むしろ、自分とぴったり同じ価値観の人になんて、そうそう出会えるものじゃない。双葉もそう思っておいたほうがいいよ」

きっぱりといわれると、D ほんの少し気持ちが楽になった。一瞬、だったら、あんなことをいわれたくらいで、くよくよすることはなかったのかも、なんて思ったほどだ。

「何？　まだ何か、ひっかかってることがあるんじゃないの?」

すごいな。母さんは何でもお見通しだ。

双葉にはもうひとつ、気になっていることがあった。「目撃者」だ。

あの日、何人もの人が、ぶつかる直前と、ぶつかった瞬間の、双葉とおじさんについて、おまわりさんに説明してくれた。

その人たちの話をききながら、双葉はおどろいてもいた。これだけの人が見ていたのなら、どうして、だれも、「あぶないよ」「前から人が来るよ」と、声をかけてくれなかったのだろう、と。

E そのモヤモヤは、いまだにうすれはしない。

母さんに話してみようか迷ったものの、うまく話せる気がしなかった。

双葉はあきらめて、話題をかえた。

「もし、わたしの目が見えていたら……」

双葉はそんなふうにいいながら、どこよりも熱を感じるほうへ顔をむけた。

太陽、空、雲、海、風、おじいちゃんが育てている庭の草木に、夏の花火、水が押しよせたりひいたりするという波や、木漏れ日なんかも見てみたいな。

「たくさん、いろんなものを見るんだ」

双葉は決意表明するみたいに、よく晴れている空にむかって 2 といった。

〈中　略　3〉

けれど、担任の松木先生との面談の日、双葉は、やっぱりもう少し休みたい、と切りだしていたのだった。

「まだ外に出るのはこわいかな?」

そんなふうにききかえした松木先生の声は、とてもききとりやすかった。双葉には、松木先生が、あきれているわけでも同情しているわけでもなぐさめているわけでもないと、ちゃんとわかった。ほんとうのことが知りたいと思っている人の、真剣な声だった。

だから、双葉も正直に話すことに決めた。

「こわいと思っていた時期もあったんですけど、今は、自信がないっていうか……」

双葉はそう答えてはじめて、自分の気持ちを整理できた気がした。

双葉が失くしたのは、外に出るための自信だけではないだろう。今までどおり晴眼者と接することが、とてもこわい。あのおじさんだけじゃなく、すべての晴眼者を信用できなくなっている。学校にいる先生たちがそういう人ではないことは、わかっている。きっと、佑くんも力になってくれるだろう。それでも双葉は、きちんと考えて、納得しないことには、一歩も前に進めない性格なのだった。

双葉が［ 3 ］と説明すると、松木先生はあたたかみのある声でこういった。

「双葉さんが自分で考えて、自分で決めたことなら、先生は応援したいと思います。ただ、お母さんはどうですか？」

「ふふふっ。先生とは気が合いそう。じつは、『自分のことは自分で』が、わが家のモットーなんですよ」

「まあ！」

とたんに生物室がにぎやかになった。母さんも松木先生も楽しそうだ。双葉は、ふたりが今どんな顔で笑っているのか、とても気になった。

気になるといえば、もうひとつ。ひさしぶりにはいた上ばきのはき心地も気になっていた。足が大きくなったせいばかりではなさそうだ。上ばきに、何か入っている。

帰り際にたしかめると、なぜか葉っぱのようなものが入っていた。爪先側へ押しやられたせいで、ひびが入っている。

双葉は、家に帰ったらごみ箱にすてようと思い、スカートのポケットにしまった。その拍子に、葉っぱの表面に凹凸があることに気がついた。

もしかして、点字かな？

家に帰った双葉は、そおっと、ていねいに、自分の机の上にその葉っぱを広げた。

――げんき？

そこには、ひと言、そう書いてあった。

「佑くんなの？」

もし、こんなふうに心配してくれる人がいるとすれば、小学部の六年間をいっしょにすごした佑くんしか思いあたらなかった。

そういえば、佑くんは筆圧が強かったな。いつも※点筆が点字用紙をつきやぶって、凸面がつぶれていたっけ。

なつかしく思いだしながら、もう一度葉っぱにふれると、「げんき？」の四文字が、今度は佑くんの声で再生された。

佑くんからは、今もときどきＬＩＮＥが届く。ただし、返事はしていない。ずいぶん長いあいだ無視してしまったので、次に返事をするときは、今まで話せなかったことをきちんと説明しようと決めている。ただ、そんなふうに思うせいで肩に余計な力が入るのか、何を書いたらいいかわからなくなってしまうのだった。

だけど、今回こそは返事をしよう。今まで返事をしなくてごめんねって、きちんとあやまろう。

それから何日かすぎたその日。双葉が朝食のロールパンに苺ジャムをはさんでいると、母さんが、今日は※有給をとって学校に書類を出しに行ってくると話した。

「わたしもいっしょに行っていい？　学校の下駄箱まで、いっしょに行きたい」

双葉は、今だと思った。

佑くんへの返事を下駄箱に入れておこう。

（樫崎茜『手で見るぼくの世界は』〈くもん出版〉より）

〔語注〕

※伴歩（ばんぽ）・伴走（ばんそう）クラブ……ここでは、視覚障がいを持つ人と、その側について視覚障がい者に進む方向を伝えたり、物をよけたりしながら、一緒に歩く、または走る人を集めた、地域の活動グループのこと。

※キズナ……伴歩や伴走の際に、ガイドする人と視覚障がい者が安全のために共に持つ輪っか状のもの。

※久米（くめ）さん……伴歩・伴走クラブに視覚障がい者を誘導（ゆうどう）するガイドとして参加している女性。

※点筆（てんぴつ）……点字を打つための道具。

※有給……有給休暇（ゆうきゅうきゅうか）の略。賃金をもらいながらとることができる休みのこと。

問一　[1]～[3]にあてはまる言葉としてもっともふさわしいものを、次のア～オの中からそれぞれ一つずつ選び、記号で答えなさい。ただし、同じ記号は一度ずつしか用いないこととします。

ア　ぽつりぽつり　　イ　ぐんぐん　　ウ　まじまじ

エ　しみじみ　　オ　きっぱり

問二　A大きなため息をこぼした。とありますが、このときの「双葉（ふたば）」の気持ちを四十字以内でまとめなさい。

問三　B何度か「せーの」で動きを合わせようとしたものの、すぐにバラバラになってしまった。とありますが、この状態を表す次の慣用句の[ ]にあてはまる言葉を**漢字一字**で答えなさい。

[ ]が合わない

問四　C「気持ちいいね」それでも、双葉はそういった。について、次の(1)(2)に答えなさい。

(1)　「それ」が指す内容を、本文の言葉を使って「～こと。」に続く形になるように二十字以内で**二つ**説明しなさい。

(2)　なぜ「双葉」は、母に「気持ちいいね」と言ったのだと考えられますか。理由を考えて説明しなさい。

問五　Dほんの少し気持ちが楽になった。とありますが、なぜ楽になったのですか。その理由を説明したものとしてもっともふさわしいものを、次のア～カの中から**二つ**選び、記号で答えなさい。

ア　母の言葉を聞くまでは伴歩（ばんぽ）のときに母とペースを合わせられないことを不安に思っていたが、母の言葉によって人それぞれ心地よいと思うことは異なるので、自分のペースを大切にすればよいのだと分かり安心したから。

イ　母の言葉を聞くまでは自分がおじさんにかけられた言葉は正しくないと怒り（いかり）を感じていたが、母の言葉によっておじさんと自分の価値観が異なっていることに気づき、おじさんを許し、受け入れようと思うようになったから。

ウ　母の言葉を聞くまではおじさんとぶつかる前後の様子を見ていた人たちが危険を知らせてくれなかったことを悲しく思っていたが、母の言葉によって他者は必ずしも自分に都合よく動いてくれるわけではないと知り悲しみがまぎれたから。

エ　母の言葉を聞くまではおじさんにかけられた言葉を真に受けてしまい傷ついていたが、母の言葉によって世の中には様々な価値観の人がいるので、自分とは異なる意見を持つ人がいることを不安に思う必要はないと気づけたから。

オ　母の言葉を聞くまでは自分と異なる価値観を持つ人と積極的に交流しなければならないとあせっていたが、母の言葉によって自分と正反対の考え方や生き方をする人には出会わない方がいいと知り、はやる気持ちが落ち着いたから。

カ　母の言葉を聞くまでは自分と正反対の考えを持つ人がいることにショックを受けていたが、母の言葉によって母自身も正反対の価値観を持つ人に出会った経験があることが明白になり、さらに共感を得られて気持ちがやわらいだから。

問六　Eそのモヤモヤ　とは、どんな気持ちであったことが分かりますか。

〈中略３〉以降を読み、十字以上二十字以内で答えなさい。

問七　本文から読みとれる「双葉」のようすを説明したものとしてもっともふさわしいものを、次のア～オの中から一つ選び、記号で答えなさい。

ア　何事も他者が試してからでないと安心して手を付けることができないおくびょうな性格だが、一度心を決めたら、周囲の人物の助言にも耳を貸さずにつき進むがんこさがある。

イ　明るく、常に新しいことにチャレンジしようとする意欲的な性格だが、思春期特有のもやもやとした悩みがつきず、母や同級生に対してもついいらだってしまい、なかなか素直になれずにいる。

ウ　自分の中に生まれた疑問については、納得のいくところまで考えたいというかたくなな性格だが、周囲の人物の支えによって少しずつ柔軟に考えられるようになりはじめている。

エ　自分の事に精いっぱいで、周囲の人物から注がれるあたたかい愛情に気づきにくい自己中心的な性格だが、母や同級生のことを思いやり、助けようと自ら手を差しのべる優しさも持っている。

オ　積極的で、物事を前向きにとらえる性格だが、伴歩がうまくいかなかったことで自信を失い、他者からのすすめがなければ新しいことに取り組むことができないほど気弱になっている。

吉祥女子中学校(第一回)

—50分—

一　次の文章を読んで、後の問いに答えなさい。字数指定のあるものは、句読点やかっこなどもすべて一字に数えます。

ラジオを聴き、人の書いたものを読むことは、他者の意見や考えを幅広く吸収することでもある。個人の限られた行動範囲内では得られない経験を積むことができるうえ、想像力も育まれる。これらは実際に人と接して言葉を交わす経験を補完するものではあるが、①そういう体験にとって代わるものではない。ラジオや書物などを媒介としたコミュニケーションには、表情や動作をはじめとする言語外のメッセージの往来や、臨機応変な即時の言葉のやりとりがない。それらがともに現れるのは、インターアクション(相互作用)をともなう生身の人間との対面コミュニケーションにおいてのみである。

インターアクションをともなう対面コミュニケーションといってもいろいろある。相手が友人や同僚であれば、共通理解事項も多いため話題に㋐事欠かず、言葉づかいを気にする必要もない。同業者の場合もほぼ同様だ。

それに対して、職業や年齢の異なる人とは、つねに気楽にコミュニケーションがとれるとは限らない。話題選び、言葉づかいはもちろんのこと、言語と直接関係のない、表情や視線、態度、身だしなみなどへの配慮も要求される。話題選びにしても、②暗黙の了解事項の少ない、もしくはほとんどない相手とどんな話をすればよいのか、ジョークを言ってもよい相手なのかそうではないのか、また、どんなジョークなら会話の㋑潤滑油になりうるのか等々、考えるべきことはつきない。[A]、一方的な講義や講演と違って、すべてをあらかじめ準備しておけるわけではない。相手の出方次第でとっさの判断をしなければならないことのほうがずっと多い。

かつては、日常生活のなかで当たり前のように多種多様な相手と言葉を交わしていた。周囲の人々が話しているのを聞き、自分自身もまたバラエティーに富んだ話し相手を持つことによって、とりわけ子どもたちは日本語の語彙を増やし、言い回しを覚え、言葉の駆け引きを学んだ。知らず知らずのうちに、コミュニケーションの訓練を積んでいたと言える。住形態も生活様式も変化した現代人には、横丁のご隠居さんや町の八百屋さんと会話を楽しむ余裕は、もはやほとんどない。横丁も隠居も存在そのものが失われつつあり、買い物はひとことも発することなくスーパーマーケットですませる昨今、会話らしい会話もせずに日々を送る者もいるほどだ。

三〇年ほど前に比べて明らかに、日本人、厳密には東京で見かける日本人は、見ず知らずの人と話をしなくなり、笑顔を見せることがなくなった。その三〇年前ですらすでに、高度経済成長期以降の東京人が他人に無関心になったことを憂える声は少なくなかった。[B]、当時の東京では、長い間家族ぐるみの付き合いをしてきた下町の人々は言うまでもなく、郊外の新興住宅地の住民であっても、たえず言葉を交わし合い、互いのことをよく知っていた。声をかける相手は知り合いばかりではなかった。停留所でバスを待つ間に見ず知らずの者同士がおしゃべりをしたり、電車のなかに赤ん坊連れの若い母親がいれば、まわりの者が寄ってたかって赤ん坊をあやしたり、だっこさせてもらったりするのは、ごくふつうの光景だった。

③一九七〇年代半ばと八〇年代前半にフランスのパリにしばらく滞在して帰国したとき、私は東京の人々の穏やかな表情と人のよさそうな笑顔にほっとしたことを覚えている。パリの町ですれ違う人々は一様に険しい顔つきをしていて、見知らぬ者同士が諍いをし、口だけでなく手や足も出る小競り合いを見かけることも珍しくなかった。役所や郵便局や小売店に行けば、係員や従業員同士がおしゃべりに忙しく、片手間に客の応対をしているような印象すら受けた。二、三〇年という歳月を経て、パリは自信と落ち着きを取り戻したのか、人々の表情と言動に余裕が戻ってきたように感じられる。一方、④現在の東京は、人々の態度が当時のパリを思わせる。

ただし大きく異なる点がある。それはいまの東京の人が、当時のパリとも現在のパリとも、またかつての東京とも違って、非常に無口だということだ。事件や事故が起こって電車が大幅に遅れた場合でも、乗り合わせた⑤赤の他人同士あまり口をきかない。⑥情報交換をしたり、愚痴をこぼし合ったり、観念して冗談を言い合ったりしていたとしたら、それは一部の中高年者だ。アクシデントに見舞われた電車内で、連れのいない乗客は、いらいらした面持ちで黙りこくっているか、さもなければ携帯電話の電波の先にいる知り合いに自己の置かれた状況を説明するだけである。

フランスではしばしば、日本人の顔を評して「ヴィザージュ・エルメティック」と言う。内心の読み取れない無表情な顔、という意味だ。表情が豊かであれば内心が読み取れるかというと必ずしもそうではないが、言語メッセージの内容と顔の表情は密接な関わりを持つと考えている人々にとって、無表情な日本人は不可解な存在だ。それに加えて、パリを訪れる日本人団体客は、挨拶をしない、お礼を言わない、笑顔を見せない、と評判で、「日本人は礼節を重んじる人々だと聞いていたが……」と、⑦驚きと不審の目を向けられている。

東京人が、他人と話をせず、笑顔を見せず、視線を向けようともしなくなったいま、［ C ］まわりとのコミュニケーションが途絶えたいまになって、その重要性が叫ばれ始めている。コミュニケーションのトレーニングを積んでこなかった現代人は、話し方教室だの自己啓発*セミナーだのに通う。⑧かつてはだれもがいつのまにか、したがってさほど苦痛もなく身につけたコミュニケーションのスキル*を、いまやお金を出して、苦労して習う時代なのだ。

⑨「電話のかけ方一つ知らない」と若者を非難する大人がいる。携帯電話が普及したことで、相手の家に電話をかける時間を気にしたり、取り次いでくれる家族に対する言葉づかいに気を配ったりする必要がなくなったのだ。必要も機会もないとしたら、人はものを覚えない。

（野口恵子『かなり気がかりな日本語』〈集英社新書〉）

注　*啓発……知識や理解を深めること。また、そのための導き。
　　*スキル……技能、腕前。

問一　〜〜線㋐「事欠かず」・〜〜線㋑「潤滑油」とはどのような意味ですか。もっとも適当なものを次の1〜4からそれぞれ一つ選び、番号で答えなさい。

㋐「事欠かず」

1　不足せず　　2　不安にならず

3　取り残されず　　4　注意せず

㋑「潤滑油」

1　始めるきっかけになるもの
2　終えるきっかけになるもの
3　うまく進めるためのもの
4　大いに盛り上げるためのもの

問二　［A］～［C］にあてはまる言葉としてもっとも適当なものを次の1～6からそれぞれ一つ選び、番号で答えなさい。同じ番号をくり返し使ってはいけません。

1　つまり　　2　たとえば　　3　さもなければ
4　しかも　　5　しかし　　6　なぜなら

問三　――線①「そういう体験」とはどのような体験ですか。もっとも適当なものを次の1～4から一つ選び、番号で答えなさい。

1　他者の意見や考えを幅広く吸収する体験。
2　個人の限られた行動範囲内では得られない体験。
3　想像力が育まれる体験。
4　実際に人と接して言葉を交わす体験。

問四　――線②「暗黙の了解」が成り立っている具体例として**あてはまらないもの**を次の1～4から一つ選び、番号で答えなさい。

1　彼はサッカーの試合で完敗して以来ひどく自信を失ってしまっているので、友人たちはできるだけサッカーについては触れないようにしている。
2　友人とは長い付き合いで、何も言わなくても表情だけでどんな気分でいるのか分かるので、明るい表情の時には何か良いことがあったか聞くことにしている。
3　先日、私は母に恋愛について相談した。それ以来、母との会話の中では「例の人」と言うだけでそれが私の恋人のことを指すのだと通じるようになっている。
4　私はあるアニメの大ファンで、そのグッズをいつも身につけている。そのアニメが放送された翌日は、友人たちが私にその番組の感想を話してくれる。

問五　――線③「一九七〇年代半ばと八〇年代前半」とありますが、次の⑴と⑵の具体例について、文中で述べられている「一九七〇年代半ばと八〇年代前半」の「パリ」の特徴にあてはまるものは1を、「東京」の特徴にあてはまるものは2を、どちらにもあてはまらないものは3を書きなさい。

⑴　精肉店に買い物に行くと、店員同士が話に夢中になっていた。精算を終えるまで客である自分の方はちらりとしか見なかった。
⑵　食料品店に買い物に行くと、小学校はいつから夏休みなのかと聞かれた。昨日からだと答えると、家のお手伝いをたくさんするようにと言われたり、私が持ちやすいように買ったものを二つの袋に分けて入れてくれたりした。

問六　――線④「現在の東京は、人々の態度が当時のパリを思わせる」とはどういうことですか。もっとも適当なものを次の1～4から一つ選び、番号で答えなさい。

1　現在の東京の人々は、精神的に余裕がなく見ず知らずの人に冷淡であるという点で、当時のパリの人々と似ているということ。
2　穏やかな表情と人のよさそうな笑顔で他人と接する点が、現在の東京の人々と当時のパリの人々との共通点だということ。

3　現在の東京の人々は、一様に険しい顔をして諍いばかり起こしていた当時のパリの人々の影響を多大に受けているということ。

4　自信と落ち着きを取り戻した当時のパリの人々の態度が、現在の東京の人々に大きな影響を与えているということ。

問七　――線⑤「赤の他人」との対面コミュニケーションで必要なこととして筆者はどのようなことを挙げていますか。文中から五十字でぬき出し、初めの五字を書きなさい。

問八　――線⑥「情報交換をしたり、愚痴をこぼし合ったり、観念して冗談を言い合ったりしていたとしたら、それは一部の中高年者だ」とありますが、それはなぜですか。もっとも適当なものを次の1～4から一つ選び、番号で答えなさい。

1　中高年者は長く生きているぶんコミュニケーションの訓練を多く積んできているから。

2　中高年者は見ず知らずの者同士がすすんで会話をするべきであるとされた時代に育ったから。

3　中高年者は携帯電話を用いて知り合いと連絡をとるというコミュニケーションになじみがないから。

4　中高年者は様々な相手と会話することが当たり前だった頃の日本を経験しているから。

問九　――線⑦「驚きと不審の目を向けられている」とありますが、それはなぜですか。五十字以上六十字以内で説明しなさい。

問十　――線⑧「かつてはだれもがいつのまにか、したがってさほど苦痛もなく身につけたコミュニケーションのスキル」とありますが、かつての日本人が日常生活の中でどのようにコミュニケーションのスキルを身につけていたかが具体的に説明されている一文をぬき出し、初めの五字を書きなさい。

問十一　――線⑨「「電話のかけ方一つ知らない」」とはどういうことですか。もっとも適当なものを次の1～4から一つ選び、番号で答えなさい。

1　見ず知らずの人に電話で直接話をすることをこわがり、メールなどの文面で用事をすませたがるということ。

2　電話がかかってくるのを待つばかりで、目上の人には自分からかけるのが礼儀だと分かっていないということ。

3　声に出して言葉で電話の相手に用件を伝えたり相手の返事を聞いたりするのを苦手としているということ。

4　電話で用件を伝える際に、相手に応じて挨拶や受け答えなどに気をつけながら話すことができないということ。

問十二　筆者は本文で、現在の日本のどのような問題点を指摘していますか。また、その問題点に対する筆者の解決策はどのようなものだと考えられますか。本文全体をふまえて八十字以上九十字以内で説明しなさい。

二　転校が決まった梢は、弟の桂太とそのことについて話をしています。この場面から始まる次の文章を読んで、後の問いに答えなさい。字数指定のあるものは、句読点やかっこなどもすべて一字に数えます。なお、問題の都合上、もとの文章から一部省略した部分があります。

「……桂太はさ、転校で友達と別れるのが寂しくないの？」

口にしてしまってから後悔した。そんなこと聞いちゃ駄目だ。桂太だってつらいのを隠してるだけなのかもしれないのに……。

けれど桂太はちょっと驚いたような顔をしただけで、平然とあたしの質問にこたえた。

「寂しいけど、おれにはこれがあるから」

桂太はズボンのポケットをごそごそやって、キラキラしたメダルを取りだした。たしか桂太が好きなアニメに出てくるメダルだ。

「このあいだみんなでおそろいの買ったんだ。転校してもずっと友達だって、約束の証なんだよ」

①あたしはきょとんとしてしまった。桂太は友情の証をあたしに見せつけて、自慢げな顔をしている。その表情を見つめているうちに、胸の奥で暗い感情がわきあがってきた。

そんな約束、なんの意味もないよ。あんたの友達も、どうせそのうちあんたのことを忘れてしまうよ。

無性にそう言ってやりたくなった。思いきり意地悪に告げて、桂太を泣かせてやりたくなった。だけどあたしはその衝動をこらえて、「いい友達じゃん」とにっこりした。

桂太が笑顔でうなずいて、約束のメダルをポケットにしまった。そのうれしそうな顔を見て、あたしは心から思った。

あたしも桂太みたいに、無邪気な約束を信じられたらよかったのに、と。

(中略)

「実は、高梨と雅人のふたりから、続けざまに同じ相談をされたんだ。転校する飯島のために、なにかしてやれることを思いつかないか、って」

「えっ、桃はともかく、足立まで?」

ああ、と道橋はこちらを振りむかずにこたえた。

「おれにそんな相談をされても困るんだけどな。ただ、たまたま飯島にぴったりの本を知ってたから、それを紹介しようと思ったんだ」

道橋がそう話したところで、図書室の前に着いた。

本、と②あたしは身構えてしまった。あたしが読むのは基本的に料理の本だけだ。あとは小学生のころに、桃にすすめられて童話をちょっと読んだくらい。

道橋はさっさと図書室に入ると、小説の棚からその本を選びだした。なるべく薄くて絵がいっぱいあるのがいいな、と思っていたら、まさかの上下巻だった。

「無理無理、上下巻とか絶対転校までに読めないって。だいたいそれ、絵とか全然ない普通の小説なんでしょ?」

「挿絵はないけど文章は比較的読みやすいほうだから、普段読書をしていなくても、まあ読めるだろう」

読めるか。あたしの読書力のなさをなめるな。思わずそう突っこんでしまったけど、道橋はだいじょうぶだと無責任にあたしを信頼するだけだった。

道橋がしつこくすすめてくるので、最終的に上巻だけ借りることになった。

「下巻は借りなくていいのか?」

「だから、上巻だけだって三学期中に読めるか自信ないんだってば。おもしろかったら、続きは転校先でまた借りて読むからさ」

「いや、③それじゃ意味がないんだ。せめて上巻だけでも頑張って最後まで読んでくれ」

無茶言わないでよ、と返しながら、カウンターに本を持っていくと、図書当番の先輩がバーコードをピッとやって、貸出の手続きをしてくれた。

借りた本はその晩、夕飯の片づけが終わったあとでぼちぼち読みはじめた。あらすじによると、中学卒業後にばらばらになった仲間たちが、十年後に故郷の街で再会する、というような話らしかった。

物語のはじまりは、卒業式を終えた主人公たちが、再会を約束する場面だった。道橋がこれをすすめてきた理由はなんとなくわかったけど、読んでいたらつらくなってしまいそうで、あたしは最初の章も読み終わらないうちに、本を閉じてしまった。

だけど、こう早々と投げだしてしまっては、せっかくすすめてくれた道橋に悪い。そんな気がして、とりあえずぱらぱらとページをめくっていたあたしは、本の最後のページにくっついたポケットから、小さな紙が顔を出しているのを見つけた。ポケットは昔、貸出用のカードかなにかを入れていたもののようだった。

なんだろう、と気になって、その紙を取りだしてみると、それはかわいらしいデザインのメッセージカードだった。そしてそこに記されていたメッセージを読んで、あたしは大きく目を見開いた。

『十年後にまたこの場所で！』
『離ればなれになっても、わたしたちはずっと友達でいることを誓います！』

カードにはそう書いてあった。カラフルな丸文字で、隅のほうに四人の女子の名前と、『二年三組図書室シスターズ』という署名も書き添えられている。

二年三組ということは、卒業で離ればなれになったわけじゃない。だとするとここに記してあるのは、もしかしてあたしのように転校していく友達とのあいだで交わした約束なんじゃないだろうか。

道橋があたしにこの本を押しつけたのは、これを見せたかったからに違いない。だけど、とあたしはカードから視線をそらした。

だけど、このカードだって、④結局は桂太の友情の証といっしょだ。こんなものを残したところで、約束が果たされなくては意味がない。だいたい、一年だって連絡がなくなってしまうんだから。物語の内容にあわせたんだろうけど、十年越しの約束なんて無理に決まってる。

あたしはため息をついて、もとのポケットにカードをしまおうとした。けれどその途中で、ふとその手を止める。

道橋のやつが、しつこく下巻も借りるようにすすめてきたのが気になったのだ。あたしにこれを見せたかっただけなら、べつに下巻を借りさせる必要はなかったのに……。

首を傾げたところで、まさか、とあたしは息をのんだ。そして手にしたカードをじっと見つめる。

はっきりとはわからないけど、カードはそれなりに古いものに見えた。続けていきおいよくページをめくってたしかめると、本が出版された年は十年以上前になっていた。

あたしの鼓動はいつのまにか速くなっていた。まさか、そういうことなのか。道橋がほんとうにあたしに見せたかったのはそれなのか。

あたしは部屋の時計を見た。だけど時間を確認するまでもなく、学校の図書室はもうとっくに校舎ごと閉まったあとだ。

道橋のすすめに素直に従って、下巻もいっしょに借りてこなかったことを、あたしは深く後悔した。

　思いついた可能性が気にかかって、なかなか寝つくことができず、あたしは寝不足の状態で朝を迎えた。そしていつもより早めに家事をすませて登校すると、まっすぐ図書室に向かって、うろおぼえの本棚から昨日の本の下巻を見つけだした。

　本を手に取って、最終ページを開く。するとあたしが予想していたとおり、ポケットには上巻と同じように、小さなカードが収められていた。カードはゆうべ見たものより、だいぶ新しそうだった。

　祈るような気持ちで、ポケットからカードを取りだして、あたしはそこに書かれたメッセージをたしかめた。

『わたしたちの友情は永久に不滅！』

　カラフルな蛍光ペンで記されたメッセージが、誇らしく輝いているように見えた。カードの隅には上巻のものより大人びた筆跡で、署名と数年前の日付が書いてある。署名の数は四つ。約束を交わした仲間は、誰ひとりとして欠けていなかった。

　それを見た途端、あたしは目頭が熱くなった。桂太が友達と交わした約束を、あたしは鼻で笑った。そんな約束、なんの意味もないと。だけどこうして、十年越しに果たされた約束を目のあたりにして、⑤<u>あたしの心は揺れていた</u>。

　あたしも美貴たちと、こんな約束を交わすことができたら……。

　心の底から強い願いがあふれてくるのを感じながら、あたしはメッセージカードを見つめていた。ホームルームが始まることも忘れて、いつまでもずっと見つめていた。

　三学期もいよいよ終わりが近づいてきて、給食に卒業メニューが出る日がやってきた。

　転校までに残された時間は、もうあとわずか。けれどあたしはまだ美貴たちと、あのメッセージカードのような約束を交わすことができないでいた。

　約束をしたって、それが必ず果たされるという確証はない。交わした約束が忘れられてしまうのは、自然と絆が消えてしまうより、きっともっと悲しい。そんなふうに考えたら怖気づいてしまって、美貴たちに約束の話を持ちかける勇気が出せなかったのだ。

「ふうん、卒業式の日じゃないのに、卒業メニューが出るのね」

　美貴が給食のトレイに載った豪華なメニューをながめて言った。卒業メニューは毎年恒例だけど、去年まで小中一貫の私立学校に通っていた美貴は、そういうメニューがあることを知らなかったらしい。

「卒業式の日だと、卒業生は給食出ないからさ。メニューはいつも違うんだけど、このデザートのクレープだけは、なんでか毎年変わらないんだよね。まあ、おいしいから全然かまわないんだけど」

　あたしは『卒業おめでとう』とビニールの包装に印刷されたクレープを美貴に見せて説明した。中学になっても給食センターは小学校のときと変わらないから、これを食べるのも、もう［⑥］度目になる。

　今年の卒業メニューはそのクレープに、メンチカツとミネストローネとフルーツポンチ。どれも人気メニューで、あたしの好物ばかりだ。

　いつもだったら全部おかわりするようなすばらしいメニューなのに、あたしはなかなか箸が進まなかった。卒業メニューが、お別れメニューのように思えてしまったのだ。

お別れなんてしたくない。二年後の卒業のときも、この学校で美貴たちといっしょに卒業メニューを食べていたい。そう思ったら、大好きなメニューも食べたくなくなってしまっていた。給食を食べたくないなんて、小学校入学以来はじめてのことだった。

それでものろのろと食べ進めて、最後にデザートのクレープが残った。⑦あたしがそれに手をつけるのをためらっていると、こっちを見ていた美貴と目が合った。

美貴はなにかを察したような顔をしていた。そんな美貴に、なんでもないよ、と伝えるようにほほえんでみせると、あたしはクレープに手を伸ばそうとした。

そのとき突然、美貴があたしに尋ねてきた。

「ねえ、そのクレープ、わたしにくれない？」

あたしは［⑧］を丸くした。美貴が給食をねだることなんて、これまでなかったから。班のみんなも、えっ、というふうに美貴のことを見ていた。

べつに惜しくはなかったけど、あたしはわざと意地悪に聞きかえした。

「うーん、条件にもよるかな。これの代わりに、美貴はなにをくれるわけ？」

「なにもあげない」

美貴は平然とこたえた。その返事を聞いてあたしはきょとんとしてしまう。

「いやいや、それはないよ。こんなレアなメニューをただでもらおうなんて、いくらなんでも虫がよすぎ……」

「ごめんなさい、言いなおすわ。いまはなにもあげない」

美貴があたしの言葉を遮った。あたしが首を傾げると、美貴はあたしの顔をまっすぐに見つめて続けた。

「でもその代わりに二年後、三年生のときの卒業メニューのデザートを、梢のところに持っていくわ。傷まないように冷凍して、週末に電車に乗って。絶対に、約束する」

美貴の眼差しは真剣だった。美貴の言葉の意味に気がついて、あたしの胸は震えた。

あたしがひそかに望んでいた約束を、美貴はいま、交わしてくれようとしているのだ。あたしが転校したあとも、ずっと忘れずにいる。ずっと友達でいる。そういう約束を。

不安と期待が混ざりあった感情を隠して、あたしは軽い口調でたしかめた。

「そんな約束、ほんとにしちゃっていいの？　あたしの食い意地が張ってるの、美貴も知ってるでしょ。もし約束を破ったら、一生美貴のことを許さないかもよ」

「だから約束になるんでしょう。わたしだって生涯梢に恨まれたくはないもの」

美貴はすました顔でこたえた。

⑨あたしはもうへらへらしたふりを続けられなくなっていた。あたしは美貴の顔を見つめ、それからトレイに載ったクレープに視線を落とした。図書室で見つけたカードのメッセージが、頭の中に浮かんでいた。

約束の結果が、どうなるかはわからない。それでもあたしは、美貴のことを信じたい。臆病な心を奮い立たせ、あたしは美貴にクレープをわたそうとした。

けれどその途中で、あたしはもう少しだけ欲張りたくなってしまった。

「……あのさ、ただ持ってきて、すぐ帰っちゃうとか、そういうのはなしだからね。近場のおすすめスポットとか、おいしい店とか調べとくから、帰りの電車の時間まで、ちゃんとつきあってくれなきゃ嫌だからね。いまみたいに話したり、遊んでくれなきゃ嫌だからね」

「ええ、もとからそのつもり。もっとも、それまでに何度も遊びにいってるだろうから、近所のおいしい店は行きつくしてるかもしれないけど。そのときは、梢の手料理を振舞ってくれればいいわ」

ほっとした拍子に⑩涙がこぼれそうになった。転校のことを知らないまわりのみんながざわざわしはじめていたけど、あたしは気にしなかった。

美貴にクレープを手渡すと、となりの班の桃が美貴のところにやってきた。

「美貴ちゃん、わたしにも半分ちょうだい」

もちろん、と美貴がうなずいた。それから美貴が朋華と沢ちゃんを呼ぶと、ふたりもすぐに飛んできた。あたしたちの話が聞こえていたのか、普段は給食中の出歩きを注意する辻井先生も、いまは黙って見逃してくれていた。

美貴が約束の説明をして、四つに分けたクレープをみんなに配った。

それから⑪四人はあたしのほうに向きなおり、同時にあたしのクレープを口にした。誓いの儀式のように、厳かに。

（如月かずさ『給食アンサンブル』〈光村図書出版〉）

問一　――線①「あたしはきょとんとしてしまった」とありますが、このときの「あたし」の気持ちとしてもっとも適当なものを次の1～4から一つ選び、番号で答えなさい。

1　生まれた時から一緒に過ごしているのに、転校することがつらいという本心を姉の自分にさえ見せようとしないで強がりを言う桂太の意図を理解できないでいる。

2　生まれた時から一緒に過ごしているのに、桂太が転校して友達と別れることを寂しいと感じないとは予想していなかったので、弟の意外な性格を不快に感じている。

3　つらいことを聞いてしまったと悔やんだのに、桂太は離れても友情がとだえることはないと信じ、転校をたいしてつらいとは思っていないと知って意外に思っている。

4　つらいことを聞いてしまったと悔やんだのに、桂太は友達と離れることよりも新しいメダルを手に入れたことを喜んでいるように見えてとまどっている。

問二　――線②「あたしは身構えてしまった」とありますが、ここには「あたし」のどのような気持ちが表れていますか。三十字以上四十字以内で説明しなさい。

問三　――線③「それじゃ意味がないんだ」とありますが、なぜ道橋はこのように言ったと考えられますか。本文全体をふまえて四十字以上五十字以内で説明しなさい。

問四　――線④「結局は桂太の友情の証といっしょだ」とありますが、どのような点で「いっしょ」なのですか。もっとも適当なものを次の1～4から一つ選び、番号で答えなさい。

1　目に見えるものを持つことで、離れていてもずっと相手を忘れないでいられるという点。

2　かつてはとても仲がよかったことを、その後もずっと目に見える形で残すことができるという点。

3　離れたらもう友達ではなくなってしまうという現実を、ずっと忘れさせないものであるという点。

4　ずっと友達でいるという約束が守られず、期待した自分に悲しみを与えることになるという点。

問五　――線⑤「あたしの心は揺れていた」とありますが、どのような思いの間で揺れていたのですか。次の［　　］にあてはまるように四十字以上五十字以内で説明しなさい。

［　　　　］の間で揺れていた。

問六　［⑥］にあてはまる数字を漢字で答えなさい。

問七　――線⑦「あたしがそれに手をつけるのをためらっている」理由が書かれている一文をぬき出し、初めの七字を書きなさい。

問八　［⑧］にあてはまる言葉を漢字一字で答えなさい。

問九　――線⑨「あたしはもうへらへらしたふりを続けられなくなっていた」とありますが、このときの「あたし」の気持ちとしてもっとも適当なものを次の1～4から一つ選び、番号で答えなさい。

1　落ち着かない気持ちを隠そうとふざけたふりをしていたが、自分が望んでいた約束が美貴と本当に交わされようとしている状況になり、思わず真剣になっている。

2　自分に会いに来るという美貴の突然の言葉に驚くあまり、落ち着かない気持ちを隠すことができなくなってどうしたらよいか分からなくなっている。

3　美貴の言葉が本心から発せられたものかどうかを判断することができず、自分がどういう態度をとるべきかが分からなくなってしまってうろたえている。

4　美貴が真剣な様子で大切な約束を交わそうとしているのを察知して、自分の普段のふざけた態度で場の雰囲気を乱してはいけないと考えを改めている。

問十　――線⑩「涙がこぼれそうになった」のはなぜですか。もっとも適当なものを次の1～4から一つ選び、番号で答えなさい。

1　期待していた以上の言葉を美貴が返してくれたことで、ずっと胸にかかえていた不安から解放されたから。

2　不安で張り詰めた気持ちを察した美貴が、軽妙で気の利いた返事をしてくれたので、心が軽くなったから。

3　美貴の友を案じる思いやりに満ちた言葉に触れて、美貴が友達でいてくれたことがうれしくなったから。

4　無理なお願いをして嫌われたと思っていたが、美貴も同様に無理なお願いをしてきたので気持ちが楽になったから。

問十一　――線⑪「四人はあたしのほうに向きなおり、同時にあたしのクレープを口にした。誓いの儀式のように、厳かに」について答えなさい。

(1)「四人」とはだれですか。次の1～9から**四つ**選び、番号で答えなさい。

1　桂太　2　美貴　3　飯島　4　道橋　5　高梨
6　雅人　7　梢　8　朋華　9　沢ちゃん

(2)　四人がそのような行動をとった理由としてもっとも適当なものを次の1～4から一つ選び、番号で答えなさい。

1　転校する「あたし」と卒業メニューを一緒に食べる最後の機会なので、その瞬間（しゅんかん）をかみしめるため。

2　全員が約束の重みを理解し守りぬこうと心に固く決めていることを「あたし」に伝えるため。

3　四人との約束が守られることを信じていない「あたし」に対して、自分たちの真剣さを伝えるため。

4　自分たちの覚悟（かくご）を再確認することを通して、「あたし」と別れるさびしさを少しでもやわらげるため。

三　次の1～6の――線のカタカナを漢字で書きなさい。

1　キンベンな学生が多い。

2　コウセキを挙げた人に授与（じゅよ）される賞。

3　マフラーをアむ。

4　物価高は生活のあらゆるリョウイキにおよんでいる。

5　ボウハンのために見回りをする。

6　妹のチームはアブなげなく勝利した。

共立女子中学校（2／1入試）

—45分—

注意　記述問題では、指定された字数の8割以上は書いてください。ぬき出し問題では、指定された字数で答えてください。どちらの場合も、句読点やかぎかっこなどの記号も字数にふくまれます。

一　次の1～8の——線をつけたカタカナを漢字で、漢字の読みをひらがなで書きなさい。

1　子どもの権利とともに、児童ケンショウについて学ぶ。
2　自分の無力さをツウカンした。
3　彼女（かのじょ）はサイチにたけた人だ。
4　アクセン身につかずというのだから、こつこつ働こう。
5　彼（かれ）はこの戦いにマクを引きたいようだ。
6　簡単なものから取り組むのが定石だ。
7　言語道断なふるまいを見かねて注意した。
8　夜目にも美しさの分かる花だった。

二　次の1～5の（　）には色を表す言葉が入りますが、それぞれ色彩（しきさい）以外の意味で用いられています。（　）にあてはまることばをひらがなで書きなさい。ただし、すべて別の色が入るものとします。

1　彼（かれ）は（　）だと思う。第一、理由がないよ。
2　彼はまだ（　）ね。これからが楽しみだが。
3　病気予防のために（　）はだかにされた樹木。
4　（　）の黒髪（くろかみ）が印象的な女性。
5　（　）声を出して、応援（おうえん）をしている。

三　次の文章を読み、後の問いに答えなさい。

随分（ずいぶん）前に『微苦笑（びくしょう）俳句コレクション』江國滋（えくにしげる）編著（実業之日本社（じつぎょうのにほんしゃ））で読んだ句の中に、こういう作品がありました。作者は、江隈（えすみ）順子さん。

卒業歌あの先生が泣いてはる

印象が強い。なぜか。

編者江國氏は《べつにどうということもない句だが、「あの先生」の「あの」がいい》といいます。しかし、わたしには《あの》も、別に《どうということはない》ものに思えたのです。では、①どこに魅（ひ）かれたのかというと、《は》です。

《い》ではない、という一点です。

仮にこれが《卒業歌あの先生が泣いている》だったら、ただのつぶやきです。文字にする意味もない。

ところが、《泣いてはる》は、いわゆる共通語ではありません。それを使ったことによって、通常の卒業式のそれとは違（ちが）う、柔（やわ）らかな空気に辺りが包まれます。

内容からいっても当然そうですが、この調子だけでも、《泣いてはる》と思ったのは女学生でしょう。普段（ふだん）は活発な子かも知れないが、卒業式という場であるだけに、いささか、おとなしくなっている。しかし、泣いてはいません。

その瞳に、豪快そのもののような男の先生――生徒指導などを担当して、三年間、煙ったがられて来たような先生の姿が映る。彼の無精髭の似合いそうな頬に、一筋の涙が伝っている。そういう情景が浮かびました。

《男》というのは、見ている主体が女学生ですから、それと比べた時、《秤の向こう側に置かれるのはより対照的な存在であるべきだ》と感じたからでしょう。実際には直観なので、理屈は後から追いかけたものです。

とにかく、《卒業歌あの先生が泣いている》なら、それだけで終わってしまうものが、一字替えただけで、きちんと一つの空間を作っている。関西弁の力を感じます。わたしには、そこが印象深かったのです。

江國氏は、《ふだん、生徒から鬼のように恐れられている、きびしいだけの女性教師だろう》といいます。それがまた面白くて、人に会った時、

「この先生は、どんな人だと思います？」

という問いを投げかけると、思いは様々。男説、女説、それぞれにありました。ところが、最近、ある女の方が、［②A］について［②B］説を唱えたのです。まったく考えてもいなかったので、びっくりしました。

どういうわけで、そう思うかというと、
《女性が卒業式などでセンチメンタル[注1]になる》というのは、一方的な思い込みで、むしろ、そういう時には、冷静なのだそうです。教師が、鬼の目にも涙を見せたぐらいでは《泣いてはる……》とはならない。《泣いてはる》はあっても、《……》の部分はない、とおっしゃる。むしろ、そういう、よくいえば純情、悪くいえば単純な反応は男に似合う、という説でした。

さあ、そうなると、男も《泣いてはる》というのだろうか、と思いました。確かに、上方落語などを聴くと、男性の登場人物も《居てはりますかぁ？》などといいます。辞書を見ると、関西弁の《はる》は、尊敬、まれに丁寧とありました。となれば、面と向かっていうのならともかく、内面の思いなら、男とは感じられません。《先生、泣いてるぞ！》というのが、男の心の言葉でしょう。《泣いていらっしゃる！》とは思わない。

とにかく、こうなったら、現地の方に確かめるのが一番だと思って、大阪の有栖川有栖さんに電話しました。

事情を手短かに説明して、うかがうと、

「《泣いてはる》――なら、男もいうでしょうねえ。ただ、普通には、《泣いとる》かなあ」

というご返事。

「《泣いとる》は、女は使いませんか」

「いや、使います。男言葉というなら、《泣いとおる》とか、《泣いとるで》でしょうね」

「はあ」

「しかし、そうなると、好感を持ったいい方ではありません。《あの先生が泣いとるで》となったら、《いつも、偉そうなこといっとるあの先公[注2]が泣いてやがるぜ。けっ！》といった感じですね」

「そうですか。《泣いてはる》だと、物柔らかな感じがするんですけれどねえ」

そう、お話しして、受話器を置きました。

③夕方、今度は有栖川さんの方から電話がありました。これが、わたしには実に意外な電話だったのです。

「もしもし、先程の件ですけれど」

「はい」

「あれ、うちのが帰って来たんで、聞いてみたんですよ。そうしたら、あの句の《生徒》ね――」

嬉しそうな声である。何だろう、と思う。

「はい？」

「――《男》だっていうんですよ」

二人目の、男子生徒出現である。

「どうしてまた？」

「いやあ、北村さん、さっき、《泣いている》から《泣いてはる》に一字替わったから、柔らかな世界になったとおっしゃったでしょう。黙って聞いてましたけど、我々だと、そうも思わないんですよ」

「は？」

「つまり、関西に住んでたら、《はる》は当たり前なんです。普通にしゃべってる言葉ですから。つまり、北村さんのいう《卒業歌あの先生が泣いている》と同じ語感なんですね」

これには、虚をつかれた。

「女生徒が《あ、あの先生が……》と思うんじゃあ、当たり前過ぎるというんですよ。それなのに、わざわざ句になっている。ということは、ちょっと斜に構えているんじゃないか。そこで、《おいおい、あいつが泣いてるぜ》という気持ちで《泣いてはる》。だから、男じゃないかというんです」

「なるほど」

「うちのは京都に知り合いが多いんですが、京都は大阪より、《はる》に敬語の度合いが少ないらしいです。《泣いてはる》といったのが男でも、全く不自然ではないそうです」

狭い日本です。しかし、どこに住んでいるかで、言葉の感じ方にも、これだけの差が出て来るのだと、改めて感じ入りました。詩は翻訳不可能といわれますが、同様の問題が国内でも起こり得るわけです。

この句に関していうなら、作者が仮に関西在住の方でも、まず、《共通語で作る》という前提があると思います。その上で生まれた《卒業歌あの先生が泣いてはる》でしょう。だから、作品なのだと思います。

地方の言語で書かれた詩や文章には、その響き、香りで、まず我々を衝つものがあります。それだけの生々しい生命力が、言葉にあります。それは間違いないことだと思います。しかしここで、共通語を知らず、その言語だけで育った人の耳に、心に、それがどう響くのか――ということを考えました。④それは、もはや永遠の謎なのかも知れません。

（北村　薫『詩歌の待ち伏せ』〈ちくま文庫〉による）

注1　センチメンタル＝感じやすく涙もろいさま

注2　先公＝先生を軽んじた言い方

1　――線①「どこに魅かれたのかというと、《は》です」とありますが、これは筆者がどう感じたということですか。ふさわしいものを次の中から一つ選び、記号で書きなさい。

ア　むせび泣く豪快な男の先生の様子を、より切実に表現できている。

イ　先生への三年間の感謝の念を、心のつぶやきとして見事に表している。

ウ　張りつめた空気の中で発見した先生の意外な人がらの温かさを感じている。

エ　何気ない景色の中で、先生を見る目が変わっていく様がありありとえがかれている。

オ　「泣いている」では表現しきれなかった細やかな感情が、関西弁によって表現できている。

2　②A と ②B にあてはまることばの組み合わせとしてふさわしいものを次の中から一つ選び、記号で書きなさい。

ア　A泣いている先生・B男性　　イ　A泣いている先生・B女性

ウ　A見ている生徒・B男子　　エ　A見ている生徒・B女子

オ　A《泣いてはる》・B共通語

3　――線③「夕方、今度は有栖川さんの方から電話がありました」とありますが、これはなぜだと考えられますか。ふさわしいものを次の中から一つ選び、記号で書きなさい。

ア　《泣いてはる》に物柔らかな感じをいだき、女子生徒の視点であると考えている筆者に、新しい見方を提案できることが喜ばしいから

イ　男なのか女なのかがわからずに根拠を探している筆者に、正解を示すことでようやく鼻をあかすことができると思ったから

ウ　妻には京都に知り合いが多くいることに気づき、帰ってきたところですぐに確認をしてみようと考えたから

エ　男が《泣いてはる》と言うかどうかについて、自分でも自信がなかったが、妻の話を聞いて、筆者の考えを改めてもらえると確信したから

オ　普段から使っている関西弁の表現について、改めて筆者から問われてみたことで、物腰柔らかい関西弁の良さを再発見できたから

4　――線④「それは、もはや永遠の謎なのかも知れません」とありますが、これはどのようなことを指して述べられたものですか。ふさわしいものを次の中から一つ選び、記号で書きなさい。

ア　関西在住であったとしても近隣の方言について正しく理解できているわけではなく、自分の言葉として操ることはできないということ

イ　京都で育った人が《はる》から特別な感情を受け取っているかどうかは、共通語で育った人には理解し得ないということ

ウ　方言を使った俳句を自分が使っている共通語に翻訳して解釈しようとすることは、そもそも不可能なのだということ

エ　地方の言葉で情景や心のうちを表現しようと考えた時に、頭の中で自然にイメージされる言葉で書かなければ本当の俳句表現にならないということ

オ　俳句で表現された世界に、地方の言葉が入ることで、作り手は気持ちの隅々まで表現できるが、読む側はいつまで経ってもわからないのだということ

5　次の会話文は、この文章を読んだ二人によるものです。[　　]に入ることばとしてふさわしいものを後のア～オの中から一つ選び、記号で書きなさい。

共子：方言が俳句に入っていると、私は新鮮に感じるな。

立子：お父さんの田舎の大分県にお正月に行ったんだけれど、新聞に

は大分弁の俳句がのっていたわ。マラソンの大会に出ている選手たちを応援するためのものらしいの。

共子：いま、インターネットで調べてみたらこんな俳句が出てきたよ。「春の海いちべえねべえ走りかな」だって。面白いね。

立子：「いちべえ」は一番って意味だね。「ねべえ」ってなんだろう。

共子：「春の海」はおだやかな海だから、きっと［　　］されているのかな。

立子：そう思うと、マラソン大会の一場面が目に浮かんでくるね。

ア　選手のなんとか走りきった爽快感が象徴
イ　ゴール直前の選手のおだやかな気持ちが描写
ウ　選手が立ち向かわなければならない厳しさが暗示
エ　あきらめずに必死にもがく選手の様子と対比
オ　選手が孤軍奮闘している様子が強調

四　次の文章は、「私」と祖母が、列車の旅から滞在先のホテルに戻った場面です。「私」は祖母のために入浴の準備をしますが、祖母はベッドに直行してしまいます。これを読み、後の問いに答えなさい。

「お化粧を落としてちょうだい」

ええー？　ベッドの上で？

「さすがにそれは、洗面所で顔を洗ってもらわないと」と言った私を、祖母はむしろ①物知らずに対する哀れみの目で見上げてきます。

なんだなんだ、私、何かおかしなこと言った？

すると祖母、本当に面倒臭そうに十センチくらい右手を挙げてバスルームのほうを指さしました。

「あそこにコールドクリームがあるから、持ってきてちょうだい」

はて、コールドクリームとは？

よくわかりませんが、言われるがままに洗面台の周囲にズラリと並べられた祖母の化粧品を漁ると、なるほど、円筒形の小さな容器に「コールドクリーム」と書かれています。

蓋を開けて匂いを嗅いでみると、おお、戦前女子の香り。

容器もかなり昭和みの漲るデザインで、過ぎ去りし時代を感じさせるアイテムです。

こんなの今どき、どこで買うんだい……と首を傾げながら、私は祖母の待つベッドに、よいしょっと上がって胡座を掻こう……として、自分自身はまだスーツ姿だったことを思い出し、お上品に座りました。

「あったよー。これ、冷たいクリームなの？」

「クリームはだいたい冷たいでしょう。それを顔にたっぷり塗って、マッサージしてちょうだい。白粉が全部落ちるように」

「ほうほう……？　つまりこれはクレンジングクリームなのね？」

言われるがままに、私はクリームを指にたっぷり取ると（まあまあ冷たかったです）、祖母のほっぺたに小さな山を作ってから、顔全体に塗り広げ始めました。

何だか、②奇妙な感覚です。

思えば、赤ん坊の頃はいざしらず、物心ついてから、祖母の顔に触れる機会など一度もありませんでした。

この旅に出てからは、色々な場面の介助で手や腕に触れることはあったものの、顔は本当に、人生初タッチの心境です。

祖母の頬の皮膚はいやにひんやりしていて、とても薄く、柔らかく、そのくせハリがなくて、何だか……そう、温めた牛乳の上に張る膜のような感触でした。

あの膜と違うのは、指先にまとわりついてこないこと。

クリームを丹念に塗り、ファンデーションが落ちるよう、指先でくるくるとマッサージしていても、人間の皮膚というよりは繊細なシートを擦っているような感じで、どうにも落ち着きません。

「こんな感じでええの？」

不安になって訊ねてみると、祖母はやはり目をつぶったままで、「もっと丁寧に、隅々まで。白粉が残らないようにね」と厳しい口調で言いました。

「はー。ちゃんとしてるねえ。私なんて、疲れてるときは、使い捨ての化粧落としシートでシャッシャッと拭いて寝ちゃうよ」

祖母の人使いの荒さに少し呆れながら私がそう言うと、祖母のほうは、もっと呆れた声音で言い返してきます。

「そういうことをしてると、あとで後悔するわよ。私なんか、若い頃はお湯を使うたび、注1ぬか袋で全身を丹念に擦ったもんです。だから今も綺麗でしょう」

③いやもう本当に。

この旅を始めてからずっと、祖母のこの漲る自信というか、自己肯定感の高さというか、そういうものが眩しくて不思議でたまらない私は、思わず彼女に訊ねてしまいました。

「どうして？」

「どうしてかは知らないけど、ぬかで擦ると肌が白くきめ細やかになるって、私の母が」

「ああいや、それは聞いたことがあるし、実際、お祖母ちゃんは今でも色白だけど、④そっちじゃなくて」

「どっちなの」

「どうしてお祖母ちゃんはいつもそう自信満々でいられるのかなーって。絶対、迷わないやん？　いつも断言するし、自分のことをそうやって美人だと思ってるし。凄い才能だと思うんだよね。そのつよつよ遺伝子、引き継ぎたかったわ〜」

祖母はやっぱり、私に顔をうにうにと擦られつつ、「もっとこのあたりを丁寧に」と言わんばかりに目元を指さしながら、さも当然といった口調で答えました。

「私はねえ、自分を生まれながらの美人だと思ったことはないの。だからこそ娘時代から、美しくなろうと努力したわけ。お肌が白くなるよう磨いて、お化粧を工夫して、髪型も着るものも、自分に似合うものを研究して」

「それは凄く偉いけど、努力したって、実るとは限らへんやん？」

「努力しなければゼロのままだけど、百も努力すれば、一か二にはなるでしょう。一でも違いは出るものよ」

「そんなもんかなあ。⑤骨折り損の……って感じがするけど」

「あんたはそうやって、最初から諦めているから不細工さんのまま。ゼロどころか、日焼けして、お手入れをさぼって、お洒落もしないで、マイナス五にも十にもなってしまってるんと違いますか？」

「ヴッ」

思わず、喉というよりみぞおちのあたりから、変な声が出ました。

祖母の目尻を擦る指に、つい力がこもります。

「あんた自身が、本当にそれで構わないと思ってるんならいいけれども、そうと違うでしょう。人の目も気になる、自分でも気になる、美人に生まれた他人様が羨ましい」

「うう」

もはや返事というより呻き声ですが、祖母は、私の[注2]コンプレックスなどお見通しだったようです。

「それなのに何もしないのは、自分を見捨てて痛めつけてるようなもんよ。それで綺麗になれるはずがないわ。鏡を見て、ああ、昨日の自分より少しだけ美人だわ、って嬉しく楽しくなれるように、少しでも努力してみたらどうなの」

「ぐう」

「もっと綺麗になれる、もっと上手になれる、もっと賢くなれる。自分を信じて努力して、その結果生まれるのが、自信よ」

祖母の言葉には少しの澱みもなく、でも同時に、驕りもありませんでした。

家事にも育児にも趣味にも努力を惜しまなかった、そんな自分自身への信頼と尊敬が、祖母のあの堂々とした態度の源だったようです。

そりゃ羨んでいるだけで身につくものでも、ＤＮＡで受け継げるものでもないわ。

むしろ、これまで祖母の態度を、［　⑥　］、なんて思っていた自分が恥ずかしいわ。

謎でも何でもなかった祖母の自信の根拠と理由を知って、感嘆と自己嫌悪で言葉を失った私に、祖母はツケツケと命じました。

「もういいから、熱いタオルを作ってきて、綺麗に拭いてちょうだい」

あ、そういうタイプの化粧落としですか。なるほど。

洗面所で熱いお湯を出してフェイスタオルを濡らして絞り、その蒸しタオルをしばらく顔に乗せてパックしてから、コールドクリームを拭き取っていくと、現れた祖母の素肌は、シワがあっても、ハリがなくても、ピカピカでした。

自分の長年の努力の賜であるこの肌を、祖母は誇りに思い、美しいと心から感じているのだなあ、と納得できるほどに。

「確かに、お祖母ちゃんは何でも全力投入やもんなあ……。そうか、だから、⑦全方位自信があるんや」

「そうよ。自信なんて、ないよりはあったほうがいいでしょう」

「そらそやわ。売るほどあったほうがええわ」

「まだ若いんだから、今からでももっと努力しなさい。色んなことに」

「はぁい」

ようやく目を開けた祖母と見つめ合って、⑧私はこの旅行で初めて、自分の顔に心からの笑みが浮かぶのを感じました。

祖母も輝く[注3]スッピンで笑っていました。

なんだろう。

今思い出しても、ちょっと涙ぐんでしまいます。

私が祖母と、率直に心をさらけ出して長い話をしたのは、あの夜が最初で最後でした。

（椹野道流『祖母姫、ロンドンへ行く！』〈小学館〉による）

注1　ぬか袋＝布の袋に米かすを入れ、石けん代わりにしたもの
注2　コンプレックス＝おとっているという意識のこと
注3　スッピン＝化粧をしていない状態

1　――線①「物知らずに対する哀れみの目で見上げてきます」とありますが、なぜだと考えられますか。ふさわしいものを次の中から一つ選び、記号で書きなさい。

ア　疲れている祖母をいたわることのできない「私」の冷たい反応を残念に思ったから

イ　祖母のお願いを素直に聞こうとしない「私」の反抗的な態度をせつなく感じたから

ウ　若い頃がんばり屋だった祖母からすると「私」の甘えた言動は見るに耐えないものだから

エ　年をとった祖母に対して孝行しない非常識な「私」の様子にしつけの至らなさを感じたから

オ　女性の身だしなみのことをまるでわかっていない「私」の様子を見て嘆かわしく感じたから

2　――線②「奇妙な感覚」とありますが、そのような感覚を起こさせたものを作者は何にたとえていますか。**十一字**で探し、はじめと終わりの二字をそのまま書きぬきなさい。

3　――線③「いやもう本当に」とありますが、そのときの「私」の心情としてふさわしいものを次の中から一つ選び、記号で書きなさい。

ア　祖母の人使いの荒さにいや気がさしている。

イ　誰もが認める祖母の美しさに感心している。

ウ　祖母の強い説得力に対して圧倒されている。

エ　ぬかで肌が綺麗になる効果に納得している。

オ　化粧の落とし方について後悔し始めている。

4　――線④「そっちじゃなくて」とありますが、それはどういうことですか。「私」の考えを次の（　）にあてはまるかたちにして、Aを十字程度、Bを二十字程度で書きなさい。

私は、（A　十字程度）ことではなく、（B　二十字程度）ことに対して興味を持っているのだということ。

5　――線⑤「骨折り損の……」とありますが、文章中での意味をよく考えて、これと同じような意味を持つことわざを次の中から一つ選び、記号で書きなさい。

ア　猿も木から落ちる　　イ　虫が好かない

ウ　かんこ鳥が鳴く　　エ　犬の尾を食うて回る

オ　立つ鳥跡をにごさず

6　⑥ にあてはまる「私」の気持ちとしてふさわしいものを次の中から一つ選び、記号で書きなさい。

ア　不思議やなあ、羨ましいなあ

イ　偉そうやなあ、謎の自信やなあ

ウ　もう年やなあ、かなわんなあ

エ　いい気なもんやなあ、幸せやなあ

オ　きついなあ、しんどいなあ

7　――線⑦「全方位自信がある」とありますが、その「自信」は何から生まれたものですか。**三十五字以上四十字以内**で探し、はじめと終わりの三字を書きぬきなさい。

8　――線⑧「私はこの旅行で初めて、自分の顔に心からの笑みが浮かぶのを感じました」とありますが、「私」がそう感じているのはなぜですか。その理由としてふさわしいものを次の中から一つ選び、記号で書きなさい。

ア　コンプレックスとうまく向き合えず、他人を羨んできた自分の気持ちを祖母が理解していたことを知るとともに、努力によって自信へと変えてきた祖母の生き方に感銘を受けて、祖母と心がふれあったように感じられたから

イ　これまでは、自分と違って自己肯定感の強い祖母に距離感をいだいていたが、今でこそ堂々としている祖母も長年コンプレックスになやんできたことを知って、強気な振るまいをする態度にかえって人間味を感じるようになったから

ウ　祖母のはげましによって、もっと綺麗になれる、もっと上手になれる、もっと賢くなれると思いこむことさえできれば、自分のことを誇りに思い美しいと感じられるようになるということが分かって、未来への希望が持てたから

エ　人使いが荒く偉そうだと思ってきた祖母にも欠点があったと知って親近感がわき、何もしない自分を責めているように感じてきた祖母の言葉に、実際は少しの澱みも驕りもなかったということに気づいて心がすっきりしたから

オ　はじめは世代間ギャップを感じずにはいられなかった祖母が、綺麗になりたい気持ちを持って努力してきた一人のけなげな女性だったと分かり、いつの時代も美しい容姿へのあこがれは変わらないと知って安心したから

五　次の文章を読み、後の問いに答えなさい。

今の子供たちは何をして遊んでいるのか、と注目してみると、それはもう、みんなゲームである。大人にとっても、こんなに都合の良いおもちゃはない。部屋は散らからないし、塾へ行く合間の短い時間でも瞬発的に楽しめる。比較的安価な装置で長く遊んでいられるからコスト[注1]パフォーマンスも良好。また、これを生産する側も、ハードとソフトの開発を分担できるし、一度開発すれば、ソフトのコピィは非常に楽だ。大量に同じものを作れば大儲けにつながる。

この種のゲームというのは、それがなかった時代には、みんなが夢見ていた「おもちゃ」の理想形だった。そこには、あらゆる「遊び」の要素がある。「楽しさ」を抽出して共有することができる。たとえば、ラジコン飛行機を作るのは、それを飛ばすときの楽しさを夢見ているわけだが、ゲームソフトで飛行機の操縦ができるならば、面倒な工作をする必要もないし、またせっかく作った機体を壊してしまう危険もない。自動車のレースだってできるから、もう模型のレーシングカーを作る必要もない。それどころか、釣りにいく必要もないし、スキューバ・ダイビングをする必要もないし、ペットを飼う必要もなくなる。いろいろな楽しみをゲームはソフト的に再現してくれる。面倒な手続きを飛び越えて、手軽に面白い部分だけをいきなり体験できるのだ。

ゲームの適用範囲は、「遊び」だけに留まらないだろう。仕事や恋愛、そして人生そのものまで、取り込む勢いである。現にそういったゲームがつぎつぎに開発され、どんどんリアルになっている。この仮想世界に足を踏み入れれば、本当にリスクなしに楽しさだけを味わうことができる。実に素晴らしい。

しかも、ゲームの消費者にとってのメリットだけでなく、ゲームを作る側のメリットも非常に大きい。さきほども書いたように、開発や生産に向いているからだ。開発者は、コンピュータに向かってプログラムを

することに集中できる。一度作ったものは、その後の開発のための蓄積となる。外部に向ける目としては、どのように現実を再現すれば良いのか、というその一点にのみ頭を使えば良い。

その昔、これに似た革命的な[注2]メディアとして社会に普及したのが「書物」である。書物はすべて「文章」というソフトで作られている。どのようなものも、書物で疑似体験ができる。読者は、本だけを入手すれば、安全で手軽な楽しみが味わえる。作る側も、文章を書けば良いだけだし、大量に印刷することで、効率的な商売が成立する。①まったく同じである。

新しいメディアが登場すると、すべてが目新しいし、これまで存在したあらゆる「楽しさ」を採り入れるだけで、しばらくは商売になるだろう。

僕は、このゲームや書物という②「疑似体験」の文化を否定するつもりはまったくない。これは豊かで平和な社会の象徴ともいえるし、これで楽しむ人生も素晴らしいと思う。特に、コンピュータを用いたゲームは応用範囲が格段に広いし、解像度が高いために破格のリアリティが実現できる。現実的体験の大部分を取り込むことも充分に可能だろう。けれど、別の見方をすれば、結局はこの「広く高い」能力だけの違いであって、本質的に新しいものが生まれたわけではない、という点に注意をした方が良い。

最大の革新は、技術によって製品が「安く」なったこと。ようするに、大衆が動くのはこれのためだ。そして、みんながその文化に染まる。安いものはすべてを[注3]凌駕するだろう。③さて、失われたものとは、何か？

[注4]トランジスタが登場したときには、[注5]真空管の存在理由がなくなってしまった。そういった技術革新はいつの時代にもあるものだ。そこでは、新しい技術によって、古い技術が失われる。

たとえば、昔の電化製品のスイッチには、指で押すと引っ込むタイプのボタンがあった。もう一度押すと、バネで戻る。それは機械的な仕組みで成り立っていた。扇風機のスイッチは、「1」を押せばファンが回り、「0」を押せば「1」のボタンは戻ってファンが止まる。ほかにも、ファンのスピードを変える「2」や「3」のボタンがある。さて、この仕組みを貴方は想像できるだろうか？一度押せばロックし、どれかを押せば、今まで押されていたものが戻る。これらのスイッチはどんな機構で実現されているのか？

今では、この種のスイッチはほとんど使われない。手応えのないスイッチになった。指で触れるとそれを感知する。ロックしたり、戻ったりしないで、ソフト的に状態を記憶している。ロックする代わりに、[注6]発光ダイオードのランプが点灯するようになっている。また、スイッチが沢山並ぶような装置では、スイッチ自体がタッチパネルに取り込まれ、必要なスイッチだけを表示するようになった。iPhoneなどが良い例である。

④もっと身近な例として想像してみよう。たとえばの話である。

家の窓は、開け閉めをしなければならない。蝶番やレールなどの工夫から、防水のための[注7]パッキングまで、機械的機構が面倒だ。さらに、光を採り入れるためにガラスを利用し、逆に遮るために、ブラインドやカーテンが付随する。最近では、断熱のために二重ガラスを使ったり、防犯のために割れにくいガラスが工夫されている。

これほど面倒ならば、窓なんか作らないで、⑤窓の代わりに液晶モニタを壁に取り付けておけば良いではないか。ビデオカメラで撮影した外の風景をモニタに表示すれば、「外が見える」ことになるし、光も採り入れられる。また、通気は換気扇やエアコンがあれば充分だ。断熱的にも有利になるし、なによりインテリアの自由度が高くなる。窓の位置だって、いつでも簡単に変更できるのだ。

おそらく、将来はこんなことは当たり前になるだろう。「え、窓がないのぉ？それはちょっとなぁ」と［⑥］しまう人は、既存の窓の文化に親しんでいるからであって、明らかに「古い感覚」なのではないか。

この場合、窓が液晶モニタになってしまったことで、ガラスやブラインドという文化は失われる。それはノスタルジィ[注8]だ。

しかし、窓を開け閉めしてきた世代であれば、レールが引っかかる感覚とか、木枠が雨で変形して開け閉めが固くなる経験とか、そういった無意識に持っていた技術的センスが、デジタル窓の世代の人たちには「想像もできない」ものになるのだ。レールさえあれば軽くスライドするはずだ。正確な寸法に作れば水は漏れないはずだ、という技術者ばかりになるかもしれない。本書で取り上げたい問題とは、この実にささやかな部分なのである。

これは、「ほんのちょっとしたこと」かもしれないが、「どうでも良いこと」ではないはずだ。技術の現場においては、このほんのささやかな問題が、成功への大きな障害になる可能性があるし、またそれを「さっと」乗り越える能力が技術者には求められる。技術の現場に立ったことがあれば、これがよくわかるはずだ。言葉ではなかなか表されない問題なのだが、たとえば、「あの人に頼めば、なんとかなるだろう」といったように、個人の手に委ねられている能力である。何をどう考えて解決すれば良いのか、それは残念ながらケースバイケース[注9]なので文章化することは困難だ。解決法ではなく、解決する感覚の問題なのだ。ノウハウ[注10]ではなくセンスなのである。

⑦強いてその核心を抽象するならば、こんなふうになるだろうか。

（森博嗣『創るセンス　工作の思考』〈集英社新書〉による）

注1　コストパフォーマンス＝かかった費用に対してどのような効果があるかということ
注2　メディア＝情報を伝える手段
注3　凌駕＝他のものをおさえて上回る
注4　トランジスタ＝電気の流れをコントロールする電子部品で、電気信号の増幅に優れている
注5　真空管＝中が真空になっているガラスの管で、電気信号を増幅するために用いる電子部品
注6　発光ダイオード＝LED、電気エネルギーを光に変える部品
注7　パッキング＝液体などが漏れないようにすき間につめるもの
注8　ノスタルジィ＝古いものをなつかしむ気持ち
注9　ケースバイケース＝場合による
注10　ノウハウ＝技術や方法

1　――線①「まったく同じである」とありますが、何と何が「同じ」だといっていますか。ふさわしいものを次の中から一つ選び、記号で書きなさい。

ア　本を作る側と読者
イ　読書による疑似体験と現実の体験
ウ　一冊の書物を書く労力と大量の本を作る労力
エ　疑似体験の楽しみと作る側のメリット
オ　ゲームが広がった要因と書物普及の理由

2　――線②「『疑似体験』の文化」とありますが、この文化の特徴として**ふさわしくないもの**を次の中から**二つ**選び、記号で書きなさい。

ア　破格のリアリティが実現できる。

イ　現実世界の体験をその中に取り込める。

ウ　製品が安く出回るので、大衆に流布（るふ）する。

エ　リスクがなく本当に面白い部分だけ楽しめる。

オ　本質的に異なる技術による商品が次々と誕生する。

3　――線③「さて、失われたものとは、何か？」とありますが、筆者は何が失われたと考えていますか。次の（　）にあてはまるかたちにして、四十字以内で書きなさい。その際、**「現場」ということばを必ず用いること。**

（　**四十字以内**　）が失われた。

4　――線④「もっと身近な例」とありますが、何の例を挙げていると考えられますか。ふさわしいものを次の中から一つ選び、記号で書きなさい。

ア　昔の電化製品の例

イ　現実の疑似的な体験をする例

ウ　安いものがそれまでのものにとって代わった例

エ　技術革新で古い機構が失われる例

オ　既存の文化に親しんでいる人がいる例

5　――線⑤「窓の代わりに液晶モニタを壁に取り付けておけば良いではないか」とありますが、この考えに対して、筆者はどのような意見を持っていますか。ふさわしいものを次の中から一つ選び、記号で書きなさい。

ア　「窓」という技術的に面倒なものがなくなってよい。

イ　「窓」という既存の文化自体がなくなるのはさみしいことだ。

ウ　「窓」は古い文化なので、新しい技術によってなくなるべきだ。

エ　「窓」の代用ができたとして、文化以外にもなくなるものがある。

オ　一見代われるように見えても、「窓」の役割を果たすものは存在しない。

6　［　⑥　］にあてはまる言葉としてふさわしいものを次の中から一つ選び、記号で書きなさい。

ア　大手を振（ふ）って　　イ　苦笑いして　　ウ　眉（まゆ）を顰（ひそ）めて

エ　歯を食いしばって　　オ　鼻を伸（の）ばして

7　――線⑦「その核心」とありますが、どういうことの「核心」ですか。ふさわしいものを次の中から一つ選び、記号で書きなさい。

ア　「あの人に頼めば、なんとかなるだろう」といったように、誰（だれ）かから信頼（しんらい）を得るという人間性

イ　古い機構の経験の中で培（つちか）われた、疑似体験の中では決して起こらないような問題に対処する能力

ウ　技術の現場でのちょっとした問題が成功への大きな障害につながる可能性

エ　窓にはガラスやブラインドがあり、それを開け閉めするという文化の必要性

オ　レールさえあれば軽くスライドし、正確な寸法に作れば水は漏れないという技術力

恵泉女学園中学校(第二回)

—45分—

注意　字数制限のある場合は、句読点や記号も字数に数えます。

一　小学四年生の仲夫は、大きなネムノキがあるおじいちゃんの家が大好きです。おじいちゃんの誕生日の晩、大人たちがネムノキを切る話をしているのを聞いた仲夫は、怒り(いか)と悲しみでいっぱいになり、自分の部屋のドアを勢いよく閉め、そこにいたクモを死なせてしまいます。翌朝、それに気づいた仲夫は、言葉がとぎれとぎれにしか出なくなりました。仲夫は幼なじみの芳木くんに、ネムノキの話を打ち明けました。

　次の文章を読んで、後の問いに答えなさい。(本文には、一部改めたところがあります。)

「あのね。」と、ぼくは頭のなかのごちゃごちゃした考えをどこかにやりたくて、いった。「ぼくのおじいちゃんはね、ぼくにうそをついたんだ。」

そういったとたんに、「うそをつく」ということばの意味がぐらぐらと揺(ゆ)れて、「うそ」というのが、いったいどういうことをさすのかがあいまいになった。「うそ」って、「ほんとうのこと」の反対語だったっけ。いやいや、それはちがう。「うそ」といってもいろいろあるから。まちがって、ほんとうじゃないことをいってしまうこともあるし、いいたくないと思っていることをぼやかしていうこともある。そういうのも「うそ」ってことばでまとめてもいいのかな。

「北山くんのおじいちゃんも、ゆうれいのことでなんかいったの?」

「そうじゃなくてね。」

ぼくはネムノキのことを思った。いっしょうけんめいネムノキの姿を思い浮(う)かべた。あのネムノキはおじいちゃんの自慢(じまん)だったんだ。なのに、おじいちゃんはネムノキを根元からきろうとしたのだ。

「大事な木をね、『きる』っていったんだ。」

「ふうん。」

芳木くんはぼくの顔を見て、それから右手で左手の親指をかいた。そして「ふうん。」とまたいった。ぼくがなにをいいたがっているのか、わかっていないみたいだった。

「おじいちゃんの家の庭にあるネムノキ。すごく大きい木なんだ。屋根よりも高くて。」

そこまでいうと、きゅうに声がふるえた。ネムノキのことはだれかにずっと話したかったのに、ことばにしようとすると泣きそうになりそうで、だからいままでだれにもいえなかったのだ。

芳木くんはだまってうなずいた。

「おじいちゃんはぼくに『いい木だろ』って、何度もいったんだ。それなのに、『きる』っていいだした。」

「どうして?」

「枝が折れて、車にあたったらこまるって。」

X

そういいながら、ぼくも心の底では、枝がよその人の車の屋根をへこませるのはこまると思っていることに気がついた。ネムノキにはどんなものも傷つけてほしくない。それから、おじいちゃんが「ネムノキをきる。」といったのは、やっぱりあれは「うそをついた。」ってことじゃない、もっとべつのことだ、と思った。

X

「きっちゃったの、その木?」

ぼくは首をふった。「でも、枝をいっぱいきられた。いっぱい、だよ。」

「ふうっ。」と芳木くんは息を吐いた。「ひどいね。」

ぼくはうなずいた。胸のなかでいろんな気もちがあばれていた。大きいネムノキをぼくは守れなかった、と思った。ネムノキはわざと枝を落としているわけじゃない。枝は自然に折れちゃうのだ。だからって、ネムノキをきり倒していいの? そう思うと、またおじさんたちがしゃべっていたあの夜のことがよみがえってきた。同時に、むちゃくちゃ腹がたった気もちもよみがえった。おじさんが笑いながら木をきる話をしているのに、それを止めることができない自分がくやしくて、悲しかったのだ。

「それから、その木、いま、どうなってるの?」

「わからない。見てないもん。」

そういったとき、「うらぎる」ということばが頭に浮かんだ。おじいちゃんはうそをついたんじゃなくて、ネムノキをうらぎろうとしたのだ。ネムノキだけでなく、ぼくもうらぎろうとしていたんだ。

「見てないの?」

(1)芳木くんはすこしおどろいたようだった。

「いつか、見るけど。」

「うん。」

「ぼくね、もう帰るよ。」とぼくはいった。

「あっちの美容院のほうから帰ったらいいよ。ぼくがいつも学校に行ってる道。あそこの角をまがっていったら、ポストのところへでるからね。」

芳木くんは、さっきぼくたちがぬけてきたせまい路地の入り口の先にならんでいる家のほうを指さした。遠くに美容院の看板が見えていた。

(中略)

席について、「いただきます。」とスプーンをとった。

お母さんはむかいの席にすわって、ぼくがプリンを食べるのをだまって見ていた。

ぼくが食べ終えると、「おいしかった?」ときいた。

「おいしかった。」とぼくはこたえた。

「アジサイの横にある三角形の石、あれ、なにかのお墓なの?」と、お母さんは庭を指さした。

「クモ。」

「どこにいたの、そのクモ。」

「ぼくの部屋。」

「死んだの?」

ぼくはうなずいた。

「ふうん。だからこのまえ、おがんでたのね。」

ぼくはだまっていた。

「そのクモのことがずっと気になってるの?」

ぼくはからっぽの皿を見て返事をしなかった。「気になっている。」というと、お母さんに「そんなことで。」と笑われるような気がした。

「生き物が死ぬのは仕方がないことよ。」とお母さんはいった。

お母さんがじっとぼくを見ていることには気づいていた。でも、(2)ぼくはお母さんの目を見たくなかった。

「伸夫、あのね、プリンはね、卵とミルクでできているでしょう。卵は鶏から、ミルクは牛からもらってる。わたしたちはいろんな生きものから食べものをもらってるよ。くだものや、野菜もそうだけど、魚や動物の肉ももらってるよ。」

　ぼくは下をむいていた。お母さんがこれから話そうとしていることがなんとなくわかっていた。

「人間はね、生きもののいのちをもらって、それを食べて生きてるでしょ。クモだって、ほかの虫を食べて生きているんだし、犬だって猫だって、いまはキャットフードやドッグフードになっているけど、それだってもとをたどっていけば、やっぱり動物の肉も含まれているでしょう。牛や山羊は草を食べているのを知ってるよね。それは仕方がないことなんだよね。生きるって、ほかの生きもののいのちをもらうってことなのよ。」

　ぼくはそんな話はききたくなかった。そういう話はまえに学校でもきいた。ほかの生きもののいのちをもらって食べているんだから、食べものを残しちゃいけませんっていう話。

「それだけでなく、人間が生きていくためには蚊を殺したり、ゴキブリを殺したりもしなきゃいけないでしょ。」とお母さんはいった。

　ぼくの胸のなかでことばがあばれだした。(3)「ころす」ってことばが大きくなったり小さくなったりした。殺さなきゃなんない、ってことば。木をきらなきゃならない、ってことば。生きるためには、ってことば。仕方がないのよ、ってことば。

　ぼくの目から涙がぽろっとこぼれた。胸がどきどきしはじめていた。

「まあ、どうしたの。泣くようなことじゃないよ。」

　お母さんはおどろいた顔で立ちあがると、ぼくのそばに来た。

「そんなこと、伸夫にはもうわかってることだと思っていたから。」

　お母さんはそういいながらぼくの背中をなでた。

　ぼくはその手をはらいのけた。そして、がたんと椅子をうごかして立ちあがった。

「あたりまえみたいに。」と、ぼくはお母さんからはなれながらいった。「きこえるけど。」

「伸夫。ちょっと落ち着いて。」

「なにもかも。」とぼくはいった。なにもかもをいっしょにしていいの、と思った。人間のため、といったら、なにをしても平気なの？　仕方がないっていったら、それ以上そのことについて考えなくてもいいの？　仕方がなんでもゆるされるの？　人間が自分中心に考えていることと、クモがほかの虫を食べて生きていることとをいっしょにしていいの？　なにもかもをいっしょくたにして、仕方がないってことで、おしまいにしていいの？

「お母さんのいい方がわるかったかもしれないわ。」とお母さんはいった。

「いや。」とぼくはいった。「ちがうんだ。」

　のどのところで、いろんなことばがごちゃごちゃにからまっていた。

「それはね、一つひとつ、べつのこと。」と、ぼくはやっといった。

「伸夫。」

「仕方がないっていうけど、でも。」

　ぼくはお母さんを見た。たぶん、にらむような目で見たと思う。

「わかったよ。わかったから、もう。」とお母さんはいった。

　ぼくは自分がいおうとしているどのことばも役にたたない気がしていた。

「ぼくには正しい答えなんかないから。」

それだけいうと、ぼくはソファのところへいった。そしてソファに倒れこんだ。ひざ掛けを頭からかぶった。頭のなかにはいろんなことばがこだましていた。

お母さんがそばに来たのがわかった。

「伸夫。」

ぼくは返事をしなかった。ぼくは自分がなにをいおうとしていたのか、自分でもわからなかった。ただ、あの死んだクモはたくさんの生きもののなかの一匹ってことじゃなくて、あのクモはあのクモだったんだ、とそれだけははっきりしていた。

「伸夫がとても大事なことを考えようとしているのはわかるけど。」とお母さんはいった。

「むこうへ行ってて。」とぼくはいった。

「だけどね。」

「ねえ。おねがいだから、むこうへ行って。」

ぼくからはなれていくお母さんの足音がきこえた。

ぼくはぎゅっと目をとじた。体を丸めてしずかに息を吸って、吐いた。すこしずつ胸のどきどきがおさまってきた。あの死んでいるクモを見つけた朝のことがよみがえってきた。

あの朝、ぼくがクモを殺したのがわかったとき、なにかがぱちんと割れたような気がしたのだ。そして、自分だけがぽんと、なにかの外側にはじけてでてしまったような、そんな気もちになった。たとえば、みんながあたりまえと思っている「ふつうのこと」の外側というか。

まえの晩に、おとなにむかっていった「ばか」ってことばは、まだぼくのなかに残っていて、そのことばがぼくをぐるぐる巻きにしていた。おとなを「ばか」っていえるの？　と思ったら、おじさんたちにむかっていったときにははっきりわかっているはずだった「大ばか」ということばの意味がわからなくなったのだ。

なんでもないと思っていた「ふつうのこと」の外側にでてしまったとたんに、(4)大きい悲しみで胸がいっぱいになったのだ。どんなことばでその気もちを否定しようとしてもしきれないような悲しみだった。

（岩瀬成子『ネムノキをきらないで』〈文研出版〉より）

問一　X【　】での「ぼく」の心情変化の説明として最もふさわしいものを次のア～エの中から選び、記号で答えなさい。

ア　芳木くんと話しているうちにネムノキの枝を切られた悲しみで胸がいっぱいになった。ネムノキにはどんなものも傷つけてほしくはないが、だからと言ってネムノキを守るよい方法をおじいちゃんたちに提案することもできない自分をふがいなく感じている。

イ　話しているうちにおじいちゃんの言いたいことも分かるような気がしてきたが、おじいちゃんが木を切るといったあの晩の怒りや悔しさが再びわきあがった。そのような複雑な自分の気持ちを整理しきれない中で、おじいちゃんを責めたい気持ちになっている。

ウ　おじいちゃんがうそをついていたのは、木よりも近所からの評判を気にしていたせいだと気づいた。そのような大人の事情を理解しつつも、ネムノキを大事に思う気持ちは抑えることができず、おじいちゃんに対する激しい怒りとなって、「ぼく」の中で暴れている。

エ　おじいちゃんの発言が矛盾していることに気づき、おじいちゃんにうらぎられたことがはっきりと分かって怒りがこみあげた。そのうえ、あの夜おじさんが笑いながらネムノキを切る話をしているのに反論できなかった自分を思い出し、悔しく悲しく思っている。

問二 (1)芳木くんはすこしおどろいたようだった　とありますが、なぜですか。説明しなさい。

問三 (2)ぼくはお母さんの目を見たくなかった　とありますが、なぜですか。その理由を説明したものとして最もふさわしいものを次のア～エの中から選び、記号で答えなさい。

ア　生き物の死について淡々と語るお母さんの冷たさに悲しくなったから。

イ　クモの死なんかにこだわっていることをお母さんにばかにされるのが怖くなったから。

ウ　生きることの厳しさを受け入れられない自分の幼さが恥ずかしかったから。

エ　生き物が死ぬのは仕方がないというお母さんの言葉を受け入れられなかったから。

問四 (3)「ころす」ってことばが大きくなったり小さくなったりした　とありますが、どういうことですか。説明しなさい。

問五 (4)大きい悲しみで胸がいっぱいになったのだ　とありますが、なぜ悲しくなったのですか。具体的に説明しなさい。

□二　次の文章を読んで、後の問いに答えなさい。（本文には、一部改めたところがあります。）

黒い目をまん中にぐっとよせて、どこかを見ていた子どもが突然いいだした。

「ぼく、椅子になりたいよ」

おや、おや、と大人は思う。もっとましなものに……

だれでも心のどこかで今と違うものになりたいと思うことがあるのではないだろうか。

椅子になったらどんな気分だろう。毎日毎日椅子でいるのって……ますます黒い目はまん中によってきて、なにかを見ている。想像してる。このときこの子のなかで扉が開く。ちょっと違う世界に通じる扉だ。

昨年（二〇〇三年）の夏、方々の家の塀に蝉の抜け殻がいっぱいしがみついていた。それをそっと取ってきては、窓辺に並べていった。数は増え続け、長い行列になった。それを見ているうちに、とても面白い形をしているのに気がついた。見れば見るほど、へんてこに面白い。なんでできているのかわからないけど、この世のものではない、特別な材料に見えてくる。形も、地球のものとは思えなくなってくる。どこかの世界のなにか……でもやっぱりこれは乗り物だろうな……。地球にしのびこんできた怪しいものの乗り物かもしれない。上のぱかっとあいているところは入口だ。私の目もあらぬ方に寄りだした。目はじっとしているけど、心はいそがしく動いてる、どこかにむかって。私にも、扉が開きだす瞬間だ。

本にも扉というページがある。表紙を開いて、もう一つ開く、するとそこに少しこぶりのタイトル文字がまたあらわれる。そこが扉という名のページで、さあ、あけて物語の世界へいらっしゃいと呼んでいる。ここらあたりが世界が変わる境目なのだ。わくわくしてくる。(1)このページを扉という名前で呼ぶのがとても素敵だ。

あるときオランダの作家にこのページをオランダではなんというのか

聞いてみた。「タイトルページか、ファーストページ」という答えが返ってきた。私は［Ａ］高々でいった。「日本では扉というのよ。いい名前でしょ」。彼は［Ｂ］をまるくして、感心してくれた。

それで他の国ではどういっているのか調べてみた。

英語　タイトルページ(title page)
ドイツ語　ティーテルブラット(Titelblatt)　タイトルページ
フランス語　パージュドゥティトル(page de titre)　タイトルページ
オランダ語　ドイツ語に同じ
スペイン語　ポルターダ(portada)　玄関
イタリア語　フロンテスピツィオ(frontespizio)　fronte　頭、正面
中国語　fēi-yè(扉页)　页　ページ

扉とつくのは日本だけではないとわかった。中国は漢字の国だからおなじで当然に思えるけど、スペインに扉を意味するポルターダという言葉がついているのはなぜだろう。いろいろ考えてみると、それぞれの国の物語への思いなんかがわかって面白いかもしれない。

泣き虫時代、私も扉をあけて物語の世界へ小旅行をして、心が慰められた。『指輪物語』のＪ・Ｒ・Ｒ・トールキンさんは、『ホビットの冒険』という作品の副題に「行きて、帰る物語」という言葉を記している。物語は扉をあけて、行って、また帰ってくるという心の旅そのものなのだ。

扉というページをあけて入った物語の世界にも、もう一つ扉の役割をするものが書かれていることがある。

このところのファンタジーブームのきっかけになった「ハリー・ポッター」にも、キングズ・クロス駅の９と３／４番線という扉がある。そこから列車にのって、魔術学校に出かけていき、物語は本筋に入っていく。このようにさらに物語の奥へと導く扉は、本当の扉でないこともある。たとえば川、一本の棒というようなものだって扉の役目をし、こっちとむこうの世界の境目になったりする。この扉をあけ、境目を越えようとするこの瞬間は、むこうの世界が見えないから、とってもわくわくさせられる。そこを通過すると、違う世界が広がっていく。

目下、大流行のファンタジーと呼ばれている物語では、魔法が飛び交い、善と悪の戦いがあり、たいてい善とされているものが（どれが善で、どれが悪かというのはなかなかむずかしいけど）、しかるべきところに落ち着き、世界は変わり、主人公はある種の成長をとげるという作品が多い。この種の物語は「ハイファンタジー」といわれ、不思議な世界を構築するきらびやかな技が見せ所になる。それはそれで、結構たのしい。なにごとにも冒険をしたいほうだから、いつかは超きらびやかなファンタジーを私も書いてみたいとひそかに思っている。そのために、ひまをみては書きたい世界の設計図みたいなものを楽しみながらかいている。でも相対する世界を作るのは、魔女の視点、「きれいは　きたない、きたないは　きれい」と思っている私にはなかなか難しい。でもそうでない世界だってあるはずなのだ。冒険してみよう！

でも、(2)ファンタジー物語に形のようなものが出来てしまいがちなのはつまらない。不思議だって、ちょっとした不思議や、ものすごい不思議だってある。日常に限りなく近いのに、でもびっくりするような不思議を書いてみたいとずっと思っている。

ロンドンで三カ月ばかり一人暮らしをしていたことがあった。(3)ある日

の午後、地下鉄に乗るため、エスカレーターで降りていった。今はもうなくなってしまったが、木製の古いタイプで、ガタン、ガタン、ガタンと大きな音をたてて、恐ろしいほど深いホームをめざして降りていく。ガタン、ガタン、ガタン。両側の壁には同じ大きさのポスターが同じ間隔でならんでいて、目の前をつぎつぎと通り過ぎていく。読もうとすると、英語なので、全部意味をつかまえられないままとぎれとぎれの言葉と絵が、頭の中に残っていく。耳にはガタン、ガタンの音。いつの間にかそれがダウン、ダウン、ダウンときこえてきた。そのとき私は学生の頃、英語で読んだ『不思議の国のアリス』を思い出した。変なウサギにつられ、アリスは穴に落ちていく。「ダウンダウンダウン」。たしかこう言葉が続いていたように思う。すると何かが見えてくる。手を伸ばしてさわろうとしても過ぎていく。ダウン、ダウン……あれれ、わたし、アリス体験してるかもと思った。童話作家の思いこみすぎ……やがて地底は近づいてきて、水キセルをくわえるいもむしよろしく、サックスをふくアフロあたまのおにいさんがいるホームがあらわれた。このような穴がないと、不思議の国のアリスが不思議にならない不思議、また読者もいっしょに落ちていかないと、物語の参加者になれないという不思議！「ダウンダウンダウン」と、エスカレーターの音に合わせて口ずさみながら、アリスの作者、ルイス・キャロルさんの時代にもエスカレーターってあったのかしら……と妄想はひろがっていった。

　不思議な物語にはいっていくとき、その先の世界がすごく面白いことを暗示させるのに、この扉の役目はとても重要だ。こっちからちょっぴりあけて、むこうの世界をちょっぴり見せて。このちょっぴりは、とめようもなく読むひとに大きな期待を抱かせる。この部分にまず書き手自身がわくわくすることができれば、物語はもう半分はできあがり、もしくは成功したといえるかもしれない。「〈むこう〉と〈こっち〉」、そんなに離れたところではなさそうなのに、間をつないでいる「と」の意味するところは、とっても豊かでエネルギーがたっぷり詰まっているところらしい。(4)その力にめぐまれたとき、物語は生き生きと動き出す。

（角野栄子『ファンタジーが生まれるとき　『魔女の宅急便』とわたし』〈岩波ジュニア新書〉より）

問一　(1)このページを扉という名前で呼ぶのがとても素敵だ　とありますが、どのような点が「素敵」なのですか。その説明として最もふさわしいものを次のア～エの中から選び、記号で答えなさい。

ア　本とは無関係な「扉」という言葉が読者の好奇心を刺激し、未知のことに挑戦する勇気を与えてくれる点。

イ　「ページ」というカタカナ語を「扉」という親しみやすい言い方に変換し、子どもらしい素朴さを強調している点。

ウ　本が読者を別世界にいざなうことを現実の「扉」の役割と重ねて、分かりやすくイメージさせる点。

エ　どんな建物にもある「扉」をたとえに使うことで、多くの人がファンタジーに興味を持つように導いている点。

問二　［A］、［B］には体の一部を表す漢字一字が入ります。あてはまる漢字をそれぞれ答えなさい。

問三　(2)ファンタジー物語に形のようなものが出来てしまいがちなのはつまらない　とありますが、「形のようなもの」とは具体的にどのようなものですか。四〇字以内で説明しなさい。

問四　(3)ある日の午後、地下鉄に乗るため、エスカレーターで降りていった」とありますが、この体験から筆者が言いたいこととして最もふさわしいものを次のア～エの中から選び、記号で答えなさい。

ア　非日常の不思議な世界は、実は日常の延長線上にあるということ。
イ　その物語が誕生した国に行けば、物語の追体験ができるということ。
ウ　不可能に思えることも可能に変わることがありうるということ。
エ　地下に降りるという身体的な条件の変化で、不思議な世界に行けるということ。

問五 ⑷その力にめぐまれたとき、物語は生き生きと動き出すとありますが、どういうことですか。説明しなさい。

問六 本文の内容に合っているものを次のア～エの中から一つ選び、記号で答えなさい。

ア　誰（だれ）でも今と違うものになりたいと想像することがあり、筆者も地球にしのびこんできた怪しい乗り物になりたかった。
イ　「ハリー・ポッター」の9と3／4番線は、「9」と「4」という設定によって魔法の世界がもつ不吉（ふきつ）さを表している。
ウ　筆者はつらいときに物語を読んでその世界に入りこみ、まるで旅をしてきたかのように心が慰められる経験をした。
エ　「タイトルページ」の呼び名はスペイン語や中国語だけでなくイタリア語でも「扉」にあたる言葉になっている。

三　次の①～⑤の文のカタカナを漢字に改めなさい。

① 全ての問題を解くのはヨウイではない。
② 一万人のショメイを集める。
③ 富士山のトウチョウに成功した。
④ 三年ぶりに生まれ育った町にキキョウする。
⑤ 道路のカクチョウ工事を行う。

光塩女子学院中等科（第二回）

—50分—

《注意事項》　記述問題の字数については、すべて句読点をふくみます。

一　次の文章を読んで、後の問いに答えなさい。

昔話になるが、私が最初に大学教師になったのも、ある大学の国文学※科の漢文学担当としてであった。そのころドイツの大学の客員教授としてヨーロッパに一年滞在したことがあり、どこでだったか前後の事情は忘れたが、何かの拍子に、中国文学の専門家がなぜ日本文学科に所属しているのかと訊かれて返答に窮※したことがある。日本では常識的、ごく当り前のことであっても、外国人の眼からみると奇異に感じられるということがしばしばあるものだが、これもそのひとつかもしれない。

そして欧米の知識人はとかく「なぜ、どうして」と、とことん(あ)メイカイな解答を求めようとするもので、「昔からそうなんだ」くらいでは、なかなか勘弁してもらえない。私がその時どういう説明をしたかは、なにしろ三十年ほど昔の話なのでさだかでないが、[X]苦[Y]苦※したことだけは記憶に鮮やかで、①それは決して私のドイツ語の拙なさのせいばかりではなかったと思う。その事情をほんとうに理解してもらおうとするならば、決してa場あたりの説明で済むことではなく、日本人と漢文学との深いかかわり、その長い歴史をつぶさに※語らねばならぬはずだからである。

事柄はおそらく、日本人の文字使用が中国の文字＝漢字を(い)ユニュウすることから始まったという歴史的事実に由来する。中国における文字文化の発達が異常に早かったために、日本に限らず周辺の諸民族にとっては、みずからの文字を考えるよりも先に漢字が入って来て、それぞれの固有の文字を作り出すのはそれよりあとのことになってしまう。

日本でもやがて漢字を変形させたかな文字が生まれるが、それまでは、日本語を書きしるすためにも漢字を習得するほかはなかったわけだし、かながで きて以後も、かな(仮名)はすなわち仮の文字で、漢字こそが真名、［(1)］文字と意識されていたのである。そして漢字を習得することは、単に記号を覚えることとは違って、同時に漢語を習得することでもあり、それは必然的に②漢字文化を吸収することにつながる。

日本人が欧米人にくらべて数の計算に優れていることはよくいわれるし、また小学生の計算能力の(う)チョウサなどで統計的にはっきり示されているらしいが、私はこれはそれぞれのことばにおける数の数え方の違いによる所が大きいと思っている。一、二、三から九十九、百と積み重ねる数え方は極めて(え)セイゼンと組み立てられており、ヨーロッパのどのことばとくらべても合理的でむだがない。【１】

しかし考えてみるとこの一、二、三という数え方はりっぱな漢語であって、本来は③ひとつ、ふたつと数えていたはずである。ところがひとつ、ふたつ式はとおまでが日常語の中に残っているだけで、その数え方で計算をしている日本人はいないであろうし、だいいち十一以上を本来のやまとことばで数えられる人は極めて限られているに違いない。またたとえば「みそあまりよつ(三十四)」などと数えていたのでは、決して計算能力に優れているといわれることはなかったであろう。【２】

事柄は更に高度な知的営為※、教養や文芸にまでも及ぶ。漢字が入って来るまで、④日本には文献※というものがなかったのであるから、当初の段階から中国の古典に対し、みずからの古典であるかのように接したと思われるし、和語の文芸が成熟してのちもずっと日本の知識人は、和語系の※韻文散文※と並行して漢詩漢文を読み習って来た。漢文学が日本文学（国文学）の一角を占めていたり、中学や高校の国語科の古典に古文（日本の古典）と漢文の両方が含まれていたりするのも、そうした永い歴史的※経緯をふまえてのことであり、外国人にとって理解し難いとしても無理はない。【３】

ただ⑤現在では漢詩や漢文で自己表現ができるという人はそう多くはあるまい。しかしそれは漢詩漢文には限らないのであって、同じ日本語でも、文語体（古文）できちんと文章が書けるという人も多くないであろうし、また外国語教育がいかに普及したとはいえ、英語、ドイツ語、フランス語などですらすらと文章が書けるという人も決して多くはあるまい。私が思うにこれは、口語文の文体が確立されると、自己表現はもっぱらそれに頼ることになり、他の文体は特別な一部の人を除いて、一般的には読むだけになるということであろう。【４】

ヨーロッパでも似たようなことがあり、かつてヨーロッパ人は文章を書こうとすればほとんど※ラテン語によったはずで、英語、ドイツ語等々で文章を書くようになるのはそんなに古い話ではない。そして、英語、ドイツ語等々の文体が確立されると、現在では知識人でもラテン語ですらすらと文章が書ける人はそう多くないのではあるまいか。このように考えれば、漢詩や漢文を書く人が少なくなっているのは別に※異とするには足りず、（２）、※普遍的な現象の※一端にすぎないのである。

近年これも（２）な現象として、漢字文化の見なおしというようなことが b しきりにいわれるようであるが、そうしたこととは関係なく、私たちはみずからの言語生活、更には精神構造の※ルーツとして、漢字文化との永く深いかかわりの歴史を時折りふり返ってみる必要があると思う。先述のように私たちは、計算をする時に決してひとつ、ふたつではなく、無意識のうちに漢語で計算をしている。この事実が示すように、⑥私たちの言語生活、精神構造のルーツは決して単一ではないのである。

（村上哲見『漢詩と日本人』〈講談社選書メチエ〉による）

※注　国文学科…大学で日本文学を研究する学科。日本文学科。漢文学（中国文学や日本の漢詩文など）を研究することも多い。
窮した…行きづまった。

拙なさ…上手でないさま。

つぶさに…細かく。

営為…いとなみ。

文献…研究資料となる、文書や書物。

韻文…詩歌などのリズムをもった文章。

散文…リズムや定型にこだわらず、自由な形式で書かれた文章。

経緯…いきさつ。

ラテン語…古代ローマなどで使われていた言語。ヨーロッパの諸言語に大きな影響を与えた。

異とするには足りず…よくあることで。

普遍的…すべてのものにあてはまるさま。

一端…一部分。

ルーツ…物事の起源、根源。

問一　次の各設問に答えなさい。

（1）　〰〰(あ)～(え)のカタカナを漢字に直しなさい。

(あ)　メイカイ　　(い)　ユニュウ

(う) チョウサ　(え) セイゼン

(2) ① 本文中の「X苦Y苦」の空所にあてはまる漢数字を入れなさい。

② 次の熟語中のA～Eにはすべて漢数字が入ります。A～Eにあてはまる漢数字を書きなさい。

・A日B秋　・C里霧中　・D十歩E歩

(3) ——a、bの本文中での意味を、文脈から判断してそれぞれのア～エから選び、記号で答えなさい。

a 「場あたりの」　ア 思いつきの　イ 一般的な　ウ 簡単な　エ 場に応じた

b 「しきりに」　ア ときどき　イ たびたび　ウ 少し　エ 場合によっては

問二 ——①「それは決して私のドイツ語の拙さのせいばかりではなかったと思う」とありますが、ほかにどのような理由が考えられますか。それを説明した次の文章の空欄にあてはまる言葉を本文中から二十字程度で抜き出しなさい。

・中国文学の専門家が日本文学科に所属するという日本では当たり前のことを説明しようとすると、（　　）について細かく説明する必要があるから。

問三 本文中の (1) ・ (2) に最もふさわしい言葉をそれぞれのア～エから選び、記号で答えなさい。

(1) ア 固有の　イ ほんとうの　ウ あたらしい　エ 普通の

(2) ア 具体的　イ 局地的　ウ 模範的　エ 世界的

問四 ——②「漢字文化を吸収する」とはどういうことですか。その説明として最もふさわしいものを次のア～エから選び、記号で答えなさい。

ア 漢字を文字として使うだけではなく、中国の文化そのものを日本に取り入れるということ。

イ 漢字を取り入れ、習得することで、中国の文化に精通するようになるということ。

ウ 漢字の意味を覚えるだけではなく、中国語の意味を日本の言葉に取り入れるということ。

エ 漢字を取り入れることが中国語を学ぶことにつながり、視野を広げられるということ。

問五 本文中からは次の一文が抜けています。本文中の【1】～【4】のどこに戻すのが最も適当ですか。番号で答えなさい。

・この場合、日本人は頭の中まですっかり漢語で考えているのである。

問六 ——③「ひとつ、ふたつと数えていた」とありますが、「ひとつ、ふたつ」という数え方は何を用いて数えたものですか。本文中から一語で抜き出しなさい。

問七 ——④「日本には文献というものがなかった」とありますが、それはなぜですか。その理由として最もふさわしいものを次のア～エから選び、記号で答えなさい。

ア 日本人が漢文を読み書きできるほどには教育が広く行き届いていなかったから。

イ 日本の教養や文芸が、文献として残す価値を持つほど発達していなかったから。

ウ　文献として残っていたものが、永い歴史の中ですべてなくなってしまったから。

エ　文字という手段が存在せず、記録や資料として文献を残すことができなかったから。

問八　――⑤「現在では漢詩や漢文で自己表現ができるという人はそう多くはあるまい」とありますが、それはなぜですか。筆者の考えを説明しなさい。

問九　――⑥「私たちの言語生活、精神構造のルーツは決して単一ではないのである」とありますが、「単一ではない」とはこの場合、どういうことですか。本文に即して説明しなさい。

問十　あなたの使う言葉・ものの考え方と、漢字・漢文とのかかわりについて、具体例を挙げて二行以内で説明しなさい。

二　次の文章は、筆者がアフリカを旅した経験をもとにして書いたものです。これを読んで、後の問いに答えなさい。

毎日が熱い戦いだった。でまかせと騙しの海だった。ぼったくりと喧嘩の嵐だった。

私は※トーゴの町を出て、渓谷地帯の村へと向かい、そこから隣国※ベナンへ向けて国境を越える計画だった。けれど予想した通り、行く手には難題が待ち構えていて、私の進路を阻もうとした。ミニバスもバイクもタクシーも、探し当てた車の多くが、差別料金を請求してきた。妥当な相場の二倍から五倍を超える場合もあった。運転手たちは結託し、私を騙して車へ閉じ込め、時には※辺鄙な村のどこかへ私をわざと置き去ることで、どうにか私に音を上げさせて、料金をぼったくろうとした。彼らに対抗するために、私は自分の味方を探し、値段交渉を繰り返し、男たちと突き飛ばし合い、ニセ警官に吠えたりしながら、小さな乗り物を乗り継いで、少しずつコマを進めていった。トーゴの旅は戦いだった。値段交渉は戦争だった。

> 中略…トーゴとベナンの国境までまだかなりの距離があったが、筆者はとうとう徒歩で向かうことを決め、ベナンを目指して歩き出した。

自然の中へ解き放たれると、［ 1 ］青く澄んだ空が沁み渡ってくるように心の中が落ち着いた。私は自然が大好きだったし、歩くことが喜びだった。幸い二本の脚は丈夫で、女の(あ)イジもそこそこあった。私は途中で何度か休み、リュックを下ろして汗をぬぐった。二三キロのリュックの紐が両方の肩に食い込んで、一部が窪んで内出血した。小さなビニール袋の中に四〇〇ミリリットルの水があったが、それはすぐに飲んでしまった。浄水剤は持っていたが、肝心の水源が見当たらず、塩と砂糖と飴を除けば、食糧は持っていなかった。それでも喧嘩を続けるよりは、歩いたほうがずっと良かった。そして、しばらく森を進むと①不思議な世界が見え始めた。(い)ヨウジを抱いた地元の女性がどこからともなく現れて、私と抜きつ抜かれつしながら一緒に歩き始めたのだ。

彼女は私に微笑んだ。私も彼女に微笑んだ。そして、お互いそれぞれが自分のペースを守りながら同じ方角へ歩いていった。そしてさらに森を歩くと、ポリタンクを持った男性が、後ろから私に追いついてきた。私たちは今度は三人で、しばらくの間一緒に歩き、私が疲れて立ち止まると、二人も一緒に足を止め、木陰に座って休憩をした。私たちは特別に申し合わせたわけではないが、みんなそれぞれが荷物を持って、同じ道を一緒に歩いた。自然の特殊な力の中で、いつの間にか三人は、ペースや呼吸を調和させ、適度な距離や空間と無理のない連帯感を保つことに成功していた。

②戦うことをやめたとき、すべての事物が流れ始めた。勝ち取ることをやめたとき、すべてはおのずとやってきた。私は水を与えられ、彼らの家にも招かれた。土で固めた、(う)デントウ的なタタと呼ばれる家々だった。それから村へ案内されて、一軒の宿を紹介された。食べるものは乏しかったが、心も体も満たされていた。

地球が優雅に自転を続け、夕日が大地を赤く染めると、やがて辺り一帯は平和な夜に包まれた。

翌朝私は早起きをして、夜明け前に宿を出た。森の道を進んでいくと、遠い地平の向こうから朝の光が伸びてきた。学校へ向かう村の子供が、森の陰から次々出てきて「※ボンジュール」と元気に言うと、嬉しそうに走っていった。分かれ道へ来るたびに、私はそこで待機して誰かが通りかかるのを空を眺めて③気長に待った。

「ベナンはどちらの方角ですか？」

通行人は、漠然と辺り一面の森を指さし、適当に、そして照れくさそうに「ベーナン、ウィ」とささやいた。

太陽の日差しが強くなり、影が随分短くなっても、国境付近の気配すらなく、体力ばかりを消耗させた。ベナンへ向かって歩いているのか、国境がちゃんと存在するのか、夕方までには街へ着くのか、すべての疑問は謎のまま眼前に広がる大地に呑まれた。とにかく私は、あてずっぽうに歩いてみるより仕方ないのだ。

しばらく行くと、道の脇から一人の女性が現れた。巨大なAひょうたんを切って作った大きな桶にB水を溜め、それを頭の上にのせて運び帰る途中だった。女性は背筋をまっすぐに保ち、首をしっかり踏ん張って、二十数キロはありそうな水桶を、器用に頭にのせていた。重労働の途中だったし、彼女の邪魔にならないように、私は声をかけなかったが、彼女は私を見つけると、立ち止まって微笑んだ。私はついに話しかけ、彼女も私に言葉をかけたが、私たちの使う言葉はお互い全く異なっていた。それでも機嫌よさそうに、彼女は私にいろいろ話した。適当に私は頷いて、それから彼女にいろいろ訊いた。

「頭の水は重そうですね。［２］、あなたの左手にある小さな桶は何ですか？　私が代わりに持ちましょうか？　そうすれば両手が自由になって、頭の桶を支えられます。大丈夫？」

彼女はニコニコしていたが、質問を理解したようだった。そして表情とジェスチャーで、小さな桶の理由を話した。私は、ああ、と驚いた。

「ここ！　大きい桶に穴があいてる。ここの穴から漏れる水を左手のミニ桶で受けているのね。なんというか、器用というか、水を無駄にしないというか、私はとても感心しました」

私の言葉に彼女は照れた。

「ところでベナンの方角が、どちらになるか知っていますか？　ベナン？　ベーナン？　ウィ？」

彼女は大きな瞳を使って、正しい方角を説明し、私たちは二人並んで、ゆっくりと前へ歩き始めた。

とても④不思議な関係だった。私も彼女も勝手にしゃべり、好きなところで勝手に笑った。彼女が言っていることは、もちろん一つも分からない。けれど、なんだか楽しかった。楽しそうな彼女の声が、私をそんな気分にさせた。

土壁の家が近付くと、彼女は自分の家のある斜め前方へ道をずらして、草の小道を進んでいった。彼女はタタの家の近くで、そろりと首を回転させると、私の方へ笑みを投げた。私も笑みを投げ返し、それからベナンの方角へ自分の道を進んでいった。

彼女の説明した通り、国境らしき場所に着いた。私は国旗の立ててある一軒の小屋へと入っていった。何人かいる役人のうち、一人にパスポートを手渡すと、彼は「ベナンへようこそ」と言った。

「ベナン？　ここはもうベナンですか？」

「そうだよ。ベナンだよ。入国スタンプを押してもいいかい？」

役人はスタンプを取り出して、パスポートのページをめくり始めた。

⑤「ちょっと待って！」

と、私は言った。

「適当に道を歩いていたら、知らずにトーゴを抜け出して、ここへ来てしまいました。トーゴの出国スタンプをまだ押してもらっていないのです。トーゴ※のオフィスはどこですか？」

役人はちょっと考えた後、意外とあっさり私に言った。

「トーゴのオフィスはずーっと向こうだ。引き返すのは大変だ。出国のことは心配いらない。いいかな？　ベナンのスタンプをここへ押すよ？」

⑥「ちょっと待って！　出国した形跡も残らないまま、ベナンへ入国したとなると、それは国際規則のうえで問題になったりしませんか？　私は怪しいスパイじゃないし、不正を働く意図はないのです」

役人は大きく頷いて、紳士的に少し笑った。

「いいんだよ。トーゴもベナンもほとんど同じだ。トーゴは僕らの兄弟だ。スタンプのことは気にしなくていい」

役人はとても慎重に、スタンプに青いインクをつけて、丁寧にページへ押しあてた。

私は、今度はベナン※サイドを車に乗って走っていった。窓から見える光景は、トーゴのそれと変わりなかった。トーゴとベナンは兄弟だった——特に地学的見地において、まさに疑いようもなく。

私はかつて旅に出る前、世界地図を床に広げて、世界に思いを巡らせていた。国ごとに色が分かれた地図へ、印をつけ、ピンを打ち、国境線をマーキングした。けれどどれだけ覗き込んでも、地図の中に広がる世界は区分けされた国土ばかりで、⑦その中にある詳細は一つも見えてはこなかった。そして、私は旅に出た。

トーゴやベナンや周辺国には、いろんな部族や民族がいて、土地に合った暮らしをしていた。トーゴとベナンの間には、特に『線』など見当たらず、入国審査も適当だった。地図の上に引かれた線は、地元の人が引いたのではなく、植民地支配を競った国が、勝手に書いたものだった。そして私が刺したピンの、針の尖端が破った範囲は、実質的には広大で、そこへは異なる民族や、さまざまな人や価値観や、文化や暮らしや宗教が数限りなく含まれていた。私は地図の奥に広がる、ピン穴の向こうの多様性を、想像できていなかったのだ。

私は桶を頭にのせた女性の笑顔を思い出した。彼女はトーゴの辺りにいたが、ベナンの人かもしれなかった。そして結局は、⑧どちらであっても彼女には関係なさそうだった。

(中村安希[なかむらあき]『インパラの朝　ユーラシア・アフリカ大陸684日』〈集英社文庫〉による)

※注　トーゴ、ベナン…どちらもアフリカの国名。
辺鄙[へんぴ]な…都会から遠く離[はな]れていて不便な。
ボンジュール…フランス語で「こんにちは」の意味。
オフィス…事務所。
サイド…側。

問一　次の各設問に答えなさい。

(1)　～～～(あ)～(う)のカタカナを漢字に直しなさい。

(あ)　イジ　(い)　ヨウジ　(う)　デントウ

(2)　------「抜[ぬ]きつ抜[ぬ]かれつ」と同じ意味になるように、次の空欄[くうらん]に共通して入るひらがな二字を答えなさい。

・抜[ぬ]い□抜[ぬ]かれ□

(3)　═══A「ひょうたん」・B「水」を用いた次の慣用句の空欄[くうらん]にあてはまる言葉を、それぞれのア～エから選び、記号で答えなさい。

A　ひょうたんから□が出る

【意味】思いもかけないことが真実となって現れること。

ア　種　イ　駒[こま]　ウ　雲　エ　声

B　□に水

【意味】弁舌[べんぜつ]が達者で、よどみなくすらすらと話すこと。

ア　横やり　イ　巻き舌　ウ　立て板　エ　川流れ

問二　本文中の［1］・［2］にあてはまる言葉として最もふさわしいものをそれぞれのア～オから選び、記号で答えなさい。

［1］　ア　まさか　イ　きっと　ウ　まるで　エ　おそらく　オ　決して

［2］　ア　ところで　イ　けれども　ウ　たしかに　エ　あるいは　オ　そうして

問三　――①「不思議な世界が見え始めた」とありますが、地元の女性との出会いをきっかけに「見え始めた」世界で、筆者はどのように変わりましたか。筆者の変化についての説明が完成するように、［A］・［B］にあてはまる言葉を指示に従って本文中から抜[ぬ]き出して答えなさい。

・筆者は、トーゴの町にいたときには、進路を阻[はば]む相手と対抗[たいこう]し交渉[こうしょう]しなければならなかった。しかし森の中に入ってからは、偶[ぐう]然[ぜん]出会った人と［A(漢字二字)］し、［B(漢字三字)］を持つことができるようになった。

問四　――②「戦うことをやめたとき～おのずとやってきた」とありますが、どういうことですか。説明として最もふさわしいものを次のア～エから選び、記号で答えなさい。

ア　相手に対して好き嫌[きら]いの感情で接するのをやめると、自分にとって良いことも悪いことも同じように起こるようになったということ。

イ　今まで戦っていた相手から完全に打ち負かされると、敗北を知ったことで、人に感謝する気持ちを自然と抱[いだ]けるようになったということ。

ウ　相手と激しくぶつかり合うことをやめ、それまで抱[いだ]いていた怒[いか]りを捨てると、自然と求める物が手に入り、物事が良い方向に進むようになったということ。

エ　勝つことで達成感を得ようとしていたが、それをあきらめると、かえって物事をとどこおりなく成し遂げていくことができるようになったということ。

問五　――③「気長に」は、別の表現でどのように言い換えられますか。この時の筆者の心情を踏まえて、同様の意味になるように一語で答えなさい。

問六　――④「不思議な関係」とありますが、「私」と「彼女」の関係においてどのようなことが「不思議」なのですか。次の【　】内の語を必ず用いて説明しなさい。

【コミュニケーション　言語】

問七　――⑤・⑥「ちょっと待って!」とありますが、筆者は同じ言葉をくり返しています。この言葉に関する筆者の心情を次のように説明しました。説明文を読んで後の各設問に答えなさい。

〈説明文〉

筆者は、入国スタンプを押そうとする役人に対して、「ちょっと待って!」と二回言っている。この言葉からは、[A]がうかがえる。しかし、ベナンの役人は、[B]だと考えていたため、「いいんだよ」と返事をして筆者の思いを打ち消し、筆者自身もその後、車の中からベナンの風景をながめて、確かに役人の言葉の通りだと納得した。

(1)　[A]に入る筆者の心情として、最もよくあてはまるものを次のア～エから選び、記号で答えなさい。

ア　トーゴでトラブルを起こした自分が入国を簡単に許可されるはずがないのに、特に問題視されないのは変だという疑い

イ　ここがベナンだという役人の言葉が嘘としか思えず、長い距離を歩いてきた苦労が報われないかもしれないという落胆

ウ　国境を行き来する際に必要なはずの所定の手続きをしていないので、そのことを後でとがめられたら困るという緊張感

エ　外国人女性である自分を見下して話を聞いてくれない役人を説きふせて、必ず自分の主張を認めさせようとする競争心

(2)　[B]にあてはまる言葉を本文から十字以内で抜き出して答えなさい。

問八　――⑦「その中にある詳細」とありますが、どういうことですか。本文中の言葉を用いて簡潔に答えなさい。

問九　――⑧「どちらであっても彼女には関係なさそうだった」とありますが、筆者がなぜそのように考えたのかを次のように説明しました。[A]・[B]について、後の【条件】に従ってそれぞれ答えなさい。

・トーゴとベナンの間にある地図上の国境線は[A]であり、実際にそこで[B]をしている彼女にとっては意味を持たないものだろうから。

【条件】

[A]　本文中から二十字で探し、最初と最後の五字を答えなさい。

[B]　本文中から十字以内で抜き出して答えなさい。

問十　――「ピン穴の向こうの多様性を、想像できていなかった」について、次の各設問に答えなさい。

(1)　「ピン穴の向こうの多様性」とはどのような多様性ですか。その説明として最もふさわしいものを次のア～エから選び、記号で答えなさい。

ア　際立った特性を持った特定の地域同士のかけ橋となり、両者をつないでいく多様性。

イ　遠くから見ている時にはわからず、近くで実際の様子に接してみて初めて見えてくる多様性。
ウ　痛みを味わっているときにはわからず、そこから解放されて初めて生み出される多様性。
エ　狭い地域から始まり、徐々に世界中に広がって人々の中で受け入れられるようになる多様性。

(2)　筆者は、旅の前には「想像できていなかった」多様性を、旅を通して知っていく経験をしています。筆者のように、今まで想像できていなかった多様性に出会った、あなた自身の経験を百字以内で具体的に書きなさい。

晃華学園中学校(第一回)

—50分—

一　次の文章は、醤油や味噌を作るための直径二メートル、高さ二メートルの巨大な木桶について書かれたものです。これを読んで後の問いに答えなさい。なお、本文中の「コラム」や「図」は省略します。

・地獄のもろみまぜ

ヤマロク醤油の看板商品は、再仕込み醤油。ふつうの醤油とどう違うかというと、もろみを仕込むとき、ふつうは塩水を使いますが、再仕込み醤油は、塩水のかわりにできあがった醤油を使います。つまり「醤油で醤油を仕込む」ということになるので、とても濃厚な味わいになります(本章コラム参照)。

醤油を使って仕込んだもろみは、チョコレートのような香りも放ちます。発酵が進んでいくと、さらにさまざまな香りが生まれ、バナナやリンゴ、チョコレートのような香りはわからなくなっていきます。

醤油を分析すると、三〇〇種類以上もの香り成分が入っています。麹菌、酵母、乳酸菌といったさまざまな微生物がバトンタッチして働き、醤油のうまみや香りをつくっていきます。こういう調味料は、世界でもめずらしいのです。

初夏に向けて暖かくなっていくと、もろみの発酵はさらに進み、桶のフチからあふれ出しそうなほどふくらんで盛り上がり、色も少しずつ茶色く変わっていきます(図1―8)。

その姿は、まるで焼き上がってひび割れたココアマフィンのよう。初夏のゴールデンウィークにかけて発酵のピークを迎えるので、微生物が酸素を吸って元気に働けるよう、かきまぜて空気を送ってやります。たいへんな重労働なので、康夫さんは、この作業を「地獄のもろみまぜ」と呼んでいます。

茶色いドロドロした、味噌のようにも見えるもろみは、発酵しているとき、

ブツ、ブツ、ブツ……

と音を立て、プツプツと表面に泡がうかびます。

［ I ］

姿が目に見えるわけではありませんが、せっせともろみを発酵させている微生物の気配を感じ、対話しているような時間が楽しくて、どんなにいそがしくても、①「地獄のもろみまぜ」がきつくても、蔵の仕事は苦になりません。

ある桶の前に来たとき、康夫さんは、

「?」

なにか、違和感を覚えました。昨日見たときより、四〇~五〇センチくらい、もろみが少なくなっています。

「あれ、この桶、まだしぼってなかったよな?」

次の瞬間、

「もしかして……、まさか……」

背筋が凍りつきました。それはおそろしい予感でした。

階段をかけおり、木桶の下に走っていくと、床に、もろみの茶色い液体が大量にしみ出しています。

「いかん!」

頭の中が真っ白になりました。ご先祖のロクロベエさんが設置した一五〇年の木桶が寿命を迎えて、ついに壊れたのでした。

・大桶を直せる人も、つくれる人も、もうおらん？

康夫さんはバケツを取りに走りました。

「残ったもろみだけでも、早く救わんと！」

それは、ヤマロク醤油の看板商品の②再仕込み醤油の桶でした。

国産の貴重な大豆と小麦を使い、③四年の歳月をかけて発酵・熟成させ、もうすぐしぼって醤油になる予定の大切なもろみです。一滴たりとも、無駄にできません。

壊れた桶から、バケツでもろみをすくい上げては、別の桶に移します。両足をふんばり、ずしりと重いもろみを移しかえていきます。

「とにかく早うせんと、早うせんと」

パートの女性と二人、夕方までかかって、なんとか別の大桶に、残ったもろみを移し終えました。

「ふうーっ」

中腰でふんばる作業の連続でした。どっとつかれを感じたのは、すべて移し終えてからです。からっぽになった桶を上からのぞくと、組み合わせてある底板のうちの一枚が、ポコンと落ちているのが見えました。

木桶の寿命はだいたい一〇〇年から一五〇年。いつか寿命を迎えるはず、ということは、頭ではわかっていました。

「こうやって、木桶は壊れていくんやな」

そしてふと、

「直してもらうんも、新しい桶つくるんも、もうできる人、おらんのやなかったっけ？」

桶職人が絶滅の危機になっていることは、木桶で味噌や醤油をつくる蔵元の間で何十年も前からささやかれていることでした。

「新しい桶がつくれんいうことは、これから一〇〇年たたんうちに、ほんまに桶がなくなる、いうことや」

自分が生まれるずっと前からあり、先祖が守りつづけてきた商売の宝。この先もありつづけると、漠然と思っていたもの。

その木桶が、いずれなくなる。なんとなく直視せずにきたその事実をつきつけられると、④自分がこれまで生きてきて、そしてこれから生きていくための根っこが、ぐらぐらとゆさぶられるような、こころもとない感覚になりました。

二〇〇五年、初夏のできごとでした。

・「木桶」の現状

ところで、いま、日本で生産されている醤油のうち、木桶でつくられている醤油の割合はどのくらいだと思いますか？

答えは、たったの一パーセント。九九パーセントの醤油は、ステンレス製、あるいはFRP(強化繊維入りのプラスチック)やコンクリート、ホーローなどのタンクでつくられています。

今使われている木桶は、江戸時代から戦前にかけてつくられたものです。

木桶の板は多孔質で、目に見えない小さな穴がたくさんあいています。その小さな穴に、「蔵付き」といわれる、その蔵独自の微生物がたくさんすみついています。酵母や乳酸菌といった微生物は、何十年、何百年と時を重ねるうちに、独自の進化をしていきます。

結果、その蔵、その木桶の中だけの［Ⅱ］ができ、そこにしかない酵母や菌が生まれます。その独自の微生物がつくりだす味や香りの成分が、蔵独特の醤油や味噌の風味の決め手になります。

逆に、木桶は手入れをおこたると、良くない菌が繁殖する危険性もあります。一度［Ⅱ］がくずれて変なクセがついてしまうと、立て直すのが難しいのです。

その点、ホーローやステンレス、FRPのタンクは、表面がツルツルなので洗浄しやすく、管理が簡単です。温度管理をしたり、機械で空気を送って撹拌したりすることもできるため、熟成の期間を早めること(速醸といいます)が可能で、三か月から長くて半年ほどで出荷することができます。

木桶以外の容器でつくる場合、容器に微生物がすみつくことができないため、多くの場合は耐塩性の乳酸菌や酵母など、発酵にかかわる微生物を購入して加えます(木桶以外の容器でも、速醸したり、買ってきた微生物を入れたりしない醤油づくりをする蔵元もあります)。

木桶でつくる醤油は、多くの蔵元では、木桶にすみついた乳酸菌や酵母に熟成を任せます。人間が櫂棒を使って撹拌し、温度も自然のままに任せるため、熟成するのに一年から二年、再仕込み醤油の場合は、仕込みに使う醤油づくりから数えて四年かかります。

・蔵人の宝物、微生物と木桶

木桶の醤油づくりで蔵人にできることは、微生物が働きやすい環境を整えることだけ。醤油や味噌をつくる主役は微生物で、これは人間には手出しのできない領域です。ひたすら彼らにお任せするしかない、ということです。

「微生物にお任せする」というと、簡単そうに聞こえるかもしれませんが、道具の洗浄や手入れをきっちりしなければならなかったり、櫂入れのタイミングの見極め方やかきまぜ方など、ひとつひとつの作業を、五感をとぎすませて行ったりする必要があります。

こうしてできた醤油には、⑤蔵ごとの個性が強くあらわれます。

——こうばしくて、かすかに燻したような香りの醤油。すっきりして、ほのかに木の香りが混じる醤油。こってりと濃厚で、カラメルのような味わいの醤油。

これは、味噌づくりをする蔵の場合も同じです。

——甘みと酸味のバランスのすぐれた味噌。きゅっと締まった塩味、まろやかな旨みを感じる味噌。

どれも、ほかのどこの蔵にもない味です。

「やっぱり、うちは○○さんの醤油じゃないと」

「代々、△△さんの味噌で味噌汁をつくっているの」

その言葉が、蔵元にとってなによりもうれしく、商売の要でもあります。

蔵独特の微生物は、古くから木桶で醤油や味噌をつくってきた醸造蔵にとってなくてはならない宝物で、その微生物がすみつく木桶も大切な財産です。

しかし、その木桶も、木桶をつくる職人や桶を締める竹のたがを編む職人がいなければ、木桶が壊れたり、たががゆるんだりしても、修理することができません。もちろん、新しい木桶をつくることもできません。

（もし、木桶が壊れたら？　いったいどうしたらいいのだろう？）
木桶で醤油や味噌をつくる蔵人たちは、
（なくなったらなくなった時。いずれにしてもずっと先のこと……）
（祈ろう。とりあえず今残っている桶が壊れないように、祈ろう）
祈るか、なんとなく考えないようにするかしか、選択肢がないのでした。

（竹内早希子『巨大おけを絶やすな！　日本の食文化を未来へつなぐ』〈岩波ジュニア新書〉）

問一　［Ⅰ］にはどのような言葉が当てはまりますか。次のア～エの中から最も適当なものを選び、記号で答えなさい。

ア「地獄みたいやな」　イ「息苦しそうやな」
ウ「機嫌よさそうやな」　エ「なんか文句ありそうやな」

問二　――線部①「『地獄のもろみまぜ』がきつくても」とありますが、なぜ「きつ」いのですか。次のア～エの中から最も適当なものを選び、記号で答えなさい。

ア　夏の暑い時期に、換気の悪い蔵の空気の通りを良くするために、とても重い櫂棒を使うから
イ　木桶の中の微生物に空気を送るために人力でかきまぜるが、それがたいへんな重労働となるから
ウ　木桶の中のもろみが発酵する際に熱を発して蔵の中の温度が上がり、たいへんな暑さとなるから
エ　中腰で両足をふんばって重いもろみをバケツですくいあげるので、足腰に負担がかかるから

問三　――線部②「再仕込み醤油」とありますが、その説明として正しいものはどれですか。次のア～エの中から一つ選び、記号で答えなさい。

ア「醤油で醤油を仕込む」ので手間がかかり、日本でつくられる醤油のうちでたったの一パーセントしか生産できない
イ　もろみが発酵するとココアマフィンのようになり、できた醤油はチョコレートのような香りがする
ウ　できあがった醤油でもろみを仕込むので熟成の期間が短くなり、三か月から半年で出荷できる
エ　塩水ではなく醤油でもろみを仕込むので、完成までに時間はかかるが濃厚な味わいになる

問四　――線部③「四年の歳月」とありますが、なぜ四年かかるのですか。次のア～エの中から最も適当なものを選び、記号で答えなさい。

ア　貴重な国産の原料を使っているので、通常二年かかる発酵・熟成に、二倍の時間をかけるから
イ　木桶でつくる醤油は熟成するのに二年かかり、その醤油で仕込むのでさらに二年かかるから
ウ　再仕込み醤油は看板商品なので、不良品がないように商品を四段階に分けて点検をするから
エ「地獄のもろみまぜ」を機械にまかせるのではなく、機械の四倍の時間をかけて手作業で行うから

問五　～～線部④「自分が～感覚」とありますが、その感覚の説明として不適当なものはどれですか。次のア～エの中から一つ選び、記号で答えなさい。

ア　自分が醤油職人として生きる土台のようなものがなくなってしま

うようで、不安でたよりない感覚

イ　自分が生まれる前からあり、先祖が守り続けた宝を、絶やしてしまうような感覚

ウ　桶職人の後継者がいなくなりつつあるのに何もせずにいて、申し訳ないような感覚

エ　自分の代で子孫たちも恩恵を受けるはずの木桶がこわれてしまい、未来が失われるような感覚

問六　［Ⅱ］（二か所）に当てはまる言葉は何ですか。次のア～エの中から最も適当なものを選び、記号で答えなさい。

ア　食物連鎖　イ　免疫力　ウ　耐久性　エ　生態系

問七　――線部⑤「蔵ごとの～あらわれます」とありますが、それはなぜですか。本文中の言葉を用いて六十字以内で説明しなさい。

［二］　次の文章を読み、後の問いに答えなさい。

「咲」の祖母「こよみさん」と祖父の「そーふ」は、「咲」の住む京都市内から電車を乗り継いで一時間ほどの山科に二人で暮らしていた。しかし、その「こよみさん」が病気で亡くなってしまった。

咲はこよみさんがちょっと苦手だ。きらいなのではない。ちょっとおっかない。いや、そうではない。緊張するのだ。かあさんもいう。いつもきりきりしゃんとしているなあ、と。だからなのかもしれない。クラスの仲良しの浅子にもおばあちゃんがいる。いつもにこにこしていて、感じがぜんぜんちがう。それでも、咲はこよみさんにひかれる。なんでだろう。

それは、たぶん、こよみさんがつかう「ことば」なのだ、と思いあたった。こよみさんは魔法のように、ことばをその場にぴったり合わせてつかう。そうすると、咲は心が［Ⅰ］おちつくのだ。咲にとってはふしぎな魔法だった。

こよみさんをそう思うようになったのは、こんなことがあったからだ。

ある日、こよみさんは起き上がりこぼしのおみやげをもって咲の家にやって来た。まゆだまでできたそれを何度もころがしては起き上がらせ、そのたびに、こよみさんは、

「けなげなやつだなあ」

そういった。

そうか、これを、「けなげ」というのか、と咲は思った。

それからは、アリが［Ⅱ］えさをはこぶところやアサガオが種からちゃんと芽を出したのを見ると、「けなげなやっちゃなあ」と、咲はつぶやいてしまう。こよみさんがつかうことばは、いつも「あっ、これがそうなんか」というそのときの様子とぴったりかさなるのだ。

「せつない」も「さりげない」も①そうしておそわった。

そーふが近くの友だち、といってもそーふよりうんと年上の友だちの家に行って、夕方になっても帰ってこないので、心配になったこよみさんと咲とにいちゃんがむかえに行ったときのことだ。

「いやあ、話がはずんで、長くひきとめてしまって」

その人はいいながら、なにか用事があるかのようにそのまま門の外に出てきて、咲たちが見えなくなるまで見送ってくれた。

「ああして、さりげなく見送られると、うれしくなるし、せつなくなるねえ」

夕暮れの中、②自分の胸をだきしめるようにこよみさんがいったときも、咲はすぐうなずいた。

しかし、その気分も、［Ⅲ］先を歩いていったにいちゃんが、「バイバイ」と大声を出し、ぶちこわしになってしまったが。

そんなこよみさんだが、そーふがいないと、こよみさんとはなにを話していいのかわからない。こよみさんから機嫌をとるように話しかけてくれるということはない。だから、いつも本を手にしているか手仕事をしているかのこよみさんに話しかけることがむずかしい。

一方、そーふは、山科の家に行くといつもいっしょになにかしてくれる。そーふは三年前定年で会社をやめた。今はときどき、大学に教えに行く。クマムシの研究をしているが、教えるのはそれではない。会社でやっていたデータにもとづく市場調査のやり方。統計学という学問だそうだ。それを聞いたとき、

「クマムシを教えたらええのに。ちなみに、おれやったら、ダンゴムシの生態を教えるのになあ」と、にいちゃんはいった。

「ちなみに」は、にいちゃんがなにか特別にいうときの決まりことばだ。こよみさんがつかったことばの中で気に入って、今ではひんぱんにつかう。そして、ダンゴムシもにいちゃんのお気に入りなのだ。

「足は十四本もあるんやで。子どものときは十二本、これもおもしろいやろ。大人になると、ふえるんや」

「そうか、ダンゴムシか。そりゃいいなあ。ダンゴムシもクマムシも昆虫ではないんだもんな」

そーふはわらっていった。

昆虫ではないクマムシは、「緩歩動物門」という種類の生きものだ。ちなみに、ダンゴムシはエビやカニと同じ「甲殻類」の仲間だそうだ。

はじめてクマムシを虫眼鏡で見せてもらったときはびっくりした。苔の下から出てきた。四対の足でゆっくりと歩く。クマのようにのっしのっしと。③一ミリにもみたないのに。

そーふは命あるものならなんでも好きだ。いろんな小さな生きものや木や草をそだてている。だから、にいちゃんも咲もそーふの家に行くのがたのしみなのだ。

そーふは「生きものがかり」。こよみさんはそのそーふの生きものにかこまれて、本を読んだり、手仕事をたのしんだりして、そのときどきの心とぴったりのことばをつかうから、「魔法つかい」ならぬ「［A］」。

咲はかってにそう決めた。

2

「そう、咲は十一歳になったの」

咲がケーキを食べおわったとき、こよみさんはいった。さっきもいった。

この間の大寒後の一月の咲の誕生日の日だった。

亡くなるひと月ほど前の日曜日だった。

「そう」

またつぶやいて、こよみさんはなにか考えこんだ。

咲もだまったまま、きのうのことを考えた。

春休みに学校では絵のコンテストがある。きのうは、そのクラス代表を決める日だった。

咲はえらばれたかった。絵のテーマが好きな動物だったからだ。カバ

を描きたかった。耳の内側がピンク色のカバ。投票用紙に自分の名前を書こうとして、やめた。そうまでして出たいのか、と思った。えらばれる、ということは自分以外の人たちから推されなければ意味がない、と思った。

で、結局えらばれなかった。くやしかった。そのときだった。浅子が「おしかったね」といった。ほほえんだように思えた。むしょうに腹が立った。④返事をしなかった。そして、ずっとそのことを浅子にあやまらないままにしている。

「咲、咲さん」

こよみさんに呼びかけられた。

われに返った咲はこよみさんを見つめた。

「咲、散歩に行こう」

いうなり、こよみさんは、「よっこらしょ」とつぶやいて、ソファからゆっくり立ち上がった。

そのころ、こよみさんのからだの調子はまだおちついていた。ベッドにいることが多かったが、少し長い入院のあと、退院して、ゆっくりとそーふとの暮らしをつづけていたのだ。最期は家で、ということだったのかもしれない。それでも、遠出はむずかしい。

だから、誕生日には去年までならそーふとこよみさんが咲の家にやって来たのだが、今回は咲の家族が出かけることにした。とうさんも、きちんと休みをとった。日曜日でも、仕事関係の用事で会社に行くことがあったのに。

「よし」

そーふも立ち上がった。

「気をつけて」

かあさんが台所からいった。

とうさんとにいちゃんがラグビー中継を見ながら、「いってらっしゃい」とそろって声をかけた。

こよみさんを車椅子にのせ、そーふが押すその横で咲はゆっくり歩いていった。

（中略）

「そうか、咲は十一歳になったんだ」

こよみさんは何度めかのそれをつぶやいた。

「もう百回めだよ」

そーふがわらった。

「そんなには」

咲がいうと、

「ううん、胸のうちではもっとつぶやいていたんだよ。そうか、そうか、って」

こよみさんはいった。

散歩からもどって家にはいるとき、こよみさんがささやいた。

「今度、わたしの十一歳のときの話をするね。話すにはちょっと勇気のいる話。さ・も・し・い・話」

咲は、「さもしい」ってなに？　という顔をした。はじめて聞くことばだ。しかし、こよみさんはあとはなにもいわず、やさしくほほえんでいるだけだった。そして、それはそのままになってしまった。

こよみさんが亡くなったからだ。

3

三月にはいって、十日がたった。

この日、咲はそーふの家にかあさんと行った。

しかし、そーふはいなかった。

「あ、行方（ゆくえ）くらまして」

そういって、かあさんはわらった。

合鍵（あいかぎ）ではいると、台所の小さな黒板に、

　　ちょっと旅に出ます。沢次（さわじ）

とあった。

「そーふらしいね」

咲がいうと、

「ほんと、おとうさんらしい、そーふにはそれがええのかも」

かあさんがうなずいた。

お葬式（そうしき）がすんでからも、おとずれる人は多い。そーふは人と会いたくない。会いたいのはこよみさんだけなのだ。

⑤「あのふたりはコーヒーのカップとそのソーサーやからね」

かあさんがいった。

「ソーサーって」

「お皿のこと。中身のコーヒーがこぼれても、その下のお皿はそれを全部うけとめられるんよ」

「へえ、あのうすいお皿に全部？」

「そう」

⑥「さあ、どっちがお皿？　どっちがどうなんかなぁ」

かあさんは首をかしげた。

祭壇（さいだん）は小さくなっていたが、部屋のすみにかざったままだった。その横の机の上には、ノートのような本のようなものがつまれてあった。

家計簿（かけいぼ）だ、とかあさんがいった。

咲は、一、二、三、とかぞえあげた。

「うわっ、三十九冊ある」

「結婚（けっこん）してからずっとつけてたんやね」

かあさんがいった。

はじめは婦人雑誌の付録の家計簿だったが、あとは、市販（しはん）のうすっぺらなものになっていた。

かあさんはそのうちのいちばん上の一冊を手にとり、

「そうか、これは今年のか」

表紙で年号をたしかめ、

「順番どおりにつんであるんやね。おとうさんらしいわ」

いいながら、ぱらぱらと見ていたが、

「ほら、咲」

そういって、咲に家計簿を開いて見せた。

一月の、咲の誕生日の週のだった。

それは見開きで一週間になっていて、月曜から日曜日、それぞれの日になにを買い、いくらはらったかを書く欄（らん）があり、その上にどんな日かも書くことができるようになっていた。こよみさんは、そこを日記のよ

うにして、ちょっとしたメモを書いていた。右端(みぎはし)の日曜日、咲の誕生日のメモにはこうあった。

　咲、十一歳！

　今年は、緑子の家族の方がやって来る。

　出前のおすしをとる。

「そーふは、たまらなくなったんやなあ」

かあさんがつぶやく。

「どういうこと」

「これをながめていてね」

かあさんはまたその一冊を手にし、

「ぱらぱらとめくると、どのページにもこよみさんが出てくる。そやのに、ほら、これ」

　B　。

「見るとつらい、でも、やめられない」

かあさんはそーふの声をまねていった。

（吉田道子『草の背中』〈あすなろ書房〉）

問一　Ⅰ　～　Ⅲ　に当てはまる言葉は何ですか。次のア～カの中から最も適当な言葉をそれぞれ選び、記号で答えなさい。

ア　どっしりと　　イ　せっせと　　ウ　のろのろと

エ　とっとと　　オ　ぐずぐずと　　カ　しんと

問二　――線部①「そうしておそわった」とありますが、これはどのようなことですか。次のア～エの中から最も適当なものを選び、記号で答えなさい。

ア　「こよみさん」の言っている言葉の意味は分からなくても、そのまま真似(まね)をして使うことでだんだんと理解していった

イ　「こよみさん」の使った言葉によって、「咲」が見ているものを言い表す言葉はこれなのだと理解していった

ウ　難しい言葉を使う「こよみさん」にひかれていたので、「咲」から話しかけることで新しい言葉を覚えていった

エ　「こよみさん」が教えてくれるのは言葉だけだったので、「咲」はその意味を自分で考えながら覚えていった

問三　――線部②「自分の～だきしめるように」とありますが、これはどのようなことですか。次のア～エの中から最も適当なものを選び、記号で答えなさい。

ア　こみあげてきた喜びをおさえようとしている

イ　別れの悲しみをこらえている

ウ　自分の言った言葉を動作で表現しようとしている

エ　今感じている思いをかみしめている

問四　――線部③「一ミリにもみたないのに」とありますが、この表現について説明したものとして最も適当なものはどれですか。次のア～エの中から選び、記号で答えなさい。

ア　クマムシは非常に小さいのに、歩き方がクマのように堂々としていることを印象づけている

イ　クマムシが小さいということを、数字で表すことで実感を持ちやすくしている

ウ　目には見えない大きさということで、逆にクマムシについて自由に想像できるようにしている

エ　一ミリにみたない大きさであるのに、「クマ」と名前がつけられている面白さを強調している

問五　[A]にはどのような言葉が入ると考えられますか。本文中の言葉を用いて、ひらがな六字で書きなさい。

問六　――線部④「返事をしなかった」とありますが、それはなぜですか。次のア〜エの中から最も適当なものを選び、記号で答えなさい。

ア　「浅子」が「咲」に投票しなかったせいで、代表に選ばれなかったのだということを察したから

イ　代表に選ばれず悔しいとばかり考えていたので、うまい返事の言葉が思いつかなかったから

ウ　「咲」が代表に選ばれず悔しがっていることを、「浅子」が軽く考えているように思えたから

エ　「浅子」の言葉に返事をしてしまうと、代表に選ばれなかったことを自分で認めてしまうことになるから

問七　――線部⑤「あの〜ソーサーやからね」、⑥「さあ〜どうなんかなあ」とありますが、ここから「かあさん」は二人の関係をどのようなものだと考えていたことがわかりますか。「カップ」と「ソーサー」にたとえていることを踏まえて、五十字以内で書きなさい。

問八　[B]に当てはまる言葉は何ですか。次のア〜エの中から最も適当なものを選び、記号で答えなさい。

ア　他のページと同じくこよみさんの文字がある

イ　もうこの家計簿には残りのページがない

ウ　ここからはそーふが書かなければならない

エ　なにも書かれていない白いページがつづく

問九　本文中に三か所ある〰〰線部について、晃子さんと華子さんが話をしています。[Ⅰ]〜[Ⅲ]に当てはまる言葉をそれぞれ指定された字数で書きなさい。ただし、[Ⅰ]、[Ⅱ]は本文から抜き出して、[Ⅲ]は自分の言葉を用いて答えなさい。

晃子　「こよみさん」は「咲」が「十一歳になった」ことを、何度も口に出しているのね。

華子　[Ⅰ(三字)]は大げさかもしれないけれど、そう感じるくらいに何度も何度も言っているということでしょうね。

晃子　[Ⅱ(十六字)]ということは、ずっとそのことを考えていたということね。どうしてかしら。

華子　「こよみさん」が十一歳の時、何か重大なことがあったのかもしれないわ。

晃子　そうね。それは「話すにはちょっと勇気のいる」さもしい話なのよね。

華子　さもしいって確か、「心が汚れている」というような意味だったんじゃないかしら。

晃子　そうだとすると、どんなことがあったのか想像できそうね。

華子　私は、[Ⅲ(二十字)]と想像したわ。

三　次の①〜⑧の――線のカタカナを漢字に直しなさい。

①　作戦をネる

②　今後の社会をテンボウする

③　薬のコウノウを調べる

④　巨大（きょだい）なセキランウンが現れた

⑤　利益をツイキュウする

⑥　シュシャ選択（せんたく）をする

⑦　カイキョを成し遂（と）げる

⑧　彼（かれ）には何を言ってもバジトウフウだ

国府台女子学院中学部（第一回）

―50分―

注意＝句読点や記号もそれぞれ一字と数えます。

一　次の各問題に答えなさい。

問一　次の――線部のカタカナは漢字に直し、漢字の読みはひらがなで答えなさい。

①　集団行動においてドクダン専行はよくない。
②　学校の発展にチュウリョクする。
③　イギョウの姿で現れる。
④　誰もがみなイチヨウに下を向いてスマホを見ている。
⑤　社長を筆頭に、この会社は千葉県出身の人が多い。

問二　次の詩中の□にあてはまる生き物をひらがなで答えなさい。

（出題の都合上、本文の仮名遣いを直しています。）

ぴんとつのがはれば雨がふり、
つのがかくれるとおてんきになる、
せなかのからには雲のえがかいてあった、
にじのような色もあった、
雨のことならなんでも知っている
おてんき博士だ、
一日どこというあてもなく
ぶらぶら
牛のような顔をしてあるいている。
あるいたところをまたもどってくる、
つの出せ妙妙※の□

※　妙妙（みょうみょう）…非常にすぐれているさま。

（室生犀星『動物詩集』より）

問三　次のア～エの文のうち、「きまりが悪い」の使い方が適切ではないものを一つ選び、記号で答えなさい。

ア　約束の時間に自分だけが遅刻してしまいきまりが悪い。
イ　話の途中で眠気に襲われていたのを指摘されきまりが悪い。
ウ　初めて同じクラスになる同級生との相性はきまりが悪い。
エ　久しぶりに会った友人の名前を忘れてしまってきまりが悪い。

問四　日本語の「さようなら」の語源は「さようならば」であり、この意味をわかりやすく言うと「それならば」となります。つまり、日本語の「さようなら」は「それならば、～～」というように、未来に言動をつないでいく、とても前向きな意味合いがあったのです。これらの説明をふまえて、次のア～エの方言のうち、「さようなら」の意味につながるものを一つ選び、記号で答えなさい。

ア　しゃっけえ　　イ　おまっとさん
ウ　おみょーにち　　エ　みやましー

問五　次の意味をもつ色を漢字一字で答えなさい。

若い、未熟な

問六　九月九日は重陽の節句といい、菊の花を飾る習慣がありますが、それにちなんだ慣用句に「十日の菊」というものがあります。この言葉の意味することを想像しながら、これと同じ意味で使われる次の言葉の（　）に当てはまる語を漢数字一字で答えなさい。

（　）日の菖蒲

問七　次の山に関することばのうち、「春」の季語はどれか。次のア〜エから一つ選び、記号で答えなさい。

ア　山眠る　　イ　山笑う　　ウ　山粧う　　エ　山滴る

問八　スパイを意味する「間者」「間諜」という語があります。「すきをねらう」という意味を含むこれらの言葉から「間」の意味を想像し「う○○う」と読む場合、○の中にはどんな言葉が入りますか。○ひとつにつきひらがな一字で答えなさい。

問九　「噴飯もの」「噴飯に堪えない」というときの「噴」には「ふく・はく」という意味がありますが、この「噴飯」の感情に一番関係の深いものは次のうちどれですか。次のア〜オから一つ選び、記号で答えなさい。

ア　喜ぶ　　イ　笑う　　ウ　怒る　　エ　悲しむ　　オ　驚く

問十　次の語を用いた慣用表現に共通して使われる動作を、ひらがな二字で答えなさい。

あきらめ　　目鼻　　察し

問十一　「まごまごと」という言葉を使って二十字以上三十字以内で短文を作りなさい。話が通じれば主語がなくてもかまいません。

二　次の文章を読み、あとの問いに答えなさい。

※長文読解の解答に、常用漢字以外の漢字を使用することもありますが、本文中の漢字をよく見て解答すること。

山奥で道に迷い途方にくれた都会のハンターたちは、そこに現れた「西洋料理店　山猫軒」という看板のある家に入る。「注文の多い料理店ですからそこはご承知ください」という注意書きを、二人は、［①］、ということだと思いこむ。次から次に現れる扉の上の指示にひとつずつ従っていくうちに、二人はやがて、最後の、「からだ中に、壺の中の塩をたくさんよくもみ込んでください」というのを読んで、ようやく、「どうもおかしいぜ」と気づき始める。そして、注意書きはすべて二人を料理して食べるための下準備であり、そのために山猫たちがつけた「注文」だったのだ、と知る。

あまりの恐ろしさにガタガタと震え、泣き出した二人の顔は［②］しわくちゃに。

結局、二人はあわやというところで猟犬や本物の猟師に命を助けられて、東京に帰る。しかし一度しわだらけになった顔は、もうそれっきり元には戻らなかった、というお話。

③何度読んでも、ゾクッとさせられる。「西洋料理店」とは、「客に西洋料理を食べさせる店」ではなく、「客を西洋料理にして食べる店」だったわけだ。その意味では、「西洋料理店」という看板に偽りがあったわけではないし、「注文が多い」というただし書きにしても、それ[a]ジタイは嘘ではなかった。

二人の解釈が間違っていたのだが、たぶん他の人だって同じように考えただろう。そこが怖いところだ。狩猟と言えば、人間が動物を殺すことであり、料理と言えば人間が他の生きものを料理することであり、注文と言えば、人間が自然界に対してつけるものだと、ぼくたちは考える。そして、もしかしたら、その逆がありうるかもしれない、と想像してみることはまずない。

人間→動物、人間→人間以外の生きもの、人間→自然界。こんなふうに、いつだって、矢印は人間から他のものへと、一方に向いている。働きかける側（主体）はいつも人間で、相手はいつも働きかけを受ける側（客体）だ。矢印が逆を向く可能性に、ぼくたちがなかなか気づかないとすれば、それはなぜなのだろう？

　それは、「人間」と「他のもの」の間に、暗黙のうちに上下関係が想定されているからだろう。矢印が上から下へと向いているのは、水が上から下へと流れるのと同じように、当たりまえのことだ、とぼくたちは思いこんでいるようだ。

　狩猟に関する④賢治の話に、「氷河鼠の毛皮」がある。

厚い毛皮の防寒具をまとった乗客たちが、イーハトヴ発「最大急行ベーリング行」で旅行中、仮面やマフラーで素顔をかくした白熊などの野生動物たちの襲撃を受ける、という物語だ。

　襲撃者たちのねらいは乗客の一人、大富豪のタイチ。彼はふだんの冬の服装の上に、ラッコの毛皮を裏地にした内外套、ビーバーの毛皮の中外套、表も裏も黒キツネの毛皮でできた外外套などを着込み、おまけに上着は、四百五十四分の氷河鼠の首の部分の毛皮だけでつくられている。今回列車に乗ったのは、「黒キツネの毛皮九百枚をもち帰ってきてみせる」という賭けをしてしまったからだという。自分の富をひけらかし、酒を飲んで他の乗客にからむタイチのまるで「馬鹿げた大きな子供の酔いどれ」みたいな態度に、みんな、腹をたてたり、呆れたりしていたのだった。

　告発を受けたタイチが襲撃者によって外へとまさに連れ出されようとするとき、乗客の船乗りらしい青年が襲撃者の一人からピストルを奪い、逆に人質にとって、その仲間たちにこう叫ぶ。

　おい、熊ども。きさまらのしたことは尤もだ。けれどもなおれたちだって仕方ない。生きているにはきものも着なけぁいけないんだ。おまえたちが魚をとるようなもんだぜ。けれどもあんまり無法なことはこれから気を付けるように云うから今度はゆるしてくれ。

最後はあっけない。タイチと人質は解放され、襲撃者たちはみな降りて、列車はまた動き出す。「今度はゆるしてくれ」という船乗りの青年の要求があっさり受け入れられたのは、なぜか。それは青年の言葉が、相手にとって⑤説得性をもっていたからだろう。このことについて考えてみよう。

　作者の賢治は、まず青年の言葉を通じて、「きさまらのしたことは尤もだ」と、襲撃者たちのbドウキを肯定してみせる。だが同時に、人間が毛皮をとるのは、熊が魚をとって食べるのと同じように、生きものとして「仕方ない」ことだと言う。その上で青年は、「あんまり無法なこと」をこれからはしないようにすると言う。ある程度はしかたがないが、あまりひどいことはつつしむ、というわけだ。それは青年が自分のことを言っているようでもあり、タイチの代わりに言っているようでもある。またそれは、人間を代表して言っているようにも聞こえる。

　つまり、人間として、生きていくために必要な範囲を、大きく越えるようなことはしないようにする。もっと言えば、生きものの世界に本来あるべき〝法〟に背かないように生きるようにする、ということだろう。そうすることで、人間と動物との間になるべくフェアで、公正な関係をつくり、保っていかなければならない。前にも見たように、これこそが、狩猟社会をはじめとする多くの伝統社会が、神話や伝説や昔話を通じて伝えてきたメッセージでもある。

「氷河鼠の毛皮」をとりあげて、人類学者の中沢新一が「圧倒的な非対称」と題する文章を書いたことがある。そこで中沢は、あの物語の中の野生動物たちによる襲撃を、人間たちに対する一種の「テロ」として見る。彼によると、作者の賢治は、こうした「テロ」を引き起こす原因として、人間界が野生動物に強いてきた極端な不公平――それを中沢は「圧倒的な非対称」と呼ぶ――があると指摘したのだ。

この文章を中沢が書いたのは、二〇〇一年のニューヨーク同時多発テロとそれに続く対テロ戦争、そして狂牛病によって世界中に不安が渦巻いていた時のこと。中沢が言うには、⑥テロも狂牛病も同じ原因から生まれる。つまり、どちらも「圧倒的な非対称」が生みだした病気なのだ、と。

現代世界は「貧しい世界」と「富んだ世界」に、弱者と強者に、敗者と勝者に引き裂かれ、その富と力のcカクサはますます大きく、圧倒的なものになりつつある。またこれと並んで、人間界と動物界の間も、これまでは保たれていたはずの微妙なバランスが崩れて、「支配・被支配」の関係が、ますます一方的で、暴力的で、無慈悲なものとなっている。

中沢によると、世界を荒廃に導くこのふたつの「圧倒的な非対称」は偶然生まれたわけではない。どちらも現代文明にもともとそなわっている性質が表れたもので、互いに切っても切れない関係にある。

しかし、と彼は言う。かつて、人間界と動物界の間のカクサや不公正が大きくなりすぎないようにしてきた社会――それを対称性社会と呼ぶ――が世界中あちこちにあったし、今もまだわずかに残っている。そこに注目しよう。そして、「対称性社会の住人ならば、これをどんなふうに思考して解決に導こうとするだろうかと考えてみる」ことだ、と。

「対称性」という言葉で思い出すのは、⑦猟師と動物とのやりとりを描いた賢治の作品「なめとこ山の熊」だ。少し長くなるが、あらすじを書き出したい。

熊とり名人の小十郎は、原生の森をのし歩いては、熊を撃ち、その毛皮と胆のう(それを干した「くまのい」は漢方薬として珍重される)をとって、dセイケイをたてていた。そんな彼に、しかし、なぜか、なめとこ山周辺の熊たちは好感をもっているのだと、語り手(賢治)は言う。そして小十郎の方でも、「もう熊のことばだってわかるような気がした」と。

例えば小十郎は、撃ち殺したばかりの熊のそばに寄ってきてこう言う。

「熊、おれはてまえを憎くて殺したのでねえんだぞ」

［⑧］、本当は他の仕事をしたいのだが、農業も林業もできず、しかたなく、熊とりをしているのだと語りかける。

早春のある日、熊の母子に出会った時のこと。

「まるでその二疋の熊のからだから後光が射すように思えてまるで釘付けになったように立ちどまってそっちを見つめていた」

［⑧］、しばらく熊の母子の会話に耳を傾けた後、小十郎は「音をたてないようにこっそりこっそり戻りはじめ」、結局、撃たずにすませる。

語り手は、町に毛皮とくまのいを売りにいく時に小十郎が感じるみじめさについても語る。商人たちは、危険な仕事はしないくせに、猟師の足もとをみて、ひどい安値で買いたたく。

ある時、小十郎が熊をもう少しで撃つところで、その熊が両手をあげて叫ぶ。

「おまえは何がほしくておれを殺すんだ」

そう言われてみると、彼には熊を殺すだけのしっかりとした理由がないように思える。食べ物を買う金のために熊をとるのだが、その金がなくても、山にあるどんぐりなどを食って生きていく方がいいような気もする、そしてそれでたとえ死ぬことになってもいいような気がする、と彼は熊にうちあける。

すると熊は、自分も死ぬのはかまわないのだが、少し残した仕事もあるので、もう二年ばかり待ってくれないか、と小十郎に頼む。

それからちょうど二年目、自分の家の前で、あの時の熊が倒れているのを見て、小十郎は「思わず拝むようにした」。

最後に、小十郎は熊撃ちの最中に死ぬ。意識が遠のく中で、彼は熊の言葉を聞いた。

> 「おお小十郎おまえを殺すつもりはなかった。」
>
> ……そしてちらちらちらちら青い星のような光がそこいら一面に見えた。
>
> 「これが死んだしるしだ。死ぬとき見る火だ。熊ども、ゆるせよ。」
>
> と小十郎は思った。
>
> それから三日目の晩のこと、凍りついた小十郎の死体のそばで、熊たちが雪の上に輪になり、ひれ伏して祈っていた。
>
> 小十郎の顔はまるで生きてるときのように冴え冴えして何か笑っているようにさえ見えたのだ。

この物語は、その前の「注文の多い料理店」「氷河鼠の毛皮」に比べてどうだろう。前のふたつが、文明と野生との間の非対称を少し大げさに戯画化して描いていたのに対して、ここでは、小十郎と熊たちとの間に成り立っている、敵対的であると同時に親密な関係を、リアルに描いている。

前のふたつの話に出てくる、都会の紳士たちと山猫、タイチと寒い地方の動物たちとの関係は、ここでは、小十郎から毛皮などを買う［A］と［B］との関係にあたる。その間に立っているのが［C］だ。

そう言えば、小十郎と商人とがやり合う場面で、語り手の賢治はこう言っていた。

> 日本では……狐は猟師に負け、猟師は旦那に負けるときまっている。ここでは熊は小十郎にやられ小十郎が旦那にやられる。旦那は町のみんなの中にいるからなかなか熊に食われない。

ここで「旦那」と呼ばれる町の商人は、最後に熊にも「やられる」小十郎と対比されている。小十郎が、「やったり、やられたり」という連鎖の中にいるのに対して、商人だけは「食われない」、そして「負けない」。それはまるで、すべての生きものたちが「食べたり、食べられたり」という関係でつながっている「食物連鎖」の輪の中から、人間だけをｅジョウガイしている文明のあり方を象徴しているかのようだ。

金という権力をふりかざす商人が、小十郎にみじめな思いをさせる場面を描くのは、「実にしゃくにさわってたまらない」と、書き手としての賢治はぼやいている。そして、「こんないやなずるいやつら」は、世界がだんだん進歩していけば、ひとりでに消えてなくなっていくにちがいない、とつぶやいて自分をなぐさめる。

それから百年後、「こんないやなずるいやつら」は消えてなくなるどころか、ますます世界に増え続けているのではないか。そして、⑨強い者はますます強く、弱い者はますます弱くなっているようにぼくには見えるのだが、この様子を賢治が見たらなんて言うだろう⁉

それはともかく、この物語の肝心なところは、小十郎のその「みじめさ」であり、「かなしさ」だ。熊を殺す立場にある小十郎だが、彼が生きていたのは、熊たちにごく近い場所。彼もまた中沢の言う「対称性社会の住人」なのだ。

小十郎と熊たちは互いの「弱さ」を通じて、コミュニケーションをはかり、理解し合い、つながる。そして彼らはともに、商人に代表される「強さ」の都市文明から遠く隔てられている。

（辻信一著『弱虫でいいんだよ』〈ちくまプリマー新書〉）

＊　狂牛病…家畜である牛に異常プリオン（感染性蛋白質）で汚染された肉骨粉を食べさせたことによって生まれた伝染病。多くの牛が死に至り、人間にも感染する可能性があるということで世界はパニックになった。

問一　══線部ａ～ｅのカタカナを漢字に直しなさい。

問二　［①］に入る言葉として最も適当なものを次のア～エから一つ選び、記号で答えなさい。

ア　メニューの種類が多く、客が注文するのに時間がかかる

イ　高級料理店なので、最高級の食材を求めるための注文が多い

ウ　客と一緒に料理を作り上げるため、客への注文が多い

エ　はやっている店なので注文が多く、料理が出てくるまで時間がかかる

問三　［②］に入る言葉として最も適当なものを次のア～エから一つ選び、記号で答えなさい。

ア　とんかつの衣みたいに　　イ　ガラスみたいに

ウ　紙くずみたいに　　エ　生クリームみたいに

問四　――線部③「何度読んでも、ゾクッとさせられる」とありますが、その理由について次のように説明しました。（　）に適切な語句をそれぞれの指定字数に合わせて本文中から書きぬきなさい。ただし（ア）に関してはそのはじめと終わりの五字を答えること。句読点や記号なども一字と数えます。

（ア　16字　）であることを（イ　8字　）と考えてきた私たちは、そうではない状況について想定したことがなかったから。

問五　――線部④「賢治」とありますが、次のうち宮沢賢治の作品ではないものを次のア～オから一つ選び、記号で答えなさい。

ア　オツベルと象　　イ　風の又三郎　　ウ　河童

エ　銀河鉄道の夜　　オ　春と修羅

問六　――線部⑤「説得性をもっていた」とありますが、襲撃した野生動物たちはどのような内容に納得したのでしょうか。「～こと」につながるように、それについて最も端的に述べた部分を本文中から三十字以上三十五字以内で探し、そのはじめと終わりの八字を書きぬきなさい。

問七　――線部⑥「テロも狂牛病も同じ原因から生まれる。つまり、どちらも『圧倒的な非対称』が生み出した病気なのだ、と。」について

Ⅰ　これはどういうことかを説明したものとして最も適当なものを次のア～エより一つ選び、記号で答えなさい。

ア　テロも狂牛病も、一見公平な関係に見せかけて、実は力関係に不公平感がある関係から生まれたものだということ。

イ　テロも狂牛病も、人間が生物として無法ともいえる行為(こうい)をし続け、必要以上に弱者を虐(しいた)げた結果生まれたものだということ。

ウ　テロも狂牛病も、力のないもの同士が協力し合うことで、自分たちを抑圧(よくあつ)するものに勝とうとして生まれたものだということ。

エ　テロも狂牛病も、人間と動物の間になるべくフェアで公正な関係を作り、それを保とうとして生まれたものだということ。

Ⅱ　「非対称」を簡潔に言い換(か)えた言葉を本文中から三字で書きぬきなさい。

問八　――線部⑦「猟師と動物のやりとりを描いた賢治の作品『なめとこ山の熊』」とありますが、この作品で描かれる内容に関する説明として明らかにあてはまらないものを次のア～オから一つ選び、記号で答えなさい。

ア　熊の言葉すらわかるような気がするという小十郎の態度は、熊の命とともに自らの命があることを実感しているからこそ生まれたものであり、原生の森に共生するものとしての交流のあかしである。

イ　小十郎が熊の母子のからだから後光が射すように思えて釘付(くぎづ)けになったのは、その熊の母子に、人間に対するもの以上の深い愛情と限りない敬いを感じて、その神々しさに圧倒されたあかしである。

ウ　小十郎に殺されるのを二年間待ってほしいと頼んだ熊が、二年後に小十郎の家の前で倒れていたのは、生活のためにやむを得ず狩猟をしている彼の立場や思いをくみとり、通じ合ったあかしである。

エ　熊撃ちの際に死んだ小十郎の顔が何か笑っているようにさえ見えたのは、周囲にひれ伏(ふ)す熊の感謝の祈(いの)りが届いたからであり、ついに熊たちの属する世界に足を踏(ふ)み入れられた喜びのあかしである。

オ　小十郎は熊たちに申し訳ない気持ちを感じながらも、熊撃ちに精通し、その熊の体の一部を売ることで生活していたが、それをやめなかったのは彼がその自覚をもって熊撃ちをしていたあかしである。

問九　[⑧]に共通して入る語として最も適当なものを次のア～オから一つ選び、記号で答えなさい。

ア　すると　　イ　しかし　　ウ　つまり

エ　では　　オ　そして

問十　[A]～[C]に入る適語を文中より三字程度でそれぞれぬき出して答えなさい。

問十一　――線部⑨「強い者はますます強く、弱い者はますます弱くなっている」とありますが、このようになることで、現実の世界はどのようになっていくと考えられますか。次の形式に合う、漢字二字の語を本文中から書きぬきなさい。

現実の世界は、さらに(　　)していくと考えられる。

問十二　この文章を読んで感じたことを具体的な事例を含(ふく)みながら、複数の生徒が話し合いました。A～Eの意見のうち、この文章で述べられている筆者の思いからは想定できない内容のものを一つ選び、記号で答えなさい。

A　私はこの文章を読んで、すぐにＳＤＧｓについて考えたわ。自分たちの利益ばかりを求める人間の活動によって絶滅、または絶滅に追いやられそうになっている動物たちはまさに被支配者だと思う。持続可能な社会であり続けるためにもそんな動物たちと共生していけるような豊かな社会にしていかなきゃいけないわね。

B　そうだね。でも被支配者は動物だけにかぎらないよね。貧困ビジネスのように、貧しい人を利用してお金を儲けようとしていたり、貧しい国の人を安い賃金で働かせたりしている実態があるのは本当に悲しい。でもこうした動きをフェアに倫理的に正そうという企業もたくさん出てきていて、とってもいいことだと思う。

C　私はこの文章の中の「神話や伝説や昔話を通じて伝えてきたメッセージ」というところを読んで、昔話を思い出してみたわ。確かに昔話には自然や動物と人間が交流するものが多いし、自然との共生を心に刻むメッセージがあったんだと気づいた。こういうものをばかにしないで、動物や自然に感謝する気持ちを持ちたいわ。

D　なんていうか、社会から「優しい気持ち」がだんだん無くなってきているよね。生産性がないとか、マイノリティだとかいって、そういう人たちを差別したり、生きづらくさせている残念な社会。でもだからこそ、そういう人たちだけでつながりあって、心穏やかに暮らせる社会のしくみができたらいいのにと思うわ。

E　でも現代の私たちは実際には文明の中で暮らしているのよね。強い人間は現してその文明を築いてきたのは明らかに人間なのよ。強い人間は現代文明と相性がよくて、そうでないものからの搾取によって成り立ってきた側面があることも確か。でも強いものは普通に町の中にいるわけだから、本当に困っちゃうわね。

香蘭女学校中等科（第一回）

—50分—

（注意　字数の指定がある場合は、句読点や記号なども一字に数えなさい。）

[一] 次の文章は、眞島めいり『文通小説』〈講談社〉の一節です。これを読んで、後の問いに答えなさい。

※　設問の都合により、本文の一部に改変があります。
　また、本文を[Ⅰ]〜[Ⅲ]に区切ってあります。

> 中学二年三学期の終業式の日、能瀬ちさとは、大親友の平貴緒から他県に引っ越しすることを聞かされ衝撃を受ける。貴緒はスマートフォンではなく「これからは文通しようよ」とちさとに提案し、貴緒は得意な絵を、ちさとは文章を送り合う文通が始まった。中学三年の八月三十一日、高校進学への進路がまだはっきりしないちさとは、貴緒と地元の中学校の前で久しぶりに再会し進路について話を始める。

[Ⅰ]

「進路ね、……ちゃんと話さなきゃだめだってわかってたんだけど」

つぶやいて、白く塗られた警告プレートの表面を指の①カンセツで軽く叩く。コンッ、と硬い音がした。

「夏休みも終わるのに。だらだら引っぱっちゃって、ごめん」

ごめんなんて言わなくていいよって、わたしは笑った。でも口角は中途半端な位置までしかあがらなかった。

顔の筋肉の動きがぎこちない。頭の中で疑問が一気に膨らむ。「ごめん」？貴緒は何に対して謝っているんだろう。(1)その疑問は不安に変わって、次にはほとんど恐怖になった。

何かを聞かされる。

何か、よくないことを。直感が叫んでいる。

「時間切れ。やっと決心ついた」

貴緒がまっすぐわたしを見た。Tシャツの襟からのぞく鎖骨に、汗の粒がじわり浮いている。

こんなに近くにいるのに。

やっと会いにきてくれたのに。大事な友達なのに。どうしてわたしは、ここまでおびえてるんだろう。

わたしは。

わたしは、中一のときからずっと、貴緒をたいせつに思っていて……。

「あたし、美術科のある高校に行く。それで美大をめざす」

貴緒の瞳は怖いほどまっすぐで、ちっとも揺らがなかった。

わたしの思考はぷつりと途切れて、まともな問いかけはひとつも出てこなくて、「美大って、美術の大学？」なんて、決まりきっていることを口が勝手にしゃべった。

うん、と力強くうなずかれる。

「ちさと、ごめん。あの約束、なしにしよう」

貴緒の声がわたしの名前を呼び、貴緒の声がまたわたしに謝った。情報を受け取るのにひどく時間がかかる。どうして、なんで、って胸の中はわめき声でいっぱいになる。違う。全然違う。こんなことあっていいはずない。

「ちさと……」

ふたたび呼ばれたとき、その声に心配の色がのっているのを感じたとき、貴緒の手がわたしの身体に触れようとしたとき。

(2)湧いたのは怒りだ。

どうしようもなく激しい怒りだった。

「はじめからそのつもりだったの？」

触れたくなくて身体をぐっと引く。貴緒の手が行き場を失って宙にとどまる。それがとてもとてもうっとうしい。

「守る気ないのに約束したわけね」

今はおとなたちの事情に従うしかない。いったんは離ればなれになるしかない。だけどいつか同じ大学に行って、また一緒に過ごそうって。

あの話は最初から嘘でできてたんだ。

貴緒の瞳を見る。負けないように、力をこめて見つめる。それがついにぐらぐらと揺れだすまで。

「違うよ」

貴緒は否定した。めずらしいくらい焦った口調で。

「ちさとが提案してくれてすごく嬉しかったし、あたしもそうしたいって本気で思ってた。でも、あれからいろんなことがあって、考えが変わったの」

信じてほしい、理解してほしいと訴えてくる目から、顔を②ソムける。

やめて。理解なんてしない。絶対にしてやらない。

「『いろんなこと』って、たとえば？　もっと気の合う子見つけたとか？　美術部の子と仲いいんだもんね」

こんなにばかにしたような口調で話せるんだな、わたし。はじめて知った。舌はよく回るのに、興奮して③ヒタイから汗がだらだら出てくるのに、ひとつ発音するごとに身体の芯が固まっていく。

「その子とアーティストにでもなるつもりなの？　やめときなよ、そんな夢に賭けるの。なりたいひと全員の夢が叶うわけじゃないってわかってるでしょ。いくら才能あるからって、それが……」

それが。

それが、なんなのか。

その先が続かなかった。

才能あるからって。そう、貴緒には才能がある。描くのが好きって気持ちもある。そのふたつだけで、どこまでも突き進める子なんだ。周りの意見なんて関係なく。

その〈周り〉の中に、ちっぽけなわたしが含まれている。動かしようのない事実なのに、ずっと無視してきた。気づかないふりをすればごまかせると思った。

だけどやっぱり無理だった。ほんとうのことはいつでも目の前にあって。

貴緒にとってわたしは、もう親友じゃないんでしょ。ずっと大事にしてく必要なんかないって、気づいたんでしょ。

〈中略〉

この直後、ちさとは貴緒から、両親の別居で引っ越したこと、家庭の事情を知られたくなかったこと、好きなことを好きなだけやってみたいと思っていることを聞かされる。

二年間、いったい何を見てたんだろう。ずっと隣にいて。それを自分だけにゆるされた特権のように感じながら。

「いつかこうなるってわかってた。っていうか、もっと早く離れればよかったんだよ。もう壊れてたのに、続けられるふりしてたのがうちの家族のだめなとこ。これでやっと一歩進んだわけ」

口調は明るい。すがすがしいくらいに。本音を押し殺してるわけでも、強がっているわけでもなく、こういうことは起こるもんなんだよって、聞き分けのない誰かに言い聞かせるみたいに。

ただ、悲しそうな目。悲しいことを知っている目だった。貴緒は悲しかったんだ。いつでも悲しかったんだ。それでも好きなものだけは大事に守り通してきた。

やっと気づいた。もう遅い。

だって今、その貴緒に最低な態度をとったのは。

「ああ、でも。もしお父さんとお母さんがさっさと別れてたら、あたしはきっとここの学校には入らなくて」

そう言って顎をくっとあげて、閉まった門の向こう、敷地の奥を見る。レンガ色に塗られた真新しい校舎が、しんと眠って午後の太陽に照らされているのを。その横顔の輪郭も、どんどん光の中に溶けていく。

「そしたら、……」

ことばは、継ぎ足されることなく消えた。貴緒がこっちを振り向いた。瞳にわたしが映っている。

貴緒の左手が伸びてきて、少しためらって、わたしの髪に触れた。襟足をするりと払うように。それからその手を自分の首に当てて。

「やっぱり、髪型だけ同じにしたって似てないね。でもこれ、けっこう気に入ってるんだ」

ちさと、と名前を呼ばれた。

まるでこれが最後みたいに、優しく呼ばれた。

スケッチブックを腕にかかえたまま、ジーンズを穿いた脚は、やがて駅へ向かって歩きだす。帰るために。自分の場所へ戻っていくために。ひとつの声をここに残して。

「あたしが髪切ったのはね、忘れたくないからだよ」

〈中略〉

Ⅱ

ふと考える。

テレビのチャンネルを替えるときも、食器用の洗剤を使いすぎだと怒られるときも、呼吸を止めて限界までバスタブに沈んでいるときも、考える。

貴緒のことを。

貴緒に向かって、自分が言ったことのひどさを。

帰宅してすぐ④ユウビン受けを確かめる習慣はなくなった。そんなふうに期待するのは都合がよすぎると思った。

貴緒にとって、この街で暮らした日々は、楽しいばかりじゃなかった。きっと苦しいことのほうが多かった。でもそれをさとられないようにしてたんだ。そして嫌なことはぜんぶ、ここに置いていった。新しい場所で、新しい自分を生きるために。

その置いていかれた記憶の中に、わたしといた時間も収まってるんだろう。すでに終わったもの、もう思い出したくないものとして。

だけど。

別れ際、何かとても大事なことを言われた気がする……。

――髪型だけ同じにしたって似てないね。

――けっこう気に入ってるんだ。

わたしはずっと、貴緒をひとりじめしたかった。

急に引っ越しを告げて、さらっといなくなってしまった貴緒を心の隅で恨んでいた。知らない街になじんで、仲間を見つけて、得意なことをもっともっと得意にしていく、そのための努力を惜しまない姿が圧倒的に正しく見えて、おそろしかった。

一緒にいたいと言いながら、わたしはいつも自分のことにばかり夢中だった。自分だけを特別扱いしてほしかった。わたしだって相手を特別に思ってるんだから当然だと。

それがどれほどわがままで、うぬぼれだったかに気づいたとき、すべてがひっくり返って自分が大嫌いになった。消したくなって、消えたくなって、そしたら何も残らなかった。

自分さえよければなんて考えじゃ誰からも友達とは思ってもらえない。でも自分ってものがまったくなかったら、それはもはやわたしじゃなくて、ここにいることを誰にも気づいてもらえない。

どうしたらいいの？

そうやって助けを求めるのさえ、たぶん、甘いんだ。

わたし、わたしって、自分にかまうのもいいかげん終わりにしたい。だって話したいのは。

ほんとうに伝えたいことは……。

〈中略〉

Ⅲ

七月、貴緒から淡いピンクの花の絵が送られてきて、そこに「貴緒からの宿題」としてこの花の名前を教えてほしいとあった。ちさとは色々調べたが、まだ答えが見つからないままだった。急に思いついて、ちさとは大学の図書館に花の名前を調べに行く。

一〇八、一〇八。急いでそこまでめくったら、ページいっぱいに並んだ正方形の写真のひとつに、花が咲いていた。

あの絵の花。

淡いピンクの、お花紙。（※うす紙で作った花にたとえている）

脚から力が抜けそうになり、一歩さがった。後ろの本棚にせなかがぶつかる。しゃがみこむ。

目は写真に釘づけのまま、まばたきばかりしていた。二冊の本を膝に載せる。もう人差し指をしおり代わりにする必要はなかった。

トートバッグに手を入れて、硬い感触を探す。取り出してロック解除。ブラウザを画像検索モードにしたら、キーワードをふたつ打ちこむ。

〈ムクゲ　八重咲き〉

一秒もかからないで画面いっぱいに並んだ花を、呆然と見つめた。検索結果は、どこまでだってスクロールできた。薄いピンク。濃いピンク。紫、赤紫、白。二色が交じって模様みたいになったもの。どれも夏の明るい光をめいっぱい浴びて咲いている。

(3)視界がぐにゃりと歪(ゆが)んだ。
スマホを持つ手がぽつっと濡(ぬ)れて、その水滴(すいてき)をただ眺(なが)めた。

ずっとふしぎだった。ＬＩＮＥのやりとりが苦手だったと言いながら、なぜ文通しようなんて誘(さそ)ってくれたのか。つながり続けてくれようとしたのか。家の事情を知られたくなかったのに、友達付き合いがしんどくなっていたのに、どうして。

どうしてって、そんなの。

わたしだから。

きっとわたしだからとしかいえないものだよ。

制服と通学アイテムの絵、駅前広場の絵。そしてポニーテールの女の子の絵。たとえあのモデルが新しい友達だとして、それで何が壊れたっていうんだろう。

貴緒は絵を描(か)いてくれた。手紙を書いて送ってくれた。

ひとつひとつ。

ぜんぶ、能瀬ちさとに宛(あ)てて。

——あたしが髪切ったのはね、忘れたくないからだよ。

——ちさと。

〈中　略〉

気づかれないうちに視線を逸(そ)らして、トートバッグに入れてきたものを取り出す。青から紫にかけてのグラデーションの封筒(ふうとう)。白い便箋(びんせん)。そしてブルーブラックのペン。

便箋の一行目に相手の名前を書く。

手が止まる。考える。迷って、とりあえず何文字か書いてみる。だめだ。二重線を引いて、新しい便箋を取り出す。書く。悩(なや)む。やっぱりだめ。それでも書く。

相手を思う。

何度もなんども、思う。

貴緒へ
ひどいこと言ってごめん。

今までの手紙も、わたしが一方的なペースで送ってただけで、絵を描いてくれる貴緒の負担を気にしてなかった。絵が届くたびにうれしかったのはほんとうだけど、喜んでるだけじゃだめで、もっと考えなくちゃいけなかったのに。

貴緒が引っ越していっちゃったとき、すごくさみしかった。もう友達じゃいられなくなる気がして、不安でしょうがなかった。だけどそのあと、進路のことさんざん急かしたくせに、ちゃんと向き合おうとしなかったのはわたしのほう。

同じものを選んで、同じ場所にいれば、ずっと友達でいられるって信じこもうとしてたけど、間違(まちが)ってた。

自分にとって大事なものを先に見つけられた貴緒が、正直うらやましい。だからってそれを否定するなんて、最低だった。

ごめんなさい。

もう遅いかもしれないけど、伝えたいことがあります。七月に名前のわからない薄いピンクの花を描いて送ってくれたでしょ？

どうしても突き止めたくて、大学の図書館で調べたの。
あれはたぶん、ムクゲです。木槿。その中の八重咲きっていう、花びらが重なるタイプの品種だと思う。
本に花言葉も書かれてたよ。「信念」だって。なんか貴緒にぴったりな感じがするね。どうか正解でありますように。

一緒に過ごした時間を忘れない。だけどもし忘れても、【 X 】と思う。だって貴緒に出会わなかったら、友達になってなかったら、わたしは確実に、今のわたしじゃなかった。
文通しようよって言ってくれてありがとう。

ちさと

（眞島めいり『文通小説』〈講談社〉）

問一　＝＝線①～④のかたかなを漢字に直しなさい。

問二　――線(1)「その疑問は不安に変わって、次にはほとんど恐怖になった」とありますが、このときのちさとの気持ちの説明として最も適切なものを次の中から選び、記号で答えなさい。

ア　いつもは強気な貴緒が珍しく謝っているところを見て、申し訳なく感じはじめて、自分が貴緒を追いつめてしまったのだと責任を感じている。

イ　久しぶりに会う貴緒の変化に戸惑い、貴緒の進路の考え方もすっかり変わってしまっていたらどうしようと悩ましく思っている。

ウ　自分はまだ進路について考えられていないため、貴緒に失望され、嫌われてしまうのではないかと怖気づいている。

エ　進路について話しはじめた貴緒に、いきなり謝られたことで、自分にとって思わしくない展開が起こるのではないかと怯えている。

問三　――線(2)「湧いたのは怒りだ」とありますが、このときのちさとの気持ちの説明として最も適切なものを次の中から選び、記号で答えなさい。

ア　進路についての約束を貴緒に破られて深く傷ついている自分に対して、貴緒がなれなれしく触れようとしてきたことに、強い嫌悪感と不信感を抱いている。

イ　進路についてしっかりとした考えを持っている貴緒が、ちさとの進路についても気にかけるそぶりを見せてきたことに対して、余計なお世話だと感じている。

ウ　突然貴緒から進路を変えたことを聞かされ、それを飲みこめずにいたところ、貴緒から自分を気遣う声をかけられたことで、貴緒への憤りがあふれ出している。

エ　進路の話し合いを先延ばしにされたのは、貴緒には進路についての約束を守る気がはじめからなかったからだと分かり、だまされたいらだちを隠せないでいる。

問四　――線(3)「視界がぐにゃりと歪んだ」とありますが、どのようなことですか。このときのちさとの心の動きに触れながら、五十字以内で説明しなさい。

問五　作品の中では貴緒の「髪」についてのせりふが印象的に用いられています。貴緒はかつて長い髪がトレードマークだった少女です。一つ目の文章は、このことについての生徒の鑑賞文で、二つ目の文章は、鑑賞文を読んだ友人からのコメントです。後の1～4にそれぞれ答えなさい。

〈鑑賞文〉同じ記号の空らんには、同じ内容が入る。

Ⅰで、ちさとは、約束が破られたことへのショックから、貴緒に心無いことばをぶつけてしまいました。その後、貴緒には家庭の事情があったことを知り、Ⅱで、ちさとは自分の吐(は)いてしまった心無いことばについて考え続けます。そして、今まで自分のことにばかり夢中で、自分が貴緒のことを特別扱(あつか)いしているのだから、貴緒も自分を特別扱いしてくれるはずだと信じて疑わなかったちさとは、貴緒の「髪型だけ同じにしたって似てないね。」(4ページ目上段)ということばを思い出します。ここでちさとは、たとえ見た目を同じにしても【　A　十字以内　】ということに気づいたのではないでしょうか。「自分」にばかりこだわるのをやめたい、それでも「自分」というものを失いたくないと、ちさとはその後も悩み続けます。

そしてⅢで、ちさとは図書館へ行き、「貴緒からの宿題」の答えを見つけ出します。そのときに「あたしが髪切ったのはね、忘れたくないからだよ。」(5ページ目上段)ということばを思い出し、ちさとは貴緒の「【　B　五字　】」気持ちに気づきます。髪型を同じにしたって【　A　】けれど、それでも相手を忘れないために、大事にしていた髪を切ることもできる。自分はこれまでも貴緒から「【　B　】」ことをされていたのだと気づいたちさとは、自分もまた「【　B　】」ことをしながら手紙を書きました。文通はスマートフォンでのやりとりとは違い、【　C　二字　】や労力がかかる連絡(れんらく)手段です。しかし、だからこそ、「【　B　】」ことができます。文通にかけたたくさんの【　C　】が、二人を成長させたのではないでしょうか。

〈コメント〉

「髪」に注目するという視点がとても面白いと思いました。「『自分』にばかりこだわるのをやめたい、それでも『自分』というものを失いたくない」というちさとの悩みについて、私も考えてみたいと思います。

Ⅰの「気づかないふりをすればごまかせると思った」(2ページ目下段)ということばからわかるように、ちさとは【　D　三十五字以内　】ことに気づかないふりをしていれば、貴緒とずっと一緒にいられると思っていましたが、そうではなかったということに気づきました。このときのちさとは、自分と貴緒は【　A　】という事実を受け入れることができていなかったと考えられます。

しかし、最後の手紙の中の「一緒に過ごした時間を忘れない。だけどもし忘れても、【　X　十五字以内　】と思う。」(6ページ目上段)というちさとのことばは、たとえ目には見えなかったとしても、自分の中には貴緒と過ごした時間がたしかに存在しているということ、「今のわたし」を作ってくれたのは間違いなく貴緒との時間であることへの気づきと、「相手」との思い出を大切にしながら【　E　】という、ちさとなりの答えがあらわされているのではないでしょうか。

1　【　A　】【　D　】は指定の字数で自分で考えて答えなさい。

2 【B】【C】は指定の字数で本文(『文通小説』)の中から抜き出して答えなさい。
3 【E】は自分で考えて答えなさい。
4 【X】は指定の字数で自分で考えて答えなさい。

二 次の文章は、養老孟司『ものがわかるということ』〈祥伝社〉の一節です。これを読んで、後の問いに答えなさい。
※ 設問の都合により、本文には一部省略があります。
また、本文をⅠ～Ⅲに区切ってあります。

Ⅰ
ヒトは脳が大きくなって、動物とは違う能力をもつようになりました。意識というはたらきです。意識はたぶん動物でももっていますが、ヒトの意識は「同じ」と「違う」を理解できます。意識は脳の中で発生する能力と思われるので、その脳に入ってくる「入力」は知覚あるいは感覚と呼ばれます。感覚は世界の違いを捉えますが、ヒトの意識はそこから「同じ」を創り出します。「同じ」という能力は、ヒトの意識の特徴と言っていいと思います。このことは『遺言。』(新潮新書)の中で詳しく説明しておきました。「同じ」という能力は交換を生み、お金を生み、相手の立場を考えるという能力を生み出します。

人間は「同じ」も「違い」もわかる。でも、猿はたぶん「違い」しかわかりません。その違いはいつ頃生まれるのか？

アメリカの科学者が、自身の子どもが生まれたとき、同じ頃に生まれたチンパンジーの子を見つけてきて一緒に育てました。

ほぼ同時期に生まれたその子どもとチンパンジーの発育を比較したところ、生後三年までは、なんとチンパンジーの能力のほうが上でした。特に運動能力は優っています。

ところが四歳から五歳になると、人の発育が急に進みます。チンパンジーは身体は発育するのですが、知能はそれ以上発達しないのです。

おそらく三歳から五歳の間に、人とチンパンジーを分ける何かが起こるのでしょう。

それを確かめた実験もあります。

参加するのは三歳児と五歳児。舞台に箱Aと箱Bを用意します。

そこにお姉さんが登場します。箱Aに人形を入れ、箱にふたをして舞台から去ります。

次に、お母さんが現れます。箱Aに入っている人形を取り出し、箱Bに移します。そして、箱Bにふたをして立ち去ります。

再びお姉さんが舞台に現れます。

そこで、舞台を見ていた三歳児と五歳児に、研究者が質問します。

「お姉さんが開けるのは、どちらの箱？」

三歳児は「箱B」と答えます。自分はお母さんが人形を移したことを知っているため、お姉さんも箱Bを開けると考えてしまいます。

一方、五歳児は「箱A」と答えます。なぜならお姉さんは、お母さんが人形を移したのを見ていないからです。もちろんこちらが正解です。

三歳児と五歳児は、なぜ違った答えをしたのでしょう？

五歳児は「自分がお姉さんの立場だったら」と考えました。お姉さんと自分を交換して考えられるのです。

三歳児には「お姉さんの立場に立つ」ということができません。「人形は箱Bに入っている」ということを自分が知っているように、お姉さんも知っていると思ってしまうのです。

この他者の心を理解するというはたらきを(1)「心の理論」と呼びます。発達心理学では「心を読む」と表現しますが、私は「交換する」と考えます。必ずしも心を読む必要はなく、「相手の立場だったら」と自分が考えればいいのです。

この、自分と相手を交換するというはたらきも人間だけのものです。

Ⅱ

心の理論が示すように、人間の脳は、できるだけ多くの人に共通の了解(りょうかい)事項(じこう)を広げていくように発展してきました。人間の脳は、個人間の差異を無視して、同じにしよう、同じにしようとする性質をもっています。だから、言語から抽出(ちゅうしゅつ)された論理は、圧倒的(あっとう)な①セットク性をもちます。論理に反することを、脳はなかなか受け付けないのです。

私たちは生まれたときから、言葉に囲まれて育ちます。生まれたときには、すでに言葉がある。だから言葉を覚えていくということは、周りにある言葉に脳を適応させていくことにほかなりません。

言葉は自分の外側にあるものです。私が死んでも言葉がなくなるわけではありません。脳が演算装置だとすると、言葉は外部メモリ、つまり記憶(きおく)装置です。そこには文字によって膨大(ぼうだい)な記憶が蓄(たくわ)えられています。

言葉だけではありません。言葉よりもう少し広い概念(がいねん)が「記号」です。絵画や映像、音楽は言葉ではありませんが、人に何かを伝える記号です。

記号の特徴は、不変性をもっていることです。だから違うものを「同じ」にできる。「黄色」という言葉は私が死のうが残り続けます。

でも、現実は変わり続けています。こんなことは昔の人はよく知っていました。「諸行無常(しょぎょうむじょう)」も「万物は流転(るてん)する」も、変わり続ける現実を言い表した言葉です。

しかしいまや、記号が幅(はば)を利かせる世界になりました。ⓐ記号が支配する社会のことを「情報社会」と言います。記号や情報は動きや変化を止めるのが得意中の得意です。

現実は②センペンバンカして、私たち自身も同じ状態を二度と繰(く)り返さない存在なのに、情報が優先する社会では、不変である記号のほうがリアリティをもち、絶えず変化していく私たちのほうがリアリティを失っていくという現象が起こります。

そのことを指して私が創った言葉がⓑ「脳化社会」という言葉です。

情報社会と言うと、ⓒ絶えず情報が新しくなっていく、変化の激しい社会をイメージする人が多いかもしれません。しかし、私の捉え方はまったく逆です。情報は動かないけれど、人間は変化する。これを理解するために、私がよくもち出すのがビデオ映画の例です。

たとえば同じビデオ映画を、二日間で十回見ることを強制されたとしましょう。一種類の映画を二日間にわたって、一日五回、続けて十回見る。そうすると、どんなことが起こるでしょうか。

一回目では画面はどんどん変わって、音楽もドラマティックに流れていく。映像は動いていると思うでしょう。二回目、三回目あたりは、一度目で見逃(みのが)した、新しい発見がいろいろあるかもしれません。そして「もっと、こういうふうにしたら」と、見方も玄人(くろうと)っぽくなってきます。

しかし、四回目、五回目になると、だんだん退屈(たいくつ)になるシーンが増えてくる。六、七回目ではもう見続けるのが耐(た)えがたい。「なぜ同じものを何度も見なきゃいけないんだ」と、怒る人も出てくるでしょう。

ここに至ってわかるはずです。映画はまったく変わらない。一回目から七回目まで、ずっと同じです。では、何が変わったのか。見ている本人です。人間は一回目、二回目から七回目まで、同じ状態で見ることはできません。

ここまで書けば、もうおわかりでしょう。情報と現実の人間との根本的な違いは、情報はいっさい変わらないけれど、人間はどんどん変わっていくということです。

しかし、(2)人間がそうやって毎日、毎日変わっていくことに対して、現代人はあまり実感がもてません。今日は昨日の続きで、明日は今日の続きだと思っている。そういう感覚がどんどん強くなってくるのが、いわゆる情報社会なのです。

どうしてか。現代社会は、ⓓ「a＝b」という「同じ」が世界を埋め尽くしている社会だからです。記号や情報は作った瞬間に止まってしまうのです。

テレビだろうが動画だろうが、映された時点で変わらないものになる。それを見ている人間は、本当は変わり続けています。でも、「自分が変わっていくという実感」をなかなかもつことができない。それは、私たちを取り囲む事物が、情報や記号で埋め尽くされているからです。

(3)困ったことに、情報や記号は一見動いているように見えて、実際は動いていない。だから余計に、人間は自分の変化を感じ取りにくくなるのです。

〈中　略〉

対人の世界でも対物の世界でも、多様な場所に身を置けば、何事も自分の思い通りにならないことがわかります。世の中には思い通りにならないことがあることを知る。それが寛容の始まりです。

自分も変わっているし、相手も変わっている。変だと思ったら、それは自分が変なのか、相手が変なのか、どちらかです。だけどいまの人たちは「相手が変だ」と言うほうが多い気がします。自分は変わらないと思っているからです。

それを「不寛容」と言います。「何かおかしい。変なのは俺じゃない、こいつだ」となって、相手を排除しようとする。不寛容の極みです。もしかしたら、変なのは自分かもしれない。それを忘れて、(4)自分のモノサシを固定化した瞬間、人は不寛容になります。

寛容になるためには、思い通りにいかないことを受け入れたうえで、少しずつ状況を変えていくしかありません。それには自分だって変わらなきゃいけない。そうやって人間は「努力・辛抱・根性」の方法を学んでいくのです。

思い通りにならない人や物を前にしたとき、人間の本当の意味での体力や感覚の強さが試されるのです。

(養老孟司『ものがわかるということ』〈祥伝社〉)

問一　━線①・②のかたかなを漢字に直しなさい。

問二　次の図は、文章Ⅰ第一段落をもとに、チョウを見たときの脳の働きをまとめたものです。矢印の中の［X］・［Y］に入ることばとして適切なものを、文章Ⅰの第一段落(「ヒトは……生み出します。」)

の中から、それぞれ漢字二字で抜き出しなさい。

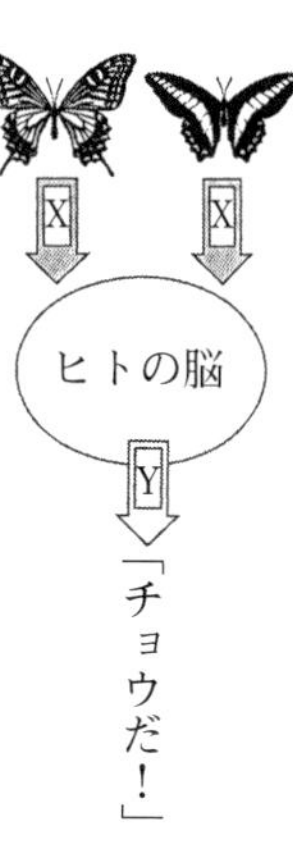

問三　――線(1)「心の理論」とはどのようなことですか。「意識」ということばを用いて説明しなさい。

問四　〰〰線ⓐ〜ⓓについて、本文中での意味内容から分類したものとして最も適切なものを次の中から選び、記号で答えなさい。(〔　〕＝〔　〕は同内容であることを表す)

ア　〔ⓐ＝ⓑ〕と〔ⓒ＝ⓓ〕で内容が異なる。
イ　〔ⓐ〕と〔ⓑ＝ⓒ＝ⓓ〕で内容が異なる。
ウ　〔ⓐ＝ⓑ＝ⓓ〕と〔ⓒ〕で内容が異なる。
エ　〔ⓐ〕と〔ⓑ＝ⓒ〕と〔ⓓ〕で内容が異なる。
オ　ⓐ〜ⓓは、すべて異なる内容である。

問五　――線(2)「人間がそうやって毎日、毎日変わっていくことに対して、現代人はあまり実感がもてません」とありますが、これについて述べた次の文章を読み、後の1〜4に答えなさい。

養老孟司『遺言。』〈新潮新書〉にはこのような記述がある。

現代生活は感覚が働かないように、できるだけ努める。(中略)山の中を歩いてごらんなさい。地面はデコボコ、木の根や草がある。雨が降ったらぬかるむ。風が吹き、いつの間にか日が傾(かたむ)き、明るさが変化する。小鳥がさえずり、小川が流れ、それが森に反響(はんきょう)して、じつにさまざまな音がする。つまり都市の生活は、そうした感覚入力をできるだけ遮断(しゃだん)する。(中略)

感覚所与を意味のあるものに限定し、いわば最小限にして、世界を意味で満たす。それがヒトの世界、文明世界、都市社会である。それを人々は自然がないと表現する。そこには花鳥風月がない。でも自然はもともとあるもので、あるものはしょうがないのである。(中略)

すべてのものに意味がある。都会人が暗黙(あんもく)にそう思うのは当然である。なぜなら周囲に意味のあるものしか置かないからである。しかもそれを日がな一日(一日中)、見続けているのだから。世界は意味で満たされてしまう。それに慣れ切った人たちには、やがて意味のないものの存在を許さない、というやはり暗黙の思いが生じてくる。

このことをふまえると、Ⅱの議論がより分かりやすくなる。つまり、現代生活の中では「【A　ア　同じ／イ　違い】」を捉える「感覚」が働かないようになっている。そのため、我々は□存在であることを忘れてしまう。

さらに、Ⅲをふまえると、この議論への理解がより一層深まるだろう。現代の人間は□存在であることを忘れてしまっているため、何か違和感を覚えたときに、相手を排除して「【B　ア　同じ／イ　違い】」を守ろうとしてしまう。「【C　ア　同じ／イ　違い】」に囲まれた環境で過ごしているせいで、【D　ア　変化する／イ　変化しない】ことが認められなくなっているのだ。筆者は、このことを指して、「【　E　】」と言っている。

1　〰〰線「周囲に意味のあるものしか置かない」とは、どのようなことですか。身の回りの具体例を挙げて説明しなさい。

2 □(二か所あるが、同じ内容が入る)に入る内容を、自分で考えて答えなさい。

3 【A】～【D】に入ることばとして適切なものをア・イから選び、記号で答えなさい。

4 【E】に入ることばとして最も適切なものを次の中から選び、記号で答えなさい。

ア 寛容　イ 不寛容　ウ 努力・辛抱・根性
エ 脳化社会　オ 諸行無常　カ 記号

問六 ――線(3)「困ったことに、情報や記号は一見動いているように見えて、実際は動いていない」とありますが、これにあてはまる具体例として、最も適切なものを次の中から選び、記号で答えなさい。

ア ニュース番組は毎日更新(こうしん)されるため、新しい情報を発信しているように見えるが、情報発信の方法は、特に変わっていない。

イ 一つの音楽を何回か聴(き)くと、その時どきで新しい感情になるので、自分自身が変化しているように思ってしまうが、実際は変わっていない。

ウ 広告には、映像や、写真によるものなどが存在する。映像の方が好まれがちだが、実際には、動きのない写真の方が情報を発信するのに長(た)けている。

エ 『源氏物語』は、人によって解釈(かいしゃく)の仕方は違うことがあるものの、実際には、文章自体は変化していない。

問七 ――線(4)「自分のモノサシを固定化」とありますが、自分をどのように見ると、「モノサシを固定化」するようになってしまうのですか。答えなさい。

問八 次のア～エについて、文章Ⅰ～Ⅲの説明としてあてはまるものには○を、そうではないものには×を、それぞれ答えなさい。

ア 人は五歳になると、知能が急速に発達し、「違い」を認識する能力を獲得(かくとく)するため、他者を思いやることができるようになる。

イ 人間の脳は、できるかぎり多くの個人間の差異をつくり、個性を編み出すために発展してきたため、自分と似た人に出会った際には、脳が受けつけなくなってしまう。

ウ 言葉より少し広い概念(がいねん)である記号の特徴としては、老いていく人間とは違い、記号はいつまでも変わらない。

エ 人間は、めまぐるしく変化する情報に囲まれているため、自分は成長しているのだと錯覚(さっかく)してしまう。

実践女子学園中学校（第一回）

―45分―

一　次の文章を読んで、後の問いに答えなさい。

視覚支援学校に通う中学一年生の宇佐美佑は、四月から寄宿舎での新しい生活がはじまり、クラスメイトもふえたが、気持ちが晴れないでいた。小学部からの友人である双葉が、歩行中の事故をきっかけに三月から学校に来なくなってしまったからだ。何度連絡をしても双葉からの音信はなく、双葉と会えなくなってしまった佑は、授業や白杖の訓練に身が入らない状態が続いていた。そんな佑だったが、白杖を使って双葉に会いに行くという目標のために、苦手だった白杖の訓練に挑戦しはじめる。

その日の歩行の授業は、※タッチ方式で歩くことからはじまった。

背筋をのばして、※塚田さんから教えてもらったフォームを心がける。校庭の一画を途中まで歩いてひきかえしてくると、「だいぶスムーズに白杖をふれるようになったんじゃないかな。」と、ほめてもらえた。

一日でも早く双葉のところへ行けるようになりたかった佑は、放課後や週末にコツコツと練習してきたのだった。はじめのころは、しびれたり筋肉痛になったりしていた手首も、コツをつかんだ最近はびくともしない。

そういったことを塚田さんに話すと、「①努力のたまものだな。」と認めてもらえた。

佑はタッチ方式で白杖をふりながら、校庭の東側にある通路を行ったり来たりした。塚田さんからは、「右」と「左」は視点が反転すると逆になってしまうけれど、東西南北がひっくりかえることはないから、なるべく東西南北で位置を把握するようにとアドバイスされている。

寄宿舎と校舎を結んでいるこの道は、佑たちの通学路でもある。佑は、通路の南側にある木々と、北側にある理療棟を思いうかべながら、一定のスピードで歩きつづけた。

佑にとって、無限に広がっているかに感じられる世界を、東西南北の四つに区切って捉えることは、簡単ではない。左右や中心を意識するのだって大変なのに、東西南北を意識しろだなんて、塚田さんは無茶なことをいうんだな、と最初はうらめしく思ったほどだ。

たとえば、とてつもなく広いプールの真ん中に、仰向けでうかんでいる自分を想像してみてほしい。そのうち身体と水が一体化して、自分と自分じゃないものの境界線がわからなくなるんじゃないだろうか。どこを見ても目印となるものがなければ、右へ進んでいるのか左へ流されているのかだって、わからないはず。

②そういう空間に、「北」とか「西」とか「南」とか「東」とか名前をつけて、日々佑たちは歩いているのだ。

「残りの時間は体育館まで行ってみよう。行き方は大丈夫だよな？」

何往復かしたところで、背中に塚田さんの声がとんできた。

太陽の日差しが向こうから降りそそいでくるということは……。

佑が「あっちに行くんですよね？」と指をさすと、すぐさまいいかえされてしまった。

「③できるだけ言語化しよう。」

言語化。

　東西南北を意識するのと同じくらい佑が苦戦しているのが、この「言語化」だ。目が見えないからこそ、自分の考えや状況を、相手にも伝わるように、言葉にして伝えることが重要になる。それができないと、相手と世界を共有できなくなってしまう。

　佑はまず頭の中に、校舎と校庭を思いうかべると、切りだした。

「まず、理療棟と北校舎を結んでいる渡り廊下を目指します。」

「うん。小さな達成目標をいくつか設定するのはいいことだよ。次は？」

「渡り廊下を横断しながら、北校舎の壁側を歩くようにして、壁伝いに角を左へ。」

　塚田さんからは、点字ブロックがない場所では、建物の塀や壁、路肩の縁石など、そこから動かないものを活用すると、車道にはみだすことなく歩くことができると、教えてもらった。

「北校舎を校門の手前まで歩いたあたりで、ここでも建物の角を利用して左に曲がります。そのまま西校舎の壁伝いにまっすぐ南へ進めば、体育館の入り口です。」

「うん！　いいんじゃないかな。今、自分がどこにいて、これからどこを通って、どこにむかうのか、きちんとイメージできていたね。」

　心の準備ができ次第スタートしよう、と塚田さんにいわれて、佑は深呼吸した。

　ここはよく知っている場所で、人も車もめったに来ないこともわかっている。すぐそばには歩行訓練士の塚田さんがいる。それでも、佑の心臓はいつにないくらいドキドキした。

　すーっと息を吸ってから、④佑は白杖をかまえた。まずは、白杖の先端についている「石突き」と呼ばれる部分で、足もとの状態をさぐる。

　どうやら右側に障害物があるようだ。高さは二十センチくらいだろうか？　この先もしばらくつづいているみたいだ。……いったい、何だろう？

　すぐには答えが出そうになかったので、佑はしゃがんで、さわってみた。

　なるほど。花壇のブロックだ。

　白杖を使うことで、二歩くらい先までの情報を得ることができる。具体的にいうと、障害物のあるなしと、地面がどんなふうになっているかだ。

　佑が認識できるのは、半径でいったらせいぜい一メートルちょっとの世界だ。とはいえ、これまで、未知だった世界の一端が想像できるようになった。少なくとも、二、三歩先にも地面はつづいていて、ほぼ平らだということがわかるだけでも、ずいぶんと安心して歩くことができる。

　佑は※タッチ&スライド方式で、花壇のブロックを利用しながら歩くことに決めた。

　二歩ばかり先にある世界を想像しながら歩きだした直後、心の中で「あっ！」と声をあげていた。

　もしかすると、※松木先生が⑤「両手を使えば、世界は広がる」といっていたのは、こういうことなのかもしれないぞ。

　右手では見えない部分を左手でカバーすることで、佑の世界は二倍に広がる。ちょうど白杖で地面をさぐることで、一メートルばかり先の世界を知ることができるように。

　佑は校舎の一部を利用しながら、一定のテンポで白杖をふることを心がけた。角を曲がるときは、出会い頭に向こうから歩いてきた人とぶつからないように、白杖を「タン」と一回地面について、こちらの存在を相手に知らせる。「白杖を凶器にしないためのマナー」だと、塚田さんから教わった。

しばらく歩いたあたりで、球技をやっているらしき生徒たちの声と、ボールの音がきこえてきた。

体育館に着いたようだ。佑はほっとして、肩の力をぬいた。

「はじめてとは思えないくらい安定していたよ！　白杖はもちたくないなんていっていたけど、筋はいいんじゃないかな。」

塚田さんにほめられて、じわりじわりと達成感がこみあげてくる。

この調子でいけば、夏休み中に、双葉のところに行けるかもしれないぞ！

そう、このときの佑はてっきり、このまま上達していくとばかり思いこんでいたのだった。

白杖を使いこなせるようになるまでには、まだまだ時間がかかると思い知らされたのは、七月。もうすぐ夏休みがはじまるというころだった。

「ストップ、ストップ！」

その日、タッチ方式で歩いていた佑は、けわしい塚田さんの声におどろいて、あわてて足を止めた。

「さわるよ。」

塚田さんは佑の左腕をつかむと、すぐそばにあるものにさわらせてくれた。

ひんやりとして、丸みをおびた、硬いもの……。

佑が手をのばした先にあったのは、電信柱だった。

こんなに間近にせまっていたなんて、ちっとも気づいていなかった。

あのまま歩いていたら、正面からぶつかっていたかもしれない。

五月に白杖の持ち方からスタートした歩行の授業は、ここ最近は学校を出て、周辺のエリアを歩くまでになっていた。

「あまり車が通らないとはいえ、ここは一般道だぞ。集中して歩かないと！」

めずらしくきつく注意されて、佑はすなおに反省した。⑥もし塚田さんがいなかったらと考えると、背筋がぞくっと粟立つ。

タッチ方式の欠点は、白杖が片側の地面に「タン」とついてから、反対側へ「タン」とつくまでのあいだ、杖の先端が空中にあるという点だ。気をつけないと、今みたいに、電信柱のような大きなものでさえ、「タン」と「タン」のあいだに見落としてしまう。

実際、街を歩いているとき、電信柱や看板にぶつかってケガをする視覚障害者は少なくないという。では、スライド方式で歩けばよいかというと、つねに地面に接しているスライド方式は振動＝情報が多すぎて、手も神経もくたびれてしまうという難点がある。⑦使いわけがむずかしいところだ。

塚田さんは、今、佑が歩いているような電信柱が多い住宅街では、やや車道寄りを歩くのがポイントだと、アドバイスしてくれた。

「ただし、白線からはみださないように、こんな感じで振り方を工夫するんだ。」

塚田さんは後ろから佑の手をとると、タッチ方式で白杖をふってみせた。

　左右均等ではなく、車道側は小さく、路肩側はやや大きくふるのがポイントのようだ。

「そうしたら校門までもどって、最初からやりなおそう。」

　塚田さんがさらっといったものだから、思わず佑は「えっ！　最初からやるんですか？」と、非難めいた声を出してしまった。

　一学期最後の授業である今日は、⑧これまでのおさらいだ。学校周辺に広がっている住宅街を歩いて、いつものコンビニまで行く計画になっている。ないしょでお菓子を買ってもいいというから、ズボンのポケットに三百円入れてきた。

　授業がはじまって、どれくらいすぎただろう？

　さわるタイプの腕時計でたしかめようとしたけれど、こんなときにかぎって着けわすれてきたようだ。

「時間がもったいないから、校門までは※ガイドでもどろう。」

　塚田さんはそういうが早いか、佑に腕を差しだした。

　佑は、いったんは塚田さんの肘をつかんだものの、じわじわと不満がこみあげてきた。

　最初からやりなおしていたら、時間内にコンビニまで行けない気がする。お菓子を買って、今夜、栗田や光くんと食べるのを楽しみにしていたのに……。

　気づけば、佑はグチをこぼしていた。

「せっかくここまで来たのに。」

「失敗した分、練習できるチャンスがふえたと思えばいいじゃないか。」
⑨あくまで前向きなことをいう塚田さんに、佑はイラッとした。

　学校周辺の道はせまくて、ところどころ※蛇行している。車も自転車もほとんど通らないとはいえ、けっして歩きやすいというわけでもなかった。理由は、点字ブロックや、目印となる「ランドマーク」が少ないからだ。
⑩ランドマークとは、頭の中に道筋を組みたてるときに活用する、建物や、もののことだ。たとえば、通りすぎると開閉するお店の自動ドアや、かすかに電子音を発している自動販売機、郵便ポストなど。生花店や、飲食店の換気口など、においが感じられるスポットも利用しやすい。そういったものが少ない住宅街は、油断するとすぐに、自分が今どこにいるかわからなくなってしまう。
⑪いったんイライラしはじめると、勢いよく注いだコーラがコップからこぼれるように、今まで胸にしまいこんでいたグチや不満が一気にあふれだした。
「前から思ってたんですけど。」と切りだした佑の声は、すっかり不機嫌だった。塚田さんにやつあたりしてはいけないと頭ではわかっているのに、感情を抑えることができない。

「こんなふうに、お店も自動販売機もない場所を歩くときは、どうすればいいんですか。」

「そういう場所こそ、事前にきちんと道筋を組みたてておくことが重要だろうね。あとは、冷静に白杖をふること。それから、周囲の音をたしかめながら歩くこと。」

　またそれかよ。

　佑はむっつりと、いいかえした。

「簡単にいわないでください。」

塚田さんは耳にタコができるくらい、今、自分がどこにいて、これからどこを通って、どこにむかうのか、かならず頭の中に道筋を組みたててから歩きだすようにという。

けれど、実際の道には車や自転車が走っているし、人も歩いてくる。車や自転車や歩行者が立てるちょっとしたもの音や、空気の流れに気をとられて、組みたてておいた道筋があやふやになってしまうことは、しょっちゅうだ。音をたよりにしろというけれど、自動販売機からもれてくる音は新型になるにつれて小さくなっていくし、営業中なら活用しやすい個人商店や郵便局は、つねに開いているわけではない。以前は、前を通りすぎれば反応した自動ドアは、最近は、手動のボタンを押さなければ無反応だ。天気や周囲の環境、技術の進歩などで、音は簡単に消えてしまう。

塚田さんは、⑫正しいかどうかの保証さえない場所を歩くことが、どれほど大変で、どれほどくたびれることか、わかっているんだろうか？もし、組みたてた道筋がまちがっていたら？　そのときは、どうすればいいんだよ？

佑たちは、ひとつまちがえたら大ケガではすまないかもしれない場所を、白杖と音をたよりに、日々歩いているともいえた。

きっと、塚田さんは想像したこともないんだろうな。だって、塚田さんは目が見えるんだもの。※晴眼者は歩きながら音楽をきけるし、寒ければ手袋を着けられる。傘やカッパにあたる雨音に神経をとがらせることだって、きっと、ない。

そんなふうに考えるや、佑の心はますます［　　］していった。

どうして、ぼくが。

どうして、ぼくたちだけが。

目が見えていれば……。

ほんの少しでも、目が見えていたならば！

そこで、こらえていたものがプツンと切れた。

「白杖で街を歩くなんて、やっぱり無理なんだ。きっと、一生かかったって、できるようにならない。」

直後、⑬自分の口から出たその発言に、佑は傷ついた。

じわじわと悲しくなってくる。双葉に会いに行くために白杖歩行をがんばると決めたのは、自分自身のはずなのに……。

おい、双葉。こんなふうに感情が暴走したときは、どうしたらいいんだよ？

いくらたずねたところで、返事はない。あいかわらず、ＬＩＮＥも電話もつながらない。

――もう、大丈夫。

ちっとも大丈夫じゃないくせに。

無性にイラついた。

双葉がむかつく。

双葉にたよりにしてもらえない自分はもっともっとむかつく。

「できないなんて決めつけたらダメだよ。」

佑は、イライラのすべてを塚田さんにぶつけた。

「塚田さんは晴眼者だから、そんなことがいえるんだ！」

直後、いってしまった、と思った。

気持ちがモヤモヤ、イライラしていたのに、言葉にしたからといってスッキリするわけではなかった。むしろ、その逆だった。

やけっぱちになった佑は、にぎっていた白杖をほうりなげた。

「おいっ！　歩行者にあたったらどうするつもりだ？　たまたま通りかかった車にはじかれて、自分にはねかえってくる可能性だってあったんだぞ。だいいち、大切なものを粗末にあつかったらダメじゃないか！」

直後、⑭空気が動いた。

塚田さんはあっというまに白杖をひろうと、佑の手ににぎらせた。

いいようのない気持ちで、胸がつまる。

くやしい。悲しい。腹が立つ。

「いいよな、目が見えて！」

結果、練習は続行不可能と判断されて、その日の授業は終了となった。

昇降口の前でわかれるとき、塚田さんはおだやかな口調でこういった。

「宇佐美くんを不愉快にさせてしまったことをあやまるよ。ただ、僕は、自分がまちがったことをいったとは思っていないんだ。これで夏休みに入るけど、気持ちを切りかえて、また二学期からがんばろう。」

「………。」

手をにぎられたけれど、佑は何もいいかえすことができなかった。

一年生になったら友だち百人できるかな、なんて歌があるけれど、ほんとうに百人も友だちをつくれる人なんて、いるのかな？　ＹｏｕＴｕｂｅのチャンネル登録数やＴｗｉｔｔｅｒのフォロワーがたくさんいる人の話はきいたことがあるけれど、どれくらい親しいんだろう？　それってほんとうに、ほんとうの友だち？

⑮友だちや知り合いは、木と葉っぱの関係に似ている気がする。自分という幹から枝がいくつものびていて、そこに家族や友だちといった葉っぱがしげっている。葉っぱが多いほど、風が吹いたときのざわめきが大きくなるように、友だちの数だけ、悩みやジレンマも多くなるようだ。

佑は、中学生になって友だちが六倍にふえた。塚田さんは友だちではないけれど、こんなふうに気持ちがゆさぶられるくらいの関係性ではあったらしい。これまで、双葉やクラスメイトのことだけでしめられていた学校生活の思わぬところで、佑は波風を立ててしまったようだ。

そんな佑にいわせれば、ほんとうに友だちが百人もいたら、死ぬほど大変だ。いつも、だれかとケンカしたり、仲直りしたり、どうふるまったらいいかわからなくなったりして、悩む羽目になる。

佑は、まだ授業が終わっていないせいで、ひっそりとしずまりかえっている昇降口に足を踏みいれた。外は汗をかくほど蒸し暑かったのに、ここの空気はひんやりしている。

「………。」

佑は下駄箱のうさぎのシールにさわりながら、あらためて、どうして、ここに、双葉がいないのだろうと思った。

話をきいてほしかった。そして、これまでのように⑯灯台となって、佑の行く先を、足もとを照らしてほしかった。

（樫崎茜『手で見るぼくの世界は』〈くもん出版〉より）

※（注）白杖――視覚障害者が歩くときに使う専用の白い杖。
タッチ方式――白杖を左右の地面に交互にタッチする方式。
塚田さん――歩行指導を担当する、歩行訓練士。
タッチ＆スライド方式――白杖の先端を地面につけたまま、半円を描くように動かすスライド方式と、タッチ方式の二つをミックスした方式。

松木先生＝佑のクラスを担任している先生。
ガイド＝視覚障害者に付き添って、歩行の介助や誘導をすること。
蛇行＝蛇がはうように、くねくねと左右に曲がっていくこと。
晴眼者＝視覚障害者に対して、視覚に障害のない人を指す表現。

問一　――線①「努力」とありますが、佑が白杖の訓練でどのように取り組んできたことに対して「努力」と言っているのですか。「こと。」につながるように、文中から二十字以内でぬき出し、その初めと終わりの三字を答えなさい。

問二　――線②「そういう空間に、『北』とか『西』とか『南』とか『東』とか名前をつけて、日々佑たちは歩いているのだ。」について、次の1・2の問いに答えなさい。

1　「そういう空間」とありますが、佑にとってこの「空間」はどのようなものなのですか。それが別の言葉で表現されている部分を文中から十八字でぬき出して答えなさい。

2　「『北』とか『西』とか『南』とか『東』とか名前をつけて」位置を把握する必要があると塚田さんがアドバイスするのはなぜですか。文中から五十字以内でぬき出し、その初めと終わりの四字を答えなさい。

問三　――線③「できるだけ言語化しよう。」とありますが、「言語化」するとは、具体的にどうすることですか。次のア～エの中から最も適当なものを一つ選び、その記号を答えなさい。

ア　目が見えなくても状況を自分で把握できるよう、校舎や校庭などの情景を具体的に頭の中に思い浮かべ、それを正確に言葉で表現すること。

イ　目が見えないということを意識しなくても済むよう、自分の考えや状況を相手に伝えるときにはお互いに相手がわかりやすい言葉を使うこと。

ウ　目が見えなくても相手と世界を共有できるよう、自分の考えや状況を伝えるのに自分中心の表現ではなく、人が聞いてもわかりやすい言葉で表現すること。

エ　目が見えるか見えないかは関係なく、どんな相手とも世界を共有できるよう、自分の考えを伝えるときには自分の頭で考え、自分の言葉を使うこと。

問四　――線④「佑は白杖をかまえた。」とありますが、白杖を使うことで足もとのどのような情報を得ようとしているのですか。文中から二つをぬき出し、それぞれ答えなさい。

問五　――線⑤「『両手を使えば、世界は広がる』といっていたのは、こういうことなのかもしれないぞ。」とありますが、佑はどうすることが「両手を使」うことと同じだと気づいたのですか。「こと。」につながるように文中の言葉を使って五字以内で答えなさい。

問六　――線⑥「もし塚田さんがいなかったら」とありますが、「もし塚田さんがいなかったら」どうなっていたかもしれないと佑は考えていますか。それを説明した次の文の□にあてはまるように文中の言葉を使って十五字以内で答えなさい。

もし塚田さんがいなかったら、□かもしれない。

問七　――線⑦「使いわけがむずかしいところだ。」とありますが、タッチ方式の欠点について、「～ため、～という欠点がある。」という形になるように、文中の言葉を使って六十字以内で説明しなさい。

問八　――線⑧「これまでのおさらいだ。」とありますが、塚田さんが教えてくれた白杖（はくじょう）の使い方としてあてはまらないものを次のア～エの中から一つ選び、その記号を答えなさい。

ア　点字ブロックがない場所では、建物の塀（へい）や壁、路肩（ろかた）の縁石（えんせき）など、そこから動かないものを活用する。

イ　角をまがるときには、白杖を「タン」と一回地面について、こちらの存在を相手に知らせる。

ウ　電信柱が多い住宅街ではやや車道寄りを歩き、白杖を車道側は小さく、路肩側はやや大きくふる。

エ　白杖を凶器（きょうき）にしないため、全（すべ）ての場所でタッチ＆スライド方式を使って一定のテンポで白杖をふる。

問九　――線⑨「あくまで」の意味として最も適当なものを次のア～エの中から一つ選び、その記号を答えなさい。

ア　はなはだしく　　イ　予想とは反対に

ウ　どこまでも徹底（てってい）して　　エ　心をこめて一生懸命（いっしょうけんめい）に

問十　――線⑩「ランドマークとは、頭の中に道筋を組みたてるときに活用する、建物や、もののことだ。」とありますが、佑のような視覚障害者にとって「ランドマーク」になると考えられるものを次のア～カの中から二つ選び、その記号を答えなさい。

ア　街のシンボルとなっている高層（こうそう）ビル

イ　入店音の鳴るコンビニエンスストア

ウ　赤や青など色彩（しきさい）のはっきりした建物

エ　さびれて無人となっている空き家

オ　建物の外に果物（くだもの）を並べている青果店

カ　珍（めずら）しい外観が印象的なマンション

問十一　――線⑪「いったんイライラしはじめると、勢いよく注いだコーラがコップからこぼれるように、今まで胸にしまいこんでいたグチや不満が一気にあふれだした。」とありますが、「今まで胸にしまいこんでいたグチや不満」の内容としてあてはまらないものを次のア～エの中から一つ選び、その記号を答えなさい。

ア　コンビニでお菓子（かし）を買う計画を立てていたのに、時間内にコンビニまで行けないかもしれないこと。

イ　通りにランドマークが少なく、自分が今どこにいるかわからなくなってしまうのではないかということ。

ウ　塚田（つかだ）さんが佑（たすく）のグチを聞き入れずに、校門までもどって最初からやりなおすように言ってきたこと。

エ　塚田さんが周囲の迷惑（めいわく）にならないかということばかりを気にして、佑に繰り返し注意をしてきたこと。

問十二　――線⑫「正しいかどうかの保証さえない場所」とありますが、「正しいかどうかの保証さえない」のはなぜですか。次のア～オの中から適当なものをすべて選び、その記号を答えなさい。

ア　あらかじめ道筋を組みたてておいたとしても、車や自転車、歩行者が立てるもの音や空気の流れに気をとられて、組みたてておいた道筋があやふやになってしまうことがあるから。

イ　頭の中に道筋を組みたてたとしても、ランドマークを正確に覚えるのは難しく、組みたてた道筋そのものがまちがっていることがほとんどだから。

ウ　ランドマークをたよりに道筋を組みたてたとしても、天気や周囲の環境、技術の進歩などで、音が簡単に消えてしまい、当てにならないことも多いから。

エ　音をたよりにして道筋を組みたてたとしても、実際の道では車や自転車、歩行者の立てるもの音に邪魔されてすべての音が消えてしまうから。

オ　時間をかけて念入りに道筋を組みたてたとしても、数日で環境は変化してしまうため、事前に準備すること自体が無駄になるから。

問十三　文中の［　　］にあてはまる言葉として最も適当なものを次のア～エの中から一つ選び、その記号を答えなさい。

ア　クサクサ　　イ　ドキドキ　　ウ　フワフワ　　エ　メソメソ

問十四　――線⑬「自分の口から出たその発言に、佑は傷ついた。」とありますが、「佑」が「傷ついた」のはなぜですか。次のア～エの中から最も適当なものを一つ選び、その記号を答えなさい。

ア　白杖で街を歩くなんて無理だと自分でもわかっていながら、それでも自分なりに頑張ってきた気持ちがプツンときれてしまったように感じたから。

イ　これまで晴眼者である塚田さんと自分の違いを意識したことなどなかったが、その違いを思い知らされ、引け目を感じてしまったから。

ウ　白杖歩行をがんばると決めたのに、それを自分の言葉で否定したことにより、自分自身を信じる気持ちが打ち砕かれたように感じたから。

エ　双葉に会いにいくために白杖歩行をがんばろうと自分自身で決めたのに、周囲からの反対に打ちのめされ、自分の無力さを感じたから。

問十五　――線⑭「空気が動いた。」とありますが、この描写はどのようなことを表現したものですか。次のア～エの中から最も適当なものを一つ選び、その記号を答えなさい。

ア　塚田さんの我慢が限界をこえ、佑に対する態度が大きく変化したこと。

イ　佑の心を抑えていたものがはじけ、くやしさ、悲しさ、怒りがうまれたこと。

ウ　目の見えない佑が、塚田さんの動きを空気の流れで感じとったこと。

エ　塚田さんと佑の揺るぎない信頼関係にヒビが入ってしまったこと。

問十六　――線⑮「友だちや知り合いは、木と葉っぱの関係に似ている気がする。」とありますが、「友だちや知り合い」が「木と葉っぱの関係に似ている」とはどういうことですか。「こと。」につながるように、文中から五十五字以内でぬき出し、その初めと終わりの四字を答えなさい。

問十七　――線⑯「灯台となって、佑の行く先を、足もとを照らしてほしかった。」とありますが、この時の「佑」の気持ちを説明したものとして最も適当なものを次のア～エの中から一つ選び、その記号を答えなさい。

ア　塚田さんやクラスメイトと上手くつきあえない自分の暗い性格に嫌気がさしており、自分とは対照的に明るさを失わない双葉のようになりたいと願う気持ち。

イ　塚田さんとの関係が壊（こわ）れてどのように修復すれば良いのかわからず途方（とほう）に暮れているので、双葉に判断を全（すべ）てゆだねてしまいたいと願う気持ち。

ウ　優しい塚田さんに対して一方的に心無い言葉をぶつけて傷つけてしまった自分を責めており、双葉に叱咤激励（しったげきれい）してもらいたいと願う気持ち。

エ　塚田さんにやつあたりをしてしまった自分が嫌で、これからどうしたらよいかもわからず、双葉に自分を導く心の支えとなってほしいと願う気持ち。

□二　次の漢字と言葉に関する問いに答えなさい。

問一　次の①～⑤の――線部のカタカナを、それぞれ漢字に直しなさい。

①　黒潮はダンリュウだ。
②　集団のシキをとる。
③　シュウショク活動を行う。
④　フンキしてやり直す。
⑤　赤くジュクした果実。

問二　次の①～④の――線部の漢字の読みを、それぞれひらがなで答えなさい。

①　人の命は尊いものだ。
②　冬至は昼が最も短くなる。
③　行司が軍配を上げる。
④　新しい方法を試みる。

問三　次の①～④の□にあてはまる体の部分を表す漢字を後の語群からそれぞれ一つずつ選び、慣用句を完成させなさい。

①　□がない
②　□が立たない
③　□であしらう
④　□をかかえる

【語群】
目　鼻　耳　歯　胸　口　頭

問四　次の①～④の――線部の言葉をそれぞれ言い切ったかたち（終止形）に直しなさい。

①　それほど高くない山。
②　静かに歩きましょう。
③　駅に向かって走る。
④　とんぼが飛んでいる。

品川女子学院中等部(第一回)

―50分―

一　次の(1)～(5)の――線部を漢字に直しなさい。

(1)　キボの大きい事業。
(2)　短所を長所でオギナっている。
(3)　小学校の教育カテイを終える。
(4)　スイスはエイセイ中立国である。
(5)　私の努力はトロウではなかった。

二　次の(1)～(5)の問いに答えなさい。ただし(1)～(3)はひらがなでもよいが、(4)(5)は漢字で答えること。

(1)　下の意味となるように、空欄(くうらん)に生物の名前を入れて慣用句を完成させなさい。
「彼(かれ)は先輩(せんぱい)の前だと、借りてきた□のようだ」…いつもと違(ちが)って、おとなしくしている様子。

(2)　下の意味となるように、空欄に体の部位を入れて慣用句を完成させなさい。
「すばらしい演技に、人々は□を巻いた」…とてもおどろいたり、感心したりする。

(3)　下の意味となるように、空欄に語を入れてことわざを完成させなさい。
「渡(わた)りに□」…ちょうどよく、とても都合のよいことが起きること。

(4)　――部の語句の対義語(反対の意味の語)を漢字2字で答えなさい。
売り上げが倍増した。

(5)　次の文章の空欄に漢字を入れて四字熟語を完成させなさい。
コンクールの応募(おうぼ)作品は、□□混淆(こんこう)だ。

三　次の文章を読み、あとの問いに答えなさい。(ぬき出しと字数が決められている問題は、すべて「、」「。」記号などを字数にふくみます。)

◇原稿(げんこう)を読んでいても「相手を見る」には

少人数の会話だけでなく、大勢の前で話すプレゼンテーションでも①相手を見ることはとても大切です。

プレゼンでは、スクリーンに映す資料を手元のパソコン画面で見ながら話すことが多いでしょう。その時、相手に語りかけるのではなく資料を読むように下を向いて話せば、伝わる力は小さくなってしまいます。「自分に話しかけられている」と感じられない聞き手は、他人事のように思えて話に集中できないからです。

原稿や資料は必ずしも覚えなくても構いません。覚えたことを思い出しながら話そうとすれば、頭の中の原稿を読むような話し方になります。その場合、目線は斜(なな)め上を向くでしょう。どちらにしても、相手を見ることができません。

大切なのは、相手に語りかけることです。原稿が必要な場合は読んでも構いませんが、②文の終わりで目線を上げるようにしてください。特に日本語は、文の終わりで肯定か否定かが決まります。「私は、○○だと思います」なのか「思いません」なのかは、文末で決まりますね。文の終わりの言葉はメッセージ性が強くなるので、聞き手と目を合わせたいのです。

皇室の方は、原稿を見ながらお話しされることが多いのですが、文の終わりには顔を上げて聞き手にしっかりと目線を合わせられます。伝えようとするお気持ちや丁寧さが伝わってきます。

もし原稿に目線を戻した時に、どこを話せばいいのかわからなくなってしまう場合は、話している箇所を指先で示しながら話を進めるといいでしょう。

原稿がない場合は、一人ずつ目を見て話してみてください。人前でする話は、「一方的に伝えるもの」と思われがちですが、相手と会話をするように話すと不思議なほどうまくいきます。大勢の人の前に立つと、それだけで緊張してどこを見ればいいのかわからなくなりますが、一度に目を合わせられるのは一人だけ。三人の目を同時に見ることはできません。ですから、ふだんの会話をするように一人に目を合わせて話をしたら、また違う人に目を合わせて今度はその人と話す。そうやって、一人ずつ会話をするように話していけば、聞き手の数が多くても自然な感じで話せて、緊張もおさまるでしょう。また聞き手の様子を見ながら話しているので、「この説明で伝わっているかな?」「ペースは速くないかな?」と相手の気持ちを自然に想像できます。

「話し上手な人」というと、立て板に水のように次から次へとスラスラ言葉が出てくるイメージがあるかもしれませんが、その人が話すのをよーく見てみてください。

話し上手な人ほど、相手をよく見ながら会話をするように話しているはずです。

〈話している途中で相手の態度が変わったら……〉

相手をよく見ながら話すようになると、相手が話についてこれなくなった時にわかるようになります。

相手のそんな様子に気づいたら、相手が感じていることを口に出せるきっかけをつくってみてください。

「ここまでの話でわかりにくかったところはありますか?」

「今の話を聞いて、どこか引っ掛かるところはありましたか?」

あるいは、相手が疑問や反論を持っている、という前提で次のように尋ねると、③<u>さらに本音を打ち明けてもらいやすい</u>でしょう。

「ここまでの話で、わかりにくかったところを教えていただけませんか?」

「今の話を聞いて、引っ掛かっているのはどんなところですか?」

このように尋ねると、相手は「わかりにくいところや引っ掛かっているところがある」と自分から切り出さなくてもいいので、思っていることを正直に話しやすくなります。

話の途中でわからないことがあっても、自分からはなかなか言いづらいものです。疑問を呈[注1]すると、相手の伝え方が不十分だと指摘しているように感じるからです。その時、聞き手は「聞く耳」を止めていますから、そのまま話をしても、伝わりにくいでしょう。相手が話を聞けなくなったら、できるだけ早くその理由を伝えてもらって、④見えないカベを取り払えるといいですね。

⑤自分が話している時に、相手から疑問や反論を投げかけられることは避けたいかもしれませんが、恐れることはありません。一人ひとり育ってきた環境も価値観も違えば、疑問や反論が生まれるのは自然なことだからです。

ある考えを「正しい」と思う人もいれば、「間違っている」と思う人もいます。「わかる」人と「わからない」人がいるのも当たり前。何も悪いことではありません。

それなのになぜ私たちは、自分の考えに同意してもらえないことを恐れるのでしょうか?

それは、「自分自身」と「自分の考え」を一体化して捉えているからです。考えていることを自分そのもののように感じているので、考えを否定されると自分を否定されたように感じるのです。

そこで、考えと自分を分けて捉えるようにしましょう。そうすれば、考えを否定されても、自分自身を否定されたわけではないことに気づきます。

そもそも、考えは変わるものです。ある時正しいと思ったことを、あとから間違っていたと気づくことはよくあります。

もし自分の信じている考えが間違っていたら、本当のことを知りたいと思いませんか? それとも間違った考えを信じ続けていたいでしょうか。

自分の考えに反論された時は、⑥自分を見直すいいチャンスなのです。

◇ぶつかるからこそ、わかり合える

自分と異なる意見を恐れていると、話が「かみ合わない」、相手と「わかり合えない」といった状態が変わることはありません。本音は語らず表面的に付き合ったり、自分と同じ考えの人を求めて、渡り鳥のように付き合う人を変えていく。そんな人間関係を求めている人はいないでしょう。

「わかり合える」とは、同じ意見になることではありません。意見が異なる人と対話をし、お互いになぜそう考えるのかを理解して受け入れ合うことが「わかり合える」なのです。

あるテレビ番組で、「わかり合えない」美容院が取り上げられていました。経営者があちこちに監視カメラを設置し、従業員の行動に目を光らせていたため、両者の関係がぎくしゃくしているのです。しかしその経営者が幼い頃に母親を失ったあと、妹や弟を守るために「自分がしっかり目を配っていなければいけない」と考えるようになった事実が明かされます。監視カメラを設置したのは、強い［　⑦　］からだったのです。

誰もが、⑧自分がいいと思うことをやっています。でも、その「いいこと」は人それぞれ。まわりからは理解できないような言動も、本人はそれがいいと思っている、あるいは他に方法を知らなくてそれがいいと信じているのです。

　その美容院の経営者は、「なぜそんなに従業員を監視するのか」「そんなに従業員を信用できないのか」と言われるまで、自分はいいことをしていると信じていました。そして、監視カメラ以外にも従業員を見守る方法があると知ると、カメラを外すことにしたのです。

　誰かとわかり合えない時、相手を責めたり関係を断ち切ったりすることは簡単です。でも、それってさびしいことですよね。

　誰もが、自分をわかってほしいと願っています。正確に言うと、自分が信じている正しさを認めてほしいのです。

　それならまずは自分から、⑨相手をわかろうとしてみませんか。**わかり合える関係は、どちらから始めてもいいのですから。**

（西任暁子『誰が聞いてもわかりやすい話し方』〈三笠書房〉より）

注１「呈する」……相手にさしだす。示す。

問１　――線①「相手を見ることはとても大切」なのはなぜですか。理由として最も適切と思われるものを次の中より一つ選び、記号で答えなさい。

ア　原稿や資料を見ずに話すことができる、伝える力のある人物だと相手に思わせられるから。

イ　覚えたことを思い出そうと斜め上を向いている話し手は、集中していないように見えるから。

ウ　聞き手と目を合わせて話すことで、伝えようとする気持ちや丁寧さを相手が感じられるから。

エ　目を合わせて会話のように話すと、相手の気持ちが想像できるので緊張がおさまるから。

問２　――線②「文の終わり」の役割として最も適切と思われるものを次の中より一つ選び、記号で答えなさい。

ア　他人事ではない印象を与える。

イ　話に集中している姿勢を示す。

ウ　肯定や否定の決め手となる。

エ　原稿から目線をはなしやすくする。

問３　――線③「さらに本音を打ち明けてもらいやすい」のはなぜですか。その理由を説明しなさい。

問４　――線④「見えないカベ」とはどのようなものですか。最も適切と思われるものを次の中より一つ選び、記号で答えなさい。

ア　相手の「聞く耳」を止める原因になっているもの。

イ　相手に「聞く耳」をもたれていないという自覚。

ウ　相手と目が合わないと自分が気付いていないこと。

エ　相手を見ないままで話し続けている自分の姿勢。

問５　――線⑤「自分が話している時に、相手から疑問や反論を投げかけられることは避けたい」のはなぜですか。その理由を説明しなさい。

問６　――線⑥「自分を見直すいいチャンス」とは、どのようなことですか。最も適切と思われるものを次の中より一つ選び、記号で答えなさい。

ア　間違った考えを信じている自分にとって本当のことを知るための大切なきっかけだということ。

イ　自分の考えが正しいか間違っているかについて、あらためて考え直すよいきっかけだということ。

ウ　本当のことを知りたいのか間違った考えを信じ続けたいのか、自分を見つめ直す好機だということ。

エ　自分と同じ考えの人たちとだけではなく異なる考えの人ともわかり合えるようになる機会だということ。

問7　⑦に入る語句として最も適切と思われるものを次の中より一つ選び、記号で答えなさい。

ア　心配と恐怖　　イ　正義感と義務感

ウ　責任感と愛情　　エ　危機意識と不信

問8　――線⑧「自分がいいと思うこと」と同じ内容の言葉を本文中より11字でぬき出して答えなさい。

問9　――線⑨「相手をわかろうとし」とありますが、「相手をわかろうとする」とはどのようにすることですか。説明しなさい。

四　高校3年生の佐々野円華の家は、長崎県の五島列島で曽祖父の代から旅館を営んでいる。コロナ緊急事態宣言以降も島外からの宿泊客を受け入れていたことで、円華の家族は島内の人々から厳しい視線を向けられるようになってしまう。円華も吹奏楽部への出席を自粛することにした。そんな時、同じ高校の三年生で島留学三年目の武藤柊と小山友悟から、山の上にある天文台の観測会に誘われた。円華は初めて天体望遠鏡を使って星を観察し、深く感動した。次の文章を読み、あとの問いに答えなさい。（ぬき出しと字数が決められている問題は、すべて「、」「。」記号などを字数にふくみます。）

円華が言う。

「お母さんがまた車で迎えに来てくれるはずだから。だから、武藤くんたち、先に帰っていいよ」

「いやー、それはさすがに」

意外なことに、小山の方がそう言う。「なあ」、「うん」と二人が顔を見合わせるのを見て、どうやら、女子をひとり残して行けない、と思ってくれたのだとわかる。

「迎えに来るまで、オレたちも一緒に待つよ」

小山が言ってくれて、「じゃあ」と①円華が提案する。

「山を下りるところまで、私も一緒に歩いていい？　お母さんには、山の下の神社のところに来てもらうように電話する」

今から電話すれば、それがちょうどいい気がした。武藤と小山が「わかった」と答える。

自転車を押す武藤と小山とともに、山を下り始める。円華も、まだこの二人と一緒にいたい気持ちになっていた。名残惜しい、というか。

「なあ、この山ってなんでこんなにきれいなの？」

山道の途中、武藤が聞いた。二人の自転車のライトの丸く淡い光が、曲がりくねった道の先をぼんやりと照らしている。

「きれいって？」

「他の山と違うじゃん。全体がこんもり、芝生の緑って感じで、これ、自然とこんなきれいになるのって、②前から疑問だった」

「あー、それは山焼きするから」

円華が答えると、小山が「え、山焼き？」と驚いたようにこちらを見る。その様子に、円華は、あ、知らないのか、と思う。

「三年に一度くらい、山を斜面から頂上へ向けて焼くの。そこからまた、こういうきれいな緑の芝生が生えてくるんだけど」

「ええっ、山を焼くって、相当すごいんじゃないの？」

「うん。結構壮観だよ。山焼きの様子がよく見えるカフェとかもあって、前の時はお母さんやお母さんの友達と一緒に見たなぁ」

「へえー、マジ、すげえな」

「うん。次の時には、武藤くんや小山くんにも見てほしい」

　天文台にはあんなに詳しくて、館長たちとものすごく親しいのに、彼らにも意外と知らないことがあるんだなぁ、と思うとおもしろかった。

　そこからは、三人で、ポツポツとただとりとめのない話をした。学校のこと、休校中どんな過ごし方をしていたか、最近読んだ本や、見たテレビ番組のこと。そう深い話をしたわけではなかったが、軽くそういうことが話せる、ということそのものが、③とても楽しかった。

　山道が終わり、視界が開けた道に出てすぐの神社の前にライトをつけた母の軽自動車がすでに待っていた。ラジオを聞いているのか、微かに音が洩れている。

　武藤と小山の姿を見て、今度こそ何か言われるだろうな——と覚悟しながら車の前まで行くと、男子二人が、運転席の母に向けて無言でペコッと頭を下げた。そのまま、自転車に跨がる。

　武藤たちのお辞儀を受けた母が、特に驚いた様子も見せずに会釈を返す。それどころか、わざわざ窓を開けて、二人に「送ってもらってすみません！」と声をかけたので驚いた。武藤と小山が、礼儀正しく「いいえ！」と振り返り、「佐々野さん、じゃあ、また」と自転車で行ってしまう。

「あ、うん。また！」

　車のライトを背に受けて走り去る二人に向けて、急いで返事をする。母の車に乗り込み、シートベルトを締めながらお礼を言う。


「お母さん、ありがとう」

「あの子たち、クラスメート？」

「ひとりはそう。二人とも留学の子で、前から天文台によく来てるんだって」

「そう。じゃ、二人ともうちの近くの寮に住んどるの？」

「眼鏡の子の方はそう。もうひとりは、島の漁師の家に[注1]ホームステイしてる」

「ああ、じゃあ、野球がうまい子やろ。ホームステイを選んだ子がいるって聞いたことがある」

　島の情報網はさすがだ。感心しつつも、母が相変わらず何も聞かないので、④円華の方で観念する。

「[注2]小春たちと一緒だと、思ってた？」

　別に言わなくていい——と思いつつも、つい聞いてしまったのは円華の中でも母に話したい気持ちが燻っていたからだと、口に出したことで気づいた。本当は、ずっと話したかった。

　返ってくる母の声は、しかし、のんびりしていた。

「ううん。でも、そうか。今日は一緒じゃなかったんだ」

「うん」

　母が車を出す。エンジン音がしてすぐにラジオを止め、車内が静かになった。街灯がほとんどない道に向け、車がゆっくりと発進する。そのタイミングで、母がふいに言った。

「実は昨日ね、浦川先生から電話があったと」

「え！」

「円華、部活、休むことにしたんだってね」

返事ができなかった。咄嗟に思ったのは、⑤母とその話はしたくない、ということだ。

　うちは家が旅館で、県外のお客さんも来るし、落ち着くまで自粛しようかな、と思って——だから、しばらく部活は休みたい——そう先生に言ってしまったのは円華だけど、そのことで母に謝られたりするのは違う、と思っていた。そんなふうになるのは、ものすごく嫌だ。

　母が、ズバリと聞く。

「嘘ついたやろ。お母さんたちも、しばらくはそれもいいんじゃないかって言いよるって」

「——ごめん」

　気まずくて、唇を噛む。その先を聞くのが怖かったけれど、尋ねる。

「先生、なんて言ってた？」

「『円華さんに、よくないって言ってもいいですか』って聞かれた」

「え？」

「円華さんや、お母さんがいいと言っても、私はよくないと思う。『しばらくはそれもいい』なんてことはない、高校三年生の一年は今年しかないから、部活に戻ってきてほしい、あきらめないでほしいって言いよった」

　不意打ちだった。

　注3ヨーコちゃん！　と胸いっぱいに呼びかける。

　あの静かな表情の下に、そんな熱い思いがあるなんてまったく想像できなくて——でも、母の今の言葉が、しっかりと、ヨーコちゃんの声で再現できる。

　しばらくはそれもいい、なんてことはない。——あきらめないでほしい。

　あまりの不意打ちに、涙が出そうになってあわてる。唇の裏で歯をしっかり噛み締めて母を見ると、前だけを見て運転していた母が初めて、円華を見た。

「本当はね、浦川先生からは、電話したこと、円華に⑥黙っとってほしいって言われた。でも、話しちゃった。ごめんね」

ん、と頷くのが精一杯だった。

　母が言う。前に向き直りながら、だけど、強い口調で。

「お母さんも同じ考え。しばらくはそれもいい、なんてことない。円華には、うちのことで迷惑かけるけど、お母さんもあきらめたり、仕方ないなんて思いたくない。一緒に考えよう」

　フロントガラスの向こうに、武藤と小山の自転車の背中が見えてくる。さっき別れたばかりなのに、男子、自転車、すごく速いなぁ、と感心していると、追い越す時、母がプッと軽いクラクションを鳴らした。

「円華、窓開けたら」

　母の声に円華も頷いて窓を開け、二人に向けて顔を出す。

「またね！」

　声に、マスクをした二人が自転車を漕ぎながら「おー」と手を振ってくれる。

　二人の姿を、窓から顔を出して、見えなくなるまで目で追いかける。視界に武藤たちが見えなくなった頃、母が言った。

「あの子たち、最近仲良くなったと？」

「うん。私が部活行ってないの、気にしてくれたみたいで誘ってくれた」

「そう」

「声かけてくれて、新しく、友達になったの」

友達、という言葉を口にする時、胸がぎゅっとなった。

「そっか。コロナも悪いことばっかりじゃないかね」

穏やかな声で母が言う。

今、うちの旅館や島の観光業は大打撃を受けていて、そのせいで、母や父、祖父母がどんな気持ちでいるかを円華は知っている。⑦その母が、だけどそんなふうに言ってくれる。

仕事、というのが単純に、お金を得るためだけのものじゃないということも、円華は、緊急事態宣言が出されていたこの春の間に思い知っていた。宿泊のお客さんが少なくても、母も円華も、普段通り、ロビーに飾る花を用意する。従業員のみんなも使わない部屋の分も布団を干すし、大浴場の準備をきちんとする。コロナが奪ったのは、収入だけじゃない。日々、当たり前にしてきたはずの生活、日々の営みの価値や尊さがどんなものか、円華にもわかり始めている。

「うん」

円華は頷く。

今は胸がいっぱいで話せないけど、家に帰ったら、母に今日見た星の話をしよう。きっと家の近くでも星は見える。春の大曲線と大三角形[注4]の見つけ方が、今の円華にはもうわかる。

母たちにも教えてあげたい、と思った。

(辻村深月『この夏の星を見る』〈KADOKAWA〉より)

注1「ホームステイ」……留学生などが滞在地の家庭に寄宿して、家族の一員として生活すること。

注2「小春」……吹奏楽部の友達。

注3「ヨーコちゃん」……吹奏楽部顧問である浦川先生のあだ名。

注4「春の大曲線と大三角形」……春の星座探しの目印になる明るい星を結んでできる形。

問1　――線①「円華が提案」したのは、どのような意図からだったと思われますか。説明しなさい。

問2　――線②「前から疑問だった」と話す武藤の言葉を聞いて、円華はどのようなことに気づきましたか。最も適切と思われるものを次の中より一つ選び、記号で答えなさい。

ア　島に留学して長く島の生活を体験してきた武藤が、島の行事に対しても並々ならぬ興味を持っているのだということ。

イ　島留学生らしいおおらかな性格だと思っていた武藤が、実は些細なことを気にする神経質な性格であったということ。

ウ　島に留学しに来た武藤が、島の豊かな自然に深い関心を持っており、かなり鋭い観察力の持ち主であるということ。

エ　島に留学してもう三年目になる武藤だが、島の文化に関する知識については、意外にむらがあるのだということ。

問3　――線③「とても楽しかった」のはなぜですか。最も適切と思われるものを次の中より一つ選び、記号で答えなさい。

ア　武藤と小山が、円華に関心を持って特別扱いをしてくれていることがわかって嬉しかったから。

イ　武藤と小山と一緒に、何気ない話題で気楽におしゃべりする時間を持てたことが嬉しかったから。

ウ　留学生の武藤と小山が、学校外でも島での生活を楽しんでいるということを知って嬉しかったから。

エ　読書やテレビ視聴について武藤と小山がどんな好みなのかを知る

ことができたことが嬉しかったから。

問4　――線④「円華の方で観念する」とありますが、それはなぜですか。最も適切と思われるものを次の中より一つ選び、記号で答えなさい。

ア　島の情報網(じょうほうもう)にかかれば、遅(おそ)かれ早かれ母の耳にもいろいろな情報が入ると思ったから。

イ　母が円華の行動の変化にいち早く気づくと思っていたが、気づいてくれなかったから。

ウ　母が黙(だま)っている理由について確かめてみたいと思う気持ちが抑(おさ)えきれなかったから。

エ　小さなことではあるが、母に話していなかったことに居心地(いごこち)の悪さを感じていたから。

問5　――線⑤「母とその話はしたくない」と思ったのはなぜですか。説明しなさい。

問6　――線⑥「黙っとってほしい」と言われたにもかかわらず、母が円華に電話があったことを話したのは、電話の内容を伝えることに加えて、どのようなことを伝えたいと思っていたからですか。説明しなさい。

問7　――線⑦「その母が、だけどそんなふうに言ってくれる」とありますが、この時円華は、母のどのような気持ちを感じ取っていますか。最も適切と思われるものを次の中より一つ選び、記号で答えなさい。

ア　現状を客観的に分析(ぶんせき)した言葉をかけることで、娘に冷静な判断を促(うなが)そうとする母の気持ち。

イ　新しく男の子の友達ができたことを隠していた娘を明るくからかい、許そうとする母の気持ち。

ウ　苦しい状況(じょうきょう)の中でも前向きな言葉を口に出すことで、自分自身を慰(なぐさ)めようとする母の気持ち。

エ　失ったものに目を向けるのではなく、娘が得たものを一緒に喜びたいと思っている母の気持ち。

問8　コロナ禍(か)による苦境の中でも仕事を続ける大人たちの姿は、円華にどのようなことを教えてくれましたか。本文中から10字～12字でぬき出して書きなさい。

十文字中学校（第一回）

―50分―

◎文中からそのまま抜き出して答える場合、句読点や記号は一字とすること。また、ふりがなのある漢字は、ふりがなをつけなくてもかまいません。

一　次の文章を読み、後の問いに答えなさい。

　室井さつきは、小学校五年生のときに、両親とともに札幌から沢北に引っ越した。しばらくして、同級生の小山内理子に「ジャンプをやってみない？」と誘われた。理子は地元でも有名なスキージャンプの選手で、将来はオリンピック選手候補と言われていた。ある日、さつきは理子に誘われて、ジャンプの大会である「吉村杯」を見に行った。そのとき、理子がテストジャンパー（選手の前に飛ぶジャンパー）として飛ぶ姿を見て興味を持ち、少年団に入ってジャンプを始めた。さつきはぐんぐん上達し、中学二年生になるころには、有力選手の一人となった。一方、理子は、成長にともなって大人の体型になり、記録も伸び悩んでスランプにおちいった。ジュニア合宿以来、理子が練習に参加しなくなったことを心配したさつきは、理子と直接会って話す決心をした。

「理子、ごめんね」

「なにが？」

「勝手に理子のおうちに行って、理子のお母さんと話して、理子が言ったことも私のお母さんに勝手にばらして」

「ううん、良かったよ。私一人じゃ煮詰まって（注1）どうにもならなかったもの。体も……ボロボロになってただろうし」理子はいったん言葉を切り、「もしかして、冬に斉藤さんに言われた弱点とか経験とか、そういうこともおじさんとおばさんに教えた？」と鋭いところを突いた。

　さつきは嘘はつけなかった。「ごめん……すごいおせっかいだとはわかってたけど」

「あのとき、さつきもいたもんね。でも、本当はあれだけじゃなかったんだ。夏の大会のときにも……」

　理子は斉藤選手と施設裏でかわしたやりとりを、聞こえてしまった部分も含めて、さつきに教えてくれた。

「これもあまり驚かないね。もしかして……」

　さつきは思い切り謝った。「ごめんなさい！　あのときの理子の様子がどうしても気になって」

「そういえば、斉藤選手を呼んだとき、さつき、後ろにいたね」

「ごめんね。気になったから後を追って……最後のほうの斉藤選手の声しか聞こえなかったけど、甲斐（注3）さんと一緒に近くにいたの」

「甲斐さん？」名前を出してから、理子は軽く頷いた。「そういえば彼女もいたね。そっか。じゃあ大体は知っていたんだ。隠す必要、あまりなかったね」

「どうしても理子に戻ってきてほしくて、お父さんとお母さんにⓐソウダンしちゃったの。怒ってる？」

　おそるおそる尋ねると、「ちょっと目をつぶってくれる？」と言われた。

　そのとおりにすると、眉間を軽くはじかれた。

「このデコピンでちゃらね」理子はくすくす笑った。「そうだね、圭介（注4）

だったら怒るかも。要らないおせっかいはするな、そういうところがわからないから鈍感なんだ、とか」

「そういえば私、理子の家に行くとき、圭介にすごく呆れられた。ジュニアの合宿前から理子は悩んでいたのに、一番近くにいて気づかないなんて鈍い、みたいな」

「そうだね……圭介みたいにイライラする人もいるかもしれないけれど、私はさつきのそういうところ、嫌いじゃないよ。私がこんなことで悩んでいるの、本当は誰にも知られたくなかったから。どうにもならなくなるまでは、さつきがわりと普段どおりで良かった」

理子は素直だった。「私ね。おじさんおばさんと話して、お母さんとも話して、ジャンプを始めたころのことを、思い出せた」

軽トラックがⓑタイコウ車線をかけぬけていく。

「そのころの理子、見たかったな」

本心を打ち明けると、理子は□を竦めてにこっとした。「どうして？」

「かわいかったんじゃないかなって」

理子はⓐ面食らった表情をしてから、今度は声を出して笑った。

「同じだったと思うよ、少年団にいるその年頃の子たちと」

「そうかあ。じゃあ、やっぱり楽しかったんだね」

「うん、そうだね」

「理子のお母さん、言ってた。私が入団した日、すごく嬉しそうに帰ってきたって……私それを聞いて、飛んじゃいそうに嬉しかった」

「……うん。実際、嬉しかったもの」

刈り取りを終えた小麦畑には、転々と巨大なロールケーキみたいな麦のⓒ束がある。

「さつきが入ってくれて、嬉しかった。怖がっているのに背中を押したのは、ちょっと悪かったかなって思っているけど、すぐに楽しかったって言ってくれて、本当に……。その日のうちに何度も飛んでいるのを見て、この子と一緒に飛べたら楽しいだろうなって、心から思った。でも」

ごめんねと、一言前置きをして、理子は静かに言った。

②「さつきを誘わなければ良かったって思ったことも、あるんだ」

理子の涼しげな目がまっすぐにさつきに突き刺さってくる。

「さつきがあまりにも楽々と飛んで、どんどんうまく、強くなっていくから。いつか追い抜かされるって、焦って、怖くて。負けるのが、怖くて」

③さつきさえ誘わなければ、こんな思いをしなくてすんだのに――そう後悔してしまうこともあったのだと、理子は告げた。

(注5)「実際、もう負けちゃったし」

一瞬だけ逸らした理子の眼差しは、かすかな悲しみの色を帯びていた。

「でもね」理子はまた視線を戻した。「それでも私、さつきのジャンプ、好きだよ」

「理子……」

「ジャンプって、スタート(注6)から接地まで神経をいっぱい使って、ほんの何秒かの間にたくさんのことをしなくちゃいけないのに、さつきはすごく自然にそれをやっているみたいで、まるで、風を友達にして運んでもらっているように見えるの。空中姿勢も私よりいいし」

すごく自由な姿だと、理子は唇をほころばせた。

④「だから、大好き」

さつきは理子の、鞄を持っていない空いている手をきゅっと握った。

「私も理子のジャンプ、大好きだよ。きれいで……本当にきれいで。最初からずっとそう思ってた。吉村杯のテストジャンプのときから」

「ありがとう」

「また、見たいの。一緒に飛びたい」

風になびく髪の毛をそっと押さえた理子に、さつきは訴える。「私だってわかる。六年生の夏、理子が私のことをお父さんに褒めてくれたように、私は理子のすごさがわかる。誰よりわかる。サマージャンプ(注7)では、私は理子より確かに飛んだけど、でも理子に勝ったとは、思ってない」

「どうして？」

⑤「だって、足を骨折しているボルト(注8)に勝ったって、誰も私のほうが足が速いなんて思わないでしょ？」

理子は苦笑した。「なにそれ？」

「斉藤さんだって、体型変化で不調になるとしても、それは一時的なものって言ったんだよね？　だったら絶対また飛べるよ」

「絶対なんてことはないよ。もしかしたらこのままかもしれない。誰も保証も約束もしてくれない」

⑥「約束がなかったら、だめなの？」

さつきは立ち止まった。さつきに手を握られている理子も、足を止める。

「一番最初にジャンプしたときは、なんの約束もなかったでしょ？　理子は誰かに、あなたはすごい選手になる、ずっと勝ち続ける、将来はオリンピック選手になるって約束されたから、ジャンプを始めたわけじゃないよね？」

理子に伝えたいことが心の中でいっぱいになって、さつきはどういう言葉でそれらを表現していいのかわからない。だからせめてとばかりに、握る手に力を込める。

「理子も最初飛べなくて、永井コーチに背中押されたんだよね。それからどうしてジャンプ続けようって思ったの？」

ⓓイタいと言われるかもしれなかったけれど、さつきは握る力を緩められなかった。

「ただ単純に好きになったからじゃないの？　楽しかったからじゃないの？　私はそうだったよ。言ったよね、理子のお母さんの言葉。私が入団した日、理子は嬉しそうに帰ってきたって」

「さっき、聞いた」

「理子のお母さん、まるで、入団したばかりのときに戻ったみたいだったって、言ったんだよ」

町中へ向かうバスが、二人を追いこしていく。

「勝つのも嬉しいけど、それよりもなによりも、私はジャンプが好きで、理子と一緒に飛ぶのが楽しいから飛んでるよ」

「さつき……」

「負けるのって嫌なことだっていうのはわかるよ。理子の本当の悔しさとか、辛さとか、そういうのはなにからなにまでわかってないかもしれないけど、いい気分じゃないことくらいはわかる。でも、それは全部を消しちゃうものなのかな。楽しさや嬉しさも全部消えちゃうの？」

低い山際(注9)に落ちるぎりぎり手前の夕日が、理子の顔を横から照らして、その瞳の色を薄く透けさせる。

「私は、もう一度理子と飛びたい。理子だって心のどこかでは、このままやめたくないって思っているよね？　お母さんから聞いたの。理子、昨日お母さんが勧めたお菓子を食べなかったって。もしやめる気なら、体重とか体型とか、もう気にする必要ないもん。違う？」

理子は微笑んだ。「違わないよ」

「私、理子がいると強くなれる気がするんだ。もっと飛べる気がする。そして、理子がお父さんに言ってくれたことを証明したい。それから……ちゃんと、本当に、理子に勝ちたい。迷っている途中の理子じゃなくて、本当の理子に勝ちたい」

理子は力のある眼差しで、きちんとさつきを見返している。

さつきは思い切って、一番重要な問いを投げかけた。

「理子。ジャンプ、嫌い？」

理子は首を横に振った。

「ううん、大好きだよ」

はっきりと、力強く、理子は断じた。「大丈夫。私、もう答えは出してるの。決めたからお礼にも来たんだよ」

やめない。斉藤選手を見返す。

⑦理子の手がさつきの手をぎゅっと握り返してきた。

歩いて帰るはずの道のりの半分くらいで、陽はすっかり落ちて、あたりが暗くなってしまった。

歩けないこともないけれど、停留所と待合小屋ⓔを見つけて、そこでバスを待つことにする。理子は鞄の中から財布を取り出し、小銭を確認した。

明日から練習に行くと、理子は言った。

「うん、うん。一緒に行こう」

（今までみたいに）

「あのね、おじさんとおばさんは私の『弱点』のヒントをくれたの」

「じゃあ、『弱点』がもしかしてわかった？」

確認するさつきに、理子はこっくりと首を縦に振った。

「自慢に聞こえるかもしれないけれど、私、この夏みたいに負けたことってなかった。そうなの、ジャンプを始めてすぐにうまく飛べるようになって、それからなに一つ、つまずかずに来た——ちょうど今のさつきと同じ。おじさんとおばさんに言われて順を追って振り返ってみて、⑧これかな、って思った」

斉藤選手が『弱点』を指摘したのは、まだ理子が勝ち続けていた冬のシーズンだった。

「もしかして、負ける経験をしていないことがそうかもしれない……うん、それだけじゃなくて」

理子は自分自身に言い聞かせるような口ぶりだった。

「負けて、スランプの時期を過ごして、辛い思いをして、なおかつそれを乗り越える、そんな経験のことを、斉藤さんは言ってたのかなって。もちろん、これが本当に正解かどうかはわからないけれど」

理子は待合小屋の中のベンチに腰かけながら、その場にさつきしかいないのに、満座の聴衆を前にしているかのように、きりりと背を伸ばした。

「負けを知って、それでも諦めずに、投げ出さずに練習を続けて、苦しい時期を耐える経験は、絶対マイナスにならないと思うの。たとえ、最終的に報われなかったとしても」

その言葉は、とてもスムーズにさつきの胸の内に落ちた。

(ああ、そうだ。きっとそのとおりだ。)

そして、さつきの頭に今よりも幼い理子の声がよみがえる。

(あれと同じだ)

「理子は正しいよ」

さつきは心をこめて告げた。

「だって、理子自身が最初に言ってたでしょ?」

なにを? という表情をした理子に、今度はさつきからあの言葉を返す。

「『向かい風は、大きく飛ぶためのチャンスなんだよ』」

理子の唇が、あ、という形に開き、続いてきつく引き結ばれ、それからゆっくりと微笑みを作る。

「忘れてなかったんだ、さつき」

「忘れるわけないよ」

⑨理子は、宵の明星(注10)が輝く西空を見た。

「今はチャンスだったんだね。だから」

もう逃げない。

どんなに辛くても這いあがってみせる。

「さつきは私に勝ったと思っていないと言ってくれたけど、事実私は負けたんだから」

理子の横顔はきりりと凜々しく、暗がりの中でもなによりきれいだった。

「今度は私が、さつきを追いかける。そして、追い抜く」

さつきは、まだこんな経験をしていないんだから——理子は語気も強く言い切る。

「これを乗り越えられたら、私は前より強くなる。負けたくない。さつきにも、甲斐さんにも、斉藤さんにも。なにより、逃げたい気持ちにも」

バスのヘッドライト(注11)が近づいてきた。

(乾ルカ『向かい風で飛べ!』〈中公文庫〉)

(注1)煮詰まって……行きづまり、頭が働かなくなって。

(注2)斉藤さん……スキージャンプの選手で、現在は大学生になっている。以前、体型変化による不調に悩んでいた。

(注3)甲斐さん……理子やさつきと同級生の選手で、二人のライバルでもある。

(注4)圭介……理子の幼なじみで、スキージャンプの選手だったが、現在は競技を中断している。

(注5)「実際、もう負けちゃったし」……理子は、サマージャンプの大会で初めてさつきに負け、優勝をのがした。

(注6)接地……地面につくこと。ここでは、スキーの板が雪面につくこと。

(注7)サマージャンプ……雪の降らない夏に行うスキージャンプのこと。

(注8)ボルト……ウサイン・ボルト(一九八六〜)。アフリカのジャマイカ出身の陸上選手で、100メートルの世界記録を持っている。

(注9)山際……山に接している空。

(注10)宵の明星……日が沈んでから、西の空に見える金星。

(注11)ヘッドライト……車の前方についているライト。

問一　══線ⓐ〜ⓔの漢字はひらがなに、カタカナは漢字にそれぞれ直して書きなさい。

問二　――線①「すごいおせっかいだとはわかってたけど」とありますが、本文中における「おせっかい」の内容として最も適当なものを次の中から選び、記号で答えなさい。

ア　理子を心配するあまり、圭介にまで理子の個人的な事情を聞き出そうとしたこと。
イ　斉藤選手と理子の問題なのに、よけいなことをして二人の関係を悪化させたこと。
ウ　頼まれてもいないのに、理子に関する話をさつきの両親にしてしまったこと。
エ　両親だけでなく、甲斐さんや圭介にまで理子の秘密を漏らしてしまったこと。

問三　□に入ることばとして最も適当なものを次の中から選び、記号で答えなさい。

ア　腕　イ　首　ウ　目　エ　肩

問四　～～線Ⓐ「面食らった」・Ⓑ「凜々しく」の意味として最も適当なものをそれぞれ次の中から選び、記号で答えなさい。

Ⓐ「面食らった」
ア　弱みを突かれてはっとした
イ　突然のことに驚きあわてた
ウ　褒められて恥ずかしくなった
エ　場違いな意見にがっかりした

Ⓑ「凜々しく」
ア　落ちつきはらっている
イ　むじゃきで純粋である
ウ　強がって無理をしている
エ　姿や態度がひきしまっている

問五　――線②「理子の涼しげな目がまっすぐにさつきに突き刺さってくる」とありますが、この場面における理子の様子の説明として最も適当なものを次の中から選び、記号で答えなさい。

ア　嫌がるようなことをわざと言って、さつきがどのような態度に出るのか見きわめようとしている。
イ　さつきの無神経な態度にすっかりあきれ、さつきとの関係を終わりにしたいという意思を示している。
ウ　感情にまかせるのではなく、ことばを選び、さつきに対して正直な気持ちを伝えようとしている。
エ　素直で正直なさつきの態度に感動し、自分もさつきのように、ありのままの姿を見せようと決めている。

問六　――線③「さつきさえ誘わなければ、こんな思いをしなくてすんだのに――そう後悔してしまうこともあったのだ」とありますが、理子はどのような気持ちを抱いていたのでしょうか。「さつきさえ誘わなければ、～のに、と後悔する気持ち。」の形になるように、二十五字以上三十五字以内で答えなさい。

問七　――線④「さつきは理子の、鞄を持っていない空いている手をきゅっと握った」とありますが、このときのさつきの気持ちとして最も適当なものを次の中から選び、記号で答えなさい。

ア　理子に自分の気持ちを精一杯伝えようとしている。
イ　理子に、本音を話してほしいと思っている。
ウ　理子をなんとかして引きとめようとしている。
エ　理子も自分のことを好きだと知り、ほっとしている。

問八　――線⑤「だって、足を骨折しているボルトに勝ったって、誰も私のほうが足が速いなんて思わないでしょ?」とありますが、このたとえ話の中でさつきが言おうとしていることは何ですか。「〜ということ。」に続くように、三十字以上三十五字以内で答えなさい。

問九　――線⑥「約束がなかったら、だめなの?」とありますが、このとき、さつきが理子に言いたかったこととして最も適当なものを次の中から選び、記号で答えなさい。

ア　オリンピックに出るようなすごい選手になるからジャンプを始めたのではなく、楽しいから始めたはずなので、始めたばかりの頃の気持ちに戻り、ジャンプを続けると決断してほしい。

イ　自分は、理子のような選手になりたいと思ってジャンプを始め、今はジャンプが楽しくてしかたがないので、理子にも自分と同じようにジャンプを楽しんでほしい。

ウ　約束や保証があることによって理子ががんばれるのであれば、オリンピックに出るようなすごい選手になると約束してあげるので、どうか自分と一緒にジャンプを続けてほしい。

エ　あと少しでオリンピック出場の夢がかなうのに、それをあっさりあきらめてしまうのはあまりにもったいないので、ジャンプをやめてしまおうという考えは改めてほしい。

問十　――線⑦「理子の手がさつきの手をぎゅっと握り返してきた」とありますが、このときの理子の意志として最も適当なものを次の中から選び、記号で答えなさい。

ア　自分を追い詰めた斉藤選手に勝って、自分のほんとうの実力を証明したい。

イ　心の整理はすでについたので、これからもジャンプを続け、さらに成長したい。

ウ　今後は、自分を支え、勇気づけてくれたみんなのためにジャンプを続けたい。

エ　さつきが自分を叱(しか)ってくれたことに、心から感謝の気持ちを伝えたい。

問十一　――線⑧「これかな、って思った」とありますが、理子は、自分の弱点が何であることに気づいたのでしょうか。これより後の本文中にあることばを使って、「〜こと。」に続くように、二十五字以上三十五字以内で答えなさい。

問十二　――線⑨「理子は、宵の明星が輝く西空を見た」とありますが、この場面から読み取れる理子の気持ちとして最も適当なものを次の中から選び、記号で答えなさい。

ア　どん底にいる自分にとって、宵の明星のように自分を照らしてくれるさつきの存在をありがたいと感じている。

イ　自分を追い抜いたさつきに複雑な気持ちをいだきながらも、さつきに追いつきたいという思いを新たにしている。

ウ　以前さつきにかけたことばが、今は自分を励(はげ)まし、導くことばとなって、前向きな気持ちになっている。

エ　自分も誰かを勇気づけ、励ますことができるのだということに気づき、もっと強い人間になろうと誓(ちか)っている。

問十三　==線「向かい風は、大きく飛ぶためのチャンスなんだよ」ということばの意味として最も適当なものを次の中から選び、記号で答えなさい。

ア　いつスランプが来てもいいように心の準備をすることが、勝利に近づくための大切な一歩となる。

イ　ライバルが多ければ多いほど「負けたくない」という気持ちが強くなり、心も体も鍛えることができる。

ウ　誰も分かってくれないと思っている時でも、自分を理解してくれる人は必ずいて、自分を助けてくれる。

エ　困難な状況から目をそむけずに立ち向かい、乗り越えることによって、ひと回り成長することができる。

二　次の文章は、「人はなんのために生きるのでしょうか」という問いに対して、二人の哲学者が答えたものです。Ⅰ と Ⅱ の文章を読み、後の問いに答えなさい。

Ⅰ 佐野洋子の『100万回生きたねこ』という絵本があります。主人公のトラ猫は、何度死んでも生まれ変わることのできる猫でした。死ぬたびに飼い主たちは猫の(注1)死を悼んで涙を流しますが、①猫はその様子を冷ややかに眺めるだけでした。あるとき野良猫に生まれて自由な生活を(注2)満喫していた主人公は、一匹の白い猫に恋心を懐きます。やがて二匹は結ばれて、たくさんの子猫に恵まれて幸せな日々を過ごしますが、年老いた白猫は先に息を引き取ります。猫は悲しくて、何日も泣いたあげく、白い猫のそばで動かなくなります。猫は、今度ばかりは生き返ることはありませんでした…。

どうして主人公は生まれ変わって、新しい生を求めようとはしなかったのでしょうか。「ねこは、白いねことたくさんの子ねこを、自分よりもすきなくらいでした」という言葉が(あ)鍵になるように思います。猫は100万回の生死の果てに、その人(猫)なしには生きる意味を見出しえない存在に出会ったのです。初めて自分よりも大切なものを見つけたのです。

私は、自身より価値あるものの探求と発見こそが、何のために生きるのかという問いに対する一つの答えではないかと思っています。古典には、それを(注3)示唆するようなたくさんのエピソードが綴られています。

平安時代の説話文学『今昔物語集』の一話です。昔、ある寺に一人の僧が住んでいて、(注4)『法華経』を読むことをⓐ日課としていました。いつしかそこに龍がⓑタズねてきて、読経を聴くようになりました。僧と龍はとても仲のいい友人になりました。

ある年、(注5)畿内はひどい日照りに襲われました。まったく雨が降らず、すべての穀物は枯れてしまいそうになりました。この当時、雨を司っているのは龍であると信じられていました。龍と仲のいい僧の話を聞いた天皇は彼を呼び出し、龍に頼んで雨を降らせるようⓒ厳命し、それができないなら僧が日本にいられなくすると申し渡しました。

寺に帰った僧が②このことを龍に話すと、龍は実は雨を支配しているのは自分ではなく、天界に住む守護神であること、もし自分が勝手に天の「雨戸」を開いて雨を降らせれば、神々に殺されてしまうと話しました。その上で、長年の恩に報いるためにあえて雨戸を開けるが、自分の死体のある池のほとりに供養のために寺を建てて欲しいと告げて、③天に昇っていきました。

果たして龍の言葉通り、すぐに雨が降り始め、三日三晩止むことはありませんでした。雨が上がった後、龍が話した山上の池をタズねると、水は紅く染まり、池のなかにはばらばらになった龍の死骸がありました。

僧は龍の願い通りそこに寺を建て、冥福を祈りました……。

〈中　略〉

Ⅱなんのためにという問いは、私たちに選択と決断を迫るものであり、私たちはその答えを自分自身で追求していくしかないのです。重要なことは、「なんのために生きているのか」ではなく、「どのように生きていくのか」にほかなりません。

このことを考える手がかりとして、(注6)フリードリヒ・ニーチェの自伝『この人を見よ』を紹介します。ニーチェが自身の(注7)思索の遍歴と主要な著作について(注8)回顧したこの著作には、彼の思想の(注9)エッセンスがつまっています。題名の「この人を見よ」は新約聖書に由来しますが、注目すべきことはニーチェがこれに「ひとはいかにして本来のおのれになるか」(手塚富雄訳)という副題をつけていることで、この言葉こそが全篇を貫くテーマとなっています。

〈中　略〉

ニーチェのこの問いは、「自分自身を一個の運命のように受けとること、自分が『別のあり方』であれと望まぬこと」、すなわち「運命愛」によって今の自分自身を全面的に肯定することを、私たちに促すものです。私たちに与えられているのは、現に生きているこの人生だけであり、ほかにはなにもありません。そして、④そこでなにをなしとげるかは自分自身の生き方によって確認していくしかないのです。今の自分の(注10)境涯を嘆いて「別のあり方」を望んだところで、⑤それは空しいことです。

[A]今の自分を「一個の運命」として決然と受け入れることで、積極的で力強い生き方が可能となります。[B]ここでニーチェが私たちに問いかけているのは、「どのようにしてこの自分を生き抜くか」ということにほかならないのです。

そうした私たちのⓓソウゾウ的な生き方を可能にするのは、精神の自由な(注11)飛翔であり、それは自分に対する確固たる自信と信頼によってますます輝かしいものとなります。「『このことができるのはわたしだけだ』と認識する」自由において、私たちはもっとも生き生きとした精神的活動ができるのだと、ニーチェは述べています。さまざまな可能性があるなかで、ⓔ自らの主体的選択により本来的な自分を切り開こうとするとき、みなさんの未来は実り豊かなものとなり得るのです。「わたしは自分の未来を――ひろびろとした未来を！――静かな海を見るような気持ちで見ている」。

とはいえ、みなさんはこれから先の人生において、さまざまな挫折を味わい、苦い涙をいくたびも流すかもしれません。「今までよりいっそうおぼつかなく、いっそう感じやすく、いっそうもろく、いっそう打ちくだかれた状態」になって、⑥前途に希望を感じられなくなることもあるでしょう。[C]、みなさんは自身で選択した進路を戸惑いながらも歩み続けることで、「いっそう豊かになり、新しい自分になり」、「まだ名づけようもない希望にみち、新しい(注12)意志と奔流」にみちた自分を感じ取って、より高い自己への向上を目指すようになるはずです。

今ある自分とその境涯がまさに現にある通りでしかないことを受け入れたうえで、それを自らの充実した生を実現する方向へと意志的に変えていくことによって、みなさんの人生に「なんのために生きていくのか」という意味を与えることができるのです。たとえ「生のもっとも異様な、そして(注13)苛烈な諸問題」に見舞われても、自分自身の「生に対して(注14)『然り』

ということ」が、(注15)「窮極的な、この上なく喜びにあふれた、過剰なまでの(い)意気盛んな生命肯定」なのだと、ニーチェは訴えかけます。今を生きるこの自分自身の生命を肯定することこそが、なんのために生きていくのかの大前提です。

ニーチェは、「君たちはまだ君たち自身をさがし求めなかった。さがし求めぬうちにわたしを見いだした。(中略)⑦いまわたしは君たちに命令する。わたしを捨て、君たち自身を見いだすことを」と述べ、ニーチェを乗り越えて自己探求していくことを読者に対して求めます。古典と出会い、それに感銘を受けた後には、その感銘を手がかりにして私たちは自己探求をはじめなければなりません。古典を読むことの意義は、「見いだした」古典を捨てて自分自身をさがし求めはじめることにあります。

なんのために生きているのかという疑問を、なんのために生きていくのかという主体的な問いとして受けとめ直し、これからの人生行路を前向きに切り開いていくことが重要です。「いっさいの『そうであった』を『わたしはそう欲したのだ』に造り変えること――これこそはじめて救済の名に値しよう」というニーチェのメッセージは、将来への不安に思い悩むみなさんへの励ましとなるのではないでしょうか。「約束の中にこもる大いなる安らぎ、単なる約束で終るはずのない未来へのこの幸福な展望！」こそ、『この人を見よ』から私たちが読みとるべき希望の伝言なのです。

(Ⅰ佐藤弘夫「自分より大切なものの発見―他者に尽くした人々の物語」
Ⅱ木村勝彦「どのようにしてこの自分を生き抜くか―
ニーチェからの問いかけ」
『扉をひらく哲学―人生の鍵は古典のなかにある』〈岩波ジュニア新書〉所収)

(注1)悼んで……悲しみなげいて。
(注2)満喫……心ゆくまで十分に味わうこと。
(注3)示唆……それとなく示すこと。
(注4)法華経……経典(仏の教えをまとめたもの)の一つ。なお、「読経」は経典を読むことである。
(注5)畿内……現在の近畿地方のあたり。
(注6)フリードリヒ・ニーチェ……(一八四四〜一九〇〇)。ドイツの哲学者。
(注7)思索の遍歴……「思索」は、本質を知るために深く考えること。「遍歴」はその経験を重ねること。
(注8)回顧……ふり返ること。
(注9)エッセンス……物事の最も重要な部分。
(注10)境涯……ふり返って見た、これまでの人生。
(注11)飛翔……羽ばたくこと。
(注12)奔流……激しく流れる水。
(注13)苛烈……厳しく激しいようす。
(注14)然り……そうだ。その通りだ。
(注15)窮極的な……おし進めた結果、最後まで行き着いたさま。

問一　――線ⓐ〜ⓔの漢字はひらがなに、カタカナは漢字にそれぞれ直して書きなさい。

問二　――線①「猫はその様子を冷ややかに眺めるだけでした」とありますが、なぜトラ猫は「冷ややかに眺めて」いたのでしょうか。その理由として最も適当なものを次の中から選び、記号で答えなさい。

ア　いくらなげき悲しんでも生き返るはずはないのに、泣き続けているのは幼稚だと思うから。

イ　トラ猫にとって死ぬということは、次に生まれ変わることへの喜びを意味していたから。
ウ　そのうち次の猫に出会えるのに、その場かぎりの感情で悲しむ人間をおろかだと思うから。
エ　生まれ変わることのできるトラ猫にとって、「死」はまったく悲しいできごとではないから。

問三　〰〰線ⓐ「鍵になる」・ⓘ「意気盛んな」の意味として最も適当なものをそれぞれ次の中から選び、記号で答えなさい。

ⓐ「鍵になる」
ア　重要な手がかりとなっている
イ　新しい情報を与えてくれている
ウ　内容が完全に一致している
エ　ほんとうの答えが隠れている

ⓘ「意気盛んな」
ア　とても迫力がある
イ　誰よりもすぐれている
ウ　気力にあふれている
エ　どんな困難にも打ち勝つ

問四　――線②「このこと」とありますが、天皇が僧に話した内容として最も適当なものを次の中から選び、記号で答えなさい。
ア　龍と暮らしたければ、守護神に命じて雨を降らせよ。
イ　このまま日本にいたいならば、龍に頼んでこの地に雨を降らせよ。
ウ　龍の力が本物であるならば、雨を降らせるよう、龍に命じよ。
エ　ほんとうに龍と仲がよいのならば、守護神と力を合わせて雨を降らせよ。

問五　――線③「天に昇っていきました」とありますが、龍はなぜ天の「雨戸」を開けに行ったのでしょうか。その理由として最も適当なものを次の中から選び、記号で答えなさい。
ア　天界に住む守護神に頼んで大雨を降らせ、思い上がった人間たちに仕返ししようと考えたから。
イ　守護神に事情を話せば、天の「雨戸」を開いて雨を降らせてくれるかもしれないと期待したから。
ウ　自分のせいで僧が殺されるかもしれないと知り、これ以上僧に迷惑をかけたくないと思ったから。
エ　僧はかけがえのない友人なので、いま自分ができるかぎりのことをしてあげたいと思ったから。

問六　――線④「そこ」が指し示す内容を本文中から十一字で探し、そのまま抜き出して答えなさい。

問七　――線⑤「それは空しいことです」とありますが、なぜ空しいのですか。その理由として最も適当なものを次の中から選び、記号で答えなさい。
ア　他人と生活を共にしていても、ほんとうに自分の心を理解できる人間は、自分以外にはいないから。
イ　どんなに今の自分や自分の生き方が好きになれなくても、別の人間として生きることはできないから。
ウ　どんなに自分の人生を後悔しても、生まれ変わってもう一度人生をやり直すことはできないから。
エ　他人の考えをすべて受け入れていると、自分自身を見失い、生きがいを感じられなくなってしまうから。

問八　［Ａ］～［Ｃ］に入ることばとして最も適当なものをそれぞれ次の中から選び、記号で答えなさい。

ア　しかし　　イ　つまり　　ウ　そして　　エ　むしろ

問九　――線⑥「前途」のあとに同じ漢字を二字書き、「未来が明るく開けている」という意味の四字熟語を完成させなさい。

問十　――線⑦「いまわたしは君たちに命令する」とありますが、ニーチェは「君たち」に何を求めているのでしょうか。最も適当なものを次の中から選び、記号で答えなさい。

ア　他人から教えを受ける段階から抜けだし、自分自身とまっすぐ向き合い、自分だけの人生を見つけるために行動すること。

イ　他人から教えを受けた恩をけっして忘れず心にとどめ、いつの日か、自分が他人を教え導くための知恵として生かすこと。

ウ　自分と他者、または自分と社会との関係性に目を向け、社会貢献(こうけん)という視点に立って、自分という存在を見つめ直すこと。

エ　これまでになかったような新しい考え方を見つけ出し、これから生きる人々を一人でも多く救済するよう努力すること。

問十一　Ⅰと Ⅱの文章を読んだ後に生徒が感想を話し合いました。次の文を読み、後の〔1〕～〔3〕の問いに答えなさい。

先　生：「今日はみなさんに『人はなんのために生きるのでしょうか』という問いに対して、二人の哲学者が答えた文章を読んでもらいました。どのように感じましたか？」

梅田さん：「Ⅰも Ⅱも、深く考えさせられる文章でした。普段の生活の中では、『生きる意味』について自分から考えたことなどなかったので。」

松本さん：「私は、『100万回生きたねこ』を読んだことがあるので、Ⅰの文章が心に残りました。(1)トラ猫が、白い猫の横で泣き、二度と生まれ変わらなくなった場面では、涙が止まりませんでした。また、『今昔物語集』では、龍と僧の厚(あつ)い友情が胸に迫(せま)りました。」

竹井さん：「でも、龍は僧のために命を捧(ささ)げたんでしょ？　私は他人のために自分を犠牲(ぎせい)にしたくはないから、『他人のことなど考えずに、自分の好きなように生きなさい』って応援(えん)しているⅡの文章のほうが好きだな。」

桜木さん：「それは違うよ。たしかにⅡの文章では、『自由』ということばが何度も使われているけど、ニーチェは、『自分の未来は自分の手で切り開きなさい』つまり、『自分だけの人生を作り出しなさい』と言っているんだよ。」

梅田さん：「たしかに。桜木さんの言うとおり、Ⅱの文章では、『なんのために生きているか』というよりは、『［(2)］して生きていくのか』ということに重点を置いているよね。」

菊川さん：「生きていれば、楽しいことばかりではなく、つらいこともたくさんある。自分がいやになったり、他人をうらやんだりしてしまうこともあるよね。『なんで自分だけ』って思ってしまうことも。でも、［(3)］ことによって、自分の人生をより豊かにすることができるのね。」

竹井さん：「そうか。Ⅰの文章もⅡの文章も、生きることを前向きにとらえているんだね。逆のことを言っていると思ったけど、どっちも『自分の人生を大切に生きる』ということに変わりはないんだね。それにしても、最後のことばはずいぶん難しいな。将来の不安に思い悩む人に、どのような希望を与えてくれているの？」

松本さん：「菊川さんが言ってくれたように、『　(3)　』ということなんだと思うよ。本文でも、くり返し言っているよね。」

先　生：「それぞれ自分なりに考えて、意見を言ってくれましたね。『生きることの意味』については、多くの人が本を出しています。図書館に行って、たくさんの作品に出会ってくださいね。」

〔1〕 ――線(1)「トラ猫が、白い猫の横で泣き、二度と生まれ変わらなくなった」とありますが、トラ猫はなぜこの時に限って生まれ変わらなかったのでしょうか。その理由をⅠの本文中から二十字以内で探し、「…から。」に続くように、はじめと終わりの三字ずつを抜き出して答えなさい。

〔2〕 (2) に入ることばをⅡの本文中から探し、五字以内で抜き出して答えなさい。

〔3〕 (3) に共通して入ることばとして最も適当なものを次の中から選び、記号で答えなさい。

ア　自分には、ほかの誰も持っていないようなすばらしい才能があるのだということを固く信じ、その才能が花開く日を待ちながら、ひたすら努力し続ける

イ　どんなにつらい運命に見舞われたとしても、自分を支え、助けてくれた人たちのことを思い出し、一人でも多くの人を助けることによって恩返しする

ウ　人生の中でつらく苦しい出来事に直面し、逃げ出したくなっても、自分の人生をまるごと受け入れ、迷ってもよいので、自分の意志で選びながら前に進む

エ　他者の短所よりも長所に目を向けて、おたがいの個性を尊重しながら、よりよい社会を作り出すために、さまざまな考え方を積極的に取り入れる

淑徳与野中学校（第一回）

—50分—

一　主人公の勝呂は小説家を志していたが大成しておらず、今は海外小説の翻訳をして生計を立てている。勝呂の父母は幼い時に離婚しており、当時十歳だった勝呂は父に引き取られて育った。次の文章を読んで、後の問いに答えなさい。

㋐雪が降っていた。凍雪の上にまた雪が降る。雪の上に風に送られた黒い煙が流れていく。手首と五本の指が機械のように動きつづける。絃の端から端をたえ間なく這いまわる。指はヴァイオリンの絃を押さえているのではなく、爪先で鋭い音を強く空間にむけてはじき出しているのだ。それも繰りかえし三時間、たった一つの旋律だけを繰りかえしている。顎だけでヴァイオリンを支え、歯で下唇を強く噛みしめている。その母のきびしい顔を子供は怖ろしそうに窺っていた。

「なにかくれない」と彼は言った。「なにか果物ない？」

本当は果物などが欲しいのではなかった。ただ彼は、眼前の母の心をこちらに向けたかったのである。自分に話しかけてもらいたかったのである。

「なにか、くれない。ねえ……」

しかし彼女には子供の声は全く聞こえないようにヴァイオリンの弓を動かしていた。彼女の心は五本の指にだけ集中していたから、求めているたった一つの音を指が探りあてるまでは子供の声など耳に入らなかった。

「果物がないかって、聞いているんだけど……」

①子供は母をゆさぶった。ヴァイオリンを弾いている間は決して話しかけたり、騒いだりしてはいけないと平生からきつく言われたのに、彼はその言いつけを忘れるほど不安にかられた。

「何するの」

母は怖ろしい顔で勝呂を睨みつけ叱りつけた。弓で廊下をさし、あっちに立っていなさいと言った。腭の下が真赤に色が変っている。ヴァイオリンを三時間もはさみつづけたために、皮膚が充血したのだ。

「言いつけを聞けないなら、雪の中に立ってらっしゃい」

子供は眼に泪をためたまま、すごすご後ずさりをする。これが勝呂の幼年時代の母の思い出の一つだ。

「とてもできないわ。あたしには」

その話を妻にきかせた時、妻はふうっと溜息をついた。

「なんだか、こわくなかった。あなた」

「そんな時はお袋はこわかった」と勝呂はうなずいた。「それにお袋の右腕は左腕にくらべると太くてね、五本の指先はヴァイオリンの絃で潰されて固い灰色の皮のようになっていたのを今でもはっきりと憶えている」

②「いえ、いえ、そんなことじゃないの。子供がお腹がすいているのに、叱りつけることができるなんて、あたしにはできないわ、とても」

㋑勝呂は妻が母のことを非難しているのだと思って、顔を強張らせた。自分以外の者が母を批判するのは許せない。お前などにお袋のことなど理解できてたまるか。と彼はうつむいて心の中で呟いた。お前は俺が小説を書こうとした時でも、大きな足音をたてて周りを歩きまわった。いくら言いきかせてもつまらない近所の噂などを急に話しかけてきた。その足音、その声が、小説を考えている俺の力をどんなに傷つけ、乱したか今でも少しもわかっちゃいない。そんなお前に、あの時のあの人の怒りがわかってたまるものか。

「あなたは亡くなったお母さまを立派に考えすぎるわ」それから妻はあわててつけ加えた。「もっともそりゃ男の場合、当り前でしょうけど」

妻の批判を勝呂は渋々、みとめざるをえない。むかし幾度、彼は父と母のことを小説に書こうとしただろう。だが原稿用紙に筆を走らせながら、勝呂は父にたいしては意地悪な、母にたいしては甘い自分の眼からどうしても抜けきれぬのを感じて、書き続けるのを諦めた。母の場合、おそらく他人から見れば耐えがたい欠点とうつるものさえ、勝呂の心では美化されている。批評家がよくいう「突っぱねて書く」ことはどうしてもできない。

だが三十年前、子供だった彼の前で、三時間も四時間も一つの音を探り求めようとしていた母の姿や、まるで機械のように絃の上を休むことなく動きつづけていたその手や、皮のように潰れた指先を幾十回となく思い出すにつれて、それは勝呂にとってたんに懐しさ以上のものになってしまった。眉を不満そうにしかめ、飽くことなく一つの旋律を追い求めていた母。音の旋律ではなく、それ以上の旋律を自分の爪ではじき出そうとしていた母。

「渋谷まで買物に来たから、一寸、寄ったんだがね」

㋒父は買物包みをかかえながら庭から入って来た。縁側に腰をかけて、長年、使っているパナマ帽子を丁寧に背広の袖口でふいた。汗をかいた彼の額に帽子の痕が赤く残っている。

「どうしたね。稔は」

「この頃、クレヨンで絵を描くことを憶えたんですよ。今も、あっちで夢中ですわ」

「呼んでおいで」

稔を膝の上にのせた父は、片手で包装紙の紐を解きながら、

「生クリームだが、今日、作ったものだから大丈夫だろう。そうかそうか。稔は絵を描けるようになったか。稔、おじいちゃんの顔をいつか描いて頂戴」

妻は、父の機嫌をとるためか、子供がクレヨンでなぐり書きをした画用紙を二、三枚もってきて、

「これなんですよ」

「ほう」

上衣の内ポケットから眼鏡サックをとり出して老眼鏡をかける。その仕草がいかにも老人臭く、

「うまいじゃないか。五才にしては」

「そうでしょうか」

③嬉しそうに笑う妻の顔が勝呂をいらいらさせる。

「この子には芸術的な才能があるかもしれんぞ。あるならばうんと伸してやるのがお前たちの義務だな」

④勝呂は膝の上で手をそっと握りしめた。十数年前の思い出が胸を不意に突きあげてくる。彼はあの「仏教訓話」などを書棚に並べてある書斎で父と向きあっていた。

「なあ、小説など書こうと思うなよ。ああ言うものは趣味としてやるの

はいいが、職業などにしちゃあいかんぞ」

いつもの癖で⑤父の説教は、始めは相手を諄々とA諭すような調子で始まる。相手が黙っている限り父は自分の声にいつまでも酔っている。㋓膝の上に手をおきながら勝呂は眼を伏せて黙って聞いていた。

「ああいう職業は危険が多い。第一、食えんようになったらどうするんだ。大体、芸術などというもんは、まともな人間なら手をつけぬもんだ」

まともな人間という言葉を、父が母のことを思いだして使ったのかどうかわからなかった。だがその父の言葉は、母への侮辱のように勝呂に思えた。

「お前はまだ世間を知らんから、そう言うことを考えるんだろう。小説や絵など、そういう世界に入る奴は結局、みじめったらしく死んでいくもんだ。平凡が一番いい、平凡が一番幸福だ」

なるほど、母はみじめったらしく死んでいった。おそらく父の眼から見れば、父をみとめる社会の眼からみれば、みじめったらしい晩年だった。それをB暗に、父は指しているにちがいなかった。

「お前はわしと同じように教師になるのが一番いいんじゃないかな」

「でも、ぼくは、自分で自分の職業を選ぶ権利があると思う」

「馬鹿言うな。親に食べさせてもらい、学資をもらっている以上、そういう我儘なことは許さんぞ。もし、お前が自分で小説家になりたいなら、明日からでも自分でかせいで食ってみるがいい」

それらの言葉一つ一つをそれから十数年間、勝呂は決して忘れていない。普通の子供ならばやがては記憶の底に埋もれてしまう、そんな単純な叱責を今日も恨みに思っているのは、それがたんに息子にたいする説論ではなく、母にたいする軽蔑が暗にふくまれているような気がしたからだ。「小説や絵など、そういう世界に入る奴は結局、みじめったらしく死んでいくもんだ」

そう、母は彼女の住んでいる貧しいアパートで誰からも看られず死んでいった。知らせを聞いて勝呂が駆けつけた時は、母のそばには電話をかけてくれた管理人のおばさんが一人、おろおろとして坐っているだけだった。㋔血の気もなく紙より青白くなったその死顔の眉と眉との間に、苦しそうな暗い影が残っていた。

「この子が絵かきになりたいと言ったら、そうさせますが」

㋕勝呂は、顔だけは庭先の八つ手のほうにむけて皮肉に唇をゆがめた。

「そう、それがいい。この頃は絵かきなんかと言っても商業デザインなどで随分、儲かるそうだからな。お前みたいな翻訳業よりずっとかせぐらしいぞ」

なにを調子のいいことを言ってやがる、と勝呂は心のなかで舌打ちをしていたが、妻は、

「この人のお友だちにも、その方の仕事をしてらっしゃる方なんか、別荘まで買ってるんですよ」

「ほう、別荘をねえ」

庭の八つ手の根元に、小さな紙きれや糸屑がきたなく散らばっていた。掃除の時、部屋の埃を庭に掃きだすのではないとあれほど言っているのに、妻は今日も面倒臭くて怠けたにちがいない。母が死んだ部屋にもゴムの木の植木鉢が一つあった。⑥ゴムの葉が黄色く枯れ、その根元にもゴミ屑や糸が落ちていた。

（遠藤周作『影に対して　母をめぐる物語』〈新潮文庫〉より）

問一　══A、Bの本文中の意味としてふさわしいものを、後のア～エ

からそれぞれ一つずつ選び、記号で答えなさい。

A「諭す」

ア　納得するよう教え聞かせる　イ　欠点を指摘していましめる

ウ　論理的に相手を追いつめる　エ　丁寧な口調でたしなめる

B「暗に」

ア　いまいましげに　イ　遠回しに

ウ　批判的に　エ　無意識に

問二　――①「子供は母をゆさぶった」とあるが、それはなぜですか。ふさわしいものを、次のア～エから一つ選び、記号で答えなさい。

ア　数時間にわたって、何十回と同じ旋律ばかりを繰り返す母に狂気じみたものを感じ、怖ろしくなったから。

イ　腭の皮膚が次第に真っ赤に色が変わっていく様子を見て、母の体が心配でいてもたってもいられなくなったから。

ウ　いくら呼びかけても反応しない母に、本当に自分の声が聞こえなくなったのではないかと気が気でなくなったから。

エ　母の愛情が自分よりヴァイオリンに向けられているのを感じ、母を独占できない淋しさに耐えられなくなったから。

問三　――②「いえ、いえ、そんなことじゃないの」の部分で勝呂と妻の心情には行き違いがあります。勝呂と妻はそれぞれ母をどうとらえ、どう感じていますか。その違いを六十字以内で説明しなさい。

問四　――③「嬉しそうに笑う妻の顔が勝呂をいらいらさせる」とあるが、それはなぜですか。この時の勝呂の心情としてふさわしいものを、次のア～エから一つ選び、記号で答えなさい。

ア　父の適当な発言をそのまま真に受けて、息子をほめられて得意になっている妻の単純さが気に入らないから。

イ　父の言葉はその場限りのお世辞に決まっているのに、それを見抜けない妻の思考の浅さにあきれているから。

ウ　自分が嫌悪する父に気を遣って会話をする妻に対して、その丁寧な態度をやめさせたいと思っているから。

エ　息子の絵にはそれほど才能が感じられないのに、それを理解しない父と妻の感性の低さを改めて感じたから。

問五　――④「勝呂は膝の上で手をそっと握りしめた」とあるが、それはなぜですか。この時の勝呂の心情としてふさわしいものを、次のア～エから一つ選び、記号で答えなさい。

ア　これから始まるであろう父の説諭がいつものように長くなることを予期して、その時間を耐えようと心構えをしたから。

イ　子供の芸術的才能を伸ばすのが親の義務と言っているが、過去の父には芸術を評価する気はなく、その矛盾に腹が立ったから。

ウ　芸術に理解のあるふりをしているが、母の音楽の才能を決して認めなかった父にあらためて憎しみの感情がわき起こったから。

エ　孫の芸術的な才能は簡単に認めるのに、過去の自分にはなぜ小説家になることを認めてくれなかったのかと悔しくなったから。

問六　――⑤「父の説教」とあるが、この時の父の説明としてふさわしいものを、次のア～エから一つ選び、記号で答えなさい。

ア　妻が経済的に厳しくみじめな晩年を迎えたのは、妻や母としての役割を放棄したからであり当然の報いであると考えている。

イ　息子が音楽によって人生に失敗した妻と同じ末路をたどることを望まず、芸術の道へ進むことを心配している。

ウ　養育してきた自分ではなく、家庭をかえりみなかった妻の生き方のほうに息子が惹かれていることを受け入れられない。

エ　子供の生き方に対し支配的な考えを抱いており、息子が意志をもち自分の価値観に逆らう行動をとることを不満に思っている。

問七　――⑥「ゴムの葉が黄色く枯れ、その根元にもゴミ屑や糸が落ちていた」とあるが、この表現についての説明としてふさわしいものを、次のア～エから一つ選び、記号で答えなさい。

ア　情熱を傾けたヴァイオリンも世間からの評価が得られず、成功できずに貧しいまま死んでいった母の人生を象徴している。

イ　俗人と変わらない一面を思い起こしても妻に対するようには客観的に批判しきれない、母に対する勝呂の甘さがうかがえる。

ウ　妻と母との共通点を情景描写によって示し、この後の展開において妻が母と同じように不幸な運命をたどることを暗示している。

エ　自分自身に厳しかった母も、晩年には今のだらしない妻のように堕落していたことに気付いた勝呂の失望が描写されている。

問八　===㋐～㋕のできごとを、起こった順に並び替えなさい。

問九　主人公の勝呂についての説明として、ふさわしいものには○、ふさわしくないものには×を書きなさい。

ア　勝呂は、芸術に対しての唯一の理解者であった母を亡くし孤独感を抱いている。

イ　勝呂は、芸術に対する姿勢が理解できない妻を凡庸な存在として軽んじている。

ウ　勝呂は、経済的な価値基準でしか物事を見ない父の考え方を過去も現在も認めていない。

エ　勝呂は、自分の小説に対する情熱を母から譲り受けたものとして誇りに思っている。

二　次の文章を読んで、後の問いに答えなさい。なお、出題の都合により一部本文を改めた箇所があります。

　みなさんは、受験や、クラブなどへの申し込み、何かの活動などのために、自分の性格や長所を書類に書いて提出しなければならなくなったとき、何を書いたらいいのかわからなくなることはありませんか。そんなときに有効な対処法の一つは、友達にアイデアを書いてもらう、という方法です。そうして書かれたものを見て、「なるほど、自分にはこういう長所があるのか」と、はじめて自分の個性に気づかされることはよくあることです。

　反対に、私が友達に長所を書いてあげたことも何度かあります。私としては、その友達の長所としてはあまりにもあたりまえなことを書いているつもりなのに、①それを読んだときの友達の顔は、たいていの場合はうっすらとした驚きに包まれています。それくらい、私たちは自分のことをよくわかっていないのです。

　おそらく、ここに「承認」の持つもっとも基本的な働きが表れています。すなわち、「自分が他人にどのような人として見られ、受け入れられているかを知ることによって、自分が何者であるかを知る」ということです。そうした形で「自分が何者であるのかを知りたい」と望むことこそ、承認欲求にほかならないのではないでしょうか。

　とはいえ、承認欲求は依存・不安・疎外の泥沼に人をひきずりこんでいく力も持っています。そのなかで苦しみ、疲れ果ててしまって、自分けられている人も多いかもしれません。(注1)のアイデンティティがわからなくなり、自律性を奪(うば)われ、自尊心を傷つけられている人も多いかもしれません。

ここに、別の問いが立ち現れることになります。

私たちは生きていく上で他者からの承認を必要とします。しかし、承認欲求はときとして有害なものになります。では、私たちは「他者からの承認」という事柄(ことがら)に対して、どのような態度をとるべきなのでしょうか。自分の承認欲求をどのようにコントロールしていけばよいのでしょうか。

実はこの問いは、(注2)SNSが登場するずっと前から、哲学(てつがく)の世界では大問題として論じられてきたものでした。ここでひとりの哲学者を召喚(しょうかん)したいと思います。近代ドイツの哲学者、フリードリヒ・ヘーゲル(1770―1831)です。彼(かれ)は、主著『精神現象学』のなかで、②人はどのようにして自分自身を確信するのか、と問いかけました。

「自分自身を確信する」とは、言い換(か)えるなら、自分に関して漠然(ばくぜん)としたイメージを持つだけではなく、「よし、これが自分なんだ!」と自信を持って断言できるような、そうした状態になることです。ヘーゲルによれば、人間は自分ひとりでは自分のことを確信することができません。そうした確信を得るためには、他者から承認されることが必要なのです。

たとえば、まわりの人が「私」を「キラキラした人」として承認するとしましょう。すると「私」は、そのように承認されることで、自分が「キラキラした人」だということを確信します。ところが、③そのように確信することは、同時に「私」を疎外された状態に陥(おちい)らせてしまう、と彼は言います。なぜでしょうか。

理屈(りくつ)は単純です。この場合、「私」は他者からの承認に基(もと)づいて、自ら「キラキラした人」であろうとします。実際には「キラキラした人」としてではない生き方もできるはずなのに、まわりの人から認めてもらえる「キラキラした人」を演じようとするのです。このとき「私」は、「キラキラした人」以外でもありえる自分と、他者から承認されている「キラキラした人」としての自分との間で、引き裂(さ)かれることになります。そして、いつの間にか自分を偽(いつわ)り、見失うことになってしまうのです。

このようにして承認欲求は必然的に挫折(ざせつ)します。④ところがこの挫折は、これだけでは終わりません。

他者による承認によって自分自身を確信しようとすることは、他者を、自分自身を確信するための手段として、いわば道具として扱(あつか)うことを意味します。このとき、相手は「私」にとって「私をキラキラした人として認めてくれる人」としてのみ現れ、それ以上の存在ではなくなってしまいます。

ある人による承認が「私」にとって有効であるためには、その人は自由でなくてはいけません。自由な相手が、自分自身の意志で「私」を承認してくれるのでなければ、「私」は満足できないのです。しかし、そうだとすると、「私」が相手を、自分の承認欲求を満たすための手段として――つまり、相手の自発性や自由を無視する形で――扱っている限り、「私」は相手から満足のいく承認を得られない、という矛盾(むじゅん)に陥ることになります。つまり「私」は、他者に承認を求めることで、その欲求が満たされるために必要な条件を自ら掘(ほ)り崩(くず)してしまうのです。

それだけではありません。ヘーゲルは「承認」の問題を、あくまでも［X］的な関係の問題として捉(とら)えていました。つまり、「私」が他者に承認を求めるとき、その他者もまた「私」に対して承認を求める、ということです。
(注3)Instagramや(注4)Twitterにおける(注5)ファボを例にとってみましょう。「私」は自分の投稿にファボがつくと、自分が認められている気持ちになります。そして、その気持ちをもっと味わいたくて、多くの人にファボをつけてもらうために、自分も他者の投稿に積極的にファボをつけていきます。このとき「私」は、「私」にファボをつけてくれるように相手に働きかけているのであり、相手を自分の承認欲求を充足(じゅうそく)させるための手段として扱っているのだと言えます。そして、相手もまた、自分の投稿にファボをつけてほしいから、「私」の投稿に対してファボをつけてくるのです。

このとき「私」は、自分に寄せられるファボが、「私」の存在を承認するためにつけられたものではなく、相手が「私」に承認してほしくて(=その人の投稿にファボをつけてほしくて)つけられたものだということに気づきます。そのとき「私」は、自分が他者の承認欲求を満たすための道具に成り下がっていると感じ、自尊心を傷つけられることになります。⑤ここに、承認欲求の陥る根本的な矛盾があるのです。

このような関係に本人たちが納得(なっとく)しているなら、それはそれでよいのかもしれません。しかしヘーゲルは、少なくともこのような形では承認が実現されることはなく、自分自身を確信することもできない、と考えていました。とはいえ、だからといって他者との関係を断(た)ち、ひとりぼっちになれと言ったわけでもありません。

ヘーゲルによれば、承認をめぐる矛盾を乗り越(こ)え、承認を実現させるためには、「私」は他者から見えている「私」のイメージを自ら捨てなければなりません。つまり、それまで他者から認識されている「私」のイメージを通して自分を確信しようとしていた「私」が、その「私」のイメージにこだわることから、自分を解放するということです。

たとえば、Instagramのなかでキラキラしている自分は自分のすべてではない、それは一つの可能性にすぎないということを、自ら積極的に受け入れるということです。

そしてそれは、自分だけではなく、他者を自由にすることをも意味します。「私」は、他者からどう見られているかを気にしなくなることで、「自分をこう見てほしい」「自分を認めてほしい」という他者への期待や要求を放棄(ほうき)し、他者をも解放することができるのです。

ヘーゲルはここで、一方的な承認欲求のぶつけあいではない「相互(そうご)承認」という承認のあり方を提案しています。相互承認において「私」が相手(他者)に伝えるのは、「自分をこういう存在として認めてほしい」という承認欲求ではありません。そうではなく、「あなたは私にとって、単なる便利な存在ではない」というメッセージであり、「役に立つかどうかは関係なく、私はあなたとかかわっていたい」というメッセージです。

相互承認というかかわり方において、まず「私」は相手(他者)の自由を認めます。そのとき「私」もまた、自分があくまでも自由であることを、はじめて他者から承認されることになります。「私」は自由であり、相手にどう見られるか、相手に承認されるかどうかを気にすることなく、自分の感じ方や考え方を尊重してよいのであって、それでも「私」は他者とのかかわりのなかにいることができるのです。それが、相互承認によって得られる承認にほかなりません。

では、SNSにおいて相互承認はどのように実現できるのでしょうか。

　そのためには、まず、SNS上の自分が実際の自分とイコールではないということを、受け入れることでしょう。その上で、あなたが友達にSNS上の自分を承認するように求めることをやめるなら——つまり、ファボや即レスを期待することをやめるなら——、それは友達の自由を尊重することにつながります。そしてその尊重はブーメランのように跳ね返ってきて、あなたもまた友達から、あなた自身の自由を尊重されることになるのです。

「承認欲求を捨てろ」と言っているのではありません。相互承認を求めることもまた、承認欲求であることにはちがいないからです。重要なのは、相手の自由を尊重し、相手からも自由を尊重されるという形での承認を求めることです。私たちには、そうしたワンランク上の承認欲求をめざすこともできるのではないでしょうか。そしてそれが、「SNS疲れ」から距離をとり、風通しのよいSNSとのつきあい方を可能にする——そう考えることもできるように思います。

(戸谷洋志『SNSの哲学——リアルとオンラインのあいだ』〈創元社〉より)

(注1)アイデンティティ……ここでは自分らしさのこと。
(注2)SNS……………インターネット上で人々がコミュニケーションを取れる場を提供するサービス。
(注3)Instagram　…………SNSの一種。
(注4)Twitter　…………SNSの一種。
(注5)ファボ……………SNS上の投稿に対して共感の意を示すこと。いわゆる「いいね」のこと。
(注6)即レス……………投稿やコメントにすぐさま反応すること。

問一　═══の本文中の意味としてふさわしいものを、次のア～エから一つ選び、記号で答えなさい。

「泥沼」
ア　はまったら抜け出すことが困難な状態
イ　負の感情に支配されている状況
ウ　いろいろな考え方が入り混じった様子
エ　多くの人が陥りやすい誤った考え方

問二　——①「それを読んだときの友達の顔は、たいていの場合はうっすらとした驚きに包まれています」とあるが、それはなぜですか。その説明としてふさわしいものを、次のア～エから一つ選び、記号で答えなさい。

ア　思ったようなアドバイスをもらえず、自分の存在を否定されたような気持ちになったから。
イ　他人にとっては当たり前でも、自分にとっては当たり前ではないことがあると気づいたから。
ウ　今までは明確に意識することがなかった自分自身の一面を指摘され意外に思ったから。
エ　他人にはわからないと思っていた自分の個性をあまりにもあっさりと見抜かれてしまったから。

問三　——②「人はどのようにして自分自身を確信するのか」とあるが、この問いに対する答えと同じ内容を含む一文を、**これより前**の本文から探し、初めの五字を答えなさい。

問四　——③「そのように確信することは、同時に『私』を疎外された状態に陥らせてしまう」とあるが、それはどういうことですか。その説明としてふさわしいものを、次のア～エから一つ選び、記号で答えなさい。

ア　自身の望ましい姿を他者と共有しようとする行為は、自分自身には自信をもたらすが、周囲の人々はかえって違和感を覚え、次第に自分が孤立化してしまうということ。

イ　他人が思い描いているイメージに自分自身を合わせていくことで、そのほかにありえたはずの自身の在り方が結果的に否定されてしまうということ。

ウ　理想の自分に近づきたいという欲求を優先するあまり、本来持ちえたはずの自分への多様な解釈の可能性が失われてしまうということ。

エ　多くの人から承認を得るために自分自身の在り方を一つの型にはめ込む必要があり、それは自分という存在を見失ってしまう危険性があるということ。

問五　空欄Xにあてはまる言葉を**これより後**の本文から二字で抜き出しなさい。

問六　——④「ところがこの挫折は、これだけでは終わりません」とあるが、「承認欲求」のさらなる「挫折」の内容を「本来承認は」に続く形で、九十字以内で説明しなさい。

問七　——⑤「ここに、承認欲求の陥る根本的な矛盾がある」とあるが、それはどのようなことですか。その説明としてふさわしいものを、次のア～エから一つ選び、記号で答えなさい。

ア　お互いにファボをつけあう中で双方が認め合っていると思っていたのに、それは「私」の思い込みでしかなかったということ。

イ　自尊心を満足させるために相手を道具のように扱うと、結果として自分が罪悪感を抱いてしまうということ。

ウ　相手の投稿にファボをつけるという承認を得るための行為が、自分が得た承認が本物ではなかったという気づきにつながるということ。

エ　自身の承認欲求を満たすために相手を利用しようと思っていたのに、気がついたら相手に都合よく利用されていたということ。

問八　〜〜部「私たちは『他者からの承認』という事柄に対して、どのような態度をとるべきなのでしょうか」とあるが、筆者はどのような態度をとるべきだと述べていますか。ふさわしいものを、次のア～エから一つ選び、記号で答えなさい。

ア　他者への過度な期待や要求を放棄し、自分の考えよりも相手の意志を優先して考え、相手の自由を認めていくべきだ。

イ　他者に期待される自分になろうとせず、自分の感覚や考えを信じたうえで、利害関係抜きに他者とかかわり続けるべきだ。

ウ　自分の承認欲求を一方的に押し付けるのではなく、相手の承認欲求も積極的に受け入れようとするべきだ。

エ　承認欲求は私たちの自律性を奪う力を持っているので、自身の欲求が大きくなりすぎないように制御するべきだ。

問九　本文の内容に合致するものを、次のア～エから一つ選び、記号で答えなさい。

ア　私たち一人一人のアイデンティティは他者とのやり取りを通じて徐々に形成されていくものであり、自分一人の力で確立することには限界がある。

イ　承認欲求を実現させるためには、他者に見えているイメージから自らを解放し、自分自身で新たなイメージを一から作り上げる必要がある。

ウ　ＳＮＳとうまくつきあうためには、まず自分が自由に振る舞うことで相手も自由に振(ふ)る舞(ま)えるようにし、相互承認という行為から距離をとることが必要だ。

エ　自分自身を確信するためには他者による承認が最も効果的であるが、承認欲求は時として私たちを不安にさせるなど有害に作用する側面がある。

問十　本文の論の進め方として、ふさわしいものを、次のア〜エから一つ選び、記号で答えなさい。

ア　現代人の多くが抱いている承認欲求に関する不安について、哲学的な問いを参照しながら論じることで、この問題が時代に関わらない普遍的(ふへんてき)な問題であることを示している。

イ　TwitterやInstagramなどの具体例を挙げることで、承認欲求の病理がヘーゲルの時代よりもさらに深刻化していることを明らかにしている。

ウ　筆者はヘーゲルの言葉や理論を引用しつつ、相互承認という関わり方について現代のＳＮＳ社会を否定しながら筆者独自の論理を展開している。

エ　現代のＳＮＳ上の承認欲求は必然的に挫折するという事実を示したうえで、ＳＮＳ依存から抜け出せない社会の現状に警鐘(けいしょう)を鳴らしている。

三

問一　次の――部のカタカナを漢字に直しなさい。

①　飛行機をソウジュウする。
②　エイセイ放送を受信する。
③　キンセイのとれた体。
④　小説をシッピツする。
⑤　ナゴやかな表情。
⑥　災害にソナえておく。

問二　次の――部の漢字の読みをひらがなで書きなさい。

①　機械に湿気(しっけ)は禁物だ。
②　けんかの仲裁に入る。
③　拾得物を届ける。
④　画期的な発見だ。
⑤　計画を練る。

問三　次の各組の漢字の中で、熟語の成り立ちが他と異なるものをそれぞれ一つ選び、記号で答えなさい。

①　ア　羊毛　イ　深海　ウ　若葉　エ　望郷　オ　砂丘
②　ア　登山　イ　読書　ウ　改善　エ　延期　オ　洗顔
③　ア　天地　イ　攻守　ウ　進退　エ　利害　オ　否定

頌栄女子学院中学校（第一回）

—40分—

※字数指定のある問いでは、特にことわりのない限り、句読点等の符号も一字分と数えます。

一　次のA～Eの各文中のカタカナを、漢字に直していねいに書きなさい。

A　時代のチョウリュウにあえて逆らう。

B　最新作のドクソウ性を高く評価する。

C　ケイロウの日に祖母に感謝を伝える。

D　計画はメンミツに立てるべきである。

E　コウリツよく勉強することができた。

二　次の文章を読んで、後の問いに答えなさい。（問題文中の※は、終わりに注があります。また、問題文中の〈　〉は上の語や語句の意味を説明しています。問題文の表記を一部書き改めてあります。）

二〇〇八年の夏、中央アメリカのコスタリカ共和国を訪れた。

国の広さは日本の九州と四国を合わせたほどだが、中央に活発な火山帯があり、さらにカリブ海と太平洋というふたつの海からの影響を受けて、多様な気候と生態系〈ある地域に生息するすべての生物と環境をひとまとまりとしてとらえたもの〉を有している。

コスタリカには地球上の動植物の約五パーセントが集中しているといわれ、一九七〇年代以降、森をよみがえらせるために世界でも先進的な環境保護政策がとられている。

国土の四分の一は国立公園や自然保護区であり、めずらしい虫や鳥、動物との出会いを求めて各国から人々がエコツアーに訪れる。

ぼくは東南アジアとアフリカには行ったことがあるけれども、新熱帯（コスタリカを含む中南米の生物地理区を新熱帯区という。生物地理区とは生物の分布によって八つに大別される地球上の地理区分）には行ったことがなかったので、そこの熱帯雨林とはどういうものか、一度、自分の目で見てみたいと思っていた。

昔から熱帯雨林には単純なあこがれがあった。ターザンではないが、いろいろな本で読んで、へえ、すごいなあ、行ってみたいなあとずっと思っていた。

最初にアフリカに行く機会に恵まれたが、アフリカ大陸全体は非常に乾燥した土地で、思ったほど暑いところではなく、ぼくの訪れた範囲では熱帯雨林らしきものを見かけなかった。

その後、東南アジアに行き、そこには確かに熱帯雨林といえるところがたくさんあった。とにかく湿っていて、木がたくさんあり、さまざまな植物と動物で満ちている。本物の熱帯雨林はそれまで本で読んで勝手につくったイメージとだいぶ違っていて、非常に感激だった。

［A］コスタリカに行ってみると、新熱帯の森林は、正直いってずいぶん違うなあと思った。もちろんアジア、アフリカのそれとは違うと知っていたけれども。

ぼくが感じた根本的な違いは、これは①いわゆる森林という格好のものではないということだ。

どこが違うかといわれると困るが、一回、人間がかなり優位になったことのある場所という印象だった。

アジアでもアフリカでも、人間が一度自然に手を入れてしまうと完全にはもとに戻らないという例を見てきた。

たとえばアフリカに行ったときは、かつての熱帯雨林の話を聞いているからすごく期待して行くが、実際にそこで見る森はなんだか情けない感じなのだ。

人間が手を入れると、その前の自然には二度と戻らないのではないかという気がする。

人間の介入というのはそれほど大きな影響をおよぼすのだ。コスタリカではそのことがいちばん印象に残った。

別のいい方をすれば、そこで見たものは人間というものの自覚のなさをよく表していると思った。

自然はすばらしい。普通、みなそういう印象を持っている。

しかしぼくは、人間はここまで破壊的なのかという印象を持つ。

むろん地球上にはまだ人間が足を踏み入れたことのない森が残っているだろう。が、たいていのところにはもう人間が入ってしまっている。入らなくても大気汚染や温暖化はしのびよる。

仮に自分たちは自然を壊さない、伝統的なやり方で森に入っているという者がいても、刃物などを持つなら、もうそのダメージはもとに戻らないほど深いと考えるほうが適切ではないか。

自然はすごいというより、人間がすさまじいと思う。これから我々人間は②そういう自覚を持つほうがいいのではないか。

子どものころお話に聞いたような熱帯の自然はもうほとんどないかもしれないと認識することは、ぼくにとって非常に大事なことで、残念でもあり、悲しいことでもあった。

ほんとうの自然の森には道もなければ知識も、地理も、名前も、何もないはずだ。そのような自然のままの自然、自然のままの大森林はもはやほとんどない。どこか奥地に行くとあるのではないかと思っている人は多いと思うが、そうではないと知る必要があるだろう。

ぼくらはもはやそんな時代にはいないのだ。

熱帯の自然に対するイメージは変わり、これからは、残された自然からもとはどうだったのかを想像するくらいしかできないのではないか。

注1総合地球環境学研究所のときもよくアドバイスをしたのは、環境を研究するとき、そこには必ず人間が関わることになる、［　　　］を意識したうえで自然を見なくてはいけないということだ。

ああ、これは手つかずの自然だなんて、うっかり思ってはいけない。人間が入ったらもはやそこは自然ではないのだから、人間が入っていないように考えてはいけない。それを重々認識したほうがいいという話をたびたびした。

それは物理学における観察者と観察される粒子の話とよく似ている。粒子は観察されたとたん、それまでとふるまいが変わる。人間の関わり自体が、関わる現象を変化させる。

人間というものは、大きな自然に対しても、極小の自然に対しても、③結局同じ問題を抱えざるをえないのかもしれない。

それと違って人間以外の動物は、自分がつかまえて食う動物に対する影響はあるだろうが、それ以外の動物や環境に対する影響はあまりない。少なくとも動物は環境を変えようとは思っていない。

その違いが人間の持つ重要な意味ではないだろうか。

ほかの動物が生きているということを、いちいち考えている動物はいない。ところが人間は考える。

動物も生きている、人間も生きている、なんて考えはじめたら、それ自体もうすでに素直なことではなく、④人間中心主義になっている。

動物と同じ、人間は自然の前に無力だといいながら強烈なことをやっているということを、人間自身もうそろそろ認識したほうがいい。

自然は壊れないと気楽に思っているかもしれないが、そんな甘いものではないということを意識してみることだ。それは人間が持っている自然観を根本的にひっくり返すような世界の見方かもしれないが。

西洋の書物を見ても「ほんとうの自然」という言葉が簡単に出てくる。人間は自然を征服するものだと思っている西洋の人間でさえ、壊れないところに本物の自然があると思っている。それはお話、イリュージョン〈まぼろし〉としては成り立つかもしれないが、やっぱり気をつけていないと危ないなとぼくは感じる。

人間がいかに破壊的かという見方に立てば、簡単に「自然を守りましょう」なんていえなくなる。

原始の人間は自然の中で自然に暮らしていたといわれるが、ほんとうにそうなのか。何らかの手はつけていたのではないだろうか。

★［ B ］近代の人間は他とは異なる存在としての人間観というものを確立した。人間は人間である、と。

その意識がある以上、⑤人間は人間以外のものと本来的に対立している。それを忘れると、きわめていいかげんなことになるのではないか。

月、火星、木星の衛星エウロパと、これからの時代、人間が利用し、関わりを持とうとする環境は地球だけではなくなるだろう。

そこに行く、食う、住むなど、人間が何かしようと思えば、とたんに人間の影響がダーッとなだれ込む。

どこかの環境に手をつけない形で人間が入るなど、もし、できるといわれてもほんとうかと疑ったほうがよい。

人間は自然を破壊するものだ。

そうはっきり認識しておくほうが、よっぽど自然を守ることにつながる。守っているといいながら破壊している人間がたくさんいるのだから。

コスタリカには、一九九七年に京都賞[※2]を受賞したペンシルバニア大学[※3]のD・H・ジャンセン博士がいて、ぼくは委員会のメンバーとして彼への授賞に関わったことがある。

彼は熱帯とそこに棲むいきものの消失を食い止めるには、⑥人間がそのすべてを「庭」として管理することが必要だと主張している。

庭の外の手つかずの自然を認めて放置するか、それともすべての自然にあえて手をつけ、人間の庭とするか。

よいと思うかどうかは別にして、人間という動物は、やはりどうも全部を庭にしていく方向しかない動物なのではないかという気がしている。

コスタリカで少し昆虫採集をした。

科学者が調査目的で国の許可を得ている場合以外、コスタリカでは一般人が虫を捕ることは禁止されている。子どもが虫捕り網を振るう姿も見られない。

しかし要は数の問題だろう。どれだけの数のどういう種類のいきものがいるというバランスのうえに自然が成り立っているのであって、それがくずれない見通しが立つならば、本来、子どもが二匹や三匹虫を捕ってもいいはずだ。

［C］、無邪気な子どもも何千人いればまた別だ。子どもが捕る一個体が全体に対してどういう影響を持つか、見通せることが大事だと考える。

子どものころ、ぼくはチョウを捕ることが好きだった。それは捕って見ることがチョウをちゃんとわかることだったからだ。飛んでいるときには見えなかった細部がわかったり、本で調べたりすることができた。

だから一匹か二匹捕ったらそれでよかった。

どんな虫かがわかるというのは決して悪いことではない。それも禁止したら人間は自然と付き合えなくなる。

コスタリカの子どもたちがチョウを捕ってはならず、飛んでいる姿しか見られないという状態は、子どもたちがほんとうにいきものをわかることにつながらないだろうと思う。人間には知的な好奇心があり、それはとても大事なことなのに、いきものをつかまえてはいけないとなると、自然とうまく付き合えない大人に成長するかもしれない。

自然と知りあうことで学んでいくのが人間だ。

その素朴な感覚は大事だと思う。

昆虫採集にキャッチアンドリリースは、あえて必要ないと思っている。むしろつかまえたら殺して、標本にして、よく見ることをおすすめする。こんな虫かと。

それがよくわかればそれでいい。

数を集めるということは必要ないし、おすすめしない。

コレクターではなく、「見て知る」者になってほしい。

それが、人間という、⑦無邪気ながらも恐ろしい破壊者になっていく道から抜け出す回路のひとつかもしれないと思う。

(日高敏隆 著『世界を、こんなふうに見てごらん』〈集英社文庫〉より)

※1　総合地球環境学研究所……地球環境問題の解決を目指して研究を行う機関。
※2　京都賞……科学や技術、思想・芸術の分野に大きく貢献した人に贈られる賞。
※3　D・H・ジャンセン博士……主に中米コスタリカの熱帯林を研究している生物学者。

問一　［A］～［C］に入れるのに最も適当な語を、それぞれ次のア～カの中から一つずつ選び、記号で答えなさい。

ア　では　イ　ただし　ウ　さらに
エ　しかし　オ　たとえば　カ　つまり

問二　――①「いわゆる森林という格好のもの」とありますが、筆者は「森林」をどのような場所だと考えていたのでしょうか。その説明として適当でないものを、次のア～エの中から一つ選び、記号で答えなさい。

ア　人間がその存在にまだ気づいていない場所。
イ　いろいろな動物や植物が共生している場所。
ウ　めずらしい動物が暮らしているような場所。
エ　そこに暮らす動植物を人間が支配する場所。

問三　――②「そういう自覚」とありますが、どのような自覚でしょうか。四十字以内で説明しなさい。

問四　［　］に入る言葉として最も適当なものを、次のア～エの中から一つ選び、記号で答えなさい。

ア　どれほど関われるか　　イ　どこまで手をつけたか

ウ　いつから研究してきたか　エ　どのように変わってきたか

問五　――③「同じ問題を抱えざるをえない」とありますが、これはどのようなことを言っているのでしょうか。最も適当なものを、次のア～エの中から一つ選び、記号で答えなさい。

ア　人間はほかの動物や環境のことを考えずに行動してしまうということ。

イ　人間は関わるだけでどうしても自然に影響を与えてしまうということ。

ウ　人間は自然に無力でありながらも介入したくなってしまうということ。

エ　人間は粒子と同じように自然のふるまいをも変えてしまうということ。

問六　――④「人間中心主義」とありますが、どのような考え方でしょうか。「～という考え方。」の形に合うように★より前から十三字ちょうどで抜き出して答えなさい。

問七　――⑤「人間は人間以外のものと本来的に対立している」とありますが、「対立している」とはどのようなことでしょうか。最も適当なものを、次のア～エの中から一つ選び、記号で答えなさい。

ア　人間は動植物を大切だとは思っていないということ。

イ　人間は自分たち以外を敵だと思っているということ。

ウ　人間は動植物たちと同じ枠組みにいないということ。

エ　人間は自然と競いながら生活をしているということ。

問八　――⑥「人間がそのすべてを『庭』として管理することが必要だと主張している」とありますが、どのように管理するのでしょうか。最も適当なものを、次のア～エの中から一つ選び、記号で答えなさい。

ア　いきものの数のバランスの上に自然が成立していることを理解した上で、全体への影響を考え、見通しをもち自然を管理するということ。

イ　地球に生息しているすべての動植物に興味を持ち、それらを研究の対象としてとらえ、データをとりつつ細かく自然を管理するということ。

ウ　人間が動物を卵やヒナの時から保護し、同じ空間で生活しながら育てることで、動物に対して愛情を持ちながら自然を管理するということ。

エ　自然は人間が生活する空間の一部であると考え、自らの居心地がよくなるように、好みの動植物を育てながら自然を管理するということ。

問九　――⑦「無邪気ながらも恐ろしい破壊者」とありますが、どのような人のことでしょうか。六十字以内で説明しなさい。

三　次の文章を読んで、後の問いに答えなさい。

（問題文中の※は、終わりに注があります。また、問題文中の〈　〉は上の語や語句の意味を説明しています。問題文の表記を一部書き改めてあります。）

人と話すことが苦手な美咲（「わたし」）は、生まれた時から一緒に育っ

た飼い犬・レオンを亡くした悲しみからぬけ出せずにいた。そんな美咲は近所の花屋で、レオンにそっくりな犬・ビリーとその飼い主である花屋の「おねえさん」と出会う。ビリーを見て「レオンが自分にまた会いに来てくれた」と思った美咲は、おねえさんに「ビリーがほしい」と伝えてしまう。

そんな時に美咲は家族にすすめられて保護犬の譲渡会へ行き、虐待を受け保護されていた犬、サンと出会う。人間との接し方がわからず、ひとり隅にいたサンが美咲に歩み寄ったことをきっかけに、美咲は引き取る前のお試し（トライアル）としてサンを家へ連れて帰ることになる。しかし美咲は、サンの名前を一度も呼べずにいた。

次の場面は、美咲がおねえさんに誘われて一緒にビリーとサンの散歩へ行く朝の場面である。

ひととおり歩いたあと、おねえさんは「少し休もう」と芝生の上に腰をおろした。わたしとサンも、となりに座る。もちろん、サンのリードは持ったままだ。

――「しっかり持つのよ」

お母さんの声が耳の奥でよみがえり、わたしはサンのリードを持つ手に力を入れた。

「空がちょっとだけ明るくなってきたよ」

おねえさんはそう言ったけれど、わたしには、まだまだあたりは暗いように感じる。おねえさんは、ほんのちょっとの変化でもよくわかるみたいだ。

「私、ここに来て、朝日をながめるのが大好きなんだよ。なんだか元気が出てくるんだ。

だから美咲ちゃんといっしょにさんぽに行きたかったの。自分の好きなものって、友だちにも見せたいって思うんだ」

友だち、という言葉に、わたしは［ A ］した。わたしは、今までずっと友だちがいなかったからだ。

おねえさんは、話をつづける。

「朝、起きたとき、外は真っ暗だったでしょう？　明かりのないトンネルみたいに、暗くて、やみにしずんだみたいに。夜明け前がいちばん暗いっていうけれど、ほんとうにそうだなあって」

そうなんだ。

今日、わたしが目を覚ましたときに感じた世界の暗さは、やっぱりほんとうだったんだ。

ふと、東の空に目をやる。

真っ暗だと思っていた空は、うすい紺色になっていた。下のほうから、じわり、じわりと日が差しこんできたのがわかる。それでも、まだ世界ぜんたいを照らすには足りない。だけど、少しずつ、朝が近づいてきた。

「美咲ちゃん、私、あの花屋をはじめる前ね、ずっと、家にとじこもっていたんだよ」

おねえさんの言葉に、わたしの心臓がまたドキンとした。

「実は、働くのも生まれてはじめて。三十歳の、社会人一年生だよ」

あははっと、おねえさんは照れくさそうに頭をかいた。

ぱちっと、おねえさんと目があう。わたしは、どんな顔でおねえさんを見たらいいかわからず、とっさに目をそらしてしまった。だけど、そのあとで、すぐに後悔した。

①おねえさんは、わたしに見えないバトンを渡そうとしてくれているんだ。

わたしは、となりにいるサンの背中をそっとなでた。やわらかくて、ふわふわしていたレオンの毛とちがって、短くてかたい毛。だけど、あったかい。サンの命のぬくもりが、わたしに言っている。だいじょうぶだよって。美咲も話してみなよ、自分のこと。

わたしは、ごくんとつばを飲み込んで、おねえさんからの見えないバトンを受け取る。

さあ、今度はこのバトンにわたしが「自分の言葉」をそえて、おねえさんに渡す番だ。

「②……」

だめだ。のどの見えないビー玉がじゃまをして、言葉が出てこない。

自分がなさけなくて、わたしは体育座りをしたひざとひざの間にひたいをぎゅっとおしこんだ。

「美咲ちゃんのお母さんから、レオンのことを聞いたよ」

その名前に、わたしははっと顔をあげる。

おねえさんのうかべているほほえみは、少しこまったような、でも見ているひとをつつみこむような、ふんわりとしたものだった。

「きのう、美咲ちゃんのおうちをたずねたあと、お店にもどったら、美咲ちゃんのお母さんから電話があったんだよ」

お母さんが……。

「レオンは、ビリーにそっくりだったんだね」

おねえさんが言ったのは、それだけだった。だけど、そこには、わたしがレオンというたいせつな犬をなくして、その悲しみからぬけ出せないことも、それでレオンに似ているビリーを欲しがったことも、これですべてつながったと言っているのがわかった。

自分のことを伝えたいと思っていたのに、こうしていざ知られてしまうと、わたしは恥ずかしくなった。

レオンのいない悲しみからいつまでたってもぬけ出せないわたしのことを、おねえさんはどう思っているのだろう。

「いいんだよ」

わたしの心のなかを見すかしたように、おねえさんが言った。

「うれしかった気持ちって大事にとっておくよね？　あのとき、こんなことがあったなあって思い出して、またうれしくなったり。悲しい気持ちも、そうやって、自分の③気持ち宝箱に入れて、たまに出して、ながめたっていいんだよ。むりして自分のなかから追い出そうとしなくたっていいと思うな」

気持ち宝箱。

おねえさんがつくった言葉だろうか。

「あ、へんなこと言っちゃったかな」

おねえさんが笑いながら言ったので、わたしは首を横にふった。

心のなかで、わたしの気持ち宝箱をイメージしてみる。

ベルベット〈光沢のあるやわらかい織物〉の布にくるまれて、きらきらの宝石がいっぱいついている宝箱。だけど、どんな宝石よりも、宝箱のなかに入っている見えない気持ちのほうがわたしにとっては、たいせつ。

それが、たとえ、悲しい気持ちでも。

だって、悲しい気持ちは、レオンがこの世界に生きていたというしるしだから。骨[※1]とおんなじ。悲しいのは、レオンのことがそれだけたいせつだったからなんだ。

(中略。おねえさんは美咲に、自分がかつて失恋のショックで長い間部屋にひきこもっていたこと、そしてそんなときに祖母を亡くしたことを語る。おねえさんが花屋をはじめたのは、祖母の花屋を引きつごうと思ったためだった。)

そう言って、おねえさんは鼻の先をかいた。

「だめだなあ、私。お店をはじめたときに決めたの。今まで家にとじこもっていたぶん、これからは出会うひとすべてを大事にしたいなって。長いあいだ、ひとと話していなかったから、うまく話せるか心配だったけど、[B]している気持ちもあったんだ。そんなときに美咲ちゃんがお店にやってきたの」

わたしが？

そうなんですか？　というふうに自分のことをゆびさすと、おねえさんは「うん」と深くうなずいた。

「え？　ランドセルをせおった小学生？　って、ほんとうはびっくりしてた。おつかいかな？　それにしても学校帰りにお花屋さんに来る子っていうのも、なんだかめずらしいなあって。でも、予感がしたんだ。ああ、これが、私の新しい出会いなんだって。きっと、いい出会いだって」

おねえさんの言うことが、わたしの心にはくすぐったくて、体が[C]してしまう。でも、うれしかった。

おねえさんは、にこっと笑って、

「私の予感はばっちりあたったね。だって今、美咲ちゃんとこんなにすてきな時間をいっしょに過ごせているんだから」

わたしも。

わたしもそうです、そう言おうとしたときだった。

「あぶない！」

だれかのさけび声といっしょにビュン！　とものすごいいきおいでなにかが飛んできた。

その物体は、わたしの頭のてっぺんぎりぎりのところをかすめて地面に落ちた。とっさにわたしは、がばっと立ち上がった。すると、となりでおとなしく座っていたサンが、水中からうち上げられた魚のように飛びはねた。それは、ほんとうに一瞬のことだった。

ああ！　しまった！

そう思ったときには、もうおそかった。

わたしの手からは、サンのリードがするりとぬけていたのだ。

サンは、猛スピードでかけ出し、あっというまに見えなくなってしまった。

「すみません！　おけがはありませんでしたか？　ほんとうに、すみません」

走ってきた男のひとが、わたしのそばに落ちたフリスビーをひろった。

わたしは、そんなことどうでもよかった。

どうしよう。

どうしよう！

さっきまでとなりにいたサンがいなくなってしまった。

頭からサーッと血の気が引いていき、ひざがふるえてきた。

頭のなかにうかんできたのは、レオンの骨つぼだった。ふたを開けると、あらわれる、なにも言わないレオンの骨。

次にうかんでくるのは、公園から道路へ飛び出していくサンの姿だった。そこへ、車が走ってきて、サンは……。

いやだ！

――「サンは、前の飼い主に虐待をうけていたんです。だから、大きな物音や、いきおいよく飛んでくるものには、こわいことを思い出して敏感(びんかん)に反応してしまうことがあるかもしれません」

サンがいた保護施設(しせつ)の久保(くぼ)さんが言っていた。

どうしよう。

わたしのせいだ。

わたしが、フリスビーにびっくりして急に立ち上がったから……。

だから、サンは、自分がたたかれるんじゃないかってかんちがいして、こわくてにげ出したんだ。

サンにもしものことがあったら、どうしよう。

それに、サンはまだトライアル期間中なんだ。うっかりにがして、どこかへ行ってしまいました、なんて言ったら保護施設のひとたちはなんて言うだろう。

がたがたと、こきざみにふるえていたわたしのことを、おねえさんがぎゅっと抱(だ)きしめてきた。

「美咲ちゃん！　おちついて」

④わたしは、声を出さずに泣いていたようだ。気づくと、ほおがなみだでぬれていた。だんだん息が苦しくなってきて、あれ？　いつもどうやって空気をすっていたんだっけ？　という気持ちになる。

「美咲ちゃん、だいじょうぶだから」

わたしを抱きしめたまま、おねえさんは背中をごしごしとさすってくれた。それでも、どうしようという気持ちは体からはみ出しそうに大きくなっていく。

だって、おねえさん！

サンは、ふつうの犬みたく「ワン」って鳴けないんだよ。

ばふ、ばふとこわれた掃除機(そうじき)のように鳴くサンの声は、ほかの犬とちがって遠くまでひびかないし、よく聞こえない。だから、わたしは、サンがいなくなったら、どこにいるかわからなくなってしまう。サンは、自分で「ここにいるよ」って伝えることができないんだから！

なみだが、次から次へとあふれ出し、のどの奥から「ぐうう」と声がもれ出た。

「おちついて。サンは美咲ちゃんになついているから、きっとここへもどってくる。サンも不安になっているはず。だから、だいじょうぶだよって、サンの名前を呼んであげて」

おねえさんが言った。

サン。

サン！

太陽という意味の名前。

だけど、その名前を呼ぼうとすると、のどにつまった見えないビー玉がじゃまをする。

むり、むり。

わたしには、むり。

パニックになったわたしは、いつも以上に声を出すことがむずかしい状態になってしまった。

わたしの背中にまわされていたおねえさんの手が、ふっとゆるんだ。

おねえさんはわたしの両肩（りょうかた）に手を置いて、体をはなした。そのまま、わたしの目をじっとみつめる。

「美咲ちゃん。サンに『わたしはここにいる』って伝えるの！」

わたしが？

わたしは、ここにいる。

サンが伝えることができないのなら、わたしが伝えればいいの？

そうだよ、というふうに、おねえさんがうなずく。

保護施設ではじめてサンに会った日、わたしに近よってきてくれたときのことを今でもはっきりおぼえている。

前の飼い主にいじめられ、山奥に捨てられ、本来持っていた犬らしい声をうしなったサン。

ほんとうは、もう人間なんてこりごりだってがっかりしていたかもしれない。それなのに、サンは、わたしのところへ来てくれた。どんなに勇気がいったことだろう。

「サンの名前を呼んで。美咲ちゃん」

おねえさんが言った。

今度は、わたしが勇気を出す番だ。

サンが走っていったほうの林を見ながら、わたしはつばをごくんと飲みこむ。息をすいこむと、朝の冷たい空気に胸がちくりとした。

「……サ、ン」

わたしの声といっしょに、息が白くなり、すぐ消えた。

もう一度。

「サン……」

もう一度。もっと、大きく、サンに届くように。

わたしは、すうっと、ゆっくり空気をすった。そして、それをおもいっきりはき出すようにして、さけんだ。

「サン！」

［　　　　］が、わたしの声でくだけちったのがわかった。

「サン！　サーーーン！」

その名前をさけんだすぐあと、遠くから、ばふっ、ばふっ、という、サンのものにちがいない、あの鳴き声が聞こえてきた。鳴き声は、だんだんこちらへ近づいてくる。やがて、林のなかから、サンがこっちに向かって走ってくるのが見えた。

「サン！」

朝日を背に走ってくるサンは、その名前のとおり、太陽みたいだった。

わたしは、おもわずかけ出していた。

サンがわたしの胸に飛びこんでくる。あまりのいきおいに、わたしはその場にしりもちをついた。それでもサンはわたしにあまえるのをやめない。顔をぺろぺろなめながら体重をかけてくるので、わたしは芝生にねころんでしまった。

わたしは、サンの背中をぎゅっと抱きしめた。そして、言った。

「心配したんだよ。もうぜったいにはなしたりしないからね。わたしの、大事なサン」

心のなかだけじゃなく、言葉にして、サンに伝えた。

大好きだったレオンとは、犬種も、毛質も、毛の色も、大きさも、すべてがちがうサン。

⑤レオンとは、ぜんぜん似ていないサン。
だけど、わたしはサンがとてもたいせつだ。

「美咲ちゃん！　あらあら、サンったら……」

芝生の上で、体を草にくっつけながらじゃれあっているわたしたちを見て、おねえさんが笑った。

バギー[※2]のなかでビリーが「ワン！　ワン！」とほえている。

「ビリー、外へ出たいって言ってるみたい」

わたしが言うと、おねえさんは「そうみたいだね」と言って、ビリーをバギーからおろした。

「ビリー、無理はしないでよ」

おねえさんはそう言ったけれど、ビリーは芝生に立てることがうれしくてしかたないというみたいに飛びはねていた。

「あっ」

わたしは、あることを思い出した。

ずっと聞きたかったこと、今のわたしなら言える。

あいかわらず、じゃれついてくるサンを「よし、よし」となだめて、おとなしくさせてから、おねえさんに向き合う。

「おねえさんの、名前を教えてください」

わたしが言うと、おねえさんは「あ」というふうに口を開けて、しばらくかたまったあと、花火がはじけるように笑い出したのだった。

「やだ、私ったら。ずっと名前、言ってなかったっけ？」

「はい。あ、お店の名前は、わかるけど……」

「あはは、そうだね。私の名前までは看板に出ていないもんね。私は、橋本葉子(はしもとようこ)。花屋だけど、葉っぱの葉子」

「葉子さん」

わたしは、おねえさんの名前を呼んだ。

「はい」

葉子さんが返事をした。

太陽はすっかりその姿をあらわし、あたりは、いつのまにか、とても明るくなっていた。

まだ冬のように寒い三月でも、朝日はほんのりとあたたかい。

世界にあさがやってきたのといっしょに、わたしの夜も明けた。
⑥サンが、夜明けをつれてきてくれたんだ。
いつのまにか、なみだはすっかりかわいていた。

(吉田(よしだ)　桃子(ももこ)　作『夜明けをつれてくる犬』〈講談社〉より)

※1　骨……ここでは、骨つぼに納められたレオンの骨を指している。
※2　バギー……簡易的なベビーカー。ここでは、年をとったビリーを乗せて散歩するための犬用の乗り物を指している。

問一　[A]～[C]に入れるのに最も適当な語を、それぞれ次のア～エの中から一つずつ選び、記号で答えなさい。

[A]　ア　ズキンと　イ　ヒヤッと　ウ　ドキンと　エ　キュンと

[B]　ア　びくびく　イ　わくわく　ウ　そわそわ　エ　るんるん

[C]　ア　ずきずき　イ　ぽかぽか　ウ　むずむず　エ　ぴりぴり

問二　――①「おねえさんは、わたしに見えないバトンを渡(わた)そうとしてくれているんだ」とありますが、美咲（みさき）はおねえさんのどのような行動を指してこのように表現しているのでしょうか。七十五字以内で説明しなさい。

問三　――②「……」とありますが、これは美咲がある言葉を言おうとして言えなかったということです。その内容として最も適当なものを、次のア～エの中から一つ選び、記号で答えなさい。

ア　「おねえさんは、どうして花屋をはじめたの？」

イ　「わたしも少し前に、すごく悲しいことがあったんです。」

ウ　「おねえさん、元気だして。」

エ　「わたしは近くの小学校に通っている六年生です。」

問四　――③「気持ち宝箱」という言葉からは、おねえさんが「気持ち」をどのようなものとして考えていると分かりますか。最も適当なものを、次のア～エの中から一つ選び、記号で答えなさい。

ア　宝物のように厳重に鍵（かぎ）をかけ、他人に決して見せてはいけないもの。

イ　そのすべてが宝石のように、きらきら光りかがやく素晴（すば）らしいもの。

ウ　何よりも高価で大切であり、たくさん集めて保管しておきたいもの。

エ　それぞれがかけがえのない、自分の中で大切に取っておきたいもの。

問五　――④「わたしは、声を出さずに泣いていたようだ」とありますが、このときの美咲の心情を説明したものとして最も適当なものを、次のア～エの中から一つ選び、記号で答えなさい。

ア　サンが死んでしまったらどうしようと不安になり、またサンをにがしてしまったことを保護施設（しせつ）のひとたちが知ったら何と言うだろうかと考えて、パニックになっている。

イ　サンともう二度と会えなくなってしまったのだということを悟（さと）り、注意が足りていなかった自分の行動を後悔（こうかい）するのと同時に、声も出せないほどの悲しみに襲（おそ）われている。

ウ　サンのリードを「しっかり持つのよ」と言われていたのに放してしまい、その結果サンをにがしてしまったことをお母さんにひどくしかられるだろうと憂鬱（ゆううつ）になっている。

エ　サンがこわがってにげてしまうきっかけを作ったのに、しっかり謝（あやま）りもしない男のひとと、サンを止められなかった自分への怒（いか）りと悔（くや）しさで、頭が真っ白になっている。

問六　［　　］に入る言葉を八字以内で文章中から抜（ぬ）き出して答えなさい。

問七　――⑤「レオンとは、ぜんぜん似ていないサン」という言葉からは、美咲のサンに対するどのような思いが分かりますか。最も適当なものを、次のア～エの中から一つ選び、記号で答えなさい。

ア　レオンとは犬種からして違（ちが）うが、サンにもレオンとはまた違ったかわいさがあるということ。

イ　レオンとは外見が全く似ていないが、その内面にレオンを思わせるところがあるということ。

ウ　レオンの代わりとしてではなく、サン自身が自分にとってたいせつな存在なのだということ。

エ　レオンの代わりはどこにもおらず、いくらサンでもさすがにレオンには敵わないということ。

問八　――⑥「サンが、夜明けをつれてきてくれたんだ」とありますが、ここで言う「夜明け」とはどのようなことを表しているのでしょうか。説明しなさい。

問九　【作文問題】この問題文では、「名前を呼ぶ」という行動が美咲にとってサンやおねえさんとの関係、そして自分自身を変える重要なものとして描かれています。あなたのこれまでの経験の中で「名前を呼ぶ」または「名前を呼ばれる」ということが特別な意味を持った出来事について、実際の経験や具体例をあげて作文して答えて下さい。解答は大きく濃くていねいな文字で、必ず解答欄内に収まるように書いて下さい。評価は、表記もふくめた言葉としての正しさ、また、巧みさにも着目しながら、文章として完結しているもののみ、内容を中心に行います。

湘南白百合学園中学校（四教科）

—45分—

一　後の問いに答えなさい。

問一　次の――線部のカタカナは漢字に、漢字はひらがなに直しなさい。

① デンチュウを見上げる。　② 植物のメが出る。
③ ハラが立つような出来事。　④ 三人目のマゴが生まれる。
⑤ チョウカンを読む。　⑥ お年寄りを敬う。
⑦ 地道な努力が勝利に導く。　⑧ 貴族の館を見学する。
⑨ 養蚕が盛んな村を訪れる。　⑩ 実験が成功に至る。

問二　次の①～⑥は世界のことわざです。これらのことわざは、日本のどのことわざの意味に近いですか。最もふさわしいものを後から選び、それぞれ記号で答えなさい。

① 〈フランス〉犬は猫を生まない：
Les chiens ne font pas des chats.

② 〈イタリア〉天は明るい人を助ける：
Gente allegra il ciel l'aiuta.

③ 〈スペイン・メキシコ〉空中に城を建てる：
Hacer castillos en el aire.

④ 〈インドネシア〉命が髪の毛一本にかかっている：
Jiwa bergantung di ujung rambut.

⑤ 〈オランダ〉治療より予防：
Voorkomen is beter dan genezen.

⑥ 〈ドイツ〉馬に乗りながら馬を探す：
Er sitzt auf dem Pferde und sucht es.

ア　風前の灯　　イ　灯台もと暗し
ウ　絵に描いた餅　　エ　転ばぬ先の杖
オ　笑う門には福来る　　カ　蛙の子は蛙

（日本ことわざ文化学会『世界ことわざ比較辞典』を参考）

問三　次の枠内の文章、資料1、資料2について、後の(1)～(4)の問いにそれぞれ答えなさい。

> 2023年12月、「和食；日本人の伝統的な食文化」がユネスコ無形文化遺産に登録されて10周年でした。農林水産省のサイトによると、和食の特徴は資料1にある通りでした。また、令和5年に同省から発表された資料2によると、「和食文化」ユネスコ登録認知度は平成27年度に比べて、令和元年では大幅に【 ① 】しました。その傾向は令和4年度まで続いていて、「知っている」の割合は全体の【 ② 】割台半ばに留まりました。一方、外国の方に紹介したい「和食文化」の有無については、「ある」の割合が、令和元年度に比べて、令和4年度には大幅に【 ③ 】しました。なお、同調査によると、外国の方に紹介したい「和食」として、「寿司」が最も多く、次いで「味噌汁／豚汁」、「だし」、「天ぷら」、「ご飯／おにぎり」が上位5つでした。

資料１

(1)　多様で新鮮（しんせん）な食材とその持ち味の尊重

日本の国土は南北に長く、海、山、里と表情豊かな自然が広がっているため、各地で地域に根差した多様な食材が用いられています。〈 A 〉

(2)　健康的な食生活を支える栄養バランス

一汁（じゅう）三【 ④ 】を基本とする日本の食事スタイルは理想的な栄養バランスと言われています。〈 B 〉

(3)　自然の美しさや季節の移ろいの表現

食事の場で、自然の美しさや四季の移ろいを表現することも特徴のひとつです。〈 C 〉

(4)　正月などの年中行事との密接な関わり

日本の食文化は、年中行事と密接に関わって育まれてきました。〈 D 〉

（農林水産省Webサイトより https://www.maff.go.jp/j/keikaku/syokubunka/ich/index.html）

資料２

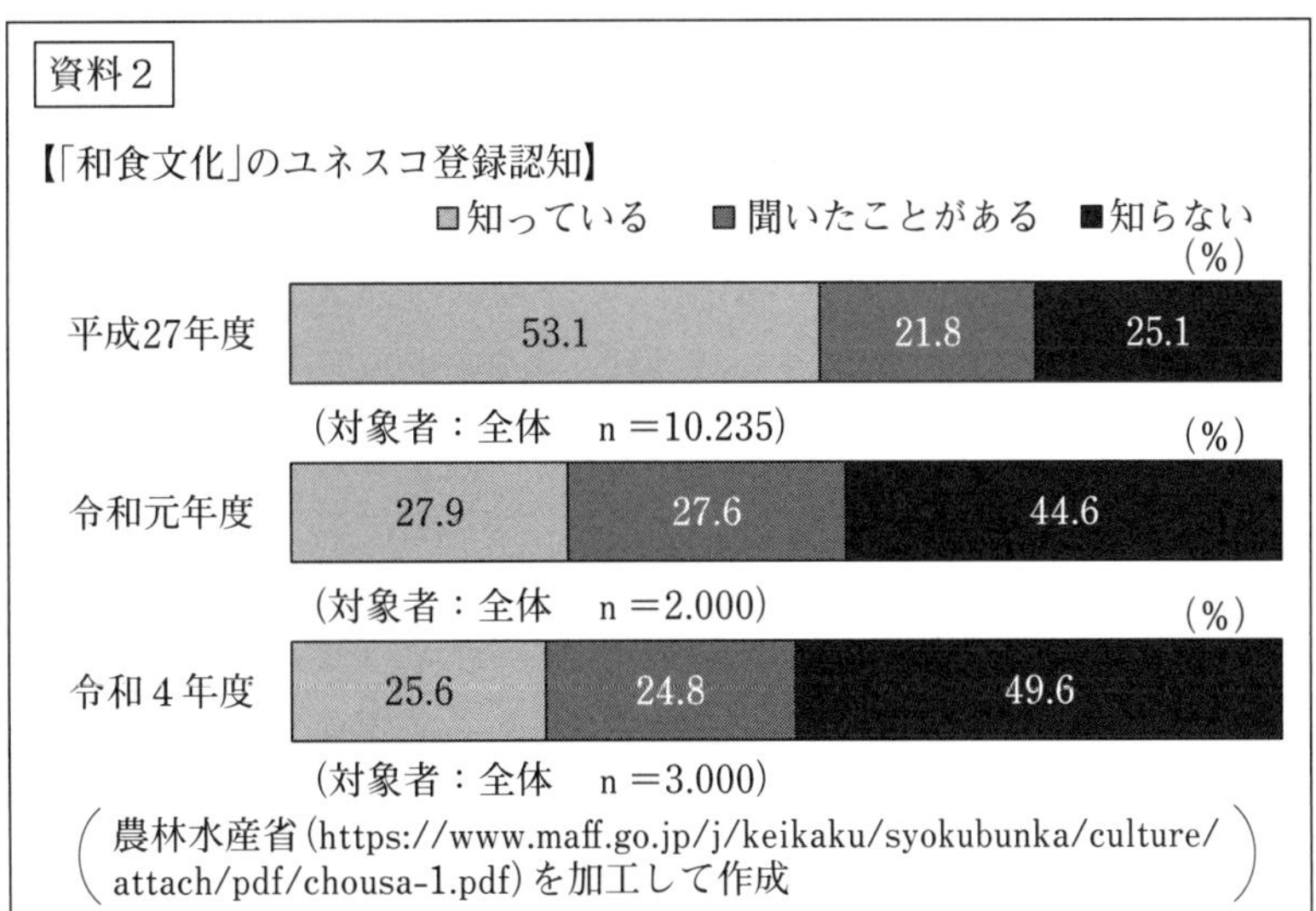

（農林水産省(https://www.maff.go.jp/j/keikaku/syokubunka/culture/attach/pdf/chousa-1.pdf)を加工して作成）

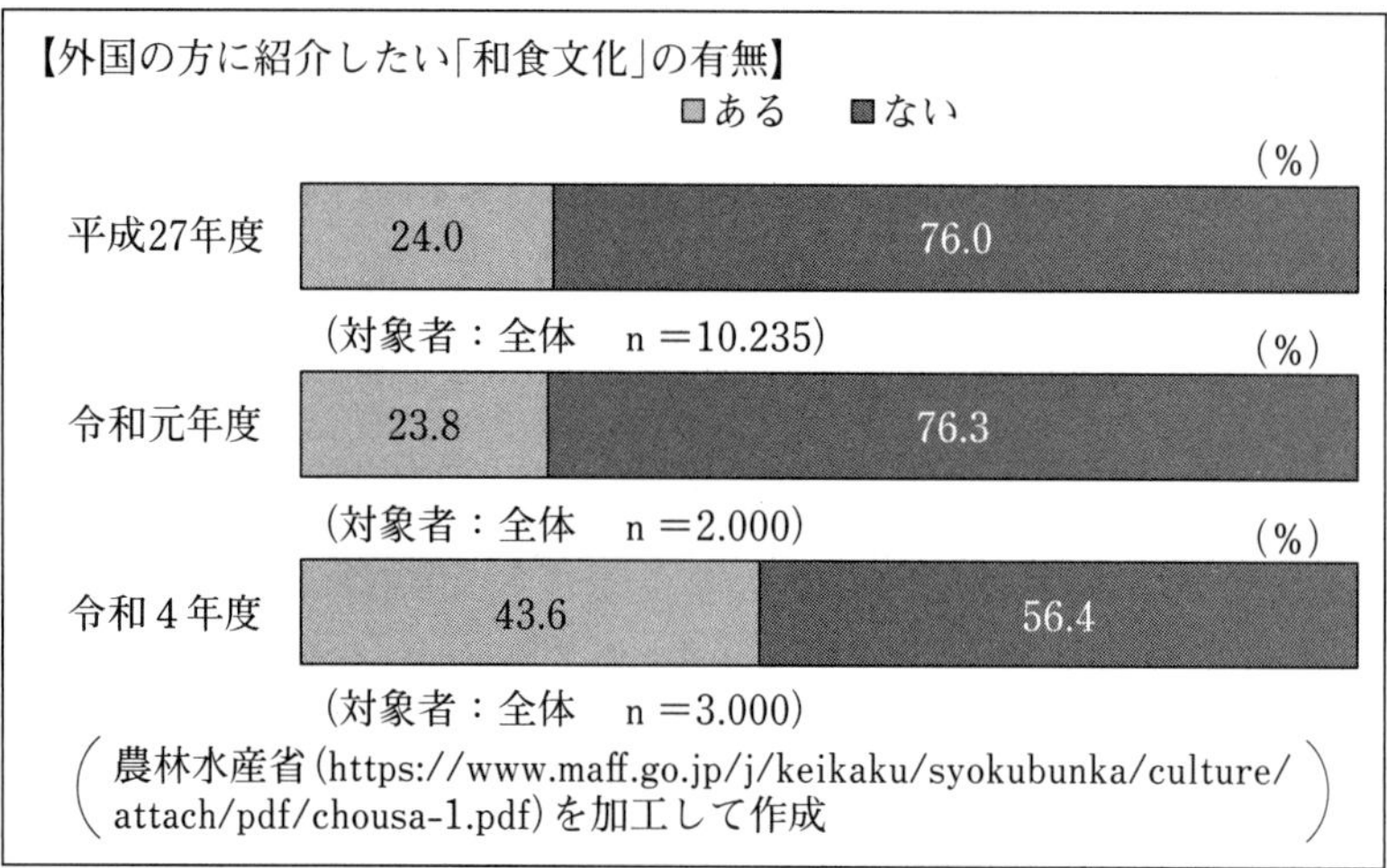

(1) 資料1の〈Ａ〉～〈Ｄ〉に入る文の組み合わせとして最もふさわしいものを次から選び、記号で答えなさい。

1　また、「うま味」を上手に使うことによって動物性油脂の少ない食生活を実現しており、日本人の長寿や肥満防止に役立っています。

2　季節の花や葉などで料理を飾りつけたり、季節に合った調度品や器を利用したりして、季節感を楽しみます。

3　自然の恵みである「食」を分け合い、食の時間を共にすることで、家族や地域の絆を深めてきました。

4　また、素材の味わいを活かす調理技術・調理道具が発達しています。

ア　Ａ―1　Ｂ―2　Ｃ―4　Ｄ―3
イ　Ａ―3　Ｂ―1　Ｃ―2　Ｄ―4
ウ　Ａ―4　Ｂ―2　Ｃ―1　Ｄ―3
エ　Ａ―1　Ｂ―3　Ｃ―2　Ｄ―4
オ　Ａ―4　Ｂ―1　Ｃ―2　Ｄ―3

(2) 資料1の「一汁三【④】」の【④】に入る漢字と同じ漢字が含まれるものを次から選び、記号で答えなさい。

ア　サイ度、同じ問題を解く。
イ　犬に吠えられてサイ難だった。
ウ　友達と山サイ採りを楽しんだ。
エ　小さなサイは気にしない。

(3) 資料2を見て、【①】、【③】に当てはまる言葉として最もふさわしいものを次から選び、記号で答えなさい。

ア　①　増加　③　増加
イ　①　増加　③　減少
ウ　①　減少　③　減少
エ　①　減少　③　増加

(4) 【②】に入る数字を次から選び、記号で答えなさい。

ア　1　イ　2　ウ　3　エ　4

二　次の文章を読んで、後の問いに答えなさい。なお、問いに字数指定がある場合には、句読点なども一字分に数えます。

ブレーメン・ツアーズは、依頼者の走馬灯(この文章では、死ぬ間際に見る思い出や記憶のこと)を描くための旅を企画する特殊な会社である。社長や葛城さんは、人の走馬灯をのぞいたり描きかえたりできる力を持っている。本文は、社長が高校生の遥香に仕事内容について語っている場面である。

社長が例に挙げてくれたのは、[*1]ナンユウくんのお母さんにビデオ通話で話していた、心臓外科の名医の墓参りのツアーだった。

「守秘義務で名前は明かせないから……」

社長は少し考えて、その名医が「神の手」と呼ばれていたので、「神手さんにするか」と言った。そのセンス、わたしとはちょっと違うかも。

でも、　Ⅰ　、神手さんの話だ。

世界的に注目される難しい手術を何度も成功させた神手さんだけど、　Ⅱ　、すべての手術がうまくいったわけではない。

「名医の宿命だ。神手さんのもとには、ほかの医者が　A　を投げた患者ばかり、藁にもすがる思いで、[*2]一縷の望みを託して来るわけだ。難しい手術ばかりで、分は悪い。だめで元々だ。患者も家族もそれは承知のはずなんだが、実際に亡くなってしまうと、やっぱり、医者のせいになるんだ」

遺族からじかに抗議されたこともある。でも、それ以上に、感情を抑えた声で「ありがとうございました」と挨拶されるときのほうがキツかった。

もっとも、現役の頃には「神の手」のプライドもある。一人の患者の命を救えなくても、まだ次の患者が待っている。しかたないだろう、こっちもベストは尽くしたんだ、と割り切って前に進むしかなかった。

　Ⅲ　、歳をとって現役を退くと、手術に失敗したときの夢をしょっちゅう見て、うなされるようになった。昼間でも、遺族に頭を下げる場面が[*3]フラッシュバックする。

「そんなことがしばらく続いて、不安になって、ウチに来たんだ」

自分の走馬灯には、失敗した手術のことや、亡くなった患者や、その遺族の顔が描かれているのではないか――。

葛城さんが記憶を覗いた。神手さんの不安は当たっていた。手術台で息を引き取った患者や、頭を下げる神手さんに[*4]悄然としたまま挨拶する遺族の姿が、いくつも、色つきで記憶に残っていたのだ。

消すことは簡単だった。オフィスの一室で、相応の時間をかければ、リクエストには応えられる。でも、葛城さんは、神手さんが救えなかった患者さんの墓参りのツアーを組んだ。

「それはそうだろう？　ウチは旅行会社だ。お客さんに旅をしてもらうのが仕事なんだから」

「……旅をすると、なにが違うんですか？」

社長は「その前に、ちょっと遠回りさせてくれ」と、デジタルのデータと人間の記憶の違いを語った。

デジタルのデータは時間がたっても変わらない。でも、人間の記憶は時間がたてば薄れていく。鮮やかだったものがぼんやりとして、前後の脈絡が読み取れなくなって、そのまま消えてしまうことだってある。

わたしが「劣化しますよね」と相槌を打つと、社長は苦笑交じりにかぶりを振って「私の考えは逆なんだ」と言う。

「……逆って？」

「記憶が薄れることや色褪せることは、必ずしもマイナスじゃない。いつまでも細かく覚えていたくないこともあるし、忘れたいことだってある。そうだろう？」

「それは……はい……わかります」

「なんでもかんでも、つい昨日のことのようにしっかり覚えていなくちゃいけないのは、かえってつらいぞ。川の石が水に削られてまるくなるのと同じだ。うまいぐあいに磨り減って、まるくなってくれたおかげで背負いやすくなる思い出だってあるんだ」

そうかもしれない、確かに。

「忘れるっていうのは、神さまが人間に授けてくれた、大切な力かもしれないよな」

大げさな言い方のはずなのに、社長の顔と声の力なのだろうか、不思議とすんなりと耳に入って、胸に染みた。

そこまでが――デジタルとの違い。

「でもな」と社長は続けた。

「思い出は、富士山と同じだ。登ってるときには、富士山の形はわからない。すぐ麓にいても、全体の姿はわからない。富士山の、あの形と高さを実感するには、だいぶ離れないといけないんだ」

思い出も、離れて振り返ると、見え方が違ってくる。

「幸せな思い出のはずだったのに、何十年後に振り返ると色褪せていたり、二度と思いだしたくなかったはずの日々が、むしょうに愛おしく思えてきたりもするんだ」

だから、お客さんに旅をしてもらう。そのうえで、あらためて走馬灯の絵を決める。それが、ブレーメン・ツアーズの仕事の流儀だった。

時間はかかる。手間暇もかかる。最初に「これを消して、あれを描き足して」と注文されたことをそのままやっていけば、仕事は早くすむ。そのほうが会社の経営としてもずっと率がいい。

「でも、私は、そういうことはしたくないんだ。お客さんに、もう一度、人生の記憶をたどり直してから、あらためて決めてほしいんだ。走馬灯から消したい思い出は、ほんとうに消すべきなのか、残したい思い出は、ほんとうに残すに価するものなのか……」

社長はそこで言葉を切って、①「けっこう変わるんだぞ」と笑った。

旅を終えたあと、最初のオーダーでは消すはずだった思い出が「やっぱり残してほしい」となることがある。逆に、走馬灯に描き入れてほしかった思い出を「やっぱり、やめておきます」と断ることもある。

「私は、人間には三つの力があると思う」

一つめは、記憶する力。でも、記憶していても、それはデジタルとは違って、薄れたりぼやけたりする。だから、二つめは、忘れる力になる。

そして、三つめ――。

「なつかしむ力だ」

社長は虚空を見つめて微笑んだ。まさに遠い昔をなつかしむ顔になって、続けた。

「私は思うんだ、遥香さん。『なつかしい』というのは、あんがいと深い感情だぞ」

あの頃に戻りたいから、なつかしい。あの頃にはもう戻れないからこそ、なつかしい。あの頃の、あの出来事を、全面的に肯定するから、なつかしい。苦い後悔があるからこそ、なつかしい。満面の笑みで、なつかしい。泣きだしそうに顔をゆがめて、なつかしい。

「旅をして、自分の人生をなつかしんでほしい。そこから、最後に、走馬灯に残す絵を決めてほしい。私はそう考えているんだ」

心臓外科医の神手さんも、自分が助けられなかった患者さんにまつわる記憶はすべて走馬灯から消してほしい、と願っていた。

でも、葛城さんは「亡くなった患者さんのお墓参りに出かけませんか」と提案して、遺族との再会もセッティングした。神手さんは墓参を続け、遺族との再会を繰り返し……記憶は少しずつ、形を変えていったのだ。

遺族の対応は、さまざまだった。恐縮する人や感謝する人がいる一方で、線香を手向ける神手さんの背中を恨めしそうににらむ人もいたし、当時のことを蒸し返して怒りだす人もいた。お墓参りのあとで会食の席まで設けてくれた遺族がいたかと思えば、神手さんの挨拶すら拒んで、お墓の場所をどうしても教えてくれなかった遺族もいた。

半年がかりで二十人以上の墓参りをした。ようやく折り返しを過ぎたところだという。ツアーの日程はすべて葛城さんが決める。遺族への事前連絡もして、お墓参りができる場合はすべて——遺族が歓迎しているかどうかにかかわらず、神手さんに出かけてもらうことにしている。

「恨まれているのがわかっていても、案内するんですか?」

「ああ……②墓参りを拒否された場合も、とにかくぜんぶ、そのまま伝えてる」

「神手さんがショックを受けたり、傷ついたりしても?」

「もちろん」

「記憶、やっぱり変わっていくんですか?」

「ああ、変わる」

「いいほうに?」

「そうなるときもあれば、逆もある」

神手さん自身の予想とはまったく違う対応をされることが、何度もあった。

「十年前に裁判沙汰になりそうなほど揉めた遺族が温かく迎えてくれたり、逆に、二十年後になって初めて恨みつらみをぶつけてくる遺族がいたり……いろいろあったらしい」

神手さんは、むしろ、厳しく対応した遺族と会ったあとのほうが、すっきりしていた。そして、③旅を続けるにつれて、走馬灯に描かれる絵は、どんどん幸せに満ちたものになっていったのだ。

走馬灯の絵師の仕事は、自分が絵を描き直すことだけではない。むしろ、それは最後の最後の手段だった。

「そんなことをしなくてすめば、それに越したことはない。一番いいのは我々がなにもしなくても、走馬灯が幸せなものに変わっていくことだ」

「そんなにすぐに変わるものなんですか?」

「変わるさ。だから、人生は面白いんだ」

たとえば、と社長は続けた。

「遥香さんのような高校生にとって、大学受験は大きいよな。第一志望の大学に受かれば大事な喜びの場面として走馬灯に描かれるだろうし、落ちたら落ちたで、悲しくて悔しい場面として走馬灯に残る」

でも、三十歳を過ぎて、四十歳を過ぎて、五十歳を過ぎて……長く生きていけば、大学受験の結果なんてどうでもよくなる。④走馬灯から消えてしまう。それでいい。十八歳のときの失敗を一生ひきずる人生は哀しいし、十八歳のときの成功に一生すがる人生は、もっと哀しくて、寂しくて、むなしい。

「なんか、わかるような気がします」

「だろう?」

社長はにやりと笑って、「人生をたどり直す旅をすることは、ほんとうに走馬灯に描くべき絵を選び直すことなんだよ」と言った。


(重松清『はるか、ブレーメン』〈幻冬舎〉)

(注) ＊1　ナンユウくん……遥香の友人。
＊2　一縷の望み……細い糸一本のように今にも絶えそうな、かすかな望み。
＊3　フラッシュバック……過去の強い嫌な記憶が突然鮮明に思い出されること。
＊4　悄然……うちしおれているさま。

問一　[Ⅰ]～[Ⅲ]に入る語句として最もふさわしいものを次から選び、記号で答えなさい。
ア　もちろん　イ　ところが　ウ　そのうえ　エ　とにかく

問二　[A]に入る語句として最もふさわしいものを次から選び、記号で答えなさい。
ア　サイ　イ　サキ　ウ　サジ　エ　サマ

問三　――線部①「『けっこう変わるんだぞ』と笑った」ときの社長の気持ちとして最もふさわしいものを次から選び、記号で答えなさい。
ア　依頼してくるお客さんの多くが思い直すからこそ、会社が成り立つとありがたがっている。
イ　思い出のとらえ方が変わるお客さんを見てきて、人の記憶など、はかないものだと笑い飛ばしている。
ウ　何人ものお客さんと接し、人間の身勝手さを痛感させられ、あきれている。
エ　お客さんに人生を振り返ってもらうという会社の流儀に自信を持っている。

問四　――線部②「墓参りを拒否された場合も、とにかくぜんぶ、そのまま伝えてる」とありますが、その理由として最もふさわしいものを次から選び、記号で答えなさい。
ア　伝えないと神手さんが勝手にお墓参りをしてしまうかもしれないから。
イ　遺族の怒りに共感し、代わりに神手さんに伝えないと気持ちが収まらなかったから。
ウ　伝えることと伝えないことの選別をする手間を省くことで仕事を効率化したいから。
エ　厳しい対応をされるということも含めて全てが神手さんの人生であるから。

問五　――線部③「旅を続けるにつれて、走馬灯に描かれる絵は、どんどん幸せに満ちたものになっていったのだ」とありますが、その理由として最もふさわしいものを次から選び、記号で答えなさい。
ア　苦い記憶が色褪せるくらいの素敵な記憶があったことを思い出すことができたから。
イ　神手さんが気づかないところで、葛城さんが走馬灯の絵を描き直していたから。
ウ　つらい過去にもきちんと向き合ったことで、自分の人生をなつかしむことができたから。

エ　お墓参りを終えるたびに、葛城さんが神手さんに対して前向きになれるような言葉をかけていたから。

問六　――線部④「走馬灯から消えてしまう。それでいい」とありますが、なぜですか。理由を「経験」という語を用いて、四十字以内で説明しなさい。

問七　═線部「ブレーメン・ツアーズの仕事の流儀」とありますが、なぜブレーメン・ツアーズはお客さんに旅をしてもらう方法をとっているのですか。人間の記憶の特徴をふまえて、七十字以内で説明しなさい。

三　次の文章を読んで、後の問いに答えなさい。筆者は、ムラブリ語（タイやラオスの山岳地帯に住む少数民族の中で話されている言葉）の美しさに魅せられた日本の言語学者で、ムラブリ語はおそらく今世紀中には消えてしまうだろうと考えられています。［　］の部分は、筆者がこの文章を書く際に参考とした資料であり、また、【　】の部分は、出題のために本校が参考としてつけ加えたものです。問いに字数指定がある場合には、句読点なども一字分に数えます。

「上」は悪く、「下」は良い？

最近の研究でムラブリ語が注目されている分野のひとつは、感情表現だ。

感情表現とひと口に言っても、その定義は難しい。「感情」という語や表現は言語によって対応するものがまちまちだからだ。たとえば、トルコ語は「感情」に相当する語彙が3つある［Smith & Smith 1995］。反対に、ガーナなどで話されるダバニ語は、「感情」を意味する語彙を持たないとされる［Dzokoto & Okazaki 2006］。ムラブリ語も同じで、「感情」を表す語がなく、タイ語を使って表現するしかない。

このような状況で、どの言語にもあてはまる「感情」を定義するのは難しく、哲学的な問いにまで発展するので、ここでは深く立ち入らないことにして、常識的な意味で「感情」を用いることにする。

感情を表す表現は、大きく分けて2つある。ひとつは語彙だ。日本語で言うと「うれしい」とか「悲しい」などになる。もうひとつは*1迂言的な表現だ。「心が躍る」とか「気分が沈む」などがそうだ。ほとんどの言語で両方の表現方法を用いることが知られている。ムラブリ語もそうだ。

感情表現は、とくに*2翻訳が難しい。日本語の「幸せ」と英語の「happy」【ハッピー】のニュアンスが異なることからも、その難しさを想像できると思う。だから、研究者は感情表現の意味を「好／悪」と「動／静」の2軸を用いて、平面上に*3マッピングすることで表現する［Russel & Ridgeway 1983］。

次の①図の右上が「　Ⅰ　」、右下が「　Ⅱ　」、左上が「　Ⅲ　」、そして左下が「　Ⅳ　」の領域だ。

たとえば、日本語の「幸せ」はポジティブ*4で、英語の“happy”と共通するが、英語よりも少し静的なので下に位置づけられる。このような違いは、*5逐語訳では見落とされがちだが、図示することで、細かいニュアンスの違いを座標の位置によって表現することができる。

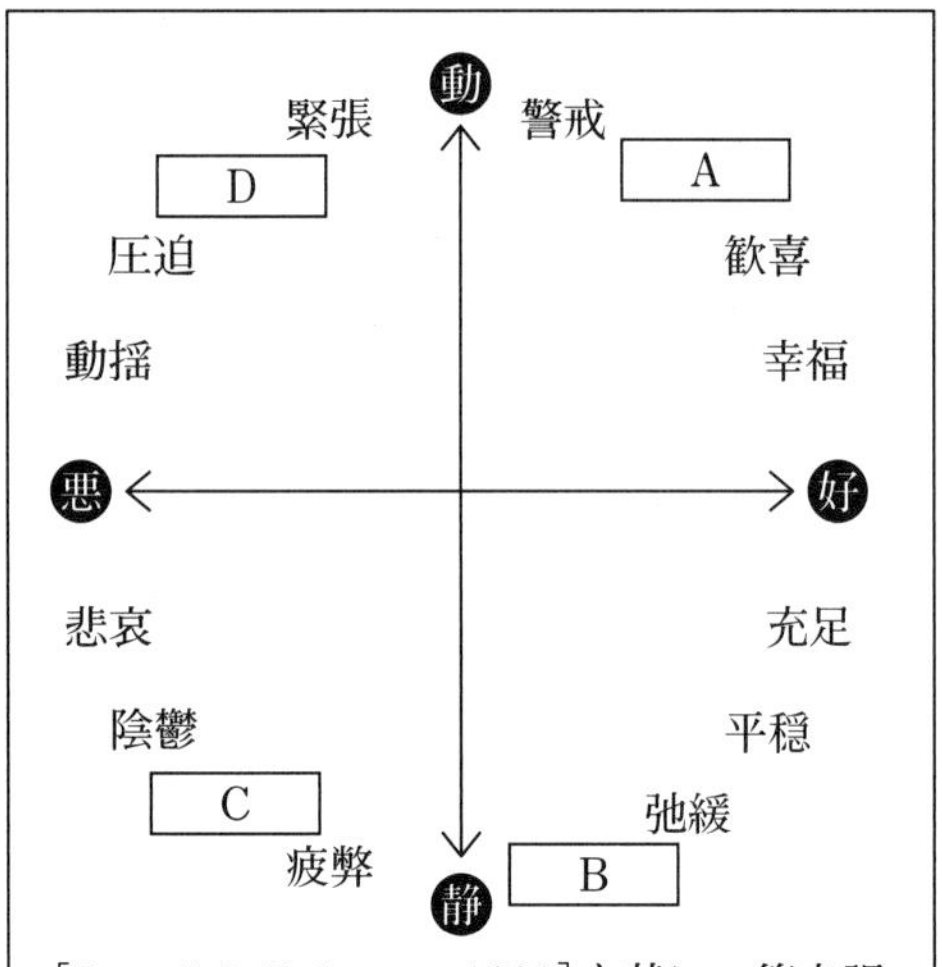

動
緊張　警戒
D　A
圧迫　歓喜
動揺　幸福
悪　好
悲哀　充足
陰鬱　平穏
C　弛緩
疲弊　B
静

［Russel & Ridgeway 1983］を基に、筆者訳。

（図の注）
＊歓喜―たいそう喜ぶこと。
＊充足―満ちたりること。
＊平穏―おだやかなこと。
＊弛緩―ゆるむこと。
＊疲弊―つかれること。
＊陰鬱―うっとうしい感じがすること。
＊悲哀―悲しくあわれなこと。
＊動揺―気持ちが不安定になること。
＊圧迫―おさえつけること。
＊緊張―張りつめてゆるみのないこと。

ここで注目したいのが、ムラブリ語の迂言的な感情表現だ。②ムラブリ語は「クロル（心）」を用いて感情を表すのだが、そのなかでも「クロル クン（心が上がる）」と「クロル ジュール（心が下がる）」という感情表現がおもしろい。

直感的には「心が上がる」はポジティブな意味で、「心が下がる」は[*6]ネガティブな意味に聞こえるだろう。しかし、実際は逆で、「心が上がる」といえば「悲しい」とか「怒り」を表し、「心が下がる」は「うれしい」とか「楽しい」という意味を表す［Wnuk & Ito 2021］。

[*7]認知言語学という分野では、世界の言語に見られる普遍[*8]的な特徴として、「上がる」ことは「よい」こと、つまり〝Up is GOOD〟【アップ イズ グッド（上がることはよいことだ）】が主張されている。これは概[*9]念メタファーと呼ばれ、とくに〝Up is GOOD〟は世界中で見つかるため、もっとも普遍的な概念メタファーのひとつと考えられている。しかし、ムラブリ語の「心が上がる」はネガティブな感情を表すため、普遍的だと主張される〝Up is GOOD〟の例外となり、とても珍しい。

あまりにもよく見られる〝Up is GOOD〟だから、ムラブリ語の分析が誤りである可能性もある。ぼくも「心が上がる／下がる」は上下運動ではなく、別の意味ではないかとも考えた。しかし、「心が上がる／下がる」というときのジェスチャーを見ると、[V]動かしている。やはり、「心臓の辺りが上がる／下がる」という感覚経験にこの表現の源があるようだ。

感情の評価軸は「好／悪」と「動／静」だったが、「心が上がる」は「好／悪」というより、「動／静」に左右されるのではないか、と考える人もいるかもしれない。ぼくも初めはそう考えた。しかし、ぼくたちのおこなった実験によれば、「心が上がる／下がる」は「動／静」に関係なく、

「好／悪」を表すのだ。

結果として、動的か静的かにかかわらず、心理学的に良い感情に結びつくものは「心が下がる」、悪い感情に結びつくものは「心が上がる」と表すことから、ムラブリの感性には、〝UP is UNHAPPY〟【アップイズ アン ハッピー(上がることは不幸せだ)】と〝DOWN is HAPPY〟【ダウン イズ ハッピー(下がることは幸せだ)】の概念メタファーがあると言えるかもしれない。

また、ムラブリ語には「興奮」などに相当する語がない。狩りや性交、祭りなどで感じる感情は、ぼくたちからすれば「興奮」と呼べるものだろう。しかし、ムラブリはそれらの感情を言葉で表すことをしない。「狩りに行くときの感情はなんという?」と質問しても、ぼくの意図がよくわからないようだった。あたかも「ジャック クェール(狩りに行く)」という言葉に、行為も感情もひっくるめて表現されていると言わんばかりだ。

ムラブリ語には「感情」も「興奮」もない。ムラブリが行為から感情を分離する感性がないとも捉えられる。「心が上がる／下がる」も、ある種の身体的な行為に近い感覚として見るべきなのかもしれない。

これはムラブリの感性を紐解く大きなヒントになる。感情は直接観察することができない。しかし、ムラブリ語という体系を通して、彼らの感じている世界を想像することはできるかもしれないのだ。

ムラブリの幸福観

そもそも、ムラブリは自分の感情を表すことがほとんどない。森に生きていた時代、彼らは他の民族との接触をできるだけ避けてきた。森に息を潜めて暮らすなかで、必然的に感情を表に出すことを慎むようになったのかもしれない。実際、まだ森の中で遊動生活しているラオスのムラブリは、タイのムラブリに比べて表情がずっと乏しく見えた。大きな瞳は黒く深く、一見なにを考えているかわからない感じがして、少し怖いと感じることもあった。

こんなエピソードがある。教員時代に大学の学生をムラブリの村に連れて行ったときのことだ。旅行気分があったのだろう、学生たちが盛り上がって少しうるさい夜があった。そんなとき、1人のムラブリの男性がそろそろとぼくに近寄ってきて、こう言った。

「わたしは怒っているわけではない、本当だよ。けれどあなたたちが大声を出すと、村の子どもたちが怖がるかもしれない、怖がらないかもしれない。わたしは怒っているわけではないよ、本当だよ」

彼はぼくらに「静かにしてほしい」と伝えようとしているのは明らかだ。しかし、その言い方はとても繊細で、臆病にさえうつる。遠回し過ぎてなにが言いたいのかわからないほど、ささやかな訴えになっていた。繰り返し、「わたしは怒ってはいないよ、本当だよ」と挟みながら、言いたいことを伝えようとする光景は、ムラブリと暮らしていると珍しいものではない。ムラブリ同士でも、相手になにかを主張するときには、この言い回しをたびたび聞くことができる。ムラブリにとっては、なにかを主張したり感情を相手に向けることは、よっぽどの一大事であることが窺い知れる。

感情を表すのをよしとしないなら「心が上がる」、いわば感情が迫り上がってくる事態は、避けるべきこと、悪いことと捉える感性があっても不思議ではないだろう。

そんな感情を表に出さず、「心が下がる」ことをよいとするムラブリと長年一緒にいて、ぼく自身も感情の表し方が変化している。たとえば、友人と出かけていると、突然「怒ってる？」と確認されることが増えてきた。そんなときはたいてい真逆で、ぼくはむしろ機嫌よくすごしている。友人が言うには、「顔に表情がないから、怒ってるのかと思った」ということらしい。楽しいときに、ニコニコしていないと、怒っていると思われるようだ。ぼくはその期待とは反対に、気分がいいと口数が少なくなり、表情もぼーっとしてくるようになった。それが日本人の感性では「不機嫌」とみなされることがあるのだろう。ムラブリの「心が下がる」は、少し日本人の感性から離れているかもしれない。ただ最近では「チルい」*10という言葉が日本で流行していた。「脱力した心地よさ」は、ムラブリの「心が下がる」に通じるところがあるように思える。森の中でタバコを吸うムラブリの姿は、最高に「チルい」。

ファイホム村でムラブリと住むウドム*11さんから聞いたおもしろい話があるので紹介しよう。

タイのムラブリは現在いくつかの村に分かれて生活しているため、親族と離れて暮らすムラブリは多い。別の村に行くときは、歩いて行くのは遠いため、車の運転できるウドムさんに「会いに行きたいから連れてって欲しい」とお願いしてくることがよくあるそうだ。何度も何度もお願いされるので、ある日ウドムさんは仕事を休んで、車を出すことにした。ピックアップトラックの荷台に、老若男女、たくさんのムラブリを乗せて、3時間ほどかけて北にあるターワッ村へ遊びに行った。散々「会いたい会いたい」と言っていたから、さぞ喜ぶだろう、ウドムさんはそう思ったらしい。

ターワッ村は小さく、3つの家族だけが住んでいたから、その村総出で歓迎された。けれど、あれだけ会いたいと騒いでいたムラブリたちが、いざ再会してみると、ちっとも喜んでいるように見えない。少なくとも外側から見える仕草や言動からは、うれしそうに見えない。ハグ*12などの身体接触がないのは予想できたけれど、一緒にご飯を食べたりもしないし、会話が盛り上がる様子もない。ただ一緒に横にいて、顔も見ずに座っているだけ。1時間もしないうちに、会いに行きたいと言い出したムラブリ男性が「いつ帰るんだ」と言い出す始末。結局、その日は着いて1時間程度で帰ったそうな。

ウドムさんとしては、久しぶりの再会に喜ぶムラブリの姿を期待していたのだろう。けれど、ムラブリの感性は「DOWN is HAPPY」だ。自分の視界の端に会いたかった人がいる。その距離感で十分なのだろう。そのときの「心が下がる」気持ちを、わざわざ他人にもわかるように表に出す必要を感じない。それどころか、それを表に出すのは「心が上がる」こととして、慎んでいるのかもしれない。

③そう考えると、このエピソードも微笑ましく思えてくる（往復で6時間も運転したら違うかもしれないけれど）。

現代人の感性として、一緒に笑い、騒ぎ、抱き合って、ポジティブな感情を表現して認め合うことが幸せであり、感情は外に出してこそ、誰かに知られてこそ、より幸福を感じられると信じられているようだ。人々のSNSに対する情熱を見れば、それは明らかだ。仲間とはしゃいだときに感じる楽しさはぼくも知っている。けれど、それはひとつの信仰でしかない。感情のあり方や表現の仕方に、絶対の正解はない。ぼくらが「幸福」だとありがたがるものは、ごく最近にはじまった一時的な流行りに過ぎないのかもしれない。

写真を用いた調査で、タシー*13が「心が下がる」と言った写真に、丸太が積まれている写真があった。間違いだと思って聞き直したが、タシーはたしかに、丸太が積まれている写真を見て、「心が下がる」と言う。「いい木がたくさんある。よいことだ」という理由だった。

誰かといることでも、他人に認めてもらうことでもない幸福が、タシーを含め、ムラブリには見えているように思えてならない。そしてそれは、ぼくにとってもどこか懐かしさを感じられる類のものだ。森から雲が生まれている。風が穏やかに顔を撫でている。太陽が照って背を温めている。ムラブリ語の「心が下がる」瞬間は、学術的には異端*14とされるけれど、④人類史的にはごくありふれた心の風景なのかもしれない。

（伊藤雄馬『ムラブリ　文字も暦も持たない狩猟採集民から言語学者が教わったこと』〈集英社インターナショナル〉）

（注）＊1　迂言……まわりくどい言い方。
＊2　翻訳……ある言語で表現された文章の内容を、他の言語になおすこと。
＊3　マッピング……分布や配置を図示すること。
＊4　ポジティブ……前向き。
＊5　逐語訳……原文の一語一語に、忠実に訳すこと。
＊6　ネガティブ……後ろ向き。
＊7　認知言語学……言葉の様々な面を、知覚などの認知という角度から分析する言語学のこと。
＊8　普遍……全てのものにあてはまるさま。
＊9　概念メタファー……物事の捉え方の比喩。（例）「難しいこと」を「敵」と考えたり、「未来」は「前」、「過去」は「後ろ」と考えたりすること。
＊10　チルい……リラックスした様子やまったりと落ち着いた様子。
＊11　ウドムさん……アメリカ人の両親をもつが、タイで生まれ育ち、小さいころからムラブリと暮らしていたのでタイ語もムラブリ語も話すことができる男性。
＊12　ハグ……抱きしめること。
＊13　タシー……ムラブリの一人で、作者のムラブリ語の調査や研究に協力した男性。
＊14　異端……正統とは外れていること。

問一　［Ⅰ］～［Ⅳ］に入る言葉の組み合わせとして最もふさわしいものを次から選び、記号で答えなさい。

ア　Ⅰ　動的に好ましい　Ⅱ　静的に悪い　Ⅲ　動的に悪い　Ⅳ　静的に好ましい
イ　Ⅰ　静的に好ましい　Ⅱ　動的に好ましい　Ⅲ　動的に悪い　Ⅳ　静的に悪い
ウ　Ⅰ　動的に好ましい　Ⅱ　静的に好ましい　Ⅲ　動的に悪い　Ⅳ　静的に悪い
エ　Ⅰ　静的に好ましい　Ⅱ　動的に悪い　Ⅲ　動的に悪い　Ⅳ　静的に好ましい

問二　――線部①「図」とありますが、図の［A］～［D］に入る語の組み合わせとして最もふさわしいものを次から選び、記号で答えなさい。

ア　A　興奮　B　不安　C　冷静　D　無気力

イ　A　不安　B　冷静　C　興奮　D　無気力
ウ　A　興奮　B　冷静　C　無気力　D　不安
エ　A　不安　B　無気力　C　冷静　D　興奮
オ　A　興奮　B　無気力　C　冷静　D　不安

問三　――線部②「ムラブリ語は『クロル(心)』を用いて感情を表すのだが、そのなかでも『クロル クン(心が上がる)』と『クロル ジュール(心が下がる)』という感情表現がおもしろい」とありますが、筆者はどのような点をおもしろいと感じていますか。最もふさわしいものを次から選び、記号で答えなさい。

ア　ムラブリ語には「感情」を表す語がないにも関わらず、語彙と迂言的な表現によって感情表現の細かいニュアンスの違いを表現することができる点。
イ　ムラブリ語の迂言的な感情表現は、ポジティブな感情もネガティブな感情も表さないので、もっとも普遍的な概念メタファーの例外となり、珍しい点。
ウ　ムラブリ語には「感情」を表す語がなく、「心が上がる」「心が下がる」という語で感情を表現することが、世界の言語からすると例外的な点。
エ　ムラブリ語の「心が上がる」は悪い感情を表すので、「上がる」ことは「よい」ことと考える世界の言語の普遍的な特徴にあてはまらない点。

問四　[V]に入る言葉として最もふさわしいものを、次から選び、記号で答えなさい。

ア　胸あたりの前で手を上下に　　イ　胸あたりの前で手を左右に
ウ　顔あたりの前で手を上下に　　エ　顔あたりの前で手を左右に

問五　――線部③「そう考えると」とありますが、このように筆者がムラブリの感性を考えることができるのはなぜですか。次の[　　]に入る言葉を、「**『上』は悪く、『下』は良い?**」の文中から二十字以上、三十五字以内で探し、初めと終わりの五字を答えなさい。

筆者は、[　　]ができるから。

問六　――線部④「人類史的にはごくありふれた心の風景なのかもしれない」とありますが、なぜこのように考えられるのですか。「現代人の感性」と「ムラブリの感性」を対比して、百字以上、二百字以内で説明しなさい。

昭和女子大学附属昭和中学校（A）

—50分—

一　次の文章を読んで、あとの問いに答えなさい。（字数に制限のある問いは句読点や記号なども一字に数えます）

秋は渡り鳥の季節である。その代表格のコハクチョウは、毎年シベリアから日本に飛来し越冬する。その移動距離は、二週間で四〇〇〇キロ近くにもなるというから驚きである。しかし、このコハクチョウをはるかに上回る、世界一行動派の鳥がいるのをご存じだろうか。その鳥とは、キョクアジサシである。体重一〇〇グラムくらいの小さなカモメのような外見を持ちながら、一年の間に北極と南極を往復し、八万キロも移動するという。

びっくりするのはこれからである。これほど体を酷使しているにもかかわらず、平均寿命は三〇年を超える。つまり一生涯では二四〇万キロ飛行することになり、これはなんと月と地球の三往復に相当する。いったい何を食べればこんなに元気でいられるのだろう。答えは意外である。それはプランクトンのオキアミや小魚で、それらが豊富に存在し、外敵と争うことなく、一日中明るく餌が捕えやすい①「夏の北極」から「夏の南極」に移動するという。

ところがその活力の源であるオキアミが、温暖化の影響で減少傾向にあるという。というのも、オキアミは餌である藻類が豊富な海氷の下に生息するが、海水温の上昇にともなって住処を奪われているからである。当然のことながら、それを餌とするキョクアジサシも減少する運命にある。

世界一ガッツのある動物も、急激な環境変化についていくことが難しい。残念ながら二〇二〇年一月から七月までの地球全体の気温は観測史上二番目に高くなり、八月に入っても高温記録が続々と塗り替えられている。静岡県浜松市でも国内最高気温タイの四一・一℃が観測され、二〇二〇年は史上もっとも暑い年になる可能性すら出ている。②オーバーヒートする地球でいま起きている、いくつかの異変について紹介したい。

北極圏に転勤した同僚に、黒夜と白夜はどちらがつらいか尋ねたことがある。彼女曰く、黒夜ならいつでも寝られるが、白夜だと明るすぎて一日中眠れない、だから断然白夜がきつい、らしい。

白夜はどれだけ続くかというと、例えば北極圏の南限では夏至の頃の数週間、北極点では半年に及ぶ。そうなると寝不足で不機嫌な人が増えるだけでなく、永久凍土や海氷が溶けやすくなる。ところが白い氷は太陽光の反射率が高く、熱がほとんど吸収されないため、北極圏は猛暑にはならない。しかし気温が上昇する今日では、氷が溶け、地表や海水が顔を出すため太陽の反射率が減り、逆に熱を吸収するようになった。その結果、北極では他の場所に比べ倍の速さで気温が上昇しており、ついに二〇二〇年六月にはシベリアで三八℃と、北極圏史上最高気温が観測されてしまった。また、山火事が拡大し、ギリシャの国土面積に匹敵する広さの森林が焼失している。

それだけではない。「死国への門」と称される、いわくつきの穴も急速に拡大しているという。いったいどんな穴だろうか。

それはシベリア東部に位置する「バタガイカ・クレーター」である。広大な森林のど真ん中に、オタマジャクシのような形をした直径一キロ、深さ九〇メートルほどの茶色い穴があいている。この不気味な穴は、一九六〇年代の森林伐採を機に突然あいたという。なぜか。太陽光が地表に到達したため永久凍土が溶け、地盤沈下が起きたからである。陥没穴はその後も広がり続け、五年ほど前までは年間一〇メートル弱のペースで外側に拡大してきたと報告されていた。ところが直近の調査では、毎年一四メートルのペースに加速していることが明らかになったようである。永久凍土にはメタンガスなどが貯蔵されているので、穴の拡大は、何千年もの間、氷の下に閉じ込められていた温室効果ガスを大気中に放出し、地球気温をさらに上昇させることになる。バタガイカ・クレーターは、③地球温暖化の進行を映し出す鏡ともいえるかもしれない。

望むと望まざるとにかかわらず「世界一暑い場所」の称号を競い合っているように見えるのが、アメリカと中東である。現在、公式世界ナンバーワンの座に君臨するのが、カリフォルニア州デスバレーで、ここでは一九一三年に五六・七℃というとてつもない気温が観測されている。一方、非公式ながら、湿度を加味した体感温度の世界一は、二〇〇三年、サウジアラビアのダーランで記録された八一℃である。

今夏は、この暑さのデッドヒートがさらに白熱化している。七月にはイラクのバスラで気温が五二・二℃、首都バグダッドでは五一・八℃に達し、同市の観測史上最高気温を記録した。一方のデスバレーは、翌月に五四・四℃を記録、これは八月の世界最高気温記録となったほか、④とんでもない記録を塗り替える可能性すら秘めている。というのも、前述の世界最高気温五六・七℃という記録は、砂嵐により実際よりも二℃以上気温が高かった可能性があることから、その正確性が疑問視されているからである。もし今後記録が無効になれば、今年の五四・四℃が世界一の高温となるかもしれない。

ところで、死の谷を意味するその名前は、一八〇〇年代に多くの探検家が命を落としたことに由来するが、今日でも観光客が死亡するケースが珍しくない。しかし意外といってはなんだが、この地における死亡事故の最大要因は熱中症ではなく、車の自損事故なのである。砂と岩の代わり映えのない光景が延々と続くため、スピードの出しすぎやシートベルトの不着用があとを絶たない。灼熱地獄の中でも、最大の敵は心の緩みということなのだろう。

二〇二〇年七月は、太平洋西部で台風が一つも発生しないという前代未聞の事態が起きた。インド洋が高温となり上昇気流が盛んになった一方で、日本の南の海域は下降流が勝り台風ができにくかったことが一因と見られている。反対に大西洋では、観測史上もっとも早いペースでハリケーンが発生し、その傾向は八月になっても変わらなかった。では何個発生しているのだろうか。

ハリケーンにはアルファベット順に一つ一つ人の名前が付けられ、それぞれが今年何号なのかが一目で分かるようになっているが、八月下旬時点で発生している最新のものはMで始まるマルコ、つまり一三号である。通常の平均発生日より一カ月以上も早く発生した、観測史上もっとも早い一三号となった。大西洋のハリケーンの量産傾向は今後も収まる気配がなく、専門家も「ハイパーアクティブな年」と興奮気味に警告するほどである。

いったい大西洋で何が起きているというのだろう。それは、海水の異常高温である。全体的に平年よりも二℃以上も高く、アメリカ北東沖にいたっては五℃以上も高い状態で、ハリケーンのエネルギー源である高温多湿な環境となっている。ハリケーンが多くなれば、陸上での災害のリスクが高まる一方、海の状態も変化させることが分かっている。それは⑤「デッドゾーン」を縮小させることである。

デッドゾーンとは、人間活動が原因でもたらされた、海や湖の無酸素水域のことである。雨が降って、陸上の肥料や下水の養分が川を伝って海に流れると、そこに藻類が繁殖（はんしょく）するのだが、それらが死んで分解された時に酸素が消費され、低酸素の海域ができ、多くの海洋生物が窒息（ちっ）死する。世界のデッドゾーンの面積は一九五〇年頃から四倍にも膨（ふく）れ上がり、数百万平方キロも広がっているという。このため三億五〇〇〇万人にも上る世界の漁業関係者に影響が出るといわれているのである。ところが、今年七月に発生したハリケーン・ハナにより、荒（あら）波が立ったことで、海水がうまいこと上下にかき混ぜられ、デッドゾーンが縮小するという予想外の事態が発生した。その面積は、ここ三四年間で三番目の小ささになったという。

目覚ましく変わりゆく地球で、生き残る生物も必死であろう。世界を行き来する渡り鳥などはその影響をもろに受けやすい。ある調査では、渡り鳥が体温調整をしやすいように体のサイズを小さくし、エネルギー効率を上げるために翼（つばさ）を長く変化させているほか、気温変化に対応するように春の飛来時期を一〇年ごとに二日ずつ前倒（だお）ししているという。これほどの変化を強（し）いる原因が人間活動にあるのなら、⑥エアコンのリモコンをピッと押（お）すだけで気温変化に対応する現代の生活に、複雑な気持ちを抱（いだ）くのである。

（森　さやか　著『いま、この惑（わく）星で起きていること　気象予報士の眼（め）に映る世界』〈岩波ジュニア新書〉）

問一　――線部①『「夏の北極」から「夏の南極」に移動する』とありますが、キョクアジサシがこのような行動をとる理由としてふさわしいものを次のア～オの中からすべて選び、記号で答えなさい。

ア　温暖化により海氷が溶け、北極では餌が取れなくなりつつあるから。

イ　「冬の北極」と「冬の南極」は一日中暗く、餌が捕えにくいから。

ウ　餌が豊富な暖かい地域に移動して越冬することで寿命を維（い）持しているから。

エ　気温に合わせて「夏の南極」に移動する方がエネルギー効率がいいから。

オ　「夏の北極」と「夏の南極」では餌をめぐって他の生物と争う必要がないから。

問二　――線部②「オーバーヒートする地球」とありますが、北極圏の気温上昇が著（いちじる）しい理由を六十字以内で説明しなさい。

問三　――線部③「地球温暖化の進行を映し出す鏡」とは、どのようなことですか。それを説明した次の文章の（　　）にあてはまる言葉を本文中からぬき出しなさい。

バタガイカ・クレーターは、太陽光が地表に到達することで永久凍土が溶けてしまい、（Ⅰ　）が起きることによってあいた穴である。それは、（Ⅱ　）という人の行いが原因で生まれたものであるとも言える。この「（Ⅲ　）」とも呼ばれる不気味な穴の永久凍土に貯蔵されている温室効果ガスは、今もクレーターの広がりとともに放出が続いており、クレーターの（Ⅳ　）は温暖化の進行度を示すものとして「鏡」に例えることができる。

問四　――線部④「とんでもない記録を塗り替える可能性すら秘めている」とはどのようなことですか。ふさわしいものを次のア～エの中から一つ選び、記号で答えなさい。

ア　砂嵐によってさらに気温が上昇することが分かり、過去最高気温である五六・七℃という記録もさらに上昇する可能性があるということ。

イ　気温上昇の速度が加速しすぎるあまり正確な観測が難しくなっており、最高気温として記録されている五四・四℃も信ぴょう性が失われているということ。

ウ　一九一三年に観測した最高気温の正確性が疑問視されているため、「今夏」に計測された気温が最高気温になる可能性があるということ。

エ　砂嵐により本来の気温よりも観測された気温が高くなってしまっており、二〇〇三年の世界一の体感気温がさらに上昇する可能性があるということ。

問五　――線部⑤『「デッドゾーン」を縮小させる』について、次の問いに答えなさい。

(1)　「デッドゾーン」とはどのようなものですか。六十字以内で説明しなさい。

(2)　「デッドゾーン」が「縮小」することによって何が起こると考えられるか、説明しなさい。

問六　――線部⑥「エアコンのリモコンをピッと押すだけで気温変化に対応する現代の生活に、複雑な気持ちを抱くのである」とありますが、どうして「複雑な気持ち」を抱くのですか。その理由としてふさわしいものを次のア～エの中から一つ選び、記号で答えなさい。

ア　自分が作ったわけでもないのに複雑な機械であるエアコンによって簡単に気温変化に対応している現代人の生活は自らの力で環境に適応しているとは言えないから。

イ　現代の生活に欠かせなくなっているエアコンを捨て、エアコンのない時代の気温調整の方法を現代においても実践することで環境の変化をおさえていくべきだから。

ウ　エアコンのおかげで人間は簡単に生命の危機を回避できているが、エアコンを使用することは地球温暖化の促進につながってしまうという悪影響があるから。

エ　渡り鳥などの生物は環境の変化に合わせて生態や身体的特徴を変えているが、人間は自らを変化させずに周囲の環境すべてを変化させて対応しているから。

問七　次のア～オについて、筆者のあげた「異変」として正しいものには○、誤っているものには×で答えなさい。

ア　渡り鳥の春の飛来時期が少しずつ早まっていること。

イ　太平洋におけるハリケーンの量産傾向が収まらないこと。

ウ　北極圏で異常高温による山火事が発生していること。
エ　北極圏の白夜の期間が徐々に長くなっていること。
オ　デスバレーで交通事故による死者が増加していること。

二　次の文章を読んで、あとの問いに答えなさい。(字数に制限のある問いは句読点や記号なども一字に数えます)

祇園寺先輩は紅茶をいれてくれた。

それから、ケーキが焼けるまで、ぽつぽつとぼくらは話をした。なんでもないような話。どうでもいい、くだらない話。

だけど、時間とともに、それは大切な話に変わっていく。

「私さ、むかしから、男勝りって言われてたんだ」

祇園寺先輩はそんなことを言った。

「男子相手にけんかもしたし、スポーツも得意だったし。ほら、見た目もこんなだし。名前はウサギなのに、ライオンみたいって、みんなに言われてた」

ぼくはうなずいた。

「ぼくは虎なのにハムスターみたいだって言われます」

「まじでよけいなお世話だな」

うんざりしたようにそう言って、黒野先輩が紅茶をすする。

ぼくは、気になっていたことをたずねた。

「あの……だけど、先輩はどうして、そこまで自分のイメージにこだわるんですか?」

祇園寺先輩はしばらくだまっていた。黒野先輩もなにも言わない。

聞いちゃまずかったかなと、心配になってきたころ、ようやく祇園寺先輩は口を開いた。

「私はさ、うれしかったんだよ。小三で剣道をはじめて。どんどん強くなって。ボーイッシュだとか、かっこいいとか、そういうふうに言われるのが」

紅茶をひと口飲んで、先輩は続けた。

「誇らしくてならなかった。べつに女子らしくなくていいんだって、いや、こういう女子もいるんだって、私が生きていることで、証明できている気がした。羽紗を見てると勇気が出るって、自由でいていいんだって思えるって、そんなふうに言ってくれる子もいた」

大切な思い出をなぞるように、そう言う祇園寺先輩。

「だけど……」と、ぼくは言いよどんだ。

先輩はだまってぼくの言葉を待っている。だけど、なんだろう。言っていいのかな。失礼かもしれない。迷っていると、黒野先輩が笑った。

「そうだな。あんまり、今の王子は自由には見えないよな」

そのとおりだった。

今まで作りあげてきたイメージを守ろうとするあまり、ケーキを食べることすら、自分にゆるせずにいる。少なくとも、それを他人に知られたくないと思っている。

「そうだね。こんなのはもう、呪いみたいなもの」

祇園寺先輩はしみじみとうなずいて言う。

それからちいさく笑った。なつかしむように、だけどかなしそうに。

「六年生のころ、友だちになった女の子がいたの。世間一般に言われている意味で、つまりはそれも偏見だけど、女の子らしい女の子だった。フリフリしたかわいい服を着て、絵を描くことと、お菓子作りが好きで。その子が私にタルトタタンの味を教えてくれた」

そう言って、祇園寺先輩は、ぎゅっと眉間にしわをよせる。

「その子の家で、その子が作ってくれたタルトタタンを食べたとき。こんなにおいしいものがあるのかって、そう思った。だから、そう伝えた。そしたら、あの子、ほっとしたように笑って、言ったんだ」

──私さ。羽紗ちゃんのこと、ちょっとこわいって思っていたけど、気のせいだった。

──なあんだ。やっぱり羽紗ちゃんも女の子なんだ。

「その声はひどく弾んでいて。だけど私はぶんなぐられたようなショックを受けた」

ぼくは黒野先輩の顔をちらりとうかがった。とくに感想はないようだ。もしかすると、すでに知っている話なのかもしれない。祇園寺先輩は続けた。

「それから、私はその子と距離を置いた。ううん、その子だけじゃない。あまいものや、女の子らしいとされるものからも、ますます距離を置くようになった」

私は「らしさ」にとらわれたくなかったんだ──そう、先輩は言った。

自由でありたかった。そんな自分のことが好きだった。

「……だから、やっぱり女の子じゃんとか、女の子らしいところもあるんだねとか、言われたくなかった。そういう目で見られるくらいなら、死んだほうがまし」

思いつめた顔で、先輩は言った。

ぼくは、いつになくしずかな、なにか、①神聖なものにふれたような気持ちになった。

心はしんとしていて、だけど、そこのほうではふつふつとなにかが燃えている。

らしさ。

男の子らしさ。女の子らしさ。自分らしさ。

ボーイッシュ女子。スイーツ男子。

虎は虎だから。羽紗は羽紗だから。

轟くん、かわいいし。ケーキ焼く男子とか、アリよりのアリっしょ。今はいろんな趣味があっていいと思う。羽紗を見てると勇気が出る。自由でいていいんだって思える。なあんだ、やっぱり女の子なんだ……。

いろんな言葉が、声が、ぼくの内側で響いては消える。

黒野先輩が言った。

「②『ボーイッシュな女子らしさ』にとらわれてないか?」

ぼくはおずおずとうなずいた。祇園寺先輩はちいさく笑った。

「そうだね。わかってるんだ。本末転倒だってことは。私はけっきょく、べつのらしさにとらわれていて、ぜんぜん自由なんかじゃない。でも……」

紅茶の入ったマグを両手で包むように持って、先輩は続ける。

「無理なの。私、女の子みたいって、女の子らしいって、そう言われるの、ほんとにこわい。そんなの、その人の偏見だってのも、わかってる。だけど、だめなんだよ。そう言ってくる人たちは、私のことを『無理して男子ぶってる女の子』っていうふうに見る。そういうありふれた話に落としこもうとする。それが、ほんとうにいやなんだ」

黒野先輩は言った。

「人は、枠組みから外れたやつがいるのがこわいんだよ。だから、自分がわからないものに出会うと、おかしいって言って攻撃したり、わかりやすいでたらめに押しこんで、わかった気になったり、する」

くっくと笑う先輩。ぼくはなにも言えなかった。

焼きあがったタルトタタンをすこし冷まして、ケーキ型から外す。ぼくたちはそれを切り分け、一切れずつお皿に取った。黒野先輩がいそいそと、あめ色のリンゴを頬張って笑う。

「ふぐふぐ。すばらしいね」

祇園寺先輩は、おごそかな表情でタルトタタンを口に運んだ。ひと口。もうひと口。

しずしずと味わうようにそれをかんで、こくんとのみこむ。

「……おいしい」

先輩はつぶやいた。そうして、泣きそうな声で続けた。

「ばかみたい。③こんなおいしいのに。むかつく」

そのまま、祇園寺先輩はうつむいて、なにかを考えこんでいた。

ぼくはやっぱり、なにも言えなかった。だまってタルトタタンを食べた。リンゴとカラメルの香り。

あまずっぱい味が口いっぱいに広がって、④だけど、今日はただただ、かなしい。

帰り道。

黒野先輩と別れたあと、学校の近くを歩きながら、ぼくは龍一郎のことを考えた。

サッカー部のキャプテン。文武両道の優等生。あの人はいつもぼくに言う。

「人がなんて言おうと関係ない。自分の道を行けよ」

でも、龍一郎はきっと、⑤ぼくが歩いている道の険しさを知らない。ぼくの歩幅を、体力を、道に落ちているちいさな石のひとつひとつが、はだしの足をきずつける感触を……それは、おたがいにそうなのかもしれないけれど、少なくともぼくは、だれかに「人がなんて言おうと関係ない」なんて、言えない。

人になにかを言われることは、つらい。

自分の道を歩いているだけで、その道に勝手な名前をつけられるのは、歩き方に文句をつけられるのは、どんなに好意的でも笑われるのは、ほんとうにつらい。

祇園寺先輩の思いつめた表情。ウサギ王子の抱えた秘密。

――女の子みたいって、女の子らしいって、そう言われるの、ほんとにこわい。

そうだ。

ぼくらは自分のままでいたいだけ。そうあるように、ありたいだけ。

それを、関係のないだれかに、勝手なこと、言われたくなかった。

ポケットでスマホがふるえる。ぼくはそれを取りだして、ラインアプリを開いた。

「今日はありがとう。いろいろぐちを言ってしまってごめん」

祇園寺先輩からのメッセージ。

ぼくはしばらく考えて、ちいさくうなずいた。フリック入力で、画面に文字をつむぐ。

「先輩。また、タルトタタンを焼きに行ってもいいですか？」

「ぼくは、もっと先輩と話がしたいです」

既読(きどく)はすぐについた。⑥だけど、返信はなかなか来なかった。

「あれ、虎じゃん。どこ行ってたの？」

その声に顔をあげると、クラスメイトの女子たちがこっちを見ていた。

部活帰りだろうか。数人、かけよってきて、勝手に頭をなでてくる。

「家、こっちのほうじゃないよね？　お出かけ？　いいなあ」

「……秘密」

ぼくはかわいた声で答える。すると、女子のひとりが言った。

「あれ？　なんか、あまいにおいがする。もしかしてケーキ焼いた？」

ぼくは無視する。女子たちがキャッキャと言いあう。

「においますね」

「におい ますねえ」

「どこで焼いたんだろ。よそのおうち？」

「よそのおうちって、だれのおうちよ」

「そりゃあ……あれですよ、彼女、とか」

黄色い笑い声。はじけるような笑顔(え)。

無邪気(じゃ)にはしゃいでいる、自覚のない加害者の群れ……。

ぼくは歯を食いしばった。

背中を向けて、その場を立ち去る。一刻も早く。

「あれ、待ってよ虎。なに？　おこっちゃった？」

頭の中がぐらぐらする。胸のおくでなにかが燃えている。ちりちりとのどをこがす、不愉快(ゆ)な熱。口の中に残っているタルトタタンの味。断りもなく頭をなでてくる手の感触。どこからかこだまする、今にも泣きそうな祇園寺先輩の声。

――ばかみたい。こんなにおいしいのに。むかつく。

「虎ちゃん、かわいい顔が台なしですよ～？」

「ほんとほんと！　ほら、いつもみたいに笑って！」

ぼくはふり返って、さわいでいる女子たちをにらみつける。

それから、大きく息を吸いこみ、⑦精いっぱいの声でさけんだ。

今までずっと押さえこんできた思いが、明確な言葉となって夕日の下に響く。

女子たちの表情が固まるのを見ながら、ぼくは思った。

強くなりたい。ゆれないように。

自分が自分であるために、闘えるように。

（村上　雅郁　著『きみの話を聞かせてくれよ』〈フレーベル館〉）

問一　――線部①「神聖なものにふれた」とありますが、それはどういうことですか。次のア～エの中から一つ選び、記号で答えなさい。

ア　祇園寺先輩の悩みが死んだほうがましと思うくらい深刻な状態であることを知ったこと。

イ　祇園寺先輩のこだわりを知り、自分も本来の姿で生きていこうと決意できたこと。

ウ　祇園寺先輩の女らしさに対する悩みが自分と似ていて、自分の真の姿に気づいたこと。

エ　祇園寺先輩の本当の悩みを聞いて日ごろ人には見せない人の心の奥を見たということ。

問二　――線部②「ぼくはおずおずとうなずいた」とありますが、このときの「ぼく」の気持ちを説明しなさい。

問三　――線部③「こんなおいしいのに。むかつく」とありますが、これは祇園寺先輩のどのような心情を表した言葉ですか。ふさわしいものを次のア～エの中から一つ選び、記号で答えなさい。

ア　自分らしく生きたいのに、結局何かしらの「らしさ」にとらわれて思うように行動できない自分に腹を立てている。

イ　タルトタタンの味によって過去の「女の子らしさ」を押し付けられた経験を思い出し、怒りを感じている。

ウ　自ら禁じていたタルトタタンを食べることで、周囲の期待に応える理想の自分を演じていたことに気づき後悔している。

エ　他人に都合のいい自分を「自分らしさ」だと勘違いしていたことを指摘されて、口惜しく感じている。

問四　――線部④「だけど、今日はただただ、かなしい」とありますが、それはなぜですか。その理由としてふさわしいものを次のア～エの中から一つ選び、記号で答えなさい。

ア　タルトタタンはおいしいはずなのに、祇園寺先輩の苦しみと結びついていて素直に喜ぶことができないから。

イ　タルトタタンを祇園寺先輩に喜んで食べてほしかったのに、ぼくの過去を思い出させてしまい先輩を傷つけたから。

ウ　タルトタタンを焼くことに祇園寺先輩は興味を持っていたのに、自分が焼いてしまったことを後悔したから。

エ　タルトタタンを祇園寺先輩もおいしいと言って食べてくれたが、それが本心ではないことが分かってしまったから。

問五　――線部⑤「ぼくが歩いている道の険しさを知らない」とありますが、「ぼく」が歩いている道の険しさとしてふさわしくないものを次のア～エの中から一つ選び、記号で答えなさい。

ア　趣味がケーキを焼くことだから、スイーツ男子と呼ばれること。

イ　女子に頭をなでられても、何も言い返すことができないこと。

ウ　名前が虎であるにもかかわらずハムスターみたいと言われること。
エ　外見だけで判断されないために笑わないようにしていること。

問六　――線部⑥「だけど、返信はなかなか来なかった」とありますが、これは祇園寺先輩のどのような様子を表していますか。ふさわしいものを次のア～エの中から一つ選び、記号で答えなさい。

ア　過去を乗り越えたものの、まだ自ら進んで行動に移すことができずにいる様子。
イ　自分を見つめなおすことができたものの、まだ気持ちの整理がつかない様子。
ウ　「ぼく」を親友として受けいれたものの、まだ気軽には踏み込めずにいる様子。
エ　悩みを仲間に打ち明けることができたものの、結論が受け入れられずにいる様子。

問七　――線部⑦「精いっぱいの声でさけんだ」とありますが、どのような思いがこめられていると考えられますか。具体的に説明しなさい。

問八　あなたが考えるあなた「らしさ」とは、どのようなものですか。また、それが学校生活でいかされた経験を具体的に百字以内で書きなさい。

三　次の問いに答えなさい。

問一　次の①～⑥の意味をもつ言葉をあとの□の中から選び、それぞれ漢字に直して答えなさい。

①　いろいろな原こうや写真などをまとめて本や新聞などを作ること。
②　同じ節の歌を少しずつ遅らせて追いかけるようにして歌う歌い方。
③　人のために自分の持っているものをさし出すこと。
④　山などのいただきにのぼること。
⑤　注意することや守らなければならないことを知らせるための目印。
⑥　その人の人生のおおまかな経験。

テイキョウ	ヒョウシキ	リンショウ	ヘンシュウ
リャクレキ	トウチョウ		

問二　次の①～⑥の――線部の漢字について、読み方の異なるものを一つ選び、その熟語の読みをひらがなで答えなさい。

①　割安　安静　安物　目安
②　図画　計画　画策　区画
③　人里　千里　海里　郷里
④　骨身　骨肉　鉄骨　反骨
⑤　作家　家庭　家来　家族
⑥　競争　競技　競演　競馬

問三　次の①～④の（　）にあてはまる言葉を答え、慣用句を完成させなさい。また、それぞれの慣用句の意味としてふさわしいものをあとのア～オの中から一つずつ選び、記号で答えなさい。

①　寄らば（　）のかげで、グローバル企業に入社する。
②　テスト勉強の計画は、（　）にかいた餅になった。
③　ささいないざこざもきちんと解決しないと、（　）の穴から堤もくずれるよ。
④　みんなに選ばれたのだから、あとは野となれ（　）となれでは困

るよ。

ア　少しの油断から、思いがけない大事が起こる。
イ　あとはどうなってもかまわないということ。
ウ　力がある人にたよるほうがいいということ。
エ　なにごともほどほどにするのがよいということ。
オ　実際には役に立たないということ。

女子学院中学校

—40分—

※　句読点は字数に入れること。

□一　次の文章を読んで後の問いに答えなさい。

　1999年夏、私はハンガリーの草原に座っていました。

　皆既日食に合わせて開催された、若手研究会に参加させてもらったのです。

「日食」は、太陽の手前を月が横切って日光をさえぎる天体現象です。中でもすっぽりと太陽をかくしてしまう皆既日食は、昼の明るい空が完全な闇夜に変わる、珍しいイベントです。

　私も知識はありましたが、わかった気になっていたのかもしれません。それは初めて体験する、幻想的で、日常とは異質の風景でした。

まず、太陽に変化を感じない頃から肌寒くなります。

　じっとしていても汗ばむほどの真夏だったのに、いつの間にか冷たい風が吹き始めて少し薄暗くなってきました。

　異変を感じたのか、馬が何頭もヒヒーンといななき、鳥や蝶が忙しそうに低空飛行していきます。

　そして、さらにあたりが暗くなって、ついに太陽の光が消えた瞬間——。

　夏の昼は闇になり、360度の地平線は朝焼け色に染まって、空には星がいくつもキラキラ輝き始めました。

　馬はもう声も出さずに、じっとしています。

　暗くて鳥や蝶の姿は見えませんが、気配が消えています。
　①いっぽう、人間は大さわぎです。
　各国から集まった人たちからは歓声が上がり、ある人は口笛を吹き、ある人はカメラのシャッターを切り、カップルは抱き合っていました。

　でも人間も、もし数分後には月が通り過ぎて再び太陽が顔を出すことを知らなければ、本当にびっくりするだろうし、世にも恐ろしいことが起きたと感じることでしょう。

　淡々と進む宇宙のできごとを前に、その時の私の感情が喜怒哀楽のどれだったかは、実はうまく表現ができません。

　ただ、ひとすじの光が月の裏側からこぼれ出た瞬間に、夜は昼になり、夏が戻り、馬が声を上げ、蝶が舞い、鳥の姿が見えて、私はとっさに「生かされている」と感じたのです。近くにいたご婦人が私を見て、

「あら、あなた泣いているの」
②と私の背中に手を置いてくれたのを覚えています。
　古代の人たちは、天を注意深く観察して③生活の役に立てていました。

もちろん、時計もGPSもない時代です。

　日の出入りや月の満ち欠けは、時間が流れていることを教えてくれました。

　いつも同じ方角にある星は、旅をする人に進む道はどっちかを教えました。

　古代エジプトの人たちは、おおいぬ座の「シリウス」という星が日の出直前に見えると、もうすぐナイル川が氾濫する季節だ、というのを知りました。彼らは自然災害から身を守って、種まきのための栄養たっぷ

りの土がやってくるタイミングを星に教えてもらったのです。

星座の星たちとは天でのふるまいが違う惑星は、うつろいやすい人間社会の運勢と結びつけられることもありました(現代の星占いは、このあたりから生まれたようです)。

空に尾を引く彗星(ほうき星)や日食など、突然起こる空のできごとは、不吉の前触れとも考えられました。

今ほど、迷信と科学がはっきり分かれていなかった時代です。

古代の人たちにとって、空のできごとは今と比べものにならないほど神秘的でおごそかな現象として見えていたことでしょう。

ひるがえって現代の私たちは、日食がどうして起こるのかを科学的に知るようになりました。

太陽の位置を知らなくても時刻がわかるし、カーナビを使えば旅先で困ることも減ったし、わからないことはスマホやパソコンで検索すればあっという間にいろんな知識を教えてくれます。

考えたらすごいことです。

人に与えられた命の時間はせいぜい100年足らず。あなたひとりや、私ひとりの力では④絶対にこうはなっていないのです。

人間がスペシャルなのは、ひとつには自分たちの⑤すごい知恵(英知)を世代を超えてリレーしているところです。

知恵のリレーの横には、必ず「記録(データ)」があります。

たとえば新しいスマホやテレビドラマ、コンビニのお弁当メニューでも、何でもいきなり完成品はできませんよね。

たくさんのテストを重ねて、失敗するたびに工夫し、その経験や記録をもとにして、人は少しずつ前へと進んできたのです。

その結果として、この日常があって、ここが岩の惑星の上だということを知り、⑥人は恐竜と違って「知らぬが仏」ではなくなってきているのです。

ふだんの生活ではあまり気にしないものですが、経験や記録というのは、⑦明日の自分のために極めて大切だ、と知っておいたほうがよいものです。というのも、この世界では人類の英知を無視したり排除したりということが、いとも簡単に起きてしまうからです。

たとえば、5世紀のアレクサンドリアにヒュパティアという学者がいました。とても聡明な人で、数学者、天文学者、教師として多くの人たちから尊敬を集めました。

でも同時に、彼女の科学的で学術的な考え方や態度は、妬みも生んでしまったようです。やがて信仰や思想がはずれていると追いつめられ、ついには暴徒におそわれてしまいました。とても残虐でむごい最期だったと伝えられます。

近世のイタリアでは、地球や太陽が宇宙の中心ではない、と言ったブルーノという修道士が、教会の教えに背いたという理由で火あぶりの刑になりました。

こうしたすぐれた知恵のもち主が、大勢の人の考えに合わないとか、権力をもった人の気に食わないという理由で消されてしまい、彼らがつなぐはずだった知恵のリレーは、その価値を理解できない人たちによって断ち切られてしまったのです。

英知そのものでもある書物を次の世代にリレーできない、ということもよく起きました。秦の始皇帝が行った焚書(書物を焼いてしまうこと)もそのひとつです。

同じ時代の古代アレクサンドリアでは、図書館にせっせと書物を集めていました。でもその図書館も数百年後には壊されてしまいました。ようやく手にした英知を、私たちは時代の流れの中に何度も落としたりなくしたりしてきたのです。

知恵をリレーするためには、あなたや私を含むたくさんの人がその価値を知って、意識的に管理したり保管したりする「空気」が必要なのです。もちろんこれは天文学にかぎった話ではありません。

天文の世界ではこんな知恵のリレーがありました。

高さ６００㎞の宇宙空間に浮かぶハッブル宇宙望遠鏡の名前になった、エドウィン・ハッブルといえば、銀河系の外にも宇宙が広がっていること、ほかの銀河が私たちからどんどん遠ざかっていることを見つけた天文学者です。

彼の発見は20世紀の大発見でした。

というのも、この発見より前は、私たちのいるこの銀河系こそが宇宙のすべてで、宇宙は動かず、始まりも終わりもない、と考える人が多かったからです。

それが「宇宙は広大で無常である」と知ってびっくり仰天、人間の宇宙観はこの発見をきっかけにガラッと変わり始めました。

でも、世の中のあらゆる成果と同様、この大発見もハッブル一人のがんばりだけで実現したものではありませんでした。

何年も前の観測データ(記録)を貴重品として保管していた人や、自分のデータを惜しまず公開したスライファーという研究者の存在があり、発見には「過去のデータ」が重要な役目を果たしたのです。

ハッブルが使った「天体の距離を測る方法」も、先にリービットというものすごく根気強い研究者がいて、彼女が発見していたものでした。

加えて、「大きくて性能の良い望遠鏡」は、ハッブルが自由に使うことができる状態になっていました。

ハッブルの大発見は、みんなが少しずつリレーした知恵や工夫が、満を持して花開いたものだったのです。

天文学には「データベース天文学」という研究方法があります。

これは、過去のデータをきちんと管理して誰でも使える状態にしておくことで、別のデータと組み合わせたり、誰かの発見を確認(検証)したりする研究方法のことです。

たとえば、宇宙に向けてパシャリと撮影した写真(データ)には、無数の星や銀河が写っています。それは宇宙のある瞬間、ある場所を写した唯一無二の記録です。そこには最初の研究目的とは違う、大発見につながる思いがけない現象や、地球の危機を救う〝何か〟が写っているかもしれません。

でも、ただ放っておくと、貴重で膨大なデータは使い捨てになってしまいます。そうならないためにも、「データベース天文学」は華々しくこそありませんが、とても重要な研究方法なのです。

最近では、研究成果やデータを人類のために公開する「オープンサイエンス」という世界的な動きもあります。これはいわば、世界中で知識や情報や成果を共有して⑧<u>一緒に前に進みましょう</u>、という流れです。

その流れは、２０２０年、世界が新型コロナウイルス感染症(ＣＯＶＩＤ－19)で右往左往し始めたときにも見られました。

ウイルスの脅威によって、私たちは日々の何気ない暮らしだけでなく生命の危機にも直面してゴールの見えない状況に置かれました。そんな中、いち早く感染症に関係する研究データを国際的に共有しよう、という動きがあったのです。

研究者というものは、ふだんはじっくりと慎重に時間をかけて結果を磨き上げていくものです。信頼できるデータかということも厳しく調べて、論文などで成果を世に出すまでは研究データを公開しないことが多いのです。

でも、人間のピンチを前にして、もたもたしているうちに消える命をなんとしても救うのだと、彼らは所属機関や国境や民族を超え、情報を共有して疫病と戦い、⑨共に前に進もうとしました。

私たち人間は迷信の時代を抜け出そうと、たった今も模索とチャレンジを続けているところなのです。

ふだん座っているその椅子も、灯りも、部屋も、この本も、平和な朝がやってくることも、たくさんの知恵のリレーに支えられているといえます。

そういう目で、もう一度まわりを一つひとつ見渡してみてほしいのです。

３６０度どこを見ても、あなたの暮らしの中にあたりまえは何ひとつないはずです。

（野田祥代『夜、寝る前に読みたい宇宙の話』〈草思社〉）

問一　——①「いっぽう、人間は大さわぎです」とありますが、皆既日食に対して、人間の反応が他の生き物たちと違うのはなぜですか、理由を説明しなさい。

問二　——②「私の背中に手を置いてくれたのを覚えています」とありますが、それはなぜだと考えられますか、最も適切なものを次から選びなさい。

ア　人々がみな大さわぎしている中、一人涙を流していることを見知らぬ人に気付かれてしまったのがはずかしかったから。

イ　「生かされている」という感覚を理解してくれる人がいるということが、涙が出るほどうれしかったから。

ウ　同じ場所に身を置いて神秘的な体験を共有したことで、婦人との間に強い仲間意識が生まれていたから。

エ　強く心を動かされて涙を流している自分を、優しく気づかってくれる人がいたということに心が温かくなったから。

問三　——③「生活の役に立てていました」とありますが、「役に立つ」とはここでは具体的にどういうことですか。次の三つについて、空欄にあてはまる語句を、解答欄の字数以内で書きなさい。B、Cについては本文中の語を用いること。

・毎日の日の出入りや月の満ち欠けは、時計や（　A　）のような役割があった。

・いつも同じ方角にある星から、（　B　）がわかった。

・日の出直前に見えるおおいぬ座の「シリウス」から、ナイル川の氾濫に注意すべき時期と（　C　）時期がわかった。

問四　――④「絶対にこうはなっていない」の「こう」とはどのようなことですか、次の空欄にあてはまる語を答えなさい。

日常的に（　）を用いて（　）な暮らしを送っていること。

問五　――⑤「すごい」の意味としてあてはまらないものを次から一つ選びなさい。

ア　すばらしい　　イ　恐ろしい
ウ　かなり多くの　エ　偉大な

問六　――⑥「人は恐竜と違って「知らぬが仏」ではなくなってきている」とはどういうことですか、最も適切なものを次から選びなさい。

ア　人間は、先人たちが積み重ねてきた経験や記録にもとづいて物事の理解を深めてきたのであり、科学的な知識を持たないまま生きていた恐竜とは異なり、予測される危機に対して何もしないではいられなくなったということ。

イ　人間は、自分たちの生きている世界の仕組みを知ってしまった唯一の生き物であり、知ってしまった以上は、そのすべてを明らかにするために、過去から続いてきた知恵のリレーを途絶えさせることはできなくなってしまったということ。

ウ　人間は、ふだんの生活の中で知恵を活用することによって生き延びてきたのであり、それは高度な知能が発達していくために必要なことであったが、本能のままに生きる動物と異なり、心の平穏がもたらされなくなってしまったということ。

エ　人間は、あっけなく滅んでしまった恐竜と違って、何代にも渡って知恵を継承することで、失敗と成功をくり返し、工夫するたびに進歩してきた生き物なのであり、もはや誰も人間の進歩を止めることはできなくなったということ。

問七　――⑦「明日の自分のために極めて大切だ、と知っておいたほうがよいものです」とありますが、なぜそう言えるのですか、最も適切なものを次から選びなさい。

ア　経験や記録というものは、自分が無視されたり、排除されそうになったりしたときに我が身を守るのに役立つから。

イ　たくさんの経験をし、その記録を積み上げることのくり返しによって、明日の自分がより良いものになるから。

ウ　経験や記録を重んじ、これを守り伝える意識が共有されていかないと、人は手にした英知をすぐ失ってしまうから。

エ　現代の私たちが手にしている科学の発展は、過去の人々の経験や記録なしでは到達することができないものだから。

問八　――⑧「一緒に前に進みましょう」、⑨「共に前に進もうとしました」とありますが、「一緒に／共に前に進む」とはどういうことですか、説明しなさい。

二　次の文章を読んで後の問いに答えなさい。※本文中の〈　〉内の注は出題者による。

実は、わたしは英国で最も早い時期に新型コロナのＰＣＲ検査を受けた住民の一人だった。

２０２０年2月初頭に日本へ行き、1週間ほど東京で仕事をして英国に戻ったら、数日後に発熱と咳の症状が出た。「以下の国々からの便で英国に入国する方で、到着後14日以内に発熱や咳などの症状が出た人は、ＮＨＳ（国民保健サービス）に電話をしてください」という貼り紙が空港のあちこちにあったのを覚えていた。そこに記された国のリストにはしっかりJAPANが入っていた。だから指示に従い、わたしはNHSに電話した。

その頃、まだ英国でのコロナ感染者の数は一桁だった。が、わがブライトン〈英国の都市〉には不気味な予兆があった。アジアに旅をして帰国した男性が英国人で最初の感染者となり、市内で感染が広がっていたからだ。しかも、その感染者の一人の職場をわたしは日本に行く前週に訪れていた。（中略）

検査の結果が出るまで、いろいろなことを考えた。自分がコロナに感染していたとしても、14日間家で寝ていればいいというだけで、特に恐怖感はない。

それより、①とても面倒くさいことになったと思った。

その面倒くささこそが感染よりも不運なことに思えた。まだ学校が休校になる前だったので、息子の中学の教員に事情を説明して、検査結果が出るまで彼を休ませねばならない。日本に行っていた間に息子の世話をするため仕事を休んでもらった配偶者にも、また2週間も自主隔離してもらわねばならず、さすがにこれには彼も憤るだろう。

けれども何より気になったのは、日本に行く前、感染者の職場に行ったときに、帰りにジャガイモや牛乳を買って届けた近所のおばあちゃんのことだった。それでなくとも体が弱い彼女に感染させた可能性があるからだ。水道工事のために家に出入りしていた業者のことも思い出した。確か、以前、彼の妻には喘息の持病があると言っていたような気がする。そういえば、ブライトンからヒースロー空港までのシャトルバスで隣に座っていたアイルランド人の気さくな女性は妊娠中だった。英国と日本を往復した間に会った人々やすれ違った人々が次々と思い出された。そして彼らの一人一人に家族があって、同僚がいて、電車で隣に乗り合わせる人がいて、ショップのレジで前に並んでいる人がいると思うと、その人数はどこまでも増えていく。

②わたしを起点として、目に見えない③巨大な蜘蛛の巣が背後に広がったような感覚をおぼえた。

なぜか思い出したのは、吉野源三郎〈一八九九～一九八一〉の『君たちはどう生きるか』（岩波文庫）で主人公コペル君が唱えた「人間分子の関係、網目の法則」だった。コペル君は粉ミルクを一つの例として、オーストラリアの牛から搾乳されたミルクが、遠い日本に住む自分の口に入るまでのプロセスを想像し、牛と自分の間には「牛の世話をする人」や「汽船から荷をおろす人」など、きりがないほど大勢の人間が存在していて、粉ミルクの生産と流通、消費を通して繋がっているのだと気づく。そして「人間分子は、みんな、見たことも会ったこともない大勢の人と、知らないうちに、網のようにつながっている」と考える。

この「網目の法則」は、マルクス〈一八一八～一八八三〉が『資本論』の「第一章　商品」で書いた資本主義社会の商品論のサマリー〈要約したもの〉のようなものとして知られているが、この法則と似たようなことがウィルス感染についても言えるなあ、と考えていたところで検査の結果が出た。わりと早かった。あの頃は、検査を受ける人はレア〈めずらしいこと〉だったのである。

結果は陰性だったが、わたしのような健康きわまりない人間の場合にはふつうの風邪のほうがコロナよりもよっぽどきついのか、熱が下がらずしばらくは大変な目にあった。しかし、④とりあえず、新型コロナ感染版の「人間分子の関係、網目の法則」は途切れた。病気になることより、網目がどんどん拡大していくことのほうが面倒くさいと思っていたので、イモと牛乳を届けたおばあちゃんや水道業者や東京で会った人々みんなに感染させたかもと心配する必要がなくなったことが何よりもわたしを安堵させた。

ちなみに、金子文子〈一九〇三～一九二六〉もコペル君のマルクス的気づきと同じようなことを『何が私をこうさせたか』（岩波文庫）に書いている。彼女は、その「ぞろぞろとつながっている」チェーンの中で搾取〈利益を不当に取り上げること〉されている人間がいることを考察していた。子どもの頃に暮らした山梨の山間の小さな村の様子を観察し、彼女はこう書いた。「私の考えでは、村で養蚕ができるなら、百姓はその糸を紡いで仕事着にも絹物の着物を着て行けばいい。何も町の商人から木綿の田舎縞や帯を買う必要がない。繭や炭を都会に売るからこそそれよりも遥かにわるい木綿やカンザシを買わされて、その交換上のアヤで田舎の金を都会にとられて行くのだ」。

コペル君は粉ミルクという商品から、金子文子は繭という原料から、逆の方向からそれぞれ資本主義社会における経済活動のチェーンを想像したわけだが、この「ぞろぞろと続く目に見えない大勢の人々とのつながり」は、ふだんの生活ではあまり想起することはない。自分自身や自分の生活は他者のそれとは切り離されたものであり、消費や生産も単独の行為として考えがちだ。

1937年に出版された『君たちはどう生きるか』のコペル君や、1926年に獄中死した金子文子がマルクス的に経済を通して不可視〈目に見えないこと〉の人々との繋がりを理解したとすれば、2020年のわたしたちは新型コロナウィルスを通してそのことを実感として捉えるようになったのではないだろうか。

わたしたちは孤立しているように見えて、⑤実は全然そうではなかったのである。

（略）

新型コロナウィルスによって立ち現れている人道主義とは、相手が誰かで「区別はしない」。なぜなら、感染症は人種の違い、貧富の差、思想の違いとは関係なく、誰でもかかるものだからだ。災害時の助け合いは、敵だから見捨てるとか、味方だから援助するとかいう性質のものではない。⑥これはシンパシーではなく、エンパシーである。実際、今回の新型コロナウィルス感染で他者に対する感覚が鋭くなったと思っている人は多いはずだ。

例えば、わたしは現在、自宅が改修工事中につき、仮住まいの身なのだが、毎週木曜日の夜に家の前に出て「※キー・ワーカーへの感謝の拍手」をするうちに、だんだん近所の人々と顔見知りになってきた。近所の高齢者や基礎疾患のある人々の家に食材を届けるボランティア・グループも結成され、一人暮らしや夫婦だけで生活している高齢者、障害者のいる家庭などに定期的に電話を入れ、何か切れている生活必需品がないか聞いたり、雑談したりするサービスも行っている。車を運転しないわたしは、食品の調達や配達では役に立たないので、後者のほうに参加している。担当する家庭に電話して定期的に高齢者と話をしていると、これまで知らなかった人たちの知らなかった生活事情が見えてくる。戦前や戦中に生まれた世代に愛されている紅茶のティーバッグのブランドとかビスケットの種類とかがわかるようになった。そうなってくると、携帯電話の向こうにいる高齢者の背後に、無数の似たような状況にある高齢者たちの姿が見えてくる。いま、カスタードクリーム・ビスケットを食べたいのにスーパーに買いに行けないお年寄りが英国に何人ぐらいいるのだろうと思いを巡らすようになるのだ。

そんなある日、深夜に近所で大きな叫び声がした。ガラスの割れる音がそれに続いた。わたしと配偶者は思わず外に出た。わが家が仮住まいしているエリアはミドルクラス〈中流階級〉の新興住宅地で、半世紀も前から同じ家族が住んでいてみんな互いをよく知っている公営住宅地とはわけが違う。だが、それでも、わたしたちが外に出ると、向かいの家も、隣の家も、住人たちが前庭に出て来ていた。とりあえず、配偶者と隣家の若い父親、向かいの家の中年男性が3人で叫び声がした家の様子を見に行くことになった。結局、外に出られなくてストレスを溜めたティーン〈十代の若者〉の兄弟喧嘩だったことがわかり、怪我をした息子を母親が緊急外来に連れて行くことになったが、彼らには病院に着けて行くマスクがなかったので、配偶者が家に戻ってきてマスクを数枚、持って行った。

なんとなくよそよそしく気取っていたストリートが、非日常な状況の中で⑦<u>いつもと違う貌を見せ始めていた</u>。

人々は、コロナ禍をともに経験することで、「聞いたことを聞かなかったことにはできない」気分になっている。

（ブレイディみかこ『他者の靴を履く　アナーキック・エンパシーのすすめ』〈文藝春秋〉）

※出題者注　キー・ワーカー…人々の生活に不可欠な仕事をする人。エッセンシャルワーカー。

問一　――①「とても面倒くさいことになったと思った」とありますが、どのようなことを感じたのですか、最も適切なものを次から選びなさい。

ア　まだコロナ感染者が少なかった時期なので、コロナ感染よりも、だれにも相談できないまま、親しい人や弱い立場にいる人の安全を守らなければならないことをたいへんだと感じた。

イ　まだコロナ感染者が少なかった時期なので、コロナ感染よりも、そのことが人に知られてしまい、地域の人々から仲間外れにされてしまうだろうことをおそろしく感じた。

ウ　まだコロナ感染者が少なかった時期なので、コロナ感染よりも、自分と関わる人にどのような影響があるか一つ一つ考えなければならなくなったことを負担に感じた。

エ　まだコロナ感染者が少なかった時期なので、コロナ感染よりも、知らずに出歩いたことで自分が街で感染を広めてしまったかもしれないことに責任の重さを感じた。

問二　――②「わたしを起点として」とありますが、ウィルス感染をめぐって「わたし」が思い浮かべた人々を次の図のように表しました。A～Cにあてはまる人物を、文中の語を用いて書きなさい。（――▶で示したのは、そこから関わる人のことである。）

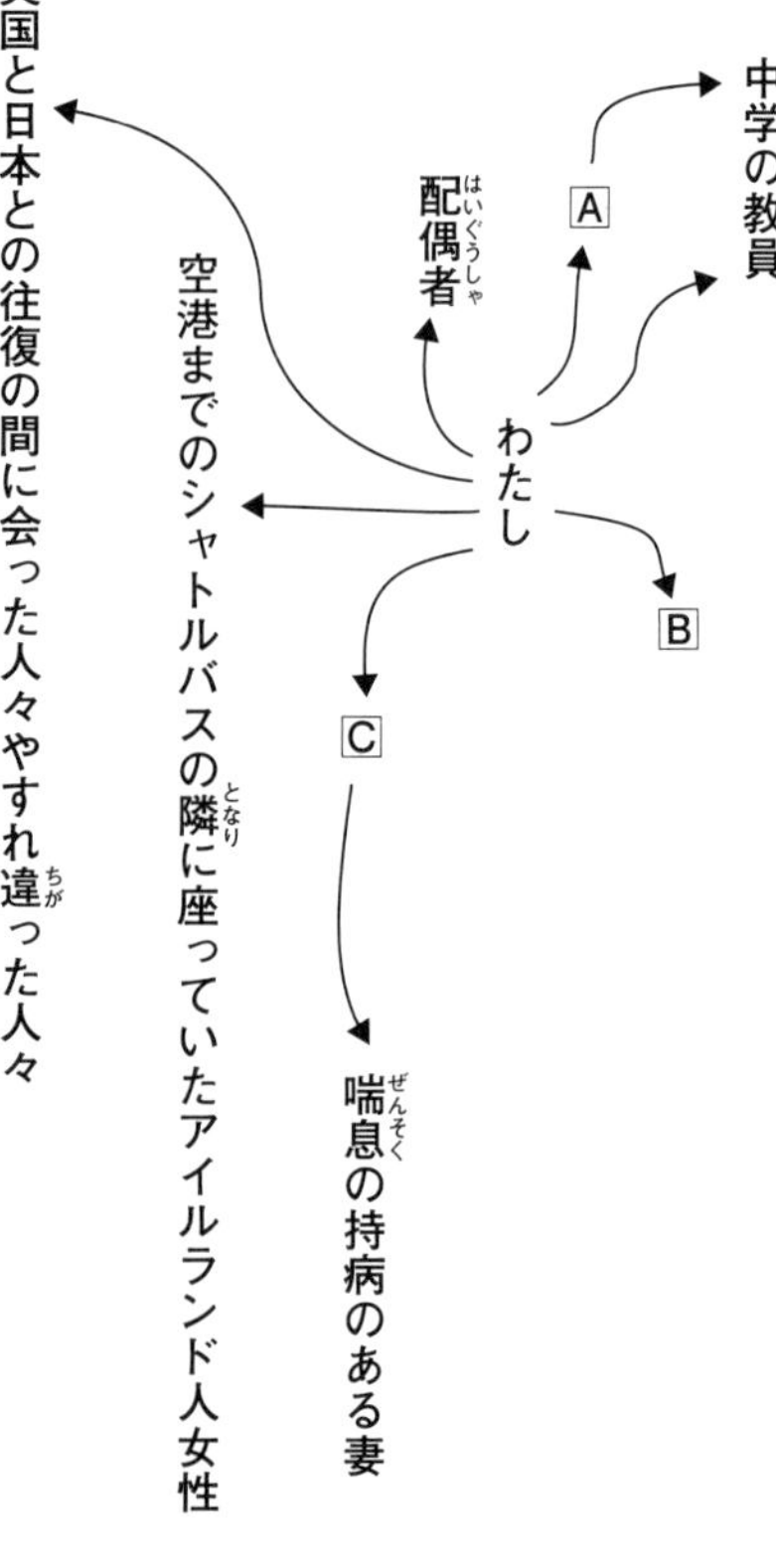

問三　――③「巨大な蜘蛛の巣」とはどのようなものの比喩ですか、説明しなさい。

問四　――④「とりあえず、新型コロナ感染版の「人間分子の関係、網目の法則」は途切れた」とはどういうことですか、説明しなさい。

問五　――⑤「実は全然そうではなかった」とありますが、どのようなことに気づいたのですか、簡潔に答えなさい。

問六　――⑥「これはシンパシーではなく、エンパシーである」とあるが、ここでいう「エンパシー」とはどのような心のはたらきであると考えられますか、最も適切なものを次から選びなさい。

ア　弱い立場の人に寄りそい、同情の気持ちで手を差しのべようとする心のはたらき

イ　自分とは違う存在に対して思いを巡らして、ともに生きようとする心のはたらき

ウ　生まれや育ちに関係なく、誰に対しても平等で公平に接しようとする心のはたらき

エ　同じ体験をした人だけが共有できる仲間意識を大事にしようとする心のはたらき

問七　――⑦「いつもと違う貌を見せ始めていた」とありますが、街の人々はどのように変化しましたか、説明しなさい。

三　次のカタカナを漢字に直しなさい。

1　ヨウショウのころの夢。

2　鳥の世話を妹にユダねる。

3　とうもろこしをユニュウする。

4　ドウソウ会に呼ばれる。

5　カクシン的な発明。

6　痛みがオサまる。

女子聖学院中学校(第一回)

―50分―

一　つぎのそれぞれの問題に答えなさい。

問一　つぎの――部分のカタカナは漢字に直し、漢字は読みをひらがなで答えなさい。

1　昨夏はサイガイ級の暑さだった。
2　ネッタイヤも続いた。
3　母のトクセイアイスクリームばかり食べていた。
4　冷たいものばかりではイチョウによくないと祖母に言われた。
5　父はバカンスを取ると宣言した。
6　そこで、みんなで旅の行程を考えた。
7　まずは樹海で森林浴をすることにした。
8　つぎにすずしさを求めて、秘境駅に行く計画を立てた。

問二　つぎの文には一字ずつまちがった字が使われています。それぞれ正しく直した字を書きなさい。

1　長期休みの研究でやった犬の精態調査がきっかけで、姉は学者を志した。
2　その後も着実かつ地道に成価を上げ、動物分野の博士コースに通っている。
3　厳冬の北極で熊の観察をしたいと夢みているので、寒さ代策に余念がない。
4　家族も室内の温度を低くして協力したが、全員が建康をそこねてしまった。

問三　つぎの――線部のカタカナにふさわしい漢字の組み合わせをあとから選び、それぞれ記号で答えなさい。

1　寄フ　―　フ人　　2　フ傷　―　豊フ
3　政フ　―　フ教　　4　フ毛　―　毛フ
5　正フ　―　フ思議　　6　納フ　―　神プ
7　漁フ　―　内閣フ　　8　配フ　―　フ士山

ア　布―富　　イ　夫―府　　ウ　府―布　　エ　負―不
オ　負―富　　カ　付―父　　キ　不―布　　ク　付―婦

問四　つぎの四字熟語の(　)にはそれぞれ漢数字が入ります。その合計を算用数字で答えなさい。

(　)律背反　　岡目(　)目　　孟母(　)遷　　危機(　)髪

問五　つぎの慣用句のうち(　)に「腹」が入らないものを二つ選び、それぞれ番号で答えなさい。

1　(　)を割る
2　(　)を振るう
3　(　)を決める
4　(　)が黒い
5　(　)を折る
6　(　)が立つ

問六　つぎの熟語の組み合わせはすべて対義語になります。(　)に入る漢字一字をそれぞれ答えなさい。

1　集合　―　(　)散

2　開場　―　(　)場

3　悪人　―　(　)人

問七　つぎの1～4の――部分のうち、はたらきのちがうものが一つあります。それはどれですか。番号で答えなさい。

1　彼は若いが立派で尊敬できる。

2　父は国民の祝日で家にいる。

3　あの俳優ははなやかで美しい。

4　弟はおおらかで明るい性格だ。

問八　つぎの1～3の(　)内の言葉を指定の字数で敬語にし、ふさわしい形に変えて、それぞれ答えなさい。

1　初めて(会う　六字)目上の方には、ていねいにごあいさつをする。

2　母がお客様に「どうぞ(食べる　五字)」とお菓子をすすめた。

3　母の代わりに父が相談に(行く　四字)と先生に伝えた。

三　つぎの文章を読んで、あとの問いに答えなさい。

「直樹は、東都医大に行かせます、他は考えません」

真正面からこちらを見て《1》言い切られた。当の本人は、膝の上で握った拳を見つめて顔を上げようとしない。どうしようもない。これ以上何も言えない。ただ、面談中ほとんど口をきかなかった山下直樹のことが無性に気がかりだった。

「(　　Ⅰ　　)」

職員室のラウンジの椅子にどさんと座り込んで、佑真は面談中押し殺していたため息をついた。はああっ。

「どうしたの？　中村先生、お疲れね」お茶をいれに来た①小宮先生が声を掛ける。

「山下直樹の三者面談ですよ。話には聞いていたけど、いやはや手強いお袋さんだなあ」

「山下ね。私は兄貴の隆行の担任をしていたわよ。隆行は根っからの理系で、本人も医者になるって決めていたから何の問題もなかったな」

「直樹の方も、東都医大を目指すと言ってはいるんですけどね。それにしては理系の科目が迫力不足なのが気になるんですよ。その反面、英語や国語はものすごくよくできるんですよね」

「山下直樹？　彼は絶対に文系だと俺は思うけどね」服部先生もやってきて話に加わる。

「こないだ書かせた『こゝろ』の感想文、すばらしかったよ。プリントにして学年みんなに読ませたけど、生徒たちも感心してた。直樹は、作品の内側に《2》切り込むような文章を書けるんだよ。一年の時の『羅生門』のレポートもすばらしかったし。ああいうヤツこそ、文学部に行ってほしいよなあ」

「英語もね、ただいい点を取るためだけに勉強しているというより、文章を読むことを楽しんでいるって感じなんです。ちゃんと読みたいから文法や単語をしっかりやってる。彼なら英文科でも国文科でもすごい卒論書けそうですよね。文系に行った方がいいような気がするよなあ……だけど……」佑真はまたため息をつく。

「②無理よ。まさか中村先生、あのお母さんに向かって、文系にしたら、とか言っちゃったんじゃないわよね」小宮先生が心配そうに佑真の顔をのぞき込む。

「……国立の医学部を目指すにはもう少し理系の偏差値を上げた方がいいってことと、（　　A　　）、ってこと言ってみただけですよ」

「言っても無駄だったでしょ。……頑張っているのよ、数学も。すごく努力はしてる。ただ、センスがいまいちなのは確か。兄貴とはその辺が決定的に違うのよね」

「代々続いた医者の家に生まれて、両親も医者で。でも、直樹は直樹ですよね。彼も病院を継がなくちゃ、って思い込みは、どうしようもないんでしょうか」

「どうしようもないと思うわよ」小宮先生は立ったままお茶をすすってうなずく。「本人もそう思っているから東都医大って言ってるんでしょ」

「そうなのかなあ……あ、大変だ。僕、週番だ。見回りに行かなくちゃ」

佑真は重たい腰を上げて職員室を出た。

「さよなら」「先生、さようなら」居残っていた生徒たちがバタバタと佑真を追い越していく。さよなら、と返しながら自習室まで来ると、三年生たちがあたふた帰り支度をしているその奥に、山下直樹の姿が見えた。硬い表情で心なしか顔色が悪い。一番最後に出てきた山下は、入り口で待っていた佑真に近寄ると、《３》顔を見て言った。

「先生、さっきは、③<u>母があんな言い方をしてすみませんでした</u>」

「いや、僕も余計なことを言っちゃったみたいで、悪かったね」

「母には、僕が医者以外の道を目指すことなんて、考えも及ばないんです。うちの者はみんな医者になるって決まってるんで」

「（　　Ⅱ　　）」

言ってしまった。母親の前では遂に言えなかったことだ。

「他の道を考えてみたことはありません。子どもの頃から、うちの病院で働くことしか選択肢はないと思ってきましたから」

「タイミングとしては、今が最後だと思うんだよ。高二の夏休み直前、っていう、この時期が。考えたことがないんだったら、今、考えてみたらどうかな。よく考えて、やっぱり医学部に行く、っていうんだったら頑張ればいいよ。だけど、もしも他にやりたいことがある、と思うんだったら……」

「……医学でないことをやりたい、なんて思ってしまうのはまずいから、考えません」

「（　　Ⅲ　　）」

「数学や化学の偏差値は、この夏休みに何とか上げるようにします。まだまだ努力が足りないのは自分でも自覚してます。英語とか国語はやり始めると楽しくなってつい時間を掛けてしまうので、反省しているんです」

「（　　Ⅳ　　）」

「できません。僕、文章を読んだり書いたりすることは大好きです。でも、それと進路とは別なんです。医学部以外の進路を目指すなんて言ったら、僕、家に居場所がなくなっちゃいますよ。これから予備校ですから帰ります。今日はありがとうございました」

山下は薄く笑ってぺこりと頭を下げ、佑真の横をすり抜けるようにして階段を下りていった。その後ろ姿を見つめて、佑真はしばらくそこを動くことができなかった。

添削が終わっていない英作文の束を前にどうにも集中できず、職員室のデスクで赤ペンを持ったままでぼんやりしていた。今日の山下直樹の言葉が耳について離れなかった。高校二年生の生徒が、決められた道に進まなければ（Ｂ）、とおびえている。あんなにこわばった表情で。本当にこのままでいいんだろうか。担任の自分に出来ることはないのだろうか。

　中村先生、オレに英語教えてくれっかな。最初の最初っから。中一のとこから。

　前任校の工業高校で、④照れながら、こっそりと佑真に声をかけてきた生徒がいた。浅野、という高二の男子で、それまでまともに話したこともない子だった。始業式から数日後のことだった。

　オレさあ、どうせオヤジの跡を継いで、ウチの工場で職人になるんだし、高校卒業したらすぐ働くつもりでいたんだよね。けどここ数年、ウチの工場ヤバかったみたいでさあ。オヤジもオフクロも従業員の人たちもばたばた。最近までつぶれるかもって状況だったんだ。いろいろあって、何とか続けていけることにはなったみたい……。オヤジがね、自分に（Ｃ）の知識があったら、もっとうまく工場やっていけたんじゃないかって話しているの、聞いちゃったんだ。でね、考えたんだ。工場を継ぐにしても、ただ技術だけ身に付けるんじゃなくて、なんていうか……金の流れっていうの？　それを分かっておかなくちゃまずいんじゃないかって。オヤジも大学行けなかったことを今でも結構悔やんでるみたい。お前、行きたいなら大学行ったほうがいいぞって。オレ、勉強なんか嫌いだし、できねえし、大学に行くこと考えてもみなかったんだけど。でも、やっぱ、学がなくちゃダメかもなって。だから、これから頑張ってどっかオレでも入れそうなところ、探したいなって。先生、力貸してくんねえ？

　嬉しかった。彼が、⑤とつとつとだが彼なりに一生懸命に自分の志望について考えたことを、佑真に話してくれたこと。自分を頼ってくれたこと。その日以降、高三になったあとも、浅野に対する佑真の個人指導は続いた。国語の木村先生、社会の森口先生にも手伝ってもらって、「浅野の大学進学プロジェクト」は二年間続いた。お世辞にも呑み込みの良い生徒ではなかった。本人も何度もダメなんじゃないかと気持ちが揺らいだ。そのたびに佑真は必死で彼を励ました。正直、佑真自身も浅野の余りのできなさに内心がっくりすることもあった。しかし、そのたびに高二の四月に浅野が自分に話したこと、あの時の彼の真剣な顔を思い出して踏ん張った。成績はなかなか上がらなかったが、高三の十二月になってやっと少し光が見えてきた。

　結局浅野は、三月の上旬になって、たった一つ、余り偏差値は高くない、ある大学の経営学部への補欠合格を勝ち取った。受かったよ！　先生、ありがとう！　職員室に駆け込んできて大声で報告した浅野は、全身から光を放っているようだった。佑真も、木村先生も、森口先生も、浅野を囲んで気が付いたら涙が出ていた。教師になってよかった、生徒の力になってやることができた。心から喜びを感じた。

　今勤務している高校は、県下有数の進学校だ。山下直樹は浅野なんか足元にも及ばないような学力がある。でも、二人とも同じく（　Ｄ　）としているのに、浅野のような前向きな意欲が、山下からは感じられない。山下の目は、暗く沈んでいる。山下はおびえている。彼だって彼ならではの可能性を持っているはずなのに。何か、自分にしてやれることはないのだろうか。担任として。英語の教師として。

手元の赤ペンを無意識にくるくる回しながら、佑真は《　４　》こみあげてくる無力感にさいなまれていた。

（本校国語科による）

問一　《　１　》～《　４　》に入れるのにふさわしい言葉をつぎから選び、それぞれ記号で答えなさい。

ア　ぐいっと　　イ　しっかりと
ウ　じわじわと　　エ　きっぱりと

問二　（　Ⅰ　）～（　Ⅳ　）に入れるのにふさわしいセリフをつぎから選び、それぞれ記号で答えなさい。ただし、どこにも当てはまらないものがあります。

ア　山下くん……
イ　無茶だよ。君には絶対に不可能だよ。馬鹿なことはやめなさい
ウ　だけどさ、山下くん、君は本当に医者になりたいと思うのか？肝心なのはそこだろ？
エ　英語や国語が楽しいという気持ちを大切にすることは、できないのかな
オ　あーあ、やれやれだなあ。全く議論の余地なしだもんなあ

問三　――線①「小宮先生」とありますが、この先生の担当教科を答えなさい。

問四　――線②「無理よ」とありますが、無理だと思われる理由を文中の言葉を使って、「～から。」につながるように十字以上十五字以内で説明しなさい。

問五　（　Ａ　）に佑真が直樹に対して「言ってみた」内容を自分で考えて、十五字以上二十字以内で答えなさい。

問六　――線③「母があんな言い方をして」とありますが、この「母」のセリフの最初と最後の三字を文中からそれぞれぬき出しなさい。記号は字数に数えません。

問七　（　Ｂ　）に入れるのにふさわしい言葉を、文中の表現を使って、十字で考えて答えなさい。

問八　――線④「照れながら」とありますが、「浅野」はここでどうして「照れ」なくてはならなかったのですか。つぎからその理由としてふさわしくないものを一つ選び、記号で答えなさい。

ア　浅野はこれまで全く勉強してこなかったのに、急に勉強したいと教師に切り出さねばならず、決まりが悪かったから。
イ　浅野はとても大学受験ができるような成績ではないことを自分でもよくわかっているのに、大学に行きたいと告白しなければならなかったから。
ウ　浅野は問題行動の目立つ生徒で、今までさんざん教師に対しても迷惑をかけてきたのに、今になって手助けしてほしいと言わねばならなくなったから。
エ　浅野はこれまで教師と関わることをなるべく避けてきたような生徒なのに、今さら勉強を教えてほしいと言い出さねばならず、ばつがわるかったから。

問九　（　Ｃ　）に入れるのにふさわしい漢字二字の言葉を、文中からぬき

出しなさい。

問十　――線⑤「とつとつと」とありますが、この意味としてもっともふさわしいものをつぎから選び、記号で答えなさい。

ア　はきはきと　　イ　おそるおそる
ウ　すらすらと　　エ　たどたどしく

問十一　（Ｄ）に入れるのにふさわしい言葉を考えて、八字で答えなさい。

三　つぎの文章を読んで、あとの問に答えなさい。

日本の百貨店が、いつ頃創業されているかを調べてみると、「江戸時代」と「ごく最近になって創られた店」の二種類があることがわかります。古い歴史を持つ店は、主に江戸時代の呉服店から発展してきており、このグループに入る百貨店は三越や大丸、松坂屋、髙島屋などで、一般に「呉服系百貨店」と呼ばれています。ごく最近になって創られた百貨店には、「電鉄系の百貨店」と、この地にどうしても百貨店が必要だと思った有志が創った「その他の百貨店」の二つがあります。《１》日本の百貨店の原型を創ったのは、この呉服店から発展してきた呉服系百貨店のほうなのです。

それでは、呉服系百貨店にはどういう店があるのかを創業年度順に列記してみますと、まず一六一一年に今の松坂屋が伊藤呉服店として創業しております。（中略）三越は越後屋呉服店として一六七三年に、（中略）髙島屋が一八一四年（中略）に創業しております。これらの店は江戸時代に創業して今日まで続き、現在、日本百貨店協会に加盟している呉服系百貨店です。　（中略）

それでは次に、なぜ呉服店が江戸時代にこれほど多く創業されたのか、ということについて考えてみたいと思います。

《２》、「そんなことは当たり前だ。江戸時代の人達は着物を着ていたのだから」と言う方が大半だと思います。しかし、当時の一般庶民の着ていたものは「古着」がほとんどで、肝心の呉服ではありませんでした。（中略）呉服は今では和服織物の総称ですが、江戸時代には、麻・綿織物などの「太物」に対し、「絹織物」を指して「呉服」と言っていたのです。したがって一般庶民は①大店の呉服店などに縁がなく、たまに訪れる行商の呉服商から買えれば恵まれたほうであったのです。　（中略）

それでは、一体誰が呉服を買っていたのでしょうか。それを解くカギは、江戸という都市と江戸時代の仕来たりの中にあります。

一五九〇年八月一日、徳川家康は、時の天下人豊臣秀吉によって、当時の僻地「江戸」へと追いやられます。（中略）ところが家康は、江戸城の改築と共に積極的に町づくりを進め、武家地や町人地や寺社地を定め、交通網と輸送網の整備に取り組みましたから、一六〇〇年、関ヶ原の戦いで家康が天下の覇者となると、江戸に証人（人質）を置く大名が多くなり、江戸城周辺に大名屋敷が立ち並ぶようになりました。（中略）そして一六〇三年、家康が征夷大将軍となって江戸に幕府を開きますと、江戸は政治の中心となり、諸国から流れ込む移住者たちで膨張に膨張を続けて、一六八八～一七〇三年には人口七十万人、一七一六～一七三六年には人口百万人に達して、当時における世界最大の都市となるわけです。

《３》この巨大都市は、わずかな年月のうち急膨張した一種の人造都市でしたから、必要物資を自給することができませんでした。消費人口だけが多く、生活物資の供給体制が整わない江戸に対して、②消費物資が各地から持ち込まれるようになるのは当然のことです。ここに商人や職人達の活躍の場が生まれました。一方、徳川氏は、自らの支配力を維持するために諸大名の妻子の江戸居住と、大名の一年おきの参勤交代を強制いたしましたから、江戸は諸大名の江戸屋敷と八万騎といわれた将軍直属武士団の旗本や御家人達で溢れかえることになります。（中略）したがって一番多かったときは、人口の半分以上を占める六十万人もの武士達が江戸にいたということです。そして、この武士達こそが、呉服の主たる購入者であったのです。そこには「武士道」との深い関係がありました。

天下が統一され、江戸時代という戦争のない泰平の世になって武士道は大きく変質し、価値観の大転換が行われました。（中略）すなわち主君への奉公の道が、（Ａ）第一から（Ｂ）第一に替わったということです。（中略）要するに、人に会うときに御洒落をして威儀を正せば正すほど相手に敬意を表していることになり、威儀を正さず御洒落をしていないと、相手に敬意を表していないことになったわけです。

それに加えて③着飾ることは、武士が町人や農民に対して支配階級であることを示す差別化の手段でもあったのです。（中略）

武士達は、「時服」といって時候にふさわしい衣服を、「登城用」「日常用」など種類多く整えねばならないことになっていました。（中略）さらに妻や娘や小間使いといった、いわゆる「奥向き」で使う衣服も必要としましたから、武士の衣類の需要量は膨大なものになったのです。（中略）

こうした背景があったため、江戸時代を通じて小売商業界の中心的存在となったのが呉服商でした。（中略）江戸時代の京都は、呉服・染物・織物・家具・漆器・酒などの主要生産地で、いわば日本最大の生産都市という立場にありましたから、そこに目をつけた商人達は、こぞって京都に本店を置き、そこを仕入の拠点として、最大の消費地である江戸に商品を送っては高く販売し、巨富を築いていったのです。（中略）

それでは、こういった呉服商人達は江戸時代を通じて一体何をし、我々に何を残していったのかを考えてみたいと思います。もちろん呉服商人達は呉服を商って④購入者の需要を満たし、商売上の栄枯盛衰はありましたが、どの店も一生懸命に働いて、繁栄を勝ち取っていこうとしました。その結果、彼等は呉服店としての存在よりも、「これだ」という商売の方法を考え出したことで、今日、我々により知られるようになります。それはまさに⑤合理的で革新的な商法といえるものばかりでした。

まず、越後屋呉服店（三越）が一六八三年に江戸市中に配布した引札（ちらし）をご覧いただきましょう。（中略）

「この度、私どもが工夫を重ねましたところ、呉服物に限らず、何でも破格の安値で売ることが可能になりました。ぜひとも当店までお出掛けの上、お買い上げくださるようご案内申し上げます。どなたさまにも配達はいたしません。《４》、当店での安値販売は一銭の掛け値もいたしておりませんので、お値切りあそばされても値引きはいたしません。もちろん代金は即金でお支払いくださるようお願いいたします。たとえ一銭であっても掛売りはいたしません。以上」（中略）

これが世に言う越後屋の「現金安売り掛値なし」という商法で、この定価販売が欧米で正式に出現するのは、それから百六十九年後の、一八五二年のパリにあった「ボン・マルシェ」という、世界で最初に百貨店となった店からですから、どれほど江戸の呉服商人のほうが早かったかがわかります。欧米における「品取替えの自由」も、一八五二年の「ボン・マルシェ」からですが、越後屋呉服店が一七五七年に配布した引札には、（中略）「もし万一、他より安くないと思えたり、その品が気に入らなかった場合には、いつでもお戻しください。代金をお返しいたします」とあり、これも「ボン・マルシェ」より九十五年ほど早かったことになります。

（中略）

このように江戸時代の呉服店は、現在でも通用するような革新的な商法を幾つも開発いたしておりました。その商法は、まったく意識していなかったのにもかかわらず、結果的に世界に共通した「百貨店の五条件」、すなわち「入店の自由」「定価販売」「現金販売」「返品の自由」「薄利多売」を見事に満たすものであったのです。

（飛田　健彦『百貨店とは』〈国書刊行会〉による）

◎本文の一部を省略しています。また、表記を変更しているところがあります。

問一　《１》～《４》に入れるのにふさわしいつなぎ言葉をつぎから選び、それぞれ記号で答えなさい。

ア　ところが　　イ　また　　ウ　もちろん　　エ　そして

問二　――線①「大店の呉服店」にあたるものを二つ、文中からぬき出しなさい。

問三　――線②「消費物資が各地から持ち込まれる」とありますが、この時代の消費物資の一大生産地を漢字で答えなさい。

問四　（Ａ）・（Ｂ）に入れるのにふさわしい組み合わせをつぎから選び、記号で答えなさい。

ア　Ａ　質素　―　Ｂ　華美　　イ　Ａ　経験　―　Ｂ　知識
ウ　Ａ　武芸　―　Ｂ　礼儀　　エ　Ａ　体力　―　Ｂ　能力

問五　――線③「着飾ることは、武士が町人や農民に対して支配階級であることを示す差別化の手段でもあった」とありますが、「差別化」できる理由を説明したつぎの文の（１）・（２）に入れるのにふさわしい言葉を考えて、それぞれ五字以上十字以内で答えなさい。

庶民が着ていたのは（１）であるのに対して、武士は（２）を着ていたから。

問六　――線④「購入者の需要」とありますが、これを具体的に説明したつぎの文の（１）～（５）に入れるのにふさわしい二字の言葉を、文中からそれぞれぬき出しなさい。

（１）が、（２）ごとの「（３）用」や「（４）用」の衣服を、また（５）や使用人の衣服を、それぞれ必要とした、ということ。

問七　――線⑤「合理的で革新的な商法」とありますが、現在の三越が考えたものを二つ、文中からぬき出しなさい。

問八　本文の内容に合うものをつぎから一つ選び、記号で答えなさい。

ア　江戸時代の呉服商が取り扱っていたのは、着物だけである。
イ　商人達は必要物資を自給できなかった江戸で活躍し、巨富を築いた。
ウ　西武百貨店など電鉄系の百貨店は、江戸時代末期に創業された。
エ　「ボン・マルシェ」から商売を学び、江戸時代の呉服店は発展した。

女子美術大学付属中学校(第一回)

―50分―

□一　次の「風香の語り」「瑠雨の語り」という文章を読んで、後の問いに答えなさい。

「風香の語り」

瑠雨ちゃんはしゃべらない子だ。

おとなしいとか、シャイとか、そういうレベルをこえてしゃべらない。

わたしは小一からずっと瑠雨ちゃんとおなじクラスだけど、「はい」と「いいえ」と「うん」と「ううん」と「うーん」以外の瑠雨ちゃんの声をきいたことがない。

瑠雨ちゃんはただしゃべらないってだけで、勉強の成績は悪くないし、日直や係の仕事もちゃんとする。なにを考えているのかわからないけど、なにかを考えていそうな節はある。変わった子だけど、めいわくな子ではない。

わたしの手が一度もボールにふれないままバスケの試合はぶじに終わって、体育のあとの四時限目は、国語の時間だった。

わたしは体育とおなじくらい国語がきらいだったけど、担任が村上先生になってから、まえほどゆううつじゃなくなった。

村上先生の国語は、ほかの先生とはひと味ちがう。毎回、教科書に出てくることだけじゃなくて、いろいろな「言葉」をわたしたちに教えてくれる。

「いろんな言葉と親しんで、その使いかたをふやしていくっていうのは、自分のなかにたくさんの種をまくようなことよ。いつか芽が出て、花がさく。みんながこの世界で生きていくための、だいじな糧になるわ」

村上先生の言う意味は、わたしにはまだよくわからないけど、自分のなかに種をまくってイメージはおもしろい。

この日も、授業の終わりにはいつもの種まきタイムがあった。

「今日のテーマは、形容詞の『美しい』。美しい海とか、美しい馬とか、なんでもいいから『美しい』って形容詞を使える言葉をあげてみてちょうだい。三分間で書けるだけ」

三分はあっというまだ。先生が配った紙にむかって、わたしはさっそくシャーペンをかまえた。

五年生になりたてのころは、なかなか言葉がうかばなくておろおろしたけど、①最近はわりとすんなり書けるようになった。これにはちょっとしたコツがある。

美しい空
美しい夕日
美しい星
美しい月
美しい雨

空つながりでそこまで書いて、ん？　と首をひねった。

美しい雨？　雨が美しいって、アリなのかな。軽く目を閉じて、想像する。

町をかすませる雨。霧雨みたいな。うん、きっと美しい。消さずに残すことにした。

美しい森

美しい花

美しい野原

美しい山

美しい川

アウトドアつながりで一気に書いて、またシャーペンを止めた。

美しいタキって書きたいのに、タキって漢字がわからない。ひらがなじゃかっこ悪いな。

時間もないから、あきらめた。

美しい顔

美しい目

美しい耳

やぶれかぶれの顔つながりに入ったところで、時間終了（しゅうりょう）。

「はい、おしまい。みんな、今回はわりといっぱい書けたんじゃない？どんな言葉が集まったか楽しみだね」

わたしたちが書いた言葉は、先生がぜんぶパソコンにうちこんでプリントアウトし、つぎの国語の時間に配ってくれる。②ひとりひとりがまいた種を、クラスの全員でわけあうってこと。

「わ、すごい、三十以上も書けてるんじゃない？」

「なにこれ。美しいエリカ、美しいミナミ、美しいハルカ……女の子の名前ばっかりじゃない！」

村上先生がみんなに声をかけながら紙を集めているあいだ、わたしはななめ後ろの席にいる瑠雨ちゃんをそっと見た。

③瑠雨ちゃんはどんな「美しいもの」を書いたのか。きゅうにむずむず気になって、横目で紙の文字をチラ見し、あっと思った。

そこには、わたしが思いもしなかったものたちがつらなっていた。

美しい音楽

美しい歌

美しい雨の音

美しいメロディ

美しいせせらぎ——

と、そこまで読んだところで、先生の手がその紙を回収した。

見るものをなくしたわたしは、しばらくつくえのシミをながめてから、そっと視線をもちあげた。

目が合うと、瑠雨ちゃんはいけないひみつを見られたような、まつげのゆらしかたをした。

音。

瑠雨ちゃんの紙にあったのは、ぜんぶが美しい「音」だった。

見るものじゃなくて、きくもの。

耳で感じる美しさ。

そんな発想、わたしにはこれっぽっちもなかった。たぶん、瑠雨ちゃん以外、クラスのだれも音のことなんて思いつかなかっただろう。てことは……。

瑠雨ちゃんはとくべつな耳をもってるってこと？

意外な発見をしたその日から、わたしが瑠雨ちゃんを見る目は変わった。

瑠雨ちゃんはただのしゃべらない子じゃないのかもしれない。瑠雨ちゃんの口は、この世のなにもきょうみがなさそうに閉じたまんまだけど、そのぶん、瑠雨ちゃんの耳はいつも全開で世界を感じているのかもしれない。年中無休でいろんな音をすいこんでいるのかもしれない。わたしたちにはきこえないものも、瑠雨ちゃんの耳にはきこえているのかもしれない。

　瑠雨ちゃんの一挙一動（ときどき、動きを止めて、じっとなにかを見つめていたりする）に目をこらすほどに、わたしの好奇心はむくむくふくらんで、とうとう、④このすごいヒミツをだまっていられず、ターちゃんにだけうちあけた。

「ね、ターちゃん。しゃべらない瑠雨ちゃんは、もしかしたら、きくことの達人なのかも」

　すると、ターちゃんはまたさらにすごいことを教えてくれた。

「べつだん、たまげた話じゃあないさ。目の不自由な人が、とくべつな聴力（ちょうりょく）をもってるってのは、ざらにあるこった。瑠雨ちゃんは、しゃべるのがにがてなぶん、人とはちがう耳をもってるのかもしんねぇな」

「えーっ」

　わたしはたまげた。そして、シビれた。

「人とはちがう耳って、どんな？　もしかして、天才ってこと？　瑠雨ちゃんはきくことの天才なの？」

　わたしがぐいぐいせまると、ターちゃんは「さぁな」と鼻の頭をかいた。

「おいらにきくより、瑠雨ちゃんにきいてみな」

「だって、瑠雨ちゃん、しゃべってくんないし」

「真の友ってのは、しゃべらなくたって通じあえるもんだ。［Ａ］ってやつよ」

「真の友っていうか、まだわたしたち、ともだちなのかもわかんないし。少なくとも、瑠雨ちゃんわたしのこと、ともだちと思ってないだろうな」

「じゃ、まずは仲よくなるこった」

　ずいぶんザツなアドバイスだけど、ターちゃんの言うことは一理あった。

　瑠雨ちゃんのことをもっと知りたい。クラスのだれも知らないヒミツにせまりたい。そのためには、まずはもっと瑠雨ちゃんに近づくことだ。今の距離（きょり）だと、瑠雨ちゃんの耳にきこえているものが、わたしにはきこえない。

　そこで、わたしは作戦をねった。

「瑠雨ちゃん」

　思いきって、さそった。

「今日、うちに遊びにこない？」

　五時限目のあと、音楽室から教室へ移動しているときだった。

　瑠雨ちゃんはしゃべらないけど、うたう。授業中にみんなで「まっかな秋」を合唱していたとき、瑠雨ちゃんの口がうっすら動いているのを見たわたしは、その新しい発見にこうふんして、⑤いますぐ作戦を決行したくなってしまったのだった。

　早まったかな、と思ったときには、おそかった。

　ろうかのとちゅうで立ちどまった瑠雨ちゃんは、ぽかんとした目でわたしをながめ、せいだいにまつげをふるわせた。

「ええっと……あ、あのね、じつは、瑠雨ちゃんにお願いがあって」

いまさらあとへは引けない。わたしは気合いを入れて続けた。

「できれば、瑠雨ちゃんに、ターちゃん……うちのおじいちゃんの謡曲(ようきょく)をきいてもらいたいの」

しーん。

瑠雨ちゃんのまつげがはためく音がきこえてきそうな静けさ。

「話せば長くなるんだけどね、うちのおじいちゃん、町内会の謡曲愛好会に入ってて、毎日、うちでも大声で練習してるの。それがとんでもなくへたくそで、うるさくて、わたしもママもほんっとまいってるの。公害レベルでひどいの。なのに、本人は謡曲の才能があるってかんちがいしてて、やればのびるって言いはるの。ないないってわたしとママがいくら言っても、おまえらになにがわかるんだって、ぜんぜんきいてくれないの。で、よかったら、瑠雨ちゃんの天才の……じゃなくて、その、客観的な耳でおじいちゃんの謡曲をきいてもらって、感想を教えてもらえたらって……」

ターちゃんの謡曲。マジでこまっているせいか、しゃべりだしたら止まらなくなって、わたしはひと息にまくしたてた。

「瑠雨ちゃんの意見だったら、ターちゃんもすなおにきいて、目をさましてくれるかもしれないし」

瑠雨ちゃんをうちにまねいたら、一気に距離がちぢまって、ぐんと仲よくなれるかもしれない。ついでに、瑠雨ちゃんがターちゃんの謡曲を「才能なし」って判定してくれて、ターちゃんが自信をなくしてうたわなくなったら、［　B　］だ。

そんなよくばりな作戦だったのだけど、⑥瑠雨ちゃんのまばたきはいっこうにおさまるところをしらない。

その正直なこまり顔をながめているうちに、わたしの頭はどんどん冷えていった。

やっぱり、むりか。それもそうか。しゃべったこともない（いつも相手から一方的にしゃべりかけてくるだけの）クラスメイトから、きゅうに遊びにこいとか、おじいちゃんの謡曲をきけとか言われたら、瑠雨ちゃんじゃなくてもだまりこんじゃうか。

「わかった。いいよ、いいよ。ごめんね」

人にしつこくしないこと。最近それを心がけているわたしは、いさぎよく引きさがることにした。

「ダメもとで言ってみたんだけど、やっぱり、へんだよね。わすれて、おじいちゃんの謡曲のことは」

おろかな作戦を立ててしまった。そう思ったらむしょうにはずかしくなって、耳までじわっと熱くなった。

赤い顔をふせ、瑠雨ちゃんから逃げるように足をふみだす。

そのわたしをなにかが引きとめた。

せなかのあたりに、へんな感触(かんしょく)。ふりむくと、瑠雨ちゃんの細っこい指が、わたしのスウェットのわきばらのあたりをつまんでいた。

「瑠雨ちゃん……？」

瑠雨ちゃんの顔をのぞきこみ、あれっと思った。

長いまつげが動きを止めている。あいかわらずこまった顔をしているけど、その目はめずらしくわたしをまっすぐに見つめて、なにかをうったえかけている。

十秒くらい目と目を見合わせてから、わたしは「ええっ」とのけぞった。

「まさか、謡曲きいてくれるの!?」

瑠雨ちゃんがこくっとうなずいた。

瑠雨の語り

わたしはずっと外側で生きてきた。

口を閉じ、なにも言わないことで、いつもみんなの外側にいた。

わたしがイメージする「内」と「外」のラインは、大なわとびのなわだ。

なわの両はしをだれかとだれかがにぎって、大きくふりまわす。そのなわがえがく弧(こ)のなかに、まずはひとりが入って、ぴょんぴょんはねる。ふたり、三人――なわをよけてとぶ足の数がふえていく。つぎはわたしの番。どきどきする。足がすくむ。タイミングがつかめない。思いきってふみこもうとするたびに、むかってくるなわにじゃまされる。みんなは平気でとんでいるのに、どうしても、わたしだけそこに入っていけない。

話をしているみんなの輪にくわわれないとき、わたしはいつもそんな気分になる。

ひとりだけ、なわの外側にはみだしている感じ。

三つだったか、四つだったか、ものごころがついたときからそうだった。みんなとしゃべる。言葉をかわす。だれもがふつうにやっていることが、わたしにはできない。心のなかではいろいろしゃべっているのに、どうしても口から出てこない。

なんで自分だけこうなんだろう?

小さいころはふしぎだったし、さびしかった。いつも自分だけおいてけぼりをくっている気がして。

でも、ひとつひとつ年をとるうちに、わたしはそんな自分になれていったんだと思う。そうしていったんなれてしまうと、なわの外側には、外側にしかない平和があった。

むりして内側へ入りこもうとしなければ、なわに当たっていたい思いもしない。なわをふんずけて、みんなからせめられることもない。びくびくしながら他人の足に合わせなくても、自分のペースを守っていられる。

それに、なわの外側は、とても静かだ。

自分がしゃべらないぶん、ここにいると、いろんな音がよくきこえる。

風香(ふうか)ちゃんの家はなだらかな坂の上にあった。坂のとちゅうから水の音がきこえてきて、のぼりきったら、川が見えた。その川の手前に古い家と新しい家が交互(こうご)みたいにならんでいて、風香ちゃんの家は古いほうだった。

レンガ色の屋根がしぶい木造の一軒家(いっけんや)。

「ただいま! ターちゃん、瑠雨ちゃんが洋曲ききにきてくれたよーっ」

大声をひびかせる風香ちゃんに続いて家のドアをくぐると、広い土間にはかいわれ大根のプランターがあって、玄関のかべには〈世界の毒きのこ88選〉という特大ポスターがはられていた。迫力(はくりょく)のある毒きのこのイラストつき。

「瑠雨ちゃん、えんりょしないで入って、入って。ターちゃん、きっと舞(ま)いあがってるよ」

風香ちゃんが言って、どしどし階段をかけのぼっていった。

ゆっくりあとを追いながら、わたしはヘビメタのおじいちゃんと対面する心のじゅんびをととのえた。革ジャンなのかな。長髪なのかな。バンダナまいてるのかな。声は出なくても、ちゃんと心のなかで「はじめまして」って言おう。

でも、いざ対面のときがくると、わたしはすっかりあっけにとられてしまい、心のなかまで「……」になってしまった。

満面の笑みでむかえてくれたおじいちゃんが、あんまり想像とちがってたから。

第一印象は、「宝船にのった大黒さま」。顔がまるまるしていてつややかで、いかにもおだやかそうに目がたれている。長髪なんかじゃないし、バンダナもまいてない。どうどうとはげていた。

この人が、洋曲を？

わたしのおどろきがさめないうちに、

「ほほう、あんたがうわさの瑠雨ちゃんかい。こんなジジイの洋曲をきいてくれるたぁ、いやはや、かたじけない」

江戸っ子みたいなしゃべりかたでおじいちゃんが言って、さっそくうたいだそうとし、「待った！」と風香ちゃんに止められた。

「お客さんに、ざぶとん」

風香ちゃんが出してくれたざぶとんはゼブラ柄だった。わたしたちのむかいにすわったおじいちゃんは、やまぶき色のセーターの上から木彫りの首かざり（一角獣？）をたらしていた。部屋の角にある仏壇には赤いドレスを着たおばあさんの写真があった。ふしぎな世界にいるみたいだった。

「ごほ、ごほ。んんっ。では……」

そうして、おじいちゃんの洋曲がはじまった――ううん、⑦ぜんぜん洋曲じゃなかった！

わたしは耳をうたぐった。

洋曲どころか、それは音楽でさえなかった。

きいたことのない音。

コレハナニ？

まるでまぼろしの生きものがとつじょ出現したみたいだった。まぼろしの生きもののまぼろしの遠吠え。そのきみょうな音ははげしく高まったり、うらがえったり、かすれたり、うんと低くなったりと、ちっともじっとしていない。とらえどころがない。

わたしは負けじと追いかけた。えたいの知れないこの音はなんなのか。お経？　おまじない？　ちがう――耳のおくになにかがひっついた。節。そうだ。全体をつらぬくメロディはないけど、この音には、どうやら節がある。

節だけじゃない。じっと耳をすましているうちに、また新しい発見があった。言葉もある。そう、言葉。おじいちゃんはただガーガー吠えてるだけじゃなく、言葉を語っているんだ。そう気づいたとたん、まぼろしの生きもののまぼろしの遠吠えが、ちゃんと人間のうたにきこえてきた。

最初からうたにきこえなかったのは、おじいちゃんがおそろしくオンチだからってだけじゃなく、たぶん、そこで語られているのがむかしの言葉だからだ。「若菜つむ」とか、「なお消えがたき」とか、「雪の下なる」とか。おじいちゃんのうたに出てくるのは、百人一首にあるような言葉ばかり。ってことは――。

これは、むかしの人がつくった、むかしのうたなんだ。

⑧そう気づくなり、ぐん、と耳の穴のおくゆきが広がった気がした。

わたしはむちゅうで音をひろった。遠い時代からやってきた、とびきりレアな言葉たち。いまの日本語よりもやわらかくて、耳がほっくりする感じ。

その言葉たちは、ゆったりとした節にのって、わたしが見たことのない世界を物語っている。

「山もかすみて」

「白雪の」

「消えしあとこそ」

「いかなる人にて」

「なにごとにて」

「あらおそろしのことを」

ああ、おもしろい。すごいのをひろった。

生まれてはじめての耳ざわりに、わたしはすっかりとりこになった。

こんな音があったなんて。

こんなうたがあったなんて。

大発見。人がむかしのうたをうたうっていうのは、むかしの音をよみがえらせるってことなんだ――。

帰り道は雨がふっていた。

わたしは雨の音が好き。たぶん、この世にある音のなかで一番。

それは、たぶん、わたしの名前に「雨」が入ってるからだと思う。

風香ちゃんの名前には「風」が入っている。

雨と風。

だからってわけじゃないけど、風香ちゃんとは、むりしなくてもいっしょにいられそうな気がする。

「瑠雨ちゃん、ほんとありがとね。⑨作戦どおりってわけにはいかなかったけど……っていうか大失敗だったけど、わたし、ターちゃんのあんなよろこんだ顔、はじめて見た。いいもん見たって気がしたよ。自分のうたをあんなに一生懸命(いっしょうけんめい)きいてもらったの、きっとターちゃん、はじめてだったんだよね」

傘(かさ)をかしてくれた上に、とちゅうまで送るとついてきてくれた風香ちゃん。

風香ちゃんがうれしそうなのは、おじいちゃんがよろこんでたからだけじゃなくて、きっと、わたしがしゃべったからだろう。

⑩――感動、しました。

⑪気がつくと、口からこぼれていた。

自分でも、ええっ⁉　とおどろいた。

家族以外のまえで、あんなふうに、ぽろっと言葉が出てくるなんて。

お面とか、外国の人形とか、ふしぎなものだらけだったおじいちゃんの部屋。でも、あそこにはなわがなかった気がする。みんなとわたしをへだてるなわ。おじいちゃんの自由ほんぽうな歌声が、なわをけちらしてくれたのかな。

そんなことを考えながら、ふと横を見て、あれっと思った。

風香ちゃんがおかしい。さっきまで高々とかかげていた傘を、頭すれすれの位置までさげて、しおれた草みたいにうつむいている。

きゅうにどうしちゃったの？

まじまじながめていると、

「瑠雨ちゃん、あのさ」

傘で横顔をかくすようにして、風香ちゃんがつぶやいた。

「はじめて言うけど、わたし、まえにいっしょにいた桃香たちから、あんまり好かれてなかったんだよね」

風香ちゃんらしくないしめった声。短調のひびき。

「わたし、話が長くて、しつこいでしょ。それに服もダサくて、ふでばこもジミだしね。だから、ほんとはだれからも好かれてなかったんだよね。ま、それはしょうがないんだけど。話がくどいのは自分でもわかってるし。でも……でもね、わたしのふでばこ、あれ、ママが買ってくれたやつなんだ。今だってそんなによゆうないのに、ママが買ってくれて、ハデじゃないけど、安いやつじゃなくて……」

風香ちゃんの声がふるえた。

「わたし、ママやターちゃんのこと悪く言われるの、すごくヤなんだよね。がまんできないくらい、ほんとに、ほんとにヤだったんだ。けど、四人とはなれてひとりになるのは、ほんとはすごくこわかったから、だから、⑫瑠雨ちゃんがいてくれてよかった。ほんとに助かった。っていっても、話がくどいのはまだなおってなくて、もし瑠雨ちゃんもわたしのこと、ほんとはうざいと思ってるんだったら……」

うざい？　そんなことないよ。

そう言いたいけど、声にならない。あせると、ますますのどがつまったみたいになる。

しょうがなく、手にした傘をぶるぶる横にゆすってみせたら、風香ちゃんが気づいて「ほんと？」と声を明るくしたから、こんどは傘を大きくたてにふった。

「そっか。よかったあ」

たちまち、風香ちゃんの傘がすっと上がった。傘の下の顔は笑ってた。

「あ。ね、そういえば、ターちゃんってああ見えて冒険家でね、むかし、旅のとちゅうでおなかすいたとき、いちかばちかでどぎつい色のきのこを焼いて食べたら、それが毒きのこで、三日間くらい記憶そうしつになっちゃって……」

ころっと調子をとりもどした風香ちゃんが、はねるようなテンポで、毒きのこをめぐるおじいちゃんの冒険話を語りだす。

そののびやかな音に、ときどき、雨と風の伴奏がかさなる。

ぺちゃくちゃ。

しとしと。

ごうごうごう。

にぎやかな音に包まれて、わたしはなにか大きなものの内側に入れてもらった気がする。

【森絵都「風と雨」（『あしたのことば』〈小峰書店〉所収）】

問一　――線①「最近はわりとすんなり書けるようになった。これにはちょっとしたコツがある」とありますが、先生が指示した言葉を「すんなりと」たくさんあげていく風香の「コツ」はどのようなことですか。次の□に入る言葉を、これより後の文中から四字でぬき出しなさい。

「場面や状況における□□□□で言葉を考えて書き出していくこと。」

問二　――線②「ひとりひとりがまいた種を、クラスの全員でわけあうってこと」とありますが、それは具体的にどのようにすることですか。

答えなさい。

問三　――線③「瑠璃ちゃんはどんな『美しいもの』を書いたのか」とありますが、瑠雨が書いた「美しいもの」とはどのようなものですか。次の□に入る言葉を、これより後の文中から五字でぬき出しなさい。

「□□□□□美しいもの」

問四　――線④「このすごいヒミツ」とありますが、それはどのようなヒミツですか。答えなさい。

問五　文中の［A］・［B］に入る最も適切な四字熟語を次から選び、それぞれ記号で答えなさい。

ア　異口同音　　イ　以心伝心　　ウ　一刀両断
エ　百発百中　　オ　一石二鳥

問六　――線⑤「いますぐ作戦を決行したくなってしまったのだった」とありますが、風香がここで言っている作戦の目的はどのようなことですか。答えなさい。

問七　――線⑥「瑠雨ちゃんのまばたきはいっこうにおさまるところをしらない」とありますが、風香は瑠雨のまばたきを見てどのような気持ちのあらわれだと思いましたか。最も適切なものを次から選び、記号で答えなさい。

ア　おどろいている　　イ　こわがっている
ウ　とまどっている　　エ　いやがっている

問八　――線⑦「ぜんぜん洋曲じゃなかった！」とありますが、風香のおじいちゃんがうたっているのは「洋曲」ではなく何ですか。それを［風香の語り］の文中から漢字二字でぬき出しなさい。

問九　――線⑧「そう気づくなり、ぐん、と耳の穴のおくゆきが広がった気がした」とありますが、この表現から、瑠雨はどのようなことを感じたと考えられますか。最も適切なものを次から選び、記号で答えなさい。

ア　おじいちゃんのいろんなうたをもっと聞きたい。
イ　むかしの言葉でうたっていたむかしの人に会ってみたい。
ウ　おじいちゃんのうたにある言葉の意味をもっと理解したい。
エ　おじいちゃんのうたにある言葉、音をもっと吸収したい、味わいたい。

問十　――線⑨「作戦どおりってわけにはいかなかったけど……っていうか大失敗だったけど」とありますが、どのようなことが失敗だったのですか。答えなさい。

問十一　――線⑩「――感動、しました」とありますが、瑠雨はどのようなことに感動したのですか。答えなさい。

問十二　――線⑪「気がつくと、口からこぼれていた」とありますが、瑠雨はその理由をどのように考えましたか。答えなさい。

問十三　――線⑫「瑠雨ちゃんがいてくれてよかった。ほんとに助かった」とありますが、風香がそのように言ったのはどのような理由からだと考えられますか。答えなさい。

［二］　次の問いに答えなさい。

問一　次の①～④の――線部のカタカナを漢字に直し、⑤の――線部の漢字の読みをひらがなで答えなさい。

①　ぶつけたところがはれてイタい。

② 神社をサンパイする。
③ 旅行がエンキになった。
④ 生徒をヒキいて試合にでかける。
⑤ 不当な要求を退ける。

問二 次の①、②の(　)に、ある動物の名前が入ると、ことわざが完成します。(　)に入る動物の名前をそれぞれひらがなで答えなさい。

① やぶをつついて(　)を出す
② 能ある(　)はつめをかくす

問三 次の①、②の(　)に、体の一部を表す共通の言葉が入ると、慣用句が完成します。(　)に入る体の一部を表す言葉を、それぞれ漢字で答えなさい。

① あげ(　)をとる
(　)が出る
(　)を洗う

② 長い(　)で見る
(　)に余る
(　)もくれない

白百合学園中学校

―40分―

※　字数制限がある問題は、「、」や「。」、カギカッコもすべて一字と数えます。

□一　次の文章を読んで、後の問いに答えなさい。

日本で消費という言葉が肯定的な響きを伴って使われるようになったのは、一九六〇年頃のことではなかったかと思う。一九五六年になると日本の経済は、敗戦後の混乱を終息させ、いわゆる戦後の高度成長を実現しはじめる。その変化が人々の生活におよびはじめたのが、一九六〇年前後であった。ちょうど、aレイゾウコ、テレビ、洗濯機が三種の神器【注1】といわれた時代で、それらが家庭に入りつつあった。

その頃、スーパーマーケットも生まれている。それまでは商店と客とが、地域のつき合いをとおして買い物をするのが普通だった。それがスーパーの登場によって変わった。情報を集め、一円でも安い物を買う、それが「賢い消費者」だと言われるようになった。このような買い物の仕方を、人間関係にしばられない合理的な買い物【注2】と呼んだのである。

①この変化とともに、「広告」が大きな役割をはたしていくようになる。広告は人々に、さまざまな商品が存在することを教えただけではなかった。その商品を購入することによって「より進んだ生活」が手に入ることを私たちに告げたのである。洗濯機を購入することによって女性が洗濯から解放され、その結果手にした自由な時間を有効に使うとき、進歩した女性の人生があらわれる、というように。だから広告には、狭い意味での広告と、②広い意味のものがある。狭い意味の広告は、単なる商品のbセンデン【注3】広告であるが、広い意味の広告は、雑誌や映画などさまざまなものを動員しておこなわれる。たとえば、一九六〇年頃にはアメリカのドラマがよくテレビで放映されていたけれど、人々はそれをみることによって、「豊かな生活」とは何かを伝えられたのである。大きな自家用車、豊富な食料、電気製品に囲まれた暮らし、……。

多くのものを消費する多消費型社会は、商品の需要や供給の増加によってのみ生まれたわけではなく、「進歩」というイデオロギー【注4】と結びつくことによって展開した。多消費によって豊かさと自由が得られるというイデオロギーを社会に定着させることによって、である。（中略）

消費の時代とは、単なる消費量がふえていく時代ではなかった。それによって、社会のさまざまな面が変わっていく時代でもあったのである。しかもこの動きは、「進歩」という観念【注5】と結びついて、戦後の日本では展開された。だからこそ私たちは最近にいたるまで、疑うことなく消費を拡大させてきたのではなかったのか。

そして、それゆえに今日の私たちは、多消費型社会への懐疑とともに、戦後的な【　　】観に対しても疑いをいだいている。

先日、ある旅館に電話で宿泊の予約を頼んだ。男の人がでてきて、ちょっとした会話の後に予約が成立した。そのとき、不思議に新鮮な気がした。なぜなのだろうと考えてみると、電話で会話をしながら予約をしたのが久しぶりだったのである。

一年の間には、私は少なくても五、六十日はホテルや旅館に泊まっている。宿泊日数が百日を超える年もある。ところがこの数年、ほとんど電話で予約をしていない。いつの間にか、すべてインターネットでの予約に変わり、だから、予約するときに言葉が交わされることもなくなっていた。海外に行くときも最近では、cコウクウケンもホテルもインターネット予約で、旅行会社のdマドグチに行くこともなくなった。

このことによって、旅は確かに気軽なものになっている。[I]楽しくはなっていない。以前の旅には旅をつくっていく楽しさがあったが、いまでは商品を購入し使い捨てるように、旅を消費している。それがわかっているのにこのような旅のスタイルをとるのは、旅を準備する時間的、精神的な余裕がなくなっているからである。私たちが陥っているある種の貧しさが、効率のよい旅の準備を求めさせ、旅をも消費のeタイショウに変えてしまったと言えるのかもしれない。

インターネットの普及という文明の進歩は、旅の変化をみるかぎり、消費的世界の拡大のほうで機能してしまったのである。

現代文明は、たえず同じような現象を生みだしてきた。たとえば一九五〇年代の後半に入ると、日本の企業は、いっせいに技術革新を開始している。戦前から引き継がれた古い生産方法を【注6】一掃し、新しい技術を導入した工場がこの頃から動きだす。

そのことによって、日本の製造業の生産効率は飛躍的に高まった。生産の増加が企業の利益を拡大し、その利益が人々の賃金を上昇させるとともに【注7】資本投資をもふやし、それがまた生産を拡大していく。市場経済の発展のうえでは、この上ない好循環が成立したのである。

そして、それもまた進歩という観念と結びついていた。歴史の発展、経済や社会の進歩、そういった観念につき動かされながら、人々は技術革新や高度成長を実現させていった。

だがその開始から半世紀が過ぎたいまでは、私たちは別の領域にも視野をひろげなければならなくなっている。なぜなら、この過程をへて、私たちの労働が使い捨てられる商品のようになってしまったからである。【注8】終身雇用、安定雇用といった言葉は、現在では一部の部門でしか通用しなくなった。そして、いつでも解雇できるアルバイト、パートタイマーばかりがふえ、フリーター人口は二百万人を超えている。正社員として雇用されても、いつリストラのタイショウにされるかわからない。

人間の労働が、企業の発展のための消費材にすぎなくなってしまったのである。

それを可能にした大きな基盤のひとつが、技術革新の結果生まれた単純労働のひろがりにあったことは間違いない。技術革新は、専門的な仕事の遂行能力を不必要にした。以前なら、どんな仕事でも一人前にこなせるようになるには、少なくとも数年の経験と相応の技術の修得が必要だったものが、いまでは【注9】若干のマニュアルを覚えればできるように変わっている。そのことが、不要になれば労働力を使い捨て、必要になれば補充するだけですむと考えるような企業を大量につくりだした。歴史の進歩であったはずの技術革新は、確かに企業を大きくし、市場経済を拡大した。その結果、私たちも、多くのものを消費し、子どもには膨大な教育費を投じ、気軽に海外旅行をするようになっている。だがその裏側では、自分自身の労働が消耗品、消費材のようになっていくという事態も進行していた。それが今日の「豊かさのなかの不安」、あるいは「豊かさのなかの安定感のなさ」を生みだす。

技術革新もまた現代文明の発展のひとつであるとするなら、この文明の発展は、人間が追いつめられながら多くのものを消費しつづける、という現実をつくったのである。[II]消費はうさばらしにはなっても、そこに③本当の楽しさを感じることはない。現在の私たちは、このような時代としての「消費の時代」を問い直さなければならなくなっている。

（内山節(たかし)『内山節著作集14　戦争という仕事』一部改）

【注】1　三種の神器……家庭生活でそろえておくと便利な三種の品物のたとえ。
2　合理的……むだを省いて能率よく物事を行うさま。
3　動員……ある目的のためにものを集めること。
4　イデオロギー……歴史的・社会的に形成されるものの考え方。
5　観念……物事に対する考え。
6　一掃……すっかり払(はら)い除くこと。
7　資本投資……資金を事業などにつぎ込(こ)むこと。
8　雇用……やとうこと。
9　若干……少し。

問一　――線①「この変化」とありますが、それはどのような変化ですか。次のア～オの中から最も適切なものを選び、記号で答えなさい。

ア　地域での付き合いのために気が向かなくてもする買い物から、情報をもとにして欲(ほ)しいものを積極的に購入する買い物に変化したこと。
イ　少し高くて品質のよい物を選ぶ買い物から、同じ物なら一円でも安く買おうとする買い物に変化したこと。
ウ　地域の店とのつながりを大切にする買い物から、情報を比較(かく)して値段の安さを重視する買い物に変化したこと。
エ　何も考えずに家の近くでする買い物から、一番安い店を調べて遠くてもわざわざ出かけて行く買い物に変化したこと。
オ　近所の小さな商店に毎日のように行く買い物から、遠くのスーパーマーケットでたくさん買いだめをする買い物に変化したこと。

問二　――線②「広い意味のものがある」とありますが、それはどのような広告ですか。次のア～オの中から最も適切なものを選び、記号で答えなさい。

ア　店に置いてある商品だけを紹介(しょうかい)するのではなく、店にはないたくさんの種類の商品を紹介する広告。
イ　商品自体を紹介するのではなく、その商品の購入によってよりよい生活が送れるようになることを伝える広告。
ウ　説明がわかりやすく、幼い子どもから高齢(れい)者まで幅広い年代に商品の魅(み)力を伝えることができる広告。
エ　その商品を探している人だけでなく、あまり必要としていない人にもそのよさを伝えることができる広告。
オ　チラシだけでなく雑誌や映画などさまざまなものを使って、広い地域の人々に商品の品質や値段を伝える広告。

問三　本文中の【　】にあてはまる最も適切な言葉を次のア～オの中から選び、記号で答えなさい。

ア　生活　　イ　効率　　ウ　自由　　エ　進歩　　オ　人生

問四　本文中の Ⅰ ・ Ⅱ にあてはまる言葉を、次のア～オの中からそれぞれ一つずつ選び、記号で答えなさい。

ア　だから　　イ　なぜなら　　ウ　たとえば
エ　また　　オ　だが

問五　――線③「本当の楽しさ」とありますが、たとえば「旅の準備」の「楽しさ」とはどのようなことですか。本文の内容にそって、具体的に五十字以内で答えなさい。

問六　〜〜線「豊かさのなかの不安」について、次の(1)・(2)の問いに答えなさい。

(1)　「豊かさのなかの不安」は、何によってもたらされたのですか。最も適切な言葉を、本文中から四字で抜き出して答えなさい。

(2)　「豊かさのなかの不安」とは、どのようなことですか。七十字以内で説明しなさい。

問七　══線a〜eのカタカナを漢字に直しなさい。

二　次の文章を読んで、後の問いに答えなさい。

恭一・次郎・俊三は三人兄弟である。父の俊亮のために一家は没落し、よその地に引っ越していたが、兄弟のうち次郎だけが母のお民の実家（正木家）に身を寄せていた。次の文章は、休暇中に父の実家（本田家）に遊びに来ていた次郎が、再び母の実家へ帰る直前の場面である。

「お祖母さん、次郎ちゃんはもう帰るんだってさあ、まだ休みが二日もあるのに。」

俊三が訴えるように言った。

お祖母さんは、しかし、それには答えないで、次郎のにこにこしている顔を、憎らしそうに見ながら、

「お前は正木へ行くのが、そんなにうれしいのかえ。」

次郎の笑顔は、すぐ消えた。彼は黙って次の間から出て来た父の顔を見上げた。

「何か、おみやげになるものはありませんかね。」

俊亮は、その場の様子に気がついていないかのように、お祖母さんに言った。

「何もありませんよ。」

と、お祖母さんは、きわめてそっけない。

「じゃあ、次郎、店に行って、壜詰めを三本ほど結えてもらっておいで。」

次郎はすぐ店に走って行った。

①「店の品じゃおかしくはないかい。それに重たいだろうにね。」

お祖母さんは、店の壜詰め棚が、このごろ寂しくなっているのをよく知っていたのである。

「なあに――」

と、俊亮はいったん火鉢のはたにすわって、ひろげたままになっていた手紙を巻きおさめながら、

「何か、次郎にやるものはありませんかね。」

「次郎に？　ありませんよ。」

「食べものでもいいんです。……もしあったら、お祖母さんからやっていただくといいんですが……」

お祖母さんは、じろりと上眼で俊亮を見た。それから、つとめて何でもないような調子で言った。

「飴だと少しは残っていたかもしれないがね。でも、珍しくもないだろうよ。毎日次郎にもやっていたんだから。」

俊亮は、もう何も言わなかった。そして、巻煙草に火をつけて、吸うともなく吸いはじめた。すると、その時まで黙っていた恭一が、お祖母さんのほうを見ながら、用心ぶかそうに、

「僕、次郎ちゃんに、こないだの万年筆やろうかな。」

「歳暮に買ってあげたのをかい。」

と、お祖母さんは、とんでもないという顔をした。

「ええ。」

「お前、どうしてもいると言ったから、買ってあげたばかりじゃないかね。」

「僕、赤インキをいれるつもりだったんだけれど、黒いのだけあればいいや。」

「また、すぐ買いたくなるんじゃないのかい。」

「ううん、色鉛筆で間にあわせるよ。」

「でも、次郎は万年筆なんかまだいらないだろう。」

「いらんかなあ。でも、次郎ちゃん、ほしそうだったけど。」

「あれは、何でも見さえすりゃ、ほしがるんだよ。ほしがったからって、いちいちやっていたら、きりがないじゃないかね。」

お祖母さんは、恭一に言っているというよりも、むしろ俊亮に言っているようなふうだった。

恭一は黙って俊亮の顔を見た。俊亮は、巻煙草の吸いがらを火鉢に突っこみながら、

「お前は、次郎にやってもいいんだね。」

「ええ……。」

と、恭一は、ちょっとお祖母さんの顔をうかがって、あいまいに答えた。

「じゃあ、やったらいい。お前のは、また父さんが買ってあげるよ。」

お祖母さんは、ひきつけるように頬をふるわせた。そして、急に居ずまいを正しながら、

「俊亮や、お前は、あたしが次郎にやりたくないから、こんなことを言うとでもお思いなのかい。あたしはね、どの子にだって、いらないものを持たせるのは、よくないと思うのだよ。それに……。」

俊亮は顔をしかめながら、

「ええ、もうわかっています。お母さんのおっしゃることはよくわかっています。しかし、私は、恭一のやさしい気持ちも買ってやりたいと思ったんです。次郎の身になったら、それがどんなにうれしいでしょう。兄弟の仲がそうして美しくなれたら、万年筆一本ぐらい、いるとかいらないとか、やかましく言う必要もないじゃありませんか。」

お祖母さんは、恭一のやさしい気持ちを買ってやりたい、と言った俊亮の言葉には刃向かえなかった。しかし、そのあとがいけなかった。次郎を喜ばせることは、お祖母さんにとっては、むしろ不愉快の種だったし、万年筆一本ぐらいどうでもいいようなふうに言われたのには、何としてもがまんがならなかった。

「ねえ俊亮や――」

とお祖母さんは声をふるわせながら、

「ほしがるものなら何でもやるがいい、と、お前がお考えなら、あたしはもう何も言いますまいよ。だけど、子供たちのさきざきのためを思ったら、ちっとは不自由な目を見せておかないとね。……何よりの証拠がお前じゃないのかい。一人息子で、あまやかされて育ったばかりに、お前も今のような始末になったんだと、あたしは思うのだよ。そりゃあ、悪かったのはあたしさ。あたしの育てようが悪かったればこそ、ご先祖からの田畑を売りはらって、こんな身すぼらしい商売を始めるようなこ

とにもなったんだろうさ。だから、あたしは、罪ほろぼしに、孫たちだけでもしっかりさせたいと思うのだよ。それがあたしの仏様への……」

お祖母さんは、袖を眼にあてて泣きだした。俊亮は、恭一と俊三とが、まん前にきちんとすわって、いかにも心配そうに自分を見つめているのに気がつくと、②さすがにたまらない気持ちになったが、あきらめたように大きく吐息をして、店のほうへ眼をそらした。

その瞬間、彼は、はっとした。【注1】一尺ほど開いたままになっていた襖のかげから、次郎の眼が、そっとこちらをのぞいていたのである。次郎の眼はすぐ襖のかげにかくれたが、たしかに涙のたまっている眼だった。

「次郎！」

俊亮は、ほとんど反射的に次郎を呼び、

「さあ、行くぞ。」

と、わざとらしく元気に立ちあがった。そしてマントをひっかけながら、

「じゃあ、恭一、万年筆はせっかくお祖母さんに買っていただいたんだから、大事にしとくんだ。」

それから、お祖母さんのほうを見、少し気まずそうに、

「お母さん、では、行ってまいります。」

お祖母さんは、まだ袖を眼に押しあてたまま、返事をしなかった。

「次郎ちゃん、今度はいつ来る？」

俊三は、重たそうに墁詰めをさげて部屋にはいって来た次郎を見ると、すぐ立って行ってたずねた。③恭一は、考えぶかそうに次郎を見ているだけだった。

「うむ――」

と、次郎はB生返事をしながら、墁詰めを上がり框【注2】におくと、いそいで仏間のほうに行った。仏間には田舎にいたころのぴかぴかする仏壇がそのまますえてあり、その中に、【注3】まだ白木のままの母の位牌が、黒塗りの小さな寄せ位牌【注4】の厨子とならんで、さびしく立っていた。次郎はその前にすわると、眼をつぶって合掌した。

観音さまに似た母の顔が、すぐ浮かんで来た。【注5】お浜のあたたかい、そして励ますような眼が、それに重なって、浮いたり消えたりした。彼は悲しかった。つぶった眼から急に涙があふれて、頬を伝い、唇をぬらした。彼は、なんとなしに、この家の仏壇を拝むのもこれでおしまいだ、という気がしてならなかったのである。

「次郎ちゃん、父さん待ってるよっ。」

俊三が仏間にはいって来ていった。

次郎はあわてて涙をふいた。そして俊三といっしょに茶の間のほうに行きかけると、恭一が、足音を忍ばせるようにして、二階からおりて来た。彼は、俊三のほうに気をくばりながら、

「次郎ちゃん、ちょっと。」

と呼びとめた。

次郎が近づいて行くと、恭一は、梯子段をおりたところで、自分のからだをぴったりと次郎のからだにこすりつけて、ふところにしていた右手を、すばやく次郎の左袖に突っこんだ。

次郎は、脇の下を小さなまるいものでつっつかれたようなくすぐったさを覚えた。彼はそれが万年筆であるということを、すぐさとった。そしてうれしいとも、きまりがわるいとも、こわいともつかぬ、妙な感じに襲われた。

「何してるの。」

と俊三がよって来た。

「くすぐってやったんだい。だけど、次郎ちゃんは笑わないよ。」

恭一はやっとそうごまかした。そして、顔をあからめながら、変な笑い方をしていた。これは、しかし、恭一にしては④精いっぱいの芸当だった。

俊三は笑わない次郎の顔を、心配そうにのぞいて、

「怒(おこ)ってんの、次郎ちゃん。」

次郎はますますうろたえた。が、こうした場合の彼のすばしこさは、まだ決して失われてはいなかった。彼は、恭一のほうにちょっと笑顔を見せたあと、いきなり俊三の脇腹をくすぐった。俊三はとん狂(きょう)【注6】な声をたてて飛びのいた。同時に恭一と次郎が、きゃあきゃあ笑いだした。

「何を次郎はぐずぐずしているのだえ。感心に仏様にごあいさつをしているのかと思うと、そんなところで、ふざけたりしていてさ。行くなら、さっさとおいで。」

お祖母さんの声が、するどく茶の間からきこえた。俊三は、口を両手にあてて渋面(じゅうめん)【注7】をつくった。恭一は心配そうに次郎の顔を見た。次郎は、しかし、ほとんど無表情な顔をして、茶の間に出て行き、お祖母さんのまえにすわって、

「さようなら、お祖母さん。」

と、ていねいにお辞儀(ぎ)をした。そして、脇腹に次第(し)にあたたまって行く万年筆の感触(しょく)を味わいながら、元気よくカバンを肩(かた)にかけた。

本田の家を出てからの次郎の気持ちは⑤決して不幸ではなかった。俊亮は、自転車に壜詰めを結えつけて、それを押しながら家を出たが、町はずれまで来ると、次郎をいっしょにのせてペダルをふんだ。風は寒かったし、からだも窮屈(きゅうくつ)だったが、次郎は、父のマントをとおして、ふっくらした肉のぬくもりを感ずることができた。


（下村湖人『次郎物語』）

【注】1　一尺……約三十センチメートル。
2　上がり框……玄関の上がり口(段差)につけられた踏(ふ)み板のこと。
3　白木のままの母の位牌……「位牌」は、亡くなった人の名前等を書いて、仏壇にまつる木の札のこと。「白木のまま」とは、位牌が仮の状態であるということ。
4　厨子……ここでは、先祖の位牌をまとめて入れてある箱形の仏具のこと。
5　お浜……乳母(うば)として次郎のことを育ててくれた女性。
6　とん狂……突然、その場にそぐわない調子はずれの言動をすること。
7　渋面……不愉快そうな顔つき。しかめっ面(つら)。

問一　～～線A「居ずまいを正し」、B「生返事」について、本文での意味として最も適切なものを、それぞれア～エの中から選び、記号で答えなさい。

A　居ずまいを正し
ア　姿勢をまっすぐに直し
イ　居心地(いごこち)の悪さを振(ふ)り切り
ウ　いすを正しい位置にもどし
エ　怒(いか)りの気持ちをおさえ

B　生返事
ア　はっきりとした返事
イ　考えぶかそうな返事
ウ　あいまいな返事
エ　相手を否定するような返事

問二　――線①「店の品じゃおかしくはないかい。それに重たいだろうにね。」とありますが、これは、誰の、どのような意図を持った言葉ですか。最も適切なものを、次のア～オの中から選び、記号で答えなさい。

ア　祖母の、店の品をみやげに持って帰らせたら、次郎が正木家で笑いものになるのではないかと心配する言葉。
イ　俊亮の、次郎がみやげとして重たい壜詰めをたくさん持って帰らなければならないことを気づかう言葉。
ウ　祖母の、本当は次郎に数少ない店の品物をみやげとして持たせたくない、という思いをごまかす言葉。
エ　俊亮の、本当は次郎にみやげを持って帰らせたくないと思っている祖母に対する当てつけの言葉。
オ　祖母の、次郎にもっと品質のよいものをみやげとして持たせてやりたいという愛情のこもった言葉。

問三　――線②「さすがにたまらない気持ち」とありますが、この時の俊亮の気持ちとして適切でないものを、次のア～オの中から一つ選び、記号で答えなさい。

ア　恭一の子どもらしく純粋(すい)な優しさが母に聞き入れられないことをかわいそうに思う気持ち。
イ　母が次郎に対して冷淡(たん)な扱(あつか)いをしているのを止められない自分を情けなく思う気持ち。
ウ　母の言う通り、自分が一家をおちぶれさせた原因を作ったことに対して申し訳なく思う気持ち。
エ　子どもたちの気持ちに寄りそわない母に、自分が何を言ってもむだだとあきらめる気持ち。
オ　恭一や俊三が母に対してなかなか自分の意見を言えないでいることをじれったく思う気持ち。

問四　――線③「恭一は、考えぶかそうに次郎を見ているだけだった。」とありますが、この時の恭一の気持ちとして最も適切なものを、次のア～オの中から選び、記号で答えなさい。

ア　次郎に対する俊三の遠慮(りょ)のない発言を、いまいましく思っている。
イ　祖母や父からしいたげられている次郎に同情している。
ウ　もう次郎と一緒に祖母の家に住めなくなるのを悲しんでいる。
エ　兄として次郎にどうしてやればよいのか思いなやんでいる。
オ　次郎が去って、祖母の家に俊三と二人で残されるのを不安に思っている。

問五　――線④「精いっぱいの芸当」とありますが、恭一がこのような行動をとったのはなぜですか。「芸当」の内容を具体的に示しながら、六十字以内で説明しなさい。

問六　――線⑤「決して不幸ではなかった」とありますが、それはなぜですか。理由を八十字以内で説明しなさい。

清泉女学院中学校(第一期)

―50分―

□一 次の文章を読んで、後の問いに答えなさい。(字数制限のあるものについては、すべて句読点や記号もふくみます。)

筆者の松村圭一郎(まつむらけいいちろう)さんは文化人類学者です。文化人類学とは、人間とはどのようなものかを社会や文化の側面から考える学問です。本文において、松村さんは人と人との「つながり」という問題を文化人類学の視点から考えています。

人と関わり、ある集団に身をおくとき、そこに「つながり」が生まれます。ここではこの「つながり」をひとまず「人と関係する」という意味で使います。この「つながり」には、ふたつの働きがあります。存在の輪郭(りんかく)を強化する働きと、反対にその輪郭が溶(と)けるような働き。「ともに生きる方法」を考えるとき、この両方の側面に目を向ける必要がある、というのが私の考えです。

存在の輪郭? 溶ける? まだ意味がよくわかりませんよね。

人との「つながり」は大切だ。多くの人はこう考えます。でも、①つながっているとはいったいどういう状態なのか、じつはあまり理解されていないように思います。この章ではまず「つながり」によって存在の輪郭が強調される側面について説明していきましょう。

一般的(いっぱん)に「つながり」とは、AとBという独立した存在があり、そのあいだに関係が結ばれていること、そんなイメージだと思います。「私はある人と強くつながっている」とか、「人のつながりが薄(うす)れてきた」という言い方をしますよね。でも、AやBは、最初からAやBとして独立して存在しているのか? そう考えてみるとどうでしょう。

ある人が「子ども」であるのは、あきらかにその「親」との関係においてです。ひとりで「子ども」であることはできません。「親」も同じです。「子ども」との関係がなければ「親」にはなれません。私たちは、そうしてだれかとの関係において自分らしさを意識しているはずです。

つまりAやBは、はじめからそういうものとして存在しているというより、人間関係のなかではじめてAやBであることができる。そう考えられます。ここで重要なのは、AやBという個人ではなく、そのAとBを関係づける「つながり」のほうです。

いま「社会が分断されている」「社会からつながりが失われている」とよく言われます。※1右派と左派とか、国論が二分しているとか、貧富の格差が拡大しているとか、大きな社会問題としてよく耳にします。どうしたら分断を乗り越(こ)えられるのか、なぜ社会のつながりが失われてきたのか、議論になっています。

たしかに、とても重要な問題です。でもさきほどのような意味で「つながり」をとらえると、意見の対立や格差の拡大した状態を「つながりが失われている」とは言えなくなります。

「分断」は、かならずしも「つながり」が失われた状態ではない。激しく対立し、分断しているように見えるのは、［A］両者がつながっているからかもしれない。そう考えると、世の中が少し違(ちが)って見えるはずです。

かつての社会に分断がなかったわけではありません。おそらくいまよりももっと大きな分断があったはずです。さきほど例にあげたように、女性や黒人であるというだけで、政治参加が認められなかった時代のほうが長いわけですから。

グローバル化が進み、情報ネットワークでだれもがつながる時代になってきました。どんな人でも、ネットにアクセスさえすれば、自分の意見を表明することができる。それまではメディアにも注目されず、だれにも耳を傾けられなかった声が国境を越えて世界中に拡散する。［B］、世界はかつてないほど「つながる」時代になってきました。

以前は分断があったことすら意識されなかったはずです。奴隷と市民は同じ人間とは考えられていなかった。多くの人は、政治や社会問題に関心を向けることもなく、関心があっても［X］。それがいまや瞬時に異なる意見がネットを介して可視化され、その対立が鮮明に見えるようになりました。それはあきらかに「つながり」の結果でしょう。

AとBは、互いにつながった結果として、その輪郭が強調され、存在することができる。右派と左派も、そのつながりの両端にあらわれる。異なる意見への反論や批判があってはじめて、右と左が分かれているように見えるわけで、右も左も、じつは［Y］。

貧富の格差もそうです。貧しさは、豊かさとの対比のなかで強く意識されるようになります。みんなが同じような生活をしていれば、それを「貧しい」とは感じないはずです。いまや世界の富の分布や経済水準の差が一目瞭然に比較される時代になりました。昔から変わらぬ生活をしている人たちも、豊かな国の人の暮らしやその富の大きさを突きつけられると、とたんに自身の「貧しさ」を意識するようになります。

つまり、対立や分断しているとされる両者は、互いにまったく相容れないと思う相手の存在を必要としている。その「つながり」の結果として対立や分断が可視化されている。そう言えるのです。

どうでしょうか？　「社会が分断されている」「社会からつながりが失われている」という広く共有された世界の見方も、たちどまって考えてみれば、異なるとらえ方が可能です。あたりまえに思える言葉や概念に対して違う側面から光をあて、問いを立てる。もともと文化人類学は、こういうあらたな視点を提示する学問として誕生しました。

☆　☆　☆

ここで、文化人類学の「きほん」をおさえておこうと思います。文化人類学と聞いて、どんなことを思い浮かべるでしょうか？

アフリカやアメリカ先住民といった、非西洋の「未開」な民族集団を対象にその独特の文化を研究し、異文化比較をする。そんなイメージがあるかもしれません。一九世紀末から二〇世紀前半にかけて、たしかに文化人類学はそういう学問として発展してきました。

アメリカの人類学者マーガレット・ミード（一九〇一～七八）が一九二八年に発表した民族誌『サモアの思春期』は世界的なベストセラーになりました。ミードは、※2サモアの少女たちの自由でおおらかな姿から、アメリカの若者が抱える思春期特有の葛藤がけっして普遍的な現象ではないことを示しました。

西洋社会が直面する問題を考えるとき、近代的な視点だけでは限界がある。人類文化の多様性のなかに西洋社会が考えもしなかった別の選択肢を見いだすことができる。文化人類学は、近代文明批判の※3旗手として、そうしたある種の希望を語る学問として注目されました。

［C］一九七〇～八〇年代、大きな曲がり角を迎えます。非西洋の

民族には西洋とは異なる文化がある、という単純な話ではなくなってきました。西洋と非西洋、近代と前近代といった※4二項対立的なとらえ方が批判にさらされたのです。

もっとも有名なのが、エドワード・サイード（一九三五～二〇〇三）が一九七八年に発表した『オリエンタリズム』です。

「オリエント」というのは、おおまかに中東から北アフリカにかけてのアラブ世界のことを指します。②ヨーロッパでは、長いあいだ、オリエント地域が芸術や文学の題材とされ、科学的な研究対象にもなってきました。しかし、そこで提示されてきたオリエントは、たとえば宮廷の※5ハーレムに代表されるような、キリスト教世界から見ると※6猥雑で道徳に反した、西洋世界とは対極にあるイメージでした。

ダンテ（一二六五～一三二一）の有名な叙事詩『神曲』の「地獄篇」では、イスラムの預言者ムハンマドが悪徳の※7ヒエラルキーに位置づけられ、地獄の刑吏の鬼によっておぞましい罰を受ける様が描写されます。

こうしたイメージは近代の学問でも再生産され、人類学者ラファエル・パタイ（一九一〇～九六）の著作では、中東文化が豊穣な西洋文明から学ぶべき劣った存在とされ、アラブ人には規律や協調性が欠如していると断定的に書かれていました。

ある対象を描いたり、表現したりすることを「表象する」と言いますが、サイードは、そうした異文化の表象に植民地支配につながる権力性や暴力性があると批判したのです。オリエント世界がヨーロッパとは正反対のものとして描かれてきたのは、ヨーロッパ自身の道徳的で文明的な自己イメージを確立するためだった。

（中略）

「かれら」とは違う「わたしたち」をつくりだすために、キリスト教の価値観とそぐわない、近代文明より遅れた社会としてオリエント世界を描く。それはオリエントの姿そのものというよりも、道徳的で文明の進んだヨーロッパという自己像を確立するために一方的に利用され捏造されたイメージにすぎない。だから表象された「オリエント」はヨーロッパの欠かせない一部だったのだ。サイードは、こう批判したのです。

③さきほどの「つながり」の意味を思い出してみてください。ヨーロッパという「わたしたち」の輪郭が、オリエント世界という比較対象との「つながり」において強調され、はじめて確立されたのです。

それは最初から異なる「オリエント世界」と「ヨーロッパ世界」があって、この二つを比較します、という単純な図式ではありません。「オリエント世界を描く」ことは「ヨーロッパ人が何者であるかを知る」ためにある。つながりをとおしてAとBが何者であるかが定まるように、他者表象と自己理解は別々の営みではなく、同時に起きているのです。

④このサイードのオリエンタリズム批判は、異文化の研究をしてきた文化人類学に大きな衝撃を与えました。人類学者が「未開社会」に出かけていき、そこで暮らす人びとを固有の文化をもつ存在として描く。それって、ヨーロッパが自分たちのためにオリエントを暴力的に表象してきたことと一緒じゃないか？　そんな反省を迫られたのです。

（松村圭一郎『はみだしの人類学　ともに生きる方法』〈NHK出版〉より一部改変）

※1　右派と左派…政治についての考えが、右派は保守的な人、左派は革

新的な人。

※2　サモア…南太平洋に位置する島々からなる地域・国家。
※3　旗手…先頭になって率いていく人。
※4　二項対立…二つのものが対立しているように考えること。
※5　ハーレム…女性たちの部屋、後宮。日本での「大奥」のようなもの。
※6　猥雑…雑然として下品な様子。
※7　ヒエラルキー…階級や階層、上下関係。ここではその最上位。

問一　――線①「つながっているとはいったいどういう状態なのか」とありますが、筆者は「つながり」をどのように考えていますか。本文の最初から☆までの間から考えられるものとして、ふさわしいものを二つ選び、記号で答えなさい。

ア　人は他人と「つながり」を持つことで、自分らしさを意識することになる。
イ　独立して存在している二人の人間の間に関係を結ぶことが「つながり」の役割である。
ウ　「つながり」とは人と人が「親」と「子」のように友好的な関係を保てている状態のことである。
エ　みなが同じような生活をしていた昔と比較し、現代は「つながり」が失われた時代である。
オ　分断は「つながり」が失われた状態ではなく、むしろつながっているから分断が生まれるといえる。

問二　[A]～[C]に入る言葉としてもっともふさわしいものはどれですか。次の中から一つずつ選び、記号で答えなさい。(ただし記号はそれぞれ一度しか使えません。)

ア　もし　　イ　むしろ　　ウ　たとえば
エ　なぜなら　　オ　ところが　　カ　つまり

問三　[X]と[Y]に入る言葉としてもっともふさわしいものはどれですか。次の中から一つずつ選び、記号で答えなさい。

X　ア　その声を伝達する余裕がなかった
　　イ　その声を問題視する人がいなかった
　　ウ　その声を表明する場や手段がなかった

Y　ア　対立した意見をもつ相手がいなければ存在しえません
　　イ　対立した意見をもつことで、異なる意見を認識できます
　　ウ　対立した意見によって、相手の輪郭を強調させようとしているのです

問四　――線②「ヨーロッパでは、長いあいだ、オリエント地域が芸術や文学の題材とされ、科学的な研究対象にもなってきました」とありますが、そのことについてサイードはどのように批判していますか。次の空らんに、指定された文字数の言葉を本文からぬき出して入れ、文章を完成させなさい。ただし、本文の☆以降からぬき出すこと。

ヨーロッパがオリエント地域を[I 二十七字]と表象することによって、ヨーロッパの[II 十四字]を作り出していた。その点において、「オリエント」とはまさにヨーロッパにとって[III 七字]であった。

問五　――線③「さきほどの「つながり」の意味を思い出してみてください」とありますが、筆者がここで思い出してほしいという「「つながり」の意味」とはどのようなものですか。本文より十二字でぬき出しなさい。

問六　――線④「このサイードの～大きな衝撃を与えました」とあり

ますが、なぜ文化人類学者は衝撃を受けたのですか。次の中からもっともふさわしいものを選び、記号で答えなさい。

ア　ダンテの「神曲」のような有名な芸術作品でさえも批判したことに驚いたから。

イ　文化人類学者が自分たちに都合の良いようにオリエントを扱ってきたと批判されたから。

ウ　オリエント地域の猥雑で反道徳的なイメージがうそであるということを教えられたから。

エ　文化人類学が近代文明批判の旗手であることを否定されてしまったから。

オ　異国の人々を調査し描き出すことは、結局自分たちのためではないかと気づかされたから。

問七　══線「かつての社会に分断がなかったわけではありません。おそらくいまよりももっと大きな分断があったはずです」とありますが、かつての社会の方が大きな分断があったが、今の社会のほうが分断しているように見えるのはなぜですか。七十五字以上一〇〇字以内で説明しなさい。

問八　次の記号のうち、本文の内容に合うものには「○」、合わないものには「×」と答えなさい。

ア　二十世紀前半のアメリカの人類学者には、異国の人々とアメリカ人との文化的な共通点を探し出すことによって、かえってアメリカやアメリカ人がどのような存在であるかを示そうとする人もいた。

イ　サイードによれば、ヨーロッパが熱心にオリエントを芸術の題材や研究対象にしたことは、ヨーロッパによるオリエントの植民地支配を正当化することにつながっていくものであった。

ウ　現代社会においては、かつての社会に比べて貧富の格差の増大や右派と左派の対立など、分断や対立がみえやすくなった。その結果として、人々はかつてないほど他者と「つながる」時代になってしまった。

エ　他者について表象するということは、自分との違いを示すということでもあり、その点においては他者について表象することと自分がどのようなものかを理解するということは同時に行われていることである。

二　次の文章を読んで後の問いに答えなさい。（字数制限のあるものについては、すべて句読点や記号をふくみます。）

義父から教えてもらった「認知症本人ミーティング」は、義父の住む地域で活動していたので、自分たちの市にもあるのではないかと検索したらすぐに出てきた。どうやら認知症の本人自らが主催している、認知症本人が集まるミーティングらしい。

ただ、「認知症本人が主催」といっても、その実態は形だけだと容易に想像出来た。認知症本人に出来ることは限られているだろう。きっと場所を貸している役所が、実際は運営しているに違いない。

何をするのかは、全く想像出来なかった。お茶とお菓子でおしゃべりをするとか、何か体操とかレクリエーションをするのだろうか。お年寄りが集まるデイサービスのような可能性もある。それでも何かの刺激になればと思い、気の進まない晃一をなんとか連れてきた。

「会場、三階みたいよ」

私が明るく言っても、晃一はいかにも面倒だという風にため息をついた。

三階にある会議室を覗くと、会議テーブルがロの字型に並べられていた。中に、二十人ほどがいる。七十代が中心だが、四、五十代も数名いるようだ。テーブルの後ろの壁沿いにもいくつか椅子が並べられていた。そこにも十人ほどが座っていた。皆、移動したり、立ったまま談笑している。なるほど、「本人ミーティング」という名前だが、やはり家族も同席しているのだ。いや、圧倒的に家族の方が多い。さすがに認知症本人だけでは無理なのだ。

後ろを振り返ると、晃一も①訝しそうに部屋の中を覗いていた。中央のテーブルで手元の資料を読んでいた五十代後半らしき女性がこちらに気づいた。軽く会釈をして、笑顔で近づいてきた。

「只野晃一さんですね？」

私が代わりに答える。

「あ、はい。そうです」

「進行役の藤本和子です」

「只野真央です。主人の晃一です。今日はよろしくお願いします」

「晃一さん、よろしくお願いします！」

和子は晃一の握手を求めて、大袈裟に右手を差し出した。晃一は戸惑いつつ応じていた。和子のその手の指には、品のあるベージュのネイルが塗られていた。クリーム色のジャケットと中の白シャツとのバランスは清潔感に溢れ、いかにも司会者という感じだ。少し茶色に染められた髪は綺麗にまとめられ、メイクも派手すぎず、とても好感が持てた。

私はちゃんと進行役がいたことに安心し、和子に言った。

「認知症ご本人の集まりといっても、やっぱり皆さん、ご家族と一緒なんですね。安心しました」

「いえいえ、こちらにいらっしゃる方はほとんどが、認知症ご本人ですよ。私も含めて」

「え？」

②私と晃一は同時に小さな声を出して、和子を見た。和子はニコニコと笑っている。改めて中の参加者たちを見渡す。一見、誰も認知症には見えない。驚いた。晃一も驚いていた。

「さあ、どうぞ」

和子に誘導され、晃一と一緒に入ろうとしたが、「ここからはお任せください」と私だけが止められた。いや、晃一は認知症なのだ。一緒にいないと何かあったら困る。

「主人は認知症なので」

③そう言いかけたが和子は遮った。

「大丈夫ですから」

その迫力に動けなくなった。

和子は晃一と部屋に入ると、ゆっくりと扉を閉めた。扉の上部はガラス窓になっており、部屋の中を見ることが出来る。和子に促されてテーブルに座る晃一の姿を見ながら、やはり不安は消えなかった。晃一の視界に入らない位置に立ち、扉の窓から中の様子を見ながら聞き耳を立てていた。

ミーティングは和子による本人ミーティングの活動報告から始まった。

和子の話では、認知症本人たちの声を集めて、市に様々な提言をしているらしい。その提言を受け入れて、市が施策を検討していること、また、同じような取り組みをしている自治体が全国に増えていると語っていた。今後は国に対しても提言していくという。そのためのグループを全国都道府県を跨いで作るという。

しかし、認知症の本人にそんなことが可能なのだろうか。④にわかに信じられなかった。晃一の様子を見た。その横顔しか見えないが、首や体を頻繁に動かしている。明らかに［　X　］そうだ。貧乏ゆすりをして、イライラしていることが伝わってきた。

活動報告が終わると、和子の仕切りで参加者の近況報告が始まる。

最初に立ち上がり話を始めたのは、七十代の女性だった。

「住原治子といいます。七十二歳です」

治子は、先月、福岡県で開催された認知症関連のシンポジウムで認知症本人として壇上に上がり、一人で講演したという。七十代の認知症の本人が、大きな会場で大勢の人の前で話をしたのだ。しかも、福岡まで一人で飛行機に乗っていったのだという。

「空港ターミナルを間違えて大変でしたよ。なんとかなりましたけどね」

そう言うと、治子はあっけらかんと笑っていた。また、娘さんが内緒で会場に参加していたらしく、講演が終わったあとは、サプライズで花束を渡し、「自慢の母です」と言ってくれたという。

「一生の思い出が出来ました。認知症になった当初は、想像も出来ませんでした」

治子はそう言って、涙ぐんでいた。認知症になっても、こんな風に行動出来る人もいるのか。しかも、彼女は七十代だ。私は少し感動していた。晃一はどう思っているのだろうか。晃一の方を見た。視線を落とし、何かを考えているようだがその反応は分からなかった。

和子が続いて言った。

「加藤さん、久しぶりに近況報告どうですか？」

「あ、分かりました」

六十前後の男性が立ち上がった。紺のジャケットを着て、髪の多くは白髪になっているが、きっちりと整えられている。笑顔が穏やかで、初老のサラリーマンという感じだ。

「えぇ、初めましての方、加藤と申します。よろしくお願いします。この会に参加して、五年？　いや、六年、ま、どっちでもいいか」

加藤が⑤屈託のない笑顔で笑うと、会場も少し笑いに包まれた。晃一を見ると、上を見上げて腕を組み大きなため息をついていた。やはり、［　X　］のだろうか……。

「仕事は、奥山製造の営業をしています」

その一言で、晃一は驚いたように加藤の方を見た。

「ずっと、トップ営業マンだったんです。毎年表彰されて、会社からご褒美に旅行をプレゼントしてもらったり——。でも、認知症になっちゃって。お客様の名前や顔が覚えられなくって、迷惑をかけたり、上司に叱られたりして。だから、いろいろ工夫をしました」

加藤はテーブルの上に置いていたノートを取り上げて、話を続けた。

「自分用のノートを作って、忘れないようになんでもメモしたり。そうしているうちに周囲もいろいろ理解してくれて、おかげで今も営業として働けています。何とか定年まで勤めることが出来そうです。今、休日はボランティアとして認知症の方々の相談にも乗っています」

晃一を見ると、真剣な表情で加藤を見ていた。

「もちろん、以前通りには行きませんが……。まあ、休み休み、そんな感じですかね」

　加藤は最後にまた屈託のない笑顔を見せて、話を終えた。晃一はまだ興味深そうに加藤を見ていた。その様子を見ていた和子が言った。

「只野さん、どうですか？　少しお話ししてみませんか？」

　晃一は驚き、「とんでもない」という風に頭を振った。

「何でもいいんですよ。今、思っていることで」

　隣の男性にも「何でもいいんだよ」と促された。皆が拍手をした。晃一は少し戸惑いながら立ち上がる。

「只野晃一と申します。三十九歳です」

　晃一はゆっくりと話し始めた。

「五年くらい前から物忘れが酷くなって、数ヶ月前に病院で検査を受けたら、若年性アルツハイマー型認知症だと診断されました。正直もう、毎日が不安だらけで、これからのことを考えると怖くて怖くて、頭がおかしくなりそうです。でも妻や同僚たちの支えで何とか頑張れています。特に、妻には、本当に感謝しています。妻がいないと今頃どうなっていたか……」

　晃一の声を聴きながら、嬉しくて涙が溢れてきた。やはり、自分の気持ちは晃一にちゃんと伝わっていたのだ。

「でも、でも、私だって出来ることがある。まだまだたくさんある！　認知症と診断された日から、家族も世界も全て変わりました。僕は、ずっと僕のままなのに……。みんな優しくしてくれるけど……。でも、みんな、心配してそうしてくれているから何も言えなくて……。だから、仕事も辞めるしかなくて……。何より、妻にはとにかく、迷惑をかけたくないから……」

　晃一は泣いていた。私は呆然となった。晃一の気持ちを何も理解していなかったのだ。認知症になったから、「何も出来ない」と決めつけていた。そのことでずっと晃一を傷つけていたのだ。晃一は心配している私を気遣い、何も言えなかったのだ。今までの晃一とのやりとりを思い出しながら、私はその全てを間違えていたことに気づいた。

「ダメだ。⑥こんな話をしても意味がない……」

　晃一は我に返り、吐き捨てるようにそう言って座り、また下を向いてしまった。和子が晃一に言った。

「只野さん、その気持ち、奥様に伝えてみませんか？」

　晃一が和子を見た。

「私も、ここにいる皆も、初めは只野さんと一緒だったんです。出来ることを取り上げられて、病人として扱われても、周りに気を遣って何も言えなかったんです。『困った時だけ助けて欲しい』って言えなかったんです。周りに、私たち自身の気持ちを伝える勇気も、必要なんです。伝えてみませんか？　その気持ち」

　晃一は和子から視線を外した。心はまだ揺れているようだった。

　全部間違えていた。私が今まで良かれと思ってやってきたことは、⑦全て裏目に出ていたのだ。※あの料理も、あの本も、靴に書いた名前も、コーヒーを取り上げたことも……。全部間違えていた。彼からいろんなものを取り上げていたのに、気を遣って私に何も言えなかったのだ。晃一のことは、自分が一番分かっていると勝手に思い込んでいた。認知症のことも、晃一のことも全く理解出来ていなかった。認知症と診断されたあの日から、ずっと彼を傷つけ、苦しめ続けてきたのだ。

〈ごめんなさい……〉

⑧晃一の抱えてきた悲しみを想像すると、涙が止まらなかった。

その後、二人の認知症本人の近況報告が続き、一時間ほどで本人ミーティングは終了した。

扉の外で待っていると、次々と参加者たちが出てきた。家族が迎えにきていた参加者もいたが、その多くは一人で帰っていった。ただ、参加者の流れが終わっても、晃一が出てこない。会場の中を覗くと、晃一は加藤と二人でテーブルに並んで座っていた。何だか楽しそうに話をしている。加藤のノートを見ながら、いろいろ質問しているようだ。「なるほど」と加藤の説明に何度も相槌を打ったり、二人で大笑いしている。あんなに楽しそうな表情をする晃一を見るのは、本当に久しぶりだ。こちらまで嬉しくなってくる……。

「［Y］したみたいですね」

和子が会場から出てきて、話しかけてきた。私は軽く頭を下げた。

「それに楽しそう」

「主人は営業で、人と話すのが大好きで……。なのに、私、いつの間にか一方的に何も出来ないみたいに決めつけてしまって……」

「分かります。それは心配ですから。家族としては当然です。でも、家族の中で、お互いがお互いを気遣うことで、負の連鎖が起きてしまうこともあるんです」

⑨負の連鎖……、まさに今の私と晃一の状態だった。

「私、これからどうしたらいいでしょう？」

「大丈夫！　認知症になっても、人生終わりじゃありませんから」

「終わりじゃない――」

「はい！」

和子は笑顔で大きく頷き、「では」と軽く会釈をして去っていった。

私はハッとした。和子も認知症の本人なのだ。福岡で講演したという七十代のあの治子も、目の前で晃一と話をしている加藤も、今日参加していた人たちも。

今まで自分が想像していた認知症の本人のイメージとは、大きく違っていた。そして、晃一の本当の気持ちも……。私はやはり何も分かっていなかった。勝手に認知症の人のイメージを作り上げていた。このままではだめだ。考え方を変えなければならない。

私自身に、認知症に対する［Z］があったのだ……。

しばらくすると、晃一と加藤が一緒に会場から出てきた。晃一は、扉の外で待っていた私を見て、加藤に紹介してくれた。

「妻です」

「あぁ、奥さんですか。すみません、つい話し込んじゃって」

加藤はまた、あの屈託のない笑顔を見せた。

「いえいえ、主人がこんなに楽しそうにしている姿を見るの久しぶりで」

私が答えると、「あぁ、良かった」と加藤はまた笑った。そして、何かを思い出したように言った。

「あ、そうだ。お二人とも、週末とか空いてませんか？」

晃一と顔を見合わせて、「あ、はい」と答えた。

（山国秀幸『オレンジ・ランプ』〈幻冬舎文庫〉より一部改変）

※　あの料理も、あの本も、…晃一が認知症と診断された後、「私」が認知症に効果があると思って購入した食材や本のこと。

問一　――線①「訝しそうに」、④「にわかに」、⑤「屈託のない」の意味としてもっともふさわしいものはどれですか。次の中からそれぞれ一つずつ選んで、記号で答えなさい。

① 訝しそうに
ア 疑わしく思う様子で　イ あいまいな様子で
ウ 予想とは違う様子で　エ あきらめた様子で
オ 不安を感じた様子で

④ にわかに
ア 少し　イ すぐに　ウ まったく
エ はっきりと　オ 絶対に

⑤ 屈託のない
ア 素直でない　イ 気力も体力もない
ウ うそいつわりのない　エ 疲(つか)れることがない
オ くよくよすることがない

問二 ――線②「私と晃一は同時に小さな声を出して、和子を見た」とありますが、「私」の気持ちとしてふさわしいものを次の中から一つ選び、記号で答えなさい。

ア 認知症本人主催というのは形式上だと思っていたが、実際は認知症本人たちが運営していることに驚いた。
イ 認知症本人の家族が同席していると思っていたが、実際には家族は会議を見るだけだということに驚いた。
ウ 認知症本人がレクリエーションをするだけだと思っていたが、実際に会議をしていることに驚いた。
エ 認知症本人は人生に絶望していると思っていたが、実際の認知症本人は明るい印象であることに驚いた。
オ 認知症本人だけでは何も出来ないと思っていたが、実際には認知症本人が司会者になれることに驚いた。

問三 ――線③「そう言いかけたが和子は遮(さえぎ)った」とありますが、和子の思いはどのようなものであったと考えられますか。もっともふさわしいものを次の中から一つ選び、記号で答えなさい。

ア 認知症本人たちだけでも、国に提言できるぐらいの会議ができることを証明したい。
イ 認知症本人を扱うためには、認知症に慣れている人だけが会議の場にいた方が良い。
ウ 認知症本人だけの場を作ることで、本人同士が思っていることを話せるようにしたい。
エ 認知症本人だけでは何も出来ないと思っている人たちに、会議の進行を邪魔(じゃま)されたくない。
オ 認知症本人以外の人が入ると、認知症本人が主催したことにならないので参加してほしくない。

問四 本文に二か所ある X には同じ言葉が入ります。その言い切りの形としてもっともふさわしいものを、次の中から一つ選び、記号で答えなさい。

ア 興味深い　イ 情けない　ウ 疑わしい
エ つまらない　オ 楽しい

問五 ――線⑥「こんな話をしても意味がない」とありますが、どういうことですか。もっともふさわしいものを次の中から一つ選び、記号で答えなさい。

ア 認知症の人が積極的にできることをしようとしても状況(じょうきょう)は変わっていかないということ。

イ　認知症になって感じた不安や苦しみを率直に語っても状況は変わっていかないということ。
ウ　妻や同僚たちの支えに対する感謝の思いを伝えても自分が報(むく)われることはないということ。
エ　妻や同僚たちに迷惑をかけないように工夫しても自分が報われることはないということ。
オ　認知症の本人同士のグループに進んで参加しても状況は変わっていかないということ。

問六　――線⑦「全て裏目に出ていたのだ」とありますが、どういうことですか。もっともふさわしいものを次の中から一つ選び、記号で答えなさい。
ア　晃一が面倒だと思うことを先回りして取り除いた「私」の行動の全ては、晃一にとって必要のないものであったということ。
イ　晃一の不安に寄りそう「私」の姿勢が、認知症によって何も出来なくなったという思いを晃一に抱(いだ)かせてしまったということ。
ウ　晃一のことを大事に思って今まで「私」がやってきたことは、晃一が望まないものであり、晃一を苦しめ続けてしまったということ。
エ　晃一の一番の理解者であるために「私」がおこなったことは、晃一にとって不都合なものであり、迷惑をかけてしまったということ。
オ　晃一が認知症と診断されてから治療(ちりょう)のために「私」が取り入れたことは、晃一の症状の改善に役立つものではなかったということ。

問七　――線⑧「晃一の抱(かか)えてきた悲しみ」とありますが、どのような悲しみですか。「～悲しみ。」の形にあてはまるように、本文から四十一字でぬき出し、初めと終わりの五字を答えなさい。

問八　[Y]に入る四字熟語として、もっともふさわしいものを次の中から一つ選び、記号で答えなさい。
ア　意気投合　　イ　一喜一憂(いっきいちゆう)　　ウ　心機一転
エ　以心伝心　　オ　四苦八苦

問九　――線⑨「負の連鎖……、まさに今の私と晃一の状態だった」とありますが、「私と晃一」のどのような状態を「負の連鎖」と言っているのですか。「負の連鎖」の言葉の意味をふまえながら、八〇字以上一〇〇字以内で説明しなさい。

問十　[Z]に入る言葉として、もっともふさわしいものを次の中から一つ選び、記号で答えなさい。
ア　反省　　イ　主観　　ウ　関心　　エ　葛藤(かっとう)　　オ　偏見(へんけん)

問十一　この文章の構成や表現に関する説明としてふさわしいものには「〇」、ふさわしくないものには「×」と答えなさい。
ア　ミーティングに対して初めは期待していなかった「私」と晃一が、それぞれの気づきを得ることによって大きく変化する姿を「私」の心理とともに描(えが)き出している。
イ　シンポジウムでの講演をやりとげた治子の近況報告とそれを熱心に聞く晃一の姿を細やかに描き出すことで、晃一の認知症に対する理解の深まりを印象付けている。
ウ　地の文や会話文で「……」を多く用いることによって、「私」や晃一の抱えている不安やためらいの気持ちを具体的にくわしく説明する効果を生んでいる。
エ　「認知症本人ミーティング」以外で晃一の言葉をほとんど描かないことにより、ミーティングで晃一が自分の思いを告白している姿をきわだたせている。

オ　晃一が泣いている場面になって「～のだ」という断定の表現が目立つようになるのは、「私」の晃一を愛する思いが強まったことを強調するためである。

三　次の(1)、(2)にそれぞれ答えなさい。

(1)　次の四字熟語の□に同じ漢字が入るものはその漢字を答えなさい。また、同じ漢字が入らないものは「×」と答えなさい。

① □材□所
② 起□転□
③ 大□小□
④ □体□命
⑤ □長□短
⑥ □往□往
⑦ □思□愛

(2)　次の――について、カタカナは漢字に、漢字はひらがなに、それぞれ改めなさい。

① データのスイイを確認する。
② 教授は江戸時代をセンモンに研究している。
③ この仕事は大変なロウリョクがかかった。
④ 横浜でハクランカイが開かれる。
⑤ コンクリートの上に土をモる。
⑥ 天井から水がタれる。
⑦ 老人を敬う精神を持つ。
⑧ チームの要になる選手。

洗足学園中学校（第一回）

―50分―

【注意】・字数制限のない問題について、一行分の解答らんに二行以上解答してはいけません。
・記号・句読点がある場合は字数に含みます。

一　次の文章は、フランスの十歳～十五歳の子どもたちに向けたある哲学者の講演記録で、「現代社会における宗教や、何かを信じることについて、哲学はどのような立場をとっているのか、また道徳心や道徳は今どこにあるのか」という聴衆の子どもからの質疑に応答してこの哲学者が語ったものです。これを読んで後の問いに答えなさい。

宗教と哲学の関係は、歴史的にみると複雑です。ソクラテスは他の多くのギリシャ哲学者同様に、敬虔でないことを咎められました。というのも彼はある種の信仰を問題視したからです。だからといってソクラテスが敬虔でなかったということではありません。敬虔というのは正確には宗教的ということではないのです。プロタゴラス〔古代ギリシャの哲学者、ソフィストと呼ばれた弁論の専門家〕をはじめ多くの人が、同じ理由で国外に追放されました。

私は、当時のギリシャ人に宗教という観念があったとは思いません。宗教というものは一神教〔神は唯一であるとし、その神をあがめる信仰のかたち〕と共に始まったと私は考えるからです。でもいずれにせよ、哲学者というのはある意味で、敬虔さとか信心とか宗教といった観念をひっくるめた信仰の世界にとってのア テキとみなされてきました。その一方ではまた、プラトン〔ソクラテスの弟子であった古代ギリシャの哲学者〕とソクラテスによって、存在論的神学、つまり存在というものを神から考えようとする哲学上の大きな流れが始まったとも言われるのですよ。たとえギリシャ哲学が聖なるものの世界との断絶によって始まったとしても、それはすぐさま神学、すなわち神と宗教に関する理論を作り上げることにつながったのです。

こうして★新プラトン主義から始まってカント〔一八世紀ドイツの哲学者〕に至るまで、つまり一八世紀の最後の最後までずっと、哲学といえば神学、つまり神についての学問であり、哲学は宗教と堅く結びついたものでした。もっとも毎度のことながら、そこにも例外はありました。たとえばディドロ〔一八世紀フランスの思想家。無神論者として投獄されたりした〕です。

ディドロが主張したような★無神論が現れたのは、ですから哲学の歴史の中ではずいぶん後になってからでした。それ以前に教会の★教条主義を拒否した哲学者たちも（その人たちは科学者でもあったのですが）、無神論者だったわけでは全くなかったのですから。

［A］一九世紀の初めになって、哲学では突然、神は死んだと主張し始めたのです。そしてニーチェ〔一九世紀ドイツの哲学者〕は、一九世紀の終わりに、こう付け加えました。「神は死んだ。そしておまえたちが、神を殺したのだ」と。「おまえたち」というのは、つまり［(1)］のことです。ニーチェの言葉が意味していたのは、もう人間社会は聖書の★啓示のままには動いていかないということです。聖書というのは★旧約聖書や★福音書や★コーランのことです。なぜ

なら今や新しい信仰が、これまでの信仰や啓示に取って代わったからです。その新しい信仰とは、人間の進歩を信じるということでした。でもニーチェは、それによって人間は結局もう何も信じられなくなるだろうと言い、そのことをニヒリズムと名付けました。何も信じられなくなるというのは、すべてが計算の対象となってしまうからです。まず欲望が、そしてとりわけ小さな子どもたちの、学びたい、新しいことを知りたいという欲望が、計算の対象になってしまうのです。でも欲望を計算で測ろうとすれば、その欲望は欲望ではなくなってしまうでしょう。そして私はいつも言うのですが、それでは子ども時代が(イ)ダイナしになるのです。つまりむずかしいこと、大変なことを好んでやる気持ちが失われてしまい、個人の欲望を社会的なものに変えていくことができなくなっていってしまうのです。なぜならそのような社会化は、むずかしいことを好んで求め、それによってもっともっと上を目指していく★「昇華(しょうか)」に基(もと)づいているからです。

このように、欲望を持ってそれを高めていくことができなくなるという背景があって、(2)宗教への回帰(そう呼ばれているのが正しいかどうかはともかく)という現象が起こっているのかも知れません。私たちはもう何も信じられないという時代に生きています。今はもう神も、社会の(ウ)ハッテンも、技術や科学の進歩も信じられず、何もかもが疑わしい時代です。ところが資本主義の世界はまさに「信じる」ということを必要としているだけに、問題はよりいっそう深刻なのです。なにしろ資本主義は「信用(クレジット)」のうちに成り立つのですから。資本主義は信用を前提としていますが、でも信用というものがあるためには、未来を信じなければなりません。なのに今の世界にはもう未来を信じる気持ちがなくなってきていますから、そういうわけで昔の信仰に戻(もど)ろうとする人たちがいるのです。昔の信仰というのは資本主義以前の信仰のかたちということで、ドイツの哲学者であり社会学者でもあった★マックス・ウェーバーが言う★合理化への信仰のことではありません。

まさに(3)この合理化によって、あらゆる信じる気持ちが破壊(はかい)されてしまい、もうみなさんおわかりのようにあらゆる希望が失われてしまったのですから。

宗教的なかたちを取る信仰が何よりまず示そうとするのは、すべてを計算に切りつめることなどできないということです(それを示してこそ、信仰の意味があるはずです)。そして(4)本当に信じられるのは計算できないことだけなのです。計算によってわかってしまえるようなことを人は信じたりしません。でも、理解したり知ることができないようなこともこの世にはあります。［B］「美」とか「正義」のように。そして欲望が向かう対象とはそもそもこのように計算できないものなのです。計算しえない対象、つまりあらゆる計算を超(こ)えてしまうようなものだからこそ、それを求めることができるのです。［C］、信じることができないときには、欲望というものはありえません。信じる気持ちを破壊すれば、結局欲望も破壊されてしまいます。そして欲望を奪(うば)ってしまえば、信じる気持ちも失われるのです。

［D］、ニーチェも言ったとおり、今や「あらたな信仰」つまり信じるということのあらたなかたちを創始すべきときなのです。

(中略)

目下私は、『無信仰と不信』というシリーズの本を書いています。そこで私が主張しているのは次のようなことです。哲学者とか政治家、科学者とか芸術家とか宗教家など、世界をもう一度みんなが望むような世界に立て直したい、つまり計算に切りつめられてしまうことのない豊かな世界(計算できないってことは、単純でない「むずかしい」ということです)を作りたいと願う人たちなら誰でも、「確固としたもの」が今必要なのだということを考えなければなりません。確固としたものと私が呼んでいるのは、今ここに見えるようなかたちでは存在しないのに、それでいて、今ここにいる人たちの生き方によって成り立ち、内実を持っているもののことです。そのものとして存在してはいないのに、生に手応えを与えてくれるような確固としたものを考慮して生きている人たちは、単に生存している状態、つまり生物としての単なる欲求だけで生きている状態を超え出て、自分自身を高めていくことができるでしょう。それが、単なる欲求や衝動に終わってしまわない欲望を持って生きるということなのです。

神が死んでしまったあと、われわれに突きつけられている真の問題とは、この確固としたものを問う困難な問題——ここでの「困難」とはエマニュエル・レヴィナス〔二〇世紀フランスのユダヤ人哲学者〕が「困難な自由」と言うときの意味でなのですが——にどう対処するか、ということなのです。みなさんも知っているでしょうが、イスラム教やユダヤ教では神のことを絵や彫像で表すことはエキンじられています。キリスト教では表してもいいのですが、ただしそのとき神はわれわれとは別の次元に示されます。「天にまします★」というように神は天、つまり高いところに描かれるのです。いと高き★ところ、オシコウの神という言い方をしますね。そのように呼ぶことでもわかるように、一神教の神というのは、ここにコップがあると言うのと同じ意味で「ある」わけではないのです。神は自然の中にいるわけではないし、時間の中にもいないし、空間の中にもいない。なのに神は、時間と空間の中に生きる存在にとって不可欠なものなのです。

そして、(5)神が死んでしまった現代において信じる対象になりうるのは、やはり〔神がかつてそうであったように〕別の次元を構成しているものだと私は思うのです。

(ベルナール・スティグレール著　メランベルジェ眞紀訳『向上心について——人間の大きくなりたいという欲望』〈新評論〉)

★新プラトン主義……三世紀ごろプロティノスという哲学者がプラトンの教説を受け継ぎ、創始したと言われる思想。
★無神論……神の存在を否定する考え方。
★教条主義……権威者の述べたことをうのみにし、それに基づいて判断、行動する態度。
★啓示……人間の理解を越えたことがらについて教え示すこと。
★旧約聖書……キリスト出現以前の神の古い約束を告げた聖書。ユダヤ教の聖典。キリスト教の経典。
★福音書……キリストの教訓や一生を記した新約聖書の冒頭の四巻のこと。

★コーラン…………イスラム教の聖典。

★昇華…………心理学の用語。満たされない欲求や葛藤を、社会的に認められている価値ある行動に変えて自己実現を図ろうとすること。

★マックス・ウェーバー…ドイツの哲学者、社会学者、経済学者（一八六四～一九二〇）。

★合理化…………ここでは、すべてを計算可能とみなす、という意味。

★まします…………古語。「いらっしゃる」という意味。

★いと…………古語。頂点に達する様子。とても、非常に、という意味。

問一　(1)に入れる言葉を五字以内で書きなさい。

問二　――(2)「宗教への回帰（そう呼ばれているのが正しいかどうかはともかく）という現象が起こっている」とありますが、本文によれば、これはどういう「現象」ですか。三行以内で説明しなさい。

問三　――(3)「この合理化によって、あらゆる信じる気持ちが破壊されてしまい」とありますが、これはどういうことですか。本文の内容に沿って、三行以内で説明しなさい。

問四　――(4)「本当に信じられるのは計算できないことだけなのです。」とありますが、この表現が意図している内容の説明として正しいものを、次のア～エの中から一つ選び、記号で答えなさい。

ア　人は合理化によって世の中を知りたいと思うようになるが、何を信じるかの対象はもともと計算できないものだけなのだということ。

イ　人は希望を失わずに生きるために、現代の計算可能な世界に落ちつくことができず、あらゆる信じる気持ちを失ったのだということ。

ウ　人は世界の成り立ちやしくみを理解する上で、計算可能な次元での説明では納得できず、だからこそ信仰が生まれるのだということ。

エ　人は物事を信じる気持ちを失ってしまったので、常に疑うという気持ちを強くして新たに世界を創り直す必要があるのだということ。

問五　――(5)「神が死んでしまった現代において信じる対象になりうるのは、やはり〔神がかつてそうであったように〕別の次元を構成しているものだ」とありますが、ここでいう「別の次元を構成しているもの」とはどういうものですか。本文の内容に沿って、三行以内で説明しなさい。

問六　A～Dの中に入れる語として正しいものを次の中からそれぞれ一つ選び、記号で答えなさい。（ただし記号はそれぞれ一回ずつ使用します。）

ア　言いかえれば　　イ　ところが
ウ　ですから　　エ　たとえば

問七　――ア～オのカタカナを漢字に直しなさい。

問八　本文の内容に合うものを次のア～エの中から一つ選び、記号で答えなさい。

ア　信仰のあり方は、昔も今も本質的には変わらないが、「神は死んだ」というニーチェの時代から現代に至るまで、信じるという行為自体は危険なものである。

イ　むずかしいことを求めてもっと上を目指そうとする欲望は、人間本来の姿であるが、その時こそ神の存在について現代に示す機会なのだと知るべきである。

ウ　何もかもが疑わしい現代だからこそ世界をすべて計算可能なものと見なす「合理化への信仰」が芽生えてきたのであり、われわれはその点を再考すべきだ。

エ　合理化が進み、世界をすべて計算可能なものにしてしまった現代の社会であるがゆえに、私たちは新たに信じるということの意味を問い直してゆくべきだ。

二　次の文章は、瀬尾まいこ『掬えば手には』の一節です。これまでの主なあらすじを読んだ後、本文を読んで後の問いに答えなさい。

これまでの主なあらすじ

　主人公の梨木匠はごく普通の大学生で、人の心が読めることを取り柄にし、その能力を必死で信じているが、他には個性と言えるようなものを持っていないことに悩んでいる。大学サークルには所属していなかったが、ある時、友人の河野さんから、スポーツサークルのバスケットボールの試合に負けて怒っている香山の機嫌を取ってきてほしいと頼まれる。これがきっかけで、ある時香山の方からマラソン大会に一緒に出ようと熱烈に誘われる。高校時代の香山は卓球部だった。このマラソン大会の結果は、梨木は百人中四十九位。香山は十一位だったが、何か納得のいかない表情をする。そして梨木に小学校の高学年のころよく走っていたことを言いかけてやめる。梨木はマラソン大会に参加して久しぶりに爽快感を味わうことができた。その後、今度は梨木の方から香山を別のマラソン大会に誘う。走るのが楽しくなったのと、香山の話の続きを聞きたかったからである。結果は、梨木は五十人中二十五位、香山は十一位だった。梨木は「お互い順位以外は満足だろう」と笑った。

「梨木の走り、マジでよかったぜ」

「ありがとう。香山もなって、すれ違った時しか見てないけど」

　参加賞のスポーツ飲料とタオルを受け取ると、ぼくたちは川沿いに座り込んだ。走り終えた人たちがストレッチをしたり、寝転がったりしている。

「小学校のころの香山って、走り速かったんだよな」

　ぼくがスポーツ飲料を一口飲んでそう言うと、

「何、突然？」

と、汗をぬぐっていた香山はぼくのほうに顔を向けた。

　会話にはタイミングがある。特にまじめな話だと、適した場所や状況、相手の気持ちの盛り上がり。いろんな要素が必要だ。だけど、タイミングなんて待っていたら、知ることができないものがたくさんある。ぼくはかまわず話を続けた。

「前、話しかけてただろう。小学校の時走ってたって」

「ああ、こないだのマラソン大会の後？」

　香山もあの日、話しきれてないことがどこかで気になっていたのだろう。すぐにそう言い当てた。

「そう。途中になっちゃってたからさ。小学校の時、香山どんなふうに走ってたの？」

「えっと、俺さ、めちゃくちゃ速かったんだ」

　香山はスポーツ飲料を飲み干すと、「自分で言うのもなんだけどな」と笑ってから話し出した。

「一年の時から卒業まで運動会でも負けたことなかったし、いつもクラスで一番速かったんだ。高学年のころはよく走ってて、学校では段トツだった」

「それ、かなりかっこいいじゃん」

「だろ。それで、中学一年の体育の授業で１００メートルの記録とったら、１２秒２３でさ」

　陸上部でもなかったぼくには、それがどれくらいすごい記録かはいまいちピンと来なかった。

「あ、これ、相当速いんだからな。まあ、その時は俺自身もピンと来てなかったんだけど」

　香山はそう笑った。

「中学の体育の教師、新井って名前だったんだけど、そいつが『練習もしてないのに、一年生で１２秒台走れるなんて、ジュニアオリンピックも夢じゃない』とか興奮してさ。なんかわからないうちに、翌日から陸上練習に参加させられたんだ。俺、バスケ部だったのにだよ。部活が終わって[A]の体で一時間近く陸上の練習させられてさ」

「うわ、たいへんそう」

「中一なんてまだ子どもだし、意識も低いから、嫌で嫌で。地獄だとしか思えなかった」

「でも、部活終わりに練習つけてもらえるってことはよっぽど才能あったんだな」

　ハードなのはわかるけど、うらやましかった。中学一年生。ぼくが、運動も音楽も勉強もどれだけ努力したって、そこそこにしかなりそうにないことに気づいたころだ。

「まあな。今まで何もしてなかった分、練習したらすぐ結果に結びついて、その夏に出た大会では１１秒５５で一位とったんだ。俺がこれで解放されるとほっとしてる横で、新井は『この調子ならブロック大会でも優勝狙えるな』と[a]としてた。その時、俺、絶望したんだ。え？　これで終わりじゃないの？　まだ練習が続くのかって」

「期待されるのって、貴重なことだけどな」

「それが十二歳の俺にはさっぱりわからなくてさ。しかも、バスケ部の先輩には『陸上ばっかでこっち手抜くなよ』と言われるし、陸上部の先輩にもにらまれるし、新井は怖いし。もう心身ともにボロボロ」

「それは想像できるな。突然来た一年に追い抜かされたら先輩はたまんないもんな」

「だろう。とにかく次の大会までは耐えようってがんばったんだ。そこでも優勝を果たして、これで解放されるって喜んだら、次は県大会だぞと言われて。そこで、これはやばいって思った。このままだと俺、走り続けることになるって」

　そこまで話すと、香山は足を伸ばして座りなおした。ぼくもなんとなく同じ姿勢をとる。

「先生が怖くて従ってただけで、俺は走るのが好きなわけじゃないと思ったんだ。スポーツは好きだ。でも、それはバスケや野球が好きなだけで、こつこつ練習して記録を上げていく陸上が好きなんじゃないって。中学一年生の俺は、速く走ることや、記録を出すことに意味を見出してなかったんだ」

「もしかして辞めちゃったの？」

　ぼくはそう聞いた。

「そう。どうしてこんなしんどい思いをしないといけないのだろうって疑問でさ。新井に辞めたいって必死で訴えた」

「辞めさせてくれないだろう。そんなの」

「ああ、だから捻挫したって嘘ついて、練習サボって。二学期からは体育の授業でも気づかれない程度に流して走るようになった。１１秒台だったのを１２秒台後半で走るように調節してさ。そのうち、先生も諦めたのか見損なったのか声かけてこなくなった。今思うとすごいばかだけど」

「もったいないような気もするけど、でも、まあ、そういうのもありのような」

　もったいない。そう言い切ってしまうと、今の香山を否定するようで、ぼくは［Ｉ］を濁した。

「まあな。新井は二年生になっても時々声をかけてくれたけど、三年になると誰にも陸上のこと言われなくなったな。そこで初めて、(1)とんでもないことをしてしまったのかもって思うようになった」

「だけど、本気で走ればまだ速かったんだろう？　もう一度走ろうって思わなかったの？」

「本気で走るのが怖かったんだ。全力で走ったところで、もう前みたいに走れなくなってることを知るのが怖かった。ずっと練習せずに体を甘やかしてて、いい記録が出るわけないって、三年生になった俺はわかってたし」

　香山はそう言うと、

「ま、そもそも、こんな根性だから、そのまま陸上やってたとしても、二年三年と重ねるうちに、たいしたことなくなってただろうけどさ」

　と笑った。

　スポーツで上位をキープしている人は、身体能力だけじゃなく、精神的にも強い。逃げ出そうとしていた香山がそのまま続けていたとしても、どこかで躓いていた可能性は高い。だけど、もしも。もしも真剣にやっていたとしたら、どうなっただろう。自分が歩んでいたかもしれない道を想像したくなる気持ちはわかる。何もわからず判断していた無知だった自分を、悔やみたくもなるだろう。

「もし、中学一年生の時に戻れたらどうする？」

「そりゃ、もう一度チャンスがあったら走りたいよ。辞めずに続けて、自分の力を試してみたい」

　香山は迷いなく答えた。

「そのままやってたら、香山、陸上選手になってたかな」

「それは無理だな。何年間必死で走っても、よくて県大会入賞ぐらいだろうと思うよ。それでも、真剣にやってみたいと思う」

「すごいな」

「すごくないよ。それに気づいたの、大学に入ってからだもん。サークル活動して、『楽しもう』がモットーの空気にどこかしっくりいかなくて。ああ、そっか、俺、真剣にやりたいんだって、初めて気づいたよ。遅すぎだろう」

(2)香山は声に出して笑った。十時を過ぎ、日が少し高くなって風は和らいでいる。

「今でも時々本気で走りたくなるんだ？」

「どうだろう。走ったのなんて、こないだのマラソン大会が久しぶりだからな。体育館で梨木に会って、あのころの気持ちがよみがえって、こいつとだったら一緒に走れそうって、思い立ったんだよな」

　あの時は河野さんに頼まれて、適当に香山の機嫌がよくなりそうな言葉を並べただけだ。ぼくは「熱心に運動してたわけでもないくせに、なんだかんだ言っちゃったな」と肩をすくめた。

「走ってみて自分の実力を思い知ったよ。想像していた以上にたいしたことないって［　B　］きた」

　それであのレース後の香山はどこか浮かなかったのか。ぼくは「そんなことないだろうけど」とつぶやいた。

(3)「でもさ、梨木と走ってよかった。あのレースで終わりだと思ってた。自分の走力がわかって、もう十分だなって。それなのに、こんなふうに続きがあったなんてさ」

「だったらよかった」

　走ることを手放してしまった香山は、何か大事なものを失ったのだろうか。光が射す道からそれてしまったのだろうか。それはわからない。けれど、陸上にまったく興味がなかったぼくを、走らせたじゃないか。そして、走るのがこんなにも気持ちがいいことを教えてくれたじゃないか。それを伝えたいと思ったけれど、どう話せばいいかわからなかった。

「梨木は？」

　迷っていると、香山に言われた。

「え？」

「梨木の話も聞かせてよ」

「ぼくの話？」

「そう。いろいろあっただろ。単純明快に暗いところゼロで十代をやり過ごしているやつなんていないもんな」

　香山はそう言った。

　香山の打ち明け話はかっこいい。走ることを放棄したことは、淀んだまま香山の中に残っているのかもしれない。だけど、速く走れるという才能があったのだ。能力があるものは、挫折すら輝きがある。

「つまらないことしかないけどさ」

　ぼくはそう言い訳をしてから、言葉を続けた。

(4)「ぼくはさ、中学三年生の時、他人の心が読める能力があるかもって」

「何それ？　すごい話じゃん」

　香山は目を見開いた。香山はいつもまっすぐにぼくの話に乗りこんでくれる。

「すごくないよ。不登校だった女の子がいて、その子が教室に入ってきた時なんだけど」

　ぼくは名前を上げずに、★三雲さんが席に着きにくそうにしていた時フォローしたこと、それで、周りからエスパーだとはやし立てられたこと、高校生になってからの吉沢のことなどを話した。

「そっか。それで、梨木、体育館で俺に声かけてくれたんだ。速く走れるよりよっぽどすごい」

香山は真顔で感心してくれた。

「ただの偶然。それを一人で特別な力だって信じこもうと必死で」

「そうなの？」

「そう。ぼくは、本当にごく普通の平均ど真ん中のやつでさ。ほら、今日も二十五位だっただろう」

「何でも［Ⅱ］なくこなせるって、いいじゃん」

そう言う香山に、ぼくは首を横に振った。

「長所もないんだよ。運動も勉強もなにもかも、とにかく普通でさ。特徴ゼロ。そんな自分をずっとどうにかしたかったんだ」

「できないんじゃなくて、それなりにできるんだろう。それってそんなに悩まないといけないことか？」

香山は［Ⅲ］に落ちない顔をする。

「そう言われたらそうかもしれないけど、でも、ぼくの家は親も姉もみんな何かができて、そのせいか、平凡なことがものすごくつまらなく感じて。だから、人の心が読めるって言われた時、ようやく何か特別なものを与えられたようで、それに飛びついてた」

中学や高校の時のぼくは、走るのを辞めた時の香山と同じように無知で、自分の能力を信じこめる力があった。

「だけど、多少は他人のことがわかるんだろう？　俺に声かけてくれた時も、あたってたよ」

「誰だって人の心ぐらい読めることあるよ。もちろん、当たりはずれもあるだろうけどさ。その程度のものに、自分の個性だってしがみついて、特別な力だと自分自身に言い聞かせてた。ぼくは人の心がわかる。人とは違う部分があるって」

「人の心が読める」そんなの、共に時間を重ねれば、誰でもできることだ。完全に正しく他人をわかることは不可能だ。けれど、一緒にいれば相手が何を考えているのか、どんな気持ちでいるのか、気づけることだってある。そんなごく当たり前のことを、自分の力だと信じないと進めないくらいに、ぼくは何も持っていなかった。

「普通って何がだめなの？」

香山は眉をひそめた。

そう言えるのは、香山が自分だけのものを持っているからだ。人より速い走力も、それを放棄した後悔も、真剣さを捨てられない今の自分も、香山だけのものだ。

「もしさ、普通がありきたりでつまらないって意味なら、梨木は普通じゃないから」

「そうかな」

「そう。普通とか平凡とかよくわかんないけど、少なくとも俺にとっては普通じゃない。だってさ、突然体育館で俺のこと励ましだしたかと思ったら、二回も一緒にマラソン大会出てるんだぜ。これのどこが普通？」

香山はそう笑った。(5)香山の他意が含まれない笑顔は、見ているだけで胸のつかえを取ってくれる。

「しかも、お互い勝手にエントリーされてるしな」

ぼくも笑った。


（瀬尾まいこ『掬えば手には』〈講談社〉）

★三雲さん…小学校時代から中学三年まで不登校だった生徒で、梨木とは小学校からの同級生。中学三年の十月、初めての教室で緊張している三雲さんに、梨木は夏服で登校したことを気にしているのだろうと思って、自分なんか学ランの中はTシャツのままであると言ってその場を和ませ、三雲さんは緊張がほぐれた。この三雲さんが現在の河野さん。通信制の高校に通い、高校二年生の時、河野姓に変わる。梨木との連絡は数回程度だったが、大学進学を決める時、どうしても梨木と同じ大学に通いたいと強く思っていた。大学では明朗快活に過ごしている。

問一　――(1)「とんでもないことをしてしまった」とありますが、「香山」にとっては、どういうことが「とんでもないこと」にあたりますか。文末を「…こと。」という形にして三行以内で説明しなさい。

問二　――(2)「香山は声に出して笑った。」とありますが、このときの「香山」の心情を説明したものとして最もふさわしいものを次のア～エの中から一つ選び、記号で答えなさい。

ア　楽しむことを中心とするサークル活動の空気になじめなくなったのは、走ることを真剣にやってみたいと決意したからであるが、いまさらそれに気づいても遅いと、自分の情けなさを笑っている。

イ　辞めずに続けていれば陸上選手になれたかという質問から、必死に練習を重ねても思うような記録は出せない陸上界の現実を梨木はわかっていないと、心の中で苦々しく感じながらも笑っている。

ウ　本気で走ろうと思ったことは、この間のマラソン大会まではなかったので、梨木に会ってから急に走りたくなった自分の軽率さが恥ずかしく、同時に、夢を諦めない自分を励まそうと笑っている。

エ　楽しむだけのサークル活動を物足りなく感じ、辞めてしまった陸上を今度こそ真剣にやって自分の力を試してみたいと思うものの、今さらそのことに気づいても遅いと自分の愚かさを笑っている。

問三　――(3)「『でもさ、梨木と走ってよかった。』」とありますが、ここで「香山」と「梨木」は、お互いに感謝しています。それぞれの心情を、主体（誰が）を明示して二行以内で説明しなさい。文末は「…心情。」としなくてよい。

問四　――(4)「『ぼくはさ、中学三年生の時、他人の心が読める能力があるかもって』」とありますが、ここで「梨木」が「香山」に語った内容をまとめたものとして最もふさわしいものを次の中から一つ選びなさい。

ア　人の心が読めることは、共に時間を重ねれば誰にでもある程度はできることなのに、普通で何の特徴もないことに悩んでいた梨木は、そんな当たり前のことを特別な力だと信じ込ませなければ進めないくらいに、何も持っていないと思い込んでいた。

イ　不登校だった三雲さんを助けた時、周りからエスパーだとはやし立てられたことがきっかけで、自分には人の心を読む力があると信じ込んできた梨木は、特別な能力を持ちながらも、それらを真剣に認めてこなかった家族に原因があると思っていた。

ウ　人の心を完全に読むことはできないが、当たり外れはあるもののある程度はできるようになっていた梨木だったが、香山にとっての陸上のように、特別な力を信じて真剣に取り組もうとする強い意志を持つことはできずに終わったことに悩んでいた。

エ　運動も勉強も普通で特徴がないことに悩んでいた梨木は、人の心が読めるという自分の特別な力を頼るあまり、相手が何を考えているのか、どんな気持ちでいるのかという、ごく普通の配慮に対しては何もしてこなかったことを後悔していた。

問五　――(5)「香山の他意が含まれない笑顔は、見ているだけで胸のつかえを取ってくれる」とありますが、ここでの「梨木」の心情を三行以内で説明しなさい。文末は「…心情。」としなくてよい。

問六　[A]・[B]に入れる語として最もふさわしいものを次のア～カの中から一つ選び、記号で答えなさい。(ただし記号はそれぞれ一回ずつ使用します。)

ア　ペコペコ　　イ　きっぱり　　ウ　フラフラ
エ　げっそり　　オ　ズルズル　　カ　がっくり

問七　(一)　Ⅰ　[Ⅰ]に入る漢字二字を書き、「はっきり言わないでおいた」(「[Ⅰ]を濁した」)という意味の表現を完成させなさい。

Ⅱ　[Ⅱ]にひらがな二字を書き、「手抜かりや無駄がなくこなせる」(「[Ⅱ]なくこなせる」)という意味の表現を完成させなさい。

Ⅲ　[Ⅲ]にひらがな一字(漢字でもよい)を書き、「なるほどと思えない」(「[Ⅲ]に落ちない」)という意味の表現を完成させなさい。

(二)　[a]には、「誇らしげに、得意そうにふるまう様子」という意味の四字熟語が入ります。正しい四字熟語を、次のア～オの中から一つ選び、記号で答えなさい。

ア　我田引水　　イ　馬耳東風　　ウ　美辞麗句
エ　意気揚々　　オ　唯一無二

(三)　次のb～dの意味説明にあたる四字熟語を、それぞれの空欄に正しい漢字を書き、完成させなさい。一つの四字熟語内の[ ]には同じ漢字は入りません。

b　言葉に出さなくても気持ちが通じ合っていること。
＝(□心□心)

c　細かいところは違っているが、大体は同じであること。
＝(□同□異)

d　大いに飲み食いすること。
＝(□飲□食)

問八　本文の内容に合うものを、次のア～エの中から一つ選び、記号で答えなさい。

ア　香山は、足の速かった中学一年生の時、体育教師に目をかけられて厳しい陸上の練習をさせられ、耐えきれずに辞めてしまって以後は、本気で走るのが怖くなって周囲に気づかれない程度に流して走るようになった。

イ　梨木は、他人の心を読むという自分の能力が周囲から認められたとき、三雲さんが初の登校で席に着きにくそうにしていた中学三年生の頃を思い出してみたが、それもただの偶然かも知れないと考えるようになった。

ウ　香山は、以前梨木が体育館で自分を励ましてくれて、それをきっかけにこれまで二回もマラソンを走れたことがとても特別なことに思えてきたので、やはり普通にすることで気づけることもある、と梨木を励ました。

エ　梨木は、香山の持っている陸上に関する経験のすべてが香山本人の特別なものであり、やはり自分には特徴がないと悩んでいたが、香山からはむしろ梨木こそ特別な存在だと言われ、悩みが解消されたように感じた。

捜真女学校中学部（A）

—50分—

〔注意事項〕　一　特に指定のない限り、句読点・記号は一字と数えます。
　　　　　　二　注は出題者によるものです。

一　次の文章を読んで、後の問いに答えなさい。

どこにわなを仕掛けるか

わなを仕掛けるのは、けもの道の中でも幅が狭くなっていて、動物が絶対にそのあたりを踏むという場所だ。横に木が生えていたり、倒木があったりして動物たちがちょっと苦労をして通ってそうなあたりが、わなを仕掛けるのにいいポイントだ。

獲物のこん跡がたくさんあっても、けもの道が広すぎては、うまくわなを踏んでくれないし、わなを蹴飛ばされてしまうこともある。また、(1)エサになるドングリがたくさん落ちているような場所では、イノシシはうろちょろするので、けもの道もたくさん枝分かれしていて、(2)ねらいをしぼりづらい。

そういったエサ場と寝屋をつなぐ通路のようなけもの道が見つかれば(3)ベストだ。

あとは、わなを仕掛けるためには、わなの仕組みのところで説明したようにワイヤーの反対側をしばりつけておく木が生えているところじゃないといけない。わなに掛かった動物たちの暴れる力はすごいので、必ずじょうぶな木にしばりつけること。間違って枯れ木なんかにしばりつけたら、動物がその枯れ木を根っこごと引っこ抜いて突進してきて、(4)大ケガするような事故が起きてしまうかもしれない。

もうひとつ、わなを仕掛ける場所選びで重要なことは、実際に獲物が獲れたときにそこから［A］かどうかだ。

あんまり山奥だったり、きつい谷や大きな川の反対側だったりすると、何十キロもある動物をひとりで運び出すのは大変だ。(5)毎日の見回りだって一苦労だ。

［B］、逆にあんまり人里近くでもいけない。犬の散歩や山仕事、①サンサイ採りなどで山に入る人はけっこういる。そんな人たちが間違ってわなを踏んだらびっくりするし、わなにイノシシが掛かっているところに近づくのも危険だ。

わなを仕掛ける場所を選ぶだけでも考えないといけないことはたくさんある。

上手なわなの仕掛け方

わなを仕掛ける場所が決まったら、いよいよ、わなの設置だ。ポイントは「いかに動物たちにバレないようにするか」だ。

［C］みんなの通学路で道路工事をしていて、地面を掘り返しているのを想像してみて欲しい。工事が終わって埋め戻したばっかりのアスファルトは、そこだけほかと違う濃い黒色で、工事の直後なんてまだ②湯気が上がっていることもあるだろう。

［D］、変なにおいもするし、横断歩道の白線もそこだけピカピカで、誰が見ても工事したということがわかる。

「踏んだら靴にひっつくんじゃないか？」

「まだやわらかくて、上を歩いたらへこんじゃうかも……」

最初にそこを歩くときは、みんなもきっとちょっとドキドキするだろう。

　これと同じで、動物たちも毎日通っている道が突然掘り返されて、土の中にわなが埋め込まれていたら、

「 E ！」

と警戒するのがふつうだ。

　とくにイノシシは嗅覚が鋭いので、わなのにおいやその場にいた人間のにおい、穴を掘ったときに切れた木の根っこのにおいの変化なんかも敏感に感じとる。これをなるべく自然な感じに見せかけることができるかどうかが勝負の分かれ目だ。

　まずは、わなを仕掛ける場所のまわりはあまり荒らしてはいけない。穴を掘ったときに出てくる土は、そのままにしておくんじゃなくて、袋に入れて離れた場所に③スてるほうがいい。

　わなを隠すための落ち葉も、すぐ近くのものを持ってくると、その場の雰囲気がかわってしまうので、ちょっと離れたところから持ってくるほうがいい。

F

なので、猟師の間でも「本格的に獲物が獲れはじめるのは、ひと雨降ってにおいが流れてからだ」などと言われることも多い。中にはペットボトルに沢の水をくんでおいて、最後にそれを流していくという人もいる。

　わなを上手に仕掛けることができたら、次はねらった動物がうまくそのわなを踏むように工夫をしよう。

そのままにしておいたら、動物たちは④テキトウに歩くので、なかなかわなの輪っかの真ん中を踏んではくれない。

　そこで、ちょっとした「障害物」を置いてやるのがいい。

　テキトウな長さの倒木や木の枝なんかをそっと手前に倒しておく。不自然じゃない感じなら両側に置いてもいい。

　野生動物はふだんから枝などはなるべく踏まないように歩いている。枝を踏むとパキッという音がして、 G 危険性があるからだ。また、シカやイノシシなどのヒヅメのある動物は、すべりやすいので石も踏みたがらない。

　わなの横に枝や石を置いておくと、動物たちはそれをまたぐ。そうやって獲物の足の着く位置をコントロールすることで、わなを踏ませるという作戦だ。

　ただし、獲物がシカかイノシシかで足の長さが違うし、同じイノシシでも、30キロの個体と100キロの個体では歩幅も違うので、ねらう獲物に合わせて障害物の場所は微妙に⑤チョウセイする必要がある。

　さあ、これでわなは仕掛け終わりだ。（中略）

　ぼくはひとつの山で獲物をねらうときは、だいたい(6)5～6丁（わなの数え方）くらいのわなを仕掛けることが多い。

　けもの道は枝分かれしているので、どこを通っても必ず1カ所はわなのところを通るようにする。

　もっとわなをたくさん仕掛けたほうがいいと思うかもしれないが、あまり狭い範囲にわながいくつもあると、その分、現場も荒れがちになるし、においも残りやすく、逆に獲物に警戒されてしまうこともある。

「(7)下手な鉄砲も数うちゃ当たる」という言い回しがあるが、実際の狩猟ではそんなことではいけない。「ここだ！」というポイントをしっかりと見極めて［H］のわな数で獲物を捕獲することを目指そう。(中略)

おわりに　狩猟のある暮らし

(中略)

狩猟をはじめて5年くらい経つと、ある程度の数の獲物はねらって獲れるようになってきた。

自分の技術が少しずつ上達しているのが実感できるのもうれしかった。警戒心の強いイノシシをたくさん獲るのは難しいけど、シカならしっかりねらえば1カ月で10頭以上は獲れる自信もついた。

ぼくが狩猟をはじめたころは、ちょうど全国的に(8)シカの数がどんどん増えはじめていた時期だ。江戸から明治のころの乱獲や森林伐採などによる生息環境の悪化で、日本のシカは一時期かなり数を減らしていた。それが、国の保護政策や森林の状況の変化でなんとか生息数を回復させることができた。しかし、最近では増えすぎて山の中の山野草を食べ尽くしたり、農業や林業へ被害を与えることが大問題になっている。田舎のほうに行くと、農家の人はホントに困っていて、シカは「迷惑な動物」として扱われている。

ぼくは考えた。

「それだったら、どんどんシカを獲って、いろんな人に食べてもらえばいいんじゃないか？」

獲ったシカ肉を友人たちに食べてもらうと、みんな口をそろえて「うまい、うまい！」と言ってくれる。それなのに、⑥世間一般ではシカ肉を食べる人はほとんどおらず、スーパーでも売られていない。

シカも別に悪意があって農作物を食べているわけじゃない。山からちょっと出てきてみたらおいしそうな食べ物があったから、うれしくなってそれを食べているだけだ。それを一方的に悪者扱いするのもかわいそうだ。「シカ肉が実はこんなにおいしい」ということを多くの人が知れば、シカに対するイメージもただの「害獣」から「山のめぐみ」にかわるんじゃないだろうか。ぼくひとりでやれる範囲は限られているけど、それでも増えすぎたシカを山から減らすことで森林生態系のバランスを回復させることにもつながるなら、一石二鳥じゃないか。いや、さらにシカ肉を販売してお金をもらえれば、わなの材料代などの狩猟にかかる経費に使うこともできて、(9)一石三鳥だ！(中略)

ひたすらシカをねらいながら何度かの猟期をすごした。

「あー、週末までにあとモモ肉10キロ欲しいって言われてたし、追加でわなを仕掛けるか……」

「あの山のイノシシねらいたいけど、シカ優先でいかないと、注文に間に合わへんやろなあ」

こんなことを考えながら毎日山に入っていた。

いつのころからだろうか。そんなぼくの中に、ある違和感が生まれていた。好きではじめた狩猟のはずなのに、いつのまにかシカを獲るのが義務や仕事のように思える。なんだか狩猟していても楽しくない……。(中略)

ある日の早朝。まだ薄暗い中、見回りに出かけた。ライトを手に山を歩いていると、一番奥のわなのほうでガサガサという物音が聞こえる。もう少し近づくと、シカが掛かっているのが見えた。メスジカだ。どうやら後ろ足にわなが掛かっているようだ。

「あらー、後ろ足か……。モモ肉が血肉になっちゃってるかなあ」

ぼくが近づくと、暴れ出し、まわりの木に何度も体を打ちつけた。

「おいおい、ロースが痛むからやめろ」

ぼくは急いでトドメ刺しに取り掛かった。ただ、肉の状態に気を取られていたからか、スムーズに失神させることができず、むだに怖がらせてしまった。

「ああ、悪いことしたなあ……」

倒れたシカを押さえ込みながら、頸動脈を切る。真っ赤な血がドクドクと流れ出す。

「さて、何キロの肉が取れるか……」

頭の中にはすぐに(10)こんなことばかり浮かんでくる。

流れ出る赤い血。静まり返った真冬の早朝、シカとぼくの吐く白い息が重なる。徐々に光を失っていくシカの瞳孔を見つめながら、その呼吸が止まるのを待つ。

山の中に朝の光が差し込み、小鳥たちもさえずりはじめた。そんな山の中でなんだかぼくは疎外感(注　仲間はずれになっているような気持ち)を感じていた。自分だけが自然の中に侵入した異物のように思えた。

「ああ、こんなことやってちゃダメなんかもな……」

ぼくは子どものころから動物が好きだった。動物の仲間になりたかった。山の中に分け入って、自分が食うための獲物を狩ることに憧れたのも、それが理由だった。はじめて獲ったシカの肉を友人たちと分け合って食べたとき、彼らが「うまいうまい」と言って喜んでくれたことがなによりうれしかった。自分や仲間たちの血肉となってくれる獲物を、知恵を絞り自分の力で獲ってこれたことは、自分も動物であることを実感できた瞬間だった。

それがいまは、誰だか知らない他人が食べるためのシカ肉を得るためにたくさんのシカを獲っている。そして、その肉が売り物になるかどうかばかりを気にしている。自然界の肉食動物だって家族や仲間が食べる分以上の獲物を獲ることはない。ぼくは知らないうちに、山の動物ではなくなってしまっていたようだ。

「もうやめよう。これは自分がやりたかった猟じゃない」

この年の猟期でシカの肉を売ることはやめた。お世話になった飲食店には事情を話して了解してもらった。

ただ、誤解しないでもらいたいのは、販売するために獲物を獲ることが悪いことなのではない。ぼくもノルマ(獲らなければならない数)に追われながらのシカ猟を続けた数年間で、シカを獲る技術は確かに向上した。そこにはねらった獲物をしっかりと獲れるようになっていく喜びもあった。また、ぼくが獲ったシカ肉をおいしく料理してくれていたお店の人にもすごく感謝しているし、「ここのシカ肉はおいしい」ってお客さんによく言われるという話を聞くとうれしかった。

でも、ぼくにはその暮らしは向いてなかったというだけのことだ。

狩猟をする人の中でもさまざまな考えがあるのは当然で、いろいろなスタイルがある。年間何百頭も捕獲し、プロの猟師として高みを目指す人もいる。獣害に苦しむ農家のために、真夏の暑い山の中を必死で走り回って有害駆除(くじょ)に取り組む人もいる。冬の猟期に10頭程度の獲物を獲ってヒイヒイ言ってるぼくなんかからしたらホントにすごいことだと思う。

(千松信也『自分の力で肉を獲る　10歳から学ぶ狩猟の世界』〈旬報社〉より)

問一　――線(1)「エサになるドングリがたくさん落ちているような場所」とありますが、同じ場所を指す別の表現を本文から三字でぬき出しなさい。

問二　――線(2)「ねらい」の内容として、ふさわしいものを次のア～エの中から一つ選び、記号で答えなさい。

ア　イノシシが食べるドングリが落ちている場所
イ　猟師(りょうし)がわなを仕掛けやすい道
ウ　イノシシがうまくわなを踏んでくれる場所
エ　猟師が苦労して通るような道

問三　――線(3)「ベスト」を漢字二字で言いかえなさい。

問四　――線(4)「大ケガする」の主語を答えなさい。

問五　[A]にあてはまる語句を考えて十字以内で答えなさい。

問六　――線(5)「毎日の見回り」をする理由としてふさわしいものを次のア～オの中から二つ選び、記号で答えなさい。

ア　自分の山に他の人が入り込んでいないかどうかを見張る必要があるから。
イ　動物の足が傷つき肉質が悪くならないように、わなを早くはずす必要があるから。
ウ　わなに獲物が掛かっているかどうかを確認する必要があるから。
エ　けもの道を探し、イノシシのこん跡を見つける必要があるから。
オ　獲物が掛かっていたら、毎日切り取って少しずつ運び出す必要があるから。

問七　[B]～[D]にあてはまる言葉としてふさわしいものを次のア～オの中からそれぞれ選び、記号で答えなさい。ただし、同じ記号は二度使えません。

ア　ただ　　イ　しかも　　ウ　次に　　エ　もし　　オ　例えば

問八　[E]にあてはまる文を考えて答えなさい。

問九　[F]にあてはまるように、次のア～オの文を並べかえ、記号で答えなさい。

ア　これは手袋をしたり、なるべく時間をかけずにわなを仕掛けることで少しはましになる。
イ　あとは、におい対策。
ウ　また、猟期中はにおいのあるシャンプーや石鹸(せっけん)を使わないとか、山に入る前に必ず山用の服に着替えるとかいろいろな工夫があるけど、完璧(かんぺき)にするのはなかなか難しい。
エ　ただ、そのあたりに生えてない木の落ち葉を持ってくるのは逆に不自然なのでやめておこう。
オ　わな自体の対策は前に書いたが、設置するときにどうしてもそこににおいが残りがちになる。

問十　[G]にあてはまる語句を考えて答えなさい。

問十一　――線(6)「5～6丁(わなの数え方)」とありますが、同じように「丁」と数えるものを次のア～オの中から二つ選び、記号で答えなさい。

ア　パソコン　　イ　タンス　　ウ　とうふ　　エ　銃　　オ　電車

問十二　――線(7)「下手な鉄砲も数うちゃ当たる」とありますが、それに対して「発射した弾丸(だんがん)などがすべて的に当たる」という意味を持つ次

の四字熟語の□にあてはまる漢字一字をそれぞれ答えなさい。

百□百□

問十三 [H] にあてはまる言葉としてふさわしいものを次のア～エの中から一つ選び、記号で答えなさい。

ア 必要最上限　イ 必要最大限

ウ 必要最下限　エ 必要最小限

問十四 ――線(8)「シカの数」とありますが、次のア～エは日本のシカの生息数を表したグラフです。本文からわかる日本のシカの数として正しいものをア～エの中から一つ選び、記号で答えなさい。

江戸期から現在までのシカ推定生息数の変遷模式図

ア　イ　ウ　エ

（各グラフ　縦軸：推定生息数（多・少）　横軸：1600 江戸　1700　1800　1900 明治　大正　昭和　2000 平成）

「ニホンジカの食害による森林被害の実態と防除技術の開発」長野県林業総合センター研究報告24号より

問十五 ――線(9)「一石三鳥」とありますが、「三鳥」が指す内容をそれぞれ文中の言葉を使って答えなさい。

問十六 ――線(10)「こんなことばかり浮かんでくる」について、

1 「こんなことばかり浮かんでくる」とありますが、どのようなことを考えているのですか。本文の――線(10)より後の文中から、「～ということ。」の形に合うように十二字でぬき出しなさい。

2 筆者の考える理想の猟や暮らし方とはどのようなものだと考えられますか。――線(10)より後の文章を読んで答えなさい。

問十七 ＝線①～⑥のカタカナを漢字に、漢字をひらがなに直しなさい。

二 後の問いに答えなさい。

問一 次の①～⑤の――線を正しい表現に直しなさい。

【例】 いまさらそんなことを言ってもしかたがない。後悔(こうかい)後に立たずだよ。

→(解答)後悔先に立たず

① 困っているお年寄りに手を貸さずに通り過ぎるなんて、捜真生の風下にもおけない。

② のどが痛いので、薬を服薬した。

③ 二重とびをさせたら彼女の左に出る者はいない。

④ 彼女はゲーム熱にうなされて、勉強もせずゲームばかりしている。

⑤ 「先生、紹介(しょうかい)します。うちのお父さんです。」

問二 次の――線A～Eの名詞の種類としてふさわしいものを後のア～オの中からそれぞれ選び、記号で答えなさい。

私(A)の父、京助(B)は東北の岩手県出身、母は生粋(きっすい)の江戸っ子だった。この

C二人はしょっ中意見が衝突（しょうとつ）していたが、それは正月のD雑煮（ぞうに）は何を入れるか、といった大変ささいなEことから始まっていた。

（金田一春彦『日本語を反省してみませんか』〈角川ｏｎｅテーマ21〉より）

ア　普通名詞　　イ　固有名詞　　ウ　数詞
エ　形式名詞　　オ　代名詞

問三

1　次の①～⑤のことわざの□にあてはまる動物を後の語群からそれぞれ選びなさい。

①　□の耳に念仏
②　飼い□に手をかまれる
③　能ある□は爪（つめ）を隠す
④　□も木から落ちる
⑤　□も鳴かずば撃（う）たれまい

語群					
猫	きつね	牛	さる	馬	犬
きじ	からす	たか	おおかみ		

2　1の②・④・⑤の動物が主人公を助ける昔話の題名を答えなさい。
3　「河童（かっぱ）の川流れ」と同じ意味のことわざを1の①～⑤の中から一つ選び、記号で答えなさい。

田園調布学園中等部(第一回)

—50分—

(注意　字数に制限があるときは「、」や「。」も一字とします。)

一　次の文章を読んで、後の問いに答えなさい。なお、設問の都合上、本文には表記を変えたり省略したりした部分があります。

二十四歳の紀久子は、勤めていた会社を先月退職し、駅前の「川原崎花店」でアルバイトをしている。ここ三日間、中学生らしき少年が毎日店に現れ、熱心に花を見ては帰っていく。話を聞くと、引っ越してしまう幼なじみに贈るための花を探している、と言った。その後、電気三輪自動車(ラヴィアンローズ号)で花の配達中、背後から紀久子を呼ぶ声が聞こえた。

「紀久子さぁん、待ってくださぁい」

ドアがないから当然ドアミラーもなく、うしろを確認する術がない。紀久子は車を路肩に停めて振りむくと、野球のユニフォームを身にまとった子が、猛ダッシュで走ってくるのが見えた。

「す、すみません」

追いついてから野球帽をとったその顔は、あきらかに女の子だった。しかも紀久子は彼女に見覚えがあった。

「あなた、※馬淵先生のお孫さんじゃない?」

「はい、鯨沼中学二年三組で、キラキラヶ丘サンシャインズの四番キャッチャー、馬淵千尋です」

えらく X 自己紹介だ。

馬淵先生の自宅へ花材を配達にいった際、紀久子は千尋と何度か会っていた。馬淵先生に生け花を習い、教室の手伝いをしているのだが、細身で小柄な祖母とちがい、大柄で肩幅が広く、がっちりした体格だった。はじめて見たときはジャージ姿だったので、高校生くらいの男子だと思ったほどである。

馬淵先生の母親の名前が平仮名でいち、先生が十に重ねるで十重、ひとり娘は百の花で百花、孫娘が千尋だと、先生本人から聞いている。ひとり娘の百花が十年ほど前に離婚し、子どもを連れて出戻ってきたこともだ。孫の千尋が、地元の少女野球チームに(a)ショゾクしている話も聞いた覚えがあった。それだけ Y というか、自分の話をするのが好きなのだ。

「じつはお訊きしたいことがあって」

「なにかしら」

「ウチのクラスに宇田川という男子がいまして、坊主頭というくらいしか特徴がないのですが」

「戸部ボクシングジムに通っている?」

「そうです。でもどうしてそれを?」

「宇田川くんかどうかはわからないけど、ウチの店にきた坊主頭の男の子が、戸部ボクシングジムのTシャツを着ていたわ」

「間違いなく宇田川です。ジムでも学校でも坊主頭は俺だけだって言ってましたんで。アイツ、いや、彼はあなたの店でなんの花を買おうとしていましたか」

「なんでそれを知りたいの?」

「な、なんでって言われましても」

聞き返されるのが Z だったらしい。戸惑いと焦りが入り混じった彼女の表情を見て、紀久子の心が動く。坊主頭の彼に抱いたのとおなじく、少しでも力になってあげたいと思った。

「よかったら詳しく話を聞かせてちょうだい」配達はすでにおえており、あとは店へ帰るだけだったのだ。「事と次第では協力してあげる。花屋としてできる範囲でよければだけどね」

紀久子の申し出は、さらに意外だったようだ。千尋は①少しためらいながら、「お願いします」と言った。

「この先にある細道を左に入って少しいくと、小さいけど、雰囲気のいい公園があります。そこで話を聞いてください」

「一年のときからバッテリーを組んでいたピッチャーの西って子が、今度の土曜に引っ越しちゃうんです」公園に着いて、木陰のベンチに横並びに腰かけるや否や、千尋は話しはじめた。西はおなじ中学で同学年だが、クラスはべつだという。「西と宇田川は道を挟んだむかい同士の家で、保育園の頃からずっといっしょの幼なじみでして」

「西さんって、野球以外にもピアノをやってる？」

「やってます」千尋がハッとした表情になる。「宇田川は西についてあなたに話したんですか」

「幼なじみが引っ越しをするから、花をあげなくちゃいけないって。でも名前はださなかったよ。どんな花がいいか訊ねたら、幼なじみなのにわからないのかって言われたんでしょ」さらに紀久子は宇田川が三日連続で川原崎花店を訪れ、今朝は自分が応対したことと、そのときの会話の内容も手短かに話した。「彼がウチの店で花を買おうとしていたのを、どうしてあなたは知っているの？」

「クラスで仲いい友達数人とのグループLINEに一昨日、〈宇田川見っけ〉ってアイツが花屋の前にいる写真が送られてきたんです」千尋はスマホをだして写真を見せてくれたうえに、「宇田川は女子にけっこう人気なんですよ」と付け足すように言った。それが不満であるかのような口ぶりだった。

「西の話では、お別れに欲しいものはないかって宇田川に言われて、それぐらい自分で決めろよとカチンときて、黙ったままでいたらしいんです。宇田川は莫迦で空気が読めないんで、しつこく訊ねてきた。だから適当に花と答えると、どんな花がいいのだとさらに訊いてくるものだから、幼なじみなのにわからないのかと言い返してしまったとかで」

「なにそれ？」

「私も西から話を聞いたとき、そう言いました。いつもそうなんです、あのふたり。西ったらめちゃくちゃ成績がいいクセして、そういうところは宇田川とおなじくらい莫迦なんです。莫迦同士お似合いなんだから、最後くらいは素直になればいいのに」

恋愛と呼ぶにはあまりに拙い話に、紀久子は自分の頬が緩んでいくのに気づいた。でも千尋は真剣だ。宇田川も西も、彼女とおなじくらい真剣にちがいない。そう考えると笑うのは失礼だと、紀久子は表情を引き締めた。

「でも莫迦で素直じゃないけど(b)タンジュンなんで、宇田川からどんな花をもらっても、西はよろこぶはずなんです。そこがまた問題で」

「どうして？」

「宇田川はいっぺん悩みだすと、なかなか結論がだせずにヘマをしでかすんですよ。切羽詰まると尚更です。ボクシングの試合でも、ここぞというときに大振りのパンチをだして、相手のパンチをまともに食らって負けちゃうヤツなんです。それが本人にすれば(c)カイシンの一撃のつもりってとこが、じつに間抜けで。今回もやりかねません。たとえばお店でいちばん高い花はなんですか」

「胡蝶蘭かな」

「西が好きな花が思いだせず、そもそもないのだから思いだしようがないんですが、だったら花屋でいちばん高い花を渡せば文句あるまいと胡蝶蘭を買いかねません」

「そんな莫迦な」

「莫迦だからするんです。どんな花でもいいからって、別れ際に胡蝶蘭を手渡されたら引きますよね」

それはそうだ。

「ですからお願いです。②そんな真似だけはさせないで、ごくふつうであたりまえの花を売ってもらえませんか」

「わかった」

花屋としてできる範囲ではある。千尋を安心させるために、紀久子はにっこり微笑んだ。

「この店にある花をぜんぶ一本ずつください」

三日後の土曜、西が引っ越しをするはずの日の午後一時過ぎ、③勢い込んで川原崎花店に入ってくるなり、宇田川はそう言った。

「どういうこと？」

床に落ちた花びらや葉を箒で集めていた紀久子は、その手を止めた。※光代さんは休みで、※芳賀は三階でランチを食べている。売場にはあと※李多しかおらず、彼女は作業台で〈花天使〉経由で注文のブーケをつくっている最中だった。

「親に頼んで、昔の写真や動画を見て確認したんですけど、幼なじみに花を渡しているところなんかどこにもなくて、それであの、いろんな花を買えば、そのうちのどれかは当たっているかもしれないと思って」

胡蝶蘭ではなかったにせよ、千尋の心配は的中したわけだ。

「ぜんぶ一本ずつにしたって、けっこうな値段になるわよ。それでもいいの？」

「かまいません。自分の全財産持ってきました」

「いくら？」

「四万七千六百円です」

あの子に花を売ったら、その同額の特別手当をだしてあげてもいいわ。三日前、李多にそう言われたのを紀久子は思いだす。いや、駄目だ。ここは千尋との約束どおり、なんとかして、ごくふつうであたりまえの花を売るべきだろう。

でもどうやって？

④そんな花束をもらっても、相手はよろこぶとは思えないけどな。花もかわいそうよ」

ブーケをつくりながら李多が言った。注意はしているものの、その口調はのどかで優しくもあった。自分がいないときに、宇田川がきたらと思い、スタッフ三人には、千尋から聞いた話は伝えてあった。

「な、なんでですか」

聞き返す宇田川は、動揺を隠し切れずにいる。

「きみ、戸部ボクシングジムの練習生よね」

「そ、そうですが」

「ボクシングだって、どれだけ乱打しても相手に効かなくちゃ意味がないでしょ。それよりも自分がこれだと決めた一撃を打つべきよね。つまりどの花がいいか、きみ自身が決めるべきじゃない？」

「だけどその花が西の欲しい花じゃなかったらどうするんです？」

幼なじみではなく西とはっきり名前を言った。だが宇田川本人は気づいてないらしい。

「相手が欲しいという気持ちよりも、きみがあげたいという気持ちのほうが勝ればいいの。そうすればもらう相手もよろこばすことができるわ」

宇田川は※虚を衝かれた顔つきになる。そして店内を見回してから表にでて、店頭に並ぶ花の前に立つ。売行きが好調で、今日もヒマワリだらけだ。紀久子は彼のあとを追う。

「これをください」宇田川が指差したのは〈マティスのひまわり〉だった。「はじめて見たときから、彼女にぴったりな花だと思っていたんです」

「私もこのひまわり、好きです」紀久子はすぐさま同意した。「いいと思います」

八重咲きのヒマワリでたくさんの花弁が重なり、たてがみに見える。他のと比べると色が濃いうえに大輪で、荒々しくも逞しい、それでいて美しくて眩しいヒマワリだった。

「ありがとうございます」

「何本にします？」
⑤「三本っ」作業台のむこうから李多が言った。「ヒマワリだったら三本がちょうどいいわ。三本になさいな」
はたして〈マティスのひまわり〉を西がよろこんでくれたのか、そもそも宇田川はきちんと渡すことができたのか、花屋としては知る由もない。

だが数日後、花の配達でラヴィアンローズを走らせていたときだ。

「紀久子さぁぁん」

交差点で信号待ちをしていると、千尋の呼ぶ声が聞こえてきた。斜向かいの歩道で、おなじユニフォームを着た子達十人ほどといっしょに信号待ちをしていた。

「先日はありがとうございましたぁぁ」

脱いだ帽子を振る千尋を見て、紀久子は※寺山修司の短歌を思いだした。

〈列車にて遠く見ている向日葵は少年のふる帽子のごとし〉

列車ではなく電気三輪自動車だし、少年ではなく少女だ。短歌の帽子は麦わら帽子で、野球帽ではあるまい。それにヒマワリが帽子を振る少年みたいに見えたというのと、まるで逆だった。

千尋が〈向日葵〉に見えた。

トルコギキョウやグラジオラスなどは、花の色で花言葉がちがうが、ヒマワリは本数でちがった。九百九十九本は何度生まれ変わってもきみを愛する、百八本は結婚しよう、九十九本は永遠の愛、十一本は最愛、七本はひそかな愛、一本だけだと一目惚れという具合にである。

そして三本は。

愛の告白だった。

(山本幸久『花屋さんが言うことには』〈ポプラ社〉)

※馬渕先生……華道の先生で、川原崎花店の四十年来のお得意様。

※光代さん・芳賀……それぞれ、川原崎花店のベテラン職員と、アルバイトの男性。

※李多……「川原崎花店」を祖父母から引き継いで営んでいるオーナー。紀久子を、川原崎花店に誘ってくれた。

※虚を衝かれた……不意をつかれた。

※寺山修司の短歌……先日光代さんが教えてくれた、寺山修司(歌人、詩人、演出家。一九三五〜一九八三)の短歌。

問一　==線部(a)〜(c)のカタカナを漢字に直しなさい。

問二　[X]・[Y]に入れるのに適切な語を次の中からそれぞれ選び、記号で答えなさい。

X　ア　まじめな　イ　元気な　ウ　丁寧な
　エ　正直な　オ　ぶっきらぼうな

Y　ア　おしゃべり　イ　複雑　ウ　開放的
　エ　うわさ好き　オ　正直

問三　[Z]に入れるのに適切な漢字二字の熟語を、本文中から探して答えなさい。

問四　――線部①「少しためらいながら」とありますが、このときの千尋の様子や心情の説明としてもっとも適切なものを次の中から選び、記号で答えなさい。

ア　突然具体的な状況を説明することになったので、気持ちを落ち着かせて話そうとしている。

イ　紀久子に今の状況をどのように説明したらよいか、あれこれと思いをめぐらせている。

ウ　紀久子からの突然の協力の申し入れに、事情を話そうかどうか迷って決心がつきかねている。

エ　紀久子に突然自分たちの状況を説明しても理解してもらえるかどうか、不安を感じている。

オ　西や宇田川に何も知らせず他人にこの話をしてもよいものかどうか、迷いを感じている。

問五　――線部②「そんな真似」とありますが、どのようなことですか。説明しなさい。

問六　――線部③「勢い込んで」とありますが、このときの宇田川の様子や心情の説明としてもっとも適切なものを次の中から選び、記号で答えなさい。

ア　今から自分が買うたくさんの花がきっと西を喜ばせてくれると確信し、自信に満ちあふれている。

イ　今日引っ越してしまう西のことを考えて、さびしさと戸惑いが入り混じった気持ちになっている。

ウ　全財産をもって誰かのために花を買うという初めての行為に、喜びとともに緊張感をいだいている。

エ　店にあるすべての花を一本ずつ買うという決心を実行に移すため、気持ちを奮い立たせている。

オ　女の子のために花を買うという行為に照れくささを感じ、それを隠すために意気込んでみせている。

問七　――線部④「そんな花束をもらっても、相手はよろこぶとは思えないけどな。」とありますが、それではどのようにすればよいと李多(りた)は考えていますか。理由とともに説明しなさい。

問八　――線部⑤「『三本っ』作業台のむこうから李多が言った。」とありますが、このときの李多の心情を説明したものとしてもっとも適切なものを次の中から選び、記号で答えなさい。

ア　不器用な宇田川のために、西への思いを告げる場を設けてあげたいという思いを込めている。

イ　その本数が持つ意味を宇田川と西は知らないだろうが、二人の恋を応援(おうえん)する気持ちを込めている。

ウ　すぐに決断できない宇田川に代わって、自分がてきぱきと物事を進めようという思いを込めている。

エ　後日、その意味を二人が知り、お互(たが)いの気持ちを確かめあってほしいという願いを込めている。

オ　本数が持つ意味もあるが、三本がバランスとして美しいと思う花屋としての気持ちを込めている。

問九　この文章の内容や表現についての説明として適切なものを次の中から二つ選び、記号で答えなさい。

ア　中学生の恋(こい)や友情など、青春の象徴(しょうちょう)ともいえる出来事を、ヒマワリの花や花言葉・ヒマワリを詠(よ)んだ短歌などを効果的に用いて描(えが)き、さわやかな読後感を与(あた)えている。

イ　千尋・西・宇田川の、三人それぞれの状況(じょうきょう)が、一週間という短い期間でめまぐるしく変化していく様子が、過去の思い出を交えながら丁寧に描かれている。

ウ　宇田川と千尋の話をそれぞれ聞いて心動かされた紀久子は三人のために奮闘(ふんとう)するが、最終的に良いアドバイスができず残念に思っている。

エ　互いに思いを寄せているであろう西と宇田川のことを、あれこれ心配し世話を焼く千尋の様子が、紀久子の視点から描き出されている。

オ　中学生三人が、今の自分と向き合いながら成長していく姿が、会話文を用いた臨場感あふれる描写(びょうしゃ)によっていきいきと表現されている。

二　次の文章を読んで、後の問いに答えなさい。なお、設問の都合上、本文には表記を変えたり省略したりした部分があります。

　前世紀の終わりから今世紀の初めにかけて、ボクはニューヨークで暮らしました。知人一人いない街に飛びこんだのですから、当初は崩(くず)れ落(お)ちそうになるほどの孤独(こどく)※にさいなまれました。それでも三年近くもの間、あの街でやってこられたのは、数人の友人ができたお陰(かげ)だったと思います。結果的には日米混成のバンドを組め、ニューヨークのいくつかのライブハウスで歌えたことは良い思い出になっています。ただ、人は調子に乗るもので、やっているうちに欲が出てきて、ニューヨークで結成したこのバンドを日本でデビューさせようという話になりました。

　問題はベーシスト※でした。彼(かれ)はアメリカ人だったので、日本での彼の(a)キョジュウや査証※をめぐってさまざまな問題が起きました。それだけに、日本で暮らす覚悟(かくご)を決めてくれたベーシストに対し、ボクらは深く感謝をしました。彼が来日してすぐ、知っている寿司店(すしてん)に連れていったのも、歓迎(かんげい)の気持ちからです。

そこで言葉に関し、とても印象的なことが起きました。

ベーシストにとって、日本の本格的な寿司店に入るのは初めてのこと。カウンター席に座った彼はなにを注文していいかわからず、ガラスの保冷ケースに入った寿司ネタをおずおずと指さします。ボクはいちいち、それはカンパチというんだよ、それはハマチ、それはサバ、それはアジ、といった具合に魚の名前を言っていきました。

彼はずいぶんと食べました。回転寿司ではないので大奮発です。でも、「おいしい」と日本語で連発してくれたので、こちらの気分も盛り上がりました。［X］、寿司店を出てしばらく歩いてから、ベーシストはいきなりこう言ったのです。

「なんで日本人は、魚にいちいち名前をつけるんだよ？」

ボクは「え？」と聞き返しました。その時の彼の反応がこうです。

「フィッシュ・イズ・フィッシュ(魚は魚だろ)」

次回からは回転寿司でいいやと思いました。つまり彼は、寿司ダネの区別がついていなかったのです。魚は魚でしかなかったのです。

たしかに、アメリカ人は日本人ほど魚の種類を知りません。ニューヨークの寿司レストランでも、経営者が日本人ではない場合は、カンパチやハマチやツムブリを一緒くたにイエローテール、マグロもカツオもまとめてツナと言っている店がほとんどです。多くのアメリカ人にとっては、イエローテールという魚は存在しても、カンパチやハマチは存在しないのです。①ましてやそのハマチが成長具合によってワラサやブリと名が変わる出世魚だなんて、説明したところで「？」という表情になるだけです。

日本人は、生き物の名前を細かく知っているという点で、おそらく世界一の民族ではないでしょうか。魚の名前もそうですし、虫の名前や花の名前もそうです。②ちなみにこのベーシストは東部の名門大学の生物学科を卒業していますが、カブトムシもクワガタムシもカミキリムシも全部まとめてビートルと言います。区別をつけないのです。

日本人の男性なら、クワガタの国産種のすべて、カミキリムシも五つ六つは名前を知っていることだと思います。最低でも、シロスジカミキリとゴマダラカミキリの区別くらいはつくはずです。でも、日本のように虫や魚を愛する伝統がない欧米では、虫に対して二、三の言葉しか浮かばない人が一般的です。『昆虫記』のジャン・アンリ・ファーブルがフランス本国では必ずしも有名人ではないように、虫に対する情熱を他国で探すのはなかなか(b)ムズカしいことなのです。

このベーシストの一件は、③言葉とはなにか？という問いかけに対して、ほとんど答えにも近いようなヒントを与えてくれているように思います。

人間は区別がつかないものに対しては、呼び名を持ち得ません。区別がついている事象に対してのみ、呼び名を持つのです。

その考えをあてはめると、感情に対して三つの言葉しか持てない人は、三つの感情しか区別がついていないと言えます。嫌悪の感情が全部「むかつく」になってしまうのであれば、その人にとっては［A］ことになります。逆に、揺れ動く心に対して百の描写ができるなら、その人はそれだけの心の姿の区別がつくのです。

言語とはすなわち、区別がつくかどうか。差異に根ざした表現なのです。

言葉とは差異に根ざした表現である。

これは言語学の父と呼ばれるフェルディナン・ド・ソシュール(一八

五七―一九一三)が、言葉が存在することの根本理由を明かしていくなかでたどりついた答えです。

ソシュールは、二十一歳という年齢で※「インド＝ヨーロッパ語」という壮大な体系があることを各国語の母音の分析によって解き明かした天才です。どの言語がどの時代にどう影響し合っていたかという※樹形図を明らかにしていく比較言語学に於いて、ヨーロッパ言語の(c)ミキまでをも見出した人です。

言語学の分野に彗星のように現われ、なおかつ言語学そのものを世界的レベルで打ち立てたこのスイス人は、続いて一般言語学にターゲットを定めました。各国の言葉の成り立ちではなく、言語そのものに対する探究を始めたのです。［Y］ボクら日本人は、だれかが「すずめ」と発声すればみな一応にそれぞれの頭のなかで「すずめ」を思い浮かべることができます。それぞれの「すずめ」の動的イメージは違うでしょうが、まず間違いなくそれは「すずめ」であって、「めじろ」や「うぐいす」ではないはずです。

このシンプルな共有認識はいったいどういう理屈から成り立つのか？一言語からなる民族はなぜ言葉とイメージを共通に持てるのか？というのが一般言語学の解き明かそうとする方向性です。その結果、ソシュールが突き止めた言葉の正体。

それはベーシストの寿司の一件でも明らかになった、認識上の差異というものでした。

わかりやすい例をあげましょう。たとえばあなたが雪の積もった原野を旅していて、その雪面に対してなんらかの表現をこころみようとした時、どんな言葉が出てくるでしょうか。思いつくところで、「白い」「冷たそう」「かたそう」「まぶしい」といったところではないでしょうか。しかし、雪とともに暮らすイヌイットには、その表層の呼び方だけで幾十もの言葉があると言われています。［Z］彼らは、雪質や気温や風によって微妙に変わる雪原の見え方、その区別がつくからです。

区別がつく。そこに差異がある。だから言葉が生まれるのです。

日本には、雨に対する呼び名がたくさんありますね。［B］といったふうです。雨が多く、四季に恵まれた国土だけに、ボクらはその区別がつくのです。だからこれだけの呼び名が生まれました。では、欧米ではどうでしょう。たとえばカリフォルニアやニューメキシコで「雨の表現はいくつありますか？」と訊いても、④それはあまり意味をなさない問いになるはずです。まったくもって、あちらでは雨は雨でしかありません。せいぜいが「ヘヴィー・レイン(激しい雨)」や「シャワー(にわか雨)」といった程度。言い方はありますが、雨に対する細分化がない土地では、その言葉数もぐっと減るのです。

宮沢賢治が雲をどう表現しているか。かつて※草野心平がそれをまとめたことがありました。ここですこし引用しますと、「氷河が海にはいるように白い雲のたくさんの流れは枯れた野原に注いでいる」「向うの縮れた亜鉛の雲へ」「雲はたよりないカルボン酸」「雲には白いとこも黒いとこもあってみんなぎらぎら湧いている」「白い輝雲のあちこちがきれて、あの永久の海蒼がのぞいている」「雲はみんなリチウムの赤い焔をあげる」「雲の累帯構造の継ぎ目から一切れのぞく天の青」「燃え上がる雲の銅粉」「日はいま羊毛の雲に入ろうとして」「やまなしの匂いの雲」「蛋白質の雲は遥かにたたえ」「蒼鉛色の暗い雲からみぞれはびちょびちょ沈んでくる」……ああ、もう、詩人の目にはどれだけの種類の雲が現われたのでしょう。おそらく宮沢賢治にとっては、目にする雲はすべて違う雲であって、それは一回性の命との出会いでもありました。すべてに差異があり、だからこそそれぞれの形容になったのです。一般の人はしかし、いわし雲と入道雲程度の区別はついたとしても、ここまではいかないでしょう。まさに、差異がわかることが言葉を生むみなもとであるわけです。

【ドリアン助川「フィッシュ・イズ・フィッシュ」（『プチ革命　言葉の森を育てよう』〈岩波ジュニア新書〉所収）】

※さいなまれました……苦しめられました。
※ベーシスト……ベースという楽器を演奏するミュージシャン。
※査証……ここでは、外国に滞在するために必要となる証明のこと。ビザ。
※インド＝ヨーロッパ語……英語やフランス語、ヒンディー語やペルシア語など、インドからヨーロッパにかけての地域で話される言語の多くが属する言語グループ。
※樹形図……樹木のように枝分かれした形の図。
※草野心平……福島県出身の詩人。

問一　══線部(a)～(c)のカタカナを、それぞれ漢字に直しなさい。

問二　□X～Zに入れるのに適切な語を次の中からそれぞれ選び、記号で答えなさい。

ア　なぜなら　　イ　たとえば　　ウ　あるいは
エ　または　　オ　ところが

問三　――線部①「ましてやそのハマチが成長具合によってワラサやブリと名が変わる出世魚だなんて、説明したところで『?』という表情になるだけです。」とありますが、それはなぜですか。説明としてもっとも適切なものを次の中から選び、記号で答えなさい。

ア　多くのアメリカ人と同様に、彼もまたハマチやカンパチなどの魚をまとめてイエローテールという呼び名で認識しており、その分類以外で理解しようとすることを拒絶するから。
イ　魚の種類を細かく分けないアメリカ人の彼にとって、そもそもハマチという魚は存在しないのと同じで、その呼び名がさらに細かく分かれることを説明しても理解できないから。
ウ　アメリカ人の彼にとって、日本における魚の名前の分類を頭に入れるだけで精一杯であり、さらにハマチの呼び名が細かく分類されることを教えたとしても、覚えきれないから。
エ　魚の名前の細かな分類を知らない彼には、どの魚の寿司も同じ味に感じられてしまうため、さらにハマチの呼び名が成長により変わることなどを教えられても混乱するから。
オ　イエローテールなど魚を大きな分類で呼ぶアメリカ人の彼には、日本人が魚を細かく分類して呼ぶことはめんどうに感じられ、その意味がよくわからないから。

問四　――線部②「ちなみにこのベーシストは東部の名門大学の生物学科を卒業しています」とありますが、この部分はどのような意図で書かれていると考えられますか。その理由としてもっとも適切なものを次の中から選び、記号で答えなさい。

ア　寿司屋では魚の種類の区別がつかなかったが、アメリカの名門大学を卒業しているのだということを提示して、彼の名誉を守るため。
イ　ベーシストのいたアメリカ東部では生物の区別を細かくしないが、西部では事情が異なる可能性がある、ということを提示するため。

ウ　アメリカの名門大学を卒業したベーシストが生物を細かく区別しないということは、間違っているのは我々である、と強調するため。

エ　大学の生物学科を卒業した人は、生物を細かく見るのではなく、より大きなくくりで見ることができるようになることを伝えるため。

オ　このベーシストが無知なのではなく、日本と違って、アメリカでは生物を細かく区別しないのが一般的であることを強調するため。

問五　――線部③「言葉とはなにか？」とありますが、その問いに対する答えがもっとも簡潔にまとまっている一文を本文中より二十字以内で抜き出し、初めと終わりの三字で答えなさい。

問六　[A]に入る語としてもっとも適切なものを次の中から選び、記号で答えなさい。

ア　怒りの言葉は存在しない

イ　「むかつく」という感情を理解できない

ウ　怒りの感情を表現する方法がない

エ　たった一種類の怒りしか存在しない

オ　何種類もの「むかつく」が存在する

問七　[B]には、雨の様子を表す言葉が入ります。あなたが知っている日本語の雨の呼び名を二つ書きなさい。ただし、本文中にある「にわか雨」は使用できません。

問八　――線部④「それはあまり意味をなさない問いになる」とありますが、それはなぜですか。「区別」「差異」の二語を必ず用いて、五十字以内で説明しなさい。

問九　次に示すのは、本文を読んだ後に、五人の生徒がそれぞれの意見を述べ合っている場面です。本文の内容に即していないものを二つ選び、記号で答えなさい。

ア　(生徒A)：言語学って堅苦しいイメージがあるけれど、本文では具体的な例が多く書かれているから、筆者の主張を理解するヒントになったよ。普段使っている言葉を改めて意識しなおしてみるきっかけになった。

イ　(生徒B)：最初はお寿司の話で、何についての文章だろうと思ったよ。寿司ネタの区別の話題を通して「人間は区別がついていることに対してのみ呼び名を持つのだ」ということを説明しようとしているんだね。

ウ　(生徒C)：筆者の言うように、確かにカブトムシやクワガタムシなどは、日本ではとても親しまれているという印象がある。生き物の名前を細かく分類できる日本人は、物事を観察し、分析する能力に長けていると言えるよ。

エ　(生徒D)：イヌイットが雪に対して呼び方をいくつも持っているというのは、驚きだなあ。筆者の主張によると、雪が身近な存在だとその様子の区別もつくから、自然と呼び名も多く生まれる、ということになるね。

オ　(生徒E)：こうやって見てみると、宮沢賢治は雲に対してとても多様な表現をしていることがわかるね。きっと雲の種類が多い土地で暮らす人は皆、賢治のように豊かな表現ができるようになるんだと思う。

問十　本文には、宮沢賢治の表現に関する記述があります。このように多彩な表現で書かれた文章を読むことには、どのような意味がありますか。本文の内容をふまえて答えなさい。

東京女学館中学校（第一回）

—50分—

〔注意〕　字数制限のある場合、句読点・カッコなどはすべて字数に数えます。

一　次の文章を読んで、後の問いに答えなさい。

　中学二年生の羊子の祖母は、数週間前から入院していました。祖母の長女である母は、祖母の容態を知り家で泣いており、そんな母を見て以来、羊子はしばしば病院に見舞(みま)いに行きます。そんな羊子に、祖母はいつもと変わらぬそっけない様子で、時々用事を言いつけたりしました。


「ねえ、羊子、本をさがしてほしいんだけど」

　あるときおばあちゃんはそう言った。

「いいよ、何。買ってくる」

「下の売店にはないよ。大きな本屋さんにいかなくちゃないと思うよ」

「わかった。明日放課後いってみる。なんて本？」

　おばあちゃんはじっと私を見ていたが、ベッドのわきに置かれた机の引き出しから紙とペンを出し、眼鏡(めがね)を掛(か)け、なにやら文字を書きつけた。渡(わた)されたメモを見ると、私の知らない名前に、私の知らないタイトルが、殴(なぐ)り書きされていた。

「えー、聞いたことないよ、こんな本」私は言った。

「あんたなんかなんにも知らないんだから、聞いたことのある本のほうが少ないだろうよ」

　おばあちゃんは言った。①こういうもの言いをする人なのだ。

「出版社はどこなの」

「さあ。お店の人に言えばわかるよ」

「わかった。さがしてみるけど」

　メモをスカートのポケットに入れると、おばあちゃんは私を手招きした。ベッドに身を乗り出して耳を近づける。

「そのこと、だれにも言うんじゃないよ。あんたのおかあさんにも、おばさんたちにも。あんたがひとりでさがしておくれ」

　おばあちゃんの息は不思議なにおいがした。いいにおいかくさいにおいかと言われれば後者なんだけれど、嗅(か)いだことのない種類のものだった。そのにおいを嗅ぐと、なぜか、泣いている母を思い出すのだった。

　おばあちゃんの言葉通り、次の日、私はメモを持って大型書店にいった。そのころはコンピュータなんてしろものはなくて、店員は、分厚い本をぱらぱらめくって調べてくれた。

「これ、書名正しいですか？」店員は困ったように私に訊(き)いた。

「と、思いますけど」

「著者名も？　該当(がいとう)する作品が、見あたらないんですよね」

「はあ」

　私と店員はしばらくのあいだ見つめ合った。見つめ合っていてもしかたない、ひとつお辞儀(じぎ)をして私は大型書店を去った。

「おばあちゃん、なかったよ」

　そのまま病院に直行して言うと、おばあちゃんはあからさまに落胆(らくたん)した顔をした。こちらが落ちこんでしまうくらいの落胆ぶりだった。

「本のタイトルとか、書いた人の名前が、違ってるんじゃないかって」

「違わないよ」［A］おばあちゃんは言った。「あたしが間違えるはずがないだろ」

「だったら、ないよ」

おばあちゃんは私の胸のあたりを見つめていたが、

「さがしかたが、甘いんだよ」すねたように言った。「どうせ、一軒いってないって言われてすごすご帰ってきたんだろ。店員も、あんたとおんなじような若い娘なんだろ。もっと知恵のある店員だったらね、あちこち問い合わせて、根気よく調べてくれるはずなんだ」

そうして［B］横を向き、そのままいびきをかいて眠ってしまった。

私はメモ書きを手にしたまま、パイプ椅子に座って空を見た。季節は冬になろうとしていた。空から目線を引き下げると、バス通りと、バス通りを縁取る街路樹が見えた。木々の葉はみな落ちて、寒々しい枝が四方に広がっている。

すねて眠るおばあちゃんに視線を移す。私の知っているおばあちゃんより、ずいぶんちいさくなってしまった。それでも、もうすぐ死んでしまう人のようにはどうしても見えない。また、もうすぐ死んでしまうのだと思っても、不思議と私はこわくなかった。きっと、それがどんなことなのか、まだ知らなかったからだろう。今そこにいるだれかが、永遠にいなくなってしまうということが、いったいどんなことなのか。

その日から私は病院にいく前に、書店めぐりをして歩いた。繁華街や、隣町や、電車を乗り継いで都心にまで出向いた。いろんな本屋があった。雑然とした本屋、歴史小説の多い本屋、店員の親切な本屋、人のまったく入っていない本屋。しかしそのどこにも、おばあちゃんのさがす本はなかった。

手ぶらで病院にいくと、おばあちゃんはきまって落胆した顔をする。
②何か意地悪をしているような気持ちになってくる。
「あんたがその本を見つけてくれなけりゃ、死ぬに死ねないよ」

あるときおばあちゃんはそんなことを言った。

「死ぬなんて、そんなこと言わないでよ、縁起でもない」

言いながら、はっとした。私がもしこの本を見つけださなければ、おばあちゃんは本当にもう少し生きるのではないか。ということは、見つからないほうがいいのではないか。

「もしあんたが見つけだすより先にあたしが死んだら、化けて出てやるからね」
③私の考えを読んだように、おばあちゃんは真顔で言った。
「だって本当にないんだよ。新宿にまでいったんだよ。いったいいつの本なのよ」

本が見つかることと、このまま見つけられないことと、どっちがいいんだろう。そう思いながら私は④口を尖らせた。

「最近の本屋ってのは本当に困ったもんだよね。少し古くなるといい本だろうがなんだろうがすぐひっこめちまうんだから」おばあちゃんがそこまで言いかけたとき、母親が病室に入ってきた。おばあちゃんは口をつぐむ。母はポインセチアの鉢を抱えていた。手にしていたそれを、テレビの上に飾り、おばあちゃんに笑いかける。母はあの日から泣いていない。

「もうすぐクリスマスだから、気分だけでもと思って」母はおばあちゃんをのぞきこんで言う。

「あんた、知らないのかい、病人に鉢なんか持ってくるもんじゃないんだよ。鉢に根付くように、病人がベッドに寝付いちまう、だから【 X 】が悪いんだ。まったく、いい年してなんにも知らないんだから」

母はうつむいて、[C]私を見た。

「クリスマスっぽくていいじゃん。クリスマスが終わったら私が持って帰るよ」

母をかばうように私は言った。おばあちゃんの乱暴なもの言いに私は慣れているのに、もっと長く娘をやっている母はなぜか慣れていないのだ。

案の定、その日の帰り、タクシーのなかで母は泣いた。またもや私は、ひ、と思う。

「あの人は昔からそうなのよ。私のやることなすことすべてにけちをつける。よかれと思ってやっていることがいつも気にくわないの。私、何をしたってあの人にお礼を言われたことなんかないの」

タクシーのなかで泣く母は、クラスメイトの女の子みたいだった。⑤母の泣き声を聞いていると、心がスポンジ状になって濁った水を吸い上げていくような気分になる。

ああ、と私は思った。これからどうなるんだろう？　本は見つかるのか？　おばあちゃんは死んじゃうのか？　おかあさんとおばあちゃんは仲良くなるのか？　なんにもわからなかった。だって私は十四歳だったのだ。

クリスマスを待たずして、おばあちゃんは個室に移された。点滴の数が増え、酸素マスクをはめられた。⑥それでも私はまだ、おばあちゃんが死んでしまうなんて信じられないでいた。病室では笑っている母は、家に帰ると毎日のように泣いた。おばあちゃんが個室に移されたのは、私が鉢植えを持っていったからだと言って泣いた。

その年のクリスマスは冷え冷えとしていた。私が夏から楽しみにしていた母のローストチキンは黒こげで食べられたものではなかったし、ケーキに至っては砂糖の量を間違えたのかまったく甘くなかった。クリスマスプレゼントのことはみんな忘れているようで、私は何ももらえなかった。

そうして例の本も、私は見つけられずにいた。

クリスマスプレゼントにできたらいいと思って、私はさらに遠出をして本屋めぐりをしていたのだが、そのなかの一軒で、年老いた店主が、たぶん絶版になっていると教えてくれた。昭和のはじめに活躍した画家の書いた、エッセイだということも教えてくれた。⑦それで、それまで入ったこともなかった古本屋にも、足を踏み入れていたというのに。

黒こげチキンの次の日、冬休みに入っていた私は朝早くから病院にいった。見つけられなかった本のかわりに、黒いくまのぬいぐるみを持っていった。

「おばあちゃん、ごめん、今古本屋さがしてる。かわりに、これ」

おばあちゃんはずいぶん痩せてしまった腕でプレゼントの包装をとき、酸素マスクを片手で外して[D]言う。

「まったくあんたは子どもだね。ぬいぐるみなんかもらったってしょうがないよ」

これにはさすがにかちんときて、個室なのをいいことに、私は怒鳴り散らした。

「おばあちゃん、わがままずぎるっ。ありがとうくらい言えないのっ。私だって毎日毎日本屋歩いてるんだから。古本屋だって、入りづらいのにがんばって入ってるんだから。古本屋に私みたいな若い子なんかいないのに、それでも入ってって、愛想の悪いおやじにメモ見せて、がんばってさがしてるんだからっ。それにっ、おかあさんにポインセチアのお礼だって言いなよっ」

⑧おばあちゃんは目玉をぱちくりさせて私を見ていたが、突然笑い出した。私の覚えているよりは数倍弱々しい笑いではあったけれど、それでもすごくおかしそうに笑った。

「あんたも言うときは言うんだねえ。なんだかみんな、やけにやさしいんだもん、調子くるってたの。美穂子なんかあたしが何か言うと目くじらたてて言い返してきたくせに、やけに素直になっちゃって」

美穂子というのは私の母である。外した酸素マスクをあごにあてて、おばあちゃんは窓の外を見て、ちいさな声で言った。

「あたし、もうそろそろいくんだよ。それはそれでいいんだ。これだけ生きられればもう充分。⑨けど気にくわないのは、みんな、美穂子も菜穂子も沙知穂も、人がかわったようにあたしにやさしくするってこと。ねえ、いがみあってたら最後の日まで人はいがみあってたほうがいいんだ。許せないところがあったら最後まで許すべきじゃないんだ、だってそれがその人とその人の関係だろう。相手が死のうが何しようが、むかつくことはむかつくって言ったほうがいいんだ」

おばあちゃんはそう言って、酸素マスクを口にあてた。くまのぬいぐるみを、自分の隣に寝かせて、目を閉じた。くまと並んで眠るおばあちゃんは、おさない子どもみたいに見えた。

【角田光代「さがしもの」(『さがしもの』〈新潮文庫〉所収)より】

※出題の都合上、一部表現のしかたを変えたり、省略したりしたところがあります。

問一　本文中の［A］～［D］の中に入る語として適当なものを次の中からそれぞれ選び、記号で答えなさい。

ア　ずけずけと　　イ　ぴしゃりと　　ウ　ちらりと
エ　ふいと　　オ　さっぱりと

問二　――線部①「こういうもの言い」とありますが、どのような「もの言い」なのですか。それを言い換えた部分を、本文中から七字でそのまま抜き出して答えなさい。

問三　――線部②「何か意地悪をしているような気持ちになってくる」とありますが、その説明としてもっとも適当なものを次の中からひとつ選び、記号で答えなさい。

ア　おばあちゃんに毎回おおげさに落胆されるので、だんだん自分もいやになって投げやりな気持ちになってくるということ。

イ　おばあちゃんが毎回落胆するのを見ると、自分がわざと見つけないでいるような申し訳ない気持ちになってくるということ。

ウ　おばあちゃんが落胆してどんどん落ちこんでいくにつれて、自分がだんだん強い立場になっているのを感じるということ。

エ　おばあちゃんが毎回きまって落胆するので、おばあちゃんがわざと意地悪をしているのではないかと思えてきたということ。

問四　――線部③「私の考え」とありますが、どのような考えですか。「～という考え」に続くように五十字以内にまとめて答えなさい。

問五　――線部④「口を尖らせた」とありますが、ここでのこの語句の意味としてもっとも適当なものを次の中からひとつ選び、記号で答えなさい。

ア　申し訳なさそうにすること　　イ　心配そうにすること
ウ　不満そうにすること　　エ　強い口調になること

問六　【Ｘ】に入る熟語を、本文中からそのまま抜き出して答えなさい。

問七　――線部⑤「母の泣き声を聞いていると、心がスポンジ状になって濁った水を吸い上げていくような気分になる」とありますが、このときの私の気持ちの説明としてもっとも適当なものを次の中からひとつ選び、記号で答えなさい。

ア　まるで中学生のような頼りない母の姿を見て、母への同情がこみあげるような気持ち。
イ　めったに泣かない母が泣くことで、自分のなかにも悲しみがあふれるような気持ち。
ウ　自分がしっかりしなくてはという責任感のために、押しつぶされるような気持ち。
エ　周りに対するいらだちやこの先に対する不安が、次々とわいてくるような気持ち。

問八　――線部⑥「それでも私はまだ、おばあちゃんが死んでしまうなんて信じられないでいた」とありますが、「私」にとって「死」とはどのようなものでしたか。二十字以内で答えなさい。

問九　――線部⑦「それで、それまで入ったこともなかった古本屋にも、足を踏み入れていたというのに」とありますが、この一文の続きを書くとしたら次のどの文があてはまるか、もっとも適当なものを次の中からひとつ選び、記号で答えなさい。

ア　やはり、例の本を見つけることはできず、私はおばあちゃんの言葉を疑い始めていた。
イ　どこのお店にも置いていなかったので、例の本がなかったのは、そういうことかとわかった。
ウ　本を見つけられなかった私に対するおばあちゃんの態度は、許せないものだった。
エ　私が何度理由を説明しても、おばあちゃんは、例の本をあきらめてくれなかった。

問十　――線部⑧「おばあちゃんは目玉をぱちくりさせて私を見ていたが、突然笑い出した」とありますが、おばあちゃんが「突然笑い出した」のはなぜですか。その説明としてもっとも適当なものを次の中からひとつ選び、記号で答えなさい。

ア　「私」が怒鳴ったのに驚いたが、私が怒りをそのままぶつけてきたことに痛快さと嬉しさを感じたから。
イ　「私」がいきなり怒鳴ってきたことに戸惑いを感じ、どうしていいかわからなくなってしまったから。
ウ　「私」に怒鳴られたことで、驚きとともに私の成長を喜び、孫をかわいらしく思ったから。
エ　孫の「私」がまるで自分と同じように怒鳴ったことで、似たものどうしのようでおかしかったから。

問十一　――線部⑨「気にくわないのは、みんな、美穂子も菜穂子も沙知穂も、人がかわったようにあたしにやさしくするってこと」とありますが、おばあちゃんはみんなにどのように接してほしいと思っていたのですか。「～と思っていた。」に続くように二十字以内で考えて答えなさい。

なさい。

問十三　本文中で描かれた内容から、私の母が、おばあちゃんに対して、どのような気持ちを持っていたことがわかりますか。もっとも適当なものを次の中からひとつ選び、記号で答えなさい。

ア　おばあちゃんの娘としての責任を最後まで果たそうとしつつも、わがままなおばあちゃんに対する怒りをおさえきれないでいる。

イ　おばあちゃんのことを心から心配してなるべくやさしく接しているものの、気持ちのすれ違いを感じてしまい苦しんでいる。

ウ　おばあちゃんの具合が悪くなって初めておばあちゃんの本心を知り、これまでの娘としての自分のふるまいを心から悔んでいる。

エ　おばあちゃんへの長年の怒りをおさえて仲の良い親子になろうと努力してみたが、やはり無理なことだったとあきらめている。

二　次の文章を読んで、後の問いに答えなさい。

国語という教科で、なぜ、何を学ぶか。そのことを考えるために、最初に糸口にしたいのが、次の言葉です。

理想と現実

言うまでもなく、意味の反対の言葉です。①対義語などといいます。「国語って何を勉強するのか」の「何」に当たる事柄はたくさんあって、とても一口には言えないのですが、［Ⅰ］この二つの言葉がどう関係するかを考えるだけで、国語で学ぶことの大事なことの一つがわかると思うのです。そして、なぜ国語を勉強するのかを考えるヒントにもなるでしょう。

では、早速ここで問題。「理想」という熟語を定義してみてください。

「［Ｘ］」。だいたいそういう感じですね。［Ⅱ］難しくはないでしょう。

じゃあ「現実」を定義したら、どうなるでしょう。

「実際にあるこの世のこと」、「事実」。そう、間違っていない。だけどぴったり合うかというと、ちょっと物足りなくないですか。「もっと現実を見つめなさい」などという言い方を思い出してください。私たちが「現実」という言葉を使う時には、「自分だけで思い込んでいないで」とか、「『理想』ばかり追いかけてはだめだ」というような気持ちが込められている場合があります。「［Ａ］」というのは、私たちを取り巻く実際の事柄すべてに当てはまりますが、「［Ｂ］」の方は、もう少し意味が狭くて、しかも「思い込み」と食い違うもの、「［Ｃ］」の実現を邪魔するもの、という意味合いがある。「［Ｄ］」の前提に「想念」や「理想」があります。「想念」や「理想」があるから「現実」があるわけです。

逆のこともまたいえるでしょう。「想念」「理想」が「現実」になったら、それこそ理想的だし、私たちは②そのために生きているといってもよいかもしれません。だけど想念も理想も、簡単に実現はしないのだと、教えられたりしたことがありませんでしたか。私はずいぶん言い聞かせられてきました。言われ続けたあげくに、思ったこと、願ったことはまずかなわないんだ、と決め込むようになった気さえします。

それは少し行き過ぎにしても、理想は、すぐに現実になったりしてはいけないもののような雰囲気があります。理想は実際にはかなえられないもの、目指されるもの、つまり現実には存在しないもの、というニュアンスがあるといってよいのでしょう。このように③理想と現実の関係は、相対的で、微妙です。でも私たち人間はこの世に生きていて、［Ⅲ］現実を理想化したいと願っています。ですから、人間をめぐって書かれた文章――つまりあらゆる文章――だって、基本的に理想と、それに相対する現実という枠組みをいつも抱え込んでいる、といっていいでしょう。

文章は全部理想と現実という枠組みを持っているだなんて、少し言い過ぎのような気もします。えっ、と思った人もいるかもしれません。

［Ⅳ］「理想」だけだと足りないですね。先ほどから「理想」と組み合わせて用いていた「想念」とか、あるいは「概念」とか「心」とかを合わせて考えてみてください。そうすれば、文章のほとんどは、「理想」（想念・抽象）と「現実」（事実・具体）の関係から成り立っている、ということに気づくでしょう。事実というものは、素粒子のような微小なものから、世界や宇宙といった広がりを持つものまで、無数にあります。一つ一つを知ろう、捉えようとしたら、訳がわからなくなってしまう。④放っておいたら事実の洪水に、私たちは押し流されてしまうのです。それを整理したり、体系化したりして、事実を事実としてしっかり受け止めるよう導いてくれるのが、理想や想念や抽象概念です。大事なのは、理想（想念・抽象）と現実（事実・具体）の関係なのです。

では、その理想と現実の関係について、具体的に考えてみましょう。次の文章がヒントになると思います。

> どうすれば虹の根もとに行けるか　　黒井千次
>
> 子供の時に虹を見たことのある人ならば、誰でも一度はあの巨大な半円形の橋の根もとまで行ってみたい、と思った覚えがあるに違いない。初めて虹に出会ったのがいつであったかは忘れてしまったが、その根もとがどんなふうになっているのだろう、と夢みるように考えた記憶だけはぼくの中にもはっきり残っている。

筆者は子供の頃から「虹の根もと」が見たかった、と言っています。そして「誰でも一度は」その根もとに行ってみたいと思ったはずだ、というのです。もしかしたら、ちょっと待ってくれと、違和感を持った人もいるかもしれませんね。そんなこと考えたこともない、勝手に決めつけないでくれ、と。ただそういう人でも、何かに一心に憧れて、それに近づいてみたいと思ったことはあるはずです。そういう体験を思い出し、⑤それが虹の根もとだと仮定してみて、その時の自分を振り返ってみることを求めている、と考えてみればよいでしょう。⑥具体的なことは、そのイメージを生かして味わうとともに、それをいったん抽象化して、一般化してみることが大切です。

【渡部泰明「国語は冒険の旅だ」（『国語をめぐる冒険』〈岩波ジュニア新書〉所収）より】

※出題の都合上、一部表現のしかたを変えたり、省略したりしたところがあります。

問一　本文中の［Ⅰ］～［Ⅳ］に入る語として、もっとも適当なものを次の中からそれぞれ選び、記号で答えなさい。

ア　たしかに　　イ　それほど　　ウ　少なくとも
エ　かならず　　オ　たいてい

問二　――線部①「対義語」について、次の熟語の対義語を漢字で答えなさい。

偶然 ⟺ [1]　結果 ⟺ [2]
部分 ⟺ [3]

問三　本文中の[X]には、「理想」を定義した語句が入ります。あなたは、「理想」という言葉をどのように定義しますか。あなたの考える「理想」の定義を十五字以内で答えなさい。

問四　本文中の[A]～[D]にあてはまる語の組み合わせとしてもっとも適当なものを次の中からひとつ選び、記号で答えなさい。
ア　A＝現実　B＝事実　C＝現実　D＝理想
イ　A＝現実　B＝事実　C＝理想　D＝現実
ウ　A＝事実　B＝現実　C＝現実　D＝理想
エ　A＝事実　B＝現実　C＝理想　D＝現実

問五　――線部②「そのため」とありますが、「その」が指し示す内容を「～ため」に続くように、文中のことばを用いて十五字以内で答えなさい。

問六　――線部③「理想と現実の関係は、相対的で、微妙です」とありますが、このことの説明としてもっとも適当なものを次の中からひとつ選び、記号で答えなさい。
ア　理想があるからそれに対する現実が存在するのであって、どちらか片方だけでは存在しないものであるということ。
イ　理想は現実と比較することでその価値がはっきりするのであって、現実とまったく異なることに価値があるということ。
ウ　理想は決して現実にならないからこそ、理想と言われているのであって、それが現実になっては意味がないということ。
エ　理想は理想、現実は現実として、はっきり分けて考えるべきであり、両者を比べて考えることはできないということ。

問七　――線部④「事実の洪水に、私たちは押し流されてしまう」とありますが、これは、どのようなことをたとえた表現ですか。二十五字以内でわかりやすい表現に言いかえなさい。

問八　――線部⑤「それ」が指し示す内容を、文中のことばを用いて十字以内で答えなさい。

問九　――線部⑥「具体的なことは、そのイメージを生かして味わうとともに、それをいったん抽象化して、一般化してみることが大切です」とありますが、
(1)　この文章の中で、筆者は、黒井千次の「どうすれば虹の根もとに行けるか」という文章を題材として、このことを説明しています。黒井千次の文章の中で「具体的なこと」にあたるものを、十二字でそのまま抜き出して答えなさい。
(2)　このような筆者の考え方にならって、次の具体的なイメージで表現された内容を、抽象化した一般的な表現に直すとしたら、たとえば、どのようになると考えられますか。それぞれ十五字以内で答えなさい。
1　大きな岩に胸が押しつぶされそうだ。
2　大空高く飛びまわる鳥になりたい。

問十　本文で述べられている筆者の考えと合っているものを、次の中からひとつ選び、記号で答えなさい。
ア　国語を学ぶ上で大切なことの一つは、文章で述べられている理想の現実化を目指すことで、事実をよりよいものにすることである。
イ　国語を学ぶ上で大切なことの一つは、文章で述べられている事実

をあるべき現実として理解し、抽象的な事柄(ことがら)にまで広げて考えることである。

ウ　国語を学ぶ上で大切なことの一つは、文章で述べられている現実を理想にするために、いったん抽象化して理解することである。

エ　国語を学ぶ上で大切なことの一つは、文章で述べられている具体的なイメージを抽象的な事柄に置きかえて理解することである。

三　次の短文中の――線部のカタカナを、漢字に直しなさい。

1　ユダンして試合に負けてしまった。
2　短歌とハイクを学習する。
3　テンケイ的な例をあげる。
4　シンキイッテン、新しいことに挑(いど)む。
5　リレーの選手のホケツに選ばれた。
6　それぞれのリョウイキを守る。
7　カテイ科の時間に卵焼きを作る。
8　時計のビョウシンを合わせる。
9　女王ヘイカの死を心からいたむ。
10　特急列車がツウカする。

東洋英和女学院中学部（A）

—45分—

◆　次の文章を読んで後の問いに答えなさい。字数の指定がある問題は、句読点や記号も一字と数えます。

類は写真家で、個展を開いている。その会場に娘の玲が訪れた。《憂い顔》の玲を見て、類はお茶に誘った。

〈第一場面〉

連れだって歩き、お茶ならぬチョコレートを飲ませる店に入った。元気が出るかと思ったのだ。遭難者がチョコレート一枚で何日か生き**ノ**びた——などという話も聞く。《憂い顔》の人間にも、**キ**くに違いない。

いつも混んでいる店だが、ちょうど、カウンター席の壁寄りが空いていた。隅が落ち着くだろう。玲を板の壁際に座らせ、かばうように隣の椅子に腰を下ろした。

ホットチョコレートを頼む。類は、ビターだ。

カウンターの向こうで、白いエプロンをつけた女の人が、銀色の手鍋を温めだす。

「学校は？」

「日曜だもの」

「ああ、そうだったな」

二人きりになったせいだろう。玲は、前よりはっきり、浮かない顔になった。

類は、すぐに話を続けず、カウンターの向こうに声をかけた。

「——素朴な疑問ですけど、ココアと、飲むチョコレートって、どう違うんです」

昔から、疑問が頭に浮かぶと、すぐ聞きたくなる方だった。確か、チョコレートもココアも、原料は同じ豆だった。

白いエプロンの人は、泡立て器を小さくしたようなマドラーを手にしながら、

「はい。チョコレートはカカオ豆から出来ます。ココアは、そこからカカオバターを抜いたものです。当店では、薄めたミルクでチョコレートを溶いております」

1よどみなく答えた。

「ああ、チョコレートの方が、脂肪が多いんだ。——だから、ミルクそのままだと、濃くなり過ぎるんですね」

「いえ。いけない——というわけではないんです。その辺は、お店次第ですね。薄めないで使うところもありますから」

女の人は、手鍋にチョコレートの粉を入れ、マドラーで掻き混ぜ始める。カチャカチャという賑やかな音がする。

類は、玲の方に向き直り、

「……すぐ答えられるところが、プロだね。それぞれのお店に、それぞれの味があるわけだ」

と、□打ちした。玲が、こくんと頷く。

「さあ。……それで、どうかしたのかな」

「うん。——道路標識の写真、今日、友達に見せたんだ」

玲は、カメラを片手にあちらこちらに出掛けて行く。通学やバイトの途中、東京の**街角**も撮る。家から自転車に乗って、お気に入りのショット【注1】を探しに出たりもする。当然のことながら、シャッターを押す回数は大変なものだ。2昔だったら、経済的問題に直面する。

今の玲には、デジカメがある。フィルムを丸ごと現像【注2】した時代とは違う。失敗したカットは、スイッチの一押しで消去出来る。経済的にはずっと楽である。気に入った作品だけプリントしてファイルする。

類も、ちらりと見せられたりはする。しかし、正面から批評を求められたことはない。時々、十枚ぐらい並べられて、さりげなく《この中では、どれがいい？》と聞かれるぐらいだ。《いいか、悪いか？》という問いではない。その辺が微妙だ。

写真の道に興味を示している若者が、どれほど多いか。真剣にそう思っている者なら、《ちょっと面白い写真》ぐらい撮れる。当たり前だ。次の一歩こそ、大河を跨ぐ一歩なのだ。

《道路標識》というのは、この数か月、玲がまとめて撮っている対象だ。

3「ねえ、標識って、曲がってることが多いね」

と、しばらく前に玲がいった。ただの世間話と思い、《ああ……そうかな》と、適当に答えていた。やがて何枚かの写真を見せられた。

丸いのは速度制限や駐車禁止を示す。赤い逆三角は《止まれ》だ。それぞれ、右側が曲がっている。丈の高いトラックなどが擦り寄り、接触したのだろう。組み合わせられた背景も様々で、カメラを向ける角度により、空になったり風景になったりする。

野外に立つものだ。原則として色落ちしない塗料が使われている筈だ。だが、中の一枚は違った。速度制限の標識の、円周の色彩が、薬で落としたように脱色している。剥がれて下地が出ているわけではない。なぜか、くすんだ灰色に近くなっている。その標識の端が、巨人の指が曲げたように、くにゃりと曲がっている。非現実的だ。4常識が裏切られるところから、訴えるものが生まれる。そこにある筈の見慣れた赤がない。代わりに、背景の夕焼けが唐紅といった鮮やかさである。

「これ、色の操作をしたの？」

デジカメだと、色々な遊びが出来る。類は、そちらの方には、あまり詳しくない。玲は首を振り、

「ありのまま。元から、そうなっていたの」

それぞれ、向かう角度の取り方、背景の選択にセンスがあった。褒めたわけではないが、表情から好感触だと思ったのだろう。玲は嬉しそうだった。

そのシリーズが、どうかしたのだろうか。

「――それで？」

と、うながすと、玲は脇に下ろしていたバッグに手を伸ばす。椅子が高いから、腰を曲げ、ちょっと窮屈そうな動きになる。雑誌やノートなどの間に紛れたのか、目当てのものを抜き出すのに、ちょっと時間がかかった。

チョコレートの方は、そろそろ出来上がったらしい。白いほうろうのバット【注3】に湯が張られている。ほうろうのバットなら、写真をやる者には暗室【注4】でおなじみだ。勿論、この店では現像に使ったりはしない。そこでカップが温められている。まるで、幾つかのカップが揃って旅行に出掛け、機嫌よく温泉に浸かっているようだった。

湯から引き上げられたカップは、濡れた周りを拭われる。そして、手

鍋からチョコレートが注がれていく。

　視線を玲に返すと、バッグから引き出したファイルを渡してきた。


〈第二場面〉


　受け取って広げた。

　道路標識の写真が並んでいる。それぞれ、どこかの隅が、違う曲がり方をしている。情報を伝える《手段》として存在している標識が、それによって微妙に、5個性を主張していた。

「友達にこれを見せたの。自分でも気に入ったものになったから」

「うん」

「そうしたら……」

　二人の会話に遠慮しつつ、《お待ち遠様でした》とカップが置かれた。玲は、そのチョコレートを一口啜ってから、

「嫌な顔をされたの」

　作品に、肯定否定は付き物だ。誰かが褒めれば、誰かはけなす。だが、《嫌な顔》というのは単純な悪評とは違いそうだ。玲は続けた。

「こう、いわれた。――《画面として面白いのかも知れない。でも、標識が曲がってるってことは、車がぶつかったってことだよね。だとしたら、そこで誰かが怪我をしたり、もっとひどいことになったかも知れない。そんなところを素材にして、シャッターを押していいのか》って……」

　6つらそうな表情のわけは分かった。類は、そっとチョコレートを口にした。玲が、いう。

「構図を工夫したり、色調に気を配ったりするだけで、そこまで考えなかった。《特に、これなんかたまらない》って顔をしかめた。そういわれて、7ぞくりとしたの」

　そして、ファイルの一枚を指で示した。空が写っていた。春先のものだが、空気感でいえば秋に似た突き抜けるような青さが印象的だ。中央上に雲がぽつんと浮かび、下に一方通行の標識がある。青地に白い矢印が、向きからいえば天を指している。標識の右側が、少し折れていた。

「……いわれるまで、全然、考えなかったんだ。ただ、白い矢印の先が、白い雲を指してるのが面白かったんだ。……だけどね、もし、その子が、大事な人を交通事故で亡くしてたとしたら、どうだろう。こんなもの見せた、わたしのこと、きっと許せないよね」

　類は、カップを受け皿に置き、

「玲ちゃんが、どうして苦しいのか、よく分かったよ。――友達と話している時だって、相手を傷つけることがある。こっちに、全然そんなつもりがなくてもね」

「うん」

「ものを作るのも、やっぱり対話なんだ。作るって行為そのものがそうだ。自分と作品とのね。そして、出来ちゃったものを誰かに見せたら、今度は、そこで――作品と観客が話し始める。でも、観客の耳に、8作り手が考えもしなかった言葉が届くことだってあるだろう。作られたものは、説明じゃないからね。――何行かにまとめられるようなテーマがあって、それをそのまま伝えたければ、説明すればいい。そこに、絵や写真や音楽なんて《表現》はいらない筈だよ。――そうなると我々の伝え

たいのは、意図じゃなくて、そこから生まれた表現そのものになる。それこそが、人間にとって必要なものだ。——泣くのは悲しいからだろう。でも、誰かに見せつけようとしてる時は別として、純粋に泣いてる時はどうか。《これで悲しみを表現しよう》なんて思っていない筈だ。ただ、止むに止まれず、泣くことを泣いている。そうだろう？」

「うん」

「でもそれは、悲しみと涙が別物ということじゃないんだよ。流してる涙が、言葉を越えた、《悲しみそのもの》なんだよ」

　玲は、一所懸命、後を追うように、

「……喜んで踊ってる時は、こう、手を振ったり足を上げたりしてる動きが、もう、《喜びの表現》じゃなくて、《喜びそのもの》なんだって……ことよね」

「そうだよね。表現させる何かはある。後ろに何もない表現というのはない。そこから生まれた、もう一つの《生命》が作品だ。ただ、痛くて飛び上がっているのが、喜んで踊っているように見えたりするかも知れない。そういうことはある。——玲ちゃんが、標識のシリーズを撮り始めた時にも、とにかくシャッターを押させる何かがあったわけだ。撮らずにはいられなかったんだ。いってみれば、9玲ちゃんはカメラと一緒に踊っていた。お父さんは、それを感じた。だから、止めるようなことはいわなかった。踊れる時っていうのは、そんなに簡単にやって来ないからだよ。それは、とっても大事な瞬間なんだ。——でも、実はね、あの写真を見て、——玲ちゃんが今日いわれたようなことも、感じたんだよ」

　玲は、10目をしばたたいた。

「——どうして黙っていたか。第一には、今いった通り、シャッターを押したいという《時》を大切にしてやりたかったからだ。——そして何より、これは玲ちゃんの、写真の基礎訓練だと思ったんだ。まだ、作品として発表するものだとは思わなかった。——知り合いに見せて、どうなるかまでは考えなかった。結果として、玲ちゃんを苦しめちゃったから、これは、お父さんの判断ミスかな」

　類は、ちょっと間を置いて続ける。

「他の風景の中に、ああいう一枚が入っていたら、それは風景の一部だよ。でも、曲がった標識を揃えれば、そこに作者の意図がある。それが前提だ。なくては揃えられない。見る人は、写真そのものを通して、その狙いを読むことになる。玲ちゃんの場合は、形の面白さを捕まえようとしたわけだ。でも、その対象の裏には、確かに《人の痛み》があるよね」

「……わたし、夢中になってて、11それが見えなかった。カメラって《見る》ものなのにね。わたし、写真に向かないのかなあ」

「そういってしまえばね、玲ちゃん、生きていくってことが《見る》ことだろう」

「……」

「向く、向かないで生きてくことは出来ないよ。大体の人間がね、生きていくには向かないもんだよ。傷ついたり、苦しんだりした時には、12自分が殻をはずして歩いてる海老みたいに思えるものさ。でも、何とかやっていくんだ。そうしながら、色々な経験を積んでいく。そうして、少しずつ何かが見え始めるんだ」

「うん」

「全ての理屈を越えて、何を撮っても許される天才というのはいるよ。それは確かだ。――でも作品として、ああいうものにレンズを向けるとしたら、普通は、その裏にあるものを感じる力が必要だろう。感じられるからこそ、カメラを向ける時には、それを越える意図を持つことになる。これは、報道写真に関わる人間なら、毎日のようにぶつかる問題だよ」

類は、チョコレートのカップを取り直し、

「――作品には、意図がある。このチョコレートの作られたわけならね、《お客様をくつろがせて、ゆったりと、落ち着いた気持ちになってほしい》。そんなところかな。その心をくみ取るなら、さめないうちに飲まないといけないね」

そういって、ちょっとだけぬるくなったチョコレートを口に運んだ。

玲も、話して落ち着いたのか、チョコレートの適度の甘さが味わえたようだ。

類は、カップを置きつつ、

「心を休めてくれる絵や音楽もある。――でもね、《芸術とは迷惑だ》という一面も、確かにあるよ」

「どういうこと？」

「土方巽という舞踏家がいる。細江英公という写真家がいる。写真家は舞踏家を追いかけた。――秋田の田圃が広がる、大きな風景の中に出かけた。土方巽は髭をハやし、裾や袖が、風ではためき、ひるがえる着流しの姿だ。それで、思うがままに野を駆けて行く。遠い遠い昔の、物語の中から出て来た、人間ではないもののようだ。写真家は、その姿をカメラに収める。土方は、畦道に来ると、いきなり、そこにいた幼い子供を抱えて、田圃の中に走り出した。全速力だ。魔物の疾走だね。子供は曇天を仰ぎ、驚きと恐怖に泣き叫んでいる」

「うわあ」

「どうだい」

「何だか、トラウマになりそう。確かに、子供から見たら、大変な迷惑ね」

「だろう？　だけど、この一枚は、大傑作なんだ。《土方さん、やめなさいよ》といっていたり、子供のことを心配してシャッターを押さなかったら、その傑作は生まれなかった」

「お父さんなら、助けに行っちゃいそう」

類は、柔らかく微笑み、

「そうだね」

そして、コップの水をひと口飲み、いった。

「玲ちゃんはね、これでしばらく、交通標識に向けてシャッターを押せないだろう。でもね、それはたいしたことじゃないんだ。細江さんが土方さんを追いかけていたのとは違う。玲ちゃんが標識を撮っていたのは、――結局のところ、13型に寄りかかっていたんだよ。それでは、結局、次に進めない」

そして、立ち上がった。玲もバッグを手に取り、後に続いた。

外に出て、

「忙しいのに、ありがとう」

というと、類は首を横に振った。《いいんだよ》の意味ではなかった。《まだ、終わらない》という意思表示だった。

「お茶も飲んで行こう」

これには、玲がびっくりした。

「だって、個展の初日でしょ。普通の日じゃないよ」

「もっと大事なことなんだ」


〈第三場面〉


近くの喫茶店に入り、注文を終えると、すぐ類が話し始めた。

「お父さんの、『北へ』は知っているね」

玲は頷いた。類の出世作となった写真集だ。何ともあっさりした題だが、内容はその通り、車の窓から、青森へと向かう旅の途中の、移り行く眺めを撮影したものだ。

レンズの高さが、ほぼ固定されている。限定された条件の中で撮りながら、展開される世界は実に豊かだ。その年の、写真界の大きな賞を取っている。今まで類は、自分の口から、それについて語ったことはなかった。だが、『北へ』という題名は、類を紹介する文には、必ずといっていいほど顔を出す。

知らされなくとも玲が、関心を持たぬ筈はなかった。類の仕事場にある一冊を引き出して、初めて見たのは中学生の頃だった。いつも類の撮る、穏やかな世界とは、全く違っていた。粗削りに見えるが、その分、一枚一枚に若々しい息遣いが感じられた。

人物をつかみ取ったものもそうだが、中でも、山中の夜明けの風景には、息を呑むような生々しさがあった。白い渦となって流れる霧の向こうに、林があり、その向こうに、黒々とした山影がある。上ろうとする太陽が、一日の最初の光を投げ始めている。おそらくは、一夜を明かした車中から叫ぶようにレンズを向けたのだろう。玲は、その写真に、のしかかって来るような《力》を感じた。驚嘆すると同時に、やさしい父親としての類を知る身には、顔を背けたくなるような何かさえ感じた。

「――あれを撮るまでは、お父さんは全く誰からも注目されていなかったんだよ。あれが撮れたのも、一冊の本に出来たのも、全部、お母さんのおかげなんだ」

美々は、いつも陽気に、おかしいことをしゃべっている。その母が、どうやって類と結ばれたのか。《職場結婚よ》という説明なら、聞いたことがある。美々は最初の結婚をして、すぐに離婚した。仕事は、婦人雑誌の編集者をしていた。そこのグラビア写真などを撮っていたのが玲の《お父さん》だった。めでたく第二の、そして今度こそ末永く添い遂げようと思う相手と巡り合ったわけだ。

「――お父さんは、子供の頃からカメラを手にしていた。そういっちゃあ何だが、才能はあったよ。――どういう才能かというと、若い頃からね、人に好かれ、褒められる写真なら幾らでも撮れたんだ」

類の頼んだ、ミントのハーブティーが来た。

「――まあ、いってみれば褒められ上手なんだな。うちのおじいちゃんはファッションを専門に撮っていた。写真をやり始めてから、そういう現場にも連れて行ってもらった。修業をしたんだよ。そのうちに、出版社の人とも顔見知りになる。――それでね、お父さんは、依頼主の希望通りの写真が、器用に撮れた。――写すものを、《女の人》に譬えるなら、その人の内面までつかんで写し取るには、本当の力がいる。器用なだけじゃ出来ない。でも、そういう写真を、当人が喜ぶかどうかは別問題だ。

誰だって、専門家が《本当にいい》っていう写真より、《美人》に撮れてる一枚の方がずっと嬉しいだろう？　お父さんには、それが出来たんだ。だから、**重宝**がられた。仕事は来た。それが嬉しくて、あっちやこっちで働いた。でも、――迷いはあった。《自分の本当に撮りたい写真は、別にあるんじゃないか》という迷いさ。だけど、その《何か》が、うまくつかめない。そうしているうちに、どんどん時間だけは経っていく。――[14]にこにこしていても、心の中では笑えなかった」

　玲の紅茶も来た。

「――そんな時、どういうわけか、お父さんのいらいらを見抜いてくれたのが、お母さんなんだ。最初は、仕事の打ち合わせをしていただけなんだ。それから、だんだん、色んなことを話すようになった。――知りあってしばらくしてね、お父さんが足の怪我をした。機材を運んでいる時にやっちゃって、当分、普通に歩けない。仕事の方はしばらく休むつもりになった。気障にいえば、この機会に、自分を見つめ直そうと思ったんだな。お母さんが《何か、撮りたいもの、あるの？》っていうから、《自動車の窓から撮りたい》って答えたんだ。動くことが簡単に出来なくなった。そうなって逆に、《今この同じ時間の中にいる色々な人や、風景を、この手で捕まえてみたい》という気が湧き上がって来たんだ。――お母さんは、こういう時、決断が速いんだ。じっと、お父さんを見て、【注5】《校了明けに土日をからめたら、しばらく休める》っていった。雑誌の仕事をしていたから、忙しい時とそうでない時が周期的に来るんだね。《わたしが、ハンドルを握ってあげる》っていった。――その時、分かったんだ」

　類は、薄荷の香りのする、薄めた琥珀色のお茶を口に運んだ。

「――この人となら、いいチームが作れるかも知れないって」

　玲は、くすぐったそうな顔になる。

「何それ、のろけてるの」

「それもある。だけどね、いいたいことは、その先だ。――車で北に向かった。人生の中での、[15]本当に冒険といえる旅だった。ファインダーから覗く世界は、空気の色まで違って見えた。――撮って来た写真を整理すると、とてもいいものに思えた。お母さんも《凄い》といった。こっちから頼んだわけじゃないのに、勢い込んで、知り合いの編集者に見せに行った。写真集を出している会社の人だ。一目見て感心してくれた。本にすることが出来た。――こういうわけさ」

「だから、[16]《お母さんのおかげ》なのね」

「そうなんだ。それまでは、器用な二代目というだけで、写真集を出す立場じゃなかった。この本が、幸い評判になって、大きな賞まで貰うことになった。そうなると――だ」

「うん」

「同じことをやってみないかという誘いがあったんだ。ある雑誌からね。車に乗って、今度は別の地方に出かけたらどうか――という企画だ。同じようなカメラの位置から世界を見る」

「………」

「全く駄目だった。自分で分かる。中途半端な写真にしかならなかった。『北へ』は傑作だった。そうなったのは形式のせいなんかじゃない。分かるね」

　玲は、深く頷いた。

「――玲ちゃん。だからね、カメラを信じていれば――本当にいいものを作れる瞬間というのは、大きくて強い、突然の波のようにやって来る。波に洗われている間は、とてもいい気持ちだ。カメラを構える度に、それが来るのが天才だろう。——[17]それは決して、型なんかに寄りかかったところから、生まれるものじゃない。だからね、今、標識のシリーズを進められなくなっても、少しも気にすることはないんだ。——それからね、玲ちゃん、自分を責めて《何も考えずにあんな写真を撮った。わたしって駄目だ》と俯いた時、顔が下を向き過ぎて、《駄目》な方の玲ちゃんだけ見ちゃいけない。それは、自分に失礼だよ」

「……」

[18]「その時、そこには、《駄目だ》と真っすぐに自分を責められる玲ちゃんがいる。そうだろう？　玲ちゃんはそういう子だ。いいかい、これは写真だけの問題じゃない。責めて進めなくなるなら、そこで終わりだ。でも、玲ちゃんが、その後、また一歩を踏み出せば、きっと前より歩幅が大きくなっている筈だよ」

（北村薫『ひとがた流し』〈朝日新聞出版〉）

【注】

1　ショット＝撮影する対象。
2　現像＝撮影したフィルムを薬品で処理しプリントすること。
3　バット＝長方形の平らな皿。
4　暗室＝写真の現像をするために光が入らないようにした部屋。
5　校了＝校正が完了すること。

問一　本文中の太字の**カタカナ**は漢字に直し、**漢字**は読みをひらがなで答えなさい。

問二　[1]よどみなく答えた　とありますが、これはどういうことですか。もっともよくあてはまるものを次のア～エの中から一つ選び、記号で答えなさい。

ア　つっかえたりせず、すらすらと答えた。
イ　つつみかくさず、はっきりと答えた。
ウ　迷うことなく、明るく答えた。
エ　考える間もなく、急いで答えた。

問三　本文中の■にあてはまる体の一部を漢字一字で答えなさい。

問四　[2]昔だったら、経済的問題に直面する　とありますが、どういうことですか。もっともよくあてはまるものを次のア～エの中から一つ選び、記号で答えなさい。

ア　シャッターを押す回数が多くなるので、新しいカメラに替えなくてはならなくなってしまうこと。
イ　フィルムを丸ごと現像しなければならないので、費用がかかり大変になってしまうこと。
ウ　あちらこちらに出かけて行くので、他のことをする大切な時間を失ってしまうということ。
エ　スイッチの一押しで消去出来ないので、大量の作品が手元に残ってしまうということ。

問五　[3]「ねえ、標識って、曲がってることが多いね」／と、しばらく前に玲がいった　とありますが、「しばらく前」の出来事を書いているのはどこまでですか。おわりの六字をぬき出して答えなさい。

問六　[4]常識が裏切られる　とありますが、これはどういうことですか。次の（ a ）（ b ）の中にあてはまる言葉を本文中からそれぞれぬき出して答えなさい。

速度制限の標識の、円周の色彩は本来（ a ）である筈なのに、（ b ）に近くなっていること。

問七 [5]個性を主張していた　とありますが、なぜそのように言えるのですか。「～から。」の形に合うように本文中の言葉を使って説明しなさい。

問八 [6]つらそうな表情　とありますが、〈第一場面〉ではこれを何と言っていますか。三字でぬき出して答えなさい。

問九 [7]ぞくりとしたの　とありますが、なぜ「ぞくりとした」のですか。もっともよくあてはまるものを次のア～エの中から一つ選び、記号で答えなさい。

ア　秋の突き抜けた空気感に寒さを感じたから。
イ　相手の言葉の調子が強いものだったから。
ウ　思いもよらないほめ言葉を言われたから。
エ　自分の考えの足りなさに気付いたから。

問十 [8]作り手が考えもしなかった言葉が届くことだってあるだろう　とありますが、「玲」が「考えもしなかった言葉」とはどのような内容でしたか。もっともよくあてはまるものを次のア～エの中から一つ選び、記号で答えなさい。

ア　友人が大事な人を事故でなくした場所を、わざわざ写真に撮って作品にしていいのかということ。
イ　標識が通常と違っているのを通報せずに、興味本位で写真を撮って作品にしていいのかということ。
ウ　人が事故にあったかもしれないと想像しそうな標識を、写真に撮って作品にしていいのかということ。
エ　見ている人が嫌でたまらないと感じるように意図して、写真を撮って作品にしていいのかということ。

問十一 [9]玲ちゃんはカメラと一緒に踊っていた　とありますが、どういうことですか。もっともよくあてはまるものを次のア～エの中から一つ選び、記号で答えなさい。

ア　玲が心をひかれるものに出会って、夢中になって撮影していること。
イ　玲が手を振ったり足を上げたりして、構図を決めて撮影していること。
ウ　玲が思いがけないものを発見して、びくびくしながら撮影していること。
エ　玲が写すものの動きにあわせて、いろいろな角度から撮影していること。

問十二 [10]目をしばたたいた　とありますが、どういうことですか。もっともよくあてはまるものを次のア～エの中から一つ選び、記号で答えなさい。

ア　目をしょぼしょぼさせること。
イ　目をぎらぎらさせること。
ウ　目をぱちぱちさせること。
エ　目をきょろきょろさせること。

問十三 [11]それ　は何を指していますか。本文中から四字でぬき出して答えなさい。

問十四 [12]殻をはずして歩いてる海老みたい　とありますが、どういうことをたとえていますか。もっともよくあてはまるものを次のア～エの中から一つ選び、記号で答えなさい。

ア　新しいものを得ようと努力していること。

イ　決まりを破っても気にしないでいること。

ウ　自分を守っていたものを失ってしまったということ。

エ　余計なものを捨てて身軽になれたということ。

問十五 [13]型に寄りかかっていたんだよ　とありますが、これはどういうことですか。もっともよくあてはまるものを次のア～エの中から一つ選び、記号で答えなさい。

ア　自分のセンスにたよって、アドバイスを聞かずにさまざまな構図の写真を撮り続けたこと。

イ　カメラを向けているもののおもしろさのみに集中して、何かを伝えたいという思いがないこと。

ウ　シャッターを押すことが楽しくて、何も考えずにたくさんの写真を撮ることをよいと考えること。

エ　他の人の写真に気を取られてまねばかりして、自分の本当に撮りたいものは何かを考えないこと。

問十六 [14]にこにこしていても、心の中では笑えなかった　とありますが、その理由を説明しなさい。

問十七 [15]本当に冒険といえる旅だった。[17]決して、型なんかに寄りかかったところから、生まれるものじゃない。　とありますが、［本当に］・［決して］がかかる部分をそれぞれ記号で答えなさい。

［本当に］　冒険と（ア）　いえる（イ）　旅だった（ウ）。

［決して］、型なんかに（ア）　寄りかかった（イ）　ところから、（ウ）　生まれる（エ）　もの（オ）　じゃ（カ）　ない。

問十八 [16]お母さんのおかげ　とありますが、次の①～⑤のうち「お母さんのおかげ」にあてはまるものの正しい組み合わせを、後のア～オの中から一つ選び、記号で答えなさい。

①　打ち合わせ中にお父さんに美人の撮り方のアドバイスをしてくれたこと。

②　怪我をしているお父さんの代わりに車の運転をしてくれたこと。

③　お父さんの撮った写真を知り合いの編集者に見せに行ってくれたこと。

④　お父さんの気持ちを理解してすぐに行動に移してくれたこと。

⑤　傑作を撮るために『北へ』とは別の地方に行く計画を立ててくれたこと。

ア　①―②―③　　イ　③―④―⑤　　ウ　②―③―⑤

エ　②―③―④　　オ　②―④―⑤

問十九 [18]「その時、そこには、《駄目だ》と真っすぐに自分を責められる玲ちゃんがいる。そうだろう？　玲ちゃんはそういう子だ。いいかい、これは写真だけの問題じゃない。責めて進めなくなるなら、そこで終わりだ。でも、玲ちゃんが、その後、また一歩を踏み出せれば、きっと前より歩幅が大きくなっている筈だよ」　について、次の⑴⑵に答えなさい。

⑴　この言葉で「類」が「玲」に伝えたかったことはどういうことですか。自分の言葉でわかりやすく説明しなさい。

⑵　⑴で説明した内容にあてはまるあなたの経験を書きなさい。ない場合は、見聞きしたことや想像したことでもよいです。

豊島岡女子学園中学校(第一回)

—50分—

一　次の文章を読んで、後の一から八までの各問いに答えなさい。
(ただし、字数指定のある問いはすべて句読点・記号も一字とする。)

死んだらどうなるのだろうという問いは、宗教にとって重大です。宗教の主な役割の一つは、死に対する人類共通の不安を和らげることだとも言えるでしょう。

哲学者たちも、それを語っていますが、違いは、死後の天国や地獄の様子について語るのではなくて、そもそも「死後」というものがありうるのかどうかを問います。そして①驚くべきことに、現在に至るまでのほとんどの哲学者たちは、魂が肉体と共に滅びるという世界観に対して、何らかの疑問を投げかけています。

宗教は人の生死に関係します。多くの宗教は、人間がどこから来てどこへ行くのかを語ります。人間とは本来何であるのか。日々の暮らしに追い立てられている今のあなたは、その本来の姿に比べてどうであるのか。そして、あなたは死んだ後にどうなるのか。

宗教は、このような物語を積極的に語ってきました。その結果でしょうか、私たちが漠然と考える死は、たんに生物的な、主要器官の機能停止ということよりも、豊かで複雑な内容を持つに至りました。そのように複雑な死は、長い歴史の中で、人々の宗教的思考の中で育まれてきたものです。私たちは、知らず識らずのうちに、それを受け入れ、当たり前のものと見なし、そうして作られた②人生という物語の中で、生と死を考えています。

たとえば、私たちが人生について考えようとするとき、必ず死の理解を前提にします。死とは何かが曖昧であれば、死によって区切られるはずの生について深く考えることはできません。ところが、死の意味を理解するためには、必ず、何らかの物語を前提にしていなければなりません。そしてそのような物語の成立には、多かれ少なかれ、あるいは肯定的にせよ否定的にせよ、常に何らかの宗教が関係しています。私たちは宗教を前提に置かなければ、自分の人生についてすら考えることができません。

現代の常識的な理解として、死とはどのようなものか、死んだらどうなるのかという問いに対しては、大きく分けて四つの答え方があると思います。

一つは、死んだらすべて終わりだとするもので、この考え方は、宗教の側からは無神論やニヒリズム、唯物論などという③冷たい呼称で呼ばれてきました。すべてが自然科学によって説明できると考える物理主義や自然主義と言われる立場もまた、霊や死後の世界が自然科学の対象でないという理由で、この立場に近いと思われます。現代は科学の時代ですので、自覚がなくてもこのように考えている現代人は多いかもしれません。

二つ目は、輪廻転生という、私たち日本人にはなじみ深い仏教やヒンドゥー教のもとにある世界観です。死とは、この身体の中に生まれたこの生の終わりであって、この身体が滅びると、次の身体の中に転生すると考えます。その身体は、人間であるとは限らず、この世での行いに応じて、人間以上の天(天使?)に生まれるかもしれないし、あるいは、畜生と言われる人間以下の動物に生まれるかもしれないというわけですから、考えようによってはなかなかキビシイ世界観です。仏教では、そのような輪廻から脱出する、つまり解脱することを目指して、さまざまな教説が生まれました。

三つ目は、この世の最後の日に下される審判によって、天国や地獄に行くという、キリスト教やイスラム教に代表される考え方です。仏教でも浄土教の系統は、極楽浄土という天国のようなところに行くそうですので、こちらの考え方に近いかもしれません。どちらも、個人の努力というよりは、救世主の愛や如来の慈悲を信じることによって地獄行きを免れるという考え方なので、〔④〕世界観、たとえば全知全能の創造神といったものを必要とします。じっさい、キリスト教の神はそのような神の典型ですし、阿弥陀如来も、一切衆生の救済を願う仏とされますから、強大な力をもつ人格神(如来)と言っていいでしょう。

四つ目は、魂それ自体は不滅であって、次の身体に転生もせず、天国にも地獄にも行かず、この世とは違うところ、あるいはこの世を構成しているいくつかの次元の一つに残り続けるという考え方です。こちらの方は、理屈が好きな哲学者が好む考え方ですね。精神と肉体、心と体の関係について考えることに集中するので、それ以上の大きな世界観にまで話を進めることは稀です。ですから、死後に残存する魂がその後どうなるのかについては、キリスト教などの既存の宗教に接続することが多いようです。

「魂の存在は証明した。あとは宗教に任せる！」といったところでしょうか。

ところで、この四つは、それぞれが独立した四つの陣営と言うよりは、一つ目と、それ以外の三つの二つの陣営に大きく分かれます。なぜなら、一つ目以外の答え方は、すべて、身体が滅びても、魂や心や霊と呼ばれる何らかのものが、何らかのしかたで残ることを前提としているからです。

ですから本書では、一つ目以外の三つの考え方をひとまとめにして、「魂の不死を主張する論」として扱いたいと思います。逆に言えば、一つ目の、ニヒリズム、唯物論、物理主義と呼ばれる立場が正しいかどうかということに、問題を絞っていきたいと思います。

ドラマなどでよく、「あの世で先に待っているぞ」とか、「もうすぐおじいさんに会える」とか、「天国のあの人はきっと喜んでくれる」というセリフを聞くことがあります。そして、その意味が、なんとなくわかります。しかし、実際のところ、これはなにを言っているのでしょうか。

少なくとも、死んだら身体を焼いてしまうわけですから、このような発言の背後には、身体とは違う何かがあるという考え方があるはずです。一般にそれを「魂」と呼びます。〔⑤〕人間は身体と魂からできていて、身体が滅んだ後も、魂は一緒に滅びることがなく、何らかのかたちで残ると考えられているわけです。

このときに前提になっている考えを、哲学では「心身二元論」と呼びます。ちょうど、卵に白身と黄身があるように、かりに人間が心と身体という二つのものから成り立っているとすれば、死後の世界についての⑥このような言い回しを、かなりすっきりと理解することができます。

逆に、もし人間が主としてタンパク質からできた精巧なロボットであり、魂や心と言われるものもすべては大脳などの身体の器官によって説明できると考えるなら、「死とは身体が壊れることである」で話はすべて終わり、死後の世界について語ることはできません。もちろん、自分が死んだあとのこの世界、たとえば千年後のこの世界について語ることはできますが、それはここで問題にしている、⑦宗教的物語としての死後の世界ではありません。

　ですから、「あの世」や「祖先の霊」などについて語りそれを理解するためには、人間は身体だけでなく魂を持っている、という主張を受け入れる必要があります。この、「魂」というものを、「身体」とは別の存在として理解することが、次に示すような宗教的物語が成立するための重要な要素となるでしょう。

　人間は、身体の滅びによって死を迎える。しかしこのとき、心は身体と運命をともにしない。心はタンパク質を主とした有機物の塊ではなく、何か霊のようなものである。この霊としての心は、身体が滅びるとき、いわば身体を離れ、身体から抜け出て、どこかへ去る。去っていく先は、「あの世」である。身体がなくなると、心はあの世へ行く。この意味で、心が身体から離れてあの世へ去ること、これが「死」と呼ばれている事態の真相である。

こう考えれば、先に見た、いろんな言い回しがよく理解できます。「あの世」とは、身体から離れた心が向かっていく、この世ではない場所であり、そこで「先に待っている」のは、霊となった心です。また、これまでに死んだ人々の心も、同じように霊となって「あの世」にいるのですから、死ねば、「死んだおじいさん」つまり、あの世に存在しているおじいさんの心に「会う」こともできるでしょう。

　あるいは、この世で何かめでたいことが起こると、「死んだ人が天国で喜んでいる」と言ったりしますが、この場合も、死んだ人の霊が、天国という一種の「あの世」に存在していると考えるならば、十分に理解可能です。もっとも、この言い回しが理解されるためには、「あの世」から「この世」を見ることができるということ、更には、「喜び」といった感情が、身体を持たない心にも感じられるということなどが、更に前提になります。しかしともかく、心が身体を離れてありうるならば、このような宗教的な物語が本当である余地があります。

　ですから問題は、本当に、人間には「心」や「魂」や「霊」と言われるものが、「体」や「身体」や「肉体」と言われるものと別のものなのか、ということになります。

（上枝美典『神さまと神はどう違うのか？』〈ちくまプリマー新書〉）

問一　――線①「驚くべきことに」とありますが、どういう点で「驚き」だと表現しているのですか。考えられる説明として最も適当なものを次のア～オの中から一つ選び、記号で答えなさい。

ア　人類が共通して持つ「死」への恐怖は、哲学者たちの大半が考えても和らぐことがなかったという点。

イ　一般的にはどんな様子かが気になるはずなのに、哲学者は「死後の世界」が存在するか否かに固執している点。

ウ　死後「魂」が存在しないという考え方もあるのに、ほぼ全ての哲学者が死後も「魂」が残ることを前提としている点。

エ　多くの哲学者たちがよってたかって「死後の世界」について考えているにもかかわらず、未だ答えがわかっていない点。

オ　宗教も哲学も「人間とは何か」について議論する中で、人々の中に自然と宗教的思考が根付いていった点。

問二　――線②「人生という物語」とありますが、ここで言う「人生という物語」の説明として最も適当なものを、次のア～オの中から一つ選び、記号で答えなさい。

ア　普段の自分の行いが、信仰している宗教の教義にふさわしいかどうかを判断する基準になるもの。

イ　卒業、就職、結婚などの人生の節目において、勇気をもって一歩踏み出すきっかけをくれるもの。

ウ　万人に等しく訪れる「死」への恐怖から逃げるため、「生」のことのみを語ろうとするもの。

エ　人が生まれてからやがて死ぬことについて自分なりの意味を見出し、それを言語化してきたもの。

オ　自分が主人公となって世界が動いているかのように身の回りの出来事を説明したもの。

問三　――線③「冷たい呼称」とありますが、「冷たい」という表現を文脈に合わせて言い換えた時に、最も適当な表現を次のア～オの中から一つ選び、記号で答えなさい。

ア　皮肉な　　イ　未熟な　　ウ　無機質な

エ　残酷な　　オ　俯瞰的な

問四　空らん〔④〕に入る言葉として最も適当だと考えられるものを次のア～カの中から一つ選び、記号で答えなさい。

ア　物語性の強い壮大な　　イ　物語性の弱い貧相な

ウ　実現性の高いリアルな　　エ　実現性の低い空想的な

オ　精神性の高い高尚な　　カ　精神性の低い低俗な

問五　空らん〔⑤〕に入る言葉として最も適当だと考えられるものを次のア～オの中から一つ選び、記号で答えなさい。

ア　しかし　　イ　つまり　　ウ　ところで

エ　あるいは　　オ　まして

問六　――線⑥「このような言い回し」とありますが、これが指す部分を本文中から六十字以内で探し、最初の五字を抜き出しなさい。

問七　――線⑦「宗教的物語としての死後の世界」とありますが、これについて(1)と(2)に答えなさい。

(1)　「死後の世界」を具体的に言い換えた部分を本文中から二十五字で探し、最初の五字を抜き出しなさい。

(2)　この「死後の世界」を信じている人だけが理解できることとして**当てはまらないもの**を次のア～オの中から一つ選び、記号で答えなさい。

ア　先祖代々受け継いでいる着物を着た時に、ご先祖様に守られていると感じる。

イ　まるで前世からの縁のように、出会った瞬間から互いに惹かれあい恋に落ちる。

ウ　戦国時代から数百年が経っても城跡に行けば、武将の威厳を得たように感じる。

エ　長年連れ添った妻に先立たれた老人が、「死んだ妻に怒られるから」と節制する。

オ　大病を患っている人が、臓器移植手術を受けて元気に生きられるよう期待する。

問八　波線部「魂の不死を主張する論」とありますが、これによってどのようなことが可能になりますか。この論の説明をしながら七十五字以内で答えなさい。

二　次の【文章Ⅰ】および【文章Ⅱ】を読んで、後の一から九までの各問いに答えなさい。
（ただし、字数指定のある問いはすべて句読点・記号も一字とする。）

【文章Ⅰ】

> 成瀬あかりは幼少期から様々な挑戦をしてきていた。成瀬と同じマンションに住む幼なじみで同級生の島崎みゆきは、「成瀬あかり史を見届けたい」と思っており、成瀬をずっと間近で見守り、ある時は成瀬の挑戦に付き合ってきた。別の高校に進学してからも二人の親交は続いていたが、ある日島崎が大学進学と同時に東京へ引っ越すことを成瀬に伝える。成瀬は衝撃を受け、翌日は朝から何をしてもうまくいかない。家にいても仕方がないと思い、成瀬は公園に出かける。

島崎のことを思うとどうもカンショウ（A）的になってしまう。ブランコを降りて公園を出ると、向こうの方からトートバッグを提げた大貫が歩いてくるのが見えた。

「おう、大貫」

声をかけると、大貫は「なによ」と迷惑そうな顔をする。どうも嫌われているらしいのだが、成瀬は大貫が嫌いではないため、遠慮する道理はない。

「数学の問題が解けなくて困っているんだ。何かいい方法はないだろうか」

成瀬にとって喫緊の課題だ。大貫は勉強熱心だし、いい解決法を知っているだろう。

「どういうこと？」

「＊1京大の入試問題を見ても解法が浮かばなくなったんだ」

大貫は呆れたように息を吐く。

「教科書の例題でもやってみたら？」

①意表をついた答えだった。教科書の範囲はとっくに終わっている。授業では問題集をメインに使っていたこともあって、もはや表紙のデザインすら思い出せない。どこにしまっただろうかと考えていると、大貫は「それと、髪切ったほうがいいんじゃない？」と続けた。

「しかし、大貫が切らないほうがいいと言ったじゃないか」

「あのときはそう思ったけど、さすがに今は変っていうか……」

やはり大貫は何かが違う。面と向かってこんなことを言ってくれるのは大貫しかいない。

「大貫はどこの美容院に行っているんだ？」

大貫は高校に入って髪型が変わった。中学時代はうねったひとつ結びだったのに、今ではまっすぐ髪を下ろしている。腕のいい美容師に切ってもらっているのだろう。

「別にどこだっていいでしょ。そこの＊2プラージュで切ったら？」

大貫は吐き捨てるように言うと、足早に去っていった。

髪を切って気分転換すれば勉強も捗るかもしれない。成瀬は馬場公園から徒歩一分のプラージュに足を踏み入れた。中には十席以上あり、思いのほか多くの人がいる。勝手がわからず立ち止まっていると、「八番へどうぞ」と案内された。

　担当の美容師はいかにもおしゃべりが好きそうな中年女性だった。「これ、ずっと伸ばしてはったん？」と軽い調子で尋ねてくる。

「大事なことを忘れていた。すまないが、メジャーを貸してほしい」

　検証のためスキンヘッドから伸ばしていたことを伝えると、美容師は「ほな測らなあかんわ」と興味を示してメジャーを持ってきた。

「トップは三十センチで、サイドは三十一センチぐらいやね」

　②一ヶ月に一センチ伸びるという説どおりなら二十八センチのはずだが、それより少し長い。サイドの方が伸びやすいのも発見だった。

「若いから伸びるのが早いんやね。ほんで、どれぐらい切りましょ？」

　肩を超えたあたりで切りそろえ、前髪を作ってもらうと、部屋のカーテンを取り替えたときのように気持ちがよかった。カット代金を支払い、家に帰る。

　数学の教科書は使用済み問題集と一緒に積んであった。開きぐせもなく、あまり使っていなかったことが見て取れる。ぱらぱらめくってみると、項目ごとに例題が配置されていた。

　成瀬は数学Ⅰの「数と式」から順番に、ノートに写して解きはじめた。難易度が低く、リハビリにはちょうどいい。解いているうちにリズムに乗ってきて、③指先まで血が通うような感覚があった。

　数学Ⅰの教科書を終えたところでBフイに島崎のことを思い出した。スキンヘッドにしたときも見せに行ったことだし、今回も報告に行ったほうがいいだろう。

　エレベーターを上がって島崎の家に行き、インターフォンで呼び出す。ドアを開けて成瀬の顔を見るなり、島崎は「えっ、髪切ったの？」と驚きの声を上げた。

「二十八ヶ月で、三十センチから三十一センチ伸びることがわかった」

　④島崎の眉間にしわが寄る。

「卒業式まで伸ばすんじゃなかったの？」

　成瀬も髪を切るつもりなんてなかった。大貫に変だから切ったほうがいいと言われ、たしかにそうだと思って美容院に行ったと説明した。

「切ったらまずかったのか？」

「まずくはないけど、ちょっとがっかりしたっていうか……」

　島崎は不満そうだが、髪を切る切らないは個人の自由である。

「成瀬ってそういうところあるよね。お笑いの頂点を目指すって言っておきながら、四年でやめちゃうし」

「やってみないとわからないことはあるからな」

　成瀬はそれで構わないと思っている。たくさん種をまいて、ひとつでも花が咲けばいい。花が咲かなかったとしても、挑戦した経験はすべて肥やしになる。

「今回も、髪を切らないと暑くて不格好になることがわかった。M-1[*3]グランプリにしても、馬場公園で漫才を練習したことでときめき夏祭りの司会になった。決して無駄ではない」

「成瀬の言いたいことはわかるけどさ、なんかモヤモヤするんだよね。こっちは最後まで見届ける覚悟があるのに、勝手にやめちゃうから」

　成瀬は背中に汗が伝うのを感じた。⑤振り返ると心当たりがありすぎる。成瀬が途中で諦めた種でも、島崎は花が咲くのを期待していたのかもしれない。これでは愛想を尽かされても無理はない。

「すまない、話はそれだけだ」

どうしていいかわからなくなった成瀬は、階段を駆け下りて家に帰った。


【文章Ⅱ】

【文章Ⅱ】は【文章Ⅰ】波線部「大貫が～言った」にあたる場面の描写で、「わたし」とは成瀬と同じ高校に通う同級生の大貫かえでのことである。大貫と成瀬は一年生の夏、故郷の滋賀県大津市から出て東京大学(東大)の見学に来ていた。成瀬から行きたい場所があると誘われた大貫はしぶしぶ成瀬と東大を出て、池袋の西武デパートに着く。


店に入ると、初めて来たはずなのに懐かしさを覚えた。＊4西武大津店とは＊5テナントも品揃えも全然違うのに、館内の空気が西武なのだ。成瀬は目に涙を浮かべている。ずいぶん大げさだと笑いたくなるが、わたしの胸にもこみあげるものがあって、うまく言葉が出てこない。

「地上に行って、外から見てみよう」

エスカレーターまでたどり着くにも人をよけて歩かなければならない。西武大津店がいつもガラガラだったことを思い出す。

店の外に出たら、自分が小さくなったような錯覚に陥った。西武池袋本店は巨大で、わたしの考えるデパートの五軒分ぐらいはあった。西武大津店の一階の端で営業していた＊6無印良品だけで一つのビルになっている。「池袋駅東口」と書かれた入口もあるが、どういう構造になっているのだろう。

また成瀬から写真を撮るよう頼まれ、わたしを道連れにしたのはカメラマンにするためだったのだと悟る。なんだか腹立たしくなり、「わたしの写真も撮ってよ」とスマホを渡した。成瀬の撮った写真はわたしの姿とSEIBUのロゴがちゃんと収まっている以外、特筆すべき箇所はなかった。

「本店はすごいな。もはやデパートと言うより街だな」

成瀬は興味深そうにいろんな角度から写真を撮っている。

「わたしは将来、大津にデパートを建てようと思ってるんだ」
⑥こんなふうに目標とも夢とも野望ともつかないことを気安く口に出せたらどんなに楽だろう。あの寂れた街にデパートを出店するのはさすがに無茶だと思うが、わたしが反論したところで成瀬が考えを改めるはずがない。
「今日はそのための視察？」

わたしが尋ねると、成瀬は「そうだ」とC満足気に答えた。
＊7東大に戻る地下鉄の中で、わたしは成瀬に「どうして坊主にしたの？」と尋ねた。成瀬は意外そうな表情でベリーショートの髪に触れる。
「はじめて訊かれたな。みんな訊きづらいんだろうか」

「そりゃ訊きづらいでしょ」

反応を見るに、深刻な事情があるわけではないらしい。

「人間の髪は一ヶ月に一センチ伸びると言うだろう。その実験だ」

意味がよくわからず黙っていると、成瀬が続けた。

「入学前の四月一日に全部剃ったから、三月一日の卒業式には三十五センチになっているのか、検証しようと思ったんだ」

わたしは思わず噴き出した。小学生の頃、朝礼台に上る成瀬の肩まで伸びる直毛を見て、わたしもあんな髪だったらよかったのにと羨んだのは一度や二度じゃない。

「全部剃らなくても、ある時点での長さを測っておいて、差を計算したらよくない？」

　わたしだって縮毛矯正したことで、地毛が伸びるスピードがわかった。

「ちゃんと厳密にやりたかったんだ。それに、美容院に行くと、内側と外側で長さを変えられてしまうだろう。全体を同時に伸ばしたらどうなるか、気にならないか？」

　一瞬納得したが、同意するのは悔しくて「そうだね」と軽く答える。

「しかし短髪が想像以上に快適で、伸ばすのが面倒になってきている」

成瀬は頭頂部の髪をつまんで言った。

「せっかく剃ったんだから、最後までちゃんとやんなよ」

また憎まれ口を叩いてしまったが、⑦成瀬は真顔で「大貫の言うとおりだな」とうなずいた。

（宮島未奈『成瀬は天下を取りにいく』〈新潮社〉）

（注）

＊1　京大――京都大学の略称。

＊2　プラージュ――美容院の店名。

＊3　M-1グランプリ――お笑いのコンテスト。漫才を競い合う。成瀬は島崎を誘ってこのコンテストに出場したことがある。

＊4　西武大津店――成瀬や大貫の故郷にあったデパート。成瀬が中学二年生の夏に閉店した。

＊5　テナント――建物に入っている店舗。

＊6　無印良品――衣服、生活雑貨、食品などを扱う店舗。

＊7　東大に戻る――二人はこの後、模擬授業を受けに大学へ戻る予定だった。

問一　――線①「意表をついた答え」とありますが、ここでのやりとりからわかる成瀬と大貫それぞれの状況を説明したものとして最も適当なものを次のア～オの中から一つ選び、記号で答えなさい。

ア　大貫は成瀬にいやな思いをさせることをわざと言っているが、成瀬には大貫の悪意は伝わっていない。

イ　大貫は成瀬に最低限の応対をしようとしているが、成瀬はその大貫の努力よりも発言内容そのものを評価している。

ウ　大貫は成瀬にぶっきらぼうに話しているが、成瀬は大貫の言葉を素直に受け止めており大貫の態度を気にしていない。

エ　大貫は成瀬をおとしいれようとしてわざと誤った提案をしたが、成瀬は大貫の提案を正当なものだと思っている。

オ　大貫は成瀬をぞんざいに扱っているが、成瀬は大貫の対応を真面目に受け止め自分の行動の未熟さを反省している。

問二　――線②「一ヶ月に～少し長い」とありますが、ここから【文章Ⅰ】は成瀬が何年生の何月の時の話だとわかりますか。【文章Ⅱ】の成瀬と大貫との会話も参考にしながら、最も適当なものを次のア～オの中から一つ選び、記号で答えなさい。

ア　二年生の六月　　イ　二年生の七月　　ウ　三年生の八月

エ　三年生の九月　　オ　三年生の十月

問三　――線③「指先まで血が通うような感覚」とありますが、ここでの成瀬の状況を説明したものとして最も適当なものを次のア～オの中から一つ選び、記号で答えなさい。

ア　気持ちを切りかえ、いつもの勉強の感覚を取り戻している。
イ　大貫の助言のおかげで、不調を乗り越えられたことに感謝している。
ウ　島崎との別れのさみしさを克服し、前向きになっている。
エ　京大ではなく、島崎と一緒に東京の大学に行こうと決意している。
オ　大貫や美容師との交流を経て、人としての温かさを回復している。

問四　――線④「島崎の眉間にしわが寄る」とありますが、ここでの島崎の心情を説明したものとして最も適当なものを次のア～オの中から一つ選び、記号で答えなさい。

ア　成瀬が髪を伸ばし続けた自身の格好を気にしていたことに驚いている。
イ　成瀬が伸ばし続けていた髪を切ってしまったことに不可解な思いでいる。
ウ　成瀬が島崎の期待に応えるよりも快適さを優先したことに失望している。
エ　成瀬が勝手に島崎にことわりもなく髪を切ったことに不愉快な思いでいる。
オ　成瀬が自身の挑戦よりも大貫の提案を尊重したことに嫉妬している。

問五　――線⑤「振り返ると心当たりがありすぎる」とありますが、これは成瀬が何をしてきたという「心当たり」ですか。六十字以内で説明しなさい。

問六　――線⑥「こんなふうに～楽だろう」とありますが、この一文から読み取れることとして最も適当なものを次のア～オの中から一つ選び、記号で答えなさい。

ア　大貫は、将来に安定を求めており、野望など持っても意味がないと切り捨てている。
イ　大貫は、常に完璧を求めるあまりに、自分にできない挑戦はしないうちから諦めてしまう。
ウ　大貫は、失敗を恐れているので、将来のためには注意を重ねて計画を立てている。
エ　大貫は、周りの視線を気にしており、夢や希望を気軽に言うことにためらいを抱いている。
オ　大貫は、現実を悲観するあまりに、自由にのびのびと夢を描くことができないでいる。

問七　【文章Ⅰ】【文章Ⅱ】から読み取れる、大貫の成瀬への思いとして最も適当なものを次のア～オの中から一つ選び、記号で答えなさい。

ア　自分まで変な人だと思われたくないので、成瀬のようになりたいとまでは思わないが、一方で成瀬の実力は認めており、成瀬を良きライバルであるとも思っている。
イ　成瀬は自分に対して興味を持っていないと思っており、そのさみしさからつい成瀬に冷たくあたってしまうが、実は成瀬の挑戦の行く末をひそかに楽しみにしている。
ウ　周囲からの評価を気にしていない成瀬の性格に理解を示す一方で、難関大学志望やデパート建設などといった大それた夢を軽々しく語る成瀬を幼いと見下している。
エ　常識外れな言動を迷惑だと思いつつも、他人からどう思われているかを一切気にしない成瀬にあこがれており、成瀬が困ったときには力になりたいと思っている。

オ　型破りな言動で目立つ成瀬とはできるだけ関わりたくないと思うが、一方で確固たる自分の考えを持ち、常識にとらわれず自由にふるまう姿をうらやましく思っている。

問八　――線⑦「成瀬は真顔で」とありますが、ここで成瀬はどのようなことを思っていたと考えられますか。【文章Ⅰ】から答えとなる二文続きの箇所を探し、最初の五字を抜き出しなさい。

問九　――線A「カンショウ」・B「フイ」・C「満足気」について、以下のそれぞれの問いに答えなさい。

(1)　――線A「カンショウ」の「ショウ」に相当する漢字をふくむものを次のア～オの中から一つ選び、記号で答えなさい。

ア　道路で転んで足をフショウする。

イ　ステージのショウメイをつける。

ウ　今でもインショウに残っている風景。

エ　一位になったのでショウジョウをもらう。

オ　キショウの荒い彼とはすぐけんかになる。

(2)　――線B「フイ」のカタカナを正しい漢字に直しなさい。

（一画一画ていねいにはっきりと書くこと。送り仮名が必要な場合、それも書きなさい。）

(3)　――線C「満足気」の正しい読みがなをひらがなで書きなさい。

日本女子大学附属中学校(第一回)

—50分—

一 つぎの文章を読んで、あとの問題に答えなさい。

校舎の階段を一段上がるごとに、心臓の音が大きくなっていく。詰め襟のカラーが首にあたって息苦しい。A制服って体に合うものを着るというより、体を制服に合わせなきゃいけないんだな。ぼくはスクールバッグを机に置くと、鼻から落ちたマスクを上げ直した。

「木下広葉さんは、花粉症?」

話しかけてきたのは、となりの席の、菊池玲奈。あごまでのショートボブを耳にかけ、ハキハキ話す。こういうタイプは意見を押しつけてくるやつが多いから、つい①みがまえてしまう。ぼくは、菊池さんから目をそらした。

「アレルギー性鼻炎なんだ」本当はちがうけど、いつもマスクをつけている理由として用意した答えだ。

マスクをしないと、家から出られない——。そうなったのは、一年ほど前だった。自分の居場所を確保するためには、まわりを見て動かないとならない。上層とか下層とかに分かれるのを見て思うのだけど、人はそれぞれB目に見えない色みたいなものをまとっているんじゃないかな。その色を初対面で感じとって、こいつとは仲よくなれる気がするって、無意識に判断しているんじゃないだろうか。

教室に入ってきたのは、担任の早川先生。

「今日は委員会決めをします。潮風一中は、委員会活動が盛んです。全員参加ですので、みなさん、やりたいものに手をあげて立候補してください」

部活動ならわかるけど、委員会活動が盛んって、そんな学校もあるんだ。どうしてもやらなきゃいけないなら、ぼくは目立たない役をやりたい。立候補する人が少なくて、委員になっても注目されないのはどれだろう? 板書される委員会名を目で追っていく。リーダー役の学級委員はありえない。人前に出るもの、だれかと面と向かって接する場面があるものもパス。淡々と作業をすればよさそうなのは、清掃をする美化委員会とか、花壇の花を育てる栽培委員会あたりか? ぼくは目星をつけつつ、みんなの出方を見た。

「次、栽培委員をやりたいひとー」そろそろと、手をあげる。となりで、すっとブレザーの袖が伸びた。なんと、菊池さんが手をあげていた。学級委員みたいなのをやりそうなのに、どうしてこんな地味な委員会に?

「三人、決まりですね」

定員ジャスト。もう一人は阪田寛大という背が高くて、細面に四角い黒縁メガネをかけた、まさしく優等生タイプだった。ふたりとも、ぼくとは色がちがう。なるべく人と目を合わせないようにしているぼくとちがって、ふたりは背筋を伸ばして、まっすぐ前を見る。

五時限目は、委員会ごとのミーティング。外に出ると、カッとまぶしい日差しが目に刺さった。こんな中で作業するのか?

「栽培委員会の顧問、早川です。今日は、ここの天地返しをやります。天地返しというのは、表面の土と深いところの土を入れかえて、土を再生することです。こうすると、土に空気が送りこまれて微生物が活発に動き始めるので、いい土になるんです。植物栽培で一番大事なのは、土作りです」

えー、土って作るものなの？　植物って土に植えれば、勝手に育つものじゃないのか。

三年生の昇降口から出てきた先輩たちが、ぼくたちの作業を見て苦笑した。すると、ごつい体格で眉毛の太い三年生の先輩が立ちあがった。

「おお、放送委員会の諸君、運がいい。手伝わせてあげよう。逃がさないわよ！」ふとまゆセンパイが正門を出ていく。

ぼくは、目をぱちくりさせた。この人、何者？　さえない見た目はいかにも「下層」なのに、一瞬で垣根を越えて「上層」連中とふざけ始めた。ふんわりボブの香取先輩が、口に手をあててさけぶ。

「山田さーん。遊んでばかりいないで、作業してね」ほんわか、やわらかい口調。注意している感じがまったくしない。なんかいいなあ、ほんわかせんぱい。

栽培委員には日曜日を除く毎日、水やり当番がある。当番の順番はクラス順で、だいたい二週間に一回まわってくるようになっていた。スタートは、ぼくたち一年A組からだ。ぼくはスクールバッグをベンチに置くと、手洗い場でジョウロに水を入れた。まもなく菊池さんがバタバタと、正門を入ってきた。ぼくのそばに来ると、右手で②おがむしぐさをした。

「遅くなって、ごめん」ぼくは、菊池さんがあやまったことにおどろいた。菊池さんみたいな強気なタイプは、かんたんには自分の非を認めないと思ってた。手洗い場の横を、登校してきた生徒が通りすぎていく。女子三人がこちらを、ちらちら見た。

「菊池玲奈じゃん。相変わらず、ナマイキそー。もう正義の説教、聞きたくないんですけどぉ」

なんだ、あいつら。まわりに聞こえるよう、わざと大声で言ってるな。菊池さんはぎゅっと口を結んで、蛇口をひねった。サーッと水が音をたて、ジョウロの口から跳ねあがる。三人がキャハハハッと、耳につく笑い声をあげて二年生の昇降口に消えると、菊池さんは蛇口を閉めて、ジョウロを持ちあげた。

「あれね、小学生のときにやってたミニバスケの先輩。いろいろあって、わたし、嫌われてんの」C嫌われてんの、だけ早口になった。

ぼくも嫌われているなって思うことはあるけど心の中で思うのと、口に出すのはちがう。言ったら、嫌われているのが本当になってしまう。本当になったら、ぼくはきっと、学校に行けなくなる。なのに菊池さんはあえて言った。なんで言えるんだ？　菊池さんはふーっと肩で息をすると、正門の花壇に向かった。ぼくはなんて言っていいかわからず、菊池さんのあとをのろのろ追った。菊池さんは難なく③しゅどうけんをにぎっているような人に見えたけど、［　C　］。阪田が現れたのは、水やりを終えたあとだった。

学校からホームセンターまでは、歩いて十八分ほどだった。外の木製デッキに、黒いビニールポットに入った植物が並んでいる。植物ってみんな同じ場所と季節で育つわけじゃないんだよな。ふと、ぼくたちに重なるように思えた。どんな環境でも順応できる人もいれば、ぼくみたいに、うまく順応できないやつもいる。きっと、菊池さんもそうだ。これまで菊池さんみたいに意見をはっきり言うタイプは、どこでも自分の居場所をつくっていけるものだと思ってきた。けど、そうでもないようだ。

「木下さん、これ持ってくれる？」ほんわかせんぱいに渡されたのは、二つのビニール袋。

ぴらぴらしたペチュニアの花びらは頼りなく、ちょっと触れただけで傷つきそうだ。弱々しくても、がんばって咲いたんだな……。

「ペチュニアもペンタスも挿し芽で増やせるんだよ。摘心っていって、脇芽が出ている枝を切ると、本体の枝が増えて花が多く咲くようになるんだって。その切った枝は、挿し芽にするの」と言いながら、剪定バサミでペチュニアの枝を五センチメートルほど切った。

「つぼみも切っておいたほうがいいんだって」

あっと思った瞬間、パチンッと挿し芽のつぼみが切られた。Dぼくの背中にひやっとしたものが走る。ほんわかせんぱいは同じようにいくつか枝を切ると、ビニールポットに枝を挿して、ジョウロでたっぷり水をかけた。花壇は夕焼けのオレンジ色に染まっていた。全体的に土の面積が広くて、花はちょぼちょぼっという感じだけど、こんな状態でいいんだろうか？

ほんわかせんぱいは花壇を眺めて、満足そうにうなずいた。「育つのが、楽しみだね」

本当に見栄えがよくなるほど育つの？　育たなかったら、ぼくたちのせいだよな。さみしげに植わっている花に、どうも気持ちがすっきりしない。心の中でどんどん、もやもやしたものがふくらんでいく。たかが植物なのに、そう思えない。どこか自分に似ているような気がして、ぼくは花を単なるモノとして見ることができなかった。

ぼくがマスクをつけ始めたのは、小五の終わりころ。マスクをつけると、人と接する緊張が少し楽になるようだった。ぼくみたいにマスクをつけると安心できる状態についてインターネットで検索したら、「マスク依存」という言葉がヒットした。社会との間に壁をつくって、自分を守ろうとしている心理状態なんだとか。菊池さんはミニバスケのチームでどうしていたんだろう？　上層メンバーの阪田は教室では、体育会系のやつら四、五人と話していることが多かった。阪田はメンバーのなかでもどこか冷めた感じで、仲間とはつかず離れずの距離を保ちつつ、自分のペースで動いているように見えた。なんとか、クラスでの居場所を維持しようとしているぼくとはちがう。阪田のマイペースぶりが、少しうらやましかった。

夕べまで降っていた雨は上がり、空はすっきり晴れわたっている。

「え……」花壇の前で足が止まった。一部のペチュニアとペンタスの葉に水がしみたような茶色い斑点が出ている。これ、まずいんじゃない？

ちょうどろうかの向こうから、菊池さんがやってきた。ぼくに気づいて口を開く。

「花壇の花、見た？」うなずくと、菊池さんは顔をしかめた。

「おっ、どっかいくの？」阪田の声がした。

「どっかって……のんきだな。正門の花が枯れそうなの、見なかった？」

「ああ、しかたがないよな」

「しかたがない？　って、水やりにも来ない人に、言われたくない。こんなに早く枯れちゃうのは、わたしたちの世話のしかたが悪いからでしょ。香取先輩に相談して、なんとかしなきゃ」横を通りすぎようとした菊池さんの腕を、阪田がつかんだ。

「なに熱くなってんだよ？」菊池さんがきっと、顔を上げる。

「枯らしたくないだけだよ」

「それはわかったけど、少し落ちつけって。勢いで行動する前に、ひと呼吸おけよ。解決策はひとつじゃないんだからさ。図書室に園芸の本があった。あれを見たら、少しは参考になるんじゃないか？　マニュアルどおりにはいかないこともあるだろうけど、手探りでやるよりはマシだと思う」

　あっと、ぼくの口から声がもれた。盲点を突かれたような気がした。園芸の本を見るなんて、考えもしなかった。

　昼休み、ぼくたち三人は図書室に行った。壁に近い本棚に、園芸関係の本がある。ぼくは『園芸入門』を持って、テーブル席についた。ペチュニアやペンタスが枯れたのは、必要な栄養分が足りないせいだろうか。だとしたら、なにが足りないんだろう。どんな肥料をあげるといいのだろう。そんなことを考えながらページをめくって、「水やり三年」という見出しに手がとまった。「植物への水やりのコツは、三年かかって、やっとつかめる」とある。水やりって、そんなに難しいの？

　どの植物にも故郷があり、乾燥地で自生していたものがあれば、湿地で自生していたものもあり、その環境に応じて水を多く欲しがるものと、そうでないものがある。「植物の顔を見ながら水やりをしなければならない」ということが、つらつらと書かれていた。ぼくは、はっとした。浮かんだ疑問が口をついて出る。

「ペチュニアとペンタスの原産地って、どこだっけ？」菊池さんと阪田が「急になに言ってんの？」という顔をした。ぼくはふたりの視線をさけて、うつむいた。

「いや……、なんでもない」なにを言おうとしてんだ。へたなこと言って、空回りしたくないだろ。はっきり、それが原因だと断定できたわけでもないのに、言って人を動かしてちがったら、責任を取れないだろ。だまって聞いていればいいんだ。そう自分に言い聞かせたものの、抑えきれない思いが心の中でくすぶる。ぼくは本から顔を上げた。

「あの、さ、もしかして枯れたのは水やりが原因ってことはないかな？　原産地によって、たくさん水がいるのか、いらないのかがわかるみたいなんだけど……」E言い終えたら、手がふるえた。こぶしをにぎって、ごまかす。

　菊池さんが、読んでいた本を脇によけ、テーブルに積んであった『草花図鑑』をめくる。

「えっと、ペチュニアの原産地は亜熱帯から温帯。雨が続くと、灰色かび病が発生する。ペンタスの原産地は、熱帯。水はけが悪いと、灰色かび病や立枯病になる」菊池さんの声のトーンが下がった。「今朝、花壇の土、湿ってた……」

　放課後、ぼくたちは正門の花壇を見に行った。黒褐色の土に触れると、じっとり湿っている。水は足りていたんだ。なのに、機械的に毎日水をやっていた。ぼくは水さえやれば、植物は育つと思いこんでいた。「育たなかったら、ぼくたちのせいだ」とか思っていたくせに、植物について知ろうとしなかった。相手を知らなければ、健康に育てることなんてできないのに――。

　栽培委員会の活動日。菊池さん、阪田、ぼくの三人で、チームの先輩たちに花壇の水はけが悪いことと、対策方法について話した。ほんわかせんぱいが、感心したように言った。

「そっかあ。花に元気がないから気になっていたんだけど、水はけね。気づかなかった。対策まで調べてくれて、ありがとう」

阪田が「いや」と、照れくさそうに頭をかく。ぼくもちょっと

［ア］になった。

軒下にペチュニアとペンタスの挿し芽の入ったビニールポットが並んでいる。

「少し伸びたね」

「うん。ポットとかプランターこそ、水やりにメリハリが必要なんだって。根には空気も必要だから、窒息しないように土を乾かすことも大事。その代わり乾いたら、たっぷり水をあげて、古い空気を外に押しだすといいんだって」

F古い空気を外に押しだす――。ぼくはちらっと、阪田を見た。なんとなく阪田の注いだ水が、停滞した空気を押し出してくれたように思えた。

翌朝、正門のペンタスとペチュニアは、だいぶ元気になっていた。家から持ってきた剪定バサミで咲き終わった花を切りながら、様子を見る。奥のペンタスは上に伸び、手前のペチュニアは葉が増えて横に広がり、花数も増えていた。ピンク、青紫、白がやさしく目に映る。なんだろう、心の中がふわふわしたものに満ちて［イ］。花をかわいいと思うなんて。そういえば、笑ったの、ひさしぶりかもしれない。花のおかげで、［ウ］が少しゆるんだのかな。ぼくは挿し芽の土を触った。しっとり湿っている。昨日、だれかが水をやったんだ。ぼくが知らないだけで、必要なときに手を差しのべているのかもしれない。ぼくが感じたり、思ったりしたことだけがすべてじゃないんだろうな。ぼくは指先についた土を払って、立ちあがった。

翌朝は、霧雨だった。帰りがけに正門の花壇を見ると、ところどころに水たまりができていた。少しでも、水をのぞいたほうがいいよな。ぼくはたまった水を両手ですくって、側溝に流した。けれど帰宅して三十分後、雨風が激しくなり、間もなくバケツをひっくりかえしたようなどしゃ降りになった。まずいな。花壇、水浸しになっているかも。ぼくはブルーシートとガムテープをつかんで、玄関に急いだ。

正門の花壇は、予想以上に浸水していた。下のほうの葉がすべて、水につかっている。ブルーシートで花壇に屋根をつくるつもりだったけど、ここまでつかっていたら手遅れだろう。ぼくは花壇の前に、立ちつくした。激しい雨に打たれて、花や葉がふるえている。いまにもダウンしそうだ。もしも花が話せたら、何て言うだろう。ぼくは傘を閉じて足元に置くと、花壇を囲うコンクリートの縁に立った。ブルーシートを広げて、正門の塀の上からななめにかけようとしたが、うまく届かない。ぼくは正門の塀に手をかけて、よじのぼろうとした。だが、壁面タイルに足がすべってのぼれない。ぼくはマスクを引っぺがして、ポケットにねじこんだ。

「木下さん?」呼ばれてふり返ると、ジャージ姿の菊池さんとほんわかせんぱいが、傘をさして立っていた。

「なるほど。花壇にシートをかけて、雨を防ぐのね? ひとりじゃ、無理だよ」菊池さんが、ぼくの手にあるブルーシートを見る。

傘を閉じて、足元に置いた。「とりあえず、水をくみ出そう」菊池さんがすたすたと歩きだす。

ぼくもあとに続いて、手洗い場に向かった。バケツを持って正門に戻り、右側の花壇の水をくみ始める。菊池さんは左側の花壇の水をくみ始めた。水は減らない。側溝の水はうねるように流れ、いまにもあふれだしそうだ。ぼくは、なにもできない自分にいらだった。

ほんわかせんぱいが、数人引き連れてやってきた。阪田と早川先生がシートを、花のぎりぎりのところまで下ろした。カッターで、ちょうど花があるあたりに十字を切っていく。シートをかぶせながら、十字から花が出るようにして花壇全体をシートで覆った。どんどん空の闇が濃くなっていく。風に飛ばされないようシートに石やレンガをのせたころには、すっかり夜になっていた。校舎の上に設置された照明から、白い光が正門に向かって伸びていた。菊池さんがぼくを見た。

「これで、枯れるのを防げるといいね」ぬれそぼった菊池さんを見て、ぼくは急に［　エ　］になった。

「ごめん……」ぼくはぼそっと、つぶやいた。続けて、みんなの背中に向かってさけんだ。

「勝手にこんなことして、みんなを巻きこんで、ごめんなさい！」

みんながふり返る前に、ぼく踵を返してかけだした。またやってしまった。空回りしてしまった。雨のなかで園芸作業なんて、青春ごっこかよ。みんなをずぶぬれにさせるほど、意味のある作業だったのかよ。だれかが風邪でもひいたら、どうすんだよ。これで花が枯れたら、どう責任とるんだよ！　歩道を走るぼくの横を、ザザーッと波のような音をたてて車が通りすぎていく。赤信号に立ち止まると、雨音に交じってさけび声が聞こえた。

「木下さーん！」菊池さんが、畳んだ傘をふってかけてくる。ぼくのそばまで来ると、ハアハア息を切らして、傘を差しだした。ぼくが傘を受けとると、菊池さんは口をとがらせた。

「なんであやまったりするの？　わたしたちが勝手に手伝ったんだし、楽しんでたんだよ。だいたい園芸に正解なんてあるの？　本によってもちがうし、やって失敗したら、それを次に生かせばいいんだよ。最初は枯らしちゃいけないって責任を感じていたけど、わたし当たって砕けることしかできないから、なんでも経験だって思うことにしたの」

なんという前向き思考。すごいな、菊池さんって。信号が青になり、菊池さんが手をあげた。

「じゃあね」

「あっ傘、ありがと」ぼくが傘を持ちあげると、菊池さんの表情がふわっと、やわらかくなった。

「木下さん、顔出しているほうがいいね。なんか安心する」ドキッと、胸が跳ねあがった。そうだ、マスクをはずしたままだった。鼓動がさざ波のように全身に伝わっていく。ぼくはふわふわした足取りで、横断歩道をかけ抜けた。

翌朝、ぼくは少し迷ったものの、マスクをつけるのはやめた。不安が強くなったらいつでもつけられるように、ジャージのズボンのポケットにつっこむ。マスクをはずして登校する気になったのは、菊池さんの言うとおり、表情が見えないのは、とっつきにくいだろうと思ったからだ。マンガによくある、仲間と強い友情で結ばれるという世界に憧れていた。でも、どうしたら、そんな友だち関係が築けるのかわからなかった。自分には無理だと、あきらめていた。でも、そうじゃなかった。いまでもぼくは、自分を守ることで精一杯だ。菊池さんみたいに、当たって砕ける勢いで友だち関係を築くのは、ぼくには難しい。けど、Ga一歩だけ、自分の枠から外に出てみたいと思った。植物栽培は、相手を知らなければ育めない。たぶん友だち関係も同じだろう。相手を知ろうとすることと、心を開いて自分を知ってもらう努力をしないと、親しい関係なんて築けない。

エレベーターのドアが開くと、ぱあっと、明るい日射しに包まれた。深夜まで降っていた雨が上がり、雲の間から日が射している。ポケットに手を入れてマスクに触れた。大丈夫、まだ行ける。横断歩道を渡ると、フェンスの向こうにグラウンドが見えた。

下校時、ぼくは剪定バサミを持って、正門の花壇に行った。正門を出ていくクラスの男子数人に「おつかれー」と声をかけられ、ぼくは軽く手をふり返した。クラスメイトとふつうにあいさつを交わせるようになったことが、うれしかった。下のほうの葉を切っていると、菊池さんとほんわかせんぱいがやってきた。

「花の具合はどう？」菊池さんが心配そうに聞く。

「大丈夫だけど、泥がついたところは、のぞいたほうがいいかなと思って切ってる」ぼくの返答に、ほんわかせんぱいがうなずいた。

「いまのところは元気だけど、土は湿っている。根っこがダメにならないといいんだけど……」

このまま水が抜けなかったら、根は腐る……。そのとおりなんだけど、なんか気持ちが引っかかった。園芸の楽しみは、植物が育っていく姿を見ること。楽しいから、もっと世話しようと思うのに、枯れるかもしれないとビクビクしていたら、つまらないよな。

「あの、ほんわかせんぱい」ぼくは、ほんわかせんぱいをまっすぐに見た。

「もしも枯れたら、冬を待たずに土壌改良しましょう。そこに挿し芽を植えましょう」みんながぽかんと口を開けた。

「ほんわかせんぱいだって、涼音にぴったりー」ぼっと顔が熱くなった。とっさに口もとに手をやり、マスクがないことに気がついた。

わー、無意識に言ってしまった。心の中のあだ名を口に出してしまった。

みんなが、どっと笑う。ふとまゆセンパイが笑いながら、ぼくに言った。

「ネーミングセンス抜群のキミ。キミの下の名前はなんというの？」

「広葉、広い葉っぱと書いて、広葉です」

「ひろはー？」ふとまゆセンパイが、目をまるくした。

「木下広葉って、栽培委員会の申し子のような名前だねえ」ほんわかせんぱいが、うなずく。

「うん、いい名前だよね。これからは、広葉くんって呼ばせてもらおうかな」

「わたしも」と、菊池さんも続いた。「そう呼んでいいよね、広葉くん」

ドキッと、胸が弾む。幼稚園以来、はじめてだ。親や親せき以外で、下の名前で呼ばれたのは。なんか、こそばゆくて、うれしい。

たぶんぼくは、日なたというより日陰で咲く花なんだと思う。だけど、日なただろうと日陰だろうと、知りあった全員に好かれることなんて、ないはずだ。これまで、ぼくは傷つかないようにびくびくしてきた。人を傷つけないようにと気を付けてきたのも、結局は傷つけたことで嫌われるのが怖かっただけだ。菊池さんは傷つくのも傷つけてしまうことも、すべて引き受けると決めているのだと思う。阪田は好かれるために、人に合わせようとはしない。自分のペースでやっている。

心に影を落としていた気持ちが、さぁっと晴れていく。なんで息苦しく思っていたんだろう。もともとぼくは自由だったのに。どうするかを決める権利は、ぼくにあったのに。ほかのだれでもない、ぼくが「上層」とか「下層」とか、人を層で分けていたんだ。他人も自分もきゅうくつな枠組みに入れて、なにを守ろうとしていたのだろう。結果を引き受ける覚悟があれば、自由になれる。うまくいかなければ、方向を変えればいいんだ。

もうマスクはいらない。これからはぼくを知ってもらえるよう、もっと話そう。みんなを知るために、もっと話を聞こう。

Gbなにもかもがまだまだこれから、ぼくが伸びていくのはここからだ。

ぼくはみんながいる正門に向かって、かけだした。

（ささきあり『天地ダイアリー』〈フレーベル館〉より）

(一)　——線Aとありますが、この気持ちと同じことを表している最もふさわしい一文を探し、はじめの六字を書きなさい。

(二)　━━線①～③を漢字に直しなさい。必要なら送りがなも書きなさい。

(三)　……線Bとありますが、入学当初に感じていた「菊池さん」と「阪田」の「色」は、どのようなものでしたか。文中からそれぞれ十字で探して書きなさい。

(四)　〰〰線Cとありますが、このとき「ぼく」は菊池さんの内面に気づきました。[　C　]にふさわしい言葉を考えて書きなさい。

(五)　‖線Dとありますが、なぜそう感じたのですか。理由がわかる最もふさわしい一文をさがし、はじめの六字を書きなさい。

(六)　……線Eとありますが、それはなぜですか。自分のことばで書きなさい。

(七)　[　　]ア～エに最もふさわしいことばを、つぎの1～4から選び、番号で書きなさい。

1　はりつめていた気持ち　　2　申し訳ない気持ち
3　くすぐったい気持ち　　4　ほほえみたくなる気持ち

(八)　≋≋線Fについて次の問いに答えなさい。

①　「阪田の注いだ水」とはどのようなことを表しているのか、書きなさい。

②　「停滞した空気を押し出す」ことによって、「ぼく」が気づけたことを書きなさい。

(九)　- - -Ga、Gbとありますが、栽培委員会の活動を通して「ぼく」はどのように変わりましたか。「ぼく」の成長を文章全体から考えて、自分のことばで書きなさい。

□二　つぎの文章を読んで、あとの問題に答えなさい。

私が二十代の時に最初に出した本は、アジア各国のスラムや路上で寝泊まりし、そこで暮らしている障害者や物乞いたちと一緒に暮らして、彼らの生活を内面から描いていくというルポルタージュです。路上で物乞いをしている地雷で足を失った元兵士、マフィアによって手足を切断されて物乞いをさせられているストリートチルドレン。そんな人たちが織りなす人生ドラマが描かれています。他の作品においても、一般に危険だとかつらいといわれる場所が舞台となっています。いわゆる、日本の日常で生活をしている限りはほとんど接することのない[　a　]の世界で生きる人々のドラマを描いているのです。

みなさんの中にはこう考える方もいらっしゃるのではないでしょうか。「そんな悲しい場所へ行ったところで、つらいだけではないですか。そもそもそんなところに感動するものなどあるのでしょうか」

しかし、それはあくまで決まりきった角度からのみ現実を見ているからなのです。ここではっきりと申し上げておきたいのが、現実はかならず[　b　]を持っているということです。一つの出来事にも様々な面がある。一つの側面から見れば直視にたえないほど悲惨な光景であっても、別の面には愛おしくて涙を流したくなるような光景があったりするのです。

インドのコルカタという町にいた時のことです。この町には数万人の人が路上で寝起きしているといわれています。日本全国のホームレスを合わせた数の何倍もの路上生活者が一つの町で暮らしているのです。この中の一人に、マドゥという六十代の女性がいました。彼女はずいぶん前から体調を崩しており、病院で調べてもらったところ、手術をしなければ数カ月で死んでしまうと告げられました。ですが、路上で暮らすマドゥには手術費用などありません。保険にも入っていなければ、国が高額な手術費を負担してくれることもないのです。コルカタの夏は、気温が四十度をゆうに上回り、すさまじい湿気が町を覆いつくします。彼女は路上にゴザを敷いて横たわり、骨と皮ばかりに痩せ細って死を待っていました。彼女はもうほとんどしゃべることすらできない状態で、一瞥した(ちらりと見た)だけでは生きているのか死んでいるのかさえわかりませんでした。貧しい国では、お金がないとこんなふうに死んでいかなければならないのか。私は路上生活者の不幸な境遇を目にしてやりきれない思いにとらわれました。路上には［ｃ］だけが広がっていると感じました。

しかし、毎日のようにマドゥのところへ行っているうちに、彼女の元に男性が一人、毎日会いに来ていることがわかりました。路上の薬草売りです。路上生活者はお金がなく、薬が買えません。彼はそんな人たちに雑草をすりつぶしただけの薬草を売ったり、物々交換をしたりして暮らしていたのです。最初、私はこの薬草売りが瀕死のマドゥをだましてお金を取ろうとしているのだと疑っていました。ですが、薬草売りはマドゥからお金をもらうことはしていませんでした。それどころか、無償で薬草をあげていた。彼はマドゥに対してこう言っていました。

「この薬草を飲めば治りますからね。お金は要りません。その代わり、もし病気が治ったらご飯でもご馳走してください。温かいナンを甘いチャイで一緒に食べたいですね」

彼は薬草を与えるだけでなく、下の世話をしてあげたり、手を握りしめて歌をうたって聞かせてあげたりしていました。マドゥも彼が一日一回やって来るのを楽しみにしている様子でした。元気な時には、薬草売りがうたう歌を一緒になって口ずさんだこともありました。印象に残っているのは、お祭りの日のことです。薬草売りは、首から花輪を下げて知り合いのストリートチルドレンたちとともにやって来ました。そしてストリートチルドレンたちにマドゥの前で流行っている映画の主題歌を熱唱させ、自分はまるで俳優のように踊ってみせたのです。この日のマドゥは意識がはっきりしていたこともあり、嬉しそうに涙ぐんで踊りを見つづけていました。私はその場にいあわせて、マドゥにとって薬草売りは死の恐怖と孤独を埋めてくれる存在なのだなと思いました。家もなければ、手術費用もない彼女にとって、薬草売りは自分を支えてくれる存在だったのです。

数日後、マドゥは静かに息を引き取りました。その半日前から薬草売りがやって来て彼女の手を握りしめていました。近くの路上生活者がマドゥが瀕死の状態に陥っているのに気づいて彼を呼んだのです。亡くなったマドゥはやつれてはいましたが、安らかな顔でした。後日、私はこの薬草売りに会ってこう尋ねました。なぜマドゥが死ぬまで世話をしつづけたのですか、と。彼自身、路上生活をしており、他人にかまっている余裕などなかったはずだからです。薬草売りは私の質問にこう答えました。

「私は薬売りだ。薬売りは、病気の人の苦しみを和らげるためにいるものだ。ただし人はいずれ死ぬし、薬ですべての病気を治せるわけではない。もし治せないのならば、手を握って励ましてあげればいい。そうすれば苦しみは和らぐから」彼の真っ直ぐな言葉が、私の胸に突き刺さりました。

　薬草売りはこうも言っていました。

「この町の路上で暮らしていたら、なかなか医者の助けを得ることはできない。だから、一人ひとりが仲良く励まし合っていけたらいいと思う。私自身も、死が差し迫ったら、そうしてもらいたいから」

これは路上の良心とでも呼べるものでしょう。路上で暮らす人々は政治や権力から見放されているからこそ、良心で支えあっているのです。

もし「病院で治療を受けられない貧しい路上生活者が死んでいった」という目線で見れば、とてもつらいことです。私自身、悲しみこそ感じるものの、「これを本にして人に伝えたい」とは思わないかもしれません。でも現実にはかならずしも一面しかないわけではないのです。実際にその現場に足を運んで一部始終を見れば、いろんな面があることがわかります。マドゥの場合であれば、「薬草売りが必死になって励まして安らかに最期を迎えた路上生活の女性」という面も見えてくるのです。そして、こうした面からマドゥの最期を考えれば、彼女は路上に生きる人々の良心に囲まれて幸せに逝くことができたということがわかるでしょう。薬草売りが最期までマドゥの手を握って励ます姿と、マドゥの安らかな死に顔に感動し、なんとか人に伝えたいと思った。ウそこにこそ、私たちが目を向けなければならない大切なことがあると直感的に確信した。だから活字にしようと思ったのです。

　では、なぜ過酷で壮絶だったりする現場に赴くのか。それは過酷な現場であればあるほど、「人間の美しさ」が見やすいからです。コルカタの路上では人間が裸同然でうごめくように生きています。薬草売りのマドゥに対する善意がはっきりと目に見え、それが泣きたくなるほど温かな行為として感じられる。そして、薬草売りとしての美しさが鮮明に浮き上がるのです。つまり過酷な現場を見たいから行くのではなく、より多くの人間の輝きを発見できるからこそ赴くのです。

（石井光太『世界の美しさをひとつでも多く見つけたい』〈ポプラ新書〉より）

㈠ □ａ～ｃに入る最もふさわしいことばを、つぎの語群から選び、番号で書きなさい。

1　多面性　2　無限　3　安楽

4　極限　5　必然性　6　絶望

㈡ ――線アとありますが、それはどのような様子だったのですか。文中のことばを使って書きなさい。

㈢ ……線イとありますが、マドゥにとって薬草売りはどのような人だったのですか。解答らんに続くように、文中から十四字と九字でそれぞれ探して書きなさい。

・□□□□□□□□□□□□□□人（14字）

・□□□□□□□□□人（9字）

㈣ 〰〰線ウとありますが、「大切なこと」とはどのようなことですか。薬草売りの言葉から考えて、自分のことばで書きなさい。

日本大学豊山女子中学校(四科・二科)

—50分—

〔注意〕 字数が指定されている場合、句読点や符号(ふごう)も一字と数えます。

一 次の各問いに答えなさい。

問一 次の——線のカタカナを漢字に直しなさい。ただし、送りがなはひらがなで書きなさい。

祖父と一緒(いっしょ)に畑をタガヤス。

問二 次の熟語の読みの組み合わせとして適切なものを一つ選びなさい。

値段

ア 音読み＋音読み　イ 音読み＋訓読み
ウ 訓読み＋音読み　エ 訓読み＋訓読み

問三 次の熟語で他と構成の異なるものを一つ選びなさい。

ア 紅白　イ 進行　ウ 下降　エ 樹木

問四 次の意味を持つ四字熟語を一つ選びなさい。

物事をおおげさに言うこと

ア 一騎当千(いっきとうせん)　イ 空前絶後　ウ 針小棒大　エ 本末転倒(ほんまつてんとう)

問五 次のことわざの意味として最も適切なものを選びなさい。

ぬかにくぎ

ア 中途半端(ちゅうとはんぱ)で役に立たないこと
イ 手応えややりがいがないこと
ウ 前後関係や筋が通らないこと
エ 相手に重ねて注意すること

問六 次の文で——線の言葉の使い方として、適切でないものを一つ選びなさい。

ア 新しい習い事は初対面の人ばかりで、気が置けなかった。
イ 近所にスーパーができるという情報を、小耳にはさんだ。
ウ みんなで力を合わせて戦ってきたが、決勝戦で涙(なみだ)を飲んだ。
エ 昨日友達と行った美術館で、一つの絵画に目を奪(うば)われた。

問七 「欠点を言われて聞くのがつらいこと」という意味の慣用句になるように、［　］に入る適切な言葉を一つ選びなさい。

耳が［　］

ア 痛い　イ 早い　ウ 遠い　エ 辛(つら)い

問八 次の——線部と同じ用法のものを一つ選びなさい。

駅までの道を聞かれる。

ア 水をあげないと花がしおれる。
イ 教室で先生に名前を呼ばれる。
ウ 父より兄の方が速く走れる。
エ 川に落ちた花びらが流れる。

問九 次の［　］に入るカタカナ語として適切なものを一つ選びなさい。

相手の気持ちを言葉の端々(はしばし)の［　］から読み取る。

ア バラエティー　イ ニュアンス
ウ コンテンツ　エ インパクト

問十 次の短歌の中で季節が異なるものを一つ選びなさい。

ア 野の中に暮るる一つ家いやましにこがらしのなかに静もれるかも
(島木赤彦(しまぎあかひこ))

イ　こほろぎのしとどに鳴ける真夜中に喰ふ梨の実のつゆは垂れつつ　（若山牧水）

ウ　柿の実のあまきもあらぬ柿の実のしぶきもありぬしぶきぞうまき　（正岡子規）

エ　金色のちひさき鳥のかたちしていちょうちるなり夕日の丘に　（与謝野晶子）

二　次の文章を読んで、後の問いに答えなさい。

私たちは多くの場合、言葉に対して次のようなイメージを抱いています。

まず、「私」のなかに、言葉になる前の考えや感覚がある。そしてその考えや感覚が、それと対応する言葉に置き換えられ、相手に対して発される、というイメージです。私のなかにある考えや感覚は、私にしかわからない、私だけのものであり、そもそも他者と共有できるものではありません。それに対して、「言葉」とは、他者と共有することができるものです。言葉と合体することによって、「私」のなかにある考えや感覚は、他者と共有できるものになるのです。

たとえば「私」が、たんすの角に足の小指をぶつけてしまい、「痛い！」と叫ぶとしましょう。このとき「痛い」という言葉は、「私」が感じた痛みの感覚と結びつき、その感覚が言語へと翻訳されたものである、と考えることができます。

だから、なぜ「痛い」と言ったのか、と問われるならば、その答えは次のようなものになります。つまりそれは、「私」が「痛い」という言葉に結びつけられるところの、痛みを持っているからです。この痛みそのものを他者と共有することはできません。痛みの感覚は、あくまでも言葉になる前の、私的なものであるからです。それを他者と共有できるのは、その痛みの感覚が「痛い」という言葉に置き換えられるからにほかなりません。

「え、何をあたりまえのことを言うんだ」と思いましたか？　そう思われても不思議ではありません。実際、哲学の歴史においては長きにわたって①このような捉え方があたりまえだと考えられてきました。ところが、この考え方の問題を指摘した人物がいます。イギリスを中心に活動し、「言葉」に関する現代の哲学に多大な影響を与えた哲学者、ルートウィッヒ・ウィトゲンシュタイン（１８８９―１９５１）です。

なぜ私たちは、私的な感覚である痛みを、「痛い」という言葉と対応させ、その言葉で表現することができるのか。この問いに対して、ウィトゲンシュタインは次のような革命的な答えを示しました。

彼によれば、「私」の考えや感覚と言葉の間には、そもそも対応関係などはありません。そうではなく、ただ、その場そのときのルールに拠ると「痛い」と言うことが適切だから、「私」は「痛い」と言うのです。対応関係がそもそもない！　これはびっくり仰天な発想です。

彼が考えていたのはこういうことです。私たちは、言葉を話すとき、その場のルールに基づいて、そのときそのときにもっとも適した言葉を選んで話しています。この「ルール」が大切なのです。私たちがあるときにある言葉を発するのは、その言葉に対応する何かが私たちのなかにあるからではなく、そのときにはそう言うのが最善だから、そういうふうに私たちのコミュニケーションのルールが決まっているからにほかなりません。

だから、「なぜ私たちは、私的な感覚を、ある言葉に対応させて表現し、他者に伝えることができるのか？」という問いは、考えてもしかたのないことなのです。

「『私』はなぜ、自分の感じているこの痛みと、『いたい』という３文字とを対応させることができているのか」なんて、そもそも示すことができません。しかし、そんなことなどわからなくても、「私」は(多くの場合、自分でも意識せずに)その場のルールに従うことで、その言葉を選んで使い、他者とやりとりができている。その分には何の②シショウもないのです。

ウィトゲンシュタインは、このように一定のルールに基づいて交わされる言葉のあり方を、「言語ゲーム」と呼びました。これは、私たちの言葉に対するイメージを大きく変える発想です。しかし、同時に、日常的な言葉のやりとりがどのように成り立っているのかをうまく説明してくれる考え方でもあります。

もう一度、たんすの角に足の小指をぶつけたときのことを考えてみましょう。そのときあなたは「痛い！」と言うわけですが、しかし、どこかに足の小指をぶつけたとき、どんな状況でも必ず「痛い！」と言うわけではないでしょう。たとえばあなたがものすごく偉い人と話していて、礼儀正しくしていなければならないとき、ふとした弾みでたんすの角に足の小指をぶつけても、きっと「痛い！」と叫んだりはしないはずです。何か大きな③サイガイが起こり、あわてて家を出て避難するとき、たんすの角に足の小指をぶつけたとしても、「痛い！」とは言わず、ともかく先を急いで走るかもしれません。あるいは、廊下を歩いていて、角を曲がったところに置いてあったたんすの角に足の小指をぶつけ、転びそうになったとしたら、むしろ「誰だよ！　こんなところにたんすなんて置いたのは！」などと言うかもしれません。

ある状況では「痛い」と言うのに、別の状況では「痛い」と言わない。なぜでしょうか。もしも「言葉は私的な感覚と結びついて発されるものだ」と捉えるなら、その理由はうまく説明できません。しかし④言語ゲームの理論に従えば、簡単に説明できます。つまり私たちは、言葉を私的な感覚と対応させて話しているのではなく、自分の置かれている状況において、その場での最善のアクションとなるような言葉を話しているにすぎないから、ということです。

ただし、ここで注意しておくべきことがあります。それは、言語ゲームにおいて私たちが従うルールは決して一つではない、ということです。いや、そもそもそうしたルールには、公式／非公式といった区別もなければ、ルールブックも存在しません。確かにそこにはルールがありますが、そのルールには無数の⑤バリエーションが存在し、そして刻々と変化しつづけていくのです。

言葉をこのように捉えるなら、⑥Twitterで日々繰り広げられているコミュニケーションは、実は極めて複雑な言語ゲームなのだと考えることができるでしょう。

Twitterの「つぶやき」は、「ひとりごと」という形で語られます。しかも、１４０字という字数制限があるため、そこに記される情報はかなりシンプルであり、いったいどのような意図で、どのような文脈のなかで書かれたものなのか、背景が見えにくくなっています。

だからこそ、「つぶやき」を目にした人は、それを自分に都合のよいルールに基づいて解釈し、反応することができます。たとえて言うなら、何のスポーツをしているのかわからない相手から飛んできたボールに、自分がプレーしているスポーツの流儀でリアクションするような状況です。もしもあなたが野球をしているならバットで打ち返すでしょうし、バレーボールをしているなら強烈なレシーブを決めるでしょう。

しかし、そうしたリアクションは、当然のことながら、相手の立場からすれば不適切な対応になりえます。相手はサッカーをしているつもりなのに、そのボールをあなたがバットで打ち返してくるかもしれないからです。Twitter上で起こるトラブルの多くは、そうした言語ゲームの誤解に基づくものなのではないでしょうか。

あるいは、フォロワーが１００人の人の投稿が、フォロワーが10万人の人にリツイートされたとしましょう。すると、その投稿の持つ意味合いはずいぶん変わってしまいます。それもまたスポーツにたとえて考えるなら、友達と一緒に公園でサッカーをプレーしていたはずなのに、何かの魔法によって突然、満員のスタジアムにワープさせられたような状況です。友達の前だからこそできるふざけたプレーも、スタジアムのまんなかでやれば「不適切だ」とされてブーイングを浴びるかもしれません。これも、言語ゲームのルールが急変することによって生じるトラブルである、と考えることができるでしょう。

ウィトゲンシュタインは、哲学の役割を「ハエとり壺のハエに出口を示してやること」だと説明しました。ある問題に頭を悩ませるとき、私たちは多くの場合、問題そのものが難しいから答えを出せないのだと考えてしまいます。しかし彼の考えでは、その本当の理由は、むしろその問題を考えるために適した言葉を使えていないという点にあるのです。まちがった言葉で考えているからこそ、私たちは「ハエとり壺」のなかに迷いこんだハエのように、行き先を見失って［Ａ］をしてしまいます。そこから脱出するためには、問題そのものの解決を急ぐのではなく、より適した言葉で思考することが必要です。腕を組んで「ムムッ」と考えこむ前に、まず言葉を柔軟に使いこなせるようにならなければならないのです。

おそらく、私たちがＳＮＳを使用するときにも、同様の注意を払う必要があるでしょう。ある投稿について、「これが何を言っているのかまったく明白で、よく理解できる」と思ったとしても、投稿した人は、その言葉に「私」には想像もできないような意味を担わせているかもしれません。同じようにボールを蹴っていても、「私」と他の人が則っているルールはまったくちがっているかもしれません。⑦ＳＮＳとは、そうした可能性を内部に抱えている、ベリーハードな言語ゲームが展開されている場にほかならないのです。

（戸谷　洋志『ＳＮＳの哲学　リアルとオンラインのあいだ』〈創元社〉）

問一　――線①「このような捉え方」の説明として最も適切なものを選びなさい。

ア　言葉は人の考えや感覚を研究対象とする哲学が取り扱う分野であるということ。

イ　言葉は「私」のなかにある考えや感覚と結びついて発されるものであるということ。

ウ　言葉は「私」のなかにある考えや感覚を他者と共有するために発明されたものであるということ。

エ　言葉は抽象的な考えや感覚を具体化する翻訳機能を備えたものであるということ。

問二　――線②「シショウ」・③「サイガイ」を漢字に直しなさい。

問三　次の文は、――線④「言語ゲームの理論」を説明したものです。［1］・［2］に入る語を1は三字、2は二字で文中から探し、答えなさい。

人のコミュニケーションにはその場で従う［1］が存在し、それに基づき私たちは最適な［2］を選んで使い、他者とやり取りをしているということ。

問四　――線⑤「バリエーション」の意味として正しいものを一つ選びなさい。

ア　解釈(かいしゃく)　イ　権限　ウ　種類　エ　秩序(ちつじょ)

問五　――線⑥「Twitterで日々繰り広げられているコミュニケーションは、実は極めて複雑な言語ゲームなのだ」とあるが、コミュニケーションが極めて複雑になる理由としてあてはまるものを二つ選び、記号で答えなさい。

ア　リツイート機能を持つTwitter上の言葉は、投稿時には想像もできない状況下で読み手に届く可能性があり、コミュニケーションのルールが状況に合わせ急変することがあるから。

イ　私的な「つぶやき」として投稿された言葉は、Twitterのリツイート機能により多くの読み手に届き、投稿者が用いたコミュニケーションのルールにはなかった社会性を帯びることがあるから。

ウ　Twitter上に半永久的に残る言葉は、各時代のコミュニケーションのルールに照らし意味合いを変化させ、読み手の立場からすれば不適切な内容だと批判されることがあるから。

エ　私的な「つぶやき」として限られた字数で投稿されるTwitter上の言葉は、背景が見えにくく読み手に都合のよい解釈を許し、コミュニケーションのルールが誤解されることがあるから。

問六　［A］に入る語を一つ選びなさい。

ア　一進一退　イ　尻込(しりご)み　ウ　早合点　エ　堂々めぐり

問七　――線⑦「SNSとは、そうした可能性を内部に抱えている」とあるが、この場合、どのような可能性が考えられるか。本文の内容に沿ってわかりやすく、四十字以内で二つ答えなさい。

問八　次に示すのは、戸谷さんの文章を読んだ後の、花子さんとある友だちとのやり取りです。会話文中の［B］に入る文章として最も適切なものを選びなさい。

> 花　子―私は毎日、好きな歌手のInstagram(インスタグラム)を見ることが楽しみです。でも、あるとき、一つの投稿が批判を受け、いわゆる「炎上(えんじょう)」騒(さわ)ぎになったことがありました。なぜ突然、このような「炎上」騒ぎが起きるのか不思議でしたが、筆者の戸谷さんの文章を読んで、SNS上のコミュニケーションがいかに難しいものなのかわかりました。
>
> 友だち―InstagramやLINE(ライン)はとても気軽で、私たちの生活に欠かせないコミュニケーション手段ですが、その一方で、SNS上に投稿するときには非常に慎重になる必要がありますね。
>
> 花　子―はい、私たちにとって欠かせないコミュニケーションの場だからこそ、その特徴をよく理解し上手に活用していきたいです。

友だち―戸谷さんの文章を読んで、SNS上のコミュニケーションにおいて大切なことは何だと考えましたか。花子さんの考えを教えてください。
花　子―［　B　］
友だち―そうですね。その上で積極的に色々な人々とつながり、コミュニケーションを楽しみたいですね。

ア　SNS上のコミュニケーションにおいては、常に一つのルールに則ることで、状況が刻々と変化しても最善の反応ができるようにすることが大切だと考えました。
イ　相手が発する言葉の意味合いを慎重に読み取り、言葉で物事を的確に表現し伝えられるように、言葉を柔軟に使いこなす力を身につけることが大切だと考えました。
ウ　InstagramやLINEなどのSNS上で発言するときは、投稿に利用するSNSの特徴をよく理解し、自分に合った最善のものを選択することが大切だと考えました。
エ　言葉は自分の考えや感覚と対応するものであり、他者と積極的に言葉を交わし共有することで、自分を理解してもらうよい機会とすることが大切だと考えました。

三　次の文章を読んで、後の問いに答えなさい。

「将来の夢」と課された作文に、田口莉帆(たぐちりほ)は「いるかのしいくいん」と書いた。一年生のときまではピアニストになりたいと思っていたけれど、二年生の夏休み、両親とともに訪れた動物園でいるかのショーを見た直後、莉帆は将来の夢を変更(へんこう)した。ピアノをやめて水泳を習うのに、母親は最初かなり反対した。①投げ出し癖(ぐせ)がつく、というのが理由だった。やりたいことはなんでもやらせる主義の父親が賛成してくれて、二年生の秋から莉帆はスイミングスクールに通っている。

「莉帆っち、半分食べる?」コンビニエンスストアから出てきた朝倉(あさくら)すずは、湯気の出ている包みを差し出す。「あんこじゃないよ、ただの肉まんでもない、チャーシューまんだよ」

「え、いいの」莉帆はつばをのみこんで、一応は訊(き)く。

「いいよいいよ」②いつものように言いながら、すずはチャーシューまんを半分に割って、莉帆に差し出す。二人並んで歩きながら、あたたかいそれを頬張(ほおば)る。

「チャーシューがうまい」莉帆はつぶやく。

「チャーシューをおうちで作ったときチャーシューまんも作れるね」すずが言う。

「えっ、チャーシューっておうちで作れるの」

「作れるよ、かんたんだよ。でもこの皮を作るのはむずかしいかもしれない」

スイミングスクールで知り合ったすずは、莉帆と同じ小学五年生で、同じ沿線に住んでいて、高校まで続く私立の学校に通っていて、将来の夢はオリンピック選手らしいけれど、どの種目もそんなに早くない。さらにはお金持ちで、帰り道のコンビニでいつも「重みのあるおやつ」を買い、買い食い防止のためにおこづかいを持たされていない莉帆に、気前よく分けてくれる。

「将来の夢って作文に、いるかの飼育員って書いたんだけど、でもその前に私は③ひとりで暮らして毎日お肉を食べるのが夢。そっちの夢のほうがほんとうの気がする」チャーシューまんを食べながら話すと、息も白い。莉帆の母親は肉が好きではない。アレルギーではないが、ちょっとの量でも「もたれる」のだと言う。だから食卓には魚と野菜ばかりが並ぶ。たまの日曜日、父親が料理するときだけ、焼きそばやカレーに肉が入る。でも決まって鶏肉だ。大人になったらチャーシューもかんたんに作れるようになりたいと、切実に莉帆は思う。

「いるかじゃなくて焼き肉屋さんにしたら？」すずがさらりと言い、莉帆はびっくりする。

「焼き肉屋さんかぁ！　でもさ、焼き肉屋さんって焼き肉を毎日食べていいの？」莉帆は焼き肉店にいったことがない。だから、お店の人がどんなふうなのかまったくわからない。

「お店が終わったあとなら食べていいんじゃない？　あっ、でもやっぱりその夢はやめて。焼き肉屋さんになるなら、スイミング必要ないじゃん。私はずっと莉帆っちと泳いでいたいよ」

「私だってそうだよ、スイミングはやめないよ」

駅が見えてくる。駅の近くにはファストフード店や飲食店がたくさんある。焼き肉店もある。最後のひとかけらをのみこんで、いるかの飼育員と焼き肉店経営をどうすれば両立できるか、真剣に考えはじめる。

新年、田口莉帆ははじめて焼き肉店に足を踏み入れた。

毎年、元旦は自宅で過ごし、二日、三日に祖父母宅にいく。たいてい二日が大宮の祖父母宅(母親の実家)、三日が宇都宮の祖父母宅(父親の実家)で、宇都宮で一泊する。

父方の祖父母宅で、莉帆のいとこたち――父の兄の子で、高校生の龍太と中学生の光貴の二人が、おせちはもう食べたくない、焼き肉食べたいと猛烈に言い募って、総勢九人で焼き肉屋にいったのだった。

「こんなにおいしいものを知らずに生きていたんだって、泣きそうになっちゃったよ」

スイミングを終えて駅まで向かう④道すがら、すずの買ったからあげクンのお裾分けを食べながら莉帆はお正月の話をする。まだ一月の半ばなのに、商店街からはお正月の気配が消え、大人たちが⑤せわしなく駅へと歩いている。

「焼き肉屋さんになりたいって思った？」すずが訊く。すずは年末年始、沖縄にいっていたらしい。

「でも、お店が閉まってから食べられるとしたら、お客さんのところにお肉を運ぶのがかなりつらいと思ったよ。だから考えたんだよね。私はいるかの飼育員になって、焼き肉屋の人と結婚したらいいんじゃないかなあ。帰ったら毎日焼き肉。ともかくスイミングはやめないよ」

「私は餅だな」からあげクンの空き箱をレジ袋に入れて、すずが言う。

「もちって、お餅？　白い餅？」

「私の夢はオリンピック選手になることだけど、莉帆っちとおんなじに、ほんとうの夢もあって、それは選手を引退したあとに、毎日毎日、毎日毎日餅を食べて暮らすの。餅屋の人と結婚するんじゃなくて、自分で餅を作って毎日いろんな味で食べる」

「いろんな味……」あまりに驚いて莉帆はすずのせりふをくり返す。すずが、そんなに餅好きだとは知らなかったのだ。というか、餅好きの人が世界にいるなんて、考えたこともなかった。「定番は磯辺とか大根おろしだけど、チーズも合うし、マヨもトマトもいける。甘いのもあんこだけじゃなくてキャラメルとかチョコとかね。沖縄の餅ははじめて食べる味だったけど、それも好きだった」白い息を吐きながらすずは話す。「引退するまでは、太るからたくさんは食べられないでしょ？　だから食べたい気持ちをためておいて、引退したら餅を食べ続けるの」

　莉帆は尊敬のまなざしですずを見る。前から思っていたけれど、⑥すずはすごい。餅は、お雑煮とお汁粉と磯辺焼きしか知らなかった。それに何より、餅屋の人と結婚するんじゃなくて、自分で餅を作るというのが、自分の夢よりかっこいい気がする。

「中学生になっても、スイミング続けようね、すず。餅を食べ続けるために、がんばろうね」

　駅にたどり着き、ホームで別れるときに莉帆はすずに言った。すずは笑顔でうなずくと、反対側のホームに向かって歩き出し、振り向いて一度手を振り、走っていく。

　スイミングスクールからの帰り道で、朝倉すずは毎回コンビニエンスストアに⑦ヨッテ、チャーシューまんとか唐揚げとか、重みのあるおやつを買って、田口莉帆に気前よく分けてくれる。スイミングのあとは気持ちが獰猛になるくらいおなかが空いているので、申し訳ないと思いつつも、莉帆はすずの買い食いを心待ちにしていた。

　ところが二月のその日、すずはコンビニエンスストアを素通りした。

「えっ」と思わず莉帆は声を出す。「ヨラナイの？」言ってから、なんだかたかりみたいに聞こえなかったかと不安になり、「あ、そういうんじゃないんだけど」とつけ足した。

「ダイエットすることにしたの」と、通り過ぎたコンビニエンスストアをちらりと振り返ってすずは言う。「だから間食はしない」

「ダイエット！」あまりのことに莉帆は大きな声を出し、すずににらまれる。「だってすずはぜんぜん太ってないし、そんなの必要ないよ」

「好きな人ができたんだよ」ぐるぐる巻きにしたマフラーに顔の半分を埋めるようにしてすずは言う。「だからもっとかっこよくやせて、買い食いとかしない人になろうと思って」

「好きな人ってだれ？　スイミングのだれか？」スクールでおなじクラスの男子たちを思い浮かべるが、すずが好きになるのに⑧値するような子は思いあたらない。

「だれにも言っていないんだけど、莉帆っちとのあいだに⑨ヒミツは持ちたくないから、言うね」立ち止まることなく歩きながら、思い詰めた表情ですずは言う。「アンドリュー先生。一月から通いはじめた英会話学校の先生なの。オーストラリアから去年日本にきたんだって」

　莉帆は何か言いたいが、言うべき言葉が見あたらない。大勢の大人たちが足早に駅に向かって歩いている。⑩すずも彼らに交じって急に足早に立ち去っていくような気がして、莉帆は焦る。

「その人、お餅とか知ってるかな……」とつぶやいたのは、すずの将来の夢を思い出したからだ。毎日餅を作って食べるというのが、先月に聞いたばかりのすずの夢だ。外国人は餅なんて食べないのではないかと不安になったのだ。

「餅はおいしいし、好きになるんじゃないかな。納豆からみ餅は無理かもしれないけどさ。でも、他文化を尊重する人だと思う、アンドリューは」

　莉帆はもう何も言えず、ホームですずと別れて、大人たちで混んだ電車に乗りこんだ。他文化。アンドリュー。オーストラリア。英会話学校。

恋。恋。恋。すずの言葉の断片がぐるぐると頭のなかをまわる。餅のことなんか言った自分が、馬鹿みたいに思える。

　学校のクラスでも、だれがだれを好きという話は飛び交っているが、すずの恋は、そんなのとはまったく違う気がする。すずは本気だ。大人の恋だ。だからもう重みのあるおやつも買わない。二人で、チャーシューまんやからあげクンを半分こして食べながら歩いた日々が、ものすごく遠い、そしてものすごく満ち足りた時間として思い出される。⑪おなかがグーっとかなしく鳴り、莉帆は泣きたい気持ちになる。

　今まで何もなかったみたいにすずがコンビニエンスストアにすーっと入っていったのは、桃の節句も間近な、まだ空気の冷たい日だった。え？え？　いいの？　と思いながら、莉帆はすずに続いて店内に入る。暖房が効いていて、おでんのだしの匂いがして、雑誌コーナーで何人かの大人が立ち読みしている。すずはまっすぐレジに向かうと、

「おでんください。えーと、つくねとがんもと、玉こんとウインナー巻きと」そこまで言って莉帆を振り返り、「たまご食べる？」と確認してから、「たまご二つと、あと、あと、あと、餅きんちゃく！」意を決したように言う。

　お箸を二膳もらって、コンビニエンスストアのドアのわきに立って、湯気を上げるおでんを二人で分ける。すずが、買い食いしない宣言をしたのは二週間前だ。

「いいの？　あの、ダイエット」おずおずと莉帆は訊く。ウインナー巻きはあげるというので、ありがたくもらう。うっとりするくらいおいしくて、体の芯からあたたまる。

「おでんはローカロリーだからいいんじゃないかと思って。冷えは女の大敵だしね。こんにゃくは私がもらうね」

「すず、いつも分けてくれてありがとう。私、おこづかいもらってないから、なんにもお礼ができないけど……」

「いい、いい、そんなこと。ひとりで食べるより二人で食べたほうがおいしいもん」

「アンドリュー先生は元気？」

「元気だよ。私の通う英会話学校は、毎回先生が違うから、毎週会えるわけじゃないんだけど、でもそのほうが長続きすると思うんだ、恋は」

あいかわらず大人っぽいことを言うすずを、莉帆は尊敬のまなざしで眺める。すずはこんにゃくにかぶりつきながら、「莉帆っちはいないの？好きな人」と訊く。

「いないよ、うちの学校の男子はみんなガキで下品だし、スイミングにだってかっこいい子はいないしさ……」

「ま、恋ってのはとつぜん落ちちゃうものだから、焦ることないよ」と言い、すずは箸で餅きんちゃくをつまみ、せりふとは裏腹な子どもじみた顔でじっとそれを見つめ、意を決したようにぱくりと噛みつく。もぐもぐと咀嚼し、「あぁ！」空を仰いで真っ白い息を盛大に吐いて叫ぶ。「おいしい！　餅おいしい！　迷ったけど買ってよかった！」満面の笑みで莉帆を見る。

　大人っぽい恋をしているしアンドリューだし冷えは女の大敵なんて言うし、日に日に遠い存在になっていくように思えていたすずが、自分と同じ十一歳の女の子だとふいに実感して、莉帆はうれしくなる。

「六年生になってもスイミングやめないよね？」莉帆は念押しするように訊く。

「やめるわけないよ、オリンピック選手になるんだから。英語だってそのためにはじめたんだから」すずが言い、二人で顔を見合わせてから、器（うつわ）のなかのたまごをひとつずつ、箸でつまむ。

【角田　光代「それぞれの夢」(『ゆうべの食卓』〈オレンジページ〉所収)】

問一　――線①「投げ出し癖」のここでの説明として最も適切なものを選びなさい。

ア　どんなことも周りの人に決めてもらう癖
イ　目標を達成する前にあきらめてしまう癖
ウ　すぐに言い訳して努力が長続きしない癖
エ　できないことにぶつかると逃げ出す癖

問二　――線②「いつものように」の「いつも」の内容を一文で探し、最初の三字を答えなさい。

問三　――線③「ひとりで暮らして毎日お肉を食べるのが夢。」の理由として最も適切なものを選びなさい。

ア　家で肉を焼くと、肉でもたれて母親の具合が悪くなるのが申し訳ないから。
イ　家の食事で時々出される肉の量が少なく、栄養不足になるのが心配だから。
ウ　魚や野菜中心の食事に嫌気（いやけ）がさして、これから肉しか食べたくないと思ったから。
エ　肉を好きでない母親が、食卓に肉料理を並べることがないのが不満だから。

問四　――線④「道すがら」・⑤「せわしなく」の意味として最も適切なものを選びなさい。

④「道すがら」
ア　道のとちゅう　　イ　道の中央
ウ　道のはし　　エ　道の終着点

⑤「せわしなく」
ア　争うように　　イ　いそがしそうに
ウ　わきめもふらずに　　エ　焦らずに

問五　――線⑥「すずはすごい。」とあるが、莉帆と比べて「どのようなところ」がすごいのか、「ところ」という言葉が続くように四十字以内で説明しなさい。

問六　――線⑦「ヨッテ」・⑧「値」・⑨「ヒミツ」のカタカナを漢字に、漢字をひらがなに直しなさい。また、送りがなが必要な場合はひらがなで書きなさい。

問七　――線⑩「すずも彼らに交じって急に足早に立ち去っていくような気がして、莉帆は焦る。」の説明として最も適切なものを選びなさい。

ア　すずが友情より恋を大切にしていると感じ、恋が実らないことを望む気持ちになっている。
イ　すずが将来の目標を見つけてしまったように感じ、途方（とほう）に暮れた気持ちになっている。
ウ　すずが不意に自分への興味がなくなったように感じ、見放された気持ちになっている。
エ　すずがとつぜん大人になったように感じ、置いていかれたような気持ちになっている。

問八　――線⑪「おなかがグーっとかなしく鳴り、莉帆は泣きたい気持ちになる。」の理由として最も適切なものを選びなさい。

ア　すずとおやつを食べた思い出がなつかしく、幸せだった日々がもう戻ってこない気がしたから。

イ　すずと食べたおやつを思い出し、食べ物に興味がなくなったすずの心離れをうらめしく思うから。

ウ　すずの恋を応援したいと思っても、自分は恋愛の経験が全くなくて助言ができそうにないから。

エ　すずと恋愛面でも対等でいたいが、恋をしようにもクラスに好きになれそうな男子がいないから。

問九　本文の内容として最も適切なものを選びなさい。

ア　莉帆とすずは、オリンピック選手になるため厳しい食事制限をするが、食べ物の誘惑には勝てずコンビニ通いをやめられない。

イ　莉帆もすずも、それぞれの目標の実現に向けて一緒に努力を続けていたが、すずは恋に夢中になり夢をあきらめてしまった。

ウ　思春期まっただなかの莉帆は、身のまわりの出来事や両親に対して自分の考えを持ち始め、少しずつ大人へと成長していく。

エ　すずを目標にしている莉帆は、イルカの飼育員と焼き肉屋さんになる夢を実現するために、ひとりで暮らすことを決意した。

フェリス女学院中学校

—50分—

《注意》 一 句読点や記号などは字数にふくめます。
二 解答用の一行のわく内には二行以上書かないようにしてください。

一 次の文章を読んで後の問に答えなさい。

こんな事は毎日だった。砧きぬ子が朝と晩の散歩の他に、昼間三時から四時ごろの間、海岸を散歩するのを日課としていることを知っていたので、私は学童たちを集めて海水浴場の外れの方でいつも彼女を待っていた。

砧きぬ子はたいていの場合一人で散歩したが、ごくたまに母らしい人に連れられて姿を現した。そんな時は、私たちは何もしなかった。彼女がこちらに近づいて来ると、私たちは海の中へ避難した。そして板子〈注1〉につかまって、波にゆられながら、遠くの方から彼女をうかがった。

「あいつ、今日はやっつけられないでしゃくだな！」

私はそんな風に言った。他の四、五年生もみな、みょうにぎらぎらした目を彼女の方へ向け、

「大人といっしょに来ていやがる！　よおし、明日覚えてろ！」

そんな事を言った。私たちはまるで彼女にうらみを持っているかのようであった。いかなる種類の仇敵か知らなかった。しかし、〈注2〉不倶戴天という言葉の意味に近いものを、彼女が持っていることは明らかだった。そのままにはして置けないような美しいものを、その都会の少女は持っていたのである。砧きぬ子は色が白く、目が大きく、かみはおかっぱにして、いつも着物を着ていた。私たちの目には彼女はひどく大人びて見えた。

「〈注3〉角屋の離れに、この魚をとどけて来い！」

私は父から命じられた。

「取り立ての、とれとれですって言ってな。そして五十銭〈注4〉もらって来い」

そんな風に父は言った。

夕方だった。私はしりごみした。その魚は、砧家から今朝父が依頼されて釣って来たものであることは、私も知っていた。しかし、毎日のように彼女をやっつけている手前、私には彼女の家に行くことは有り難い役目ではなかった。

私は何とか理由をつけて、この役目から放免されようと思った。しかし、

「行って来いと言ったら、行って来い」

と、父から頭を一つこづかれると、その命令に従う以外仕方がなかった。

私は二、三匹の魚を入れたザルを持って、砧家へ出かけて行った。角屋の表門から入り、勝手口の横を通って、離れの縁側の方へまわって行った。

問二「魚を持って来ました」

私は縁先の物干しの棒のところに立ち止まって、よそ行きの言葉で言った。そこからは内部がのぞかれなかったので、家の中に、だれが居るか全然わからなかった。私はただ家の内部へ向かって、声をかけたので

あった。

　何の返事もしなかった。

「魚を持って来た！」

　こんどは、私は大きい声でさけんだ。

と、砧きぬ子の顔が縁側からのぞいた。

「あら、お魚？」

　彼女は言うと庭へ降りて来て、ザルの中をのぞきこみ、

「まだ生きているわ」

　そう言ってから、

「母さん、お魚ですって！」

と奥(おく)にさけんだ。

「何て言うお魚」

　彼女は言った。

問三 私は口がきけなかった。彼女は私より少し背が高かったが、近くでみると、いつも私が思っていたよりずっと子供っぽかった。

　私がザルを地面の上に置くと、彼女はそこにしゃがみこみ、小さい棒切れを拾って、それで魚のはだをつついた。そんなことをしている彼女を、私は上から見降ろしていた。私はそれまでに、そんなきゃしゃな白い手首を見たことはなかった。首も細く、その細い首の上にオカッパのかみがきちんとそろえて切られてあった。

　間もなく、彼女の母が、これも縁側から降りて来ると、

「ごくろうさんね。おいくら」

と言った。

　私はこの魚の代金を受け取るのが、何かはずかしかった。ひどく卑賤(ひせん)〈注5〉な行為(い)のような気がした。

「いいです」

と私は言った。

「よくはないわ。おいくらですって」

問四「父ちゃんが上げておいでって――」

　私はいきどおったように言った。すると、

「まあ、それは、お気の毒ね。よくお礼を言ってちょうだいね」

　彼女の母は言った。

　私が彼女の母と話をしている間に、きぬ子は私のところから離れ、縁側から部屋の中に上がって行った。

　私はそこを立ち去る時、初めて離れの家の中をのぞいた。きぬ子が南向きの縁側に面した部屋のすみで、小さい机に向かっていた。そのうしろ姿だけが、私の目に入った。何か雑誌でも読んでいる様子だった。

　私は夕食の時、父からひどくしかられた。私は代金の五十銭を、途中(と)でどこかへ落としてしまったことにしていた。

「使い一つできないでは困るじゃあないか」

　父は、いつまでも同じことを、がみがみ言った。

　私が父からしかられている最中、角屋の女中〈注6〉が、砧家からたのまれたと言って、パインナップルのかんづめを一個持って来た。

「代金を取っていただけないので、これがお礼ですって」

と女中は言った。女中が帰ると、私はまた新しく父からどなられた。

「どう言う了見(りょう)で、うそなどつきやがるんだ」

　父は私をにらみつけたが、しかし、父はこんどは長くはおこっていなかった。魚二、三匹と、めったにお目にかかれぬ果物(くだ)のかんづめとでは、

決して損な取り引きではなかったからである。

私は、夕食の膳を離れると、すぐ家を出た。問五もう浜はとっぷりと暮れて、海面にはいくつかの〈注7〉漁火がまたたき始めていた。

私は、半時間ほど砂の上にこしを降ろしていたが、そのうちに、ふいに、砧きぬ子の姿が目にうかんで来た。いまも彼女が昼間見かけた南側の部屋のすみで机に向かっていそうな気がすると、私は立ち上がって浜を角屋の裏手の方に向けてつっ切って行った。

角屋の離れの横手は石塀になっていて、一方が海に面し、一方が浜に面していた。私はその石塀のそばへ行くと、そこにあった松の木のあらいはだに手をかけた。幹の中ほどのところまでよじ登るとそこから砧一家の住んでいる離れの内部はまる見えのはずであった。

私は〈注8〉一間半ほど松の木をよじ登ったが、しかし何も見えなかった。家人は全部外出していると見えて、家の中の電とうは消えてまっ暗だった。

私が再び松の木を降りようとした時、下の方で人の話し声がした。私は思わず身を固くした。五、六間離れた松林の中のはだか電とうの光がそこら辺りまでのびていて、そのうす明かりの中に二、三人の人かげが見えた。

私はしばらく、問一A目をこらしていたが、その三人が、砧きぬ子と彼女の母と、もう一人見知らぬ若い男の人であることを知ると、私は身動きができなくなった。

「兄さん、だいてよ」

明らかに砧きぬ子の声であった。問六アその声は磯くさい夜風といっしょにみょうになまめかしく私の耳に聞こえた。

「もう、およしなさいよ、ばかね!」

こんどは彼女の母の声だった。

「いやよ、だいてよ、もう一度だけ」

きぬ子が言うと、

「うるさいな」

そんな太い男の声がした。と、やがてどっこいしょと言うかけ声といっしょに、問六イきゃあ、きゃあ〈注9〉嬌声を上げているきぬ子の声が、静かな夜の海辺にひびいた。きぬ子は若い男の手によって高くだき上げられている風であった。

「ああ、らく、らくだわ。おうちまでこうして歩いて行って!」

「じょう談言ってはいけない、降ろすぞ!」

「いや、もっと」

と、やがて、

「ひどいわ、いきなり降ろすんだもの。下駄がどこかに飛んじゃったじゃないの」

砧きぬ子の明らかにとがめる口調だった。

「探してよ」

「そこらにあるだろう」

問六ウ「いや、探して!」

少女とは思われぬヒステリックな声のひびきだった。

「帰りましょう」

そんなことに取り合わない風で、きぬ子の母の声が一、二間離れたところで聞こえた。

問七私は、なぜか、その時、たまらなく、きぬ子をだき上げたその男がにくかった。兄さんときぬ子が呼んでいたから、彼女の兄さんかも知れなかったが、私は松の木の上で、何となく二人は兄妹(きょうだい)でないような気がした。

三人の話し声が遠くなってから、私は松の木から砂浜の上に飛び降りた。

家へ帰ると、父はまだ酒を飲んでいた。父はもう、私をしからなかった。その時、そばにいる母の言葉で、私は、砧家へ親せきの大学生が二、三日前から来ていることを知った。

問八 やはり兄妹ではなかったなと思った。私はその夜、生まれて初めて、パインナップルというものを食べた。その甘美(かん)な味はいつまでも口中に消えないで残った。

その翌日の夕方、私は、きぬ子と彼女の母といっしょに海岸を散歩している青年の姿を見かけた。ゆかたのうでをまくって歩いている青年の姿は、きぬ子の兄どころか、父とでも言いたいほどの、年れいの開きを持っている人物のように思われた。私が、昨夜、想像していたような若い男とはちがっていた。

私はなぜか、問一B ひどく当てが外れたような気がした。しかし、きぬ子が、その青年のうでにぶら下がっては歩いているのを見ていると、私の心にはやはりしっとに似た感情がわいた。

二人は何か話しているらしかったが、遠くからでは何も聞こえなかった。が、やはり、昨夜のように、きぬ子は、あの聞いていて心をとろかすような嬌声を上げて、きゃあきゃあ言っているのではないかと思った。

そう思った時、やはり、私はその青年がこの海岸に現れたことを快しと思わなかった。

長い海岸線の途中で、きぬ子と母の二人は青年と別れて家の方へ引き返して行った。青年一人だけがなおも、波打ちぎわを歩いて行くのを見ると、私は、そこからかけ出して、遊び仲間の料理屋の輝夫(てるお)を呼び出した。

「きぬ子をいじめる東京のやつがいる。いけないやつだ。やっつけよう」と私は言った。

問九「そうか、よし！」

輝夫も、きぬ子と聞くと、舌でくちびるの周囲をやたらになめまわし、興奮した目の色をした。

輝夫はほら貝を吹いて往来を歩いた。二人はそろって青年集会所の火の見やぐらの前に行った。五分すると、部落の子供たちが集まって来た。十五、六人そろうと、舟(ふな)大工の仕事場の裏手の切岸(きりぎし)の上に移動した。

「いけないやつが浜を歩いているので、これから行ってやっつけるんだ」

私はみんなに命令した。

夕ご飯を食べていないという子が三人あった。その三人に、早く食べて再びここに集まるように言った。

それから十五分ほどして、私たちは松林の一隅(ぐう)に勢ぞろいした。

夕暮れの浜には、風がふいて、散歩している人の姿も見えなかった。〈注10〉せっこうに出した雑貨屋の三津平(みつへい)が、馬にでも乗っているような調子を取ったかけ方で、波打ちぎわを遠くからこちらにかけて来るのが見えた。

「みさきの突端(とったん)で歌をうたっていた！」

彼(かれ)は、私に報告した。

やがて、二番のせっこうが帰って来た。彼は負傷していた。どこかで転んだと見えて、ひざこぞうをすりむいていたが、彼もまた興奮していると見えて泣きはしなかった。

「歌をうたっている!」

彼もまた言った。

私たちは、それから二丁〈注11〉ほど、みさきに近い方へ位置を移動し、新しく三人のてい察を出した。

二人のてい察が帰って来ての報告によると、彼は砂浜にこしを降ろし、夕暮れの海をあかずながめており、時々立ち上がると何か歌をどなり、またこしを降ろして、海面に見入っていると言うことであった。

最後のてい察が、

「来るぞ、どろ棒がこっちにやって来るぞ!」

と言いながらかけこんで来た時は、暮れなずんだ海が、一枚のうすずみ色の板に見えるほど、辺りに夕やみが立ちこめていた。

「どろ棒じゃあない、お化けだろう」

と、一人がてい正した。

私と輝夫の二人は、彼らに、これからしゅうげきする人物が何者であるかは説明していなかった。

子供たちは、それぞれ、自分たちで勝手な解しゃくを下して、それに対してめいめいそれぞれの敵意を燃え上がらせていた。

みんな小石を拾って、ポケットやふところにねじこんだ。盾のつもりか、板子などをだいている子もあった。

大学生は波打ちぎわを歩いて来た。その姿が小さく見えると、私たちはいっせいにかん声を上げて、その方へかけ出し、彼とのきょりが半丁ほどのところで散開すると、いっせいに石を彼に向かって投げ出した。彼の立っている地点に届かない石もあれば、彼をこえて海へ落ちる石もあった。

とつ然のしゅうげきにおどろいた大学生は、何かさけびながら地面にふした。そしてやがて立ち上がると見るとこちらにかけ出して来た。ひどく勇敢だった。

ばらばらと、私たちはにげ出した。

途中で、私たちは立ち止まり、二回目のしゅうげきを開始した。見ると私の周囲には五、六人しかいず、他の連中は、こわくなったのか、松林の方へにげ続けていた。いくら私たちが石を投げても、大学生はかけて来た。私たちは再び、またにげ出した。松林の入口で、私たちは三度目にふみとどまった。その時は、私と輝夫の二人きりだった。

「つかまるぞ、にげよう」

輝夫は言った。

「よし、にげよう」

私はあいづちを打って、松林の中へかけこんだが、私は立木の一つに身をかくすと、にげるのをやめた。にげてなるものかと思った。そして、松林の入口で立ち止まっている彼の方へ石を投げた。

大学生は、あたりをきょろきょろ見まわしていたが、二番目の石が彼の立っている近くの松の幹にぶつかると、いきなり見当をつけて私の方へかけて来た。

私は松林の中をくるくるまわり、時々、立ち止まっては松の幹の間から姿を現して石を投げた。私一人が最後まで敢闘した。石はほとんど大学生にはぶつからなかった。それが、私には、いまいましかった。

　そのうちに、夜のやみが全く、松の木も大学生の姿ものんでしまった。私は息をはずませながら一本の立木にもたれていた。手や足の方々が痛かった。至るところ負傷しているらしかった。

　私は浜の方へ出て、草むらから雑草の葉をむしり取ると、それをひざ頭や手首の負傷かしょへなすりつけた。

問十 私は、戦い終わったものの感傷で、暗い海をながめた。くもっているせいか、海には一点の漁火も見えず、船体の見えない漁船が、エンジンの音を海面の遠くにひびかせていた。

　それから三日目に、この夏の最後に引き上げて行く避暑客として、砧一家はバスでこの村を離れた。ちょうど登校時の、二番バスだった。大学生はいつか帰ったものと見えて、砧家の一行の中には姿を見せなかった。きぬ子と彼女の両親と女中の四人だった。砧家の人々がバスに乗りこむのを私たちは今日はおとなしく遠くからながめていた。

　バスの中に一行が収まってしまうと、じょじょに私たちはバスに近寄って行った。私たちがバスの一、二間近くまで行った時、バスは動き出した。問十一 私はとつ然、自分でも理解できぬ衝動を感じて、バスを追いかけて走り出した。私にまねて、子供たちはみんな走り出した。一丁ほどかけてとまったが他の連中はとまらず、どこまでもバスといっしょに走って行った。間もなく、一人ずつバスから落伍した。問十二 最後に一人だけバスの横手を必死になってかけている少年の姿が見えた。輝夫だった。学校かばんがじゃまになると見えて、彼は途中でそれを路ぼうにすてると、もうこうなってはどこまでも追いかけて行くぞといったかっ好で、海沿いの道を走っていた。彼はバスといっしょに村外れの小さいトンネルに入ったが、バスがぬけ出た時は、そこに輝夫の姿はなかった。彼はトンネルの中で落伍したものらしかった。

問十三 その日は、完全に夏が終わって、村へ秋がやって来た日であった。夏が完全ににげ去ってしまう合図に、夕方から夜にかけてひどい雷雨が海浜一帯の村をおそった。

【井上靖「晩夏」（『晩夏　少年短篇集』〈中央公論新社〉所収）】

〈注1〉船の底にしく板
〈注2〉相手を生かしてはおけないと思うくらい強いうらみやにくしみがあること
〈注3〉砧家が宿泊している宿
〈注4〉お金の単位
〈注5〉地位や身分が低くいやしいこと
〈注6〉お手伝いさん
〈注7〉夜、海などで魚をさそい集めるために船でたく火
〈注8〉長さの単位。一間は約一・八メートル
〈注9〉なまめかしい声
〈注10〉敵軍の動きや敵地の地形などをさぐりに行くための兵士
〈注11〉長さの単位。一丁は約百九メートル

問一　＝＝部A・Bと同じ意味で用いられているものをそれぞれ選びなさい。

A　目をこらす

　1　久しぶりに映画を見に出かけたAさんは、最新の映画館の設備のすばらしさに目をこらした

　2　人気歌手の目をこらすほどのりりしさに夢中になったBさんは、さっそくポスターを買い求めた

3　古美術品のコレクターであるCさんは、めったに市場に出回らない目をこらした一品を入手した
4　バレエの審査会に出場したDさんは、ライバルの一挙手一投足を見のがすまいと目をこらした

B　当てが外れる
1　四国に来れば本場の讃岐うどんの店がたくさんあると思ったのに、近くに一軒もなくて当てが外れた
2　天気予報では荒天とあったが、山の天気は必ず当てが外れるものだから登山を決行しても良いだろう
3　私たち野球部の実力では全国大会出場など考えられなかったが、思いがけず当てが外れて喜んだ
4　たとえ固く約束しても彼が時間通りに来たためしはないから、やはり今日も当てが外れるだろう

問二　――部「『魚を持って来ました』私は縁先の物干しの棒のところに立ち止まって、よそ行きの言葉で言った」とありますが、このときの「私」の説明としてふさわしいものを選びなさい。
1　お得意様への大切な仕事を任されてほこらしい気分でいる
2　ふだんいやがらせをしているきぬ子の家なので、気まずくなっている
3　きぬ子が出て来ることを期待して良いところを見せようとしている
4　子供が配達に来たからと見下されないように大人っぽくふるまっている

問三　――部「私は口がきけなかった」とありますが、このときの「私」の説明としてふさわしいものを選びなさい。
1　思いがけずきぬ子本人が応対に出て来たうえに、何のこだわりもなく親しげに言葉をかけてきたので当わくしている
2　大人っぽいと思っていたきぬ子を間近で見ると、想像とは裏腹にあまりにも幼い様子だったので落たんしている
3　気位が高くとりすましているきぬ子に頭を下げて魚を買ってもらわねばならないことがくやしくて、ふてくされている
4　ふつうの人ならだれでも知っているような魚をものめずらしそうにのぞきこむ世間知らずなきぬ子に、あきれはてている

問四　――部「『父ちゃんが上げておいでって――』私はいきどおったように言った」とありますが、このときの「私」の説明としてふさわしいものを選びなさい。
1　ちっぽけな魚の代金をもらうのはなんとなく気が引けていっそあげてしまおうと思いついたのに、自分の親切心があっけなく否定されてしまい、しゃくにさわっている
2　魚の代金をもらうことへのみじめさからうそをついて見えをはったのに、そのうそを再び言わないといけない状きょうになり、早くやり取りを終わらせようと意地になっている
3　魚の代金を受け取ろうとしないことで気前の良さを見せたつもりだったのに、本当は余ゆうのない生活をしていることを見すかされ、はじをかかされたように感じている
4　せっかくめずらしい魚をプレゼントして喜んでもらおうと思ったのに、意外にも代金のことにこだわってなかなか魚を受け取ってくれないので、いや気がさしている

問五　――部「もう浜はとっぷりと暮れて、海面にはいくつかの漁火がまたたき始めていた」とありますが、「漁火」はどのようなことを象ちょうしていますか。

1　代金を受け取らなかった後かい
2　きぬ子へのあわい恋心
3　砧家の生活へのあこがれ
4　父への消えない反こう心

問六　「その声は磯くさい夜風といっしょにみょうになまめかしく私の耳に聞こえた」（――部ア）、「きゃあ、きゃあ嬌声を上げているきぬ子の声が、静かな夜の海辺にひびいた」（――部イ）、「少女とは思われぬヒステリックな声のひびきだった」（――部ウ）とありますが、「私」はきぬ子の声からどのようなことを感じ取っていると考えられますか。ア・イ・ウそれぞれにふさわしいものを選びなさい。

1　若い男にかまってもらえる喜びで異常なくらい興奮していること
2　日ごろからちやほやされて育ったせいでわがままな性質であること
3　若い男に愛情を示してもらうことで安心したいという願望があること
4　子どもらしい無じゃ気さと大人の落ち着きが同居していること
5　若い男をなんとしても自分の思い通りにしたいという欲望があること
6　美しくきゃしゃな少女には似合わない粗野な一面を持っていること
7　若い男がうっとうしがっていることにも気づかずどん感であること
8　若い男に対してただのあまえだけではない特別な感情があること
9　自分をないがしろにする若い男を見返そうとやっきになっていること

問七　――部「私は、なぜか、その時、たまらなく、きぬ子をだき上げたその男がにくかった」とありますが、このときの「私」の気持は、別の表現で言うとどのようなものですか。本文中から十字以内でぬき出しなさい。

問八　――部「やはり兄妹ではなかったなと思った。私はその夜、生まれて初めて、パインナップルというものを食べた。その甘美な味はいつまでも口中に消えないで残った」とありますが、このときの「私」の説明としてふさわしいものを選びなさい。

1　生まれて初めて食べたあまいパインナップルの味で、貧しい自分の生活とゆう福なきぬ子の生活との差を思い知らされてみじめになっている
2　海辺の村ではふだん食べることのないパインナップルの味に、きぬ子の洗練された美しさが思い起こされ、きぬ子に会いたい気持をつのらせている
3　あまくておいしいパインナップルの味がきぬ子と若い男との仲むつまじさを思い出させ、二人の間に入りこむ余地はないと苦い敗北感にさいなまれている
4　初めて食べたパインナップルのあまい味とこれまで聞いたこともなかったきぬ子のとろけるようなあまえた声とが重なり、頭から離れなくなっている

問九　――部「『そうか、よし！』輝夫も、きぬ子と聞くと、舌でくちびるの周囲をやたらになめまわし、興奮した目の色をした」とありますが、この部分からどのようなことがわかりますか。

1　輝夫がきぬ子に反発する気持を持っていること
2　輝夫が私にライバル意識を持っていること
3　輝夫がきぬ子に関心を持っていること
4　輝夫がいじめを許さない性質を持っていること

問十　――部「私は、戦い終わったものの感傷で、暗い海をながめた。くもっているせいか、海には一点の漁火も見えず、船体の見えない漁船が、エンジンの音を海面の遠くにひびかせていた」とありますが、このときの「私」の説明としてふさわしいものを選びなさい。

1　大学生を相手にやるだけのことはやりきったものの、勝敗もつかずきぬ子への恋もかなわなかったことを感じ、むなしくなっている
2　大学生を相手に必死で歯向かっても子供の力ではとうていかなうはずもなく、むぼうな戦いをいどんだ自分の浅はかさを後かいしている
3　最後まであきらめずに大学生と戦ったことにほこりを感じる一方、自分だけを残して仲間たちがみなにげ出したことにさみしさを覚えている
4　きぬ子をたぶらかしている大学生を追いはらおうとしたが失敗に終わり、きぬ子を助けられなかったという無力感にうちのめされている

問十一　――部「私はとつ然、自分でも理解できぬ衝動を感じて、バスを追いかけて走り出した」とありますが、このときの「私」の説明としてふさわしいものを選びなさい。

1　バスが動き出したことでもう来年の夏まできぬ子に会えないことに気づき、あいさつ一つできなかった後かいで胸がいっぱいになっている
2　バスが動き出したとたん、このままでは自分の存在がきぬ子に忘れ去られてしまうのではないかとあせり、自分をおさえられなくなっている
3　バスが動き出したことで本当にきぬ子がここからいなくなってしまうという事実をつきつけられて、いてもたってもいられなくなっている
4　バスが動き出したとたん、これまで何度もきぬ子をからかってきたことが次々と思い出され、申し訳なさでいたたまれなくなっている

問十二　［　］部の場面はどのようなことを表していますか。

1　情熱を最後までつらぬき通して走り続けた結果、少年が大人へと成長したということ
2　どれだけ思いを寄せても、別世界へと帰っていくきぬ子には手が届かないということ
3　激しい闘争心も、ライバルたちのだつ落によっていとも簡単に失われていくということ
4　海辺の村の子供たちに向けていたきぬ子の思いが、だんだんと消えていくということ

問十三　次の問に答えなさい。

①　――部「その日」は、「私」が砧家が宿泊している角屋に魚を届

けてから何日目ですか。角屋に魚を届けた日は数えずに答えなさい。

② 「私」は村の学童たちのなかでどのような存在ですか。

③ 砧家はどこから来ましたか。本文中から漢字二字でぬき出しなさい。

④ 砧家は何人で来ましたか。

二 次の文章を読んで後の問に答えなさい。

問一 図書館には、相談係とか参考係というデスクに司書を置いています。蔵書の利用だけでなく、図書館で働く人の知識や経験を利用できるのです。この人は、本の世界の道案内人ですから、読者が目的の本を見つけるまでは、本だなのあいだを歩いていっしょに探してくれます。

でも読者に代わって本を読み、問題を解決することはしません。わからないことを自分で解決できた喜びは、その読者のものです。それがその人の次の問題解決に役立ちます。この質問は、その人のプライバシーの一つですから、図書館で働く人はその秘密を守ります。

そして、この本を読みなさい、とおしつけるのではなく、いくつかの本を見せて「この中であなたのお役に立つものがありましたら」というのが本来の方法です。それには図書館員の経験と知識のちく積が必要です。さらに、図書館には選書から始まって「本」の整理や保管、貸し出しに至るまでさまざまな仕事がありますが、その全部がじゅう実し、組織化されて、やっと「本と人とをつなぐ仕事」ができます。その一館で解決できない質問に対しては、図書館という組織全体がそれを支えます。

こうした案内を受けるうちに、読者は、自分に必要なものを探す方法を自然に理解するでしょう。司書が本を見せながら具体的に説明することで、それがわかってくるのです。だから図書館は「教えこまれるところ」ではなく、「自分の感覚を働かせて学び取るところ」です。

昔から「読み、書き、計算する能力」を人間の知的能力としてきましたが、今は図書館で「必要なものを探す能力」を身につけるようになったのです。これは、一生使える能力です。こうした学び方にまだ慣れていない人には、必要な手ほどきをします。それが、その人と「本」とをつなぐ入り口になることでしょう。

二一世紀に入って、大きな災害が続きますし、また来るといわれている大震災への備えも強調されています。そんな中でとつ然の被害からやっと自分を取りもどした人が、避難生活の中で一人になれる場所を図書館に求め、持ち帰って読む本を探し、次いで被災の処理や連らくのために図書館を使う、という生活のパターンが各地から報告されています。図書館とは本好きの人たちが行く特別なところ、という長い間のイメージが、問三 災害から立ち上がるための一つのよりどころにまで変わってきたのです。それには、災害発生以前の図書館サービスがあってこそ、です。

もう一つ大事なことは、子どもたちのことです。大人は図書館の復興を待ってくれますが、子どもたちの心の痛手に対しては、最初の一週間が大事だ、といわれています。読み聞かせにもお話にも、絵本の提供にも、大きな恐れに直面した子どもたちの心をいやすこまやかな配りょが必要です。これもまたふだんからの準備と、災害後すぐに動きだせる態勢、行政の理解と施策が必要ですし、子どもの成熟と成長にかかわる人たちみんなで考え、準備を重ねるべきことの一つでしょう。図書館はそのための本の供給源であり、混乱の中にあっても、実施の場として働くのだと思います。

（竹内悊（さとる）『生きるための図書館——一人ひとりのために』〈岩波新書〉）

問一 ——部「図書館には、相談係とか参考係というデスクに司書を置いています」とありますが、「相談係とか参考係」の司書の仕事について答えなさい。

① 「すること」は何ですか。一つ書きなさい。

② 「しないこと」は何ですか。一つ書きなさい。

③ 「必要なこと」は何ですか。一つ書きなさい。

問二 二一世紀に入って災害が発生する以前、図書館はどのようなイメージでしたか。本文中から二十字以内でぬき出しなさい。

問三 ——部「災害から立ち上がるための一つのよりどころにまで変わってきたのです」とありますが、災害以後人々は図書館をどのように使うようになったのですか。本文中の言葉を用いて四十字以内で具体的に書きなさい。

問四 自然災害の直後、被災した子どもたちは被災地のためにどのようなことができますか。図書館以外の例を挙げ、あなたの考えを二百字以内で書きなさい。

三 次のA・Bの文の——部と言葉の働きが同じであるものを選びなさい。

A 姉はおおらかな心の持ち主である

1 積極的な姿勢で行動することが大切だ

2 まだ二月なのに今日は春のように暖かい

3 引っこしの際に大きな家具を運び出した

4 宝石を散りばめたような星空をながめた

B 博士の考え出した理論は正しかった

1 父の古いうで時計をゆずり受けた

2 そこにかかっている黒いぼうしは兄のだ

3 妹はもうこの本を読まないのだろうか

4 母の作った手料理でおもてなしをした

四 次の——部1～5のカタカナの部分を漢字で書きなさい。また——部6～8の漢字の読み方をひらがなで書きなさい。

1 お湯をサます　2 事態をラッカンする　3 カクシキを重んじる

4 変化にトむ　5 キントウに分ける　6 本末転倒（とう）

7 豊満な花の香り　8 チラシを刷る

＊問題文に使用した作品における難しい漢字表記は、現在一ぱん的に使われている漢字またはひらがなに改めるか読みがなをほどこすかしてあります。また、送りがなを加えたりけずったりしたものもあります。

富士見中学校（第一回）

—50分—

注意事項　句読点等は字数に数えて解答してください。

一　次の傍線部について、二重傍線の漢字は読みをひらがなで書き、傍線のカタカナは漢字に直しなさい。

① ひいおばあさんは大往生を遂げた。
② 弟がわたしにしてきたいたずらは、枚挙にいとまがない。
③ アッカンの演技を見せるフィギュアスケーター。
④ ゲキヤクを扱った実験を行う。
⑤ テッキンコンクリートのマンションに住む。
⑥ 久しぶりに小学校からのキュウユウと会った。
⑦ 弁慶は、源義経のコウシンのひとりだった。
⑧ 裁判では、事実よりもリョウケイが主な争点となった。
⑨ 災害からのフッコウを果たした。
⑩ 入社してはじめて、重要なアンケンを任された。

二　次の文章を読み、あとの問いに答えなさい。（作問の都合上、小見出しを省略してあります。）

それぞれの人が特定の身長を持っている、そしてそれらの身長の値を比較できる、というのは単なる事実です。単なる事実を記して、述べる方法のひとつなので、身長のランキングは「記述」のランキングです。期末テストの成績や、八〇〇メートル走のタイムや、さくらんぼの種を口から飛ばせる距離など、これらはすべて単なる事実ですので、これらの値にもとづいて記述のランキングを作成することができます。

「単なる事実」と強調しているのは、私たちはこれら記述のランキングをすぐに「良し悪し」や「優劣」のランキングと混同してしまうからです。そう、なぜか①ランキングにすぐ価値を読み込んでしまうのです。

単なる事実と価値が異なる、あるいは、事実の記述と、価値の判断が異なるというのは、哲学・倫理学における基本の発想です。「Gさんの身長は一七〇センチだ」は単なる記述ですが、「Gさんの身長は一七〇センチあった方がいい」と良し悪しの要素を加えるのが価値判断です。

ほとんどの事実の良し悪しは、そのときどきの状況や目的によって変化します。良し悪しはa水ものなのです。たとえば、身長は高い方が良い、と思われるかもしれませんが、そうとは限りません。競馬の騎手やボートレーサーになりたい人たちにとっては、あまり身長が高いと体重の調整が難しく、不利になりますので、むしろ低い方が良いかもしれません。身長自体に良し悪しが含まれているわけではなく、私たちがそこに何らかの意義を見つけて、身長の違いを優劣として解釈するのです。

期末テストの成績も、高い方が良い場面があれば、そうでない場面もあるでしょう。医師になることを目標としている人と、パン職人になることを目標としている人では、成績をどう評価するかがまったく違っていいはずです。

これまでの議論をまとめると、記述のランキングは単なる事実関係に過ぎませんが、そこになんらかの価値を加えると、優劣のランキングが重なって見えます。記述のランキングは事実にもとづいているので、誰にでも共通するものですが、優劣のランキングは、それぞれの人の価値観や目標によって異なりますので、どこでも一律に同じではありません。しかし私たちはすぐに、いつでもどこでも、背は高い方が良い、足は長い方が良い、目は大きい方が良い、偏差値は高い方が良い、給料は高い方が良い、などと思ってしまいます。状況次第ではそうではない、そして②自分自身がそうではないかもしれないのにです。

順位をつけたり、競争したりしない方がよい、などとは言っていません。競技も［A］も大歓迎です。同じ評価軸で素晴らしい結果を出す人が誉められる、賞賛されることも大事です。重要なのは、すごい人だから「評価する」ことと、同じ人間だから「尊重する」ことの区別です。これから見ていくように、すごい人だろうがすごくない人だろうが、人間として同じように尊重されるべきだからです。

記述のランキングは特定の事実や側面についてのみ教えてくれます。人には無数の側面があるので、ひとつのランキングで上位だったとしても、他のランキングでそうとは限りません。クラスの足の速さランキングナンバーワンの人は、身長ランキングナンバーナインかもしれませんし、成績ランキングナンバーサーティかもしれません。しかし、私たちはそうした違いを一切無視して、人物そのもののランキングを作成することがあります。これが「存在」のランキングです。「人として上」「人間として下」といった言い方で表されるような考えです。

存在のランキングは、歴史的に、特にものの種類を分類するために用いられ、私たちの住む世界がどうなっているのかという、世界観の一部にもなってきました。一八世紀スイスの博物学者③シャルル・ボネが表した、直線的な「自然物の階梯」（図1）を見てください。「階梯」とは階段やはしごのことを指します。はしごですので、必ず上下があります。一番「上」には人類が置かれ、そしてオランウータン、猿などが続き、ヘビやなめくじ、昆虫の後に植物が置かれ、最後には岩石などの物質がはしごの「下」の方に置かれます。単なる順番ではなく、上にあるものの方がまさに「上」であり支配的存在で、下にあるものの方が「下」であり従属的、つまり支配されるべき存在なのです。

この「存在のランキング」の特徴をいくつか述べます。［1］、存在のランキングは記述のランキングと違い、特定の側面についての計測値が多い／少ないを表しているわけではなく、何らかの価値観に従ってそれそのものに優劣をつけ、並べています。［2］握力で言うなら、人間よりもクマの方がよっぽど強いわけで、人間の方が下にくるはずです。［3］、生態の複雑さで言えば、クラゲはその生涯の間に何度も姿を大きく変化させます。中には幼体に若返ることにより、不老不死だとみなされるクラゲの種類もあるそうです。すると、生き物としてある意味クラゲは人間の上だと言ってもよいでしょう。［4］、ボネがこれでb折れて、クラゲをナンバーワンに持ってくることはないでしょう。すると、存在のランキングは客観的な値にもとづいて順番をつけたものではなく、「より価値がある」とか「より人間らしい」といった一種の価値観を表しているに過ぎません。

存在のランキングのもうひとつの特徴は、序列が固定化されている、あるいは少なくとも、めったなことではランクが入れ替わらない点です。毎週の人気曲ランキングは、毎週変わります。しかし、博物学者のボネが「今週はウナギが人間を超えてきたな」などとランキングを変えたことはないでしょう。存在のランキングは世界の秩序、世界の仕組みの一部だとすらみなされてきました。その考え方によると、人間は「本来的に」猿より上で、それが変わることはないのです。

　ここにさらにキリスト教的な世界観を組み入れるなら、神や天使が人間のさらに上位の存在として位置づけられ、神や天使に似ているとされる人間は、人間ではない他の生き物を支配する存在なのだ、と言われるでしょう。存在のランキングは、「そういうふうになっている」「それが自然だ」「それが普通だ」という、変わらない世界のあり方を示しているのです。

　キリスト教的な世界観を持たなくても、人間の方が他の哺乳動物や植物より価値がある、と思わない人はとても少ないでしょう。ここで、「価値がある」というのは、単に私たちが同じ人間を他の種類の生き物より大事にしがちだ、という事実を述べているだけではなく、客観的にそうなのだ、実際に価値があるのだ、ということを意味します。それは心に染みついた発想ですが、なぜそう言えるのか説明するのは簡単ではありません。人間の何に本来的な価値があるのでしょうか。文化でしょうか。言語でしょうか。どうしてそれにクラゲの生よりも価値があるのでしょうか。私たちは価値があると思う、というのはその通りで、当たり前のことです。しかし、④「人間は人間自身や人間の文化に価値を見出すよね」「人間は人間を大事にするよね」以上のことを言うのはとても難しいのです。

　いずれにせよ、このように上下関係によって世界を分類するのは、私たちにとってごく当たり前の発想です。もっと分類を細かくして、人間の中にも段階を見出そうとするのも、ごく自然な※ムーブかもしれません。人間は人間同士にも「種類」を見出して、この種類の人はこの種類の人よりも上だ、下だと考えてきました。その代表例がレイシズム（人種差別主義）であり、セクシズム（性差別主義）です。レイシズムもセクシズムもいろいろな形がありますが、たとえば、「黒人」／「女性」という種類の人間は、「白人」／「男性」という種類の人間より劣っているのだから、「従属的立場」にあって――つまり言うことに従って――当然だ、とする考えや態度はその一種です。

　現代の生物学において、「黒人」や「黄色人種」といった、いわゆる「人種」の概念にもとづいた区分は、そもそも科学的に根拠のあるものではありません。たとえもし、特定の人間集団を区分する根拠が十分にあり、その集団の特徴と別の集団の特徴を計測することができたとしても（たとえば、「男性」集団と「女性」集団を、おおまかに区分することができたとして、その二つの集団間では、平均握力が異なっているかもしれません）、それは〔Ｘ〕のランキングであって、〔Ｙ〕のランキングではありません。ましてや、存在のランキングは導かれません。

　私たちは、人種や性別だけでなく、居住地、出身地、親の仕事や学歴や年収、そういった基準で人々を分類し、この連中は自分たちより上だ、下だと存在のランキングを作成してしまいます。あるいは、それを意識したことがなくても、まるで、そういうランキングを認めるような行動を取ってしまうのです。たとえば、「　B　」とさんざん言われているのにもかかわらず、職種によって人に接する態度をがらりと変える人がいます。誰に対してもずーっとぶっきらぼう、とかではなく、市会議員に対してはすごく丁寧なのに、喫茶店の店員さんには当たりが強い、といった人です。一貫しておらず、人によって扱いを変えているのです。

（和泉悠『悪口ってなんだろう』〈ちくまプリマー新書〉より）

※ムーブ……ここでは、立ち居ふるまいや動きのこと。

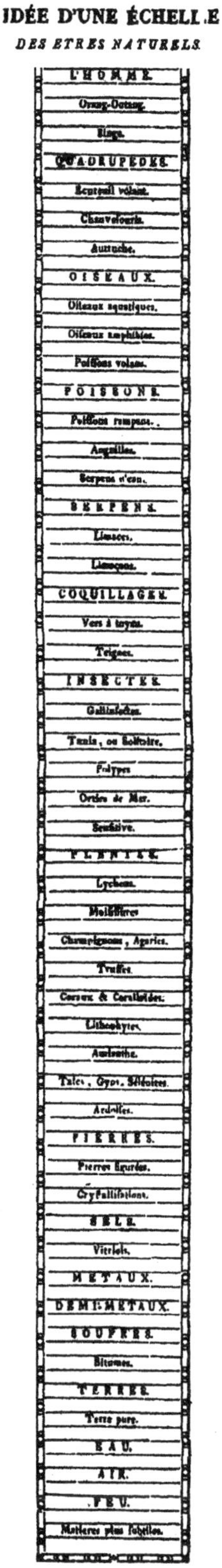

IDÉE D'UNE ÉCHELLE *DES ETRES NATURELS*	自然物の階梯の観念
L'Homme	人類
Ourang-Outang	オランウータン
Singe	猿
QUADRUPÈDES	四足類
Écureuil volant	ムササビ
Chauve-souris	コウモリ
Autruche	ダチョウ
OISEAUX	鳥類
Oiseaux aquatiques	水鳥
Oiseaux amphibies	水陸両用の鳥
Poissons volans	トビウオ
POISSONS	魚類
Poissons rampants	カレイ
Anguilles	ウナギ
Serpens d'eau	水蛇
SERPENS	蛇
Limaces	ナメクジ
Limaçons	カタツムリ
COQUILLAGES	貝類
Vers à tuyau	管棲蠕虫
Teigne	白癬
INSECTES	昆虫
Gall insects	虫こぶ昆虫
Tænia, ou Solitaire	サナダムシ
Polypes	ポリープ
Orties de mer	イラクサ
Sensitive	知覚がある
PLANTES	植物
Lichens	地衣類
Moisissures	カビ
Champignons, Agaries	キノコ、アガリクス
Truffes	トリュフ
Coraux et Coralloïdes	サンゴ
Lithophytes	岩性植物
Amianthe	石綿
Talcs, Gypse, Sélénites	滑石，石膏，セレナイ
Ardoise	粘板岩
PIERRES	岩石
Pierres figurées	姿石
Crystallisations	結晶
SELS	塩
Vitriols	ミョウバン
MÉTAUX	金属
DEMI-MÉTAUX	半金属
SOUFREES	硫黄
Bitumes	瀝青
TERRES	土地
Terre pâte	土
EAU	水
AIR	空気
FEU	火
Matières plus subtiles	微細物質

図１　ボネ「自然物の階梯」
三中信宏・杉山久仁彦『系統樹曼荼羅――チェイン・ツリー・ネットワーク』NTT出版、p. 33より

問１　――①「ランキングにすぐ価値を読み込んでしまう」とありますが、どういうことですか。「ランキング」という語を使わずに、三十字以内で説明しなさい。

問２　――a「水もの」・b「折れ（る）」の本文中と同じ使い方として最も適切な例文をそれぞれ次の中から選び、記号で答えなさい。

a「水もの」

ア　あのチームが勝つとは、まさに勝負は水ものだ。

イ　あなたとわたしは長い付き合いで、水ものの関係といえる。

ウ　水ものをあまり多くとるとおなかをこわすよ。
エ　兄は将来をしっかり見すえて水ものの人生を送ろうとしている。

b 「折れ(る)」
ア　難しい仕事を任されて非常に骨が折れたが、何とかやりとげることができた。
イ　台風の影響で大木の枝が折れてしまった。
ウ　駅前の大通りは海に行き当たるとゆるく右に折れていく。
エ　けんか相手がいつまでたっても口をきかないので、わたしから折れることにする。

問3　――②「自分自身がそうではないかもしれない」とありますが、どういうことですか。それを説明した次の文について、空欄Aは指定された字数を本文中からぬき出し、Bはあてはまるものを後のア～エから選び、記号で答えなさい。

> 背の高さや偏差値の数字などのさまざまな事実やその評価は、自分自身の［A 六文字］によっては［B］かもしれないということ。

ア　必ずしも自分にとって重要ではない
イ　自分自身は優れたグループに入れない
ウ　自分が優劣を判断できるとは限らない
エ　現在の自分が目指せる状況ではない

問4　空欄［A］・［B］にあてはまる語句として最も適切なものをそれぞれ次の中から選び、記号で答えなさい。

［A］
ア　一期一会　イ　温故知新
ウ　一心不乱　エ　切磋琢磨

［B］
ア　井の中の蛙大海を知らず
イ　縁の下の力持ち
ウ　職業に貴賤なし
エ　好きこそものの上手なれ

問5　――③「シャルル・ボネが表した、直線的な『自然物の階梯』」について、筆者はどのようなことを述べていますか。**適当でない**ものを次の中から一つ選び、記号で答えなさい。
ア　「自然物の階梯」は客観的な根拠がなく決められたものである。
イ　「自然物の階梯」は人間同士の序列にも影響を及ぼしているものだ。
ウ　「自然物の階梯」はシャルル・ボネの価値観に基づいて定められたものである。
エ　「自然物の階梯」の序列は基本的に変わらず、めったに入れ替わらない。

問6　空欄［1］～［4］にあてはまる語として最も適切なものをそれぞれ次の中から選び、記号で答えなさい。(ただし、同じものは二度使わないこと。)
ア　あるいは　イ　したがって　ウ　たとえば
エ　まず　オ　しかし　カ　なぜなら

問7　――④『人間は人間自身や人間の文化に価値を見出すよね』『人間は人間を大事にするよね』以上のことを言う」とはどういうことですか。その説明として最も適切なものを次の中から選び、記号で答えなさい。
ア　人間が他の生き物を支配するために上下関係を作り、世界を分類すること。

イ　多種多様な人間の文化を、その内容にかかわらずどれも尊重すること。

ウ　人間は他の動植物よりも本来的に価値があり、それを客観的に説明すること。

エ　人間の価値を決めるたくさんの基準から良いものをひとつ選んで評価すること。

問8　空欄〔Ｘ〕〔Ｙ〕にあてはまる最も適切な語を漢字二字で本文からぬき出して答えなさい。

問9　本文の内容にあてはまるものを次の中から**二つ**選び、記号で答えなさい。

ア　人間が生み出したさまざまなランキングの違いを考えることにより、私たちの目標や価値観はそれぞれ定まってくるのだといえる。

イ　同じ目標や価値観で競い合う者どうしの中で、事実に良し悪しをつけることは問題がなく、その中で優れている人は評価されるべきだ。

ウ　シャルル・ボネの生きた十八世紀とわたしたちの現代では人間と動物についての「存在のランキング」の考え方が大きく異なっている。

エ　「人種」には科学的な根拠がなく、もしその区分された集団に異なる特徴があったとしてもどちらかが従属的な立場に置かれるものではない。

オ　相手の職業によって対応を変えるのは人間にとってごく当たり前の発想であり、それぞれの集団には異なる特徴があるため、しかたがない。

三　次の文章を読み、あとの問いに答えなさい。

①快速列車のボックス席は四人掛けだった。

進行方向、後ろ向きの窓側に座ったわたしは、ひんやりとした窓枠に頬杖をついて、外の景色をぼんやりと眺めていた。

後ろ向きの席だから、車窓越しの風景は手前からどんどん遠ざかっていく。なんだか、これまでのわたしの人生そのものが遠くなっていくようで、Ⅰ心もとないような気持ちになる。青々とした田んぼ。まばらな家々。まっすぐな道路。その道路に沿って規則正しく立ち並ぶ電信柱。ブロッコリーみたいにこんもりとした鎮守の森と古びた鳥居。自転車に乗った子供たち。ふと視線を上げると、虚ろなほど青い空が広がっていた。その空のいちばん遠いところ——見渡す風景の果てからは、ふちを銀色に光らせた入道雲がもこもこと高く盛り上がっていた。この快速列車のなかにまで、うるさい蟬の声が聞こえてきそうな夏の風景だ。

梅雨が明けたのは、ほんの三日前のことだった。そして、その日からいきなり世界はぎらついた光であふれ出した。オセロの駒をひっくり返したみたいに、わたしの周りは突如として夏になったのだった。

夏、か……。

考えて、また、ため息をつきそうになる。

わたしは頬杖をやめて顔をあげた。しばらく頭の重さを支えていた手首が痺れて痛い。ふと、ボックス席の向かいを見ると、四歳くらいの少女と目が合った。楽しげに座席から脚をぶらぶらさせ、チョコレートの小袋を手にしている。わたしと違って少しタレ目の、とても可愛らしい少女だった。つやつやした黒髪は、両耳の上で丁寧にゴムで結ばれたツインテールだ。きっと、少女の隣に座っている若い母親が結ってあげたのだろう。わたしの隣の席には、この少女の父親が静かに座っていた。ようするに、四人がけのボックス席のうちの三人は、②この少女の家族なのだ。

「ねえ、チョコ食べる?」

ふいに可愛らしい声に話しかけられて、わたしは「え?」と目を丸くしてしまった。

「美味しいよ」

少女は赤、緑、黄色など、色とりどりのコーティングをされたチョコを食べていた。どうやら、それをくれるらしい。

「あ、えっと……」

「お姉ちゃん、何色が好き?」

少女が小首を傾げると、隣から母親が「あ、すみません、この子、人見知りをしなくて……」と、いかにも申し訳なさそうな顔をしたけれど、その表情の裏側には、うちの娘、可愛いでしょ——という腹心も少しばかり読み取れる。

「いえ……」わたしは小さく首を横に振ってみせると、再びにっこり微笑む少女を見た。Ⅱ無垢な鳶色の瞳が、敵意のなさを伝えてくる。「わたしは、青が好きかな」

いま見ていた夏空を想ってそう答えた。すると少女は嬉しそうに目を細めて、小袋のなかから青い粒を探しはじめた。

「あ、あった。はい」

少女の小さな手が、こちらに向かって伸びてきた。わたしは手のひらを上にして差し出す。平べったいチョコがころりと手渡された。

「あれ、黄色も?」

わたしの手の上には、③青と黄色のふたつのチョコがのっていたのだ。

「うん。あのね、青と黄色をまぜると、お姉ちゃんになるから」

少女はなぜか「うふふ」と笑って、わたしのお腹のあたりを指差した。それに釣られて、わたしは自分の着ている服を見た。なるほど、緑色に白いプリント柄の入ったTシャツを着ている。青と黄色をまぜて、緑色のわたしになるというわけか。

「どうもありがとう」わたしは少女に「いくつ?」と訊ねる。少女は「四歳」と答えながら、ちっちゃな指を四本立ててみせた。わたしの予想したとおりの年齢だった。

「なんか、すみません」

母親が眉毛を X の字にしてみせた。

「いえ、わたしの方こそチョコを頂いちゃって」

言いながら、少女の方を見たら、小さな手のひらの上に青と黄色のチョコをのせて、こっちを見ていた。

「うふふ。おんなじ色」

ふた粒のチョコをわたしに見せて、少女は愉しげに笑う。そして、パクリとふたついっぺんに口に入れた。

わたしも、「ほんと、おんなじだね」と言って、もらったふたつのチョコを口に入れる。

「緑の味、するね」

「え? うん、するかも」

もちろん、そんな味はしない。でも、なんだか、切ないくらいに甘い。そう思っていたら、隣から男性の声がした。

「一人旅ですか?」

少女の父親は、角のないやさしい声色をしていた。

その声を耳にしたとたん、わたしの意識は頭上の網棚にのせてあるウクレレとつながった。

「えっと……、旅というか。帰省みたいな感じ、です」

わたしは親族の家に向かっている途中だった。もう十五年も会っていない母方の祖父の家に。

「いいですね。ご実家は、どちらなんですか？」

少女の母親が、少女とよく似たぷっくりとした唇を開いた。

わたしは、少し控えめに「龍浦というところです」と答えた。田舎の漁師町だから、きっと知らないと思ったのだ。ところが、その地名に少女の父が反応した。

「龍浦か。あそこはいいところですよね。静かで、海がきれいで」

正直、わたしは、龍浦という土地のことをあまり覚えていない。だから、とりあえず曖昧に笑ってごまかした。

「帰省する田舎があるって、いいですね」

また、少女の母が口を開く。どうやらこの家族は、三人そろって、とても社交的らしい。あるいは、四人がけのボックス席のなか、ひとりぼっちになっていたわたしを気遣ってくれているのだろうか。だとしたら、それは少しばかり余計なお世話だ。

「ええ。帰るのは久しぶりなんですけど」

「じゃあ、ご家族が喜びますね」

④<u>わたしは、また笑ってごまかす。</u>

「お姉ちゃんも夏休み？」

「うん」

子供に嘘をついたとき、チクリと胸が痛んだ。

「うちも、早めの夏休みで」と、父親が言う。

「お盆は混むから」と、母親。

「そうですよね」と、作り笑顔のわたし。

それからわたしは、この人懐こい家族とあれこれしゃべり続けるハメになり、ひたすら嘘に嘘の上塗りをし続けた。嘘を吐き出す口のなかには、まだ青と黄色をまぜたチョコの味が残っていて、それが不思議と［Y］を増長させた。

本当はね、わたし、逃げてるの。

自分の居場所もお金もなくなって、頼れる友達も家族もいなくて、それでいま、どんな人かも覚えていないような祖父の家に逃げていくところなの。あなたたちみたいなやさしい家族は、わたしにはいないの。うちの母はね、丁寧に髪をといて、きれいなビーズのついたゴムで結ってくれるようなお母さんじゃなかったんだよ。お父さんは、やさしかったけれど、わたしが子供の頃に離婚して出ていっちゃったんだよ。

「ご兄弟は？」と、父親が訊く。

「兄がいます」

アメリカに、ですけど——。

「お仕事は？」と、母親が訊く。

「都内のレストランでフロア担当を……」

失職したばかりですけど——。

「網棚にウクレレがありましたけど、弾くんですか？」また、父親だ。

「ちょっとだけ……」

母に隠れて、こっそり練習をしていました——。

質問の答えには、いちいち［Z］が付く。

幸せそうな家族を相手に、幸せなフリをし続けるのは、とても疲れる行為だった。つまらない嘘をつきとおすことも、作り笑顔でいることも、それなりの労力が必要なのだ。いっそのこと、途中ですべてぶちまけてしまいたいような気にさえなってくる。

そう思ったとき、少女が久しぶりに声を出した。

「ねえ、虹になったよ」

え、虹？　わたしは正面を見た。少女の小さな手の上に、いろいろな色のチョコがひとつずつのせられていた。よく見ると、赤、青、黄色、緑、紫、オレンジ、そして茶色がある。

茶色は、さすがに虹の七色には含まれないはずだ。ってことは、茶色の代わりは、いったい何色だったっけ？

考えていたら、少女がわたしを見て言った。

「これ、ぜんぶいっしょに食べたら、何色の味になるの？」

黒じゃない？　真っ黒だよ、きっと。

わたしは、そう思った。色というのは、まぜればまぜるほどにそれぞれの色を打ち消し合って、どんどん濁っていき、そして最後は黒になってしまう。たしか、中学の美術の時間にそう習った気がする。

しかし、幸せそうな少女の父は、まったく違った答えを口にしたのだ。

「光の味だよ。太陽の光」

「え？　光るの？」

少女の唇は、わたしが思ったことをそのまま代弁した。

「太陽の光を分けていくと、虹の七色になるんだよ。だから、分かれた七色をまぜたら、また元どおりの透明な光になるんだ」

父親のちょっと素敵な話に、少女の目がきらきらと光りはじめた。

「じゃあ、ぜんぶいっしょに食べてみる」

少女が七つのチョコをまとめて口に入れようとしたとき、母親が横から口をはさんだ。

「ああ、駄目よ。そんなに一度にたくさん食べて、喉につっかえたらたいへんでしょ」

「大丈夫だよ、チョコちっちゃいもん」

少女は頬をふくらます。

「あはは。食べても大丈夫かも知れないけどね、残念ながら、虹の七色に茶色は含まれていないんだよ。だから、それをいっぺんに食べても、元の光にはならないよ」

光の話をする父親は、⑤まぶしいものでも見るような目で少女を見ていた。

「茶色があると、駄目なの？」

「うん、そうだね」

「茶色、仲間はずれ？」

「仲間はずれというか、まあ、茶色は、虹の七色のひとつではないからね」

父親の言葉を聞いた少女は、あからさまにがっかりした顔をして、茶色のチョコだけつまみ上げた。そして、それを口に入れようとした刹那、わたしはひとり心のなかで、「ちょっと待って、一緒に食べてあげて」とつぶやいていた。

でも、少女は落胆した顔のまま、光の成分を含まない仲間はずれの茶色いチョコだけを食べてしまった。

わたしは、少女の手のひらに残された、赤、青、黄色、緑、紫、オレンジのチョコを見た。どれも、人目を惹くような鮮やかなチョコばかりだ。

⑥もしも、この少女がまた「お姉ちゃん、何色が好き?」とわたしに訊ねたなら、今度は迷いなく「茶色」と答えようと思う。

快速列車の速度が落ちてきた。

駅が近づいてきたようだ。

(森沢明夫『エミリの小さな包丁』〈角川文庫〉より)

問1 ——①「快速列車のボックス席は四人掛けだった」とありますが、「わたし」から見て斜向かいに座っているのは誰ですか。次の中から選び、記号で答えなさい。

ア　少女　　イ　少女の父
ウ　少女の母　　エ　誰も座っていない

問2 ═══Ⅰ・Ⅱの意味として最も適切なものをそれぞれ次の中から選び、記号で答えなさい。

Ⅰ「心もとない」
ア　胸が躍る　　イ　退屈な　　ウ　不注意な　　エ　不安な

Ⅱ「無垢な」
ア　けがれのない　　イ　あどけない
ウ　かわいらしい　　エ　透きとおった

問3 ——②「この少女の家族」に対して、「わたし」はどのような印象を持っていますか。最も適切なものを次の中から選び、記号で答えなさい。

ア　自分には家族がいないのに素敵な家族像を見せつけてくるので、嫌みな人々だと思っている。

イ　明るく優しい両親に存分に愛されて娘は朗らかに育っており、理想的な家族だと思っている。

ウ　家族旅行を邪魔してしまって申し訳ないのに、逆に気遣ってくれる優しい家族だと思っている。

エ　初対面の自分にも話しかけるほど社交的で快活だが、反面ややおせっかいな家族だと思っている。

問4 ——③「青と黄色のふたつのチョコ」とありますが、少女はなぜこのふたつのチョコをくれたのですか。五十字以内で説明しなさい。

問5 空欄 X に入る適切な漢字一字を答えなさい。

問6 ——④「わたしは、また笑ってごまかす」とありますが、なぜですか。最も適切なものを次の中から選び、記号で答えなさい。

ア　久しぶりに帰省したところで喜ぶような家族はいないが、それをわざわざ説明したくはないので、とりあえず適当にあしらおうと思っているから。

イ　他人にあまり踏み込まれたくない自分の家庭事情についてあれこれとたずねられ、気遣いが足りていないと少女の家族に腹を立てているから。

ウ　自分が帰省したところで、全く会ったこともない祖父が実際に喜ぶかどうか分からないが、それをわざわざ説明するのは面倒だと思っているから。

エ　久しぶりに会う祖父が自分の帰省を喜んでくれるか分からず緊張しているので、今は笑うことで不安な気持ちを紛らわせようと思っているから。

問7　空欄［Y］に入る語として最も適切なものを次の中から選び、記号で答えなさい。

ア　緊張感　　イ　罪悪感　　ウ　孤独感　　エ　無力感

問8　空欄［Z］に入る表現として最も適切なものを次の中から選び、記号で答えなさい。

ア　うわべの但し書き　　イ　不満げな文句

ウ　内緒の注意書き　　エ　腹黒い本音

問9　――⑤「まぶしいものでも見るような目」は、父親のどんな様子を表していますか。最も適切なものを次の中から選び、記号で答えなさい。

ア　七色のチョコを混ぜて光の味にしようという、斬新な発想をする娘に驚いている様子。

イ　光の色を食べたいという子どもらしい好奇心をもつ、純真な娘を慈しんでいる様子。

ウ　光の味を食べようとするいたいけな娘を見て、自分の子供時代を懐かしく思い出す様子。

エ　光の色についての作り話を聞きながら目の色を輝かせる、娘の素直な心に感動する様子。

問10　――⑥「もしも、この少女がまた『お姉ちゃん、何色が好き?』とわたしに訊ねたなら、今度は迷いなく『茶色』と答えようと思う」について、6人の生徒が話し合っています。空欄［A］、［B］に入る言葉をそれぞれ指定に従って書きなさい。

松村:「わたし」は、なぜそう思ったのかな。

竹川:「茶色」が、文中でどのような意味をもつ色なのかを読み取ることが大切そうだね。

梅原:茶色は虹色に含まれない色だと言った父親に、少女は「茶色は［A(五字以内でぬき出し)］の色」だとがっかりしていたね。

菊池:虹色は「光の色」だけど茶色はその一員になれないんだね。

桜井:「わたし」は、その茶色のチョコに、［B(十五字以内で説明)］のではないかな。

桃田:なるほど、それで「わたし」は茶色、つまり自分の色を好きだと答えたいと思ったんだね。

雙葉中学校

—50分—

一　次の文章を読み、問いに答えなさい。

ナナが水色の車に乗って、久しぶりに帰宅した。紺色のセーターを着て、オレンジ色の縁のサングラスをかけ、リュックを背負っている。

寒かったの?　と訊いてみたら、ナナは、いいや、そうでもないと答える。でも、セーター着てるよ、と訊くと、ああまあ、と、あいまいに答えて、荷物を下ろし、サングラスをはずし、ソファーにふかぶかと座り込んだ。暑そうにも、寒そうにも見えない。aカイフカイを感じていない、というより考えていない、しずかな表情である。

イチが帰ってきた。半袖だ。寒くないの?　と訊くと、ぜんぜん、と言って、コップに①［　　　］と牛乳をつぎ、ごくごくと飲んだ。イチは、つめたい牛乳が大好きだ。

セーターの人と半袖の人の②間に立っているわたしは、長袖の上に半袖を重ねて着ている。この格好、最初に誰かがはじめたときは、変な着方だ、と1揶揄していたような気がするが、すっかり世間に浸透したので、自分も平気でbサイ用するようになった。気分次第で変えられる色や形の組み合わせが楽しいのである。といっても、タンスの引き出しを引いて、目についたものを取り出して着ては洗い、たたんで引き出しの最前につめ、次にまたそれを取り出して、着ては洗い、またつめる、を繰り返しているので、いつもだいたい同じものばかりを着て過ごしている。この引き出しの奥に、誰かが謎の洋服をつめこんだとしても、生涯気づかないかもしれない。

キャベツもようのワンピースをタンスの奥から見つけたお母さんが、自分の子どもにちょっと着せてみたら、たちまちその子が洋服に支配された人格になってしまう、という物語を昔書いたことがある。ワンピースは着たきりになり、女の子と一緒に成長する。お風呂に入るときは、ワンピースごと洗うのだ。

この話を書いていたとき、人間が洋服を必要とすることについて考えていた。なぜ人間だけが、生まれたままの姿では生きていくことができないのか。衣服を着用したから、体毛がなくなったのか、体毛がなくなったから、衣服を着用することになったのか。同時進行といったところか。

とにかく、衣服というものは、暑さ寒さをしのげれば、それでいいわけだ。目の前にあるタンスとクローゼットの中身が妙に気になりはじめた。「暑さ寒さをしのげればそれでいい」を基準に考えたら、九割方、【A】のではないか。タンスとクローゼットからすべての衣服を引きずり出し、九割【B】ことをシミュレーションしてみる。しかし、選択の基準が見つけられないので、この件は、しばし保留にしたい。

ナナと散歩に出ることにした。少し肌寒い気がして上着を着たが、ナナは、セーターのままである。セーターを着ているんだから、上着はいらないのだね、と思いつつ、アニメーション『アルプスの少女ハイジ』のことを思う。山のおじいさんの家に、ハイジがはじめてデーテおばさんに連れてこられたとき、とても着ぶくれしていた。デーテおばさんが、今後必要なハイジの服を、本人に重ね着させていたのだ。ハイジは山に着いたとたん、その重そうな服をぱっ、ぱっと脱ぎすてながら走り出したような気がする。開放的で、とても気持ちがよいシーンだった。でも、この子はあのとき、引き返すことのできない人生を走りはじめたのだ。その後、幼いハイジの身に次々にふりかかる困難を反芻(はんすう)すると、胸が熱くなる。

人工都市に、人工的に植えられた植物が、さわさわと茂(しげ)り、風にしなっている。プランターの小さな花々も、陽に向けて色とりどりの花ベンを開き、可憐(かれん)だ。③洋服を脱ぎ散らしながら走っていく子どもは、ここにはいない。

団地エリアの中の散策を続ける。④分け入っても、分け入っても、団地。団地の建物は、各年代ごとに少しずつデザインに変化が見られる。ブロックを整然と並べたような初期団地から、「とがり」のある形のものが現(あら)われはじめ、さらには、ふしぎな色使いがほどこされたものも出現する。しかしある時期から「とがり」が消えはじめ、色も渋味(しぶみ)のあるものが好まれるようになり、結局のところ初期段階の長四角の基本へカイ帰していくるように思う。

というのは、あくまでシ見で、建築についての知識はほとんどなく、ほんとうのところはよく分からない。分からないが、⑤集合住宅の窓の一つひとつが安らかならば、それでよいと思う。⑥建物に意味や価値をつけすぎない方がいい。肝心(かんじん)なのは、そこで誰かが命を灯(とも)し続けているという事実。暑さ寒さをしのぐためのもの、と思えば、建物も⑦□と同じ。

そんなことをとりとめもなく思いながら歩いていると、目の前に巨大(きょだい)な鉄塔(てっとう)が立ちふさがった。

（東直子(ひがしなおこ)『ゆずゆずり——仮の家の四人』〈中央公論新社〉）

問一　「寒かったの？」・「寒くないの？」とありますが、「わたし」が二人にそのようにたずねたのはなぜか、説明しなさい。

問二　——線部a「カイフカイ」・b「サイ用」・c「花ベン」・d「カイ帰」・e「シ見」について、カタカナを漢字に直してそれぞれ答えなさい。

問三　——線部①「□□□と」が「あふれそうなほどいっぱいに」という意味になるように、畳語(じょうご)（くり返しの言葉。「ふかぶか」「ごくごく」など）を考えて答えなさい。

問四　——線部②「間に立っている」とは、ここではどういうことを言っているのか、説明しなさい。

問五　＝＝線部1「揶揄していた」・2「困難を反芻する」の意味として最もふさわしいものを次のア～エから一つずつ選び、それぞれ記号で答えなさい。

1　「揶揄していた」
ア　からかっていた
イ　とまどっていた
ウ　敬遠していた
エ　評価していた

2　「困難を反芻する」
ア　困難に直面して動揺(どうよう)する
イ　困難を予測して同情する
ウ　困難をくり返しかみしめる
エ　困難に反発していきどおる

問六　【A】・【B】に当てはまる語句の組み合わせとして最もふさわしいものを次のア～エから一つ選び、記号で答えなさい。

ア　A　残せる　　B　整理する
イ　A　捨てられる　B　分別する
ウ　A　いらない　B　処分する
エ　A　着ない　　B　試着する

問七　——線部③「洋服を脱ぎ散らしながら走っていく子どもは、ここにはいない」とありますが、

(1)「洋服を脱ぎ散らしながら走っていく子ども」とはどのような存在を指して言っているのか、説明しなさい。

(2)「ここ」とはどのような場所か、本文中から四字でぬき出して答えなさい。

問八 ――線部④「分け入っても、分け入っても、団地」とありますが、これは種田山頭火という俳人の句「分け入っても分け入っても青い山」をもとにした表現だと考えられます。これによってどういうことを表そうとしているのか、最もふさわしいものを次のア～エから一つ選び、記号で答えなさい。

ア　個性ある団地から目を離せないでいるということ。
イ　団地がどこまでも果てしなく続いているということ。
ウ　迷路のように団地が複雑に入り組んでいるということ。
エ　植物をかき分けて団地に向かっているということ。

問九 ――線部⑤「集合住宅の窓の一つひとつが安らかならば」とありますが、「集合住宅の窓の一つひとつが安らか」であるとはどういうことを言っているのか、説明しなさい。

問十 ――線部⑥「建物に意味や価値をつけすぎない方がいい」とありますが、団地に「意味や価値をつけすぎ」るとはどういうことか、答えなさい。

問十一 [　]⑦にふさわしい漢字二字を、本文中からぬき出して答えなさい。

二　次の文章を読み、問いに答えなさい。

雪の降りつづく日、真ッ白な路上に立ちどまり、空を見あげて、次から次へ躍る[a]降ってくるたくさんの雪片を見ていると、いつかいっさいの物音が消えてしまい、ちいさな雪片の一つ一つが、まるでたくさんの自由な小人のように見えてきます。雪はいつも楽しそうに笑いながら降ってくるようでした。そうして、その笑い声に耳澄ましているうちに、自分がここにいて、ここにはいない[b]不思議な思いを、いつも覚えました。降りつづく雪をみあげているというただそれだけのことなのに、そうしていると、自分がちがった世界の真ん中にいる[c]たのです。

雪合戦や雪だるまから橇滑りまで、雪で遊んだ幼いころの楽しい想い出にもまして、生まれそだった東北の火山の麓の街の冬の、雪の降りつづく日々がくれたもっとも忘れがたい甘美な記憶は、何といっても、その静かだった時間の記憶です。降りつづく雪が、日常の時間を消し去ると、街には、ただ静かな時間だけがのこされる。その静かな時間には何ともいえない清浄な魅力があって、凍るような風も寒さも①ものかは、少年のわたしは、雪が降りだすと親しい友人と、街のあちこちを歩きまわりました。どこへゆくというのでもなく、ただただ話しつづけ、ときに黙りこみ、寒さでがちがちになるまで、とにかく歩きまわった。

②思いだしてそうだったんだとしか言えないけれども、そのころわたしたち、つまり親しい友人とわたしとは、ほとんど毎日会って、話をしていた。学校から帰ると、すぐにとびだして、どちらかがどちらかの家へでかけていって、誘います。そうして、それから街を歩きまわって、日が暮れるまで話しつづける。夏であれば、たいていどちらかの門のまえに何時間も立ったままで話しつづけて平気でしたが、寒さのきびしい冬はさすがにそうはゆかず、街を歩きまわって、身体を暖めながら、話しつづけた。

よくあんなに話しつづけるということができたものと思いますが、そのときそんなにも毎日毎日何を話しつづけていたかは、何一つ覚えていません。ただそうやって毎日毎日、友人と会ってやみくもにAA話しつづけていたということが、今は懐かしい時間として記憶のなかにのこっているだけです。火山の麓の街の時間には、そうした少年たちのあてどない無量の時間を容れてくれるだけの、ゆったりとした日々があった。

昭和二十年代後半、一九五〇年代前半。わたしたちの街には、まだ人力車屋があり、蔵のある呉服屋があり、おおきな暖簾をきりりと店先に張った酒屋があり、本屋のほとんどは土間で、少年のわたしたちはまだコーヒーをあいだに話をする習慣をもたず、コカコーラもハンバーガーもまだ知りませんでした。③暗闇のなかの宝島にほかならなかった映画館をのぞけば、わたしや友人にとっては、話をしながら街をぶらぶら歩きつづけることが、何にも代えがたい楽しみだったので、何もなかったといえばそのとおりですが、ただわたしたちは、誰のものでもない自分の自由な時間を、ありあまるほどふんだんにBもっていました。時代は乏しかった。しかし、わたしたちの持ち時間はゆたかでした。

火山の麓の街の冬はおそろしく永かったけれども、わたしたちは退屈というものを知らない少年でした。一度何がきっかけだったのか、友人と突然口論になって、雪のなかで取っ組みあいになった。さんざん息を切らして、もう絶交だと罵りながらその日は別れますが、次の日には二人でまた、雪の街でながい時間を共にして、降りつづく雪のなかを流れる川を見にいった。

雪にすっかり隠れていた河畔の道。古い鉄橋。雪を繁みのように枝いっぱいに載せていた、校庭のおおきな一本の欅の木。がらんとした寺の境内の端に立っていた、鐘のない鐘楼。除雪網を車体のまえにつけて、暗い街角を傾ぐように曲がってゆくチンチン電車。街の向こうへ渡る長い陸橋。

火山の麓の、雪の季節の静かな街の時間というのは、楽しそうに笑いながら降ってくる雪の小人たちのくれた魔法のような時間だったのかもしれません。すべてがまったくの無償だった時間。いまでは、しかし、その火山の麓の風の街にもかつての冬の街の景色は失われて、冬に雪が降り積もることさえ、めったになくなりました。かつて毎日を共にした二人の少年はそれぞれに火山の麓の街を去って、別々の街で別々の日々をかさねるようになってからは、二度会っただけです。しかし、何を話すべきか。そのときはもう、魔法の時間を失くしてしまった二人は、おたがいに知りませんでした。

そうしてわたしは、東北の火山の麓の街を少年のとき離れてから、すぐに家も東京に引っ越して、季節のめぐりごとに帰郷するということがないままに、それきりになってしまい、ふたたびその街を訪れたのは、思いがけなくそれから二十五年もの長い空白をへてのちでした。しかし、その長い空白は、かえってわたしのなかに、隅々までよくよく知りぬいた親しい「わたしの街」の記憶をあざやかにしたように思います。

二十五年ぶりの街の景色は、もちろん記憶のなかの「わたしの街」の景色とは、すべてちがっていました。街並みは変わり、道は広くなって、新しい街角に新しい建物がつづき、市電が消え、街の店々は屋号こそおおくおなじでもたたずまいをすっかり変えており、予期していたものの、街の真ん中に生まれて、根っから街っ子としてそだったわたしの記憶にあった④「わたしの街」の確かな目印Cはあらかたなくて、友人はもちろん見知った顔さえない街には、「わたしの街」はすでに見つけようもありませんでした。

そこにあったものが、もうそこになかった。目抜き通りにあった新聞社[ア]がそこになく、よくよく親しんだ映画館がそこになく、風邪のたびに通った街の医院がそこになく、在籍した小学校[イ]はそこになく、中学校はそのときは病院[ウ]になっていて、暗い木立ちに囲まれていた裁判所[エ]は明るい公園に、街はずれにあった高い塀の刑務所はTV局[オ]の開かれた建物に、というふうに、街にはただ、⑤まぶしい「現在」のほかはなかった。訪れたのは冬がくるすぐまえの季節でしたが、遠く広い裾野をもつ火山と、街をゆったりとめぐる丘陵と、そして街を横切って流れる川がなかったら、そこが自分の街だと思えなかったくらいです。

二十五年の空白は確かに永すぎましたが、そう真新しい現在のなかで、ただ一つのこされていた「わたしの街」の景色は、一本のおおきな木です。卒業した高校の校庭のわきに、おおきな枝を空いっぱいにひろげていた一本の欅の木。母校は校門も校舎もすっかり変わっていましたが、すでに冬を予感させる灰色の空いっぱいに見事に枝を張った欅の木はそのままでした。その一本の木の下に、二十五年ぶりの街のどこにも見つけられなかった、懐かしい記憶があった。火山の麓の街が少年のわたしにくれた、あてどない無垢の時間の記憶です。

⑥誰もが何者でもなく、それゆえ何者でもありえた冬の少年の日々の思いが、ふいに間近に思いだされた。そうして、ふっとすべてが静まりかえってくるような甘美な時間の感触を感じ、その木の下に立って空の枝々を見あげているうちに、それまでずっとちがうちがうという思いに囚われていた自分を忘れて、いつかいまはない「わたしの街」のなかに入りこんだような深い感覚を、わたしは覚えていました。

現在のなかにあって、記憶は見えないものでしかありません。しかし、一人のわたしをいま、ここにつくっている生きられた経験が記憶であり、わたしたちはほんとうは、いま、ここに記憶と現在の二つの時間を、同時に生きています。

⑦生まれてそだった街の一本のおおきな欅の木は、見えない「わたしの街」への秘密の入口でした。冬近い火山の麓の「わたしの街」の一本の欅の木の下にのこされていた、とうに失われてしまったと思っていた**魔法の時間**。――⑧どんな記憶の目印もたやすく無くしてしまうような現在にあって、一本のおおきな木は、一人のわたしを、いま、ここに活かしている見えない記憶を、ゆたかな沈黙のように抱いている。『深呼吸の必要』という詩集に「おおきな木」という詩を書いたとき、その詩に刻んだのは、一本のおおきな木のもつその秘密です。

（長田弘『子どもたちの日本』〈講談社〉）

問一　[a]～[c]に、「ようだ」をふさわしい形に変えて入れなさい。

問二　――線部①「ものかは」は古い言い回しです。この言いかえとして最もふさわしいものを次のア～エから一つ選び、記号で答えなさい。

ア　もの足りず

イ　ものも知らず

ウ　ものごころもつかず

エ　ものともせず

問三　――線部②「思いだしてそうだったんだとしか言えない」とありますが、「そうだったんだ」に筆者の感動が表されていると考えたとき、その感動を表現した部分を本文中から二五字以内で探し、最初の五字を答えなさい。

問四　――線部A〜Cの語をわかりやすく言いかえて答えなさい。

問五　――線部③「暗闇の中の宝島にほかならなかった映画館」とありますが、当時の筆者にとって映画館はどのような場所だったのか、答えなさい。

問六　――線部④「「わたしの街」の確かな目印」にあたるものは何か、本文中に□で示されている次のア〜オの語からすべて選び、記号で答えなさい。

ア　新聞社
イ　小学校
ウ　病院
エ　裁判所
オ　TV局

問七　――線部⑤「まぶしい「現在」」という表現にこめられた筆者の思いとして最もふさわしいものを次のア〜エから一つ選び、記号で答えなさい。

ア　自分が知っている故郷とはまったくちがう、新しくて美しい街にあこがれをいだいている。
イ　新しい街には、古い時代しか知らない自分はなじめない、と取り残されたように感じている。
ウ　暗くてさびしい田舎だった故郷がここまで経済的に発展したのだ、とほこらしく思っている。
エ　見たこともないほどの都会になっていた故郷にふさわしくない自分を恥ずかしく感じている。

問八　――線部⑥「誰もが何者でもなく、それゆえ何者でもありえた」とはどういうことを言っているのか、説明しなさい。

問九　――線部⑦「生まれてそだった街の一本のおおきな欅の木は、見えない「わたしの街」への秘密の入口でした」とありますが、どういうことを言っているのか、そのように言う理由を明らかにしながら説明しなさい。

問十　――線部⑧「どんな記憶の目印もたやすく無くしてしまうような現在」とありますが、筆者は「現在」をどのような時代と考えているのか、答えなさい。

問十一　魔法の時間とありますが、あなたが経験した「魔法の時間」について述べなさい。

三　――線部(1)〜(10)の語のうち、読みが正しいものは○を書きなさい。読みが誤っているものは、正しい読みを答えなさい。

(1)波止場(はとば)近くの(2)殺風景(さっぷうけい)な商店街に、親類が(3)営(いとな)む(4)八百屋(やおや)がある。そこでみかんを一箱買って家に帰り、箱をかかえたまま居間の(5)障子(ふすま)を足で開けると、(6)案の定(あんじょう)「(7)横着(よこちゃく)するな！」と(8)険(いかめ)しい顔をした祖父にしかられた。今日は、ことの(9)外(そと)きげんが悪い。ここは(10)下手(へた)に出たほうが良さそうだ。箱からみかんを取り出して一つわたすと、ようやくにこりと笑ってくれた。

普連土学園中学校(第一回)

—60分—

一　次の文章を読み、後の問に答えなさい。

日本ではよく、「若者はもっと個性を発揮すべきだ」とか、「個性を磨くべきだ」などと言われます。けれど私は、①そういう言葉にはあまり意味がないと思っています。

また、日本では「個性」という言葉が主に人の外観に関して使われることにも、私は違和感を持っています。［ a ］、「個性的なファッション、個性的なヘアスタイル」は、「人がアッと驚くような奇抜なスタイル」であることが多いでしょう。

あるいは、他の誰も持っていないような特殊なスキルを持つことが個性的であることの条件のように受け取られていますね。

このように考えると、「個性＝人より目立つこと」と、多くの人が錯覚しているのではないかと思います。

でも、根本的なことを言ってしまえば、この世に生まれた人間は一人残らず全員、それぞれの個性を持っています。だから、誰かに「磨きなさい」と命令されて、義務のように磨く必要などないのです。

あなたが生まれ持った個性は、明らかにあなただけのものです。世界中に、あなたと同じ個性を持つ人など誰一人としていないのですから、「他の人はどうかな？」とキョロキョロすることは不必要だし、他人の真似をする必要もありません。真似しようとしても真似できないのが、個性というものなのです。

あなた自身が「楽しい、面白い、不思議だ、ワクワクする、どきどきする」と感じ、心から求めているものを優先すれば、それでいいのです。「磨く」とか「発揮する」などと意識しなくても、自分が本当に好きなもの、興味があることに気持ちが向かっていけば、自分の世界がどんどん広がっていく。それが本当の意味で「個性を磨く」ということです。

いちばん良くないのは、親や先生の顔色をうかがったり、友達の反応を気にしたり、世間の思惑に振り回されたりしながら、「個性を磨かなきゃいけない」と無理をすることです。

そのうちに自分の軸足をどこに置いていいかわからなくなり、自分力が失われ、結局は自分で自分の個性をつぶしてしまうことになりかねません。②そういうネガティブなサイクルに入らないよう、気をつけてください。

みなさんは、「アイデンティティ(identity)」という言葉をご存知ですね？　英和辞典には、「同一性、身元、正体」などと出ていると思います。

この言葉は、心理学では「自我同一性」と訳されています。一般的な言い方をすれば、「自分のことを、他の誰でもない自分だと認識すること」という意味で、「自己認識」とか「独自性」などと言われることもあります。

たとえば、クラスの中にあなたと同姓同名の人がいるとします。当然のことですが、その人とあなたとは別々の人格を持つ別々の人間です。同姓同名の人が何人いようとも、あなたという「個」は一人しかいません。

このように、「自分と完全に同じ人間はいない。自分は、この世にたった一人の存在だ」と認識する時の基礎になるのが、アイデンティティという概念です。

　これまでに私が何度も述べてきた「自分の宇宙を持って生きる」ということは、言いかえれば、「アイデンティティを見極め、確立する」ということです。

　アイデンティティの確立というと、すごくハードルが高いことのように思うかもしれませんが、決して難しいことではありません。それは、「自分の頭でものを考えることが、いつでも、どこでもできる」ということなのです。

　たとえば、今日あなたが学校帰りに飲んだドリンクも、図書館で借りてきた小説も、自分で決断して選んだのだから、あなたのアイデンティティの一部です。

　休日の過ごし方、家族との関わり合い方、友人との付き合い方なども、すべて自分のアイデンティティを形成する要素です。
　③そう考えれば、アイデンティティの見極めや確立が特別に難しいことではないとわかるでしょう。
　ヨーロッパの教育現場では、「個性を発揮しろ」とか「個性を磨け」とかといって発破*をかけることはあまりありません。哲学の授業でも、国語(英語やフランス語などその国の母国語)の授業でも、あるいは歴史の授業でも、先生が生徒に期待するのは、それぞれの考え方であり意見です。あまりにも突拍子もない意見や考え方については、先生は修正しますが、自分の意見や考えを述べることができない生徒には高い評価はつきません。一人の生徒の意見や考え方に対して、別の生徒からあえて反対の意見や考え方を表明させて、両者の間でディベートさせることもあります。こうして小さい時から鍛えられたヨーロッパ人達にとっての課題は、チームワークをとることが不得手ということです。④日本とはあべこべという感じです。

　私が小学生の頃の同級生に、足の速いY君という子がいました。

　Y君は毎年、運動会の一〇〇メートル競走で一等になり、賞品のノートや鉛筆を山ほどもらっていました。私も足は速い方でしたが、このY君にはかなわなくて、運動会のたびに、「いいなあ、すごいなあ」と思っていました。

　賞品のノートや鉛筆がほしかったわけでも、自分より足の速いY君にジェラシーを感じていたわけでもありません。俊足のY君のことを心から尊敬していたのです。

　このように競争をとおして相手に対する尊敬の念をはぐくむことは、とても大事なことだと思うのですが、最近の日本では、「子供達に競争させるのはかわいそう」「勝ち負けにこだわるのは良くない」「順位によって差をつけるのは平等主義に反する」といった理由から、運動会で一位、二位、三位の表彰をやらなくなった学校もあるようです。

　でも、競争は本当にいけないことでしょうか。

　日本人なら誰でも、オリンピックで日本の選手が優勝すれば大喜びし、サッカーのワールドカップで日本チームが敗退すれば悔しがるでしょう。⑤そうやって競争を楽しんでいるわけです。それなのに、⑥学校の運動会に関しては「平等主義に反する」という理由で競争をさせないというのは、どこかおかしいと思いませんか？

　私は、「競争のないところに進歩はない」と考えています。私の言う競争とは、足の引っ張り合いやルール違反のない、フェアな競争のことです。

「切磋琢磨(仲間同士が互いに励まし合い、競い合って向上をはかること)」という言葉があるとおり、フェアな競争は進歩の原動力です。このことは勉強やスポーツだけでなく、芸術、科学技術、ビジネス、産業、経済についても同じようにあてはまります。

[b]、平等主義がそんなに素晴らしいのなら、何よりも先に偏差値重視の受験戦争をなくすべきでしょう。仮に「勉強以外の競争は悪」なのだとしたら、スポーツの試合も、音楽や書道や絵のコンクールも、弁論大会も、すべてその存在意義すらなくなってしまいます。

それに、⑦学校生活から勉強以外の競争がなくなれば、ほとんどの生徒は自分に自信を持つきっかけを失ってしまうでしょう。

たとえば、あなたのまわりには、絵がクロウトはだしの子、音感が抜群な子、スポーツ万能な子、大人もかなわないほど字が上手な子など、何かに秀でた友達がいると思います。あなた自身がそうかもしれません。

そういう人達は、たとえ勉強ができなくても、体育祭で英雄に変身したり、美術の授業でスターになったりすることで、「自分には才能が備わっている」という実感を持つことができます。そして、そういった評価を受けることによって自信をつけるのです。

こうして、努力して人から認められる喜びを味わえるだけでなく、「もうちょっと勉強も頑張ってみようかな」と、苦手分野を克服しようとする意欲を高めていくこともできるのです。

他の人と比べて、絵がうまい、音感がいい、スポーツ万能、字が上手……といったことは、どれも一つの才能であり、その人の個性です。個性に優劣はありませんが、一〇人の人にかけっこをさせれば、必ず一位から一〇位までの順位はつきますし、一〇人の人に絵を描かせれば、それぞれの作品にはおのずと違いが出てきます。その違いが個性というものです。

日本では「子供の個性を大事にすべきだ」としきりに言われますが、そのわりには、個性の違いがはっきり出るようなことを避ける傾向があります。けれどその一方で、偏差値や学歴で人に差をつけている。これこそ矛盾ではありませんか。

こんな状態で「個性を磨きなさい」と言われても、たぶんみなさんは納得できないでしょう。⑧日本の大人達は、「個性の尊重とはどういうことか」を真剣に考えなければいけないと思います。

(今北純一『自分力を高める』〈岩波ジュニア新書〉)

〈注〉＊発破をかける……強い言葉で励ますこと。

問一　空欄[a]・[b]に入ることばとして最も適当なものを次のア～オから選び、それぞれ記号で答えなさい。

ア　あるいは　　イ　そもそも　　ウ　だから
エ　たとえば　　オ　でも

問二　――線部①「私は、そういう言葉にはあまり意味がないと思っています」とありますが、筆者はなぜ「意味がない」と考えているのですか。説明しなさい。

問三　――線部②「そういうネガティブなサイクルに入らないよう、気をつけてください」とありますが、筆者はどのようなことに気をつけるべきだと考えているのですか。説明しなさい。

問四　――線部③「そう考えれば」とありますが、どのように考えることですか。答えなさい。

問五　――線部④「日本とはあべこべという感じです」とありますが、これはどういうことですか。それを説明した次の文の空欄に当てはまる言葉を、それぞれ本文中から十字以上十五字以内で抜き出して答えなさい。

日本の教育は、［A］においては優れているが、［B］を苦手としているということ。

問六　――線部⑤「そうやって競争を楽しんでいるわけです」とありますが、私たちはどのようにして競争を楽しんでいるのですか。次のア～オから最も適当なものを選び、記号で答えなさい。

ア　勝ち負けを意識して。　イ　興味のあることを優先して。
ウ　好きなチームを応援して。　エ　選手たちに敬意を表して。
オ　フェアな競争だと信じて。

問七　――線部⑥「学校の運動会に関しては『平等主義に反する』という理由で競争をさせないというのは、どこかおかしいと思いませんか？」とありますが、筆者の考える競争させることの利点として当てはまらないものを次のア～オから選び、記号で答えなさい。

ア　運動会での経験がプロスポーツ選手を目指すきっかけになるところ。
イ　競争を通して相手に対する尊敬の念が育まれることがあるところ。
ウ　何かに秀でた子どもが自信を持つきっかけを得ることになるところ。
エ　苦手分野を克服しようとする意欲が高まることにつながるところ。
オ　フェアな競争のもと切磋琢磨していくことで進歩が生まれるところ。

問八　――線部⑦「学校生活から勉強以外の競争がなくなれば、ほとんどの生徒は自分に自信を持つきっかけを失ってしまうでしょう」とありますが、学校生活に「勉強以外の競争」があることで、子どもが「自分に自信を持つ」ことができるようになるのはどうしてですか。説明しなさい。

問九　――線部⑧「日本の大人達は、『個性の尊重とはどういうことか』を真剣に考えなければいけないと思います」とありますが、日本において「個性の尊重とはどういうことか」について考えられていないと筆者が言うのはなぜですか。最も適当なものを次のア～オから選び、記号で答えなさい。

ア　「個性」に違いがあることは間違いのない事実であるのに、あたかも「何か特別なことをしなければ個性的ではない」という風潮が世の中に広まっており、誰も本質をみつめていない状態にあるから。

イ　「個性」のことを外観のこととしてとらえることが多いわりには、本当の「個性」といえる偏差値や学歴のことに関しては画一的な方法で人を評価するという本末転倒な状態にあるから。

ウ　そもそも「個性を磨きなさい」という言葉には矛盾があり、到底納得できることではないのに、それでも大人たちは子どもたちに個性を磨くことを強制する状態であるから。

エ　偏差値や学歴以外の個性の違いが出ることは避ける傾向がある一方で、「子供の個性を大事にすべきだ」としきりに言われるというような、ねじれた状態にあるから。

オ　他の人と比べてみれば誰でも何か特別な才能があるはずなのに、その才能を伸ばそうとしないで、「個性に優劣はない」とあえて個性の違いを避けて平等に評価しようとする、おかしな状態にあるから。

二　次の文章を読み、後の問に答えなさい。

ちょっとした失敗から一時期友達に仲間外れにされていた「わたし」は、強い思いを持って競馬の実況者を目指す従姉妹の「実況者になっちゃえばいい」というアドバイスを受ける。その従姉妹にもらった双眼鏡をお守りとして持ち歩き、アドバイスにしたがって学校生活を〝脳内実況〟するようになり、つらい時期を乗り越えることができた「わたし」は、ある出来事をきっかけに生け花部に入り、学園祭の演目として〝生け花ショー〟を提案した。

生け花ショーのアイディアは、その日の部活でみんなに紹介された。野山先生はおもしろそうだねと目を輝かせた。

「ショーをするなら中庭ステージだね」

「中庭ステージ？」

「東校舎と西校舎に挟まれた中庭があるでしょ？　文化祭の日には、あそこに特設ステージが組み立てられるんだ」

一年生はまだ知らないよね、と野山先生は微笑んだ。

「まず企画書を作って、二学期になったらすぐ郷本先生に渡そう。ＯＫが出れば実現するよ」

「郷本先生⁉」

それって閻魔大王じゃん！　思わずきき返すと、野山先生がつけ加えた。

「郷本先生が文化祭の責任者なんだ」

わたしの頭のなかだけにあったアイディアが閻魔大王に認められるかな。期待も戸惑いも混ざり合ってマーブル模様だ。

「ショーなんてちょっと楽しそう。どんな髪型で出ようかなー」

今日はハーフアップにしているカオ先輩もほめてくれた。

「カオ先輩のおかげで思いついたんです」

「え、何それ？」

不思議そうにしているカオ先輩に、「気にしないでください」とわたしは手を振った。

そして、わたしはカオ先輩から、今日まだ一度も口を開いていない人物に目を移した。

九島さん。

賛成に手を上げてくれたけど、本心は分からない。

実況をするために必要なこと。それはまずその人を知ることだ。

「ねえ、九島さん、夏休みどこか遊びに行かない？」

その日の帰り道、わたしの急な誘いに、九島さんは目を丸くした。

無理もない。今まで二人で帰ったこともなかったんだもん。今日、九島さんに一緒に帰ろうと初めて声をかけた。

実況のためには、九島さんの取材も必要だから。

「わたし、明後日から日本にいないから……」

「海外旅行？　いいなあ、わたしなんて外国行ったことないよ。どこ行くの？」

「……ベトナム」

「へえ、ベトナムって暑そうだね。日本も超(ちょう)暑いけど。ベトナムで何するの？」

「……おばあちゃんの家に行くの」

「えっ、九島さんのおばあちゃんってベトナム人なの？」

「……お母さんも」

「九島さん、ハーフだったの!?　知らなかった」

「……特に、誰(だれ)にも言ってないから」

『驚(おどろ)きの事実がここに判明です。今［ a ］見つめてみると……。

わたしより小柄(こがら)でボブヘア。濃(こ)いまつ毛で黒い瞳(ひとみ)。ひかえめな鼻。肌(はだ)はやや白めです。

たとえ目の前で生春巻きを食べていてもベトナム人とのハーフだと気づかなかったでしょう』

「九島さんって、下の名前何だっけ」

『わーバカ！　綿野あみ、痛恨(つうこん)のミス！

同じ部活なのにフルネームも覚えてないなんて、しかもそれを本人にきいちゃうなんて……大、失、敗』

「麻衣(まい)。九島麻衣」

「へえ、日本の名前なんだね」

九島さんがふつうの調子で答えてくれたことに胸をなで下ろす。

「マイは、ベトナムの花の名前なの。テトのころに咲(さ)く黄色い花」

「テトって？」

「旧正月のこと……」

わたしはどこかで聞いた記憶(きおく)を手繰(たぐ)り寄(よ)せる。旧正月は、確か一月後半とか二月くらいにある、昔の暦(こよみ)のお正月だ。

「そうなんだ。明後日からベトナムなら、明日遊ぼうよ。どこか行きたい場所ある？　この駅の近くのショッピングモールとか、ゲーセンとか」

「…………」

①<u>難しい顔で黙(だま)り込(こ)んでしまった。</u>

「あー、ごめん。旅行の準備とかあるよね、明日なんて急だったかな」

あきらめかけたわたしは、あることをふっと思いついた。七夕の準備のときのこと。

ダメもとできいてみよう！

「九島さん、カラオケは？」

その単語を聞いて、九島さんの表情がぱっと変わった。

「……行く」

「うん、行こう行こう、カラオケ」

『やった！

取材の約束、成功です。

九島麻衣、やっぱりカラオケ好きでした。

さあ、ここで連絡先交換(れんらくさきこうかん)と思いきや？　おっと、九島さんスマホを持っていませんでした。

イエ電の番号をメモしてくれている九島さん。当日はどんな歌を聴(き)かせてくれるのでしょう』

もちろん実況のための情報収集なんだけど、何だかわたしは九島さんのことをもっと知りたくなってきていた。

「いえぇーいっ！」

『こちらカラオケポンポンの三〇八号室です！　ご覧ください、②<u>信じら</u>

れない光景が目の前に広がっています。
ベトナム生まれのヤマトナデシコ九島麻衣、ソファの上で熱唱です。その隣、楽し気にマラカスを振っているのは、何と九島さんのお母さんですっ。
まさかまさかお母さんがついてくるとは！　中一だけのカラオケが、よっぽど心配だったのでしょうか』

途中、九島さんがトイレに席を立ったとき、蛍光塗料が光る部屋で、九島さんのお母さんがふと真顔になった。

③「あみちゃん、ありがとうね」

「何がですか？」

「麻衣は小学校に上がるまで、父親の仕事でベトナムに住んでたの。私たち両親とおばあちゃんの四人で。麻衣はおばあちゃん子だから、日本語よりベトナム語のほうが得意だった。日本の学校に入ったとき、日本語がなまってるっていじめられて、小学校ではほとんどしゃべらなかったの。だから、中学でお友達ができてよかった」

大学時代、日本に留学していたというお母さんは、なめらかな日本語でそう言った。

「今日一緒に来たのは、お礼が言いたかったの。麻衣と友達になってくれてありがとう。これからもよろしくね」

「いや、そんな……」

『綿野あみ、お礼を言われるようなことはしていません。
実況の取材で誘っただけなのに。純粋な友達じゃない。④**ほんのりとした後ろめたさを感じます……』**

カラオケを出た後、「二人で甘いものでも食べていったら」と九島さんのお母さんがくれたおこづかいで、ドーナツショップに入った。

「九島さんってほんとに歌がうまいね！　ビックリした」

「ううん、そんなことない。歌うの好きなだけだよ。お母さんまで一緒に来ちゃってすごく恥ずかしい」

『九島さん、自分で気づいているでしょうか。
学校ではほとんど単語しか話さなかったのに、カラオケから出てきた九島さんは、ふつうに話してくれてます』

「そんなに歌がうまいなら合唱部とか軽音楽部でもやっていけそう。どうして生け花部に入ったの？」

取材を兼ねてきいてみると、

「……………」

う、沈黙。何か別の質問にしなきゃと焦っていると、九島さんが小さな声で答えた。

⑤「……しゃべらなくてすむから」

九島さんは目を伏せたまま、ジュースのストローの袋を小さく折りたたみながら言った。

ああ、そうか。九島さんのお母さんの言葉が耳元で蘇った。

「九島さん、全然なまってないよ。小学校のころはどうだったか分からないけど、今しゃべってる発音は全然変じゃない」

本心だった。九島さん本人がなまっていると感じるならきっと気のせいだ。

「……ほんと？」

「ほんと！」

わたしは気づかないうちに前のめりになっていた。もう実況のためだけじゃない。

「もっと聞かせて。マイちゃんの話。もっと知りたい」

思わず名前で呼んでしまった。何だか熱すぎて引かれてしまったかな。

そう思っていると、テーブルにポタッとしずくが落ちた。

「……ありがとう」

目をごしごしとこすりながら、マイちゃんがつぶやいた。

「綿野さんたちが話してるの、楽しそうだなって思ってた。でも勇気なくて。……ほんとは、わたしもしゃべりたかった」

涙目で微笑むマイちゃんは、水が上がった花みたいにうるおって見えた。

ただの大人しい子だと思ってた。包み隠さず言えば、ただの暗い子だと思ってた。

カオ先輩とばっかりしゃべっていたわたしは、マイちゃんが黙っている理由なんて考えたことがなかった。

ごめん。マイちゃん。

⑥「ただの」の一言で片づけられる人なんていないのかもしれない。

……　中略　……

「じゃあ、試しにやってみる?」

野山先生は花の入ったバケツに目をやった。そこには、骨折したわたしの花が余っている。

「そうですね。ショーのイメージをつかんでおきたいです。なんせ入賞を目指すんですから」

城部長が立ち上がり、ちゃちゃっと準備を進める。

「この机をステージとして、実況席は……」

「実況もやるんですかっ?」

「当然ですよ、綿野さん」

『や、ば、い!

気分はノー勉強でテストに臨む朝。ここにはカンペもありません。

これはもう、降参するしかありません!』

「あ、あの、言い出しっぺで何ですけど、わたし人前で実況したことないんです。いつも頭のなかで、教室の様子とか実況するのが好きなだけなんです。生け花も今まで脳内実況してただけで……。だから今日いきなりっていうのはちょっと……ごめんなさい」

「へえ、脳内実況? いいじゃん、それ聞かせてよ」

「え?」

「あたしたちは聞いてないと思って、脳内実況のつもりでやってみれば?」

……脳内実況で、いいの?

自分の部屋で脳内実況を声に出すと思えばいいのかな。

⑦カオ先輩の言葉に、すっと肩の重荷が下りた気がした。

「あみちゃん、一緒にやってみよう?」

マイちゃんがわたしのシャツの脇腹あたりをチョンとつまむ。

まっすぐな瞳で見つめられて、コトッと気持ちが動いた。

一番緊張するのは、生け花を披露するマイちゃんのはず。

わたしの役目は……応援すること。

やってみる。

わたしは実況席に着き、マイク代わりに左手のこぶしを握った。

「口を開けば、ほのかに残る蓮の実の味。

みなさん、こんにちは。ハジメテヒラク一回目の練習です。披露してくれるのは、生け花部の一年生、九島麻衣ちゃん。実況は同じく一年生の綿野あみ。一年生コンビでお送りします」

「では行きますよ、スタート」

城部長が腕時計でカウントする。

「始まりました！

今日の花材はユキヤナギとリンドウ。

挑戦するのは、創作花です。

マイちゃん、まずは枝をじっと眺めます。

枝は生もの。見る方向によって、その表情が変わります。

あ、それって……人と同じかもしれません。この人はこういう人って思っても、他の表情が隠れてる。決めつけることなんてできないのかも……。

今、ユキヤナギをパチンとカット！

うまい！　生け花歴はまだ四か月。それでも練習の成果が出ています！」

「二分経過、残り三分です」

「リンドウの青紫の蕾は、ろうそくの火の形。大人っぽい秋の花です。

あ、そういえば！　ベトナムにも季節の花があるそうです。

旧正月に咲くマイの花。それがマイちゃんの名前の由来です。大好きなおばあちゃんが名づけてくれました」

「へぇー、そうなんだあ」

カオ先輩たちの驚きが聞こえる。

「あ、添え木留めだ。そっと枝を支える添え木は、縁の下の力持ち！」

「細かな葉がサワサワと揺れるユキヤナギ。あれが腕にふれると、猫じゃらし並みにくすぐったい」

「高さのちがう二本のリンドウが寄り添います。何となく……マイちゃんとおばあちゃんをイメージするのはわたしだけでしょうか」

「タイムアップ！」

え、もう？

夢中で実況しているうちに五分が経過していた。

「完成です！　マイちゃんに大きな拍手をお願いします！」

花ばさみを置いたマイちゃんは、[b]息をついた。

「すごくいい感じだね。九島さん、五分でよくここまで生けたねえ。この調子ならハジメテヒラク、実施できそうだね」

「本当ですか？」

野山先生の言葉に、マイちゃんの頬が[c]上がる。

「そうだな、手直しするとしたら、ここの葉を……」

野山先生がアドバイスを始めると、

「綿野さん」

城部長に呼ばれた。

「はいっ」

背筋に緊張が走る。

初めて、実況を聞かせてしまった。

恥ずかしい。何か変なことも口走ったかもしれない。

お願いです、怒らないでください、仲間外れにしないでください。

「驚きました。実況のスイッチが入ると別人ですね」

「え、それって」

ほ、ほめられてる……？

「実況、おもしろかったよ。いつも頭のなかでこんなことしてるの？　もっと聞きたいって思っちゃった」

カオ先輩まで！

脳内なら誰にも嫌われずにすむと思ってたけど……。

口を開いても、声に出しても、大丈夫だった。

⑧わたしの手は無意識にポケットのお守りにふれていた。

「マイちゃんの名前の由来とか紹介してくれたじゃん？　あーいうの、よかったと思う。何となく、知ることができるとうれしいもん」

カオ先輩の言葉にうなずきながら、わたしは実感する。

実況のメインはもちろん生け花だけど、マイちゃんについても知ってもらえるのが何だかうれしい。

「マイちゃん、おつかれさま！　手伝うよ」

花を片づけ始めたマイちゃんに声をかけた。

「あみちゃん」

マイちゃんが微笑んだ。

「実況してもらえるのって心強いね。何ていうか、あみちゃん、守護霊みたいだった」

「守護霊って。わたし生きてるよ？」

そう笑いながら、込み上げてくる気持ちを言葉にした。

「あー、楽しかった」

マイちゃんのための応援だけど、自分も楽しんでいた。

脳内実況じゃ、味わえなかった。実況を人に聞いてもらうとこんな気持ちになれるんだ。

家庭科実習室の壁紙が貼り替えられたように、白くまぶしく見えた。

（こまつあやこ『ハジメテヒラク』〈講談社〉）

問一　文中の空欄 a ～ c に入ることばとして最も適当なものを次のア～オから選び、それぞれ記号で答えなさい。

ア　きゅっと　イ　じりじりと　ウ　ぱっと
エ　ほうっと　オ　まじまじと

問二　――線部①「難しい顔で黙り込んでしまった」とありますが、「九島さん」が「わたし」の誘いをすぐに受けることができず、「難しい顔で黙り込んでしまった」のはなぜですか。説明しなさい。

問三　――線部②「信じられない光景」とありますが、どのようなことが「信じられない」のですか。二つ答えなさい。

問四　――線部③「あみちゃん、ありがとうね」とありますが、「九島さんのお母さん」は、何について「ありがとう」と言っているのですか。説明しなさい。

問五　――線部④「ほんのりとした後ろめたさを感じます……」とありますが、「わたし」が「後ろめたさ」を感じたのはなぜですか。説明しなさい。

問六　――線部⑤「……しゃべらなくてすむから」とありますが、「九島さん」はなぜ「しゃべらなくてすむ」クラブを選んだのですか。説明しなさい。

問七　――線部⑥「『ただの』の一言で片づけられる人なんていないのかもしれない」とありますが、「わたし」はどうしてこのように思ったのですか。最も適当なものを次のア～オから選び、記号で答えなさい。

ア　今まで人の一面だけで性格を判断することに慣れていたが、「九島さん」の心情に触れることによって、人は誰でもそれぞれ表に出てこない複雑な背景があることを知ったから。

イ　「九島さん」はただおとなしいだけではなく、内に秘めた情熱的な部分があることを知って、自分の性格にも多面性があることに気付いたから。

ウ　実況するためには「ただの」の一言で言い表してしまった方がうまくいくと思っていたが、実際には「ただの」の一言を使って実況することが難しいことが分かったから。

エ　実際には「九島さん」の性格を表すために、すでに「ただの」おとなしい子、「ただの」暗い子、と一言で言い表していない事実に直面したから。

オ　深く知りもしないでおとなしい子だと決めつけていたが、「九島さん」のおとなしいだけではない面や思いを知って、自分のものの見方の単純さに思い至ったから。

問八　――線部⑦「カオ先輩の言葉に、すっと肩の重荷が下りた気がした」とありますが、「わたし」はなぜ「肩の重荷が下りた」のですか。「重荷」の内容を明らかにして説明しなさい。

問九　――線部⑧「わたしの手は無意識にポケットのお守りにふれていた」とありますが、この時の「わたし」の思いとして最も適当なものを次のア～オから選び、記号で答えなさい。

ア　行き当たりばったりで、必ずしもうまくできたとは思えない実況だったが、思いもよらず先輩たちにほめてもらえたことを、実況することを勧めてくれた従姉妹に報告したいという思い。

イ　従姉妹にアドバイスされ、脳内だけでしていた実況だったが、周りの人にも認められ、ほめられるほどになったことを従姉妹に自慢したいという思い。

ウ　従姉妹のアドバイスで始めた自分の実況が、今までと違って脳内だけの自己満足に終わらずに、周りの人にも喜んでもらえたことを知って、従姉妹に感謝したいという思い。

エ　「九島さん」と仲良くなれただけではなく、周りの人に「九島さん」のことを知ってもらうという自分の本当の目的が実現し、きっかけを作ってくれた従姉妹に喜びを伝えたいという思い。

オ　これまで脳内だけでしていた実況を初めて人に聞いてもらい、ほめてもらえはしたが、本当に喜んでもらえていないのではないかと不安に思い、従姉妹に支えてもらいたいという思い。

三　次の①～⑩の――線部のカタカナは漢字に、漢字はひらがなにそれぞれ直しなさい。

① 幼児を対象としたドウワの読み聞かせ会が開かれた。
② エベレストのチョウジョウを目指す登山家。
③ 父のコキョウに里帰りする。
④ チュウジツに再現された模型。
⑤ 百年休まずに時をキザむ時計。
⑥ 面倒な役割も快く引き受ける。
⑦ 月の引力が潮の満ち引きに影響を与えている。
⑧ 危険物質を除去する。
⑨ 公園を縦横無尽にかけ回る。
⑩ 粉雪が静かに舞う。

四　日本語には、単語の前や後にことばを加えることで、ニュアンスや状態を詳（くわ）しく説明できる「接頭語」「接尾（び）語」というものがあります。「接頭語」「接尾語」に関する以下の問いに答えなさい。

問一　次の①～⑤の単語の前に加えられる接頭語を後の語群から選んで、下の説明文に合う言葉を作り、すべてひらがなで答えなさい。

（例）むずかしい（難しい）　【「わずかに、少しだけ」の意味を加える】
「こ」＋「むずかしい」→（答え）こむずかしい

① こころ（心）　【「本当の」「完全な」の意味を加える】
② そこ（底）　【ものごとを強調する】
③ ふとい（太い）　【「並でない」の意味を加える】
④ ほそい（細い）　【程度や状態を強める】
⑤ かぞく（家族）　【尊敬の気持ちを加える】

〈語群〉　お　か　ご　ず　ど　どん　ま

問二　次の①～⑤の単語の後ろに加えられる接尾語を後の語群から選んで、下の説明文に合う言葉を作り、すべてひらがなで答えなさい。

（例）さむい（寒い）　【その状態が広がっている様子を表す】
「さむい」＋「さ」→（答え）さむさ

① うまい（美味い）　【そのような状態があることを表す】
② かなしい（悲しい）　【そのような印象を与（あた）える様子を表す】
③ やすい（安い）　【そのような状態に見えることを表す】
④ かたい（固い）　【そのような傾（けい）向にあることを表す】
⑤ こわい（怖い）　【そのような気持ちになる心の動きを表す】

〈語群〉　がる　け　げ　ぽい　み　め　めく

五　漢和辞典（漢字辞典）を使って漢字を調べる方法の一つとして、部首索（さく）引を活用する方法があります。

まずは部首索引から調べたい漢字の部首を探し、その部首が載（の）っているページを開きます。そして、部首の項（こう）目ごとに部首を除いた画数の少ない順に漢字が並んでおり、それをもとに調べたい漢字を探します。

このことを踏（ふ）まえ、次の①～⑤の漢字について、部首名と、それを除いた画数とをそれぞれ答えなさい。なお、部首名はひらがなで、それを除いた画数は漢数字で答えること。

（例）防　→　（答え）こざとへん・四画

① 窓
② 落
③ 臓
④ 穀
⑤ 庭

聖園女学院中学校(第一回)

―50分―

一　次の――線部をひらがなに直しなさい。

(1) ガラスの破片に注意する。　(2) 足に包帯を巻く。

(3) 絵画を鑑賞する。　(4) かき氷は夏の風物詩だ。

(5) 友情が芽生える。

二　次の――線部を漢字に直しなさい。

(1) ねんりょうを補給する。

(2) ようぼうにこたえる。

(3) 雨のため運動会はえんきになった。

(4) かみひとえの差で勝った。

(5) 日光をあびる。

三　次の文章を読み、後の各問に答えなさい。

「自分ごと化」という言葉があります。それは「当事者意識」をもって行動すること、かつ自発的に取り組めるようになることをさしています。

これからの社会では、気候変動や自然災害、公害などの環境問題に加え、格差や貧困、世代間や文化的な衝突(しょうとつ)などの社会問題、労働やお金の配分にかかわる経済問題、そして戦争など、今まで以上に予測不可能なことが起こる可能性があります。グローバル化とAI化も加速しています。それだけに世界や他者に起きている問題を、当事者意識をもって自発的に考え、解決のために行動することは、これからますます重要になってくるでしょう。

食品ロス問題についても同様です。消費者庁では、食品ロス対策を進めるにあたって、①「自分ごと化」の重要性に鑑(かんが)み、消費者が実践(じっせん)できることを、具体例をあげながら繰り返し発信しています。一人ひとりの「共感力」や「決断力」「選択できる力」が、食品ロスを減らしていくために必要だからです。

②例をあげます。東京のある高校では、コロナ禍でスキー教室が中止となりました。その高校の生徒会につどう生徒たちは、宿泊予定のホテルで、自分たちが食べるはずだった食材はどうなるのだろう、と想像しました。そして先生から、その食材は廃棄(はいき)されると教えられました。参加する生徒や教員ら二〇〇人分、しかも二泊分だったので、かなりの廃棄量になることがわかりました。生徒たちは考えました。結果、その食材を捨てるのではなく、自分たちの学校の生徒や、学校の近隣の企業に勤める社員の人たちなどに食材を配布できないかホテルの人と交渉(こうしょう)しました。廃棄させたくない、の一心でした。ホテルの担当者は、その申し出を快く受け入れてくれたそうです。配布先の企業にはチラシを配って告知しました。すると配布イベント当日には開始前から学校に③長蛇の列ができたといいます。

また、別の高校生は、賞味期限が近くなった商品が売れずに困っていた食品スーパーを助けるため、購入を促(うなが)すメッセージを書いたシールを考案しました。スーパーに直接掛(か)け合って、商品に二〇〇〇枚のシールを貼(は)り付けてもらいました。すると、シールの貼られた商品が一日当たり一五〇～二〇〇点も売れたそうです。手書きのイラストが印刷されたシールを、お店では店内放送やポスターの掲示で宣伝するとともに、シールのついた商品を買った消費者にはポイントを付与する仕組みを取り入れました。④スーパーだけでなく、消費者にも寄り添(そ)った取り組みが評価され、この活動は、二〇二〇年の「食品ロス削減推進大賞消費者庁長官賞」を受賞しました。

栄養士志望の大学生らによって、消費期限間近の災害用備蓄(びちく)食品をおいしく食べるレシピも、考案されるようになりました。自治体や自治会の備蓄食品は、これまでは、災害がなければ廃棄されることがほとんどでした。⑤そもそもふだんの食事のために作られたわけではないため、率先して食べる人はそう多くありませんでした。そのため⑥これらを食べるには、一工夫する必要があるのです。学生たちは、食べる人の気持ちに寄り添ってレシピを研究・開発したのでした。

私たちは、誰(だれ)一人として、食べることとかかわらずに生きていくことはできません。そのため食べることや食べるものに関心をもつこと、味や栄養などについて情報を収集することは、特に成長期にある皆さんにとっては、健全な発育や将来の健康に結び付いていくことでもあり、⑦非常に大事だといってよいでしょう。同時に食品ロスについて考えていくことも重要です。それは、私たちの住む世界を持続可能なものにしていくためという理由もありますが、それができるのは私たちしかいないからです。

ここまで読んできた皆さんはすでにおわかりでしょうが、⑧食べることは常に食品ロスを生むことと隣(とな)り合わせです。そのため、食品ロスは他(ひ)人(と)ごとではありません。私たちの生き方や、食べることとの向き合い方が、その原因になっていることもあります。ふだんの生活のなかで食品ロスを出していないかを振り返り、どうしたら出さずにすむのか、さらには出さないですむ社会の仕組みについて想(おも)いをめぐらせてみましょう。

自分のなかで、食品ロスへの理解が深まると、やはり行動を起こしたくなります。また誰かと、この問題を共有したくなります。先に取り上げた高校生たちの取り組みも、仲間うちから声が上がった結果、いろいろな人を巻き込(こ)んで大きな動きとなっていきました。

いま、社会は分断の危機にあるといわれています。解決するためにやるべきことは山積みなのに、人々は協力し合うより、ＳＮＳなどを通じて過度に批判し合ったり、ののしり合ったりしています。⑨食品ロスについても、小さな動きは多々あるけれど、解決にむかうほどの大きなうねりにはまだなっていません。では、どうしたら大きなうねりにしていくことができるのでしょう。

ここに、一つのヒントがあります。オーストラリアのフードバンク「オズハーベスト」の最高経営責任者であるロニー・カーンさんの「食はマグネットでありコネクター」という考え方です。カーンさんいわく、食事というのは人々をひきつけ、そしてお互(たが)いの結び付きを強くするもの。だから、それを問題解決につなげ、人々の間に広めていくことで、食品ロスを減らすことができる、と。

そう、つまり食品ロスを減らす確実な方法は、「協業」です。ＳＤＧｓで誓(ちか)っている地球上の「誰一人取り残さない（leave no one behind）」ために、皆で少しずつ取り組みを進め、誰もが人間らしい生活をおくれるようにしたいものです。そうすれば、食を通じて明るい未来を創造することができると私は信じています。皆さんのこれからの取り組みに期待したいと思います。

(小林富雄『食品ロスはなぜ減らないの？』〈岩波ジュニアスタートブックス〉より。ただし、見出しを省略した。)

字数制限のあるときには、句読点や記号は一字と数えなさい。

(問一)　——線①「自分ごと化」とはどういうことですか。ここより前の文中から五十字以内で探し、始めと終わりの五字を書き抜きなさい。

(問二)　——線②「例をあげます」とありますが、食品ロスを減らした高校生の「例」に共通するものを次の中から二つ選び、記号で答えなさい。

(ア)　高校生たちが考えて提案した取り組みであること。
(イ)　優れたアイディアを自分たちだけで形にしたこと。
(ウ)　立場の異なる人たちを巻き込んだ大きな動きとなったこと。
(エ)　ほんのわずかな工夫が大きな利益を生み出したこと。
(オ)　「食品ロス削減推進大賞消費者庁長官賞」を受賞したこと。

(問三)　——線③「長蛇の列」とは具体的にはどのような列のことですか。最も適当なものを次の中から一つ選び、記号で答えなさい。

(ア)　食材を廃棄するためにゴミ処理場に運ぶ人たちの列。
(イ)　食材を廃棄することに反対し抗議するために集まった人たちの列。
(ウ)　廃棄予定の食材を調理して配布するために集まった人たちの列。
(エ)　廃棄予定の食材を受け取るために集まった人たちの列。

(問四)　——線④「スーパーだけでなく……評価され」とありますが、

(A)　高校生の取り組みによって、スーパーにはどのような良いことがありましたか。答えなさい。
(B)　高校生の取り組みによって、消費者にはどのような良いことがありましたか。答えなさい。

(問五)　——線⑤「そもそも」の意味として適当なものを次の中から一つ選び、記号で答えなさい。

(ア)　結局　　(イ)　もともと　　(ウ)　例えば　　(エ)　わざわざ

(問六)　——線⑥「これら」とは何を指していますか。文中から七字で探し、書き抜きなさい。

(問七)　——線⑦「非常に大事だといってよいでしょう」とありますが、ここで筆者が大事だと考えていることの一つを次の中から選び、記号で答えなさい。

(ア)　私たちの住む世界を持続可能なものにしていくこと。
(イ)　食べる人の気持ちに寄り添ってレシピを考えること。
(ウ)　健全な発育や将来の健康について学ぶこと。
(エ)　食べることや食べるものに関心をもつこと。

(問八)　——線⑧「食べることは常に食品ロスを生むことと隣り合わせです」とありますが、なぜですか。自分自身の体験を入れて説明しなさい。

(問九)　——線⑨「食品ロスについても……なっていません」とありますが、それを解決する方法を筆者はどのように考えていますか。文中から二字で探し、書き抜きなさい。

四　次の文章を読み、後の各問に答えなさい。

午前中はいつもどおりに貸しボート小屋で過ごし、お昼を食べ終わるとすぐ、ママが置いていったおみやげのビニールバッグを持って、わたしは沙耶ちゃんのお店に走った。

工務店はいつものように開いていた。きのうと違って外階段にもお店の前にも人影はなく、耳をすませると店の中で物音がした。沙耶ちゃんだ、という思いにすぐさまわたしは、店の中に飛びこんだ。

「沙耶ちゃん」

ところが、その呼びかけに物陰から現れたのは沙耶ちゃんではなく、沙耶ちゃんのおじいさんだった。ぴくっと緊張したわたしを、おじいさんもおどろいたように見て言った。

「帰ったんじゃなかったのか」

とっさに言葉が出なくて、わたしは首を横にふった。

すると、おじいさんは何か言いかけ、けれどすぐにいつもどおりの顔にもどって言った。

「いないよ、沙耶は」

力がぬけて、「あ……」とも「はぁ」ともつかない音が、口からもれた。そしてそのまま立っていると、おじいさんはぼそっと言った。

「構わないでくれないか。もう、沙耶には」

「え……？」

わたしは言われた言葉の意味がわからず、おじいさんを見た。

「……どれだけここに①いるかは知らないが、どっちにしてもあんたは帰るだろ。夏が終われば、東京に帰るんだ。それで、もう二度とこの町へは来ない。そういう子どもはな、そういう者どうしで遊んでくれ」

背中を向けたおじいさんの声はこわかった。けれど、なぜだろう……。伝わってくるのは、いかりよりも悲しさだった。

「沙耶ちゃんが……そう言ったんですか？」

「いや……」

おじいさんは、ふり返って言った。

「おれが言ってるんだ。たのんでるんだよ」

わたしはうつむいた。なんと答えたらいいのかわからなかった。

目を閉じると、ゆっくり背中を向ける沙耶ちゃんがうかんだ。おととい、引き止めようとするわたしの気配をふり切るように、ぴょんと助走をつけて走りだした姿。それから、少しはなれてくるりとわたしにふり返り、大きく一回手をふる姿……。

あの沙耶ちゃんともう会えない……そう思った②とたん、今までこらえていた涙があふれてきた。止めようと思ってもどうにも止まらず、気がつくとあろうことかわたしは、おじいさんの前でしゃくりあげて泣いていた。

わたしもおどろいたけれど、おじいさんもおどろいたらしい。じっとわたしの前で立ちつくし、それからわたしに近づくと、肩に大きな手を置いた。そしてそばにあった椅子を引っ張ってきて、そこにわたしを座らせながらぼそりと言った。

「他にいるだろう……、沙耶じゃなくても、ともだちは」

わたしは泣きながら首を横にふった。

（いない。沙耶ちゃんしかいない）

心の中でそう答え、そう答えながら、③その一言一言が心にしみてくるのを感じた。

そうなんだ……いっしょにいて、こんなに楽しいと思えるともだちは、今までいなかった。こんなに会いたいと思ったともだちもいなかった。

そしてそう思えば思うほど、涙があふれて止まらない。

おじいさんは、何も言わないまま、少しはなれた椅子に座った。大きくため息をつくと、煙草（たばこ）を出した。一本出してくわえたけれど、吸うのをやめてまた元にもどした。それからティッシュボックスをつかんでわたしに差しだした。

「ほら、……鼻かめ」

わたしはなんとか泣きやもうと歯をくいしばりながら頭をさげて、ティッシュボックスを受け取った。でも、そう思うそばからしゃくりあげ、涙があふれ、引っ張りだしたティッシュで思いっきり鼻をかんだ。

と、ふっとおじいさんが笑ったのがわかった。

(え?)と思ってわたしが見ると、おじいさんは、目じりに盛大な笑いじわを刻んで言った。

「まあー見かけと違って、遠慮（えんりょ）のない、おやじみたいな鼻のかみ方してからに」

「……」

わたしははずかしくなって、「ごめんなさい」と言うかわりに首をすくめてうつむいた。

それからそっともう一回、今度は静かに鼻をかんだ。横目で見ると、まだおじいさんは笑っていた。笑っているおじいさんの顔は、別人みたいに優しく見える。

そんな顔を見ていたら、しゃくりあげながら切れ切れに、言葉がぽろぽろ口から出た。

④「おじいさんは……、なんで……わたしが、きらいですか?」

おじいさんは、おどろいたような表情でわたしを見た。すぐに視線をはずして、日に焼けた大きな手で自分の額（ひたい）をこすり、頬（ほお）をこすり、それからため息をつくように言った。

「そういうことじゃあ、ねえんだよ……」

「だって……」と言いかけ、そこでやめた。おじいさんは、思ったことをすぐ口にする、わたしのこういうところをきらっているのかもしれない……と、思ったのだ。

⑤でも答えが知りたくて、目を見開いておじいさんをじっと見た。

「そういうことじゃあねえんだ」

おじいさんは、くり返した。

それからうつむき、顔をあげ、わたしの視線に⑥頭をかかえてため息をついた。

「……沙耶もなあ、凝（こ）りなくてなあ……」

と言ってしばらくだまり、大きく開いた足の間の床（ゆか）に目を落として話を始めた。

「……沙耶はな、チョウが花に寄ってくように、都会から来たあんたみたいな海水浴客に引き寄せられんだ。で、ほんのちょっとの間、ともだちになって、はしゃいで、その子らは帰っていく。当然だ。その子らは悪くない。また来るとか、連絡（れんらく）するとか、⑦そんな言葉は、あいさつだ」

おじいさんは、そこで顔をあげた。

「だがな……行っちゃうもんと違ってなあ、⑧残されるもんは待ってるんだよ」

おじいさんは、首に巻いたタオルをはずし、膝（ひざ）の上に置いて言った。

「言いたかったのは、沙耶を泣かせんでくれって、いうことだ。また来るなんて、言わんでくれっていうことだ。帰ればすぐに忘れるような、いいかげんな約束は、沙耶にせんでほしいということだ。行っちゃう者と違ってな、残される沙耶は忘れない。いつ来るか、明日は来るかって、待っているんだ……ってえことだ」

わたしは、

「わたしは――」

と、思わず言った。

鼻をすすってまたしゃくりあげ、大きく息を吸いこんで言った。

「わたしは、絶対に、うそなんか言いません。……言われてないけど、もし沙耶ちゃんが、『来て』って、言ってくれるなら、絶対にまた来ます。ほんとうです。わたしおこづかい、わりと貯めてるし、電車を乗り継(つ)いで一人で来られる。おじいさん、信じてください。わたしの絶対は、ほんとにほんとの絶対だから」

おじいさんはだまっていた。顔をあげてわたしを見ると、

「そうか」

と、ぽつりと言った。

そして、信じるとも信じないとも言わないまま椅子から立ちあがり、奥(おく)に入っていってしまった。と同時に店の前にトラックが停まって、職人さんが入ってきた。それで、わたしはしかたなく、泣き顔が見えないようにうつむいて立ちあがった。

職人さんはそんなわたしに、いつもどおり「よお」と声をかけてくれた。そして、

「沙耶ちゃん、スイミングだよ」

と、気がぬけるほど簡単に、⑨聞きたかったことを教えてくれた。

わたしはぺこりと頭をさげた。

「ありがとうございます。さようなら」

職人さんと、奥に引っこんだままのおじいさんに、そう声をかけて、急いで店から飛びだした。

（薫くみこ『ぜんぶ夏のこと』〈PHP研究所〉より。）

字数制限のあるときには、句読点や記号は一字と数えなさい。

問一　――線①「いる」と同じ意味・用法のものを次の中から一つ選び、記号で答えなさい。

(ア)　根気がいる作業をやりとげる。

(イ)　気にいる洋服が見つかるまで探す。

(ウ)　妹は部屋で本を読んでいる。

(エ)　木の幹に大きなカブトムシがいる。

問二　――線②「とたん」を用いて、主語・述語のととのった短文を作りなさい。

問三　――線③「その一言一言が心にしみてくるのを感じた」とありますが、この時の「わたし」の気持ちとして最も適当なものを次の中から一つ選び、記号で答えなさい。

(ア)　友だちを一から作り直さなければならないことになってしまい、うんざりしている。

(イ)　おじいさんから厳しく指摘(してき)されたことで、自分の身勝手さをはずかしく思っている。

(ウ)　目の前にいない友だちのことを思い、いかに大切な存在であるかをかみしめている。

(エ)　おじいさんが対等に接してくれたことにおどろきながらも、誇(ほこ)らしく感じている。

問四　――線④「おじいさんは、おどろいたような表情でわたしを見

た」とありますが、おどろいた理由として最も適当なものを次の中から一つ選び、記号で答えなさい。

(ア)「わたし」をきらっていることを気づかれないように注意していたのに、気づかれてしまったから。

(イ)沙耶のともだちである「わたし」のことが実は好きなのに、沙耶からはきらわれてしまったから。

(ウ)沙耶の心配をしているだけなのに、「わたし」のことをきらっていると思われてしまったから。

(エ)「わたし」をきらっているのは沙耶だということに、「わたし」がまったく気づいていなかったから。

(問五)　——線⑤「でも答えが……くり返した」とありますが、「おじいさん」が本当に言いたかったことはどのようなことですか。五十字以内で説明しなさい。

(問六)　——線⑥「頭をかかえて」とありますが、どのような様子を表していますか。最も適当なものを次の中から一つ選び、記号で答えなさい。

(ア)わかってもらえなくて、困り果てる様子。

(イ)思い通りにならなくて、いらいらする様子。

(ウ)さみしくて、しょんぼりする様子。

(エ)悲しくて、泣き出しそうな様子。

(問七)　——線⑦「そんな言葉は、あいさつだ」とはどういうことですか。最も適当なものを次の中から一つ選び、記号で答えなさい。

(ア)別れるときに再会を約束する言葉でしかないということ。

(イ)意志とは関係なく自然に発せられる言葉でしかないということ。

(ウ)その場かぎりの口先だけの言葉でしかないということ。

(エ)人と会うときに言わなければならない言葉でしかないということ。

(問八)　——線⑧「残されるもん」とありますが、具体的にだれのことを表していますか。文中から探し、書き抜きなさい。

(問九)　——線⑨「聞きたかったこと」とはどのようなことですか。答えなさい。

三輪田学園中学校(第一回午前)

―45分―

注意　1　句読点・記号も字数に数えます。
　　　2　本文は出題の都合上、一部変更しています。

一　――1～10のカタカナの部分を漢字に直しなさい。
また、――11～15の読み方をひらがなで答えなさい。
つづけ字ではなく、一点一画をていねいに書くこと。

1　暴風雨はしばらくショウコウ状態だった。
2　ラジオのデンチを取りかえる。
3　多くのモンテイをかかえる師匠(ししょう)。
4　バクガ飲料を買う。
5　行動のキジュンを設ける。
6　フショクフを用いたマスク。
7　将来をヒカンするのはやめましょう。
8　イサみアシだったと反省している。
9　人生のキロに立つ。
10　災害に備えて対策をネる。
11　人事を刷新する。
12　市井の人として暮らす。
13　子どもの生い立ちを見守る。
14　干潟に遊ぶ鳥。
15　株式の仲買人。

二　次の文章を読み、後の問いに答えなさい。

米山綾瀬(あやせ)は、友だちをつくるのも人付き合いも苦手。中学に入学すると、ただひとりの小学校時代の親しい友だち結城志麻(ゆうきしま)とはクラスが分かれてしまった。失敗を恐(おそ)れて課外活動の部活には入らなかった。必修クラブを選ぶ時も、ジャンケンに参加したくないという理由で人気のない「創作文クラブ」を選んだ。初めてのクラブの時間に、顧問(こもん)の番場先生から一学期の間に原稿(げんこう)用紙五枚の作品を創作するように言われる。隣(となり)に座(すわ)った片岡泉は、同じ中学一年生ながら、気さくでくったくなく綾瀬(あやせ)に話しかけてくる。
二日一道高(ふつかいち)　三年生男子。創作文クラブ部長を任される。
森内公利(きみとし)　二年生男子。同じく副部長を任される。
二年B組ガールズ　二年生女子。森内のファンらしい。

（中略）

土曜日の午前中。家でテレビを見ている。

午前中にやっちゃいなさいよ、とお母さんに言われていた宿題はもうやった。半分は昨日のうちにやっておいたのだ。

いつもそういうのは先にやってしまう。残しておくと、どうも落ちつかない。

だから、夏休みの宿題を八月三十一日にやる人のことを不思議に思う。やっておけばいいじゃない、と言いたくなる。ずっと何してたの？　と訊(き)きたくなる。

1　片岡さんがまさにそれだというので、実際に訊いてみた。

「うーん。漫画読んだり遊んだりしてんのかな」と片岡さんは答えた。

「ずっとではないでしょ？」

「ずっとではないけど。でも、まあ、ずっとみたいなもんか」

逆にこう訊かれた。

「綾瀬は、何で夏休みの宿題を七月とかにできんの？　何で、やんの？」

うまく答えられなかった。考えに考えて、こう答えた。

「そのほうが楽だから」

「わたしも同じだよ。そのほうが楽だから八月の終わりにやんの。追いこまれればやる気になるし、やった感も味わえる。別にそれを味わいたくてそうしてるわけじゃないけど。いつも自然とそうなるよ」

「落ちつかなくない？」

「なくない。八月の終わりまで、宿題のことはまったく考えないから」

そういう人もいるのだ。2うらやましい。かどうか、よくわからない。

まあ、それはともかく。

テレビを見ている。バラエティ番組だ。タレントさんが町歩きをする、みたいなそれ。

土曜日の午前中にやる番組だから、まったりした感じだ。ゴールを目指して競走したりはしない。クイズ対決をしたりもしない。ただのんびり歩き、たまにソフトクリームを食べたりするだけ。

実際、タレントさんの男女二人が川辺の道を歩いている。そして川に亀がいるのを見つける。

小川も小川。しかも浅瀬だ。水深は二十センチぐらい。そこに直径五十センチぐらいの石がある。水面から少し出ていて、その部分は陽にさらされている。

結構大きな亀が、その石によじ登ろうとしている。左右の前肢を石にかけ、よいしょ、とやっている。人がプールから上がろうとしているときみたいにだ。石の上で甲羅干しをしたいのだろう。

でも石には絶妙な高さがあり、亀は登れそうで登れない。前肢がプルプルしている感じがテレビの画面越しに伝わってくる。がんばれがんばれ、とこちらも知らず知らずのうちに応援してしまう。

亀も二度三度とがんばる。よいしょよいしょと力を込める。が、四度めにかかると見せて、あきらめる。力を抜いて水にぽちゃんと落ち、スイスイ～ッと泳いでいってしまう。

「お、あきらめた」と男のタレントさんが笑う。

テレビの前のわたしも笑う。

多少はがんばるが、あきらめるときはあっさり。そのあきらめ方がいい。あきらめたらもうすぐに石から離れてしまうその感じもいい。失敗した現場にはいたくないのだ。

3わかるわぁ、と思い、4次いで、こう思う。あ、亀は？

創作文をどうするか。このところずっと考えていたのだ。

第一回の創作文クラブでテーマは何でもいいと言われ、翌週の第二回までにいろいろ考えた。身のまわりのことでいいとも番場先生は言ったので、その線でいくつもりでいた。

その第二回で、番場先生に言った。

「中学で部に入るか迷う女子の話を書きたいです」

まさに身のまわりのこと。自分のことをそのまま書けばいいと思ったのだ。

「それは米山さん自身のこと？」と番場先生に訊かれ、

「はい」と答えた。

「米山さんは今、部に入ってるの？」

「入ってません」

「小説ではどうするつもり？」

「入らない、と思います」

「そこは入らせてもいいんじゃない？」

「え？」

「そっくりそのまま現実の米山さんと同じでなくていいのよ。そこでは入っちゃってもいい。入ってたらどうだったのか。そう考えて書くのもあり。もう少し言えばね、入ったけどやめちゃった、でもいいの。もちろん、入ってみたらすごく楽しかった、だからずっと続けます、でもいい。そのあたりをあれこれ考えて、小説として一番いいと自分が思う形にするの。5それが創作っていうこと。現実をそのまま書いてもいいんだけど、それに囚(とら)われる必要はない。そこは自由でいい」

番場先生は、生徒一人一人にそんなアドバイスをした。そのうえで、何を書くかはまだ決めなくていい、もっともっと考えてみましょう、と言った。

わたしも考えてみた。確かに、わたしのことをそのまま書いてもおもしろいはずがない。わたしはおもしろい人でも何でもないのだ。

主人公の女子は部に入る。でもそれだけではおもしろくないから、ただ入るのでなく、部をつくってしまう。入りたい部がなかったので、自分で部をつくり、そこに入るのだ。

それはいいかもしれない。音楽をやりたいのに軽音楽部がないから自分たちでつくってしまう。そういうのはよくある。前向きな感じもする。悪くないだろう。

部は何にするか。文芸部。それなら創作文クラブともつながる。番場先生も喜ぶかもしれない。もしかしたらほめてくれるかもしれない。と、正直、そこまで考えた。

小学校の四年生ぐらいからは6もうずっとそんな感じだ。それこそ夏休みの宿題である作文とか読書感想文とかは特にそう。どう書けば先生が喜ぶか。というか、大人が喜ぶか。いつもそんなことを考えて書いている。そうしたほうが楽なのだ。一般的(いっぱんてき)にいいとされていることを書けばすむ。迷うことがない。

これは言うことでもそう。先生に何か訊かれたり、学級会で意見を求められたりしたときは、一般的にいいとされていることを言う。そこまではっきり意識しているわけでもないが、やはりわたしは先生が評価してくれそうなことを言ってしまう。気に入られたいわけではないが、嫌われたくもないのだ。

創作文の締切(しめきり)は六月十六日。今日がもう五月二十二日。締切まで一ヵ月を切っている。いつも早めに動くわたしとしては、そろそろ書きだしたい。

片岡さんは、六月なんてまだずっと先じゃん、とのんきなことを言っていた。わたしはまだ何も考えてないよ、と。

でも第二回の創作文クラブで、どうするかを番場先生には言わなきゃいけなかった。そこで片岡さんは、推理小説にするつもりです、と言った。それには、わたしや番場先生どころか、二日一部長や森内副部長も驚(おどろ)いた。二年B組ガールズの三人も驚いた。

あとで訊いたら。片岡さんは、何も用意してなかったから思いつきで言っちゃった、のだそうだ。推理小説という言葉は知っていたから言っちゃったらしい。そしてそのあとはまた何も考えていないらしい。夏休みの宿題同様、締切の六月十六日ぎりぎりのところで書きだすつもりなのだ。それはそれですごい。

わたしはもう番場先生にオーケーをもらっている。もらったのは、ゴールデンウィーク明けの創作文クラブでだ。

それからもう十日が経つ。その十日間で、さらにあれこれ考えた。で、考えたことがちょっとマイナスに働いた。この話、本当におもしろいかな、と思ってしまったのだ。7<u>小説としてはつまらないんじゃないかな</u>、と。

音楽をやりたいのに軽音楽部がないから自分たちでつくってしまう。そういうのはよくある。と、わたしは前に思った。

よくある、と言っている時点でダメだろう。オリジナルではないのだ。『吾輩は猫である』のまね、というのともちょっとちがう。形ではなく、題材そのものを借りてしまっている。そこに創作はない。番場先生に訊くまでもない。そのくらいのことはわたしにもわかる。

だから、亀？　何で、亀？

あらためて考えてみた。ゼロから。

身のまわりのことでいいと番場先生は言った。それは裏を返せば、身のまわりのことでなくてもいい、ということでもある。

自分に関することなら作文を書けばいい。部に入ろうかと思いましたがわたしは引っ込み思案なので入りませんでした。そういうことは、夏休みの作文で書けばいい。ここでは小説を書きたい。小説っぽい小説、でもいい。まねっぽくなってもいい。初めてだからそれはしかたない。

だったらどうするか。宮沢賢治ではないが、童話みたいにしたい。どうせなら、亀を主人公にしたい。

そこで何故か王様が頭に浮かんだ。童話→『裸の王様』、という連想だろう。王様はいい。ふくらませそうな感じがある。

主人公の亀に名前はない。そこは猫の吾輩と同じ。

水と陸はもう知っているから、あとは空を知ってみたいもんだなぁ、と亀は思っている。そこで日ごろ仲がいいツバメに頼んで空を飛ばせてもらう。

でもそこでツバメが鷹に襲われ、亀は落下する。そして王様に拾われ、家来になる。

王様は大きな城で優雅な生活をしている。毎晩パーティーを開き、ワインをガブガブ飲む。そのワインを王様のもとへ運ぶのが亀の仕事になる。ワインが入ったグラスを甲羅に載せて運ぶのだ。

一方で、王様はよその国と戦争もしている。パーティーと戦争。どちらも同じくらい好きなのだ。城の塔の上にある砲台から、大砲の弾をよその国にドンドン撃ちこむ。ワインを飲みながら撃ちこむこともある。

王様が何故戦争をするのか。亀は家来のハンスに訊いてみる。平和にあきてきたから戦争をするんだよ、とハンスは答える。ぼくが生まれるずっと前からそうだったらしい。どの王様も同じ。平和にあきてきたら戦争をして、戦争にあきてきたらやめる。その結果、平和になる。だから今は王様が［　8　］のを待つしかないよ。

ある夜、亀は塔の上から夜空を眺める。ふう、とため息をつき、思う。亀だから一万年生きるとして、あと何千年もここにいるのはちょっとつらいなぁ。思っているうちに眠ってしまい、ドーン！　という凄まじい音で目が覚める。

　気がつけば、亀はまた空を飛んでいる。しかも大砲の弾に乗って。どうやら砲身のなかで眠ってしまったらしい。朝になって弾とともに発射されたのだ。

　やがて下方に川が見えてくる。亀は弾からスルッと滑り降り、ぽちゃんと川に落ちる。

　おしまい。

　日曜日から三日をかけて、わたしはその小説を書いた。もう少しかかるかと思ったが、書きだしたら早かった。書いているあいだは夢中になれた。知らないうちに二時間が経っていた。

　二日めと三日めは、学校から帰るとすぐに勉強机に向かった。宿題をやるときみたいに、さあ、やろう、と思う必要はなかった。やりたかったから、自然とそこに向かえた。

　二日めも三日めも、綾瀬、早くご飯食べて、とお母さんに言われた。三日めは、綾瀬、早くおフロ入って、とも言われた。亀が大砲の弾に乗っている最後の場面だったので、一気に書きたかったのだ。

　楽しかった。文芸部をつくりたくなった。でも一人でも書けるな、と思った。

　ちょっと綾瀬、何してんの。ほんとに早くおフロ入って。

　9とお母さんに怒られて入ったそのおフロで、小説のタイトルを決めた。

『空を飛んだカメ』。

　亀はカタカナにした。そのほうがやわらかくなる感じがしたから。

　六月三十日。期末テスト前。一学期最後の創作文クラブ。

提出から二週間後。今日はほかの人たちの作品を読んだ感想を言い合うことになっている。

　10自分の以外で十三人分。一人原稿用紙五枚として、六十五枚。結構な量だ。といっても、本に当てはめれば四十ページぐらい。番場先生がそう言っていた。だったら、そんなでもない。

「でも死んだよ」と片岡さんは言った。「一学期だけでもう小説を一生分読んだ」

「一生分は読んでないでしょ」とわたしは返した。「だって、一冊分もないんだから」

　11その片岡さんが何を書いたかと言えば。本当に推理小説を書いた。いや、推理小説というか、探偵小説。主人公は意外にも男性。しかも外国人。名前はトム。わたしも読んだことがある『トム・ソーヤーの冒険』から付けたという。

「最初のクラブのあとにさ、考えてみたのよ。わたし、小説って何読んだことあるかなぁって。そしたら『トム・ソーヤーの冒険』を思いだした。昔ね、おばあちゃんが買ってくれたの。［ a ］買ってくれたから読んだわけ。読んだことを忘れてたくらいだから内容も全部忘れてたんだけど。どんなだったかなぁってことで、こないだ図書室で借りたの。今回のこれの参考になるんじゃないかと思って。正直に言っちゃえば、どっかパクれるんじゃないかとも思って」

「読んで、どうだった？」

「おもしろかったよ。トムがバカっぽくて好き」

　だから探偵の名前もトムにしたのだ。ジャックでもジョンでもよかったが、トム。でも秘書はベッキーではなく、ルーシー。片岡さん曰く。

だって、そこまでやっちゃったら完全にパクりじゃん。

と、そんなことはともかく。

そう。秘書がいるのだ。何故か金髪。片岡さん曰く。だって、私立探偵って金髪の秘書とかいそうじゃん。

そして作品で一番すごいのはここ。何と、事件が起こらないのだ。探偵が出てくるからつい探偵小説と言ってしまったが。推理小説ではない。探偵は推理しない。金髪の秘書と二人、事務所で、暇だなぁ、暇ですねぇ、としゃべっているだけ。アメリカ人なのでコーラを飲んだりしているだけ。アメリカ人なのにとんがりコーンを食べたりしているだけ。そのとんがりコーンを二人して指にはめて食べ、何かこうしちゃうよなぁ、しちゃいますねぇ、としゃべったりもするだけ。

で、最後に探偵は言うのだ。原稿用紙五枚じゃ事件は起きないよな。タイトルは、『トムは冒険しない』。本当にそうなのだ。片岡さんは本当にこれを番場先生に提出した。日常ってこういうことかなぁ、と思って。と言って。

この日のクラブで、番場先生は、予告していたとおり、生徒一人一人に感想を述べさせた。そして印象に残った作品も挙げさせた。

［b］一年生。A組からという順番だった。

A組の塩谷さんとB組の今江さんは、無難に、二日一部長の『ツバメ』を挙げた。

わたしの作品にも出てきたツバメ。でもこちらは現実的。家の軒先にできたツバメの巣を見守る家族の話だ。二日一部長の経験談だという。フンの被害がひどかったので、二日一家では、雛が飛び立つのを待って巣を撤去したそうだ。

「ちょっと後悔したんですよね」と二日一部長は説明した。「そのままにしておけば来年もまた来てくれたんじゃないかと思って。シートを敷くとか、巣の下に木の板を付けるとか。ぼくらにもやりようはあったのかもしれません」

二日一部長。優しいのだ。

この『ツバメ』は［c］よかった。さすが三年生。さすが部長。とわたしも感心した。

A組、B組、と来て、C組。片岡さんの番。

片岡さんなら自作『トムは冒険しない』を挙げたりすることもあるかと思ったが、［d］それはなかった。それ以上に意外なことを言った。

「わたしは綾瀬、じゃなくて米山さんの『空を飛んだカメ』がダントツで一番だと思います。もうムチャクチャおもしろくて、途中でゲラゲラ笑いました。甲羅にワインを載せて運ぶとか、大砲の弾に自分が乗ったまま発射されちゃうとか、亀、かわい過ぎ。酔っぱらいの王様もあれはあれでいそうだし。これ、ほんと、シリーズ化してほしいです」

あぁ、とわたしは思った。ほめられたことへのうれしさよりもあせりが先に来た。

それはダメだよ、片岡さん。わたしのが先輩たちのよりいいわけないじゃない。友だちだからひいきしたと思われるじゃない。それはちょっと、よくないじゃない。

「すごいな綾瀬って、ほんと、感心しました。綾瀬が本を出してくれたら、わたし、買います。図書室に置いてくれたら、わたし、借ります」

と、そんなことを片岡さんが言ったその次がD組のわたしの番。

やりづらいなぁ、と思いつつ、わたしは予定どおり二日一部長の『ツバメ』を挙げた。家族の優しい気持ちがごく自然に伝わってきました、と言った。経験談ではあるのかもしれませんけど、ちゃんと小説としてもおもしろかったです。

そうね、と番場先生も言ってくれた。掃除は自分がやるから巣は壊さないでほしいと両親にお願いした主人公。主体的に動いたところがとてもよかったです。

一年生の感想発表が終わり、それからは二年生、三年生、と続いた。

二年A組の森内副部長は、やはり二日一部長の『ツバメ』を挙げたが、二年B組ガールズは三人ともその森内副部長の『シュート』を挙げた。

試合の肝心なところでフリースローを外してしまうバスケ部員の話だ。これも実際にバスケ部員である森内副部長の経験談だという。二本を二本とも決めていれば逆転で勝つことができたのに、森内先輩が二本とも外したためにチームは負けてしまったのだそうだ。

確かに悪くはなかった。が、12わたしに言わせれば、『ツバメ』のほうが上だ。

『シュート』は、ただシュートを外しただけ。そういうこともあると示しただけ。その先がなかった。

でも『ツバメ』には先があった。主人公は、家に入ってきた蛾やクモなどの虫をなるべく外へ逃がそうとするようになるのだ。ツバメは守って虫は退治する、それもどうなのかと思って。なるべく、というところがよかった。そこに作者である二日一先輩の人間味が表れていた。

そして最後も最後。三年D組の二日一部長が何を挙げたかと言えば。まさかのこれ。

「ぼくも片岡さんと同じで、米山さんの『空を飛んだカメ』がおもしろかったです。すごく楽しめました。亀のかわいさもそうですけど、ハンスの人間としての弱さが印象に残りました。王様に戦争をやめてほしいのに、仕えてはいる。というか、仕えざるを得ない。例えば将来会社で働くようになったらそういうこともあるんだろうなと思いました。今度父に訊いてみようとも思いました。そんなふうに、亀のことだけじゃなく人間のことも書けてたので、とてもよかったです。ただ。ツバメが襲われてしまったのは、ちょっと残念でしたけど」

その最後の言葉でみんなが笑った。場が和んだ。

二日一くんの言うとおりだと思います、と番場先生は言った。亀のこと以外にハンスのことも描いたことで、13物語に深みが出ました。川にぽちゃんと落ちて終わるラストも素敵でした。

参った。深み、だ。そんなことまったく考えていなかった。ハンスは、王様以外に人をもう一人出そうと思って出しただけ。ぽちゃんは、テレビのバラエティ番組で石によじ登れなかった亀が水に落ちたあの感じがよくてラストに書いただけ。

二日一部長は、たぶん、わたしと片岡さんの立場を考えて、『空を飛んだカメ』を挙げてくれた。わたしと同じ一年生の片岡さん一人がほめたままではよくないと思ったのだ。わたしたちがほかの先輩たちから睨まれたらよくない、と。

だから、部長の自分もほめることでそうならないようにした。ということなのだと思う。二日一部長。やはり優しい人なのだ。部長に適した人なのだ。番場先生もそれを感じていたから部長に任命したのかもしれない。

その意味でも、二日一部長がそう言ってくれたのはすごくうれしかった。ただ、全員の発表が終わったときに初めて、片岡さんがほめてくれたのはもっとうれしかったことに気づいた。

　この場で三年生の部長が一年生の作品を評価するより、一年生が同じ一年生の作品を評価するほうがずっと大変なのだ。片岡さんは無理せずそれをやった。『空を飛んだカメ』の王様が平和にあきたからよその国に戦争を仕掛けたのとはちがう。退屈だから二年生や三年生に戦争を仕掛けたわけではない。自分が思ったことを、ただ言ったのだ。

　少なくともわたしにはそう聞こえた。14聞いた瞬間は、あぁ、と思ってしまった。よくないとも思ってしまった。でも冷静に考えてみればそういうことだ。片岡さんはいつもの片岡さんとして動いた。ただそれだけ。

　そして最後に番場先生が言った。

「みんな、小説を書いたのは初めてだと思うけど、よくがんばりました。二学期と三学期の第二作は十枚。次もがんばりましょう」

（中略）

　二年B組の教室から出ると、いつものように、片岡さんと二人、一年生の教室に戻る。

　階段を下りながら、片岡さんが言う。

「先生があんなこと言うから思いだしちゃった。来週はもうテスト期間かぁ」

「わたしは部活をやってないから特に変わらないけどね」

「わたしもそうだけど。でもやっぱ変わるじゃん。気は重いよ。勉強はしないのに」

「しなよ、勉強」

「いや、しないでしょ。一人で勉強なんてしないよ」

「いや、するでしょ。しなきゃ点取れないじゃない」

「おぉ。さすが綾瀬」

「さすがじゃないよ。普通だよ。テスト期間は勉強するのが普通。もしかして、片岡さん、しなくても点取れるタイプ？」

「そうであればよかったけどね。わたし、中間テスト、百四十番台」

　一年生は四クラス。全部で百五十何人だ。

「綾瀬は？」と訊かれ、言いにくいなぁ、と思いつつ、言う。「十二番」

「すごっ。もう一回言うけど、さすが綾瀬。やっぱちがうわ」

「ちがわないよ。勉強したからだよ」

「15っていうそれがすごい」階段の踊り場に立ち止まり、片岡さんは言う。「普通さ、そういうのは隠すじゃん。全然勉強してないとか言うのよ。なのに勉強したって言えちゃうのはすごい」

「勉強したってこと自体を言いたいわけじゃないよ。わたしは勉強しなくてもできちゃう人ではないってことを言いたいの」

「そんなこと別に言わなくていいよ。勉強したとかしないとか関係ない。十二番なんだから、ただ普通にすごい。小説だってすごかったじゃん。部長はああ言ってたけど、結局、綾瀬が一番。みんながいいって言ったのを書いた部長自身が、綾瀬のやつがいいって認めたんだから」

「部長と片岡さんがいいって言ってくれただけだよ」

「わたしはともかく、部長が認めたんだからすごいって。ほかにも何人かはいいと思ってたはずだよ。綾瀬が一年だからそうは言いづらかっただけ」そして片岡さんはこう続ける。（中略）

「あ、そういや、森内先輩って、中学からここなんだってね」

「ここって、船橋？」

「そう。こないだ本人から聞いた。お父さんの仕事の都合で仙台から引っ越してきたんだって。転校生だったの」

「じゃあ。わたしと同じだ。わたしは小二の終わりからだけど」

「わたしとも同じ」

「え、片岡さんはずっと船橋でしょ？　船橋で生まれたって言ってたよね？」

「生まれたのは船橋だけど、ずっといたわけじゃないよ。三年と四年のときは東京のあきる野市ってとこにいた。おばあちゃんに預けられてたの。（中略）」

（中略）

「そうなんだ」

「うん。わたしがいたら大変てことだったんでしょ。お父さんは仕事をやめたり何だりでいろいろあったし、お母さんも一人になるなら仕事をしなきゃいけないし」

「今は、一緒に住んでるんだよね？　三人で」

「うん。たまにはケンカもするけどね。前にくらべれば、全然。またヤバくなったらわたしがグレるかも。いや、でもあれか、グレた女子が創作文クラブに入ってたらカッコ悪いか」

16「何か、ごめんね」

「何が？」

「変なこと訊いちゃって」

「いいよ。隠す気もないし」

「ないの？」

「ないよ。だって、ほんとのことだし。自分からわざわざ言いはしないけど、隠すのもめんどくさいよ」

わたしならまちがいなく隠す。隠そうとするまでもない。自然と隠してしまうだろう。

「あぁ」と片岡さんが言う。「何にしても、終わってよかった。まさか自分が小説を書くとはね。いや、書けてないか。書けてたのは綾瀬と部長ぐらいで」

「そんなことないよ。片岡さんのあれ、わたしはおもしろかったし」

「おぉ、と喜びたいとこだけど。綾瀬、それはひいきだよ。わたし、ひいきされたくない」

「ひいきじゃない。ほんとにおもしろいと思ったよ。最後、原稿用紙五枚じゃ事件は起きないよなっていうのとか、すごくおもしろいアイデアだと思った」

「ただの言い訳だよ。ちゃんと書けなかったことの言い訳。二学期三学期はあの倍書かなきゃいけないのかぁ。十枚じゃ、事件は起きちゃうよ」

「それを書いてよ。わたし読みたい」

「無理。思いつかないよ。先生がいないから言うけど。絶対死ぬ。余裕で死ぬね」

「ダメだよ、死んじゃ。片岡さん、それ言いすぎ。冗談でも死ぬとか言っちゃダメなの」

片岡さんはちょっと驚いたような顔でわたしを見て、笑う。そして言う。

「でも、まあ、あれだ。ジャンケンで三回負けてよかったよ」

「何で？」

「決まってるじゃん。綾瀬と知り合えたから。すげ〜。わたし、未来の作家と友だちになった。と思ったもん」

「作家になんてなれないよ」

「いや、なれるでしょ。たぶん、綾瀬はあれなんだよ。えーと、ほら、何だっけ。そう。原石」

「ダイヤの？」

「あ、自分で言った」

「って、言わせたんじゃない」

「だから磨けば光んのよ。17なら磨きなよ、綾瀬」

「何それ」

と言いながらも、うれしかった。未来の作家とか原石とかがじゃなく、［18］、が。未来の作家と［18］になった、の、［18］、のほうが。

「ねぇ、片岡さん」とわたしは言う。

「もういい加減、泉でいいよ。みんなそう呼ぶし」

「あぁ」

結城志麻を志麻と呼ぶのには二年かかった。片岡さんを泉と呼べるのなら、かかったのは二ヵ月半。

そうできるのは、わたしが成長したからではない。相手が片岡さんだからだ。

「ねぇ、泉」とわたしは言い直す。

「ん？」

「一人じゃしないなら、ウチで一緒に勉強する？」

（小野寺史宜『みつばの泉ちゃん』〈ポプラ社〉より）

問1　――1「片岡さんがまさにそれだというので、実際に訊いてみた」とありますが、

① 「それ」の内容を本文から十七字でぬき出し、はじめとおわりの三字を答えなさい。

② 「実際に訊いてみた」とは、何を訊いたのですか。次の形にあうように、十五字以上二十字以内で答えなさい。

［　　　　］ということ。

問2　――2「うらやましい。かどうか、よくわからない」とありますが、この時の綾瀬の考えとして最も適当なものを次から選び、記号で答えなさい。

ア　追いこまれてから力を発揮する泉のような生き方をうらやましく思っているが、周りに迷惑をかけることを考えると、自分にはとても無理だとあきらめている。

イ　やるべきことが終わっていなくても気にしない泉をうらやみながらも、自分は同じようにはできないので、泉のことは自分とはちがう性格の人間としてとらえている。

ウ　ささいなことは気にせずに過ごしている泉のようになりたいと思っているが、泉が楽しそうには見えないので、彼女にも人に言えない苦労があるのだろうと同情している。

エ　やるべきことをギリギリまで放っておく泉のように生きられたら楽だろうとあこがれる反面、自分の方がうまく生きていけるという実感もあるので、泉を少しばかにしている。

問3　――3「わかるわぁ」とありますが、綾瀬は亀のどのようなところに共感したのですか。適当なものを次から二つ選び、記号で答えな

さい。

ア　自分の力でとりあえずがんばってはみるが、無理だとわかったらすぐにあきらめるところ。

イ　自分の持っている力を最大限使って努力をしてみるが、結局は上手くいかずにあきらめるところ。

ウ　これまで乗り越えられなかったことにくり返し挑戦して、必死で目標を達成しようとするところ。

エ　自分の力では上手くいかないとすぐに気づき、新たな目標に向かって前向きに進んでいくところ。

オ　失敗したその場にはいたくないので、万が一にも失敗した場合はすぐにそこから移動するところ。

問4　――4「次いで、こう思う」とありますが、綾瀬がここで思ったことの内容を二十字以上三十字以内で答えなさい。

問5　――5「それが創作っていうこと」とありますが、番場先生が考える「創作」の説明として適当でないものを次から一つ選び、記号で答えなさい。

ア　現実をそのまま書いてもいい。

イ　現実と全部同じことを書かなくていい。

ウ　書くことを決めるのは早ければ早いほどいい。

エ　いろいろな話のパターンを考えて比べるといい。

問6　――6「もうずっとそんな感じだ」とありますが、綾瀬はこれまでの自分の行動の特徴をどのように考えていますか。四十字以上五十字以内で答えなさい。

問7　――7「小説としてはつまらないんじゃないかな」と綾瀬が思った理由として最も適当なものを次から選び、記号で答えなさい。

ア　ストーリー展開が、すでに存在するようなありきたりなものだったから。

イ　自分が本当はこうしたかったという願望を、書くだけのものだったから。

ウ　ありきたりな現実をそのまま書こうとした、工夫のないものだったから。

エ　番場先生に言われたままの、オリジナルではないストーリー展開だったから。

問8　［8］にあてはまる言葉として最も適当なものを次から選び、記号で答えなさい。

ア　平和を求める　　イ　戦争にあきる

ウ　ワインにあきる　　エ　パーティーをやめる

問9　――9「お母さんに怒られて」とありますが、綾瀬が母親から注意を受ける描写のくり返しにはどのような意味があると考えられますか。最も適当なものを次から選び、記号で答えなさい。

ア　綾瀬が集中しているにもかかわらず、何度も注意する母親の姿を描くことで、ふだんから綾瀬に対して厳しく接している母親の態度を強調している。

イ　親に反抗的な態度をとったことがなかった綾瀬が、自分の本心に気づいてとまどう姿を描くことで、大人へと成長していく綾瀬の変化を強調している。

ウ　小説を提出しなければいけない日が近づく中で、食事や入浴を忘れてしまうほど集中する綾瀬の姿を描くことで、綾瀬のあせる気持ちを表現している。

エ　食事や入浴よりも小説を書くことを優先する綾瀬の姿を描くことで、小説を書く楽しさを見出して、集中して取り組んでいる綾瀬の様子を表現している。

問10　――10「自分の以外で十三人分」の「の」と同じ使われ方をしている「の」を次のア～エから一つ選び、記号で答えなさい。

ア　机の上に花瓶(かびん)を運ぶ。

イ　母の幼い頃(ころ)の話です。

ウ　学校の帰りに待ち合わせる。

エ　ここにあるノートは私のです。

問11　――11「その片岡さんが何を書いたかと言えば」とありますが、綾瀬は泉(＝片岡さん)の小説のどのような点を評価していますか。最も適当なものを次から選び、記号で答えなさい。

ア　探偵が事件を解決せずにあいまいな結末にすることで、読者の興味をひくという点。

イ　探偵が登場するが、何も起こらずにあたりまえの日常生活を描いているだけだという点。

ウ　『トム・ソーヤーの冒険』をアレンジして、作品に新たな解釈(かいしゃく)を生み出しているという点。

エ　探偵小説であるにもかかわらず、主人公の探偵がまちがった推理をする展開があるという点。

問12　［　　］a～dに次のア～エをあてはめ、記号で答えなさい。

(同じ記号は一度しか使えません。)

ア　まずは　　イ　さすがに　　ウ　確かに　　エ　せっかく

問13　――12「わたしに言わせれば、『ツバメ』のほうが上だ」と綾瀬が思った理由として最も適当なものを次から選び、記号で答えなさい。

ア　『シュート』は経験をそのまま書いただけだが、『ツバメ』は動物愛護という二日一先輩の信念を表しているから。

イ　どちらの作品も経験談から創作しているからこそ、『ツバメ』からは二日一先輩のすぐれた人がらが感じられるから。

ウ　経験談を題材にしている点は二つの作品に共通しているが、『ツバメ』はそれにとどまらず後日談を加えているから。

エ　バスケ部というせまい世界を題材にした『シュート』とちがい、『ツバメ』は多くの人にその先を感じさせる作品だったから。

問14　――13「物語に深みが出ました」とありますが、二日一部長の発言の中から、「深み」にあたる部分を十二字でぬき出し、はじめとおわりの三字を答えなさい。

問15　――14「聞いた瞬間(しゅんかん)は、あぁ、と思ってしまった」について、中学生が以下のように話し合いました。会話を読み、（　）1～3にあてはまる言葉として最も適当なものを、それぞれ後のア～エから選び、記号で答えなさい。

花子　「綾瀬には最初は（１）気持ちがあったね。でも、ほめられたうれしさもあったんだ」

秋子　「同じほめられたうれしさでも、二日一部長にほめられた時のうれしさとは、ちがったみたいだね」

夏子　「二日一部長にほめられて綾瀬がうれしかったのは、部長が（２）からだよね。でも、泉にほめられてうれしかったのは、泉が（３）からだね」

花子「本当に二日一部長は、綾瀬が思うような理由で綾瀬の作品をほめたのかなぁ」

夏子「そういう風に登場人物の心情を話し合うのが、みんなで物語を読むことの面白さだね。秋子さんはどう思う？」

1
ア　泉が二年生三年生に戦争を仕掛けたわけではないのに、先生に誤解されてしかられたら困るという
イ　泉が自分の作品を推したが、自分は泉の作品を推すつもりはないので、泉を傷つけることを心配する
ウ　泉が綾瀬の作品をほめると、友だちだからひいきしたと他の部員に思われるのでよくないと、あせる
エ　同じ学年だから自分が泉にほめられただけであり、そんな理由で選ばれなかった先輩たちに申し訳ないという

2
ア　未熟な作品なのに、良い点を見つけて評価してくれた
イ　綾瀬と泉が先輩に睨まれないように気を使ってくれた
ウ　一年生をはげまそうとして綾瀬の作品を選んでくれた
エ　ほめるところはほめた上できちんと批判もしてくれた

3
ア　綾瀬に親愛の情を示そうとしてくれたことがわかった
イ　部長と一緒になって綾瀬の作品の良さを理解していた
ウ　自分が思ったことを、いつも通り素直に言っただけだった
エ　先輩に綾瀬が負けないように、最大限の努力をしてくれた

問16　――15「それ」の内容を二十字以上三十字以内で答えなさい。

問17　――16「何か、ごめんね」とありますが、ここで綾瀬が謝った理由として最も適当なものを次から選び、記号で答えなさい。

ア　泉からの返答が思っていたものと大きくちがっていたので反応に困り、何とかこの場をやり過ごそうと思ったから。
イ　泉が秘密にしていた小学生時代の家族の問題を、興味本位で聞いてしまったことに気づいて、申し訳ないと感じたから。
ウ　泉のようになりたいとあこがれていたが、おさない頃に苦労したことを知り、自分の悩みが小さなものだと思ったから。
エ　泉の出身について気軽に聞いてしまったが、複雑な家庭の事情を告げられて、嫌なことを話させてしまったと感じたから。

問18　――17「なら磨きなよ」とありますが、ここでいう「磨く」とは何をすることですか。次の形にあうように、十字以上十五字以内で答えなさい。

［　　　　　　］ということ。

問19　［18］にあてはまる言葉を本文から一語でぬき出して答えなさい。

問20　本文の表現の特徴として適当でないものを次から一つ選び、記号で答えなさい。

ア　綾瀬が心の中で思っていることを、短い文を連続して用いることでテンポよく表現している。
イ　会話文以外にも綾瀬の気持ちが書かれているので、読者が気持ちを読み取りやすくなっている。
ウ　クラブの後で綾瀬と泉が会話をする場面では、二人の関係が深まっていくようすが描かれている。
エ　現実に存在する書名や地名をふんだんに使うことで、綾瀬の創作がファンタジーであることを強調している。

山脇学園中学校(A)

—50分—

注意事項　字数指定のある問いは、句読点・記号も一字として数えます。

一　次の文章を読んで、後の問いに答えなさい。

一般的には、幸せになることが人生の目的のひとつのようになっているかと思います。ハッピーエンドのおとぎ話は「末永く幸せに暮らしました」と結ばれます。幸せになれば人生はゴールだという認識があるようです。ただ、私には、このような考え方は幸せを過大評価しているようにも思えます。幸福感の実態とは、煎じ詰めると「脳内での神経伝達物質の分泌と、特定のニューロン[注1]の発火」です。この発火がおこると人間の脳は幸福感を得るようにできています。

人間の脳はこの幸福感を、子孫を残すことに対する成功報酬として用いています。つまり、おいしいものを食べて栄養状態がよくなったり、ゆっくり休んで健康状態がよくなったり、伴侶を見つけて子孫を残す確率が高まった場合に成功報酬として幸福感が与えられます。そうして人間は(おそらく他の動物も)、この幸福感を得るために、もっと子孫を残す行為にいそしむというしくみになっています。つまり、幸せとは目の前にぶら下げられたニンジンです。

［A］、幸せは決して長続きしないものでもあります。それは成功報酬なので当然です。生物としては一度の繁殖成功で満足するよりも、二度三度と繁殖を成功させた方が子孫を増やせます。したがって、ひとたび幸せを感じたとしても、すぐにその状況に慣れてしまい、そして次の幸せ(もっと生存率を高めたり、別の個体とも繁殖する)を追い求めたほうが子孫をたくさん残せることになります。

ようするに、生物が増えるためのしくみとして幸福感を使っている以上、末永く幸せになることはあり得ません。もしかすると、過去に末永い幸せを獲得した生物はいたかもしれませんが、そういう生物は短期的な幸せしか得られない生物との競争に負けて絶滅してしまったことでしょう。私たちは幸せになりたくて幸せを追い求めながらも、手に入れた幸せに決して満足することなく、次から次へと別の幸せを追い求める生物だったからこそ、現在まで生きのびられているのだと思います。

結局のところ、①生物は末永く幸せになるようにはできていません。これは増えるものとしての当然の性質です。そして、「幸せになりたい」という欲求も「死にたくない」「仲間外れにされたくない」といった欲求と同じで先祖から与えられた刷り込みです。その程度のものとして、ほどほどに追求するくらいがちょうどいいのかもしれません。

幸せになることが目的ではないのなら、私たちは何のために生きているのでしょうか。

これに対する答えははっきりしています。私たちには、「〇〇のために生きている」といったわかりやすい使命や目的はありません。私たち人間を含むすべての生命は物理現象です。増えて遺伝するものが出現すると自動的に起こる現象です。物質が重力によって下に落ちることに目的や使命がないのと同じように、私たち増えて遺伝するものの存在にも目的や使命はありません。

だとすると、何を目指して生きていけばよいのでしょう。目的も使命もなく生きるなんて絶望的だと思う人がいるかもしれません。この問題への対処法として、私の考えを2つ述べたいと思います。

　結局のところ、人間が生きるのに目的や使命が欲しいというのは、人間に過度に期待しすぎているのだと思います。

　注2ダーウィンがいわゆる「進化論」を提唱した際にも同じような問題が起きています。ダーウィンの提唱した「種の起源」は、人間が神によってつくられたものではなく、サルと共通祖先から進化したことを意味していました。それまで人間とは神が自らに似せて創られたもので、使命を帯びて生まれてきたとする当時の考え方に反します。おそらく、②当時の人にとってダーウィンの説は受け入れがたく、絶望を伴うものだったでしょう。しかし、現代の人間から見れば、そもそもそんな使命があると信じていたのが不思議に思われます。そんな使命はなくても楽しく生きていけます。むしろない方が自由です。要するに、人間という存在に対して「神の子孫」だと［X］をしていたということです。そんなにたいそうなものだと思わなくても、サルの親戚だとしても、人間として楽しく生きていくのに支障はありません。（中略）

　まず、現在直面している問題を整理してみたいと思います。今、問題になっているのは、「人生には目的はなく、だったら生きている意味や価値がないのではないか」ということです。しかし、これは早計です。

「希少価値」とは、珍しいものに付随する価値です。たとえば昭和64年に発行された５００円硬貨などです。昭和64年は7日間しかなかったので、その間に発行された５００円硬貨は希少です。その珍しさのために古銭を取り扱う店では５００円以上の値がついていたりします。その差額はただこの硬貨が希少であるがために生じた価値です。

　希少価値が生まれるためには、少し条件があります。「その希少さを多くの人が認めている」必要があります。たとえば、その辺に落ちている石ころも、実は地球上に全く同じ形や組成の石ころはないはずで、地球でただひとつのものです。しかし、誰も希少価値があるとはみなしません。それは多くの人にとって、その石と他の石との違いがわからないからです。［B］、その珍しさを理解することができません。他の石と一緒でしょ、と思ってしまうわけです。しかし、もし石ころが光っていたりすれば違います。普通の石にそんな特徴がないことはわかりやすいので、その希少価値はすぐに認められるでしょう。希少価値が発生するには、珍しさが広く認識される必要があります。

　さて、人間が生きている意味に戻ります。私たち人間を含む生物には、目的も使命もありませんが、③この宇宙で極めて珍しい存在なのは間違いありません。動物学者のリチャード・ドーキンスも講演でこう述べたと言います「われわれがここにこうして存在しているのは、驚くほどの幸運であり、特権でもあるので、けっしてこの特権をムダにしてはならないのです」。

　地球では、過去約38億年間で生物が８００万種まで多様化しました。特にこの1万年については、人類という種が急速に増え、巨大な建造物をつくり、惑星外へと飛び出しつつあります。こんな急激な変化が起きている惑星は、広い宇宙でも地球だけかもしれません。

　宇宙は広いので、もっと生物がいると思われるかもしれませんが、生物が文明を維持できる期間はそんなに長くない可能性があります。地球上で人類が文明をもち始めてからまだ1万年も経っていません。あと1０００年もしないうちに大量破壊兵器で滅びているかもしれません。もし文明の持続期間が1万年に満たないとすると、広い宇宙とはいえ、現在この瞬間に存在している生命体は地球だけだという可能性は大いにあり得ます。そうだとしたら、この宇宙で唯一の生命体が今まさに大躍進をとげているところです。もし全宇宙を支配する神様がいたとすれば、きっと地球の急激な変化にくぎ付けになっているでしょう。※

　この珍しさを多くの人が認識すれば（それは難しいことではないでしょう）、そこには希少価値が生まれます。私たち人類はこの宇宙で極めて珍しく、それゆえ価値のある存在です。この希少価値のある社会を維持していく、さらには今までなかったもっと珍しい社会に変えていくことには意味があります。私たちがもつ④希少価値を大切にしていくことが、私たちが生きる意味だとみなすことができるかと思います。

　私たちがもつ希少価値を大切にしていくとは、具体的には何をすればいいのでしょうか。

　まず必要なのは、今の人間の社会、文明、技術、知識の水準を維持していくことです。文明が滅びてしまえば、人間もサバンナに暮らすそれほど珍しくもない類人猿の一種に戻ってしまいます。それではせっかく培ってきた希少価値が台無しです。

　現在の社会水準を維持するためのひとつの手段は子孫を残すことです。私たちは未だ不老不死ではありませんので、誰かに引き継いでもらわないと人間社会を維持できません。ただ、子孫を残すというのは、他人との協力関係を確立した人間にとっては、社会を引き継いでいく方法のひとつでしかありません。私たちは多くの人との協力でひとつの社会を作り上げており、私の命は私と関わるすべての人の命の一部でもあります。私の命の価値は、私を中心にだんだん薄くなりながら広がっています。社会の中で私が自分の役目を全うすることは、子孫を残すこと以上に人間社会の維持に貢献するでしょう。

　つまり、職業、家事、学業、何でもいいですが、社会の中で自分の果たすべき役割を果たすということです。月並みですが、それがこの希少な人間社会を維持するために個々の人間のすべきことで、それは今を生きる人間にしかできないことです。

（一部内容を省略しました）

（市橋伯一『増えるものたちの進化生物学』〈ちくまプリマー新書〉）

注1　ニューロン…脳の中の情報伝達に関わる神経細胞。

注2　ダーウィン…十九世紀のイギリスの自然科学者。

問一　[A]・[B]に当てはまる言葉を、次のア～オからそれぞれ選びなさい。（同じ記号を二度使用しないこと）

ア　また　イ　むしろ　ウ　なぜなら
エ　したがって　オ　たとえば

問二　――線①「生物は末永く幸せになるようにはできていません」とありますが、その理由として最も適当なものを、次のア～エから選びなさい。

ア　生物とは、一度幸福を感じたとしてもすぐにその幸せに慣れてしまう欲深い存在であるから。

イ　幸せになりたいという欲求は祖先から刷り込まれたものに過ぎず、追求する必要はないから。

ウ　長期的に幸せを感じられる生物は、そうでない生物との生存競争で負けてしまうから。

エ　幸福感は、子孫の増加につながる行動を取ったときの報酬として与えられるものだから。

問三　――線②「当時の人にとって～伴うものだったでしょう」とありますが、その理由を説明した次の文の［　　］に当てはまる言葉を、三十五字以内で答えなさい。

＊　ダーウィンの説は、［　　］ものだったから。

問四　［X］に当てはまる言葉を、本文のこれより前の部分から四字でぬき出しなさい。

問五　――線③「この宇宙で極めて珍しい存在なのは間違いありません」とありますが、どのような点が「珍しい」のですか。最も適当なものを、次のア～エから選びなさい。

ア　地球では、ここ1万年の間に人類という種が急速に多様化し、科学を発展させた点。

イ　地球では、人類の進化や発展によって、長い期間にわたって文明が維持されている点。

ウ　地球では、宇宙で唯一の生命体かもしれない生物や人類が、急激な変化をとげている点。

エ　地球では、幸運なことに宇宙を支配する神から特権を与えられた人類が存在している点。

問六　――線④「希少価値を大切にしていく」とありますが、そのために筆者はどのようなことをすべきだと述べていますか。五十字以内で説明しなさい。

問七　次の一文は、本文の「※」より前に入ります。この一文が入る直前の五字を答えなさい。

＊　目的はなくても、私たちの人生には希少価値があります。

問八　本文の内容として最も適当なものを、次のア～エから選びなさい。

ア　すべての生命は物理現象であり、人間が幸せに生きようとすること自体に意味は存在しない。

イ　生きることに特別な使命がなかったとしても、人間として楽しく生きていくことに差し支えはない。

ウ　地球上にただひとつしか存在しないものや数が少ないものには、その珍しさから希少価値が生まれる。

エ　人間という存在が持つ希少価値を大切にしていくことによって、生きる幸せを感じることができる。

二　次の文章を読んで、後の問いに答えなさい。

> 全国高校駅伝大会の補欠選手として京都へやってきた陸上部で高校一年生の「私（坂東、サカトゥー）」は、大会前夜に先輩の代走として大会に出場するよう言い渡された。不安を感じる「私」だったが、顧問の菱先生や同級生で補欠選手の咲桜莉の言葉を受け、走りきった。以下は、「私」が、大会が終わり帰途につく前に、京都の街で咲桜莉と自由行動をしている場面である。

「私も走りたかったな」

と咲桜莉がぽつりとつぶやいた。

「一瞬だよ。一瞬だけど、心弓センパイの代わりに一年生が走ることになったと教えてもらったとき、どうして私じゃないんだろうと思った」

弾かれるように咲桜莉に顔を向けた私を、「わかってるから」とばかりに手で制し、彼女は続けた。

「サカトゥーが[注1]ヒシコの部屋に呼ばれたときに、私も柚那キャプテンに呼ばれて、食堂で走者変更のことを聞かされたんだ。キャプテンから咲桜莉のほうがタイムはいいけど、先生や心弓センパイと相談してサカトゥーに決めた、って言われた。どうして、って思ったけど、何も言わなかった。部屋に戻ったら、サカトゥーはお化けのように真っ青になってるし、朝ごはんのときもゾンビのような顔で死ぬほど緊張しているのがわかったし――」

「だ、だから、あのとき、ア<u>あんなお世辞言ってくれたの？</u>」

朝食会場で私の走り方が好きだと咲桜莉が突然告白してくれたおかげで、走者交代を告げられてからはじめて心に余裕が生まれ、食事ものどを通ったのだ。

「お世辞？」

違うよッ、と道行く人が思わず振り返るくらい、咲桜莉が①<u>強い声を発した</u>。

「私は本当にサカトゥーの走り方が好き。アンカーで走っているところだって見たかった。直接、応援したかった。少しだけビデオを見せてもらったけど、あんな本気で戦っているサカトゥーの顔を見たのははじめてだった。ものすごく、カッコよかった。でも、それを見てわかったの。私はまだ、あんなふうには戦えない。だから、先生やセンパイたちは、サカトゥーを選んだんだって」

お世辞だなんて最悪の言葉のチョイスをしてしまってごめんなさい、と伝えたいのに、鼻の奥がツンとして声がのどから出てこない。

「選ばれなかったことは、今は納得してる。それでも、注2同じ一年生のあの子とすれ違って、やりきったって笑顔で買い物しているのを見たら、気がついたんだよね。私も走りたかったな――、って」

真っ赤に充血した彼女の目と正面で出会ったとき、菱先生から出場を告げられ完全にテンパってしまったのをいいことに、咲桜莉の心遣いにも、②<u>彼女が当然抱くであろう気持ちにも、何も気づいていなかった、何も見えていなかった</u>イ<u>己を知った</u>。

「違う、私ひとりで走ったんじゃない」

あなたの言葉のおかげで勇気が蘇ったんだよ――。③<u>肝心な部分</u>を伝える前に、

「あ、ヤバい」

と咲桜莉は急に腕時計の時間を確かめた。

「ちょっと、行ってくる」

「え？」

「あと一分で焼き上がりだ。お姉ちゃんから台湾カステラを買ってきてって頼まれていたんだ。今から、行ってくるね。さっきの、――のところで待ち合わせしよう」

こちらが返事をする間もなく、咲桜莉はくるりと踵を返すと、アーケードに充満する人ごみの向こうへとするすると走り去ってしまった。

すぐさま追いかけるべきだったが、足が動かなかった。しかも、大事な待ち合わせ場所の部分が、ちょうど横を通り抜けた外国人観光客がどっと笑い声を上げたタイミングに重なったせいで聞き取れなかった。

自分への嫌悪の気持ちがあとからあとから石油のように噴き出し、胸の内側にどろりと広がっていくのを感じながら、ひとまず彼女が進んだ方向へ、のろのろと歩き始めた。（中略）

ちょうど、目の前においしそうな唐揚げ屋さんを見つけた。お香屋さんまでひとつ走りしたこともあって、小腹も空いている。ベンチもある

し、あそこで待っていたら、どちらのアーケードからも見える位置だし、もしも咲桜莉が戻ってきたら、お互いに発見の可能性はグンと上がるはず――。

　ということで、唐揚げ屋さんの列に並び、ひとパック購入した。

　ベンチに座り、爪楊枝が刺さった、かりんとうほどの大きさの唐揚げを持ち上げ、唐揚げ屋さんが映りこむように写真を一枚撮った。

「広場みたいなところの唐揚げ屋さんの前にいます」

　と咲桜莉にLINEで送った。

ウ それから、ひとつ頬張った。

　存外に、おいしい。

　二つ、三つと矢継ぎ早に口に放りこんでいると、空いていた隣のスペースに誰かが座ってきた。自分と同じ青色のベンチコートだったから、早くも咲桜莉が戻ってきたのかと思い、

「ワオ、早かったね。台湾カステラ、ちゃんと買えた？　いや、それより、本当にゴメン。私、走ることばっかに頭を全部持っていかれて、何も咲桜莉の気持ちに気づいてなかった。でも、走る前に咲桜莉の言葉を思い出して、楽しむぞって勇気が湧いて、誰と走ることになっても絶対、負けないという気持ちになれたんだよ――」

　顔を伏せたまま、思いのたけを一気に言葉にして放出したはいいが、いざ面を上げたとき、そこにいたのは彼女ではなかった。

「え」

　でも、知らない顔ではなく、いやそれどころか、昨日、5区のコースを肩を並べて走った相手その人だったものだから、

「うえええッ」

と声を出さずにのけぞってしまった。

　タスキを受け取る前、中継所ではじめて目が合ったときそのままに、ぱっつんと真横にそろえた前髪の下から、ギロリと鋭い眼差しを向け、

「台湾カステラ、ちゃんと買えた？　それ、何の話？」

　ドスの利いた低い声とともに、荒垣新菜さんは爪楊枝の先に突き刺した唐揚げを口に運んだ。

　あんな赤いユニフォームを採用していたのに、何でベンチコートはウチとそっくりな青なのよ、と頭の片隅では思いつつ、

「す、すみません。友だちと間違っちゃって」

　と全力で謝罪した。

　あん、と了承の意味なのか、どうでもいいという意味なのかわからない、くぐもった声が荒垣新菜さんの鼻奥から発せられた。

　なぜ、彼女の名前を知っているのかというと、5区の区間記録の速報データに載っていたからである。私より九秒速いタイムで、順位は八位。区間ごとに入賞者を決める仕組みはないが、多くの陸上競技で八位までを入賞と扱うことが多いだけに、無意識のうちに「すごい」と思ったついでに名前も覚えた。

　そう、残念ながら、私は彼女に負けた。

　スタジアムに入る手前で、ラストスパートをかけた彼女に追いつくだけの体力は、私には残っていなかった。最後の最後で、実力の差をはっきりと見せつけられての完敗だった。

　でも、この人には負けたくない、という一心で食らいついたからこそ、エ スタジアムの手前一キロの地点で先行グループに追いつき、そのまま一気に四人抜きができたのだ。

ちなみに彼女は二年生。これも速報データ調べである。

「あの……、ありがとうございました」

最高の先導役だったことへの感謝の気持ちを要約して、私は小さく頭を下げた。

荒垣さんは眉根をひそめると、しばらく私の顔をじろじろと探っていたが、

「何で？」

④と切れ長な目をさらに細めて訊ねてきた。

そっか、いきなり「ありがとう」とか言われてもわからないかと、

「あ、あの、私……、前日に急に出走が決まって、まったく心の準備ができていなかったんです。でも、荒垣さんにくっついて無我夢中で走ったら、今までの人生でいちばんじゃないか、ってくらい、いい走りができて。そのことへのありがとう、です。はい」

と補足を試みたが、不審者丸出しのしゃべり方になってしまった。

「私の名前、知っているんだ」

「す、すみません。速報データで見ました」

あん、とまた鼻の奥で声を発し、荒垣さんは唐揚げを口に含むと、「これ、おいしい」とぼそりとつぶやいた。

「一年生？」

「そうです」

「名前は？」

「坂東です。みんなからはサカトゥーって呼ばれています」

サカトゥーと反復する荒垣さんの横顔を、この人、きれいな肌だな、と思いながら眺めた。

（中略）

「あの子？　私と気づく前に謝っていた相手は」

咲桜莉の手に台湾カステラらしき紙袋が提げられているのを見て、無事に買えたんだ、と思いつつ、「いえ、それは……」と口ごもる私に、

「何で謝る必要があるの？　アンカーの責任を果たしたのに、それでも文句を言われたってこと？」

と荒垣さんはどこか怒ったような調子で遠慮なく斬りこんでくる。

⑤ラストスパートのときもこんな感じだったなあ、と昨日の5区の終盤をふと思い出した。私の様子なんていっさい確かめず、駆け引きなしで、荒垣さんは一気に加速して、そのまま私を置き去りにした。

「そうじゃないんです」

こんなこと他校の人に話していいのかな、と思いつつ、彼女のほうがタイムがいいのに自分が先輩の代わりとして走者に選ばれた、それなのに、自分のことでいっぱいいっぱいでまわりに気を配る余裕がなかった、などと説明する途中で、

「そんなの、謝る必要なんてない」

とこちらがドキリとするくらいの強い語気とともに荒垣さんが遮ってきた。

「謝ることより、あなたがやるべきはひとつだよ」

「え？」

「また来年、ここにくる。サカトゥーが走って、あの子を連れてくるの。そして、都大路[注3]を二人でいっしょに走る。それしかないっしょ」

爪楊枝の先に唐揚げを突き刺した姿勢で固まった私の心に、⑥ぼっと間違いなく種火が宿った。

「サカトゥー、そろそろ京都駅！　新幹線の時間に遅れるよ！」

　ハッとして顔を向けると、買ったばかりの唐揚げの袋を手に、咲桜莉が呼んでいる。そりゃ、マズいと最後の唐揚げを口に含み、立ち上がった。

「お先に失礼します」

　慌てて頭を下げてから、二歩、三歩と進んだとき、

「サカトゥー」

と呼び止められた。

　はい、と振り返ると、「ありがとう」というくぐもった声が届いた。荒垣さんの顔が少しだけ赤くなっている。

「私もさ、あなたがいたから、がんばれたかも。あんないい走りできたの、私もはじめてだった。こんなクソ生意気そうなヤツには絶対に負けられない、ってスタート前に最高に気合いが入った。覚えてない？　中継所で、ものすごい勢いで私のこと、睨みつけてきたから」

「ち、違います。それは荒垣さんのほう」

　立ち上がった私と、ベンチの荒垣さんとの中間で、またもや視線がガツンとぶつかった。

　フッ、と荒垣さんが笑った。

　私もフフフッと笑う。

「来年、また会おうよ」

「はい、必ず」

　荒垣さんが突き出した拳に、少しだけ合わせる感じで、拳をこんとぶつけた。

　ペコリと頭を下げて、リュックを背負い直す。「おーし、帰るぞー」と手を振って、咲桜莉のもとへ駆けだした。


（一部内容を省略しました）

【万城目学「十二月の都大路上下ル」（『八月の御所グラウンド』〈文藝春秋〉所収）】

注1　ヒシコ…顧問の菱先生のあだ名。
注2　同じ一年生のあの子…大会に出場した別の学校の選手。
注3　都大路…ここでは、京都で実施される全国高校駅伝大会のこと。

問一　――線部①「強い声を発した」とありますが、このときの咲桜莉についての説明として最も適当なものを、次のア～エから選びなさい。
ア　やっとの思いで打ち明けた自分の悔しさを「私」にはぐらかされたように感じ腹立たしく思っている。
イ　自分の言葉が「私」に力を与えたことを知らないため、改めて応援の気持ちを届けようとしている。
ウ　「私」の走りを自分が認めていることや自分の正直な思いを、「私」に伝えたいと思っている。
エ　自分の純粋な思いを「私」に否定されたことにかっとなり、人目も気にせずむきになっている。

問二　――線部②「彼女が当然抱くであろう気持ち」とは、どのような気持ちですか。三十五字以内で答えなさい。

問三　――線部③「肝心な部分」の内容を具体的に表す一文を、これより後の本文中からぬき出し、最初の五字を答えなさい。

問四　――線部④「切れ長な目をさらに細めて訊ねてきた」とありますが、このときの荒垣さんについて説明した次の文の［ 1 ］・［ 2 ］に当てはまる言葉を、本文中からそれぞれ漢字二字でぬき出しなさい。

＊　突然「私」から告げられた［1］の言葉に対して、［2］に思う気持ちが表れている。

問五　――線部⑤「ラストスパートのときもこんな感じだった」とありますが、ここからは「私」が荒垣さんについてどのような印象を持っていることが分かりますか。最も適当なものを、次のア～エから選びなさい。

ア　相手のことを気にかけずに行動する印象。
イ　無表情で不機嫌に見え近寄りがたい印象。
ウ　言動が常に威圧的で相手を突き放す印象。
エ　自分の思いを飾らず素直に表現する印象。

問六　――線部⑥「ぼっと間違いなく種火が宿った」とは、「私」についてどのようなことを述べていますか。五十字以内で説明しなさい。

問七　～～線部ア～オを出来事が起こった順に並びかえなさい。

問八　本文についての説明として適当なものを、次のア～オから二つ選びなさい。

ア　複数の高校生の視点で話し言葉やユーモアを交えて語られており、親近感とともに作品に一貫した明るい印象を与えている。
イ　咲桜莉と「私」のやりとりや行動からは、二人が互いに相手のことを認め、大切に思い合っていることが読み取れる。
ウ　「私」と咲桜莉の関係を心配するあまり厳しい言葉を用いて助言する荒垣さんの姿からは、彼女の不器用な優しさが感じられる。
エ　後半では、落ち込んでいた「私」がライバルである荒垣さんに意識を向けることで、前向きになっていく様子が描かれている。
オ　別れの場面では、言葉だけでなく表情や行動からも、「私」と荒垣さんの関係が以前とは変化したことが示されている。

三　次の文章を読んで、後の問いに答えなさい。

直接体験と間接体験は、私たちが世界を理解するための大切な方法です。この二つの体験の特徴を理解し、新しい経験をaツむことで、私たちは自分自身を発展させ、より豊かな人生を送ることができます。

［A］、直接体験とは何でしょうか。それは自分自身が実際に体験することです。たとえば、登山やスポーツをしたり、近所をbサンサクしたり、料理を作ったり食べたりするなど、自分の目で見て、耳で聞いて、手で触れることです。このような経験はとても［B］で、私たちに深い印象を与えてくれます。直接的に経験することで、その場の雰囲気や感情を実感できます。

次に、間接体験とは何でしょうか。たとえば、それは他人の話や本、映画、テレビ番組、新聞、インターネットなどを通じて得られる体験のことです。友人からの旅行の話を聞くことや、歴史の教科書を読むことなどもふくまれるでしょう。ただし、間接的に得た情報は正確であるとは限らないため、常に疑問を持ち、確認することは必要です。

これら二つの体験方法は、それぞれの良さがあります。直接体験は、自分自身の感情や感覚を実感として得ることができます。それに対して、間接体験は、［X］。

私たちがより良く学び、成長するためには、直接体験と間接体験の両方を大切にし、うまく組み合わせて利用することが重要です。人生は絶えず学びの旅です。二つの体験はこの旅がいっそう有意義なものになるための重要なツールです。私たちが意欲的に新しい知識と経験を追求し、両方の体験から得られる教訓を活用することで、人生はさらに豊かでタ(c)サイなものとなるでしょう。

問一　〜〜線a〜cのカタカナを漢字に直しなさい。

問二　［A］に入る言葉として最も適当なものを、次のア〜エから選びなさい。

ア　さて　イ　また　ウ　まず　エ　一方

問三　［B］に入る言葉として最も適当なものを、次のア〜エから選びなさい。

ア　リアル　イ　ポジティブ　ウ　スムーズ　エ　デリケート

問四　――線「この旅がいっそう有意義なものになる」と同じ内容を表す言葉を、本文中から十字でぬき出しなさい。

問五　本文についての説明として適当なものを、次のア〜エから選びなさい。

ア　二つの体験を対比させた上で、一方の良さを説明している。

イ　二つの体験の特徴を、自分自身の経験をもとに説明している。

ウ　二つの体験への向き合い方をはじめとおわりに述べている。

エ　二つの体験を具体的に説明し、それぞれの長所と短所を指摘している。

問六　［X］に入る内容を、自分で考えて答えなさい。

［四］　次の各問いに答えなさい。

問一　次の1〜5の□に生き物を表す漢字一字を入れ、ことわざを完成させなさい。また、その意味として最も適当なものを、後のア〜クから選びなさい。（同じ記号を使用しないこと）

1　水を得た□

2　□子にも衣装

3　立つ□跡をにごさず

4　たで食う□も好き好き

5　飼い□に手をかまれる

ア　外面をかざれば、立派にみえること。

イ　かわいがっていた者に裏切られること。

ウ　偶然よい方向にみちびかれること。

エ　人の好みがそれぞれ違うこと。

オ　去るときは始末をしていくべきだということ。

カ　取るに足りない人の無駄なあがきのこと。

キ　悪いものにも一つはとりえがあること。

ク　自分の活躍の場を見つけて、いきいきすること。

問二　次の1〜5の――線部について、言葉の使い方が正しい場合は「○」と答えなさい。正しくない場合は「×」と答え、正しく直したものを書きなさい。（「○」の場合は、何も書かないこと）

1　もし明日晴れたら、一緒に山に行こう。

2　今年の目標は、たくさん新しい友達を作りたいです。

3　私がかわいいと思った犬を彼もかわいいと思ったようだ。

4　ニュースによると、今日は雨がふると言っていた。

5　デパートに行くのは、新しいセーターを買うことだ。

横浜共立学園中学校(A)

―45分―

※二の問いには、三の本文からぬき出す問いがふくまれています。そのことをふまえて解答してください。

一　次の――線部のうち、1～3は読みをひらがなで書き、4～8は漢字に改めなさい。

1　円い図形をえがく。
2　母直伝のシチューを作る。
3　天然の素材をいかす。
4　湖の色はシンピ的だった。
5　選挙のコウホ者を選ぶ。
6　本のカントウに言葉を寄せる。
7　プレゼントをホウソウする。
8　兄はイサギヨい人物だ。

二　次の文章を読んで、後の問いに答えなさい。

[1]「会社はどうしたのよ」
「きょうは……ちょっと、休んだんだよ」

「休んだって、あなたふつうに朝早く出勤したじゃない」

「うん、まあ、でも気になって……」

お父さんの声はどんどん小さくなって、身体も小さくまるまっている。

亜樹は、部屋のすみのイスにすわって、そっと様子をうかがうことにした。そこに、よけいなお世話の千秋ちゃんがでてきた。

「お兄さんは、仕事を休んで、いつみといっしょに留学説明会にいってきたのよねぇ」

お父さんのかわりにこたえる千秋ちゃんは、なんだかじまん気だった。

「なによ」

お母さんがこわい顔をして、お父さんをにらみつける。

「お父さんだって、反対してたでしょ！」

「だけど、こんなにいきたがってるんだから、考えてやろうよ」

お父さんは、お母さんをなだめようと、必死に笑顔をつくっている。だけど、お父さんのその態度は、お母さんの怒りをあおっただけだった。

「いつも子どものことはわたしにまかせっきりのくせに、いい加減なこといわないで！」

お母さんの声は、怒りで裏返っていた。お母さんにどなられたお父さんがしゅんとする。

すると、また千秋ちゃんが、にやにやしてわりこんできた。

「あのさぁ、光枝ちゃんだって、昔、デザイナーになりたいっていってたよねぇ」

みんなが、ポカンとして千秋ちゃんに注目した。

それは、初めてきく話だった。
[2]「でも、お母ちゃんに反対されて、あっさりあきらめてたよねぇ」
亜樹は、孫の自分やお姉ちゃんにもきびしい、こわいほうのおばあちゃんの顔を思いうかべた。千秋ちゃんなんて自分の母親なのに、もう何年も会っていない。おばあちゃんは、千秋ちゃんが結婚もしないで気ままに生きてることを怒っているし、千秋ちゃんはイラストを描いてるこ

とを「仕事」として認めてくれないおばあちゃんに腹を立てている。3ふたりの関係は平行線のまま、このままずっとよくなりそうもない。

「光枝ちゃんは、いつみや亜樹にも、やりたいことをあきらめさせたいのぉ？」

千秋ちゃんのいい方はすごく［A］感じだった。

「光枝ちゃんも、お母ちゃんと同じことするんだぁ」

好きなことを仕事にしている千秋ちゃんは、とうぜん、お姉ちゃんの味方だった。

「っていうか、そもそも光枝ちゃんは、どうしてかんたんにデザイナーになるのあきらめたのぉ？」

だけど、千秋ちゃんはお姉ちゃんのために、口だしをしているわけじゃなさそうだった。

「本当になりたかったら、お母ちゃんなんか放って、わたしみたいに家出して、バイトしながら夢を叶えることだってできたわけじゃん？」

いじわるの(注1)矛先が、いつのまにかお母さんの過去にうつっている。

4「夢をかんたんにあきらめた光枝ちゃんに、いつみの夢をじゃまする権利なんかないと思うよ。いくら、母親でもね」

こんなふうにお母さんにケンカを売る千秋ちゃんを、亜樹は初めて見た。

だって、千秋ちゃんとお母さんはずっと、なかよし姉妹だと思っていた。わざわざ近所のマンションに住んで、家にだって気軽に遊びにくるし、なんだかんだいっても、めいっ子である亜樹たちをかわいがってくれている。

亜樹はそんなふたりを見て、姉妹はなかよしなら最強だなと思っていたのだ。いつか、自分もお姉ちゃんとそんなふうになれたらいいのにと、憧れるくらいに。

だけど今、千秋ちゃんはお母さんを責めている。夢をあきらめたことと、今まさにお姉ちゃんの夢をあきらめさせようとしているお母さんに、怒りをぶつけている。

「デザイナーをあきらめたのは、お母ちゃんに反対されたからじゃないわ」

そんな千秋ちゃんに、お母さんはとうぜん(注2)ヒステリックに反論すると思っていた。

「千秋みたいに、お母ちゃんに反抗してまで、自分の夢を追いたいって思わなかっただけよ」

だからお母さんの［B］口調は意外だった。

「わたしはお母ちゃんのことが好きだったから」

それはひらきなおってるというより自分の選択に、自信があるかのような口ぶりだった。

「お母ちゃんをかなしませるようなことはしたくなかったの」

お母さんはきっぱりといいのけた。

「わたしはあくまで大事なほうをえらんだだけよ」

「それが、おかしいっていうの！」

そこで千秋ちゃんが大声をだした。

「なんでお母ちゃんをとるわけ？　自分の人生でしょ？　自分の人生とお母ちゃんをてんびんにかけること自体まちがってるの！」

興奮して、声が裏返っている。

「なんでそのおかしなことに気がつかないの？　自分の人生をお母ちゃ

んにささげるなんて、絶対に変だよ！」

いつもふざけてばかりの千秋ちゃんが、こんなふうに怒りくるう姿を見るのも、初めてだった。

「変でもいいのよ！」

そのせいか、冷静だったお母さんも大声でいい返した。

「まちがっててもいいの！　わたしはお母ちゃんにきらわれたくなかったの！　好きでいてもらいたかったの！　わたしにとってはそれがなにより大事だったのよ！　末っ子でわがままに育てられたあなたに、わたしの気持ちなんてわからないわ！」

5 お母さんはそうどなりちらすと、怒った顔のまま千秋ちゃんから顔をそらした。千秋ちゃんも不満そうな顔でお母さんから目をそらしている。

そうして、しばらく気まずい沈黙（ちんもく）が流れた。だれもなにもいおうとしない。亜樹もうつむいて、ただじっとだれかがうごきだすのを待った。

「いくよ」

気がつくと、お姉ちゃんが亜樹の前に立っていた。おどろいてお姉ちゃんを見あげると「いいから」といって、腕（うで）をつかんでくる。そして亜樹はそのままお姉ちゃんにひきずられるようにして、千秋ちゃんの部屋をでた。

マンションをでると外は雪がふるんじゃないかと思うくらいに寒かった。お姉ちゃんはコートも着てない。

「お姉ちゃん、だいじょうぶ？　マフラー貸そうか？」

亜樹の言葉にお姉ちゃんはだまって首を横にふった。そのかわりみたいに急に立ちどまると、お姉ちゃんは亜樹の腕をつかんでいた手を放した。

「あんた、お母さんにきらわれてるって思ったことある？」

いっしょになって立ちどまった亜樹は、ちょっと考えてから、首を横にふった。

しかられたり、八つ当たりされたり、嫌味（いやみ）をいわれたりしたことはいくらでもある。むちゃくちゃなことをいわれて、お母さんってほんとわけわかんないと思うことも多い。だけど、お母さんにきらわれてると思ったことはなかったから。

「わたしもないよ」

お姉ちゃんは腕ぐみをして、大きく息を吐（は）いた。

「どんなにケンカしても、きらわれるとか、見捨てられるっていう心配はしたことがない。こうして家出してても、そういう心配だけはしたことない」

少しかなしそうな表情で、お姉ちゃんはそういいきった。

6「安心してお母さんに反抗できるって、もしかしてものすごく幸せなことかもしれないね」

亜樹はだまってうなずいたけれど、本当はよくわからなかった。

デザイナーになることをあきらめた理由がおばあちゃんにきらわれたくないからだなんて、亜樹にはどうにも理解できなかった。

お姉ちゃんのいうとおり、そんなお母さんを理解できないくらい、自分は幸せなのかもしれないと思った。

「だから、わたしはあきらめないよ」

その強い口調に、亜樹は考えこんで、いつのまにかうつむき加減になっていた顔を起こした。

「わたしはニューヨークにいくよ。生きたい場所ややりたいことが、やっと見つかったんだもの。わたしは絶対にあきらめない」

お姉ちゃんの宣言に、亜樹はうなずきながらも、ずっときいてみたかったことをたずねた。
[7]「それって、どうやって見つけたの？」
「どうやってって？」

お姉ちゃんは、家のほうへと歩きだしていた。

「なにをしたら、自分が将来なりたいものって見つかるの？」

亜樹はあわててお姉ちゃんのあとを追った。

「見つけるんじゃないよ。気づいただけだよ」

「気づく？」

亜樹はますますわからなくなった。

「本を読んだり、テレビや映画を見たり、友だちと話したりしてるときに、自分の気持ちがゆさぶられる瞬間（しゅんかん）をのがさないようにしただけ」

「じぶんのきもち……」

亜樹はゆっくりくり返した。

「そう。わたしはこういうの好きとか、興味ないとか、おもしろくないとか、みんなうなずいてるけどわたしはうなずけないとか、とにかく自分の気持ちを注意深く見ててあげるの」

お姉ちゃんは亜樹のほうをふりむくことなく、ずんずん歩いていた。

「そしたら、自分に気づける。なにが好きなのか。どうしたいのか。どんなふうに生きたいのか」

それでも亜樹の疑問に、まじめにこたえてくれていた。ちゃんと、おしえてくれた。

「わたしも、いつか気づけるかなぁ」

亜樹はうれしくて、思わずお姉ちゃんの腕をとった。なんだか小さいときみたいに、手をつないで並んで歩きたい気分になったから。

「それは、あんた次第（しだい）だから、知らない」

その返事はいつものつれないお姉ちゃんらしくて、亜樹をこっそり笑わせた。

「そうだね」

亜樹はうれしそうな声にならないようにいった。

そのあと、ふたりはもうなにもしゃべらなかった。だけど、お姉ちゃんは亜樹がつかんでる腕を、ふりはらったりしなかった。早足のお姉ちゃんについていくために、亜樹はときどき小走りしなければならなかったけれど、家につくまでふたりはいっしょに歩いた。亜樹は半歩先を歩くお姉ちゃんの横顔をときどき見あげながら、[8]うれしい気持ちで家まで歩いた。


（草野たき『リボン』〈ポプラ社〉による）

㊟1　矛先＝こうげきする相手や方向。
2　ヒステリック＝激しく怒ったり興奮したりするさま。

問一　――線1「会社はどうしたのよ」とありますが、
①　だれが言った言葉ですか。文中の人物名で答えなさい。
②　言われた人が、何をしていたのかが具体的にわかる一文を文中から探し、初めの五字をぬき出しなさい。

問二　――線2「でも、お母ちゃんに反対されて、あっさりあきらめてたよねぇ」とありますが、光枝が夢をあきらめた理由として最も適当なものを次の中から選び、記号で答えなさい。
ア　母を悲しませず自分を好きでいてもらうことが何よりも大事だっ

たから。

イ　母の反対をおし切ってまでデザイナーになろうという強いかくごはなかったから。

ウ　姉としての責任を果たすために、母の期待に沿うのが当然だと思ったから。

エ　妹の千秋と母のどちらかを選ぶということはとてもできなかったから。

オ　デザイナーという夢は夢のままで終わらせる方が自分にとって良いと思ったから。

問三　――線3「ふたりの関係は平行線のまま」とありますが、これはどのような関係ですか。次の中から最も適当なものを選び、記号で答えなさい。

ア　いつまでたっても同じきょりを保つ良好な関係。

イ　適当なきょりを取りながら並んで進んでいく関係。

ウ　どこまでも交わることなく、わかり合えない関係。

エ　上下関係でなく、同じ立場に立っている関係。

オ　時々歩み寄りながらも、なかなか理解できない関係。

問四　[A]・[B]にあてはまる言葉をそれぞれ次の中から選び、記号で答えなさい。

ア　せわしない　　イ　しずかな　　ウ　いじわるな

エ　はげしい　　オ　せつない　　カ　おちゃめな

問五　――線4「夢をかんたんにあきらめた光枝ちゃんに、いつみの夢をじゃまする権利なんかないと思うよ。いくら、母親でもね」とありますが、このとき千秋が光枝にうったえたかったことを説明した次の文の【　　】にあてはまる三字の言葉を、[三]の文中の[　　]で囲んだ部分からぬき出しなさい。なお、二つの【　　】には同じ言葉が入ります。

お母ちゃんが自分たち（光枝と千秋）にしたように、いつみの【　　】を一方的に否定しないでほしい、母とむすめの【　　】はちがうのだということをわかってほしいということ。

問六　――線5「お母さんはそうどなりちらすと、怒った顔のまま千秋ちゃんから顔をそらした。千秋ちゃんも不満そうな顔でお母さんから目をそらしている」とありますが、このときの二人の心情として最も適当なものを次の中から選び、記号で答えなさい。

ア　光枝は自由に生きる千秋がうらやましく、そのような生き方ができない自分にれっ等感を感じているが、千秋は夢を追う中で大変な思いをしてきたのに、それを理解しようともせず生き方を責められたことに怒っている。

イ　光枝はデザイナーになりたいという気持ちをかかえたまま家庭を持ったが、千秋は家庭を持たずにイラストレーターをしているので、生活かん境のちがいからかみ合わなくなり、二人とも悲しくなっている。

ウ　光枝はできるだけ母に親孝行したいと考えており、千秋が母に心配をかけて親不孝をしていることが許せないが、千秋は光枝が親孝行にこだわりすぎていることに対しておかしいと思っている。

エ　光枝は母と良い関係を保つことを最も重視しているが、千秋は母との関係よりも自分自身の意志を何より大事にするべきだと考えており、おたがいの優先することが理解できずに相手を否定している。

オ　光枝は自分も本当は夢を追いかけたかったが、千秋が自由に生きているためできなかったのだと千秋を責める思いをいだき、千秋は自分の人生なのに母の言いなりになってきた光枝をあわれんでいる。

問七　――線6「安心してお母さんに反抗できる」とありますが、いつみがこのように言い切れるのはなぜですか。次の中から最も適当なものを選び、記号で答えなさい。

ア　母は気が強くないので、何度も主張すれば最後には折れてくれるという自信があるから。

イ　たとえケンカしても、母も自分もケンカしたことをいつまでも引きずることはないから。

ウ　母が自分のことを見放したとしても、おばや妹、父は味方をしてくれるという確信があるから。

エ　どれだけ母に逆らっても、母は自分を受け止めてくれるという信らい感を持っているから。

オ　母は祖母ほど厳しくないため、自分の主張をはっきりと伝えることができるから。

問八　――線7「それって、どうやって見つけたの？」とありますが、この問いに対するいつみの考えを六十字以内で説明しなさい。

問九　――線8「うれしい気持ち」とありますが、このときの亜樹の気持ちにあてはまらないものを次の中から一つ選び、記号で答えなさい。

ア　最近は手をつないでいなかったのに、今日は腕をつかんでもふりはらわれなくてうれしい。

イ　いつもはそっけない反応しかしてくれないのに、今日はちゃんと応えてくれてうれしい。

ウ　いつもと態度がちがうところも、いつもの姉らしいところも見ることができてうれしい。

エ　姉が自分にないものを持っており、尊敬できる存在であることがうれしい。

オ　姉の留学したい場所がニューヨークであることを、自分にだけ教えてくれてうれしい。

問十　この文章の特ちょうとして、最も適当なものを次の中から選び、記号で答えなさい。

ア　亜樹の視点に寄りそって語ることで、読者を物語の中に自然に引きこむことができている。

イ　会話文を多用しており、だれの言葉かがわかりにくいので、次の展開を予測できないきん張感を読者にあたえている。

ウ　風景びょう写を効果的に用いることによって、時間の経過がわかりやすく伝わるようにくふうされている。

エ　登場人物の名前の付け方をくふうすることによって、人物の性格が読者にひと目で伝わるようになっている。

オ　回想シーンをたびたびはさむことで、物語の主題となる過去のできごとを読者が理解しやすくなっている。

三　次の文章を読んで、後の問いに答えなさい。（設問の都合上、本文の一部を省略してあります）

　生まれてからずっと親に保護され、親に頼（たよ）って生きていた子が、思春期（ししゅんき）では親から離（はな）れて自分の自由を拡大しようとします。保護されている安心だけでなく、親と対等になって、もっと自由になって、いろんなことを自分で決めたくなるのです。

心はいつも安心と安定を求めていますが、そのために心理発達の各段階で自分が自由に動ける範囲を限定しています。際限のない自由は、かえって不安定だからです。学童期では自由の範囲を、親の人生観の枠内に限定していたのでした。

親は子を保護し、可愛がり、親の生き方(人生観)を教えて子を引っ張ってきました。それが親の生きがい、役割でした。子は親を信じて親の人生観を引き継いで、学校社会に居場所をつくりました。これが子の喜び、役割でした。1このように学童期の親と子は、互いに自分の心の範囲を設定して、その「枠」の中で安定してきたのです。

子が親と対等になるためには、「親の人生観に従っていれば安心」という枠を壊さないとなりません。しかし、一度できた心の枠は法律みたいなもので、きちんと廃止しない限り効力を持ち続けます。［A］、「破壊」という極端な方法を採らないと先に進めないのです。

古い親子関係を壊さないと、子はいつまでも親に従っていることに安住してしまいますし、親はいつまでも子を可愛がり続け、その結果、子の可能性を潰してしまうかもしれません。互いの心を安定させてきた心の「枠」ですので、それを壊すのには苦痛を伴います。親は子が自分と違う生き方をし始めると、寂しさを感じるでしょう。子は、親から離れて孤独に向かい合わなければなりません。

次に進むためにもう2古くなった心の「枠」を壊すこと、これが反抗期の意味です。

3第一反抗期(=イヤイヤ期)で獲得したものは、行動を決めるタイミングの自由です。「(やるかやらないかは)自分で決めるんだ！」ということでした。ご飯を食べるのは親に言われたからそうするのではなく、自分で決める、という自由です。食べるタイミングを自分で決めるということは、逆に言えば、我慢と規律を獲得することでもあります。

しかし、この段階で決められるのは何かをするタイミングだけで、何をするかの内容は自分では決められません。例えば、「さあ、幼稚園に行きなさい」と言われて、自分で決めたいのでぐずったりしますが、行き先は親が決めた幼稚園です。変更はできませんし、子も変更しようとは思いません。学童期になっても同じように、宿題をするタイミングは自分で決められますが、宿題をしない自由はないのです。行き先や何をするかは親が決めているのですが、子はそれに疑問を持ちません。

4第二反抗期の思春期では、「どこに」いくか、「何をする」かの内容についても自分で決めたくなります。第二反抗期で獲得したい自由はこの自由です。どこの学校へ行くか、あるいは学校へ行くか行かないかも自分で決めようとします。宿題をしないで「何をするか」、例えば、夜中友だちと遊びまわるという選択肢も持ちたくなるのです。

思春期に自由を拡大したくなって動き始めた時に初めて、子はそれまで縛られて来たもの、すなわち気づかなかった「運命」を自覚します。運命とは、［X］、つまり親の人生観です。気がつかなかったので変えようとも思いませんでした。

しかし、何かから自由になりたいと思い始めると、自分が従って来た生き方＝決められていた運命が意識にのぼり、その運命を変えたくなります。勉強が一番大切だと教わって来た子は、人生それだけじゃないはずだ、と疑問を持ちます。人とうまくやるのが大切と思って来た子は、人の顔色ばかり見ているのはもう嫌だと自覚します。

　思春期は、運命を自覚し、親の生き方を振り返り、それに反抗し、それを壊して、自分の生き方を決める時なのです。

　第二反抗期＝思春期で心理的に達成されることは、

・学童期まで同じ人生観を持ち、一緒に生きてきた親子が、
・反抗期を経て、それぞれ別々の人生観を持つようになり、
・そして最後に、互いに相手の人生観を認め合い、対等な人格として尊重するようになること、

です。

　親と対等になることは、社会の中で「ひとり立ち」するようになることと同じです。これは、エリクソンの言う自我同一性の確立です。

　反抗が終わると親子はもう一度仲良くなります。うまく反抗期を(注1)成就できた親子は、それまで以上に親密で、頼りになる家族になります。

(中略)

　反抗期は親子が対等になる(注2)プロセスだと書きました。［　B　］、子が親に反抗して喧嘩状態が続いていれば、いつまで経っても問題がこじれるだけで対等にはならないのでは、と思うかもしれません。しかし、反抗期の親子間には、「［　Y　］」つまり「喧嘩してかえって仲良くなる」という力動が働いていて、喧嘩が対等な関係を作り出しているのです。その時に大切な役割を演じるのは、怒りの応酬です。

　子が親と喧嘩ができるのは、親子に共通の土台があるからです。共通の土台とは、互いに相手の言っていることが分かる土台です。それは、学童期を一緒に生きてきたからできたものです。

　例えば、子が「なんだよ、いつもいつもうるさいじゃないか！」と親に文句を言った時に、親は子が何を「うるさい」と言っているかはすぐに分かります。だから、親は「何度言っても分からないから、うるさくなるんだ！」と返します。他人が聞いていたら何のことで対立しているか分かりませんが、親子では通じているのです。

　人生観そのものについても同じです。

　反抗期になって、子が「お前に言われた通りに従ってきたのに、うまくいかなかったじゃないか」と親から教えられてきた人生観に文句を言います。それを言われた親は、自分が教えた人生観のどこに文句を言われているのかが分かります。だからこそ、親は「何を言っているんだ、そんなことで生きていけるか、人生は厳しいんだぞ」と正確に怒りを返します。ここでも怒りのコミュニケーションが成り立っているのです。

　実はこの5正確な怒りの応酬が、それまで保護する者(親)と保護される者(子)という上下関係だった親と子を、対等の関係にするのです。

　子は親に怒りをぶつけます。親は子どもの言うことに怒りを感じ、それまで子を保護してきた親の立場を忘れて怒りを返します。子は親を怒らせたと感じて、手応えを得ます。怒りと怒りが対等にぶつかりあったのです。6そこに上下関係はありません。それを何回か繰り返していると、親子が対等になるのです。

「（注3）Ⅰ　穏やかな反抗期」の場合は明らかな怒りの応酬はありませんが、子が黙って親から離れ、その意思と拒絶を親が感じ、親も言葉を返さずに黙っていることで、子は親が受け止めたと手応えを感じます。この互いの立場のやりとりが、親子を対等にします。

「Ⅰ　穏やかな反抗期」にせよ、「（注4）Ⅱ　激しい反抗期」だったにせよ、反抗期が無事終わると親子は対等になります。そして、親子喧嘩の結果はというと、どっちが勝った、負けた、にはなりません。結果は、痛み分けです。子は親の人生観を一部修正しましたが、しかし、一部はそのまま引き継いでいるのです。まあ、そうだよな、親も親として頑張ってきたんだよな、と感じるのです。これがおそらく「普通の」7思春期の結末です。

（高橋和巳『親は選べないが人生は選べる』〈ちくま新書〉による）

（注）1　成就＝達成。
2　プロセス＝過程。
3　「Ⅰ　穏やかな反抗期」・4「Ⅱ　激しい反抗期」＝筆者が別の部分で説明している反抗期の種類のこと。

問一　［A］・［B］にあてはまる言葉をそれぞれ次の中から選び、記号で答えなさい。（同じ記号は一度しか使えない）

ア　なぜなら　　イ　それから　　ウ　だから
エ　または　　オ　しかし

問二　――線1「このように学童期の親と子は、互いに自分の心の範囲を設定して、その『枠』の中で安定してきたのです」とありますが、どういうことですか。次の中から最も適当なものを選び、記号で答えなさい。

ア　親は、自由に生きようとする子に人生の厳しさを伝え、子は、何でも自由にできることは不安でこわいことだと学ぶこと。
イ　親は、子のかん境を整えて自由にさせることに喜びを感じ、子は、親の思い通りに生きることに喜びを感じること。
ウ　親は、子が自分だけを頼っていることに満足感を覚え、子は、親を独せんしたい気持ちから親の人生観に従うこと。
エ　親は、親の生き方を子に教えて自分が良いと思う方向へ導き、子は、親の生き方を受け入れて安心して生きていくこと。
オ　親は、子が自分の言うとおりに育つことで安心し、子は、親の保護下にあることに反発を覚えながらも否定はしないこと。

問三　――線2「古くなった心の『枠』を壊すこと」とありますが、どういうことですか。次の中から最も適当なものを選び、記号で答えなさい。

ア　新しい時代を生きるために、その時代に合わせて、親の古い価値観を否定すること。
イ　親の人生観を拒絶し、自由な人間になるために、喜びを感じながらも孤独と向き合うこと。
ウ　子が、あたえられただけの生き方をやめるために、親に教えられたことに反発すること。
エ　子と親が平等な関係になるために、親の人生観に完全に従いながら自由の範囲を広げること。
オ　親が子の自立をうながすために、今までの関係を壊し、自分で考えるように仕向けること。

問四　――線3「第一反抗期」、――線4「第二反抗期」とありますが、

①　筆者の考えではこの二つのちがいは何ですか。最も適当なものを次の中から選び、記号で答えなさい。

ア　第一反抗期では自分で行動を決める自由を獲得し、第二反抗期では決められた行動を否定する自由を獲得するちがい。

イ　第一反抗期では親の発言を否定し我慢と規律を獲得し、第二反抗期では親に言われる前に行動する自由を獲得するちがい。

ウ　第一反抗期ではいつ行動を起こすかを決定することができ、第二反抗期では行動の内容を決定することができるちがい。

エ　第一反抗期では親による支配からのがれることを覚え、第二反抗期では自分の行動を自分で決める自由を獲得するちがい。

オ　第一反抗期ではいつ行動するかというタイミングを決定し、第二反抗期ではやめるタイミングを選ぶことができるちがい。

②　「第二反抗期」の具体例として最も適当なものを次の中から選び、記号で答えなさい。

ア　今日は、ねる前に歯みがきをしたい気分なので、先におふろに入ることにした。

イ　親のすすめで手芸クラブに入ったが、最近興味を持った演劇クラブに転部した。

ウ　親に六時に朝食をとるように言われたが、テレビを見たかったので八時にとった。

エ　親の期待に応えるために親がすすめる学校に通って、親の理想とする生活を送った。

オ　同級生と遊んでいた時におなかが痛くなったので、早めに切り上げて家に帰った。

③　文中で述べられている発達の順序を示したものとして、最も適当なものを次の中から選び、記号で答えなさい。

ア　イヤイヤ期　→　学童期　→　思春期

イ　第一反抗期　→　第二反抗期　→　思春期

ウ　思春期　→　第一反抗期　→　学童期

エ　穏やかな反抗期　→　第二反抗期　→　激しい反抗期

オ　第一反抗期　→　思春期　→　イヤイヤ期

問五　X　にあてはまる言葉として適当なものを次の中から選び、記号で答えなさい。

ア　それを変えたくても変えられなかった生き方

イ　生まれもった使命にしばられた生き方

ウ　親自身が自由にふるまおうとする生き方

エ　それに気づかずに従ってきた生き方

オ　自由にやりたいことを選択できる生き方

問六　Y　にあてはまることわざとして適当なものを次の中から選び、記号で答えなさい。

ア　あぶはち取らず　　イ　後は野となれ山となれ

ウ　親の心子知らず　　エ　石の上にも三年

オ　雨降って地固まる

問七　――線5「正確な怒りの応酬」とありますが、これが成り立つために必要なものは何ですか。文中から五字でぬき出しなさい。

問八　――線6「そこに上下関係はありません。それを何回か繰り返していると、親子が対等になるのです」とありますが、どういうことですか。次の中から最も適当なものを選び、記号で答えなさい。

ア　親と子という信らい関係の中で、正しい怒りのぶつけあいをしながらも、子は親を思いやって手加減していること。

イ　親と子という立場をこえて、怒りのぶつけあいを繰り返すことで、互いの人生観を尊重できるようになること。

ウ　親と子という関係を忘れて、親子で怒りのぶつけあいをすることで、親と子は全く別の人生観を持つと自覚すること。

エ　親と子という上下関係をなくすために、怒りのぶつけあいによって、子の人生観を無理やり親に認めさせること。

オ　親と子という愛情にもとづく関係において、怒りのぶつけあいは意味がないと気付き、再び親子が仲良くなること。

問九　――線７「思春期の結末」とありますが、子にとっては、どのような過程を経てどのような「思春期の結末」に至るのかを、本文全体をふまえて七十字以内でわかりやすく説明しなさい。

問十　本文の内容と合っているものを次の中から一つ選び、記号で答えなさい。

ア　自分という存在を自分で明確化できるようになるためにも、反抗期の過程を通ることは必要である。

イ　反抗期は親と子が対等になる重要な機会であるが、親子が激しくぶつかりあわなければ反抗期とはいえない。

ウ　思春期に子は親に怒りをぶつけるが、親は反発せずにだまって子の怒りを受け止めると良好な関係になる。

エ　学童期において親が子に自分の人生観をおし付けないことが、その後の子のすこやかな成長には大切である。

オ　親子が同時期に正しい反抗期をむかえてともに乗りこえることで、親子関係はいっそう親密になる。

横浜女学院中学校（A）

—50分—

一　次の文章の——線①～④のカタカナを漢字に、漢字をひらがなにしなさい。また、文章中の漢字の間違（まちが）いを1か所ぬき出し、正しい漢字に直しなさい。

　学校の授業で落語を聞いた。こっけいで①ドクソウ的な話を、軽快に流れていく時間は心地よかった。国民が聞くに②重宝すると感じた。放課後に調べてみたところ、落語は江戸時代からつづく古典芸能だそうだ。それがなくなってしまわないよう、③後世にも④デンショウしていきたい。

二　次の文章は、小学校卒業をひかえた六年生がサイン帖（ちょう）を話題にする場面です。サイン帖とはクラスメイトに渡して、自分へのメッセージを書いてもらう紙のことです。これを読んで、あとの問いに答えなさい。（字数制限のある問いは、句読点や記号も1字に数えます。）

夕食のあいだじゅう、恭介（きょうすけ）はきげんが悪かった。きげんの悪い時、恭介はいつも思う。僕はジャングルに住みたい。

「もうすぐ、卒業式ね」

すきやきのなべにお砂糖をたしながら、お母さんが言った。

「そうしたら、恭介も中学生か」

お父さんが言った。

「まだだよ。まだ二月だから小学生だよ」

「でも、もうすぐじゃないか。入学手続きだってすませたんだろ」

「うん」

恭介は①ぶっちょうづらのまま、しらたきを口いっぱいにほおばった。

今朝、学校に行ったら、女の子たちがサイン帖をまわしていた。もうすぐおわかれだね、とか、さみしいね、とか、そんなことばかり話していた。ひとりが、恭介のところにもサイン帖を持ってきた。

「俺（おれ）、書かないよ」

「どうして」

「だって、さみしくねぇもん」

女の子は②きまり悪そうにそこに立っていた。

「何だよ。書きたくないんだからいいだろ」

「もういいわよ。暮林（くればやし）くんになんかたのまない」

女の子はサイン帖をかかえたまま、小走りで自分の席にもどった。みんなの視線が恭介にあつまる。

「ちぇっ、何だよ」

恭介はどすんと席にすわった。机の上に、一時間めの教科書と、ノートと、ふでばこをだす。ちぇっ、あいつも見ていた。ななめ前の方から、暮林くんのいじわる、という顔をして、恭介を見ていた。一時間めは算数だった。担任の大島は男らしくない、と恭介は思う。たとえば今日だって、

「問五、暮林くん、やってみてくれるかな」

なんて言う。

「問五、暮林やれ」

がふつうだと思う。恭介は立ちあがった。

「わかりませーん」

と言う。算数はきらいじゃないけれど、今朝はなんとなくいやな気分だったし、わかりません、と言えば先生が自分でやってくれることがわかっていた。

「わからないのかぁ。問四の応用なんだけどなぁ」

先生は頭をかきながら、黒板に問題をといてみた。

「これは基礎だからね。これがわからないと中学に行って苦労するぞ」

給食は、あげパンと、とん汁と、牛乳とみかんだった。恭介は給食当番で、かっぽう着を着て給食をとりにいく。

「やった。とん汁だ」

恭介は、今までとん汁の日に給食当番になったことが一度もなかった。教室のうしろに立って、一人一人の器にとん汁をつぐ。みんなステンレスのお盆を持って一列にならぶ。あと三人、あと二人、あと一人。恭介はドキドキした。あいつの番だ。

「少しにして」

あいつが言う。恭介は、なるべく豚肉の多そうなところを、じゃばっと勢いよくつぐ。なみなみとつがれたとん汁をみて、あいつはまゆをしかめた。

「少しにしてって言ったでしょ」

「せんせーっ、野村さんが好き嫌いします」

恭介が声をはりあげると、大島先生はまのぬけた声でこたえる。

「それはよくないなぁ。野村さん、がんばって食べてごらん」

野村さんは、大きな目できゅっと、恭介をにらみつけた。

お母さんが、恭介のちゃわんに、くたくたに煮えたすきやきのにんじんを入れた。

「好き嫌いしてると背がのびないわよ」

実際、恭介は背が低かった。野村さんは女子の中でまん中より少し小さく、その野村さんとならんで、ほとんどおなじくらいだった。

「もういらないよ。ごちそうさまっ」

恭介ははしをおいて、二階にあがった。部屋に入るとベットの上に大の字に横になる。野村さんの顔がうかんでくる。動物でいうならバンビだ、と恭介は思う。三年生の時にはじめていっしょのクラスになって、四年生は別々で、五年生、六年生とまたいっしょになった。野村さんについて恭介が知っていることといえば、保健委員で、とん汁が嫌いで、女子にしては足がはやい、ことくらいだった。今朝あんなことがあったから、今日は一日、誰も恭介にサイン帖を持ってこなかった。もちろん野村さんもだ。恭介はベットからおりて、机のひきだしをあけた。青い表紙のサイン帖が入っている。ちぇっ、恭介はひきだしをしめて、もう一度ベットに横になった。

中学にいったら生活がかわるだろうなぁ、と恭介は思った。勉強だってしなくちゃいけないし、先生だって大島みたいなのんきなやつじゃないにきまっている。野球とか基地ごっこばかりをやっているわけにはいかなくなる。クラスのみんなもばらばらになってしまう。あいつなんか私立にいってしまうから、なおさら会えない。あーあ。ジャングルに住みたい。

ジャングルに住んだら、と恭介は考える。勉強もない、家もない、洋服も着ない。穴をほってその中で暮らそう。ライオンとゴリラを飼おう。狩りをして、その獲物を食べればいい。皮をはいで毛布にしよう。となりのほら穴にあいつが住んでいて、僕があいつの分も狩りをしてやる。僕とあいつのほかには人間は誰もいなくて、猿とか、へびとか、しまうまとか、ペットっぽくない動物だけが住んでるといい。

　恭介が大島先生に呼びだされたのは、次の日のほうかごだった。職員室はストーブがききすぎていてあつい。大島先生は今まで生徒を呼びだしたことなど一度もなかったので、恭介は少しドキドキした。

「わざわざ呼びだしたりして悪かったね」

　先生が言った。

「何の用だと思う」

「わかりません」

「そうだよな。ずいぶん前のことだし」

「はぁ」

「去年の春に、遠足に行ったろ。あのとき買い食いしたのは暮林くんだけじゃないって、わかってたんだ。代表でおこられてもらったんだよ。すまなかったね」

「はぁ」

「話はそれだけだ。もうじき卒業だから、きちんと言っておきたくてね。じゃ、気をつけて帰れよ」

「……はい」

いったいなんなんだ。へんなやつ。恭介は下駄箱でくつをはきかえながら、まだ心臓がドキドキしていた。もちろん、遠足のときのことは恭介もよくおぼえていた。

　僕と、高橋と、清水と、それから三組のやつらも何人かいっしょに、アイスクリームを買い食いした。集合の時、僕だけがおこられた。――でも、そんな昔のこともういいよ。教師があやまるなんて、気持ちわるい。ちぇっ、大島ともあと一ヵ月のつきあいだと思うとせいせいする。

　大島先生の言葉や態度は、いつも恭介をイライラさせる。すまなかったね、なんて。もうじき卒業だから、なんて。

「あれ」

　下駄箱の奥に、白い表紙のノートが入っている。サイン帖だった。

「誰のだろう」

　ぱらぱらとページをめくり、恭介はびくんとして手をとめた。あいつのだ。あいつのサイン帖だ。どのページもみんな、なみちゃんへ、で始まっている。なみちゃんというのは野村さんの名前だった。恭介は、すのこをがたがたとけって校庭にとびだした。冬の透明な空気の中を、思いきり走る。かばんがかたかた鳴る。

　家にとびこんで、ただいま、と一声どなると、恭介は階段をかけあがり、自分の部屋に入った。かばんの中からサイン帖をだす。野村さんのサイン帖。一ページずつ、たんねんに読む。おなじような言葉ばかりが並んでいた。卒業、思い出、別れ、未来。

「おもしろくもないや」

　声にだしてそう言って、恭介はノートを机の上にぽんとほうった。

その日はそのあとずっと、③サイン帖のことが頭をはなれなかった。夕食のあいだも、おふろのあいだも、テレビをみているあいだも、恭介は頭のどこかでサイン帖のことを考えていた。みんなの前で、僕は書かないよって言ったんだ。書けるわけがないじゃないか。それなのにこっそり下駄箱に入れるなんて、絶対、書いてなんかやるもんか。恭介はいつもより少し早く、自分の部屋にひきあげた。

ドアをあけると、机の上の白いノートがまっさきに目にとびこんでくる。あーあ。やっぱり僕はジャングルに住みたい。ジャングルには卒業なんてないもんな。そりゃあ、中学にいけばいいこともあるかもしれない。あいつよりかわいい子がいて、大島よりぼんやりした教師がいるかもしれない。でも、それはあいつじゃないし、大島じゃない。僕だって、今の僕ではなくなってしまうかもしれない。恭介は机の前にすわり、青いサインペンで、ノートに大きくこう書いた。

野村さんへ。

俺たちに明日はない。暮林恭介

いつか観た映画の題名は、そっくりそのまま今の恭介の気持ちだった。

次の日、恭介がサイン帖をわたすと、野村さんは、

「ありがとう」

と言ってにっこり笑った。机のひきだしにしまってある自分のサイン帖のことが、恭介の頭をかすめた。あいつの下駄箱に入れておいたら、あいつは何て書いてくれるだろう。女の子だから、やっぱり思い出とか、お別れとか、書くんだろうか。恭介は、首のあたりがくすぐったいような気がした。④教室の中は、ガラスごしの日ざしがあかるい。

「おはよう。みんないるかぁ」

教室に入ってきた大島先生が、いつものようにまのぬけた声で言う。もう三月が始まっていた。

（江國香織『つめたいよるに』〈新潮文庫〉より）

問一　――線①「ぶっちょうづら」（10行目）と――線②「きまり悪そうに」（「きまり悪い」）（18行目）の意味として最適なものを次から1つ選び、記号で答えなさい。

①「ぶっちょうづら」

ア　血の気がひいて、青ざめた顔つき
イ　不機嫌にふくれた顔つき
ウ　他をさげすみ、あざ笑う顔つき
エ　気がぬけてぼんやりした顔つき
オ　迷いがなく、一点に集中した顔つき

②「きまり悪い」

ア　ルールをやぶって反省すること
イ　何となくはずかしいこと
ウ　腹を立てて、人に強く当たること
エ　緊張をかくして取りつくろうこと
オ　きげんをそこねること

問二　――線③「サイン帖のことが頭をはなれなかった」（127行目）とあ

りますが、その理由として当てはまらないものを次から2つ選び、記号で答えなさい。

ア　野村さんのサイン帖に書かれた他の人からのメッセージから、どんな言葉がふさわしいかを考えたから。

イ　野村さんに対して書かないと言ったはずのサイン帖が下駄箱に入っていたので、書くべきかを迷うから。

ウ　中学に行くと、さまざまな変化が起こって、野村さんとの関係がくずれるかもしれないから。

エ　サイン帖を書きたい気持ちと書きたくない気持ちがどちらも心にあり、気分が晴れないから。

オ　本当は野村さんにサイン帖を書きたいという気持ちが本人にばれてしまい、恥ずかしくてたまらないから。

問三　本文全体から、読み取れる恭介の人物像の説明として最適なものを次から1つ選び、記号で答えなさい。

ア　ものごとを否定的に言ってしまう、ぶっきらぼうな人物。

イ　本性をかくして意思疎通(いしそつう)をするミステリアスな人物。

ウ　言いたいことをたまにしか言えない、気分屋な人物。

エ　自分が一番正しいと思いこんでいる、がんばり屋な人物。

オ　ジャングルへの移住に想いをはせる、むじゃきな人物。

問四　――線④「教室の中は、ガラスごしの日ざしがあかるい」(151・152行目)という表現には、どのような効果がありますか。最適なものを次から1つ選び、記号で答えなさい。

ア　教室がキラキラしていることと、恭介の野村さんに対する気持ちとを重ねさせる効果。

イ　ガラスからさす太陽の光のように、恭介が今後強く生きようと決心させる効果。

ウ　ジャングルだけでなく、教室も心地よい場所であることに気づいたことを暗示させる効果。

エ　教室のあかるさを強調することで、恭介にジャングルへ逃げることを促(うなが)す効果。

オ　空間を美しくして、今後恭介と野村さんが離(はな)れ離(ばな)れにならないことをイメージさせる効果。

問五　═══線「まのぬけた声」(54行目・154行目)とありますが、この声に対する恭介の心情を次のように説明しました。(　　)に当てはまる言葉を、(1)は4字、(2)は3字で本文中からぬき出しなさい。

大島先生の「まのぬけた声」はいつも恭介を(　1　)させてきたが、二つ目の「まのぬけた声」はその声さえもいつか(　2　)に変わるだろうと思わせるひびきがあり、今を大切に生きようという気持ちへと恭介を向かわせている。

問六　本文と一致(いっち)する文を次から1つ選び、記号で答えなさい。

ア　恭介は野村さんに対して腹を立てている時に「あいつ」と呼ぶことで、野村さんへの不信感があることが読み取れる。

イ　「とん汁をつぐ」場面から、恭介は野村さんに好意をよせているものの、素直になれていないことが読み取れる。

ウ　「ジャングルに住んだら」と恭介が思うことから、今の生活にひどく疲(つか)れてしまい、勉強から逃げ出したいことが読み取れる。

エ　恭介は、大島先生から職員室に呼び出されて「すまなかったね」とあやまられたことから、大島先生への安心感を覚えていることが読み取れる。

オ 「僕だって、今の僕ではなくなってしまうかもしれない」から、恭介が自分の性格を変えたいと思っていることが読み取れる。

問七 恭介にとって、ジャングルとはどのような場所ですか。最適なものを次から1つ選び、記号で答えなさい。

ア 理想郷　イ 故郷　ウ 現世　エ 前世　オ 来世

三 次の文章を読んで、あとの問いに答えなさい。(字数制限のある問いは、句読点や記号も1字に数えます。)

突然ですが、「鶏口となるも、牛後となるなかれ」という格言を知っていますか?

これは、一般的には、牛は鶏よりも秀でているという考えから、「優れた集団の後ろにつくよりは、弱小集団でもトップになったほうがよい」というたとえになります。

心理学では、この格言が実際にあてはまるような現象が観察されています。

ここに、AさんとBさんがいるとします。

AさんとBさんは、高校入学直前までは、ほとんど同じ成績でした。［Ⅰ］、Aさんは偏差値の高い進学校に入学したのに対して、Bさんはたまたま高校受験で失敗してしまい、Aさんとは異なる、偏差値がそれほど高くはない高校に入学することになりました。こういうことは、現実にもよく起こることですね。

さて、ここでみなさんに質問です。①同じ成績だったAさんとBさん、その後二人の成績は変化するでしょうか? 一見すると、偏差値が高い高校に入学したAさんのほうが成績が良くなるように思えます。

高校受験に失敗して、学業レベルがそれほど高くない高校に入学したBさんは、たいそう落ち込んだに違いありません。Bさんを含めた私たちの多くが、偏差値の高い高校に入学したほうが、成績をあげるのに何らかの形で有利に働くと考えているからです。

さて、その後、この二人の成績はどのように変化したのでしょうか。もちろん数カ月後に変化することもあれば、一年、二年先のこともあるでしょう。

ここでは仮に一年後、高校二年生の時に、どうなったかを示してみたいと思います。

Aさんは、よくできる生徒ばかりの高校だったため、まわりの友だちも優秀な人たちばかりでした。そのため、その優秀な友だちと自分を比較してしまい、自分は本当はあまり勉強ができないのではないかと落ち込んでしまい、勉強に対するやる気を失い、最終的には成績は悪くなっていってしまいました。

一方のBさんは、そこまで成績が良くない生徒が集まる高校なので、他の生徒と比べて成績が良いほうでした。自分よりも成績が悪い友だちと自分を比べて、「自分は勉強ができるんだ」と自信をつけます。そこから勉強に対するやる気もあがり、成績がさらに良くなり、一年後にはAさんよりも成績が良いというふうに変化しました。

高校入試の際には、二人の成績は同じだったのに、Aさんよりも偏差値が高くない高校に入学したBさんのほうが、最終的に良い成績を収めたのです。この現象は、一見すると不思議だと思いませんか？　それならばそもそも偏差値の高い高校を目指す必要はないことになります。

こうした現象は、［Ⅱ］という意味で、心理学では「井の中の蛙効果」と呼ばれています。冒頭で紹介した「鶏口となるも、牛後となるなかれ」とも似た意味です。

ちなみに、「井の中の蛙（［Ⅲ］）」という格言もありますが、こちらは、狭い世界に閉じ込もっている井戸の中の蛙は、広い世界があることを知らないで、いばったり自説が正しいと思いこんでいたりすることを意味しており、心理学で用いられる「井の中の蛙効果」とは少しニュアンスが異なっているので、注意してください。

あらためて、学術的に説明すると、心理学で用いられる「井の中の蛙効果」は、同じ成績の生徒であっても、レベルの高い集団に所属していると、優秀な生徒たちとの比較のために②有能感が低下し、レベルの低い集団に所属していると、自分よりも劣った生徒たちとの比較のために有能感が高まる現象のことをいいます。

心理学者のマーシュ※1が行った四四校の高校生七七二七名を対象にした調査では、同じ能力（成績）の高校生において、所属している高校の偏差値が高くなればなるほど、その人の有能感が低くなることが示されています。

ここでは、集団の例として「高校」を取りあげましたが、もちろん、高校に限らず、学校単位だけではなくクラス単位だったり、大学にも当てはまる現象です。さらには、この現象は勉強だけに当てはまるわけではありません。高校までは野球がうまくて注目を集めていた選手が、野球がとても強い大学（あるいは実業団）に入学（入団）して、自分よりも優れた選手を目の当たりにすることで有能感が低下し、すっかりやる気を失い、最終的には能力以下の成績しか収めることができなかったという例も、よく見られます。

このように、「井の中の蛙効果」といった不思議な現象がいろいろなところで見られることは、心理学のさまざまな研究を通して確認されています。（中略）

なお、「自分は勉強ができる」とか「自分は勉強が得意である」という認識を、心理学では、「有能感が高い」とか、「肯定的な有能感を形成している」と言います。

反対に、「自分は勉強ができない」とか「自分は勉強が苦手である」については、「有能感が低い」とか、「否定的な有能感を形成している」と言います。

ここで有能感について説明してきたのは、有能感と「やる気」とは大きな関係があるからです。

「自分は勉強ができる」という肯定的な有能感を形成するとやる気が高まります。一方で「自分は勉強ができない、だから何をやっても無駄だ」という否定的な有能感を形成するとやる気が低下するのです。これはみなさんの実感ともあっているでしょう。

マイケル・ホワイト※2という心理学者による研究では、人間は誰でもこの肯定的な有能感を感じることによって、次なる行動に向かっていくやる気を持ち続けることがわかっています。

有能感は、やる気だけではなく、実際の行動においても良い結果をもたらす重要な要因になります。いかに、肯定的な有能感を形成することができるのかが、やる気を左右する重要なポイントであるといってもよいでしょう。

有能感の大切さを理解してもらったところで、話を「井の中の蛙効果」に戻しましょう。

では、なぜ、「井の中の蛙効果」といった一見すると違和感のある現象が生じるのでしょうか。

能力が同じである人が、レベルの高い集団に所属していると、否定的な有能感を形成しやすく、レベルの低い集団に所属していると、肯定的な有能感を形成しやすいのはなぜでしょうか？

私たちは社会から孤立して生きているわけではありません。私たちはいろいろなタイプの人の中で、さまざまに影響を受けあい、いろいろな人と比較をしながら、自分自身を評価、判断し、有能感を形成しています。

［Ⅳ］、学校のテストで八〇点をとったとしましょう。このときに、九〇点以上をとっている友だちがまわりに多ければ、あなたは否定的な有能感を形成しやすくなります。

一方で、まわりの友だちが五〇点くらいしかとっていなければ、肯定的な有能感を形成しやすくなります。まわりの友だちと比べて、「自分はできる！」と思うからです。

このように、同じ八〇点だったとしても、肯定的な有能感を形成したり、否定的な有能感を形成したりするのは、私たちの有能感が、他者との関係の中でかたちづくられるものであることを物語っています。

最初に紹介した例では、Aさんにとってはまわりの優れた生徒たちが、Bさんにとっては自分よりもできない生徒たちが、自己評価の判断基準（心理学の専門用語では「準拠枠」）となったために、Aさんは否定的な有能感を形成し、逆にBさんは肯定的な有能感を形成したのです。

同じ能力であっても、どのような集団に所属するかで、有能感が異なってくるわけです。

なぜ「井の中の蛙効果」が生じるのか、その理由は、私たちがさまざまな人と一緒に生きているからに他なりません。

（外山美樹『勉強する気はなぜ起こらないのか』〈ちくまプリマー新書〉より）

※1　マーシュ…アメリカの心理学者、神経科学者。

※2　マイケル・ホワイト…オーストラリアのソーシャルワーカー、家族療法士。

問一　［Ⅰ］（10行目）・［Ⅳ］（101行目）には、それぞれ別の言葉が入ります。それぞれに当てはまることばとして最適なものを次から1つ選び、記号で答えなさい。

ア　なぜなら　イ　たとえば　ウ　加えて

エ　あるいは　オ　ところが

問二　［Ⅱ］（43行目）に入る文として最適なものを次から1つ選び、記号で答えなさい。

ア　池の中にいるおたまじゃくしは成長して蛙になるので、早くつかまえるべきだ

イ　小さな池で生きてきた蛙は、大きな池での快適さを知らずに死んでしまう
ウ　蛙は産み落とされた池の大きさによって、要領のよしあしが決まってくる
エ　大きな池の小さな蛙になるよりも、小さな池の大きな蛙になるほうがよい
オ　大きな池と小さな池では蛙の数が違うので、その分体の成長具合も変わる

問三　［Ⅲ］（46行目）に、「井の中の蛙」の後につづく言葉を入れて、ことわざを完成させなさい。

問四　——線①「同じ成績だったAさんとBさん、その後二人の成績は変化するでしょうか？」（14・15行目）とありますが、この問いに対する答えを45字程度で本文から探し、最初の10字を答えなさい。

問五　——線②「有能感」（53行目）について、次の問題に答えなさい。

(1)　「有能感」と似た意味を表す熟語を、これより前の本文からぬき出しなさい。

(2)　「有能感」の対義語として最適なものを次から1つ選び、記号で答えなさい。

ア　万能感（ばんのう）　イ　不安感　ウ　嫌悪感（けんお）
エ　不信感　オ　劣等感（れっとう）

(3)　「有能感」はどのように形成されると述べられていますか。「有能感は」からつづくかたちで45字以内で説明しなさい。

問六　本文の内容と一致（いっち）する文として最適なものを次から1つ選び、記号で答えなさい。

ア　「井の中の蛙効果」は、勉強のみにおいて発揮（はっき）される現象である。
イ　やる気を保つためには、有能感を他人から評価される必要がある。
ウ　有能感はある程度先天的なものであり、環境で変えるのは困難である。
エ　自己評価の判断基準によって、有能感の大小が左右される。
オ　一度「自分は勉強ができない」と感じてしまうと、元に戻すのが難しい。

問七　AさんとBさんの成績の変化の理由について、筆者は「井の中の蛙効果」としていますが、別の理由についても考え、100字以内で説明しなさい。

横浜雙葉中学校(第一期)

—50分—

※　。、「　」などは一字に数えます。

一　次のそれぞれの問いに答えなさい。

問一　次の——線の漢字をひらがなに、カタカナを漢字に直して答えなさい。送りがなが必要な場合は、ひらがなで書きなさい。

1　雑穀は栄養が豊富である。
2　思いの外、早く帰ることができた。
3　図工の時間に版画を刷る。
4　自分の志す道を行く。
5　勉強のシュウカンをつける。
6　日本のツウカの単位は「円」である。
7　真理をツイキュウする。
8　アヤマリを正す。

問二　次の文章を読んで、後の問いに答えなさい。

ある秋のことでした。二、三日①雨がふり続いたその間、ごんは、外へも出られなくて、あなの中にしゃがんでいました。

雨があがると、ごんは、ほっとしてあなからはい出ました。空は［A］晴れていて、もずの声がキンキンひびいていました。

ごんは、村の小川のつつみまで出てきました。あたりのすすきのほには、まだ雨のしずくが光っていました。川は、いつもは水が少ないのですが、三日もの雨で、水が［B］ましていました。ただのときは水につかることのない、川べりのすすきやはぎのかぶが、黄色くにごった水に横だおしになって、もまれています。ごんは、川下の方へと、ぬかるみ道を歩いていきました。

ふと見ると、川の中に人がいて、何かやっています。ごんは、見つからないように、②そうっと草の深い所へ歩きよって、そこからじっとのぞいてみました。

「兵十(ひょうじゅう)だな。」と、ごんは思いました。兵十は、ぼろぼろの黒い着物をまくし上げて、こしのところまで水にひたりながら、魚をとる(注1)はりきりというあみをゆすぶっていました。はちまきをした顔の横っちょうに、円いはぎの葉が一まい、大きなほくろみたいにへばりついていました。

しばらくすると、兵十は、はりきりあみのいちばん後ろのふくろのようになったところを、水の中から持ち上げました。その中には、しばの根や、草の葉や、くさった木切れなどが、ごちゃごちゃ入っていましたが、でも、ところどころ、白い物がきらきら光っています。それは、太いうなぎのはらや、大きなきすのはらでした。兵十は、(注2)びくの中へ、そのうなぎやきすを、ごみといっしょにぶちこみました。そして、また、ふくろの口をしばって、水の中へ③入れました。

(新美南吉(にいみなんきち)『ごんぎつね』による)

(注1)はりきりというあみ…はりきりあみ。魚をとるために、川はばいっぱいに張りわたして使うあみのこと。
(注2)びく…とった魚を入れておくかご。

1　——線①「雨がふり続いた」とありますが、「続いた」をひらがなにすると「つづいた」となります。次の(1)～(3)の各文の□に、「づ」か「ず」のどちらか一字を入れなさい。

(1) い□れまた来ます。
(2) 舌つ□みを打つ。
(3) 卒業までのわ□かな時間を過ごす。

2 [A]・[B]に当てはまる語として、最も適切なものを次の中から選んで、それぞれ記号で答えなさい。
ア　からっと　　イ　ぎょっと　　ウ　さくっと
エ　どっと　　オ　ばしっと　　カ　ぴっと

3 ――線②「そうっと」がかかる言葉を、本文中からぬき出して答えなさい。

4 ――線③「入れました」とありますが、この動作をしたのは誰ですか。本文中からぬき出して答えなさい。

5 次の(1)～(3)の□には、本文中に出てくる色を表す漢字が一字入ります。（　）内の意味の慣用句になるように、□に入る漢字一字を答えなさい。
(1) □色い声　（甲高い声）
(2) 大□柱　（一家の中心となって支えている人物）
(3) □羽の矢が立つ　（多くの中から指定して選び出されること）

二 次のⅠ・Ⅱは、同じ本から取り上げた文章で、白岡六花と春山早緑という中学生が会話をしている場面です。これらの文章を読んで、後の問いに答えなさい。

注意　。、「」などは一字に数えます。

Ⅰ

きっかけは、部活のぐち――ほんとうに、ささいなこと。

いやなことがあって。それを友だちに聞いてもらって。そうして、なんとなくすっきりする。そんなの、だれだってしていること。とくにめずらしくもない、ふつうのこと。

なにも特別じゃない。日常のひとコマ。

上枝先生には言えなかったほんとうの気持ち。ずっとがまんして、のみこんで、黒々とした澱(注1)のようにたまっていた感情。私はそれを、早緑に聞いてほしかった。

あの子なら、いっしょにおこってくれると、そう思ったから。

「……どうしてみんな、ちゃんと絵を描かないんだろう」

私は美術部でのことを話して、最後にこう言った。

①「ばかみたい。まじめにやらないなら、やめたらいいのに」

それ、ほんとひどい――そう言ってくれると思った。

六花は悪くないって。なにもまちがってないって。

なぐさめてくれるって、励ましてくれるって、信じていた。

だけど、そうじゃなかった。早緑はいやそうな顔で、吐きすてるみたいに言った。

そんなの、しょうがないよって。

「だって、六花みたいに、才能がある子ばっかりじゃないでしょ？」

「だれだってさあ、どうしても勝てない人を見たら、やる気もなくなっちゃうよ」

そう言って、早緑は美術部の子たちの[1]を持った。私の味方じゃなくて、あの子たちの味方をした。あの子たちがまじめにやっていないのは、私のせいみたいな、そんな言い方をして、私のことを責めた。

ショックだった。それから、怒りがわいてきた。

でも、何度説明しても、早緑はわかってくれなくて。

それどころか、どんどんふきげんになっていって。

「②いいよね、白岡画伯は」

最後に、早緑は言った。

「好きなことがちゃんとあって。得意なことがちゃんとあって。幸せじゃん、それ」

早緑のその言葉で、そのときの表情で。

私にはわかった。③わかりたくなかったけれど。

私たちは、おたがいにわかりあえないんだってことが、わかってしまった。

Ⅱ

「あの、こんなこと今言ってもしょうがないのかもしれない。六花のこと、こまらせたらごめん。でも、言わなきゃって、ずっとずっと、そう思ってた」

何重にも予防線を張るように前置きをしてから、早緑はためらいがちに言った。

「あたしさ……ほんとのこと言うと、毎日泣いてたんだ。あのころ」

泣いてた？

「……私とけんかしてから、ってこと？」

早緑は［ 2 ］を横にふった。

「ううん、ちがうちがう。そうじゃなくて、そのまえから」

「そっか……うん」

④ちょっぴり期待して、それからがっかりした自分が、ひどくはずかしい。

って……え？

「私とけんかする、まえ？」

早緑はうなずく。

「陸上部の練習が、いやでいやで。みんな、あたしよりずっと足が速くてさ。練習もきつくて、ぜんぜんついていけなかった。先輩こわいし。しょっちゅうおこられてたし。ほんと、毎日毎日、つらくてしょうがなくて。家でめそめそ泣いてたの」

私はとなりを見た。なつかしい、早緑の横顔。遠くを見つめる黒い瞳。

「でも、六花には言えなかった。そんなこと、ぜったい言えなかった。はずかしかったから。一生懸命、絵を描いて、努力を楽しむことができる六花に、そんなこと、言えなかった。まぶしかったよ。あたしは六花のことが、ずっとまぶしかった……だからさ、あの日。あたし、責められてるような、そんな気がしちゃったんだよ」

――ばかみたい。まじめにやらないなら、やめたらいいのに。

あの日、⑤自分が放った言葉が、どこか遠くで響いた。

早緑はちいさく笑った。ぽつぽつ、抱えていた気持ちをこぼすように、言葉をつむぐ。

「あたしもさ、意地になっちゃって。あたしのことじゃないのに。六花がきずついていたの、わかっていたのに。でも、あたしもさ、あのとき、ほんとにつらかった。大好きだった友だちに、自分のことを否定されているような、気持ちがしてさ。だから、あんなこと言っちゃった。六花に、ひどい言い方、しちゃった。ほんとうに……」

そう言って、Aおずおずとこちらを見た早緑の顔が、固まる。

「六花？」

「……ごめん」

「え、いや、ごめんごめん。あの、なに？　泣かないで。ちょっと……

あ、ハンカチ」

あわあわとポケットをさぐる早緑。私はふるえていた。

景色がにじんで、ぼろぼろとこぼれて、息をするのもつらかった。

⑥なにが、「わかりあえない」だ。

わかろうとしなかったのは、私のほうだった。

自分のことでいっぱいいっぱいで、⑦早緑の気持ち、考えたこともなかった。

さんざん被害者(ひがいしゃ)のような顔をしてたくせに、ほんとうに悪いのは私だった。

私、早緑のこと、きずつけてたんだ。

「ほら、ちょっと眼鏡(めがね)外して。あ、鼻もたれてるよ、もう……」

そう言って、私の顔をハンカチでぬぐう早緑。私はしゃくりあげながら、くり返す。

「ごめん。ごめんね、早緑。ほんとうにごめんなさい……ごめんなさい……」

「ううん、いいから。もういいんだよ。あたしこそ、ごめん……ああ、まずったな。泣かれると思わなかった。っていうか、六花も泣くんだね。はじめて見たよ」

あはは、と軽(かろ)やかに笑う早緑。

なんだろう、私が取り乱したせいで、さっきまで緊張(きんちょう)していた早緑のほうは、かえって落ちついたみたいだった。それがちょっとだけ癪(しゃく)に障(さわ)る。

私はハンカチを顔に押(お)しつけてくる早緑の手をぎゅっとにぎった。

「……もっと、もっとはやく言ってよ」

うらみがましく、私はつぶやく。そんなことを言う資格、ひとつもないのに。

私のせいなのに。

「何度も言おうと思ったよ。だけど、うん……やっぱりさ、こういうのって、しかるべきときってもんがあるじゃん？」

「なに、それ」

ちいさくはなをすする私に、早緑はうなずいた。

「一年の三学期に、決めたの。その日、六花に会いに行こうと思った。ちゃんと、話をしなきゃって。だけど、美術部に行ってもいなくてさ。小畑(おばた)先輩が、体育館に行ったよ、って教えてくれて。で、行ったんだけど、やっぱり話しかけられなかった」

早緑は思いだすような目をした。

「体育館で、剣道部(けんどうぶ)が練習してて。ほら、ウサギ王子とかといっしょに、エビユや本多(ほんだ)くんが大声出しながら竹刀(しない)でばしばしやってて。で、すみっこで、それを見ながらさ、一心不乱って感じで、六花は絵を描いてた。もうさあ、眼鏡のおくで、目がぎらぎらしてて。あたし、思いだしたんだ」

「なにを？」

早緑は照れたように笑った。

「はじめて、六花に話しかけたときのこと。シロクマの絵がじょうずだねって、ほめたこと。六花の顔がパッと明るくなって、それがびっくりするほどかわいらしくて。友だちになりたいって、思ったこと」

それから私をまっすぐに見て、言った。

「体育館のすみで、そんなことを考えてたら――ほら、おなじクラスのさ、黒野っているじゃん？　剣道部の(注2)幽霊部員。前髪の長い、ちょっとひねくれた感じのやつ」

黒野くん……私の中で、見えていなかったなにかがつながっていく。

なにも言えないでいる私に、早緑はうなずいた。

⑧「あいつがふらっと歩いてきて、あたしに言ったんだ」

「えらいよな、白岡六花。美術部、ゆるい部活なのに、ひとりだけ毎日スケッチして、先生に意見聞いて。ほかの部員たちに煙たがられても、負けないでまじめにやってる」

あたしはうなずいて、ちいさな声で言った。

「……六花は、絵を描くのが、ほんとうに好きだから」

だけど、自分の声が、どこかとげとげしてる気がして、いやになった。

そしたら、黒野のやつ、こんなことを言ったの。

「好きだから努力できるのか、努力できるから好きなのか……鶏が先か卵が先か、みたいな話だよな」

あたし、よくわからなくって。どういうことって、たずねたの。

黒野、笑って言った。

「ほら、好きだから続けられる。だからうまくなるっていうのはたしかにあるけどさ、そもそも、ある程度うまくないと、好きにはなれないじゃん？　自分でへたくそだなあって思って、人から向いてないって言われて、それでも絵を描くのが好きとかさ。ちょっとむずかしいよな。苦手なことに立ち向かうのは、それだけでストレスだろ」

そんなふうに。

その言葉が、すごく響いた。なんだろ、いくら走っても、みんなに追いつけない自分のことを言われているみたいに、思えた。

あたし、なんで走ってるのかな。

急に、そんなことを考えた。走ることが得意だと思ったから？　たぶんそう。人よりはちょっぴり、得意だと思ったから。

ほんとはそれほど、好きじゃなかったのに。

「好きなものがない人は、得意なものがない人は、どうしたらいいんだろう……」

言ってから、なんか、情けないなって、自分でも思った。

だけど、黒野は肩をすくめて、こう言ったの。

「べつになくてもいいと思うけど」って。

なにそれ、と思って、あたし、食いさがったの。

「あたしは、ほしいよ。好きなもの。得意なもの」

「じゃあ、そうしたら？」

「え？」

「好きなものがほしい。得意なものがほしい。じゃあ、そのために努力すればいいだろ。ちゃんと、それは努力の理由になるよ」

「だけど、努力すれば……なんとかなるのかな」

そしたら黒野はさ、Bまぶしそうに六花のほうを見たんだ。

「白岡六花がコンクールで賞をとったのだって、ああやって努力を続けているからだろ」

「だからさ、あたしは思ったの」

公園のすみっこ。並んですわったベンチ。

夕日の光を浴びて、早緑は言った。

「やっぱり、がんばらなきゃだめだ、って。今、ここで逃げたくない。あたしには、まだ六花に話しかける資格がないや、って。そのときの自分は、六花に誇れるような自分じゃなかったから。だから、がんばろう、って。次に六花と話すときは、胸を張れるような自分でいたかったから。そうなりたいと思えたから」

早緑は笑った。きらきらと、かがやくような顔で、笑った。

「それから、すこしずつ、あたし、陸上が好きになった。走ることが、っていうか、走ることに打ちこむ自分のことが、好きになっていた。だから」

涙ですっかり塩っ辛い顔になった私に、早緑は言った。

⑨「だから、今のあたしがあるのは、六花のおかげ」

私はうなずく。「今は、じゃあ、楽しい?」

「うん。すっごく。胸を張って、そう言えるよ。だからさ」

なかなおりしよう。

照れたように、でもまっすぐにそう言った早緑の瞳の色に、私は思いだす。

あの日、早緑が話しかけてきてくれたときのことを。

【村上雅郁「シロクマを描いて」
(『きみの話を聞かせてくれよ』〈フレーベル館〉所収)による】

(注1)澱……液体の底に沈んだかす。

(注2)幽霊部員……その部に所属しているが、活動に参加していない人。

問一　――線①「それ、ほんとひどい」とありますが、「それ」とはどのようなことですか。最も適切なものを次の中から選んで、記号で答えなさい。

ア　絵の上手な六花が、絵の下手な部員をばかにしたこと。

イ　六花が、ふまじめな美術部の部員たちを非難したこと。

ウ　美術部のほかの部員たちが、まじめに絵を描かないこと。

エ　上枝先生が、六花のほんとうの気持ちを分かっていないこと。

オ　六花がつらい気持ちになったため、絵を描けなくなったこと。

問二　[1]・[2]には、体の一部を表す語が入ります。最も適切なものを次の中から選んで、それぞれ記号で答えなさい。

ア　口　イ　首　ウ　腰　エ　腕　オ　腹　カ　肩

問三　――線②「いいよね、白岡画伯は」とありますが、この表現に関する説明として**適切でないもの**を次の中から一つ選んで、記号で答えなさい。

ア　「いいよね」という言葉には、六花の主張へのいらだちが込められており、相手をつき放す表現となっている。

イ　「白岡画伯」と呼ぶことで、絵の才能がある六花との間に距離を感じて、心の壁ができたことを表している。

ウ　絵の上手い人を表す「画伯」という呼び方で、美術部でがんばっている六花を尊敬する気持ちを伝えている。

エ　絵が得意な六花を、好きなことや得意なことがない自分と比較して、嫌味を込めてあえて「画伯」と呼んでいる。

オ　早緑から発せられた「いいよね」という言葉には、好きなことがある六花へのうらやましさが表されている。

問四　――線③「わかりたくなかったけれど」とありますが、六花はなぜこのように思ったのですか。その説明として最も適切なものを次の中から選んで、記号で答えなさい。

ア　ずっと仲が良く、自分の話を肯定してくれていると思っていた早緑が、自分のことを理解してくれていないことを認めたくなかったから。

イ　早緑が部活を楽しんでいないことに気づいてしまったが、好きなことを楽しんでいない人の気持ちなどわかりたくなかったから。

ウ　ほどよい距離感を保っていた知人である早緑が、自分に対して本気であこがれて、うらやんでいることを感じ取りたくなかったから。

エ　自分と同じように部活に打ち込んでいると思っていた早緑が、自分とは違ってまじめに部活に参加していないことなど知りたくなかったから。

オ　仲良しの友達だと思っていた早緑が、ずっと「六花とはわかりあえない」と思って自分と接してきたことに気づきたくなかったから。

問五　――線④「ちょっぴり期待して、それからがっかりした自分」とありますが、六花はどのようなことを「期待」していたのですか。説明しなさい。

問六　――線⑤「自分が放った言葉が、どこか遠くで響いた」から、――線⑥「なにが、『わかりあえない』だ」までの六花の心情はどのようなものですか。最も適切なものを次の中から選んで、記号で答えなさい。

ア　早緑に寄り添うつもりが責めてしまい、早緑が「わかりあえない」と言い返してきたことに悔しさを感じている。

イ　早緑の横顔を見て忘れていた自分の言葉を思い出したが、早緑が本心を語り出したことで混乱してしまっている。

ウ　美術部員に対する怒りが、実は早緑への思いであったことを指摘され、悩ませていたことを申し訳なく感じている。

エ　かつて自分が言った言葉を早緑に返されたことによって、早緑とわかりあおうとしなかったことを反省している。

オ　自分の発した言葉が早緑を深くきずつけてしまったと気づき、早緑に対する自身のうかつな言動を後悔している。

問七　~~線A「おずおずとこちらを見た」・~~線B「まぶしそうに六花のほうを見た」から読み取ることができる心情の説明として、最も適切なものを次の中から選んで、それぞれ記号で答えなさい。

ア　懐かしさや喜びを抱いている。

イ　おびえや恐怖を抱いている。

ウ　感謝や親しみを抱いている。

エ　ためらいや不安を抱いている。

オ　皮肉や軽蔑の気持ちを抱いている。

カ　あこがれや尊敬の念を抱いている。

問八　――線⑦「早緑の気持ち、考えたこともなかった」とありますが、「早緑の気持ち」とはどのような気持ちですか。「気持ち」に続くように、本文中から十五字程度でぬき出して答えなさい。

問九　――線⑧「あいつがふらっと歩いてきて、あたしに言ったんだ」とありますが、黒野が言った言葉によって早緑はどのようなことを思ったのですか。その説明をした次の文の[a]～[c]に当てはまる語の組み合わせとして、最も適切なものをあとのア～エの中から選んで、記号で答えなさい。

早緑は[a]が[b]につながると思い、得意であるだけでは物事は続けられないと考えていた。しかし、黒野が[c]が最初にあると考えていることを知り、「やっぱり、がんばらなきゃだめだ」と思った。

ア〔a　好き　b　努力　c　好き〕
イ〔a　好き　b　努力　c　努力〕
ウ〔a　努力　b　好き　c　努力〕
エ〔a　努力　b　好き　c　好き〕

問十　――線⑨「だから、今のあたしがあるのは、六花のおかげ」とありますが、早緑がこのように言ったのはなぜですか。説明しなさい。

三　次の文章を読んで、後の問いに答えなさい。

注意　。、「」などは一字に数えます。

人は、食べなくては生きていけないように、学ばなくてはならない。その人に、学ぶつもりがなくても、人生はつねに何かを学べとぼくたちの前に試練をもたらす。

かつては、学ぶのは自分の人生を少しでも豊かにするためだと信じて疑わなかった。でも、今はまったく異なる実感がある。自分だけのために学ぶ、というが、ぼくはその「自分」が何であるかを知らないんじゃないだろうか。

君は、自分の力だけで生きているのだろうか。気が付かないところで、[1]多くの人たちに――それも亡くなった人たちも含めて――助けられて、日々を送っているのではないだろうか。自分とは、避けることのできないかたちで他者とつながっている存在なのかもしれない。

たとえば今、ぼくたちの前に開かれている叡知(注1)は、誰が運んでくれたのだろう。それは、食卓にのぼる食べ物と同じで、気が付かないところで誰かが運んでくれたのではないだろうか。

プラトン(注2)(BC四二七～BC三四七)という哲学者がいる。ある人は彼を、その師ソクラテスとともに、哲学の祖と呼ぶ。書店にいけば数百円でプラトンの著作を日本語で読める。

①これは驚くべきことだ。でも、これが実現しているのは、時代を超えて、東西の文化を超えて、無数の人々がプラトンの言葉を後世に伝えなくてはならないと感じ、実践してくれたからだ。不要なものだと思えば、歴史のなかで[A]と消え、今日まで伝わることなどないのだから。

君は今、たくさんのことを学んでいる。学校だけでなく、友達や好きな人、[2]家族、嫌いな人からもぼくたちは学ぶことができる。君は本を読む。多くの、そして確かな知識を得たいと思ってページをめくる。目に見えるものでも、見えないものでも、人は、自分のものにするためにそれを手に入れ、会得しようとする。手にしたものはなかなか手放さない。でも、もしかしたら、大切なのは、物事を自分だけのものにすることではなく、誰かのもとに届けることかもしれないんだ。

これからぼくは君に、少し長い手紙を書こうと思う。そして何人かのぼくの人生を変えてくれた人物と言葉を、君に伝えることができたらと願っている。

もちろんぼくにとって重要だった人が、君にもそうなるとは限らない。

［3］、ぼくがその人というよりも人間そのものを信頼したように、君にとっても信頼できる人間が、今日までの長い歴史のなかには必ずいることを伝えられればと思う。

　ぼくたちは、ある特定の個人を信頼できなくなることがある。でも、そのことは、人間そのものへの信頼が失われたことを意味しない。ぼくや君がそうであるように、人は誰もあやまちを犯す。でも、ぼくがいう「人間」には、その失敗から学んだほんとうの知恵もつまっている。

　今、ぼくたちは、とても困難な時代を生きている。人が人とのつながりを見失いつつある時代に生きている。ある意味では、人を信頼するという当たり前のことが、こんなにむずかしくなった時代はないかもしれない。でも君が、個人を信頼することがむずかしいことがあっても、人間への信頼を失わないでいてくれたら――今という時代に失望を感じることがあっても、絶望のなかにさえも希望を見出そうとした人が、かつていたことを忘れないでいてくれたら。そう願ってやまない。

　君くらいの年齢のとき、ぼくは学校の休み時間が嫌いだった。授業中は、先生の話を聞いたり、聞くふりをして自分の好きな本を読んでいればよかった。でも、休み時間には、同じクラスの人と話をしなくてはいけない。

　友達がいないわけではなかったけど、それよりも親しく交わっていたのは歴史の世界の住人たちだった。ひとりでいたいのに何となく、そんな雰囲気でもなく、仲がよいふりをしなくてはいけないのが、いやだった。

　あのときは、どうしてそんなにひとりでいたいのか分からなかったけど、今ははっきりと分かる。人間にはあるとき、孤独が必要なんだ。

　孤立と孤独はちがう。孤立は、社会から追放されることで、これはあってはならない。でも、孤独はなくてはならない。それは、自分と向き合うことであり、今の自分にほんとうに必要なものを見極めるときでもある。

　本を読むとき、人はひとりでいなくてはならない。読むということは、ぼくたちに孤独になることを求めてくる。

　孤独とは、たんに一人でいることではない。現代は、部屋で一人でいても、インターネットを介して無数の人々とつながることができる。孤独は、こうしたつながりから少し離れて、こころの世界に足を踏み入れることだ。

　こころの世界は、ほの暗い。ふとしたときにぼくたちはそこを(あ)かいま見るから、じつはみんな、そのことを知っている。知っているから、自分と向き合うのを避けることがある。そう、②ほんとうの意味で「ひとり」でいるためには、少し勇気が必要なんだ。

　高校生の頃、本を読む、ということは、文字を追うことではなく、それを書いた者と無言の対話を交わすことだった。クラスメイトは分かってくれないようなことでも、この本を書いた人なら分かってくれる、そんな感じがした。

　若い頃は、こんなことを考えているのは自分だけだと思っていたし、自分が変わり者であるという自覚もあった。でも、自分で文章を書くようになって発見したのは、文学や芸術の世界には、変わり者しかいないということだった。本を読むこととは、言葉を通じてその人に会い、言葉を交わすことだと語る哲学者のデカルト（一五九六～一六五〇）のような人もいた。

江戸時代に③伊藤仁斎（一六二七～一七〇五）という在野の儒学者がいた。儒学者とは、『論語』の語り手である孔子（ＢＣ五五二～ＢＣ四七九）に始まる儒学の研究者のことだ。

孔子は、古代中国の人物だが、この人物の思想は、江戸時代の日本でとても大きな変貌（注3）を遂げた。その潮流（注4）を作った中心的人物のひとりだ。君も学校でならったかもしれないが、儒学者には林羅山（一五八三～一六五七）のように、公に近い場所で学問を行う人もいた。だが、仁斎はちがって、㋑あくまでも民衆のなかで生き、学んだ。

この人物にとって『論語』を読む、ということは、文字となった哲学を理解することではなかった。文字という扉の奥で孔子と語り合うことにほかならなかった。ぼくはこの人物の存在を小林秀雄（一九〇二～一九八三）という文学者の著作を通じて知った。小林は、仁斎にとって、「読書とは、信頼する人間と交わる楽しみであった」と書いたあと、こう記している。

彼は、精読、熟読という言葉とともに体翫（注5）という言葉を使っているが、読書とは、信頼する人間と交わる楽しみであった。論語に交わって、孔子の謦咳（注6）を承け、「手の之を舞ひ足の之を蹈むところを知らず」と告白するところに嘘はない筈だ。この楽しみを、今、現に自分は経験している。だから、彼は、自分の論語の註解を「生活の脚注」と呼べたのである。

（「学問」『考えるヒント2』小林秀雄）

仁斎は、『論語』を読んでいるとき、手を叩いて喜びを表現せずにはいられないような、また、足が宙に浮いているような深いよろこびに満たされていた。彼にとって「読む」とは、単なる知識の習得ではなく、生活全体を巻き込む出来事だった。だからこそ、彼は自分が書いた、『論語』の註解書である『論語古義』を「生活」による脚注だと呼べたのだ、というのだ。

頭で読むだけでなく、その言葉を生きてみなければけっして分からないものが『論語』という書物に宿っていて、仁斎はそれを日々の生活のなかでたしかめていったのだった。

本は、いかに多くを読むかが問題ではない。むしろ、どうやって④「読み終わらない本」に出会うかが問題だ。仁斎にとって『論語』は、日々、新生（注7）する書物だった。毎日、新しい発見を彼にもたらした。彼は、『論語』が分かったなどと、けっしていわなかっただろう。むしろ、読めば読むほど、謎は深まっていったというだろう。

ここでの『論語』は、長く読み継がれてきた「古典」に置き換えてもかまわない。仁斎にとっては『論語』だったものは、ある人にとっては『聖書』で、別な人には『歎異抄』（注8）かもしれない。「古典」は無数にある。仁斎が『論語』を見つけたように、ぼくたちも「わたしの古典」を見つけて行かなくてはならない。

（若松英輔『読み終わらない本』〈ＫＡＤＯＫＡＷＡ〉による）

（注1）叡知……物事の本質を見通す、深くすぐれた知性のこと。
（注2）ＢＣ……西暦元年よりも昔の年を表現する方法。
（注3）変貌……姿や様子が変わること。
（注4）潮流……時代の傾向。

(注5)体翫……信頼する人間と、全身で交わるように深く読み味わうこと。
(注6)謦咳……尊敬する人や身分の高い人の話を直接聞くこと。
(注7)新生……新たな気持ちで生まれ変わること。
(注8)歎異抄……鎌倉時代の僧侶(そうりょ)・親鸞(しんらん)の教えをまとめた書物のこと。

問一　[1]～[3]に当てはまる最も適切な語を次の中から選んで、それぞれ記号で答えなさい。

ア　でも　イ　だから　ウ　じつに
エ　あるいは　オ　ただし　カ　なぜなら

問二　――線①「これは驚くべきことだ」とありますが、「これ」とはどのようなことですか。最も適切なものを次の中から選んで、記号で答えなさい。

ア　現代に生きる私たちにとって、昔の哲学者の素晴らしい教えは、たった数百円の価値にしかならないということ。
イ　現代に生きる私たちが、情報技術の発達により、昔の哲学者の言葉にたくさん出会えるようになったということ。
ウ　現代に生きる私たちにとって、昔の哲学者は、多くの人の心を動かすほど魅力(みりょく)的な人物であったということ。
エ　現代に生きる私たちと同じように、深く物事の道理に通じる言葉を、昔から人々は求めていたということ。
オ　現代に生きる私たちが、時代や場所をこえて、昔の哲学者の考えを本によって知ることができるということ。

問三　[A]に当てはまる言葉として、最も適切なものを次の中から選んで、記号で答えなさい。

ア　潮　イ　池　ウ　海　エ　泡(あわ)　オ　沼(ぬま)

問四　〰線あ「かいま見る」・〰線い「あくまでも」の本文中の意味として、最も適切なものを次の中から選んで、それぞれ記号で答えなさい。

あ「かいま見る」
ア　じっと見る
イ　ちらっと見る
ウ　くり返し見る
エ　ゆっくりと見る
オ　おそるおそる見る

い「あくまでも」
ア　どこまでも
イ　あきたらずに
ウ　時々思い出して
エ　どれだけ悪くても
オ　あやしげに

問五　――線②「ほんとうの意味で『ひとり』でいるためには、少し勇気が必要なんだ」とありますが、なぜですか。「ひとり」がどのような状態であるかを明らかにして、説明しなさい。

問六　――線③「伊藤仁斎(一六二七～一七〇五)という在野の儒学者がいた」とありますが、この儒学者にとって『論語』を読むとはどのようなことでしたか。本文中から二十字以内で探し、はじめと終わりの三字をぬき出して答えなさい。

問七　――線④「『読み終わらない本』」とありますが、どのような本のことですか。最も適切なものを次の中から選んで、記号で答えなさい。

ア　文章が難しくて読み進めることも大変なため、一年以上かけてもなかなか最後のページまでたどり着けない本。

イ　何度読んでも新たな発見があり、日々の生活の中で折に触れて手に取りながら読み深めていくような本。
ウ　最後までひと息に読んでしまうのがもったいないので、少しずつ物語の展開を追っていきたくなるような本。
エ　古今東西の「古典」のように、その一冊を読むことで興味が広がり、次々と読みたい本が生まれてくるような本。
オ　読み進めていくうちに自分の中に忘れがたい言葉が積み重なっていき、友人や家族と共有しないではいられない本。

立教女学院中学校

—45分—

【注意事項】　記号や句読点も1字に数えます。

一　次の文章を読んで、あとの問いに答えなさい。

大学で教えていたジャーナリズム論(注1)は、いつも一〇〇人近い学生が受講していて、大教室を使っていた。年度末最後の授業が終わりかけたとき、一人の男子学生が手を挙げた。彼は自分を中国からの留学生だと自己紹介したうえで、「授業の最後に、この場にいるみんなに伝えたいことがあるのです。三分でいいです。お時間いただけますか」と僕に訊いた。もちろんＯＫ。以下は留学生の話の要約だ。

自分は日本が大好きで留学しました。中国にいたときも今も、日本人と日本の文化が大好きです。でも最近、書店に行くと、中国や韓国を罵ったり冷笑(注2)したりする本が、いちばん目立つ場所に平積みになっています。そんな本を眺めながら、中国や韓国の人も日本を嫌いなんだと、皆さんは思っているかもしれません。

皆さん、機会があればぜひ中国に来てください。そして書店を覗いてください。日本を罵る本なんてほとんどありません。私の周囲もみんな日本が大好きです。ネットやテレビのニュースなどでは、中国からの①カンコウキャクが爆買いしているとよく嘲笑(注3)されているけれど、彼らは日本が好きだから日本に来るのです。

もちろん、日本が嫌いな中国人はいます。戦争でひどい目にあわされたと恨みに思っている中国人もいます。でもそんな人ばかりじゃないです。いろんな日本人がいるように、いろんな中国人がいます。私は日本が大好きです。私の友人たちも同じです。最後にそれを言いたくて時間をもらいました。聞いてもらってありがとうございます。

そこまで言ってから、中国人留学生は静かに着席した。日本人学生はしばらく沈黙。でもやがて何人かがぱちぱちと手を打ち始め、すぐに多くの学生がこれに続いた。僕も思わず手を叩いた。ありがとう。僕が授業でずっと言いたかったことを、君はたった三分で見事にまとめてくれた。

一人称単数の主語を持つということは、その一人称単数の主語に見合う述語で思考し、行動することでもある。もしも「我々」など複数代名詞や自分が帰属(注4)する集団が主語ならば、述語はまったく変わる。だって大きくて仲間がたくさんいて強いのだ。一人称単数の主語を明け渡せば、自分はほぼ匿名になれる。だから攻撃的になる。一人ならば言えないことも言えるようになる。

例えばどんな述語が多くなるのか。1成敗せよ。許すな。粉砕せよ。立ち向かえ。……思いつくままに挙げたけれど、こうして一人称単数の主語を失いながら、人は選択を間違える。2悔やんでも時間は巻き戻せない。

なぜ自分自身ではなく、複数の集団や組織の名称に主語を明け渡すのか。楽だからだ。だって一人称単数は孤独だ。心細い。

《　中略　》

最近、保育の現場や障害者施設、刑務所などで虐待が行われていたというニュースが多いことにあなたは気づいているだろうか。加害者の多くは保育士や介護福祉士に刑務官。保育士は子供好きだったはずだし、介護福祉士は社会的弱者への介護を自分の一生の仕事だと思っていたはずだ。そして刑務官は標準以上に正義感が強い人たちだったはずだ。

　ところが、そんな人たちが日常的に虐待にふける。被害者は園児であり知的障害者であり受刑者だ。つまり弱い人たち。だから抵抗しない。できない。名古屋入管[注5]でウィシュマさんを虐待し、適切な医療につなげることすらしなかった入管職員たちも同じだろう。他にも多くの外国人たちが、入国を認められないままに虐待を受けていた。

　躾や懲罰のつもりがどんどんエスカレートする。でも3加害している当人はそれに気づかない。集団の一部になっているからだ。一人称単数の主語をいつのまにか失っているからだ。この延長にホロコースト[注6]を含めた多くの虐殺がある。多くのアイヒマン[注7]がいる。武力侵攻や戦争がある。

　天敵への②ボウエイサクとして始まった集団（群れ）は、近代において、組織や共同体を意味するようになった。具体的に書けば、会社や学校。組合やサークル。法人に町内会。派閥にグループ。まだまだいくらでもある。集団のラスボス[注8]は国家だ。国籍から逃れられる人はいない。

　人はこうして、国家を③チョウテンとしたさまざまな組織や共同体に帰属しながら生きる。そう宿命づけられている。もしも南太平洋の無人島でたった一人で暮らすのなら、あなたはあらゆる集団から離脱できるかもしれない。でもそれは本来の人の生きかたではない。

　集団の最大の失敗は戦争と虐殺だけど、それだけではない。虐待やいじめ。地球温暖化と環境破壊。温暖化ガスの弊害は明らかで毎年のように異常気象はニュースになるのに、僕たちは今の速度と方向を変えることができない。

　あなたは「ティッピング・ポイント」という言葉を聞いたことがあるだろうか。この言葉の意味は、それまでの小さな変化が④キュウゲキに変化するポイントのこと。日本語ならば「臨界点」や「閾値」と言い換えられる。

　地球温暖化問題においても、温室効果ガスの量がある一定の閾値を超えると爆発的に温暖化が進み、もはや後戻りができない事態に陥ってしまうと言われている。

　いつ「ティッピング・ポイント」は始まるのか。数十年後と言うコメンテーターもいれば、数年後と言う科学者もいる。いずれにしても、このままでは人類は、最悪の事態を迎えることになる。本当に取り返しのつかない事態になってから、なぜあのときにもっと真剣に対処しなかったのか、と［　4　］可能性は高い。

　その理由は集団だったから。自分の感覚よりも全体の動きに合わせていたから。自分の問題ではなく全体の問題だったから。みんなが温暖化ガスの排出を止めなかったから。みんながユダヤ人を虐殺していたから。みんながこの戦争は祖国と国民を守るためだと言っていたから。

　僕たちは集団から離れられない。それは大前提。でも集団に帰属しながらも、一人称単数の主語をしっかりと維持できるのなら、暴走に気づくことができる。

　それほど難しいことじゃない。「我々」や集団の名称を主語にせず、「私」や「僕」などの主語を意識的に使うこと。たったこれだけでも述語は変わる。5変わった述語は自分にフィードバックする。

　すると視界が変わる。新しい景色が見える。だから気づくことができる。世界は単純ではない。多面で多量で多層なのだ。だからこそ豊かで優しいのだと。

（森達也『集団に流されず個人として生きるには』〈ちくまプリマー新書421〉）

※一部、原文の表記、表現をあらためたところがあります。

注1　ジャーナリズム……新聞や雑誌、放送などの活動。
注2　冷笑……ばかにして笑うこと。
注3　嘲笑……ばかにして笑うこと。
注4　帰属……特定の組織などに所属し、従うこと。
注5　ウィシュマさん……日本の入国管理局の収容施設で死亡したスリランカ国籍の女性。
注6　ホロコースト……第二次大戦中、ドイツがユダヤ人に対して組織的に行った虐殺行為。
注7　アイヒマン……第二次大戦中のドイツの親衛隊隊員。強制収容所へのユダヤ人大量移送に関わった。
注8　ラスボス……最後のかべとして立ちはだかる存在。

問一　――線①・②・③・④のカタカナを漢字に改めなさい。

問二　――線1「成敗せよ。許すな。粉砕せよ。立ち向かえ。」という述語の行き着く先に、どのようなことが引き起こされると筆者は述べていますか。本文中から五字で書き抜きなさい。

問三　――線2「悔やんでも時間は巻き戻せない。」とありますが、どのように悔やむことになると筆者は述べていますか。具体的に表現している部分を本文中から二十二字で探し、その最初の六字を書き抜きなさい。

問四　――線3「加害している当人はそれに気づかない。」とありますが、その理由を説明したものとして最も適切なものを次から選び、記号で答えなさい。

ア　集団の動きや考えを守ることは職業にたずさわる者として当然であり、個人の感情を優先するのは一人前とはいえないから。
イ　懲罰や躾を厳しく行うことで現場の安全が保障されるため、必ずしも虐待が起きている状況だとは言い切れないから。
ウ　集団の動きや考えが個人の感覚や思考よりも優先されてしまうと、虐待が起きている状況に何の疑問も抱かなくなるから。
エ　保育の現場や障害者施設、刑務所では、被害者となる園児や障害者、受刑者の立場は弱く、反論することができないから。

問五　［4］にあてはまる言葉を次から選び、記号で答えなさい。

ア　天をあおぐ　　イ　風がかわる
ウ　雲をつかむ　　エ　雷がおちる

問六　――線5「自分にフィードバックする。」とはどういうことですか。それを説明したものとして最も適切なものを次から選び、記号で答えなさい。

ア　自分の使った述語をみんなに伝えなければいけなくなるということ。
イ　自分の使った述語は自分だけが深く理解していればよいということ。
ウ　使った述語の責任は優しさをともなってみんなに広まるということ。
エ　使った述語の責任を自分自身が持たなければいけなくなるという

こと。

問七　一人称単数の主語を意識的に使うことで気づくことがあると筆者は主張していますが、それはどのようなことですか。中国人留学生の例で筆者が伝えたいことを示したうえでわかりやすく説明しなさい。

二　次の文章を読んで、あとの問いに答えなさい。

轟　虎之助……中一。ケーキ作りが趣味。
轟　龍一郎……虎之助の兄。
祇園寺羽紗……中三。剣道部。生徒会長。「ウサギ王子」と呼ばれ、学校中の女子のあこがれの的となっている。
黒野良輔……中二。剣道部。羽紗の後輩。

「ぼく」（=虎之助）、羽紗、良輔は同じ中学校に通っている。ある日「ぼく」は、突然、羽紗から「タルトタタン（=リンゴを使った焼き菓子）」の作り方を教えてほしい」と、良輔を通じ、頼まれた。そして三人は、羽紗の家でタルトタタンを作ることになった。


祇園寺先輩は紅茶をいれてくれた。

それから、ケーキが焼けるまで、ぽつぽつとぼくらは話をした。

なんでもないような話。どうでもいい、くだらない話。

だけど、時間とともに、それは大切な話に変わっていく。

「私さ、むかしから、男勝りって言われてたんだ」

祇園寺先輩はそんなことを言った。

「男子相手にけんかもしたし、スポーツも得意だったし。ほら、見た目もこんなだし。名前はウサギなのに、ライオンみたいって、みんなに言われてた」

ぼくはうなずいた。

「ぼくは虎なのにハムスターみたいだって言われます」

「まじでよけいなお世話だな」

うんざりしたようにそう言って、黒野先輩が紅茶をすする。

ぼくは、気になっていたことをたずねた。

「あの……だけど、先輩はどうして、そこまで自分のイメージにこだわるんですか？」

祇園寺先輩はしばらくだまっていた。黒野先輩もなにも言わない。

聞いちゃまずかったかなと、心配になってきたころ、ようやく祇園寺先輩は口を開いた。

「私はさ、うれしかったんだよ。小三で剣道をはじめて。どんどん強くなって。ボーイッシュだとか、かっこいいとか、そういうふうに言われるのが」

紅茶をひと口飲んで、先輩は続けた。

「誇らしくてならなかった。べつに女子らしくなくていいんだって、いや、こういう女子もいるんだって、私が生きていることで、証明できている気がした。羽紗を見てると勇気が出るって、自由でいていいんだって思えるって、そんなふうに言ってくれる子もいた」

大切な思い出をなぞるように、そう言う祇園寺先輩。

「だけど……」と、ぼくは言いよどんだ。

先輩はだまってぼくの言葉を待っている。だけど、なんだろう。言っていいのかな。失礼かもしれない。迷っていると、黒野先輩が笑った。

「そうだな。あんまり、今の王子は自由には見えないよな」

そのとおりだった。

今まで作りあげてきたイメージを守ろうとするあまり、ケーキを食べることすら、自分にゆるせずにいる。少なくとも、それを他人に知られたくないと思っている。

「そうだね。こんなのはもう、呪いみたいなもの」

祇園寺先輩はしみじみとうなずいて言う。

それからちいさく笑った。なつかしむように、だけどかなしそうに。

「六年生のころ、友だちになった女の子がいたの。世間一般に言われている意味で、つまりはそれも偏見だけど、女の子らしい女の子だった。フリフリしたかわいい服を着て、絵を描くことと、お菓子作りが好きで。その子が私にタルトタタンの味を教えてくれた」

そう言って、祇園寺先輩は、ぎゅっと眉間にしわをよせる。

「その子の家で、その子が作ってくれたタルトタタンを食べたとき。こんなにおいしいものがあるのかって、そう思った。だから、そう伝えた。そしたら、あの子、ほっとしたように笑って、言ったんだ」

――私さ、羽紗ちゃんのこと、ちょっとこわいって思っていたけど、気のせいだった。

――なあんだ。やっぱり羽紗ちゃんも女の子なんだ。

「その声はひどく弾んでいて。だけど私はぶんなぐられたようなショックを受けた」

ぼくは黒野先輩の顔をちらりとうかがった。とくに感想はないようだ。もしかすると、すでに知っている話なのかもしれない。祇園寺先輩は続けた。

「それから、私はその子と距離を置いた。ううん、その子だけじゃない。あまいものや、女の子らしいとされるものからも、ますます距離を置くようになった」

私は「らしさ」にとらわれたくなかったんだ――そう、先輩は言った。

自由でありたかった。そんな自分のことが好きだった。

「……だから、やっぱり女の子じゃんとか、女の子らしいところもあるんだねとか、言われたくなかった。そういう目で見られるくらいなら、死んだほうがまし」

思いつめた顔で、先輩は言った。

ぼくは、いつになくしずかな、なにか、神聖なものにふれたような気持ちになった。

心はしんとしていて、だけど、そこのほうではふつふつとなにかが燃えている。

らしさ。

男の子らしさ。女の子らしさ。自分らしさ。

ボーイッシュ女子。スイーツ男子。

虎は虎だから。羽紗は羽紗だから。

轟くん、かわいいし。ケーキ焼く男子とか、アリよりのアリっしょ。

今はいろんな趣味があっていいと思う。羽紗を見てると勇気が出る。自由でいていいんだって思える。なあんだ、やっぱり女の子なんだ……。

いろんな言葉が、声が、ぼくの内側で響いては消える。

黒野先輩が言った。

「『ボーイッシュな女子らしさ』にとらわれてないか?」

ぼくはおずおずとうなずいた。祇園寺先輩はちいさく笑った。

「そうだね。わかってるんだ。［1］だってことは。私はけっきょく、べつのらしさにとらわれていて、ぜんぜん自由なんかじゃない。でも……」

紅茶の入ったマグを両手で包むように持って、先輩は続ける。

「無理なの。私、女の子みたいって、女の子らしいって、そう言われるの、ほんとにこわい。そんなの、その人の偏見だってのも、わかってる。だけど、だめなんだよ。そう言ってくる人たちは、私のことを『無理して男子ぶってる女の子』っていうふうに見る。そういうありふれた話に落としこもうとする。それが、ほんとうにいやなんだ」

黒野先輩は言った。

「人は、枠組み（わくぐみ）から外れたやつがいるのがこわいんだよ。だから、自分がわからないものに出会うと、おかしいって言って攻撃（こうげき）したり、わかりやすいでたらめに押（お）しこんで、わかった気になったり、する」

くっくと笑う先輩。ぼくはなにも言えなかった。

焼きあがったタルトタタンをすこし冷まして、ケーキ型から外す。

ぼくたちはそれを切り分け、一切れずつお皿に取った。黒野先輩がいそいそと、あめ色のリンゴを頬張（ほおば）って笑う。

「ふぐふぐ。すばらしいね」

祇園寺先輩は、2おごそかな表情でタルトタタンを口に運んだ。

ひと口。もうひと口。

しずしずと味わうようにそれをかんで、こくんとのみこむ。

「……おいしい」

先輩はつぶやいた。そうして、泣きそうな声で続けた。

3「ばかみたい。こんなおいしいのに。むかつく」

そのまま、祇園寺先輩はうつむいて、なにかを考えこんでいた。ぼくはやっぱり、なにも言えなかった。だまってタルトタタンを食べた。リンゴとカラメルの香り。

あまずっぱい味が口いっぱいに広がって、だけど、今日はただただ、かなしい。

＊＊＊

帰り道。

黒野先輩と別れたあと、学校の近くを歩きながら、ぼくは龍一郎のことを考えた。

サッカー部のキャプテン。文武両道の優等生。あの人はいつもぼくに言う。

「人がなんて言おうと関係ない。自分の道を行けよ」

でも、龍一郎はきっと、ぼくが歩いている道の①険しさを知らない。

ぼくの歩幅（ほはば）を、体力を、道に落ちているちいさな石のひとつひとつが、はだしの足をきずつける感触（かんしょく）を……それは、おたがいにそうなのかもしれないけれど、少なくともぼくは、だれかに「人がなんて言おうと関係ない」なんて、言えない。

人になにかを言われることは、つらい。

自分の道を歩いているだけで、その道に勝手な名前をつけられるのは、歩き方に文句をつけられるのは、どんなに好意的でも笑われるのは、ほんとうにつらい。

祇園寺先輩の思いつめた表情。ウサギ王子の抱(かか)えた秘密。

4――女の子みたいって、女の子らしいって、そう言われるの、ほんとにこわい。

そうだ。

ぼくらは自分のままでいたいだけ。そうあるように、ありたいだけ。

それを、関係のないだれかに、勝手なこと、言われたくなかった。

ポケットでスマホがふるえる。ぼくはそれを取りだして、ラインアプリを開いた。

「今日はありがとう。いろいろぐちを言ってしまってごめん」

祇園寺先輩からのメッセージ。

ぼくはしばらく考えて、ちいさくうなずいた。フリック入力で、画面に文字をつむぐ。

「先輩。また、タルトタタンを焼きに行ってもいいですか？」

「ぼくは、もっと先輩と話がしたいです」

既読(きどく)はすぐについた。だけど、返信はなかなか来なかった。

「あれ、虎じゃん。どこ行ってたの？」

その声に顔をあげると、クラスメイトの女子たちがこっちを見ていた。

部活帰りだろうか。数人、かけよってきて、勝手に頭をなでてくる。

「家、こっちのほうじゃないよね？　お出かけ？　いいなあ」

「……秘密」

ぼくはかわいた声で答える。すると、女子のひとりが言った。

「あれ？　なんか、あまいにおいがする。もしかしてケーキ焼いた？」

ぼくは無視する。女子たちがキャッキャと言いあう。

「においますね」

「においますねえ」

「どこで焼いたんだろ。よそのおうち？」

「よそのおうちって、だれのおうちよ」

「そりゃあ……あれですよ、彼女(かのじょ)、とか」

黄色い笑い声。はじけるような笑顔(えがお)。

無邪気(むじゃき)にはしゃいでいる、自覚のない加害者の群れ……。

ぼくは歯を食いしばった。

背中を向けて、その場を立ち去る。一刻も早く。

「あれ、待ってよ虎。なに？　おこっちゃった？」

頭の中がぐらぐらする。②ムネのおくでなにかが燃えている。ちりちりとのどをこがす、不愉快(ふゆかい)な熱。口の中に残っているタルトタタンの味。

③コトワリもなく頭をなでてくる手の感触。

どこからかこだまする、今にも泣きそうな祇園寺先輩の声。

――ばかみたい。こんなにおいしいのに。むかつく。

「虎ちゃん、かわいい顔が台なしですよ～？」

「ほんとほんと！　ほら、いつもみたいに笑って！」

ぼくはふり返って、さわいでいる女子たちをにらみつける。

それから、大きく息を④スいこみ、精いっぱいの声でさけんだ。

今までずっと押さえこんできた思いが、明確な言葉となって夕日の下に響く。

女子たちの表情が固まるのを見ながら、ぼくは思った。

強くなりたい。ゆれないように。

自分が自分であるために、闘えるように。

（村上雅郁『きみの話を聞かせてくれよ』〈フレーベル館〉）

問一　――線①は読み方を答え、②・③・④のカタカナを漢字に改めなさい。

問二　［ 1 ］にあてはまる四字熟語として適切なものを次から選び、記号で答えなさい。

ア　画竜点睛　　イ　本末転倒　　ウ　竜頭蛇尾　　エ　七転八倒

問三　――線２「おごそかな表情」とありますが、虎之助が羽紗の表情をこのように感じたのは、羽紗の話をどのようにとらえているからですか。本文中から五字で書き抜きなさい。

問四　――線３「ばかみたい。こんなおいしいのに。むかつく」とありますが、この時の羽紗の心情を述べたものとして最も適切なものを次から選び、記号で答えなさい。

ア　イメージを壊したくない一心で大好きな甘いものを我慢してきたが、我慢しきれない自分の意志の弱さにいらだつ気持ち。

イ　苦手意識のある甘いものであったが、虎之助のタルトタタンだけはおいしく感じてしまった自分を腹立たしく思う気持ち。

ウ　ボーイッシュなイメージと甘いもの好きな女の子のイメージが両立することを今まで気づかなかった自分にいらだつ気持ち。

エ　他人から勝手なイメージを持たれることをおそれて自分の感じたことを素直に表現できなかった自分に腹を立てる気持ち。

問五　――線４「女の子みたいって、女の子らしいって、そう言われるの、ほんとにこわい。」とありますが、それはなぜですか。最も適切なものを次から選び、記号で答えなさい。

ア　これまで羽紗が必死に作り上げてきたイメージから外れて、周りに驚かれることが照れくさいから。

イ　女の子らしい一面を見せることで、羽紗本人とかけ離れたイメージがひとり歩きをしてしまうから。

ウ　生徒会長として周りからの信頼を得るためには、ボーイッシュなイメージでいることが条件だから。

エ　無理をして男の子ぶっている女の子だと勝手に理解をされて、そのイメージにあてはめられるから。

問六　――線５「強くなりたい。ゆれないように。自分が自分であるために、闘えるように。」とありますが、この時の虎之助の決意はどのようなものですか。そこにいたるまでの心情と決意の内容を、「＊＊＊」以後の描写をふまえて説明しなさい。

MEMO

MEMO

MEMO

MEMO

2025年度受験用

中学入学試験問題集（女子・共学校）国語編

2024年7月10日　初版第1刷発行

ISBN978-4-8403-0858-8

企画編集・みくに出版編集部

発行・株式会社　**みくに出版**

〒150-0021　東京都渋谷区恵比寿西2－3－14

TEL 03（3770）6930

FAX 03（3770）6931

http://www.mikuni-webshop.com

この印刷物(本体)は地産地消・
輸送マイレージに配慮した
「ライスインキ」を使用しています。

栄冠 2025 年度受験用

中学入学試験問題集

女子・共学校
国語解答

本解答に関する責任は小社に帰属します。

※この冊子は取りはずして使うことができます。

みくに出版

もくじ

青山学院中等部

〈問題は6ページ〉

一　(1)供養　(2)肥大(化)　(3)延(ばす)　(4)台帳　(5)温厚
二　(1)①ウ　②ななめの陽　(2)エ　(3)イ　(4)①5　②1
三　(1)文化や芸術と　(2)ウ　(3)ウ　(4)生きがい　(5)ア　(6)人間の脳のな　(7)イ・ウ
四　(1)考えや価値観　(2)Ⅰウ　Ⅱア　Ⅲイ　(3)相手の話を　(4)エ　(5)ウ　(6)エ　(7)レッテル　(8)イ
五　(1)とうちほう　(2)脚のことを　(3)①イ　②ほ(っとする)　(4)けれど帰り　(5)ウ　(6)Ⅱ　(7)よそよそ　(8)エ　(9)イ　(10)ア　(11)これからは仲間を信頼し、困難に直面しても逃げずに向き合い、正直な自分の気持ちや考えを伝えること。

青山学院横浜英和中学校(A)

〈問題は21ページ〉

一　1欠品　2回送　3採(り)　4めいかい　5ね(る)
二　問一イ　問二1エ　2ウ　問三1エ　2イ　問四1電光石火　2晴耕雨読
三　問一イ→エ→ア→ウ　問二複雑　問三イ
四　問一しています。　問二ウ　問三エ　問四③キ　⑦エ　問五日本人は、進んだ文化というといまだにヨーロッパやアメリカしか思い浮かべず、高度で進んだ文化が日本にもあったことを忘れていること。　問六ウ　問七ア　問八ウ　問九ア
五　問一A三崎　B長距離　C四十五　D九分を切ること　E事故　F更新　問二エ　問三頼む、放送部に入ってくれ！　問四極限ま(〜)な時間　問五エ　問六イ　問七ア　問八長距離走の目標タイムであり、体に刻み込まれた九分という時間感覚が、事故で目標を見失っていた自分にとって、正也とのドラマ作りに役立つと了解し、高校生活に新たな希望や期待を抱くようになった。

市川中学校(第一回)(二〇二三年)

〈問題は32ページ〉

一　問1エ　問2イ　問3オ　問4エ　問5予測困難なクマの市街地侵入対策に予算を割き、部局横断の組織づくりと専門人材配置を進め、緑豊かで生きもののにぎわいがある街づくりをすること。(69字)　問6オ
二　問1Aオ　Bオ　問2漫画の面白さに目覚めた程度で好きだと言って、漫画をよく知らないことを先輩に見抜かれ、恥ずかしい思いをしたくなかったから。(60字)　問3イ　問4大人の自分が少女漫画を楽しんでいることを誰にも知られたくなかったし、経理補助で仕事内容をあまり知らないことを自分で認めることも、人に知られることもみじめで嫌であったから。(85字)　問5ウ・エ　問6エ
三　1非才　2遺志　3玉条　4功[劫]　5景勝　6競走　7階級　8講演

浦和実業学園中学校(第一回午前)

〈問題は46ページ〉

一　問一(1)往復　(2)納(める)　(3)明朗　(4)全快　(5)収支　問二(1)そそ(ぐ)　(2)きょしゅ　(3)しょうぶん　(4)びんじょう　(5)やわ(らげる)　問三(1)ウ　(2)イ　(3)ア　(4)エ　(5)イ
二　問一ウ　問二エ　問三(i)知能　(ii)命　(iii)汚染段階　問四ア　問五イ　問六文字　問七知能がある　問八世界を人間　問九エ
三　問一Aウ　Bア　問二アヤ子に水の入らないビニールの水泳服は作れないと答えられてしまうと元も子もなくなるので、何としてでも水泳服を作ってもらえるように説得する必要があると考えたから。　問三イ　問四イ　問五ア　問六(i)Aタ　Bオ　Cキ　Dソ　Eチ　Fケ　(ii)イ

穎明館中学校(第一回)

〈問題は60ページ〉

一　問一aウ　bオ　問二エ　問三イ　問四普段からはっきり意見を言うことがないマチが、自分に対して注意をしてきたことに驚いたから。　問五リーダーとしての責任感が見られない琴穂を冷たい声で注意したことで落ち込ませてしまい、罪悪感を抱いたから。　問六Xエ　Yア　問七ア　問八合唱に向かう態度を批判したことをかえって琴穂に感謝され、自分の意見をはっきり言えるようになるという目標に一歩近づけたことを嬉しく思っている。　問九ウ
二　問一aオ　bア　cイ　問二人はそれぞれ生まれも育ちも違うので、価値観や習慣が違うのは当然であること。　問三(i)エ　(ii)本質的な状況分析の妨げになる　問四ア　問五相手との違いを意識し、互いの個性を尊ぶ気持ちをもつことで組織の作業効率が向上し、大きな問題に直面したときの突破口につながるアイデアが生まれるチャンス。　問六イ　問七アB　イA　ウB　エA　オB

三 ①修理 ②熟読 ③座談会 ④山盛(り) ⑤敗(れた)

江戸川学園取手中学校（第一回）

〈問題は69ページ〉

一 問一1オ 2イ 問二ただ、 問三エ 問四そのき 問五どうし 問六イ 問七しばら 問八そうし 問九子ども

二 問一地球が何回 問二ウ 問三地球 問四巨視的 問五巨大な 問六余裕を 問七エ 問八ア 問九時間空 問十ア衛星 イ冷静 ウ有限 エ深刻 オ野心 問十一地球には常に火山噴火や地震、天体衝突などの脅威があるので、無頓着であれば、日常はいつか全停止するだろう。だが、宇宙の話題でより多くの人が俯瞰する力を鍛えれば、地球規模の課題に対する選択肢も増えそうだ。

桜美林中学校（2月1日午前）

〈問題は77ページ〉

一 問一①具合 ②補 ③安易 ④目録 ⑤四捨 ⑥内閣 問二イ 問三さんずい 問四(空)前(絶)後 問五…十二(画)

二 問一1ウ 2ア 3オ 4イ 問二Aエ Bイ 問三図星 問四ハセが誘うからしかたなく近田さんと遊んでいたと自分(僕)が枝野に言ったこと。 問五3 問六近田さんを(〜)く呼べない(から) 問七2 問八(事故にあったお姉さんが)意識が戻らないので、自分がたくさん勉強して優秀な彼女に少しでも近づかねばならない(と思ったから。) 問九2 問十4

三 問一1オ 2ウ 3ア 4エ 問二Xエ Yア Zウ 問三Aイ Bア 問四イ 問五あえてまわ(〜)すること。[関係をもつ(〜)ということ] 問六1 問七顔をむきだ(〜)なったから 問八3 問九4 問十A現場仕事かどうか Bじぶん(たち)とは違う者の排除 問十一2・5

大宮開成中学校（第一回）

〈問題は87ページ〉

一 問一①拾得物 ②便乗 ③復興 ④自転 ⑤予兆 ⑥博識 ⑦束(ねる) ⑧熟(れた) 問二①青天 ②口火 問三①見つめた ②問題が 問四テレワーク人口の割合は、二〇一九年の十五%から二〇二一年の三十%と、二倍に増加している。

二 問一ア中間地帯 イ文化 ウ自然環境の変化 問二エ 問三Ⅰウ Ⅱア Ⅲオ Ⅳエ 問四イ 問五ア 問六エ 問七ウ 問八イ 問九言語のもつ多様性により、地球上の異なる環境の違いによらずほぼ同じ人間であり続けることを担保する重要な役割。 問十ウ 問十一ア異なった環境条件 イ和らげたり吸収したり ウほぼ同じ人間であり続ける エ変化から守る

三 問一aエ bウ cウ 問二彼女を固めていた雪 問三ア何者か イ一所けん命 ウ勤勉 問四イ 問五ア 問六⑤は季節を表すが、⑥は仲間と過ごす充実した青春時代を表すという違い。 問七アふわふわ イ進路 ウ何をどうすればいいのだろう エ持って生まれた資質 問八イ 問九ア冬 イ光のつぶ ウふた葉 問十イ

開智中学校（第一回）

〈問題は100ページ〉

一 A計 B清潔 C回覧 D形相 E報告 F談笑 G預金 H燃料 I評判 J粉末

二 ①ア ②エ ③エ ④ア ⑤イ

三 問一あウ いア うイ 問二Aウ Bイ Cア 問三エ 問四ウ 問五エ 問六現実の生活に関する疑問から出発すれば、そこで問い、考えたことから得られた洞察は、現実の生活に生かせ、自分にとって大きな意味をもつから。 問七イ 問八ウ

四 問一①ウ ②イ ③ア 問二A相手が一番嫌がりそうなこと Bケガ人扱いされる 問三イ 問四イ 問五イ 問六(1)ウ (2)陸上ができなくても自分が高校生活を楽しんでいると良太に思わせることで、良太の罪悪感を和らげるため。

開智日本橋学園中学校（第一回）

〈問題は109ページ〉

一 ①つど ②がんか ③ぞうしょか ④はいきん ⑤うえきいち ⑥補強 ⑦諸国 ⑧天守閣 ⑨奮(い) ⑩至難

二 問一Aエ Bウ Cア Dオ 問二体は「リア(〜)りません。 問三…五分程度。 問四イ 問五アB イA ウB エB オA 問六b 問七ウ 問八VR空間で合成された手を「自分の手」として認識し、脳の命令通りに自分の手が動いている

と感じることができるから。　問九両手で受け止めた

三　問一ウ　問二イ　問三歯車　問四エ　問五ア、エ　問六①猫　②カナリヤ　問七・修行によって感覚がとぎすまされ、ものごとの本質や人の本心を見抜くような思慮深い人がら。　・動物を単純に可愛がるのではなく、話をして動物と意思を疎通させることができるほど万物を愛する人がら。　問八3思いやり　4物欲　問九息子がオートバイに強い興味を持ち始めたということ。　問十A修行でとぎすまされたカンのようなもの　B縁

かえつ有明中学校（2月1日午後　特待入試）

〈問題は116ページ〉

一　問一A損傷　B結構　C資料　D間際　問二Ⅰオ　Ⅱイ　問三ⅰウ　ⅱエ　問四退化　問五1・3　問六大きな広がり　問七ウ　問八見当識　問九ウ　問十扱っている問題の全体像を掴むため、細部にこだわらず、他の問題との関わりがどうなっているかという大枠を知ること。

二　問一A手招(き)　B極(まって)　C反応　D荷　問二ウ　問三ア　問四イ　問五ア　問六エ　問七わたしに好きなものがたくさんあること(に安堵した。)　問八Ⅰ口　Ⅱ耳　問九幼いときに別れ、死が目前に迫った母になつかしさを感じられずにいたが、自分の名を呼ぶ母の愛情を感じ心を満たされている。

春日部共栄中学校（第一回午前）

〈問題は126ページ〉

一　①訪問　②背景　③激動　④株主　⑤迫真　⑥活況　⑦静寂　⑧おか(す)　⑨ほま(れ)　⑩しんすい

二　問一ウ　問二ア　問三前者は他のものとの比較によって判断されるのに対し、後者は事物それ自体で判断されるという違い。　問四ウ　問五イ　問六未知　問七ウ　問八エ　問九ウ

三　問一エ　問二エ　問三オ　問四ムッとする　問五エ　問六震えるような喜び　問七ふつうの境界線はあいまいで、アメリカ人のエミリーに日本人はふつうが好きと言われて屈辱を感じたから。　問八イ

四　問一1991年から2011年まで、40歳以上の運転免許保有率は上がりつづけているが、29歳以下の運転免許保有率は下がりつづけている。　問二都心部では公共交通機関が発達しており、若年層は車を持つ必要性が少ないが、30代以上は子育て等で車の必要性が高まること。

【配点】

百点満点

一各二点　二問三…八点　問四・問八・問九…各四点　他各三点　三問四・問六…各六点　問七…八点　他各三点　四各五点

神奈川大学附属中学校（第二回）

〈問題は136ページ〉

一　①複製　②独断　③慣例　④簡潔　⑤賛成　⑥支柱　⑦痛快　⑧編(む)

二　問一エ　問二イ　問三ア　問四今の大学生はよく知らない相手であっても、少し気が合うと親友と呼ぶが、筆者が考える親友とは、時に厳しい意見も言い合える関係が構築できた存在であるから。　問五(1)ウ　(2)エ　問六ウ　問七(1)イ　(2)B

三　問一Aエ　Bウ　問二イ　問三ウ　問四ア　問五章の機嫌を損ねないように過ごすことに不満を感じていたものの、来年も当然章も含めて共に過ごせるものと思い込み、そう期待していたから。　問六エ　問七(1)イ　(2)エ

関東学院中学校（一期A）（二〇二三年）

〈問題は150ページ〉

一　問一Aエ　Bウ　問二Ⅰ道断　Ⅱ売り　Ⅲ買い　Ⅳ立てる　問三ア　問四ウ　問五イ　問六イ　問七ア　問八(読みとれないところは)空白で残しておけば(よかったのですね。)　問九測量記録を穴うめすることで、記録全体が信用のおけぬものにしかねなかったこと。　問十ウ

二　問一Aエ　Bイ　Cア　Dウ　問二お互いのプライベートな個人生活を最大限に尊重するべき(という考え)　問三イ　問四イ・オ・カ　問五イ　問六行儀の良い通念や習慣で、自己主張を最小化した秩序をつくる点。　問七ウ　問八a通勤　b確保　c実態　d定着　e包囲　問九Q1[例]いいえ　Q2[例]カメラがあることで、常にだれかに監視されているのではないかと恐怖に感じ、安心した生活を送れないから。

公文国際学園中等部（B）

〈問題は157ページ〉

一 問1aオ　bイ　cア　dウ　eエ　問2ウ　問3去年、おじいちゃんは残り五十メートル地点で倒れそうになったので、絶対に無理させたくなかったから。問4エ　問5D　問6ア　問7輝は、香帆には自分の母と頑張っている姿を亡き父に見せ再出発を果たせず残念だと思っていたが、母は、香帆には自分の母以外にも友達や助けてくれる人がいることを亡き父は喜んでくれるはずなので、再出発になっただろうと、心から喜んでいる。　問8イ

二 問1aウ　bオ　cイ　問2つまり人び　問3エ　問4ア　問5オ　問6労働　問7中世になり、機械時計の出現と普及により、時間はお金と同様に大切で、時間の約束を破る者は厳しく罰せられる社会になったこと。　問8A×　B○　C×　D×　E○　問9ア

三 問1①神社　②快適　③意図　④類(い)　問2⑤オ　⑥イ　問3⑦断言　⑧一転　問4⑨エ　⑩オ

慶應義塾湘南藤沢中等部

〈問題は169ページ〉

一 ①後　②全　③細　④親　⑤苦　⑥関　⑦通　⑧生　⑨降　⑩覚

二 問一①意図　②歴然　③施(す)　④付加　⑤際(立たせる)　問二Aエ　Bア　Cウ　Dイ　問三1イ　2イ　3ア　4イ　問四ウ　問五きまり　問六演出　問七感情

三 問一救護室から　問二ア　問三左　問四2ア　3イ　4ア　5ア　問五ア　問六エ　問七いい思い出　問八イ　問九当時自分が緊張のあまり手汗がひどく、転倒した時に「私」に手を差しだせなかったことを「私」に打ち明けて謝ること。　問十…十五年間、私とおなじ重さを負ってきてくれた(ことを知ったから。)(21字)

四 〔例1〕⑭は、私たちが親しむことで様々な喜びを与えてくれ、心を和ませてくれる幸福感を生み出す大切なものだと考える。四季の変化の美が際立つ日本において、②は、私たちを旅へといざなってくれる。とりわけ各地の⑪は、旅の目的の一つとして挙げられ、老若男女の幸福を感じる「時」を創り出してくれるものである。(144字)
〔例2〕「世の中をハッピーに」という視点から、わたしは⑥・⑦・⑨の三つを選んだ。いずれも、自分にはとうていできないものとしてその人やものに尊敬する気持ちを抱くことができたり、新たなことにチャレンジしようと考えていながらためらいがちな人々に勇気を与えたりする対象になり得るのではないかと思うからだ。(144字)

慶應義塾中等部

〈問題は181ページ〉

一 問一…4　問二…5　問三…2　問四…3　問五俺自身(〜)しい。　問六明日の朝みんなにDVDを見せてやる気にさせる(こと。)　問七…4

二 問一…4　問二A9　B4　C2　D7　E5　問三…1　問四…5　問五…3　問六…2　問七…5　問八ア2　イ1　ウ1　エ2

三 問一…5　問二…4　問三…2　問四…1　問五…4　問六…4　問七(1)5　(2)2　(3)5

四 問一A2　B4　C1　D3　問二ア3　イ4　ウ1

五 ア評判　イ終生　ウ連綿　エ副次　オ小刻(み)　カ札　キ交付　ク伝票　ケ転居　コ期(せず)　サ腹心　シ一丸　ス早晩　セ孝行　ソ耕(す)

国学院大学久我山中学校（第一回）

〈問題は191ページ〉

一 問一(1)Ⅰ内戦　Ⅱ泥沼　(2)Ⅲ住んでいた人々の半数以上が難民　問二C　問三難民の受け入れは善だとしても、それによって自分達が損をする　問四イ　問五エ　問六ア・ウ

二 問一イ　問二C　問三エ　問四ア　問五田んぼに行かなかった恵子に、母が自分の分のごちそうをあげに行ったこと。　問六Ⅰ今日の自分のうらぎりが、ゆるされた　Ⅱさびしさ

三 問一①延期　②秘密　③脳裏　④条件　⑤観覧　⑥推測　問二糸　問三ウ　問四…一万一千二十五　問五①エ　②エ　問六イ

【配点】
百点満点
一三十五点　二三十五点　三三十点

栄東中学校（A）

〈問題は199ページ〉

一 1至急　2創建　3起因　4正念場　5年賀状

二 1ク　2ケ　3ア　4ウ　5イ　6オ　7コ　8エ　9キ　10カ

三 問一ア・エ　問二ア・イ・ウ　問三ａささやかな　ｂおさない　問四オ　問五書き言葉として使われていた上に、宗教的、政治的に、民族の一体感があったから。　問六幼児期に母語を教える手法。　問七そして、今　問八ウ

四 問一ア　問二エ　問三ウ　問四Aウ　Bエ　Cオ　問五友達としてひかりに自分の気持ちを理解してほしいという思い。　問六オ　問七（相変異したバッタは）相変異前のバッタを仲間だと認識できないが、亜梨沙と私は人間なので、たとえ亜梨沙が変わっても仲直りできるはずだという思い。　問八オ

自修館中等教育学校（A1）（二〇二三年）

〈問題は211ページ〉

一 ①定例　②容易　③乗降　④痛快　⑤領域　⑥奮　⑦臨　⑧みちすじ　⑨とうと　⑩ちゅうふく

二 ①腰　②腕　③肩　④目　⑤歯

三 問1ウ　問2エ　問3ウ　問4Ⅰひげをぴんとひっぱって、腹をつき出してⅡふふん、まだお若いから　問5オ　問6どんぐりたちはそれぞれが一番すぐれてえらいと思っているので、そうでないのが一番えらいとなるとみんなの言い分と食い違ってしまい、誰も名乗れないから。　問7Ⅰわたしのじんかくにかかわりますから　Ⅱ出頭すべし　問8ねこは通常、魚が好物なので、山ねこはそれを一郎に渡さなくてすんだから。

四 問1⑴物事を、昨　⑵（1つ目）余白　（2つ目）伸びしろ　問2Aエ　Bイ　Cア　問3短い　問4ウ　問5自由の「反（～）てみること　問6ア　問7（1つ目）大人になってから、誰かに服従することしかできない人間にならないため。（2つ目）上の偉い人の横暴な態度がエスカレートした時、実際の言葉と行動で反抗するため。　問8自分の中で（～）ていくこと　問9ウ

五 ①この電車は止まっている　②話さない、飲まない、食べないこと　③別の日に電話で伝える　④倒れそうな建物には近づかないこと

芝浦工業大学柏中学校（第一回）

〈問題は221ページ〉

一 問一①大言　②易しい　③従事　④意地悪　問二①開放　②異議　③過程　④発効

二 問一ウ　問二イ　問三エ　問四Aイ　Bウ　Cエ　Dア　問五エ　問六否［否定］　問七Ⅰだれか一人が訴える一つの　Ⅱ可能な限り多くの〝正しさ〟を盛り込んだ「落としどころ」を探る　Ⅲ異なる人の意見を受け入れる　問八ア　問九C（さん）

三 問一ウ→イ→オ→ア→エ　問二エ　問三イ　問四イ　問五（ざしき童子を知らない場合、「よく子どもを見た」のは、）夜中に一人で子どもが川を渡ることを不審に思った（からだが、ざしき童子を知っている場合、「よく子どもを見た」のは、）この子どもがざしき童子ではないかと思い様子をうかがおうとした（からだと考えられる。）　問六ⅰ1　ⅱ4　問七ⅲ子どもの姿であること　問八ⅳ大きな家　問九ⅴ祭りの日を変える（ことができる。）　問十ⅵ紋付きを着て刀をさしている（から男の子のようだね。）

【配点】
百点満点

一各二点　二問一・問五・問八・問九…各四点　問二・問三…各三点　問四・問六…各二点　問七…十点　三問一～問三・問十…各四点（問一は完答）　問五…十点　問六…各二点　問四・問七～問九…各三点

芝浦工業大学附属中学校（第一回）

〈問題は230ページ〉

一 問一午前　問二［例］外国のバレンタインデーの習得（について。）　問三1ア　2ア　3ア　4イ　5イ

二 問一イ　問二［例］内緒で漫画を読んでいることが、先生にばれていたから。　問三［例］しおり先生が、校則で漫画が禁じられていることを見過ごし、涙子を叱らなかったため。　問四ア　問五エ　問六イ

三 問一ウ　問二ア　問三イ　問四イ　問五Aウ　Bア　問六［例］目が見えない人は俯瞰的な視点を小説で経験する程度で、晴眼者のように視覚的な経験で得ることができないから。　問七Ⅳ

四 問一［例］保護色で周囲にまぎれて姿が見えなくなるということ。　問二［例］最

近あなたたち人間によって水を汚されたり大きな機械でこねくり回されたりして、ぼくたちのすみかが荒らされて困っています。あなたも突然ぼくたちのすみかにやってきましたが、他の人間と同じようにぼくたちに意地悪をするんですか。
問三エ　問四ウ

五　問一イ　問二1ウ　2ア　問三エ　問四[例]クラスメイトは、自分たちの中で特にしっかりしている彼女を、学級委員になるべきだと白羽の矢を立てた。

六　1興奮　2採集　3結構　4貯水池　5敬(う)

渋谷教育学園渋谷中学校(第一回)(二〇二三年)　〈問題は239ページ〉

一　問一①心底　②まいちもんじ　③灯台　④裏切(って)　問二長距離走を続けられない悔しさのはけ口として競歩に取り組んでいるため、冷静に歩けず、後半にフォームを乱してしまうこと。　問三エ　問四イ　問五オ　問六イ　問七ア　問八イ・カ

二　問一①提唱　②官庁　③立派　④展開　問二イ　問三ア　問四言葉は人々の思考を伝達するだけでなく、言葉に含まれる世界観や価値観によって人々の思考力や表現力を作るものでもあること。　問五(1)オ　(2)語彙と文法が制限された言語生活の中で表現力・思考力を弱め、限られた世界観や価値観に流れてしまう　問六カ　問七ウ

渋谷教育学園幕張中学校(第一回)　〈問題は256ページ〉

一　問一(a)工程　(b)こうむ　(c)利　問二ア　問三オ　問四失敗を恐れると過度に緻密な計画を立てようとしてしまうが、それによって未然に害を防止できるわけでもなく、むしろ有益な行動を妨げてしまいかねず、効率が悪いから。　問五多様な状況に応じた適切な行動を可能にする多面的身体知と、その場で適当に考えてやりくりができる能力。　問六イ　問七ウ

二　問一(a)経　(b)かいちゅう　(c)不意　問二(i)イ　(ii)ア　(iii)オ　(iv)カ　問三何度起こされても起きようとせず、しかもそれを祖母のせいにしている点。　問四ウ　問五手伝ってくれるだろうと期待している祖母を故意に無視して怒らせ、今までの腹いせをしてやろうという意地悪な気持ち。　問六自分のげた筆を大切にしていて、また素直に言うことに従う祖母に親愛の情を覚え、これまで意地を張っていた不孝者の自分を情けなく思うとともに、祖母をもっといたわろうという気持ち。　問七エ　問八1イ　2カ　3エ　4ア

湘南学園中学校(B)　〈問題は264ページ〉

一　(1)可決　(2)勤務　(3)孝行　(4)熱湯　(5)背後　(6)複製　(7)自治　(8)険(しい)　(9)尊(ぶ)　(10)仮(に)

二　A(1)ウ　(2)ア　(3)エ　(4)オ　(5)イ　B(1)オ　(2)ウ　(3)ア　(4)イ　(5)エ

三　問一Aイ　Bア　Cエ　問二ウ　問三情報や知識が国境を越えていく(こと。)
問四環境保護　問五ネットをう(〜)れません。　問六Ⅰ単純な　Ⅱ人間らしく
問七ウ　問八学んだこと(〜)評価される(社会。)　問九ウ　問十ア　問十一世界規模や地域の問題を解決し、人類が新しい段階になるよう努力を続けるべきだ。

四　問一Aウ　Bエ　Cイ　Dア　問二母子家庭だから、ヤンキーなんだ　問三(1)エ　(2)Ⅰ大田　Ⅱ説得　問四(1)ゆがめる　(2)うる　(3)たてる　(4)くもらせる　(5)かす　問五イ　問六正座　問七Ⅰ取り返しのつかない　Ⅱ失敗しちゃだめな　問八エ　問九ウ

【配点】
百五十点満点
一各一点　二各一点　三問一…各三点　問二…四点　問三…六点　問四…四点　問五…六点　問六…各四点　問七…四点　問八…六点　問九…四点　問十…四点　問十一…十点　四問一…各二点　問二…五点　問三…各四点　問四…各二点　問五〜問九…各五点

昭和学院秀英中学校(第一回)　〈問題は274ページ〉

一　1見聞　2景勝　3結実　4音信　5けいけい

二　1Ⅰイ　Ⅱカ　Ⅲウ　2エ　3ア　4エ　5慎重に正しい手順で身体の訓練を行うこと　6(1)オ　(2)感覚—運動スキル　7身体による(〜)れてこない　8最初すぐには何も見えないが、光の刺激を受けそれに応じ身体を動かす経験を積み、視覚的な表れと触覚的な表れを結びつけ、事物を知覚する。

三 1Aア Bオ Cイ 2大好きな元の飼い主がいると気づいたから。 3a美月 b母親 4(飼い主が)病気で、犬を飼える状況にないが、タヌ吉ともう一度一緒に暮らすことを目標にして頑張っているので人に預けて返してもらいづらくしないため。 5イ・オ 6ウ 7エ

【配点】

百点満点

一各二点 二1…各二点 2・3・5・6(2)…各四点 4・6(1)・7…各五点 8…十点 三1・3…各二点 2…六点 4…十一点 5…各三点 6・7…各五点

成蹊中学校(第一回)

〈問題は282ページ〉

一 問一イ 問二姉が大きな口でタルトを食べカフェオレで飲み下し、すぐ食べ終わること。 問三姉が自分の子どもの世話をすることで私のことは構わなくなるから。 問四妻が亡くなりそばにいないこと。 問五エ 問六姉の十九歳の誕生日に世界で一番美味しいタルトをプレゼントしたこと。 問七エ 問八茜さんから姉が「私」を大切に思ってくれていたことを聞きうれしい気持ちの一方で、かけがえのない姉に大好きだと伝えなかったことを後悔しているから。

二 問一Xイ Yウ 問二1イ 2ウ 3ア 問三イ 問四イ 問五オルタナティヴ・ストーリー 問六自分に苦しみをもたらすストーリーに支配されて、生きづらくなっている人。 問七新しい経験や他者の存在によって、現実だと思い込んだ必要のない苦しみをそれは妄想だと修正すること。 その結果ストーリーは自分にとって生きやすいものになる。

三 ①沿道 ②園児 ③裁(かれた) ④討論 ⑤負担

成城学園中学校(第一回)

〈問題は291ページ〉

一 1軽率 2快(い) 3善後(策) 4糖質 5街路(樹) 6雑穀 7縦横 8功績

二 問一じっさいには起こらない 問二ア 問三計画を立てず、その場で対処する 問四aイ bオ cア 問五安全性を十分理解しているにもかかわらず、危険ではない状況で過剰な恐怖心をいだくこと。 問六ウ 問七iウ iiケ 問八Ⅰ訓練や実地経験 Ⅱその場の状況に応じて的確に対処する 問九エ 問十ある程度、無理のない計画を立てたうえで、計画通りにいかないことも考え、状況を見ながら取り組む量を加減するとよい。

三 問一ウ 問二西森(くん) 問三いぼ結び 問四ウ 問五Ⅰトウモロコシ Ⅱ枝豆 問六お母さんの思う理想の息子 問七aキ bウ cア dオ 問八ソーシャルスキル 問九ア、イ、オ 問十母に、自分が一番大事だと言われ、自分は母から愛されている自信がなかったが、愛されているとわかりほっとしたから。 問十一母と本音で話したことで、自分には生きる価値があるのだということを実感できたので、命を大事にするからには、自分の意志とは関係なく、畑には「行けない」と考えているから。

西武学園文理中学校(第一回)

〈問題は301ページ〉

一 問1Aエ Bオ 問2継続的な同調作用 問3自分の意図するようにはならず他者と交渉しなくてはいけない厄介な現実世界より、自分の思い通りになるスマホの世界の方が居心地がいいから。 問4ア 問5相手と直接 問6ウ 問7ウ・エ

二 問1Aエ Bア Cウ 問2③イ ⑤ア 問3三歳で母を亡くし、義父は週末しか帰らず祖母と姉の三人で貧しく暮らしていたこと。 問4憧れと 問5ア 問6墓穴 問7イ 問8オ

三 問1(1)紙一重 (2)利器 (3)救済 (4)ごんげ (5)いぶき 問2①(一念)発起 ②(言語)道断 ③心機(一転) ④朝令(暮改) ⑤本末(転倒)

青稜中学校(第一回B)

〈問題は309ページ〉

一 問1iア iiイ 問2ア 問3(1)エ (2)[例]「私」がスポーツも勉強もでき、喧嘩も強い人物になったから。 問4(1)ウ (2)[例]A羞恥や迷惑を感じている B「K」から受けるほどの好意を他者から受けた経験がない 問5イ 問6ア 問7(1)野暮ったく(〜)一年生たち(の帽子) (2)長い年月に 問8ウ 問9(1)a子供 b大人 (2)[例]少年たちの成長 (3)X女性・女子(への)憧れ Y大人(への)憧れ (4)だが、年が (5)イ

二 問1［例］歌舞伎・着物など 問2［例］文化的伝統の違い。 問3心の奥に刻まれている欧米コンプレックス 問4エ 問5⑴ア ⑵思考停止 ⑶ア 問6ア○ イ× ウ○ エ× オ×

三 ①カ ②ク ③ア ④ウ ⑤オ ⑥キ ⑦イ ⑧エ

四 ①すんか ②むてき ③すこ(やか) ④感涙 ⑤威儀 ⑥実況 ⑦抵触 ⑧惨状 ⑨軒並(み)

専修大学松戸中学校（第一回）

〈問題は321ページ〉

一 ①はら(う) ②はんしょく ③しゅくさつ ④かわせ ⑤吸(う) ⑥激(しく) ⑦徒党 ⑧熱弁 ⑨粉末 ⑩遊覧

二 問一1ウ 2オ 3キ 4イ 5ク 問二派手 問三Bカ Cエ 問四Dア Eエ 問五Ⅰ大きな会社で研究者 Ⅱ大黒柱 問六ウ 問七パン職人になりたいという自分の選んだ夢を追い、人生は何歳からでもやり直せるということを家族に示すこと。 問八イ 問九オ 問十高校受験をして清開学園のディベート部に入り、模擬国連に出たいという夢を打ち明ける 問十一ア 問十二ウ

三 問一1オ 2ア 3ウ 4ク 5イ 問二Ⅰ十二画 Ⅱ一画目 問三イ 問四誰もが 問五ア 問六オ 問七努力をせず、実力に見合わないような高い目標を設定し、目標設定自体に満足をすること。 問八ウ 問九ウ 問十コントロー(～)ている関係 問十一エ 問十二イ 問十三よりよい人間関係を築いて共に前に進むために、柔軟な態度で対話を重ねること。 問十四ウ

千葉日本大学第一中学校（第一期）

〈問題は337ページ〉

一 問一Aカ Bア Cキ Dウ Eイ 問二A矢 B棒 C耳 D島 E群

二 問一a認(め) b便利 c研究 d教養 問二Xエ Yエ 問三ウ 問四ほとんどのものを「いい」と言える審美眼 問五エ 問六イ 問七イ 問八(i)古典をその (ii)ア 問九ア 問十ウ

三 問一a捨(てて) b胸 c弁解 d従(って) eこはるびより 問二⑴エ ⑵イ ⑶ア 問三Xウ Yエ 問四友人の父は、祖父が資産を賭博に費やして家を貧しくしてしまった過去が忘れられず、勝負事は身を滅ぼす基だと考えているから。 問五①ウ ②ア 問六修学旅行に行けなかったということ。 問七①遺言［死ぬ間際の言葉／臨終の望み］ ②年をとった［年齢を重ねた／六十(歳)を越した］ 問八ア・キ 問九エ 問十エ

中央大学附属中学校（第一回）

〈問題は346ページ〉

一 【問1】ⓐ変声期 ⓑ外(す) ⓒ心労 ⓓ看病 ⓔ意向 【問2】A㋐ B㋓ C㋒ 【問3】a㋖ b㋑ c㋓ d㋕ 【問4】D㋐ E㋕ F㋒ G㋓ 【問5】㋓ 【問6】㋓ 【問7】㋒ 【問8】㋐ 【問9】H㋓ I㋒ J㋑ K㋔ 【問10】⑴㋒ ⑵㋔ ⑶㋖ ⑷㋚ 【問11】⑴㋒ ⑵㋓ ⑶㋘ ⑷㋙ 【問12】a㋕ b㋒ c㋘ d㋔ e㋓ f㋗

二 【問1】A㋓ B㋑ C㋔ D㋒ 【問2】㋒ 【問3】㋓ 【問4】a㋔ b㋕ c㋑ d㋓ 【問5】⑴㋐ ⑵㋔ ⑶㋘ 【問6】㋑ 【問7】㋒→㋑→㋓→㋐ 【問8】㋐ 【問9】a㋒ b㋖ c㋐ d㋔ e㋘ ⑴(B) ⑵(A) ⑶(A) ⑷(A)

中央大学附属横浜中学校（第一回）

〈問題は364ページ〉

一 問一ア推測 イ先行 ウ提唱 エ指標 オ複雑 問二4 問三3 問四4 問五3・5 問六⑤B ⑥A ⑦B ⑧A 問七1 問八⑴(私たちが他者に起こった出来事や行為に対して)要素に分解して理解しようとする［要素ごとに分解、理解していく］(ことを心がける。) ⑵一貫性が低く、弁別性と合意性が高いため、太郎さんの能力とは別の外的な要素に原因が帰属されるべきであるが、内的帰属が行われているから。

二 問一ア強要 イ香典 ウぬぐ(った) エこじ オ極意 問二3 問三1 問四私が女だか［女だから、／「私が女だ」］ 問五4 問六紅 問七2 問八相手を喜ばせたかっただけという点で違いはないということ。 問九3 問十⑴銅色のアルミの大鍋 ⑵赤の他人が(～)食べている［赤の他人が(～)べている。］

筑波大学附属中学校

〈問題は378ページ〉

一 ⑴イ ⑵エ ⑶ア ⑷エ ⑸aウ bイ ⑹「私」と相手の目が合い、お互い負

けたくないと思っていること。⑺ウ　⑻ウ　⑼1鼻筋に落ち　2ぱっつんと3自然、身体　⑽X残像　Y一目散

二　⑴イ　⑵ウ　⑶イ　⑷非血縁を含む集団単位で、子孫を増やす　⑸ⅰ女王だけが卵を産む　ⅱイ　ⅲ大規模な協力関係　ⅳウ

帝京大学中学校（第一回）

〈問題は390ページ〉

一　問一友情の証を、他の人には気づかれないように、二人にだけわかる位置につけるため。問二ア　問三エ　問四aエ　bア　cオ　dイ　eウ　問五違うってい(〜)大変なんだ　問六ウ　問七友人の哲ちゃんに秘密を持つことに対する、後ろめたい気持ち。

二　問一aウ　bア　問二Aイ　Bエ　Cウ　問三イ　問四私たちの世代が優雅で便利な生活を送ることで起きる問題の対応を子孫たちに押しつけているという構造。問五ア　問六安上が(〜)ている(から。)　問七エ　問八エ

三　1…10　2…12　3…14　4…18　5…29

四　1経費　2小康　3豊富　4応　5徒競走　6建材　7静観　8好演　9旧居　10際限

【配点】

百点満点

一問一・問七…各八点　問二…三点　問四…完答で六点　他各五点　二問一・問二…各二点　問三・問六…各五点　問四…八点　他各四点　三各二点　四各一点

桐蔭学園中等教育学校（第一回午前）

〈問題は398ページ〉

一　①義理　②因果　③散布　④情勢　⑤刊行　⑥講演　⑦悲願　⑧均整　⑨しっそ　⑩うやま

二　問1Aウ　Bエ　問2ア　問3その場で考えたのでは間に合わない場合や、やったことが無駄になる場合、それどころか邪魔にさえなることがあるから。(55字)　問4エ　問5ア　問6エ　問7(あ)低い　(い)大きい　(う)低い　(え)大きい　問8ウ

三　問1Aア　Bイ　問2ウ　問3イ　問4エ　問5ア　問6ウ　問7傷つくことを恐れ、本心をさらけ出して人と深く関われず、人間関係が壊れたとしても仕方がないとすんなりと受け入れてしまう人。(60字)　問8エ

東京学芸大学附属世田谷中学校

〈問題は407ページ〉

一　①着手　②建築　③修理　④熱演　⑤責任感　⑥直視　⑦持続　⑧事業　⑨築く　⑩重ねる　⑪連なる　⑫謝る　⑬みき　⑭こうみょう　⑮じこう

二　問一植物が成長することによって環境自体もダイナミックに変化(すること。)　問二ア　問三エ　問四イ　問五a特定の種類の植物を食べ終える　b害虫や病気の存在は、生態系を多様化する方向にはたらく　問六次図　問七人がかかわらずに周囲の環境と密接にかかわりながら進化してきたから。

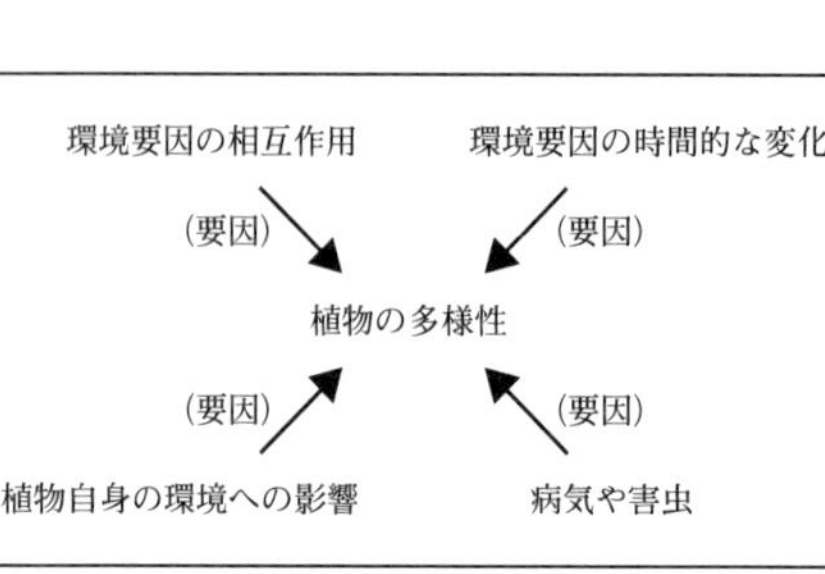

三　問一大人の使わない幼児語が学習者向けの基礎単語とはならない(こと。)　問二大人未満の未熟な存在である子供が使う幼児語は覚える必要はない(という考え方)　問三イ　問四A多すぎる宿題　B子供がよく使う口ごたえ　C文句を言う　問五ウ　問六「新しい語(〜)りだす仕事　問七[例]私はその国の子供が、父や母などの家族を呼ぶときに使うことばを最初に知りたいと思う。こうした子供の時によく使うことばの学習を通して、その国の子供がどのように生活しているのか疑似体験し、理想とする子供時代を自分の思い出として持っておくようにす

る。そして、語学の学習でつまずいた時、豊かで幸福な思い出に満ちた子供時代を記憶として持っていることが、学習がつらい時の支えとなるからである。

東京都市大学等々力中学校（第一回S特）（二〇二三年）〈問題は413ページ〉

一 1さなえ　2しょうけん　3にゅうわ　4しゅぎょう　5うやま(う)　6武者　7根幹　8至急　9編集　10告(げる)

二 問一ア　問二エ　問三Bエ　Cイ　問四切羽［せっぱ］　問五1「僕」の誕生による嬉しさ［「僕」の誕生による喜び／薫の誕生による嬉しさ(喜び)］　2マサキを失った悲しみ　問六何か壊せる　問七ウ　問八1イ　2ウ　問九エ

三 問一ア　問二C　問三文脈　問四それまでに(〜)リー化する(見方。)　問五ア・イ　問六ア　問七ウ　問八映像記憶　問九天敵や食物ではないものでも、さまざまな表象表現を認識し、カテゴリー化できるようになるらしいから。

四 問一新型コロナウイルスの世界的な流行によって訪日外国人の買い物客が激減したこと。　問二ウ・エ・キ

【配点】
百点満点
一各二点　二問一・問五1・問七・問八・問九…各三点　他各二点　三問二・問六…各三点　問九…五点　他各四点　四問一…六点　問二…九点

東京農業大学第一高等学校中等部（第三回）〈問題は426ページ〉

一 ①ひより　②だつい　③ゆうし　④あなど(って)　⑤収める　⑥破損　⑦散策　⑧横着

二 問一エ　問二Xイ　Yア　問三ウ　問四イ　問五ア　問六エ　問七オ　問八今まで日常生活の中で体験してきた確かな直接体験よりも、不確かな疑似体験である間接体験の方が大きな意味を持つようになったということ。

三 問一Aウ　Bオ　問二ウ　問三イ　問四イ　問五ア　問六イ、オ　問七エ　問八エ　問九オ

桐光学園中学校（第一回）〈問題は437ページ〉

一 1養蚕　2星座　3運賃　4朗読　5閣議

二 問一Ⅰオ　Ⅱウ　Ⅲア　Ⅳイ　問二aエ　bア　問三ウ　問四イ　問五エ　問六しつこく注意を受けたことで、子どもたちが心に傷を負ってしまったことからくるいやな思いを完全に断ち切って、気持ちを切り替えるしかないと思ったから。　問七ウ　問八イ　問九エ

三 問一aウ　bア　問二イ　問三(1)Aオ　Bイ　Cエ　Dア　Eウ　(2)母語話者にとってはわかりやすくても、非母語話者にはわかりやすいとは限らない、ということ。　問四外界にある　問五(1)ア　(2)イ　問六エ　問七イ・エ

【配点】
百五十点満点
一各三点　二問六…十五点　他各四点　三問三(2)…十六点　他各四点

東邦大学付属東邦中学校（前期）〈問題は448ページ〉

一 問1F・H　問2aE　bC　問3D　問4ⅠH　ⅡC　ⅢB　問5A　問6B　問7A　問8D　問9C　問10十分な(〜)ていた　問11B

二 問1D　問2A　問3E　問4ⅠB　ⅡE　問5B　問6A　問7C　問8C　問9D　問10A

東洋大学京北中学校（第一回）〈問題は459ページ〉

一 問一(1)至難　(2)対照　(3)蒸留　(4)操縦　(5)安息　問二(1)オ　(2)イ　(3)エ　問三(1)エ　(2)カ　(3)イ　(4)キ　問四(1)イ　(2)ウ　問五(1)ア　(2)ウ

二 問一①二面性　②ネガティブ　問二イ　問三ウ　問四D　問五オ　問六エ　問七オ

三 問一ア　問二イ　問三［例］ゴミの分別がうまくいかないのは、それが意識の外に放り捨てたものを再び意識化することに他ならないから。　問四ウ　問五エ　問六オ　問七イ・エ

四 ［例］今の日本では定年制度が設けられていたり、高齢者の年金を現役で働く人

が支えていたりする。今後も少子高齢化が進んでいくことを考えると、こういった昔からの制度を変えていく必要がある。これからは高齢者も活やくし続けられる場を設け、若者とともにそれぞれができる役割を担い、協力できる社会が求められると思う。

【配点】

百点満点

〔一〕問一…各二点　問五…一点(完答)　他各一点　〔二〕問一…各三点　他各四点

〔三〕問三…六点　他各四点　〔四〕二十点

獨協埼玉中学校(第一回)　〈問題は471ページ〉

〔一〕Ⅰ①いただき　②じゅうだん　③しんこく　④穴場　⑤紅潮　⑥裁(く)　Ⅱ①筆　②三　③文　④聞

〔二〕問一イ　問二aウ　bア　cエ　問三もっと勉強　問四いつもゆっくり歩いていた父が、駅までの道を大股で歩いていたから。　問五エ　問六ウ　問七ウ　問八イ　問九イ　問十ア　問十一ウ

〔三〕問一aイ　bエ　問二ウ　問三ファッション感覚　問四ウ　問五「じぶんらしくなければならない」という強迫観念に疲れてしまった雰囲気。　問六エ　問七Aウ　Bア　問八イ　問九2　問十エ

【配点】

百点満点

〔一〕各二点　〔二〕問一・問二…各二点　問三・問五～問九…各三点　問四…六点　問十・問十一…各四点　〔三〕問一…各二点　問二・問三・問七AB・問八・問九…各三点　問五…六点　問四・問六・問十…各四点

日本大学中学校(A－1日程)(二〇二三年)　〈問題は480ページ〉

〔一〕問1訪問　問2基調　問3肥(やす)　問4朗報　問5形声　問6こがい　問7ようさん　問8とうじ　問9けいだい　問10じょうじゅ　問11日進月歩　問12無我夢中　問13…3　問14…4　問15…3　問16…4

〔二〕問17対象を平面化する傾向　問18概念的　問19…4　問20…1　問21…2　問22厚み　問23しかく　問24視点によって見え方がさまざまなので、目が見える人のものの見方は異なるということ。

〔三〕問25…4　問26親愛の情　問27手作りの額　問28流れ流れて　問29…3　問30消えてしまったもの　問31…4　問32額縁の良さを伝えることで、人々が絵を楽しみ真の豊かな生活を送るようになる夢。

〔四〕問33馬車　問34…1　問35抜本的な変化が必要な(状況)　問36…3　問37疑う力が足りないから　問38まったく別の道　問39過去の常識にとらわれず、未来につながる発想をもってほしい。　問40…4

日本大学藤沢中学校(第一回)　〈問題は491ページ〉

〔一〕問一①投下　②寄宿　③災難　④円満　⑤積(む)　問二①しゅえい　②けっそん　③こうさく　④じちょう　⑤とな(えた)　問三イ　問四エ　問五イ　問六ウ　問七イ

〔二〕問一Aオ　Bエ　問二エ　問三その映画で使われているある言語のある表現を寸分たがわぬニュアンスで他言語に置き換えることは原理的にできないので、字幕や吹き替えはオリジナル鑑賞でなく改変行為となるから。　問四ウ　問五(二字)時短　(三字)効率化　(五字)便利の追求　問六ア　問七ウ　問八イ　問九エ　問十イ

〔三〕問一ウ　問二イ　問三イ　問四①みんなの笑いもの　②ウ　問五ア　問六…一番しんどいときは、ひとりで切り抜けるしかないため、心の休憩ができる友達が必要だという富塚先生の言葉に強く共感したから。　問七イ　問八ア

〔四〕問一祖母の「10時の電車」という発言は、Y駅への到着時間ではなくS駅からの出発時間だったから。　問二「階段の近くで待ってるよ」(を)「南階段の近くで待ってるよ」(にすべきだった。)

【配点】

百点満点

〔一〕問二…各一点　他各二点　〔二〕問一・問五・問七…各二点　問二・問四・問六・問八…各三点　問三…五点　問九・問十…各四点　〔三〕問一・問三・問四①…各三点　問二・問五…各二点　問四②・問七・問八…各四点　問六…六点　〔四〕問一…三点　問二…四点

広尾学園中学校（第一回）

〈問題は502ページ〉

一 問一①ぜせい ②そくさい ③ていさい ④るふ 問二①垂直 ②皇居 ③歓声 ④担 ⑤宣戦 ⑥敬具

二 ①けな―エ ②いか―キ ③ろも―ウ ④つま―イ ⑤るせ―オ

三 問一ウ 問二イ 問三エ 問四ア 問五すごくおもしろいアイデアだと思った 問六自分の作品にも自信を持てなかったが、周りの空気を読むよりも自分の素直な気持ちを表明できる泉に作品を褒められたことで、主体的に文芸部をつくり活動を続けていく自信を得られたということ。 問七エ

四 問一Aウ Bイ Cア Dエ 問二ウ 問三イ 問四ア 問五人間は自分のことなど理解できず、他者も理解できないとするニーチェの考えは、自分自身のことがわかった上で他者も理解できるようになるというアリストテレスの友情論と、前提から異なるものだから。 問六イ 問七エ

【配点】

百点満点

一各一点 二各二点 三問一…六点 問二…四点 問三…五点 問四・問五…各四点 問六…十二点 問七…五点 四問一…各一点 問二・問三…各五点 問四…四点 問五…十二点 問六・問七…各五点

法政大学中学校（第一回）（二〇二三年）

〈問題は513ページ〉

一 問一安田澪 問二青木が急いで(〜)からだろう。 問三ア 問四桜丘憲法では児童が決して使ってはいけない言葉が決まっていて、「ばか」はその中に含まれているから。 問五解き放たれた獣みたいな(子どもたち) 問六Ⅰ選択肢 Ⅱ怪我 Ⅲがまん Ⅳ有利 問七エ 問八ウ 問九Aエ Bイ Cア Dウ 問十aよい bもよ(り) cとうそつ dこうかく

二 問一ウ 問二エ 問三…一定の面積での収穫量はほぼ決まっており、多く植えたとしても光や水、養分の奪い合いが起きて十分な生育ができないため、収穫量は四倍にはならない。 問四種類ご(〜)ずらす(という工夫。) 問五時差出勤 問六ア 問七…二つ目は、 問八Ⅰ移動 Ⅱ利用 Ⅲおいしい Ⅳ誘い込む 問九Aイ Bア Cエ Dウ 問十a可能 b幹 c敗(れた) d暖(かく)

【配点】

百五十点満点

一問一・問二・問五…各六点 問三・問七・問八…各五点 問四…十四点 問六…各三点 問九・問十…各二点 二問一・問二・問六…各五点 問三…十四点 問四・問五・問七…各六点 問八…各三点 問九・問十…各二点

法政大学第二中学校（第一回）（二〇二三年）

〈問題は523ページ〉

一 問一①系統 ②貯蔵 ③収拾 ④織(る) ⑤勇(み) 問二①つい(やす) ②やわ(らぐ) ③あんぴ ④ほっきにん 問三①富 ②版 ③誠 問四①ウ ②イ ③ウ

二 問一エ 問二ウ 問三ウ 問四「差別(〜)在だ」(という考え方) 問五ア 問六ウ 問七ウ(→)イ(→)エ(→)ア 問八クラスの中で、例えば成績がよい、運動能力が高いなどの基準で序列が作られ、その序列にしたがって、言うことを聞く、聞かされる関係が成り立つことがある。このような序列は、基準を変えることでなくすことができるはずで、その基準がみんなの承認を得られるように、各人が啓蒙的な行動をしていく必要があるだろう。

三 問一Ⅰオ Ⅱエ 問二エ 問三(一)ア (二)イ 問四ア 問五ウ 問六成長していく子どもたちに後押しされて、かつてあきらめかけた保育園の先生になる夢を今度は子どもたちと一緒に実現しようと決意し、晴れやかな気持ちになっている。

星野学園中学校（理数選抜入試第二回）

〈問題は535ページ〉

一 問一aウ bア 問二エ 問三いつ役に立つかわからない過去に学んだことや体験したことを必要な状況に応じて取り出し、知識を更新させ判断し、人生の目的に結実させられる人。 問四エ 問五イ 問六ア 問七イ・オ

二 問一イ 問二でもうまい 問三エ 問四ア 問五イ 問六エ 問七ウ

三 1貴族 2簡潔 3警報 4縦断 5演奏

四 1公 2密 3専 4臨 5義

五 1馬 2説 3帯 4単 5千

六 1源 2樹 3刻 4本 5当

三田国際学園中学校（第一回）

〈問題は544ページ〉

一 問一Aオ　Bア　Cウ　Dイ　問二aエ　bア　問三保育園に行くことで他者を意識するようになって、自分を力強く見せるために男らしさをイメージさせる「おれ」を使ったと考える。　問四日常生活を送るためにしっくりこない一人称を使うことで心が疲れてしまっていること。　問五イ　問六自分　問七ア　問八イ　問九たとえば「～だ」と言い切れる表現を「～だわ」とすることで女性らしさ、「～だぜ」とすることで男性らしさなどを表すことができるように語尾を変化させることで、性別や人間像を決定づけることができる。

二 問一Iゴタ混ぜ　Ⅱ視覚文化　Ⅲ独創　問二Aウ　Bエ　Cイ　問三個性とは、他人にも理解できるものであると考えること。　問四エ　問五日本のアニメやマンガはゴタ混ぜで、言語が異なる人々からも理解される普遍的なものだから。　問六ウイエア　問七ア1　イ2　ウ2　エ2　問八大人に可能性を奪われてしまう子どもに対して、感動する眼があれば自由であること、身の回りに楽しいことが見つけられるから、太陽は丸ではなく表してもよいのであるといった自由さを込めた作品を作る。

三 ①呼吸　②地域　③明暗　④信任　⑤鋼鉄

茗溪学園中学校（第二回）

〈問題は555ページ〉

一 1たぐ(い)　2くちょう　3いさ(み)　4しょはんぼん　5ぶれい

二 1同盟　2唱(える)　3包(み)　4劇的　5心機一転

三 問1①イ　②ウ　問2ウ　問3オ　問4ア　問5住み家と仕事を探して、妹と二人で勝手な母から「独立」して安全に暮らしていたのに、母に対する不満で衝動的に「家出」したと責められたから。　問6母親とその婚約者が、自分と妹を連れ戻しに来た本当の目的を聞き出す(こと)　問7ウ　問8すべては理佐の勝手だったということにするために言っただけで、深く考えていなかったから。　問9まゆ　問10イ　問11B二　C三　問12顔を見合わせる

四 問1特に貴重なものとして固定　問2経験内容が、絶えず新しいものにこわされ新しいものとして成立し直し、未来に向かって開かれるという意味。　問3A経験　B体験　問4イ　問5今の自分がある(のだ)　問6Iおせっかい　Ⅱウ　問7一度大勝利を収めたチームの戦術にこだわるコーチが、他の戦術で勝った体験にこだわる選手と対立する。　問8同じ地下水脈　問9ウ　問10型の本質を汲み取り、細部を捨てて自由な表現ができるかどうかの違い。　問11難解　問12本当によく分かっている人は、分かりやすい言葉を使っても自在に表現できるし、エッセンスも捉えているから。

明治大学付属八王子中学校（第一回）

〈問題は564ページ〉

一 問一イ　問二ア　問三エ　問四イ　問五ア芸人の夢　イあきらめる　問六エ　問七清らかな美しさ　問八ア　問九提供するほ　問十ア

二 問一どんな場面　問二イ　問三ウ　問四ア　問五ウ　問六その人が生　問七挫けそうな　問八ウ　問九エ　問十イ

三 ①童心　②均等　③絶賛　④就任　⑤寸法　⑥じゅうはん　⑦めいしん　⑧よけい　⑨しょめい　⑩しゅくしゃく

明治大学付属明治中学校（第一回）

〈問題は576ページ〉

一 問一種類　問二2馬のいる場所のまわりをまわっている　3馬のしっぽを正面から見ていない　問三ア　問四…一つ一つの事物に違う名まえをつけて使用するのは現実的ではない上、ものの感じ方を表すことばの場合は、国の伝統、社会のあり方に深いつながりを持っているため、共通な標準が求められないから。　問五②自分のことをよぶ語が、英語、ドイツ語、フランス語、ロシア語にはそれぞれ一種類しかないこと。　④私たちの使う語の指すものが、じっさいの世界の中にもあると考えること。　⑦あいまいな議論をやめて、はっきりした問題をつかまえて一歩一歩すすむこと。　問六ウ　問七5黒い円　6黒い三角　7白い円　※5～7は順不同　8丸い図形　9黒い図形　問八イ　問九真善美が自分の外にあるかのように思うこと。　問十何を勉強する目的で入学しますか。何を勉強したいのですか。　問十一D→C→A→B　問十二12ア　13エ　14ウ　問十三だから　問十四あいまいなことばが多い世界では理くつを言う気持ちがたいせつで、ことばの意味の正しい理解のためには、多くの経験にぶつかり偏見なしに見つめて、どういうことばで表現したらいいかと十分に考える必要がある。

二 1視野　2郵便　3陸橋　4創設　5権利　6臨海　7投票　8建造　9暖(かな)　10管

【配点】

百点満点

一問一・問三・問六・問八・問十三…各三点　問二…各三点　問四・問十四…各八点　問五…各四点　問七…各二点　問九・問十・問十一…各四点　問十二…各三点

二…各二点

森村学園中等部(第一回)

〈問題は585ページ〉

一 問一エ　問二イ　問三エ・オ　問四Aア　Bオ　Cエ　問五(1)イ　(2)イ　問六イネの根をたくましく育てて、秋に垂れ下がる重いお米を支えられるような、強いからだをつくるため。　問七①発芽しない(〜)っていたり　②いっせいに成熟した穂を刈り取る　問八成長に適したものと適していないものとを選別する　問九ウ・オ

二 問一ア　問二これからの日本女性たちの生き方　問三Ⅰエ　Ⅱイ　問四ウ　問五男性に頼ることなく自分の力で人生を切り開いていくという道先生の考えを聞き、自分がこれまで教わってきた価値観とは全く異なる生き方があることを知って驚いている。［男性から選ばれて結婚することだけが女性の生き方だと考えるゆりには、男性に頼らずとも自分の力で生きていこうとする道先生の考え方が信じられずに驚いている。］　問六ア　問七ウ　問八(1)(津田梅子)ア　(河合道)エ　(2)①エ　②ア

三 ①衛星　②器官　③縦断　④検討　⑤映(す)　⑥寒暖　⑦供(える)　⑧憲法　⑨ぞうしょ　⑩むぞうさ　⑪じゃっかん　⑫かいろ

【配点】

百点満点

一問一…四点　問二…二点　問三…完答で四点　問四…各二点　問五(1)…二点　問五(2)…三点　問六・問八…各六点　問七…各三点　問九…各三点　二問一・問四・問六…各三点　問二・問七…各四点　問三…各二点　問五…八点　問八(1)…各三点　問八(2)…各四点

山手学院中学校(A)

〈問題は597ページ〉

一 問一ウ　問二産湯　問三ウ　問四エ→ウ→イ→ア→オ　問五エ　問六イ　問七アA　イB　ウB　エB　問八ア　問九(1)キ　(2)エ　(3)化石燃料を原材料とせず、日本の伝統的な食品の酒や醤油、味噌の製造の場で次々にリサイクルすれば、百年以上も使えるから。

二 問一①イ　②オ　③ウ　問二イ　問三ア　問四イ　問五イ　問六ウ　問七兄たちが戦争に行って帰ってこなかったとお祖父ちゃんから聞かされ、彼自身も戦争に行ったのかを知りたいものの、その様子がふだんとは異なるので、好奇心を抱きつつも、はっきりたずねることをためらう気持ち。　問八世界最大の空母の改装に関われた誇らしさと、それが艦命十日で水没したことへの落胆が、あらためて胸に去来したから。　問九ア　問十それまで

三 ①利(く)　②発揮　③指図　④対象　⑤展覧会　⑥器械　⑦険悪　⑧開放　⑨けしいん　⑩いちもくさん

麗澤中学校(第一回AEコース)

〈問題は609ページ〉

一 ①奮(い)　②郵送　③穀倉　④往復　⑤常識　⑥保証　⑦尊敬　⑧除雪　⑨油　⑩雑

二 問一①ウ　②イ　問二オ　問三Ⅰア　Ⅱウ　問四エ　問五a少数の人びとの声　b階級や党派　c道徳性　問六オ　問七(1)a共感能力を発揮する　b自分の自己実現と社会の自己実現を結びつけて　(2)①・④

三 問一①エ　②イ　問二エ　問三a汚い　b守られるべきもの　c情けない　問四ウ　問五退治　問六オ　問七(1)a真面目　d相対して向き合う　(2)オ　(3)もともとだれでも魔を持っており、心が弱っているときには魔に苦しめられるが、強さもあわせもっている

早稲田実業学校中等部

〈問題は621ページ〉

一 問1aア　bウ　cエ　問2エ　問3(1)料理　(2)イ　問4ウ　問5ア　問6イ　問7ア・オ　問8ウ

二 問1［例］使用価値はあるが、売れない（ので、資本を増やすことに貢献しない商品。） 問2［例］（商品の価値は）実際に使うことで感じる有用性ではなく、費やされた労働時間（によって決まるものだから。） 問3 Ａ［例］（生産活動の目的は、）人間が必要なモノを作ること（から） Ｂ［例］資本の側が儲かるモノを作ること（へと変化したが、） Ｃ［例］市場の需要と生産の変動を調整（できないので、） Ｄ人間がモノ（～）支配される（状況になったということ。）

三 問1①危害 ②宣伝 ③操縦士 ④器官 ⑤務める ⑥保障 ⑦ようじょう 問2ア・カ

跡見学園中学校（第一回）

〈問題は629ページ〉

一 問一目 問二イ 問三ウ 問四貝が集めが終わったら、彼方がもう浜辺へ来なくなってしまうと思ったから。 問五Ａエ Ｂア 問六Ｘルリとまた来年も会いたい Ｙ来年も記憶を取り戻せず、あの世へ行けていないこと 問七ウ

二 問一ウ 問二ア・ウ 問三Ａイ Ｂア 問四貧しい人々は住むことができないかもしれないという点。 問五エ→ア→ウ→イ 問六ａ水を押さえ込む ｂ水をあふれさせる ｃ浮くまち

三 1一期（一会） 2自給（自足） 3（異口）同音 4（独立）独歩 5（温故）知新

四 1雑木 2散乱 3善良 4刻 5染

浦和明の星女子中学校（第一回）

〈問題は637ページ〉

一 問1ａ順次 ｂ断片 問2エ 問3ア・イ 問4イ 問5ウ 問6Ｂイ Ｃイ 問7Ⅰ自己対話 Ⅱ誰にも邪魔されずにいる Ⅲウ 問8 1Ａ 2Ｃ 3Ｂ 4Ａ 問9エ 問10Ⅰ技術 Ⅱつながり Ｘどうどう Ｙよゆう

二 問1ａうわべ ｂめがしら 問2ウ 問3ぶさた 問4イ 問5エ 問6ア 問7ア 問8Ⅰ大丈夫 Ⅱエ 問9⑴ウ ⑵Ｂ友だちが作れない Ｃ友だちと離ればなれになる ⑶ひとりぼっちになることへの不安

江戸川女子中学校（第一回）

〈問題は652ページ〉

一 ①熟読 ②断腸 ③極秘 ④圧縮 ⑤業績

二 ①舌 ②頭 ③指 ④口 ⑤鼻

三 問1Ｘア Ｙウ Ｚイ 問2Ａウ Ｂア Ｃア 問3息子先生 問4ア 問5イカ 問6ア魚が喰べられたのだ イ征服と新鮮 問7子供が食事に喜びを感じたこと。 問8無我夢中 問9晩酌の膳の前 問10エ

四 問1Ｘイ Ｙエ 問2ア映画 イ映画館のスクリーンで観ること ウ音楽 エ生演奏を聴くこと 問3Ａエ Ｂカ Ｃウ 問4②ウ ③イ 問5実利 問6ア 問7エ 問8芸術として認められた（ということ。） 問9しかし自宅

【配点】

百点満点

一各二点 二各二点 三問1～問3…各二点 他各三点 四問1～問5…各二点 他各四点

桜蔭中学校

〈問題は661ページ〉

一 問一Ａ精査 Ｂ定時 Ｃ建（立）前 Ｄ神経 問二感情とは、それぞれの人がそれぞれの人生を生きる中でいだく、別個のものであるはずなのに、みんなに共通の言葉で表されてしまうと、その違いは見えなくなってしまい、一人一人の異なる感情が同じものとしてひとくくりにされてしまうということ。 問三ネットでは互いに顔を合わせることなく、誰もが自由に発信できる。また、ネットでは、目の前の相手に届けることを目的にせず、だれにも気をつかわずに言葉を書くことができる。したがって筆者は、書いた言葉であれば自分自身をそのままに表すことができると考えたから。 問四「わからなさ」とは、他者とは完全に理解しあうことの出来ないような、筆者自身の感覚や感情であり、筆者はそれを詩として発表している。筆者の詩を読んだだれかが、このわからない言葉の異物感をきっかけにその言葉の意味や背景に思いをめぐらせ、読み手自身の、そぎ落とされてしまっていた思いに気付いたり、思いがけない発想を得たり、筆者の想像をこえた解釈をしたりする。そうやって、自分の書いた詩が他者の中に混ざり育っていき、自分と他者がつながっていくことを、筆者はうれしく思っている。

二 問一A道楽　B年配［年輩］　C素養　問二ア足　イ顔　問三りょうは次に何をやろうか決めていないまま、これまでとは違う人生を始めようと思って取引先へのあいさつのため神戸の街を歩いていた。そこで見つけた書店でかべ一面の船の本に出会い、幼いころ船を見ながら母親に「お前は大きくなったら自由にどこへでも行けばいいんだよ」と言われたことを思い出した。ここが自分の居場所なのではないかと背中をおされたように感じ、このような書店を作った社長に会いたいと思ったから。　問四専門雑誌にすでに名を連ねる作家の後を追い知識にたよって絵を探すのではなく、作家が命をかけて表現しようとしていることに向き合い、自分の目で作品を見つけ出すことを大切にしたいという社長の思いを聞いてはっとし、心をうたれた。　問五作家や作品を守り育てよう、居場所を作ろうとすることが、これまで人生をささげてきた鶴来を離れたりょうや、海会堂の社長の座を追われた柚田さんにとっても、自分らしい役割を果たせ、生きる意味を感じられる場となったのだと思い、心を揺さぶられたから。

鷗友学園女子中学校（第一回）

〈問題は668ページ〉

一 問一客が増えて対応するのは大変だが、自分の作った饅頭をお金を払って買ってくれ、おいしいと言ってくれることにうれしさを感じるということ。　問二ワコと浅野が道路使用許可を得ずに菓子を販売したことを、老舗の名店の者なので警察官に見逃してもらえたということ。　問三ツルさんは小原の嘘に気づかないふりをしてワコに饅頭を売らせ、理不尽な扱いを受けても自分で責任をとろうと熱心に仕事に向き合うワコの姿を小原に見せて、修業に集中せず甘えが抜けない小原を反省させようとしたということ。　問四実家では兄と比べられ居場所がないことからすねていたが、周囲の人達のお菓子への情熱や自分への期待に触れ、饅頭の汚れを無意識に払っていたことをワコに気づかされて、実はお菓子に愛着があると自覚した。

二 問一仲間がたくさんいれば、自分の存在を隠すことが出来るので、発言に責任を負わなくてもすむから。　問二全てを自分で決め責任を持って行動することになって、視野が開け、世界の多面性や多層性に気づくようになると考えている。

三 (1)起源　(2)穀倉　(3)録音　(4)収納　(5)機会均等

【配点】
百点満点
一問一…十二点　問二…十四点　問三…十八点　問四…十六点　二問一…十二点
問二…十八点　三各二点

大妻中学校（第一回）

〈問題は676ページ〉

一 問1Aニ　Bロ　Cホ　Dイ　Eハ　問2イ　問3ニ　問4Ⅰハ　Ⅱロ　Ⅲホ　Ⅳイ　Ⅴニ　問5おしゃれ　問6X多数決で決める　Y花壇の半分で野菜を育てて残りは花を植える　問7(1)ロ　(2)写真を見た　問8イ　問9くぎ　問10イ　問11(1)ホ　(2)ト　(3)イ　問12ニ

二 問1イ　問2ロ　問3ニ　問4ハ　問5筆談やジェスチャー　問6聴覚障害者の存在に気付く目印にならない　問7イ　問8ニ　問9ハ　問10ロ　問11自分のかわりに音を知らせる人の有無で行動を起こすかどうかを自ら判断して動く仕事。
問12ニ

三 問1イ○　ロ×　ハ×　ニ○　問2秋　問3ハ　問4ニ　問5ロ　問6その季語

四 ①至急　②厳格　③省く　④とうかく

大妻多摩中学校（総合進学第一回）

〈問題は688ページ〉

一 問1イ　問2エ　問3寒冷　問4エ　問5東京ドーム6個分もの森林が伐採により失われて　問6⑥エ　⑦イ　⑧ア　問7ウ　問8地　問9私はペットボトルやプラスチックゴミを、分別することに取り組んでいます。それはリサイクルして資源を有効に使うためですが、ゴミの量を減らすことにもなり、処理するためのエネルギーの無駄も減らしています。　問10エ

二 問1エ　問2エ　問3ア　問4物語を生きたものの本能　問5ウ　問6イ　問7(1)ア、ウ　(2)私はマッチをする度に天国のおばあさんが現れてどうすればいいか助言をしてくれるという風に物語を変えます。そうすれば少女は様々な困難を乗り越えられるし、大好きなおばあさんとのきずなの物語になるからです。　問8(1)ウ　(2)氷を抱きしめたような、切ない悲しさ、美しさ　(3)ウ

三 問1①辞退　②返還　③異義　④橋　⑤改正　問2①一　②八　③四　④二　⑤五

【配点】
百点満点
[一]問1・問2…各三点　問3…二点　問4・問5…各三点　問6…各二点　問7…三点　問8…二点　問9…十二点　問10…三点　[二]問1…三点　問2…二点　問3・問4…各三点　問5…四点　問6…二点　問7(1)…各三点　問7(2)…十二点　問8(1)(2)…各三点　(3)…四点　[三]問1…各二点　問2…各一点

大妻中野中学校(第一回)

〈問題は700ページ〉

[一]　問一日本はことさらに狭い国と言われる　問二ウ　問三視野の狭い考え方、世間知らずの考え方　問四ウ　問五特徴　問六(1)日本庭園や盆栽[日本の庭や盆栽]　(2)大人の文化[高度な文化]　問七エ　問八日本文化の美意識を理解するのはたいへんなこと(だ)　問九イ　問十…一見の華やかさや格調の中にいい知れない寂しさや侘しさを感じとる(こと。)　問十一イ　問十二ウ　問十三情緒　問十四ア×　イ×　ウ×　エ○　オ○

[二]　問一①ろうにゃく　②どきょう　③なごり　④おごそ(かに)　⑤ひき(いて)

問二①不始末　②非売品　③無理解　④未発表　⑤無神経　問三①十　②六　③百三　④十五　⑤三　問四①エ　②ウ　③ア　④ア　⑤エ

学習院女子中等科(A)

〈問題は706ページ〉

[一]　問1相手を噛んだことを覚えていない自分に対する遠藤の母親の非難する気持ちを敏感に察して、父親に助けを求める気持ち。　問2噛みついて怪我をさせた本人が噛みついたことを覚えていないということをどう説明すればよいのか考えあぐねながらも、娘をかばおうと必死な気持ち。　問3遠藤の母親と話したときに、不登校だったころの自分をあわれんでいた親の姿が蘇りショックを受けたが、学校から出て安堵したために涙があふれ出ておどろく気持ち。　問4常識に合わせて行動したり、普通から外れないように生きたりすることに疑いを持たず、学校に行くという当たり前のことができないのは、あわれだと考えるという意味。　問5(1)大切にしているものを奪われ、使いものにならなくされたことで、まるで自分が傷つけられたように感じ、遠藤のことも同じくらい傷つけてやりたいと憤る気持ち。　(2)「自分は自分の一番の味方でいなくちゃいけない」という母親の言葉を聞いたことをきっかけに、これまでそう出来ていたかをふり返ることで、自分は本当の気持ちを捻じ曲げて、気づかないようにしてきたことに思い至り、遠藤の卑劣な行為に対する本心に気づいた。　問6自分には、自信をもって人に話せる好きなことがあり、自分を理解して支えてくれる家族もいるのだと思い、小さなことに思い悩まなくてもよいのだと気持ちを切りかえることが出来たから。

問7Aでは、まだ遠くにあるうね雲に差し込んだ太陽の光が地上を照らし、Bでは、空全体に広がったうね雲を通した光が両親に当たり、Cでは、うね雲から覗いた太陽が唯奈の顔を照らしはじめている。作者は、はっきりと見えるうね雲が、太陽の光を伴って次第に唯奈に近づいてくる様子を描くことで、唯奈が自分の気持ちをごまかさずに生きていけるようになっていく姿を象徴的に表そうとしている。

[二]　①規則　②激痛　③寒暖　④私財　⑤放牧　⑥序　⑦晴耕　⑧権限　⑨恩着(せ)　⑩律(する)　⑪最適　⑫暗証　⑬重箱　⑭編(み)　⑮蒸気　⑯ぼぜん　⑰こんりんざい　⑱がんか　⑲たかびしゃ　⑳かんれい

神奈川学園中学校(A午前)

〈問題は712ページ〉

[一]　(1)宣言　(2)器械　(3)損傷　(4)感謝　(5)耕(した)　(6)いと　(7)しなん　(8)きんもつ　(9)ただ(ちに)　(10)つ(いた)

[二]　(1)イ　(2)エ　(3)ウ　(4)オ　(5)ア

[三]　(1)カ　(2)エ　(3)カ　(4)カ　(5)ク

[四]　(1)無　(2)未　(3)不　(4)不[無]　(5)非

[五]　問一イ　問二みんな　問三本土からもお客さんをまだ泊めてる　問四(1)エ　(2)エ　問五イ　問六コロナにかかってはいない　問七エ　問八あウ　いイ　うア　えオ　おエ　問九空気の圧みたいなもの　問十(1)ウ　(2)エ　問十一イ

[六]　問一A偏見　B生態学　問二イ　問三Ⅰエ　Ⅱア　Ⅲイ　Ⅳウ　問四エ　問五人間　問六生き物がつながりあって生きていること　問七(1)ウ　(2)エ　問八自給自足　問九イ　問十エ

【配点】
百点満点

一各一点 二～四各一点 五問一・問二・問五…各二点 問八…各一点 他各三点
六問二・問四・問五・問六・問七(2)・問八…各二点 他各三点

鎌倉女学院中学校(第一回)

〈問題は725ページ〉

一 ①温暖 ②誤解 ③肥やす ④誕生日 ⑤従順 ⑥展望台 ⑦厳しく ⑧さんかく ⑨おが(む) ⑩うわぜい

二 問一①ア ②ア ③イ ④ア ⑤イ 問二①イ ②キ ③カ ④ア ⑤ウ

三 問一ウ 問二オ 問三ア 問四病人食 問五エ 問六イ 問七エ 問八オ 問九Ⅰ戦闘 Ⅱ劣悪な環境での感染症 問十イ 問十一⑪イ ⑫カ ⑬ア 問十二ウ・オ

四 問一長い時間 問二ウ 問三③カ ⑥イ ⑨オ 問四(1)C (2)A (3)B 問五利水・治水 問六牛や馬、人を使うより、一度に多くの荷物を早く運べて、運送費も安くすむ点。 問七ウ 問八ア・エ 問九ア・エ

カリタス女子中学校(第一回)

〈問題は736ページ〉

一 ①めがね ②いた(めない) ③きざ(む) ④臨海 ⑤起死 ⑥営み ⑦垂れる

二 問一1ア 2エ 3ウ 問二オ 問三食肉の生産は温暖化などの環境負荷が大きいことと、知能をもったほ乳類を殺して食べることが許されるのかという倫理的な問題。 問四①協力 ②共感 ③人間らしさ 問五(1)共感能力による協力体制で食糧生産と分配を効率化でき、生存に必要な栄養が余っている状況。 (2)エ 問六[例]公園にいるハトに、お腹を空かしているだろうと考えて毎日パンくずなどのエサを与えにくる人がいる。しかしこれによって、たくさんのハトが集まってきて、フン害など近所の人に迷惑をかけることが問題になっている。

三 問一1イ 2オ 3ア 問二佑が白杖の練習に励むと聞き応援したいが、自分が取り残される心細さで焦っている。 問三息(が合わない) 問四(1)・歩きのリズムが母さんとなかなか合わない(こと。) ・風で前髪が乱れ、直した指先がベタついた(こと。) (2)不登校になり、外を歩くことが怖くなってしまった双葉のことを思いやり、外に連れだしてくれた母の気持ちに感謝し、その気持ちに答えたかったから。[外を歩くことに恐怖心を抱いていたが、母と並んで歩く安心感の中で潮風や太陽などの自然に触れたことで、外の世界がにぎやかで楽しいものだと気づき、前向きな気持ちへと変わったから。] 問五エ・カ 問六すべての晴眼者を信用できずこわい気持ち。 問七ウ

吉祥女子中学校(第一回)

〈問題は746ページ〉

一 問一㋐1 ㋑3 問二A4 B5 C1 問三4 問四2 問五(1)1 (2)2 問六1 問七話題選び、 問八4 問九日本人は礼節を重んじると言われているのに挨拶もお礼もしないうえ、笑顔を見せず無表情で何を考えているかわからないから。 問十周囲の人々 問十一4 問十二住形態や生活様式の変化によってコミュニケーション能力が低下したという問題点を指摘している。その解決策は、各自が対面でやり取りをする機会を増やして訓練を積んでいくことだと考えられる。

二 問一3 問二読書力に自信がないのに難しい本をすすめられるのではないかと警かいする気持ち。 問三今の学校にある本の上下巻のカードを見なければ、再会の約束が果たされた事実があることがわからないから。 問四4 問五自分も友人たちと再会の約束を交わしたいという思いと、約束が忘れられてしまうことがこわいという思い(の間で揺れていた。) 問六…七 問七卒業メニューが 問八目[眼] 問九1 問十1 問十一(1)2、5、8、9 (2)2

三 1勤勉 2功績 3編(む) 4領域 5防犯 6危(なげ)

【配点】

百点満点

一問九…五点 問十二…七点 他各三点(問二・問五は完答) 二問二…四点 問三・問五…各六点 他各三点(問十一(1)は完答) 三各二点

共立女子中学校(2/1入試)

〈問題は757ページ〉

一 1憲章 2痛感 3才知 4悪銭 5幕 6じょうせき 7ごんご 8よめ

二 1しろ 2あおい 3あか 4みどり 5きいろい[きいろな]

三 1オ 2ウ 3ア 4イ 5エ

四 1オ 2温め(～)る膜 3ウ 4Aぬか袋で肌が白くなった(ことでなく、)B祖母がいつも自信満々で自己肯定感が高い(こと……) 5エ 6イ 7家事に

（〜）と尊敬　8ア

五　1オ　2ア、オ　3技術者にとって大切な、現場で問題が生じたときにそれを解決していくセンス（が失われた。）　4エ　5エ　6ウ　7イ

恵泉女学園中学校（第二回）

〈問題は769ページ〉

一　問一イ　問二「ぼく」が枝を切られたネムノキを気にかけて、今どうなったのか当然確認していると思ったのに、確認していなかったから。　問三エ　問四「ぼく」が生き物を「ころす」ということがどういう意味を持つことなのかを考え、混乱しているということ。　問五「ふつうのこと」がわからなくなり、みんなと理解し合えなくなることに孤独を感じたから。

二　問一ウ　問二A鼻　B目　問三魔法が使われ、善と悪との戦いで善が勝って世界が変わり、主人公が成長するもの。　問四ア　問五本が面白いことを暗示させて読み手に大きな期待を抱かせるとともに、書き手も楽しむことができるエネルギーが詰まった扉によって、物語は人々を魅了するものになるということ。　問六ウ

三　①容易　②署名　③登頂　④帰郷　⑤拡張

【配点】

百点満点

一問一…六点　問二…八点　問三…五点　問四…十二点　問五…十二点　二問一…五点　問二…三点　問三…十二点　問四…五点　問五…十二点　問六…五点　三各三点

光塩女子学院中等科（第二回）

〈問題は777ページ〉

一　問一(1)あ明快　い輸入　う調査　え整然　(2)①X四　Y八　②A一　B千　C五　D五　E百　(3)aア　bイ　問二日本人と漢文学との深いかかわり、その長い（歴史）　問三(1)イ　(2)エ　問四ア　問五2　問六やまとことば［和語］　問七エ　問八口語体の文体が確立されると、自己表現はもっぱらそれに頼るようになり漢語など他の文体は一般的には読むだけになるから。　問九日本人の文字使用は中国の文字である漢字を学ぶことから始まり、漢字を習得すると同時に教養や文芸を学んできた歴史があること。　問十［例］「いけないよ」と言われるより、「禁止」と書かれている方が、してはいけない程度が強いように感じます。

二　問一(1)あ意地　い幼児　う伝統　(2)たり　(3)Aイ　Bウ　問二1ウ　2ア　問三A調和　B連帯感　問四ウ　問五のんびり（と）　問六二人とも異なる言語を使い、相手の話す内容は分からないのに、楽しい気分を分かち合い、コミュニケーションが成り立っていること。　問七(1)ウ　(2)トーゴは僕らの兄弟だ　問八国境線で区切られた中で暮らす多様な人々の暮らし。　問九A植民地支配（〜）書いたもの　B土地に合った暮らし　問十(1)イ　(2)［例］食文化の違いで、中国の人は生卵を食べなかったりおさしみも避けていたのを目の当たりにして、それまで当たり前だったことが違うこと、そうした人に無理強いをすることはいけないことだと知りました。

晃華学園中学校（第一回）

〈問題は786ページ〉

一　問一ウ　問二イ　問三エ　問四イ　問五ウ　問六エ　問七蔵の微生物は時を重ねるうちに独自の進化をして、その微生物がつくりだす味や香りの成分が蔵独特の風味の決め手となるから。

二　問一Ⅰカ　Ⅱイ　Ⅲエ　問二イ　問三エ　問四ア　問五ことばつかい　問六ウ　問七どちらかが一方的に相手をすべて受け入れるというのではなく、お互いに支えあっているような関係。　問八エ　問九Ⅰ百回め　Ⅱ胸のうちではもっとつぶやいていた　Ⅲこよみさんが何か悪いことをしてしまった

三　①練（る）　②展望　③効能　④積乱雲　⑤追求　⑥取捨　⑦快挙　⑧馬耳東風

【配点】

百点満点

一問六…三点　問七…十二点　他各四点　二問一…各二点　問七…八点　問九Ⅰ・Ⅱ…三点　問九Ⅲ…五点　他各四点　三各二点

国府台女子学院中学部（第一回）

〈問題は797ページ〉

一　問一①独断　②注力　③異形　④一様　⑤ひっとう　問二かたつむり　問三ウ　問四ウ　問五青　問六…六　問七イ　問八（う）かが（う）　問九イ　問十つく　問

十二[例]ホームがわからず、まごまごとしているうちに電車が発車した。
二 問一a自体 b動機 c格差 d生計 e除外 問二エ 問三ウ 問四ア働きかける(〜)いつも人間 イ当たりまえのこと 問五ウ 問六生きものの世界に(〜)生きるようにする(こと) 問七Ⅰイ Ⅱ不公平[不公正] 問八エ 問九オ 問十A商人 B熊たち C小十郎 問十一荒廃 問十二D

【配点】

百点満点

一問一…各二点 他各三点 二問一…各二点 問四・問六・問十一・問十二…各四点 他各三点

香蘭女学校中等科(第一回)

〈問題は805ページ〉

一 問一①関節 ②背(ける) ③額 ④郵便 問二エ 問三ウ 問四いつまでも自分と親友でいようとした貴緒の思いを理解し、罪悪感と感激のあまり涙があふれてきていること。 問五1Aいつか離れ離れになる D自身が貴緒の周りにいるその他大勢の中のちっぽけな存在にすぎない 2B相手を思う C負担 3E自立して生きていく 4Xなかったことにはならない

二 問一①説得 ②千変万化 問二X感覚 Y意識 問三感覚が捉えた世界の違いから意識は「同じ」を創り出す。この能力で相手の立場を考え、他者の心を理解するということ。 問四ウ 問五1ビルが立ち並び、道路が整備されるなど、人工的なものがあふれている状態。 2常に変化し続ける 3Aイ Bア Cア Dア 4Eイ 問六エ 問七自分を不変の存在として見る。 問八ア× イ× ウ○ エ×

実践女子学園中学校(第一回)

〈問題は817ページ〉

一 問一放課後(〜)てきた(こと。) 問二1無限に広がっているかに感じられる世界 2「右」と(〜)ないから 問三ウ 問四障害物のあるなし・地面がどんなふうになっているか 問五白杖を使う(こと。) 問六電信柱にぶつかってケガをした 問七白杖が片側の地面についてから、反対側へつくまでのあいだ、杖の先端が空中にあるため、大きなものも見落とすという欠点がある。 問八エ 問九ウ 問十イ・オ 問十一エ 問十二ア・ウ 問十三ア 問十四ウ 問十五ウ 問十六葉っぱが(〜)多くなる(こと。) 問十七エ

二 問一①暖流 ②指揮 ③就職 ④奮起 ⑤熟 問二①とうと[たっと] ②とうじ ③ぎょうじ ④こころ 問三①目 ②歯 ③鼻 ④頭 問四①高い ②静かだ ③向かう ④飛ぶ

品川女子学院中等部(第一回)

〈問題は827ページ〉

一 (1)規模 (2)補 (3)課程 (4)永世 (5)徒労

二 (1)猫(ねこ) (2)舌(した) (3)船(ふね)[舟] (4)半減 (5)玉石

三 問1ウ 問2ウ 問3疑問や反論があると自分から切り出すのは、相手の伝え方がよくないと言うようでいいづらいが、疑問や反論がある前提であれば正直に話しやすくなるから。 問4ア 問5「自分自身」と「自分の考え」を同じものと捉(とら)えていて、考えを否定されると自分を否定されたように感じてしまうから。 問6イ 問7ウ 問8自分が信じている正しさ 問9異なる意見を持つ相手と対話をして、同じ意見になろうとするのではなく、なぜそう考えるのかを理解して受け入れようとすること。

四 問1自分の帰り道を心配してくれる武藤(むとう)と小山(こやま)の気持ちを尊重し、また、この二人とすぐに別れてしまうのが名残惜(なごりお)しくてもう少し一緒(いっしょ)にいたいという自分の気持ちもかなえる意図。 問2エ 問3イ 問4エ 問5旅館という家業が原因で円華(まどか)が部活動に参加しづらくなって休部したのだと母が解釈(かいしゃく)し、責任を感じて円華に謝(あやま)るのはおかしいし、もしそうなったら嫌(いや)だと思ったから。 問6母も浦川(うらかわ)先生と同意見で、自粛(じしゅく)して休部するのはよくないし、あきらめずに続けてほしいと考えており、円華(まどか)が悩(なや)んでいるなら一緒(いっしょ)に考えたいと思っていること。 問7エ 問8日々の営みの価値や尊さ

十文字中学校(第一回)

〈問題は836ページ〉

一 問一ⓐ相談 ⓑ対向 ⓒたば ⓓ痛(い) ⓔまちあい 問二ウ 問三エ 問四(あ)イ (い)エ 問五ウ 問六[例](さつきさえ誘わなければ、)いつかさつきに負けるのではないかと、焦ったり怖くなったりしないですんだ(のに、と後悔する気

持ち）　問七ア　問八［例］体型変化で不調の理子に勝っても、誰も自分のほうが強いとは思わない（ということ。）　問九ア　問十イ　問十一［例］負けて苦しい思いをしても耐え、苦しみを乗り越える経験をしていない（こと。）　問十二ウ　問十三エ

二　問一ⓐにっか　ⓑ訪（ね）　ⓒげんめい　ⓓ創造（的な）　ⓔみずか（ら）　問二エ　問三あア　いウ　問四イ　問五エ　問六現に生きているこの人生　問七イ　問八Aエ　Bイ　Cア　問九（前途）洋洋　問十ア　問十一⑴初めて〜つけた（から。）　⑵どのように　⑶ウ

【配点】

百点満点

一問一・問三・問四…各二点　問六・問十一…各五点　問八…四点　他各三点　二問一・問三・問八・問九…各二点　他各三点

淑徳与野中学校（第一回）

〈問題は849ページ〉

一　問一Aア　Bイ　問二エ　問三勝呂は母の芸術家としての厳しい姿勢を敬愛しているが、妻は音楽を優先し子供をないがしろにする母を異常だと感じている。　問四ア　問五イ　問六エ　問七イ　問八ア→オ→エ→イ→ウ→カ　問九ア×　イ○　ウ○　エ×

二　問一ア　問二ウ　問三すなわち、　問四イ　問五相互　問六（本来承認は）相手が自分の意志で自由に行うことで成り立つが、他者に承認を求めてしまうと、相手を利用し自由意志を無視してしまうことになるので、満足のいく承認が得られなくなるということ。　問七ウ　問八イ　問九エ　問十ア

三　問一①操縦　②衛星　③均整　④執筆　⑤和（やかな）　⑥備（えて）　問二①きんもつ　②ちゅうさい　③しゅうとく　④かっきてき　⑤ね（る）　問三①エ　②ウ　③オ

【配点】

百点満点

一問一…各二点　問三…八点　問九…各一点　他各四点　二問一…二点　問三・問五…各三点　問六…八点　他各四点　三問一…各二点　他各一点

頌栄女子学院中学校（第一回）

〈問題は859ページ〉

一　A潮流　B独創　C敬老　D綿密　E効率

二　問一Aエ　Bウ　Cイ　問二エ　問三人間が自然と関わると、無意識のうちに自然を破壊してしまうという自覚。　問四イ　問五イ　問六人間は自然を征服するものだ（という考え方。）　問七ウ　問八ア　問九自然を守っているつもりだが、自らが自然と関わることで動植物の環境を大きく変化させていることに、気がついていない人。

三　問一Aウ　Bイ　Cウ　問二美咲が、自分の話したいことを話せる勇気が出るようにと、おねえさんがまず先に話しにくい自分のことを話題にすることで会話を始めてくれたこと。　問三イ　問四エ　問五ア　問六見えないビー玉　問七ウ　問八人とうまく話すことができず、さらにレオンを失った悲しみから抜け出せずずっと暗闇の中にいるように感じていた美咲に、サンが自分の伝えたいことを伝える勇気を教えてくれて、その名前の通り、暗闇を照らす太陽のように美咲が前に進むきっかけを作ってくれたのだということ。　問九［例］合唱団に入って初めての練習の時、緊張していたところに指導の先生から名前を呼ばれた。優しく、あたたかい声だった。その声に、私は自分の存在が認められたように感じ、そのままスムーズに練習に参加することができた。名前を呼ばれて、居場所を作ってもらえたのだと今でも感謝している。

湘南白百合学園中学校（四教科）

〈問題は872ページ〉

一　問一①電柱　②芽　③腹　④孫　⑤朝刊　⑥うやま（う）　⑦みちび（く）　⑧やかた　⑨ようさん　⑩いた（る）　問二①カ　②オ　③ウ　④ア　⑤エ　⑥イ　問三⑴オ　⑵ウ　⑶エ　⑷イ

二　問一Ⅰエ　Ⅱア　Ⅲイ　問二ウ　問三エ　問四エ　問五ウ　問六失敗したことでも成功したことでも、過去の経験をひきずる人生は哀しいことだから。　問七時の移ろいにつれ薄れていく、忘れたい苦い記憶も、旅を通じてとらえ直し、自分の人生を心からなつかしんでから走馬灯に残す絵を決めてほしいから。

三　問一ウ　問二ウ　問三エ　問四ア　問五ムラブリ語（〜）像すること　問六現代人の感性では、ポジティブな気持ちを持つことは「上がる」、ネガティブな気持ち

を持つことは「下がる」方向である。一方、ムラブリの感性である「上がる」「下がる」を逆の方向で気持ちを表現することは、現代の感性から外れている。だが、感情の表し方は普遍的ではなく、長く森で息を潜めて暮らした人間の慎ましい感情表現が、改めて広まる可能性も十分に存在しえたから。

昭和女子大学附属昭和中学校（A）

〈問題は885ページ〉

一 問一イ・オ　問二氷が溶け地表や海水が顔を出すため太陽の反射率が減り、熱を吸収しやすくなることで、他の場所の倍の速さで気温上昇が進むから。　問三Ⅰ地盤沈下　Ⅱ森林伐採　Ⅲ死国への門　Ⅳ拡大　問四ウ　問五⑴陸上の肥料や下水の養分が海に流れることで繁殖した藻類が死んで、それらが分解された時に酸素が消費されてできる低酸素の海域。　⑵水中の酸素が増えて、海洋生物が窒息死しないですむようになること。　問六ウ　問七ア○　イ×　ウ○　エ×　オ×

二 問一エ　問二祇園寺先輩に対して失礼かもしれないと思いつつ、黒野先輩の意見に賛同する気持ち。　問三ア　問四ア　問五エ　問六イ　問七自分らしくありたいのに、関係のない人たちに勝手なことを言われて決めつけられたくないという思い。　問八私「らしさ」とは、一人で決断して行動できることだ。外国人の転校生が来たとき、クラスのほとんどの人が彼女と関わろうとしなかったが、私は一人で彼女に声をかけ、学校生活を助けることができた。

三 問一①編集　②輪唱　③提供　④登頂　⑤標識　⑥略歴　問二①あんせい　②ずが　③ひとざと　④ほねみ　⑤けらい　⑥けいば　問三①大樹・ウ　②絵・オ　③あり・ア　④山・イ

女子学院中学校（二〇二三年）

〈問題は896ページ〉

一 問一他の生き物たちは昼なのに空が闇になる現象を単に異変ととらえ身をかくし静かに耐えるのみだが、人間は皆既日食を科学的に理解し、数分後には再び太陽が出て明るくなると知っており、楽しんでいるから。　問二エ　問三Aカレンダー　B旅における進むべき道　C種まきを行うべき　問四科学、便利　問五イ　問六ア　問七ウ　問八世界中で知識や情報、研究成果を公開・共有し、人類が直面する問題や危機を克服しようと協力するということ。

二 問一エ　問二A息子　B近所のおばあちゃん　C水道業者　問三自分自身や自分の生活が目に見えない大勢の人々とつながっていること。　問四自分のPCR検査の結果が陰性となり、不調を自覚する前に接触を持ったさまざまな人にコロナウイルスをうつし、さらに出会ったことのない人にまで感染が拡大してしまうことを心配する必要がなくなったということ。　問五人間は孤立しておらず、自分自身や自分の生活は他者とつながっているということ。　問六イ　問七非日常な状況の中で互いをよく知らない間柄だった人々が他者に無関心ではいられなくなり、思いやりのある行動に出るようになった。

三 1幼少　2委（ねる）　3輸入　4同窓　5革新　6治（まる）

女子聖学院中学校（第一回）

〈問題は905ページ〉

一 問一1災害　2熱帯夜　3特製　4胃腸　5せんげん　6こうてい　7じゅかい　8ひきょう　問二1生　2果　3対　4健　問三1ク　2オ　3ウ　4キ　5エ　6カ　7イ　8ア　問四14　問五2・5　問六1解　2閉　3善　問七2　問八1お目にかかる　2めしあがれ　3うかがう

二 問一1エ　2ア　3イ　4ウ　問二Ⅰオ　Ⅱウ　Ⅲア　Ⅳエ　問三数学　問四直樹の家は代々続く医者の家系だ（から。）　問五得意で才能もある文系に行くのはどうか　問六直樹は（～）ません　問七家に居場所がなくなる　問八ウ　問九経営　問十エ　問十一大学受験をしよう

三 問一1エ　2ウ　3ア　4イ　問二伊藤呉服店・越後谷呉服店　問三京都　問四ウ　問五1古着がほとんど　2絹織物の呉服　問六1武士　2時候　3登城　4日常　5妻子　問七現金安売り掛値なし・品取替えの自由　問八イ

【配点】
百点満点
一各一点　二各二点　三各二点

女子美術大学付属中学校（第一回）

〈問題は913ページ〉

一 問一つながり　問二みんなが書いた言葉を先生がパソコンにうちこんでプリントアウトし、次の国語の時間に配ったものをみんなで互いに読み合うこと。　問

三耳で感じる　問四瑠雨ちゃんはきく達人なのかも！ということ。［瑠雨ちゃんはとくべつな耳をもってるかもしれないこと。］　問五Aイ　Bオ　問六瑠雨ちゃんのことをもっと知り、（クラスのだれも知らない）ヒミツにせまるため瑠雨ちゃんに近づくということ（仲良くなること）。　問七ウ　問八謡曲　問九エ　問十ターちゃんが自信をなくして、謡曲をうたわなくなるようにすること。　問十一生まれてはじめて、むかしの人がつくったむかしのうたを聞いて、その耳ざわりにすっかりとりこになり、人がむかしのうたをうたうことによって、むかしの音をよみがえらせることができるということに気づいたこと。　問十二おじいちゃんの自由ほんぽうな歌声がなわをけちらしたのか、おじいちゃんの部屋には、おじいちゃんや風香ちゃんと自分をへだてるなわがなかった（気がした）こと。　問十三前にいっしょにいた桃花たち四人から、あまり好かれていないと感じていたし、ママやターちゃんのことを悪く言われることにがまんができないくらいいやだったが、一人になるのはすごくこわかった。だけど、何も言わず自分の話を聞いてくれる瑠雨ちゃんがいてくれ（てありがたかっ）たから。

二　問一①痛（い）　②参拝　③延期　④率（いて）　⑤しりぞ（ける）　問二①へび　②たか　問三①足　②目

【配点】

百点満点

一問一・問五・問八…各三点　問二・問四・問六・問十…各六点　問三・問七・問九…各四点　問十一～問十三…各十点　二問一…各二点　問二・問三…各三点

白百合学園中学校

〈問題は923ページ〉

一　問一ウ　問二イ　問三エ　問四Ⅰオ　Ⅱア　問五旅館やホテルの人と電話で言葉を交わしながら、時間的、精神的余裕をもって自分で旅をつくっていくこと。　問六(1)技術革新　(2)技術革新で生産効率が高まり、市場経済の拡大で人々が物質的に豊かになる一方、自身の労働は、不要になれば使い捨てられる不安定なものになったこと。　問七a冷蔵庫　b宣伝　c航空券　d窓口　e対象

二　問一Aア　Bウ　問二ウ　問三オ　問四エ　問五次郎に万年筆を渡したことを、顔を赤らめて変な笑い方をしつつ、くすぐったとごまかし俊三に知られないようにしたかったから。　問六祖母から冷淡に扱われ、自分一人だけ父や兄弟と離れて暮らさねばならない状況だが、兄の自分への愛情の証である万年筆をもらえて嬉しく、心の寄り処になると思えたから。

清泉女学院中学校（第一期）

〈問題は931ページ〉

一　問一ア・オ　問二Aイ　Bカ　Cオ　問三Xウ　Yア　問四Ⅰキリスト教の価値観とそぐわない、近代文明より遅れた社会　Ⅱ道徳的で文明的な自己イメージ　Ⅲ欠かせない一部　問五存在の輪郭を強化する働き　問六オ　問七かつての社会では分断を比較することが難しかったが、現代ではグローバル化や情報ネットワークが進み、世界はかつてないほど「つながる」時代になり、分断や対立が可視化されるようになったから。　問八ア×　イ○　ウ×　エ○

二　問一①ア　④イ　⑤オ　問二ア　問三ウ　問四エ　問五イ　問六ウ　問七出来ること（～）えなかった（悲しみ。）　問八ア　問九私は晃一が何も出来ないと思い、様々な手助けをした。それによって晃一は傷つき、心配している私を気遣って何も言えなくなった。私は手助けを続け、晃一は自分で出来ることがあると思いながらも、何も言えない状態。　問十オ　問十一ア○　イ×　ウ×　エ○　オ×

三　(1)①適　②×　③×　④絶　⑤一　⑥×　⑦相　(2)①推移　②専門　③労力　④博覧会　⑤盛（る）　⑥垂（れる）　⑦うやま（う）　⑧かなめ

【配点】

百点満点

一問五…四点　問六…三点　問七…八点　他各二点　二問一・問十一…各一点　問七・問十…各四点　問八…二点　問九…九点　他各三点　三各一点

洗足学園中学校（第一回）

〈問題は943ページ〉

一　問一私たち人間　問二資本主義の世界は信用を前提としており、未来を信じなければ成り立たないのに、今は何もかもが疑わしい時代だから、人々があえて資本主義以前の昔の信仰に戻ろうとしている現象。　問三信じるということが、これまでの宗教から人間の進歩にとって代わり、全てが計算の対象になったため、欲望さえ計算に入れられて、大変なことを好んでやる気持ちが失われてしまうこと。　問四ウ　問五神は自然の中に存在しないが、人間の生きる時間と空間の中

に不可欠であるように、そのものとしては存在しないのに生に手応えを与える、計算できない対象としての確固としたもの。　問六Aイ　Bエ　Cア　Dウ　問七ア敵　イ台無　ウ発展　エ禁　オ至高　問八エ

[二]　問一足が速いことを見込まれ、能力を伸ばせる機会があったのに、速く走ることや記録を出すことに意味を見出せず、厳しい練習や人間関係に耐え切れなくなって陸上を辞めてしまったこと。　問二エ　問三(香山)香山は、梨木のおかげで本気で走りたいという気持ちがよみがえり、自分の走力の限界を知ることができたと感謝している。(梨木)梨木は、香山こそが陸上にまったく興味のなかった自分に走ることの気持ちよさを教えてくれたと感謝している。　問四ア　問五他人とは違う部分を何も持っていないことに悩んでいたが、香山が、自分にとって梨木は決して普通の存在ではないと屈託のない笑顔で言ってきたので、心のわだかまりがとける気持ちになった。　問六Aウ　Bカ　問七(一)Ⅰ言葉　Ⅱそつ　Ⅲふ[腑]　(二)エ　(三)b以・伝　c大・小　d牛・馬　問八エ

【配点】

百点満点

[一]問一・問六・問七…各二点　問二・問三・問五…各八点　問四・問八…各三点

[二]問一・問五…各八点　問二・問四…各三点　問三…各四点　問六～問八…各二点

問五…四点　問七…各二点　問八…五点

捜真女学校中学部(A)(二〇二三年)

〈問題は955ページ〉

[一]　問一エサ場　問二ウ　問三最高[最善]　問四猟師が[自分が]　問五容易に運び出せる　問六イ・ウ　問七Bア　Cオ　Dイ　問八この道はいつもと様子が違う　問九エ→イ→オ→ア→ウ　問十敵や獲物に気づかれる　問十一ウ・エ　問十二(百)発(百)中　問十三エ　問十四ウ　問十五・多くの人がシカ肉のおいしさを知れば、シカのイメージも「害獣」から「山のめぐみ」にかわるということ。　・増えすぎたシカを山から減らすことで、森林生態系のバランスを回復させるということ。
・シカ肉を販売すれば、わなの材料代などの狩猟にかかる経費に使うことができるということ。　問十六1肉が売り物になるかどうか(ということ。)　2誰だか知らない他人が食べるための商品としての獲物ではなく、自分や仲間たちの血肉となる獲物を、知恵を絞り自分の力で獲る、自分も動物であることを実感できる暮らし方。　問十七①山菜　②ゆげ　③捨(てる)　④適当　⑤調整　⑥せけん

[二]　問一①風上にもおけない　②服薬した[薬を飲んだ／薬を服用した]　③右に出る　④浮かされて　⑤父　問二Aオ　Bイ　Cウ　Dア　Eエ　問三1①馬　②犬　③たか　④さる　⑤きじ　2桃太郎　3④

田園調布学園中等部(第一回)(二〇二三年)

〈問題は962ページ〉

[一]　問一(a)所属　(b)単純　(c)会心　問二Xウ　Yア　問三意外　問四ウ　問五西の好きな花がわからないため、花屋でいちばん高い花を渡せば文句あるまいと、胡蝶蘭を買うようなこと。　問六エ　問七相手が欲しいという気持ちよりも、自分があげたいという気持ちのほうが勝れば相手をよろこばすことができるのだから、どの花がいいか、自分自身で決めるべきだと考えている。　問八イ　問九ア・エ

[二]　問一(a)居住　(b)難(しい)　(c)幹　問二Xオ　Yイ　Zア　問三イ　問四オ　問五言葉と(～)ある。　問六エ　問七霧雨・五月雨など　問八雨に対する細分化がない土地では、雨を細かく区別せず、差異が生まれないため、雨は雨でしかないから。　問九ウ・オ　問十ものごとを細かく区別する視点を知ることで、その差異に気づき、自分の感受性を豊かにすることができる。

東京女学館中学校(第一回)(二〇二三年)

〈問題は972ページ〉

[一]　問一Aイ　Bエ　Cウ　Dア　問二乱暴なもの言い　問三イ　問四本を見つけ出さなければ、おばあちゃんがもう少し長生きするかもしれないので、本が見つからない方がよい(という考え)　問五ウ　問六縁起　問七エ　問八よく知らないのでこわいと思わないもの　問九ウ　問十ア　問十一以前と変わらず同じように接してほしい(と思っていた。)　問十二イ

[二]　問一Ⅰウ　Ⅱイ　Ⅲオ　Ⅳア　問二1必然　2原因　3全体　問三こうあってほしいと望む状態　問四エ　問五「理想」を「現実」にする(ため)　問六ア　問七多くの事実に対応できずに、訳がわからなくなること　問八…一心に憧れていたもの　問九(1)巨大な半円形の橋の根もと　(2)1重圧を感じて苦しくてたまらない　2自由に思うままに生きたい　問十エ

[三]　1油断　2俳句　3典型　4心機一転　5補欠　6領域　7家庭　8秒針　9

陛下　10通過

東洋英和女学院中学部(A)

〈問題は981ページ〉

◆問一延(びた)　効(く)　まちかど　生(やし)　ちょうほう　問二ア　問三耳　問四イ　問五そうだった。　問六a赤　bくすんだ灰色　問七道路標識がそれぞれ違う曲がり方をしている(から。)　問八憂い顔　問九エ　問十ウ　問十一ア　問十二ウ　問十三人の痛み　問十四ウ　問十五イ　問十六依頼主の希望通りの写真が撮れるので喜ばれて嬉しかったが、自分の撮りたい写真は別にあるため迷っていたから。　問十七(本当に)イ　(決して)カ　問十八エ　問十九(1)駄目な自分から逃げずに向き合って行動すれば成長できるということ。　(2)[例]合唱コンクールで指揮者としてクラスをまとめられない自分に落ちこんだが、原因を考えて自分のきつい言い方のせいだと気付いた。そこで声のかけ方を直すと、クラスメイトに協力してもらえるようになり、合唱とは気持ちを一つにして歌うことだとわかった。

豊島岡女子学園中学校(第一回)

〈問題は991ページ〉

[一]　問一ウ　問二エ　問三ウ　問四ア　問五イ　問六「あの世で　問七(1)身体から離　(2)オ　問八魂と身体が離れて存在するという考え方のことで、人間とは本来何であり、自分の人生がどうであるかや、死んだ後の世界について考えることができるようになる。

[二]　問一ウ　問二ウ　問三ア　問四イ　問五自分で決めた挑戦を途中で諦めることで、成瀬の挑戦を見守ってくれていた島崎をそのたびにがっかりさせていたこと。　問六エ　問七オ　問八やはり大貫　問九(1)ア　(2)不意　(3)まんぞくげ

【配点】

百点満点

[一]問八…九点　他各五点　[二]問五…九点　問七…六点　問九…各二点　他各五点

日本女子大学附属中学校(第一回)

〈問題は1001ページ〉

[一]　㈠自分の居場所　㈡①身構える　②拝む　③主導権　㈢(菊池さん)意見を押しつけてくる　(阪田)まさしく優等生タイプ　㈣本当は苦労してきたのかな　㈤どこか自分に　㈥我慢できずに思い切って発言したものの、それがもとで自分が責められることを考えて、恐ろしくなってしまったが、その気持ちをさとられたくなかったため。　㈦ア3　イ4　ウ1　エ2　㈧①阪田の提案で園芸の本を見たこと。②植物のことをよく知らなければ、健康に育てることはできないということ。　㈨もともとは自分や他人を己の尺度で決めつけて規定して無難にふるまうことで、自分が傷つかないように守っていた。しかし、そうではなく、失敗を受け入れ、相手を知り、自分を知ってもらう努力をして、周りの人と親しい関係を築くことでより自由に生きられるという前向きな姿勢に変化した。

[二]　㈠a4　b1　c6　㈡満足な治療も受けられず、路上で痩せ細って死を待つ様子。　㈢・死の恐怖と孤独を埋めてくれる(人)・自分を支えてくれる(人)　㈣自分が不幸な境遇にあったとしても、困っている他者に目を向け、寄り添い、親身になってできる限りの支援をし、みんなが助け合いながら生きることで、人は幸せを感じられるということ。

日本大学豊山女子中学校(四科・二科)

〈問題は1011ページ〉

[一]　問一耕す　問二ウ　問三ア　問四ウ　問五イ　問六ア　問七ア　問八イ　問九イ　問十ア

[二]　問一イ　問二②支障　③災害　問三1ルール　2言葉　問四ウ　問五ア・エ　問六エ　問七1投稿した人が「私」には想像もできないような意味を言葉に担わせている可能性。　2「私」と他の人が則っているコミュニケーションのルールがまったくちがう可能性。　問八イ

[三]　問一イ　問二さらに　問三エ　問四④ア　⑤イ　問五自分の好きなことを追究し、目標をかなえていくのは自分だと決めている(ところ)　問六⑦寄って　⑧あたい　⑨秘密　問七エ　問八ア　問九ウ

フェリス女学院中学校（二〇二三年）

〈問題は1022ページ〉

一　問一A4　B1　問二2　問三1　問四2　問五2　問六ア8　イ1　ウ5　問七しっとに似た感情　問八4　問九3　問十1　問十一3　問十二2　問十三①四（日目）　②遊び仲間のリーダー格的な存在。③都会　④四人

二　問一①読者が目的の本を見つけられるよう一緒に探し、役立ちそうな本を提案すること。②読者に読む本を押し付けること。③図書館員としての経験と知識のちく積。問二本好きの人たちが行く特別なところ　問三避難生活の中一人で過ごし、被災処理や連絡する場所として図書館を使うようになった。問四被災した直後、大人たちは先の見えない日々に希望を失っているに違いない。そんな時、私たち子どもは元気にふるまいたい。そして、見知らぬ大人にも自分から挨拶をしたり、明るく声をかけたりしていくのだ。未来の象徴である子どもが、前を向き生きている姿を見せることで、物心両面で大きな傷を負った大人を励ますことができると思う。そして、子どもたちの成長こそが被災地復興の原動力になりうるのではないかと私は考えている。(200字)（別解）被災した子どもは、大人とともに避難所で集団生活を送ることになると思う。そして、その避難所の運営には子どもも参加することができる。たとえば、年長の子が小さい子の面倒を見たり、勉強を教えたりする。また、支援物資の仕分けや、配分なども大人が指示をしてくれれば、手伝えそうだ。たとえ非力な子どもであっても、自分たちのできることを見つけ、他者のために活動することが被災時には大切で、被災地の役に立つと思う。(198字)

三　A1　B4

四　1冷（ます）　2楽観（する）　3格式　4富（む）　5均等　6ほんまつ　7ほうまん　8す（る）

富士見中学校（第一回）

〈問題は1033ページ〉

一　①だいおうじょう　②まいきょ　③圧巻　④劇薬　⑤鉄筋　⑥旧友　⑦功臣　⑧量刑　⑨復興　⑩案件

二　問1単なる事実に何らかの意義を見つけて優劣として解釈すること。問2aア　bエ　問3A価値観や目標　Bア　問4Aエ　Bウ　問5イ　問6…1エ　2ウ　3ア　4オ　問7ウ　問8X記述　Y優劣　問9イ、エ

三　問1ウ　問2Ⅰエ　Ⅱア　問3エ　問4青は「わたし」の好きな色であり、また青と黄色を混ぜると「わたし」が着ている服と同じ緑色になるから。問5八　問6ア　問7イ　問8ウ　問9イ　問10A仲間はずれ　Bひとりぼっちの自分を重ねて見た

雙葉中学校

〈問題は1044ページ〉

一　問一ナナがセーターを着ていて、イチが半袖を着ていたため。問二a快不快　b採（用）　c（花）弁　d回（帰）　e私（見）　問三なみなみ（と）　問四「わたし」が、セーターを着ているナナと半袖を着ているイチの両方の服装を取り入れた、中間のような格好をしているということ。問五1ア　2ウ　問六ウ　問七(1)人工的で整然とした都市の中でおとなしく過ごすのではなく、自然の中で、開放的に過ごし、自由ほん放である存在。(2)人工都市　問八イ　問九集合住宅に暮らすそれぞれの人たちが、平和で幸福な生活を送り続けていけるということ。問十建物の外観に価値を置きすぎて、デザインに力を入れすぎること。問十一衣服

二　問一aように　bような　cようだっ　問二エ　問三よくあんな　問四Aむやみやたらに・あてもなくなど　Bたくさん・豊富になど　Cほとんど・大部分など　問五現代のような娯楽が乏しい暮らしの中で、新鮮な刺激や楽しさが味わえた、貴重な場所。問六ア・イ・エ　問七イ　問八成長途中の少年時代だからこそ、どのような人間にもなれる可能性のある自由な存在であったということ。問九すっかり変わってしまった街の中で、この一本の大きな欅の木は、筆者が暮らしていた当時から変わらず残っていたため、欅の木を見ることで、少年の頃の街の姿や冬の甘美な時間の記憶が呼び起こされるということ。問十便利な生活のために、古いものを無くし、新しさに価値を置く時代。問十一［例］約束をしたわけでもないのに、毎日のように公園で友達と会い、理由もなく追いかけっこをしたり、ベンチに座り他愛のない話をしたり、またぼんやりと空を眺めたりした、小学校低学年の夏休み。

三　(1)○　(2)○　(3)○　(4)○　(5)しょうじ　(6)○　(7)おうちゃく　(8)けわ　(9)ほか　(10)したて

普連土学園中学校（第一回）

〈問題は1050ページ〉

一　問一aエ　bイ　問二この世に生まれた人の全てが持っている個性は人より目立つものではなく自分だけのもので意識して出すことも義務のように磨く必要もないから。　問三自分の本当に好きなことではなく親や先生の評価や友達の反応を気にして世間の思惑に沿うように個性を磨くために無理をし、結果として自分の個性をつぶすこと。　問四アイデンティティの形成は、自分の頭で考えいつでもどこでもできると考えること。　問五Aチームワークをとること　B自分の意見や考えを述べること　問六ア　問七ア　問八勉強以外の競争で、自分の秀でた分野において評価を受けることで努力を認められ喜びが味わえて自分に才能が備わっていると実感できるから。　問九エ

二　問一aオ　bエ　cア　問二遊びには行きたいが、あみと一緒に遊びに行けば、なまっている日本語でしゃべらなければならないと思い、返事に困ったから。　問三・おとなしい麻衣が思いがけず歌がうまくソファの上で熱唱していること。・麻衣の母がついてきて楽し気に娘の隣でマラカスを振っていること。　問四あみが小学校ではいじめられていた麻衣と友達になってくれたこと。　問五自分は麻衣の母が思っているような、純粋に友達として麻衣をカラオケに誘ったのではなく、学園祭の〝生け花ショー〟の実況に必要な情報の取材が目的だったため。　問六自分の日本語がベトナムなまりで、おかしいと思いこんでいたから。　問七オ　問八学園祭で入賞を目指す演目の実況という大役を初めて人前で実際に務めることになり不安だったが、いつもの〝脳内実況〟でいいとわかり安堵したから。　問九ウ

三　①童話　②頂上　③故郷　④忠実　⑤刻　⑥こころよ　⑦しお　⑧じょきょ　⑨じゅうおう　⑩こなゆき

四　問一①まごころ　②どんぞこ　③ずぶとい　④かぼそい　⑤ごかぞく　問二①うまみ　②かなしげ　③やすっぽい　④かため　⑤こわがる

五　①あなかんむり・六画　②くさかんむり・九画　③にくづき・十五画　④のぎへん・九画　⑤まだれ・七画

聖園女学院中学校（第一回）

〈問題は1062ページ〉

一　(1)はへん　(2)ほうたい　(3)かいが　(4)ふうぶつし　(5)めば（える）

二　(1)燃料　(2)要望　(3)延期　(4)紙一重　(5)浴（びる）

三　問一世界や他者（～）動すること　問二(ア)・(ウ)　問三(エ)　問四(A)賞味期限切れで商品を廃棄処理する手間や費用を節減できたばかりか、売り上げにもつながったこと。　(B)賞味期限間近の商品を購入することで、お店からポイントを付与してもらえ、社会貢献した喜びを得られたこと。　問五(イ)　問六災害用備蓄食品　問七(エ)　問八私は給食当番をしていて、欠席者が多かった日に、たくさんのおかずが余ってしまい申し訳ない思いをしたことがあった。しかし、予め欠席者の分を減らすことは困難で、食品ロスを減らすのは難しいと思ったから。　問九協業

四　問一(エ)　問二妹は、立ち上がったとたん、いきなりその場に座りこんでしまった。　問三(ウ)　問四(ウ)　問五「わたし」のことを嫌っているのではなく、軽い気持ちで友達になり孫娘を裏切り悲しませないでほしいこと。　問六(ア)　問七(ウ)　問八沙耶　問九沙耶がいない理由と、今どこに行けば会えるかということ。

三輪田学園中学校（第一回午前）

〈問題は1069ページ〉

一　1小康　2電池　3門弟　4麦芽　5基準　6不織布　7悲観　8勇み足　9岐路　10練（る）　11さっしん　12しせい　13おいたち　14ひがた　15なかがい

二　問1①夏休み（～）やる人　②夏休みの間、宿題以外の何をしているのか（ということ。）　問2イ　問3ア・オ　問4課題の創作文を、亀を主人公にしたものにすること。（書くこと。）　問5ウ　問6どうすれば大人が喜ぶかといった一般的にいいとされている無難な言動をしてしまいがちである。　問7ア　問8イ　問9エ　問10エ　問11イ　問12aエ　bア　cウ　dイ　問13ウ　問14ハンス（～）の弱さ　問15…1ウ　2イ　3ウ　問16勉強をしたという普通は隠すことを正直に言えること。　問17エ　問18作家になれるよう創作をつづける（ということ。）　問19友だち　問20エ

山脇学園中学校(A)

〈問題は1082ページ〉

一 問一Aア Bエ 問二エ 問三(ダーウィンの説は、)人間は「神の子孫」であり、使命を帯びた存在だとする当時の考え方に反する(ものだったから。) 問四過大評価 問五ウ 問六各人が社会の中で自分の役目を全うし、子孫を残し、今の人間社会、文明、技術、知識の水準を維持すること。 問七早計です。 問八イ

二 問一ウ 問二自分の方がタイムがいいのに坂東が先輩の代走に選ばれくやしく思う気持ち。 問三でも、走る 問四1感謝 2不審 問五ア 問六荒垣さんに来年咲桜莉と共に、駅伝大会を走るべきだと言われ、来年の大会への意欲が生まれてきたこと。 問七ア→オ→エ→イ→ウ 問八イ・オ

三 問一a積(む) b散策 c多彩 問二ウ 問三ア 問四より豊かな人生を送る 問五ウ 問六自分で直接体験することのできない様々な体験を、間接的に得た情報によって追体験し、新しい知識と経験を学ぶことができます

四 問一(漢字—意味)1魚—ク 2馬—ア 3鳥—オ 4虫—エ 5犬—イ 問二 1○ 2× (今年の目標は、たくさん)新しい友達を作ることです(。) 3○ 4× (ニュースによると、今日は)雨がふるそうだ(。) 5× (デパートに行くのは、)新しいセーターを買うためだ(。)

横浜共立学園中学校(A)

〈問題は1092ページ〉

一 1まる(い) 2じきでん 3てんねん 4神秘 5候補 6巻頭 7包装 8潔(い)

二 問一①光枝 ②お兄さんは 問二ア 問三ウ 問四Aウ Bイ 問五人生観 問六エ 問七エ 問八自分が生きたい場所ややりたいことは、自分の気持ちを注意深く見ていくことで気づくものであり、見つけるものではない。(56字) 問九オ 問十ア

三 問一Aウ Bオ 問二エ 問三ウ 問四①ウ ②イ ③ア 問五エ 問六オ 問七共通の土台 問八イ 問九親に決められていたことを徐々に自分で決め、親の人生観に疑問を抱いた後、自分の人生観を持つようになると同時に、親の人生観も認める。(64字) 問十ア

横浜女学院中学校(A)

〈問題は1103ページ〉

一 ①独創 ②ちょうほう ③こうせい ④伝承 (誤字)果 (正字)課

二 問一①イ ②イ 問二イ・オ 問三ア 問四ウ 問五1イライラ 2思い出 問六イ 問七ア

三 問一Ⅰオ Ⅳイ 問二エ 問三大海を知らず 問四Aさんよりも偏差値が 問五(1)自信 (2)オ (3)(有能感は)他者から影響を受けたり、他者と比較したりしながら、自分自身を評価・判断し、形成される。 問六エ 問七Bさんは、高校受験での失敗によって、同じ過ちを二度と犯したくないと考え、入学後、必死になって勉強したため、成績がよくなったが、Aさんは合格したことで気がゆるみ、その後の勉強を怠ったため成績が下落した。

横浜雙葉中学校(第一期)

〈問題は1112ページ〉

一 問一1ざっこく 2ほか 3す(る) 4こころざ(す) 5習慣 6通貨 7追究 8誤り 問二1(1)ず (2)づ (3)ず 2Aア Bエ 3歩きよって 4兵十 5(1)黄 (2)黒 (3)白

二 問一ウ 問二1カ 2イ 問三ウ 問四ア 問五まじめに活動しない部員への不満を訴える六花に共感せず、けんかのようになってしまったことを早緑が反省し、泣くほど後悔していること。 問六オ 問七Aエ Bカ 問八自分のことを否定されているような(気持ち。) 問九イ 問十純粋に絵に打ちこみ、努力をおしまず、常にまっすぐに好きな絵に向き合う六花の姿を黒野の言葉で改めて意識し、そんな六花に恥ずかしくない自分でありたいと思うことで、初めて心底がんばらなければならないと決意し、くじけかけていた陸上に改めて打ちこみ、ついに陸上が好きになれるようになったから。

三 問一1ウ 2エ 3ア 問二オ 問三エ 問四㋐イ ㋑ア 問五人々とのつながりからいったん離れ、孤独の中で自分と向き合い、今の自分にほんとうに必要なものを見極めるためには、時として厳しさやつらさをともなうものだから。 問六文字と(〜)うこと 問七イ

立教女学院中学校

〈問題は1124ページ〉

□一 問一①観光客 ②防衛策 ③頂点 ④急激 問二戦争と虐殺 問三なぜあのとき 問四ウ 問五ア 問六エ 問七国家や集団として考えるのではなく、個人が自分の問題として考えることが重要である。「私」や「僕」などの主語を意識的に使うことで、集団の暴走も自分自身の問題としてとらえることができ、世界は多面で多量で多層だからこそ、豊かで優しいのだということに気づくことができる。

□二 問一①けわ(しさ) ②胸 ③断 ④吸 問二イ 問三神聖なもの 問四エ 問五エ 問六兄は「人がなんて言おうと関係ない。自分の道を行けよ」と言ってくれるが、関係ないだれかに勝手なことを言われたくないしつらいと思っていた。しかし祇園寺先輩の「女の子らしさ」にとらわれたくないのにべつの「らしさ」にとらわれて自由になれないという言葉や思いつめた表情からつらさを感じ、自分は「らしさ」にこだわらず、だれかが勝手なことを言ってもそれに動揺することなく、自分が自分であるために言うべきことは言いやりたいことはやる強さと勇気を持って生きようと言う決意。

問題及び解答には誤りのないよう留意しておりますが、変更・訂正が発生した場合は小社ホームページ上に掲載しております。

株式会社みくに出版　http://www.mikuni-webshop.com

2024. 7.10